Angel Esquibel
520 meadowcreek #2037
972-408-8029

BIBLIA DE BOSQUEJOS Y SERMONES

TOMO 6
Hechos
de los apóstoles

BIBLIA DE BOSQUEJOS Y SERMONES

TOMO 6

Hechos
de los apóstoles

PORTAVOZ

La misión de Editorial Portavoz consiste en proporcionar productos de calidad —con integridad y excelencia—, desde una perspectiva bíblica y confiable, que animen a las personas en su vida espiritual y servicio cristiano.

Título del original: *The Preacher's Outline and Sermon Bible,* Vol. 6, Acts of the apostles, © 1991 por Alpha Omega Ministries, Inc. y publicado por Leadership Ministries Worldwide, P.O. Box 21310, Chattanooga, TN 37424. Todos los derechos reservados.

Edición en castellano: *Biblia de bosquejos y sermones,* tomo 6, Hechos de los apóstoles, © 2003 por Alpha Omega Ministries, Inc. y publicado con permiso por Editorial Portavoz, filial de Kregel Publications, Grand Rapids, Michigan 49501. Todos los derechos reservados.

La *Biblia de bosquejos y sermones* fue escrita para que el pueblo de Dios la use tanto en sus vidas personales como en la predicación y enseñanza.

EDITORIAL PORTAVOZ
P.O. Box 2607
Grand Rapids, Michigan 49501 USA

Visítenos en: www.portavoz.com

ISBN 0-8254-1011-8

1 2 3 4 5 edición / año 07 06 05 04 03

Impreso en los Estados Unidos de América
Printed in the United States of America

CONTENIDO

ABREVIATURAS VARIAS

a.C.	=	antes de Cristo	p.	=	página
AT	=	Antiguo Testamento	p.ej.	=	por ejemplo
caps.	=	capítulos	pp.	=	páginas
concl.	=	conclusión	pto.	=	punto
cp.	=	compárese	s.	=	siguiente
d.C.	=	después de Cristo	ss.	=	siguientes
EF	=	Estudio a fondo	v.	=	versículo
N°	=	número	vs.	=	versus
NT	=	Nuevo Testamento	vv.	=	versículos

HECHOS DE LOS APÓSTOLES

HECHOS DE LOS APÓSTOLES

INTRODUCCIÓN

AUTOR: Lucas (véase Evangelio según San Lucas, Introducción, Autor).

FECHA: indeterminada. Alrededor del 62 d.C.

Sin duda alguna el libro fue escrito antes de la caída de Jerusalén (70 d.C.), pero sí después de los viajes misioneros de Pablo y de su encarcelamiento en Roma. Este solo hecho ubica la escritura en algún año de la década del 60. El autor de Hechos fue testigo ocular de muchos de los acontecimientos narrados. Una lectura rápida revela lo que parece ser un relato actualizado donde el autor recuerda detalles, nombres e incluso el ambiente. Sin lugar a dudas fue compañero de Pablo, acompañándole en su segundo viaje misionero (véase nota, Hch. 16:10. Cp. Hch. 20:5–21:18; 27:1–28:16). Además ofrece una clara perspectiva de Roma pero ninguna evidencia de la persecución y agresividad de Domiciano (81-96 d.C), ni de la inminente caída de Jerusalén (70 d.C). Estos hechos parecen apuntar a los comienzos de la década del 60, quizá en el 62 d.C., como la fecha en que fue escrito el libro.

A QUIÉN ESTÁ DIRIGIDO: Teófilo, un gentil convertido (Hch. 1:1). El Evangelio de Lucas también fue personalmente dirigido a él. (Véase nota, *Teófilo,* Hch. 1:1).

PROPÓSITO: Mostrar cómo la iglesia creció mediante la predicación de los creyentes "en Jerusalén, en toda Judea, en Samaria, y hasta lo último de la tierra" (Hch. 1:8).

Este es el gran objetivo de Lucas. Él narra cómo la iglesia en Jerusalén fue perseguida y los creyentes se vieron obligados a dispersarse por todo el mundo (Hch. 8:1). Muestra cómo la iglesia se fue de Jerusalén y en menos de treinta y cinco años se estableció en la capital del mundo, Roma. En resumen, nos muestra cómo ocurrió la expansión del cristianismo.

CARACTERÍSTICAS ESPECIALES:

1. Hechos es "Los hechos de Pedro y Pablo " o "Los hechos de dos apóstoles". El título actual "Hechos de los Apóstoles" no es original, fue adoptado en el segundo siglo. Es un título inexacto ya que solo se mencionan cuatro apóstoles: Pedro, Pablo, Jacobo y Juan (Hch. 12:2), y Juan sólo aparece como el compañero silencioso de Pedro (Hch. 3:4; 4:1, 13). En los primeros capítulos el libro gira alrededor de Pedro, el apóstol a los judíos (Capítulos 1-9); en los capítulos siguientes, alrededor de Pablo, el apóstol a los gentiles (Capítulos 10-28; cp. Gá. 2:7).

2. Hechos es "Los hechos de la continuación del ministerio de Jesús". Es probable que originalmente el Evangelio de Lucas y Hechos fueran un solo volumen. Las palabras del primer versículo: "todas las cosas que Jesús comenzó a hacer y a enseñar", muestran claramente que Lucas considera la carta como una continuación del ministerio de Jesús.

3. Hechos es "Los hechos de la fe victoriosa". El cuadro que se presenta en Hechos difiere grandemente del de los discípulos luego de la muerte de Cristo. Dista mucho de la incertidumbre, el temor y la falta de poder que tenían incluso después de la resurrección. Con la venida del Espíritu Santo, la visión es de gran valentía y poder.

=> Se percibe la audacia para pararse frente a multitudes y proclamar osadamente el mismo mensaje por el cual antes habían sido perseguidos.

=> Se percibe valentía para enfrentarse a las autoridades y a la prisión por causa de la fe (Hch. 4:1s; 5:17s).

=> Se percibe gran autoridad para ejercer justicia espiritual (Hch. 5:1s).

=> Se percibe un espíritu triunfante para soportar el sufrimiento físico con espíritu perdonador (Hch. 7:54s). Cada capítulo, cada párrafo, es un triunfo de fe. Las palabras de Pablo nos ofrecen un enérgico resumen: "Por tanto, oh varones, tened buen ánimo; porque yo confío en Dios que será así como se me ha dicho" (Hch. 25:27).

4. Hechos es "Los hechos de la Iglesia esparcida". Un vistazo rápido al bosquejo lo muestra claramente (Véase también Propósito).

5. Hechos es "Los hechos del Espíritu Santo". El Evangelio de Lucas se concentra en el ministerio de Jesús "en la carne" y Hechos es la continuación de ese ministerio a través del Espíritu Santo. El Espíritu Santo aparece más de cincuenta veces en Hechos. Él es la fuerza motriz en la expansión de la iglesia. Él bautiza, llena, guía a los creyentes en su vida diaria y es un testigo del Señor Jesús. (La mayoría de las referencias al Espíritu Santo en Hechos aparecen aquí).

=> Jesús dio mandamientos por medio del Espíritu Santo (Hch. 1:2).

=> Jesús prometió el bautismo del Espíritu Santo (Hch. 1:5).

=> Jesús dice que el Espíritu Santo debe dar poder al creyente y capacitarlo para que viva y dé testimonio de Él (Hch. 1: 8).

=> El Espíritu Santo profetizó por boca de David la traición de Judas (Hch. 1:16).

=> El Espíritu Santo llenó a los discípulos judíos y les permitió hablas en lenguas o idiomas diferentes el día de Pentecostés (Hch. 2:4, 6, 8-11).

=> La venida del Espíritu Santo fue el cumplimiento de la promesa de Dios que aparece en Joel (Hch. 2:17).

=> El testimonio arriesgado y valiente de los creyentes en Pentecostés fue el resultado del derramamiento del Espíritu Santo sobre ellos (Hch. 2:33).

=> El Espíritu Santo ha sido prometido a todos los que se arrepientan y sean bautizados (Hch. 2:38).

=> Pedro, lleno del Espíritu Santo, se defendió a sí mismo ante el sumo sacerdote (Hch. 4:8).

=> Los creyentes oraron y fueron llenos del Espíritu Santo. Luego predicaban con valentía la Palabra de Dios (Hch. 4:31).

=> Ananías y Safira mintieron al Espíritu Santo y fueron

juzgados (Hch. 5:3).

=> Ananías y Safira tentaron juntos al Espíritu Santo (Hch. 5:9).

=> El mismo Espíritu Santo es testigo del evangelio y es dado a los que le obedecen (Hch. 5:32).

=> La llenura del Espíritu Santo es un requisito para el ministerio (Hch. 6:3).

=> Esteban fue un hombre lleno del Espíritu Santo (Hch. 6:5).

=> Los incrédulos perseguidores de Esteban fueron acusados por este de resistir siempre al Espíritu Santo (Hch. 7:51).

=> Esteban, lleno del Espíritu Santo, vio los cielos mientras lo martirizaban (Hch. 7:55).

=> Los creyentes samaritanos, mitad judíos y mitad gentiles, recibieron el Espíritu Santo mediante la oración y la imposición de las manos (Hch. 8:15, 17-19).

=> Simón, un hechicero, trató de comprar el Espíritu Santo y su poder (Hch. 8:19).

=> El Espíritu instruyó a Felipe para que fuera y predicara a un eunuco etíope (Hch. 18:29).

=> El Espíritu del Señor arrebató a Felipe y se lo llevó (Hch. 8:39).

=> Pablo fue lleno del Espíritu Santo (Hch. 9:17).

=> Las iglesias del primer siglo andaban bajo la paz del Espíritu Santo (Hch. 9:31).

=> El testimonio de Pedro: Dios ungió a Jesús con el Espíritu Santo y con poder (Hch. 10:38).

=> El Espíritu Santo cayó sobre los gentiles (Cornelio) mientras Pedro predicaba (Hch. 10:44).

=> Los creyentes judíos se quedaron asombrados al ver que el Espíritu Santo había sido derramado sobre los gentiles (Hch. 10:45).

=> Los creyentes gentiles recibieron el Espíritu del mismo modo que los creyentes judíos (Hch. 10:47).

=> Pedro, defendiendo el haberle predicado a Cornelio, contó cómo el Espíritu le dijo que fuera a Cornelio (Hch. 11:12). Pedro contó que mientras le predicaba a Cornelio, el Espíritu Santo cayó sobre los gentiles que le escuchaban (Hch. 11:15).

=> Pedro dijo que entonces recordó la promesa de Jesús de bautizar a los creyentes con el Espíritu (Hch. 11:16).

=> Bernabé era un hombre lleno del Espíritu Santo (Hch. 11:24).

=> El Espíritu Santo apartó a Bernabé y a Pablo para la obra misionera (Hch. 13:2).

=> El Espíritu Santo envió a Bernabé y a Pablo a su misión (Hch. 13:4).

=> Pablo, lleno del Espíritu Santo, cegó a un falso profeta (Hch. 13:9).

=> Los discípulos estaban llenos de gozo y del Espíritu Santo (Hch. 13:52).

=> Pedro contó al concilio de Jerusalén cómo los gentiles habían recibido al Espíritu Santo (Hch. 15:8).

=> Los líderes de la iglesia dicen que el Espíritu Santo les había guiado a tomar una decisión importante en el gran Concilio de Jerusalén (Hch. 15:28).

=> El Espíritu Santo le prohíbe a Pablo que predique en Asia (Hch. 16:6).

=> El Espíritu Santo le prohíbe a Pablo que vaya a Bitinia (Hch. 16:7).

=> Apolos era ferviente en el Espíritu (Hch. 18:25).

=> Los creyentes de Éfeso recibieron el Espíritu Santo (Hch. 19:2, 6).

=> Pablo se sintió obligado por el Espíritu a ir a Jerusalén (Hch. 20:22).

=> El Espíritu Santo le informó a Pablo la persecución que le esperaba en cada ciudad (Hch. 20:23).

=> El Espíritu Santo escogió a los ancianos de Éfeso para que fueran supervisores (Hch. 20:28).

=> El Espíritu Santo le dijo a Pablo, mediante Agabo el profeta, que no fuera a Jerusalén (Hch. 21:11).

=> El Espíritu Santo habló por medio del profeta Isaías (Hch. 28:25).

BOSQUEJO DE HECHOS

LA BIBLIA DE BOSQUEJOS Y SERMONES es *única*. Difiere de todo otro material de estudios bíblicos y recursos de sermones en cuanto a que cada pasaje y tema es bosquejado justo al lado de las Escrituras correspondientes. Cuando usted elija cualquier tema mencionado más adelante y se remita a la referencia, no solo contará con el pasaje de las Escrituras, sino que también descubrirá el pasaje de las Escrituras y el tema *ya bosquejado para usted, versículo por versículo.*

A modo de ejemplo rápido, escoja uno de los temas mencionados más adelante y remítase a las Escrituras y hallará esta maravillosa ayuda para un empleo más rápido, más sencillo y más preciso.

Además, cada punto de las Escrituras y el tema está totalmente desarrollado en un Comentario con un pasaje de apoyo de las Escrituras en el final de la página.

Note algo más: los temas de Hechos de los apóstoles tienen títulos que son a la vez bíblicos y prácticos. Los títulos prácticos a veces tienen más atracción para la gente. Este beneficio se ve claramente en el empleo de folletos, boletines, comunicados de la iglesia, etc.

Una sugerencia: para una visión más rápida de Hechos de los apóstoles, primero lea todos los títulos principales (I, II, III, etc.), y luego vuelva y lea los subtítulos.

BOSQUEJO DE HECHOS

I. LOS GRANDES DÍAS DE EXPECTACIÓN, 1:1-26

   A. El ministerio de Jesús en la tierra, 1:1 -5

   B. El último día de Jesús en la tierra, 1:6-11

   C. Destino y sustitución de Judas: escoger a los líderes de la iglesia, 1:12-26

II. EL NACIMIENTO Y DESARROLLO DE LA IGLESIA, 2:1–7:60

   A. El día de Pentecostés y la venida del Espíritu Santo: nace la iglesia, 2:1-13

1 Lucas le escribe a Teófilo, le recuerda del ministerio de Jesús **2** Obras y enseñanzas de Jesús 　a. Hasta que fue tomado arriba y ascendió 　b. A través del Espíritu Santo 　c. Dio sus mandamientos a sus siervos escogidos	**CAPÍTULO 1** **I. Los grandes días de expectación, 1:1-26** **A. El ministerio de Jesús en la tierra, 1:1-5** 1 En el primer tratado, oh Teófilo, hablé acerca de todas las cosas que Jesús comenzó a hacer y a enseñar, 2 hasta el día en que fue recibido arriba, después de haber dado mandamientos por el Espíritu Santo a los apóstoles que había escogido;	3 a quienes también, después de haber padecido, se presentó vivo con muchas pruebas indubitables, apareciéndoseles durante cuarenta días y hablándoles acerca del reino de Dios. 4 Y estando juntos, les mandó que no se fueran de Jerusalén, sino que esperasen la promesa del Padre, la cual, les dijo, oísteis de mí. 5 Porque Juan ciertamente bautizó con agua, mas vosotros seréis bautizados con el Espíritu Santo dentro de no muchos días.	**3 Muerte y resurrección de Jesús** 　a. Prueba 1: Se mostró vivo ante ellos 　b. Prueba 2: Diversas pruebas, vistas durante cuarenta días **4 Jesús promete el reino** **5 Jesús promete el Espíritu** 　a. Los discípulos tenían que "esperar" 　b. Los discípulos tenían que escuchar la promesa 　c. Luego, los discípulos serían bautizados con el Espíritu

DIVISIÓN I

LOS GRANDES DÍAS DE EXPECTACIÓN, 1:1-26

A. El ministerio de Jesús en la tierra, 1:1-5

(1:1-5) *Introducción:* Fíjese en las palabras "en el primer tratado" o libro. Lucas está haciendo referencia a su evangelio. Él le estaba escribiendo nuevamente al mismo hombre para quién había escrito su evangelio, Teófilo. Le estaba recordando a Teófilo que en su evangelio él había abarcado la vida y ministerio terrenal de Jesucristo. Note la palabra "comenzó". La vida y obra de Jesús en la tierra fue únicamente el comienzo. Aunque él está en el cielo, continúa su obra y ministerio mediante la presencia del Espíritu en los corazones y vidas de los creyentes. El libro de los Hechos muy bien podría titularse…

• los hechos (obras y enseñanza) de los creyentes; o
• los hechos (obras y enseñanza) de Cristo; o
• los hechos (obras y enseñanza) del Espíritu Santo.

Con pocas palabras, Lucas estaba diciendo que la vida de Jesucristo continúa. El libro de los Hechos es la continuación del ministerio de Jesucristo. Los versículos 1-5 constituyen un resumen del ministerio terrenal de Jesús, un resumen del ministerio de Jesús que se relata a lo largo del libro de los Hechos.

1. Lucas le escribe a Teófilo, le recuerda del evangelio, o sea, del ministerio de Jesús (v. 1).
2. Obras y enseñanzas de Jesús (vv. 1-2).
3. Muerte y resurrección de Jesús (v. 3).
4. Jesús promete el reino (v. 3).
5. Jesús promete el Espíritu (vv. 4-5).

1 (1:1) **Teófilo:** Lucas le escribió a Teófilo, recordándole el primer evangelio que le había escrito, el evangelio que abarcaba la vida y ministerio de Jesús.

¿Quién es Teófilo? No se nos dice, pero fíjese en varios elementos.

1. A Teófilo se le llama "excelentísimo Teófilo" en el Evangelio de Lucas (Lc. 1:3). Las palabras "excelentísimo Teófilo" son un título de honor y distinción. Es el mismo título que se usa para Félix y Festo, dos oficiales romanos de alto rango (Hch. 23:26; 24:3; 26:27). Teófilo debe haber sido un oficial romano de alto rango.

2. Teófilo era amigo personal de Lucas, lo suficientemente cercano para mantener correspondencia con Lucas acerca del Señor Jesús. Él era o un hombre interesado en conocer la verdad acerca de Cristo o un recién convertido que necesitaba afianzarse en Cristo. Quizá Lucas mismo había llevado a Teófilo a los pies de Cristo.

Note: Lucas no se dirige a Teófilo como "excelentísimo" en Hechos. El título se eliminó. ¿Por qué? Existen tres posibilidades.

a) Lucas y Teófilo eran amigos tan cercanos como para llamarse por el nombre.
b) Teófilo, o se había retirado o se le había destituido de su cargo, en el período entre Lucas y Hechos.
c) Teófilo, había crecido en Cristo, y también en amor y humildad y ya no quería que sus amigos cristianos lo llamaran por su título, no en momentos de comunicación personal y compañerismo.

Pensamiento 1: Este pensamiento encierra una gran lección, una lección de amor y humildad que tanto se necesita en este mundo y en medio del pueblo de Dios (cp. Mt. 23:7-12).

3. Teófilo vivía en las afueras de Palestina, en algún lugar lejos de Lucas.
4. Teófilo era un hombre culto y educado. Su título y el

hecho de que el Evangelio de Lucas y Hechos hayan sido dirigidos a él así lo indican.

5. El nombre Teófilo significa "amado por Dios" o "el amigo de Dios".

Pensamiento 1: Teófilo fue un hombre que buscó crecer y madurar en el Señor. ¡Imagínese, Lucas y Hechos fueron escritos para él! Dos de los libros más grandes que se hayan escrito. ¿Y por qué? Porque él tenía un hambre profunda del Señor, de aprender todo lo que pudiera acerca de él. ¡Qué legado y testimonio, ser conocido como un hombre con tal deseo de aprender del Señor que Dios hizo que dos de los libros más grandes que se hayan escrito estuviesen dirigidos a él! Que todos tengamos un hambre de conocer todo lo que podamos acerca del Señor y Salvador del universo.

2 (1:1-2) *Jesucristo, ministerio:* El ministerio terrenal de Jesús comenzó con sus hechos y enseñanzas. Fíjese en el tema de este primer capítulo: "Los grandes días de expectación". Las cosas que Cristo hizo y enseñó dieron lugar a esos días. Jesucristo trajo a la tierra las mayores expectativas que el ser humano pudo imaginar, de hecho, Él trajo consigo la única esperanza que el hombre tiene de sobrevivir…

* de conquistar el pecado y la vergüenza de la tierra: el odio, asesinatos, mutilación, egoísmo, amargura, división.
* de conquistar la muerte y el infierno, quitándolo del destino del hombre: su miedo, inseguridad, ignorancia, y esperanza infundada en lo que hay más allá de la tumba.

Como ya se ha planteado, Jesucristo trajo la única esperanza de supervivencia del hombre. Él enseñó a los hombres cómo vivir juntos en paz y cómo deben vivir delante de Dios. Note tres cosas significativas.

1. Cristo hizo y enseñó hasta que "fue alzado", o sea, hasta que ascendió al cielo. Él fue fiel, empleó para Dios todo lo que tenía hasta que se completó su vida en la tierra.

Pensamiento 1: El creyente debe usar sus dones para Dios hasta que entre al cielo. No podemos retirarnos de la tarea de alcanzar a un mundo tan desesperadamente hundido en necesidad.

"¿No decís vosotros: Aún faltan cuatro meses para que llegue la siega? He aquí os digo: Alzad vuestros ojos y mirad los campos, porque ya están blancos para la siega" (Jn. 4:35).

"Me es necesario hacer las obras del que me envió, entre tanto que el día dura; la noche viene, cuando nadie puede trabajar" (Jn. 9:4).

"Ahora bien, se requiere de los administradores, que cada uno sea hallado fiel" (1 Co. 4:2).

"Porque habéis sido comprados por precio; glorificad, pues, a Dios en vuestro cuerpo y en vuestro espíritu, los cuales son de Dios" (1 Co. 6:20).

"Cada uno según el don que ha recibido, minístrelo a los otros, como buenos administradores de la multiforme gracia de Dios" (1 P. 4:10).

"Por lo cual te aconsejo que avives el fuego del don de Dios que está en ti por la imposición de mis manos" (2 Ti. 1:6).

"deseando verte, al acordarme de tus lágrimas, para llenarme de gozo" (2 Ti. 1:4).

"Todo lo que te viniere a la mano para hacer, hazlo según tus fuerzas; porque en el Seol, adonde vas, no hay obra, ni trabajo, ni ciencia, ni sabiduría" (Ec. 9:10).

2. Cristo obró y enseñó "por el Espíritu Santo". Mientras estuvo en la tierra en la carne, Cristo dependió totalmente del Espíritu Santo. Él tuvo que rendirse y ponerse a disposición del Espíritu.

Pensamiento 1: Piense por un momento, si Cristo dependió de esa manera del Espíritu de Dios, cuánto más nosotros. Cuánto más necesitamos nosotros ponernos a su disposición, a disposición de sus dones y su poder.

"pero recibiréis poder, cuando haya venido sobre vosotros el Espíritu Santo, y me seréis testigos en Jerusalén, en toda Judea, en Samaria, y hasta lo último de la tierra" (Hch. 1:8).

"Porque los que son de la carne piensan en las cosas de la carne; pero los que son del Espíritu, en las cosas del Espíritu" (Ro. 8:5).

L"porque si vivís conforme a la carne, moriréis; mas si por el Espíritu hacéis morir las obras de la carne, viviréis" (Ro. 8:13).

"…sed llenos del Espíritu" (Ef. 5:18).

"Pero la unción que vosotros recibisteis de él permanece en vosotros, y no tenéis necesidad de que nadie os enseñe; así como la unción misma os enseña todas las cosas, y es verdadera, y no es mentira, según ella os ha enseñado, permaneced en él" (1 Jn. 2:27).

3. Cristo dio y enseñó sus mandamientos a aquellos a quienes había *escogido,* sus apóstoles. Él enseñó a multitud de personas, pero se centró en los apóstoles. El todo de su misión dependía de ellos. Ellos serían los primeros que llevarían al mundo su mensaje después de su partida. Si ellos fracasaban, su misión fracasaría; si ellos tenían éxito, su misión habría sido exitosa. Tenía que concentrarse en ellos, hacer penetrar en ellos sus mandamientos de manera que ellos a su vez pudieran enseñar sus mandatos.

Pensamiento 1: Fíjese en un factor decisivo: todo creyente es un siervo escogido de Dios para llevar adelante la misión de Cristo. Todo creyente debe proclamar el glorioso mensaje de esperanza a un mundo perdido y condenado a muerte.

"Lo que has oído de mí ante muchos testigos, esto encarga a hombres fieles que sean idóneos para enseñar también a otros" (2 Ti. 2:2).

"Por tanto, id, y haced discípulos a todas las naciones, bautizándolos en el nombre del Padre, y del Hijo, y del Espíritu Santo; enseñándoles que guarden todas las cosas que os he mandado; y he aquí yo estoy con vosotros todos los días, hasta el fin del mundo. Amén" (Mt. 28:19-20).

"Entonces Jesús les dijo otra vez: Paz a vosotros. Como me envió el Padre, así también yo os envío" (Jn. 20:21).

"pero recibiréis poder, cuando haya venido sobre vosotros el Espíritu Santo, y me seréis testigos en Jerusalén, en toda Judea, en Samaria, y hasta lo último de la tierra" (Hch. 1:8).

3 (1:3) **Jesucristo, resurrección:** El ministerio terrenal de Jesús alcanzó su clímax en su pasión y resurrección (cp. Hch. 17:3; 26:23). La palabra "pasión" (pathein) significa sufrimiento; se refiere a los sufrimientos o muerte de Cristo. Su muerte y resurrección aseguraron la salvación del hombre.

=> Al morir pagó el castigo por el pecado del hombre.

> **"quien llevó él mismo nuestros pecados en su cuerpo sobre el madero, para que nosotros, estando muertos a los pecados, vivamos a la justicia; y por cuya herida fuisteis sanados" (1 P. 2:24)**
>
> **"Porque también Cristo padeció una sola vez por los pecados, el justo por los injustos, para llevarnos a Dios, siendo a la verdad muerto en la carne, pero vivificado en espíritu" (1 P. 3:18).**

=> Al resucitar de los muertos conquistó a la muerte para el hombre y ahora pone a disposición del creyente una nueva vida de poder.

> **"Porque somos sepultados juntamente con él para muerte por el bautismo, a fin de que como Cristo resucitó de los muertos por la gloria del Padre, así también nosotros andemos en vida nueva" (Ro. 6:4).**
>
> **"Mas ahora Cristo ha resucitado de los muertos; primicias de los que durmieron es hecho. Porque por cuanto la muerte entró por un hombre, también por un hombre la resurrección de los muertos. Porque así como en Adán todos mueren, también en Cristo todos serán vivificados. Pero cada uno en su debido orden: Cristo, las primicias; luego los que son de Cristo, en su venida" (1 Co. 15:20-23).**
>
> **"De modo que si alguno está en Cristo, nueva criatura es; las cosas viejas pasaron; he aquí todas son hechas nuevas" (2 Co. 5:17).**
>
> **"y cuál la supereminente grandeza de su poder para con nosotros los que creemos, según la operación del poder de su fuerza, la cual operó en Cristo, resucitándole de los muertos y sentándole a su diestra en los lugares celestiales" (Ef. 1:19-20).**
>
> **"Pero Dios, que es rico en misericordia, por su gran amor con que nos amó, aun estando nosotros muertos en pecados, nos dio vida juntamente con Cristo (por gracia sois salvos), y juntamente con él nos resucitó, y asimismo nos hizo sentar en los lugares celestiales con Cristo Jesús, para mostrar en los siglos venideros las abundantes riquezas de su gracia en su bondad para con nosotros en Cristo Jesús. Porque por gracia sois salvos por medio de la fe; y esto no de vosotros, pues es don de Dios; no por obras, para que nadie se gloríe. Porque somos hechura suya, creados en Cristo Jesús para buenas obras, las cuales Dios preparó de antemano para que anduviésemos en ellas" (Ef. 2:4-10).**

Note las dos pruebas de la salvación.

1. Jesús se les apareció (paristemi), se presentó vivo. En el Nuevo Testamento se registran diez apariciones de Jesús resucitado (véase *Estudio a fondo 1*, Hechos 1:3). No obstante, aparentemente hubo muchas otras que no se relatan (cp. Jn.20:30-31; 21:25).

2. Jesús dio muchas pruebas infalibles de su resurrección. (Véase nota, Hechos 10:40-41 para mayor discusión).

a. La palabra "pruebas" (telanerioi̇s) significa prueba positiva; prueba infalible; prueba convincente; señales y caminos seguros.

b. Las pruebas infalibles y positivas, y las apariciones continuaron durante *cuarenta días.*

ESTUDIO A FONDO 1

(1:3) *Jesucristo, resurrección:* Jesús se apareció al menos diez veces después de su resurrección y antes que ascendiera a los cielos.

Parece ser que hubo otras muchas apariciones que no se registraron (cp. Jn. 20:30-31; 21:25).

1. Se apareció a María Magdalena (Mr. 16:9-11; Jn. 20:11-18).
2. Se apareció a las mujeres que corrieron a contarle a los discípulos acerca de la tumba vacía (Mt. 28:8-10).
3. Se apareció a Pedro, probablemente para darle la seguridad de su restauración (Lc. 24:34; 1 Co. 15:1).
4. Se apareció a los dos discípulos de Emaús en algún momento temprano en la noche (Mr. 16:12; Lc. 24:13-42).
5. Se apareció a los discípulos cuando Tomás estaba ausente (Mr. 16:14; Lc. 24:36-43; Jn. 20:19-25).
6. Una semana después, se apareció a los discípulos que habían ido de pesca (Jn. 20).
7. Se apareció a 500 creyentes (1 Co. 15:6).
8. Se apareció a los apóstoles (Mt. 28:16-20; Mr. 16:15-18).
9. Se apareció a Jacobo, el medio hermano del Señor (1 Co. 15:7).
10. Se apareció a los creyentes en su ascensión (Mr. 16:19-20; Lc. 24:44-53; Hch. 1:3-12).

Debemos recordar que después de la ascensión de Jesús, él se ha aparecido al menos en otras dos ocasiones.

1. Se apareció a Esteban en su martirio (Hch. 7:55-56).
2. Se apareció a Pablo en el camino de Damasco (Hch. 9:3s).

4 (1:3) *Reino de Dios:* El ministerio terrenal de Jesús fue para proclamar la gran esperanza del hombre, la promesa del Reino de Dios. (Véase *Estudio a fondo 3*, Mt. 19:23-24 para discusión). Note que el centro de su mensaje es el Reino de Dios incluso después de su resurrección. La única esperanza de supervivencia del hombre es el Reino de Dios.

5 (1:4-5) *Espíritu Santo:* El ministerio terrenal de Jesús consistió en la proclamación de la gran promesa para los creyentes, la promesa del Espíritu Santo. Dios sabía y Cristo proclamó que ningún hombre podía vivir y ser testigo de Dios, no "en el brazo de carne". Ningún hombre o grupo de hombres era lo suficientemente poderoso como para vivir para Dios o para convencer a otros de la *locura del evangelio...*

• que el amor es más poderoso que la fuerza.
• que el Hijo de Dios verdaderamente vino a la tierra como hombre.

- que el Hijo de Dios murió pero resucitó de los muertos, conquistando así la muerte.

- que la cruz es el camino mediante el cual los hombres pueden ser salvos del pecado, de la muerte y el infierno.

- *que el hombre puede nacer de nuevo,* literalmente nacer de nuevo y convertirse en una nueva criatura al *creer en* Jesús.

- que el hombre puede vivir eternamente cuando ha nacido de nuevo por creer en Jesús.

Cristo sabía que el hombre necesitaba un poder sobrenatural, el poder de Dios mismo. Él sabía que la presencia de Dios mismo tenía que *entrar en* el corazón del hombre y...

- hacerle partícipe de la naturaleza divina de Dios (2 P. 1:4).

- recrear completamente su ser (2 Co. 5:17; Ef. 4:23-24; Col. 3:9-10).

- habitar en su cuerpo, dando al creyente el poder de controlar su vida para Dios y proclamar el evangelio con valor a un mundo que lo consideraría locura y que a menudo reaccionaría violentamente.

En estos dos versículos, Cristo comparte cómo los apóstoles (y todos los futuros creyentes) van a recibir el Espíritu Santo en toda su plenitud y poder.

1. Ellos deben esperar "la promesa del Padre", *esperar en oración* el advenimiento del Espíritu Santo.

   a. Note la frase "la promesa del Padre". La idea es que el don del Espíritu Santo es el *don supremo* de Dios para los creyentes. El Espíritu Santo es la presencia de Dios mismo, y Dios promete darle su Espíritu al creyente.

   "Yo a la verdad os bautizo en agua para arrepentimiento; pero el que viene tras mí, cuyo calzado yo no soy digno de llevar, es más poderoso que yo; él os bautizará en Espíritu Santo y fuego" (Mt. 3:11).

   "Y yo rogaré al Padre, y os dará otro Consolador, para que esté con vosotros para siempre" (Jn. 14:16-17).

   "pero recibiréis poder, cuando haya venido sobre vosotros el Espíritu Santo, y me seréis testigos en Jerusalén, en toda Judea, en Samaria, y hasta lo último de la tierra" (Hch. 1:8).

   "Pedro les dijo: Arrepentíos, y bautícese cada uno de vosotros en el nombre de Jesucristo para perdón de los pecados; y recibiréis el don del Espíritu Santo" (Hch. 2:38).

   "He aquí, yo enviaré la promesa de mi Padre sobre vosotros; pero quedaos vosotros en la ciudad de Jerusalén, hasta que seáis investidos de poder desde lo alto" (Lc. 24:49).

   "hasta que sobre nosotros sea derramado el Espíritu de lo alto, y el desierto se convierta en campo fértil, y el campo fértil sea estimado por bosque" (Is. 32:15).

   "Porque yo derramaré aguas sobre el sequedal, y ríos sobre la tierra árida; mi Espíritu derramaré sobre tu generación, y mi bendición sobre tus renuevos" (Is. 44:3).

   "Y después de esto derramaré mi Espíritu sobre toda carne, y profetizarán vuestros hijos y vuestras hijas; vuestros ancianos soñarán sueños, y vuestros jóvenes verán visiones" (Jl. 2:28).

   "Canta y alégrate, hija de Sion; porque he aquí vengo, y moraré en medio de ti, ha dicho Jehová" (Zac. 2:10. Véase *Estudio a fondo 1,* Hch. 2:1-4).

   b. El creyente debe esperar en oración para recibir el Espíritu Santo. *Esperar, centrar, y concentrar* nuestra atención en Dios es otra manera de decir creer, confiar, y concentrar nuestra vida en Dios. Si una persona espera en Dios, si aprende a *esperar* más y más, ...

   - ganará más y más percepción y conciencia de la presencia y el poder del Espíritu.

   - ganará más y más conocimiento del Espíritu mismo, de cómo vive y actúa en el corazón y la vida del creyente.

   - aprenderá cómo rendir más y más aspectos de su vida al control y testimonio del Espíritu.

   - experimentará más y más el fruto del Espíritu (Gá. 5:22-23. Nota: el fruto del Espíritu se manifiesta solo cuanto el creyente está *lleno* del Espíritu. Ser llenos es un mandamiento, no es algo que ocurre automáticamente en el creyente. Muchos andan en la carne, totalmente inconscientes de la presencia y la voluntad del Espíritu).

   "Pues si vosotros, siendo malos, sabéis dar buenas dádivas a vuestros hijos, ¿cuánto más vuestro Padre celestial dará el Espíritu Santo a los que se lo pidan?" (Lc. 11:13)

   "...sed llenos del Espíritu" (Ef. 5:18).

2. Los creyentes tienen que escuchar acerca de la promesa del Espíritu para poder recibirle. Un creyente no puede simplemente sentarse con una mente distraída o ensimismado y ser lleno del Espíritu de Dios; no puede esperar ser lleno de la presencia de Dios sin jamás centrar su mente en las cosas de Dios. El creyente tiene que oír y enfocar su atención, tener hambre y sed de las cosas de Dios. Tiene que centrar su vida en el Espíritu de Dios para recibir la promesa del Espíritu.

   "Porque los que son de la carne piensan en las cosas de la carne; pero los que son del Espíritu, en las cosas del Espíritu. Porque el ocuparse de la carne es muerte, pero el ocuparse del Espíritu es vida y paz" (Ro. 8:5-6).

   "Y nosotros no hemos recibido el espíritu del mundo, sino el Espíritu que proviene de Dios, para que sepamos lo que Dios nos ha concedido" (1 Co. 2:12).

3. Entonces, los creyentes serán bautizados con el Espíritu Santo. Note: Este no es el bautismo por agua, ni el tipo de bautismo por agua que Juan empleó. Es el bautismo traído por Cristo mismo, la inmersión del creyente en el Espíritu de Dios y del Espíritu en el creyente. (Cp. Mt. 3:11. Véase *Estudio a fondo,* Hechos 2:1-4 para mayor discusión).

(Véase bosquejo y notas, Jn. 14:15-26; 16:7-15; cp. Ro. 8:1-17 acerca de la persona y obra del Espíritu Santo. Cristo reflejó claramente tanto su persona como su obra).

	B. El último día de Jesús en la tierra, 1:6-11	9 Y habiendo dicho estas cosas, viéndolo ellos, fue alzado, y le recibió una nube que le ocultó de sus ojos.	4 Escena 3: Jesús ascendió ante los ojos de los discípulos.
1 Los discípulos se reúnen nuevamente	6 Entonces los que se habían reunido le preguntaron, diciendo: Señor, ¿restaurarás el reino a Israel en este tiempo?	10 Y estando ellos con los ojos puestos en el cielo, entre tanto que él se iba, he aquí se pusieron junto a ellos dos varones con vestiduras blancas,	5 Escena 4: La profecía del regreso de Jesús
2 Escena 1: Jesús promete su reino	7 Y les dijo: No os toca a vosotros saber los tiempos o las sazones, que el Padre puso en su sola potestad;	11 los cuales también les dijeron: Varones galileos, ¿por qué estáis mirando al cielo? Este mismo Jesús, que ha sido tomado de vosotros al cielo, así vendrá como le habéis visto ir al cielo.	
3 Escena 2: Jesús da la gran tarea del creyente: la gran comisión[EF1] a. Su equipamiento: el poder del Espíritu Santo. b. Su tarea: Testificar c. Su método	8 pero recibiréis poder, cuando haya venido sobre vosotros el Espíritu Santo, y me seréis testigos en Jerusalén, en toda Judea, en Samaria, y hasta lo último de la tierra.		

DIVISIÓN I

LOS GRANDES DÍAS DE EXPECTACIÓN, 1:1-26

B. El último día de Jesús en la tierra, 1:6-11

(1:6-11) Introducción: Este fue el último día de Jesús en la tierra. Todo lo que hizo ese día es un mensaje poderoso y crítico para los creyentes.

1. Los discípulos se reúnen nuevamente (v. 6).
2. Escena 1: Jesús promete su reino (vv. 6-7).
3. Escena 2: Jesús da la gran tarea del creyente: la gran comisión (v. 8).
4. Escena 3: Jesús ascendió ante los ojos de los discípulos (v. 9).
5. Escena 4: La profecía del regreso de Jesús (vv. 10-11).

1 (1:6) *Jesucristo, el último día:* Los discípulos se reúnen nuevamente. Parece ser que esta es otra ocasión, un momento específico planificado por Cristo en el que Él ascendería a los cielos. Debió haber hecho todos los arreglos para reunir a todos los apóstoles (más de quinientos) en un mismo lugar. Lo que Él tenía que anunciar sería un acontecimiento trascendental (cp. 1 Co. 15:6).

2 (1:6-7) *Creyentes, su deber:* la primera escena. Jesús promete el reino. Imagine la escena: más de quinientos discípulos de pie en algún lugar recóndito, probablemente en la cima de una montaña. Ellos rodearon a Cristo. Uno de los discípulos le hizo a Cristo una pregunta reveladora: ¿Iba él ahora a restaurar el reino a Israel? ¿Era esa la razón por la que los había reunido a todos, la razón por la que él estaba destacando tanto la importancia de la reunión?

Lo revelador es esto: los discípulos aún pensaban en términos de un Mesías físico, terrenal, en un gobierno y un reino material para ellos y para su nación, Israel. (Véase bosquejo y *Estudio a fondo*, Mt. 1:18; 18:1-2 para mayor discusión. Véase además Mesías en el índice).

Siempre debemos recordar esto: *Cristo va a establecer su reino en la tierra.* Hay un aspecto futuro en su reino así como en el presente él reina y gobierna en los corazones humanos. Su gobierno y reino serán en la tierra. La oración modelo nos lo asegura (cp. Mt. 6:10). Cristo les prometió a los apóstoles que se sentarían en tronos para juzgar al pueblo de Israel. También les prometió a los creyentes que recibirían cien veces más y que gobernarían al mundo. (Véase bosquejo y notas, Mt. 19:27-30; Lc. 16:10-12; Ap. 14:13; 21:24-27 para mayor discusión). Pero el interés del creyente no debe ser una recompensa, no debe ser un deseo carnal por…

- posición e influencia
- reconocimiento y prestigio
- autoridad y poder
- gobierno y reinado
- dinero y posesiones
- lo material y lo físico

El interés del cristiano debe ser el servicio y el ministerio, proclamando la gloriosa salvación de Cristo y satisfacer el grito de un mundo sepultado en necesidades desesperantes. Cristo es bien directo, increpando a aquellos que desean entrometerse en el tiempo del regreso del Señor, el establecimiento de su reino en la tierra. Cristo había dicho que ni siquiera él conocía cuando regresaría y establecería el reino. Él recriminó la pregunta…

- "No os toca a vosotros saber…"
- "…los tiempos o las sazones, que el Padre puso en su sola potestad".

Pensamiento 1: Los creyentes no deben enfocarse en las profecías y en el establecimiento de fechas. Ellos no deben anhelar ser liberados de este mundo ni obtener los puestos celestiales de autoridad. Lo que los creyentes deben hacer es esperar el regreso de Jesús y anhelar el cielo. Pero incluso esto, aun el amar el regreso de Jesús, no debe interponerse entre el cristiano y su tarea, la tarea que Cristo discute en el siguiente punto. ¿Cuál es la tarea? Es la tarea de testificar. Los creyentes deben concentrarse en testificar, en compartir con el mundo el glorioso evangelio de salvación.

> "Pero de aquel día y de la hora nadie sabe, ni aun los ángeles que están en el cielo, ni el Hijo, sino el Padre" (Mr. 13:32).
>
> "Respondió Jesús y le dijo: Lo que yo hago, tú no lo comprendes ahora; mas lo entenderás después" (Jn. 13:7).
>
> "Aún tengo muchas cosas que deciros, pero ahora no las podéis sobrellevar" (Jn. 16:12).
>
> "Ahora vemos por espejo, oscuramente; mas entonces veremos cara a cara. Ahora conozco en parte; pero entonces conoceré como fui conocido" (1 Co. 13:12).
>
> "Y ninguno, ni en el cielo ni en la tierra ni debajo de la tierra, podía abrir el libro, ni aun mirarlo" (Ap.5:3).

3 (1:8) *Testificar, Gran Comisión, Espíritu Santo-Poder:* segunda escena. Jesús le asignó la gran tarea de los creyentes, la gran comisión. Note tres puntos significativos.

1. El poder que equiparía a los creyentes sería el Espíritu Santo. Los discípulos habían preguntado acerca del reino y las posiciones de liderazgo y autoridad que Cristo había prometido. El punto es crítico y digno de prestársele atención con toda diligencia. Ellos recibirían poder, pero no el poder de esta tierra, no el poder de...

- la posición
- el control
- la riqueza
- el reconocimiento
- la fama
- la política

Su poder iba a ser espiritual y sobrenatural. Iba a ser *el poder...*

- de Dios mismo,
- del Ser Supremo del universo,
- de su presencia,
- de su Espíritu

El propio Espíritu de Dios iba a morar dentro del corazón y la vida del creyente. Nadie podría jamás poseer un poder mayor. Esto se aprecia claramente en que: una vez que los primeros discípulos experimentaron la venida del Espíritu de Dios a sus vidas, *nunca más preguntaron* sobre el poder terrenal. El hecho de experimentar la presencia y el poder de Dios en sus vidas fue la cima, la experiencia suprema de sus vidas. No necesitaron nada más. Eso es lo que anhela el corazón humano, y una vez que el Espíritu de Dios mora verdaderamente en una persona, esa persona se haya completamente llena y satisfecha. Ninguna otra cosa puede satisfacer jamás, ni las posiciones o autoridad, ni el reconocimiento o la fama, no si la persona ha recibido verdaderamente el Espíritu de Dios en su vida y en su corazón.

Esta es la clave del asunto: Dios le ha dado una tarea al creyente, una misión a llevar a cabo en la tierra. El creyente no tiene poder para realizar esa tarea. Necesita el poder de Dios mismo, el poder de su Espíritu. Es por eso que Cristo promete: "pero recibiréis poder, cuando haya venido sobre vosotros el Espíritu Santo". Él promete tanto el Espíritu de Dios como su poder. Pero note algo fundamental: el Espíritu Santo viene sobre los creyentes como un *poder que capacita.*

El propósito principal de su venida es equipar al creyente para realizar su tarea para Dios.

2. La tarea del creyente es la gran tarea de testificar acerca de Dios. Los discípulos habían preguntado sobre la venida del reino, acerca de cuando vendría. ¿Cuándo serían reunidos y congregados los creyentes en la comunión y adoración a Dios, libres de las injusticias mundanales y del pecado? Ya Cristo había prometido el reino, un día en que juntaría a todos los creyentes en perfecta comunión y servicio a Dios. Él prometió un día cuando los creyentes serían liberados del mundo, de su pecado y su vergüenza, de la muerte y el infierno. Pero note una vez más: ahora no es el momento de ser reunidos...

- en el cielo.
- en el reino eterno de Dios.
- en sociedades cristianas.
- en la iglesia.

Ahora no es el momento de que los creyentes sean manifestados en el amor y la comunión, el placer y el solaz de los unos con los otros. Esto es lo que Cristo está diciendo, algo ciertamente fundamental. Es el momento de...

- testificar
- ser testigos de Cristo

Testificar de Cristo, compartir la gloriosa salvación que tenemos en Él, es la gran tarea del creyente. Esto es perfectamente comprensible y claramente manifiesto pues no existe mayor verdad que esta en todo el universo. Ahora el hombre puede vivir eternamente; ahora el hombre puede ser librado del pecado, la muerte y el infierno. ¡Piénselo! Ahora, existe, se conoce y está asegurada la cura perfecta...

- para el pecado.
- para la muerte.
- para el infierno.

No hay razón alguna para que el mundo, para que ninguna persona, siga sufriendo bajo el peso y las ataduras de...

- el egoísmo y el acaparamiento
- la amargura y el odio
- la guerra y el poder
- sensación de vacío y soledad
- el miedo y la angustia
- la escasez y el hambre
- el asesinato y la mutilación
- la inseguridad y la baja autoestima
- la culpa y la vergüenza
- la ignorancia y el desconocimiento

(Dios tenga misericordia de todo aquel que conozca la cura y guarde silencio. No existe algo mayor de que acusar a una persona).

Ahora fíjese en varios puntos.

a. La palabra implícita "ustedes". Es el creyente el que debe testificar. Es el creyente el que conoce la cura, la verdad de la salvación.

b. Las palabras "me seréis". Cristo es el mensaje, no las ideas de un hombre, ni siquiera la idea de una religión. "Cristo crucificado" es el testimonio del creyente (1 Co. 1:23. Cp. 1 Co. 1:18, 24; Gá. 6:14).

c. La palabra "testigos" (Griego, martures). Esta es la misma palabra que mártir. El creyente debe estar tan comprometido con la tarea de alcanzar a sus semejantes que debe estar dispuesto a morir como mártir si fuera necesario. (Véase *Estudio a fondo,* Hch. 1:8 para más pasajes sobre testificar).

d. La palabra "testigo" no es un mandamiento, más bien es el resultado natural que produce el Espíritu Santo dentro de una persona. Igual sucede con el poder. El Señor dice con simples palabras que una persona llena del Espíritu tiene poder y se convierte en un testigo suyo en todo el mundo. Esto es algo muy importante, pues coloca al poder y el testimonio como las marcas distintivas de los creyentes en Cristo. Un verdadero creyente tiene en su vida tanto el Espíritu como el poder y se convierte, por naturaleza, en un testigo del Señor.

3. La metodología del creyente: Jesús explica el método que el creyente debe seguir al testificar y extender el evangelio.

a. El creyente debe testificar en el lugar donde está (Jerusalén) y expandirse progresivamente (Judea y Samaria) hasta que llegue a alcanzar lo último de la tierra.

Todo creyente…

• debe ir tan lejos como pueda.

• debe hacer el sacrificio de dar tanto como pueda para que otros vayan.

• debe emplear y apoyarse en todos los medios posibles para alcanzar al mundo.

b. El creyente debe testificar primero donde se encuentra y cerciorarse de que Cristo sea bien conocido en su hogar y en su comunidad antes de seguir adelante. Una vez que Cristo es bien conocido, el creyente debe extenderse más allá, siempre avanzando hacia afuera a partir del punto donde se encuentra. Su primer testimonio debe ser…

• en Jerusalén: donde se encuentra, su hogar y su comunidad local. (Véase *Estudio a fondo 1,* Lc. 9:4 para mayor discusión del tema).

• en toda Judea: otras comunidades y áreas, ciudades y estados. Note las palabras "toda Judea".

• en Samaria: otros estados y provincias donde las personas se oponen. Entre judíos y samaritanos había un odio encarnizado, no obstante Cristo le dice a sus testigos que lleven el mensaje de salvación incluso a sus enemigos. (Véase *Estudio a fondo 2,* samaritanos, Lc. 10:33).

• hasta lo último de la tierra: a los países y regiones del mundo que no se conocen.

Un aspecto crucial es este: el creyente debe cerciorarse de que todas las áreas reciban el mensaje de Cristo. Debe permanecer allí antes de proseguir extendiéndose. Una vez que el área conoce el mensaje, debe llevarlo a otra área.

Pensamiento 1. Qué diferencia experimentaría la evan-

gelización mundial si cada creyente hiciera simplemente lo que Cristo dice.

ESTUDIO A FONDO 1

(1:8) ***Testificando:*** en el libro de los Hechos la palabra "testigo" es enérgica, revelando el deber del creyente.

"pero recibiréis poder, cuando haya venido sobre vosotros el Espíritu Santo, y me seréis testigos en Jerusalén, en toda Judea, en Samaria, y hasta lo último de la tierra" (Hch. 1:8).

"A este Jesús resucitó Dios, de lo cual todos nosotros somos testigos" (Hch. 2:32).

"Y con otras muchas palabras testificaba y les exhortaba, diciendo: Sed salvos de esta perversa generación" (Hch. 2:40).

"y matasteis al Autor de la vida, a quien Dios ha resucitado de los muertos, de lo cual nosotros somos testigos" (Hch. 3:15).

"Y con gran poder los apóstoles daban testimonio de la resurrección del Señor Jesús, y abundante gracia era sobre todos ellos" (Hch. 4:33).

"Y nosotros somos testigos suyos de estas cosas, y también el Espíritu Santo, el cual ha dado Dios a los que le obedecen" (Hch. 5:32).

"Y ellos, habiendo testificado y hablado la palabra de Dios, se volvieron a Jerusalén, y en muchas poblaciones de los samaritanos anunciaron el evangelio" (Hch. 8:25).

"Y nosotros somos testigos de todas las cosas que Jesús hizo en la tierra de Judea y en Jerusalén; a quien mataron colgándole en un madero. A éste levantó Dios al tercer día, e hizo que se manifestase; no a todo el pueblo, sino a los testigos que Dios había ordenado de antemano, a nosotros que comimos y bebimos con él después que resucitó de los muertos. Y nos mandó que predicásemos al pueblo, y testificásemos que él es el que Dios ha puesto por Juez de vivos y muertos. De éste dan testimonio todos los profetas, que todos los que en él creyeren, recibirán perdón de pecados por su nombre" (Hch. 10:39-43).

"Y él se apareció durante muchos días a los que habían subido juntamente con él de Galilea a Jerusalén, los cuales ahora son sus testigos ante el pueblo" (Hch. 13:31).

"Por tanto, se detuvieron allí mucho tiempo, hablando con denuedo, confiados en el Señor, el cual daba testimonio a la palabra de su gracia, concediendo que se hiciesen por las manos de ellos señales y prodigios" (Hch. 14:3).

"Y cuando Silas y Timoteo vinieron de Macedonia, Pablo estaba entregado por entero a la predicación de la palabra, testificando a los judíos que Jesús era el Cristo" (Hch. 18:5).

"testificando a judíos y a gentiles acerca del arrepentimiento para con Dios, y de la fe en nuestro Señor Jesucristo. Ahora, he aquí, ligado yo en espíritu, voy a Jerusalén, sin saber lo que allá me ha de acontecer; salvo que el Espíritu Santo por todas las ciudades me da testimonio, diciendo que me esperan prisiones y tribulaciones. Pero de ninguna cosa hago caso, ni estimo preciosa mi vida para mí mismo, con tal que acabe mi carrera con gozo, y el

> ministerio que recibí del Señor Jesús, para dar testimonio del evangelio de la gracia de Dios" (Hch. 20:21-24).
>
> "Porque serás testigo suyo a todos los hombres, de lo que has visto y oído" (Hch. 22:15).
>
> "Y le vi que me decía: Date prisa, y sal prontamente de Jerusalén; porque no recibirán tu testimonio acerca de mí" (Hch. 22:18).
>
> "y cuando se derramaba la sangre de Esteban tu testigo, yo mismo también estaba presente, y consentía en su muerte, y guardaba las ropas de los que le mataban" (Hch. 22:20).
>
> "A la noche siguiente se le presentó el Señor y le dijo: Ten ánimo, Pablo, pues como has testificado de mí en Jerusalén, así es necesario que testifiques también en Roma" (Hch. 23:11).
>
> "Pero levántate, y ponte sobre tus pies; porque para esto he aparecido a ti, para ponerte por ministro y testigo de las cosas que has visto, y de aquellas en que me apareceré a ti" (Hch. 26:16).
>
> "Pero habiendo obtenido auxilio de Dios, persevero hasta el día de hoy, dando testimonio a pequeños y a grandes, no diciendo nada fuera de las cosas que los profetas y Moisés dijeron que habían de suceder" (Hch. 26:22).
>
> "Y habiéndole señalado un día, vinieron a él muchos a la posada, a los cuales les declaraba y les testificaba el reino de Dios desde la mañana hasta la tarde, persuadiéndoles acerca de Jesús, tanto por la ley de Moisés como por los profetas" (Hch. 28:23).

4 (1:9) *Jesucristo, ascensión:* tercera escena. Jesús ascendió ante los propios ojos de los discípulos. Note las últimas palabras de Jesús en la tierra (Hch. 1:8). Lo que más le interesaba era alcanzar al mundo para Dios. Ahora fíjese que sucedió. Inmediatamente después de que dijera esas palabras, sucedió el acontecimiento más dramático. Jesucristo comenzó a ascender lentamente de la tierra, subiendo hacia el cielo. Los discípulos quedaron estupefactos y embelesados, con los ojos fijos en el espectacular cuadro. Ellos estaban contemplando uno de los acontecimientos más dramáticos y fenomenales que jamás experimentarían:

=> la ascensión del Señor Jesucristo.

=> el regreso del Hijo de Dios al cielo, a la dimensión y el mundo espiritual a los que pertenecía.

Note las palabras "viéndolo" (v. 9, bleponton) y "estando ellos con los ojos puestos en el cielo" (atenizontes esan). El Señor ascendió lentamente en forma dramática y espectacular. ¿Por qué partiría de esta manera? Por el bien de los discípulos. Existen varias razones significativas de por qué ellos necesitaban tan dramática partida. (Véase nota, Jesucristo, Exaltación, Hechos 2:33-36 para mayor discusión del tema).

1. Cristo necesitaba dramatizar y enfatizar el hecho de su partida. Desde su resurrección él se les había aparecido y desaparecido a voluntad. Esta partida iba a ser definitiva… él no regresaría otra vez, al menos no de la manera en que lo había estado haciendo. Por tanto, su partida tenía que ser diferente; tenía que quedar impresa en las mentes y las conciencias de los discípulos de una vez y para siempre.

2. Cristo necesitaba dramatizar y enfatizar sus pretensiones ante los discípulos. Este era el último momento que tendría mientras estaba en la tierra para reafirmar sus aseveraciones. Él quería que los discípulos recibieran confirmación adicional, una confirmación más dramática de que él era exactamente quien decía ser. Mediante su ascensión a los cielos estaba proclamando más allá de cualquier duda, siete gloriosas verdades:

a. Él es el Señor. (Véase *Estudio a fondo 2,* Señor, Hch. 2:36).

b. Él es el mediador entre Dios y los hombres. (Véase notas, Jn. 10:7-8; 12:44-46; nota y estudios a fondo 1, 2, 3, 14:6; notas, 14:13-14; 1 Ti. 2:3-7. Cp. He. 8:6; 9:15; 12:24).

c. Él es el abogado del hombre ante Dios. (La palabra "abogado" [parakleton] es la misma palabra que se emplea para referirse al Espíritu Santo, el Consolador [parakletos]. Véase *Estudio a fondo 1,* Jn. 14:16 para el significado. Cp. Jn. 14:26; 15:26; 16:7).

=> El Espíritu Santo es el abogado de Dios en la tierra con los hombres.

=> Jesucristo es el abogado del hombre con Dios. (Véase nota, 1 Jn. 2:1-2).

d. Él es el Hijo de Dios, el que vino del cielo a la tierra para salvar al hombre (véase notas, Jn. 3:31; 3:32-34; 6:33; 7:25-31; *Estudio a fondo 2,* 8:23; nota, He. 7:25).

e. Él es el Sumo sacerdote de Dios que [hace] la reconciliación por los pecados de los hombres (He. 2:17-18. Cp. 1 Jn. 2:1-2).

f. Él es el Sumo Sacerdote a quien conmueven los sentimientos de nuestras inconstancias y nos libera y socorre en medio de todas las pruebas. (He. 2:15-16. Cp. Ro. 8:31-39; He. 2:17-18).

g. Él es el Cristo (Mesías) que intercede por nosotros (Ro. 8:34; cp. 8:31-39).

3. Cristo necesitaba dramatizar y enfatizar su regreso a la tierra, que este tendría lugar exactamente como había dicho. (Véase nota, Hch. 1:10-11 para mayor discusión).

4. Cristo necesitaba dramatizar y enfatizar que los discípulos no debían quedarse mirando al cielo. Ellos debían poner manos a la obra que tenían delante. Debían regresar al aposento alto y…

• "esperar" y orar por la presencia y el poder del Espíritu Santo.

• salir testificando a un mundo perdido y sumido en desesperada necesidad.

> "Y el Señor, después que les habló, fue recibido arriba en el cielo, y se sentó a la diestra de Dios" (Mr. 16:19).
>
> "Y aconteció que bendiciéndolos, se separó de ellos, y fue llevado arriba al cielo" (Lc. 24:51).
>
> "Y habiendo dicho estas cosas, viéndolo ellos, fue alzado, y le recibió una nube que le ocultó de sus ojos" (Hch. 1:9).
>
> "Por tanto, teniendo un gran sumo sacerdote que traspasó los cielos, Jesús el Hijo de Dios, retengamos

nuestra profesión" (He. 4:14).

"Porque no entró Cristo en el santuario hecho de mano, figura del verdadero, sino en el cielo mismo para presentarse ahora por nosotros ante Dios" (He. 9:24).

"quien habiendo subido al cielo está a la diestra de Dios; y a él están sujetos ángeles, autoridades y potestades" (1 P. 3:22).

5 (1:10-11) *Jesucristo, ascensión; exaltación; regreso:* cuarta escena. Existía la profecía del regreso de Jesús. Note que Dios hizo aparecer dos hombres parados junto a los discípulos. Estaban vestidos con ropas blancas que es el color de las vestiduras de los ángeles (cp. Mt. 28:3; Jn. 20:12). Estos dos mensajeros de Dios dijeron tres cosas fundamentales acerca del regreso de Jesús.

1.   "Este mismo Jesús" vendrá de la misma manera en que se ha ido. Él no regresará de forma extraña de manera que no se le pueda reconocer y así pasar desapercibido. Regresará en las nubes del cielo y todo ojo "le verá" (Ap. 1:7).

Fíjese exactamente lo que las Escrituras dicen sobre la manera en que Cristo ascendió.

=> Hechos 1:9 dice que una nube le recibió (hupelaben). La palabra griega significa literalmente le tomó, levantó, sirvió de apoyo.

=> Lucas 24:51 dice que fue "llevado arriba" (anephereto) al cielo. El griego significa tomado o trasladado hacia arriba.

=> Hechos 1:2; 1:11; 1 Ti. 3:16 dice que fue "recibido arriba" (anelempthe).

Lo que tratamos de decir es que creemos que la nube le recibió y le tomó (hupelaben). Aparentemente la nube era la gloria del Shekinah (véase nota 2, Jn. 1:14). Cristo había dicho que iba a regresar en las nubes del cielo (Mt. 24:30; 26:64; Mr. 13:26; cp. Ap. 1:7). El presenciar tan dramática ascensión les confirmó a los discípulos (y a nosotros) que la promesa de Jesús de regresar a la tierra ocurrirá tal y como Él lo dijo.

2.   "Este mismo Jesús" es el que regresará. No será diferente, ni su persona ni su forma de actuar. Él será el mismo.

=> Él será el *mismo Jesús*, el mismo Señor y Salvador, el mismo que vino a la tierra a salvar a los hombres.

=> Él será el *mismo Jesús* en su forma de actuar, amando y cuidando a aquellos que le siguen.

=> Él será el *mismo Jesús* que prometió regresar y recibir a los creyentes para que estén donde él está (Jn. 14:2-3).

"Porque el Hijo del Hombre vendrá en la gloria de su Padre con sus ángeles, y entonces pagará a cada uno conforme a sus obras" (Mt. 16:27).

"Porque como el relámpago que sale del oriente y se muestra hasta el occidente, así será también la venida del Hijo del Hombre" (Mt. 24:27).

"Cuando el Hijo del Hombre venga en su gloria, y todos los santos ángeles con él, entonces se sentará en su trono de gloria, y serán reunidas delante de él todas las naciones; y apartará los unos de los otros, como aparta el pastor las ovejas de los cabritos" (Mt. 25:31-32).

"Jesús le dijo: Tú lo has dicho; y además os digo, que desde ahora veréis al Hijo del Hombre sentado a la diestra del poder de Dios, y viniendo en las nubes del cielo" (Mt. 26:64).

"Vosotros, pues, también, estad preparados, porque a la hora que no penséis, el Hijo del Hombre vendrá" (Lc. 12:40).

"y seréis aborrecidos de todos por causa de mi nombre" (Lc. 21:27).

"los cuales también les dijeron: Varones galileos, ¿por qué estáis mirando al cielo? Este mismo Jesús, que ha sido tomado de vosotros al cielo, así vendrá como le habéis visto ir al cielo" (Hch. 1:11).

"Así que, no juzguéis nada antes de tiempo, hasta que venga el Señor, el cual aclarará también lo oculto de las tinieblas, y manifestará las intenciones de los corazones; y entonces cada uno recibirá su alabanza de Dios" (1 Co. 4:5).

"Porque vosotros sabéis perfectamente que el día del Señor vendrá así como ladrón en la noche" (1 Ts. 5:2).

"Te encarezco delante de Dios y del Señor Jesucristo, que juzgará a los vivos y a los muertos en su manifestación y en su reino" (2 Ti. 4:1).

"Porque aún un poquito, Y el que ha de venir vendrá, y no tardará" (He. 10:37).

"Tened también vosotros paciencia, y afirmad vuestros corazones; porque la venida del Señor se acerca" (Stg. 5:8).

"De éstos también profetizó Enoc, séptimo desde Adán, diciendo: He aquí, vino el Señor con sus santas decenas de millares, para hacer juicio contra todos, y dejar convictos a todos los impíos de todas sus obras impías que han hecho impíamente, y de todas las cosas duras que los pecadores impíos han hablado contra él" (Jud. 14-15).

"He aquí, yo vengo como ladrón. Bienaventurado el que vela, y guarda sus ropas, para que no ande desnudo, y vean su vergüenza" (Ap. 16:15).

3.   "Este mismo Jesús" que regresará es aquel que ascendió a los cielos. El Jesús que está en el cielo es el mismo Jesús que los discípulos conocieron, aquel que era su Señor y Salvador; aquel que vino a la tierra a convertirse en su más cercana compañía, su Abogado, su Mediador, su Representante ante Dios. Por tanto, cuando Él regrese será para recibir a todos los creyentes. Regresará para que todos puedan estar donde Él está (Jn. 14:2-3).

"En la casa de mi Padre muchas moradas hay; si así no fuera, yo os lo hubiera dicho; voy, pues, a preparar lugar para vosotros. Y si me fuere y os preparare lugar, vendré otra vez, y os tomaré a mí mismo, para que donde yo estoy, vosotros también estéis" (Jn. 14:2-3).

"Porque el Señor mismo con voz de mando, con voz de arcángel, y con trompeta de Dios, descenderá del cielo; y los muertos en Cristo resucitarán primero. Luego nosotros los que vivimos, los que hayamos quedado, seremos arrebatados juntamente con ellos en las nubes para recibir al Señor en el aire, y así estaremos siempre con el Señor. Por tanto, alentaos los unos a los otros con estas palabras" (1 Ts. 4:16-18).

	C. Destino y sustitución de Judas: escoger a los líderes de la iglesia, 1:12-26		e. Su legado

1 Fundamentos para la elección de líderes
a. Fundamento 1: Obedecer a Jesús: regresaron a Jerusalén
b. Fundamento 2: Centrarse en los líderes designados
  1) Los once apóstoles estaban presentes
  2) Se reunieron donde estaban parando los apóstoles
c. Fundamento 3: Permanecer unánimes 2
d. Fundamento 4: Orar con perseverancia
	12 Entonces volvieron a Jerusalén desde el monte que se llama del Olivar, el cual está cerca de Jerusalén, camino de un día de reposo.
	13 Y entrados, subieron al aposento alto, donde moraban Pedro y Jacobo, Juan, Andrés, Felipe, Tomás, Bartolomé, Mateo, Jacobo hijo de Alfeo, Simón el Zelote y Judas hermano de Jacobo.
	
	14 Todos éstos perseveraban unánimes en oración y ruego, con las mujeres, y con María la madre de Jesús, y con sus hermanos.
		19 Y fue notorio a todos los habitantes de Jerusalén, de tal manera que aquel campo se llama en su propia lengua, Acéldama, que quiere decir, Campo de sangre.
		20 Porque está escrito en el libro de los Salmos: Sea hecha desierta su habitación, Y no haya quien more en ella; y: Tome otro su oficio.
		21 Es necesario, pues, que de estos hombres que han estado juntos con nosotros todo el tiempo que el Señor Jesús entraba y salía entre nosotros, 22 comenzando desde el bautismo de Juan hasta el día en que de entre nosotros fue recibido arriba, uno sea hecho testigo con nosotros, de su resurrección.
			f. Su terrible destino: una pérdida eterna
			
			3 Elección de los líderes de la iglesia: sustitución de Judas
			a. Los líderes deben ser miembros: probados por un largo período de tiempo
			b. Los líderes deben conocer a Jesucristo personalmente: tener un conocimiento personal: ser testigos del poder de su resurrección

e. Fundamento 5: Tener a un líder designado (Pedro) que guíe voluntariamente
f. Fundamento 6: Seguir al líder
2 La necesidad de líderes en la iglesia: destino de Judas y el puesto vacío
a. Su traición: Una guía para el mal frente a una guía para el bien
b. Llamado por Jesús: servir en el ministerio
c. Su avaricia
d. Su muerte: Desesperación y suicidio
	15 En aquellos días Pedro se levantó en medio de los hermanos (y los reunidos eran como ciento veinte en número), y dijo:
	
	16 Varones hermanos, era necesario que se cumpliese la Escritura en que el Espíritu Santo habló antes por boca de David acerca de Judas, que fue guía de los que prendieron a Jesús,
	17 y era contado con nosotros, y tenía parte en este ministerio.
	18 Este, pues, con el salario de su iniquidad adquirió un campo, y cayendo de cabeza, se reventó por la mitad, y todas sus entrañas se derramaron.
		23 Y señalaron a dos: a José, llamado Barsabás, que tenía por sobrenombre Justo, y a Matías.
		24 Y orando, dijeron: Tú, Señor, que conoces los corazones de todos, muestra cuál de estos dos has escogido,
		
		25 para que tome la parte de este ministerio y apostolado, de que cayó Judas por transgresión, para irse a su propio lugar.
		26 Y les echaron suertes, y la suerte cayó sobre Matías; y fue contado con los once apóstoles.
			c. La designación de los líderes requiere oración
			  1) Solo Dios conoce el corazón
			  2) Solo Dios escoge
			
			d. La designación de los líderes requiere consulta congregacional

DIVISIÓN I

LOS GRANDES DÍAS DE EXPECTACIÓN, 1:1-26

C. Destino y sustitución de Judas: escoger a los líderes de la iglesia, 1:12-26

(1:12-26) *Introducción:* Este es un pasaje muy instructivo acerca de la elección de los líderes de la iglesia.

1. Fundamentos para la elección de líderes (vv. 12-15).
2. La necesidad de líderes en la iglesia: destino de Judas y el puesto vacío (vv. 16-20).

3. Elección de los líderes de la iglesia: sustitución de Judas (vv. 21-26).

1 (1:12-15) *Iglesia, líderes:* Fundamentos para la elección de los líderes de la iglesia. En este pasaje se observan seis fundamentos.

1. Fundamento 1: Obedecer a Jesús. Los discípulos acababan de ser testigos de la ascensión en el monte de los Olivos (véase *Estudio a fondo 1,* monte de los Olivos, Lc. 21:37). Ahora obedecieron a Cristo y regresaron a Jerusalén,

y note lo siguiente: su obediencia requirió gran valentía, pues Jerusalén era el mismo centro de oposición contra Cristo.

Al obedecerle estaban arriesgando sus vidas. Hubiera sido mucho más fácil ir a cualquier otro lugar, presentarse y servir a Dios allí, pero Cristo les había dado a conocer su voluntad y los discípulos habían comprometido sus vidas a obedecerle.

Pensamiento 1: Al escoger líderes para la iglesia los creyentes tienen que estar dentro de la voluntad de Dios, debe hacer la voluntad de Dios. No pueden saber a quién Dios ha escogido para líder a menos que le estén obedeciendo. Los creyentes desobedientes y carnales terminan líderes desobedientes y carnales, es decir, con líderes mundanos que saben muy poco, o nada, acerca de Dios, su voluntad y los verdaderos asuntos espirituales de la iglesia y su misión

2. Fundamento 2: Girar alrededor de los líderes escogidos. Nótese que los once apóstoles estaban presentes e incluso que la reunión se celebró en el aposento alto donde los apóstoles se estaban quedando. El edificio era grande ya que había más de 120 discípulos reunidos allí (v. 15). (Véase *Estudio a fondo 4,* Mr. 3:16-19 para más información en un debate acerca de cada uno de los doce apóstoles).

Pensamiento 1: Los líderes escogidos por Cristo deben ser los líderes de la iglesia y los creyentes deben girar alrededor de ellos si desean la presencia de Dios y sus bendiciones. Sin embargo, con demasiada frecuencia, muchos se vuelven a otros líderes, menos piadosos, menos espirituales y menos inclinados al evangelismo y las misiones. El resultado es una iglesia muerta, ceremonial, centrada en sí misma o una iglesia de mentalidad mundana y social (Nótese: hay una gran diferencia entre tener una mentalidad inclinada al ministerio y una centrada en lo social. Es la misma gran diferencia que existe entre el espíritu y el mundo.

=> Tener una mentalidad dirigida al ministerio significa extender la mano para ayudar a las personas tanto social como espiritualmente, guiándoles a un encuentro evangelístico, a una relación personal con Cristo así como satisfacer sus necesidades físicas y sociales.

=> Tener una mentalidad social significa extender la mano para ayudar a las personas prestando muy poca atención, si es que alguna, al evangelismo. Un evangelio social raras veces acentúa la necesidad de una relación personal con Jesucristo.

Si la iglesia quiere ser una verdadera iglesia del señor Jesucristo, *debe tener y seguir a líderes espirituales,* líderes escogidos y designados por Dios.

3. Fundamento 3: continuar en armonía (véase *Estudio a fondo 1,* Hch. 1:14). Los discípulos estaban en el aposento alto por una única razón: buscando y esperando el bautismo del Espíritu Santo.

Pensamiento 1: Los creyentes deben tener una mente y un mismo espíritu, poniendo la mira y centrándose tan fuertemente como puedan en un mismo propósito. Tienen un propósito en mente, buscar en Dios la promesa de su Espíritu y su presencia.

4. Fundamento 4: orar con tenacidad (proskarterountes). La palabra es fuerte. Ellos continuaban, perseveraban, persistían, se aferraban a la oración. ¿Por qué? Por el bautismo del Espíritu Santo. No iban a dejar de orar. Se les había prometido la presencia especial de Dios, su poder, su propio Espíritu, y no iban a cesar de orar hasta que Dios los bautizara con su Espíritu y presencia. (¡Qué lección para nosotros!)

5. Fundamento 5: tener un líder que guíe voluntariamente. Pedro había fallado a su Señor y de forma terrible, negándole trágicamente. Había caído emocionalmente en los desechos de la angustia y la desesperanza (véase nota, Mt. 26:69-75). Fácilmente pudiera haber permanecido derrotado, permitiendo que las miradas y las críticas de los creyentes lo dejaran aplastado, sin servir nunca más a su señor. Pero fíjese, él se levantó de la desesperanza y el derrotismo: estaba de pie deseoso de servir a Cristo exactamente en el lugar en que Cristo originalmente le había designado. Ni su pecado ni las críticas del público le iban a impedir servir a su señor. Él había fracasado y de manera lamentable, pero el señor en su increíble misericordia y gracia le había perdonado y levantado y ahora estaba listo para usar a Pedro como había planeado originalmente.

Pensamiento 1. Fíjese que Pedro se ofreció voluntariamente. No lo hizo por coacción ni por miedo. Compare lo que más adelante dijo a los líderes de la iglesia.

> **"Ruego a los ancianos que están entre vosotros, yo anciano también con ellos, y testigo de los padecimientos de Cristo, que soy también participante de la gloria que será revelada: Apacentad la grey de Dios que está entre vosotros, cuidando de ella, no por fuerza, sino voluntariamente; no por ganancia deshonesta, sino con ánimo pronto; no como teniendo señorío sobre los que están a vuestro cuidado, sino siendo ejemplos de la grey" (1 P. 5: l-3).**

6. Fundamento 6: prestar atención a lo que dice el líder. Los 120 creyentes escucharon y prestaron atención al liderazgo de Pedro. Ningún líder podía guiar a menos que las personas estuvieran dispuestas a seguirle. La presencia de Dios y sus bendiciones dependían de que los creyentes siguieran al líder que Dios les había dado.

ESTUDIO A FONDO 1

(1:14) **Unánimes (homothumadon):** la misma mente y espíritu; unidad de mente y corazón. Quiere decir ser uno en cuanto a espíritu y propósito. *Homos* significa igual y thumos significa espíritu o mente. Los creyentes, los 120 congregados en el aposento alto, tenían el mismo espíritu, la misma mente. La idea es que procuraban lo mismo, el bautismo del Espíritu Santo. Estaban concentrando sus pensamientos y energía buscando en Dios la promesa de su Espíritu.

La palabra se usa solo once veces en las Escrituras, diez de las cuales aparecen en Hechos y una en Romanos.

=> Unánimes en oración (Hch. 1:14; 4:24).

=> Unánimes en un lugar (Hch. 2:1).

=> Unánimes en la adoración diaria y en la Cena del Señor (Hch. 2:46; 5:12).

=> Unánimes en obediencia (Hch. 8:6).

=> Unánimes en una reunión de negocios (Hch. 15:25).

=> Se requiere la unidad para glorificar a Dios (Ro. 15:6).

La frase "unánimes" se usa también para referirse a la unidad de los no creyentes y enemigos del evangelio (Hch. 7:57; 12:20; 18:12; 19:29).

ESTUDIO A FONDO 2

(1:14) *Jesucristo, familia:* fíjese quiénes estaban presentes en el aposento alto.

1. Los once apóstoles
2. Las mujeres, incluyendo probablemente a las esposas de los apóstoles y las otras mujeres que seguían a Jesús (Lc. 8:2-3; Mt. 27:55; 27:61; 28:9s; Mr. 15:40, 47; Lc. 23:49, 55; 24:1).
3. María la madre de Jesús.
4. Los hermanos de Jesús: Jacobo, José, Simón y Judas (Mt. 13:55; Mr. 6:3). Antes de la resurrección ellos rechazaban las afirmaciones de Jesús, pero después de su resurrección se convirtieron en creyentes. Jacobo tuvo una aparición y revelación personal del Señor resucitado (1 Co. 15:7). Él se convirtió en el pastor de la gran iglesia de Jerusalén.

2 (1:16-20) *Líderes, iglesia:* la necesidad de líderes para la iglesia –el destino de Judas y su cargo desocupado. La iglesia tenía un cargo desocupado porque uno de sus líderes había tenido una trágica muerte. Note que Judas había sido líder, y tuvo uno de los cargos más elevados, era el tesorero del mismo Señor. (Véase nota, Jn. 12:4-8).

Pedro se refirió brevemente a por qué había que cubrir ese cargo en la iglesia.

1. Judas había traicionado a Cristo, de hecho se había convertido en el guía de los enemigos de Jesús (cp. Mt. 26:47s; Lc.22:47; Jn. 18:2s). Debía haber guiado a las personas para que recibieran a Cristo; en cambio, les guió para que lo rechazaran, le negaran y le sacaran de escena.
2. Judas había sido llamado por Cristo a servir en el ministerio. Se le había dado un papel que desempeñar. Todos le *contaban* como uno de los apóstoles y un líder en el pueblo de Dios. Sin embargo, de algún modo él había rechazado la gracia de Dios que verdaderamente *salva y santifica* que hace que una persona crea diligentemente y busque a Dios, que verdaderamente le sirva y viva para él.

Pensamiento 1. A menos que una persona sea verdaderamente salva y santificada, no es aceptable delante de Dios. No es suficiente…

• clamar y profesar a Dios.
• tener un cargo oficial en la iglesia, aunque sea el más alto.
• ser un ministro o líder.

• asociarse con otros creyentes.
• ser un miembro fiel de la iglesia.
• ser activo en el ministerio.

3. Judas había rendido su corazón a la avaricia vendiendo a Cristo por treinta piezas de plata. (Véase notas, Mt.26:15).
4. Judas tuvo una muerte terrible: se ahorcó en desesperación. (La soga se partió y cayó de cabeza. Su cuerpo se reventó. El cuadro se da en términos descriptivos para corresponderse al hecho horrible de traicionar a Cristo).
5. El legado de Judas es trágico. Todo el mundo, incluso el lector, conoce el terrible legado de la vida de Judas, el legado de la traición. Traicionar a Cristo es el más terrible legado que un hombre pueda tener jamás. (Esto queda como una advertencia que debe ser atendida por todos).
6. El terrible destino de Judas fue una pérdida eterna. Este versículo es una cita de los salmos 69:25; 109:8 (cp. Sal. 41:9; Zac.11:12). Fíjese en dos cosas.
   a. La frase "su habitación" (he epaulis autou) es descriptiva. Quiere decir una casa de campo o un lugar para las ovejas como un apacentadero o un corral. La idea es que a Judas nunca más se le permitiría ser granjero (agricultor) o pastor para Dios.
   b. La palabra "oficio" (episkopen) significa supervisión. De esta palabra procede el cargo de obispo. La idea es que el cargo de Judas de *supervisar* el rebaño de Dios sería desempeñado por otra persona. Judas había perdido su ministerio completamente.

Pensamiento 1: Lo que le sucedió a Judas sirve de advertencia para todo líder cristiano. Judas tuvo todas las oportunidades imaginables, incluso la de rozarse cada día con el Señor Jesús, sin embargo, él abandonó a Cristo.

"**manteniendo la fe y buena conciencia, desechando la cual naufragaron en cuanto a la fe algunos**" (1 Ti. l:19).

"**Pero el Espíritu dice claramente que en los postreros tiempos algunos apostatarán de la fe, escuchando a espíritus engañadores y a doctrinas de demonios**" (1 Ti.4:1).

"**Mirad, hermanos, que no haya en ninguno de vosotros corazón malo de incredulidad para apartarse del Dios vivo**" (He. 3:12).

"**Así que vosotros, oh amados, sabiéndolo de antemano, guardaos, no sea que arrastrados por el error de los inicuos, caigáis de vuestra firmeza**" (2 P. 3:17).

3 (1:21-26) *Líderes:* escoger líderes para la iglesia, el sucesor de Judas.

1. Los líderes deben ser compañeros; deben tener comunión con otros creyentes durante un largo período de tiempo. Pedro dijo sin duda alguna que no deben ser novatos, no deben ser nuevos creyentes sin instrucción en la fe. No debe escogerse personas para ser líderes hasta que alcancen madurez en la fe y se haya comprobado que son genuinos.

"**no un neófito, no sea que envaneciéndose caiga en la condenación del diablo**" (1 Ti.3:6).

2.   Los líderes deben conocer al Señor Jesús personalmente. Deben tener un conocimiento personal de Jesucristo: ser testimonios de su resurrección y poder. Un líder…

- no solo debe conocer sobre Jesús, sino conocer a Jesús.
- no solo debe profesar a Jesús, sino tener a Jesús.
- no solo creer que Jesús vivió, sino debe saber que Jesús vive.
- no solo debe leer la historia de Jesús, sino vivir la vida de Jesús.
- no solo debe practicar la religión de Jesús, sino seguir a Jesús, el mismo Señor resucitado.
- no slo debe estar dispuesto a guiar a otros, sino ya estar guiando a otros (no importa cuán pocos).
- no solo debe hablar de testificar, sino hacerlo.
- no solo debe anhelar el poder resucitado de Dios, sino que ya debe conocer el poder de Dios.

Fíjese en los dos nombres que se nominaron. Eran hombre altamente estimados por los primeros creyentes. No se sabe nada más de ellos.

"Vosotros sois mis testigos, dice Jehová, y mi siervo que yo escogí, para que me conozcáis y creáis, y entendáis que yo mismo soy; antes de mí no fue formado dios, ni lo será después de mí" (Is.43:10).

"Y estableció a doce, para que estuviesen con él, y para enviarlos a predicar" (Mr.3:14).

3.   Los líderes deben ser nombrados mediante la oración. Debe buscarse a Dios por dos razones muy claras, pero generalmente olvidadas.

a.   Solo Dios conoce le corazón humano. El corazón de una persona no puede ser conocido realmente por otros. Solo Dios puede mirar dentro. Los hombres pueden ser engañados y el hecho estaba claro ya que Judas había engañado contundentemente a los primeros creyentes. Estaba perfectamente claro que ellos podían escoger a alguien falso, a un creyente carnal. Tenían que buscar a Dios porque solo él sabe lo que hay en el corazón del hombre (Jn.2:24-25).

b.   Solo Dios tenía el derecho de escoger. La iglesia, el cargo, la misión, era de él. Solo Dios sabía a quién quería para ocupar el cargo. Tenían que pedir para saber cuál era la voluntad de Dios.

"No me elegisteis vosotros a mí, sino que yo os elegí a vosotros, y os he puesto para que vayáis y llevéis fruto, y vuestro fruto permanezca; para que todo lo que pidiereis al Padre en mi nombre, él os lo dé (Jn.15:16).

"El Señor le dijo: Ve, porque instrumento escogido me es éste, para llevar mi nombre en presencia de los gentiles, y de reyes, y de los hijos de Israel" (Hch. 9:15).

"Ministrando éstos al Señor, y ayunando, dijo el Espíritu Santo: Apartadme a Bernabé y a Saulo para la obra a que los he llamado. Entonces, habiendo ayunado y orado, les impusieron las manos y los despidieron" (Hch. 13:2-3).

Pensamiento 1: Advierta la gran lección acerca de la oración que este hecho nos brinda. La voluntad de Dios no puede conocerse si primero no se busca.

"Por tanto, os digo que todo lo que pidiereis orando, creed que lo recibiréis, y os vendrá." (Mr. 11:24).

"Y cualquiera cosa que pidiéremos la recibiremos de él, porque guardamos sus mandamientos, y hacemos las cosas que son agradables delante de él." (1 Jn.3:22).

"me buscaréis y me hallaréis, porque me buscaréis de todo vuestro corazón" (Jer.29:13).

4.   Los líderes son designados por la congregación no por ellos mismos. No fueron solo los doce apóstoles quienes escogieron al apóstol número doce. Está claro lo que hicieron Pedro y los 120 discípulos. Pedro pidió nominaciones (v. 21), el grupo entero echó suertes y votaron por quién ellos pensaban que Dios quería Dios. Fue un proceso congregacional o democrático.

ESTUDIO A FONDO 3

(1:26) Suertes: realmente no se conoce qué implicaba exactamente el "echar suertes". Era un método permitido en el Antiguo Testamento para tomas decisiones bajo la dirección de Dios (Lv. 16:8; Nm. 26:55; Pr. 16:33). Parece ser que cada cual escribía su elección o que las opciones simplemente se escribían y se echaban en un recipiente que se agitaba (al igual que se hace con los dados) y luego se escogía una. A pesar del factor azar, debe recordarse que cada nombre que se echaba en el recipiente calificaba en los ojos de la iglesia y por tanto cualquiera de los nominados podía servir como líder. Sin embargo, al echar suertes, se confiaba grandemente en que Dios se impondría a las suertes encargándose de que se escogiera su voluntad.

	CAPÍTULO 2	bajo el cielo.	
	II. EL NACIMIENTO Y DESARROLO DE LA IGLESIA, 2:1–7:60	6 Y hecho este estruendo, se juntó la multitud; y estaban confusos, porque cada uno les oía hablar en su propia lengua.	a. Escuchaban en su propio idioma
	A. El día de Pentecostés y la venida del Espíritu Santo: nace la iglesia, 2:1-13	7 Y estaban atónitos y mara-villados, diciendo: Mirad, ¿no son galileos todos estos que hablan?	
1 Se manifestó la provi-dencia de Dios	Cuando llegó el día de Pente-costés, estaban todos unáni-mes juntos.	8 ¿Cómo, pues, les oímos nosotros hablar cada uno en nuestra lengua en la que hemos nacido?	b. Escucharon de las maravillas de Dios.
2 Hubo obediencia del hombre		9 Partos, medos, elamitas, y los que habitamos en Meso-	
3 Hubo espíritu de una-nimidad		potamia, en Judea, en Capa-docia, en el Ponto y en Asia,	
4 Hubo llenura del Espíritu	2 Y de repente vino del cielo un estruendo como de un viento recio que soplaba, el cual llenó toda la casa donde estaban sentados;	10 en Frigia y Panfilia, en Egipto y en las regiones de Africa más allá de Cirene, y romanos aquí residentes,	
a. Como un sonido poderoso: estruendo de viento "recio"		tanto judíos como prosélitos, 11 cretenses y árabes, les oímos hablar en nuestras len-	
b. Como fuego: lenguas repartidas se asenta-ron sobre cada creyente	3 y se les aparecieron lenguas repartidas, como de fuego, asentándose sobre cada uno de ellos.	guas las maravillas de Dios. 12 Y estaban todos atónitos y perplejos, diciéndose unos a	**6 Hubo reacciones diferentes**
c. Resultados:	4 Y fueron todos llenos del Espíritu Santo, y comenzaron	otros: ¿Qué quiere decir esto?	a. Algunos se sintieron atraídos y trataban de
1) Todos fueron llenos del Espíritu	a hablar en otras lenguas, según el Espíritu les daba que	13 Mas otros, burlándose, decían: Están llenos de	entenderlo.
2) Todos hablaron en otras lenguas:[EF4] Testificar	hablasen.	mosto.	b. Otros se burlaban.
5 Se testificó: hombres devotos escucharon la palabra	5 Moraban entonces en Jeru-salén judíos, varones piado-sos, de todas las naciones		

DIVISIÓN II

EL NACIMIENTO Y DESARROLLO DE LA IGLESIA, 2:1–7:60

A. El día de Pentecostés y la venida del Espíritu Santo: nace la iglesia, 2:1-13

(2:1-13) *Introducción:* el día de Pentecostés fue uno de los acontecimientos más extraordinarios e importantes en toda la historia. Existen varias razones que hacen de este un suceso tan importante.

=> Fue la "venida del Espíritu Santo".
=> Fue el nacimiento de la iglesia.
=> El Espíritu Santo llenó al cuerpo de creyentes con la presencia de Cristo que se les había prometido (Jn. 14:16-18).
=> El Espíritu Santo llenó de manera individual a cada creyente.
=> La presencia y el poder de Dios cayeron sobre los creyentes, dotándolos y equipándolos para proclamar

el glorioso mensaje de la salvación a los hombres.

1. Se manifestó la providencia de Dios (v. 1).
2. Hubo obediencia del hombre (v. 1)
3. Hubo espíritu de unanimidad (v. 1)
4. Hubo llenura del Espíritu (vv. 2-4)
5. Se testificó: hombres devotos escucharon la palabra (vv. 5-11)
6. Hubo reacciones diferentes (vv. 12-13).

ESTUDIO A FONDO 1

(2:1-4) *Espíritu Santo: Pentecostés:* los discípulos habían sido preparados deliberadamente para la venida del Espí-ritu Santo. A través de toda la Escritura se va revelando al Espíritu paso a paso, es decir de manera progresiva.

Las profecías lo muestran claramente:

1. Joel profetizó: "después de esto derramaré mi Espíritu sobre toda carne, y profetizarán vuestros hijos y vuestras hijas; vuestros ancianos soñarán sueños, y vuestros jóvenes verán visiones. Y también sobre los siervos y sobre las siervas derramaré mi Espíritu en

aquellos días" (Joel 2:28-29).

2. Juan el Bautista dijo: "Yo a la verdad os bautizo en agua para arrepentimiento; él os bautizará en Espíritu Santo" (Mt. 3:11; Lc. 3:16).

3. Al comienzo del ministerio de Jesús él dijo que los creyentes debían "nacer de nuevo... del Espíritu" (Jn. 3:3-4; cp. 1 Jn. 5:1).

4. Durante su ministerio Jesús enseñó que los hombres debían recibir al Espíritu Santo mediante la oración (Lc. 11:13).

5. En el aposento alto Jesús se refirió al Espíritu Santo como una persona (Jn. 14:15-26) y se refirió a su labor tanto con creyentes como con incrédulos (Jn. 16:7-15). Es significativo que Jesús reveló que estaba orando al Padre para que viniera el Consolador y morara con los discípulos (Jn. 14:16-17).

6. Después de su resurrección de entre los muertos, Jesús apareció a sus discípulos en el Aposento Alto. Simbólicamente sopló sobre ellos diciendo: "recibid el Espíritu Santo" (Jn. 20:22), pero insistió en que no comenzaran su ministerio hasta que el Espíritu viniera sobre ellos con poder (Lc. 24:49; Hch. 1:8).

7. Justo antes de que Jesús ascendiera al cielo dijo: "Juan ciertamente bautizó con agua, mas vosotros seréis bautizados con el Espíritu Santo" (Hch. 1:5).

8. Diez días después de su ascensión y luego de mucha oración, el Espíritu Santo vino sobre todos los creyentes en el día de Pentecostés (Hch. 2:1-4).

Hay dos acontecimientos en la venida del Espíritu Santo que tienen significación histórica. Estos dos acontecimientos en particular son sumamente especiales para la iglesia ya que se hizo evidente que tanto los creyentes judíos como los gentiles formaban parte del plan histórico de Dios. Tanto judíos como gentiles fueron bautizados con el Espíritu Santo, es decir, fueron hechos parte del cuerpo de Cristo, su iglesia.

1. En Pentecostés: los discípulos fueron "llenos del Espíritu Santo" (Hch. 2:4).

   a. Esto fue el cumplimiento de la profecía de Joel. El Espíritu fue *derramado* sobre los creyentes (Hch. 2:16).

   b. Fue el cumplimiento de las profecías de Jesús y de Juan. El Espíritu *bautizó*, es decir, los creyentes fueron sumergidos en su presencia (Hch. 1:5; 10:44-48; cp. 11:15-16, esp. 16).

2. En la casa de Cornelio: el Espíritu Santo "cayó", "se derramó" y fue "recibido" por creyentes gentiles (Hch. 10:44-47).

   a. Pedro dijo a los judíos que estaban con él que aquellos habían recibido al Espíritu Santo *"como nosotros"* (Hch. 10:47).

   b. Pedro contó lo acontecido a la iglesia de Jerusalén: "cayó el Espíritu Santo sobre ellos también, *como sobre nosotros al principio.* Entonces me acordé de lo dicho por el Señor, cuando dijo: Juan ciertamente bautizó en agua, mas vosotros seréis bautizados con el

Espíritu Santo" (Hch. 11:15-16).

   c. Pedro usó dicha experiencia para apoyar a Pablo ante el concilio de Jerusalén:

"Dios... [les dio] el Espíritu Santo lo mismo que a nosotros" (Hch. 15:8).

En los tres ejemplos se transmite la idea de que era algo similar a *su propia* experiencia. Era como si Pedro estuviera refiriéndose a un Pentecostés gentil o por lo menos a una extensión a los gentiles del Pentecostés que se narra en Hechos 2.

Tenga en cuenta lo siguiente:

1. En Pentecostés el narrador usa la palabra *llenos*, no *bautizados*.

2. La narración nos dice que en casa de Cornelio, el Espíritu Santo "cayó", "se derramó" y fue "recibido", pero al contar la experiencia a la iglesia de Jerusalén, Pedro usa la palabra *bautizado*. Dijo que los creyentes gentiles fueron "bautizados con el Espíritu Santo" (Hch. 11:16) como había sucedido con ellos al principio (Hch. 11:15). Esto nos demuestra claramente que aunque la palabra *bautizados* no se usó en la experiencia de Pentecostés, los discípulos fueron bautizados y sumergidos en la presencia del Espíritu en Pentecostés. Las palabras *llenos, recibieron, derramado, bautizado, cayó sobre*, se usan indistintamente para describir la venida de la presencia del Espíritu a la vida del creyente. (Si los creyentes prestaran atención a esto, terminarían muchos de los debates que surgen alrededor e la terminología).

Aparte de estos dos acontecimientos, Hechos registra otras cuatro ocasiones en que el Espíritu Santo vino sobre los creyentes.

1. Un pequeño grupo de oración en Jerusalén fue "lleno" del Espíritu Santo (cp. Hch. 4:8).

2. Los samaritanos (mitad judíos, mitad gentiles) "recibieron el Espíritu Santo" (Hch. 8:15-17).

3. Pablo fue "lleno del Espíritu Santo" (Hch. 9:17).

4. Los discípulos de Juan experimentaron que el "Espíritu Santo" vino sobre ellos (Hch. 19:6).

Hay otro hecho importante. Además de en Pentecostés y la casa de Cornelio, la palabra *bautizar* solo se usa una vez más con relación al Espíritu Santo en el resto del Nuevo Testamento. Es necesario que las personas presten atención a esto. Lo que se está diciendo es que después del libro de Hechos, la palabra *bautizar* se usa solo una vez para referirse al Espíritu Santo. Esa única referencia aparece en 1 Co. 12:13: 'Porque por un solo Espíritu fuimos todos bautizados en un cuerpo". Es decir, el Espíritu Santo bautiza o sumerge, coloca a todos los creyentes en el cuerpo de Cristo, es decir en la Iglesia, la Iglesia universal.

En conclusión ¿qué significa todo esto?

1. Cuando un hombre escucha el evangelio y cree, y lo hace de verdad, el Espíritu Santo entra en su vida. *Viene sobre, cae sobre, llena, se derrama sobre, bautiza (sumerge)* la vida del creyente. Es una experiencia personal. Esta acción del Espíritu ocurre en la vida del creyente. El creyente *experimenta* la venida del Espíritu a su vida.

2. Cuando un hombre escucha el evangelio y cree, y lo hace de verdad, el Espíritu Santo lo toma y lo bautiza o sumerge, lo coloca en el cuerpo de Cristo, que es la iglesia de Dios. El creyente no siente este hecho. Es algo de parte de Dios que ocurre en el cielo. El creyente es *contado* como hijo de Dios. Es *contado* como un miembro del cuerpo, de la iglesia. Es una *posición*, no una vivencia, que el creyente siente. Sucede una vez y para siempre. El creyente es adoptado como hijo de Dios irrevocablemente. Es una *posición* eterna, una adopción eterna (Véase *Estudio a fondo 2*, Gá. 4:5-6). El creyente se convierte en un miembro de la familia de Dios, por su posición (1 Co. 12:13).

3. Después que un hombre es salvo, debe continuar siendo "lleno del Espíritu", día tras días (Ef. 5:18; cp. Jn. 14:21; la palabra "manifestaré"). Los primeros creyentes eran llenados constantemente (Hch. 4:8, 31).

1 (2:1) *Fiesta de Pentecostés — Dios, providencia de:* se manifestó la providencia de Dios. Es necesario que se entienda la fiesta de Pentecostés para ver cómo funciona la providencia de Dios. El Pentecostés se celebraba cincuenta días después de la Pascua. Se le conocía también como "el día de las primicias" (Nm.28:26), o la "fiesta de las semanas" (Éx. 34:22), o la "fiesta de la cosecha".

Pentecostés era un día glorioso de celebración, un día en que el pueblo rendía alabanza y adoración a Dios. Había tres motivos particulares por los cuales daban gracias a Dios.

1. La cosecha de los campos. Fíjese que el propio nombre de la fiesta dice que es una celebración de los "primeros frutos". Se celebraba cuando los primeros frutos de la cosecha comenzaban a salir, eso ocurría cerca del primero de junio. Esto inauguraba la época de la cosecha.

2. El éxodo, la liberación de la nación de Israel del yugo egipcio (Dt. 16:12). El pueblo debía dar gracias a Dios por el día en que los liberó de la esclavitud.

3. La ley dada en el monte Sinaí (Éx.19-20). Este fue el día en que el pueblo se constituyó como nación, como la gran nación de Israel. Debía vivir como el pueblo de Dios en la tierra. Además le darían gracias a Dios por sí mismo y por su ley, las reglas y principios que él les había dado para que gobernaran sus vidas y nación. Es importante destacar que Jesús calculó que la ley fue dada a Moisés cincuenta días después del éxodo.

Fíjese en la providencia de Dios, los tres sucesos se cumplieron con la venida del Espíritu Santo.

1. Cuando "llegó el día de Pentecostés" ya habían nacido los primeros frutos –la propia iglesia y la primera cosecha de almas. El nuevo comienzo, es decir la llenura del Espíritu Santo, comenzó cincuenta días después de la muerte y resurrección de Jesús (Hch. 2:4).

2. La venida del Espíritu Santo había tenido un propósito muy específico. El Espíritu Santo iba a vivir y obrar dentro del corazón del hombre, lo liberaría de la esclavitud de este mundo, del pecado, la muerte y el infierno. El Espíritu Santo vino para dar libertad al hombre así como Dios había libertado a los judíos de la esclavitud egipcia (2 Co.3:17; cp. Jn. 16:8-11).

3. La venida del Espíritu Santo representó dos cosas.

a. Era el nacimiento de la iglesia, el nuevo pueblo de Dios. Las personas que se acercaban a Dios verdaderamente serían ahora selladas y conocidas por la presencia del Espíritu Santo dentro de sus corazones y sus vidas.

"Y el que nos confirma con vosotros en Cristo, y el que nos ungió, es Dios, 22el cual también nos ha sellado, y nos ha dado las arras del Espíritu en nuestros corazones" (2 Co.1:21-22).

"En él también vosotros, habiendo oído la palabra de verdad, el evangelio de vuestra salvación, y habiendo creído en él, fuisteis sellados con el Espíritu Santo de la promesa, 14que es las arras de nuestra herencia hasta la redención de la posesión adquirida, para alabanza de su gloria" (Ef. 1:13-14).

"Y no contristéis al Espíritu Santo de Dios, con el cual fuisteis sellados para el día de la redención" (Ef.4:30).

b. Fue la institución de la nueva ley, el nuevo gobierno y principios de Dios. Ahora el hombre sería guiado por el Espíritu quien lo capacita para vivir correctamente y servir a Cristo.

"Mas el Consolador, el Espíritu Santo, a quien el Padre enviará en mi nombre, él os enseñará todas las cosas, y os recordará todo lo que yo os he dicho" (Jn.14:26).

"Pero cuando venga el Espíritu de verdad, él os guiará a toda la verdad; porque no hablará por su propia cuenta, sino que hablará todo lo que oyere, y os hará saber las cosas que habrán de venir" (Jn.16:13).

"Porque todos los que son guiados por el Espíritu de Dios, éstos son hijos de Dios" (Ro. 8:14).

"Pero el hombre natural no percibe las cosas que son del Espíritu de Dios, porque para él son locura, y no las puede entender, porque se han de discernir espiritualmente"
(1 Co. 2:14).

ESTUDIO A FONDO 2

(2:1) *Fiestas judías:* los judíos tenían tres fiestas principales. Cada una de ellas había sido instituida por Dios para celebrar acontecimientos importantes tanto de la vida diaria como en la historia del pueblo y la nación, pero Dios tenía algo más en mente: la venida de su hijo y el surgimiento de sus seguidores. Por tanto, cada una de las fiestas tiene su cumplimiento en Cristo y su iglesia.

1. La "fiesta de la Pascua". Era una semana para dar gracias…

• Por la liberación que Dios les había dado del cautiverio y esclavitud, recordando el yugo de sus antepasados en Egipto.

La fiesta de la Pascua tuvo su cumplimiento en la crucifixión de Cristo. Cristo era el "cordero de Dios" que moriría por los pecados del mundo. Él y su muerte estaban representados en el cordero pascual. (Véase notas a Mt. 26:17-30; Lc. 22:7-23 para mayor discusión).

2. La "fiesta de las Primicias". Era un día para dar gracias...
- por el brote y desarrollo de las nuevas cosechas, la siega de los primeros frutos de la tierra.
- por el nacimiento de su nación en el monte Sinaí.

Esta fiesta tuvo su cumplimiento en la venida del Espíritu Santo el día de Pentecostés, el día en que nació la iglesia y fueron cosechados los primeros miembros del nuevo pueblo de Dios. (Véase nota a Hch. 2:1 para mayor discusión).

3. La "Fiesta de los tabernáculos". Era una semana para dar gracias...
- por el fin de la época de la cosecha, toda la jornada de trabajo y lucha experimentados para recoger la cosecha.
- por el fin del peregrinaje de la nación en el desierto bajo la dirección de Moisés.

La "fiesta de los tabernáculos" todavía está por cumplirse. Será cumplida cuando nuestro Señor regrese. Esta fiesta representará nuestro gozo, libertad, victoria sobre nuestro peregrinar en el desierto de la vida y la gloriosa providencia de Dios al vivir y servirle eternamente en su grandiosa presencia (Zac. 14:16). (Véase nota 1 en el Bosquejo en Jn. 7:37 para mayor discusión).

ESTUDIO A FONDO 3

(2:1) *Poder:* Jesús había instruido a sus discípulos para que se quedaran en Jerusalén hasta que recibieran poder (Lc. 24:49).

2 (2:1) *Obediencia:* el hombre obedeció. Nótese que los creyentes estaban todos reunidos en un lugar en la ciudad de Jerusalén, precisamente en el lugar donde Cristo les había dicho que esperaran la venida del Espíritu Santo. Ellos obedecieron, a pesar del gran peligro que representaban para ellos las autoridades de Jerusalén. (Véase nota a Hch. 1:12-25 para mayor discusión).

Pensamiento 1: Hay una cosa esencial si un creyente desea recibir la plenitud del Espíritu de Dios: la obediencia. El creyente debe obedecer a Cristo y seguir sus instrucciones.

"Si me amáis, guardad mis mandamientos. Y yo rogaré al Padre, y os dará otro Consolador, para que esté con vosotros para siempre: el Espíritu de verdad, al cual el mundo no puede recibir, porque no le ve, ni le conoce; pero vosotros le conocéis, porque mora con vosotros, y estará en vosotros. (Jn.14:15-17).

Respondió Jesús y le dijo: El que me ama, mi palabra guardará; y mi Padre le amará, y vendremos a él, y haremos morada con él. (Jn.14:23).

3 (2:1) *Unidad:* había espíritu de armonía. (Véase *Estudio a fondo,* Hch. 1:14 para discusión).

4 (2:2-4) *Espíritu Santo — Pentecostés:* ocurrió la llenura del Espíritu Santo. Observe las palabras "de repente". El Espíritu Santo vino repentinamente, inesperadamente, el tipo

de suceso abrupto que sacude y asombra a una persona. Dios estaba dramatizando la importancia sobrenatural y preciada del acontecimiento.

1. Un estruendo poderoso llenó la habitación.
   a. El estruendo provenía del cielo, es decir, de Dios. Provenía de la actividad de Dios, no de fenómenos naturales que ocurren en la tierra. Era algo sobrenatural. Dios creó un sonido para esta ocasión especial.
   b. El sonido era como de un viento *recio.* No era viento, sino el sonido como de un viento estruendoso o en ráfagas (cp. huracán, tornado, vendaval).
   c. El sonido llenó *toda la casa,* es decir, se localizó en la casa donde estaban *sentados.* ¿Por qué? Existen al menos tres razones.

=> Primero, las personas necesitaban ser sacudidas y advertidas, llamadas a reunirse de todas partes de Jerusalén para investigar lo que había sucedido. Se necesitaba público para la primera predicación del evangelio.

=> Segundo, los discípulos necesitaban una ilustración dramática del Espíritu Santo. Necesitaban que se les infundiera gran confianza para poder predicar el evangelio frente a las mismas personas que habían crucificado al Señor y los habían perseguido a ellos como cómplices.

=> Tercero, los discípulos aprenderían cómo Cristo quería que ellos predicaran el evangelio. La presencia del Espíritu Santo en ellos haría que multitudes de gente viniera de todas partes o les guiaría a las personas a quienes debían alcanzar.

2. Hubo lenguas repartidas (diamerizomenai). La palabra griega significa un idioma hendido, es decir, partido en dos. La idea es que apareció una sola lengua y luego esta comenzó a separarse y dividirse, descansando sobre cada uno de los discípulos.
   a. Las lenguas no eran fuego, sino como fuego, es decir solamente se parecían al fuego. Era una sustancia brillante, luminosa, semejante al fuego, creada por Dios para dramatizar el momento en que el Espíritu Santo venía sobre sus discípulos.
   b. La primera lengua de fuego que apareció simbolizaba la presencia del Espíritu Santo que moraría como un todo en medio del pueblo de Dios. Al comenzar a dividirla en muchas lenguas de fuego que caían sobre cada creyente, él estaba representando que morarían en cada creyente así como dentro del cuerpo de creyentes en su totalidad. (Véase notas –1 Co. 3:16-17; 1 Co. 6:19-20).

   La palabra griega para "asentándose" (ekathisen) implica que "se asentó", en singular, implicando entonces que era el mismo Espíritu Santo descendiendo y asentándose sobre *cada uno* de los discípulos. No estaban recibiendo "lenguas de fuego" sino el Espíritu de Dios.

Advierta que el Espíritu apareció en forma de una lengua de fuego. La lengua simboliza el instrumento de hablar, predicar y dar a conocer el evangelio. El Espíritu Santo sería el poder abrasador de la lengua, del mensaje que convencería de pecado.

3. Hubo doble resultados.

a. Los discípulos fueron llenos del Espíritu Santo (Véase *Estudio a fondo 1* — Hechos 2:1-4 para mayor discusión).

En primer lugar, tanto el cuerpo (la iglesia) como cada individuo fueron llenos. Fueron "todos llenos" con la presencia y poder del Espíritu; todos en sentido corporal y cada uno de manera individual. A cada creyente se le había ordenado que esperara por el bautismo del Espíritu, y cada uno sería lleno con su presencia y poder. Era un mandato tanto para el creyente como para el cuerpo. Cada uno experimentaría y conocería su gracia, fruto y poder (Gá. 5:22-23).

Pensamiento 1. Hay un asunto crucial que muchas veces se ignora y rechaza. El mandamiento a ser llenados con el Espíritu sigue siendo el mandato de Dios para cada creyente, tanto individualmente como de forma colectiva (la iglesia).

> "sed llenos del Espíritu" (Ef. 5:18).
> "Pero el fruto del Espíritu es amor, gozo, paz, paciencia, benignidad, bondad, fe, mansedumbre, templanza; contra tales cosas no hay ley." (Gá. 5:22-23).

Pensamiento 2. ¡Cuán descuidada es la iglesia al ignorar y descuidar el mandato de buscar ser "llenos del Espíritu"! ¿cuántas iglesias se reúnen en realidad para orar y esperar por la llenura del Espíritu de Dios?

> "Pues si vosotros, siendo malos, sabéis dar buenas dádivas a vuestros hijos, ¿cuánto más vuestro Padre celestial dará el Espíritu Santo a los que se lo pidan?" (Lc. 11:13).

Además los discípulos recibieron los dones del Espíritu para llevar adelante la obre del ministerio en la tierra. Este hecho no se menciona aquí, aunque se demuestra claramente en la predicación que estaba por ocurrir. La entrega de los dones del Espíritu se trata en Efesios.

> "Por lo cual dice: 'Subiendo a lo alto, llevó cautiva la cautividad, y dio dones a los hombres'... Y él mismo constituyó a unos, apóstoles; a otros, profetas; a otros, evangelistas; a otros, pastores y maestros, a fin de perfeccionar a los santos para la obra del ministerio, para la edificación del cuerpo de Cristo" (Ef. 4:8, 11-12).
> "pero recibiréis poder cuando haya venido sobre vosotros el Espíritu Santo, y me seréis testigos en Jerusalén, en toda Judea, en Samaria y hasta lo último de la tierra" (Hch. 1:8).
> "y cuál la extraordinaria grandeza de su poder para con nosotros los que creemos, según la acción de su fuerza poderosa. Esta fuerza operó en Cristo, resu-

citándolo de los muertos y sentándolo a su derecha en los lugares celestiales" (Ef. 1:19-20).

Los discípulos comenzaron a hablar en otras lenguas (véase *Estudio a fondo 4* — Hch. 2:4).

ESTUDIO A FONDO 4

(2:4) *Lenguas: Espíritu Santo:* ¿qué quiere decir aquí "otras lenguas"?

1. Definitivamente "otras lenguas" significa idiomas extranjeros (cp. versículos 6-13). Los discípulos estaban testificando y predicando de manera sobrenatural en los idiomas de las diferentes nacionalidades que estaban allí reunidas. La Escritura es tan clara con respecto a esto que no puede haber duda razonable sin torcer la Palabra de Dios.

2. "Otras lenguas" pudiera significar también las "lenguas" o articulación extasiada que se narra en 1 a los Corintios; es decir, podría haber sido lo que comúnmente se llama "el lenguaje de oración o celestial" (1 Co. 14:2, 14. Véase Bosquejo y notas, –1 Co. 14:1-40 para mayor discusión en cuanto a Lenguas). Una adoración en éxtasis pudo haber ocurrido mientras los discípulos experimentaban la llenura del Espíritu Santo. Parece que hubo un lapso de tiempo entre el momento en que esto ocurrió y la llegada de las personas para ver qué había ocasionado el ruido o sonido explosivo (v. 2). No queda duda de que los discípulos fueron inundados con gozo, un gozo lleno de adoración. Ahora conocían las cosas más maravillosas...

- Cristo estaba en ellos, su Espíritu realmente había entrado a sus vidas y corazones. Su maravilloso Señor había regresado a ellos tal y como les había dicho que haría.
- Estaban llenos con un sentido profundo de su presencia y poder, su preocupación y amor por el mundo, su valentía y dinamismo para compartir las grandes noticias del glorioso evangelio.

Es necesario destacar no obstante las palabras "según el Espíritu les daba que hablaran". Ellos hablaban en lenguas "según el Espíritu les daba que hablaran". Esto puede indicar una clara diferencia del don de lenguas a que se hace referencia en 1 Co. 14, una clara diferencia en este sentido:

=> Todos los dones conferidos una vez por el Espíritu, son luego ejercidos por el creyente según este está dispuesto a usarlos. De hecho el creyente para ser fiel *tiene* que usar sus dones según la necesidad y oportunidad se presenten. Esto se entiende claramente de 1 Co 14:28-33.

=> En Hechos 2 se dice que el don de lenguas en este caso fue ejercido sobrenaturalmente por el Espíritu, no por un creyente de forma individual.

---

5 (2:5-11) *Testificar:* allí se testificó, hombres piadosos escucharon la Palabra. Testificar es también un resultado de estar lleno del Espíritu. Advierta los hechos siguientes.

1. Hombres piadosos, peregrinos judíos que habían venido *de todas las naciones bajo el cielo,* se habían quedado en Jerusalén para celebrar la "Fiesta de las primicias". La

palabra "piadosos" (eulabdis) significa reverentes, devotos, cuidadosos. Significa persona que manejan los asuntos espirituales cuidadosamente.

2. Las palabras "y hecho este estruendo" parecen decir que fue la noticia del comportamiento de los discípulos los que atrajo la multitud. Pero el griego dice "cuando se escuchó este sonido" (genomenes tes phones teutes), parece ser que fue el sonido estruendoso de esta "explosión" lo que hizo que las personas llegaran al escenario de los acontecimientos.

3. La multitud escuchó algo asombroso, los discípulos de manera sobrenatural estaban hablando en su propio lengua (dialecto, idioma) (cp. v. 6, 8, 11).

4. El número de idiomas y dialectos hablados incluía la mayoría de los hablados en las regiones conocidas del mundo en ese momento. Parece ser que el propósito de Lucas al dar dicha lista era destacar el hecho de que había personas de todas partes del mundo a quienes Cristo salvaría y quienes regresarían a sus países de origen como sus siervos, siervos que proclamarían el glorioso mensaje del evangelio.

5. Lo que la multitud escuchó eran "las maravillas de Dios", el testimonio personal del evangelio, las mismas cosas de las que Pedro estaba punto de predicar a toda la multitud (vv. 14-40).

Pensamiento 1. Advierta cómo el fundamento para la predicación está precedido por el testimonio personal. (Véase *Estudio a fondo 1,* Testificar, Hch. 1:8 en las Escrituras).

6 (2.12-13) *Evangelio, reacción al:* hubo diferentes reacciones. Todos estaban asombrados (existanto) y pasmados, maravillados con lo que estaba pasando. Fue una reacción doble.

1. Algunos se sentían atraídos (dleporounto), perplejos y admirados, confusos ante lo que estaba sucediendo. Pero se sentía atraídos a buscar el significado de todo aquello.

2. Otros simplemente se burlaban, acusando a los discípulos de estar borrachos. (¡Imagínese cuál sería el gozo que inundaba sus corazones para que se comportaran de manera tal que ocasionara semejante acusación! ¿Dónde hay tal llenura de gozo hoy en día?).

> **"Porque dice: En tiempo aceptable te he oído, Y en día de salvación te he socorrido. He aquí ahora el tiempo aceptable; he aquí ahora el día de salvación. (2 Co. 6:2).**

	B. El primer sermón (parte 1): el mensaje del evangelio, 2:14-24	19 Y daré prodigios arriba en el cielo, Y señales abajo en la tierra, Sangre y fuego y vapor de humo;	b. Los días de terrible juicio al llegar el fin: el día del Señor
1 Creyentes llenos a. Se requiere una explicación	14 Entonces Pedro, poniéndose en pie con los once, alzó la voz y les habló diciendo: Varones judíos, y todos los que habitáis en Jerusalén, esto os sea notorio, y oíd mis palabras.	20 El sol se convertirá en tinieblas, Y la luna en sangre, Antes que venga el día del Señor, Grande y manifiesto; 21 Y todo aquel que invocare el nombre del Señor, será salvo.	c. Los días de gran salvación
b. No bajo la influencia de una emoción inducida, de origen humano. c. Experimentan el cumplimiento de las Escrituras	15 Porque éstos no están ebrios, como vosotros suponéis, puesto que es la hora tercera del día. 16 Mas esto es lo dicho por el profeta Joel:	22 Varones israelitas, oíd estas palabras: Jesús nazareno, varón aprobado por Dios entre vosotros con las maravillas, prodigios y señales que Dios hizo entre vosotros por medio de él, como vosotros mismos sabéis;	**3 Este es el día del Salvador que Dios ha provisto: Jesús de Nazaret** a. Su vida: Aprobada por Dios
2 Estos son los últimos tiempos, los días de la última obra de Dios en la tierra a. Los días del gran derramamiento del Espíritu de Dios	17 Y en los postreros días, dice Dios, Derramaré de mi Espíritu sobre toda carne, Y vuestros hijos y vuestras hijas profetizarán; Vuestros jóvenes verán visiones, Y vuestros ancianos soñarán sueños; 18 Y de cierto sobre mis siervos y sobre mis siervas en aquellos días Derramaré de mi Espíritu, y profetizarán.	23 a éste, entregado por el determinado consejo y anticipado conocimiento de Dios, prendisteis y matasteis por manos de inicuos, crucificándole; 24 al cual Dios levantó, sueltos los dolores de la muerte, por cuanto era imposible que fuese retenido por ella.	b. Su muerte 1) Planificada por Dios 2) Producto a la maldad del hombre c. Su resurrección: Fin de la agonía de la muerte

DIVISIÓN II

EL NACIMIENTO Y DESARROLLO DE LA IGLESIA, 2:1–7:60

B. El primer sermón (parte 1): el mensaje del evangelio, 2:14-24

(2:14-24) *Introducción:* Este es el primer sermón que se predicó en la era de la nueva iglesia, después de la ascensión de Jesús y el Pentecostés, es decir, después de la venida del Espíritu Santo. Si los hombres predicaran lo que se predicó aquí, qué gran diferencia habría en la vida de los hombres, de la iglesia y en la historia del mundo. (Debido a su longitud y al límite de tiempo que se pone a los predicadores en las iglesias de tantas sociedades industrializadas, el mensaje predicado por Pedro está dividido en tres estudios).

1. Creyentes llenos (vv. 14-16).
2. Estos son los últimos tiempos, los días de la última obra de Dios en la tierra (vv. 17-21).
3. Este es el día del Salvador que Dios ha provisto: Jesús de Nazaret (vv. 22-24).

1 (2:14-16) *Espíritu Santo:* llenura. Los creyentes fueron llenos. Los discípulos estaban tan llenos del Espíritu Santo, tan llenos de la presencia de Dios y su gozo que solo podían…

• actuar entusiasmados

• hablar de las maravillosas obras de Dios (cp. Hch. 2:11).
• expresar gozo y regocijo en lo que Dios había hecho.
• demostrar absoluta confianza, seguridad y convicción de la presencia de Dios y la salvación eterna.
• dar testimonio a todos los que escucharan.

1. Tal conducta requería una explicación. No era una conducta común, no entre un pueblo que vivía en un mundo de agobio e incertidumbre, luchas y supervivencia, dolor y heridas, sufrimiento y muerte; un pueblo que sabía que su mundo era así pero evadían el hecho y hacían todo lo que fuera posible para escapar de la realidad.

=> Una persona que demostraba absoluta confianza, seguridad y convicción de la presencia de Dios y de la salvación eterna tenía que explicarse a sí mismo.

    a. Algunos estaban asombrados ante tal conducta y deseaban conocer lo que significaba. Se requería una respuesta (cp. Hch. 2:12).

    b. Otros se burlaban, sugiriendo jocosamente que tal conducta era *loca y tonta,* como la de un hombre borracho y ellos también necesitaban una respuesta (cp. Hch. 2:13).

2. Una persona llena del Espíritu no está bajo la influencia de una emoción inducida, de origen humano. Pedro se puso en pie *con los otros once* apóstoles: se pusieron en pie

antes los miles que se habían congregado (v. 41). Pedro habló "a voz en grito". ¡Advierta la autoridad y dinamismo de Pedro! ¡Qué tremenda diferencia había marcado el Espíritu en este hombre –el hombre que había tenido tantas *altas y bajas* siguiendo a Jesús:

=> "esto os sea notorio"

=> "oíd mis palabras"

=> "es la hora tercera [9 a.m.] del día

Pedro les declaró que no estaban engañados, no estaban hablando ni actuando como ebrios. Lo que estaba sucediendo era simplemente lo que las Escrituras habían predicho. Era la obra de Dios, lo que Dios había prometido al hombre. Era el evangelio glorioso (buenas nuevas) prometido por Dios.

2 (2:17-21) Los últimos tiempos –la obra de Dios en: estos son los últimos tiempos, los tiempos de la última obra de Dios en la tierra. Allí, parado frente a una multitud de miles, Pedro declaró:

=> Hoy, en este día comienza a cumplirse la gran profecía de Joel (Joel 2:28-32).

=> Hoy, en este día, comienzan los últimos tiempos de la historia de la tierra.

=> Hoy, en este día, comienzan los últimos días de la obra de Dios en la tierra.

=> Hoy, en este día, comienzan los últimos tiempos, la era final del plan de Dios para la historia de la humanidad.

=> Hoy, en este día, comienzan los últimos tiempos, la dispensación de la gracia de Dios (la iglesia), la era del evangelio.

Pensamiento 1. En la Escritura "los días postreros" significan todo lo anterior. Los últimos tiempos comenzaron con la venida de Cristo a la tierra y terminarán cuando él regrese. Note: hace 2000 años que estamos en los últimos tiempos.

1. Los últimos incluyen el gran derramamiento del Espíritu de Dios.

    a. La palabra "derramar" (ekcheo) significa vaciar, verter, desparramar.. Significa que Dios da suEspíritu…

    • para que *more* en el creyente (Jn.14:17; 1 Co. 6:19-20).

    • para que esté con el creyente para siempre (Jn. 14:16).

    • para que llene, inunde al creyente (Ef. 5:18).

    • para que de al creyente *manifestaciones* muy especiales de Cristo (Jn. 14:21).

    b. Dios derrama su Espíritu sobre toda carne…

    • sobre hijos e hijas.

    • sobre jóvenes y ancianos.

    • sobre sus siervos y siervas.

Lo importante es lo siguiente: el Espíritu de Dios no discrimina. El Espíritu de Dios está disponible para todos: hombres y mujeres, jóvenes y ancianos, esclavos y libres, ricos y pobres.

c. Dios derrama su Espíritu con dones muy especiales…

    • el don de la profecía: proclamando y profetizando la verdad (véase *Estudio a fondo 1* — 1 Co.14:3). Fíjese que este don se da tanto a hombres como a mujeres. Esto era parte de la promesa de la Escritura.

    • el don de ver visiones, especialmente entre los jóvenes. La palabra griega "visiones" (horaseis) significa aparición (Ap.4:3) o una revelación extática (Ap. 9:17). En la Escritura, la palabra griega se usa tanto para lo que el hombre puede visualizar (ver, imaginar, pensar, hacer que aparezca) en su propia mente, como para lo que Dios le da mediante una revelación especial (Ap. 9:17).

    • el don de soñar sueños, especialmente entre los ancianos. La idea es que ese sueño es dado por Dios.

Pensamiento 1. Advierta un aspecto crucial. La historia ha mostrado y la Escritura nos advierte que los dones espirituales muchas veces se desaprovechan y se abusa de ellos en forma destructiva y trágica. (Véase bosquejo y notas a 1 Co.12-14).

1) Debemos tener cuidado de no aceptar que cada sueño y visión provienen de Dios. La Palabra de Dios es su revelación. Ahí se encuentra lo que Dios quiere revelarnos. Debemos tomar la Palabra de Dios y medir cada sueño y visión según ella.

2) Un estudio de las visiones y sueños que aparecen en el libro de Hechos nos muestra que cada uno estaba relacionado con testificar y alcanzar a las personas para Cristo. Ni un solo sueño o visión tuvo que ver con la *edificación* personal o para hacer que alguien fuera *espiritualmente superior.*

d. Dios derrama su Espíritu solamente sobre sus siervos y siervas. Este es el énfasis de este versículo, la razón de repetir lo que acababa de decirse. Note que el versículo es una oración a manera de sumario: nadie recibe el Espíritu de Dios, nadie, hasta que se haya convertido en su siervo o sierva.

e. Dios obsequia a sus siervos y siervas con un don muy especial, el don de la profecía. Una vez más la idea es primordial, destacar lo que es tan importante. El don de profecía, de proclamar que el propio hijo de Dios ha venido al mundo a salvar pecadores, es el mayor don de Espíritu de Dios. Cada uno de los siervos y siervas de Dios tienen el don de profetizar.

Pensamiento 1. Advierta que devastador golpe al ego del profesionalismo y a la práctica de tantos de nosotros.

1) Muchos de nosotros dejamos la proclamación, es decir, el testificar, a otros usando la frágil excusa de que no somos capaces o que no tenemos el don de testificar.

2) Muchos disfrutan el prestigio de un *don profesional* y un *ministerio profesional,* minimizando el ministerio laico y el don del obrero laico para proclamar a Cristo. Aunque existen *medidas* o grados para los dones, la gran necesidad del momento es que cada creyente proclame al Señor.

2. Los últimos tiempos incluyen los días de terrible juicio al llegar el fin: el Día del Señor (véase *Estudio a fondo 1,* Hch. 2:19-20).

3. Los últimos tiempos incluyen los días de gran salvación. A lo largo de los últimos tiempos, durante todo el período, el hombre puede salvarse haciendo simplemente dos cosas:

=>Tiene que *llamar:* sentir la necesidad de ser salvo.

=>Tiene que invocar "el nombre del Señor": saber y creer que Jesús es el Señor y estar dispuesto a someterse a su señorío, a servirle como Señor.

> "porque todo aquel que invocare el nombre del Señor, será salvo" (Ro.10:13).
>
> "que si confesares con tu boca que Jesús es el Señor, y creyeres en tu corazón que Dios le levantó de los muertos, serás salvo. 10Porque con el corazón se cree para justicia, pero con la boca se confiesa para salvación" (Ro. 10:9-10).

ESTUDIO A FONDO 1

(2:19-20) *El día del Señor (Jehová):* en términos sencillos, el Día del Señor es cuando Cristo regrese a juzgar en la tierra. Es un día específico que vendrá sobre la tierra y fíjese que será al final de los *últimos tiempos,* al final de la era actual. (Véase Bosquejo y notas, Mt. 24:1, 25:46 para mayor discusión). Hay dos aspectos importantes:

1. El Día del Señor se caracterizará por varias cosas.

a. Prodigios (terata): maravillas, acontecimientos, portentos en los cielos, en el espacio exterior; maravillas y acontecimientos que apuntan a que algo inusual está por suceder.

b. Señales (semeia): hechos y sucesos dados por Dios a la tierra para que se sepa que el fin está cercano.

c. Sangre, fuego y humo: un terrible derramamiento de sangre y un fuego explosivo que causa...

• vapor de humo en forma de hongo
• el sol se convertirá en tinieblas
• la luna se convertirá en sangre

Pensamiento 1. Nos pone a pensar el hecho de cuánto este lenguaje nos recuerda una guerra atómica.

2. Los sucesos que tendrán lugar en el Día del Señor (según nos revelan todas las Escrituras) parecen dividirse en cuatro:

=> Hay muchas opiniones divergentes.

=> Lo que es más importante, las Escrituras no ofrecen una lista detallada de los últimos sucesos.

a. Un terrible período de tribulación (7 años). Esto incluye la última mitad de dicho período, conocida como la gran tribulación (3 años y medio). Esto es el cumplimiento de las "setenta semanas" del profeta Daniel (Dn. 9:27). (Véase Bosquejo y notas –Mt. 24:15-28).

b. El regreso de Cristo como Señor soberano. Él reinará y regirá sobre la tierra (el reinado milenario del Hijo de Dios, Ap. 20:4-6).

c. La resurrección y el juicio final. Esto incluye:
=> hombres descritos como ovejas y cabritos (Mt. 25:31-36; Ap. 20:11-15).
=> la Bestia o anticristo, el falso profeta y sus seguidores (Ap. 19:11-21).
=> Satanás y sus ángeles (Ap. 20:10).

d. La destrucción y reconstrucción de la tierra y los cielos (2 P. 3:3-15; Ap. 21:1; cp. Is. 65:17; 66:22).

3 (2:22-24) *Jesucristo, muerte: resurrección:* este es el día del Salvador provisto por Dios, Jesús de Nazaret. Pedro dio a entender la idea central de su mensaje. Gritó: "oíd estas palabras "...

• Jesús de Nazaret había iniciado "los últimos tiempos".

1. "Jesús nazareno...aprobado por Dios." La palabra "aprobado" (apodedengmenon) significa señalar, presentar, mostrar, confirmar, acreditar, avalar, certificar, endosar. Dios puso su sello de aprobación sobre Jesús, demostrando a todos los hombres que Jesús era *completamente digno de aprobación* ante él. Jesús de Nazaret tenía la aprobación de Dios, Su perfecta *aceptación.*

Esto puede probarse, la prueba son sus milagros, maravillas y señales.

a. Eran las obras de Dios, el tipo de cosas que solamente Dios puede hacer. Dios mismo estaba obrando mediante Jesús de Nazaret.

b. Las obras fueron hechas (por medio de Cristo) "entre vosotros," en la misma presencia de la gente. No fueron hechas en secreto. Dios atestiguó y demostró al mundo que estaba obrando por medio de Cristo. Las maravillas, prodigios y señales fueron hechos por amor al mundo y frente al mundo.

c. "Como vosotros mismos sabéis". El hombre sabe, ya que Dios claramente lo ha mostrado, que Jesús es aprobado por él. La evidencia abunda en las vidas de todos los que *verdaderamente* han seguido a Cristo mediante los siglos, en presencia del Dios viviente, quien ha morado dentro de su propio ser.

2. La muerte de Jesús de Nazaret fue planeada por Dios debido a *la maldad del hombre* (véase *Estudio a fondo 2,* Jesucristo, muerte, Hch. 2:23 para mayor discusión).

3. La resurrección de Jesús de Nazaret culminó en la

agonía de la muerte (véase *Estudio a fondo 4,* Hch. 2:24 para mayor discusión).

ESTUDIO A FONDO 2

(2:23) *Jesucristo, muerte:* este versículo nos dice algo significativo. La muerte de Jesús fue planeada por Dios debido a la maldad del hombre. Dios planeó la muerte de Jesús, planeó que muriera en la cruz, pero lo hizo por la maldad del hombre. Hay dos aspectos importantes.

1. Jesús fue crucificado y asesinado por manos inicuas. Los hombres son pecadores, malvados y egoístas.

=> Quieren seguir su propio camino.

=> Quieren hacer las cosas a su manera.

=> Quieren controlar sus vidas.

Por tanto, se rebelan y luchan contra Dios, contra rendirse a él, contra…

• seguir su camino

• hacer las cosas a su manera

• dejarle que controle sus vidas.

Fue esta naturaleza corrompida del hombre la que se rebeló contra el Hijo de Dios y le crucificó.

2. El "determinado consejo y anticipado conocimiento de Dios" salvó al hombre. Dios conocía al hombre, sabía lo que había dentro de él (cp. Jn 2:23-24) Él sabía exactamente lo que los hombres le harían a su Hijo. Sabía que lo matarían, pero en el consejo de su conocimiento —considerando todas las posibilidades— Dios sabía algo más: el camino de la muerte, el camino de la cruz, era la mejor manera de salvar al hombre. Y como es Dios, Él estaba comprometido a escoger el mejor camino. Así que Dios decidió escoger el mejor camino posible: la muerte de su Hijo para salvar al mundo. (Véase *Estudio a fondo 2, 3,* Hch. 2:23; notas Mt. 17:22; 17:23; y *Estudio a fondo 1,* 20:18 para mayor discusión).

> **"Y como Moisés levantó la serpiente en el desierto, así es necesario que el Hijo del Hombre sea levantado, para que todo aquel que en él cree, no se pierda, mas tenga vida eterna. Porque de tal manera amó Dios al mundo, que ha dado a su Hijo unigénito, para que todo aquel que en él cree, no se pierda, mas tenga vida eterna" (Jn. 3:14-16).**

> **"Porque Cristo, cuando aún éramos débiles, a su tiempo murió por los impíos" (Ro. 5:6).**

> **"Mas Dios muestra su amor para con nosotros, en que siendo aún pecadores, Cristo murió por nosotros" (Ro. 5:8).**

> **"el cual se dio a sí mismo por nuestros pecados para librarnos del presente siglo malo, conforme a la voluntad de nuestro Dios y Padre" (Gá. 1:4).**

> **"así también Cristo fue ofrecido una sola vez para llevar los pecados de muchos; y aparecerá por segunda vez, sin relación con el pecado, para salvar a los que le esperan" (He. 9:28).**

> **"quien llevó él mismo nuestros pecados en su cuerpo sobre el madero, para que nosotros, estando muertos a los pecados, vivamos a la justicia; y por cuya herida fuisteis sanados" (1P. 2:24).**

> **"Porque también Cristo padeció una sola vez por los pecados, el justo por los injustos, para llevarnos a Dios, siendo a la verdad muerto en la carne, pero vivificado en espíritu" (1P. 3:18)**

Otra manera de decir lo mismo es que Dios previó el pecado incluso antes de la creación del hombre y Él, por amor, planificó de antemano que Cristo debía morir por los pecadores.

> **"Padre, aquellos que me has dado, quiero que donde yo estoy, también ellos estén conmigo, para que vean mi gloria que me has dado; porque me has amado desde antes de la fundación del mundo" (Jn. 17:24).**

> **"según nos escogió en él antes de la fundación del mundo, para que fuésemos santos y sin mancha delante de él" (Ef. 1:4).**

> **"ya destinado desde antes de la fundación del mundo, pero manifestado en los postreros tiempos por amor de vosotros" (1P. 1:20).**

> **"Y la adoraron todos los moradores de la tierra cuyos nombres no estaban escritos en el libro de la vida del Cordero que fue inmolado desde el principio del mundo" (Ap. 3:8).**

ESTUDIO A FONDO 3

(2:23) *Preconocimiento, predestinación, consejo determinado, Jesucristo, muerte:* la palabra "preconocimiento" (prognosis) significa ver antes,; saber de antemano; ver y conocer el futuro; predestinar.

Dios es Dios, por tanto, Él ve el futuro. No importan cuán lejos una persona pueda imaginar el futuro, Dios puede verlo. Dios sabe…

• exactamente lo que va a suceder, cada acontecimiento y sus consecuencias.

• exactamente lo que podría pasar (pero que no sucederá), cada posibilidad y sus consecuencias.

• exactamente lo que el hombre hará, cada acto con sus consecuencias.

• exactamente lo que el hombre podría hacer (pero que no hará), cada posibilidad y sus consecuencias.

Dios es Dios. Es eterno y omnisciente (todo lo conoce). Él conoce el pasado, el presente y el futuro y fíjese que lo sabe desde siempre, eternamente. Dios conocía…

• cada acontecimiento en la historia del mundo antes de la fundación del mundo.

• cada acontecimiento en la vida de una persona antes de la fundación del mundo (cp. Ef. 1:4).

A la luz de lo anterior surge una pregunta extremadamente importante. Si Dios sabía todas las terribles consecuencias de mal y pecado que entrarían al mundo y se apoderarían de él, si Dios sabía que el mundo incluso llegaría a matar a su Hijo, ¿por qué entonces decidió crear al mundo? ¿Por qué no escogió otra manera de hacer las cosas? En los términos más sencillos posibles, existen al menos dos razones:

1. Dios quería una criatura, un ser con libre albedrío. Dios creó al hombre porque quería contar con la presencia de un ser que eligiera libremente…

• amarle y adorarle

• obedecerle y tener comunión con Él

• servirle y reinar con Él

En su preconocimiento, Dios sabía que algunos escogerían amarle y otros le rechazarían, pero estaba dispuesto a enfrentar…

• el dolor y la herida en su corazón
• el abuso y vergüenza a su persona
• el rechazo y la rebelión contra su voluntad.

Dios estaba dispuesto a enfrentar todo esto para que algunos conocieran su gloriosa misericordia y su gracia y experimentaran toda su gloria y la del cielo. (Véase bosquejo y notas –Ro. 9:22-24; Ef. 1:5-6; 2:7 para mayor discusión).

2. Dios no escogió otra manera de crear al hombre y tratar con él…

• porque la forma en que Dios creó al hombre fue la mejor: perfecto, en un ambiente perfecto, con libre elección y voluntad, y en perfecta comunión con Dios (cp. Gn.2:16-17).
• porque la forma en que Dios trata con el hombre es la mejor: con amor, con la gracia y misericordia de su Hijo. El amor es la mayor fuerza en la tierra. Es la naturaleza de Dios mismo (1 Jn. 4:8). El amor cambia y transforma, ayuda y da, gana y conquista cuando nada más lo haría. El amor hace que una persona tienda su mano para ayudar a otra e incluso hace que una persona esté dispuesta a sacrificar su vida mucho más rápido que ninguna otra fuera en la tierra (Jn. 3:16; 15:13; Ro. 5:8).

Otro aspecto importante, un aspecto que destaca el glorioso amor y cuidado de Dios es el determinado consejo de Dios (cp. Hch, 2:23).

La palabra "determinado" (horismenei) significa predeterminado, nombrado, decretado, ordenado, planeado, propuesto. Es un plan fijado con obligación, con límites. Es un propósito que está establecido, señalado, determinado, decretado que ocurra.

La palabra "consejo" (boulei) significa aconsejar, asesorar, planear, querer; dar un consejo. Implica la fuerza de tener voluntad y determinación. Ya que Dios sabe exactamente lo que sucederá en cada situación, Él planea para que lo mejor ocurra. Dios busca consejo, pone todas las cosas a consideración y escoge la salida mejor.

Puede que no comprendamos algunas cosas que pasan ni por qué ocurren de esa manera. Pudiéramos pensar que alguna otra cosa o algún otro camino hubiera sido mejor, pero debemos recordar dos cosas:

1. Nosotros no podemos ver el futuro. Ningún hombre puede hacerlo. No podemos saber que hubiera pasado si se hubiera escogido otro camino. No podemos saber que nos habría pasado…

• a nosotros
• a otros
• al mundo

En cada suceso o situación hay muchas otras cosas que pudieran haber ocurrido. Esto es verdad en cada situación, ya sea que nos parezca *bueno o malo*. Considere lo siguiente:

=> ¿Qué hubiera sucedido si la situación hubiera sido reemplazada por otro acontecimiento?
=> ¿Qué hubiera sucedido si se hubiera escogido otro camino?
=> ¿Qué y cuánto sería cambiado a larga, si no ahora, para peor?

No podemos saber, pero hay algo que sí podemos saber, Dios sabe porque Él se relaciona con el futuro al igual que con el presente. Dios se ocupa de la eternidad, de las cosas en un más amplio contexto. Por lo tanto, otra situación, otro camino podría haber cambiado las cosas para peor. Dicho en pocas palabras…

• Dios conoce el futuro, todo lo que pudiera pasar, así como lo que es mejor y debiera pasar.
• Dios busca consejo, se propone, determina, planea y escoge que suceda lo mejor.

2. Los que amamos a Dios y somos llamados de acuerdo a su propósito sabemos que todas las cosas obran para bien. ¿Cómo lo sabemos? Porque amamos a Dios y somos llamados de acuerdo a su propósito.

Dios sabía que le diríamos "sí" a Jesús, que le amaríamos y seguiríamos. Por tanto, Dios nos llamó.

"Porque a los que antes conoció, también los predestinó para que fuesen hechos conformes a la imagen de su Hijo, para que él sea el primogénito entre muchos hermanos" (Ro.8:29).

Fíjese por qué somos predestinados. Esta es la clave: "que él [el hijo de Dios] sería el primogénito entre muchos hermanos. Dios ha determinado que Jesús tendrá muchos hermanos, muchos que vivirán y tendrán comunión con él como la primera persona, la persona preeminente en todo el universo.

Esta es la razón por la cual Dios escoge los mejores acontecimientos y los mejores caminos para nosotros. Es la razón por la cual Él hace que todas las cosas obren para el bien de los creyentes. Dios conoce todas las posibilidades y por lo tanto Él toma consejo y decide, planea lo mejor para nosotros. *Crea y confíe en esa gloriosa verdad.*

"cosas que ojo no vio, ni oído oyó, ni han subido en corazón de hombre, son las que Dios ha preparado para los que le aman" (1 Co.2:9).

"¡Oh profundidad de las riquezas de la sabiduría y de la ciencia de Dios! ¡Cuán insondables son sus juicios, e inescrutables sus caminos! Porque ¿quién entendió la mente del Señor? ¿O quién fue su consejero? ¿O quién le dio a él primero, para que le fuese recompensado? Porque de él, y por él, y para él, son todas las cosas. A él sea la gloria por los siglos. Amén. (Ro.11:33-36).

"Y a Aquel que es poderoso para hacer todas las cosas mucho más abundantemente de lo que pedimos o entendemos, según el poder que actúa en nosotros" (Ef.3:20).

"estando persuadido de esto, que el que comenzó en vosotros la buena obra, la perfeccionará hasta el día de Jesucristo" (Fil. l:6).

"¡Cuán grande es tu bondad, que has guardado para los que te temen, ¡que has mostrado a los que esperan en ti, delante de los hijos de los hombres!" (Sal.31:19).

Un estudio de algunos pasajes que se relacionan con el preconocimiento de Dios y su determinado consejo

(Un estudio para dar seguridad y consuelo, Dios tiene el control).

1. La escritura trata acerca del preconocimiento de Dios.

   a. El preconocimiento de Dios involucra a Cristo.

   "a éste, entregado por el determinado consejo y anticipado conocimiento de Dios, prendisteis y matasteis por manos de inicuos, crucificándole" (Hch. 2:23).

   "ya destinado desde antes de la fundación del mundo, pero manifestado en los postreros tiempos por amor de vosotros" (1 P. 1:20).

   b. El preconocimiento de Dios involucra a los creyentes.

   "elegidos según la presciencia de Dios Padre en santificación del Espíritu, para obedecer y ser rociados con la sangre de Jesucristo: Gracia y paz os sean multiplicadas." (1 P. 1:2).

   "Y sabemos que a los que aman a Dios, todas las cosas les ayudan a bien, esto es, a los que conforme a su propósito son llamados. 29Porque a los que antes conoció, también los predestinó para que fuesen hechos conformes a la imagen de su Hijo, para que él sea el primogénito [persona preeminente] entre muchos hermanos." (Ro.8:28-29).

   (Nota: Estos dos versículos realmente señalan que Dios actúa o predestina sobre la base de su preconocimiento, de su consejo).

   c. El preconocimiento de Dios involucra a Israel.

   "No ha desechado Dios a su pueblo, al cual desde antes conoció. ¿O no sabéis qué dice de Elías la Escritura, cómo invoca a Dios contra Israel" (Ro.11:2).

2. La escritura trata acerca de la decisión de Dios. (Véase Índice Central de Temas –Predestinación para mayor discusión).

   a. La decisión de Dios involucra a Cristo.

   "A la verdad el Hijo del Hombre va, según lo que está determinado; pero ¡ay de aquel hombre por quien es entregado!" (Lc.22:22).

   "a éste, entregado por el determinado consejo y anticipado conocimiento de Dios, prendisteis y matasteis por manos de inicuos, crucificándole" (Hch. 2:23).

   "que fue declarado Hijo de Dios con poder, según el Espíritu de santidad, por la resurrección de entre los muertos" (Ro. 1:4).

   "Y nos mandó que predicásemos al pueblo, y testificásemos que él es el que Dios ha puesto [escogido, designado] por Juez de vivos y muertos" (Hch. 10:42).

   "por cuanto ha establecido [escogido, designado] un día en el cual juzgará al mundo con justicia, por aquel varón a quien designó, dando fe a todos con haberle levantado de los muertos" (Hch. 17:31).

   b. La decisión de Dios tiene que ver con la salvación y la seguridad de los creyentes.

   "otra vez determina [escogido, establecido, planeado, designado] un día: Hoy, diciendo después de tanto tiempo, por medio de David, como se dijo: Si oyereis hoy su voz, No endurezcáis vuestros corazones" (He. 4:7; cp. 2 Ti. 1:9; He. 13:8).

3. La Escritura habla sobre el consejo de Dios.

   a. El consejo de Dios tiene que ver con Cristo.

   "a éste, entregado por el determinado consejo y anticipado conocimiento de Dios, prendisteis y matasteis por manos de inicuos, crucificándole" (Hch. 2:23).

   "para hacer cuanto tu mano y tu consejo habían antes determinado que sucediera" (Hch. 4:28).

   b. El consejo de Dios tiene que ver con los creyentes y la salvación.

   "Porque a la verdad David, habiendo servido a su propia generación según la voluntad [el consejo] de Dios, durmió, y fue reunido con sus padres, y vio corrupción" (Hch. 13:36).

   "En él asimismo tuvimos herencia, habiendo sido predestinados conforme al propósito del que hace todas las cosas según el designio de su voluntad" (Ef. 1:11).

   "Por lo cual, queriendo Dios mostrar más abundantemente a los herederos de la promesa la inmutabilidad de su consejo, interpuso juramento" (He. 6:17).

   c. El consejo de Dios tiene que ver con el plan de Dios para el mundo.

   "porque no he rehuido anunciaros todo el consejo de Dios" (Hch. 20:27).

   d. El consejo de Dios tiene que ver con aquellos que le rechazan.

   "Mas los fariseos y los intérpretes de la ley desecharon los designios de Dios respecto de sí mismos, no siendo bautizados por Juan" (Lc. 7:30).

ESTUDIO A FONDO 4

(2:24) *Jesucristo, resurrección:* Este es un gran versículo con relación a la resurrección de Cristo. Fíjese en tres puntos.

1. Dios resucitó a Cristo. Dios sabía que la mejor manera de salvar al hombre de la muerte era mediante la resurrección de su propio Hijo (véase *Estudio a fondo 3*, Presciencia, Hch. 2:23 para más discusión).

2. La resurrección de Cristo soltó "los dolores de la muerte". La palabra "dolores" (odinas) significa dolores de parto. Para los no creyentes, la muerte es algo muy doloroso, tan doloroso como lo es para una mujer la experiencia de dar a luz. Pero el hombre no tiene que sufrir más el dolor de la muerte, ni tampoco temer al sufrimiento que esta trae consigo. Cristo ha conquistado y suprimido a la

muerte, haciéndola completamente inofensiva. En realidad, para el creyente la muerte es la experiencia más gloriosa y feliz, una experiencia que simplemente sobrepasa la imaginación humana (Cp. Jn.5:24; He. 2:14-15).

3. Era imposible que la muerte retuviera a Cristo. ¿Por qué? Hay varias razones significativas.

a. El anticipado conocimiento y el determinado consejo de Dios. Dios sabía que el camino de la cruz y la resurrección era la mejor manera de salvar al mundo, por lo tanto, nada podía detener a Dios de ir adelante con la muerte y resurrección de su Hijo. (Véase *Estudio a fondo 2, 3,* Hch. 2:23 para mayor discusión. Cp. Hch. 2:25-28).

b. Dios había aprobado a Jesús. Él tenía la aprobación, autorización, reconocimiento y respaldo de Dios. Jesucristo era perfectamente aceptable para Dios (véase nota, Hch. 2:22-24 para mayor discusión).

c. La resurrección de Jesús había sido predicha por las Escrituras, y la Escritura debía cumplirse (véase nota, Mt. 17:23 para un listado de todos los pasajes del Nuevo Testamento).

d. Jesús era la *vida.* Él posee el ser, esencia, calidad, sustancia y energía misma de la vida. Él es La Vida, la vida misma; por tanto, él es la fuente de toda vida. Todo lo que vive tiene como fuente el ser y la energía de Cristo mismo. Así es que, siendo la vida, la muerte no pudo prevalecer contra él de igual manera que las tinieblas no pueden prevalecer contra la luz. (Véase notas, Jn. 1:4-5; *Estudio a fondo 2,* 1:4; nota y *Estudio a fondo 1,* 10:10; *Estudio a fondo 1,* 17:2-3. Cp. Jn. 14:6).

e. Jesús no tuvo pecado. La muerte existe u ocurre porque nada es perfecto, nada es como debería ser, nada merece la gloria de Dios. Esto también se cumple para el hombre. Los hombres mueren porque han pecado "y están destituidos de la gloria de Dios" (Ro. 3:23). El pecado es…

- no merecer.
- errar el blanco.
- transgredir la gloria de Dios.

Es el pecado lo que produce la muerte, por eso Jesucristo, siendo sin pecado, no tenía que morir. Él murió porque Él quiso morir por el hombre.

El punto central es este: Jesús fue perfecto, justo y sin pecado (Jn. 8:46; 2 Co. 5:21; He. 4:15; 7:26; 1 P. l:9; 2:22). Él era el Hombre Ideal, el Hombre sin Pecado, el Hombre Perfecto, el patrón ideal para todos los hombres. Por tanto, cuando él murió por los hombres, murió como el Hombre o Patrón Ideal, y la muerte no puede retener al Hombre Ideal, pues dicho hombre no está destituido de nada. Él no carecía de vida, por consiguiente, estaba destinado a vivir eternamente. Él era la Vida Perfecta y el Hombre Perfecto, pero la muerte no tiene nada que ver con la Vida y lo Perfecto. Como dice la Escritura: "era imposible que fuese retenido por ella [la muerte]". (Cp. Ro. 1:4).

	C. El primer sermón (parte 2): pruebas de la resurrección, 2:25-36	Dios le había jurado que de su descendencia, en cuanto a la carne, levantaría al Cristo para que se sentase en su trono,	1) Resucitó para reinar con Dios
1 Prueba 1: la profecía de David, la profecía acerca de Jesús	25 Porque David dice de él: Veía al Señor siempre delante de mí; Porque está a mi diestra, no seré conmovido.	31 viéndolo antes, habló de la resurrección de Cristo, que su alma no fue dejada en el Hades, ni su carne vio corrupción.	2) Resucitó para liberar su alma del Seol
a. La vida diaria de Jesús	26 Por lo cual mi corazón se alegró, y se gozó mi lengua, Y aun mi carne descansará en esperanza;		3) Resucitó para liberar a su carne de la corrupción
1) Él tenía la constante presencia de Dios			
2) Él se regocijó y alabó a Dios	27 Porque no dejarás mi alma en el Hades, Ni permitirás que tu Santo vea corrupción.	32 A este Jesús resucitó Dios, de lo cual todos nosotros somos testigos.	**3 Prueba 3: los testigos presenciales, los discípulos**
3) Descansó en la esperanza y la verdad	28 Me hiciste conocer los caminos de la vida; Me llenarás de gozo con tu presencia.	33 Así que, exaltado por la diestra de Dios, y habiendo recibido del Padre la promesa del Espíritu Santo, ha derramado esto que vosotros veis y oís.	**4 Prueba 4: exaltación y ascensión de Jesús a los cielos**
b. Convicción de Jesús: La liberación de Dios			a. Jesús ascendió para ser exaltado
1) No dejado en el Seol			
2) No ver corrupción			
c. Revelación de Jesús: La senda de Dios, presencia de Dios		34 Porque David no subió a los cielos; pero él mismo dice: Dijo el Señor a mi Señor: Siéntate a mi diestra,	b. David profetizó la exaltación del Señor
2 Prueba 2: El testimonio de Pedro	29 Varones hermanos, se os puede decir libremente del patriarca David, que murió y fue sepultado, y su sepulcro está con nosotros hasta el día de hoy.	35 Hasta que ponga a tus enemigos por estrado de tus pies.	
a. La profecía de David no podía referirse a David mismo		36 Sepa, pues, ciertísimamente toda la casa de Israel, que a este Jesús a quien vosotros crucificasteis, Dios le ha hecho Señor y Cristo	c. Jesús fue hecho Señor y Mesías
b. La profecía se refería a Jesús: a su resurrección	30 Pero siendo profeta, y sabiendo que con juramento		

DIVISIÓN II

EL NACIMIENTO Y DESARROLLO DE LA IGLESIA, 2:1–7:60

C. El primer sermón (parte 2): pruebas de la resurrección, 2:25-36

(2:25-36) *Introducción:* el primer sermón que se predicó después de Pentecostés lo predicó Pedro. Él lo enfocó en las pruebas de la resurrección.

1. Prueba 1: la profecía de David, la profecía acerca de Jesús (vv. 25-28).
2. Prueba 2: El testimonio de Pedro (vv. 29-31).
3. Prueba 3: los testigos presenciales, los discípulos (v. 32).
4. Prueba 4: la exaltación y ascensión de Jesús a los cielos (vv. 33-36).

1 (2:25-28) *Jesucristo, obra:* prueba 1, la profecía de David acerca de Jesús. Pedro dijo que "David dice de él [de Cristo]" (Sal. 16:8-11). Lo que David dijo fue una profecía de la experiencia del Señor sobre la tierra (v. 25-28).

1. La profecía de David tenía que ver con la vida o experiencia diaria de Jesús.
    a. Jesús experimentó la continua presencia y poder de Dios.
    => Jesús siempre vio a Dios cara a cara. Jesús miró y mantuvo su mirada en Dios. Él puso su pensamiento en Dios, enfocó su mente y atención en Dios. Se concentró y permaneció con su mente puesta en Él. La idea aquí es que Jesús siempre practicó y estuvo siempre consciente de la presencia de Dios, "...llevando cautivo todo pensamiento..." (cp. 2 Co. 10:5).
    => Jesús siempre tuvo a Dios a su diestra, de manera que no sería conmovido. Dios estaba allí como su abogado, protector y defensor. Dios era el proveedor que cuidaba de Cristo, fortaleciéndole, guiándole, sosteniéndole, velando que no fuera conmovido o zarandeado. Se nos da la imagen del defensor en una corte o de un soldado en el campo de batalla parado al lado de una persona, protegiéndola, cuidándola y proveyendo para su bienestar. (Cp. Sal. 109:31 para esta imagen).

"Jehová es tu guardador; Jehová es tu sombra a tu mano derecha" (Sal. 121:5; cp. Sal. 121:l-8).

"Porque yo Jehová soy tu Dios, quien te sostiene de tu mano derecha, y te dice: No temas, yo te ayudo" (Is. 41:13).

b. El corazón de Jesús se regocijó y su lengua alabó a Dios. Estar de esa manera consciente de la presencia de Dios hizo que…

- el corazón se regocijara (euphranthe): estar gozoso y eufórico, lleno de la presencia y la gloria de Dios.

- la lengua se alegrara (egalliasato): que saltara de gozo y prorrumpiera en alabanza y canción.

c. La carne de Jesús descansó en esperanza. La frase "descansará" (kataskenosei) significa *hará su tabernáculo* o pondrá su tienda. La carne de Jesús descansó, hizo su tabernáculo, puso su tienda, acampó e hizo su habitación en esperanza, la esperanza de conquistar a la muerte, de resucitar. La esperanza de vivir eternamente fue la base y el fundamento de la vida de Jesús, fue su razón de vivir. Él enfocó su vida entera y todo su ser en la esperanza de la gloriosa resurrección (cp. Testimonio de Pablo, Fil. 3:7-16, esp. v. 11).

2. La profecía de David era acerca de la convicción de Jesús de que sería librado de la muerte. Note varios puntos aquí.

a. La palabra "dejado" (egkataleipo). Un alma puede estar completamente dejada y abandonada, condenada permanentemente en el infierno, pero Cristo estaba completamente seguro de que su alma no quedaría abandonada en el infierno.

b. La palabra "hades". (Véase *Estudio a fondo 1*, Hechos 2:27 para mayor discusión). Cristo dijo enfáticamente que su alma no sería dejada en el hades, es decir, en el reino de la muerte. Él resucitaría y viviría eternamente.

c. La palabra "corrupción" (diaphtheiro). (Véase *Estudio a fondo 1*, Hechos 2:27 para mayor discusión).

d. El título que Jesús empleó para referirse a sí mismo, "Santo [de Dios]". Jesús era santo, justo y puro. Él no tuvo pecado y se dedicó totalmente a Dios. Él fue perfectamente acepto delante de Dios. Por tanto, Dios le resucitó, para que su carne no fuera destruida y no viera corrupción.

"Al que no conoció pecado, por nosotros lo hizo pecado, para que nosotros fuésemos hechos justicia de Dios en él" (2 Co. 5:21).

"Porque no tenemos un sumo sacerdote que no pueda compadecerse de nuestras debilidades, sino uno que fue tentado en todo según nuestra semejanza, pero sin pecado" (He. 4:15).

"Porque tal sumo sacerdote nos convenía: santo, inocente, sin mancha, apartado de los pecadores, y hecho más sublime que los cielos" (He. 7:26).

"sino con la sangre preciosa de Cristo, como de un cordero sin mancha y sin contaminación" (1 P. 1:19).
"el cual no hizo pecado, ni se halló engaño en su boca" (1 P. 2:22).

3. La profecía de David tenía que ver con la revelación de Jesús, su revelación del camino de la vida y de la presencia de Dios. El original hebreo dice: "la senda de la vida". Esta es una declaración maravillosa, una declaración que revela la más gloriosa de las verdades. Dios le reveló la *senda de la vida* a Cristo, y Cristo nos la revela a nosotros. La senda de la vida, el camino para escapar a la muerte, es vivir en la presencia y ante el rostro de Dios. Dios nunca abandonará a ningún hombre, nunca permitirá que un hombre vea corrupción si ese hombre vive y anda en su presencia.

Jesús conocía la senda: era la presencia de Dios. Note: Él estaba lleno del gozo de la presencia de Dios. (Nosotros también deberíamos estarlo).

"Jesús le dijo: Yo soy el camino, y la verdad, y la vida; nadie viene al Padre, sino por mí" (Jn. 14:6).
"Me mostrarás la senda de la vida; En tu presencia hay plenitud de gozo; Delicias a tu diestra para siempre" (Sal. 16:11).

ESTUDIO A FONDO 1

(2:27) *Hades* (griego; hebreo, *Seol*): la palabra griega que se emplea aquí es hades. Jesús reveló que el *Hades* es el otro mundo, es decir, el mundo invisible, la dimensión espiritual del ser (véase *Estudio a fondo 3*, Lc. 16:23). Jesús dijo que el Hades (el otro mundo) estaba dividido en dos grandes áreas o secciones. Estas dos áreas están separadas por una gran sima imposible de cruzar (Lc. 16:26). Un área es el lugar de lamento (Lc. 16:23-24, 28), y la otra es el paraíso a donde van los creyentes. Decir que alguien está muerto es equivalente a decir que uno está en el hades o en el otro mundo.

Fíjese en un hecho muy importante: el otro mundo o la dimensión espiritual del ser sí existe. Negar la existencia del infierno no cambia el hecho de que el hades existe. Existen dos áreas o lugares en el otro mundo: el paraíso y el infierno, el lugar de gloria y el lugar de tormento, y Cristo dice que ambos realmente existen. (Cp. Lc. 16:22-23, ver bosquejo y notas, Lc. 16:19-31; ver *Estudio a fondo 3*, Lc. 16:23; *Estudio a fondo 4*, 16:24; notes, 23:40-43; Ef. 4:8-10; *Estudio a fondo 4*, Lc. 16:24; *Estudio a fondo 1*, 1 P. 3:19-20).

Es digno de señalar el contexto de lo que Jesús dijo en la profecía de David.

1. La palabra "dejar" (egkataleipo) significa dejar atrás, totalmente abandonado. Esta es una palabra fuerte indicando un estado permanente. Al alma se le puede dejar, abandonar completamente, y condenar permanentemente en el infierno.

2. La palabra corrupción (diaphtheiro) significa derrumbar, deteriorar, pudrir, destruir, echarse a perder. En ningún lugar Cristo promete un cuerpo nuevo a los no creyentes, a los no salvos y perdidos. El cuerpo y la carne de una persona pueden ser destruidos para siempre. (Este es un hecho que rara vez se señala).

"Porque el que siembra para su carne, de la carne segará corrupción; mas el que siembra para el Espíritu, del Espíritu segará vida eterna" (Gá. 6:8).

"Con el sudor de tu rostro comerás el pan hasta que vuelvas a la tierra, porque de ella fuiste tomado; pues polvo eres, y al polvo volverás" (Gn. 3:19).

"A la corrupción he dicho: Mi padre eres tú; A los gusanos: Mi madre y mi hermana" (Job 17:14).

"Igualmente yacerán ellos en el polvo, Y gusanos los cubrirán" (Job 21:26). "Escondes tu rostro, se turban; Les quitas el hálito, dejan de ser, Y vuelven al polvo" (Sal. 104:29; cp. Ec. 3:20; 12:7).

2 (2:29-31) *Jesucristo, resurrección:* prueba 2, el testimonio de Pedro. Pedro lo afirma enérgicamente: con sus palabras, David no podía estar hablando de sí mismo. David estaba muerto y enterrado. Incluso se conocía dónde estaba su tumba, en el monte de Sión donde fueron enterrados la mayoría de los reyes de Israel.

Hay algo muy significativo acerca de David. Él fue un profeta de Dios, y Dios le había revelado que el Mesías vendría mediante su línea genealógica. El Mesías sería uno de sus descendientes y se sentaría en su trono (Sal. 132:11; cp. Sal. 89:3-4, 35-37; 2 S. 7:16). Por tanto, lo que David estaba haciendo era prediciendo la resurrección de Cristo. La profecía se refería a Jesús y a su resurrección.

Note: La declaración que hace Pedro de la profecía. Él dio las tres razones por las que Dios levantó a Cristo de los muertos. Estas son las mismas razones por las que Él resucitará a los creyentes.

1. Cristo fue levantado para reinar con Dios.
2. Cristo fue levantado para librar su alma del infierno (cp. v. 27).
3. Cristo fue levantado para librar su carne de la corrupción (cp. v. 27). (Dios levantará de la tumba el cuerpo del creyente y lo transformará en un nuevo cuerpo. Véase nota, Mt. 22:31-32; *Estudio a fondo 1,* Jn. 21:1; notas, 1 Co. 15:35-49; 15:50-58 para mayor discusión. Véase también resurrección, para mayor discusión).

3 (2:32) *Jesucristo, resurrección:* prueba 3, los discípulos fueron los testigos presenciales de la resurrección. (Véase *Estudio a fondo 1,* Jesucristo, Resurrección, Hechos 1:3 para mayor discusión).

4 (2:33-36) *Jesucristo, exaltación:* prueba 4, la exaltación y ascensión de Jesús a los cielos. Fíjese en estos tres puntos. (Véase nota, Jesucristo, Ascensión, Hechos 1:9 para mayor discusión).

1. Jesús fue levantado de los muertos para ser exaltado. Su resurrección involucraba la exaltación.
   => Ser levantado tenía como objetivo el ser exaltado.
   => Ser levantado equivale a ser exaltado a la presencia misma de Dios.
   => Ser levantado y recibir vida eterna es un estado de exaltación.
   => Ser levantado significa ser exaltado.

Note las palabras *"a la diestra de* Dios". Esta es una posición al lado de Dios, un lugar de honor, gloria, autoridad, dominio, y soberanía (cp. Hch. 5:31). Cristo ha sido levantado de los muertos para sentarse a la diestra de Dios ocupando dicha posición.

Observe que Cristo, quien es el obediente Hijo de Dios y el Señor exaltado, ha recibido lo que Dios le había prometido, el Espíritu Santo. El Cristo exaltado tiene la presencia de Dios, al Espíritu Santo, para derramarlo (echar, verter) en todos nosotros. Esto es lo que "vosotros veis y oís", la gloriosa presencia y energía del Espíritu Santo, de la presencia misma del Espíritu y la presencia de Dios mismo. (Cp. Jn. 15:26; 16:7).

Pensamiento 1: El corazón del creyente debe gritar "aleluya, alabado sea el Señor". ¡Cristo ha enviado la gran promesa y el gran don del Espíritu!

2. David profetizó la exaltación del Señor (cp. Sal. 110:1). David no podía estar hablando de sí mismo porque él nunca se levantó de los muertos, y tampoco ha sido exaltado. David estaba profetizando que Dios (Jehová) le había hablado al *Señor de David* (el Mesías), prometiéndole que el Señor se sentaría a la diestra de Dios, y que el Señor reinaría hasta que Dios someta a todos sus enemigos. La imagen del estrado expresa la victoria y triunfo absoluto sobre todos los enemigos de Cristo, tanto humanos como espirituales.

3. Pedro declaró enfáticamente: Jesús es Señor y Mesías. "Sepa, pues, ciertísimamente…" (asphalos). La palabra es enfática. Significa sin ningún lugar a dudas, con perfecta seguridad y certeza que…

- Jesús es Señor (v. 33).
- Jesús es Mesías (véase *Estudio a fondo 2,* Mt. 1:18).
- Jesús, a quien ustedes crucificaron (véase *Estudio a fondo 2,* Jesucristo, Muerte, Hch. 2:23 para mayor discusión).

ESTUDIO A FONDO 2

(2:36) *Señor* (griego, *kurion;* hebreo, *adonai*): la palabra griega para Señor se emplea para referirse a gobernantes y al Señor Jesucristo. (Véase *Estudio a fondo 1,* Fil. 2:11 para mayor discusión). Cuando se refiere al Cristo resucitado y exaltado significa:

=> "…nuestro Señor Jesús" (2 P. 1:2).
=> "…¡Señor mío, y Dios mío!" (Jn. 20:28).
=> "…Señor y Cristo" (Hch. 2:36).
=> "…éste es Señor de todos" (Hch. 10:36).
=> "…al Señor de gloria" (1 Co. 2:8; Stg. 2:1).
=> "…él es Señor de señores…" (Ap. 17:14).
=> "del Señor Dios nuestro" (Ap. 19:l).
=> "…Dios el Señor" [Theos, Jehová] (1 P. 3:15; cp. Is. 8:13).
=> "al Señor tu Dios" (Mt. 4:7; Lc. 4:12).
=> "…el Señor [Jehová]" (1 P. 2:3; cp. Sal. 34:8; Mr. 1:2-3; cp. Is. 40:3; Mal. 3:1).
=> "Señor Jesús" (Hch. 7:59; 8:16; 9:29; 2 Co. 1:14; 2 Ts. 1:7; He. 13:20; Ap. 22:20).
=> "CRISTO el Señor" (Lc. 2:11).
=> "…el Hijo del Hombre es Señor…" (Mr. 2:28).
=> "David mismo le llama Señor…" (Mr. 12:35-37).

=> "...el señor de la casa..." (Mr. 13:35).

"Jesucristo es el Señor", "Por lo cual Dios también le exaltó hasta lo sumo, y le dio un nombre que es sobre todo nombre" (Fil. 2:9-11).

1. Al Señor Jesucristo se le ve como el hijo *resucitado y exaltado* que se sienta a la diestra del Padre (Jehová). Él se sienta en el puesto exaltado de gloria y majestad, dominio y poder, alabanza y honor. Él reina sobre todo.

2. Al Señor Jesucristo también se le ve como el soberano Majestad del universo, el Ser supremo que posee la misma naturaleza de Dios (Jehová, YHWH mismo). Como Hijo de Dios él es igual a Dios en Ser, naturaleza, esencia y carácter, perfectamente Dios en todo sentido. Es por eso que puede llamársele el Señor Dios, Jehová o YHWH pues él es Dios (véase *Estudio a fondo 1,* Jn. 1:1-5; notas, Fil. 2:6; 2:7; *Estudio a fondo 1,* 2:11 para mayor discusión).

	D. El primer sermón (parte 3): imperativos de la salvación, 2:37-40	Jesucristo para perdón de los pecados; y recibiréis el don del Espíritu Santo.	**3 Los resultados: fueron perdonados y recibieron el Espíritu Santo**[EF2]
1 Las personas fueron convencidas de pecado y clamaron: "¿Qué debemos hacer?"	37 Al oír esto, se compungieron de corazón, y dijeron a Pedro y a los otros apóstoles: Varones hermanos, ¿qué haremos?	39 Porque para vosotros es la promesa, y para vuestros hijos, y para todos los que están lejos; para cuantos el Señor nuestro Dios llamare.	**4 La garantía para todos: la promesa de Dios y el llamado personal de Dios**[EF3]
2 Los imperativos: arrepiéntanse y bautícense[EF1]	38 Pedro les dijo: Arrepentíos, y bautícese cada uno de vosotros en el nombre de	40 Y con otras muchas palabras testificaba y les exhortaba, diciendo: Sed salvos de esta perversa generación.	**5 El gran grito de Pedro: Sed salvos...**

DIVISIÓN II

EL NACIMIENTO Y DESARROLLO DE LA IGLESIA, 2:1–7:60

D. El primer sermón (parte 3): imperativos de la salvación, 2:37-40

(2:37-40) _Introducción:_ este pasaje explica muy claramente lo que una persona debe hacer para ser salva. Nos da "Los imperativos de la Salvación."

1. Las personas fueron convencidas de pecado y clamaron: "¿Qué debemos hacer?" (v. 37).
2. Los imperativos: arrepiéntanse y bautícense (v. 38).
3. Los resultados: fueron perdonados y recibieron el Espíritu Santo (v. 38).
4. La garantía para todos: la promesa de Dios y el llamado personal de Dios (v. 39).
5. El gran grito de Pedro: Sed salvos... (v. 40).

1 **(2:37) _Convicción:_** Las personas fueron convencidas de pecado y clamaron: "¿Qué debemos hacer?" El sermón de Pedro, la Palabra proclamada, estaba llegando a los corazones de las personas.

La palabra "compungieron" (katenugesan) significa convencer, remorder la conciencia, sentir dolor y tristeza.

Convicción es una emoción del corazón. Una persona lamenta haber defraudado a Dios. El corazón de la persona es tocado y movido hasta cierto grado de quebrantamiento. (Véase _Estudio a fondo 1,_ Dolor piadoso, 2 Co. 7:10 para mayor discusión). [Convicción es ser redargüido mediante una lucha tirante, mediante un conocimiento, mediante un despertar de la conciencia].

=> Es un sentido de pecado, de haber hecho mal, de quebrantar la ley de Dios, de ser desobediente.

=> Es un sentimiento de fracaso, de estar destituido, de no llegar a la medida, de defraudar a Dios.

=> Es un sentimiento de necesitar más y más del Señor y su justicia.

La convicción hace que las personas busquen respuestas, hace que se pregunten: "¿Qué debemos hacer?"

2 **(2:38) _Salvación:_** los imperativos tienen dos partes. Una

persona debe arrepentirse y bautizarse. (Véase también _Estudio a fondo 1,_ Arrepentirse, Hechos 17:29-30; _Estudio a fondo 1,_ Bautismo, Hechos 2:38; Lc. 3:21; Jn. 1:24-26 para mayor discusión).

ESTUDIO A FONDO 1

(2:38) _Bautismo:_ Es la señal externa, la señal inmediata del arrepentimiento. Es la señal física que indica que una persona se identifica con Cristo. Es la señal física que indica que una persona va a mostrar ante el mundo que verdaderamente se ha arrepentido y ahora va a obedecer y vivir para Dios. El bautismo y el arrepentimiento son...

*   señales externas.
*   señales que tienen que ver con el comportamiento.
*   señales que muestran al mundo que una persona entrega su vida a Dios.

Arrepentirse es un mandamiento a cambiar nuestra vida. Bautizarse es un mandamiento, el primer mandamiento de seguir a Cristo. Bautizarse es un mandamiento, el primer mandamiento dado a aquellos que se arrepienten. La persona que se arrepiente verdaderamente debe bautizarse. Ella debe dar testimonio y confesar ante el mundo que se arrepiente bautizándose en el nombre de Jesucristo (cp. Mt. 28:19-20). El bautismo no es opcional. Es un mandamiento al igual que arrepentirse.

> **"Por tanto, id, y haced discípulos a todas las naciones, bautizándolos en el nombre del Padre, y del Hijo, y del Espíritu Santo" (Mt. 28:19).**
>
> **El que creyere y fuere bautizado, será salvo; mas el que no creyere, será condenado (Mr. 16:16).**
>
> **"Pedro les dijo: Arrepentíos, y bautícese cada uno de vosotros en el nombre de Jesucristo para perdón de los pecados; y recibiréis el don del Espíritu Santo" (Hch. 2:38).**
>
> **"Y mandó bautizarles en el nombre del Señor Jesús. Entonces le rogaron que se quedase por algunos días" (Hch. 10:48).**
>
> **"Ahora, pues, ¿por qué te detienes? Levántate y bautízate, y lava tus pecados, invocando su nombre" (Hch. 22:16).**

Ahora bien, fíjese en un aspecto de gran importancia que a menudo se pasa por alto y se deja a un lado. El hecho de que una persona cambie su vida (se arrepienta) y se bautice no quiere decir que sea salva. Una persona puede cambiar su vida por el poder de su propia voluntad, mediante disciplina y autocontrol, por sus propios esfuerzos y obras, y puede sencillamente pedir ser bautizado. Muchas personas han hecho esto, y muchas más lo harán. Muchos viven lo que nuestra sociedad considera una vida buena, honrada y moral, y han sido bautizados, pero ser salvo requiere algo más que el simple cambio de vida y el ser bautizado. ¿Qué es? Es el fundamento mismo, la esencia misma de la verdadera salvación, ser verdaderamente perdonado y recibir el Espíritu Santo:

> => Es la esencia de la fe, de creen "en el nombre de Jesucristo".

Una persona que verdaderamente cree y confía en Jesús se arrepiente y se bautiza, pero el hecho de que una persona viva una vida controlada y disciplinada (se arrepienta) y haya sido bautizada no quiere decir que realmente confía en Jesús como su Salvador. La verdadera fe, la obra interna dentro del corazón, la obra interna de realmente creer *en el nombre del Señor Jesús,* es absolutamente esencial para ser salvo.

Note ahora otro aspecto de gran importancia que también se pasa por alto y se deja a un lado.

> => El solo hecho de que una persona diga que cree en Jesús no significa que sea salva. Una persona puede decir y pretender cualquier cosa, y esa persona puede ser bautizada, pero al igual que una vida cambiada y el bautismo, la profesión y el bautismo no salvan a una persona.

Ser salvo requiere algo más que simplemente profesar una fe y ser bautizado. ¿Qué es? Una vez más, es el fundamento mismo, la esencia misma de la verdadera salvación, ser verdaderamente perdonado y recibir el Espíritu Santo.

> => Es el fundamento, lo imprescindible de arrepentirse y de hacer el primer acto de arrepentimiento, ser bautizado.

Sin verdadero arrepentimiento no hay fe, y sin confiar o comprometer nuestra vida al amado Hijo de Dios, al Señor Jesucristo no hay perdón de parte de Dios. El primer acto que viene como consecuencia de seguir a Jesús es el de arrepentirse y ser bautizado. Cualquier persona que honestamente cree en Jesucristo hará lo que él dice, se arrepentirá y se bautizará. (Véase *Estudio a fondo 2,* Jn. 2:24).

Esto es lo que Pedro está diciendo en este pasaje. Él no menciona a la fe, pero tampoco la omite ni elimina creer en el Señor Jesús como algo imprescindible para la salvación. No podemos ignorar el resto de las Escrituras mirando a este versículo solamente, como tampoco podemos ignorar este versículo y otros como él por otros pasajes que enfatizan la fe sola. El sentido común nos dice que una persona que verdaderamente cree algo actúa sobre la base de ello. La conducta es un resultado de la verdadera creencia. De igual manera, el sentido común nos dice que el comportamiento puede cambiarse mediante duro esfuerzo y disciplina. Una persona puede cambiar porque cree que debe hacerlo y no porque otro exige un cambio.

Pablo destaca el mismo punto en ese pasaje clásico suyo (Ro. 6:3-4), y lo que dice es muy significativo. Se dice que un creyente (verdadero creyente) se "bautiza [sumerge] en la muerte de Cristo".

> **"¿O no sabéis que todos los que hemos sido bautizados en Cristo Jesús, hemos sido bautizados en su muerte? Porque somos sepultados juntamente con él para muerte por el bautismo, a fin de que como Cristo resucitó de los muertos por la gloria del Padre, así también nosotros andemos en vida nueva" (Ro. 6:3-4).**

Ahora bien, fíjese en lo que Pablo dice: cuando una persona se bautiza, es "bautizado en su [Jesús] muerte", de la misma manera es sumergido (identificado) en la resurrección de Cristo. El bautismo es un acto a través del cual uno se identifica con Cristo. Él mismo dice haber muerto en la muerte de Cristo y haber resucitado en su resurrección; vive, se mueve y tiene su ser en Cristo de la misma manera en que Cristo vivió, se movió y tuvo su ser en Dios. La muerte, resurrección y vida de Cristo se convierten en la muerte, resurrección y vida del creyente. El creyente se trata y juzga a sí mismo diciendo: "Con Cristo estoy juntamente crucificado, y ya no vivo yo, mas vive Cristo en mí…". (Gá. 2:20), (Véase nota, Hch. 19:2).

Concluyendo, la historia ha demostrado que este aspecto necesita destacarse una y otra vez.

> =>Una persona puede arrepentirse, cambiar su vida y ser bautizado (por su propio esfuerzo y obras) sin haber confiado jamás en Cristo, sin realmente creer en Cristo,
>
> =>pero una persona no puede confiar, no puede verdaderamente creer en Cristo sin arrepentirse y seguir a Cristo en el primer acto de su arrepentimiento, ser bautizado. La verdadera fe y la creencia honesta siempre implican que una persona se arrepiente y se bautiza. Creer es seguir (obedecer) a Cristo y ser bautizado.

> **"y habiendo sido perfeccionado, vino a ser autor de eterna salvación para todos los que le obedecen" (He. 5:9. Véase *Estudio a fondo 2,* Jn. 2:24).**
>
> **"El que cree en el Hijo tiene vida eterna; pero el que rehúsa creer [ho apeithon, no obedece] en el Hijo no verá la vida, sino que la ira de Dios está sobre él" (Jn. 3:36).**

3 (2:38) *Salvación:* los resultados tienen dos partes, ser perdonado de los pecados y recibir el Espíritu Santo.

1. Perdón de pecados (véase *Estudio a fondo 2,* Perdón, Hch. 2:38 para mayor discusión).

2. Recibir el don del Espíritu Santo (véase *Estudio a fondo 1,* Espíritu Santo, conclusiones, Hechos 2:1-4 para mayor discusión).

ESTUDIO A FONDO 2

(2:38) *Remisión, perdón* (aphesin): [expulsar, enviar lejos]. Lo malo es cortado, expulsado y alejado del malhechor. Al pecado se le separa del pecador.

Existen cuatro ideas principales en el concepto bíblico del perdón.

1. La idea de por qué se necesita el perdón. Se necesita el perdón debido a lo mal hecho, a la culpa, y al castigo que ambos generan.

> **"Por cuanto todos pecaron, y están destituidos de la gloria de Dios" (Ro. 3:23).**
>
> **"Porque la paga del pecado es muerte, mas la dádiva de Dios es vida eterna en Cristo Jesús Señor nuestro" (Ro. 6:23).**
>
> **"Ahora, pues, ninguna condenación hay para los que están en Cristo Jesús, los que no andan conforme a la carne, sino conforme al Espíritu" (Ro. 8:1).**

2. La idea del perdón "de una vez y por todas", de un perdón total. Un hombre es perdonado "de una vez y por todas" cuando recibe a Jesucristo como su Salvador. La única condición para ser perdonado "de una vez y por todas" es creer en Jesucristo, arrepentirse verdaderamente.

> **"porque esto es mi sangre del nuevo pacto, que por muchos es derramada para remisión de los pecados" (Mt. 26:28).**
>
> **"en quien tenemos redención por su sangre, el perdón de pecados según las riquezas de su gracia" (Ef. 1:7).**
>
> **"mas al que no obra, sino cree en aquel que justifica al impío, su fe le es contada por justicia. Como también David habla de la bienaventuranza del hombre a quien Dios atribuye justicia sin obras, diciendo: Bienaventurados aquellos cuyas iniquidades son perdonadas, Y cuyos pecados son cubiertos. Bienaventurado el varón a quien el Señor no inculpa de pecado" Ro. 4:5-8).**
>
> **"Yo deshice como una nube tus rebeliones, y como niebla tus pecados; vuélvete a mí, porque yo te redimí" (Is. 44:22).**

3. La idea del perdón que mantiene la comunión. Existe comunión entre Dios como Padre y el creyente como su hijo. Cuando el niño hace algo mal hecho, la comunión se trastorna y se rompe. La condición necesaria para restaurar la comunión es confesar y abandonar el pecado (Sal. 66:18; Pr. 28:13; 1 Jn. 1:7).

> **"Pedro les dijo: Arrepentíos, y bautícese cada uno de vosotros en el nombre de Jesucristo para perdón de los pecados; y recibiréis el don del Espíritu Santo" (Hch. 2:38).**
>
> **"Y él fue por toda la región contigua al Jordán, predicando el bautismo del arrepentimiento para perdón de pecados" (Lc. 3:3).**
>
> **"y que se predicase en su nombre el arrepentimiento y el perdón de pecados en todas las naciones, comenzando desde Jerusalén" (Lc. 24:47).**

4. La idea de quedar libre de la culpa. Esta es una de las diferencias que existen entre un hombre que perdona a otro hombre y cuando Dios perdona a un ser humano. Un hombre puede perdonar a otra persona por algo que hizo mal, pero nunca podrá eliminar la culpa que siente su amigo, y a menudo tampoco puede eliminar el resenti-

miento que él mismo siente en su corazón. Solo Dios puede quitar la culpa y asegurar que no exista resentimiento. Dios hace ambas cosas: Dios perdona y borra la culpa y el resentimiento (Sal. 51:2, 7-12; 103:12; 1 Jn. 1:9).

> **"Yo, yo soy el que borro tus rebeliones por amor de mí mismo, y no me acordaré de tus pecados" (Is. 43:25).**
>
> **"Deje el impío su camino, y el hombre inicuo sus pensamientos, y vuélvase a Jehová, el cual tendrá de él misericordia, y al Dios nuestro, el cual será amplio en perdonar" (Is. 55:7).**
>
> **"¿Qué Dios como tú, que perdona la maldad, y olvida el pecado del remanente de su heredad? No retuvo para siempre su enojo, porque se deleita en misericordia" (Mi. 7:18).**
>
> **"Y no enseñará más ninguno a su prójimo, ni ninguno a su hermano, diciendo: Conoce a Jehová; porque todos me conocerán, desde el más pequeño de ellos hasta el más grande, dice Jehová; porque perdonaré la maldad de ellos, y no me acordaré más de su pecado" (Jer. 31:34).**
>
> **"Y los limpiaré de toda su maldad con que pecaron contra mí; y perdonaré todos sus pecados con que contra mí pecaron, y con que contra mí se rebelaron" (Jer. 33:8).**

[4] (2:39) *Salvación, seguridad de la:* Dios ha prometido esta seguridad para todos. Note que la promesa es…

- "para vosotros": los judíos.
- "para todos los que están lejos": los gentiles; cualquiera que está en tierras lejanas; cualquiera que se encuentra espiritualmente lejos de Dios, sin importar cuán lejos.

Fíjese en la condición imprescindible. La seguridad de la promesa es para aquellos a quienes "el Señor nuestro Dios llamare". (Véase *Estudio a fondo 3,* Llamamiento, Hch. 2:39).

ESTUDIO A FONDO 3

(2:39) *Llamare* (an proskalesetai): Dios tiene que llamar porque el hombre está muerto para Dios y se resiste al evangelio. La condición de muerto y la resistencia del hombre se aprecian en la misma palabra *llamar*. La palabra *llamar* conlleva tanto la idea de iniciativa y mortandad, y de obligación y resistencia. Por ejemplo, el simple hecho de llamar a una persona para que venga involucra ambas acciones…

- atraerlo a que venga.
- el estar muerto (inconsciente y sin saber, u ofreciendo resistencia al hecho de que tiene que acudir).

Al hombre, centrado en sí mismo y rebelde contra Dios, le gusta sentirse independiente. Como consecuencia, el hombre está muerto para Dios y se resiste al llamado atrayente y el poder apremiante de Dios.

La persona que viene a Cristo es aquella a quien Dios ha llamado, una persona que ha experimentado la iniciativa divina. El hombre…

- no actúa por sí mismo y viene a Cristo.
- no se acerca por su propio esfuerzo y energía.

- no se acerca por sus propias obras.
- no se acerca por su propia mente, pensamientos y voluntad.
- no se acerca por su propio trabajo y buenos hechos.

Un hombre, estando muerto en espíritu, no puede hacer nada espiritualmente de la misma manera que un cuerpo muerto no puede hacer nada físicamente. Si un hombre con un espíritu muerto quiere venir a Cristo, tiene que recibir la acción de Dios sobre él y ser atraído por Dios. Tanto Dios como el hombre toman parte en la salvación.

=> Dios llama y atrae, hala, y mueve el corazón del hombre para que venga.

Ahora note lo siguiente: cuando un hombre siente el llamado y atracción de Dios debe actuar de inmediato. Debe creer y tomar la decisión de seguir a Cristo, no importa si se encuentra en algún lugar en la soledad de las profundidades de una jungla. ¿Por qué? Porque el Espíritu de Dios no siempre se contiende con nosotros y nos hala. Todos lo sabemos. Todos hemos sentido antes el llamado de Dios, el tirón y movimiento de su Espíritu en nuestros corazones. Pero apagamos el tirón y el movimiento. Rechazamos el llamado, y el Espíritu de Dios nos deja, y mientras más rechazamos el llamado, con menos frecuencia viene.

=> *Contristamos* al Espíritu.

"No contristéis al Espíritu" (1 Ts. 5:19).

=> El Espíritu no siempre contiende con nosotros.

"Y dijo Jehová: No contenderá mi espíritu con el hombre para siempre…" (Gn. 6:3).

Por tanto, cuando llega el llamado del Señor nuestro Dios, debemos *creer,* arrepentirnos y bautizarnos en el nombre de Jesucristo (v. 38). (Véase notas, Jn. 6:44-46; 6:65 para mayor discusión).

"Venid a mí todos los que estáis trabajados y cargados, y yo os haré descansar" (Mt. 11:28).

"Id, pues, a las salidas de los caminos, y llamad a las bodas a cuantos halléis" (Mt. 22:9).

"En el último y gran día de la fiesta, Jesús se puso en pie y alzó la voz, diciendo: Si alguno tiene sed, venga a mí y beba" (Jn. 7:37).

"Porque no hay diferencia entre judío y griego, pues el mismo que es Señor de todos, es rico para con todos los que le invocan" (Ro. 10:12).

"el cual quiere que todos los hombres sean salvos y vengan al conocimiento de la verdad" (1 Ti. 2:4).

"Y el Espíritu y la Esposa dicen: Ven. Y el que oye, diga: Ven. Y el que tiene sed, venga; y el que quiera, tome del agua de la vida gratuitamente" (Ap. 22:17).

"Venid luego, dice Jehová, y estemos a cuenta: si vuestros pecados fueren como la grana, como la nieve serán emblanquecidos; si fueren rojos como el carmesí, vendrán a ser como blanca lana" (Is. 1:18).

"A todos los sedientos: Venid a las aguas; y los que no tienen dinero, venid, comprad y comed. Venid, comprad sin dinero y sin precio, vino y leche" (Is. 55:1).

5 (2:40) *Salvación, separación:* el gran grito de Pedro: "Sed salvos de esta perversa [corrupta] generación".

1. Las palabras "Sed salvos" (sothete) significan que una persona debe actuar y hacer exactamente lo que Pedro predicó: "Arrepiéntanse y sean bautizados".

2. "Perversa" (skolias) significa torcido o deforme. Los hombres están muy lejos de ser rectos, y en la forma que Dios desea. Hay perversos y torcidos, injustos e impío, pecador y corrupto.

"Y con otras muchas palabras testificaba y les exhortaba, diciendo: Sed salvos de esta perversa generación" (Hch. 2:40).

"Por lo cual,
Salid de en medio de ellos, y apartaos, dice el Señor,
Y no toquéis lo inmundo;
Y yo os recibiré,
Y seré para vosotros por Padre,
Y vosotros me seréis hijos e hijas, dice el Señor Todopoderoso" (2 Co. 6:17-18).

"Y no participéis en las obras infructuosas de las tinieblas, sino más bien reprendedlas" (Ef. 5:11).

"Apartaos, apartaos, salid de ahí, no toquéis cosa inmunda; salid de en medio de ella; purificaos los que lleváis los utensilios de Jehová" (Is. 52:11).

	E. La primera iglesia: rasgos valiosos, 2:41-47	por los apóstoles. 44 Todos los que habían creído estaban juntos, y tenían en común todas las cosas;	**4 Un pueblo unido participó en el ministerio**[EF6]
1 Un pueblo que recibía la Palabra con regocijo a. Resultado 1: Los bautizaron b. Resultado 2: Una iglesia grande	41 Así que, los que recibieron su palabra fueron bautizados; y se añadieron aquel día como tres mil personas.	45 y vendían sus propiedades y sus bienes, y lo repartían a todos según la necesidad de cada uno.	
2 Un pueblo que perseveraba continuamente[EF1] a. En doctrina[EF2] y comunión[EF3] b. En la cena del Señor[EF4] y la oración[EF5]	42 Y perseveraban en la doctrina de los apóstoles, en la comunión unos con otros, en el partimiento del pan y en las oraciones.	46 Y perseverando unánimes cada día en el templo, y partiendo el pan en las casas, comían juntos con alegría y sencillez de corazón,	**5 Un pueblo unido** **6 Un pueblo que adoraba y glorificaba a Dios diariamente** a. En el templo b. En los hogares c. Con regocijo y corazones unidos d. Alabaron a Dios e. Resultados
3 Un pueblo que conmovió las almas con el temor a Dios	43 Y sobrevino temor a toda persona; y muchas maravillas y señales eran hechas	47 alabando a Dios, y teniendo favor con todo el pueblo. Y el Señor añadía cada día a la iglesia los que habían de ser salvos.	1) Ganaron el favor del pueblo 2) Se agregaron almas a la iglesia

DIVISIÓN II

EL NACIMIENTO Y DESARROLLO DE LA IGLESIA, 2:1–7:60

E. La primera iglesia: rasgos valiosos, 2:41-47

(2:41-47) *Introducción:* Esta es la primera mirada a la iglesia primitiva. Muestra los rasgos característicos de la vida cotidiana de los creyentes y esto debe despertar la conciencia de la iglesia actual.

1. Un pueblo que recibía la Palabra con regocijo (v. 41).
2. Un pueblo que perseveraba continuamente (v. 42).
3. Un pueblo que conmovió las almas con el temor a Dios (v. 43).
4. Un pueblo que participó unido en el ministerio (vv. 44-45).
5. Un pueblo unido (v. 46).
6. Un pueblo que adoraba y glorificaba a Dios diariamente (vv. 46-47).

1 (2:41) *Palabra de Dios:* Los creyentes primitivos recibieron la Palabra con regocijo.

1. Este es el rasgo básico, el primer rasgo de una iglesia verdadera. De hecho, es lo que define a una iglesia. Una iglesia es un pueblo, un cuerpo de personas que recibieron *La Palabra de Dios*. No estaban recibiendo:

- un grupo de ideas
- los pensamientos de una persona
- un juego de reglas y principios
- una filosofía humana
- una postura
- una religión

Recibieron la Palabra de Dios, una revelación del mismo Dios. Dios se reveló a sus discípulos en Jesucristo. Y Pedro,

el vocero de los discípulos, proclamó la Palabra acerca de Cristo Jesús. Dios habló al mundo mediante Jesucristo, su Hijo, y los creyentes primitivos recibieron su Palabra. (Véase el *Estudio a fondo 1* de la Palabra: Juan 1:1-5).

2. Nótese la palabra "recibieron". Una verdadera iglesia, un cuerpo genuino de creyentes, no solo oye la Palabra. No se conforma con estar presente o unirse a las multitudes para ver lo que sucede. No se siente con mentes que están vagando ni corazones cerrados. Una verdadera iglesia recibe la Palabra de Dios al:

- Dar una bienvenida
- Creerla
- Ingerirla
- Practicarla
- Experimentarla
- Guardarla
- Desearla
- Regocijarse en ella
- Diseminarla

3. Nótese la declaración: "recibieron su palabra". No todos los presentes la recibieron. Algunos estaban presentes por razones equivocadas, otros tenían la mente cerrada y no tenían interés. Aún otros rechazaron la Palabra y rehusaron creerla. Pero los que recibieron la Palabra se convirtieron en el primer cuerpo de creyentes, la primera iglesia.

4. Nótese que se bautizaron: La idea es un bautizo inmediato (Véase *Estudio a fondo 1*, Bautismo, Hch. 2:38 para mayor discusión). Nótese la gran cantidad: Se añadieron tres mil a los 120 discípulos.

> "Pero muchos de los que habían oído la palabra, creyeron; y el número de los varones era como cinco mil" (Hch. 4:4).
>
> "Y crecía la palabra del Señor, y el número de los discípulos se multiplicaba grandemente en Jerusalén; también muchos de los sacerdotes obedecían a la fe" (Hch 6:7).
>
> "Y éstos eran más nobles que los que estaban en Tesalónica, pues recibieron la palabra con toda solici-

tud, escudriñando cada día las Escrituras para ver si estas cosas eran así" (Hch 17:11).

Pero digo: ¿No han oído? Antes bien, Por toda la Tierra ha salido la voz de ellos, Y hasta los fines de la Tierra sus palabras" (Ro 10:18).

"Por lo cual también nosotros sin cesar damos gracias a Dios, de que cuando recibisteis la palabra de Dios que oísteis de nosotros, la recibisteis no como palabra de hombres, sino según es en verdad, la palabra de Dios, la cual actúa en vosotros los creyentes" (1 Ts 2:13).

2 [2] (2:42) *Perseverar:* Los creyentes primitivos perseveraron en cuatro cosas. (Véase *Estudio a fondo 1-5,* Hch. 2:42 para mayor discusión de estos puntos).

ESTUDIO A FONDO 1

(2:42) *Perseveraban* (proskarterountes): Seguir adelante, perdurar, persistir, no darse por vencido, retroceder, desaparecer o recaer.

ESTUDIO A FONDO 2

(2:42) *Doctrina* (didache): La enseñanza, la instrucción de los apóstoles. Esto incluye tanto lo que Cristo enseñó como su muerte, resurrección y ascensión o exaltación. Son las mismas enseñanzas e instrucciones…

• que aparecen en el Nuevo Testamento.
• que los discípulos escribieron a varias iglesias y grupos de creyentes.

La enseñanza no tiene variantes. Hay solo un mensaje, solo una Palabra que salva, arraiga y funda el pueblo en el Señor: La Palabra del mismo Dios, el mensaje del Nuevo Testamento. El día del Pentecostés, las personas que se salvaron necesitaban fundarse en la fe. Y el único mensaje capaz de fundarlos fue el mensaje que se encuentra en el Nuevo Testamento. Fue aquel mensaje, aquella doctrina la que enseñaron.

"Por tanto, id, y haced discípulos a todas las naciones, bautizándolos en el nombre del Padre, y del Hijo, y del Espíritu Santo; enseñándoles que guarden todas las cosas que os he mandado; y he aquí yo estoy con vosotros todos los días, hasta el fin del mundo. Amén" (Mt 28:19-20).

"Entonces les abrió el entendimiento, para que comprendiesen las Escrituras; y les dijo: Así está escrito, y así fue necesario que el Cristo padeciese, y resucitase de los muertos al tercer día; y que se predicase en su nombre el arrepentimiento y el perdón de pecados en todas las naciones, comenzando desde Jerusalén. Y vosotros sois testigos de estas cosas" (Lc 24:45-48).

Pensamiento 1. Nótese un hecho impresionante: Podemos recibir la salvación y estar arraigados y fundados en el *mismo mensaje.* Dios nos ha dado las mismas doctrinas e instrucciones para arraigarnos y darnos fundamento. Podemos tener una genuina y dinámica experiencia apostólica y tener madurez en el Señor. Podemos crecer y conocer al Señor tan íntimamente como los creyentes primitivos. De hecho, si no fuera así, nos quedaríamos cortos ya que tenemos la misma doctrina, enseñanza e instrucciones que ellos tenían.

ESTUDIO A FONDO 3

(2:42) *Comunión:* La comunión que el Espíritu de Dios elabora significa mucho más que la asociación que se encuentra en los grupos seculares como los clubes cívicos y los cuerpos comunitarios. Hay una diferencia enorme entre *la participación comunitaria y la participación espiritual. La participación comunitaria* se basa en la asociación de vecinos. *La participación espiritual* se basa en una unión espiritual que el Espíritu de Dios hace.

La diferencia es esta: El Espíritu Santo está dentro del creyente cristiano. El Espíritu Santo crea una unión al derretir y moldear el corazón del creyente cristiano en los corazones de los otros creyentes. La vida de un creyente se adhiere a las vidas de los otros creyentes. Mediante el Espíritu de Dios, los creyentes se unen en vida y propósito. Tienen una vida unida compartiendo las bendiciones, necesidades y dones. Observe algunas cosas acerca de la comunión que este pasaje enseña:

1. Los nuevos creyentes experimentan la comunión porque se unen a otros cristianos en el aprendizaje de las Escrituras (las enseñanzas apostólicas) y en la adoración (las oraciones y la celebración de la cena del Señor, Hechos 2:41-42).

2. La comunión prohíbe una vida cristiana solitaria. Su compañerismo se mantiene porque "perseveraban" en las Escrituras y en la adoración. Una vida cristiana solitaria es sencillamente imposible.

    a. El cristianismo es, en primer lugar, un asunto personal, pero luego se convierte en un asunto social. Individualmente el cristiano está conectado con Cristo, pero también está conectado con otros creyentes. Camina con otros creyentes en las Escrituras y en la adoración.

    b. La cristiandad es, en primer lugar, un organismo espiritual, pero luego es una organización espiritual. El cristiano tiene una vida *interior,* pero también tiene una vida *exterior.* Con otros creyentes cristianos se convierte en una organización viviente. Se sienta a los pies de la enseñanza apostólica y se une a los otros cristianos en la adoración.

    c. Del verdadero creyente el cristianismo hace un santo (uno que está apartado para Dios), pero son *los santos (plural)* que componen el cristianismo. El cristianismo no es una sola persona, sino muchas *personas, santas.* La palabra "santo" se emplea con frecuencia en el Nuevo Testamento, pero nunca en forma singular. El cristianismo es cristianismo porque los santos estudian las Escrituras juntos y adoran juntos.

    d. El cristianismo requiere que un creyente viva personalmente tales virtudes como la bondad, longanimidad y amor; pero el creyente solamente puede hacer esto con relación a otros.

    e. Ser cristiano significa que el Espíritu de Dios

entró en la vida del creyente, pero también significa que el Espíritu de Dios colocó al creyente en un cuerpo de personas (la iglesia), en la sociedad cristiana. El Espíritu de Dios mora en el cuerpo de los creyentes al igual que en el individuo (véase la nota, 1 Co 3:16).

3. La comunión espiritual enfrenta dos peligros:
   a. La comunión y la sociedad se pueden destacar excesivamente hasta el punto de perder la salvación individual. Un individuo tiene que recibir "su palabra" (Hch 2:41).
   b. La salvación y la adoración individual se pueden destacar excesivamente, ya sea mediante la naturaleza o por cualquier otro medio, hasta el punto de perder el compañerismo y la sociedad cristiana (Hch 2:42; He 10:25, véase la nota).

"Y perseveraban en la doctrina de los apóstoles, en la comunión unos con otros, en el partimiento del pan y en las oraciones" (Hch 2:42).

"Así nosotros, siendo muchos, somos un cuerpo en Cristo, y todos miembros los unos de los otros" (Ro 12:5).

"Siendo uno solo el pan, nosotros, con ser muchos, somos un cuerpo; pues todos participamos de aquel mismo pan" (1 Co 10:17).

"Ya no hay judío ni griego; no hay esclavo ni libre; no hay varón ni mujer; porque todos vosotros sois uno en Cristo Jesús" (Gá 3:28).

"Hasta que todos lleguemos a la unidad de la fe y del conocimiento del Hijo de Dios, a un varón perfecto, a la medida de la estatura de la plenitud de Cristo" (Ef 4:13).

"No dejando de congregarnos, como algunos tienen por costumbre, sino exhortándonos; y tanto más, cuanto veis que aquel día se acerca" (He 10:25).

"Pero si andamos en luz, como él está en luz, tenemos comunión unos con otros, y la sangre de Jesucristo su Hijo nos limpia de todo pecado" (1 Jn 1:7).

"Compañero soy yo de todos los que te temen y guardan tus mandamientos" (Salmo 119:63).

"Entonces los que temían a Jehová hablaron cada uno a su compañero; y Jehová escuchó y oyó, y fue escrito libro de memoria delante de él para los que temen a Jehová, y para los que piensan en su nombre" (Mal 3:16).

ESTUDIO A FONDO 4

(2:42) *La cena del Señor.* La frase "el partimiento del pan" significa que los creyentes primitivos observaron y recordaron la muerte del Señor. Apartaron tiempo para observar lo que las iglesias llaman la Santa cena o la eucaristía. Nótese que celebraron la cena diariamente (v. 46). ¿Por qué la celebraron tan a menudo?

1. La santa cena fue la ordenanza que Cristo dio para simbolizar su muerte. Y fue su muerte la que los salvó. Debido a su muerte ahora estaban:
   • reconciliados con Dios.

• en comunión con Dios.
• hechos nuevas criaturas en Dios.
• llenos del Espíritu de Dios
• llevando el fruto de Dios (Gá 5:22-23).

Todo lo que ahora eran y tenían se debió a la muerte de Cristo. Querían recordar y agradecerle a Dios el gran amor que demostró mediante la muerte de su Hijo, y querían hacerlo a menudo.

2. El Señor ordenó que sus seguidores celebraran la santa cena con frecuencia.

Pensamiento. ¡Qué acusación contra tantos de nosotros que celebramos la santa cena tan pocas veces! Desde luego, podemos recordar y concentrarnos en la muerte de Cristo sin el simbolismo de la santa cena. Pero Cristo ordenó que lo usáramos como el símbolo principal para anunciar su muerte hasta que Él venga (1 Co. 11:26).

"Haced esto en memoria de mí" (Lc 22:19; 1 Co 11:24-25).

"Así, pues, todas las veces que comiereis este pan, y bebiereis esta copa, la muerte del Señor anunciáis hasta que él venga" (1 Co 11:26)

"Y mientras comían, Jesús tomó pan y bendijo, y lo partió y les dio, diciendo: Tomad, esto es mi cuerpo. Y tomando la copa, y habiendo dado gracias, les dio; y bebieron de ella todos. Y les dijo: Esto es mi sangre del nuevo pacto, que por muchos es derramada" (Mr 14:22-24).

ESTUDIO A FONDO 5

(2:42) *Oración:* Los cristianos primitivos eran personas que perseveraban en la oración. La idea es orar en la iglesia, oraciones unidas con el cuerpo de creyentes.

1. Mediante la oración lograron tener una comunión muy íntima con Dios y entrar en su presencia. No podían estar más cerca a Dios que cuando se acercaban a Él mediante la oración.

"Cercano está Jehová a todos los que le invocan, a todos los que le invocan de veras" (Sal 145:18).

"Pero en cuanto a mí, el acercarme a Dios es el bien; he puesto en Jehová el Señor mi esperanza, para contar todas tus obras" (Sal 73:28).

"Pues nada perfeccionó la ley, y de la introducción de una mejor esperanza, por la cual nos acercamos a Dios" (He 7:19).

"Porque donde están dos o tres congregados en mi nombre, allí estoy yo en medio de ellos" (Mt 18:20).

2. Mediante la oración recibieron cosas de Dios. Recibieron de sus provisiones tanto para el alma como para la vida.

"Y todo lo que pidiereis en oración, creyendo, lo recibiréis" (Mt 21:22).

"Hasta ahora nada habéis pedido en mi nombre; pedid, y recibiréis, para que vuestro gozo sea cumplido" (Jn 16:24).

3 (2:43) *Temor — Piedad — Iglesia:* Los cristianos primitivos eran personas que conmovían almas con un temor piadoso. Temor (fobias) no significa terror o miedo. Quiere decir…

- Un temor piadoso. Un temor de Dios, de su disgusto y juicio.
- Un sentido santo de la presencia de Dios.
- Estar consciente de que Dios está obrando.
- Una reverencia hacia Dios y por lo que esté sucediendo.
- Un sentido de maravilla y temor.

Nótese qué es lo que conmueve al público al estar consciente de Dios: Las señales y maravillas que hicieron los *apóstoles*. Y nótese: había *muchos*.

> **"Y su misericordia es de generación en generación, a los que le temen" (Lc 1:50).**
> **"Sino que en toda nación se agrada del que le teme y hace justicia" (Hch 10:35).**
> **"¿Quién es el hombre que teme a Jehová? El le enseñará el camino que ha de escoger" (Sal 25:12).**
> **"¡Cuán grande es tu bondad, que has guardado para los que te temen, Que has mostrado a los que esperan en ti, delante de los hijos de los hombres!" (Sal 31:19).**
> **"¿Quién hay entre vosotros que teme a Jehová, y oye la voz de su siervo? El que anda en tinieblas y carece de luz, confíe en el nombre de Jehová, y apóyese en su Dios (Is 50:10).**

4 (2:44-45) *Iglesia — Unidad — Ministerio:* Los creyentes primitivos eran personas que estaban unidas y que tenían un ministerio en común. Es crítico para la iglesia prestar atención especial y hacer caso a lo que se dice en este punto.

1. Los creyentes profesantes eran verdaderos creyentes. Eran de esos que realmente creían (véase *Estudio a fondo 2, Creer* — Jn 2:24 para los comentarios que muestran que creer verdaderamente es el compromiso de todo lo que uno es y tiene).

2. Los creyentes estaban "juntos" (esan epito auto). Esto quiere decir que estaban unidos en el mismo lugar porque todos tenían el mismo llamado, mente y propósito. No significa estar en el mismo local y lugar. No hubieran estado juntos de no haber sido del mismo espíritu y propósito. Esto es crítico para el llamado de Dios.

3. Los creyentes vendieron sus posesiones y bienes y usaron el dinero para ministrar a los pobres y a los necesitados. Ahora nótese:

=> ¿Por qué fueron a un extremo tan drástico para ministrar? Existe una razón importante: Cristo los mandó. Con mucha frecuencia la iglesia lo niega e ignora, pero negar la verdad no elimina la verdad. (Véase *Estudio a fondo 6*–Hch. 2:44-45. Y para mayor discusión ver también los bosquejos y las notas: Mt 19:16-22; 19:23-26; 19:27-30).

Ahora nótese: ¿Quiénes son los ricos y quiénes son los pobres?

=> Una persona rica es cualquiera que tiene más que los demás, más de lo que tiene la inmensa mayoría del mundo.

=> Una persona rica es alguien que tiene cualquier cosa que puede devolver luego de satisfacer las verdaderas necesidades de su familia.

Esto es exactamente lo que vez tras vez dicen Cristo y la Biblia (cp. también Mr 12:41-44; Lc 21:1-4; Hch 4:34-35, y otros).

En resumen, ¿quién es rico? Una persona rica es alguien que tiene cualquier cosa que sobrepasa lo que necesita. Lo que demanda Cristo es que demos todos eso que somos y tenemos para satisfacer las necesidades de aquellos que tienen una necesidad desesperada. No debemos quedarnos con nada. A menudo esta es la gran queja contra el cristianismo, lo que realmente no creemos. La evidencia de nuestra incredulidad se percibe en la insistencia de Cristo, la demanda de que demos todo lo que tenemos para alimentar a los hambrientos y satisfacer las necesidades más cruciales de los pobres y perdidos del mundo. Pero no lo hacemos. Se dijo que Gandhi, el gran líder de la independencia de la India, nunca aceptó el cristianismo por esta misma razón. ¿Cuántos otros también rechazaron a Cristo por causa de nuestra hipocresía?

> **"Jesús le dijo: Si quieres ser perfecto, anda, vende lo que tienes, y dalo a los pobres, y tendrás tesoro en el cielo; y ven y sígueme." (Mt 19:21).**
> **"Jesús le dijo: Si quieres ser perfecto, anda, vende lo que tienes, y dalo a los pobres, y tendrás tesoro en el cielo; y ven y sígueme." (Mt 19:29).**
> **"Porque donde esté vuestro tesoro, allí estará también vuestro corazón" (Mt 6:21).**
> **"Entonces respondiendo Jesús, les dijo: Erráis, ignorando las Escrituras y el poder de Dios" (Mt 22:39).**
> **"Mas buscad el reino de Dios, y todas estas cosas os serán añadidas. No temáis, manada pequeña, porque a vuestro Padre le ha placido daros el reino. Vended lo que poseéis, y dad limosna; haceos bolsas que no se envejezcan, tesoro en los cielos que no se agote, donde ladrón no llega, ni polilla destruye. Porque donde está vuestro tesoro, allí estará también vuestro corazón." (Lc 12:31-34).**
> **"Entonces Zaqueo, puesto en pie, dijo al Señor: He aquí, Señor, la mitad de mis bienes doy a los pobres; y si en algo he defraudado a alguno, se lo devuelvo cuadruplicado" (Lc 19:8).**
> **"En esto conocerán todos que sois mis discípulos, si tuviereis amor los unos con los otros." (Jn 13:35).**
> **"Si guardareis mis mandamientos, permaneceréis en mi amor; así como yo he guardado los mandamientos de mi Padre, y permanezco en su amor." (Jn 15:10).**
> **"El amor sea sin fingimiento. Aborreced lo malo, seguid lo bueno." (Ro 12:9).**
> **"Como también yo en todas las cosas agrado a todos, no procurando mi propio beneficio, sino el de muchos, para que sean salvos." (1 Co 10:33).**
> **"Porque ya conocéis la gracia de nuestro Señor Jesucristo, que por amor a vosotros se hizo pobre, siendo rico, para que vosotros con su pobreza fueseis enriquecidos." (2 Co 8:9).**
> **"El que hurtaba, no hurte más, sino trabaje,**

haciendo con sus manos lo que es bueno, para que tenga qué compartir con el que padece necesidad." (Ef 4:28).

"Y el Señor os haga crecer y abundar en amor unos para con otros y para con todos, como también lo hacemos nosotros para con vosotros," (1 Ts 3:12).

"Y llegados a Salamina, anunciaban la palabra de Dios en las sinagogas de los judíos. Tenían también a Juan de ayudante." (He 13:5).

Un último asunto es este: Cristo demanda que si vamos a seguirlo, demos todo lo que somos y tenemos (véase nota y *Estudio a fondo 1* — Lc 9:23). Cualquier intento de diluir lo que con frecuencia Él dice, fracasa miserablemente ante un corazón honesto que lee su Palabra (véase Tabla de Contenido, Mayordomía; Galardones)

Pensamiento 1. Solo imagine desde cuándo el mundo se hubiera alcanzado con el evangelio si los que dicen ser creyentes entregaran con honestidad todas sus vidas a Cristo, dando todo lo que son y lo que tienen a su causa para evangelizar el mundo.

ESTUDIO A FONDO 6

(2:44-45) *Mayordomía — Entrega — Autonegación — Posesiones:* Cristo ordena que le demos todo lo que somos y tenemos para entrar en su gloria. Esta es la razón por la cual los creyentes primitivos daban todo lo que tenían para satisfacer las necesidades del mundo. Cristo se lo ordenó al joven rico y a los discípulos (véase el bosquejo y las notas Mt 19:23-26; 19:27-30).

En nuestro esfuerzo para proteger la verdad gloriosa de que el hombre se salva por gracia y solo por gracia, con frecuencia olvidamos y descuidamos otra gran verdad: *seguir* a Cristo es servir y ministrar a nuestros vecinos. Seguir a Cristo es negarnos por completo todo lo que somos al igual que todo lo que tenemos (véase la nota y *Estudio a fondo 1* — Lc 9:23). Si amamos a nuestros vecinos como a nosotros mismos, entonces mostramos que en verdad amamos a Dios. Si no amamos ni ministramos a nuestros vecinos (más que a nosotros mismos), entonces no amamos a Dios.

Si nos negamos a nosotros mismos, y damos todo lo que somos y lo que tenemos (1 Juan 4:20) entonces, y solo entonces, recibiremos la gloria. Negarnos a nosotros mismos para entregar todo lo que somos es muy difícil, pero Cristo lo demanda. Nuestro intento para suavizarlo no anula su requisito (véase *Estudio a fondo 1:* Ro 3:3).

Es el amor al mundo lo que nos hace no querer entregar las posesiones que hemos obtenido (comodidad, fama, reconocimiento, poder, posición). Pero al no dar lo que tenemos, cometemos el error fatal de mostrar:

- Que amamos más las cosas del mundo que a las personas, preferimos acapararlo todo y las extravagancias, vivir suntuosa y cómodamente antes de ayudar a los necesitados, a los desesperadamente necesitados. (Véase la nota: Lc 16:19-21 para comentar lo que le pasó al hombre rico que vivía suntuosamente).

- Que amamos el mundo más de lo que amamos la esperanza de la vida eterna.
- Que amamos la posición, reconocimiento, fama y poder de las posesiones del mundo más de lo que amamos a Cristo.

Ahora nótese un factor crítico al cual debemos prestar atención: Este es un punto que con frecuencia se convierte en una controversia. Los hombres usan cada explicación posible para aliviar su conciencia y alejarse de tener que darlo todo. Existe una razón para esto que es muy crítica. Las posesiones alejan a la persona de Dios. Entrar en el reino de los cielos es muy difícil para una persona que tenga posesiones. ¿Por qué? Hay un encanto, una atracción, una fuerza, un poder, un atractivo que alcanza y atrae a cualquiera de nosotros que mire a/o posea bienes. Hay atracciones tan poderosas que esclavizarán y condenarán a cualquier hombre que ahorre y acapare en lugar de volverse y adherirse a Dios.

1. Las posesiones crean el gran "Yo" (cp. Mt 19:16, 20). Por lo general, se estima, se honra y se envidia al hombre que tiene *posesiones*. Las posesiones traen posición, poder, reconocimiento. Aumentan el ego y hacen que la persona sea autosuficiente e independiente en este mundo. Como resultado hay una tendencia para que la persona rica se sienta independiente y autosuficiente, que no necesita nada. Y en tal atmósfera y ambiente de pensamiento, se olvida a Dios. Se olvida de que hay cosas que el dinero no puede comprar y sucesos de los cuales el dinero no nos salva. Paz, amor, regocijo: Jamás se puede comprar nada de lo que realmente importa dentro del espíritu del hombre. El dinero no puede salvar a una persona del desastre, de las enfermedades, los accidentes o la muerte, las pruebas que de seguro vienen por encima de todo.

2. Las posesiones tienen la tendencia de hacernos acaparar (cs. Mt 19:21). La Biblia establece los principios para que todos los hombres, incluso los pobres, manejen el dinero:

"trabaje ... para que tenga qué compartir con el que padece necesidad" (Efesios 4:28).
"Amarás a tu prójimo como a ti mismo" (Mt 19:19; 22:39).

El mundo se tambalea en una necesidad desesperada. Las personas, por millones, están muriéndose de hambre, están enfermos, sin casa y sin ropa. Millones están espiritualmente perdidos y sin Dios en este mundo, y están condenados a morir sin siquiera conocer a Dios. Cuando cualquiera de nosotros se sienta y mira con objetividad esta situación apremiante en el mundo, nos preguntamos: "¿Cómo es posible que en este mundo un hombre acapare y no ayude hasta con el último centavo que tenga? ¿Por qué cualquier hombre guarda más de lo que necesita para sí y su familia.

Cuando Dios mira a cualquier hombre que ahorra y acapara, tiene que hacerse la misma pregunta. De hecho, las interrogativas de Dios serán más señaladas y fuertes.

Esto es exactamente lo que Cristo le dijo al hombre rico:

> "Anda, vende lo que tienes, y dalo a los pobres, y tendrás tesoro en el cielo; y ven y sígueme" (Mt 19:21).

La riqueza tiende a convertir al hombre en egoísta. Por alguna razón inexplicable mientras más tenemos, más queremos. Cuando probamos lo que el mundo ofrece y esto se convierte en algo cómodo, tenemos la tendencia de temer el perder nuestras posesiones. Nos esforzamos guardando lo que tenemos. Es cierto, hay muchos dispuestos a contribuir, pero solo cierta cantidad, una cantidad que no restará su estado general o nivel de comodidad y posesiones. Hay algunos que dan todo a Cristo, todo lo que son y todo lo que tienen para satisfacer las necesidades del mundo.

Como dijo Cristo, es muy difícil para el rico (queriendo decir aquellos que tienen cualquier cosa en comparación con la mayoría del mundo) entrar en la gloria. Si no tenemos compasión ni cuidamos de nuestros hermanos (nuestros semejantes) cuando están en una necesidad desesperada, ¿cómo podemos esperar que Dios tenga compasión y nos cuide cuando encaramos necesidades desesperadas para llegar a la gloria? Es tonto pensar que un Dios amoroso y justo satisfará nuestras necesidades para la vida eterna mientras que nosotros no satisfacemos las necesidades para la vida física de nuestros semejantes. El rico (todos nosotros que tenemos cualquier cosa en comparación con el resto del mundo) tenemos los medios para ayudar y salvar la vida humana si solo estuviéramos dispuesto a hacerlo.

3. Las posesiones sujetan la persona al mundo (cs. Mt 19:22). Las posesiones permiten que una persona compre cosas que…

- lo hacen sentir cómodo
- retan su desarrollo mental
- satisfacen su gusto
- estimulan su carne
- conmueven su ego
- expanden su autoimagen
- aumentan su experiencia

Si un hombre centra su vida en las cosas del mundo, su atención estará en el mundo y no en Dios. Tiende a quedarse atrapado tratando de asegurar más para sí mismo y de proteger lo que ya tiene. Por lo general dedica poco de su tiempo y pensamiento a las cosas celestiales. La riqueza y las cosas que esta puede proporcionar pueden consumir, y de hecho lo hacen, al rico.

> "Vended lo que poseéis, y dad limosna; haceos bolsas que no se envejezcan, tesoro en los cielos que no se agote, donde ladrón no llega, ni polilla destruye" (Lc. 12:33).
> "En todo os he enseñado que, trabajando así, se debe ayudar a los necesitados, y recordar las palabras del Señor Jesús, que dijo: Más bienaventurado es dar que recibir" (Hch. 20:35).
> "compartiendo para las necesidades de los santos; practicando la hospitalidad" (Ro. 12:13).

> "Así que, según tengamos oportunidad, hagamos bien a todos, y mayormente a los de la familia de la fe" (Gá 6:10).
> "Que hagan bien, que sean ricos en buenas obras, dadivosos, generosos;" (1 Ti. 6:18)
> "Y de hacer bien y de la ayuda mutua no os olvidéis; porque de tales sacrificios se agrada Dios" (He 13:16).

5 (2:46) *Unidad:* Una persona que continúa con uno de mutuo acuerdo (Véase *Estudio a fondo* 1 Unidad, unánimes: Hechos 1:14).

6 (2:46-47) *Iglesia — Adoración:* Un pueblo que adora y alaba a Dios todos los días. Nótense cinco cosas.

1. Los creyentes estaban adorando en el templo, orando y asistiendo a las horas regulares de la adoración y oración (cs. Hechos 3:1).

2. Los creyentes adoraban en sus casas, yendo de casa en casa. Estaban disfrutando del compañerismo, comiendo y celebrando la cena del Señor, en recordación de la muerte del Señor (Véase Lc 9:4 para comentarios que destacan que la casa era el centro del ministerio).

3. Los creyentes estaban adorando con alegría y sencillez de corazón. La palabra "unidad" (apheloteti) significa sinceridad, sin dureza. Sus corazones estaban suaves y tiernos, fáciles de tocar y dar. No había egoísmo ni retención de su parte. Ofrendaban donde había necesidad.

Nótese que su actitud era *alegría*, contentamiento y regocijo. Estaban más que alegres adorando y ministrando como los enseñó el Señor.

Pensamiento 1. Solo imagínese la conducta radical y transformada de estos creyentes primitivos. ¿Qué pudo causar dicha conducta radical? La proclamación de una palabra pura, no adulterada de Cristo. Dar todo lo que somos y tenemos es un requisito absoluto.

> "Y decía a todos: Si alguno quiere venir en pos de mí, niéguese a sí mismo, tome su cruz cada día, y sígame" (Lucas 9:23).
> "Este, cuando llegó, y vio la gracia de Dios, se regocijó, y exhortó a todos a que con propósito de corazón permaneciesen fieles al Señor" (Hch. 11:23).

4. Los creyentes estaban adorando a Dios.

> "Así alumbre vuestra luz delante de los hombres, para que vean vuestras buenas obras, y glorifiquen a vuestro Padre que está en los cielos" (Mt 5:16).
> "Para que unánimes, a una voz, glorifiquéis al Dios y Padre de nuestro Señor Jesucristo" (Ro 15:6).
> "Porque habéis sido comprados por precio; glorificad, pues, a Dios en vuestro cuerpo y en vuestro espíritu, los cuales son de Dios" (1 Co 6:20).

5. Los resultados eran dobles: Ganaban el favor de la gente y el Señor agregaba almas a la iglesia. Nótese la palabra "salvos" (soteria). Está en tiempo presente "los que habían de ser salvos". La salvación es una experiencia presente del creyente tanto como pasada y futura (Véase *Estudio a fondo* 1, 1 Co. 1:18 para mayor discusión). La idea es que aquellos que se salvaban se agregaban a la iglesia día a día.

"Pero muchos de los que habían oído la palabra, creyeron; y el número de los varones era como cinco mil" (Hch. 4:4).

"Y los que creían en el Señor aumentaban más, gran número así de hombres como de mujeres" (Hch. 5:14).

"Y crecía la palabra del Señor, y el número de los discípulos se multiplicaba grandemente en Jerusalén; también muchos de los sacerdotes obedecían a la fe" (Hch. 6:7).

"Y la mano del Señor estaba con ellos, y gran número creyó y se convirtió al Señor" (Hch. 11:21).

	CAPÍTULO 3	Jesucristo de Nazaret, levántate y anda.	a. No se encuentra en plata ni oro.
	F. El primer milagro registrado: lecciones para predicar, 3:1-11		b. Están en el nombre de Jesús
1 Ahora Jesús está obrando mediante los discípulos	1 Pedro y Juan subían juntos al templo a la hora novena, la de la oración.	7 Y tomándole por la mano derecha le levantó; y al momento se le afirmaron los pies y tobillos;	c. Todavía están obrando, haciendo milagros y satisfaciendo las necesidades de la gente
a. Los que oraban fielmenteEF1	2 Y era traído un hombre cojo de nacimiento, a quien ponían cada día a la puerta del templo que se llama la Hermosa, para que pidiese limosna de los que entraban en el templo.	8 y saltando, se puso en pie y anduvo; y entró con ellos en el templo, andando, y saltando, y alabando a Dios.	1) Sanó al cojo
b. Los que veían las necesidades desesperada de la gente		9 Y todo el pueblo le vio andar y alabar a Dios.	2) El cojo cambió: Todo su ser; actitud y vida
1) Un cojo de nacimiento		10 Y le reconocían que era el que se sentaba a pedir limosna a la puerta del templo, la Hermosa; y se llenaron de asombro y espanto por lo que le había sucedido.	**3 Los resultados**
2) Un mendigo	3 Este, cuando vio a Pedro y a Juan que iban a entrar en el templo, les rogaba que le diesen limosna.		a. La gente vio el cambio
3) Una petición de ayuda			
c. Los que fijaron sus ojos en las necesidades del pueblo.	4 Pedro, con Juan, fijando en él los ojos, le dijo: Míranos.	11 Y teniendo asidos a Pedro y a Juan el cojo que había sido sanado, todo el pueblo, atónito, concurrió a ellos al pórtico que se llama de Salomón.	b. Atrajo a la gente, atónitos
d. Los que salen para satisfacer la necesidad.	5 Entonces él les estuvo atento, esperando recibir de ellos algo.		
2 Jesús está vivo: su presencia y poder siguen activos en la tierra	6 Mas Pedro dijo: No tengo plata ni oro, pero lo que tengo te doy; en el nombre de		

DIVISIÓN II

EL NACIMIENTO Y DESARROLLO DE LA IGLESIA 2:1–7:60

F. El primer milagro registrado: lecciones para predicar, 3:1-11

(3:1–11) *Introducción:* Este es el primer milagro que la iglesia registró. Ahora Dios estaba listo para obtener otra gran cosecha de almas. Era el momento para atraer la atención de la gente, así que sanó a un hombre, un hombre que todos conocían y tanto lo llenó del Espíritu Santo que salió gritando de entusiasmo y alegría. Fue natural que una conducta tan milagrosa atrajera la atención del público.

Nota: El milagro era más que un milagro. Era una *señal*, una demostración de dos cosas.

=> Jesús está vivo. En la actualidad su poder está tan activo en la tierra como lo estaba cuando caminaba en la tierra.

=> Jesús está en estos momentos obrando por medio de sus seguidores. A través de ellos, está alcanzando, salvando y sanando el mundo. Sus seguidores ahora son los instrumentos, emisarios, embajadores, representantes, mensajeros,

testigos ante un mundo perdido por el sufrimiento y la muerte, pecado y vergüenza.

En este primer milagro de la iglesia, Dios está demostrando su poder y testificando mediante los seguidores. Hacer esto nos da algunas de las mejores lecciones que podamos encontrar en cuanto a testificar.

1. Ahora Jesús está obrando mediante los discípulos (vv. 1-5).
2. Jesús está vivo: su presencia y poder siguen activos en la tierra (vv. 6-8).
3. Los resultados (vv. 9-11).

1 (3:1-5) *Ministerio — Simpatía:* Ahora Jesús está obrando mediante los discípulos. Esto es algo que Jesús quiere que la gente sepa. Su presencia y poder siguen obrando, el hombre aún lo tiene a su disposición. Su gran amor y preocupación por el mundo se siguen manifestando mediante las vidas de sus discípulos. De hecho, Jesús no tiene…

• otros pies que los nuestros.
• otras manos que las nuestras.
• más voz que la nuestra.

Si no vamos y hacemos y hablamos de la obra de Dios, este nunca se logrará. Nótense cuatro lecciones importantes:

1.   Jesús obra mediante aquellos que son fieles en la oración (Véase *Estudio a fondo 1,* Hch. 3:1).

2.   Jesús obra mediante aquellos que ven las necesidades desesperadas de los que sufren, tanto en espíritu como en el cuerpo. ¿Cuántos años pasó este hombre sentado ahí, pidiendo limosna? Estuvo cojo durante más de cuarenta años. ¡Imagínese eso! Cuarenta años o más, un cojo de nacimiento que nunca había caminado ni un solo paso. ¿Lo llevaron y lo sentaron a la entrada del templo para pedir limosna…

*   durante diez años?
*   durante veinte años?
*   durante treinta años?

No se nos dice, pero no hay duda de que fue un limosnero durante años y años. Todos lo conocían (v. 10). Imagínese el hombre…

*   un cojo indefenso
*   sin familia
*   imposibilitado de trabajar
*   pobre
*   a quien no hacían caso
*   tenía que arreglárselas por sí solo
*   sin nadie que lo acompañara ni lo ayudara
*   que nunca encajaba, ni era aceptado

Nota: Cuando les pidió limosnas, ni siquiera estaba mirando a Pedro o Santiago (v. 4). Los años que pasó viendo cómo la gente le viraba el rostro le enseñaron que era diferente y que no encajaba allí. Seguramente desde el principio, incluso siendo un niño, creció como una persona tímida, retraída, avergonzado, una persona incapaz de mirar a los ojos de la gente.

El asunto es este: El hombre estaba dolido tanto en su *interior* como en el *exterior.* Era el cuadro viviente de tantos en este mundo…

*   personas que están heridas y sufriendo tanto (en su interior como en el exterior) a causa de la negligencia de hombres de un mundo desconsiderado y egoísta y acaparador, de un mundo que no se suelta para compartir lo que tiene con aquellos que no tienen.

Pero aún más crítico…

*   personas que están sufriendo mucho a causa de la negligencia del pueblo de Dios, el pueblo que profesa conocer el amor y los cuidados de Dios para todos, y sin embargo, actúan exactamente como los desconsiderados y egoístas y acaparadores del mundo.

Las necesidades existen y abundan. Están a nuestro alrededor. Jesús solo puede obrar mediante las personas que ven esas necesidades desesperantes de hombres heridos.

3.   Jesús obra mediante aquellos que fijan su vista en la necesidad. No es suficiente que solo veamos las necesidades desesperadas del mundo, solo ver a una persona dolida y sufriendo. La persona debe detenerse y posar sus ojos ante la necesidad. La palabra para "fijando en él los ojos" (atenisas) significa atención fija; una atención sincera, mirada intensa, continua, resuelta. Es ver la necesidad y enfocarse en ella. Es continuamente enfocar…

*   la vista,

*   preocupación,
*   atención,

…en satisfacer la necesidad hasta resolverla.

Pedro miró y vio al hombre necesitado y no podía apartar su mirada. Pudo pasar de largo sin mirar al hombre. La mayoría de la gente lo hace así, pero no Pedro. Ahora el Espíritu de Dios moraba en él, y estaba en la Tierra con el propósito de satisfacer las necesidades del mundo para el Señor. Por lo tanto, fijó la atención en el hombre, se llenó de preocupación y compasión.

Pensamiento 1. La gran necesidad de la hora es ver las necesidades del mundo y fijar nuestra atención en ellas.

4.   Jesús obra mediante aquellos que extienden la mano para satisfacer las necesidades.

=> Ver las necesidades del mundo no es suficiente.
=> No es suficiente fijar la atención de uno en las necesidades del mundo.

Las necesidades del mundo no se satisfacen con solo verlas y preocuparse por ellas. Pedro actuó; de hecho, hizo algo dramático. La necesidad existía, estaba allí. Él sabía que a Dios le importaba, y que él era el representante del Señor. Le tocaba a él mostrar el cuidado del Señor.

Nótese la palabra: "Míranos" La palabra era autoritativas e impactante. Motivó una expectativa en el hombre para recibir algo.

La palabra de Pedro demostró que…

*   tenía una *confianza* segura de pertenecer a Dios; era el representante de Dios.
*   tenía un *plan* para ayudar al hombre.
*   tenía una *expectativa,* una fe genuina de que Dios lo ayudaría a satisfacer la necesidad.
*   tenía la *disposición* para actuar, alcanzar por fe y satisfacer la necesidad.

Pensamiento 1. Todo esto es importante si vamos a llegar con el poder de Dios para satisfacer las necesidades del mundo. De hecho, las necesidades del mundo se podrán satisfacer…

*   solo si tenemos la confianza de que pertenecemos a Dios, de que somos sus representantes en la tierra.
*   solo si pensamos y planeamos cómo satisfacer la necesidad.
*   solo si tenemos la expectativa, creyendo que Dios va a satisfacer la necesidad mediante nosotros.
*   solo si estamos dispuestos a actuar, salir por fe a satisfacer la necesidad.

    "¿No decís vosotros: Aún faltan cuatro meses para que llegue la siega? He aquí os digo: Alzad vuestros ojos y mirad los campos, porque ya están blancos para la siega" (Juan 4:35).

    "En todo os he enseñado que, trabajando así, se debe ayudar a los necesitados, y recordar las palabras del Señor Jesús, que dijo: Más bienaventurado es dar que recibir" (Hch 20:35).

    "Así que, los que somos fuertes debemos soportar las flaquezas de los débiles, y no agradarnos a nosotros mismos" (Ro 15:1).

"Sobrellevad los unos las cargas de los otros, y cumplid así la ley de Cristo" (Gá 6:2).

ESTUDIO A FONDO 1

(3:1) *Oración:* Pedro y Juan son fieles guerreros de oración. Nótese la frase "en la hora novena" que era alrededor de las tres en punto de la tarde. Los judíos observaban tres horas fijas para la oración…

- la hora tercera (9 a.m),
- la hora sexta (12 meridiano),
- la hora novena (3 p.m).

El mismo hecho de que Pedro y Juan iban al templo a orar indica que eran hombres de oración. ¡Imagínese tener tres horas específicas para orar todos los días! No solo orar mientras corre, no solo orar siempre mientras hace los quehaceres diarios, que es lo que a menudo hacemos y con lo cual libramos nuestra conciencia. ¡Pero imagínese! Realmente tener…

- tres períodos
- tres horas concentradas
- tres sesiones de oración

…cuando podemos apartarnos del mundo y concentrarnos únicamente en Dios.

Así era la vida de oración de Pedro y Juan, y esa era la razón por la cual Jesús obraba mediante ellos para satisfacer las necesidades desesperantes de hombres sufrientes.

"Pedro y Juan subían juntos al templo a la hora novena, la de la oración" (Hch 3:1).

"Al día siguiente, mientras ellos iban por el camino y se acercaban a la ciudad, Pedro subió a la azotea para orar, cerca de la hora sexta" (Hch 10:9).

"Tarde y mañana y a mediodía oraré y clamaré, y él oirá mi voz" (Sal. 55:17).

"Cuando Daniel supo que el edicto había sido firmado, entró en su casa, y abiertas las ventanas de su cámara que daban hacia Jerusalén, se arrodillaba tres veces al día, y oraba y daba gracias delante de su Dios, como lo solía hacer antes" (Dan. 6:10).

2 (3:6-8) *Jesucristo, poder:* Jesús está vivo; su presencia y poder siguen activos en la tierra. Esto es lo más importante que Dios quiere que la gente sepa. Su Hijo, Jesucristo, está vivo. No está muerto, no ha pasado de la escena en la historia del mundo. Está vivo y para siempre fue exaltado a la derecha del Padre. Su presencia y poder siguen activos en la tierra y continuarán activos en la vida de los verdaderos seguidores hasta que vuelva. Su poder sigue disponible para los hombres. Todavía ama y se interesa mucho por el mundo y por cada persona en el mundo. Pero nótense tres hechos importantes que debemos comprender.

1.   La presencia y el poder de Jesús no se encuentran en la plata ni en el oro. Pedro no tenía…

- plata ni oro.
- dinero ni bienes.
- comida ni ropa.
- casa ni albergue.
- servicios sociales ni comunitarios.

Así que, Pedro no le podía dar nada de eso al hombre. Pero nótese: Eran esas cosas las que el hombre quería y espe-

raba, y era lo que el hombre veía y necesitaba *a los ojos del mundo.*

"El hombre mira lo que está delante de sus ojos, pero Jehová mira el corazón" (1 S. 16:7)

Sin embargo, no era lo que el hombre necesitaba. No eran las necesidades básicas del hombre. El hombre necesitaba un cambio interior y exterior. Si lo hubieran cambiado física y espiritualmente, sería capaz de caminar y tendría una motivación para trabajar.

Cuando Dios miró al hombre, vio las necesidades del hombre espiritual y las necesidades del hombre físico. Por lo tanto, la preocupación de Dios era curar y cambiar por completo al hombre. Dios se propuso cuidar de *todo* el hombre, y la respuesta para cambiar a *todo* el hombre no se encontraba en la plata ni en el oro.

Pensamiento 1. Las necesidades de la vida son exactamente así, cosas que son necesarias para vivir. Pero las necesidades de la vida no constituyen las necesidades básicas del hombre. El bienestar espiritual del hombre es su necesidad básica. Si su espíritu está bien, él está bien con Dios y el hombre. Si el espíritu está mal, él no está bien con Dios ni con los hombres. Si su motivación es fuerte, él es fuerte. Si su motivación es débil, él es débil. Lo que Dios quiere es cambiar al hombre restaurándolo *por completo* para que sea productivo: Llenar su propósito en el mundo y hacer la contribución que debe hacer. Dios está interesado en cualquiera cosa (espiritual o física) que impida que el hombre lo conozca personalmente o que cumpla su propósito en la Tierra.

2.   La presencia y el poder de Jesús se encuentran en el nombre de Jesús. (Véase *Estudio a fondo 2,* Hch. 3:6 para mayor discusión).

3.   La presencia y el poder de Jesús siguen en la obra, obrando en los milagros y satisfaciendo las necesidades de la gente.

Nótese esto:

- => Pedro se agachó para agarrar al hombre por la mano derecha y pararlo (¡Qué fe!)
- => El hombre se lo permitió (¡Qué confianza!)
- => Jesús lo sanó (¡Qué poder!)

Pensamiento 1. ¡Cuánto necesitamos confiar en Jesús: Su presencia y poder! ¡Cuánto necesitamos dejar de cuestionarnos y discutir si todavía tenemos o no el derecho de clamar el nombre de Jesús, o si todavía podemos o no confiar en su presencia y poder! Es hora de confiar en Jesús, creer en él, *su amor y cuidados* por los que sufren y por las almas perdidas del mundo. Es hora de seguir adelante en la *plenitud* de la presencia y el poder del Señor, que está *vivo* y cuya presencia y poder todavía están disponibles en la tierra!

"Jesús les dijo: Por vuestra poca fe; porque de cierto os digo, que si tuviereis fe como un grano de mostaza, diréis a este monte: Pásate de aquí allá, y se pasará; y nada os será imposible" (Mt. 17:20).

"Y todo lo que pidiereis al Padre en mi nombre, lo

haré, para que el Padre sea glorificado en el Hijo" (Jn. 14:13).

"Hasta ahora nada habéis pedido en mi nombre; pedid, y recibiréis, para que vuestro gozo sea cumplido" (Jn. 16:24).

"Y cuál es la supereminente grandeza de su poder para con nosotros los que creemos, según la operación del poder de su fuerza" (Ef. 1:19).

"Y a Aquel que es poderoso para hacer todas las cosas mucho más abundantemente de lo que pedimos o entendemos, según el poder que actúa en nosotros" (Ef. 3:20).

Nota: El hombre cambió por completo, todo su ser, actitud y vida. Ya no volvió a ser tímido ni reservado, ni avergonzado por *no tener cabida* ni ser aceptado. Estaba salvo y sano, interior y exteriormente, toda su personalidad se cambió y quería que todos lo supieran. Estaba…

- en pie
- saltando
- caminado
- alabando a Dios

ESTUDIO A FONDO 2

(3:6) *Nombre, Jesucristo, nombre:* Clamar en el nombre de alguien significa clamar a la autoridad, poder, oficio, naturaleza y carácter de la persona. El nombre de la persona representa todo lo que es la persona.

=> El rey puede enviar un decreto a todo su reino. El decreto estará *bajo* su nombre, bajo su autoridad.

=> Un oficial del gobierno o de negocios puede enviar un memorando a todo su departamento. Dicho aviso se emite bajo su nombre, bajo su autoridad.

Cuando Pedro dijo: "En el nombre de Jesucristo de Nazaret, levántate y anda", estaba proclamando: "Es el nombre, el poder, la autoridad, la persona de Jesucristo quien te sanará." Jesucristo está vivo, su poder, su autoridad, su nombre, su persona sigue activos en la tierra.

Ahora nótense tres hechos críticos acerca de clamar "en el nombre de Jesucristo".

1. Es el nombre o el poder de Jesús que satisface la necesidad. No es Pedro, ni es la plata ni el oro. La plata y el oro no pueden dar salud, por lo menos no permanentemente. El malestar o la enfermedad o un accidente eventualmente nos sorprende a todos y cuando esto sucede, ninguna cantidad de dinero nos sirve de ayuda. Solo Cristo, su presencia y poder, es el único que puede satisfacer nuestra necesidad.

2. Pedro sabía que el poder de Jesucristo mora en Cristo y solamente en Cristo. Pero también sabía que él poseía la presencia y poder de Cristo en su cuerpo, y que él era un representante *llamado* por Cristo en la tierra.

Nótese lo que dijo Pedro: "Pero lo que tengo te doy". Tenía la presencia y el poder de Cristo. Eso era lo que podía dar. De hecho, ese era el verdadero propósito para estar en la tierra, representar a Cristo y compartir el poder de Cristo con los que estaban enfermos y dolidos a través del mundo.

3. Pedro actuó en primer lugar, no el hombre. Pedro era el representante del Señor (embajador). Jesús no tenía otra forma de llegar al hombre; ya había ascendido a la gloria. Jesús no tenía cuerpo, ni manos, ni pies, ni voz en la tierra excepto aquellos hombres y mujeres que dejó por detrás. Nótense dos cosas importantes.

=> Si había que realizar algún acto u obra para Dios, ellos lo tenían que hacer.

=> Solo se haría lo que ellos hicieran.

Pensamiento 1. Así sucede con nosotros. Solo piensa en la imponente verdad: Somos nosotros los que debemos actuar y tomar el primer paso.

=> Solo se hará lo que nosotros hagamos.

=> Si hay que realizar algún acto u obra para Dios, nosotros tenemos que hacerlo. No existe nadie más.

"Como el Hijo del Hombre no vino para ser servido, sino par servir, y para dar su vida en rescate por muchos" (Mt. 20:28).

"No me elegisteis vosotros a mí, sino que yo os elegí a vosotros, y os he puesto para que vayáis y llevéis fruto, y vuestro fruto permanezca; para que todo lo que pidiereis al Padre en mi nombre, él os lo dé" (Jn. 15:16).

"Entonces Jesús les dijo otra vez: Paz a vosotros. Como me envió el Padre, así también yo os envío" (Jn. 20:21).

"Pero recibiréis poder, cuando haya venido sobre vosotros el Espíritu Santo, y me seréis testigos en Jerusalén, en toda Judea, en Samaria, y hasta lo último de la tierra" (Hch. 1:8).

"Así que, somos embajadores en nombre de Cristo, como si Dios rogase por medio de nosotros; os rogamos en nombre de Cristo: Reconciliaos con Dios" (2 Co. 5:20).

3 (3:9-11) *Conclusión:* Los resultados eran dobles. La gente sabía que el hombre cojo realmente se había sanado. Durante años lo vieron como un cojo y pidiendo limosnas. No había dudas acerca del milagro. Estaban llenos de asombro y espanto "por lo que le había sucedido". Estaban atraídos, maravillados y queriendo ver qué causó este milagro.

Pensamiento 1. Una persona cambiada, una persona a quien Cristo realmente cambió, hace que la gente se detenga asombrada y para indagar. Una persona cambiada motivará que la gente desee el mismo milagro en su vida o en la vida de un ser querido.

"Así alumbre vuestra luz delante de los hombres, para que vean vuestras buenas obra, y glorifiquen a vuestro Padre que está en los cielos" (Mt. 5:16).

"Porque partiendo de vosotros ha sido divulgada la palabra del Señor, no sólo en Macedonia y Acaya, sino que también en todo lugar vuestra fe en Dios se ha extendido, de modo que nosotros no tenemos necesidad de hablar nada" (1 Ts. 1:8).

"Sino santificad a Dios el Señor en vuestros corazones, y estad siempre preparados para presentar defensa con mansedumbre y reverencia ante todo el que os demande razón de la esperanza que hay en vosotros" (1 P. 3:15).

"Venid, oíd todos los que teméis a Dios, y contaré lo que ha hecho a mi alma" (Sal. 66:16).

"De las misericordias de Jehová haré memoria, de las alabanzas de Jehová, conforme a todo lo que Jehová nos ha dado, y de la grandeza de sus beneficios hacia la casa de Israel, que les ha hecho según sus misericordias, y según la multitud de sus piedades" (Is. 63:7).

	G. El segundo sermón: puntos para predicar, 3:12-26		
1 **Se juntó una multitud y Pedro aprovechó la oportunidad**	12 Viendo esto Pedro, respondió al pueblo: Varones israelitas, ¿por qué os maravilláis de esto? ¿o por qué ponéis los ojos en nosotros, como si por nuestro poder o piedad hubiésemos hecho andar a éste?	lo que había antes anunciado por boca de todos sus profetas, que su Cristo había de padecer.	
2 **Primer punto: la fuente de poder y piedad**		19 Así que, arrepentíos y convertíos, para que sean borrados vuestros pecados; para que vengan de la presencia del Señor tiempos de refrigerio,	7 **Sexto punto: arrepentimiento y conversión**
a. No proviene del hombre: No es Dios glorificando al hombre			a. Él borrará los pecados
b. Proviene del Hijo de Dios: Es Dios glorificando a su Hijo, a su Siervo, a Jesús	13 El Dios de Abraham, de Isaac y de Jacob, el Dios de nuestros padres, ha glorificado a su Hijo Jesús, a quien vosotros entregasteis y negasteis delante de Pilato, cuando éste había resuelto ponerle en libertad.	20 y él envíe a Jesucristo, que os fue antes anunciado;	b. Él dará refrigerio
3 **Segundo punto: la muerte de Jesús**		21 a quien de cierto es necesario que el cielo reciba hasta los tiempos de la restauración de todas las cosas, de que habló Dios por boca de sus santos profetas que han sido desde tiempo antiguo.	8 **Séptimo punto: el regreso de Jesús y la restauración de todas las cosas**[EF3]
a. Los hombres "entregaron" al Siervo de Dios[EF1]	14 Mas vosotros negasteis al Santo y al Justo, y pedisteis que se os diese un homicida,		
b. Los hombres le negaron, aun cuando era inocente	15 y matasteis al Autor de la vida, a quien Dios ha resucitado de los muertos, de lo cual nosotros somos testigos.	22 Porque Moisés dijo a los padres: El Señor vuestro Dios os levantará profeta de entre vuestros hermanos, como a mí; a él oiréis en todas las cosas que os hable;	
c. Los hombres le negaron, al Santo y al Justo			9 **Octavo punto: el juicio**
d. Los hombres prefirieron a un asesino entes que al Siervo dc Dios	16 Y por la fe en su nombre, a éste, que vosotros veis y conocéis, le ha confirmado su nombre; y la fe que es por él ha dado a éste esta completa sanidad en presencia de todos vosotros.	23 y toda alma que no oiga a aquel profeta, será desarraigada dcl pueblo.	a. Predicho por Dios mediante Moisés: Dios enviaría a su profeta (Mesías)
e. Los hombres mataron al Autor de la vida		24 Y todos los profetas desde Samuel en adelante, cuantos han hablado, también han anunciado estos días.	1) Debía ser escuchado
4 **Tercer punto: la resurrección de Jesús**			2) Toda alma que no lo escuche sería destruida[EF4]
5 **Cuarto punto: el nombre de Jesús dio completa sanidad a un hombre**[EF2]		25 Vosotros sois los hijos de los profetas, y del pacto que Dios hizo con nuestros padres, diciendo a Abraham: En tu simiente serán benditas todas las familias de la tierra.	b. Predicho por todos los profetas desde Samuel
a. Fue el nombre de Jesús			10 **Noveno punto: una advertencia: ustedes son especialmente privilegiados y bendecidos**
b. Fue la fe en el nombre de Jesús		26 A vosotros primeramente, Dios, habiendo levantado a su Hijo, lo envió para que os bendijese, a fin de que cada uno se convierta de su maldad.	a. Son los hijos de los profetas
c. Fue la fe que es por Él			b. Se les dio el pacto, la promesa de la "simiente" (Cristo)
6 **Quinto punto: no hay excusa, Dios predijo la muerte del Mesías**	17 Mas ahora, hermanos, sé que por ignorancia lo habéis hecho, como también vuestros gobernantes.		c. Tuvieron al Hijo de Dios, Jesús, quien nació de su misma raza
	18 Pero Dios ha cumplido así		d. Fueron los primeros en escuchar el evangelio

DIVISIÓN II

NACIMIENTO Y DESARROLLO DE LA IGLESIA, 2:1–7:60

G. El segundo sermón: puntos para predicar, 3:12-26

(3:12-26) *Introducción:* En estos pasajes se ven con claridad

los puntos de los cuales se debe predicar y enseñar a través del mundo.

1. Se juntó una multitud y Pedro aprovechó la oportunidad (v. 12).
2. Primer punto: la fuente de poder y piedad (vv. 12-13).
3. Segundo punto: la muerte de Jesús (vv. 13-15).

4. Tercer punto: la resurrección de Jesús (v. 15).
5. Cuarto punto: el nombre de Jesús dio completa sanidad a un hombre (v. 16).
6. Quinto punto: no hay excusa, Dios predijo la muerte del Mesías (vv. 17-18).
7. Sexto punto: arrepentimiento y conversión (v. 19).
8. Séptimo punto: el regreso de Jesús y la restauración de todas las cosas (vv. 20-21).
9. Octavo punto: el juicio (vv. 22-24).
10. Noveno punto: una advertencia: ustedes son especialmente privilegiados y bendecidos (vv. 25-26)

1 (3:12) *Oportunidad — Testificar:* Se reunió una multitud y Pedro aprovechó la oportunidad. La gente estaba maravillada con la curación del cojo. A medida que en todo el templo se difundió la noticia de la maravillosa curación, la gente comenzó a correr y a reunirse alrededor del pórtico de Salomón. (Véase la nota, Marcos 11:27: para un comentario sobre los pórticos del templo).

1. Sin lugar a dudas la gente supo que el cojo limosnero había sanado. Todos sabían que había sido cojo durante cuarenta años, *nunca había caminado* (Hch. 4:22).

2. La gente esperaba con ansiedad una explicación. La audiencia estaba lista para el evangelio, así que Pedro aprovechó la oportunidad y comenzó a predicar.

2 (3:12-13) *Poder — Piedad:* El primer punto es la fuente de poder y piedad. Nótense tres cosas.

1. Los que vieron el milagro se maravillaron. No solo se maravillaron por el milagro, sino por el poder y la santidad de Pedro y de Juan. Reconocieron que el poder y la piedad eran esenciales para hacer dicho milagro. Se preguntaban…

- quiénes eran Pedro y Juan, por qué los hombres no tenían tal poder,
- qué clase de santidad causó que Dios les diera tanto poder.

2. Pedro hizo los hechos claros, muy claros. *El poder y la piedad* no son de los hombres. Dios no obra milagros para que los hombres se glorifiquen. Nótese lo que Pedro dijo exactamente.

  a. "¿Por qué os maravilláis de esto?" Los milagros no deben sorprender ni confundir a los hombres, porque Dios es Dios. Él tiene todo poder, es capaz de hacer milagros, y ama y cuida del bienestar del hombre. Así que, los milagros deben esperarse. Deben ser una experiencia común del hombre que anda bajo el ojo amoroso y cuidadoso de Dios, un Dios que nos ama y cuida tanto que busca alcanzar aquellas personas que creen en Él.

  b. "¿Por qué ponéis los ojos en nosotros?" Pedro declaró enérgicamente: Nosotros no somos la fuente de este milagro. No es nuestro poder y piedad los que lograron hacer este milagro. El hombre no tiene méritos, ni virtudes, ni moral, ni fuerzas, ni autoridad, no tiene poder para obrar un milagro así. No había nada en ellos para merecer este poder, o piedad. Dios y solo Dios obró el milagro.

  c. El poder y la piedad es del Hijo de Dios. Al obrar los milagros, Dios está glorificando a Su Hijo, su siervo Jesús. Nótese con qué cuidado Pedro declaró esto.

=> Dios envió a su Hijo, es decir, su Siervo (ton paida). La palabra en griego es siervo. Es un nombre o título para el Mesías (Is. 42:1-4; 52:13). El Mesías sería el "Siervo del Señor" (Is. 50, 53).Pedro declaró que "el Dios de Abraham, de Isaac y de Jacob, el Dios de nuestros padres," hizo este milagro. Ha glorificado a su Hijo Jesús, es decir, su Siervo el Mesías.

=> El Hijo de Dios, su Siervo, es Jesús. Jesús es el Mesías. Dios obró el milagro para glorificar a su Siervo; por lo tanto, lo que se debe glorificar es el poder, la santidad, la persona y el valor de Jesús.

"Pues para que sepáis que el Hijo del Hombre tiene potestad en la tierra para perdonar pecados (dice entonces al paralítico): Levántate, toma tu cama, y vete a tu casa" (Mt. 9:6).

"Y Jesús se acercó y les habló diciendo: Toda potestad me es dada en el cielo y en la tierra" (Mt. 28:18).

"Y les dijo: ¿Dónde está vuestra fe? Y atemorizados, se maravillaban, y se decían unos a otros: ¿Quién es éste, que aun a los vientos y a las aguas manda, y le obedecen?" (Lc. 8:25).

"Como les has dado potestad sobre toda carne, para que dé vida eterna a todos lo s que le diste" (Jn. 17:2).

"Cómo Dios ungió con el Espíritu Santo y con poder a Jesús de Nazaret, y cómo éste anduvo haciendo bienes y sanando a todos los oprimidos por el diablo, porque Dios estaba con él" (Hch. 10:38).

"Que fue declarado Hijo de Dios con poder, según el Espíritu de santidad, por la resurrección de entre los muertos" (Ro. 1:4).

Pensamiento 1. Estos tres puntos son lecciones poderosas para nosotros, lecciones que radicalmente cambiarían nuestras vidas si hiciéramos caso. ¡Solo piénsalo! Si confiamos y honramos al Hijo de Dios más de lo que lo hacemos ¿cuánto más podríamos…

- experimentar el cuidado y el amor de Dios velando por nosotros?
- andar humildemente ante los hombres, negándonos a nosotros mismos y a la atención que nos brindan las personas?
- enfocar la atención en Jesús y Su honor y gloria?

3 (3:13-15) *Jesucristo, muerte:* El segundo punto es la muerte de Jesús. Nótense las acusaciones contra los hombres, los hombres que mataron al Hijo de Dios. (Hch. 2:23, 36; 5:30).

1. Los hombres "entregaron" al Hijo de Dios. No solo fueron los hombres de los días de Jesús quienes lo llevaron a la cruz. Es todo hombre que haya vivido. Ningún hombre lo hubiera hecho diferente. Todos nosotros lo hemos crucificado. Este es precisamente el punto de su muerte.

=> Jesús murió por el *pecado de cada hombre.*

=> *El pecado de cada hombre necesitó su muerte.*

Ningún hombre está exento del amor de Dios; ningún hombre está exento de la muerte de Jesús. El amor de Dios y la muerte de Jesús cubrieron el pecado de todos los hombres. Por lo tanto, cada hombre, con toda la arrogancia y rebelión y negación de sus pecados, mandó a Jesús a morir en la cruz. Fue por *mis pecados* que Él fue a la cruz.

"Porque el amor de Cristo nos constriñe, pensando esto: que si uno murió por todos, luego todos murieron; y por todos murió, para que los que viven, ya no vivan para sí, sino para aquel que murió y resucitó por ellos" (2 Co. 5:14-15).

2.   Los hombres negaron a Jesús, incluso siendo Él inocente. Jesús era inocente de los crímenes de los cuales lo acusaron. Hasta Pilato, el gobernador romano, lo reconoció así (cs. Lc 23:2-4, 13-16). No se justificaron ninguna de las acusaciones que le hicieron. Lo *rechazaron* y condenaron porque a los hombres no les gustaban Sus declaraciones.

=> Declaró ser el Hijo de Dios.

=> Declaró que los hombres tenían que negarse a sí mismo por completo, dar a Dios todo lo que tenían y lo que eran. Si querían seguir a Dios y vivir eternamente, tenía que rendirse y entregarle todo.

Pensamiento 1. Son muy pocos los hombres que le darán todo a Dios. Así que los hombres lo rechazan, acusan y condena sus declaraciones como falsas, deseando salir de Él tan pronto como fuera posible. Culpa e inocencia tienen poco, o nada, que ver con el asunto. Los hombres quieren salir de Jesús o de lo contrario tendrán que rendirse a Sus reclamos. Y la mayoría no va a rendirse ni a entregar sus posesiones, ni por pura casualidad. (Véase notas y *Estudio a fondo 6* Hch 2:44-45; nota y *Estudio a fondo 1:* Lc 9:23). Así que lo niegan y buscan salir de Él, aunque es inocente.

3.   Los hombres niegan a Jesús, el Santo y el Justo.
    a.   Dios declaró que su Hijo, su siervo, el Mesías, sería perfectamente justo.

"Por su conocimiento justificará mi siervo justo a muchos, y llevará las iniquidades de ellos" (Is. 53:11)

    b.   Las Escrituras declaran una y otra vez que el Hijo de Dios, su Siervo, el Mesías, es perfectamente justo, sin pecado alguno. (Véase también *Estudio a fondo 3*, Hijo del Hombre: Mt 8:20).

"¿Quién de vosotros me redarguye de pecado? Pues si digo la verdad, ¿por qué vosotros no me creéis?" (Jn. 8:46).

"Al que no conoció pecado, por nosotros lo hizo pecado, para que nosotros fuésemos hechos justicia de Dios en él." (2 Co. 5:21).

"Porque no tenemos un sumo sacerdote que no pueda compadecerse de nuestras debilidades, sino uno que fue tentado en todo según nuestra semejanza, pero sin pecado" (He. 4:15).

"Porque tal sumo sacerdote nos convenía: santo, inocente, sin mancha, apartado de los pecadores, y hecho más sublime que los cielos" (He. 7:26).

"Sino con la sangre preciosa de Cristo, como de un cordero sin mancha y sin contaminación" (1 P. 1:19).

"Y sabéis que él apareció para quitar nuestros pecados, y no hay pecado en él" (1 Jn. 3:5).

4.   El hombre prefiere a un pecador, un homicida, antes que al Hijo de Dios. Hay un marcado contraste entre…
•   "Mas vosotros negasteis al Santo y al Justo".
•   "Pedisteis que se os diese un homicida".

Esta es una notable verdad: cada hombre que rechace a Jesús está eligiendo al hombre pecador y sus caminos antes que al Hijo de Dios sin pecado y sus caminos. El incrédulo escoge…
•   el pecado antes que la santidad.
•   lo injusto antes que lo justo.
•   al hombre pecador y homicida antes que al Señor Santo y piadoso.
•   la corrupción antes que la incorrupción.
•   la muerte antes que la vida.

Nota: La humanidad prefiere al hombre homicida (pecaminoso) y sus caminos antes que al Hijo de Dios y sus caminos. ¿Por qué? Porque el homicida, el hombre pecaminoso, permite que los hombres anden y vivan como quieran (inmoral e injustamente).

5.   El hombre mató al Príncipe de la Vida. La palabra Príncipe (archegon) significa Príncipe y Autor. Pedro llama a Jesús el Príncipe y Autor de la Vida, la misma fuente de toda la vida. Jesucristo es tanto el Dador como el Salvador de la vida. (Para comentar véanse las notas: Jn 1:4; 1:4-5; 10:10; 17:2-3. Cs. Col 1:16; Heb. 1:2-3).

"Que os ha nacido hoy, en la ciudad de David, un Salvador, que es CRISTO el Señor" (Lc. 2:11).

"Porque el Hijo del Hombre vino a buscar y a salvar lo que se había perdido" (Lc. 19:10).

"Y como Moisés levantó la serpiente en el desierto, así es necesario que el Hijo del Hombre sea levantado, para que todo aquel que en él cree, no se pierda, mas tenga vida eterna. Porque de tal manera amó Dios al mundo, que ha dado a su Hijo unigénito, para que todo aquel que en él cree, no se pierda, mas tenga vida eterna. Porque no envió Dios a su Hijo al mundo para condenar al mundo, sino para que el mundo sea salvo por él" (Jn. 3:14-17).

"El Dios de nuestros padres levantó a Jesús, a quien vosotros matasteis colgándole en un madero. A éste, Dios ha exaltado con su diestra por Príncipe y Salvador, para dar a Israel arrepentimiento y perdón de pecados." (Hch. 5:30-31).

"Quien llevó él mismo nuestros pecados en su cuerpo sobre el madero, para que nosotros, estando muertos a los pecados, vivamos a la justicia; y por cuya herida fuisteis sanados" (1 P 2:24).

"Porque también Cristo padeció una sola vez por los pecados, el justo por los injustos, para llevarnos a Dios, siendo a la verdad muerto en la carne, pero vivificado en espíritu" (1 P 3:18).

ESTUDIO A FONDO 1

(3:13) *Jesucristo, muerte:* Jesús fue a la cruz por causa del pecado del hombre, el pecado de cada hombre. Ningún hombre está exento del amor de Dios; fue por cada hombre que Jesús murió. Por lo tanto, cada hombre, con toda la arrogancia y rebelión y negación de sus pecados, mandó a Jesús a morir en la cruz.

4 (3:15) *Jesucristo, resurrección:* El tercer punto es la resurrección de Jesús. (Para los comentarios véase el bosquejo y *Estudio a fondo 1,* Hch. 1:3; *Estudio a fondo 4,* 2:24; notas 2:25-36).

5 (3:16) *Jesucristo, nombre — Creer:* El cuarto punto es el nombre de Jesús. Su nombre hizo a un hombre perfectamente sano.

1.   Es el nombre de Jesús que por sí solo hace a un hombre sano. Solo Jesús tiene el poder y la piedad, el mérito y la virtud para sanar a un hombre.

> "Y todo lo que pidiereis al Padre en mi nombre, lo haré, para que el Padre sea glorificado en el Hijo" (Jn. 14:13).
> "No me elegisteis vosotros a mí, sino que yo os elegí a vosotros, y os he puesto para que vayáis y llevéis fruto, y vuestro fruto permanezca; para que todo lo que pidiereis al Padre en mi nombre, él os lo dé" (Jn. 15:16).
> "En aquel día no me preguntaréis nada. De cierto, de cierto os digo, que todo cuanto pidiereis al Padre en mi nombre, os lo dará" (Jn. 16:23).
> "Dando siempre gracias por todo al Dios y Padre, en el nombre de nuestro Señor Jesucristo" (Ef. 5:20).

2.   Es la fe en el nombre de Jesús la que sana al hombre. Tanto el mensajero de Dios como la persona que necesita ayuda deben creer en el poder de Jesús para sanar a la persona.

=> Dios no va a obrar mediante un mensajero que no cree "en el nombre de Jesús".

=> Dios no va a obrar *en* una persona que necesita ayuda si esa persona no cree en el nombre de Jesús.

=> Dios no le agrada una persona que no cree, ni tampoco puede ayudar a alguien que no confía en que Él lo ayudará.

> "Pero sin fe es imposible agradar a Dios; porque es necesario que el que se acerca a Dios crea que le hay, y que es galardonador de los que le buscan" (He. 11:6).

Algo más: Dios no puede consentir la incredulidad; no se puede dividir en contra de sí mismo. Es solo necedad, palabras, discusiones y comentarios necios, decir que Dios consiente la incredulidad, que está dividido en contra de sí mismo. La fe es siempre necesaria, en el siervo como en la persona que necesita la ayuda de Dios.

> "Entonces Jesús dijo al centurión: Ve, y como creíste, te sea hecho. Y su criado fue sanado en aquella misma hora" (Mt. 8:13).
> "Entonces les tocó los ojos, diciendo: Conforme a vuestra fe os sea hecho" (Mt. 9:29).
> "Jesús les dijo: Por vuestra poca fe; porque de cierto os digo, que si tuviereis fe como un grano de mostaza, diréis a este monte: Pásate de aquí allá, y se pasará; y nada os será imposible" (Mt. 17:20).
> "Si un reino está dividido contra sí mismo, tal reino no puede permanecer. Y si una casa está dividida contra sí misma, tal casa no puede permanecer" (Mr. 3:24-25).
> "Jesús le dijo: Si puedes creer, al que cree todo le es posible" (Mr. 9:23).

3.   Es "la fe que es por él [Jesús]" la que sana al hombre. Un hombre debe creer "en el nombre de Jesús", pero es un don de Cristo. La fe no es una emoción o un pensamiento o un mandato que un hombre trata y trata de motivar en su interior. No es de sí mismo.

> "Porque por gracia sois salvos por medio de la fe; y esto no de vosotros, pues es don de Dios; no por obras, para que nadie se gloríe" (Ef. 2:8-9; cs. He. 12:2)

El pensamiento, el impulso, el movimiento, el atractivo, el empuje para creer lo *inicia* el Espíritu de Dios. El espíritu del hombre está muerto. Es incapaz de moverse por sí solo para lograr una relación viva con Dios. Un espíritu muerto no hace ningún movimiento, porque está muerto. Cuando un hombre experimenta y siente el empuje para creer, necesita detener la resistencia y creer. Necesita dejarlo y creer en Cristo. Cuando Dios inicia la fe y se mueve en el corazón del hombre con el don para creer, entonces el hombre necesita ejercitar su voluntad para aceptar a Jesús; necesita dar todo lo que es y tiene para seguir a Jesús como Señor y Salvador. Es por dicha creencia y mandato que un hombre sana perfectamente. (Véase *Estudio a fondo 2,* Creer: Jn. 2:24). (Para mayor discusión ver nota, Atraer; Jn. 6:44-46).

> "Ninguno puede venir a mí, si el Padre que me envió no le trajere; y yo le resucitaré en el día postrero" (Jn. 6:44).
> "Y yo, si fuere levantado de la tierra, a todos atraeré a mí mismo" (Jn. 12:32).
> "Atráeme; en pos de ti correremos" (Cnt. 1:4).
> "Jehová se manifestó a mí hace ya mucho tiempo, diciendo: Con amor eterno te he amado; por tanto, te prolongué mi misericordia" (Jer. 31:3, NVI).
> "Con cuerdas humanas los atraje, con cuerdas de amor; y fui para ellos como los que alzan el yugo de sobre su cerviz, y puse delante de ellos la comida" (Os. 11:4).

ESTUDIO A FONDO 2

(3:16) *Completa sanidad* (holoklerian) *es ser completo:* ser perfectamente sano en todos los miembros de uno; ser perfectamente completo y entero, significa que el hombre era perfectamente sano en cuerpo y alma.

6 (3:17-18) *Jesucristo, muerte:* El quinto punto es que no hay excusas, porque Dios predijo la muerte del Mesías. Nótense dos hechos:

1.   Los que rechazaron y mataron a Cristo lo hicieron en ignorancia. No sabían lo que estaban haciendo, aunque debían saberlo. Tenían a los profetas que proclamaban la venida y la muerte del Hijo de Dios. Dios predijo todo lo que un hombre necesitaba saber para aceptar a su Hijo. No se admite su ignorancia. No tienen excusa. Mataron a Cristo en el pecado y la vergüenza de la rebelión contra Dios, negándose a estudiar y oír las Escrituras, no los aceptaba por lo que hicieron.

"**Escudriñad las Escrituras; porque a vosotros os parece que en ellas tenéis la vida eterna; y ellas son las que dan testimonio de mí**" (Jn. 5:39).

2. Con el sufrimiento de Jesús, Dios cumplió las Escrituras proféticas (Véase *Estudio a fondo 2* Hch. 2:23 para los comentarios y versículos).

7 (3:19) *Arrepentimiento:* El sexto punto es el arrepentimiento y la conversión. La palabra "conversión" (epistrepsate) significa volver de nuevo. El hombre debe arrepentirse y volverse a Dios. (Véase nota y *Estudio a fondo 1,* Arrepentimiento: Hch 17:29-30). Si un hombre vuelve su vida a Dios y cambia su conducta, pasan dos cosas:

1. Sus pecados se "borran" (*exaliphthenai*): Desaparecer, emborronar, limpiar la mancha, excluir, igual que se borra algo escrito y se limpia de una pared.

"**Esconde tu rostro de mis pecados, y borra todas mis maldades**" (Sal. 51:9).

"**Yo, yo soy el que borro tus rebeliones por amor de mí mismo, y no me acordaré de tus pecados**" (Is. 43:25).

"**Yo deshice como una nube tus rebeliones, y como niebla tus pecados; vuélvete a mí, porque yo te redimí (Is. 44:22).**

2. El Señor enviará "tiempos de refrigerio" de su presencia. Cuando una persona llega a conocer a Cristo personalmente, experimenta tiempos de refrigerio…
• refrigerio y renovación
• de gozo y alegría
• de gracia y bendiciones
• avivamiento y conmoción
• descanso y comodidad
• fortaleza y entrega
• liberación

Pensamiento 1: El arrepentimiento es algo absolutamente esencial para perdonar. Una persona no puede continuar y continuar haciendo las mismas viejas cosas y esperar perdón. Debe arrepentirse, volverse de sus pecados a Cristo. Si una persona es sincera, se arrepentirá.

"**Y diciendo: Arrepentíos, porque el reino de los cielos se ha acercado**" (Mt. 3:2).

"**Pedro les dijo: Arrepentíos, y bautícese cada uno de vosotros en el nombre de Jesucristo para perdón de los pecados; y recibiréis el don del Espíritu Santo**" (Hch. 2:38).

"**Así que, arrepentíos y convertíos, para que sean borrados vuestros pecados; para que vengan de la presencia del Señor tiempos de refrigerio**" (Hch. 3:19).

"**Arrepiéntete, pues, de esta tu maldad, y ruega a Dios, si quizá te sea perdonado el pensamiento de tu corazón**" (Hch. 8:22).

"**Pero Dios, habiendo pasado por alto los tiempos de esta ignorancia, ahora manda a todos los hombres en todo lugar, que se arrepientan**" (Hch. 17:30).

"**Deje el impío su camino, y el hombre inicuo sus pensamientos, y vuélvase a Jehová, el cual tendrá de él misericordia, y al Dios nuestro, el cual será amplio en perdonar**" (Is. 55:7).

"**Echad de vosotros todas vuestras transgresiones con que habéis pecado, y haceos un corazón nuevo y un espíritu nuevo. ¿Por qué moriréis, casa de Israel?**" (Ez. 18:31).

8 (3:20-21) *Jesucristo, regreso:* El séptimo punto es el regreso de Jesús y la restauración de todas las cosas. Nótense varios hechos claros.

1. "Dios envía a Jesucristo", el Mesías, de vuelta a la tierra, el mismo Jesucristo que "os fue antes anunciado" (Véase nota: Hch. 1:10-11 para discusión).

2. Jesucristo ahora está *presente* en el cielo y estará allí hasta su regreso. El cielo debe recibirlo hasta que Él regrese. Es desde allí que Él ejerce su ministerio actual (Véase nota, Ascensión, Hch. 1:9).

3. Debe haber una "restauración de todas las cosas" (Véase *Estudio a fondo 3* Hch. 3:21 para discusión).

ESTUDIO A FONDO 3

(3:21) *Restauración* (*apokatastaseos*): Ordenar de nuevo o volver a poner en su condición o estado de ser anterior; restaurar; renovar, rehacer o volver a hacerlo todo otra vez; (Véase nota Regeneración, Mt. 19:28)

Pedro realmente dice lo que quiere decir al identificar el tiempo al cual se refiere. Será un tiempo cuando comience la restauración y las cosas tomen su lugar, cuando todas las cosas serán hechas nuevas o vuelvan a estar en un estado perfecto. Habrá un nuevo orden de cosas bajo el gobierno y reinado personal de Cristo. (Véase Bosquejo y nota, Regeneración, Mt. 19:28. Cp. Ro. 8:19-23; Is. 11:6-9). Note dos cosas.

1. Las palabras "los tiempos [plural] de la restauración" señalan un período, tal vez varios, en los cuales se llevará a cabo la restauración. Esta incluirá varios sucesos, varios tiempos. Los sucesos que involucran la restauración no ocurrirán al mismo tiempo.

2. Las Escrituras enseñan varios grandes eventos de la restauración que sucederán en tiempos diferentes.

a. Sucederá el regreso del Señor para recoger y resucitar a los creyentes (Véase bosquejo y notas, 1 Ts. 4:13, 5:3).

"**Porque el Señor mismo con voz de mando, con voz de arcángel, y con trompeta de Dios, descenderá del cielo; y los muertos en Cristo resucitarán primero. Luego nosotros los que vivimos, los que hayamos quedado, seremos arrebatados juntamente con ellos en las nubes para recibir al Señor en el aire, y así estaremos siempre con el Señor. Por tanto, alentaos los unos a los otros con estas palabras**" (1 Tes 4:16-18).

"**En la casa de mi Padre muchas moradas hay; si así no fuera, yo os lo hubiera dicho; voy, pues, a preparar lugar para vosotros. Y si me fuere y os preparare lugar, vendré otra vez, y os tomaré a mí mismo, para que donde yo estoy, vosotros también estéis**" (Jn 14:2-3).

b. Sucederá la salvación de Israel (Véase bosquejo y notas, Ro 11:25-36).

"**Porque no quiero, hermanos, que ignoréis este misterio, para que no seáis arrogantes en cuanto a** vosotros mismos: que ha acontecido a Israel endurecimiento en parte, hasta que haya entrado la plenitud de los gentiles; y luego todo Israel será salvo, como está escrito: Vendrá de Sion el Libertador, que apartará de Jacob la impiedad" (Ro 11:25-26).

c.   Sucederá el reinado milenario de Cristo en la tierra (Véase bosquejo, notas y *Estudio a fondo 1, 2,* Ap 20:4-6).

"Y vi tronos, y se sentaron sobre ellos los que recibieron facultad de juzgar; y vi las almas de los decapitados por causa del testimonio de Jesús y por la palabra de Dios, los que no habían adorado a la bestia ni a su imagen, y que no recibieron la marca en sus frentes ni en sus manos; y vivieron y reinaron con Cristo mil años. Pero los otros muertos no volvieron a vivir hasta que se cumplieron mil años. Esta es la primera resurrección. Bienaventurado y santo el que tiene parte en la primera resurrección; la segunda muerte no tiene potestad sobre éstos, sino que serán sacerdotes de Dios y de Cristo, y reinarán con él mil años" (Ap 20:4-6).

d.   Toda la creación será liberada del sufrimiento y la corrupción, incluyendo tanto a la naturaleza en sí como a aquellos seres humanos que crean (Véase bosquejo y notas: Ro. 8:18-27).

"Porque también la creación misma será liberada de la esclavitud de corrupción, a la libertad gloriosa de los hijos de Dios. Porque sabemos que toda la creación gime a una, y a una está con dolores de parto hasta ahora; y no sólo ella, sino que también nosotros mismos, que tenemos las primicias del Espíritu, nosotros también gemimos dentro de nosotros mismos, esperando la adopción, la redención de nuestro cuerpo" (Ro. 8:21-23).

e.   Sucederá la destrucción explosiva y el fuego fundirá la tierra y el cielo y Dios hará nuevos cielos y tierra nueva.

"Pero el día del Señor vendrá como ladrón en la noche; en el cual los cielos pasarán con grande estruendo, y los elementos ardiendo serán deshechos, y la tierra y las obras que en ella hay serán quemadas. Puesto que todas estas cosas han de ser deshechas, ¡cómo no debéis vosotros andar en santa y piadosa manera de vivir, esperando y apresurándoos para la venida del día de Dios, en el cual los cielos, encendiéndose, serán deshechos, y los elementos, siendo quemados, se fundirán! Pero nosotros esperamos, según sus promesas, cielos nuevos y tierra nueva, en los cuales mora la justicia." (2 P. 3:10-13).

"Vi un cielo nuevo y una tierra nueva; porque el primer cielo y la primera tierra pasaron, y el mar ya no existía más. Y yo Juan vi la santa ciudad, la nueva Jerusalén, descender del cielo, de Dios, dispuesta como una esposa ataviada para su marido. Y oí una gran voz del cielo que decía: He aquí el tabernáculo de Dios con los hombres, y él morará con ellos; y ellos serán su pueblo, y Dios mismo estará con ellos como su Dios. Enjugará Dios toda lágrima

de los ojos de ellos; y ya no habrá muerte, ni habrá más llanto, ni clamor, ni dolor; porque las primeras cosas pasaron. Y el que estaba sentado en el trono dijo: He aquí, yo hago nuevas todas las cosas. Y me dijo: Escribe; porque estas palabras son fieles y verdaderas" (Ap. 21:1-5).

f.   Sucederá el glorioso momento cuando Cristo entregará "el reino [Su ministerio mediador] al Dios y Padre, cuando haya suprimido todo dominio, toda autoridad y potencia … para que Dios sea todo en todos (Véase bosquejo y notas, 1 Co. 15:24-28).

"Luego el fin, cuando entregue el reino al Dios y Padre, cuando haya suprimido todo dominio, toda autoridad y potencia" (1 Co. 15:24).

9   (3:22-24) *Juicio:* El octavo punto es el juicio. Mediante los profetas Dios predijo que vendría un juicio.

1.   Moisés predijo que Dios enviaría su Profeta (el Mesías) a la tierra (Dt 18:14-19). La gente debe oír al Profeta de Dios o será desarraigada (véase *Estudio a fondo 4:* Hch 3:23).

2.   Desde Samuel, todos los profetas profetizaron la venida y el juicio del Profeta de Dios (Véase notas, Lc. 3:24-31; 3:32-38; 3:38; *Estudio a fondo 3,* Jn 1:45).

ESTUDIO A FONDO 4

(3:23) *Destrucción* (exolethreuthesetai): Estar destruido o muerto por completo; perder el bienestar de uno; ser gastado y minado, tener una existencia sin valor. No quiere decir que una persona dejará de existir. Significa que la persona estará destruida y devastada y condenada a una existencia inútil. La persona sufrirá el deshecho, la pérdida y las ruinas por siempre y siempre.

"E irán éstos al castigo eterno, y los justos a la vida eterna." (Mt. 25:46; cs. vv. 25-45).

"Pero cualquiera que blasfeme contra el Espíritu Santo, no tiene jamás perdón, sino que es reo de juicio eterno." (Mr. 3:29).

"Y limpiará su era, y recogerá el trigo en su granero, y quemará la paja en fuego que nunca se apagará" (Lc. 3:17).

"Pero ira y enojo a los que son contenciosos y no obedecen a la verdad, sino que obedecen a la injusticia; tribulación y angustia sobre todo ser humano que hace lo malo, el judío primeramente y también el griego" (Ro. 2:8-9).

"Cuando se manifieste el Señor Jesús desde el cielo con los ángeles de su poder, en llama de fuego, para dar retribución a los que no conocieron a Dios, ni obedecen al evangelio de nuestro Señor Jesucristo; los cuales sufrirán pena de eterna perdición, excluidos de la presencia del Señor y de la gloria de su poder, cuando venga en aquel día para ser glorificado en sus santos y ser admirado en todos los que creyeron (por cuanto nuestro testimonio ha sido creído entre vosotros)" (2 Ts. 1:7-9).

"Por lo cual, al ser llamado, vine sin replicar. Así que pregunto: ¿Por qué causa me habéis hecho venir? Entonces Cornelio dijo: Hace cuatro días que a esta hora yo estaba en ayunas; y a la hora novena, mientras oraba en mi casa, vi que se puso delante de mí un varón con vestido resplandeciente" (He. 10:29-30).

"Sabe el Señor librar de tentación a los piadosos, y reservar a los injustos para ser castigados en el día del juicio" (2 P. 2:9).

"Y el que no se halló inscrito en el libro de la vida fue lanzado al lago de fuego" (Ap. 20:15)

"Pero los cobardes e incrédulos, los abominables y homicidas, los fornicarios y hechiceros, los idólatras y todos los mentirosos tendrán su parte en el lago que arde con fuego y azufre, que es la muerte segunda" (Ap. 21:8).

10 (3:25-26) *Judíos, privilegios de los:* El noveno punto es una advertencia a Israel. Sin embargo, la advertencia es realmente para todos los hombres, porque el mismo Hijo de Dios estuvo en la tierra y bendijo a todos los hombres con el glorioso mensaje de la salvación. Los judíos fueron especialmente privilegiados en cuatro cosas. (Véase bosquejo y notas, Israel, Ro. 9:3-5).

1. Fueron los hijos de los profetas. Tuvieron la gloriosa herencia y mensaje de los muy especiales siervos de Dios.

2. Fueron el pueblo con quienes Dios hizo un pacto muy especial, una promesa muy especial. Él los escogió para ser el pueblo y la raza mediante la cual enviaría al mundo a "la Simiente", es decir, su Hijo.

3. Fueron el pueblo a quienes Dios envió a su Hijo, Jesucristo.

4. Fueron el primer pueblo bendecido por Dios, bendecidos con el mensaje glorioso del arrepentimiento y el perdón.

"Saulo, respirando aún amenazas y muerte contra los discípulos del Señor, vino al sumo sacerdote, y le pidió cartas para las sinagogas de Damasco, a fin de que si hallase algunos hombres o mujeres de este camino, los trajese presos a Jerusalén. Mas yendo por el camino, aconteció que al llegar cerca de Damasco, repentinamente le rodeó un resplandor de luz del cielo; y cayendo en tierra, oyó una voz que le decía: Saulo, Saulo, ¿por qué me persigues? El dijo: ¿Quién eres, Señor? Y le dijo: Yo soy Jesús, a quien tú persigues; dura cosa te es dar coces contra el aguijón" (Ro. 9:1-5).

"Había en Cesarea un hombre llamado Cornelio, centurión de la compañía llamada la Italiana, piadoso y temeroso de Dios con toda su casa, y que hacía muchas limosnas al pueblo, y oraba a Dios siempre. Este vio claramente en una visión, como a la hora novena del día, que un ángel de Dios entraba donde él estaba, y le decía: Cornelio" (Ro. 10:1-3).

CAPÍTULO 4

H. La primera persecución de la iglesia: lecciones para el servicio cristiano, 4:1-22

1 Arrestan y juzgan a Pedro y a Juan
a. por predicar (3:1s)
b. los líderes del templo[EF1,2]

2 Sufrieron maltrato por predicar la resurrección
a. Fueron arrestados.
b. Dieron fruto: cinco mil convertidos

3 Le acreditaron a Cristo el poder de sanar y cambiar vidas
a. El concilio del Sanedrín[EF3]

b. Dios los preparó con el Espíritu Santo

c. Ellos acreditaron a Cristo el poder de sanar[EF4]

1) Fue en el nombre de Jesús
2) Fue Jesús a quien crucificaron
3) Fue a Jesús a quien Dios levantó de entre los muertos

4 Proclamaron salvación solo en Cristo Jesús
a. Cristo es la Cabeza

1 Hablando ellos al pueblo, vinieron sobre ellos los sacerdotes con el jefe de la guardia del templo, y los saduceos, 2 resentidos de que enseñasen al pueblo, y anunciasen en Jesús la resurrección de entre los muertos; 3 Y les echaron mano, y los pusieron en la cárcel hasta el día siguiente, porque era ya tarde. 4 Pero muchos de los que habían oído la palabra, creyeron; y el número de los varones era como cinco mil. 5 Aconteció al día siguiente, que se reunieron en Jerusalén los gobernantes, los ancianos y los escribas, 6 y el sumo sacerdote Anás, y Caifás y Juan y Alejandro, y todos los que eran de la familia de los sumos sacerdotes; 7 y poniéndoles en medio, les preguntaron: ¿Con qué potestad, o en qué nombre, habéis hecho vosotros esto? 8 Entonces Pedro, lleno del Espíritu Santo, les dijo: Gobernantes del pueblo, y ancianos de Israel: 9 Puesto que hoy se nos interroga acerca del beneficio hecho a un hombre enfermo, de qué manera éste haya sido sanado, 10 sea notorio a todos vosotros, y a todo el pueblo de Israel, que en el nombre de Jesucristo de Nazaret, a quien vosotros crucificasteis y a quien Dios resucitó de los muertos, por él este hombre está en vuestra presencia sano. 11 Este Jesús es la piedra reprobada por vosotros los edificadores, la cual ha venido a ser cabeza del ángulo.

12 Y en ningún otro hay salvación; porque no hay otro nombre bajo el cielo, dado a los hombres, en que podamos ser salvos. 13 Entonces viendo el denuedo de Pedro y de Juan, y sabiendo que eran hombres sin letras y del vulgo, se maravillaban; y les reconocían que habían estado con Jesús. 14 Y viendo al hombre que había sido sanado, que estaba en pie con ellos, no podían decir nada en contra. 15 Entonces les ordenaron que saliesen del concilio; y conferenciaban entre sí, 16 diciendo: ¿Qué haremos con estos hombres? Porque de cierto, señal manifiesta ha sido hecha por ellos, notoria a todos los que moran en Jerusalén, y no lo podemos negar. 17 Sin embargo, para que no se divulgue más entre el pueblo, amenacémosles para que no hablen de aquí en adelante a hombre alguno en este nombre. 18 Y llamándolos, les intimaron que en ninguna manera hablasen ni enseñasen en el nombre de Jesús. 19 Mas Pedro y Juan respondieron diciéndoles: Juzgad si es justo delante de Dios obedecer a vosotros antes que a Dios; 20 porque no podemos dejar de decir lo que hemos visto y oído. 21 Ellos entonces les amenazaron y les soltaron, no hallando ningún modo de castigarles, por causa del pueblo; porque todos glorificaban a Dios por lo que se había hecho, 22 ya que el hombre en quien se había hecho este milagro de sanidad, tenía más de cuarenta años.

b. Solo Cristo salva

5 Dieron evidencias de haber estado con Jesús
a. La clara evidencia: audacia y poder
b. La inequívoca evidencia: sanidad de un hombre

6 Sufrieron amenazas
a. El concilio
b. El concilio deliberó

c. El concilio amenazó

7 Se negaron a comprometer su mensaje
a. Defensa 1: hay que obedecer a Dios antes que a los hombres
b. Defensa 2: un hombre debe testificar lo que ha visto y oído

8 El resultado: todos los hombres glorificaron a Dios

DIVISIÓN II

EL NACIMIENTO Y DESARROLLO DE LA IGLESIA, 2:1–7:60

H. La primera persecución de la iglesia: lecciones para el servicio cristiano, 4:1-22

(4:1-22) *Introducción:* Esta es la primera persecución de la iglesia. En esta experiencia se manifiestan claramente varias lecciones que constituyen un reto para el servicio cristiano.

1. Arrestan y juzgan a Pedro y a Juan (v. 1).
2. Sufrieron maltrato por predicar la resurrección (vv. 2-4).
3. Le acreditaron a Cristo el poder de sanar y cambiar vidas (vv. 5-10).
4. Proclamaron salvación solo en Cristo Jesús (vv. 11-12).
5. Dieron evidencias de haber estado con Jesús (vv. 13-14).
6. Sufrieron amenazas (vv. 15-18).
7. Se negaron a comprometer su mensaje (vv. 19-20).
8. El resultado: todos los hombres glorificaron a Dios (vv. 21-22).

1 **(4:1) *Persecución:*** Arrestan y juzgan a Pedro y a Juan. Los arrestaron "hablando ellos al pueblo", es decir, mientras predicaban. Recuerde que el cojo caminó a través del templo saltando y alabando a Dios (Hch. 3:8-11). Una gran multitud de miles corrieron para ver al cojo que sanaron y oír el mensaje que proclamaban los dos hombres que tenían tanto poder. El templo era una construcción masiva que daba cabida a miles (v. 5). (Véase el *Estudio a fondo 1*, Templo, Mt. 21:12-16). El regocijo y la bulla tenían que llamar la atención y traer a la escena a las autoridades del templo. Lo que vieron y oyeron los molestó al máximo. Creían haber eliminado el movimiento de Jesús, cuando lo crucificaron, hacía ocho semanas. Varios días antes habían oído acerca del incidente de la predicación y lo contenta que estaba la gente (Hch. 2:5s). Ahora estos dos hombres (Pedro y Juan) estaban predicando en público el rumor de que Dios resucitó a Jesús de entre los muertos. Y estaban predicando, nada menos que en los precintos del templo.

Ya era tiempo de investigar el asunto, cortar el movimiento antes que se regara. Nótese quiénes vinieron a arrestarlos. Como ya se mencionó con anterioridad, interrumpieron a Pedro exactamente en el medio de su mensaje.

1. Probablemente los sacerdotes eran los mismos que oficiaron en el templo en aquel momento en particular.
2. El jefe de la guardia del templo. (Véase *Estudio a fondo 2*, El jefe de la guardia del templo, Hch. 4:1 para mayor discusión).
3. Los saduceos. (Véase *Estudio a fondo 2*, Hch. 23:8 para discusión).

ESTUDIO A FONDO 1

(4:1) *Sacerdotes:* Todos los descendientes masculinos de Aarón eran sacerdotes. En los tiempos de Cristo había más de veinte mil y solo había un templo (localizado en Jerusalén), los sacerdotes estaban divididos en grupos. Había veinticuatro y cada grupo servía en el templo, dos veces al año, durante una semana (1 Cr. 24:1-6; 2 Cr. 22:8).

ESTUDIO A FONDO 2

(4:1) *El jefe de la guardia del templo:* Este era la mano derecha, el jefe ejecutivo oficial o jefe de los empleados del Sumo Sacerdote. Es probable que fuera lo que las Escrituras llaman el "príncipe de la casa de Dios" (Jer. 20:1; 1 Cr. 9:11; 2 Cr. 31:13; Neh. 11:11). Era el responsable de la administración del templo lo cual significa que además era el responsable del orden y cualquier desorden que sucediera dentro de los precintos del templo. A la luz de esta situación su presencia para arrestar a Pedro y Juan eran muy comprensible.

2 **(4:2-4) *Religiosidad — Persecución — Mundanalidad:*** Pedro y Juan sufrieron abuso por predicar la resurrección. La predicación de Jesús, que resucitó de los muertos, era una amenaza para los oficiales. Sabían que esta era la naturaleza de la gente, reaccionar a la esperanza, especialmente a una gran esperanza. También sabían la gran alegría que existía dentro del corazón de la gente por la venida del Mesías y debido a esto solo era necesario una pizca de esperanza para hacer que floreciera el entusiasmo (Véase *Estudio a fondo 2*, Mt. 1:18). No podían permitir que se predicara a *Jesús*, ni la esperanza de su resurrección, porque la resurrección significaba que también resucitaría todo hombre que lo siguiera. La gente agonizaba y estaba a la expectativa de un mensaje de esta índole. Así que, las autoridades, conociendo la naturaleza del hombre y la situación, se sentían amenazados. Si la gente se volvía al *nuevo mensaje*, las autoridades…

- temían la pérdida de la gente: La lealtad, el reconocimiento y la estimación.
- temían perder la posición, autoridad y sostén. Si perdían la lealtad de la gente o permitían un disturbio, era posible que los romanos los reemplazaran con otros oficiales. Por lo general los romanos eran tolerantes, pero eran rápidos para acabar con los desórdenes y la falta de lealtad.
- temían que la gente comenzara a pensar que la doctrina estaba equivocada. Permitir que continuara la predicación de la resurrección, era como admitir que Dios los había pasado por alto y les había revelado la verdad a *otros*. Se sospecharía de la *condición espiritual,* las creencias y enseñanzas de ellos. Ellos se sentían seguros de su religión y eran los líderes religiosos oficiales. Por lo tanto, estarían poniendo en peligro su religión y liderazgo entre la gente. Estarían socavando su sentido de seguridad y su sentido de ser aceptable ante Dios.
- temían reconocer que habían cometido un error al crucificar a Jesús. Si en verdad Él era el resucitado Hijo de Dios, entonces ellos eran pecadores, los jefes de los pecadores, culpables de negar y rechazar al Hijo de Dios. (Para otros comentarios sobre por qué temían los religiosos y se oponían tanto a Cristo y el cristianismo, véase la nota y *Estudio a fondo 1*, Mt. 12:10).

"El que fue sembrado entre espinos, éste es el que oye la palabra, pero el afán de este siglo y el engaño de las riquezas ahogan la palabra, y se hace infructuosa" (Mt. 13:22).

"Porque ¿qué aprovechará al hombre, si ganare todo el mundo, y perdiere su alma? ¿O qué recompensa dará el hombre por su alma?" (Mt. 16:26).

"Mirad también por vosotros mismos, que vuestros corazones no se carguen de glotonería y embriaguez y de los afanes de esta vida, y venga de repente sobre vosotros aquel día" (Lc. 21:34).

"¡Oh almas adúlteras! ¿No sabéis que la amistad del mundo es enemistad contra Dios? Cualquiera, pues, que quiera ser amigo del mundo, se constituye enemigo de Dios" (Stg 4:4).

"Os he escrito a vosotros, padres, porque habéis conocido al que es desde el principio. Os he escrito a vosotros, jóvenes, porque sois fuertes, y la palabra de Dios permanece en vosotros, y habéis vencido al maligno.

No améis al mundo, ni las cosas que están en el mundo. Si alguno ama al mundo, el amor del Padre no está en él" (1 Jn. 2:14-15).

Pensamiento 1. Nótese cómo el mismo temor invade a tantos hoy, causando que…
• no apoyen al hombre íntegro ni a los movimientos de Dios.
• no estremezcan el statu quo.
• no hagan lo que es correcto.

Pensamiento 2. Son muchos los que corren detrás de las cosas del mundo y de la religión en lugar de servir realmente a Dios. Corren detrás de…

• aceptación	• posición	• posesiones
• fama	• autoridad	• bienestar
• reconocimiento	• poder	• ser mayor y mejor

Las autoridades arrestaron a Pedro y a Juan. Fue durante la tarde, pero muy tarde para un juicio, así que los encarcelaron durante la noche. Pero nótese un hecho importante: Antes de arrestar a Pedro, ya él había hablado lo suficiente sobre el evangelio para hacer reaccionar a la multitud. Cinco mil hombres (sin contar a las mujeres ni a los niños) se convirtieron a Cristo.

La persecución no detuvo la obra de la Palabra ni del Espíritu de Dios. Las almas (fruto) se salvaron a pesar del abuso y la oposición. Qué lección para que los creyentes *sigan* predicando y testificando sin tomar en cuenta a la oposición.

"mi palabra … no volverá a mí vacía (Is.. 55:11).
"mas la palabra de Dios no está presa" (2 Ti. 2:9).

3 (4:5-10) *Jesucristo, Poder:* Pedro y Juan le acreditaron a Cristo el poder de sanar y cambiar vidas. Nótense tres puntos:
1. El concilio del Sanedrín se reuniría al día siguiente para juzgar a Pedro y a Juan. El término "los gobernantes, los ancianos y los escribas" significa el Sanedrín. Era el cuerpo de gobernantes, el gobierno del concilio y la corte suprema de los judíos. (Véase *Estudio a fondo 3*, Sanedrín, Hch. 4:5-6).
   a. El término "los gobernantes, los ancianos y los escribas" parece que es solo un término de sinó-

nimos, un término que usaba la gente para referirse al Sanedrín.
=> Los gobernantes se refieren a todo el cuerpo.
=> Los ancianos se refieren a los más estimados de la nación. A veces se referían a todo el Sanedrín como los *Ancianos*.
=> Los escribas eran de una profesión definida, los expertos, los *doctores* de la ley judía y la tradición.

La mayoría de los judíos aparentemente reconocían a Anás como el Supremo Sacerdote. En realidad los romanos le quitaron el poder, pero tenía tanta influencia entre sus contemporáneos que lo seguían reconociendo como el poder detrás del trono. (Véase nota, punto 6, Lc. 3:1; Jn. 18:12-14).
=> A los ojos de los romanos, Caifás servía como el Sumo Sacerdote (véase nota, Mt. 26:3-5; *Estudio a fondo 2*, 26:3).
=> Se desconoce quién es Juan. Todo lo que sabemos es lo que se menciona aquí, que pertenecía a la familia de los sumos sacerdotes.
=> Alejandro también es desconocido, excepto que también pertenecía a la familia de los sumos sacerdotes.

b. La pregunta que hizo el concilio fue directa al grano: "¿Con qué potestad, o en qué nombre, habéis hecho vosotros esto [curar al hombre]?" El concilio estaba haciendo exactamente lo que Dios dijo que se hiciera. Dios le dio instrucciones a Israel para que se probara a cada hombre que dijera ser profeta e hiciera señales y prodigios entre el pueblo (Dt. 13:1-5). Si el hombre no era un verdadero profeta, debían ejecutarlo.

Pero en sus interrogaciones hay más que esto. Sabían que Pedro estaba predicando la resurrección mediante Jesucristo. Tenían que detenerlo o se arriesgaban a perder la lealtad de la gente y su posición y sustento, así que buscaban la oportunidad de acusar y detener a Pedro y a Juan. (Véase la nota, Hch. 4:2-4).

Tal vez sus preguntas involucraban algo más. Ellos eran los líderes religiosos; por lo tanto, pensaron que el poder no podía ser de Dios. Si Dios quería hacer una obra prodigiosa, especialmente en el templo, pensaban que los escogería a ellos para revelárselo, los líderes religiosos tradicionales. Así que sintieron que el nombre y el poder que curó al cojo debía ser diabólico (Lc. 11:15).

Pensamiento 1. Los hombres en posiciones de liderazgo, tanto en el estado como en la religión, encaran pecados comunes, la búsqueda de…

• posición	• influencia	• reconocimiento
• autoridad	• riquezas	• exclusividad

La carne, la naturaleza pecaminosa humana es la culpable. Pero la burocracia, las instituciones, las posiciones establecidas se prestan para llevarlos al pecado.

Pensamiento 2. Cada creyente, ministro y grupo debe cuidarse de pensar que Dios solo puede obrar mediante ellos. Dios siempre está trayendo nuevas caras y grupos al escenario para hacer Su obra. Tiene que hacerlo, porque la misión es tan enorme y todavía hay mucho que hacer, muchos que aún no han oído ni se les ha ayudado.

2.   Dios preparó a Pedro y a Juan con el Espíritu Santo. Nótese lo rápido que Dios viene al rescate: "Entonces Pedro, lleno del Espíritu Santo". Pedro no había tenido tiempo de hablar, y Dios estaba presente, dándole a Pedro la plenitud del Espíritu Santo. El Espíritu de Dios ya estaba listo para encargarse del asunto y darle a Pedro las palabras que debía decir.

Pensamiento 1. El creyente que está listo para proclamar a Cristo nunca se quedará solo. El Espíritu Santo estará presente para hablar mediante él.

> **"Mientras él les decía estas cosas, vino un hombre principal y se postró ante él, diciendo: Mi hija acaba de morir; mas ven y pon tu mano sobre ella, y vivirá. Y se levantó Jesús, y le siguió con sus discípulos. Y he aquí una mujer enferma de flujo de sangre desde hacía doce años, se le acercó por detrás y tocó el borde de su manto" (Mt. 10:18-20).**
>
> **"Él respondiendo, les dijo: Porque a vosotros os es dado saber los misterios del reino de los cielos; mas a ellos no les es dado" (Mr. 13:11).**
>
> **"Pero antes de todas estas cosas os echarán mano, y os perseguirán, y os entregarán a las sinagogas y a las cárceles, y seréis llevados ante reyes y ante gobernadores por causa de mi nombre. Y esto os será ocasión para dar testimonio. Proponed en vuestros corazones no pensar antes cómo habéis de responder en vuestra defensa; porque yo os daré palabra y sabiduría, la cual no podrán resistir ni contradecir todos los que se opongan" (Lc. 21:12-15).**

3.   Pedro y Juan le acreditaron a Cristo el poder de sanar al hombre. Pedro declaró tres puntos críticos.

a.   Fue "el nombre de Jesucristo de Nazaret" el que sanó al hombre. Nótese que a Jesús se le llama el "Cristo" (Mesías). Pedro estaba declarando que los hombres deben saber que Jesús es el verdadero Mesías, y no debe haber duda alguna de cuál Jesús se hablaba: Era el Jesús de Nazaret. Él es el Mesías, el Salvador que Dios prometió enviar al mundo.

Nótese la palabra "sano" (Véase *Estudio a fondo 4,* Hch. 4:9-10). Se sanó tanto el cuerpo como el alma del hombre. ¿Quién lo hizo? ¿Quién podría sanar el cuerpo y el alma del hombre? Pedro declaró inequívocamente:

=> no fue él, no fue Juan, ni ningún otro hombre.

=> Jesucristo, el Mesías, el Jesús de Nazaret; solo Él sanó al hombre.

b.   Fue Jesucristo (Mesías) "a quien vosotros cruci-ficasteis". Recuérdese que Pedro estaba hablando a los líderes máximos de la nación. Los estaba acusando de matar no solo al hombre, sino al Mesías. ¡Qué acusación! Ser acusado de matar al Hijo del mismo Dios.

Pensamiento 1. La acusación está hecha contra todos los hombres. Todos los hombres son culpables de la muerte de Jesucristo. (Véase notas, Hch. 3:13-15; *Estudio a fondo 2, 3,* 2:23 para mayor discusión y otros versículos).

c.   Fue el Jesús que Dios resucitó de los muertos quien sanó al hombre. Pedro estaba declarando que fue el poder del Mesías resucitado y ascendido, el Señor de la gloria y la tierra quien tenía dicho poder. (Véase el bosquejo y *Estudio a fondo 4,* Hch. 2:24; notas 2:25-36 para mayor discusión y otros versículos. Cs. Hch. 1:22; 3:15).

ESTUDIO A FONDO 3

(4:5-6) *Sanedrín:* El cuerpo gobernante, era tanto el concilio gobernante como la corte suprema de los judíos. Tenía setenta y un miembros y la presidía el supremo sacerdote. Estaba formado por los fariseos, saduceos, escribas o abogados y ancianos que eran líderes entre el pueblo. Un quórum era de veintitrés personas. Antes del juicio de Jesús, el derecho legal del sanedrín para sentenciar a muerte estuvo restringido durante casi veinte años.

Sin embargo, ellos retuvieron los derechos de expulsar (cs. Jn. 9:22). El concilio se reunía en la gran sala labrada en piedra. Sus miembros se sentaban en un semicírculo y a la cabeza se sentaba el sumo sacerdote o presidente.

ESTUDIO A FONDO 4

(4:9-10) *Salvación:* La palabra "sano" (sesotai) significa ser salvo; ser hecho sano, ser salvo y sano; ser curado. Quiere decir que una persona se sana y sigue siendo sana. Quiere decir que sanaron al hombre en cuerpo y alma.

4 **(4:11-12)** *Jesucristo, La Piedra — Salvación:* Pedro y Juan proclamaron la salvación. Pedro acababa de declarar la fuente de su poder, el nombre de Jesucristo. Ahora proclama la salvación que es en Jesús. Y para que lo entendieran, usó la declaración de la Escritura profética.

1.   Jesucristo es la cabeza, es decir, la piedra que es la cabeza del ángulo del edificio de Dios (cp. Sal 118:22).

a.   Dios le dio al hombre la Cabeza del ángulo para Su edificio, la vida que Él quiere que fabrique el hombre. Pero el hombre desechó la piedra haciéndola como no buena, inaceptable, sin valor. El hombre rechazó la Piedra Angular de Dios y se fue a buscar su cabeza del ángulo para fabricar su vida a su manera.

b.   Pero Dios tomó su Piedra, a pesar del rechazo del hombre, y lo hizo la Cabeza del ángulo. Dios exaltó a Jesucristo y lo hizo la cabeza de la vida. (Véase *Estudio a fondo 7,* Mt. 21:42; *Estudio a fondo 9, 10,* 21:44).

"Este Jesús es la piedra reprobada por vosotros los edificadores, la cual ha venido a ser cabeza del ángulo" (Hch. 4:11).

"Jesús les dijo: ¿Nunca leísteis en las Escrituras: la piedra que desecharon los edificadores, ha venido a ser cabeza del ángulo. El Señor ha hecho esto, y es cosa maravillosa a nuestros ojos?" (Mt. 21:42).

"Edificados sobre el fundamento de los apóstoles y profetas, siendo la principal piedra del ángulo Jesucristo mismo" (Ef. 2:20).

"Por lo cual también contiene la Escritura: He aquí, pongo en Sion la principal piedra del ángulo, escogida, preciosa; y el que creyere en él, no será avergonzado" (1 P. 2:6).

2. Solo Jesucristo salva. No hay otra cabeza, ni otro Señor exaltado; por lo tanto, ningún hombre se puede salvar...
- por otra cabeza o señor.
- por ningún otro nombre *bajo el cielo*.

Ningún maestro es suficientemente capaz, ningún profeta es suficientemente noble, ningún ministro es suficientemente bueno para salvarse a sí mismo, mucho menos a otra persona. Así que, no importa qué proclame, no importa la indulgencia y poder del nombre, el hombre se queda lejos, muy lejos de ser la cabeza elegida de Dios. Ningún hombre tiene el nombre con el cual Dios salve a los hombres. Todos los hombres son mortales. Ningún hombre puede hacer a otro hombre inmortal. Así que la Cabeza de Dios, el nombre que Dios usa para salvar a los hombres, debe ser eterno, y solo un hombre es eterno: Jesucristo el Hijo del Hombre.

"Porque de tal manera amó Dios al mundo, que ha dado a su Hijo unigénito, para que todo aquel que en él cree, no se pierda, mas tenga vida eterna" (Jn. 3:16).

"Le respondió Simón Pedro: Señor, ¿a quién iremos? Tú tienes palabras de vida eterna" (Jn. 6:68).

"Por eso os dije que moriréis en vuestros pecados; porque si no creéis que yo soy, en vuestros pecados moriréis" (Jn. 8:24).

"Y en ningún otro hay salvación; porque no hay otro nombre bajo el cielo, dado a los hombres, en que podamos ser salvos" (Hch. 4:12).

"Pues me propuse no saber entre vosotros cosa alguna sino a Jesucristo, y a éste crucificado" (1 Co. 2:2).

"Porque nadie puede poner otro fundamento que el que está puesto, el cual es Jesucristo" (1 Co. 3:11).

5 (4:13-14) *Jesucristo, Compañerismo con — Meditación:* Pedro y Juan dieron evidencia de haber estado con Jesús. Nótese un hecho asombroso: Fue la audacia y poder de Pedro y Juan la que *hizo que los* gobernantes lo reconocieran. Los gobernantes fueron testigos de la misma audacia y poder en Jesús. Y ahora fue esa audacia y poder las que identificaron a estos dos hombres de haber estado con Jesús.

Nótese otro hecho: La audacia y el poder no se debían a la educación ni al aprendizaje. Se debía al hecho de haber estado con Jesús. La evidencia clara de que una persona estuvo con Jesús es la *audacia y el poder*. El hombre sanado se para ante la sala de juicio del mundo. Por lo tanto, el mundo fue silenciado. Los enemigos de Cristo no pudieron refutar la declaración, porque la declaración no solo era la

profesión. La declaración tenía el apoyo de la evidencia de un milagro, de una vida cambiada: Un hombre sanado.

Pensamiento 1. ¡Qué desafío para los creyentes! Debemos estar con Jesús; debemos emplear tiempo, mucho tiempo con Él. Es la fuente de la audacia y poder.

Pensamiento 2. Solo existe una evidencia de que pertenecemos a Jesús. ¿Vivimos en su audacia y poder? Si hemos estado con Jesús, entonces su audacia y poder están presente en nosotros. Estamos viviendo y testificando con audacia y poder.

Pensamiento 3. Qué cambio experimentaría el mundo si los creyentes pasaran suficiente tiempo con Jesús para recibir su audacia y poder.

"Porque donde están dos o tres congregados en mi nombre, allí estoy yo en medio de ellos" (Mt. 18:20).

"Porque nada hay imposible para Dios" (Lc. 1:37).

"Entonces viendo el denuedo de Pedro y de Juan, y sabiendo que eran hombres sin letras y del vulgo, se maravillaban; y les reconocían que habían estado con Jesús" (Hch. 4:13).

"Fiel es Dios, por el cual fuisteis llamados a la comunión con su Hijo Jesucristo nuestro Señor" (1 Co. 1:9).

"Por lo tanto, puesto que falta que algunos entren en él, y aquellos a quienes primero se les anunció la buena nueva no entraron por causa de desobediencia" (He. 4:16).

"Lo que hemos visto y oído, eso os anunciamos, para que también vosotros tengáis comunión con nosotros; y nuestra comunión verdaderamente es con el Padre, y con su Hijo Jesucristo" (1 Jn. 1:3).

"He aquí, yo estoy a la puerta y llamo; si alguno oye mi voz y abre la puerta, entraré a él, y cenaré con él, y él conmigo" (Ap. 3:20).

"Oh Jehová, de mañana oirás mi voz; De mañana me presentaré delante de ti, y esperaré" (Sal. 5:3).

"Tarde y mañana y a mediodía oraré y clamaré, Y él oirá mi voz" (Sal. 55:17).

"Meditaré en todas tus obras, Y hablaré de tus hechos" (Sal. 77:12).

6 (4:15-18) *Persecución:* Pedro y Juan sufrieron amenazas. El concilio escoltó a Pedro y a Juan desde la sala del concilio para discutir el asunto y tener un veredicto.
- => Reconocieron que había sucedido un "notable" (claro, inequívoco) milagro. Sanaron al hombre.
- => Todos supieron que el hombre fue transformado.
- => No podían negar el milagro. Lo hubieran hecho, pero ante ellos estaba la evidencia (el poder de Cristo), el hombre que fue sanado (Cs. Mt. 28:11-15).

Pensamiento 1. La gran necesidad del mundo es sanar a los hombres *cojos*, transformarlos por el poder de Cristo. Cuando un hombre es verdaderamente transformado, el mundo no lo puede negar. El poder de Cristo se manifiesta en ellos como evidencia de ser el Señor resucitado y exaltado.

Los gobernantes sabían que debían detener el *nuevo*

movimiento, suprimirlo y evitar que se divulgara más entre el pueblo (v. 17). Para este entonces, no se atrevían a dar un paso drástico que causara un disturbio de la gente y motivara que vinieran los romanos (cs. v. 21). Su decisión era amenazar a Pedro y a Juan, prohibiéndoles hablar o enseñar en el nombre de Jesús.

Nótese esto: Las órdenes y decisiones del concilio eran finales excepto por la pena de muerte (la cual se refería a los romanos). Había que obedecer las órdenes del concilio o de lo contrario Pedro y Juan encararían severas consecuencias.

> "Bienaventurados sois cuando por mi causa os vituperen y os persigan, y digan toda clase de mal contra vosotros, mintiendo" (Mt. 5:11).

> "Y seréis aborrecidos de todos por causa de mi nombre; mas el que persevere hasta el fin, éste será salvo" (Mt. 10:22).

> "Y en nada intimidados por los que se oponen, que para ellos ciertamente es indicio de perdición, mas para vosotros de salvación; y esto de Dios" (Fil. 1:28).

> "Y también todos los que quieren vivir piadosamente en Cristo Jesús padecerán persecución" (2 Ti. 3:12).

7 (4:19-20) *Testificar:* Pedro y Juan se negaron a comprometer su mensaje. Hay dos razones importantes:

1. Se debe obedecer a Dios antes que a los hombres. Siempre se debe obedecer a las autoridades superiores. Esta es la verdadera base del hombre y sus leyes. El hombre debe cumplir la palabra de las autoridades superiores. Pedro y Juan desafiaron el mundo: "Juzgad" (v. 19) "si es justo delante de Dios obedecer a vosotros antes que a Dios" (v. 19).

Cristo les encomendó que predicaran una y otra vez (Mt. 28:19-20; Mr. 16:15; Jn. 20:21). Ellos tenían que obedecerlo. No podían hacer otra cosa, porque la autoridad máxima había hablado. Dios los había comisionado para hablar y enseñar la resurrección, hasta en presencia de la oposición y la persecución.

Pensamiento 1. ¿Cómo pueden los creyentes mantenerse en silencio acerca de Cristo y su gloriosa salvación? Él nos manda que *hablemos y enseñemos,* dar testimonio del Señor viviente.

2. Un hombre debe testificar lo que ha visto y oído. Nótese que los dos discípulos declararon haber visto y oído a Jesús después de su resurrección al igual que durante su ministerio.

> "Pero teniendo el mismo espíritu de fe, conforme a lo que está escrito: Creí, por lo cual hablé, nosotros también creemos, por lo cual también hablamos" (2 Co. 4:13).

> "Conociendo, pues, el temor del Señor, persuadimos a los hombres; pero a Dios le es manifiesto lo que

somos; y espero que también lo sea a vuestras conciencias... Porque el amor de Cristo nos constriñe, pensando esto: que si uno murió por todos, luego todos murieron" (2 Co. 5:11, 14).

> "Sino santificad a Dios el Señor en vuestros corazones, y estad siempre preparados para presentar defensa con mansedumbre y reverencia ante todo el que os demande razón de la esperanza que hay en vosotros" (1 P. 3:15).

> "Lo que hemos visto y oído, eso os anunciamos, para que también vosotros tengáis comunión con nosotros; y nuestra comunión verdaderamente es con el Padre, y con su Hijo Jesucristo" (1 Jn. 1:3).

> "Venid, oíd todos los que teméis a Dios, y contaré lo que ha hecho a mi alma." (Sal. 66:16).

> "De las misericordias de Jehová haré memoria, de las alabanzas de Jehová, conforme a todo lo que Jehová nos ha dado, y de la grandeza de sus beneficios hacia la casa de Israel, que les ha hecho según sus misericordias, y según la multitud de sus piedades" (Is. 63:7).

> "Y dije: No me acordaré más de él, ni hablaré más en su nombre; no obstante, había en mi corazón como un fuego ardiente metido en mis huesos; traté de sufrirlo, y no pude" (Jer. 20:9).

8 (4:21-22) *Conclusión:* El resultado de tal testimonio dinámico fue que el hombre glorificó a Dios (*edoxazon ton theon*); quiere decir, ellos siguieron glorificándolo. ¿Por qué? Porque el poder de Cristo tomó a un hombre que estuvo incapacitado durante cuarenta años y lo *sanó* completamente.

> "Así alumbre vuestra luz delante de los hombres, para que vean vuestras buenas obras, y glorifiquen a vuestro Padre que está en los cielos" (Mt. 5:16).

> "En esto es glorificado mi Padre, en que llevéis mucho fruto, y seáis así mis discípulos" (Jn. 15:8).

> "Porque habéis sido comprados por precio; glorificad, pues, a Dios en vuestro cuerpo y en vuestro espíritu, los cuales son de Dios" (1 Co. 6:20).

> "Con gozo dando gracias al Padre que nos hizo aptos para participar de la herencia de los santos en luz" (Col. 1:12).

> "Así que, ofrezcamos siempre a Dios, por medio de él, sacrificio de alabanza, es decir, fruto de labios que confiesan su nombre" (He. 13:15).

> "Mas vosotros sois linaje escogido, real sacerdocio, nación santa, pueblo adquirido por Dios, para que anunciéis las virtudes de aquel que os llamó de las tinieblas a su luz admirable" (1 P. 2:9).

> "Cantad a Jehová, que habita en Sion; Publicad entre los pueblos sus obras" (Sal. 9:11).

> "Y mi lengua hablará de tu justicia, y de tu alabanza todo el día" (Sal. 35:28).

> "Den gloria a Jehová, y anuncien sus loores en las costas" (Is. 42:12).

	I. La iglesia triunfante en medio de la persecución: victoria sobre el maltrato, 4:23-31	27 Porque verdaderamente se unieron en esta ciudad contra tu santo Hijo Jesús, a quien ungiste, Herodes y Poncio Pilato, con los gentiles y el pueblo de Israel,	
1 Liberaron a Pedro y a Juan	23 Y puestos en libertad, vinieron a los suyos y contaron todo lo que los principales sacerdotes y los ancianos les habían dicho.	28 para hacer cuanto tu mano y tu consejo habían antes determinado que sucediera.	
a. Ellos lo informaron a la iglesia		29 Y ahora, Señor, mira sus amenazas, y concede a tus siervos que con todo denuedo hablen tu palabra,	**4 Una convicción de la misión y preocupación de Dios**
b. La iglesia triunfalmente levantó su voz a Dios, una voz unánime.	24 Y ellos, habiéndolo oído, alzaron unánimes la voz a Dios, y dijeron: Soberano Señor, tú eres el Dios que hiciste el cielo y la tierra, el mar y todo lo que en ellos hay;	30 mientras extiendes tu mano para que se hagan sanidades y señales y prodigios mediante el nombre de tu santo Hijo Jesús.	a. De misión y audacia b. De la necesidad de señales y prodigios
2 Una convicción del poder de Dios[EFI]	25 que por boca de David tu siervo dijiste: ¿Por qué se amotinan las gentes, Y los pueblos piensan cosas vanas?	31 Cuando hubieron orado, el lugar en que estaban congregados tembló; y todos fueron llenos del Espíritu Santo, y hablaban con denuedo la palabra de Dios.	**5 Los resultados** a. El lugar tembló
3 Una convicción de la futilidad del hombre y del plan o providencia de Dios	26 Se reunieron los reyes de la tierra, Y los príncipes se juntaron en uno Contra el Señor, y contra su Cristo.		b. Todos fueron llenos del Espíritu c. Testificaron con audacia

DIVISIÓN II

EL NACIMIENTO Y DESARROLLO DE LA IGLESIA, 2:1–7:60

I. La iglesia triunfante en medio de la persecución: victoria sobre el maltrato, 4:23-31

(4:23-31) *Introducción:* El verdadero creyente padecerá persecución. Cristo lo dijo (cs. Jn. 15:20). Cristo sufrió persecución; la iglesia primitiva sufrió persecución; los creyentes de hoy deben sufrir persecución. Es inevitable.

=> Tal vez sea en forma de abuso, enojo, calumnia, chisme, burlas, maldición, aislamiento o violencia.

=> Tal vez suceda en el mercado, la iglesia, casa, comunidad o escuela.

Lo que necesitan los creyentes no es liberarse de la persecución, sino la victoria y triunfo. Los creyentes necesitan una convicción de misión, una convicción tan fuerte que se convierta en inmóvil.

1. Liberaron a Pedro y a Juan (vv. 23-24).
2. Una convicción del poder de Dios (v. 24)
3. Una convicción de la futilidad del hombre y del plan o providencia de Dios (vv. 25-28).
4. Una convicción de la misión y la preocupación de Dios (vv. 29-30).
5. Los resultados (v. 31).

[1] (4:23-24) *Ministros — Humildad:* Liberaron a Pedro y a Juan. Tan pronto como se vieron libre, buscaron a sus compañeros creyentes, la iglesia. Es probable que la iglesia ya estu-

viera reunida, orando por Pedro y Juan.

1. Informaron y contaron sus experiencias a la iglesia. Nótense varios hechos impresionantes.

a. Pedro y Juan no estaban deprimidos, desanimados ni abatidos. Ni tampoco estaban temblando de miedo. Tampoco sugirieron que la iglesia se retirara a un hueco y guardara su mensaje. Estuvieron presos y el concilio supremo los juzgó, los amenazó y advirtió, pero ellos no se dejaron derrotar ni silenciar.

b. Pedro y Juan no se enorgullecieron. Habían sufrido tensión y presiones por servir a Cristo, y Dios los usó maravillosamente como testigos a los gobernantes supremos de la tierra. Sin embargo, no se menciona, no se sugiere, ni siquiera un poco...

• jactancia
• vanagloriarse
• ser los siervos especiales de Dios
• presunción
• ser más usados por Dios
• ser más exaltado que los compañeros creyentes

c. Lo que preocupaba a Pedro y a Juan era motivar y edificar (construir) la iglesia y avisarles de la persecución que vendría y que los aguardaba en el horizonte. Nótese las palabras "y contaron todo". Ellos contaron todo lo que les dijo el concilio: Las preguntas, amenazas, advertencias. Contaron que vendría la persecución si continuaban predicando acerca de Jesús, y también contaron cómo Dios los defendió tan maravillosamente. Nótese un hecho importante. Ni siquiera consideraron decidir si seguirían predicando o no. La decisión de llevar el evangelio a todo el mundo la hizo Cristo. No era un punto para debatir. A los creyentes se les manda a: "Id por todo el mundo y predicad el evangelio a toda criatura" (Mr. 16:15).

2.   La iglesia solo podía hacer una cosa: Triunfante levantó su voz a Dios en oración. Pero nótese: La oración era triunfante y "unánimes". El triunfo de la iglesia se nota en los puntos de sus convicciones mediante la oración. "Unánimes" significa que oraron *con una mente y un corazón*. Se enfocaron y concentraron en lo que se había orado. Sus mentes no estaban divagando. No estaban orando a medias, algunos orando y otros pensando en sus asuntos particulares. Oraban "unánimes", concentrados en Dios y su maravilloso cuidado y provisión. Son estas oraciones de grupos las que Dios oye y contesta.

> "Otra vez os digo, que si dos de vosotros se pusieren de acuerdo en la tierra acerca de cualquier cosa que pidieren, les será hecho por mi Padre que está en los cielos" (Mt. 18:19).
>
> "Por tanto, os digo que todo lo que pidiereis orando, creed que lo recibiréis, y os vendrá" (Mr. 11:24).
>
> "Confesaos vuestras ofensas unos a otros, y orad unos por otros, para que seáis sanados. La oración eficaz del justo puede mucho" (Stg. 5:16).
>
> "Y me buscaréis y me hallaréis, porque me buscaréis de todo vuestro corazón" (Jer. 29:13).

[2] (4:24) *Dios, Poder; Creador:* Había una convicción del poder de Dios. Dios es el Único que creó el universo en toda su grandeza. Dios es el Único que tiene un poder tan omnipotente para crear. Por lo tanto, no existe una persona, nadie, ningún ser, ningún cuerpo gobernante, ninguna nación, ni siquiera un mundo que pueda detener su voluntad y poder. Esta era la gran convicción de la iglesia en cuanto al poder de Dios.

1.   Nótese la palabra "Señor" (Véase *Estudio a fondo 1:* Hch. 2:36).

2.   Nótese la frase "el cielo y la tierra, el mar y todo lo que en ellos hay." Esto encierra…

• Toda la tierra y todo lo que en ellos hay (mar o tierra).

• Todo el cielo inferior (atmósfera).

• Todo en el medio cielo (en el espacio exterior).

• Todo en el último cielo (más allá del espacio y tiempo, donde está Cristo).

Todas las cosas, ya sean visibles o invisibles, las creó el Soberano Señor del universo. Él y solo Él es Dios; Él es el único que posee todo el poder, el único cuya voluntad y propósito tendrá la victoria. Y más inmediatamente, más a la mano, Él es el ser que cuida, ama y vela a quienes le sirven. Él es el ser que se opone a la maldad de los hombres perdidos y mezquinos, hombres que abusan y persiguen a los otros seres humanos.

> "Todas las cosas por él fueron hechas, y sin él nada de lo que ha sido hecho, fue hecho" (Jn. 1:3).
>
> "Para nosotros, sin embargo, sólo hay un Dios, el Padre, del cual proceden todas las cosas, y nosotros somos para él; y un Señor, Jesucristo, por medio del cual son todas las cosas, y nosotros por medio de él" (1 Co. 8:6).
>
> "Porque en él fueron creadas todas las cosas, las que hay en los cielos y las que hay en la tierra, visibles e invisibles; sean tronos, sean dominios, sean principados, sean potestades; todo fue creado por medio de él y para él" (Col. 1:16).
>
> "En estos postreros días nos ha hablado por el Hijo, a quien constituyó heredero de todo, y por quien asimismo hizo el universo; el cual, siendo el resplandor de su gloria, y la imagen misma de su sustancia, y quien sustenta todas las cosas con la palabra de su poder, habiendo efectuado la purificación de nuestros pecados por medio de sí mismo, se sentó a la diestra de la Majestad en las alturas" (He. 1:2-3).
>
> "Y vosotros estáis completos en él, que es la cabeza de todo principado y potestad" (Col. 2:10).

ESTUDIO A FONDO 1

(4:24) *Señor* (Despota): Significa Soberano Maestro, Soberano Señor, Soberano Gobernante. Esta es la palabra que se usó para los esclavos al referirse a su Maestro, esclavos que están totalmente sujetos al Señor y Maestro de su dominio. Se dirigen a Dios como "Scñor, tú eres el Dios" la Majestad Soberana, el Creador, Gobernante y Señor de todo el universo y de toda la vida. Él es el único Creador y Soberano Señor, Nadie más es: Ninguna persona, ningún ser, ninguna potencia visible o invisible, física o espiritual (Ro 8:38-39; Col 1:16).

[3] (4:25-28) *Dios, voluntad de — Predestinación — Determinado consejo:* Existía una convicción de la futilidad del hombre y del plan o providencia de Dios. La idea es que los hombres harán maldad. Los hombres perseguirán a los creyentes e intentarán suprimir el evangelio y la iglesia. Pero fracasarán, porque Dios tiene un plan y anulará la maldad y llevará a cabo su plan. Ahora note un hecho crítico: El plan de Dios, Su providencia y Su obra para que todo sea bueno, ya se probó. La profecía de David y la muerte de Cristo lo probaron.

1.   Los hombres se opondrán a Dios. Dios, mediante David, predijo dicho oposición en la Escritura (cs. Sal. 2:1-2).

a.   Las naciones, es decir, los *perdidos* del mundo, "amotinan" (ephruaxan): Relinchan y pisan como un caballo feroz; actúan de forma salvaje, arrogante y revoltosa.

b.   La gente, es decir, los *mundanos*, "imagine cosas vanas": estarán ansiosos por las cosas *vacías;* para enfocar la vida de uno, el tiempo y la energía sobre las posesiones *sin importancia* y las *cosas materiales*, las cosas del mundo vacías y no satisfactorias.

c. Los *reyes y los gobernantes* se amotinan en contra de Dios y su Cristo, el Mesías. Se oponen y se reúnen en dirección opuesta; se juntan en oposición y hostilidad a Dios y a Cristo.

2. Dios planeó y anuló la oposición del hombre. El consejo de Dios determinó lo que iba a suceder.

    a. La profecía se cumplió primordialmente en la muerte de Cristo. Los hombres se reunieron en contra del Hijo santo de Dios, Jesús; se reunieron en contra de Él y lo mataron. Pero Dios anuló sus propósitos levantándolo de entre los muertos. Dios tomó los sucesos (toda la maldad de los hombres) y los usó para nuestro bien. Su disposición para salvar al mundo sigue en marcha. El consejo de Dios, su deliberación, su conocimiento de todas las cosas, su omnipotencia, resolvió todo para el bien. (Para otros comentarios y versículos véase *Estudio a fondo 2, 3,* Hechos 2:23; nota: 3:3-15).

    "A éste, entregado por el determinado consejo y anticipado conocimiento de Dios, prendisteis y matasteis por manos de inicuos, crucificándole" (Hch. 2:23).

    b. La profecía se sigue cumpliendo en las vidas de los creyentes y la iglesia. El mundo…
- todavía se amotina
- todavía imagina cosas vanas,
- todavía se reúne en contra de Dios, su Mesías y su iglesia,

…pero inútilmente. La voluntad y los propósitos de Dios siguen en marcha. Él anula toda la mezquindad y persecución de los hombres malvados. Él se encarga de que el glorioso mensaje de salvación no se detenga, la Palabra de Dios no está presa. Él hace que se disemine y salva a todos los que lo oigan y crean.

    "Mas hablamos sabiduría de Dios en misterio, la sabiduría oculta, la cual Dios presentó antes de los siglos para nuestra gloria" (1 Co. 2:7).

    "Quien nos salvó y llamó con llamamiento santo, no conforme a nuestras obras, sino según el propósito suyo y la gracia que nos fue dada en Cristo Jesús antes de los tiempos de los siglos" (2 Ti. 1:9).

    "Acuérdate de Jesucristo, del linaje de David, resucitado de los muertos conforme a mi evangelio, en el cual sufro penalidades, hasta prisiones a modo de malhechor; mas la palabra de Dios no está presa" (2 Ti. 2:8-9).

    "En la esperanza de la vida eterna, la cual Dios, que no miente, prometió desde antes del principio de los siglos, y a su debido tiempo manifestó su palabra por medio de la predicación que me fue encomendada por mandato de Dios nuestro Salvador" (Tit. 1:2-3).

4 (4:29-30) *Testificar:* Había una convicción de la misión de Dios y el interés de Dios.

1. La misión era hablar de la Palabra de Dios. Nótese lo que necesitaban y lo que oraron. Ellos no oraron, no necesitaban…
- destruir al hombre maligno.

- acabar con la persecución.
- que Dios les permitiera dejar de testificar hasta que las cosas se calmaran.

Oraron pidiendo audacia, pidieron más valor para testificar, sin que les importara el abuso ni la oposición. Pidieron no sentir temor, que Dios les quitara el temor. Nótese que pidieron "todo denuedo".

    a. La palabra "ahora" (*nun*) se destaca, tiene un fuerte énfasis. La iglesia desesperadamente necesitaba que le quitaran el temor, y querían valor para cumplir con la obligación de testificar.

    b. La palabra "mira" (*epide epi*) significa observar algo. La iglesia le estaba pidiendo a Dios que se concentrara y enfocara en la persecución; para resolverla y anular al enemigo; dar lo que fuera necesario para soportarlo todo.

    => Considerar la persecución y quitar lo que Él quisiera; quitar cualquier furia que no redundara para su gloria.

    => Para considerar la persecución y dar la fe y perseverancia para testificar mediante la misma y usarla para alabar su nombre.

    "Ciertamente la ira del hombre te alabará; tú reprimirás el resto de las iras" (Sal. 76:10).

    "¿Por qué desprecia el malo a Dios? En su corazón ha dicho: Tú no lo inquirirás. Tú lo has visto; porque miras el trabajo y la vejación, para dar la recompensa con tu mano" (Sal. 10:13-14).

    c. La palabra "siervos" (*doulois*) es la palabra para esclavos. La iglesia estaba diciendo que ellos eran los esclavos del Señor, hacer su voluntad, llevar y hablar la Palabra de Dios a pesar de la persecución.

    "Por tanto, id, y haced discípulos a todas las naciones, bautizándolos en el nombre del Padre, y del Hijo, y del Espíritu Santo; enseñándoles que guarden todas las cosas que os he mandado; y he aquí yo estoy con vosotros todos los días, hasta el fin del mundo. Amén" (Mt. 28:19-20).

    "Y les dijo: Id por todo el mundo y predicad el evangelio a toda criatura" (Mr. 16:15).

    "Pero recibiréis poder, cuando haya venido sobre vosotros el Espíritu Santo, y me seréis testigos en Jerusalén, en toda Judea, en Samaria, y hasta lo último de la tierra" (Hch. 1:8).

    "Porque no podemos dejar de decir lo que hemos visto y oído" (Hch. 4:20).

    "Por tanto, no te avergüences de dar testimonio de nuestro Señor, ni de mí, preso suyo, sino participa de las aflicciones por el evangelio según el poder de Dios" (2 Ti. 1:8).

2. También necesitaban poder para "sanidades y señales y prodigios" una demostración del poder de Dios para probar sus afirmaciones, las cuales declaraban que…
- El Hijo de Dios vino a la tierra.
- El Hijo de Dios murió.
- El Hijo de Dios resucitó.

- El Hijo de Dios fue exaltado a la mano derecha de Dios.
- El Hijo de Dios hoy sigue activo y obrando en la vida de los hombres.

Solo una cosa podía probar dicho mensaje: El poder del Señor viviente probándose con señales y prodigios. Nótense dos puntos importantes.

    a. El poder descansa "en el nombre" de Jesús (véase *Estudio a fondo 2,* Hch. 3:6. Cp. Hch. 4:7, 10, 12, 17, 18).

    b. El poder es solo para la gloria de Jesús.

"Entonces llamando a sus doce discípulos, les dio autoridad sobre los espíritus inmundos, para que los echasen fuera, y para sanar toda enfermedad y toda dolencia" (Mt. 10:1).

"Y estableció a doce, para que estuviesen con él, y para enviarlos a predicar, y que tuviesen autoridad para sanar enfermedades y para echar fuera demonios" (Mr. 3:14-15).

"Y estas señales seguirán a los que creen: En mi nombre echarán fuera demonios; hablarán nuevas lenguas; tomarán en las manos serpientes, y si bebieren cosa mortífera, no les hará daño; sobre los enfermos pondrán sus manos, y sanarán" (Mr. 16:17-18).

"A otro, fe por el mismo Espíritu; y a otro, dones de sanidades por el mismo Espíritu" (1 Co. 12:9).

"Y cuál la supereminente grandeza de su poder para con nosotros los que creemos, según la operación del poder de su fuerza" (Ef 1:19).

"Y a Aquel que es poderoso para hacer todas las cosas mucho más abundantemente de lo que pedimos o entendemos, según el poder que actúa en nosotros" (Ef 3:20).

5 (4:31) *Audacia, Testificar:* Los resultados de la oración de la iglesia fueron triples.

1. El lugar tembló. El temblor fue un milagro, una señal que mostró que Dios controla el universo físico, exactamente como ellos oraron. (v. 24).

2. Fueron llenos del Espíritu Santo (véase *Estudio a fondo 1,* Hch. 2:1-4). Ellos necesitaban una manifestación muy especial, una experiencia fresca con el Espíritu.

3. Recibieron la audacia que pidieron. Dieron testimonio, hablando la Palabra de Dios con audacia y valor.

"Pero recibiréis poder, cuando haya venido sobre vosotros el Espíritu Santo, y me seréis testigos en Jerusalén, en toda Judea, en Samaria, y hasta lo último de la tierra" (Hch. 1:8).

"Entonces viendo el denuedo de Pedro y de Juan, y sabiendo que eran hombres sin letras y del vulgo, se maravillaban; y les reconocían que habían estado con Jesús" (Hch. 4:13).

"Y hablaba denodadamente en el nombre del Señor, y disputaba con los griegos; pero éstos procuraban matarle" (Hch. 9:29).

"Por tanto, se detuvieron allí mucho tiempo, hablando con denuedo, confiados en el Señor, el cual daba testimonio a la palabra de su gracia, concediendo que se hiciesen por las manos de ellos señales y prodigios" (Hch. 14:3).

"Y entrando Pablo en la sinagoga, habló con denuedo por espacio de tres meses, discutiendo y persuadiendo acerca del reino de Dios" (Hch. 19:8).

"Esto habla, y exhorta y reprende con toda autoridad. Nadie te menosprecie" (Tit. 2:15).

"Sino santificad a Dios el Señor en vuestros corazones, y estad siempre preparados para presentar defensa con mansedumbre y reverencia ante todo el que os demande razón de la esperanza que hay en vosotros" (1 P. 3:15).

	J. Los creyentes de la primera iglesia: principios para la vida en común, 4:32-37	dían, y traían el precio de lo vendido, 35 y lo ponían a los pies de los apóstoles; y se repartía a cada uno según su necesidad.	a. Primer hecho: A nadie le faltó b. Segundo hecho: Todos se arrepintieron de *acaparar*, dieron todo más allá de sus necesidades
1 **Tenían un corazón y un alma** a. En el señorío y misión de Jesús b. En su responsabilidad de amar y compartir todas las cosas.	32 Y la multitud de los que habían creído era de un corazón y un alma; y ninguno decía ser suyo propio nada de lo que poseía, sino que tenían todas las cosas en común.		c. Tercer hecho: Los necesitados recibieron solo lo que necesitaban.
2 **Daban gran testimonio de la resurrección** a. Un testimonio de gran poder b. Un testimonio de abundante gracia	33 Y con gran poder los apóstoles daban testimonio de la resurrección del Señor Jesús, y abundante gracia era sobre todos ellos.	36 Entonces José, a quien los apóstoles pusieron por sobrenombre Bernabé (que traducido es, Hijo de consolación), levita, natural de Chipre,	d. Cuarto hecho: Un hombre en particular estableció un buen ejemplo: Bernabé[EF1]
3 **Cuidaban de todos los necesitados**	34 Así que no había entre ellos ningún necesitado; porque todos los que poseían heredades o casas, las ven-	37 como tenía una heredad, la vendió y trajo el precio y lo puso a los pies de los apóstoles.	

DIVISIÓN II

EL NACIMIENTO Y DESARROLLO DE LA IGLESIA, 2:1–7:60

J. Los creyentes de la primera iglesia: principios para la vida en común, 4:32-37

(4:32-37) *Introducción:* La vida de los primeros creyentes y la iglesia era muy poco común, muy lejos de lo que viven la iglesia y los creyentes actuales. Sin embargo, un estudio de sus vidas nos da un cuadro claro de las cosas esenciales para vivir unidos y cumplir la misión del Señor.

1. Tenían un corazón y un alma (v. 32)
2. Daban testimonio de la resurrección (v. 33)
3. Cuidaban de todos los necesitados (vv. 34-37).

1 (4:32) *Hermandad — Unidad:* La iglesia primitiva era de un corazón y un alma. El orden de la oración en griego dice: "el corazón y el alma [eran] uno." Todo el ser de la persona era uno con todos los otros creyentes. Había una completa y total…

- unidad
- unanimidad
- armonía
- amor
- acuerdo

Y recuerde, en esos momentos había multitudes, miles de creyentes (cs. Hch. 2:41; 3:4). ¿Cómo pudo ser que un cuerpo de personas tuviera un corazón y un alma, y estar tan unidos? Este versículo lo revela.

1. Los primeros creyentes dieron su corazón y alma al señorío y misión de Jesús. Ellos creían, *verdaderamente* creían, que el Señor Jesús…

- murió por sus pecados.
- resucitó de los muertos.
- fue exaltado a la mano derecha de Dios.
- los comisionó para seguir adelante, para alcanzar y ayudar a la gente.
- volvería y premiaría a los creyentes por ser fieles a la gran misión de salvar y ministrar a la gente.

Estaban completamente convencidos de la misión de Cristo, de la Gran Comisión (Hch. 1:8; Mt. 28:19-20); por lo tanto, dieron todo lo que eran para habar *con denuedo la palabra de Dios* (vv. 29, 31). Nada, ni siquiera las amenazas ni la persecución los cohibió de proclamar la Palabra y llevar a cabo la misión de Cristo.

El asunto es este. Sabían que Jesús era el Señor; así que, dieron su vida para ser sus siervos (*doulos*, esclavos). Se rindieron totalmente al señorío de Cristo…

- Su vida y voluntad.
- Su propósito y misión.

Cristo se convirtió en su vida y voluntad, propósito y misión: con todo y todos.

Vivían y existían para hacer lo que Él decía; lo hicieron para que los hombres se salvaran del pecado, la muerte y el infierno y recibieran vida eterna. Como acabamos de decir, nada, ni siquiera las amenazas ni la persecución, los detenía para proclamar y llevar a cabo la misión de Cristo. De hecho, la oposición solo los estimuló con más audacia y energía en su testimonio (véase el bosquejo y las notas: Hch. 4:23-31).

Otra manera de decir la misma cosa es esta: Los primeros creyentes sabían lo que significaba el Señorío de Cristo. Significaba rendir todo lo que uno es y tiene para que todo el mundo sepa que nadie tiene que morir. Un hombre puede vivir eternamente, vivir realmente para siempre, comenzando ahora mismo. Los primeros creyentes no podían acaparar este glorioso mensaje, no importa lo que les costara personal o financieramente.

2. La iglesia primitiva dio su corazón y alma a las demandas del Señor, la demanda de amor y la de compartir todas las cosas con los necesitados. (Véase el bosquejo, notas y *Estudio a fondo 6,* Hch. 2:44-45, para mayor discusión).

Los primeros creyentes no...
- insistieron en poseer propiedades
- tomar de los otros
- contaban sus posesiones como si fueran propias
- se gloriaban en las posesiones (cosas)
- confiaban en las riquezas
- acumulaban y almacenaban los bienes

Los primeros creyentes creían verdaderamente...
- en el señorío de Cristo.
- en la herencia de la vida eterna (gloria).
- en el galardón para la fidelidad a Cristo.
- en negarse a sí mismo (todo lo que uno es y tiene) para ser salvo.
- en abandonar todo para Cristo.
- en amar a otros sacrificialmente.
- en que todo le pertenece a Dios.

La iglesia primitiva creía que estaban en la tierra para servir a Cristo y que las posesiones materiales eran una bendición para ayudar a otros. Por lo tanto, satisfacían las necesidades de sus familias y luego daban lo demás para satisfacer las necesidades del mundo perdido, desesperado y empobrecido.

Las Escrituras recalcan: La iglesia primitiva creía...
- que el verdadero creyente "trabaje, haciendo con sus manos lo que es bueno, para que tenga qué compartir con el que padece necesidad" (Ef 4:28).
- "La abundancia vuestra [ya fueran cosas o trabajo] supla la escasez de ellos" (2 Co. 8:14).
- "El que *recogió mucho,* no tuvo más" (2 Co. 8:15).
- "El que poco, no tuvo menos" (2 Co. 8:15).
- "Gracias a Dios [la voluntad] que puso en el corazón de Tito [los creyentes] la misma solicitud por vosotros" (2 Co. 8:16).

Nótese un punto muy práctico que se ve con facilidad. Al menos que los ricos usen su dinero incluso sacrificialmente, millones seguirán muriendo de hambre.
=> El hambre continuará.
=> El frío los seguirá congelando.
=> Los que no tienen ropa continuarán avergonzados y estarán inadaptados.
=> Los que no tienen albergue continuarán sufriendo intemperie.
=> Los que no tienen educación, seguirán siendo ignorantes.
=> Los enfermos continuarán consumiéndose
=> Los anormales continuarán sufriendo su inutilidad.
=> Los perdidos continuarán muriendo sin Cristo.

Hay negociantes y líderes con la habilidad y conocimiento (bajo Dios) para satisfacer las necesidades desesperadas del mundo. Con solo *algunos* de los líderes del mundo se pudieran eliminar las penas, el sufrimiento, el dolor y la muerte si rindieran sus vidas, todo lo que son y tienen, a Cristo... ¡y comenzar a trabajar!

Un hombre nunca debe olvidar esto: Jesús dijo que el hombre rico perdió su alma y fue al infierno debido a la indulgencia, extravagancia, almacenamiento, por acumular y descuidar las necesidades de aquellos en el mundo que estaban en completa desesperación. (Véase notas, Lc. 12:15-19; nota y *Estudio a fondo 1,* Lc. 16:19-21). No hay esperanza para el hombre, no importa lo que digan la iglesia institucional y sus líderes: No hay esperanza para el hombre que *retiene* más de lo que él y su *querida* familia necesitan. La razón es simple: El niño hambriento es el niño *querido* de Dios. Ningún hombre debe pensar que Dios lo excusará por la muerte de su hijo querido que murió de hambre mientras que el hombre tenía dinero para ayudarlo. Imagínese la escena. Un niño hambriento se apoya contra la pared exterior de un edificio. Adentro hay un hombre con la comida o el dinero que ayudaría al niño. Sin embargo, el hombre se niega a ayudarlo; *retiene, almacena, guarda, invierte* su dinero para obtener más y más. Todo esto y mientras tanto, el hijo querido de Dios está privado y así se muere de hambre. ¿Qué es lo que confunde tanto la mente del hombre? ¿Qué ciega al hombre haciéndolo pensar que será aceptable ante Dios y que se le permitirá vivir en la gloria eternamente, que lo hace pensar que sus pecados no se notarán? El niño *querido* de Dios muere de hambre, muere debido a lo que el hombre *retiene.* Cristo enseña que de ninguna forma Dios excusará a este hombre. Al hombre se le juzgará severamente por su falta de responsabilidad.

Piense en esto durante un momento. Si Dios se preocupa tanto por el sufrimiento humano del hombre, ¿cuánto más se preocupa por el sufrimiento espiritual y eterno del hombre? Se preocupó tanto que sacrificó a su Hijo por el renacimiento espiritual del hombre. Si cualquier hombre *retiene* cualquier cosa cuando debiera estar predicando el evangelio de la vida eterna alrededor del mundo, ¿cuánto más castigo merece? Cristo enseña que cada alma que no lo acepta, está perdida y condenada. La responsabilidad de predicar el evangelio alrededor del mundo descansa en las manos de los hombres. Dios no va a mandar a ningún otro ser a la tierra para hacer la obra. Es tarea de los hombres. Los hombres deben trabajar para ganar su sustento, pero también deben trabajar para tener lo suficiente para satisfacer las necesidades del mundo. Además, algunos deben desear salir e involucrarse personalmente. Esta será la única manera de satisfacer las necesidades del mundo.

Ahora bien, debido a las preguntas que se hicieron al principio de este asunto. ¿Cómo será posible que un grupo de personas logren tener un corazón y un alma, y lleguen a estar tan unidos como sucedió con la iglesia primitiva?
=> Lo lograron entregando sus almas y corazones, todo su ser al señorío y misión de Jesús. Cuando los hombres y las mujeres se rinden al señorío de Cristo, se convierten en uno solo para seguir y hacer Su voluntad. La vida y misión de Cristo se convierte en su

vida y misión. Viven el mismo *tipo* de vida, el mismo *estilo* de vida y trabajan diligentemente para lograr la misma misión. Se convierten en uno en la vida y misión que es lo mismo que decir que se convierten en uno para todos los asuntos. Pero también hay algo más, realmente el asunto más importante: Cuando la gente se entrega al señorío de Cristo, el Espíritu de Dios les da un amor sobrenatural y un vínculo espiritual con los otros creyentes (cp. Ro. 5:5; Gá. 5:22-23; Jn. 13:34-35. Véase *Estudio a fondo 3,* Hch. 2:42). Esto es lo que crea un corazón y un alma en la iglesia.

> **"Un mandamiento nuevo os doy: Que os améis unos a otros; como yo os he amado, que también os améis unos a otros. En esto conocerán todos que sois mis discípulos, si tuviereis amor los unos con los otros"** (Jn. 13:34-35).

> **"Y perseveraban en la doctrina de los apóstoles, en la comunión unos con otros, en el partimiento del pan y en las oraciones"** (Hch. 2:42).

> **"Y la esperanza no avergüenza; porque el amor de Dios ha sido derramado en nuestros corazones por el Espíritu Santo que nos fue dado"** (Ro. 5:5).

> **"Porque de la manera que en un cuerpo tenemos muchos miembros, pero no todos los miembros tienen la misma función, así nosotros, siendo muchos, somos un cuerpo en Cristo, y todos miembros los unos de los otros"** (Ro. 12:4-5).

> **"A fin de perfeccionar a los santos para la obra del ministerio, para la edificación del cuerpo de Cristo, hasta que todos lleguemos a la unidad de la fe y del conocimiento del Hijo de Dios, a un varón perfecto, a la medida de la estatura de la plenitud de Cristo"** (Ef. 4:12-13).

> **"Os ruego, pues, hermanos, por el nombre de nuestro Señor Jesucristo, que habléis todos una misma cosa, y que no haya entre vosotros división es, sino que estéis perfectamente unidos en una misma mente y en un mismo parecer"** (1 Co. 1:10).

2 (4:33) *Iglesia — Testimonio:* La iglesia primitiva dio un gran testimonio de la resurrección. (Para otros comentarios y versículos, ver bosquejo y *Estudio a fondo 4,* Hch. 2:24; 2:25-36). Testificaron con gran poder y abundante gracia vino sobre todos ellos (para comentarios véase la nota y *Estudio a fondo 1,* Testificar, Hch. 1:8; cs. Hch. 4:31; ver *Estudio a fondo 1,* Gracia, Tit. 2:11-15).

3 (4:34-37) *Mayordomía — Ministerio:* La iglesia primitiva cuidó de todos aquellos que tenían necesidades. Nótense cuatro hechos reveladores que son extremadamente instructivos y desafiantes. Estos hechos muestran lo obediente que eran los creyentes primitivos y todo lo obediente que Dios espera que todos los creyentes sean. (A medida que se estudien estos hechos, imagine lo diferente que sería la iglesia si los creyentes actuales alcanzaran como los primeros creyentes. ¡Qué cambios se harían en el corazón del mundo!)

1. Primer hecho: No había ningún necesitado. "No había entre ellos ningún necesitado" (endees) que se quedara necesitado, o deseando algo, o que se quedara sin algo. La idea es que no se descuidó a ninguna familia, ningún hombre, ninguna mujer, ningún niño. Nadie se quedó sin las necesidades de la vida; nadie tuvo que encarar un día sin la comida, ropa o albergue que necesitara para cuidarse a sí mismo o a su querida familia. Se cuidaron a todos lo hijos queridos de Dios. Recuerde una pregunta crítica: ¿Qué causó que los creyentes *cuidaran* de los necesitados? Fue el amor, la responsabilidad que descansaba en ellos debido a Cristo. Cristo les había dicho que amaran y compartieran con todos aquellos que les faltaran las necesidades para vivir. Había una verdadera hermandad, un genuino amor y cuidado del uno por el otro.

2. Segundo hecho: Todos se arrepintieron de *acumular,* y después de cubrir sus necesidades lo dieron todo.

=> Algunos poseían tierras (heredades, plural) que no necesitaban. Las vendieron y dieron el dinero para satisfacer las necesidades de los demás.

=> Algunos tenían casas (plural) que no eran esenciales para sus necesidades; también las vendieron y dieron el dinero para satisfacer las necesidades de los demás.

Algunos explican esto diciendo que la gente vendió las casas en que vivían, creyendo que se mudaron a la calle o bajo las estrellas, exponiendo a sus familias a toda clase de intemperie y peligros. Esto es muy poco probable. ¿Dónde una multitud de familias (más de 8,000 en ese momento) iría a mudarse, vivir y sobrevivir? Un albergue o casa es una necesidad. Cristo lo dijo así (Mt. 6:25-34). Lo que hicieron los creyentes es exactamente lo que Cristo les demandó:

> **"Si quieres ser perfecto, [completo] anda, vende lo que tienes, y dalo a los pobres, y tendrás tesoro en el cielo; y ven y sígueme"** (Mt. 19:21).

> **"Y decía a todos: Si alguno quiere venir en pos de mí, niéguese a sí mismo, tome su cruz cada día, y sígame"** (Lc. 9:23).

> **"Vended lo que poseéis, y dad limosna; haceos bolsas que no se envejezcan, tesoro en los cielos que no se agote, donde ladrón no llega, ni polilla destruye"** (Lc. 12:33).

> **"Así, pues, cualquiera de vosotros que no renuncia a todo lo que posee, no puede ser mi discípulo"** (Lc. 14:33).

> **"Atesorando para sí buen fundamento para lo por venir, que echen mano de la vida eterna"** (1 Ti. 6:19).

> **"De Jehová es la tierra y su plenitud; el mundo, y los que en él habitan"** (Sal. 24:1).

En verdad amaban a Cristo, así que se arrepintieron de acumular, codiciar y vivir extravagantemente. Se concentraron en un mundo pleno de necesidades desesperantes y muerte.

Realmente se amaban unos a otros, y por eso daban todo lo que tenían luego de satisfacer sus necesidades para ayudar a satisfacer las necesidades del mundo.

3. Tercer hecho: Los necesitados recibieron solo lo que necesitaban, solo lo que eran sus necesidades. Siempre hay algunos entre nosotros y alrededor del mundo que necesita ayuda, que no se puede cuidar por sí mismo. Las razones son innumerables. Están

- muy viejos
- muy jóvenes
- enfermos
- heridos
- oprimidos
- falto de habilidad

- desempleados
- huérfanos
- viudos o viudas
- divorciados
- quebrantado de corazón
- sin educarse

Lo que hizo la iglesia primitiva fue muy sencillo.

=> Buscaron a todos los necesitados de los alrededores y señalaron sus necesidades.

=> Se arrepintieron de acumular y se lo dieron a quienes tenían necesidades.

=> Solo dieron lo que se necesitaba.

> **"Mas buscad primeramente el reino de Dios y su justicia, y todas estas cosas os serán añadidas" (Mt. 6:33).**

> **"Y cuando se hubieron saciado, dijo a sus discípulos: Recoged los pedazos que sobraron, para que no se pierda nada" (Jn. 6:12).**

4. Cuarto hecho: un hombre en particular dio un ejemplo piadoso, Bernabé. (Vea nota, Hch. 4:36-37 para discusión.)

ESTUDIO A FONDO 1

(4:36-37) *Bernabé:* esta es la primera vez que se menciona a Bernabé, el levita, quien era de la isla de Chipre. Su nombre significa "Hijo de consolación" o "Hijo de exhortación". Bernabé fue una persona extremadamente importante en la vida de la iglesia primitiva. Su vida es un ejemplo dinámico para todos.

=> Había sido dotado por el Espíritu Santo con el don de un apóstol (Hch 14:14; cp. Ef. 4:11).

=> Tenía un compromiso total para con Cristo y también para ayudar a los demás, incluso al punto de vender la propiedad para ayudar (Hch. 4:36-37).

=> Él se puso en pie y defendió a Pablo frente a los primeros cristianos ya que estos le temían porque Pablo había sido un espía y un perseguidor de la iglesia (Hch. 9:26-27).

=> Fue enviado por la iglesia para exhortar a los creyentes en la primera iglesia gentil de la que e tenga conocimiento, Antioquía (Hch. 11:22).

=> Él buscó a Pablo, quería que fuera su socio y juntos discipularon en Antioquía (Hch. 11:25-26).

=> Él sirvió con Pablo (Hch 11:30; 12:25; 13:2-15:40).

=> Fue uno de los dos primeros misioneros, Pablo era el otro (Hch. 13:2-3).

=> Discipuló a Juan Marcos (Hch. 12:25; 15:37-40).

=> Fue llamado para defender la salvación de los gentiles ante el concilio de Jerusalén (Hch. 15:2, 12).

=> Tuvo un desacuerdo con Pablo y se separó de él (Hch. 15:36-40).

=> Tuvo una recaída, se distanció por un corto tiempo (Gá. 2:11-13).

=> Pablo lo puso de ejemplo a los corintios (1 Co. 9:6).

=> Era primo de Juan Marcos (Col. 4:10).

1. Retener es pecado	CAPÍTULO 5	que lo oyeron.	
	K. El primer pecado y problema en la iglesia: retener, 5:1-11	6 Y levantándose los jóvenes, lo envolvieron, y sacándolo, lo sepultaron.	
		7 Pasado un lapso como de tres horas, sucedió que entró su mujer, no sabiendo lo que había acontecido.	**3 Retener estimula a otros a pecar**
	1 Pero cierto hombre llamado Ananías, con Safira su mujer, vendió una heredad,		a. Estimula a otros a seguir nuestro ejemplo
a. Es un compromiso parcial	2 y sustrajo del precio, sabiéndolo también su mujer; y trayendo sólo una parte, la puso a los pies de los apóstoles.	8 Entonces Pedro le dijo: Dime, ¿vendisteis en tanto la heredad? Y ella dijo: Sí, en tanto.	b. Estimula a otros a mentir
b. Es engañar			
c. Es permitir que Satanás llene nuestro corazón en lugar del Espíritu Santo	3 Y dijo Pedro: Ananías, ¿por qué llenó Satanás tu corazón para que mintieses al Espíritu Santo, y sustrajeses del precio de la heredad?	9 Y Pedro le dijo: ¿Por qué convinisteis en tentar al Espíritu del Señor? He aquí a la puerta los pies de los que han sepultado a tu marido, y te sacarán a ti.	c. Hace que otros sean juzgados
d. Es mentir al Espíritu Santo			
e. Es actuar contra Dios y mentirle	4 Reteniéndola, ¿no se te quedaba a ti? y vendida, ¿no estaba en tu poder? ¿Por qué pusiste esto en tu corazón? No has mentido a los hombres, sino a Dios.	10 Al instante ella cayó a los pies de él, y expiró; y cuando entraron los jóvenes, la hallaron muerta; y la sacaron, y la sepultaron junto a su marido.	
2 Retener se castiga duramente	5 Al oír Ananías estas palabras, cayó y expiró. Y vino un gran temor sobre todos los	11 Y vino gran temor sobre toda la iglesia, y sobre todos los que oyeron estas cosas.	**4 Retener, el castigo por hacerlo causa gran temor a otros** a. En la iglesia b. En el mundo

DIVISIÓN II

EL NACIMIENTO Y DESARROLLO DE LA IGLESIA, 2:1–7:60

K. El primer pecado y problema en la iglesia: retener, 5:1-11

(5:1-11) *Introducción:* el primer pecado que apareció en la iglesia fue grave, muy grave. Fue el pecado de *retener.*

El pecado y el juicio que le siguió sirvieron de advertencia a cada creyente.

1. *Retener* es pecado (v. 1).
2. *Retener* se castiga duramente (vv. 2-6).
3. *Retener* estimula a otros a pecar (vv. 7-10).
4. *Retener,* el castigo por hacerlo causa gran temor a otros (v. 11).

[1] (5:1-4) *Mayordomía — Pecado — Hipocresía — Engaño:* Ananías y su esposa Safira eran creyentes que profesaban su fe, miembros de la iglesia primitiva. Ellos profesaban a Cristo, profesaban…

- negarse a sí mismos y todo lo que eran y tenían.
- tomar la cruz cada día.
- seguir a Cristo.

Tenían cierta propiedad que no necesitaban para provecho personal. Ellos profesaban seguir a Cristo y hacerlo de acuerdo su palabra. Por lo tanto, vendieron su propiedad para ayudar a aquellos que tenían una necesidad urgente de ali-

mento, abrigo, ropa y del evangelio. Pero su profesión era solo eso, *profesión,* una falsa profesión. Era una mentira, hipocresía, engaño. Trataron de *fingir* su compromiso. Trataron de engañar a la iglesia. Su pecado, el de retener, tenía cinco caras.

1. Retener es hacer un compromiso parcial. Ananías y Safira rehusaron dar más allá de sus propias necesidades. Ellos ocultaron *parte* del dinero que tantos necesitaban desesperadamente, ocultaron aquello que representaba una diferencia entre la vida y la muerte para muchos. Ellos acapararon, decidieron aferrarse a *parte* del mundo.

> Y les dijo: Mirad, y guardaos de toda avaricia; porque la vida del hombre no consiste en la abundancia de los bienes que posee. (Lc. 12:15).
>
> "Haced morir, pues, lo terrenal en vosotros: fornicación, impureza, pasiones desordenadas, malos deseos y avaricia, que es idolatría" (Col. 3:5).
>
> "porque raíz de todos los males es el amor al dinero, el cual codiciando algunos, se extraviaron de la fe, y fueron traspasados de muchos dolores" (1 Ti. 6:10).
>
> "Hay quienes reparten, y les es añadido más; Y hay quienes retienen más de lo que es justo, pero vienen a pobreza (Pr. 11:24).
>
> El que cierra su oído al clamor del pobre, También él clamará, y no será oído. (Pr. 21:13).
>
> "El que da al pobre no tendrá pobreza;

Mas el que aparta sus ojos tendrá muchas maldiciones" (Pr. 28:27).

"Hay un mal doloroso que he visto debajo del sol: las riquezas guardadas por sus dueños para su mal" (Ec. 5:13).

"Porque desde el más chico de ellos hasta el más grande, cada uno sigue la avaricia; y desde el profeta hasta el sacerdote, todos son engañadores" (Jer. 6:13).

"Y vendrán a ti como viene el pueblo, y estarán delante de ti como pueblo mío, y oirán tus palabras, y no las pondrán por obra; antes hacen halagos con sus bocas, y el corazón de ellos anda en pos de su avaricia" (Ez. 33:31).

"Codician las heredades, y las roban; y casas, y las toman; oprimen al hombre y a su casa, al hombre y a su heredad" (Mi. 2:2).

2.   Retener es engaño: es engañar a la iglesia. Ananías y Safira querían que la iglesia pensara que ellos eran *hermanos verdaderos*. Querían privilegio y honor, querían ser aceptados y disfrutar de la comunión de creyentes sin pagar el precio del compromiso y la lealtad a Cristo y su iglesia. No querían quedarse fuera. Querían ser parte de la confraternidad de la iglesia, pero no al punto de comprometerse totalmente a Cristo y su misión. Así que trataron de engañar a la iglesia y se convirtieron en *farsantes* (hipócritas, mentirosos).

"Porque tales personas no sirven a nuestro Señor Jesucristo, sino a sus propios vientres, y con suaves palabras y lisonjas engañan los corazones de los ingenuos" (Ro. 16:18).

"Porque por ahí andan muchos, de los cuales os dije muchas veces, y aun ahora lo digo llorando, que son enemigos de la cruz de Cristo; el fin de los cuales será perdición, cuyo dios es el vientre, y cuya gloria es su vergüenza; que sólo piensan en lo terrena" (Fil. 3:18-19).

"mas los malos hombres y los engañadores irán de mal en peor, engañando y siendo engañados (2 Ti. 3:13).

"No hurtaréis, y no engañaréis ni mentiréis el uno al otro" (Lev. 19:11).

"Amontonar tesoros con lengua mentirosa es aliento fugaz de aquellos que buscan la muerte" (Pr. 21:6).

"Y cada uno engaña a su compañero, y ninguno habla verdad; acostumbraron su lengua a hablar mentira, se ocupan de actuar perversamente" (Jer. 9:5).

"Engañoso es el corazón más que todas las cosas, y perverso; ¿quién lo conocerá?" (Jer. 17:9).

"Sus ricos se colmaron de rapiña, y sus moradores hablaron mentira, y su lengua es engañosa en su boca" (Mi. 6:12).

3.   Retener es permitir que sea Satanás el que llene el corazón y no el Espíritu Santo. El Espíritu Santo no es una persona que se mueve en el pecado; no es alguien que estimula a otros para que acaparen y oculten. El Espíritu Santo estimula el amor –amor que cuida y ministra (Ro. 5:5; Gá. 5:22-23). El Espíritu Santo no es un asesino, ni aquel que tienta a los hombres para que oculten aquellos que podría salvar las vidas de otros (ya sea comida, protección del clima o una vida en Cristo). Retener es algo satánico, es permitir que

el corazón se llene con las mentiras de Satanás...

- mentiras como que dar todo lo que uno es y tiene es pedir demasiado (Lc. 9:23).
- mentiras como que negarse a uno mismo completamente por causa de Cristo y renunciar al mundo es algo irracional.
- la mentira de que lo que es importante es asegurar más y más para ser aceptados, tener posición, ser promovidos, y tener la admiración y comodidades que el mundo ofrece.
- la mentira de que está justificado retener algo porque nadie conoce el futuro y al fin y al cabo, todo el mundo lo hace.
- la mentira de que podemos dar algo y retener una parte y aun ser aceptables delante de Dios.

Lo que debemos recordar es que Satanás es "padre de mentira" (Jn. 8:44). Su estrategia es hacernos creer que podemos *retener y acaparar*. Su objetivo es evitar que se satisfagan las necesidades urgentes del mundo y que muchas personas mueran prematuramente sin que lleguen a experimentar la verdadera vida. Cristo refuta las palabras del diablo con las palabras más sencillas que el lenguaje puede expresar, lo hace con toda claridad y sin equivocación o excusas:

"nadie viene al Padre, sino por mí" (Jn. 14:6).

"Si alguno quiere venir en pos de mí, niéguese a sí mismo, tome su cruz cada día, y sígame" (Lc. 9:23).

"Jesús, oyendo esto, le dijo: Aún te falta una cosa: vende todo lo que tienes, y dalo a los pobres, y tendrás tesoro en el cielo; y ven, sígueme" (Lc. 18:22).

"Entonces dirá también a los de la izquierda: Apartaos de mí, malditos, al fuego eterno preparado para el diablo y sus ángeles. Porque tuve *hambre*, y no me disteis de comer; tuve *sed*, y no me disteis de beber; fui *forastero*, y no me recogisteis; estuve *desnudo*, y no me cubristeis; *enfermo*, y en la cárcel, y no me visitasteis. Entonces también ellos le responderán diciendo: Señor, ¿cuándo te vimos hambriento, sediento, forastero, desnudo, enfermo, o en la cárcel, y no te servimos? Entonces les responderá diciendo: De cierto os digo que en cuanto no lo hicisteis a uno de estos más pequeños, tampoco a mí lo hicisteis. E irán éstos al castigo eterno, y los justos a la vida eterna" (Mt. 25:41-46).

"Había un hombre rico, que se vestía de púrpura y de lino fino, y *hacía cada día banquete con esplendidez*... aconteció...que murió también el rico, y fue sepultado. Y en el Hades alzó sus ojos, estando en tormentos.... Hijo, acuérdate que recibiste tus bienes en tu vida: pero ahora...[eres] atormentado" (Lc. 16:19, 22-23, 25).

4.   Retener es mentirle al Espíritu Santo. Hay varias maneras en que esto es verdad.

=> Una persona dice que está rindiendo su vida y sus bienes a Cristo, pero no lo da todo.

=> Una persona dice que quiere la presencia del Espíritu y su poder pero no está dispuesta a rendirlo todo.

=> Una persona dice que está dispuesta a caminar junto a otros creyentes (que tienen al Espíritu Santo) como un hermano pero no está dispuesta a pagar todo el precio del discipulado.

=> Una persona que dice que quiera la plenitud del Espíritu de Dios pero la aprobación de los hombres parece ser mucho más importante.

"Y dijo Pedro: Ananías, ¿por qué llenó Satanás tu corazón para que mintieses al Espíritu Santo, y sustrajeses del precio de la heredad?" (Hch. 5:3).

"¡Duros de cerviz, e incircuncisos de corazón y de oídos! Vosotros resistís siempre al Espíritu Santo; como vuestros padres, así también vosotros" (Hch 7:51).

"Y no contristéis al Espíritu Santo de Dios, con el cual fuisteis sellados para el día de la redención" (Ef. 4:30).

"No apaguéis al Espíritu" (1 Ts. 5:19).

"¿Cuánto mayor castigo pensáis que merecerá el que pisoteare al Hijo de Dios, y tuviere por inmunda la sangre del pacto en la cual fue santificado, e hiciere afrenta al Espíritu de gracia?" (He. 10:29).

5. Retener es actuar en contra de Dios y mentirle. Esto, por supuesto, es algo serio.

a. Retener es burlarse de Dios. Una persona que dice que le da toda su vida a Dios (eso implica todo lo que es y lo que tiene) pero no lo hace, se burla de la Palabra de Dios. La persona que oculta está diciendo que no tiene que ser honesta con Dios, que puede mentirle. Fingir implicar burlarse de Dios y de su Palabra. Fingir daña el nombre de Dios y hace que el mundo haga burla de Él, negándole y negando su poder. De hecho el farsante hace más daño al nombre de Cristo que el mayor de los pecadores. ¿Cómo? Un farsante demuestra y proclama algo, su vida le dice al mundo: "El poder del Hijo de Dios…

- no es lo suficientemente atractivo como para acercarme".
- no es lo suficientemente estimulante como para cautivarme".
- no es lo suficientemente importante como para que renuncie a todo".
- no tiene poder suficiente para cambiarme".
- no me ama tanto como para requerir mi lealtad".
- no me beneficia tanto como para sacarme del mundo".

b. Retener parte el corazón de Dios. Dios ama al farsante (al hipócrita, al engañador, al mentiroso). Mientras que haya en el corazón del farsante suficiente suavidad como para responder al evangelio, Dios se acerca a él. Él quiere que el farsante, al hombre que retiene, sea salvo. Mientras que esté perdido, el corazón de Dios se duele, anhela que ese hombre venga al hogar.

El corazón de Dios también se duele con el sufrimiento y la muerte de tantos que pudieran ser ayudados por el hombre que retiene. Dios siente las dolencias y debilidades de toda la raza humana (He. 2:17-18; 4:15-16). Y tanto así que

dio a su *único* Hijo para que el sufrimiento del hombre llegara al final. La razón por la cual todavía hay muchos sufriendo y en desesperación en el mundo es que hay muchos de nosotros que todavía retienen en lugar de dar todo lo que son y retienen a la misión de Cristo.

c. Retener es desconfiar de Dios.

=> Retener es no desprenderse de lo que uno tiene más allá de sus necesidades.

=> Retener es sentir que hay que hacerlo *por si acaso*.

=> Retener es temer que lo que uno posee pueda no ser suficiente cuando se necesite.

=> Retener es creer que la vida consiste en asegurar *mamón* (confort, holgura, placer, abundancia, dinero, casas, tierras, inversiones).

=> Retener es confiar en *mamón* y en el mundo para la seguridad propia.

=> Retener es creer que uno puede servir a Dios (dándole una parte) y a mamón (reteniendo y acaparando la otra parte).

Sencillamente no se confía en Dios, no completa y totalmente, no en la manera que Él tanto desea. No se cree en su Palabra ni se le da crédito. La persona que retiene está rechazando la clara enseñanza de Dios que dice…

=> que el hombre debe negarse completamente a sí mismo.

"Y decía a todos: Si alguno quiere venir en pos de mí, niéguese a sí mismo, tome su cruz cada día, y sígame" (Lc. 9:23).

=> que Dios proveerá "todas estas cosas", las necesidades de la vida, al hombre que le busca ante todo.

"Mas buscad primeramente el reino de Dios y su justicia, y todas estas cosas os serán añadidas" (Mt. 6:33).

"Entonces Pedro comenzó a decirle: He aquí, nosotros lo hemos dejado todo, y te hemos seguido" (Mr. 10:28).

Después de estas cosas salió, y vio a un publicano llamado Leví, sentado al banco de los tributos públicos, y le dijo: Sígueme (Lc. 5:27).

"Vended lo que poseéis, y dad limosna; haceos bolsas que no se envejezcan, tesoro en los cielos que no se agote, donde ladrón no llega, ni polilla destruye" (Lc. 12:33).

"Así, pues, cualquiera de vosotros que no renuncia a todo lo que posee, no puede ser mi discípulo" (Lc. 14:33).

"Mirad también por vosotros mismos, que vuestros corazones no se carguen de glotonería y embriaguez y de los afanes de esta vida, y venga de repente sobre vosotros aquel día" (Lc. 21:34).

"Y él les dijo: De cierto os digo, que no hay nadie que haya dejado casa, o padres, o hermanos, o mujer, o hijos, por el reino de Dios, que no haya de recibir mucho más en este tiempo, y en el siglo venidero la vida

eterna" (Lc. 18:29-30).

'Así que, los que somos fuertes debemos soportar las flaquezas de los débiles, y no agradarnos a nosotros mismos'' (Ro. 15:1).

[2] **(5:5-6) *Juicio — Pecado, resultados:*** retener es algo que se juzga severamente. Fíjese qué fue lo le ocurrió a Ananías. Pedro no dijo nada, absolutamente nada acerca de la muerte. Ni tan siquiera dijo algo acerca del juicio. Simplemente señaló el pecado de Ananías. El juicio le corresponde solamente a Dios, pero observe lo que ocurrió con Safira (v. 9). Pedro sí declaró juicio sobre ella. Tanto él como el resto de la iglesia conocían la gravedad del pecado de *retener.* El juicio de Ananías y Safira nos enseña varias lecciones de crucial importancia.

1. El pecado de retener es algo serio, muy serio para Dios. Cuando una persona viene a Cristo, Dios espera que la persona sea genuina en todo. Él espera que la persona se niegue a sí misma y que dé todo lo que es y tiene para satisfacer a las personas que se están perdiendo. Esta fue la única razón por la que Cristo vino a la tierra. No puede aceptarse que alguien haga menos, solo le espera el juicio.

2. El pecado de retener implica muchos otros pecados, pecados terribles. Al menos involucra los cinco pecados que se describen en este pasaje (véase bosquejo y nota, Hch 5:1-4).

3. Solamente Dios conoce verdaderamente el corazón de una persona. Cuando algunos leen este pasaje se preguntan por qué no se le dio la oportunidad de arrepentirse a Ananás. Piensa que el castigo fue tal vez muy duro. Les cuesta trabajo ver a Dios como alguien que juzga a las personas hasta la muerte. Sin embargo, fíjese en lo que dice exactamente.

=> "llenó Satanás tu corazón"

=> "para que mintieses al Espíritu Santo"

=> "No has mentido a los hombres, sino a Dios"

Nadie podía saber que estas cosas habían *llenado* el corazón de Ananías, no con tan solo ver lo que había hecho, no sin que Dios interviniera. Dios le reveló a Pedro que los pecados habían *llenado* y poseído totalmente a Ananías. Parece ser que Ananías esta mintiendo a "los hombres", tratando de engañar a la iglesia. Pero se nos dice que su corazón se había llenado, completamente ocupado y poseído por Satanás. Nadie podía haber mirado los pecados de Ananías y conocer su profundidad, saber que los tres pecados estaban tan arraigados, no si Dios no les revelaba el hecho.

La idea es la siguiente, solo Dios conoce el corazón de una persona, qué hay en la profundidad de su corazón y qué lo llena. Solo Dios sabe cuando un corazón está completamente poseído por el diablo. Esta es la razón por la cual solo Dios puede juzgar, la razón por la cual hay que dejarle el juicio a Él.

"Pero muchos primeros serán postreros, y postreros, primeros" (Mt. 19:30).

4. Parece ser que el pecado de Ananías estuvo cerca de la blasfemia contra el Espíritu Santo (lo cual significa decir que la obra del Espíritu santo es algo que proviene del diablo. Véase nota, Mt. 12:31-32). El pecado de Ananás transmitía este mensaje…

- la obra del Espíritu Santo permite el pecado.
- la obra del Espíritu Santo en una vida permite a la persona retener algo para sí misma.
- el movimiento del Espíritu Santo en una vida le permite al diablo llenar el corazón con algún pecado.
- una persona puede ser tanto religiosa como mundana, viviendo para Dios y para mamón.
- el Espíritu Santo no tiene mayor importancia en una vida que la que puedan tener el diablo o mamón.

5. Si Ananás y Safira eran creyentes genuinos, si realmente habían confiado en el Señor como su Salvador, entonces su pecado *pudiera ser el* "pecado de muerte" que nos enseñan las Escrituras (véase *Estudio a fondo 1,* 1 Jn. 5:16 para discusión).

Tenga en cuenta un aspecto muy importante, tan importante que determina el destino eterno de una persona.

=> El juicio por el pecado no siempre ocurre tan rápidamente como fue con Ananás y Safira.

=> Pero todo pecado será juzgado. No hay forma de escapar al castigo por el pecado, no si una persona continúa pecando.

"Porque la paga del pecado es muerte" (Ro. 6:23).

"Pero la que se entrega a los placeres, viviendo está muerta" (1 Ti. 5:6).

"Porque los que quieren enriquecerse caen en tentación y lazo, y en muchas codicias necias y dañosas, que hunden a los hombres en destrucción y perdición" (1 Ti. 6:9).

"el alma que pecare, esa morirá" (Ez. 18:4, 20).

"el que sigue el mal lo hace para su muerte" (Pr. 11:19).

"Matará al malo la maldad" (Sal. 34:21).

"Mas el que peca contra mí, defrauda su alma; todos los que me aborrecen aman la muerte" (Pr. 8:36).

"destruirá a los pecadores la perversidad de ellos" (Pr. 11:3).

"toda transgresión y desobediencia recibió justa retribución" (He. 2:2).

"¿cómo escaparemos nosotros, si descuidamos una salvación tan grande?" (He. 2:3).

"y mayormente a aquellos que, siguiendo la carne, andan en concupiscencia e inmundicia…perecerán en su propia perdición" (2 P. 2:10, 12).

La idea simplemente es esta: Dios condena el acto de retener y lo juzga. Más tarde o más temprano, se castiga duramente. La única respuesta al pecado es la confesión y el arrepentimiento. El pecado de Ananías y Safira y el juicio que le siguió así lo prueban. Dios aborrece el pecado. Los hombres tienen que arrepentirse del pecado, no hay otra manera de ser aceptados por Dios.

"Arrepentíos, porque el reino de los cielos se ha acercado" (Mt. 3:2).

"Pedro les dijo: Arrepentíos, y bautícese cada uno de vosotros en el nombre de Jesucristo para perdón de los pecados; y recibiréis el don del Espíritu Santo" (Hch. 2:38).

"arrepentíos y convertíos, para que sean borrados

vuestros pecados; para que vengan de la presencia del Señor tiempos de refrigerio" (Hch. 3:19).

"Arrepiéntete, pues, de esta tu maldad, y ruega a Dios, si quizá te sea perdonado el pensamiento de tu corazón" (Hch. 8:22).

"Pero Dios, habiendo pasado por alto los tiempos de esta ignorancia, ahora manda a todos los hombres en todo lugar, que se arrepientan" (Hch. 17:30).

"si se humillare mi pueblo, sobre el cual mi nombre es invocado, y oraren, y buscaren mi rostro, y se convirtieren de sus malos caminos; entonces yo oiré desde los cielos, y perdonaré sus pecados, y sanaré su tierra" (2 Cr. 7:14).

"Deje el impío su camino, y el hombre inicuo sus pensamientos, y vuélvase a Jehová, el cual tendrá de él misericordia, y al Dios nuestro, el cual será amplio en perdonar" (Is. 55:7).

"Mas el impío, si se apartare de todos sus pecados que hizo, y guardare todos mis estatutos e hiciere según el derecho y la justicia, de cierto vivirá; no morirá" (Ez. 18:21).

3 (5:7-10) *Piedra de tropiezo — Pecado, extraviar a otros:* retener estimula a otros a pecar. Fíjese en los tres subtemas del bosquejo. Ananías, como cabeza de familias, era responsable por su esposa. Él hizo que ella lo siguiera, la hizo mentir. Él tuvo la oportunidad de conducir a su esposa en justicia, es decir, ayudando a satisfacer las necesidades de tantos. Él tuvo la oportunidad de guiar a su esposa a una vida plena y satisfecha en Cristo, una vida totalmente asegurada con la eternidad. Sin embargo, él la llevó al pecado y a la muerte. La Escritura habla enérgicamente con respecto a ser una piedra de tropiezo, conduciendo a otros al pecado y la muerte. (Véase notas, Mt. 18:6; 18:7-9 para mayor discusión).

"Y cualquiera que haga tropezar a alguno de estos pequeños que creen en mí, mejor le fuera que se le colgase al cuello una piedra de molino de asno, y que se le hundiese en lo profundo del mar. (Mt. 18:6).

"Mas ¡ay de vosotros, escribas y fariseos, hipócritas! porque cerráis el reino de los cielos delante de los hombres; pues ni entráis vosotros, ni dejáis entrar a los que están entrando" (Mt. 23:13).

"Así que, ya no nos juzguemos más los unos a los otros, sino más bien decidid no poner tropiezo u ocasión de caer al hermano" (Ro. 14:13).

"No es buena vuestra jactancia. ¿No sabéis que un poco de levadura leuda toda la masa?"(1 Co. 5:6).

"De esta manera, pues, pecando contra los hermanos e hiriendo su débil conciencia, contra Cristo pecáis. Por lo cual, si la comida le es a mi hermano ocasión de caer, no comeré carne jamás, para no poner tropiezo a mi hermano" (1 Co. 8:12-13).

4 (5:11) *Temor, Divino — Negarse a sí mismo:* retener, dicho juicio causó gran temor tanto en la iglesia como en el mundo entre los que escucharon acerca de lo sucedido. Todos reconocieron el gran precio y la seriedad de seguir a Cristo. Seguir al Señor significaba…

- negarse a sí mismo, rindiendo a Cristo todo lo que uno es y tiene.

"Si alguno quiere venir en pos de mí, niéguese a sí mismo, tome su cruz cada día, y sígame" (Lc. 9:23).

"El fin de todo el discurso oído es este: Teme a Dios, y guarda sus mandamientos; porque esto es el todo del hombre" (Ec. 12:13).

"A Jehová de los ejércitos, a él santificad; sea él vuestro temor, y él sea vuestro miedo" (Is. 8:13).

- andar por el camino recto y estrecho, viviendo justa y piadosamente en este mundo y esperando la gloriosa venida del gran Dios y Salvador Jesucristo.

"Y no temáis a los que matan el cuerpo, mas el alma no pueden matar; temed más bien a aquel que puede destruir el alma y el cuerpo en el infierno" (Mt. 10:28).

"porque si vivís conforme a la carne, moriréis; mas si por el Espíritu hacéis morir las obras de la carne, viviréis" (Ro. 8:13).

"Pero los que son de Cristo han crucificado la carne con sus pasiones y deseos" (Gá. 5:24).

"enseñándonos que, renunciando a la impiedad y a los deseos mundanos, vivamos en este siglo sobria, justa y piadosamente, aguardando la esperanza bienaventurada y la manifestación gloriosa de nuestro gran Dios y Salvador Jesucristo" (Tit. 2:12-13).

"si invocáis por Padre a aquel que sin acepción de personas juzga según la obra de cada uno, conducíos en temor todo el tiempo de vuestra peregrinación" (1 P. 1:17).

1 Motivos de la persecución	**L. La segunda persecución de la iglesia (parte 1): un cuadro de maltrato, 5:12-25**	abriendo de noche las puertas de la cárcel y sacándolos, dijo:	de la persecución
a. Hacer señales y prodigios	12 Y por la mano de los apóstoles se hacían muchas señales y prodigios en el pueblo; y estaban todos unánimes en el pórtico de Salomón.	20 Id, y puestos en pie en el templo, anunciad al pueblo todas las palabras de esta vida.	a. El cuidado y la liberación de Dios
b. Tener una gran unidad			b. El propósito de Dios: Id, Puestos en pie, Anunciad
c. Adorar públicamente	13 De los demás, ninguno se atrevía a juntarse con ellos; mas el pueblo los alababa grandemente.	21 Habiendo oído esto, entraron de mañana en el templo, y enseñaban. Entre tanto, vinieron el sumo sacerdote y los que estaban con él, y convocaron al concilio y a todos los ancianos de los hijos de Israel, y enviaron a la cárcel para que fuesen traídos.	c. La obediencia de los discípulos
d. Ser diferentes y apartarse del mundo			
e. Salir y evangelizar	14 Y los que creían en el Señor aumentaban más, gran número así de hombres como de mujeres;		4 El fracaso de la persecución: perplejidad y frustración totales
f. Atraer grandes multitudes			a. La corte se reúne
g. Satisfacer las necesidades del público	15 tanto que sacaban los enfermos a las calles, y los ponían en camas y lechos, para que al pasar Pedro, a lo menos su sombra cayese sobre alguno de ellos.	22 Pero cuando llegaron los alguaciles, no los hallaron en la cárcel; entonces volvieron y dieron aviso,	b. Los guardias descubren que los apóstoles han desaparecido
1) Necesidades físicas		23 diciendo: Por cierto, la cárcel hemos hallado cerrada con toda seguridad, y los guardas afuera de pie ante las puertas; mas cuando abrimos, a nadie hallamos dentro.	
2) Necesidades espirituales	16 Y aun de las ciudades vecinas muchos venían a Jerusalén, trayendo enfermos y atormentados de espíritus inmundos; y todos eran sanados.	24 Cuando oyeron estas palabras el sumo sacerdote y el jefe de la guardia del templo y los principales sacerdotes, dudaban en qué vendría a parar aquello.	c. Los perseguidores quedan perplejos
2 La persecución	17 Entonces levantándose el sumo sacerdote y todos los que estaban con él, esto es, la secta de los saduceos, se llenaron de celos;		
a. Por parte de líderes religiosos y seculares		25 Pero viniendo uno, les dio esta noticia: He aquí, los varones que pusisteis en la cárcel están en el templo, y enseñan al pueblo.	
b. Arrestados y encarcelados	18 y echaron mano a los apóstoles y los pusieron en la cárcel pública.		d. Los perseguidores hacen un descubrimiento increíble
3 La liberación milagrosa	19 Mas un ángel del Señor,		

DIVISIÓN II

EL NACIMIENTO Y DESARROLLO DE LA IGLESIA, 2:1–7:60

L. La segunda persecución de la iglesia (parte 1): un cuadro de maltrato, 5:12-25

(5:12-25) *Introducción:* esta experiencia de Pedro y Juan nos muestra claramente cómo es la persecución.

1. Motivos de la persecución (vv. 12-16).
2. La persecución (vv. 17-18).
3. La liberación milagrosa de la persecución (vv. 19-21).
4. El fracaso de la persecución: perplejidad y frustración totales (vv. 21-25).

1 (5:12-16) *Persecución:* en estos versículos se ilustran las

razones para la persecución. Cada vez y en cada lugar en que ocurran estas cosas entre los creyentes, habrá persecución de un tipo u otro.

1. Señales, milagros y prodigios causan persecución. Fíjese que hubo *muchas* señales y prodigios, no unos pocos. Dios obró *señales y prodigios* en medio de su pueblo para demostrar claramente y sin dudas…

- "es necesario que el que se acerca a Dios crea que le hay, y que es galardonador de los que le buscan" (He. 11:6).
- que su Hijo Jesucristo, todavía vive y está activo en la tierra, salvando y satisfaciendo las necesidades de los hombres.
- que Dios cuida de las personas que confían en Él y estas tienen su poder y autoridad en la tierra.

El mundo no experimenta ni entiende *señales y prodigios.*

El mundo no entiende cómo la vida puede ser cambiada totalmente por medio de la gracia salvadora de Cristo ni cómo es posible que ocurra la sanidad de un cuerpo. Y el mundo, por lo general, rechaza, se burla, abusa y persigue todo aquello que no puede entender ni experimentar. ¿Por qué?

=> Porque los milagros muestran la ignorancia e incapacidad del hombre.

=> Porque los Milagros prueban que existe un Ser superior al hombre, un Dios a quien el hombre debe rendirse y obedecer.

=> Porque perturban a los hombres y les recuerdan su gran necesidad.

2. La gran unidad entre los creyentes genera persecución. El mundo le teme a la unidad y a la fuerza unificadora "el mismo sentir" de los creyentes. Le temen al poder, la fortaleza…

- de su doctrina, adoración y disciplina.
- de su propósito y misión.
- de lo que un cuerpo tan grande, puede lograr mediante la unidad.

"para que todos sean uno; como tú, oh Padre, en mí, y yo en ti, que también ellos sean uno en nosotros; para que el mundo crea que tú me enviaste" (Jn. 17:21).

"Solamente que os comportéis como es digno del evangelio de Cristo, para que o sea que vaya a veros, o que esté ausente, oiga de vosotros que estáis firmes en un mismo espíritu, combatiendo unánimes por la fe del evangelio" (Fil. 1:27).

"Porque él es nuestra paz, que de ambos pueblos hizo uno, derribando la pared intermedia de separación" (Ef. 2:14).

3. La adoración pública de los *verdaderos* creyentes causa persecución. La adoración y alabanza a Dios es una creencia fundamental de los creyentes. Con frecuencia el mundo le teme a…

- la atracción e influencia de una *adoración sincera y comprometida.*
- *la lealtad y compromiso* de una adoración sincera.

4. Separarse del mundo y ser diferente causa persecución. Los creyentes de la iglesia primitiva eran diferentes: su estilo de vida, su compromiso con Dios, el hecho de que dejaban todo lo que eran y tenían por encima de sus necesidades, su temor de Dios. Su compromiso les hacía andar completamente separados del mundo y de los placeres deleitables que este ofrecía. Los creyentes eran radicalmente diferentes.

"De los demás, ninguno se atrevía a juntarse con ellos [la iglesia]" (v. 13).

"Por lo cual, Salid de en medio de ellos, y apartaos, dice el Señor, Y no toquéis lo inmundo; Y yo os recibiré, Y seré para vosotros por Padre, Y vosotros me seréis hijos e hijas, dice el Señor Todopoderoso" (2 Co. 6:17-18).

"Y no participéis en las obras infructuosas de las tinieblas, sino más bien reprendedlas" (Ef. 5:11).

"No améis al mundo, ni las cosas que están en el mundo. Si alguno ama al mundo, el amor del Padre no está en él. Porque todo lo que hay en el mundo, los deseos de la carne, los deseos de los ojos, y la vanagloria de la vida, no proviene del Padre, sino del mundo (1 Jn. 2:15-16).

"Así que, hermanos, os ruego por las misericordias de Dios, que presentéis vuestros cuerpos en sacrificio vivo, santo, agradable a Dios, que es vuestro culto racional. No os conforméis a este siglo, sino transformaos por medio de la renovación de vuestro entendimiento, para que comprobéis cuál sea la buena voluntad de Dios, agradable y perfecta" (Ro. 12:1-2).

5. El compromiso de ir al mundo y evangelizarlo causa persecución. El mundo cree que hay muchas maneras de alcanzar a Dios. Las religiones del mundo son aceptadas y consideradas de valor siempre y cuando les permitan a los hombres vivir como quieran y les den un sentido de seguridad. Por lo tanto el mundo considera estrecho, el compromiso y la misión de los verdaderos creyentes, que hay un único camino hacia Dios. El mundo se burla y se opone a la idea de que Cristo es el único Salvador del mundo. El mundo rechaza y hace todo lo posible por desaparecer de la tierra el mensaje de Cristo.

"Porque de tal manera amó Dios al mundo, que ha dado a su Hijo unigénito, para que todo aquel que en él cree, no se pierda, mas tenga vida eterna" (Jn. 3:16).

"Le respondió Simón Pedro: Señor, ¿a quién iremos? Tú tienes palabras de vida eterna" (Jn. 6:68).

"Por eso os dije que moriréis en vuestros pecados; porque si no creéis que yo soy, en vuestros pecados moriréis" (Jn. 8:24).

"Y en ningún otro hay salvación; porque no hay otro nombre bajo el cielo, dado a los hombres, en que podamos ser salvos" (Hch. 4:12).

Pues me propuse no saber entre vosotros cosa alguna sino a Jesucristo, y a éste crucificado (1 Co. 2:2).

"Porque nadie puede poner otro fundamento que el que está puesto, el cual es Jesucristo" (1 Co. 3:11).

6. Alcanzar a las multitudes y evangelizarlas causa persecución. El mundo le teme a las grandes multitudes que son diferentes y se separan de él. Incluso si la multitud no implica ningún daño, si su único objetivo es ayudar al mundo, con todo el mundo le teme. Los creyentes son diferentes en una manera que el mundo no quiere, es decir, diferentes en cuanto a moral y justicia, en dar y sacrificar, sacrificar incluso al punto de dar todo lo que uno es y tiene.

"Pero muchos de los que habían oído la palabra, creyeron; y el número de los varones era como cinco mil" (Hch. 4:4).

"Y la mano del Señor estaba con ellos, y gran número creyó y se convirtió al Señor" (Hch. 11:21).

"Es como el grano de mostaza, que cuando se siembra en tierra, es la más pequeña de todas las semillas que hay en la tierra; 32pero después de sembrado, crece, y se hace la mayor de todas las hortalizas, y echa grandes ramas, de tal manera que las aves del cielo pueden morar bajo su sombra" (Mr. 4:31-32).

"Lo dilatado de su imperio y la paz no tendrán límite, sobre el trono de David y sobre su reino, disponiéndolo y confirmándolo en juicio y en justicia desde

ahora y para siempre. El celo de Jehová de los ejércitos hará esto" (Is. 9:7).

7. Satisfacer las necesidades del hombre causa persecución. Los verdaderos creyentes ven la urgente necesidad del mundo, tanto espiritual como física. Por lo tanto, dan todo lo que *son y tienen* por encima de sus propias necesidades para satisfacer las del mundo. El mundo...

- se burla y ridiculiza el compromiso que exige *todo* lo que una persona tiene, con la idea de que dar algo es suficiente incluso cuando haya millones de personas que sigan sufriendo.
- teme al ejemplo de un compromiso tan profundo por miedo a que sus propias conciencias (aliviadas con dar un poco) sean convencidas.
- se disgusta cuando se le recuerda que *es pecado* acumular y acaparar.

Por tanto, el mundo aprueba que se satisfagan algunas necesidades mediante cierto compromiso y cierta entrega, pero rechaza la exigencia de Cristo, el llamado que insiste en un compromiso y sacrificio total.

> **"Y decía a todos: Si alguno quiere venir en pos de mí, niéguese a sí mismo, tome su cruz cada día, y sígame" (Lc. 9:23).**
>
> **"Entonces Pedro comenzó a decirle: He aquí, nosotros lo hemos dejado todo, y te hemos seguido" (Mr. 10:28).**
>
> **"Así, pues, cualquiera de vosotros que no renuncia a todo lo que posee, no puede ser mi discípulo" (Lc. 14:33).**

Fíjese que las personas estaban tratando de llegar a Pedro, creían que si tan solo caían bajo su sombra, serían sanadas. Tenga en cuenta que no se dice que alguien haya sido sanado de esta manera, sin embargo se infiere que algunos lo fueron. Si fue así, los mismos dos ingredientes que traen como resultado Milagros de sanidad estuvieron presentes: el poder del Señor y la fe del enfermo. Siempre debemos recordar que Dios se interesa y ama tanto que siempre honra a una persona de fe. Si una persona tenía una fe tan grande que realmente creía que la sombra de Pedro *tenía la virtud y poder* de Dios, lo más probable era que Dios le sanara. ¡Qué maravillosos son el amor y el cuidado de Dios!

> **"Jesús les dijo: Por vuestra poca fe; porque de cierto os digo, que si tuviereis fe como un grano de mostaza, diréis a este monte: Pásate de aquí allá, y se pasará; y nada os será imposible" (Mt. 17:20).**
>
> **"Otra vez os digo, que si dos de vosotros se pusieren de acuerdo en la tierra acerca de cualquiera cosa que pidieren, les será hecho por mi Padre que está en los cielos" (Mt. 18:19).**
>
> **"Jesús le dijo: Si puedes creer, al que cree todo le es posible" (Mr. 9:23).**
>
> **"Y yo os digo: Pedid, y se os dará; buscad, y hallaréis; llamad, y se os abrirá" (Lc. 11:9).**

2 (5:17-18) *Persecución:* la persecución como tal. Tenga en cuenta dos aspectos.

1. Los perseguidores eran los religiosos y los líderes seculares del mundo (véase notas y *Estudio a fondo 1, 2,* Hch.

4:1; *Estudio a fondo 2, 3,* 23:8). Estaban indignados (zelou), lo que quiere decir un celo hirviente, envidia. Los consumía la envidia, el celo, la ira por la predicación de Jesús. (Véase nota, Hch. 4:2-4 para discusión. Véase nota y *Estudio a fondo 1,* Mt. 12:10 para mayor discusión en cuanto a por qué los religiosos temían tanto a Jesús y se le oponían).

2. Hubo persecución como tal. Fueron arrestados y llevados a la cárcel. Fue un intento de hacerles callar mediante...

- freno
- intimidación
- vergüenza

Recibir oposición, ser arrestados por las autoridades y puestos en la cárcel sería suficientes como para frenar, intimidar y avergonzar a muchos predicadores y creyentes.

Pensamiento 1. El creyente sabe y ha sido advertido de que sufrirá persecución.

> **"Acordaos de la palabra que yo os he dicho: El siervo no es mayor que su señor. Si a mí me han perseguido, también a vosotros os perseguirán; si han guardado mi palabra, también guardarán la vuestra" (Jn. 15:20).**
>
> **"Estas cosas os he hablado, para que no tengáis tropiezo. Os expulsarán de las sinagogas; y aun viene la hora cuando cualquiera que os mate, pensará que rinde servicio a Dios. 3Y harán esto porque no conocen al Padre ni a mí. Mas os he dicho estas cosas, para que cuando llegue la hora, os acordéis de que ya os lo había dicho" (Jn. 16:1-4).**
>
> **"Porque a vosotros os es concedido a causa de Cristo, no sólo que creáis en él, sino también que padezcáis por él" (Fil. 1:29).**
>
> **"Y también todos los que quieren vivir piadosamente en Cristo Jesús padecerán persecución" (2 Ti. 3:12).**
>
> **"Hermanos míos, no os extrañéis si el mundo os aborrece" (1 Jn. 3:13).**
>
> **Amados, no os sorprendáis del fuego de prueba que os ha sobrevenido, como si alguna cosa extraña os aconteciese" (1 P. 4:12-13).**

3 (5:19-21) *Liberación:* la maravillosa liberación en medio de la persecución. La situación de Pedro y Juan era seria:

=> Era de noche.

=> Estaban tras las rejas de la prisión.

=> Estaban doblemente presos pues también había guardias afuera de la prisión (v. 23).

=> Tendrían que enfrentar un juicio a la mañana siguiente, un juicio que podía representar una amenaza para sus vidas (v. 33).

Tenga en cuenta lo siguiente.

1. La liberación de Dios en esta situación fue mediante la intervención milagrosa de un ángel. La Escritura dice que los ángeles "son espíritus ministradores, enviados para servicio a favor de los que serán herederos de la salvación" (He. 1:14. Véase *Estudio a fondo 1,* Ángeles, He. 1:4-14 para mayor discusión). La idea es esta: Dios se interesa. Él siempre se interesa por las situaciones difíciles de sus queridos hijos. Por ende, hará todo lo que sea necesario para librar a

sus hijos en medio de la dificultad (Ro. 8:28).

a. En ocasiones Dios libera dándole al creyente su presencia de amor, gozo, paz y seguridad de manera que este pueda soportar y ministrar durante la prueba. Pablo es un ejemplo práctico. Él pasó años en prisión, pero mientras estando allí, siempre testificaba y ministraba (véase nota, Fil 1:12-14).

    "No os ha sobrevenido ninguna tentación que no sea humana; pero fiel es Dios, que no os dejará ser tentados más de lo que podéis resistir, sino que dará también juntamente con la tentación la salida, para que podáis soportar" (1 Co. 10:13).

    "No temas, porque yo estoy contigo; no desmayes, porque yo soy tu Dios que te esfuerzo; siempre te ayudaré, siempre te sustentaré con la diestra de mi justicia" (Is. 41:10).

    "Por lo cual debía ser en todo semejante a sus hermanos, para venir a ser misericordioso y fiel sumo sacerdote en lo que a Dios se refiere, para expiar los pecados del pueblo. Pues en cuanto él mismo padeció siendo tentado, es poderoso para socorrer a los que son tentados" (He. 2:17-18).

    "Porque no tenemos un sumo sacerdote que no pueda compadecerse de nuestras debilidades, sino uno que fue tentado en todo según nuestra semejanza, pero sin pecado. Acerquémonos, pues, confiadamente al trono de la gracia, para alcanzar misericordia y hallar gracia para el oportuno socorro" (He. 4:15-16).

    "de manera que podemos decir confiadamente: El Señor es mi ayudador; no temeré Lo que me pueda hacer el hombre" (He. 13:6).

b. En ocasiones Dios libera a los creyentes para sí, llevándolos "a casa", al cielo, cuando su ministerio en la tierra ha concluido. A veces el creyente tiene que permanecer y morir como un mártir o sufrir en el nombre del Señor Jesús. A veces hay necesidad de alcanzar a alguien que observa la prueba del creyente. La esperanza y fidelidad hasta el final del creyente es usada por Dios para predicar a los observadores. Mediante el sufrimiento, Dios confirma su glorioso amor y poder por su siervo amado.

    "Y el Señor me librará de toda obra mala, y me preservará para su reino celestial. A él sea gloria por los siglos de los siglos" (2 Ti. 4:18).

    Así que, por cuanto los hijos participaron de carne y sangre, él también participó de lo mismo, para destruir por medio de la muerte al que tenía el imperio de la muerte, esto es, al diablo, y librar a todos los que por el temor de la muerte estaban durante toda la vida sujetos a servidumbre (He. 2:14-15).

c. A veces Dios libera a los creyentes sacándolos o alejándolos de los problemas. Pueden servir mejor al Señor estando libres de la prueba.

    "el cual nos libró, y nos libra, y en quien esperamos que aún nos librará, de tan gran muerte" (2 Co. 1:10).

    "sabe el Señor librar de tentación a los piadosos, y

reservar a los injustos para ser castigados en el día del juicio" (2 P. 2:9).

"El te librará del lazo del cazador, de la peste destructora" (Sal. 91:3).

"No temas delante de ellos, porque contigo estoy para librarte, dice Jehová" (Jer. l:8).

2. El propósito de Dios para Pedro y Juan era que "fueran, se pusieran en pie, anunciaran" al pueblo nuevamente. El término hebreo es fuerte, implica intrepidez y coraje.

    => "id": ahora, inmediatamente.
    => "puestos en pie": asumir su papel, salir adelante sin duda o reserva.
    => "anunciad": proclamar, predicar, enseñar, valientemente, osadamente, sin miedo.
    => "todas las palabras de esta vida": todo el evangelio de salvación; el glorioso mensaje de la muerte y resurrección de Cristo; sin mezclas ni cambios ningunos; sin retener nada, sin tratar de ablandar el mensaje para que sea más aceptado.

    Tenga en cuenta un hecho significativo: por lo general los milagros van seguidos de tareas difíciles. El hombre para quien Dios ha obrado un milagro tiene gran responsabilidad. Dios libera su siervo para que realice una gran obra. Los milagros asombran al mundo. Dios los hace porque quiere que estos guíen a la conversión y convicción del hombre.

    "pero recibiréis poder, cuando haya venido sobre vosotros el Espíritu Santo, y me seréis testigos en Jerusalén, en toda Judea, en Samaria, y hasta lo último de la tierra" (Hch. 1:8).

    "porque no podemos dejar de decir lo que hemos visto y oído" (Hch. 4:20).

    "Por tanto, no te avergüences de dar testimonio de nuestro Señor, ni de mí, preso suyo, sino participa de las aflicciones por el evangelio según el poder de Dios" (2 Ti. 1:8).

    "esto habla, y exhorta y reprende con toda autoridad. Nadie te menosprecie" (Tit. 2:15).

    "sino santificad a Dios el Señor en vuestros corazones, y estad siempre preparados para presentar defensa con mansedumbre y reverencia ante todo el que os demande razón de la esperanza que hay en vosotros" (1 P. 3:15).

3. Los discípulos obedecieron y lo hicieron total y completamente, sin dudar. Obedecieron tan pronto como pudieron. Se levantaron y fueron al templo "de mañana" y allí enseñaban.

    "si guardareis mis mandamientos, permaneceréis en mi amor; así como yo he guardado los mandamientos de mi Padre, y permanezco en su amor" (Jn. 15:10).

    "Porque no nos ha dado Dios espíritu de cobardía, sino de poder, de amor y de dominio propio.

    Por tanto, no te avergüences de dar testimonio de nuestro Señor, ni de mí, preso suyo, sino participa de las aflicciones por el evangelio según el poder de Dios" (2 Ti. 1:7-8).

4 (5:21-25) *Persecución:* el fracaso de la persecución trajo como resultado una perplejidad y frustración totales. La historia de lo que sucedió después es una muestra excelente de la persecución cuando se emprende contra Cristo y sus seguidores.

1.   Los perseguidores (un juzgado impío) convinieron en juzgar a los discípulos.

2.   Los guardas no los encontraron: habían sido liberados de la persecución. (Como ya se ha dicho antes, Dios siempre libera a sus hijos amados del *sufrimiento* de la persecución, ya sea en medio de ella o fuera de ella).

3.   Los perseguidores dudaron (dieporoun): estaban turbados; completamente confundidos, extrañados, cuestionándose, perplejos. No podían entender cómo los discípulos habían sido librados, cómo era que se les habían "escapado de entre las manos". Les asustaba el crecimiento del *nuevo movimiento*.

En la situación actual, las autoridades probablemente habrían pensada que algunos de los guardias los habían librado o que habían sido descuidados en su responsabilidad de vigilar.

4.   Los perseguidores hicieron un descubrimiento extraordinario. Los discípulos no se habían dado a la fuga tratando de salvar sus vidas como lo hubiera hecho cualquier otro preso; estaban en el templo, enseñando al pueblo. Estaban mostrando una conducta inconcebible, actuando como ningún otro hombre. Eran como una llama de fuego en una bosque, incontenible. Los perseguidores nunca habían visto una convicción o esperanza como la de los discípulos, una convicción y esperanza totalmente diferentes a las de cualquier otro hombre, una esperanza y convicción…

•   de que la resurrección de Jesucristo sí había ocurrido.

•   de que los hombres tienen que creer en la resurrección de Cristo y arrepentirse para conocer a Dios y ser salvos.

•   de que tienen que proclamar el evangelio sin tener en cuenta la persecución.

Pensamiento 1: La conducta de los verdaderos creyentes en la persecución siempre asombrará y dejará perplejos a los perseguidores. La confianza y el mensaje del Dios viviente en el nuevo creyente no pueden ser destruidos. El creyente tiene que proclamar a su Señor y vivir para él incluso en medio de la persecución.

"pero si alguno padece como cristiano, no se avergüence, sino glorifique a Dios por ello. Porque es tiempo de que el juicio comience por la casa de Dios; y si primero comienza por nosotros, ¿cuál será el fin de aquellos que no obedecen al evangelio de Dios? Y: Si el justo con dificultad se salva,

¿En dónde aparecerá el impío y el pecador? De modo que los que padecen según la voluntad de Dios, encomienden sus almas al fiel Creador, y hagan el bien" (1 P. 4:16-19).

"Amados, no os sorprendáis del fuego de prueba que os ha sobrevenido, como si alguna cosa extraña os aconteciese, sino gozaos por cuanto sois participantes de los padecimientos de Cristo, para que también en la revelación de su gloria os gocéis con gran alegría" (1 P. 4:12-13).

"Mas el Dios de toda gracia, que nos llamó a su gloria eterna en Jesucristo, después que hayáis padecido un poco de tiempo, él mismo os perfeccione, afirme, fortalezca y establezca" (1 P. 5:10).

M. La segunda persecución de la iglesia (parte 2): razones para permanecer fiel, 5:26-42

1 **Los discípulos arrestados nuevamente**
  a. Arrestados sin violencia
  b. Llevados ante el cuerpo gobernante del momento, el Sanedrín
  c. Acusados con tres cargos
    1) Quebrantar la ley del gobierno
    2) Enseñar una doctrina falsa: Alborotando al pueblo
    3) Provocar una insurrección: Acusando falsamente al gobierno de asesinato
  d. Valientes en sus respuestas
2 **Razón 1: Dios ha levantado y exaltado a Cristo**
  a. Para ser Príncipe[EF1] y Salvador[EF2]
  b. Para dar arrepentimiento
  c. Para dar perdón
3 **Razón 2: Dios nos ha hecho testigos[EF3]**
4 **Razón 3: Dios tiene una voluntad que debe ser hecha**
  a. Los hombres irreflexivos del mundo se oponen a la voluntad de Dios
  b. Los hombres irreflexivos del mundo reconocen la voluntad de Dios[EF4]

26 Entonces fue el jefe de la guardia con los alguaciles, y los trajo sin violencia, porque temían ser apedreados por el pueblo.
27 Cuando los trajeron, los presentaron en el concilio, y el sumo sacerdote les preguntó,
28 diciendo: ¿No os mandamos estrictamente que no enseñaseis en ese nombre? Y ahora habéis llenado a Jerusalén de vuestra doctrina, y queréis echar sobre nosotros la sangre de ese hombre.
29 Respondiendo Pedro y los apóstoles, dijeron: Es necesario obedecer a Dios antes que a los hombres.

30 El Dios de nuestros padres levantó a Jesús, a quien vosotros matasteis colgándole en un madero.
31 A éste, Dios ha exaltado con su diestra por Príncipe y Salvador, para dar a Israel arrepentimiento y perdón de pecados.
32 Y nosotros somos testigos suyos de estas cosas, y también el Espíritu Santo, el cual ha dado Dios a los que le obedecen.
33 Ellos, oyendo esto, se enfurecían y querían matarlos.

34 Entonces levantándose en el concilio un fariseo llamado Gamaliel, doctor de la ley, venerado de todo el pueblo, mandó que sacasen fuera por un momento a los apóstoles,
35 y luego dijo: Varones israelitas, mirad por vosotros lo que vais a hacer respecto a estos hombres.
36 Porque antes de estos días se levantó Teudas, diciendo que era alguien. A éste se unió un número como de cuatrocientos hombres; pero él fue muerto, y todos los que le obedecían fueron dispersados y reducidos a nada.
37 Después de éste, se levantó Judas el galileo, en los días del censo, y llevó en pos de sí a mucho pueblo. Pereció también él, y todos los que le obedecían fueron dispersados.
38 Y ahora os digo: Apartaos de estos hombres, y dejadlos; porque si este consejo o esta obra es de los hombres, se desvanecerá;
39 mas si es de Dios, no la podréis destruir; no seáis tal vez hallados luchando contra Dios.
40 Y convinieron con él; y llamando a los apóstoles, después de azotarlos, les intimaron que no hablasen en el nombre de Jesús, y los pusieron en libertad.
41 Y ellos salieron de la presencia del concilio, gozosos de haber sido tenidos por dignos de padecer afrenta por causa del Nombre.
42 Y todos los días, en el templo y por las casas, no cesaban de enseñar y predicar a Jesucristo

1) Manifiesta en los acontecimientos de la historia y la revelación: Teudas y Judas[EF5]

2) Lo que no viene de Dios se desvanecerá

3) Lo que viene de Dios no podrá ser destruido

5 **Razón 4: Dios es capaz de librarnos en medio de las dificultades**
  a. Capaz de promover un sentido de privilegio
  b. Capaz de darnos gozo
  c. Capaz de darnos el valor de continuar enseñando y predicando

DIVISIÓN II

EL NACIMIENTO Y DESARROLLO DE LA IGLESIA, 2:1–7:60

M. La segunda persecución de la iglesia (parte 2): razones para permanecer fiel, 5:26-42

(5:26-42) *Introducción:* los creyentes deben ser fieles; deben obedecer a Dios. Este pasaje es contundente para hacer entender el asunto al corazón humano.

    1. Los discípulos arrestados nuevamente (vv. 26-29).

2. Razón 1: Dios ha levantado y exaltado a Cristo (vv. 30-31).

3. Razón 2: Dios nos ha hecho testigos (v. 32).

4. Razón 3: Dios tiene una voluntad que debe ser hecha (vv. 32-40).

5. Razón 4: Dios es capaz de librar en medio de las dificultades (vv. 41-42).

1 (5:26-29) *Persecución:* los discípulos fueron arrestados nuevamente. El arresto ocurrió sin violencia porque los oficiales le tenían miedo a la reacción del pueblo. Al parecer, los oficiales habían maltratados a los discípulos anteriormente, llevándoselos por la fuerza (v. 18).

Los discípulos fueron llevados ante el Sanedrín, el cuerpo dominante del gobierno. (Véase *Estudio a fondo* 3, *Sanedrín*, Hch. 4:5-6). A los discípulos se les atribuían tres cargos.

1. Habían quebrantado la ley que prohibía predicar el nombre de Jesús Cristo y de su resurrección (cp. Hechos 4:18).

> *Pensamiento 1.* Hay ocasiones en que los gobiernos, las empresas, los compañeros de trabajo, las escuelas, las instituciones y los vecinos les impiden a los creyentes hablar de su Señor. Tenga en cuenta que esto entra en conflicto con el mandato del Señor (Hch. 1:4, 8).

2. Se creía que estos predicaban una falsa doctrina, una doctrina que confundía y agitaba al pueblo.

3. Se creía que estaban instigando la insurrección, que acusaban falsamente al gobierno de injusticia y asesinato (Hch. 4:10-12; cp. Hechos 2:23, 36; 3:15). Los líderes tenían miedo de perder el control sobre las personas, así como su apoyo y fidelidad. Ellos sabían muy bien que su posición y medio de vida estaban en juego.

> *Pensamiento 1.* Advierta cómo la verdad importaba muy poco, prácticamente nada a los líderes. Ellos habían matado a Jesús, aceptando totalmente la responsabilidad de su muerte ante Pilato (Mt. 27:25). Lo que necesitaban era confesar su culpa y arrepentirse de sus pecados al igual que lo estaba haciendo el resto de la gente.

Fíjese cuán contundente fue la respuesta de los discípulos: ellos debían ser fieles a Dios; debían obedecer a Dios y no a los hombres. (Véase bosquejo y notas, Hechos 4:19-20 para mayor discusión).

2 (5:30-31) *Jesucristo, la obra de:* el discípulo debe ser fiel, debe obedecer a Dios porque él ha levantado y exaltado a Cristo. (Véase bosquejos, notas y *Estudio a fondo 1* Hechos 1:3; nota, 1:10-11; *Estudio a fondo 4,* 2:24; nota, 2:25-36 para discusión). Dios tenía tres propósitos al resucitara Jesús.

1. Hacerlo Príncipe y Salvador (véase *Estudio a fondo 1, 2* — Hch. 5:31 para discusión).

2. Para traer arrepentimiento (véase también *Estudio a fondo 1* — Hch. 17:29-30 para discusión).

3. Para otorgar perdón de pecados (véase nota y *Estudio a fondo 1, 2,* Hch. 2:38 para discusión).

ESTUDIO A FONDO 1

(5:31) *Príncipe* (archegon): Autor, Creador, Fuente, Líder, Pionero, el iniciador y consumador (He. 12:2). Jesucristo es el Príncipe de la vida (Hch. 3:5) y de la salvación (Hch. 5:31; He. 2:10 donde archegon se traduce como capitán o líder). Tenga en cuenta la fuerza de la idea: Jesús es tanto el Dador como el Salvador de la vida. (Véase *Estudio a fondo 2,* Vida, Jn. 1:4; nota, 1:4-5; *Estudio a fondo 1,* 10:10; *Estudio a fondo 1,* 17:2-3).

ESTUDIO A FONDO 2

(5:31) *Salvador* (sotera): significa libertador, preservador. Da la idea de un Libertador o Salvados que arrebata a una persona de algún terrible desastre que va a terminar en su destrucción (cp. Jn. 3:16). (Véase *Estudio a fondo 6,* Mt. 1:21 para mayor discusión).

1. Jesucristo es el Salvador.

> "que os ha nacido hoy, en la ciudad de David, un Salvador, que es CRISTO el Señor" (Lc. 2:11).

> "y decían a la mujer: Ya no creemos solamente por tu dicho, porque nosotros mismos hemos oído, y sabemos que verdaderamente éste es el Salvador del mundo, el Cristo" (Jn. 4:42).

> "A éste, Dios ha exaltado con su diestra por Príncipe y Salvador, para dar a Israel arrepentimiento y perdón de pecados" (Hch. 5:31).

> "De la descendencia de éste, y conforme a la promesa, Dios levantó a Jesús por Salvador a Israel" (Hch. 13:23).

> "porque el marido es cabeza de la mujer, así como Cristo es cabeza de la iglesia, la cual es su cuerpo, y él es su Salvador" (Ef. 5:23).

> "Mas nuestra ciudadanía está en los cielos, de donde también esperamos al Salvador, al Señor Jesucristo" (Fil. 3:20).

> "pero que ahora ha sido manifestada por la aparición de nuestro Salvador Jesucristo, el cual quitó la muerte y sacó a luz la vida y la inmortalidad por el evangelio" (2 Ti. 1:10).

> "a Tito, verdadero hijo en la común fe: Gracia, misericordia y paz, de Dios Padre y del Señor Jesucristo nuestro Salvador" (Tit. 1:4).

> "guardando la esperanza bienaventurada y la manifestación gloriosa de nuestro gran Dios y Salvador Jesucristo" (Tit. 2:13).

> "el cual derramó en nosotros abundantemente por Jesucristo nuestro Salvador" (Tit. 3:6).

> "Simón Pedro, siervo y apóstol de Jesucristo, a los que habéis alcanzado, por la justicia de nuestro Dios y Salvador Jesucristo, una fe igualmente preciosa que la nuestra (2 P. 1:1).

> "Porque de esta manera os será otorgada amplia y generosa entrada en el reino eterno de nuestro Señor y Salvador Jesucristo" (2 P. 1:11).

> "Ciertamente, si habiéndose ellos escapado de las contaminaciones del mundo, por el conocimiento del Señor y Salvador Jesucristo, enredándose otra vez en ellas son vencidos, su postrer estado viene a ser peor que el primero" (2 P. 2:20).

> "para que tengáis memoria de las palabras que antes han sido dichas por los santos profetas, y del

mandamiento del Señor y Salvador dado por vuestros apóstoles" (2 P. 3:2).

"Antes bien, creced en la gracia y el conocimiento de nuestro Señor y Salvador Jesucristo. A él sea gloria ahora y hasta el día de la eternidad" (2 P. 3:18).

"Y nosotros hemos visto y testificamos que el Padre ha enviado al Hijo, el Salvador del mundo" (1 Jn. 4:14).

2. Dios es el Salvador.

"Y mi espíritu se regocija en Dios mi Salvador" (Lc. 1:47).

"Pablo, apóstol de Jesucristo por mandato de Dios nuestro Salvador, y del Señor Jesucristo nuestra esperanza" (1 Ti. 1:1).

"Porque esto es bueno y agradable delante de Dios nuestro Salvador" (1 Ti. 2:3).

"que por esto mismo trabajamos y sufrimos oprobios, porque esperamos en el Dios viviente, que es el Salvador de todos los hombres, mayormente de los que creen" (1 Ti. 4:10).

"y a su debido tiempo manifestó su palabra por medio de la predicación que me fue encomendada por mandato de Dios nuestro Salvador" (Tit. 1:3).

"no defraudando, sino mostrándose fieles en todo, para que en todo adornen la doctrina de Dios nuestro Salvador" (Tit. 2:10).

"Pero cuando se manifestó la bondad de Dios nuestro Salvador, y su amor para con los hombres" (Tit. 3:4).

"al único y sabio Dios, nuestro Salvador, sea gloria y majestad, imperio y potencia, ahora y por todos los siglos (Judas 25).

3 (5:32) *Testificar:* el discípulo debe ser fiel, debe obedecer a Dios porque Dios le ha hecho un testigo "de estas cosas" (rhematon) o dicho. ¿Qué *cosas, qué dichos? Las cosas* que acaban de señalarse. El creyente es un testigo de que Jesucristo es el Príncipe y Salvador, la única persona que acepta el arrepentimiento y que puede perdonar pecados. (Véase nota y *Estudio a fondo 1,* Hch. 1:8 para mayor discusión y para ver otros versículos).

Advierta que se dice que el Espíritu Santo también es un testigo de estas cosas.

=> El Espíritu Santo le testifica a Cristo al darle poderes sobrenaturales a los discípulos para vivir rectamente y para proclamar a Cristo.

"Pero cuando venga el Consolador, a quien yo os enviaré del Padre, el Espíritu de verdad, el cual procede del Padre, él dará testimonio acerca de mí. Y vosotros daréis testimonio también, porque habéis estado conmigo desde el principio" (Jn. 15:26-27).

=> El Espíritu Santo testifica a Cristo cuando convence de pecado, de justicia y de juicio.

"Pero yo os digo la verdad: Os conviene que yo me vaya; porque si no me fuera, el Consolador no vendría a vosotros; mas si me fuere, os lo enviaré. Y cuando él venga, convencerá al mundo de pecado, de justicia y de juicio. De pecado, por cuanto no creen en mí; de justi-

cia, por cuanto voy al Padre, y no me veréis más; y de juicio, por cuanto el príncipe de este mundo ha sido ya juzgado" (Jn. 16:7-11).

=> El Espíritu Santo testifica a Cristo al obrar señales, prodigios y milagros a través del creyente.

"Mas esto es lo dicho por el profeta Joel: Y en los postreros días, dice Dios, Derramaré de mi Espíritu sobre toda carne, Y vuestros hijos y vuestras hijas profetizarán; Vuestros jóvenes verán visiones, Y vuestros ancianos soñarán sueños; Y de cierto sobre mis siervos y sobre mis siervas en aquellos días Derramaré de mi Espíritu, y profetizarán. Y daré prodigios arriba en el cielo, Y señales abajo en la tierra, Sangre y fuego y vapor de humo; El sol se convertirá en tinieblas, Y la luna en sangre, Antes que venga el día del Señor, Grande y manifiesto; Y todo aquel que invocare el nombre del Señor, será salvo" (Hch. 2:16-21).

"mientras extiendes tu mano para que se hagan sanidades y señales y prodigios mediante el nombre de tu santo Hijo Jesús" (Hch. 4:30).

"¿cómo escaparemos nosotros, si descuidamos una salvación tan grande? La cual, habiendo sido anunciada primeramente por el Señor, nos fue confirmada por los que oyeron, testificando Dios juntamente con ellos, con señales y prodigios y diversos milagros y repartimientos del Espíritu Santo según su voluntad" (He. 2:3-4).

Tenga en cuenta algo también importante: el Espíritu Santo se le da a "aquellos que le obedecen". Su maravillosa presencia y poder, guía y cuidado, propósito y misión pueden ser las de cualquiera, cualquiera que esté dispuesto a *obedecerle.* (Véase *Estudio a fondo 3,* Hechos 5:32).

ESTUDIO A FONDO 3

(5:32) *Obediencia, creencia:* Dios ha dado el Espíritu Santo "a los que le obedecen". Note el empleo de la palabra *obedecen* en vez de *creer.* Creer es sinónimo de obedecer. Ambas son la misma cosa. Si una persona cree, obedece. (Véase *Estudio a fondo 2,* Jn. 2:24 para mayor discusión).

"Pues si vosotros, siendo malos, sabéis dar buenas dádivas a vuestros hijos, ¿cuánto más vuestro Padre celestial dará el Espíritu Santo a los que se lo pidan?" (Lc. 11:13).

"Jesús le dijo: Ve, tu hijo vive. Y el hombre creyó la palabra que Jesús le dijo, y se fue" (Jn. 4:50).

"y habiendo sido perfeccionado, vino a ser autor de eterna salvación para todos los que le obedecen" (He. 5:9).

4 (5:32-40) *Obediencia:* el discípulo debe ser leal; debe obedecer a Dios porque Dios tiene una voluntad que debe ejecutarse. La voluntad de Dios debe llevarse a cabo en la tierra, y su providencia y poder obran con el fin de que se cumpla. Este es el centro de la historia de estos versículos. Los discípulos habían acabado de ser testigos de la voluntad de Dios para el mundo (v. 30-31).

1. Los hombres del mundo –sin discernimiento- rechazaron y se opusieron a la voluntad de Dios. Fíjese que tanto

los hombres malos como los religiosos fueron culpables de no pensar, de actuar siguiendo sus emociones y prejuicios en vez de la razón. Al parecer la mayoría de los líderes civiles y religiosos estaban…

- "enfurecidos". La idea es que estaban enfurecidos pero no por su convicción –sino por ira, rabia, y oposición a los apóstoles.
- "querían matarlos"; es decir, estaban dispuestos, tenían la intención; estaban listos para matar a los discípulos.

2. Los hombres con discernimiento reconocen la voluntad de Dios. No todas las personas del mundo actúan bajo sus emociones y deseos personales. Algunas son racionales, controladas y gobernadas por objetivos más altos que el interés personal. Gamaliel era uno de esos hombres. Fue uno de los maestro judíos más famosos de todos los tiempos, y él vio algo que los hombres sin discernimiento no estaban percibiendo.

    a. La voluntad de Dios y su plan puede percibirse en los eventos y revoluciones del mundo. Gamaliel puso dos ejemplos (véase *Estudio a fondo 5*, Hechos 5:36-37).

    b. Lo que no proviene de Dios, no llega a ninguna parte. Si la obra y mensaje de Jesús provienen de…
- engañadores
- revolucionarios
- hombres egoístas
- furiosos
- insensatos
- hombres sedientos de poder
- de hombres con motivaciones políticas,

    …serán frustrados y Dios mismo los desenmascarará. Disonó permitirá que ninguna idea o movimiento que no provenga de él *permanezca para siempre*.

    Fíjese que la filosofía de Gamaliel era correcta. Todo lo que no proviene de Dios se arruina, pero su teoría tenía un defecto. Las ideas y obras malignas, los engañadores y buscadores de gloria propia no son necesariamente destruidos a corto plazo, lo serán al fin y al cabo, pero no necesariamente pronto. A veces se permite que el mal reina para que los hombres despierten y comprenda su necesidad de Dios y su liberación

    c. Lo que proviene de Dios no puede ser derrotado. Esta es una regla o máxima eterna. La voluntad de Dios y su obra no pueden ser destruidas, no completamente o a la postre. El mundo puede intentarlo, y puede lograr lo que temporalmente parecerá un éxito, pero Dios hace que la llama y la vida de su Palabra encienda un fuego en el corazón de alguien más. Su palabra y vida, el mensaje glorioso de su Hijo a quien él a exaltado como "príncipe y Salvador", no pueden extinguirse. Las puertas del infierno no pueden prevalecer contra la iglesia del Señor, no importa cuán grande sea la fuerza maligna que el mundo lance contra ella.

    "Y yo también te digo, que tú eres Pedro, y sobre esta roca edificaré mi iglesia; y las puertas del Hades no prevalecerán contra ella" (Mt. 16:18).

    Este fue el consejo de Gamaliel, un hombre con discernimiento en este mundo, a los otros en el concilio. Dejen en paz a los que creen en Jesús. Déjenles seguir haciendo el bien que están haciendo. Cosechen los frutos de su ministerio.

    => Si no son de Dios, pronto desaparecerán del escenario.

    => Si son de Dios, ni todas las fuerzas del mundo podrán derrotarlos. Estarán *luchando contra Dios*.

    El concilio estuvo de acuerdo y luego de azotar a los apóstoles por predicar en el nombre de Jesús (véase nota, Lc. 18:32-33), volvieron a emitir la ley. No se podía predicar en el nombre de Jesús.

Pensamiento 1: Tenga en cuenta lo siguiente con respecto a la voluntad de Dios: el hombre que se opone a Jesús y a sus siervos está luchando contra Dios mismo.

    "El que no es conmigo, contra mí es; y el que conmigo no recoge, desparrama" (Mt. 12:30).

    "y cayendo en tierra, oyó una voz que le decía: Saulo, Saulo, ¿por qué me persigues?" (Hch. 9:4).

    "Pero por tu dureza y por tu corazón no arrepentido, atesoras para ti mismo ira para el día de la ira y de la revelación del justo juicio de Dios" (Ro. 2:5).

    "No seáis como el caballo, o como el mulo, sin entendimiento, Que han de ser sujetados con cabestro y con freno, Porque si no, no se acercan a ti. Muchos dolores habrá para el impío; Mas al que espera en Jehová, le rodea la misericordia" (Sal. 32:9-10).

    "El hombre que reprendido endurece la cerviz, De repente será quebrantado, y no habrá para él medicina" (Sal. 29:l).

    "Si no oyereis, y si no decidís de corazón dar gloria a mi nombre, ha dicho Jehová de los ejércitos, enviaré maldición sobre vosotros, y maldeciré vuestras bendiciones; y aun las he maldecido, porque no os habéis decidido de corazón" (Mal. 2:2).

ESTUDIO A FONDO 4

(5:34) *Gamaliel:* Gamaliel fue uno de los maestros más sobresalientes de la historia judía. Su nombre significa *el premio de* Dios.

    1. Era fariseo (véase *Estudio a fondo 3, Fariseos,* Hechos 23:8).

    2. Era el nieto de Hillel quien fue el fundador de la escuela liberal de la ley judía (véase *Estudio a fondo 1,* Mt. 19:1-12).

    3. Era doctor en la ley, tenía tanta preparación académica en la ley como era posible.

    4. Era tan querido y respetado que se le dio el título

de "Rabino" (Maestro). Se dice que fue el primero de los únicos siete hombres que hayan recibido el título.

5. Era un hombre con discernimiento, extremadamente sabio, un hombre con una firme fe en Dios y su providencia. El pasaje que estamos analizando así lo indica.

6. Él fue el afamado maestro de Saulo de Tarso, quien luego se convirtiera en el apóstol Pablo (Hch. 22:3). Existe la posibilidad de que Pablo estuviera presente en esta discusión. Probablemente él haya sido miembro del Sanedrín.

ESTUDIO A FONDO 5

(5:36-37) *Teudas y Judas:* muy poco se sabe de estos dos revolucionarios. Se les menciona porque ambos encabezaron revueltas en contra de los romanos y tuvieron un final nulo. No estaba en el plan de Dios que ellos triunfaran, así que sus esfuerzos no tuvieron ningún resultado.

[5] (5:41-42) *Obediencia:* el discípulo debe ser leal; debe obedecer a Dios porque Dios es capaz de librar al obediente en medio de la dificultad. Dios libró a los discípulos. Los habían golpeado terriblemente, pero Dios los libró de forma maravillosa.

1. Dios despertó en el corazón perseguido un sentido de privilegio. Ellos se veían a sí mismo como privilegiados al sufrir vergüenza por Cristo.

2. Dios despertó en el corazón perseguido un sentido de gozo y regocijo.

3. Dios despertó en el corazón perseguido un sentido de coraje y misión. Ellos seguían *todos los días* en el templo, enseñando y predicando. A pesar de la oposición, ellos se sentían obligados a hablar de las gloriosas nuevas del evangelio: Dios había enviado a su Hijo al mundo para salvar a los hombres (cp. v. 30-31).

"Y seréis aborrecidos de todos por causa de mi nombre; mas el que persevere hasta el fin, éste será salvo" (Mt. 10:22; cp. Mt. 5:11; He. 11:25).

"Y si hijos, también herederos; herederos de Dios y coherederos con Cristo, si es que padecemos juntamente con él, para que juntamente con él seamos glorificados" (Ro. 8:17).

"y en nada intimidados por los que se oponen, que para ellos ciertamente es indicio de perdición, mas para vosotros de salvación; y esto de Dios" (Fil. 1:28; cp. Stg. 5:10; 1 P. 2:20).

"Hermanos míos, tened por sumo gozo cuando os halléis en diversas pruebas, sabiendo que la prueba de vuestra fe produce paciencia. Mas tenga la paciencia su obra completa, para que seáis perfectos y cabales, sin que os falte cosa alguna" (Stg. 1:2-4).

"Amados, no os sorprendáis del fuego de prueba que os ha sobrevenido, como si alguna cosa extraña os aconteciese, 13sino gozaos por cuanto sois participantes de los padecimientos de Cristo, para que también en la revelación de su gloria os gocéis con gran alegría" (1 P. 4:12-13; cp. Hch. 16:23).

"Mas el Dios de toda gracia, que nos llamó a su gloria eterna en Jesucristo, después que hayáis padecido un poco de tiempo, él mismo os perfeccione, afirme, fortalezca y establezca" (1 P. 5:10).

	CAPÍTULO 6	de buen testimonio, llenos del Espíritu Santo y de sabiduría, a quienes encarguemos de este trabajo.	b. Lleno del Espíritu Santo
	N. El primer problema administrativo: los primeros diáconos, 6:1-7		c. Lleno de sabiduría
1 Surge un problema: algunas viudas estaban siendo desatendidas	1 En aquellos días, como creciera el número de los discípulos, hubo murmuración de los griegos contra los hebreos, de que las viudas de aquéllos eran desatendidas en la distribución diaria.	4 Y nosotros persistiremos en la oración y en el ministerio de la palabra.	**4 El propósito fundamental: aliviar a los ministros**
a. Debido al rápido crecimiento			a. Para la oración
b. Debido a camarillas o grupos diferentes			b. Para la Palabra de Dios
c. Debido a la poca ayuda		5 Agradó la propuesta a toda la multitud; y eligieron a Esteban, varón lleno de fe y del Espíritu Santo, a Felipe, a Prócoro, a Nicanor, a Timón, a Parmenas, y a Nicolás prosélito de Antioquía;	**5 Los diáconos escogidos**
d. Debido a la falta de organización			
e. Debido al favoritismo			
2 La recomendación democrática	2 Entonces los doce convocaron a la multitud de los discípulos, y dijeron: No es justo que nosotros dejemos la palabra de Dios, para servir a las mesas.	6 a los cuales presentaron ante los apóstoles, quienes, orando, les impusieron las manos.	**6 La ordenación oficial**
a. Que toda la iglesia se involucrara			a. Incluyó oración
b. Que los apóstoles se concentraran en la Palabra			b. Incluyó imposición de manos[EF2]
c. Que los demás ministraran[EF1]		7 Y crecía la palabra del Señor, y el número de los discípulos se multiplicaba grandemente en Jerusalén; también muchos de los sacerdotes obedecían a la fe.	**7 Los gloriosos resultados**
3 Los requisitos	3 Buscad, pues, hermanos, de entre vosotros a siete varones		a. La Palabra se esparció
a. Buena reputación			b. La iglesia creció
			c. Algunos sacerdotes se convirtieron

DIVISIÓN II

EL NACIMIENTO Y DESARROLLO DE LA IGLESIA, 2:1–7:60

N. El primer problema administrativo: los primeros diáconos, 6:1-7

(6:1-7) *Introducción:* Este pasaje trata el surgimiento de los diáconos, un nivel del ministerio totalmente nuevo en la iglesia. Note que el cargo de diáconos se instituyó para satisfacer una necesidad de la iglesia en el ministerio diario. Los ministros de cabecera necesitaban ayuda para poder cumplir con su misión de predicación.

1. Surge un problema: algunas viudas estaban siendo desatendidas (v. 1).
2. La recomendación democrática (v. 2).
3. Los requisitos (v. 3).
4. El propósito fundamental: aliviar a los ministros (v. 4).
5. Los diáconos escogidos (v. 5).
6. La ordenación oficial (v. 6).
7. Los gloriosos resultados (v. 7).

1 (6:1) *División — Murmuración — Críticas:* surge un problema en la iglesia. Algunas viudas estaban siendo desatendidas. En la iglesia había dos grupos o círculos, y uno se estaba quejando y murmurando acerca de las acciones del otro. Un grupo sentía que no se estaban satisfaciendo las necesidades; no estaba recibiendo el cuidado y la atención merecidos. Había cinco razones para la división.

1. La iglesia había crecido rápidamente. Cuando una organización crece rápidamente, surgen todo tipo de problemas, y la mayoría de estos gira alrededor de cómo manejar ese crecimiento. La iglesia necesitaba ministrar a los miembros nuevos, pero estaba teniendo dificultades para alcanzar a cada uno de ellos. Los ministros de cabecera, es decir, los apóstoles, no podían llegar a todo el mundo.

2. En la iglesia había diferentes grupos o círculos.
   => Estaban los hebreos, los judíos nacidos y criados en Palestina; hablaban arameo, el idioma que había resultado del antiguo hebreo. Ellos rechazaban a los gentiles y la cultura griega por completo, y usaban solamente la Biblia hebrea en su idioma original, el hebreo. El aspecto significativo aquí es que los judíos hebreos o palestinos eran tan exclusivistas y estaban tan íntimamente ligados que despreciaban a los gentiles y su cultura. De hecho, los maldecían pues creían que estos habían sido maldecidos por Dios eternamente. Este odio incluso incluía a los judíos griegos que habían sido llevados a otras tierras por los romanos.
   => Estaban los judíos griegos, conocidos como los

helenistas. Estos eran judíos a quienes los romanos habían esparcido y deportado todo el mundo. Muchos de ellos regresaban para las grandes celebraciones como el pentecostés y la pascua. Parece ser que algunos de estos se habían convertido el día de pentecostés o un poco después y habían prolongado su regreso a casa o habían decidido quedarse en Jerusalén.

Los judíos griegos o helenistas habían adoptado la cultura griega, hablan griego, y usaban y leían la Biblia griega (la Septuaginta). Probablemente aquí esté la raíz del problema que se menciona en el pasaje. Los judíos hebreos, a quienes siempre se les había enseñado el rechazo y desprecio hacia cualquier cosa griega, probablemente no supieran cómo deshacerse de todos sus prejuicios. Sin lugar a dudas, Dios había obrado en sus corazones para limpiarlos de prejuicio, pero parece ser que todavía se aferraban a algún resentimiento contra los helenistas. Tal vez creían que los helenistas o judíos griegos no se merecían o no tenían derecho a tanta atención como ellos.

Pensamiento 1. Las personas siempre formarán grupos o círculos, pero siempre tenemos que estar abiertos y dispuestos a aceptar, ser sociables y amistosos, dispuestos a dar y ayudar, humildes, sin considerarnos dignos de mérito alguno, ministrando y recibiendo el ministerio de otros.

Pensamiento 2: Los grupos o círculos son peligrosos. Debemos cuidarnos de ciertos pecados que son comunes en los grupos…

* ser exclusivistas, dejando a otros fuera.
* sentirnos superiores a otros.
* creer que uno tiene más derechos que otro.
* creer que uno merece más atención que los demás.

3. Los líderes de la iglesia no tenían ayuda suficiente para ocuparse de cada miembro. Tenga en cuenta dos asuntos esenciales cuando surge este problema.

    a. La iglesia debe garantizar ayuda. Debe buscar a personas que sientan que Dios les está llamando a ministrar a otros.

    b. Los miembros deben estar dispuestos a dejar de exigirle tanto al ministro principal y aceptar que otros hombres que también han sido llamados a ministrar al rebaño de Dios así lo hagan

Fíjese que había una división en la iglesia: murmuración, queja, lamentaciones. ¿Por qué? La falta de líderes suficientes para satisfacer *todas las necesidades*. La carencia de liderazgo, de obreros suficientes, puede causar división. Algunos siempre se sentirán rechazados.

4. La iglesia no estaba adecuadamente organizada para ministrar a todos. El liderazgo estaba centrado solo en los apóstoles. Se necesitaba otro nivel de ministros, ministros que pudieran llegar a todos y cada uno de los miembros.

5. Todo parece indicar que había cierto favoritismo. La mayoría de los alimentos que se distribuía a los necesitados, si no todo, era administrado por los judíos hebreos. los

judíos griegos sentían que los necesitados de entre ellos estaban siendo rechazados y que se mostraba cierto favoritismo hacia los que tenían necesidad entre los judíos hebreos o palestinos.

2 (6:2) *Iglesia, líderes:* la recomendación democrática.

1. Los líderes (apóstoles) convocaron a toda la iglesia. Advierta que ellos no ignoraron el problema, sino que con gentileza admitieron que el problema podría existir (o existía). Ellos sabían cuán fácilmente las personas y en particular los grupos, pueden volverse desconfiados y pueden llegar a causar más problemas en la iglesia. Lo importante aquí es comprender que la iglesia estuvo involucrada en la decisión. Los líderes *sabiamente* buscaron en todos….

2. Los líderes manifestaron su llamamiento y misión fundamentales. Ellos tenían que concentrarse en la Palabra de Dios, su estudio y proclamación. Es importante destacar:

    => su inequívoco sentido de llamamiento y misión,

    => su renuencia a ser distraídos de su misión fundamental

    => la comprensión y aceptación de su misión por parte de la iglesia. (¡cuánto se necesita esta comprensión y aceptación en las iglesias de la actualidad!)

Fácilmente los apóstoles podrían haberse distraído, ocupados en el ministerio diario –el ministerio de sentarse a escuchar, sirviendo y satisfaciendo las demandas de los necesitados. Tales necesidades deben ser satisfechas, es el deber de la iglesia ministrar en este sentido. Si la iglesia hubiera sido más pequeña, los propios apóstoles podrían haberse ocupado del asunto, pero cuando la iglesia se hizo más grande, simplemente había demasiadas personas.

Pensamiento 1. Tiene que haber un punto de ruptura en el que los ministros protejan y salvaguarden su llamamiento a proclamar la Palabra de Dios. Ellos *tienen* que disponer de tiempo, por encima de todo lo demás, para *preparase, predicar y enseñar* la Palabra.

"Lo que os digo en tinieblas, decidlo en la luz; y lo que oís al oído, proclamadlo desde las azoteas" (Mt. 10:27).

"del cual yo fui hecho ministro por el don de la gracia de Dios que me ha sido dado según la operación de su poder. A mí, que soy menos que el más pequeño de todos los santos, me fue dada esta gracia de anunciar entre los gentiles el evangelio de las inescrutables riquezas de Cristo" (Ef. 3:7-8).

"del cual yo fui constituido predicador, apóstol y maestro de los gentiles. 12Por lo cual asimismo padezco esto; pero no me avergüenzo, porque yo sé a quién he creído, y estoy seguro que es poderoso para guardar mi depósito para aquel día" (2 Ti. 1:11-12).

"que prediques la palabra; que instes a tiempo y fuera de tiempo; redarguye, reprende, exhorta con toda paciencia y doctrina" (2 Ti. 4:2).

3. Los líderes sugirieron que otros fueran designados para ministrar a los necesitados. Tenga en cuenta que se estaba sugiriendo un nuevo nivel de ministros. Hasta este

momento, los líderes de la iglesia eran los apóstoles. Ahora se estaba creando un nuevo departamento para ayudar al trabajo en el ministerio.

> "Entonces dijo a sus discípulos: A la verdad la mies es mucha, mas los obreros pocos. Rogad, pues, al Señor de la mies, que envíe obreros a su mies" (Mt. 9:37-38).
>
> "No decís vosotros: Aún faltan cuatro meses para que llegue la siega? He aquí os digo: Alzad vuestros ojos y mirad los campos, porque ya están blancos para la siega. Y el que siega recibe salario, y recoge fruto para vida eterna, para que el que siembra goce juntamente con el que siega" (Jn. 4:35-36).
>
> "el que planta y el que riega son una misma cosa; aunque cada uno recibirá su recompensa conforme a su labor. Porque nosotros somos colaboradores de Dios, y vosotros sois labranza de Dios, edificio de Dios" (1 Co. 3:8-9).

ESTUDIO A FONDO 1

(6:2) *Diáconos:* note las palabras "servir a las mesas" (diakonein trapezais). La palabra "servir" (diakonein) significa ministrar, atender: se estaban escogiendo hombres para ministrar, para velar por los necesitados (las viudas) de la iglesia. Por supuesto que no sería algo de ir corriendo a verles, pasar unos minutos juntos y dando la vuelta regresar. Les visitarían, tomándose tiempo para compartir y ministrar a los que padecían necesidad.

La palabra *diakonein* se usa para referirse a los ministros a lo largo del Nuevo Testamento, tanto a los predicadores de la Palabra como a los diáconos que servían como ministros satisfaciendo cada día las necesidades del rebaño (cp. Hechos 6:4; 12:25; 21:19; Ro. 11:13). Los diáconos se escogieron para ministrar tanto como los apóstoles, pero en un área diferente.

Esto no quiere decir que los apóstoles nunca se encargaran de ayudar con estas necesidades o que los diáconos nunca predicaran la Palabra. Tanto los apóstoles como los diáconos servían en ambas esferas, pero cada uno se *concentraba* en su llamamiento y misión principales. (Véase *Estudio a fondo 1,* Diácono, 1 Ti. 3:8-13 para mayor discusión).

3 (6:3) *Diáconos, requisitos:* los requisitos necesarios. (Véase bosquejo, notas y *Estudio a fondo 1,* 1 Ti. 3:8-13 para mayor discusión). Advierta que los apóstoles traían una recomendación. Con mucha sabiduría, ellos se habían reunido y discutido el asunto de la división y las quejas. Se estaba haciendo un trabajo de comité entre los líderes de la iglesia. Ahora estaba lista la recomendación para ser presentada a toda la congregación. Se necesitaban siete hombres para este ministerio. (Como ya se ha dicho, estaba surgiendo un nuevo nivel en el ministerio de la iglesia).

Los requisitos están enumerados. Fíjese que todos giran alrededor de las cualidades espirituales, alrededor de la madurez espiritual de los hombres.

1. De buen testimonio (marturoumenous): bien recomendados; que tuvieran un buen testimonio; de buena reputación. el carácter del diácono tenía que ser probado y sin ningún reproche. Tenían que ser hombres íntegros, fieles y dignos de confianza; honorables y honestos, hombres en quienes todos confiaran.

> "Y enviamos juntamente con él al hermano cuya alabanza en el evangelio se oye por todas las iglesias" (2 Co. 8:18).
>
> "Los diáconos asimismo deben ser honestos, sin doblez, no dados a mucho vino, no codiciosos de ganancias deshonestas; que guarden el misterio de la fe con limpia conciencia" (1 Ti. 3:8-9).
>
> "Mejor es la buena fama que el buen ungüento" (Ec. 7:1).

2. Llenos del Espíritu Santo. El diácono tenía que estar consciente de que Cristo mora en él, consciente de la llenura del fruto del Espíritu.

> "Mas el fruto del Espíritu es amor, gozo, paz, paciencia, benignidad, bondad, fe, mansedumbre, templanza; contra tales cosas no hay ley" (Gá. 5:22-23).
>
> "para que seáis llenos de toda la plenitud de Dios" (Ef. 3:19).
>
> "No os embriaguéis con vino, en lo cual hay disolución; antes bien sed llenos del Espíritu, hablando entre vosotros con salmos, con himnos y cánticos espirituales, cantando y alabando al Señor en vuestros corazones" (Ef. 5:18-19).

3. Llenos de sabiduría: capaces de discernir, de conocer las intenciones, de hacer juicios. Esto se requería ahora especialmente para manejar la división que había surgido en la iglesia. Si se manejaba de manera inadecuada por hombres carentes de juicio, pues solo se le añadiría leña al fuego, causando más tensiones y fricciones.

> "Y nosotros no hemos recibido el espíritu del mundo, sino el Espíritu que proviene de Dios, para que sepamos lo que Dios nos ha concedido, 13lo cual también hablamos, no con palabras enseñadas por sabiduría humana, sino con las que enseña el Espíritu, acomodando lo espiritual a lo espiritual" (1 Co. 2:12-13).
>
> "Por lo cual también nosotros, desde el día que lo oímos, no cesamos de orar por vosotros, y de pedir que seáis llenos del conocimiento de su voluntad en toda sabiduría e inteligencia espiritual" (Col. 1:9).
>
> "Pero la sabiduría que es de lo alto es primeramente pura, después pacífica, amable, benigna, llena de misericordia y de buenos frutos, sin incertidumbre ni hipocresía" (Stg. 3:17).
>
> "Pero vosotros tenéis la unción del Santo, y conocéis todas las cosas" (1 Jn. 2:20).

4 (6:4) *Ministros — Oración — Palabra de Dios:* el propósito fundamental de los diáconos es aliviar al ministro(s) principal(es) para que puedan ocuparse en la oración y la Palabra. Hay que destacar dos puntos:

1. Los grandes ministerios de la iglesia tienen dos aristas: la oración y el ministerio de la Palabra. Todas las demás cosas, por muy necesarias que puedan ser, deben ser secundarias con respecto a estos dos grandes ministerios. Por tanto, el ministro principal debe dar su vida a estos dos ministerios y no distraerse o desviarse de ellos.

=> Es mediante la oración que el creyente se acerca a Dios y habla con Él. Más que ningún otro, el líder debe vivir buscando el rostro de Dios, compartiendo con Dios y suplicándole por el rebaño de Dios.

"Vino luego a sus discípulos, y los halló durmiendo, y dijo a Pedro: ¿Así que no habéis podido velar conmigo una hora? Velad y orad, para que no entréis en tentación; el espíritu a la verdad está dispuesto, pero la carne es débil" (Mt. 26:40-41. Véase *Estudio a fondo 1-10*, Mt. 6:9-13; Ef. 3:14-21 acerca de cómo y por qué orar).

"También les refirió Jesús una parábola sobre la necesidad de orar siempre, y no desmayar" (Lc. 18:l).

"Orad sin cesar" (1 Ts. 5:17).

"orando en todo tiempo con toda oración y súplica en el Espíritu, y velando en ello con toda perseverancia y súplica por todos los santos (Ef. 6:18).

"Por lo cual también nosotros... no cesamos de orar" (Col. 1:9. Cp. v. 9-11).

"Por lo cual asimismo oramos siempre por vosotros" (2 Ts. 1:11. Cp. v. 11-12).

=> Es por medio de la Palabra que Dios le habla al ministro, al rebaño, al mundo. El ministro debe pasar horas y días buscando de Dios, averiguando lo que Dios quiera decirle a él, a la iglesia y al mundo.

"Y ahora, hermanos, os encomiendo a Dios, y a la palabra de su gracia, que tiene poder para sobreedificaros y daros herencia con todos los santificados" (Hch. 20:32).

"sí, pues, téngannos los hombres por servidores de Cristo, y administradores de los misterios de Dios. Ahora bien, se requiere de los administradores, que cada uno sea hallado fiel" (1 Co. 4:1-2).

"Por lo cual, teniendo nosotros este ministerio según la misericordia que hemos recibido, no desmayamos. Antes bien renunciamos a lo oculto y vergonzoso, no andando con astucia, ni adulterando la palabra de Dios, sino por la manifestación de la verdad recomendándonos a toda conciencia humana delante de Dios" (2 Co. 4:1-2).

"Ocúpate en estas cosas; permanece en ellas, para que tu aprovechamiento sea manifiesto a todos. Ten cuidado de ti mismo y de la doctrina; persiste en ello, pues haciendo esto, te salvarás a ti mismo y a los que te oyeren" (1 Ti. 4:15-16).

"procura con diligencia presentarte a Dios aprobado, como obrero que no tiene de qué avergonzarse, que usa bien la palabra de verdad" (2 Ti. 2:15).

"toda la Escritura es inspirada por Dios, y útil para enseñar, para redargüir, para corregir, para instruir en justicia" (2 Ti. 3:16).

Pensamiento 1: ¡Imagínese que gran diferencia habría si los ministros vivieran de esta manera en la oración y en la Palabra de Dios! Que los creyentes laicos del mundo *permitan e insistan* a los ministros de Dios que busquen el rostro de Dios en oración y en su Palabra.

"Doy gracias al que me fortaleció, a Cristo Jesús nuestro Señor, porque me tuvo por fiel, poniéndome en el ministerio" (1 Ti. l:12).

2. Note la palabra "persistiremos" (proskarteresomen). Significa continuar con tenacidad; perseverar, mantenerse, aferrarse. El ministro debe orar y orar, estudiar y estudiar, compartir y compartir, predicar y enseñar la Palabra, *sin descansar*. Debe permanecer firme, perseverando, continuando adelante tanto en la oración como en el estudio de la Palabra.

"Así que, hermanos míos amados, estad firmes y constantes, creciendo en la obra del Señor siempre, sabiendo que vuestro trabajo en el Señor no es en vano" (1 Co. 15:58).

"a quien anunciamos [Cristo], amonestando a todo hombre, y enseñando a todo hombre en toda sabiduría, a fin de presentar perfecto en Cristo Jesús a todo hombre" (Col. 1:28).

"que prediques la palabra; que instes a tiempo y fuera de tiempo; redarguye, reprende, exhorta con toda paciencia y doctrina" (2 Ti. 4:2).

"Por tanto, nosotros también, teniendo en derredor nuestro tan grande nube de testigos, despojémonos de todo peso y del pecado que nos asedia, y corramos con paciencia la carrera que tenemos por delante" (He. 12:1).

"He aquí, tenemos por bienaventurados a los que sufren. Habéis oído de la paciencia de Job, y habéis visto el fin del Señor, que el Señor es muy misericordioso y compasivo" (Stg. 5:11).

"Por tanto, ceñid los lomos de vuestro entendimiento, sed sobrios, y esperad por completo en la gracia que se os traerá cuando Jesucristo sea manifestado" (1 P. 1:13).

"Así que vosotros, oh amados, sabiéndolo de antemano, guardaos, no sea que arrastrados por el error de los inicuos, caigáis de vuestra firmeza" (2 P. 3:17).

"He aquí, yo vengo pronto; retén lo que tienes, para que ninguno tome tu corona" (Ap. 3:11).

"Mas a Jehová vuestro Dios seguiréis, como habéis hecho hasta hoy" (Jos. 23:8).

5 (6:5) *Unidad — Amor — Humildad:* los diáconos elegidos. Note cuatro puntos importantes:

1. La iglesia obró con amor y humildad. Ni los apóstoles ni ninguna otra persona estaban irritados. Los apóstoles y los creyentes hebreos (cientos de ellos) reaccionaron con amor y humildad. Los siete hombres a quienes escogieron eran *judíos griegos*. Tenían nombres griegos, no judíos. La sección mayoritaria de la iglesia se humilló ante la minoría. ¡Qué gran ejemplo!

2. "La multitud" de creyentes estaba satisfecha. El cuerpo se había unificado nuevamente en un espíritu y propósito, adoración y ministerio.

3. El hecho de que todos fueran creyentes griegos apunta al hecho de que Dios estaba llevando la iglesia a todo el mundo. Cristo había encomendado a los primeros discípulos que fueran por todo el mundo (Mt. 28:19-20; Hch, 1:8). Ahora estaba preparando a la iglesia providencialmente para el día que estaba a punto de llegar, el día de persecución que dispersaría a los creyentes por todo el mundo (Hch. 8:1-4). Estos siete hombres, ya que eran ministros griegos, podían alcanzar al mundo gentil en donde quiera que fueran con el idioma, con la preparación y con la cultura. Dios estaba pre-

parando la iglesia sin ella saberlo para el día en que todos serían dispersados.

Pensamiento 1. Los creyentes deben estar arraigados en *amor y humildad* para que Dios les use en su plan eterno de alcanzar al mundo para su amado Hijo.

"así nosotros, siendo muchos, somos un cuerpo en Cristo, y todos miembros los unos de los otros" (Ro. 12:5).

"ya no hay judío ni griego; no hay esclavo ni libre; no hay varón ni mujer; porque todos vosotros sois uno en Cristo Jesús" (Gá. 3:28).

"Por lo demás, hermanos, tened gozo, perfeccionaos, consolaos, sed de un mismo sentir, y vivid en paz; y el Dios de paz y de amor estará con vosotros" (2 Co. 13:11).

"Yo pues, preso en el Señor, os ruego que andéis como es digno de la vocación con que fuisteis llamados, con toda humildad y mansedumbre, soportándoos con paciencia los unos a los otros en amor, solícitos en guardar la unidad del Espíritu en el vínculo de la paz" (Ef. 4:1-3).

"completad mi gozo, sintiendo lo mismo, teniendo el mismo amor, unánimes, sintiendo una misma cosa. Nada hagáis por contienda o por vanagloria; antes bien con humildad, estimando cada uno a los demás como superiores a él mismo" (Fil. 2:2-4).

4. Los hombres escogidos son desconocidos, excepto Esteban y Felipe (véase notas, Hch. 6:8-15; 8:5-25). Lo importante es que eran hombre que tenían las características dadas cn el versículo tres.

Fíjese en Nicolás, un judío prosélito. Era un gentil que se había convertido al judaísmo y luego a Cristo. Algunos tratan de relacionarlo con los nicolaítas que se desviaron de la doctrina y en su error crearon una secta. Pero no hay elementos para fundamentar esa idea. De hecho, lo más probable es que fuera un instrumento para comenzar la iglesia en Antioquía, una de las mayores iglesias de todos los tiempos (cp. Hch. 11:19-30).

6 (6:6) *Ordenación:* la ordenación oficial. Este fue un culto definitivo, un momento específico cuando los hombres recién elegidos serían apartados para el ministerio. Antes de este momento, ellos no estaban sirviendo en la misma medida que ahora se les requería. A partir de ahora, luego de la ordenación, ministrarían al rebaño de Dios y se ocuparían de las necesidades de este cada día. Fíjese que el culto tuvo tres pasos.

1. La iglesia los apartó y los presentó a los apóstoles.
2. La iglesia oró, los ministros (apóstoles) dirigieron la oración.
3. Los ministros (apóstoles) impusieron las manos a los nuevos diáconos recién elegidos (Véase *Estudio a fondo 2*, Hechos 6:6 para discusión).

ESTUDIO A FONDO 2

(6:6) *Imponer las manos:* Esto era un símbolo significativo de bendición (Mt. 19:13-15); para sanidad (Mr. 5:23; 6:5); para recibir al Espíritu Santo (Hch. 8:17-19; 9:6, 17); y para ordenar y comisionar hombres al ministerio.

"A los cuales presentaron ante los apóstoles, quienes, orando, les impusieron las manos" (Hch. 6:6).

"Ministrando éstos al Señor, y ayunando, dijo el Espíritu Santo: Apartadme a Bernabé y a Saulo para la obra a que los he llamado. 3Entonces, habiendo ayunado y orado, les impusieron las manos y los despidieron" (Hch. 13:2-3).

"No descuides el don que hay en ti, que te fue dado mediante profecía con la imposición de las manos del presbiterio" (1 Ti. 4:14).

"Por lo cual te aconsejo que avives el fuego del don de Dios que está en ti por la imposición de mis manos" (2 Ti. 1:6).

7 (6:7) *Ministros, iglesia:* Se manifiestan los gloriosos resultados.

1. La Palabra de Dios aumentó como nunca antes. A los apóstoles se les liberó para concentrarse en la oración y la Palabra. Hubo un nuevo poder en su testimonio y enseñanza.
2. La iglesia creció. Se alcanzaron otras muchas personas con el glorioso evangelio.
3. Se alcanzaron para Cristo un gran número de sacerdotes. Fíjese en las palabras, "obedecían a la fe". Ellos obedecieron en el acto de *recibir* y *seguir* a Cristo. Ellos *aceptaron* el evangelio y *comenzaron a vivir* el evangelio.

"y por quien [Cristo] recibimos la gracia y el apostolado, para la obediencia a la fe en todas las naciones por amor de su nombre" (Ro. 1:5).

"Por tanto, de la manera que habéis recibido al Señor Jesucristo, andad en él" (Col. 2:6).

"El que dice que permanece en él, debe andar como él anduvo" (1 Jn. 2:6).

"Con Cristo estoy juntamente crucificado, y ya no vivo yo, mas vive Cristo en mí; y lo que ahora vivo en la carne, lo vivo en la fe del Hijo de Dios, el cual me amó y se entregó a sí mismo por mí" (Gá. 2:20).

	O. El primer mártir, Esteban (escena 1): un hombre modelo, 6:8-15	contra Dios.	para que mintieran
1 Un hombre lleno de fe y de poder, que hizo grandes cosas para Dios[EF1]	8 Y Esteban, lleno de gracia y de poder, hacía grandes prodigios y señales entre el pueblo.	12 Y soliviantaron al pueblo, a los ancianos y a los escribas; y arremetiendo, le arrebataron, y le trajeron al concilio.	b. Soliviantaron contra él al pueblo y a los líderes
2 Un hombre que defendió la fe	9 Entonces se levantaron unos de la sinagoga llamada de los libertos, y de los de Cirene, de Alejandría, de Cilicia y de Asia, disputando con Esteban.	13 Y pusieron testigos falsos que decían: Este hombre no cesa de hablar palabras blasfemas contra este lugar santo y contra la ley;	c. Lo arrestaron y llevaron a juicio
	10 Pero no podían resistir a la sabiduría y al Espíritu con que hablaba.	14 pues le hemos oído decir que ese Jesús de Nazaret destruirá este lugar, y cambiará las costumbres que nos dio Moisés.	d. Fue acusado falsamente 1) De blasfemar contra el templo y la ley 2) De predicar la destrucción del templo y las costumbres judías
3 Un hombre a quien acusaron ferozmente, aunque con falsedad a. Sobornaron a hombres	11 Entonces sobornaron a unos para que dijesen que le habían oído hablar palabras blasfemas contra Moisés y	15 Entonces todos los que estaban sentados en el concilio, al fijar los ojos en él, vieron su rostro como el rostro de un ángel.	**4 Un hombre de gran comunión, rodeado por la presencia del Señor**

DIVISIÓN II

EL NACIMIENTO Y DESARROLLO DE LA IGLESIA, 2:1–7:60

O. El primer mártir, Esteban (escena 1): un hombre modelo, 6:8-15

(6:8-15) *Introducción, Esteban el diácono, el primer mártir:* Esteban era un laico, un laico extraordinario, un gran siervo de Dios. Su nombre significa *corona*. Note los siguientes aspectos acerca de él. Él…

- estaba lleno de fe (Hch. 6:8).
- estaba lleno del Espíritu Santo (Hch. 6:3, 5, 10).
- estaba lleno de gracia (Hch. 6:8).
- estaba lleno de poder (Hch. 6:8).
- estaba lleno de sabiduría (Hch. 6:3, 10).
- era un hombre de gran reputación o testimonio (Hch. 6:3).
- era un hombre de grandes obras (Hch. 6:8).
- era un gran defensor de la fe (Hch. 6:10).
- fue el primer diácono de la iglesia (Hch. 6:5).
- fue el primer mártir de la iglesia (Hch. 7:59-60; 22:20).
1. Un hombre lleno de fe y de poder, que hizo grandes cosas para Dios (v. 8).
2. Un hombre que defendió la fe (vv. 9-10).
3. Un hombre a quien acusaron ferozmente, aunque con falsedad (vv. 11-14).
4. Un hombre de gran comunión, rodeado por la presencia del Señor (v. 15).

1 (6:8) *Esteban:* Esteban era un hombre lleno de fe (gracia) y poder que hizo grandes obras para Dios. La palabra "fe" es en realidad la palabra *gracia* en los mejores manuscritos grie-

gos, y esta es probablemente más exacta pues la gran fe de Esteban ya se había mencionado antes (v. 5).

1. Estaba lleno de gracia (chartos) (véase *Estudio a fondo 1,* Gracia, Tit. 2:11-15). Con gracia queremos decir…

- el amor, favor, dones y bendiciones de Dios.
- un carácter y comportamiento piadoso..

"Gracias doy a mi Dios siempre por vosotros, por la gracia de Dios que os fue dada en Cristo Jesús; 5porque en todas las cosas fuisteis enriquecidos en él, en toda palabra y en toda ciencia" (1 Co. 1:4-5).

"Porque nuestra gloria es esta: el testimonio de nuestra conciencia, que con sencillez y sinceridad de Dios, no con sabiduría humana, sino con la gracia de Dios, nos hemos conducido en el mundo, y mucho más con vosotros" (2 Co. 1:12).

"del cual yo fui hecho ministro por el don de la gracia de Dios que me ha sido dado según la operación de su poder" (Ef. 3:7).

"Pero la gracia de nuestro Señor fue más abundante con la fe y el amor que es en Cristo Jesús" (1 Ti. 1:14).

"Porque la gracia de Dios se ha manifestado para salvación a todos los hombres, enseñándonos que, renunciando a la impiedad y a los deseos mundanos, vivamos en este siglo sobria, justa y piadosamente, aguardando la esperanza bienaventurada y la manifestación gloriosa de nuestro gran Dios y Salvador Jesucristo" (Tit. 2:11-13).

"Pero él da mayor gracia. Por esto dice: Dios resiste a los soberbios, y da gracia a los humildes" (Stg. 4:6).

"Cada uno según el don que ha recibido, minístrelo a los otros, como buenos administradores de la multiforme gracia de Dios" (1 P. 4:10).

"Igualmente, jóvenes, estad sujetos a los ancianos; y todos, sumisos unos a otros, revestíos de humildad;

porque: Dios resiste a los soberbios, Y da gracia a los humildes" (1 P. 5:5).

2. Él estaba lleno de poder. (Véase *Estudio a fondo 1*, Poder, Hch. 6:8).

3. Él hizo grandes prodigios y milagros. La gracia y el poder de Dios estaban con él. Se necesitan ambas, gracia y poder (el Espíritu Santo) para que una persona pueda servir a Dios con eficiencia. Note que Esteban era diácono y laico: un ejemplo dinámico que debe ser un desafío para todos nosotros.

"Entonces llamando a sus doce discípulos, les dio autoridad sobre los espíritus inmundos, para que los echasen fuera, y para sanar toda enfermedad y toda dolencia" (Mt. 10:1).

"Y estableció a doce, para que estuviesen con él, y para enviarlos a predicar, y que tuviesen autoridad para sanar enfermedades y para echar fuera demonios" (Mr. 3:14-15).

"Y estas señales seguirán a los que creen: En mi nombre echarán fuera demonios; hablarán nuevas lenguas; tomarán en las manos serpientes, y si bebieren cosa mortífera, no les hará daño; sobre los enfermos pondrán sus manos, y sanarán" (Mr. 16:17-18).

"cómo Dios ungió con el Espíritu Santo y con poder a Jesús de Nazaret, y cómo éste anduvo haciendo bienes y sanando a todos los oprimidos por el diablo, porque Dios estaba con él" (Hch. 10:38).

"a otro, fe por el mismo Espíritu; y a otro, dones de sanidades por el mismo Espíritu" (1 Co. 12:9).

ESTUDIO A FONDO 1

(6:8) *Poder* (dunameos): el poder del creyente radica en la presencia y el poder del Espíritu Santo que está en él. El creyente, por naturaleza, no tiene poder espiritual. El poder proviene única y exclusivamente del Espíritu Santo.

El Espíritu Santo es la divina...
- Presencia   • Fuerza
- Poder   • Potencia
- Fortaleza   • Energía

...que vive y actúa a través del creyente. El Espíritu Santo es el que...
- influye   • produce
- controla   • lleva a cabo

...la obra de Dios tanto dentro del creyente como a través del creyente. No es el hombre, sino solo el Espíritu Santo quien tiene el poder de salvar, llevar a término y obrar milagros entre los hombres.

"pero recibiréis poder, cuando haya venido sobre vosotros el Espíritu Santo, y me seréis testigos en Jerusalén, en toda Judea, en Samaria, y hasta lo último de la tierra" (Hch. 1:8).

"Y con gran poder los apóstoles daban testimonio de la resurrección del Señor Jesús, y abundante gracia era sobre todos ellos" (Hch. 4:33).

"y cuál la supereminente grandeza de su poder para con nosotros los que creemos, según la operación del poder de su fuerza" (Ef. 1:19).

"para que os dé, conforme a las riquezas de su gloria, el ser fortalecidos con poder en el hombre interior por su Espíritu" (Ef. 3:16).

"Y a Aquel que es poderoso para hacer todas las cosas mucho más abundantemente de lo que pedimos o entendemos, según el poder que actúa en nosotros" (Ef. 3:20).

"fortalecidos con todo poder, conforme a la potencia de su gloria, para toda paciencia y longanimidad" (Col. 1:11).

"pues nuestro evangelio no llegó a vosotros en palabras solamente, sino también en poder, en el Espíritu Santo y en plena certidumbre, como bien sabéis cuáles fuimos entre vosotros por amor de vosotros" (1 Ts. 1:5).

"Porque no nos ha dado Dios espíritu de cobardía, sino de poder, de amor y de dominio propio" (2 Ti. 1:7).

"Mas yo estoy lleno de poder del Espíritu de Jehová, y de juicio y de fuerza, para denunciar a Jacob su rebelión, y a Israel su pecado" (Mi. 3:8).

"Entonces respondió y me habló diciendo: Esta es palabra de Jehová a Zorobabel, que dice: No con ejército, ni con fuerza, sino con mi Espíritu, ha dicho Jehová de los ejércitos" (Zac. 4:6).

2 (6:9-10) *Fe, defensa:* Esteban fue un hombre que defendió la fe. Note los tres puntos siguientes.

1. Esteban predicó en varias sinagogas por toda Jerusalén (véase *Estudio a fondo 2, Sinagoga*, Mt. 4:23). Los nombres de todas las sinagogas que se enumeran son griegos. Alrededor del año 19 d.C., el emperador romano Tiberio había expulsado a todos los judíos de Roma. Muchos de ellos habían regresado a su tierra natal, otros se habían asentado en Jerusalén. A su regreso, y debido a que compartían el mismo idioma y cultura, se agruparon, comenzando sus centros de adoración o sinagogas.

Lo que debemos observar es cómo este dinámico laico aprovechó cada oportunidad que tuvo para predicar. Cada vez que tenía oportunidad, Esteban viajaba por toda la ciudad, predicando a Cristo a los judíos griegos.

2. Fíjese en la palabra "levantaron" (anestesan, v. 9), que significa *ponerse en pie*. Cinco sinagogas en particular se levantaron contra Esteban. Ellos se oponían a lo que él predicaba. Hubo una razón poderosa para esta oposición de los judíos griegos. Ellos y sus antepasados habían sido deportados de su tierra natal por los romanos y dispersados por todo el mundo. Aunque vivieron en tierras extrañas del mundo, permanecieron fieles a su religión judía. El mensaje de Jesucristo era una amenaza para ellos y para su religión. Por ejemplo, Esteban predicaba que...

- Jesucristo es el cordero de Dios, sacrificado por los pecados del mundo. Por tanto, no se necesitaban más los sacrificios de animales.

- Jesucristo es el mediador entre Dios y el hombre, y ahora el hombre adoraría a Dios en espíritu y verdad mediante Cristo única y exclusivamente. Por tanto, los sacerdotes terrenales no eran más los mediadores entre Dios y el hombre. Ellos eran ministros y siervos de Dios ante su rebaño, pero no mediadores.

Los judíos griegos vieron que la predicación de Jesús como el supremo sacrificio y mediador iba contra todo lo que se les había enseñado y que ellos defendían. Ellos no vieron a Jesús como el cumplimiento de la ley ni como el libertador del hombre, sino como el destructor de la ley y de todo lo que era precioso para ellos. (Véase *Estudio a fondo 1*, Mt. 12:10 para una discusión de por qué los judíos se opusieron tanto a Jesús). Así pues, ellos se pusieron en pie y discutieron con Esteban. Note la imagen aquí: ellos se *pusieron en pie* en medio de la predicación de Esteban y comenzaron a discutir con él. La idea que se da es que ellos lo hicieron varias veces (v. 10).

3. Esteban defendió la fe lleno de sabiduría y con el Espíritu de Dios. Mire las palabras exactas usadas en las Escrituras.

=> "...disputando con Esteban": fueron capaces de oponerse y discutir con él.

=> "...no podían resistir a la sabiduría y al Espíritu con que hablaba".

Pudieron oponerse a Esteban, pero no pudieron resistir al Espíritu Santo que estaba en él y hablaba mediante él. El Espíritu Santo suplía las respuestas, los pensamientos y las palabras que debía decir.

"porque yo os daré palabra y sabiduría, la cual no podrán resistir ni contradecir todos los que se opongan" (Lc. 21:15).

"Y si alguno de vosotros tiene falta de sabiduría, pídala a Dios, el cual da a todos abundantemente y sin reproche, y le será dada" (Stg. 1:5).

4. Saulo de Tarso, quien se convertiría en el gran apóstol Pablo, era probablemente miembro de la sinagoga de los libertos o de la de Cilicia. Saulo era natural de Tarso de Cilicia y ahora vivía en Jerusalén. Con seguridad asistía a alguna sinagoga, así que probablemente asistía a la de sus compatriotas. Sin embargo, él también había nacido de un *hombre libertado*, por lo que también podía haber sido miembro de los libertos (palabra latina que significa un hombre libertado o hijo de un hombre libertado). Es muy probable que él fuera uno de los que resultaron derrotados en la discusión con Esteban y por eso se volvió tan hostil contra él. Pablo estaba ciertamente consciente del mensaje que Esteban predicaba. Él fue uno de los que estuvo a cargo la muerte de Esteban (Hch. 7:58; 8:1).

Pensamiento 1: A menudo los hombres se levantan contra los creyentes, pero el hombre que se opone y discute contra el testimonio del creyente está en realidad resistiendo al Espíritu Santo, no al creyente.

"¡Duros de cerviz, e incircuncisos de corazón y de oídos! Vosotros resistís siempre al Espíritu Santo; como vuestros padres, así también vosotros" (Hch. 7:51).

"No seáis como el caballo, o como el mulo, sin entendimiento, Que han de ser sujetados con cabestro y con freno, Porque si no, no se acercan a ti. Muchos dolores habrá para el impío; Mas al que espera en Jehová, le rodea la misericordia" (Sal. 32:9-10).

"Oídme, duros de corazón, que estáis lejos de la justicia: Haré que se acerque mi justicia; no se alejará, y mi salvación no se detendrá. Y pondré salvación en Sion, y mi gloria en Israel" (Is. 46:12-13).

"Y me volvieron la cerviz, y no el rostro; y cuando los enseñaba desde temprano y sin cesar, no escucha-

ron para recibir corrección" (Jer. 32:33).

"Si no oyereis, y si no decidís de corazón dar gloria a mi nombre, ha dicho Jehová de los ejércitos, enviaré maldición sobre vosotros, y maldeciré vuestras bendiciones; y aun las he maldecido, porque no os habéis decidido de corazón" (Mal. 2:2).

Pensamiento 2: El Espíritu Santo le da al verdadero creyente los pensamientos y las palabras que debe decir cuando testifica al mundo, pero note algo: no todo testimonio es del Espíritu. Una persona tiene que estar bajo el control del Espíritu tal y como lo estaba Esteban. (Véase nota, Esteban, Hch. 6:8-15).

"Mas el Consolador, el Espíritu Santo, a quien el Padre enviará en mi nombre, él os enseñará todas las cosas, y os recordará todo lo que yo os he dicho" (Jn. 14:26).

"Pero cuando venga el Consolador, a quien yo os enviaré del Padre, el Espíritu de verdad, el cual procede del Padre, él dará testimonio acerca de mí" (Jn. 15:26).

"Pero yo os digo la verdad: Os conviene que yo me vaya; porque si no me fuera, el Consolador no vendría a vosotros; mas si me fuere, os lo enviaré. Y cuando él venga, convencerá al mundo de pecado, de justicia y de juicio. De pecado, por cuanto no creen en mí; de justicia, por cuanto voy al Padre, y no me veréis más; y de juicio, por cuanto el príncipe de este mundo ha sido ya juzgado" (Jn. 16:7-11).

"Pero cuando venga el Espíritu de verdad, él os guiará a toda la verdad; porque no hablará por su propia cuenta, sino que hablará todo lo que oyere, y os hará saber las cosas que habrán de venir" (Jn. 16:13).

3 (6:11-14) *Persecución:* Esteban fue un hombre al que se le opusieron encarnizadamente aunque todo fue falso. Las sinagogas estaban tan enojadas con Esteban que sobornaron hombres para que mintieran contra él, soliviantando o agitando así contra él al pueblo y a los líderes. Lo arrestaron y lo llevaron a la corte ante el Sanedrín, enjuiciándolo bajo sentencia de muerte. Fíjese en los siguientes puntos.

1. La palabra "soliviantaron" (sunekinesan) significa sacudir como un volcán; moverse y balancearse como producto de una sacudida violenta. Esta fue la primera vez que la gente del pueblo se levantó contra los discípulos.

2. La palabra "arremetiendo [contra él]" (epistantes) significa que corrieron hacia él con furia, ira y violencia.

3. Las palabras "le arrebataron" (sunerpasan) significa agarrar violentamente. La idea es que se apoderaron de él y literalmente le arrastraron hasta el juzgado (cp. Lc. 8:29; Hch. 19:29; 27:15).

4. Los cargos presentados contra Esteban fueron tres.

a. Blasfemia contra el templo. Los judíos siempre habían enseñado que Dios habita en el templo. El templo era el mismo centro de su presencia. Esteban predicaba que Dios *ahora* habitaba en los corazones y en las vidas de su pueblo, y no solo en el templo. Los corazones del pueblo de Dios era ahora el lugar especial donde habitaba la presencia de Dios. Dios llena el templo; de hecho, él llena todo el corazón con su presencia, pero ahora Jesucristo ha hecho posible que Dios llene los corazones de los hombres con la presencia de su Espíritu, y su presencia es permanente. El cuerpo del creyente ha venido a ser el templo del Espíritu Santo. (Véase bosquejo y notas, Jn. 14:15-26; *Estudio a fondo 1,* Hch. 2:1-4. Cp. 1 Co. 6:19-20).

"¿O ignoráis que vuestro cuerpo es templo del Espíritu Santo, el cual está en vosotros, el cual tenéis de Dios, y que no sois vuestros? Porque habéis sido comprados por precio; glorificad, pues, a Dios en vuestro cuerpo y en vuestro espíritu, los cuales son de Dios" (1 Co. 6:19-20).

Tenga en cuenta que. Esteban no estaba diciendo que Dios ya no mora en el templo. Dios sí mora en su iglesia, el lugar santificado, puesto aparta para él (véase nota, 1 Co. 3:16-17 para mayor discusión).

"¿No sabéis que sois templo de Dios, y que el Espíritu de Dios mora en vosotros? Si alguno destruyere el templo de Dios, Dios le destruirá a él; porque el templo de Dios, el cual sois vosotros, santo es" (1 Co. 3:16-17).

"¿Y qué acuerdo hay entre el templo de Dios y los ídolos? Porque vosotros sois el templo del Dios viviente, como Dios dijo: Habitaré y andaré entre ellos, Y seré su Dios, Y ellos serán mi pueblo" (2 Co. 6:16).

"en quien todo el edificio, bien coordinado, va creciendo para ser un templo santo en el Señor; en quien vosotros también sois juntamente edificados para morada de Dios en el Espíritu" (Ef. 2:21-22).

b. Blasfemia contra la ley. Al decir Ley los judíos se referían a la ley [de los escribas], a todos los comentarios e interpretaciones de las Escrituras. (Véase *Estudio a fondo 1.* Escribas, Lc. 6:2; *Estudio a fondo 4,* 6:7 para mayor discusión). Esteban predicaba que Cristo es el cumplimiento de la ley. La ley de Dios no se destruye; por el contrario, en Cristo alcanza su cumplimiento. Ahora Cristo es el Ideal, el modelo, el Estándar que debemos seguir. La ley no queda anulada o eliminada. En la vida de Cristo está incluida la ley. El estándar del hombre es la ley y mucho más; es el mismo Señor viviente. Él completa y abarca la ley y mucha más. El estándar del hombre ya no es solo un conjunto de prohibiciones y mandamientos, ni tan solo escritos y palabras. Ahora el estándar del hombre es la vida de Dios mismo, la encarnación del amor y la libertad, así como de la ley y las demandas.

"Pero ahora, aparte de la ley, se ha manifestado la justicia de Dios, testificada por la ley y por los profetas; la justicia de Dios por medio de la fe en Jesucristo, para todos los que creen en él. Porque no hay diferencia" (Ro. 3:21-22).

c. Predicar la destrucción del templo y de las costumbres judías. Esta es una repetición de lo dicho en el punto anterior. El énfasis se pone en que es Jesús de Nazaret quien destruirá el templo y las costumbres del pueblo. Lo que debemos notar es que los cargos eran falsos. Esteban estaba predicando que Cristo llena la necesidad que el hombre tiene de Dios y de salvación.

=> La necesidad del hombre de la presencia de Dios se satisface ahora abundantemente en Cristo. A través de Cristo, Dios vive en los corazones y vidas de los creyentes.

=> La necesidad del hombre de saber cómo vivir se satisface ahora abundantemente en Cristo. Él abarca toda la ley y mucho más, y de esta manera Él es ahora el estándar de Dios para todos los hombres. (Véase *Estudio a fondo 2,* Mt. 5:17; nota, Ro. 5:1).

"No penséis que he venido para abrogar la ley o los profetas; no he venido para abrogar, sino para cumplir" (Mt. 5:17).

"Porque lo que era imposible para la ley, por cuanto era débil por la carne, Dios, enviando a su Hijo en semejanza de carne de pecado y a causa del pecado, condenó al pecado en la carne" (Ro. 8:3).

4 (6:15) *Esteban:* Esteban era un hombre de gran comunión; vivía rodeado de la presencia de Dios. Note: todos los miembros del concilio vieron la presencia de Dios en el rostro de Esteban. Las palabras "el rostro de un ángel" se refieren a algún esplendor, brillo, brillantez, alguna gloria que estaba presente. Aparentemente, Dios le dio a Esteban algo de la gloria (presencia) especial de sí mismo que había sido experimentada...

• por Moisés.

"Y Aarón y todos los hijos de Israel miraron a Moisés, y he aquí la piel de su rostro era resplandeciente; y tuvieron miedo de acercarse a él" (Éx. 34:30).

"Y si el ministerio de muerte grabado con letras en piedras fue con gloria, tanto que los hijos de Israel no pudieron fijar la vista en el rostro de Moisés a causa de la gloria de su rostro, la cual había de perecer" (2 Co. 3:7).

• por Cristo.

"se transfiguró delante de ellos, y resplandeció su rostro como el sol, y sus vestidos se hicieron blancos como la luz" (Mt. 17:2).

"Y entre tanto que oraba, la apariencia de su rostro se hizo otra, y su vestido blanco y resplandeciente" (Lc. 9:29).

"Por tanto, nosotros todos, mirando a cara descubierta como en un espejo la gloria del Señor, somos transformados de gloria en gloria en la misma imagen, como por el Espíritu del Señor" (2 Co. 3:18).

"para que seáis irreprensibles y sencillos, hijos de Dios sin mancha en medio de una generación maligna y perversa, en medio de la cual resplandecéis como luminares en el mundo" (Fil. 2:15).

"Si sois vituperados por el nombre de Cristo, sois bienaventurados, porque el glorioso Espíritu de Dios reposa sobre vosotros. Ciertamente, de parte de ellos,

él es blasfemado, pero por vosotros es glorificado" (1 P. 4:14).

"Los entendidos resplandecerán como el resplan-dor del firmamento; y los que enseñan la justicia a la multitud, como las estrellas a perpetua eternidad" (Dn. 12:3).

1 El juicio de Esteban, su autodefensa

2 El nacimiento de Israel: la promesa dada a Abraham, una herencia y una posesión

a. El Dios de gloria llamó a Abraham[EF1]

b. Dios promete una tierra como heredad eterna si Abraham dejaba su antigua vida por la "tierra prometida"

c. Dios promete la tierra, pero como una herencia futura, no como una posesión presente
   1) Dios nunca le dio a Abraham tierra alguna
   2) Dios no le dio a Abraham un hijo hasta que tuvo 100 años de edad

d. Dios le dijo a Abraham que "su descendencia" sería "extranjera" sobre la tierra
   1) Reducidos a esclavitud
   2) Maltratados por 400 años

e. Abraham recibiría recompensa por su fe: Dios liberaría a "su descendencia" y les traería a la tierra prometida para servir a Dios

f. Dios le asegura a Abraham mediante un pacto, el pacto de la circuncisión

3 El primer rechazo y liberación: los patriarcas rechazaron al siervo escogido por Dios[EF2]

CAPÍTULO 7

P. El primer mártir, Esteban (escena 2): la trágica historia de Israel, 7:1-53

1 El sumo sacerdote dijo entonces: ¿Es esto así?

2 Y él dijo: Varones hermanos y padres, oíd: El Dios de la gloria apareció a nuestro padre Abraham, estando en Mesopotamia, antes que morase en Harán,

3 y le dijo: Sal de tu tierra y de tu parentela, y ven a la tierra que yo te mostraré.

4 Entonces salió de la tierra de los caldeos y habitó en Harán; y de allí, muerto su padre, Dios le trasladó a esta tierra, en la cual vosotros habitáis ahora.

5 Y no le dio herencia en ella, ni aun para asentar un pie; pero le prometió que se la daría en posesión, y a su descendencia después de él, cuando él aún no tenía hijo.

6 Y le dijo Dios así: Que su descendencia sería extranjera en tierra ajena, y que los reducirían a servidumbre y los maltratarían, por cuatrocientos años.

7 Mas yo juzgaré, dijo Dios, a la nación de la cual serán siervos; y después de esto saldrán y me servirán en este lugar.

8 Y le dio el pacto de la circuncisión; y así Abraham engendró a Isaac, y le circuncidó al octavo día; e Isaac a Jacob, y Jacob a los doce patriarcas.

9 Los patriarcas, movidos por envidia, vendieron a José para Egipto; pero Dios estaba con él,

10 y le libró de todas sus tribulaciones, y le dio gracia y sabiduría delante de Faraón rey de Egipto, el cual lo puso por gobernador sobre Egipto y sobre toda su casa.

11 Vino entonces hambre en toda la tierra de Egipto y de Canaán, y grande tribulación; y nuestros padres no hallaban alimentos.

12 Cuando oyó Jacob que había trigo en Egipto, envió a nuestros padres la primera vez.

13 Y en la segunda, José se dio a conocer a sus hermanos, y fue

manifestado a Faraón el linaje de José.

14 Y enviando José, hizo venir a su padre Jacob, y a toda su parentela, en número de setenta y cinco personas.

15 Así descendió Jacob a Egipto, donde murió él, y también nuestros padres;

16 los cuales fueron trasladados a Siquem, y puestos en el sepulcro que a precio de dinero compró Abraham de los hijos de Hamor en Siquem.

17 Pero cuando se acercaba el tiempo de la promesa, que Dios había jurado a Abraham, el pueblo creció y se multiplicó en Egipto,

18 hasta que se levantó en Egipto otro rey que no conocía a José.

19 Este rey, usando de astucia con nuestro pueblo, maltrató a nuestros padres, a fin de que expusiesen a la muerte a sus niños, para que no se propagasen.

20 En aquel mismo tiempo nació Moisés, y fue agradable a Dios; y fue criado tres meses en casa de su padre.

21 Pero siendo expuesto a la muerte, la hija de Faraón le recogió y le crió como a hijo suyo.

22 Y fue enseñado Moisés en toda la sabiduría de los egipcios; y era poderoso en sus palabras y obras.

23 Cuando hubo cumplido la edad de cuarenta años, le vino al corazón el visitar a sus hermanos, los hijos de Israel.

24 Y al ver a uno que era maltratado, lo defendió, e hiriendo al egipcio, vengó al oprimido.

25 Pero él pensaba que sus hermanos comprendían que Dios les daría libertad por mano suya; mas ellos no lo habían entendido así.

26 Y al día siguiente, se presentó a unos de ellos que reñían, y los ponía en paz, diciendo: Varones, hermanos sois, ¿por qué os maltratáis el uno al otro?

27 Entonces el que maltrataba a su prójimo le rechazó, diciendo: ¿Quién te ha puesto por gobernante y juez sobre nosotros?

28 ¿Quieres tú matarme, como mataste ayer al egipcio?

29 Al oír esta palabra, Moisés

a. Los patriarcas de Israel rechazaron el plan de Dios tramaron contra José, el siervo escogido por Dios

b. Dios libró a José

c. Dios salvó a los antepasados, es decir, a los patriarcas

d. Los patriarcas desearon ser enterrados en la tierra prometida

4 El segundo rechazo y liberación: las personas rechazaron al segundo siervo escogido por Dios, Moisés

a. Dios se preparó para salvar al pueblo con el fin de dar cumplimiento a su promesa
   1) Usó al malvado Faraón
   2) Usó a un acontecimiento malo

b. Dios protegió y preparó a su hijo escogido: Moisés

c. El siervo de Dios obró en favor de Israel[EF3]

d. El siervo de Dios fue malinterpretado y rechazado
   1) Le malentendieron
   2) Le rechazaron como juez y gobernante sobre ellos
   3) Lo suprimieron, lo obligaron a huir para salvar su vida

5 El tercer rechazo y liberación: planificada por Dios mediante Moisés

a. Dios hizo preparativos para salvar a su pueblo una vez más: Llamó a su siervo
   1) Fue un acto de pura gracia, v. 30
   2) Fue Dios quien llamó a Moisés

   3) El lugar en que Moisés se paró era tierra santa

b. Dios comisionó a su siervo para salvar al pueblo

c. Dios envió a su siervo con una misión especial
   1) Para que fuera legislador y libertador

   2) Para predecir un Profeta y Libertador que estaba aún por venir

   3) Para llevar los oráculos de Dios a la iglesia (Israel) en el desierto[EF4]

d. Desobedecieron y rechazaron a Dios y a Moisés
   1) Alejaron su corazón de Dios y se volvieron a Egipto (el mundo)
   2) Se volvieron a los ídolos

30 huyó, y vivió como extranjero en tierra de Madián, donde engendró dos hijos.

30 Pasados cuarenta años, un ángel se le apareció en el desierto del monte Sinaí, en la llama de fuego de una zarza.

31 Entonces Moisés, mirando, se maravilló de la visión; y acercándose para observar, vino a él la voz del Señor:

32 Yo soy el Dios de tus padres, el Dios de Abraham, el Dios de Isaac, y el Dios de Jacob. Y Moisés, temblando, no se atrevía a mirar.

33 Y le dijo el Señor: Quita el calzado de tus pies, porque el lugar en que estás es tierra santa.

34 Ciertamente he visto la aflicción de mi pueblo que está en Egipto, y he oído su gemido, y he descendido para librarlos. Ahora, pues, ven, te enviaré a Egipto.

35 A este Moisés, a quien habían rechazado, diciendo: ¿Quién te ha puesto por gobernante y juez?, a éste lo envió Dios como gobernante y libertador por mano del ángel que se le apareció en la zarza.

36 Este los sacó, habiendo hecho prodigios y señales en tierra de Egipto, y en el Mar Rojo, y en el desierto por cuarenta años.

37 Este Moisés es el que dijo a los hijos de Israel: Profeta os levantará el Señor vuestro Dios de entre vuestros hermanos, como a mí; a él oiréis.

38 Este es aquel Moisés que estuvo en la congregación en el desierto con el ángel que le hablaba en el monte Sinaí, y con nuestros padres, y que recibió palabras de vida que darnos;

39 al cual nuestros padres no quisieron obedecer, sino que le desecharon, y en sus corazones se volvieron a Egipto,

40 cuando dijeron a Aarón: Haznos dioses que vayan delante de nosotros; porque a este Moisés, que nos sacó de la tierra de Egipto, no sabemos qué le haya acontecido.

41 Entonces hicieron un becerro, y ofrecieron sacrificio al ídolo, y en las obras de sus manos se regocijaron.

42 Y Dios se apartó, y los entregó a que rindiesen culto al ejército del cielo; como está escrito en el libro de los profetas: ¿Acaso me ofrecisteis víctimas y sacrificios En el desierto por cuarenta años, casa de Israel?

43 Antes bien llevasteis el tabernáculo de Moloc, Y la estrella de vuestro dios Renfán, Figuras que os hicisteis para adorarlas. Os transportaré, pues, más allá de Babilonia.

44 Tuvieron nuestros padres el tabernáculo del testimonio en el desierto, como había ordenado Dios cuando dijo a Moisés que lo hiciese conforme al modelo que había visto.

45 El cual, recibido a su vez por nuestros padres, lo introdujeron con Josué al tomar posesión de la tierra de los gentiles, a los cuales Dios arrojó de la presencia de nuestros padres, hasta los días de David.

46 Este halló gracia delante de Dios, y pidió proveer tabernáculo para el Dios de Jacob.

47 Mas Salomón le edificó casa;

48 si bien el Altísimo no habita en templos hechos de mano, como dice el profeta:

49 El cielo es mi trono, Y la tierra el estrado de mis pies. ¿Qué casa me edificaréis? dice el Señor; ¿O cuál es el lugar de mi reposo? 50 ¿No hizo mi mano todas estas cosas?

51 ¡Duros de cerviz, e incircuncisos de corazón y de oídos! Vosotros resistís siempre al Espíritu Santo; como vuestros padres, así también vosotros.

52 ¿A cuál de los profetas no persiguieron vuestros padres? Y mataron a los que anunciaron de antemano la venida del Justo, de quien vosotros ahora habéis sido entregadores y matadores;

53 vosotros que recibisteis la ley por disposición de ángeles, y no la guardasteis.

6 Cargos contra el pueblo (Israel)

a. El pueblo no adoró a Dios sino a falsos dioses
   1) Adoraron "al ejército del cielo"
   2) Resultados: Dios se apartó y los entregó

b. El pueblo no llevaba el tabernáculo de Dios, sino el de falsos dioses
   1) Moloc[EF5] y Renfán[EF6]
   2) Resultado: el pueblo fue conquistado

c. El pueblo no tenía excusa porque fueron grandemente bendecidos
   1) Tuvieron el tabernáculo de la presencia de Dios
   2) Tuvieron la presencia y el favor de Dios manifestada en grandes líderes

   3) Tuvieron el templo

d. El pueblo no comprendió el templo, Dios no está limitado a un lugar en particular

e. El pueblo resistió al Espíritu Santo

f. El pueblo persiguió a todos los profetas, aquellos que habían predicho el advenimiento del Justo (Cristo)

g. El pueblo cumplió la profecía: mataron al Justo

h. El pueblo no guardó la ley

DIVISIÓN II

EL NACIMIENTO Y DESARROLLO DE LA IGLESIA, 2:1–7:60

P. El primer mártir, Esteban (escena 2): la trágica historia de Israel, 7:1-53

(7:1-53) *Introducción:* Esteban se defendió a sí mismo, pero no mediante una defensa legal. Se defendió proclamando la gloriosa misericordia y gracia de Dios a lo largo de la historia de Israel. Él demostró como Israel rechazó a Dios una y otra vez; sin embargo, Dios extendió su mano para liberar a la nación tras cada rechazo..

1. El juicio de Esteban, su autodefensa (v. 1).
2. El nacimiento de Israel: la promesa dada a Abraham, una herencia y una posesión (vv. 2-8).
3. El primer rechazo y liberación: los patriarcas rechazaron al siervo escogido por Dios (vv. 9-16).
4. El segundo rechazo y liberación: las personas rechazaron al segundo siervo escogido por Dios, Moisés (vv. 17-29).
5. El tercer rechazo y liberación: planificada por Dios mediante Moisés (vv. 30-41).
6. Cargos contra el pueblo (Israel) (vv. 42-53).

[1] (7:1) *Esteban:* Esteban estaba siendo juzgado bajo pena de muerte. Se habían planteado los cargos: se le acusaba de insurrección, de predicar que las instituciones sagradas de la nación iban a ser destruidas, o sea, la tierra, el templo, la ley, y las costumbres (v. 11-15).

Esteban expuso su defensa recapitulando la historia de Israel y desarrollando los siguientes puntos. (Note la defensa de Esteban fue un sermón; él predicó el evangelio al juzgado).

1. La nación y sus instituciones sagradas (la tierra, la ley y el templo) estaban siendo destruidas, pero no lo iba a hacer Cristo. Estaban siendo destruidas por el pueblo mismo. Desde el comienzo ellos siempre habían malentendido y rechazado el plan de Dios. (Véase bosquejo puntos 2-4).
2. Dios amaba a Israel, Él amaba tanto a Israel que en cada caso de malentendido y de rechazo, él preparó una liberación. (Véase bosquejo puntos 2-4).
3. El plan final de Dios de liberación fue Jesucristo, su propio Hijo. Tal y como sucedió en el pasado, la presente generación le ha malentendido y rechazado (Véase v. 52).

[2] (7:2-8) *Abraham, Israel, la Tierra Prometida:* El nacimiento de Israel, el llamamiento y promesa dada a Abraham, una herencia y una posesión. Esteban comenzó defensa (su sermón) desde el mismo comienzo de la historia de la nación. Note el énfasis hecho en Dios. Dios engendró a Israel, de esto no cabe duda.

1. Dios se apareció a Abraham y lo llamó (v. 2). (Véase *Estudio a fondo 1,* Jn. 4:22; *Estudio a fondo 1,* Ro. 4:1-25 para mayor discusión. Cp. Gé. 12:1-5; 13:14-17; 15:1-7; 17:1-8, 15-19; 22:16-18; 26:2-5, 24; 28:13-15; 31:13; 35:9-12; Neh. 9:7-8. Cp. Éx. 6:8; Lv. 20:24; Nm. 14:8; Dt. 6:10; 31:20; Jos. 5:6; Jue. 2:1).

   a. Fue el Dios de la gloria (ho theos tes doxes) quien llamó a Abraham. (Véase *Estudio a fondo 1,* Hch. 7:2 para mayor discusión).

   b. Dios llamó a "nuestro padre Abraham". Él es el padre de Israel: el primer judío llamado, el hombre escogido por Dios para ser el gran fundador de la nación de Israel.

Pensamiento 1: Abraham es el gran ejemplo de fe en la Biblia. Los hombres deben escuchar el llamado del Dios de la gloria así como sucedió con Abraham; y los hombres deben hacer caso a ese llamado.

> **"En el último y gran día de la fiesta, Jesús se puso en pie y alzó la voz, diciendo: Si alguno tiene sed, venga a mí y beba" (Jn. 7:37).**
> **"Porque no hay diferencia entre judío y griego, pues el mismo que es Señor de todos, es rico para con todos los que le invocan" (Ro. 10:12).**
> **"Y el Espíritu y la Esposa dicen: Ven. Y el que oye, diga: Ven. Y el que tiene sed, venga; y el que quiera, tome del agua de la vida gratuitamente" (Ap. 22:17).**
> **"Mirad a mí, y sed salvos, todos los términos de la tierra, porque yo soy Dios, y no hay más" (Is. 45:22).**
> **"A todos los sedientos: Venid a las aguas; y los que no tienen dinero, venid, comprad y comed. Venid, comprad sin dinero y sin precio, vino y leche" (Is. 55:1).**

2. Dios prometió una tierra, una tierra como herencia eterna, si Abraham "salía" del país donde vivía y lo dejaba todo, su vida pasada, por la tierra prometida (v. 3-4). Note cuatro cosas.

   a. Dios le prometió La Tierra Prometida (Palestina) a Abraham. La tierra era…
   • la elección de Dios.
   • "la tierra que yo te mostraré" (v. 3).
   • una "herencia" (v. 5).
   • prometida (v. 5).
   • para ser una "posesión" (v. 5).

   b. Se le prometió la tierra "a su descendencia después de él". Todos los creyentes son descendientes de Abraham por la fe. Abraham es *el padre* de todos los que andan en el camino de la fe así como él lo hizo. Esto se aclara abundantemente en las Escrituras (Ro. 4:11-13, 16; Gá. 3:6-9, 13-14; 6:14-16).

   c. La tierra prometida a Abraham fue Palestina. La Tierra Prometida es también un prototipo del cielo, de la eterna Tierra Prometida por Dios, de los nuevos cielos y nueva tierra, de la nueva Jerusalén. Este hecho debe recordarse siempre que estemos refiriéndonos a la Tierra Prometida (Ro. 4:13; He. 11:8-16; 12:22; 13:14; 2 P. 3:3-4, 8-13; Ap. 21:1-7, 10-27; 22:1-5, 19).

   d. El regalo de la Tierra Prometida fue condicional. Abraham tuvo que "salir" de todo lo que le rodeaba en aquel momento y dejarlo todo por la Tierra Prometida. Él tuvo que tomar una decisión, tuvo que decidir entre…
   • quedarse en el mundo de abundancia y comodidad (el mundo material tal y como él lo conocía), y

- abandonarlo todo por Dios y su promesa de una herencia eterna.

Abraham tomó la decisión correcta: "Entonces salió de la tierra de los caldeos". Dios "le trasladó a esta tierra, en la cual vosotros habitáis ahora" (Nota: Palestina se identifica con la tierra de la promesa, el prototipo de la Tierra Prometida celestial).

Pensamiento 1: Hay dos cosas que el hombre debe hacer.

=> El hombre debe "salir" de sus inmediaciones y dejar el mundo y sus comodidades y corrupciones materiales.

"Y con otras muchas palabras testificaba y les exhortaba, diciendo: Sed salvos de esta perversa generación" (Hch. 2:40).

"Por lo cual, Salid de en medio de ellos, y apartaos, dice el Señor, Y no toquéis lo inmundo; Y yo os recibiré, Y seré para vosotros por Padre, Y vosotros me seréis hijos e hijas, dice el Señor Todopoderoso" (2 Co. 6:17-18).

"Y no participéis en las obras infructuosas de las tinieblas, sino más bien reprendedlas" (Ef. 5:11).

"Pero os ordenamos, hermanos, en el nombre de nuestro Señor Jesucristo, que os apartéis de todo hermano que ande desordenadamente, y no según la enseñanza que recibisteis de nosotros" (2 Ts. 3:6).

"No améis al mundo, ni las cosas que están en el mundo. Si alguno ama al mundo, el amor del Padre no está en él. Porque todo lo que hay en el mundo, los deseos de la carne, los deseos de los ojos, y la vanagloria de la vida, no proviene del Padre, sino del mundo" (1 Jn. 2:15-16).

=> El hombre debe creer en la promesa de Dios, es decir, en la "Tierra Prometida" celestial.

"porque esperaba la ciudad que tiene fundamentos, cuyo arquitecto y constructor es Dios" (He. 11:10).

"Conforme a la fe murieron todos éstos sin haber recibido lo prometido, sino mirándolo de lejos, y creyéndolo, y saludándolo, y confesando que eran extranjeros y peregrinos sobre la tierra. Porque los que esto dicen, claramente dan a entender que buscan una patria; pues si hubiesen estado pensando en aquella de donde salieron, ciertamente tenían tiempo de volver. Pero anhelaban una mejor, esto es, celestial; por lo cual Dios no se avergüenza de llamarse Dios de ellos; porque les ha preparado una ciudad" (He. 11:13-16).

"sino que os habéis acercado al monte de Sion, a la ciudad del Dios vivo, Jerusalén la celestial, a la compañía de muchos millares de ángeles" (He. 12:22).

"porque no tenemos aquí ciudad permanente, sino que buscamos la por venir" (He. 13:14).

"Pero el día del Señor vendrá como ladrón en la noche; en el cual los cielos pasarán con grande estruendo, y los elementos ardiendo serán deshechos, y la tierra y las obras que en ella hay serán quemadas. Puesto que todas estas cosas han de ser deshechas, ¡cómo no debéis vosotros andar en santa y piadosa manera de vivir, esperando y apresurándoos para la venida del día de Dios, en el cual los cielos, encendién-

dose, serán deshechos, y los elementos, siendo quemados, se fundirán! Pero nosotros esperamos, según sus promesas, cielos nuevos y tierra nueva, en los cuales mora la justicia" (2 P. 3:10-13).

"Vi un cielo nuevo y una tierra nueva; porque el primer cielo y la primera tierra pasaron, y el mar ya no existía más" (Ap. 21:1).

3. Dios le prometió la tierra a Abraham y a su descendencia, pero era una herencia futura, no una posesión presente (v. 5).

a. Dios nunca le dio a Abraham tierra alguna, al menos no durante su vida en la tierra. Abraham nunca poseyó la tierra. Él nunca tuvo su *posesión,* su *lugar de asentamiento,* su *lugar de reposo, su casa, no* mientras estuvo en la tierra.

b. Dios nunca le dio a Abraham un hijo hasta que fue incapaz de tener descendencia, hasta que estuvo bien entrado en años, hasta que tuvo 100 años.

Pensamiento 1: Note tres puntos significativos.

1) Abraham tuvo que confiar en Dios tanto en lo referente a la *Tierra Prometida* como a su *descendencia.* Él no pudo garantizar ninguna de las dos cosas, no según sus propias fuerzas.

2) Abraham tuvo que *creer* en Dios toda su vida, hasta el último momento. Tuvo que creer en Dios incluso cuando estaba pasando de este mundo al otro, pues nunca poseyó ni una pulgada de la Tierra Prometida. (Qué buena imagen del creyente y la Tierra Prometida celestial, de la absoluta necesidad de la fe y de creer en la gloriosa promesa de Dios).

3) El regalo de la *Tierra Prometida y de la simiente* fue simplemente eso, un regalo de la gracia de Dios. En ninguna manera Abraham se lo ganó o mereció. Abraham solamente creyó y obedeció a Dios.

"Porque ¿qué dice la Escritura? Creyó Abraham a Dios, y le fue contado por justicia" (Ro. 4:3).

"Porque no por la ley fue dada a Abraham o a su descendencia la promesa de que sería heredero del mundo, sino por la justicia de la fe" (Ro. 4:13).

"Tampoco dudó, por incredulidad, de la promesa de Dios, sino que se fortaleció en fe, dando gloria a Dios, plenamente convencido de que era también poderoso para hacer todo lo que había prometido" (Ro. 4:20-21).

4. Dios le dijo a Abraham que "su descendencia" sería extranjera en la tierra (v. 6. Cp. Gé. 15:13-14). Su descendencia ni siquiera iba a poseer la tierra, al menos no en mucho tiempo, no en algunos cientos de años. Ellos iban a ser esclavos.

Pensamiento 1: Fíjese en la imagen que se da del creyente: el creyente es un *extranjero* en la tierra. Mientras anda como *extranjero* en la tierra, el creyente está sujeto a la esclavitud (pecado y muerte) y el tratamiento malvado del mundo.

"Conforme a la fe murieron todos éstos sin haber recibido lo prometido, sino mirándolo de lejos, y creyéndolo, y saludándolo, y confesando que eran extranjeros y peregrinos sobre la tierra" (He. 11:13).

"Y si invocáis por Padre a aquel que sin acepción de personas juzga según la obra de cada uno, conducíos en temor todo el tiempo de vuestra peregrinación" (1 P. 1:17).

"Amados, yo os ruego como a extranjeros y peregrinos, que os abstengáis de los deseos carnales que batallan contra el alma, manteniendo buena vuestra manera de vivir entre los gentiles; para que en lo que murmuran de vosotros como de malhechores, glorifiquen a Dios en el día de la visitación, al considerar vuestras buenas obras" (1 P. 2:11-12).

5.   Dios le dijo a Abraham que su fe sería recompensada: Dios liberaría a "su descendencia" y les llevaría a la Tierra Prometida para servir a Dios (v. 7).

Pensamiento 1: La fe será abundantemente recompensada. La descendencia de Abraham, el creyente, serán llevadas a la Tierra Prometida celestial. Fíjese con qué objetivo: para servir a Dios.

"Su señor le dijo: Bien, buen siervo y fiel; sobre poco has sido fiel, sobre mucho te pondré; entra en el gozo de tu señor" (Mt. 25:23).

"Y dijo el Señor: ¿Quién es el mayordomo fiel y prudente al cual su señor pondrá sobre su casa, para que a tiempo les dé su ración? Bienaventurado aquel siervo al cual, cuando su señor venga, le halle haciendo así. En verdad os digo que le pondrá sobre todos sus bienes" (Lc. 12:42-44).

"Pero vosotros sois los que habéis permanecido conmigo en mis pruebas. Yo, pues, os asigno un reino, como mi Padre me lo asignó a mí" (Lc. 22:28-29).

"¿O no sabéis que los santos han de juzgar al mundo? Y si el mundo ha de ser juzgado por vosotros, ¿sois indignos de juzgar cosas muy pequeñas? 3¿O no sabéis que hemos de juzgar a los ángeles? ¿Cuánto más las cosas de esta vida?" (1 Co. 6:2-3).

"Porque yo ya estoy para ser sacrificado, y el tiempo de mi partida está cercano. He peleado la buena batalla, he acabado la carrera, he guardado la fe. Por lo demás, me está guardada la corona de justicia, la cual me dará el Señor, juez justo, en aquel día; y no sólo a mí, sino también a todos los que aman su venida" (2 Ti. 4:6-8).

"Así que, recibiendo nosotros un reino inconmovible, tengamos gratitud, y mediante ella sirvamos a Dios agradándole con temor y reverencia" (He. 12:28).

"Pero nosotros esperamos, según sus promesas, cielos nuevos y tierra nueva, en los cuales mora la justicia. Por lo cual, oh amados, estando en espera de estas cosas, procurad con diligencia ser hallados por él sin mancha e irreprensibles, en paz" (2 P. 3:13-14).

6.   Dios le dio garantías a Abraham mediante un pacto, el pacto de la circuncisión (v 8). La circuncisión fue el sello de la fe de Abraham, de la misma manera que el bautismo es el sello de la fe del creyente. La circuncisión era la señal de

que Abraham confiaba verdaderamente en Dios y en su promesa (véase *Estudio a fondo 1,* Circuncisión, Fil. 3:3).

ESTUDIO A FONDO 1

(7:2) *El Dios de la gloria* (ho theos tes doxes): El Dios que tiene y manifiesta su gloria; el Dios de la gloria manifiesta, de la gloria visible y externa; el Dios que revela gloria. Es la gloria del Shekinah, el esplendor y brillo visible de la persona de Dios que procede de su supremo Ser. La idea es que Dios se apareció y le reveló su gloria a Abraham. (Véase nota, La gloria del Shekinah, Mt. 17:5:8. Note: esto arroja luz sobre cómo Dios se le apareció a Abraham cuando se le reveló. Debe haber sido una apariencia visible de la gloria de Dios tal y como la recibieron Moisés, Isaías y otros más).

3 (7:9-16) *Rechazo, liberación:* el primer rechazo y liberación. Los antepasados rechazaron al siervo escogido por Dios, a José. José había sido escogido por Dios para salvar a su pueblo Israel. Lo que sucedió fue lo siguiente: Dios le había dado a Abraham un hijo, Isaac; y Abraham le había circuncidado, sellando así el hecho de que Isaac era el hijo de la promesa, es decir, la descendencia prometida mediante la cual nacería el pueblo de Dios. De Isaac nacieron los demás patriarcas, los primeros antepasados de la nación judía. Con el paso del tiempo nació José, y como ya dijimos, José era el siervo escogido por Dios para salvar a su pueblo Israel. Observe cuatro hechos. (Cp. Génesis, capítulos 37-50).

1.   Los antepasados rechazaron el plan de Dios y confabularon contra el siervo escogido por Dios, José. El punto central es el siguiente: desde el mismo comienzo los *padres* mostraron…

   •   que estaban ciegos ante los planes y propósitos de Dios.

   •   que eran hombres pecadores, a veces dispuestos a ir en contra de la voluntad de Dios. Esteban decía que la generación actual era tan culpable como lo habían sido los padres. En sus corazones estaba el mismo espíritu de envidia contra el plan de Dios, su Mesías y sus siervos (la Iglesia).

2.   Dios libró a José, su siervo escogido (v. 10). José tenía un duro camino por recorrer, al ser esclavizado y encarcelado por muchos años, pero ["Dios estaba con él"], fortaleciéndolo en medio de todas las pruebas. Dios lo liberó e incluso lo colocó como gobernador sobre Egipto. Dios prevaleció sobre la maldad de los padres.

Esteban decía que Dios liberó a Cristo del rechazo de la generación actual dela misma manera que había liberado a José.

3.   Dios salvó a los padres, es decir, a los patriarcas (v. 11-14). Los planes de Dios siempre tienen éxito no importa cuántos hombres traten de detenerlos. En la historia de los padres, Dios había usado a su siervo escogido José, para salvarlos, a pesar del hecho de que ellos le habían rechazado. Él había utilizado una aflicción, carencia y hambruna, para hacer que los padres descendieran a Egipto. En Egipto Dios había reunido a José y sus hermanos. Todos los patriarcas estaban nuevamente juntos, y el plan de Dios volvía a tomar su curso.

Pensamiento 1. José, el hijo escogido, es una imagen o prototipo de Cristo, el Hijo escogido...

*   en que fue rechazado por los hombres (cp. v. 52).
*   en que perdonó a todos los que hicieron maldad contra él.

> **"en quien tenemos redención por su sangre, el perdón de pecados según las riquezas de su gracia" (Ef. 1:7).**
>
> **"Quítense de vosotros toda amargura, enojo, ira, gritería y maledicencia, y toda malicia. Antes sed benignos unos con otros, misericordiosos, perdonándoos unos a otros, como Dios también os perdonó a vosotros en Cristo" (Ef. 4:31-32).**

Pensamiento 2: El espíritu malo de la *envidia* es una característica del hombre. Este estuvo presente a lo largo de toda la historia de Israel, y sigue vivo hoy día (Ro. 1:29; Gá. 5:21).

> **"El amor es sufrido, es benigno; el amor no tiene envidia, el amor no es jactancioso, no se envanece" (1 Co. 13:4).**
>
> **"No nos hagamos vanagloriosos, irritándonos unos a otros, envidiándonos unos a otros" (Gá. 5:26).**

Esteban estaba diciendo que nadie podría detener la voluntad y el plan de Dios, independientemente de lo que aquella generación hizo contra Cristo y sus seguidores.

4.   Los antepasados habían deseado que los enterraran en la Tierra Prometida (v. 15-16. Cp. Jos. 24:32; cp. Gé. 50:13). Ellos habían confiado en la promesa de Dios y habían muerto creyéndola, así que querían ser enterrados en la tierra para descansar eternamente en la gran promesa de Dios. (Cp. He. 11:13-16. Véase nota, pt. 2, Hch. 7:2-8).

Lo que Esteban estaba diciendo era que los antepasados tuvieron sus ojos puestos en la Tierra Prometida, en la idea de descansar allí eternamente. Ellos no podían haber estado buscando solamente una tierra física. La promesa se le había hecho a ellos, no solo a su *simiente*. La Tierra Prometida era la tierra celestial, la tierra eterna a la que Jesús nos guía.

> **"En la casa de mi Padre muchas moradas hay; si así no fuera, yo os lo hubiera dicho; voy, pues, a preparar lugar para vosotros. Y si me fuere y os preparare lugar, vendré otra vez, y os tomaré a mí mismo, para que donde yo estoy, vosotros también estéis" (Jn. 14:2-3).**
>
> **"Mas nuestra ciudadanía está en los cielos, de donde también esperamos al Salvador, al Señor Jesucristo; el cual transformará el cuerpo de la humillación nuestra, para que sea semejante al cuerpo de la gloria suya, por el poder con el cual puede también sujetar a sí mismo todas las cosas" (Fil. 3:20-21).**
>
> **"Bendito el Dios y Padre de nuestro Señor Jesucristo, que según su grande misericordia nos hizo renacer para una esperanza viva, por la resurrección de Jesucristo de los muertos, para una herencia incorruptible, incontaminada e inmarcesible, reservada en los cielos para vosotros" (1 P. 1:3-4).**

ESTUDIO A FONDO 2

(7:9) *Envidia* (zelosantes): celos; arder y bullir; llenarse de envidia y celos. (Véase *Estudio a fondo 6*, Ro. 1:29).

4 (7:17-29) *Rechazo, liberación:* el segundo rechazo y liberación. El pueblo malinterpretó y rechazó al siervo escogido por Dios, a Moisés (Cp. Éxodo, Capítulos 1-2). Fíjese en un hecho significativo: Israel había estado en Egipto alrededor de cuatrocientos años. El pueblo no había regresado a la Tierra Prometida, y habían perdido de vista el llamado y la promesa de Dios. Ellos no tenían planes ni intención alguna de regresar a la Tierra Prometida. ¿Por qué? Bajo la influencia de José, el Faraón le había entregado a Israel una tierra grande y fértil (Gosén, cp. Gé. 47:1, 11-12), y el pueblo había aumentado enormemente, tanto en número como en prosperidad. En pocas palabras, se habían vuelto mundanos y completamente satisfechos con lo que el mundo podía ofrecerles. Dios y su glorioso llamamiento a la Tierra Prometida habían quedado a un lado e ignorados. El pueblo se había vuelto autocomplaciente, acomodado, [aletargado], mundano, carnal.

Ahora mire lo que Esteban declaró.

1.   *Dios se preparó* para salvar al pueblo y cumplir su gloriosa promesa a Abraham: "cuando se acercaba el tiempo de la promesa" (v. 17). El pueblo necesitaba volver a enfocar y comprometer sus vidas a Dios y la Tierra Prometida, pero no lo iban a hacer, no por sí mismos, no por sus propias obras. Eran felices donde estaban. Para que fueran salvos, Dios tendría que hacerlo. Él tendría que actuar en favor de ellos; tendría que hacerlo por gracia simplemente porque los amaba. Ellos le habían rechazado y todavía le rechazaban. Por tanto, su salvación dependía totalmente de Dios y su maravillosa gracia. Dios ama, está lleno de gracia, y quiere salvar al hombre, es por eso que Dios movió los acontecimientos mundiales para salvar a su pueblo. Él usó al malvado Faraón y a un acontecimiento malo para hacer que Israel quisiera salir de Egipto.

El nuevo gobernante "no conocía a José"; es decir, no le importaba absolutamente nada algunos de los sucesos históricos del pasado cuando unos pocos habían ayudado a su nación. Su responsabilidad era Egipto, y los judíos estaban creciendo tanto que se estaban convirtiendo en una amenaza. Él temía que Israel pudiera unir sus fuerzas a las de alguien que quisiera atacar a Egipto, así que él...

*   esclavizó a Israel, quitándoles todos sus derechos.
*   tramó detener el crecimiento de la nación matando a todos los niños recién nacidos.

Estos fueron los dos sucesos que Dios utilizó para conmover el corazón de Israel. Pronto Israel clamaría a Dios y por la tierra prometida.

2.   Dios protegió y preparó a su hijo escogido, Moisés. (Véase la historia en Éxodo, capítulo 2). Note: como hijo de la hija del Faraón, Moisés recibió buena educación. La "sabiduría de los egipcios" era bien conocida (1 R. 4:30), e incluía ciencia, matemáticas, astronomía y medicina.

3.   El siervo de Dios obró por el bien de Israel.

   a.   Moisés tenía cuarenta años (véase *Estudio a fondo 3,* Hch. 7:23).

   b.   Fíjese en las palabras "le vino al corazón" (v. 23). Parece ser que Moisés no se había relacionado con los judíos durante estos cuarenta años;

él había vivido solamente entre los egipcios, pero de repente, desde lo más profundo de su ser, surgió en su corazón el pensamiento de su pueblo y la necesidad que ellos tenían de que él les ayudara. Él se sintió impulsado (un impulso divino) a ir y visitarles.

c. Moisés vio a un esclavo egipcio maltratando a un esclavo judío. Él liberó al judío y mató al egipcio.

4. Malinterpretaron y rechazaron al siervo de Dios. Moisés pensó que los judíos comprenderían y sabrían que Dios iba a usarlo a él para liberarlos (v. 25), pero ellos no comprendieron y lo rechazaron. Esto lo podemos ver claramente al día siguiente cuando trató de reconciliar a dos judíos que peleaban entre sí. Ellos rechazaron su liderazgo, lo no lo aceptaron…

• como su legislador.
• como su juez.

Incluso amenazaron con usar en su contra el hecho de que él había matado al egipcio si no les dejaba tranquilos y dejaba de entrometerse en sus asuntos. Esto, por supuesto, obligó a Moisés a huir para salvar su vida antes que el Faraón lo aprisionara.

Ahora bien, fíjese qué es lo que Esteban está queriendo destacar. Él estaba…

• diciendo que, de la misma manera que Moisés fue erigido como gobernador y juez, así también lo fue Cristo.
• diciendo que de la misma manera que a Moisés lo malinterpretaron y lo rechazaron, así también ocurre con Cristo y sus seguidores.

"**Acordaos de la palabra que yo os he dicho: El siervo no es mayor que su señor. Si a mí me han perseguido, también a vosotros os perseguirán; si han guardado mi palabra, también guardarán la vuestra**" (Jn. 15:20).

"**Porque a vosotros os es concedido a causa de Cristo, no sólo que creáis en él, sino también que padezcáis por él**" (Fil. 1:29).

"**Y también todos los que quieren vivir piadosamente en Cristo Jesús padecerán persecución**" (2 Ti. 3:12).

ESTUDIO A FONDO 3

(7:23) *Moisés:* note que Moisés había estado en el palacio del Faraón durante cuarenta años, aislado de su propio pueblo. Usualmente se divide la vida de Moisés en tres períodos de cuarenta años cada uno.

=> Cuarenta años en el palacio del Faraón.
=> Cuarenta años como pastor de ovejas en Madián.
=> Cuarenta años como líder de Israel. (Murió a la edad de 120 años, Dt. 34:7).

5 (7:30-41) *Rechazo, liberación:* tercer rechazo y liberación, la gran liberación planificada por Dios mediante su siervo. Esteban destacó cuatro puntos.

1. Dios preparó las condiciones una vez más, para salvar a su pueblo. Una vez más, Él llamó a su siervo Moisés (v. 30-33).

a. El llamado de Dios fue un acto de pura gracia. El énfasis no se hace sobre Moisés, sino sobre Dios y su llamado de gracia.

=> Moisés estaba en el "desierto", bien lejos.
=> Fue Dios quien se "apareció" y buscó a Moisés, no Moisés a Dios.

b. Fue Dios quien llamó a Moisés. Una vez más el énfasis está puesto es Dios y no en Moisés. El Dios que llamó a Moisés era el Dios de la tierra prometida…

• el Dios de Abraham.
• el Dios de Isaac.
• el Dios de Jacob.

c. El terreno donde Moisés se encontró con Dios era santo. Nuevamente se pone el énfasis en Dios, no en Moisés. Era la presencia de Dios lo que hacía que la tierra fuera santa. (Nota: dondequiera que está Dios, el terreno es santo).

Los judíos no podían ignorar lo que Esteban estaba enfatizando…

• ellos exaltaban a Moisés (la ley) por encima de Dios mismo.
• la promesa de Dios fue dada mucho tiempo antes que la ley.
• la razón por la que Dios estaba llamando a Moisés era para salvar al pueblo para darles la Tierra Prometida, no para darles la ley.
• Moisés (la ley) era solo una parte del plan de Dios. Moisés y la ley no eran el fin, no era lo que Dios perseguía. El fin era la Tierra Prometida.
• el templo no era el único lugar santo. La presencia de Dios era lo que hacía santo al terreno, por tanto, donde está Dios, el lugar es santo.

2. Dios le encargó a su siervo la tarea de salvar al pueblo (v. 34). Aquí también fue Dios quien actuó, no el pueblo.

• Fue Dios el que dijo: "Ciertamente he visto la aflicción de mi pueblo que está en Egipto", no el pueblo el que dijo: "Hemos visto la tierra prometida de Dios".
• Fue Dios quien oyó el lamento del pueblo, no ellos quienes oyeron el gemir del corazón de Dios por su pueblo.
• Fue Dios el que descendió a liberar al pueblo, no el pueblo quien vino a Dios para pedirle que lo liberara.
• Fue Dios el que envió a su siervo a Egipto, no el pueblo quien reclutó a un siervo para que los salvara.

Lo que Esteban estaba diciendo era bien cierto. El pueblo le falló a Dios a cada paso. La liberación y salvación estaban solamente en las manos de Dios.

3. Dios envió a su siervo con una misión especial, una misión extremadamente importante, una misión que la presente generación debe entender (v. 35-38).

a. El siervo de Dios sería un legislador y libertador. Este siervo era el mismo al que habían rechazado. Él era el elegido por Dios, a pesar del rechazo del pueblo. Él vino a liberar al pueblo con señales y prodigios. (Note la manera en que Moisés es un fuerte prototipo de Jesucristo).

b. El siervo de Dios prediciría la venida de un Profeta y Libertador único a quien debían escuchar (cp. Dt. 18:15). Esta fue la gran profecía de Moisés acerca del advenimiento del Salvador.

c. El siervo de Dios traería las palabras de vida de Dios a la Iglesia de Dios (Israel) en el desierto (véase nota, Hch. 7:38).

4. El pueblo desobedeció y rechazó a Dios y a Moisés (vv. 39-41). Ellos no obedecieron las "palabras de vida [la Palabra]" de Dios. La palabra "obedecer" significa que no quisieron hacer caso; su desobediencia fue deliberada. Ellos rechazaron tanto a Dios como a su siervo. Volvieron sus corazones lejos de Dios y hacia Egipto (cp. Éx. 16:3s; Nm. 11:4s). La idea de adorar a un becerro había venido de Egipto. Los egipcios adoraban a dos toros sagrados, Apis y Hator. (Para la historia Cp. Éx. 32:1s).

No se podía pasar por alto lo que Esteban estaba destacando, Moisés fue solamente un precursor de Jesús.

=> De la misma manera que Moisés había llegado a liberar al pueblo con señales y maravillas, así lo haría Cristo.

=> De hecho, Moisés había predicho el advenimiento de Jesús, el mayor Profeta y Salvador.

=> Así como Moisés le había dado las palabras de vida, la Palabra de Dios, a la iglesia en el desierto, Jesús había traído al pueblo la viva Palabra de Dios.

"Porque yo no he hablado por mi propia cuenta; el Padre que me envió, él me dio mandamiento de lo que he de decir, y de lo que he de hablar. 50Y sé que su mandamiento es vida eterna. Así pues, lo que yo hablo, lo hablo como el Padre me lo ha dicho" (Jn. 12:49-50).

"¿No crees que yo soy en el Padre, y el Padre en mí? Las palabras que yo os hablo, no las hablo por mi propia cuenta, sino que el Padre que mora en mí, él hace las obras… El que no me ama, no guarda mis palabras; y la palabra que habéis oído no es mía, sino del Padre que me envió" (Jn. 14:10, 24).

"Ya no os llamaré siervos, porque el siervo no sabe lo que hace su señor; pero os he llamado amigos, porque todas las cosas que oí de mi Padre, os las he dado a conocer" (Jn. 15:15).

"porque las palabras que me diste, les he dado; y ellos las recibieron, y han conocido verdaderamente que salí de ti, y han creído que tú me enviaste… Y les he dado a conocer tu nombre, y lo daré a conocer aún, para que el amor con que me has amado, esté en ellos, y yo en ellos" (Jn. 17:8, 26).

=> De igual manera que Moisés había sido rechazado, rechazaron a Jesús.

"A lo suyo vino, y los suyos no le recibieron" (Jn. 1:11).

"Yo he venido en nombre de mi Padre, y no me recibís; si otro viniere en su propio nombre, a ése recibiréis. ¿Cómo podéis vosotros creer, pues recibís gloria los unos de los otros, y no buscáis la gloria que viene del Dios único?" (Jn. 5:43-44).

"El que me rechaza, y no recibe mis palabras, tiene quien le juzgue; la palabra que he hablado, ella le juzgará en el día postrero" (Jn. 12:48).

"a los cuales él dijo: Este es el reposo; dad reposo al cansado; y este es el refrigerio; mas no quisieron oír" (Is. 28:12).

"Porque así dijo Jehová el Señor, el Santo de Israel: En descanso y en reposo seréis salvos; en quietud y en confianza será vuestra fortaleza. Y no quisisteis" (Is. 30:15).

ESTUDIO A FONDO 4

(7:38) *Israel, iglesia:* note la palabra "iglesia" (ekklesia). Israel era la Iglesia de Dios, la asamblea de Dios, la congregación de Dios, la Iglesia en el mundo.

6 (7:42-53) *Israel, acusaciones contra, bendiciones:* acusaciones contra Israel o contra el pueblo. Las acusaciones verdaderamente nos revelan cómo Dios veía a Israel en el Antiguo Testamento.

1. Acusación 1: El pueblo (Israel) no adoró a Dios, sino que adoraron a falsos dioses (v. 42). Adoraron al "ejército del cielo", es decir, al sol, la luna y las estrellas (por ejemplo, el Zodíaco, la astrología, las fuerzas cósmicas. Cp. Dt. 17:3; 2 R. 17:16; 21:3; 2 Cr. 33:3; Job 31:26-28; Jer. 8:2; 19:13). Nuevamente esto era un arrastre de la idolatría egipcia. Nota: la acusación era drástica. Cuando Israel estaba elevando ofrendas y sacrificios a Dios, en realidad estaban adorando a dioses falsos. Es decir, sus corazones y sus pensamientos estaban puestos en el mundo (Egipto) y sus ídolos.

La respuesta de Dios estuvo a la altura de los hechos del pueblo. Iban a cosechar lo que habían sembrado.

=> De la misma manera que ellos le habían vuelto la espalda a Dios, él les volvió la espalda a ellos.

=> Así mismo como ellos se habían entregado a la adoración de falsos dioses, Dios los entregó a que hicieran lo que bien les pareciera.

Dios los entregó a sus pasiones.

"Pues habiendo conocido a Dios, no le glorificaron como a Dios, ni le dieron gracias, sino que se envanecieron en sus razonamientos, y su necio corazón fue entenebrecido. Profesando ser sabios, se hicieron necios" (Ro. 1:21-22).

"Por lo cual también Dios los entregó a la inmundicia, en las concupiscencias de sus corazones, de modo que deshonraron entre sí sus propios cuerpos" (Ro. 1:24).

"Por esto Dios los entregó a pasiones vergonzosas; pues aun sus mujeres cambiaron el uso natural por el que es contra naturaleza, y de igual modo también los hombres, dejando el uso natural de la mujer, se encendieron en su lascivia unos con otros, cometiendo hechos vergonzosos hombres con hombres, y recibiendo en sí mismos la retribución debida a su extravío. Y como ellos no aprobaron tener en cuenta a Dios, Dios los entregó a una mente reprobada, para hacer cosas que no convienen" (Ro. 1:26-28).

2. Acusación 2: El pueblo (Israel) no llevó el tabernáculo de Dios, sino el de dioses falsos (v. 43). En público y en apariencias, ellos cargaban el tabernáculo de Dios a donde-

quiera que iban, pero como ya dijimos, sus corazones y pensamientos estaban puestos en los falsos dioses. (Véase *Estudio a fondo 5, 6,* Hch. 7:43).

La respuesta de Dios fue entregarlos a su lujuria. De la misma manera que ellos habían *llevado* el tabernáculo con sus corazones puestos en falsos dioses, Dios les *llevó* y permitió que fueran cautivos en una nación pagana que adoraba a falsos dioses (cp. 2 R. 17:6).

3. Acusación 3: El pueblo era inexcusable. ¿Por qué? Porque habían sido grandemente bendecidos (v. 44-47). Dios les había bendecido con tres cosas en particular.

    a. Dios había bendecido al pueblo con el tabernáculo de su presencia y testimonio. Note que Dios le había mostrado a Moisés un "modelo" (tupon), o sea, una figura, un patrón, un dibujo del tabernáculo; y Moisés lo había construido siguiendo el dibujo que Dios le había enseñado.

    b. Dios había bendecido al pueblo con su presencia y favor en los líderes. Se mencionan los nombres de Josué, David y Salomón. Los tres habían gozado del favor y las bendiciones de Dios en sus vidas, por tanto, el pueblo fue grandemente bendecido mediante esos líderes.

> "Por tanto os digo, que el reino de Dios será quitado de vosotros, y será dado a gente que produzca los frutos de él" (Mt. 21:43).

    c. Dios había bendecido al pueblo con el templo. David había deseado construir el templo, pero fue a Salomón a quien Dios designó para su construcción (Cp. 1 Reyes, capítulos 6-8). Cuando los judíos regresaron de la cautividad a Jerusalén, Zorobabel reconstruyó el templo (516 a.C). Cerca del año 20 d.C., Herodes el Grande reconstruyó el templo y lo hizo una de las maravillas del mundo. Este era el templo del que se gloriaban los judíos.

       El punto que destacamos es este: al ser tan bendecidos, el pueblo (Israel) no tenía excusa por rechazar a Dios. Ellos tuvieron todas las oportunidades posibles, y no obstante escogieron al mundo en vez de a Dios.

4. Acusación 4: el pueblo no comprendió el significado del templo. Dios no está limitado a un lugar en particular (v. 48-50. Cp. Is. 66:1-2). Ahora fíjese en un aspecto significativo: Salomón, el constructor del gran templo, había proclamado esta verdad.

> "Pero ¿es verdad que Dios morará sobre la tierra? He aquí que los cielos, los cielos de los cielos, no te pueden contener; ¿cuánto menos esta casa que yo he edificado?" (1 R. 8:27; cp. 2 Cr. 6:18).

Lo que Salomón dijo era cierto: la intención de Dios nunca fue que el hombre pensara que su presencia estaba limitada al templo. El señalamiento de Esteban tocó un punto sensible, pues Jesús había enseñado que los hombres deben adorar a Dios en Espíritu y en verdad (Jn. 4:24). Note también que Jesús le había dicho esto a una samaritana. Cualquier persona de cualquier raza o tierra podía adorar a Dios con solo acercarse a él *en Espíritu y verdad.* No hacía falta una tierra o templo en particular.

> "Dios es Espíritu; y los que le adoran, en espíritu y en verdad es necesario que adoren" (Jn. 4:24).

5. Acusación 5: Las personas de aquella generación estaban resistiendo al Espíritu Santo (v. 51). Esteban se volvió a sus contemporáneos y les acusó del mismo rechazo y resistencia que habían manifestado sus antepasados. Fíjese en las palabras, "Vosotros resistís *siempre*". Los estaba igualando a sus padres. Él les llamó…

*   duros de cerviz (sklerotracheloi): tercos, obstinados, testarudos.
*   incircuncisos de corazón (aperitmetoi kardiais): paganos, perdidos, extraños, idólatras, falsos adoradores, impíos.
*   opositores: personas que *resisten* a Dios; quienes se oponen o atacan deliberadamente a Dios; quienes pelean activamente y luchan contra Dios.

> "¡Duros de cerviz, e incircuncisos de corazón y de oídos! Vosotros resistís siempre al Espíritu Santo; como vuestros padres, así también vosotros" (Hch. 7:51).

> "No seáis como el caballo, o como el mulo, sin entendimiento, Que han de ser sujetados con cabestro y con freno, Porque si no, no se acercan a ti. Muchos dolores habrá para el impío; Mas al que espera en Jehová, le rodea la misericordia" (Sal. 32:9-10).

> "Oídme, duros de corazón, que estáis lejos de la justicia: Haré que se acerque mi justicia; no se alejará, y mi salvación no se detendrá. Y pondré salvación en Sion, y mi gloria en Israel" (Is. 46:12-13).

> "Y me volvieron la cerviz, y no el rostro; y cuando los enseñaba desde temprano y sin cesar, no escucharon para recibir corrección" (Jer. 32:33).

> "Si no oyereis, y si no decidís de corazón dar gloria a mi nombre, ha dicho Jehová de los ejércitos, enviaré maldición sobre vosotros, y maldeciré vuestras bendiciones; y aun las he maldecido, porque no os habéis decidido de corazón" (Mal. 2:2).

6. Acusación 6: El pueblo persiguió a *todos* los profetas, los siervos que predijeron el advenimiento (ofrecieron la esperanza) del Justo (el Mesías) (v. 52. Cp. Hch. 3:14; 22:14; Is. 11:4-5; 53:11). Jesucristo era aquel hacia quien miraban todos los profetas, el que aseguraría justicia perfecta para el hombre. Él traería justicia al hombre. A pesar de eso, el pueblo rechazó, persiguió y mató a los profetas que proclamaron el glorioso mensaje de su venida (cp. La acusación de Jesús contra el pueblo).

> "¡Ay de vosotros, escribas y fariseos, hipócritas! porque edificáis los sepulcros de los profetas, y adornáis los monumentos de los justos, y decís: Si hubiésemos vivido en los días de nuestros padres, no hubiéramos sido sus cómplices en la sangre de los profetas. Así que dais testimonio contra vosotros mismos, de que sois hijos de aquellos que mataron a los profetas" (Mt. 23:29-31).

> "¡Ay de vosotros, que edificáis los sepulcros de los profetas a quienes mataron vuestros padres!" (Lc. 11:47).

7. Acusación 7: El pueblo, la presente generación, hizo que se cumplieran las profecías. Esa generación traicionó y mató al Justo (v. 52. Cp. v. 38). (Véase bosquejo y nota, Hch. 3:13-15 para mayor discusión, así como los versículos).

> "El que viola la ley de Moisés, por el testimonio de dos o de tres testigos muere irremisiblemente. ¿Cuánto mayor castigo pensáis que merecerá el que pisoteare al Hijo de Dios, y tuviere por inmunda la sangre del pacto en la cual fue santificado, e hiciere afrenta al Espíritu de gracia? Pues conocemos al que dijo: Mía es la venganza, yo daré el pago, dice el Señor. Y otra vez: El Señor juzgará a su pueblo. ¡Horrenda cosa es caer en manos del Dios vivo!" (He. 10:28-31).

8. Acusación 8: El pueblo, la presente generación, no había guardado la ley (v. 53). A ellos se les había entregado la ley por medio de ángeles, y aún así, no la habían guardado. Se gloriaban en la ley, pero la quebrantaban tanto como sus antepasados (cp. v. 38-43, 52; Ro. 2:23).

> "Les decía también: Bien invalidáis el mandamiento de Dios para guardar vuestra tradición" (Mr. 7:9).
>
> "Nadie os engañe con palabras vanas, porque por estas cosas viene la ira de Dios sobre los hijos de desobediencia" (Ef. 5:6).

> "Mas si no oyereis la voz de Jehová, y si fuereis rebeldes a las palabras de Jehová, la mano de Jehová estará contra vosotros como estuvo contra vuestros padres" (1 S. 12:15).
>
> "Porque si la palabra dicha por medio de los ángeles fue firme, y toda transgresión y desobediencia recibió justa retribución, 3¿cómo escaparemos nosotros, si descuidamos una salvación tan grande? La cual, habiendo sido anunciada primeramente por el Señor, nos fue confirmada por los que oyeron" (He. 2:2-3).

ESTUDIO A FONDO 5

(7:43) *Moloc:* era el dios sol a quien a menudo se sacrificaban niños. El ídolo tenía la cabeza de un buey y los brazos extendidos. Había un espacio hueco debajo de los brazos donde se prendía un fuego. El fuego consumía los sacrificios que se ponían sobre los brazos extendidos. Moloc era el dios de los Amonitas. (Cp. Lv. 18:21; 20:2; 1 R. 11:7; 2 R. 23:10; Jer. 32:35).

ESTUDIO A FONDO 6

(7:43) *Renfán:* este era el dios de los egipcios, árabes, y fenicios. Se cree que era la adoración al planeta Saturno.

	Q. El primer mártir, Esteban (escena 3): un estudio sobre el martirio 7:54-60	des voces, se taparon los oídos, y arremetieron a una contra él. 58 Y echándole fuera de la ciudad, le apedrearon; y los testigos pusieron sus ropas a los pies de un joven que se llamaba Saulo.	a. Rechazo insensato: Rechazar a una persona que ofrece ayuda y esperanza de vida eterna
1 La causa del martirio: la reacción en contra de Dios **2 La provisión del Señor** a. El Espíritu Santo b. Una visión celestial 1) De la gloria de Dios 2) De Jesús c. Un glorioso testimonio **3 La locura de asesinar al creyente**	54 Oyendo estas cosas, se enfurecían en sus corazones, y crujían los dientes contra él. 55 Pero Esteban, lleno del Espíritu Santo, puestos los ojos en el cielo, vio la gloria de Dios, y a Jesús que estaba a la diestra de Dios, 56 y dijo: He aquí, veo los cielos abiertos, y al Hijo del Hombre que está a la diestra de Dios. 57 Entonces ellos, dando gran-	59 Y apedreaban a Esteban, mientras él invocaba y decía: Señor Jesús, recibe mi espíritu. 60 Y puesto de rodillas, clamó a gran voz: Señor, no les tomes en cuenta este pecado. Y habiendo dicho esto, durmió.	b. Liderazgo insensato: Seguir a alguien que se rebela contra Dios[EF1] **4 La suprema confianza del creyente** **5 El espíritu perdonador del creyente** **6 La tranquila partida del creyente**

DIVISIÓN II

EL NACIMIENTO Y DESARROLLO DE LA IGLESIA, 2:1–7:60

Q. El primer mártir, Esteban (escena 3): un estudio sobre el martirio, 7:54-60

(7:54-60) *Introducción:* Este es un estudio gráfico del martirio, un estudio que debe animar a los creyentes a permanecer firmes ante la persecución, cueste lo que cueste.

1. La causa del martirio: la reacción en contra de Dios (v. 54).
2. La provisión del Señor (vv. 55-56).
3. La locura de asesinar al creyente (vv. 57-58).
4. La suprema confianza del creyente (v. 59).
5. El espíritu perdonador del creyente (v. 60).
6. La tranquila partida del creyente (v. 60).

1 (7:54) *Martirio, causa:* la causa del martirio fue la reacción en contra de Dios. Recuerde que a Esteban lo estaban juzgando bajo pena de muerte. Lo habían llamado para que se defendiera (Hch. 7:1), pero en vez de defenderse a sí mismo, Esteban había predicado sobre el trágico fracaso del pueblo en seguir y obedecer a Dios. Él había…

- mostrado cómo Dios llamó y fundó la nación de Israel para buscar y habitar la "Tierra Prometida".
- mostrado cómo Israel había rechazado el llamamiento de Dios y la esperanza de la Tierra Prometida, lo rechazaron una y otra vez a lo largo de la historia.
- mostrado cómo Dios liberó a la nación una y otra vez, tratando de fomentar en el pueblo la obediencia a Dios.
- expuesto siete acusaciones graves contra la nación, incluyendo la muerte del Justo, el Hijo de Dios. Su mensaje había sido efectivo y convincente. Había hecho su obra. Tanto los líderes como el pueblo se

sentían condenados. La respuesta dependía de ellos. La convicción puede tomar cualquier dirección. Puede hacer que una persona se vuelva a Dios y confiese sus pecados, o puede hacer que la persona reaccione en contra de Dios. Note tres hechos sobre la corte judía y las personas allí presentes.

1. "Oyendo estas cosas". Está en tiempo presente. Fue mientras oían a Esteban predicar que se sintieron condenados. Él estaba predicando y el Espíritu de Dios estaba convenciendo, tratando de penetrar en los corazones del pueblo. Dios le estaba dando al pueblo otra oportunidad.

2. "se enfurecían en sus corazones" (dieprionto tais kardiais). La palabra "dieprionto" significa hacer pedazos; cortar a través. Se emplea para mostrar una reacción violenta. Sus corazones respondieron con ira, no con tristeza piadosa (véase *Estudio a fondo 1*, Tristeza piadosa, 2 Co. 7:10). Ellos no tenían ninguna intención de confesar que habían hecho mal.

3. "crujían los dientes" (ebruchon). La palabra significa morder, moler, rechinar los dientes como un grupo de perros gruñones. El pueblo estaba enojado, lleno de ira y de malicia, listo para emplear la violencia, listo para desatar la furia de sus emociones.

> *Pensamiento 1:* Cuando el corazón humano se rebela contra Dios, se trastorna y atormenta. La rebelión contra Dios hace que el corazón del hombre se vuelva…

- incierto e inseguro
- trastornado e inquieto
- indignado y reaccionario
- pasivo e inactivo
- retraído y solitario
- sin propósito ni sentido

> **"Dijo más Jehová a Moisés: Yo he visto a este pueblo, que por cierto es pueblo de dura cerviz" (Éx. 32:9).**
>
> **"Y les envió profetas para que los volviesen a Jehová, los cuales les amonestaron; mas ellos no los escucharon604" (2 Cr. 24:19).**

"a los cuales él dijo: Este es el reposo; dad reposo al cansado; y este es el refrigerio; mas no quisieron oír" (Is. 28:12).

"Oídme, duros de corazón, que estáis lejos de la justicia" (Is. 46:12).

"¡Duros de cerviz, e incircuncisos de corazón y de oídos! Vosotros resistís siempre al Espíritu Santo; como vuestros padres, así también vosotros" (Hch. 7:51).

"No endurezcáis vuestro corazón, como en Meriba,

Como en el día de Masah en el desierto" (Sal. 95:8).

"Bienaventurado el hombre que siempre teme a Dios;

Mas el que endurece su corazón caerá en el mal" (Pr. 28:14).

"El hombre que reprendido endurece la cerviz,

De repente será quebrantado, y no habrá para él medicina" (Pr. 29:l).

Pensamiento 2. Note la fidelidad de Esteban al dar testimonio de la verdad. Su objetivo no era escapar a toda costa de la condenación. Por supuesto, él no deseaba morir, pero no estaba dispuesto a negar la verdad para salvar su vida. Su deseo era proclamar la verdad, con la esperanza de que los líderes y las personas de su amada nación respondieran al llamamiento de Dios y fueran salvos. ¡Qué tremendo reto para dar testimonio en situaciones difíciles!

"porque no podemos dejar de decir lo que hemos visto y oído" (Hch. 4:20).

"Entonces el Señor dijo a Pablo en visión de noche: No temas, sino habla, y no calles; 10porque yo estoy contigo, y ninguno pondrá sobre ti la mano para hacerte mal, porque yo tengo mucho pueblo en esta ciudad" (Hch. 18:9-10).

"Porque no nos ha dado Dios espíritu de cobardía, sino de poder, de amor y de dominio propio. Por tanto, no te avergüences de dar testimonio de nuestro Señor, ni de mí, preso suyo, sino participa de las aflicciones por el evangelio según el poder de Dios" (2 Ti. 1:7-8).

"Esto habla, y exhorta y reprende con toda autoridad. Nadie te menosprecie" (Tit. 2:15).

"sino santificad a Dios el Señor en vuestros corazones, y estad siempre preparados para presentar defensa con mansedumbre y reverencia ante todo el que os demande razón de la esperanza que hay en vosotros" (1 P. 3:15).

"Y dije: No me acordaré más de él, ni hablaré más en su nombre; no obstante, había en mi corazón como un fuego ardiente metido en mis huesos; traté de sufrirlo, y no pude" (Jer. 20:9).

2 (7:55-56) *Liberación:* el Señor proveyó. Dios siempre está presente cuando uno de sus hijos queridos enfrenta una crisis, especialmente el martirio, pero fíjese en lo siguiente, dicha persona tiene que ser un verdadero hijo de Dios, fiel y obediente al Señor de la gloria. Esteban lo era. Él estaba haciendo precisamente lo que Jesús había dicho que hicieran, dar testimonio al mundo. Por lo tanto, Esteban tenía la promesa del Señor: "…y he aquí yo estoy con vosotros todos los días, hasta el fin del mundo…" (Mt. 28:20). Jesús estaba allí

con Esteban, estaba allí de la manera más maravillosa posible. Observe la maravillosa provisión de Dios para aquellos que enfrentan el martirio.

1. Dios llenó a Esteban del Espíritu Santo. Esteban fue un hombre que siempre estuvo lleno del Espíritu (Hch. 5:3, 5), pero la idea aquí es la de un llenado muy especial del Espíritu. Él recibió de manera muy especial…

- la presencia y la manifestación del Espíritu: una conciencia especial; una comprensión; algo que lo rodeaba, lo contenía y lo abrazaba; una presencia que lo llevaba mientras atravesaba la gran prueba.

- el poder y la gracia para soportar y pasar por cualquier cosa que pudiera venir más adelante.

2. Dios le dio a Esteban una visión del cielo: permitiéndole mirar el otro mundo, el mundo espiritual, o la dimensión espiritual del ser.

  a. Esteban vio la gloria de Dios. Él vio a Dios en la brillante luz de su persona, lleno de esplendor y brillantez (cp. 1 Ti. 1:16; Ap. 21:11, 23. Véase nota, Gloria, Mt. 17:5-8).

  b. Esteban vio a Jesús parado a la diestra de Dios. Usualmente se habla de Jesús como *sentado* a la diestra de Dios, simbolizando su autoridad como Señor e Intercesor del hombre (cp. Mt. 26:64; Mr. 16:19; Lc. 20:42-43; Hch. 2:34; Ef. 1:20; Col. 3:1; He. 1:3; 10:12-13), pero aquí está de pie, lo que simboliza que está mirando la escena, cuidando a su querido seguidor, y el alegre recibimiento que dará a su fiel siervo.

Pensamiento 1: ¡Imagine que cuadro tan glorioso! No habrá diferencia alguna entre la visión de Esteban y la experiencia real de la gloria de Dios que tendrá cada creyente. Todos nosotros contemplaremos cada detalle del espectáculo de la visión de Esteban y mucho más. En un momento, en un pestañar, el verdadero creyente pasará inmediatamente de esta vida al otro mundo, sin probar o experimentar la muerte.

"De cierto, de cierto os digo: El que oye mi palabra, y cree al que me envió, tiene vida eterna; y no vendrá a condenación, mas ha pasado de muerte a vida" (Jn. 5:24).

"De cierto, de cierto os digo, que el que guarda mi palabra, nunca verá muerte" (Jn. 8:51).

"Y todo aquel que vive y cree en mí, no morirá eternamente. ¿Crees esto?" (Jn. 11:26).

"pero confiamos, y más quisiéramos estar ausentes del cuerpo, y presentes al Señor" (2 Co. 5:8).

"Guárdate tú también de él, pues en gran manera se ha opuesto a nuestras palabras" (2 Ti. 4:18).

"Pero vemos a aquel que fue hecho un poco menor que los ángeles, a Jesús, coronado de gloria y de honra, a causa del padecimiento de la muerte, para que por la gracia de Dios gustase la muerte por todos. Porque convenía a aquel por cuya causa son todas las cosas, y por quien todas las cosas subsisten, que habiendo de llevar muchos hijos a la gloria, perfeccionase por aflicciones al autor de la salvación de ellos" (He. 2:9-10).

3.   Dios le dio a Esteban un glorioso testimonio. Al ver dicha escena, Esteban comenzó a proclamar la gloriosa visión que había experimentado. Lo más probable es que fuera un estallido natural de gozo y éxtasis, un testimonio de la realidad del otro mundo para aquellos que estaban a su alrededor. Note esta parte de esa verdad: el Hijo del hombre, Jesús, está allí. (Véase *Estudio a fondo 3*, Hijo del hombre, Mt. 8:20). Él está a la diestra de Dios. Esteban estaba proclamando…

- que Jesús es el Hijo de Dios.
- que nuestra fe en Jesús no es en vano.
- que Jesús es exactamente quien dijo ser. (Véase Jesús, Afirmaciones de, Índice Principal de Contenido).

"Y el Señor, después que les habló, fue recibido arriba en el cielo, y se sentó a la diestra de Dios" (Mr. 16:19).

"Pero desde ahora el Hijo del Hombre se sentará a la diestra del poder de Dios" (Lc. 22:69).

"la cual operó en Cristo, resucitándole de los muertos y sentándole a su diestra en los lugares celestiales" (Ef. 1:20).

"Por lo cual Dios también le exaltó hasta lo sumo, y le dio un nombre que es sobre todo nombre" (Fil. 2:9).

"que decían a gran voz: El Cordero que fue inmolado es digno de tomar el poder, las riquezas, la sabiduría, la fortaleza, la honra, la gloria y la alabanza" (Ap. 5:12).

3 (7:57-58) *Esteban, persecución:* se puso de manifiesto la insensatez de matar al creyente. Esto se puede apreciar en dos cosas.

1.   El rechazo insensato. Los perseguidores estaban en realidad oponiéndose a una persona que solo quería…

- ayudar y ministrarle al pueblo.
- ofrecer la esperanza de la vida eterna.

El único propósito del creyente es ministrar y satisfacer las condiciones desesperadas de los hombres:

=> perdido   => soledad   => enfermedad
=> falta de educación => pobreza   => depresión
=> enajenación   => hambre   => falta de vida

No importa cuán mala la situación, al creyente se le llama a ministrar. No está en el mundo para destruir, sino para edificar. Es una insensatez absoluta oponerse y matar a una persona como esa. Para que los hombres se opongan a un verdadero creyente, su comportamiento tiene que alcanzar el colmo de la insensatez. Note lo que esto involucró…

- grandes voces: para ahogar la verdad.
- taparon sus oídos: para no escuchar la verdad.
- arremetieron unánimes contra él: para atacar y tomar represalia.
- lo echaron fuera de la ciudad y le apedrearon: para librarse del mensaje acusador y poder vivir como mejor les parece en vez de vivir para Dios.

2.   El liderazgo insensato. La persona que se levanta como líder en una persecución se rebela contra Dios. Los que siguen a dicho líder están siguiendo a una persona que está en realidad actuando contra el Señor, no contra un creyente (cp. Hch. 9:4-5). El hombre que dirigió la muerte de Esteban fue Saulo de Tarso. Él estaba *dando coses* contra el aguijón, el sentimiento de culpabilidad de la conciencia (cp. Hch. 9:5).

Es peligroso seguir a un hombre que se ha rebelado contra Dios. La senda de la rebelión lleva a la destrucción. El hombre que se ha rebelado perecerá. Sin excepción.

"¡Serpientes, generación de víboras! ¿Cómo escaparéis de la condenación del infierno?" (Mt. 23:33).

"estando atestados de toda injusticia, fornicación, perversidad, avaricia, maldad; llenos de envidia, homicidios, contiendas, engaños y malignidades; murmuradores, detractores, aborrecedores de Dios, injuriosos, soberbios, altivos, inventores de males, desobedientes a los padres, necios, desleales, sin afecto natural, implacables, sin misericordia; quienes habiendo entendido el juicio de Dios, que los que practican tales cosas son dignos de muerte, no sólo las hacen, sino que también se complacen con los que las practican" (Ro. 1:29-32).

"Pero por tu dureza y por tu corazón no arrepentido, atesoras para ti mismo ira para el día de la ira y de la revelación del justo juicio de Dios" (Ro. 2:5).

"idolatría, hechicerías, enemistades, pleitos, celos, iras, contiendas, disensiones, herejías, envidias, homicidios, borracheras, orgías, y cosas semejantes a estas; acerca de las cuales os amonesto, como ya os lo he dicho antes, que los que practican tales cosas no heredarán el reino de Dios" (Gá. 5:20-21).

"Pero los cobardes e incrédulos, los abominables y homicidas, los fornicarios y hechiceros, los idólatras y todos los mentirosos tendrán su parte en el lago que arde con fuego y azufre, que es la muerte segunda" (Ap. 21:8).

"No endurezcáis, pues, ahora vuestra cerviz como vuestros padres; someteos a Jehová, y venid a su santuario, el cual él ha santificado para siempre; y servid a Jehová vuestro Dios, y el ardor de su ira se apartará de vosotros" (2 Cr. 30:8).

**"El hombre que reprendido endurece la cerviz,
De repente será quebrantado, y no habrá para él medicina" (Pr. 29:1).**

"Si no oyereis, y si no decidís de corazón dar gloria a mi nombre, ha dicho Jehová de los ejércitos, enviaré maldición sobre vosotros, y maldeciré vuestras bendiciones; y aun las he maldecido, porque no os habéis decidido de corazón" (Mal. 2:2).

ESTUDIO A FONDO 1

(7:58) *Saulo, Pablo:* Esta Es la primera vez que se menciona a de Saulo de Tarso en las Escrituras. Note: se dice que era *joven*. ¿Qué edad tenía Saulo en ese momento? La Escritura no dice.

4 (7:59) *Esperanza, cielo:* la suprema confianza del creyente. Note estos cuatro aspectos.

1.   Esteban experimentó el dolor y el sufrimiento de la prueba. Nos percatamos de esto porque pidió la ayuda del Señor. A los creyentes no se les libra o alivia de los sufrimientos de las pruebas, sino que se les da gracia y fortaleza para soportar las pruebas e incluso el martirio.

2.   Esteban clamó al Señor. El mismo Señor Jesús estaba de pie, listo para recibirle. Jesús desea que todos los creyentes estén donde Él está (Jn. 14:2-3; 17:24). Esta es pre-

cisamente la razón por la que Jesús…

- se humilló a sí mismo viniendo a la tierra,
- sacrificó su vida,
- ora y anhela que los creyentes se reúnan con Él en el cielo.

3. Esteban le pidió a Jesús que recibiera su espíritu. Esteban seguía confiando en la gracia de Dios, en la justicia de Jesús, para su salvación. Él no confiaba en sus propias obras o bondad. Él continuaba dependiendo de Jesús y del maravilloso amor de Dios. Ahora bien, fíjese en las palabras claves: *seguía confiando, continuaba dependiendo*. Esteban había confiado y vivido para Cristo durante *toda* su vida, *así que podía contar con confiar y vivir para Cristo en la eternidad*.

4. Esteban iba a estar junto con Jesús. Él le pidió a Jesús que recibiera su espíritu, que le aceptara donde Él estaba. Recuerde dónde está Jesús (v. 55): en el cielo a la diestra de Dios. Esteban y todos los demás creyentes van a estar con Jesús donde Él está, en el cielo mismo.

"Entonces Jesús le dijo: De cierto te digo que hoy estarás conmigo en el paraíso" (Lc. 23:43).

"En la casa de mi Padre muchas moradas hay; si así no fuera, yo os lo hubiera dicho; voy, pues, a preparar lugar para vosotros. 3Y si me fuere y os preparare lugar, vendré otra vez, y os tomaré a mí mismo, para que donde yo estoy, vosotros también estéis" (Jn. 14:2-3).

"Padre, aquellos que me has dado, quiero que donde yo estoy, también ellos estén conmigo, para que vean mi gloria que me has dado; porque me has amado desde antes de la fundación del mundo" (Jn. 17:24).

"pero confiamos, y más quisiéramos estar ausentes del cuerpo, y presentes al Señor" (2 Co. 5:8).

"Porque de ambas cosas estoy puesto en estrecho, teniendo deseo de partir y estar con Cristo, lo cual es muchísimo mejor" (Fil. 1:23).

"Luego nosotros los que vivimos, los que hayamos quedado, seremos arrebatados juntamente con ellos en las nubes para recibir al Señor en el aire, y así estaremos siempre con el Señor" (1 Ts. 4:17).

5 (7:60) *Perdón:* el espíritu amoroso y perdonador del creyente. Note que lo último que Esteban hizo fue caer de rodillas en oración y pedir por sus perseguidores y asesinos. Él tenía el espíritu mismo de Cristo, quien había orado la misma oración (Lc. 23:34). La frase: "No les tomes en cuenta este pecado" nos dice tres cosas.

=> Esteban estaba lleno de compasión por sus perseguidores. Él quería que fueran salvos.
=> Los hombres serán culpados por su pecado.
=> Para que los hombres sean aceptados delante de Dios, tiene que ser eliminada la culpa de su pecado.

Pensamiento 1: Recuerde: Esteban y otros creyentes nunca hubieran pagado el precio exigido si los hombres pecadores fueran a ser aceptados por Dios de

cualquier forma. Otra cosa: si Dios fuera a aceptar a los hombres tal y como están en su estado pecaminoso, nunca hubiera permitido que su Hijo muriera en manos de los hombres.

6 (7:60) *Muerte:* la tranquila partida del creyente. La Escritura simplemente dice que: "durmió". Para el creyente no existe la muerte. Esteban simplemente pasó de esta vida al otro mundo, una experiencia que equivale a quedarse dormido. A menudo se emplea el sueño para describir la muerte del creyente (véase *Estudio a fondo 1,* Jn. 11:13).

"De cierto, de cierto os digo: El que oye mi palabra, y cree al que me envió, tiene vida eterna; y no vendrá a condenación, mas ha pasado de muerte a vida" (Jn. 5:24).

"Le dijo Jesús: Yo soy la resurrección y la vida; el que cree en mí, aunque esté muerto, vivirá. 26Y todo aquel que vive y cree en mí, no morirá eternamente. ¿Crees esto?" (Jn. 11:25-26).

"Aconteció que murió el mendigo, y fue llevado por los ángeles al seno de Abraham; y murió también el rico, y fue sepultado" (Lc. 16:22).

"Porque el que en esto sirve a Cristo, agrada a Dios, y es aprobado por los hombres" (Ro. 14:18).

"Porque para mí el vivir es Cristo, y el morir es ganancia" (Fil. 1:21).

"Porque es necesario que esto corruptible se vista de incorrupción, y esto mortal se vista de inmortalidad. Y cuando esto corruptible se haya vestido de incorrupción, y esto mortal se haya vestido de inmortalidad, entonces se cumplirá la palabra que está escrita: Sorbida es la muerte en victoria. ¿Dónde está, oh muerte, tu aguijón? ¿Dónde, oh sepulcro, tu victoria? ya que el aguijón de la muerte es el pecado, y el poder del pecado, la ley" (1 Co. 15:53-56).

"Porque sabemos que si nuestra morada terrestre, este tabernáculo, se deshiciere, tenemos de Dios un edificio, una casa no hecha de manos, eterna, en los cielos" (2 Co. 5:1).

Pensamiento 1: Los creyentes deben perdonar a los hombres sin importar cuál fue su ofensa.

"Bienaventurados los misericordiosos, porque ellos alcanzarán misericordia" (Mt. 5:7).

"Pero yo os digo: Amad a vuestros enemigos, bendecid a los que os maldicen, haced bien a los que os aborrecen, y orad por los que os ultrajan y os persiguen" (Mt. 5:44).

"No paguéis a nadie mal por mal; procurad lo bueno delante de todos los hombres" (Ro. 12:17).

"no devolviendo mal por mal, ni maldición por maldición, sino por el contrario, bendiciendo, sabiendo que fuisteis llamados para que heredaseis bendición" (1 P. 3:9).

"Oh hombre, él te ha declarado lo que es bueno, y qué pide Jehová de ti: solamente hacer justicia, y amar misericordia, y humillarte ante tu Dios" (Mi. 6:8).

	CAPÍTULO 8	por las tierras de Judea y de Samaria, salvo los apóstoles.	b. Iniciada rápidamente c. Iniciada con furia y violencia d. Los creyentes son esparcidos, pero los apóstoles permanecen
	III. La iglesia esparcida: comienzos misioneros en Judea y Samaria, 8:1–9:31		
	A. Los líderes laicos de la iglesia son esparcidos: cómo Dios usa la persecución, 8:1-4	2 Y hombres piadosos llevaron a enterrar a Esteban, e hicieron gran llanto sobre él. 3 Y Saulo asolaba la iglesia, y entrando casa por casa, arrastraba a hombres y a mujeres, y los entregaba en la cárcel.	**2 Hombres piadosos se ocuparon de Esteban**
1 La enardecida furia de la persecución a. Iniciada por un hombre enardecido: Saulo	1 Y Saulo consentía en su muerte. En aquel día hubo una gran persecución contra la iglesia que estaba en Jerusalén; y todos fueron esparcidos	4 Pero los que fueron esparcidos iban por todas partes anunciando el evangelio.	**3 La iglesia fue severamente perseguida: Saulo persiguió tanto a hombres como a mujeres** **4 Los creyentes laicos fueron dispersados hacia el extranjero: iban predicando a Cristo por todo lugar**

DIVISIÓN III

LA IGLESIA ESPARCIDA: COMIENZOS MISIONEROS EN JUDEA Y SAMARIA, 8:1–9:31

A. Los líderes laicos de la iglesia son esparcidos: cómo Dios usa la persecución, 8:1-4

(8:1-4) *Introducción:* El mensaje de Esteban era la invitación final de Dios para Israel. Si Israel lo rechazaba, Dios se volvería a otro lugar para establecer su Iglesia. La terrible tragedia es que Israel sí rechazó el mensaje, de hecho Israel mató a Esteban e inició una feroz persecución contra la iglesia, intentando destruirla por completo.

Sin embargo, Dios se impuso sobre esto y utilizó la persecución como un medio para diseminar la iglesia por todo el mundo. Tal y como Jesús había enseñado, Judea, Samaria, y toda la tierra iban a escuchar el glorioso mensaje del evangelio (cp. Hechos 1:8).

El asunto a destacar es este: Esteban (su mensaje y martirio) es la llama que Dios usó para diseminar la gran verdad del evangelio alrededor del mundo. Los creyentes fueron esparcidos por todo el mundo por la gran persecución.

1. La enardecida furia de la persecución (v. 1).
2. Hombres piadosos se ocuparon de Esteban (v. 2).
3. La iglesia fue severamente perseguida: Saulo persiguió tanto a hombres como a mujeres (v. 3).
4. Los creyentes laicos fueron dispersados hacia el extranjero: iban predicando a Cristo por todo lugar (v. 4).

1 (8:1) *Pablo, perseguidor de la iglesia:* la enardecida furia de la persecución. Observe cuatro hechos significativos. (Véase nota, Hechos 8:3 para mayor discusión)

1. Un hombre *enardecido*, Saulo de Tarso, da inicio a la persecución. La palabra "consentía" o "aprobaba" (suneudokon) significa dar plena aceptación; aprobar gustosamente;

aprobar con placer; deleitarse en; aplaudir lo que se hace. Saulo estaba totalmente complacido con la muerte de Esteban. Se había estado acumulando en él una *furia enardecida* contra la iglesia, porque él creía que predicar a Cristo amenazaba a su religión, el judaísmo. En efecto, Saulo fue el líder de la persecución a la Iglesia, el que más odio sentía hacia la Iglesia. Aparentemente era un líder entre los fanáticos religiosos.

> "Porque ya habéis oído acerca de mi conducta en otro tiempo en el judaísmo, que perseguía sobremanera a la iglesia de Dios, y la asolaba; y en el judaísmo aventajaba a muchos de mis contemporáneos en mi nación, siendo mucho más celoso de las tradiciones de mis padres" (Gá. 1:13-14).

> "Aunque yo tengo también de qué confiar en la carne. Si alguno piensa que tiene de qué confiar en la carne, yo más: circuncidado al octavo día, del linaje de Israel, de la tribu de Benjamín, hebreo de hebreos; en cuanto a la ley, fariseo; en cuanto a celo, perseguidor de la iglesia; en cuanto a la justicia que es en la ley, irreprensible" (Fil. 3:4-6).

(Véase notas, Hechos 4:2-4; nota y *Estudio a fondo 1,* Mt. 12:10 para mayor discusión. Esta última nota en particular explica por qué los fanáticos religiosos y los Fariseos se oponían tan violentamente a Jesús. Saulo era fariseo).

2. La persecución se inicia rápidamente, el mismo día de la muerte de Esteban. Las palabras: "en aquel día" (en ekeinei tei hemerai) significan en aquel mismo día. Saulo quería actuar y hacerlo rápidamente para destruir la Iglesia. Amenazaron a los creyentes y se dieron a la fuga. Él tenía que atacar inmediatamente para capturarlos antes de que pudieran escapar.

3. La persecución se inició con furia y violencia. Fíjese en la frase "una gran persecución" (diogmos megas). La idea es que Saulo acosó, persiguió y capturó a los creyentes *acaloradamente*. Él estaba determinado a emplear la violencia,

del todo resuelto a acabar con la iglesia.

4. Los creyentes "fueron esparcidos por las tierras de Judea y de Samaria" (véase nota, Hch. 8:4 para detalles). Note que los apóstoles se quedaron.

=> Por consejo de Gamaliel, las autoridades les habían otorgado alguna libertad (Hch. 5:34-40).

=> Eran tenidos en alta estima por la mayoría del pueblo. En otras oportunidades las autoridades temían arrestarles temiendo que esto causara una revuelta en el pueblo (cp. Hch. 4:21).

=> Los apóstoles eran hombres valerosos, y habían aprendido a esperar las instrucciones del Señor. Tal vez ellos estaban *enfrentando la tormenta* hasta que el Señor les dijera lo contrario.

De algo sí podemos estar seguros, si los apóstoles hubieran huido de Jerusalén, no hubiera habido ninguna persona que estabilizara a la iglesia, ningún líder que la mantuviera unida. Recuerde: la única iglesia organizada que existía era la iglesia de Jerusalén. Los creyentes, aunque presos y diseminados, necesitaban una iglesia hacia la cual mirar. Si los apóstoles hubieran huido, la iglesia en Jerusalén hubiera sido completamente destruida. No habría iglesia que describir, ningún lugar desde el cual mirar buscando ayuda y dirección. Los apóstoles era el centro, el foco de atención, los líderes hacia los que los primeros creyentes miraban en busca de dirección. A los ojos de los creyentes primitivos, los apóstoles eran necesarios, desesperadamente necesarios. La iglesia de Jerusalén era la única iglesia que los creyentes conocían. Por eso era importante que los apóstoles permanecieran allí, importante para que se conociera la lealtad y disponibilidad de la iglesia. Al quedarse en Jerusalén, ellos mantuvieron unida a la iglesia. Los creyentes, sin importar hacia dónde se hubieran dispersado, sabían que la iglesia aún existía mediante sus valerosos líderes.

> **"Y yo también te digo, que tú eres Pedro, y sobre esta roca edificaré mi iglesia; y las puertas del Hades no prevalecerán contra ella" (Mt. 16:18).**
>
> **"Porque nadie puede poner otro fundamento que el que está puesto, el cual es Jesucristo" (1 Co. 3:11).**
>
> **"Pero el fundamento de Dios está firme, teniendo este sello: Conoce el Señor a los que son suyos; y: Apártese de iniquidad todo aquel que invoca el nombre de Cristo" (2 Ti. 2:19).**

2 (8:2) *Creyente:* hombres piadosos se ocuparon de Esteban. Los hombres *piadosos* deben haber sido algunos de los amigos de Esteban y otros que adoraban en su misma sinagoga quienes no habían aceptado la *fe de Cristo,* pero que se preocuparon de él. Ellos estaban profundamente afectados con su muerte y hacían "gran llanto" sobre él. Fíjese cómo Dios usó el funeral de Esteban para continuar el testimonio:

=> Su testimonio fue honrado públicamente.

=> Murió lo que pudiera llamarse una muerte de héroe.

3 (8:3) *Pablo, iglesia, persecución de la:* La Iglesia fue severamente perseguida: Saulo persiguió tanto a hombres como a mujeres. (Véase nota, Hch. 8:1 para mayor discusión). Saulo "asolaba" (elumaineto) a la Iglesia; es decir, trató

de devastarla, destruirla, arruinarla, desaparecerla.

=> Es la imagen de una bestia salvaje destrozando y haciendo pedazos un cuerpo muerto.

=> El verbo expresa una acción continuada. Él comenzó y continuó destrozando y destruyendo. Estaba, como tiempo después confesó, "enfurecido sobremanera contra ellos [los creyentes]" (Hch. 26:11).

1. Invadió las casas de los creyentes, forzando puertas, persiguiendo ferozmente a todos los creyentes "casa por casa" (Hch. 8:3).

2. Arrestó a todo el que pudo encontrar, les "arrastraba" (suron): forzándolos y llevándolos a rastras, empleando la fuerza que fuera necesaria para arrestarlos y doblegarlos. La imagen que se da es de que los sacaba de sus casas arrastrándolos a la fuerza por todas las calles de la ciudad (Hch. 8:3).

3. Arrestó tanto a hombre como a mujeres. En los días de Saulo a las mujeres se les consideraba insignificantes y sin ninguna importancia. No obstante, el encarnizamiento y el salvajismo de Pablo estaban tan centrados en destruir a la Iglesia que también persiguió a las mujeres. Su delito contra las mujeres iba a convertirse en una ofensa que Pablo nunca podría olvidar (cp. Hch. 9:2; 22:4).

4. Arrestó a todos los que encontró, y encontró a muchos...

• "los entregaba en la cárcel" (Hch. 8:3).

• "prendiendo y entregando en cárceles a hombres y mujeres" (Hch. 22:4).

• "Yo encerré en cárceles a muchos de los santos" (Hch. 26:10).

5. Invadió "todas las sinagogas" y castigó a los creyentes que estaban presentes. Trató de forzarlos a *blasfemar* el nombre de Cristo (Hch. 26:11).

6. Les dio caza enfurecido hasta en las ciudades extranjeras, persiguiendo a todos los que pudo localizar (Hch. 22:5; 26:11).

7. Causó la muerte a muchos y dio su voto a favor de la pena de muerte de otros tantos (Hch. 22:4; 26:10).

> **"Y Saulo asolaba la iglesia, y entrando casa por casa, arrastraba a hombres y a mujeres, y los entregaba en la cárcel" (Hch. 8:3).**
>
> **"Saulo, respirando aún amenazas y muerte contra los discípulos del Señor, vino al sumo sacerdote, y le pidió cartas para las sinagogas de Damasco, a fin de que si hallase algunos hombres o mujeres de este Camino, los trajese presos a Jerusalén" (Hch. 9:1-2).**
>
> **"Perseguía yo este Camino hasta la muerte, prendiendo y entregando en cárceles a hombres y mujeres; 5como el sumo sacerdote también me es testigo, y todos los ancianos, de quienes también recibí cartas para los hermanos, y fui a Damasco para traer presos a Jerusalén también a los que estuviesen allí, para que fuesen castigados" (Hch. 22:4-5).**
>
> **"Yo ciertamente había creído mi deber hacer muchas cosas contra el nombre de Jesús de Nazaret; lo cual también hice en Jerusalén. Yo encerré en cárceles a muchos de los santos, habiendo recibido poderes de los principales sacerdotes; y cuando los mataron, yo di**

mi voto. Y muchas veces, castigándolos en todas las sinagogas, los forcé a blasfemar; y enfurecido sobremanera contra ellos, los perseguí hasta en las ciudades extranjeras" (Hch. 26:9-11).

"en cuanto a celo, perseguidor de la iglesia; en cuanto a la justicia que es en la ley, irreprensible" (Fil. 3:6, cp. Gá. l:13).

Nota: La misericordia y la gracia de Dios se mostraron plenamente en la vida de Pablo. La misericordia de Dios está al alcance de todos nosotros, sin importar cuán terrible haya sido nuestro pecado. Hay esperanza, perdón y un glorioso ministerio para todos nosotros, independientemente de quien somos o lo que hayamos hecho, si nos arrepentimos y rendimos nuestra vida al Señor Jesús para seguirle y obedecerle.

"Porque yo soy el más pequeño de los apóstoles, que no soy digno de ser llamado apóstol, porque perseguí a la iglesia de Dios. Pero por la gracia de Dios soy lo que soy; y su gracia no ha sido en vano para conmigo, antes he trabajado más que todos ellos; pero no yo, sino la gracia de Dios conmigo" (1 Co. 15:9-10).

"Doy gracias al que me fortaleció, a Cristo Jesús nuestro Señor, porque me tuvo por fiel, poniéndome en el ministerio, habiendo yo sido antes blasfemo, perseguidor e injuriador; mas fui recibido a misericordia porque lo hice por ignorancia, en incredulidad. Pero la gracia de nuestro Señor fue más abundante con la fe y el amor que es en Cristo Jesús. Palabra fiel y digna de ser recibida por todos: que Cristo Jesús vino al mundo para salvar a los pecadores, de los cuales yo soy el primero. Pero por esto fui recibido a misericordia, para que Jesucristo mostrase en mí el primero toda su clemencia, para ejemplo de los que habrían de creer en él para vida eterna" (1 Ti. 1:12-16).

4 (8:4) *Testificar, predicar:* los creyentes laicos que habían sido esparcidos fueron a todos los lugares predicando a Cristo. Note dos aspectos significativos.

1. Los creyentes fueron "esparcidos" (diasparentes): dispersados, diseminados de igual manera que cuando se siembra o esparce la semilla en un campo. Dios estaba usando lo malo del mundo para esparcir a sus seguidores y su mensaje por todo el mundo.

2. Fíjese que los creyentes esparcidos no se escondieron en secreto y silencio temeroso. Ellos predicaron la Palabra dondequiera que fueron. "Anunciando el evangelio" (euaggelizomenoi ton logon) significa evangelizar, declarar, proclamar, predicar la Palabra de Dios, el evangelio del Señor Jesucristo. (Véase *Estudio a fondo 2, Predicar,* Hch. 11:19-30 para mayor discusión).

Pensamiento 1. Note dos hechos desafiantes.

1) Los creyentes que predicaron y esparcieron la Palabra eran *creyentes laicos.*

2) Se estableció un patrón para todos los tiempos. La mayor parte de la predicación y el testimonio debían llevarlo a cabo los creyentes laicos. Todos los creyentes laicos deben esparcir la semilla dondequiera que van, en cualquier lugar donde el deber y las circunstancias los sitúen.

"Por tanto, id, y haced discípulos a todas las naciones, bautizándolos en el nombre del Padre, y del Hijo, y del Espíritu Santo; enseñándoles que guarden todas las cosas que os he mandado; y he aquí yo estoy con vosotros todos los días, hasta el fin del mundo. Amén" (Mt. 28:19-20).

"Y les dijo: Id por todo el mundo y predicad el evangelio a toda criatura" (Mr. 16:15).

"porque no podemos dejar de decir lo que hemos visto y oído" (Hch. 4:20).

"Id, y puestos en pie en el templo, anunciad al pueblo todas las palabras de esta vida" (Hch. 5:20).

"Entonces Felipe, descendiendo a la ciudad de Samaria, les predicaba a Cristo... Entonces Felipe, abriendo su boca, y comenzando desde esta escritura, le anunció el evangelio de Jesús" (Hch. 8:5, 35).

"Ahora bien, los que habían sido esparcidos a causa de la persecución que hubo con motivo de Esteban, pasaron hasta Fenicia, Chipre y Antioquía, no hablando a nadie la palabra, sino sólo a los judíos. Pero había entre ellos unos varones de Chipre y de Cirene, los cuales, cuando entraron en Antioquía, hablaron también a los griegos, anunciando el evangelio del Señor Jesús" (Hch. 11:19-20).

"Pero teniendo el mismo espíritu de fe, conforme a lo que está escrito: Creí, por lo cual hablé, nosotros también creemos, por lo cual también hablamos" (2 Co. 4:13).

"Lo que has oído de mí ante muchos testigos, esto encarga a hombres fieles que sean idóneos para enseñar también a otros" (2 Ti. 2:2).

"Esto habla, y exhorta y reprende con toda autoridad. Nadie te menosprecie" (Tit. 2:15).

Pensamiento 2: El gran propósito o resultado de la persecución es esparcir el evangelio. Dios usa la persecución...

• la fe inquebrantable y perseverancia de los creyentes,

• la dispersión de los creyentes (cuando necesario),

...para demostrar la realidad de la salvación, de su presencia en los corazones y vidas de las personas. A través de la persecución y la perseverancia del creyente, Dios se muestra claramente. Él muestra que verdaderamente existe y salva a los hombres, infundiendo en ellos la esperanza y el poder para vivir para siempre.

"Bienaventurados sois cuando por mi causa os vituperen y os persigan, y digan toda clase de mal contra vosotros, mintiendo. Gozaos y alegraos, porque vuestro galardón es grande en los cielos; porque así persiguieron a los profetas que fueron antes de vosotros" (Mt. 5:11-12).

"Y seréis aborrecidos de todos por causa de mi nombre; mas el que persevere hasta el fin, éste será salvo" (Mt. 10:22).

"Y cualquiera que haya dejado casas, o hermanos, o hermanas, o padre, o madre, o mujer, o hijos, o tierras, por mi nombre, recibirá cien veces más, y heredará la vida eterna" (Mt. 19:29).

"Y me ha dicho: Bástate mi gracia; porque mi poder se perfecciona en la debilidad. Por tanto, de buena gana me gloriaré más bien en mis debilidades, para que repose sobre mí el poder de Cristo. Por lo cual, por amor a Cristo me gozo en las debilidades, en afrentas, en necesidades, en persecuciones, en angustias; porque cuando soy débil, entonces soy fuerte" (2 Co. 12:9-10).

"y en nada intimidados por los que se oponen, que para ellos ciertamente es indicio de perdición, mas para vosotros de salvación; y esto de Dios. Porque a vosotros os es concedido a causa de Cristo, no sólo que creáis en él, sino también que padezcáis por él" (Fil. 1:28-29).

"Si sois vituperados por el nombre de Cristo, sois bienaventurados, porque el glorioso Espíritu de Dios reposa sobre vosotros. Ciertamente, de parte de ellos, él es blasfemado, pero por vosotros es glorificado" (1 P. 4:14; cp. v. 12-19).

Pensamiento 3. La persecución puede ir del simple abuso a la violencia. Puede ocurrir en el trabajo, en la casa, en la escuela, en un juego, en la iglesia, pero independientemente de la forma o de dónde ocurra, Dios la usará para dar testimonio de sí mismo, si somos fieles y la soportamos.

B. El gran avivamiento en Samaria: un estudio acerca del avivamiento, 8:5-25

1 El predicador: Felipe
   a. Un laico
   b. Predicaba a Cristo
2 Fundamentos para el avivamiento
   a. Estar unánimes
   b. Prestar atención al mensaje
3 Evidencias del avivamiento
   a. Evidencia 1: vidas cambiadas, milagrosamente
   b. Evidencia 2: se experimentó un gran gozo
   c. Evidencia 3: liberación de las grandes profundidades del pecado
      1) De un falso profeta
      2) De la falsa religión

   d. Evidencia 4: creer y ser bautizados

   e. Evidencia 5: falsas profesiones (cp. v. 18-24)

   f. Evidencia 6: recibimiento y manifestación del Espíritu Santo[EF2]

5 Entonces Felipe, descendiendo a la ciudad de Samaria, les predicaba a Cristo.
6 Y la gente, unánime, escuchaba atentamente las cosas que decía Felipe, oyendo y viendo las señales que hacía.
7 Porque de muchos que tenían espíritus inmundos, salían éstos dando grandes voces; y muchos paralíticos y cojos eran sanados;
8 así que había gran gozo en aquella ciudad.
9 Pero había un hombre llamado Simón, que antes ejercía la magia en aquella ciudad, y había engañado a la gente de Samaria, haciéndose pasar por algún grande.
10 A éste oían atentamente todos, desde el más pequeño hasta el más grande, diciendo: Este es el gran poder de Dios.
11 Y le estaban atentos, porque con sus artes mágicas les había engañado mucho tiempo.
12 Pero cuando creyeron a Felipe, que anunciaba el evangelio del reino de Dios y el nombre de Jesucristo, se bautizaban hombres y mujeres.
13 También creyó Simón mismo, y habiéndose bautizado, estaba siempre con Felipe; y viendo las señales y grandes milagros que se hacían, estaba atónito.
14 Cuando los apóstoles que estaban en Jerusalén oyeron que Samaria había recibido la palabra de Dios, enviaron

allá a Pedro y a Juan;
15 los cuales, habiendo venido, oraron por ellos para que recibiesen el Espíritu Santo;
16 porque aún no había descendido sobre ninguno de ellos, sino que solamente habían sido bautizados en el nombre de Jesús.
17 Entonces les imponían las manos, y recibían el Espíritu Santo.
18 Cuando vio Simón que por la imposición de las manos de los apóstoles se daba el Espíritu Santo, les ofreció dinero,
19 diciendo: Dadme también a mí este poder, para que cualquiera a quien yo impusiere las manos reciba el Espíritu Santo.
20 Entonces Pedro le dijo: Tu dinero perezca contigo, porque has pensado que el don de Dios se obtiene con dinero.
21 No tienes tú parte ni suerte en este asunto, porque tu corazón no es recto delante de Dios.
22 Arrepiéntete, pues, de esta tu maldad, y ruega a Dios, si quizá te sea perdonado el pensamiento de tu corazón;
23 porque en hiel de amargura y en prisión de maldad veo que estás.

24 Respondiendo entonces Simón, dijo: Rogad vosotros por mí al Señor, para que nada de esto que habéis dicho venga sobre mí.
25 Y ellos, habiendo testificado y hablado la palabra de Dios, se volvieron a Jerusalén, y en muchas poblaciones de los samaritanos anunciaron el evangelio.

   g. Evidencia 7: reprensión de la hipocresía

      1) Detección de la hipocresía: se buscaba poder, prestigio e influencia
      2) Juicio de la hipocresía: Perecer y no tener parte del Espíritu

      3) Respuesta para la hipocresía: Arrepentimiento y oración
      4) Esclavitud de la hipocresía: Amargura y esclavitud al pecado
      5) Motivación errónea para la liberación: Escapar del juicio

   h. Evidencia 8: apertura del corazón para el evangelismo

DIVISIÓN III

LA IGLESIA ESPARCIDA: COMIENZOS MISIONEROS EN JUDEA Y SAMARIA, 8:1–9:31

B. El gran avivamiento en Samaria: un estudio acerca del avivamiento, 8:5-25

(8:5-25) *Introducción:* Este momento necesita un avivamiento, un verdadero movimiento de Dios en los corazones y vidas de las personas, tanto dentro como fuera de la iglesia. Este es un estudio excelente acerca del avivamiento.

1. El predicador: Felipe (v. 5).
2. Fundamentos para el avivamiento (v. 6).
3. Evidencias del avivamiento (vv. 7-25).

ESTUDIO A FONDO 1

(8:5-25) *Samaria:* ver *Estudio a fondo* 2, Lucas 10:33 para discusión.

1 (8:5) *Felipe:* Felipe era el predicador, un obrero laico, uno de los primeros diáconos (Hch. 6:5). Es importante destacar que:

=> el primer gran avance evangelístico fuera de Jerusalén fue llevado a cabo por un laico.

=> la primera vez que se empleó el término evangelista, es en referencia a un laico (Hch. 21:8).

Felipe predicó (ekerussen) y proclamó a Cristo. Un poco más adelante se dice que predicó (euaggelizomeno), anunció las buenas noticias "anunciaba el evangelio del reino de Dios" (v. 12). Estas dos grandes palabras se usan en el Nuevo Testamento al hablar de la proclamación del evangelio. Felipe, el laico, era un verdadero siervo del Señor, un creyente laico que predicó a Cristo. Fue un laico que dedicó su tiempo y energía a la proclamación del evangelio del reino de Dios.

Pensamiento 1. Un gran avivamiento se necesita de grandes laicos entregados completamente a Cristo, laicos dispuestos a predicar a Cristo. Note que los siguientes pasajes de las Escrituras están dirigidos a los creyentes, no al cliente.

"Y yendo, predicad, diciendo: El reino de los cielos se ha acercado" (Mt. 10:7).

"Lo que os digo en tinieblas, decidlo en la luz; y lo que oís al oído, proclamadlo desde las azoteas" (Mt. 10:27).

"Por tanto, id, y haced discípulos a todas las naciones, bautizándolos en el nombre del Padre, y del Hijo, y del Espíritu Santo; enseñándoles que guarden todas las cosas que os he mandado; y he aquí yo estoy con vosotros todos los días, hasta el fin del mundo" (Mt. 28:19-20).

"Y les dijo: Id por todo el mundo y predicad el evangelio a toda criatura" (Mr. 16:15).

"porque no podemos dejar de decir lo que hemos visto y oído" (Hch. 4:20).

"Id, y puestos en pie en el templo, anunciad al pueblo todas las palabras de esta vida" (Hch. 5:20).

"Entonces Felipe, descendiendo a la ciudad de Samaria, les predicaba a Cristo…. Entonces Felipe, abriendo su boca, y comenzando desde esta escritura,

le anunció el evangelio de Jesús" (Hch. 8:5, 35).

"Ahora bien, los que habían sido esparcidos a causa de la persecución que hubo con motivo de Esteban, pasaron hasta Fenicia, Chipre y Antioquía, no hablando a nadie la palabra, sino sólo a los judíos. Pero había entre ellos unos varones de Chipre y de Cirene, los cuales, cuando entraron en Antioquía, hablaron también a los griegos, anunciando el evangelio del Señor Jesús" (Hch. 11:19-20).

"Pero teniendo el mismo espíritu de fe, conforme a lo que está escrito: Creí, por lo cual hablé, nosotros también creemos, por lo cual también hablamos" (2 Co. 4:13).

"Lo que has oído de mí ante muchos testigos, esto encarga a hombres fieles que sean idóneos para enseñar también a otros" (2 Ti. 2:2).

"Esto habla, y exhorta y reprende con toda autoridad. Nadie te menosprecie" (Tit. 2:15).

"sino santificad a Dios el Señor en vuestros corazones, y estad siempre preparados para presentar defensa con mansedumbre y reverencia ante todo el que os demande razón de la esperanza que hay en vosotros" (1 P. 3:15).

2 (8:6) *Avivamiento:* los fundamentos del avivamiento son dos.

1. Las personas deben estar "unánimes": ser de una misma mente, espíritu y propósito; cooperando completamente, dispuestas a escuchar el mensaje y ver los milagros. Si las personas se oponen y cierran sus oídos y sus ojos al mensajero, no puede haber avivamiento. Tiene que haber una apertura, una disposición y unidad de espíritu con el predicador y su mensaje.

2. Las personas deben "escuchar atentamente" (proseichon), mantener sus mentes y corazones en el mensaje.

"Pero bienaventurados vuestros ojos, porque ven; y vuestros oídos, porque oyen"
(Mt. 13:16).

"Mas el que fue sembrado en buena tierra, éste es el que oye y entiende la palabra, y da fruto; y produce a ciento, a sesenta, y a treinta por uno" (Mt. 13:23).

"Bienaventurados los que ahora tenéis hambre, porque seréis saciados. Bienaventurados los que ahora lloráis, porque reiréis" (Lc. 6:21).

"Mas la que cayó en buena tierra, éstos son los que con corazón bueno y recto retienen la palabra oída, y dan fruto con perseverancia" (Lc. 8:15).

"Y éstos eran más nobles que los que estaban en Tesalónica, pues recibieron la palabra con toda solicitud, escudriñando cada día las Escrituras para ver si estas cosas eran así" (Hch. 17:11).

"Por lo cual también nosotros sin cesar damos gracias a Dios, de que cuando recibisteis la palabra de Dios que oísteis de nosotros, la recibisteis no como palabra de hombres, sino según es en verdad, la palabra de Dios, la cual actúa en vosotros los creyentes" (1 Ts. 2:13).

"Y estas palabras que yo te mando hoy, estarán sobre tu corazón" (Dt. 6:6).

3 (8:7-25) *Avivamiento:* hay ocho evidencias del avivamiento.

1. Evidencia uno: Vidas cambiadas, milagrosamente. Personas que no pueden hacer nada por sí mismas reciben sanidad. Note que personas poseídas por espíritus malos fueron cambiadas: los espíritus malos fueron expulsados (cp. Mr. 3:11; Lc. 4:41). Fueron sanadas personas con cuerpos enfermos y lesionados. Fueron claramente testigos del poder de Dios.

> **"De modo que si alguno está en Cristo, nueva criatura es; las cosas viejas pasaron; he aquí todas son hechas nuevas" (2 Co. 5:17).**
> **"siendo renacidos, no de simiente corruptible, sino de incorruptible, por la palabra de Dios que vive y permanece para siempre" (1 P. 1:23).**
> **"Todo aquel que cree que Jesús es el Cristo, es nacido de Dios; y todo aquel que ama al que engendró, ama también al que ha sido engendrado por él" (1 Jn. 5:1).**

2. Evidencia dos: Se experimentó un gran gozo. Un hombre que verdaderamente llegó a conocer a Cristo fue lleno de gozo, el gozo…

*   del perdón de pecados
*   de liberación
*   de poder para vivir
*   de esperanza para la eternidad
*   de conocer la presencia de Dios
*   de seguridad, certidumbre y confianza

> **"Pero no os regocijéis de que los espíritus se os sujetan, sino regocijaos de que vuestros nombres están escritos en los cielos" (Lc. 10:20).**
> **"Estas cosas [el evangelio] os he hablado, para que mi gozo esté en vosotros, y vuestro gozo sea cumplido" (Jn. 15:11).**
> **"Hasta ahora nada habéis pedido en mi nombre; pedid, y recibiréis, para que vuestro gozo sea cumplido" (Jn. 16:24).**
> **"Pero ahora voy a ti; y hablo esto en el mundo, para que tengan mi gozo cumplido en sí mismos" (Jn. 17:13).**
> **"como entristecidos, mas siempre gozosos; como pobres, mas enriqueciendo a muchos; como no teniendo nada, mas poseyéndolo todo" (2 Co. 6:10).**
> **"a quien amáis sin haberle visto, en quien creyendo, aunque ahora no lo veáis, os alegráis con gozo inefable y glorioso" (1 P. 1:8).**

3. Evidencia tres: Liberación de las grandes profundidades del pecado, de falsos profetas, la religión y la hechicería. La profundidad del pecado no puede ser más honda de lo que estas personas se encontraban. Ellas estaban cautivas y esclavizadas por el error, falsas enseñanzas, y falsa esperanza.
    a. El pueblo había sido esclavizado por un falso profeta, un impostor religioso, Simón.
        => Él empleaba la hechicería: artes mágicas, brujería, médium, astrología, encantamientos, maleficios, adivinación o predicción del futuro.
        => Hechizaba a las personas: maravillaba, deslumbraba y ataba a sus seguidores.

        => Decía ser "algún grande".
    b. El pueblo había sido esclavizado por una falsa religión: "todos" le oían atentamente; todos seguían su liderazgo y enseñanza; todos "desde el más pequeño hasta el más grande" *confesaban:* "Este es el gran poder de Dios"

Pensamiento 1. Piense cuán ingenuas son las personas cuando se trata de seguir a falsos profetas y sus enseñanzas.

    c. Las personas habían estado esclavizadas por mucho tiempo. Habían sido mantenidos en esclavitud al falso profeta y la falsa religión por *mucho tiempo.* Pero ahora habían sido libertados por el poder de Cristo.

Pensamiento 1: Los falsos profetas y las falsas religiones difieren en sus enseñanzas y métodos para esclavizar a la gente, pero todos son falsos y sus seguidores solamente pueden ser libertados mediante el poder de Cristo.

> **"Guardaos de los falsos profetas, que vienen a vosotros con vestidos de ovejas, pero por dentro son lobos rapaces" (Mt. 7:15).**
> **"Y muchos falsos profetas se levantarán, y engañarán a muchos" (Mt. 24:11).**
> **"Porque se levantarán falsos Cristos, y falsos profetas, y harán grandes señales y prodigios, de tal manera que engañarán, si fuere posible, aun a los escogidos"(Mt. 24:24; cp. Mr. 13:22).**
> **"Y de vosotros mismos se levantarán hombres que hablen cosas perversas para arrastrar tras sí a los discípulos" (Hch. 20:30).**
> **"Porque tales personas no sirven a nuestro Señor Jesucristo, sino a sus propios vientres, y con suaves palabras y lisonjas engañan los corazones de los ingenuos" (Ro. 16:18).**
> **"Pero el Espíritu dice claramente que en los postreros tiempos algunos apostatarán de la fe, escuchando a espíritus engañadores y a doctrinas de demonios; por la hipocresía de mentirosos que, teniendo cauterizada la conciencia" (1 Ti. 4:1-2).**
> **"mas los malos hombres y los engañadores irán de mal en peor, engañando y siendo engañados" (2 Ti. 3:13).**
> **"Pero hubo también falsos profetas entre el pueblo, como habrá entre vosotros falsos maestros, que introducirán encubiertamente herejías destructoras, y aun negarán al Señor que los rescató, atrayendo sobre sí mismos destrucción repentina" (2 P. 2:l).**
> **"¿Quién es el mentiroso, sino el que niega que Jesús es el Cristo? Este es anticristo, el que niega al Padre y al Hijo" (1 Jn. 2:22).**
> **"Porque muchos engañadores han salido por el mundo, que no confiesan que Jesucristo ha venido en carne" (2 Jn. 7).**

4. Evidencia cuatro: creer las cosas relacionadas con el reino de Dios y el nombre de Jesucristo, y ser bautizados
    a. Felipe predicaba acerca de dos aspectos fundamentales.
        => Predicaba del reino de Dios (véase Estudio a fondo 3, Mt. 19:23-24).

"Y yendo, predicad, diciendo: El reino de los cielos se ha acercado" (Mt. 10:7).

"Después que Juan fue encarcelado, Jesús vino a Galilea predicando el evangelio del reino de Dios, diciendo: El tiempo se ha cumplido, y el reino de Dios se ha acercado; arrepentíos, y creed en el evangelio" (Mr. l:14-15).

"Pero él les dijo: Es necesario que también a otras ciudades anuncie el evangelio del reino de Dios; porque para esto he sido enviado" (Lc. 4:43).

"Y los envió a predicar el reino de Dios, y a sanar a los enfermos" (Lc. 9:2).

"Pero cuando creyeron a Felipe, que anunciaba el evangelio del reino de Dios y el nombre de Jesucristo, se bautizaban hombres y mujeres" (Hch. 8:12).

"Y ahora, he aquí, yo sé que ninguno de todos vosotros, entre quienes he pasado predicando el reino de Dios, verá más mi rostro" (Hch. 20:25).

"Y habiéndole señalado un día, vinieron a él muchos a la posada, a los cuales les declaraba y les testificaba el reino de Dios desde la mañana hasta la tarde, persuadiéndoles acerca de Jesús, tanto por la ley de Moisés como por los profetas" (Hch. 28:23).

> => Él predicaba el nombre de Jesucristo (véase Estudio a fondo 2, Hechos 3:6).
> b. Cuando las personas escuchaban el mensaje…
>   => creían. (véase Estudio a fondo 2, Jn. 2:24).

"Porque de tal manera amó Dios al mundo, que ha dado a su Hijo unigénito, para que todo aquel que en él cree, no se pierda, mas tenga vida eterna" (Jn. 3:16).

"De cierto, de cierto os digo: El que oye mi palabra, y cree al que me envió, tiene vida eterna; y no vendrá a condenación, mas ha pasado de muerte a vida" (Jn. 5:24).

"Jesús les dijo: Yo soy el pan de vida; el que a mí viene, nunca tendrá hambre; y el que en mí cree, no tendrá sed jamás" (Jn. 6:35).

"que si confesares con tu boca que Jesús es el Señor, y creyeres en tu corazón que Dios le levantó de los muertos, serás salvo. Porque con el corazón se cree para justicia, pero con la boca se confiesa para salvación" (Ro. 10:9-10).

> => se bautizaban (véase Estudio a fondo 1, Hechos 2:38).
> 5. Evidencia cinco: Falsas profesiones. Es muy poco probable que Simón estuviera confesando a Cristo genuinamente (cp. v. 18-24). Cuando las personas experimentan un verdadero avivamiento siempre tendrán farsantes. La existencia de falsedades y profesiones de fe hipócritas hacen que las verdaderas confesiones sobresalgan aun más.

"No todo el que me dice: Señor, Señor, entrará en el reino de los cielos, sino el que hace la voluntad de mi Padre que está en los cielos" (Mt. 7:21).

"No deis lo santo a los perros, ni echéis vuestras perlas delante de los cerdos, no sea que las pisoteen, y se vuelvan y os despedacen" (Mt. 7:6).

"Profesan conocer a Dios, pero con los hechos lo niegan, siendo abominables y rebeldes, reprobados en cuanto a toda buena obra" (Tit. 1:16).

6. Evidencia seis: Recibimiento y manifestación del Espíritu Santo (v. 14-17). Los apóstoles eran los líderes, los supervisores de la iglesia, así que cuando se enteraron del avivamiento en Samaria, enviaron a Pedro y a Juan para investigar. ¿Por qué era necesaria una investigación? Debido a la amarga enemistad y al prejuicio racial entre judíos y samaritanos (véase *Estudio a fondo* 2, Lc. 10:33 para discusión).

Cuando Pedro y Juan llegaron descubrieron que los samaritanos habían creído y habían sido bautizados, pero el Espíritu Santo aún no había descendido sobre ninguno de ellos. (Véase *Estudio a fondo* 2, Hechos 8:14-17 para discusión).

7. Evidencia siete: Represión de la hipocresía. El asunto en cuestión se aprecia claramente en el incidente que ocurrió con Simón (véase Escritura y bosquejo anterior, pt. 5, v. 18-24 para mayor discusión).

Fíjese que Simón le pide a los apóstoles que oren por él. Parece que él personalmente no oró ni confesó y se arrepintió delante del Señor Jesús. Esta fue la misma manera en que reaccionó el Faraón rogándole a Moisés que orara por él, pero sin arrepentirse (Ex. 8:8; 10:17).

8. Evidencia 8: Apertura del corazón para el evangelismo. Note…

- cuán receptivos estuvieron los samaritanos a los predicadores judíos del evangelio.
- cómo los apóstoles fueron a las villas de los samaritanos a predicar.

Pensamiento 1. El fruto del avivamiento es más avivamiento, la apertura de los corazones a la predicación y para recibir el evangelio.

"porque no podemos dejar de decir lo que hemos visto y oído" (Hch. 4:20).

"Pero teniendo el mismo espíritu de fe, conforme a lo que está escrito: Creí, por lo cual hablé, nosotros también creemos, por lo cual también hablamos" (2 Co. 4:13).

"Venid, oíd todos los que teméis a Dios,
Y contaré lo que ha hecho a mi alma" (Sal. 66:16).

"De las misericordias de Jehová haré memoria, de las alabanzas de Jehová, conforme a todo lo que Jehová nos ha dado, y de la grandeza de sus beneficios hacia la casa de Israel, que les ha hecho según sus misericordias, y según la multitud de sus piedades" (Is. 63:7).

"Y dije: No me acordaré más de él, ni hablaré más en su nombre; no obstante, había en mi corazón como un fuego ardiente metido en mis huesos; traté de sufrirlo, y no pude" (Jer. 20:9).

"Entonces los que temían a Jehová hablaron cada uno a su compañero; y Jehová escuchó y oyó, y fue escrito libro de memoria delante de él para los que temen a Jehová, y para los que piensan en su nombre" (Mal. 3:16).

ESTUDIO A FONDO 2

(8:14-17) ***Espíritu Santo:*** Para algunos, este es un pasaje desconcertante pues los samaritanos ya habían creído y habían sido bautizados, sin embargo, el Espíritu Santo todavía no había venido sobre ellos. Ellos aún no le habían recibido. Note cuatro cosas.

1. No puede cuestionarse el hecho de que los samaritanos se hubieran salvado realmente. Felipe conocía al Señor y estaba lleno del Espíritu (Hch. 6:3, 5). Él tenía el poder del Espíritu (Hch. 8:6-7) y predicaba el evangelio en términos claros. Él sabia cómo era que las personas se salvaban y lo que implica la salvación. Por tanto, hay dos cosas que son inconcebibles e imposibles…

- que Felipe realmente no hubiera predicado el evangelio completamente (esta posición estaría contradiciendo a la Escritura).
- que Felipe pudiera haber sido engañado por toda la gente (esto estaría en contradicción con la dirección del Espíritu en su vida).

2. La Escrituras dicen que: "Mas vosotros no vivís según la carne, sino según el Espíritu, si es que el Espíritu de Dios mora en vosotros. Y si alguno no tiene el Espíritu de Cristo, no es de él" (Ro. 8:9). Si una persona ha sido salvada realmente, el Espíritu Santo ha entrado en su vida y corazón. La Escritura es muy clara en este sentido.

3. A la luz de estos dos aspectos, parece ser que los samaritanos habían tenido dos experiencias con el Espíritu Santo.

   a. El Espíritu Santo realmente había entrado en sus corazones y vidas cuando ellos creyeron y fueron bautizados (v. 12, 16). Al creer, ellos nacieron de nuevo, convirtiéndose en nuevas criaturas en Cristo (Jn. 3:5-8; 2 Co. 5:17).

   b. El Espíritu Santo descendió, se derramó, los llenó, manifestó su presencia y poder en aquella ocasión especial en que Pedro y Juan visitaron a los nuevos creyentes. Cristo enseñó que ocurrirían manifestaciones especiales del Espíritu Santo. (Véase Estudio a fondo 3, Jn. 14:21; nota-14:21-22). La experiencia de los apóstoles y de la iglesia a lo largo de todo el libro de Hechos demuestra claramente que hay más de una experiencia significativa con el Espíritu Santo. Los primeros creyentes experimentaron manifestaciones periódicas o llenuras especiales. Ellos necesitaban dichas experiencias, y según el decursar de la historia y según ha aumentado la necesidad, Dios le ha dado manifestaciones especiales o llenuras de su Espíritu a todos los creyentes obedientes.

4. Entre los creyentes samaritanos y los judíos había una gran necesidad. Los judíos y los samaritanos eran enemigos acérrimos. Se despreciaban mutuamente (véase Estudio a fondo 2, Lc. 10:33. Cp. Mt. 15:26-27; Jn. 4:9, 27). El Espíritu Santo necesitaba descender sobre los samaritanos no solo por el bien de estos sino también por el de los judíos. Los judíos, especialmente los líderes, necesitaban ver y experimentar el derramamiento del Espíritu Santo sobre los samaritanos. Al presenciar el acontecimiento, podrían saber y testificar de la aceptación de los samaritanos por parte de Dios. Se levantaría la barrera que durante tanto tiempo había separado a las dos naciones y la iglesia de Jerusalén tendría que aceptar a los samaritanos ante la evidencia de que Dios les había aceptado (véase Estudio a fondo 1, Hch. 2:1-4; note-10:44-48).

Quizá tenga cierta significación el hecho de que Dios envió al Espíritu Santo sobre los judíos primeramente (Hch. 2). Luego, para romper progresivamente la atrincherada barrera de prejuicios raciales entre los judíos y los gentiles, envió el Espíritu a los que eran mitad judíos, mitad gentiles (Hch. 8). Finalmente, envió el Espíritu a los que eran totalmente gentiles (Hch. 10). En otras palabras, hay cierta verdad en el hecho de que hubo…

- un Pentecostés judío (Hch. 2).
- un Pentecostés samaritano, un Pentecostés mitad judío y mitad gentil (Hch. 8).
- un Pentecostés gentil (Hch. 10).

	C. Una gran misión dirigida a un solo individuo: un estudio sobre cómo testificar, 8:26-40	33 En su humillación no se le hizo justicia; Mas su generación, ¿quién la contará? Porque fue quitada de la tierra su vida.	
1 Felipe fue guiado por un ángel del Señor	26 Un ángel del Señor habló a Felipe, diciendo: Levántate y ve hacia el sur, por el camino que desciende de Jerusalén a Gaza, el cual es desierto.	34 Respondiendo el eunuco, dijo a Felipe: Te ruego que me digas: ¿de quién dice el profeta esto; de sí mismo, o de algún otro?	
2 Lo que Felipe encontró	27 Entonces él se levantó y fue. Y sucedió que un etíope, eunuco, funcionario de Candace reina de los etíopes, el cual estaba sobre todos sus tesoros, y había venido a Jerusalén para adorar,	35 Entonces Felipe, abriendo su boca, y comenzando desde esta escritura, le anunció el evangelio de Jesús.	5 Lo que Felipe dijo y proclamó: él predicó a Jesús
a. Un hombre etíope, un extranjero		36 Y yendo por el camino, llegaron a cierta agua, y dijo el eunuco: Aquí hay agua; ¿qué impide que yo sea bautizado?	6 Lo que Felipe presenció
b. Un alto oficial del gobierno			a. Un hombre deseoso de bautizarse.
c. Un eunuco, un hombre con un compromiso	28 volvía sentado en su carro, y leyendo al profeta Isaías.	37 Felipe dijo: Si crees de todo corazón, bien puedes. Y respondiendo, dijo: Creo que Jesucristo es el Hijo de Dios.	
d. Un adorador, un investigador			b. Un hombre que creyó que Jesús es el Hijo de Dios.
e. Un lector de las Escrituras		38 Y mandó parar el carro; y descendieron ambos al agua, Felipe y el eunuco, y le bautizó.	
3 Lo que Felipe sintió	29 Y el Espíritu dijo a Felipe: Acércate y júntate a ese carro.		c. Un hombre que quiso continuar con el bautismo inmediatamente
a. Un impulso del Espíritu		39 Cuando subieron del agua, el Espíritu del Señor arrebató a Felipe; y el eunuco no le vio más, y siguió gozoso su camino.	
b. La necesidad de un hombre, confusión			7 Lo que Felipe experimentó: la dirección continua del Espíritu Santo
4 Lo que Felipe hizo	30 Acudiendo Felipe, le oyó que leía al profeta Isaías, y dijo: Pero ¿entiendes lo que lees?		
a. Obedeció al Espíritu de Dios		40 Pero Felipe se encontró en Azoto; y pasando, anunciaba el evangelio en todas las ciudades, hasta que llegó a Cesarea.	
b. Inició una conversación con el hombre	31 El dijo: ¿Y cómo podré, si alguno no me enseñare? Y rogó a Felipe que subiese y se sentara con él.		
c. Se unió al hombre			
d. Se percató de cuál era la situación del hombre en su búsqueda de Dios			
1) Era religioso: Extremadamente fiel en la adoración y la lectura de las Escrituras	32 El pasaje de la Escritura que leía era este: Como oveja a la muerte fue llevado; Y como cordero mudo delante del que lo trasquila, Así no abrió su boca.		
2) No entendía la muerte de Cristo			

DIVISIÓN III

LA IGLESIA ESPARCIDA: COMIENZOS MISIONEROS EN JUDEA Y SAMARIA, 8:1–9:31

C. Una gran misión dirigida a un solo individuo: un estudio sobre cómo testificar, 8:26-40

(8:26-40) *Introducción:* este pasaje destaca la importancia de una persona para Dios. Se requería de un hecho milagroso. Dios estaba guiando a Felipe a una única persona que necesi-

taba conocer a Cristo, y en la entrevista que se produce entre los dos tenemos un gran estudio sobre cómo testificar. Podemos apreciar qué implica predicar a una sola persona.

1. Felipe fue guiado por un ángel del Señor (v. 26).
2. Lo que Felipe encontró (vv. 27-28).
3. Lo que Felipe sintió (v. 29).
4. Lo que Felipe hizo (vv. 30-34).
5. Lo que Felipe dijo y proclamó: él predicó a Jesús (v. 35).

6.   Lo que Felipe presenció (vv. 36-38).
7.   Lo que Felipe experimentó: la dirección continua del Espíritu Santo (vv. 39-40).

1 (8:26) *Dirección:* Felipe fue guiado por un ángel del Señor. Los ángeles son "espíritus ministradores, enviados para servicio a favor de los que serán herederos de la salvación" (Heb. l:14. Véase *Estudio a fondo 1,* Ángeles, Heb. 1:4-14 para mayor discusión).

Había una persona en particular a la que Dios quería alcanzar con el evangelio y salvarla, así que envió a un ángel para que instruyera a Felipe en cuanto a dónde ir. El hecho que Felipe no tenía manera de conocer la voluntad de Dios en este caso en particular, excepto mediante una confrontación personal con Él. Así que Dios se dirigió a Felipe y lo instruyó de manera que éste supiera exactamente cuál era su voluntad.

El ángel instruyó a Felipe....
*   que se levantara.
*   que fuera al sur por el camino que desciende de Jerusalén a Gaza. Un camino que era desierto.

Fíjese que Dios no le dijo a Felipe por qué debía tomar este camino hacia el sur, solamente le dijo que se levantara y que fuera. Así como lo hizo Abraham, Felipe tenía que ir por fe y así lo hizo. Se levantó y fue, sin saber por qué pero confiando en que Dios le mostraría.

Pensamiento 1. Dios hace cualquier cosa que sea necesaria para instruir y guiar a los creyentes. Él no se limita a nuestras teorías y creencias. Él tiene a su disposición todo el poder y toda la creación para usarla según le plazca. Él usará todo lo que haga falta para alcanzar a cualquiera que verdaderamente esté deseoso de conocer el camino de la salvación. Nadie se perdería nunca, no si honestamente creyeran en Dios y le buscaran diligentemente (Heb. 11:6). Dios se encargará de ello, no importa lo que tenga que hacerse.

"**Mas buscad primeramente el reino de Dios y su justicia, y todas estas cosas os serán añadidas**" (Mt. 6:33).
"**Y yo os digo: Pedid, y se os dará; buscad, y hallaréis; llamad, y se os abrirá. 10 Porque todo aquel que pide, recibe; y el que busca, halla; y al que llama, se le abrirá**" (Lc. 11:9-10; cp. v. 5-8).
"**Y de una sangre ha hecho todo el linaje de los hombres, para que habiten sobre toda la faz de la tierra; y les ha prefijado el orden de los tiempos, y los límites de su habitación; para que busquen a Dios, si en alguna manera, palpando, puedan hallarle, aunque ciertamente no está lejos de cada uno de nosotros**" (Hch. 17:26-27).
"**Mas si desde allí buscares a Jehová tu Dios, lo hallarás, si lo buscares de todo tu corazón y de toda tu alma**" (Dt. 4:29).
"**Mas ¿dónde se hallará la sabiduría? ¿Dónde está el lugar de la inteligencia?...Y dijo al hombre: He aquí que el temor del Señor es la sabiduría, Y el apartarse del mal, la inteligencia**" (Job 28:12, 28; cp. v. 13-27).
"**Buscad a Jehová y su poder; Buscad siempre su rostro**" (Sal. 105:4).
"**Si clamares a la inteligencia, Y a la prudencia die-**

res tu voz; Si como a la plata la buscares, Y la escudriñares como a tesoros, Entonces entenderás el temor de Jehová, Y hallarás el conocimiento de Dios" (Pr. 2:3-5).
"**Buscad a Jehová mientras puede ser hallado, llamadle en tanto que está cercano**" (Is. 55:6).
"**Porque yo sé los pensamientos que tengo acerca de vosotros, dice Jehová, pensamientos de paz, y no de mal, para daros el fin que esperáis. Entonces me invocaréis, y vendréis y oraréis a mí, y yo os oiré; y me buscaréis y me hallaréis, porque me buscaréis de todo vuestro corazón**" (Jer. 29:11-13).
"**Pero así dice Jehová a la casa de Israel: Buscadme, y viviréis**" (Am. 5:4).

Pensamiento 2. El llamado es para que los creyentes…
*   se levanten.
*   vayan por los caminos del mundo.
*   confíen en que Dios les guiará hacia aquellos que le están buscando.

"**Y les dijo: Venid en pos de mí, y os haré pescadores de hombres**" (Mt. 4:19).
"**Id, pues, a las salidas de los caminos, y llamad a las bodas a cuantos halléis. 10 Y saliendo los siervos por los caminos, juntaron a todos los que hallaron, juntamente malos y buenos; y las bodas fueron llenas de convidados**" (Mt. 22:9-10).
"**Porque no hay diferencia entre judío y griego, pues el mismo que es Señor de todos, es rico para con todos los que le invocan**" (Ro. 10:12).

2 (8:27-28) *Testificar:* lo que Felipe encontró. Él vio a un hombre montado en un carro que regresaba de Jerusalén.

1.   Felipe se encontró con un extranjero, un etíope. Etiopía estaba cientos de kilómetros de Jerusalén. El eunuco había estado en Jerusalén para asistir a las festividades religiosas.

Pensamiento 1. A menudo los creyentes se alejan, con timidez, de los extranjeros, se alejan de todos los que difieren de ellos. Dios quiero que alcancemos a todos, sin importar la nacionalidad que tengan. Piense que todo el mundo es extraño para otros en el mundo. Todo el mundo es diferente de los demás. No podemos permitir que las diferencias nos impidan testificar a otros de Cristo.

"**En el último y gran día de la fiesta, Jesús se puso en pie y alzó la voz, diciendo: Si alguno tiene sed, venga a mí y beba**" (Jn. 7:37).
"**Porque no hay diferencia entre judío y griego, pues el mismo que es Señor de todos, es rico para con todos los que le invocan**" (Ro. 10:12).
"**el cual quiere que todos los hombres sean salvos y vengan al conocimiento de la verdad. Porque hay un solo Dios, y un solo mediador entre Dios y los hombres, Jesucristo hombre, el cual se dio a sí mismo en rescate por todos, de lo cual se dio testimonio a su debido tiempo**" (1 Ti. 2:4-6).
"**Mirad a mí, y sed salvos, todos los términos de la tierra, porque yo soy Dios, y no hay más**" (Is. 45:22).
"**A todos los sedientos: Venid a las aguas; y los que no tienen dinero, venid, comprad y comed. Venid, comprad sin dinero y sin precio, vino y leche**" (Is. 55:1).

2.   Felipe se encontró con un alto oficial del gobierno

que servía bajo las órdenes de la reina de Etiopía. Candace no es el nombre de una reina en particular, sino el título de una dinastía de reinas (tal como el título de faraones o tolomeos de Egipto).

Pensamiento 1. Las clases altas de una sociedad y gobierno deben ser alcanzadas para Cristo al igual que el resto de los ciudadanos.

> **"Os digo que todo aquel que me confesare delante de los hombres, también el Hijo del Hombre le confesará delante de los ángeles de Dios" (Lc. 12:8).**

> **"mas el que bebiere del agua que yo le daré, no tendrá sed jamás; sino que el agua que yo le daré será en él una fuente de agua que salte para vida eterna" (Jn. 4:14).**

> **"De éste dan testimonio todos los profetas, que todos los que en él creyeren, recibirán perdón de pecados por su nombre" (Hch. 10:43).**

> **"Exhorto ante todo, a que se hagan rogativas, oraciones, peticiones y acciones de gracias, por todos los hombres; por los reyes y por todos los que están en eminencia, para que vivamos quieta y reposadamente en toda piedad y honestidad" (1 Ti. 2:1-2).**

> **"Todo aquel que cree que Jesús es el Cristo, es nacido de Dios; y todo aquel que ama al que engendró, ama también al que ha sido engendrado por él" (1 Jn. 5:1).**

> **"Y el Espíritu y la Esposa dicen: Ven. Y el que oye, diga: Ven. Y el que tiene sed, venga; y el que quiera, tome del agua de la vida gratuitamente" (Rev. 22:17).**

3. Felipe se encontró con un eunuco. El hecho de ser un eunuco muestra que este era un hombre de sumo compromiso y dedicación, un hombre que probablemente estuviera buscando la verdad. Era política de las reinas escoger a eunucos sobresalientes para ocupar cargos oficiales en sus gobiernos.

Pensamiento 1. Para salvarse hay que ser una persona de compromiso y dedicación. Los haraganes, indulgentes, infructuosos y codos no tienen suficiente interés y preocupación por la vida como para ser salvos genuinamente.

> **"No des sueño a tus ojos, Ni a tus párpados adormecimiento" (Pr. 6:4).**

> **"Ve a la hormiga, oh perezoso, Mira sus caminos, y sé sabio; La cual no teniendo capitán, Ni gobernador, ni señor, Prepara en el verano su comida, Y recoge en el tiempo de la siega su mantenimiento. Perezoso, ¿hasta cuándo has de dormir? ¿Cuándo te levantarás de tu sueño? Un poco de sueño, un poco de dormitar, Y cruzar por un poco las manos para reposo; Así vendrá tu necesidad como caminante, Y tu pobreza como hombre armado" (Pr. 6:6-11).**

> **"El que recoge en el verano es hombre entendido; El que duerme en el tiempo de la siega es hijo que avergüenza" (Pr 10:5).**

> **"El alma del perezoso desea, y nada alcanza; Mas el alma de los diligentes será prosperada" (Pr. 13:4).**

> **"La pereza hace caer en profundo sueño, Y el alma negligente padecerá hambre" (Pr. 19:15).**

> **"El perezoso mete su mano en el plato, Y ni aun a su boca la llevará" (Pr. 19:24).**

> **"El perezoso no ara a causa del invierno; Pedirá, pues, en la siega, y no hallará" (Pr. 20:4).**

> **"No ames el sueño, para que no te empobrezcas; Abre tus ojos, y te saciarás de pan" (Pr. 20:13).**

> **'El deseo del perezoso le mata, Porque sus manos no quieren trabajar. Hay quien todo el día codicia; Pero el justo da, y no detiene su mano" (Pr. 21:25-26).**

> **"Pasé junto al campo del hombre perezoso, Y junto a la viña del hombre falto de entendimiento; Y he aquí que por toda ella habían crecido los espinos, Ortigas habían ya cubierto su faz, Y su cerca de piedra estaba ya destruida. Miré, y lo puse en mi corazón; Lo vi, y tomé consejo. Un poco de sueño, cabeceando otro poco, Poniendo mano sobre mano otro poco para dormir; "Así vendrá como caminante tu necesidad, Y tu pobreza como hombre armado" (Pr. 24:30-34).**

> **"Por la pereza se cae la techumbre, y por la flojedad de las manos se llueve la casa" (Ec. 10:18).**

4. Felipe encontró a un adorador. Esto muestra definitivamente que estaba buscando la verdad y que estaba buscando a Dios. Note que éste era un convertido al judaísmo que había viajado cientos de kilómetros para llegara a Jerusalén y adorar en el templo.

Pensamiento 1. Cada persona debe ser un adorador de Dios mismo, pero fíjese que no basta con ser un adorador. La persona debe buscar al único y vivo Dios para poder ser salva.

> **"Pero sin fe es imposible agradar a Dios; porque es necesario que el que se acerca a Dios crea que le hay, y que es galardonador de los que le buscan" (Heb. 11:6).**

> **"Jesús le dijo: Yo soy el camino, y la verdad, y la vida; nadie viene al Padre, sino por mí" (Jn. 14:6).**

> **"Dad a Jehová la honra debida a su nombre; Traed ofrenda, y venid delante de él; Postraos delante de Jehová en la hermosura de la santidad" (1 Cr. 16:29).**

> **"Una cosa he demandado a Jehová, ésta buscaré; Que esté yo en la casa de Jehová todos los días de mi vida, Para contemplar la hermosura de Jehová, y para inquirir en su templo" (Sal. 27:4).**

> **"Anhela mi alma y aun ardientemente desea los atrios de Jehová; Mi corazón y mi carne cantan al Dios vivo" (Sal. 84:2).**

5. Felipe se encontró con un lector de las Escrituras. Imagínese el cuadro. El oficial etíope iba en su carro leyendo las Escrituras, sin contemplar el paisaje, sin ocuparse de ningún asunto oficial. El hombre estaba experimentando una gran sed y hambre de Dios.

Pensamiento 2. Para que una persona sea salva debe tener verdadera hambre y sed de justicia. No solamente se debe creer sino buscar a Dios diligentemente. *La verdadera fe* busca diligentemente a Dios. (Véase *Estudio a fondo 2,* Jn. 2:24).

> **"Bienaventurados los que tienen hambre y sed de justicia, porque ellos serán saciados" (Mt. 5:6).**

> **"Escudriñad las Escrituras; porque a vosotros os parece que en ellas tenéis la vida eterna; y ellas son las que dan testimonio de mí" (Jn. 5:39).**

> **"Porque las cosas que se escribieron antes, para nuestra enseñanza se escribieron, a fin de que por la**

paciencia y la consolación de las Escrituras, tengamos esperanza" (Ro. 15:4).

"Con mi alma te he deseado en la noche, y en tanto que me dure el espíritu dentro de mí, madrugaré a buscarte; porque luego que hay juicios tuyos en la tierra, los moradores del mundo aprenden justicia" (Is. 26:9).

Pensamiento 1. Al testificar, los creyentes necesitan estar alertas a las actitudes, intereses, compromiso y niveles de búsqueda de los perdidos. Si los niveles son bajos, el que testifica debe sembrar rápidamente la semilla y seguir adelante. Hay otros cuyos niveles de compromiso y búsqueda son ¿¿¿altos, quienes están listos para entregar sus vidas a Cristo.

"Señor, delante de ti están todos mis deseos, Y mi suspiro no te es oculto" (Sal. 38:9).

"Mi alma tiene sed de Dios, del Dios vivo; ¿Cuándo vendré, y me presentaré delante de Dios?" (Sal. 42:2).

"Dios, Dios mío eres tú; De madrugada te buscaré; Mi alma tiene sed de ti, mi carne te anhela, En tierra seca y árida donde no hay aguas" (Sal. 63:l).

"¿A quién tengo yo en los cielos sino a ti? Y fuera de ti nada deseo en la tierra" (Sal. 73:25).

"Extendí mis manos a ti, Mi alma a ti como la tierra sedienta" (Sal. 143:6).

3 (8:29) *Espíritu Santo, dirección del:* lo que Felipe sintió. Él sintió el impulso, el golpe, el movimiento, la dirección del Espíritu Santo para acercarse a este hombre en particular y percibió que el hombre necesitaba a Cristo.

Pensamiento 1. Al testificar hay una gran necesidad de ser guiados por el Espíritu, pero esto implica estar rendidos al Espíritu y controlados por él. La necesidad del momento es que los creyentes sean controlados por el Espíritu de Dios. Entonces y solo entonces podemos esperar ser guiados por el Espíritu. Advierta la clara afirmación de las Escrituras.

Pensamiento 2. ¿A quién debemos testificar? ¿A qué persona o personas en particular?

1) El Espíritu de Dios nos guiará y dirigirá.
2) El problema no está en la disposición del Espíritu a guiarnos y dirigirnos. El problema radica en que nosotros no nos rendimos y no nos dejamos controlar lo suficiente por el Espíritu como para conocer su dirección.
3) El Espíritu de Dios ha estado tratando de obtener el control en las vidas de las personas desde que Cristo caminó en esta tierra. Él ha necesitado vidas que alcancen al mundo pero muy pocos han estado dispuestos a poner sus vidas bajo su control, muy pocos han estado dispuestos a "levantarse e ir".

"Porque todos los que son guiados por el Espíritu de Dios, éstos son hijos de Dios" (Ro. 8:14).

"Pero cuando venga el Espíritu de verdad, él os guiará a toda la verdad; porque no hablará por su propia cuenta, sino que hablará todo lo que oyere, y os hará saber las cosas que habrán de venir" (Jn. 16:13).

"Y mientras Pedro pensaba en la visión, le dijo el Espíritu: He aquí, tres hombres te buscan. Levántate, pues, y desciende y no dudes de ir con ellos, porque yo los he enviado" (Hch. 10:19-20).

"Ministrando éstos al Señor, y ayunando, dijo el Espíritu Santo: Apartadme a Bernabé y a Saulo para la obra a que los he llamado" (Hch. 13:2).

"Y atravesando Frigia y la provincia de Galacia, les fue prohibido por el Espíritu Santo hablar la palabra en Asia" (Hch. 16:6).

4 (8:30-34) *Buscar a Dios:* lo que Felipe hizo. Felipe hizo cuatro cosas significativas.

1.   Felipe obedeció al Espíritu de Dios. Él corrió hacia el hombre. Cuando hizo lo que el Espíritu le instruyó, Felipe descubrió que el hombre estaba preparado para recibir al Señor. Él le escuchó leer en voz alta las Escrituras.

2.   Felipe inició una conversación con el hombre. Fíjese que no esperó a que el hombre se percatara y le preguntara por qué corría junto al carro. Felipe tomó la iniciativa; él habló primero.

3.   Felipe se unió al hombre. El hombre invitó a Felipe y le dio la bienvenida. El hombre era alguien a quien el creyente se acercaría, alguien que recibía la predicación. Los creyentes no debe acercarse a los que no reciben el mensaje. (Véase notes, Mt. 10:12-15; Lc. 10:5-6).

4.   Se percató de cuál era la situación del hombre en su búsqueda de Dios. El hombre era sumamente fiel…

* al adorar a Dios. Había viajado muchos kilómetros para adorar en el templo de Jerusalén.
* al leer las Escrituras.

Pero el hombre tenía un problema, no entendía la verdad fundamental, la verdad de que Cristo había muerto por él. Él no sabía que Dios, el Mesías, ya había venido y había muerto por el hombre.

Advierta que el hombre estaba leyendo Isaías 53:7-8, que es una profecía acerca de la venida del Mesías…

* de su muerte: al ser llevado como oveja al matadero.
* de su disposición a morir: sin abrir su boca como muestra de oposición.
* de su humillación y muerte: su juicio, la justicia que merecía le fue quitada y se le negó.
* de su generación, su semilla o seguidores: la generación de sus seguidores es innumerable. ¿Quién puede contarlos desde que Jesús fue quitado de la tierra (desde que murió)? (Cp. Sal. 22:30).

El hombre no solo no entendía las Escrituras, no entendía que Jesús de Nazaret había cumplido la profecía, que el Salvador ya había venido y había muerto por los pecados de los hombres.

Pensamiento 1. Hay muchos hoy que no conocen a Cristo. ¿por qué? Por la misma razón que el eunuco no lo conocía: nunca han escuchado acerca de él. Ningún creyente les ha contado.

"fui forastero, y no me recogisteis; estuve desnudo, y no me cubristeis; enfermo, y en la cárcel, y no me visitasteis" (Mt. 25:43).

"Aquel siervo que conociendo la voluntad de su

señor, no se preparó, ni hizo conforme a su voluntad, recibirá muchos azotes" (Lc. 12:47).

"y al que sabe hacer lo bueno, y no lo hace, le es pecado" (Stg. 4:17).

"El que cierra su oído al clamor del pobre, También él clamará, y no será oído" (Pr. 21:13).

"Cuando yo dijere al impío: Impío, de cierto morirás; si tú no hablares para que se guarde el impío de su camino, el impío morirá por su pecado, pero su sangre yo la demandaré de tu mano. Y si tú avisares al impío de su camino para que se aparte de él, y él no se apartare de su camino, él morirá por su pecado, pero tú libraste tu vida" (Ez. 33:8-9).

"No fortalecisteis las débiles, ni curasteis la enferma; no vendasteis la perniquebrada, no volvisteis al redil la descarriada, ni buscasteis la perdida, sino que os habéis enseñoreado de ellas con dureza y con violencia" (Ez. 34:4).

5 (8:35) *Testificar:* lo que Felipe dijo y proclamó. Felipe predicó a Jesús. Él tomó la profecía de Isaías y respondió la pregunta del hombre. Felipe demostró como Jesús cumplió la profecía. Él predicó la muerte, resurrección y exaltación de Jesús (véase notas y *Estudio a fondo 1,* Hechos 1:3; nota, 2:22-24; *Estudio a fondo 4,* 2:24; notas, 2:25-36; 3:13-15 para discusión y versículos).

6 (8:36-38) *Decisión:* lo que Felipe presenció. Él vio que el hombre dio tres pasos significativos.

El hombre deseaba bautizarse. Fíjese en su inmediata petición: "Aquí hay agua; ¿qué impide que yo sea bautizado?

El hombre creyó que Jesucristo es el Hijo de Dios (véase nota, Hechos 8:35).

"Porque de tal manera amó Dios al mundo, que ha dado a su Hijo unigénito, para que todo aquel que en él cree, no se pierda, mas tenga vida eterna" (Jn. 3:16).

"De cierto, de cierto os digo: El que oye mi palabra, y cree al que me envió, tiene vida eterna; y no vendrá a condenación, mas ha pasado de muerte a vida" (Jn. 5:24).

"Jesús les dijo: Yo soy el pan de vida; el que a mí viene, nunca tendrá hambre; y el que en mí cree, no tendrá sed jamás" (Jn. 6:35).

"que si confesares con tu boca que Jesús es el Señor, y creyeres en tu corazón que Dios le levantó de los muertos, serás salvo. 10Porque con el corazón se cree para justicia, pero con la boca se confiesa para salvación" (Ro. 10:9-10).

3.   El hombre creyó e inmediatamente siguió con el bautismo. (Véase *Estudio a fondo 1,* Bautismo, Hechos 2:38).

7 (8:39-40) *Espíritu Santo, dirección:* lo que Felipe experimentó, el liderazgo continuo del Espíritu Santo.

1.   Ya Felipe no era necesario. Su tarea había sido cumplida. Era hora de continuar, así que el Espíritu se lo llevó. La palabra "arrebató" (herpasen) es fuerte, significa ser llevado por la fuerza rápidamente, inmediatamente, milagrosamente. Es la misma palabra que se usa para el rapto de la Iglesia (1 Ts. 4:17; cp. 2 Co. 12:2).

2.   El Espíritu Santo llevó a Felipe de regreso a Samaria. Note que él viajó por todas las ciudades predicando a Cristo. Finalmente llegó a la ciudad de Cesarea donde compró una casa y estableció su base de operaciones evangelísticas (Hch. 21:8).

"Pero cuando venga el Espíritu de verdad, él os guiará a toda la verdad; porque no hablará por su propia cuenta, sino que hablará todo lo que oyere, y os hará saber las cosas que habrán de venir" (Jn. 16:13).

"porque todos los que son guiados por el Espíritu de Dios, éstos son hijos de Dios" (Ro. 8:14).

"Por tanto, id, y haced discípulos a todas las naciones, bautizándolos en el nombre del Padre, y del Hijo, y del Espíritu Santo; 20enseñándoles que guarden todas las cosas que os he mandado; y he aquí yo estoy con vosotros todos los días, hasta el fin del mundo" (Mt. 28:19-20).

"Y les dijo: Id por todo el mundo y predicad el evangelio a toda criatura" (Mr. 16:l5).

pero recibiréis poder, cuando haya venido sobre vosotros el Espíritu Santo, y me seréis testigos en Jerusalén, en toda Judea, en Samaria, y hasta lo último de la tierra" (Hch. 1:8).

	CAPÍTULO 9	4 y cayendo en tierra, oyó una voz que le decía: Saulo, Saulo, ¿por qué me persigues?	3 El encuentro con el Señor

	D. El encuentro entre Saulo y el Señor: la experiencia que cambió una vida, 9:1-9	5 El dijo: ¿Quién eres, Señor? Y le dijo: Yo soy Jesús, a quien tú persigues; dura cosa te es dar coces contra el aguijón.	a. El precio del pecado
			b. La petición de conocer al Señor
			c. La aplastante verdad
			  1) Jesús es el Señor
			  2) Es difícil dar coces contra la conciencia

1 Su vida pasada: una furia enardecida contra Cristo y sus discípulos
 	
a. Una ira encarnizada: Amenazas y matanza ocultas
b. Un objetivo cruel: Destruir a todos los seguidores "del Camino" del Señor[EF1]
  1) Se ofreció voluntariamente para perseguirlos
  2) Estaban incluidos tanto hombres como mujeres
2 La luz procedente del cielo
	1 Saulo, respirando aún amenazas y muerte contra los discípulos del Señor, vino al sumo sacerdote,
	2 y le pidió cartas para las sinagogas de Damasco, a fin de que si hallase algunos hombres o mujeres de este Camino, los trajese presos a Jerusalén.
	
	3 Mas yendo por el camino, aconteció que al llegar cerca de Damasco, repentinamente le rodeó un resplandor de luz del cielo;
		6 El, temblando y temeroso, dijo: Señor, ¿qué quieres que yo haga? Y el Señor le dijo: Levántate y entra en la ciudad, y se te dirá lo que debes hacer.
		
		7 Y los hombres que iban con Saulo se pararon atónitos, oyendo a la verdad la voz, mas sin ver a nadie.
		8 Entonces Saulo se levantó de tierra, y abriendo los ojos, no veía a nadie; así que, llevándole por la mano, le metieron en Damasco,
		9 donde estuvo tres días sin ver, y no comió ni bebió.
			4 La entrega
			a. El reconocimiento del Señor
			b. La rendición: ¿Qué quieres que haga?
			c. El mandamiento: Levántate y vé
			5 Los testigos del suceso
			
			6 Su obediencia

DIVISIÓN III

LA IGLESIA ESPARCIDA: COMIENZOS MISIONEROS EN JUDEA Y SAMARIA, 8:1–9:31

D. El encuentro entre Saulo y el Señor: la experiencia que cambió una vida, 9:1-9

(9:1-9) *Introducción:* Saulo de Tarso, el principal perseguidor del Señor y sus seguidores pronto se convertiría en Pablo, el gran apóstol del mundo (gentiles). A partir de este momento y en lo adelante, el libro de Hechos, y el resto del Nuevo Testamento, Pablo se convierte en el siervo primordial del Señor. Según puede apreciarse, solamente el Señor mismo podría sobrepasar la dedicación de este hombre, un hombre que había sido perdonado en gran manera, incluso se le perdonó la masacre de muchos en el pueblo de Dios (cp. Hechos 9:1; 22:4; 26:10). Su vida y ministerio encierran muchas lecciones para el creyente, es imposible cubrir ni tan siquiera lo elemental en una nota al pie de página. Por lo tanto, ni lo intentamos. En cambio, se tratan las características fundamentales de su vida en los pasajes en que estas se mencionan. Por supuesto, en el contenido se combina su vida y ministerio en un punto general. Allí el lector puede encontrar cualquier tema que desee estudiar. El pasaje que nos ocupa cubre el encuentro de Saulo con el Señor. Este es un estudio excelente sobre la conversión. Pablo relata dos veces su testimo-

nio. (Cp. Hechos 22:6-16; 26:12-18.)

1. Su vida pasada: una furia enardecida contra Cristo y sus discípulos (vv. 1-2).
2. La luz procedente del cielo (v. 3).
3. El encuentro con el Señor (vv. 4-5).
4. La entrega (v. 6).
5. Los testigos del suceso (v. 7).
6. Su obediencia (vv. 8-9).

1 (9:1-2) *Pablo, persecución:* la vida pasada de Saulo; fue el principal perseguidor de la iglesia. Él ardió con gran furia contra Cristo y sus discípulos. Hay dos hechos que lo muestran. (Véase notas, Hechos 8:1-4 para mayor discusión).

1. A Saulo lo consumía una furia e ira salvaje contra Cristo y sus discípulos. Él estaba "respirando aún amenazas y muerte". La palabra "respirando" en el griego realmente significa *inspirando* (inhalando). La imagen que se representa es que Saulo *inhalaba,* entraba a su corazón el mal de destruir a Cristo y a sus discípulos. Por supuesto, lo que hay en el corazón es lo que sale. Saulo realmente dio caza y masacró a los creyentes, a muchos (véase nota, pt. 7, Hechos 8:3 para mayor discusión).

2. Saulo se entregó a un encarnizado objetivo, el de destruir a todos los seguidores del "Camino" del Señor.

   a. Se ofreció voluntariamente, en realidad se presentó ante el Sacerdote y el Sanedrín para pedir autoridad para perseguir a los creyentes esparcidos, para arrestar a los y llevarlos de regreso a Jerusalén para ser juzgados (cp. Hechos 22:5; 26:10).

b. Incluyó tanto a hombres como mujeres (véase note, pt. 3, Hechos 8:3).

(Véase nota, *Iglesia, Persecución de,* Hechos 8:3 para mayor discusión y versículos).

ESTUDIO A FONDO 1

(9:2) *El "Camino", cristianismo, Jesucristo, enseñanzas:* A los creyentes de la iglesia primitiva se les conocía como los seguidores del "Camino" (cp. Hch. 19:9, 23; 24:14-22). Note que las enseñanzas del Señor no eran vistas como una religión, ni como un conjunto de principios, ni como reglas y regulaciones, sino como…

- un modo de vida
- una condición de vida
- un curso de la vida
- un tipo de vida
- un medio de vida
- una experiencia de vida

Note también los siguientes títulos o nombres que se le dio a Cristo y sus enseñanzas.

=> El camino de Salvación (Hch. 16:17).

=> El camino del Señor (Hch. 18:25).

=> El camino de paz (Lc. 1:79; Ro. 3:17).

=> El camino de verdad (2 P. 2:2).

=> El camino de justicia (2 P. 2:21).

2 (9:3) *Luz:* La luz procedente del cielo. Note: Saulo fue derribado por la luz del Señor mientras avanzaba en su matanza de creyentes. Fue en medio de su cruel maldad que fue salvado. (Hay esperanza para todos, para cada uno de nosotros). (Véase bosquejo, Hechos 26:12-18 para otros hechos).

1. La luz apareció repentinamente, de la nada, inesperadamente.

2. La luz provino del cielo. Fue sobrenatural y milagrosa, vino de Dios mismo. Dios es la fuente y el dador de la luz.

3. La luz fue muy grande, es decir, más brillante que el sol del mediodía (Hch. 22:6; 26:13. ¡Imagine una luz tan brillante que sobrepase el brillo del sol!) Cuando la luz irrumpió, Saulo vio al Señor de pie en medio de ella (1 Co. 9:1; 15:8). El Señor mismo irradiaba la luz.

=> "y [Jesús] se transfiguró delante de ellos, y resplandeció su rostro como el sol, y sus vestidos se hicieron blancos como la luz" (Mt. 17:2; ver nota, Mt. 17:2).

=> "…Dios es luz…" (1 Jn. 1:5).

=> "[Dios] …que habita en luz inaccesible; a quien ninguno de los hombres ha visto ni puede ver…" (1 Ti. 6:16).

=> "El que se cubre de luz como de vestidura…" (Sal. 104:2).

4. La luz y la visión de la figura celestial derribaron a Pablo al suelo. (Cp. Hechos 26:14 donde Pablo dice que los demás que estaban con él también cayeron a tierra).

Pensamiento 1. Ahora bien, fíjese lo que la Escritura proclama a todos los corazones. La luz, la presencia misma de Dios, es lo primero que se experimenta en la salvación.

"Porque Dios, …es el que resplandeció en nuestros corazones…" (2 Co. 4:6).

Para que el hombre sea salvo, Dios tiene que resplandecer en su corazón; él tiene que dar el conocimiento de la gloria de Dios en Jesucristo. Jesucristo es el Señor de los cielos, el Hijo de Dios. La gloria de Dios habita en Jesucristo. Por tanto, para que el hombre conozca la gloria de Dios, debe conocer el rostro de Jesucristo. Tiene que recibir luz, el conocimiento, la comprensión, la percepción, la conciencia de que Jesús es el Salvador, el Hijo de Dios mismo.

"En él estaba la vida, y la vida era la luz de los hombres" (Jn. 1:4).

"Otra vez Jesús les habló, diciendo: Yo soy la luz del mundo; el que me sigue, no andará en tinieblas, sino que tendrá la luz de la vida" (Jn. 8:12).

"Porque Dios, que mandó que de las tinieblas resplandeciese la luz, es el que resplandeció en nuestros corazones, para iluminación del conocimiento de la gloria de Dios en la faz de Jesucristo" (2 Co. 4:6).

"Por lo cual dice: Despiértate, tú que duermes, Y levántate de los muertos, Y te alumbrará Cristo" (Ef. 5:14).

"El pueblo que andaba en tinieblas vio gran luz; los que moraban en tierra de sombra de muerte, luz resplandeció sobre ellos" (Is. 9:2).

3 (9:4-5) *Pablo, conversión:* El encuentro con el Señor. Oyó una voz que hablaba con él. Nota: solo él oyó la voz. Los demás escucharon un sonido, pero no pudieron distinguir las palabras (v. 7). Era un mensaje personal solamente para Pablo.

1. Se le culpaba de un gran pecado, de oponerse y perseguir al propio Señor Jesucristo. Jesús llamó a Saulo por su nombre: "Saulo, Saulo…" El hecho de decir su nombre dos veces muestra dos cosas.

a. Muestra ternura, amor y preocupación, es un llamado a escuchar y prestar atención.

b. Muestra reprensión y advertencia. Saulo estaba pisando en terreno peligroso. Estaba cerca de la orilla, a punto de caer por el borde de donde no habría recuperación posible. Oponerse a Cristo es algo serio, tan serio que condena a una persona al infierno a menos que haya arrepentimiento.

Pensamiento 1. Note cómo Cristo se identifica con el creyente. Quien se opone al creyente se opone a Cristo mismo (Mt. 25:40, 45).

2. Pidió conocer al Señor. Saulo sabía que la luz, la persona que estaba viendo en medio de la luz y la voz venían del cielo. Él sabía que estaba teniendo un encuentro con un ser celestial. Pero, ¿dónde estaba ese ser celestial? Saulo, derribado, humillado, condenado, atemorizado, gritó en desesperación: "¿Quién eres, Señor?" Él sabía…

- que era el Señor, el ser celestial.
- era el Señor a quien él debía conocer.

Así lo confesó. Pero no lo conocía. Gritó: "¿Quién eres, Señor? Dime. Identifícate. Déjame conocerte".

Pensamiento 1. A menudo el hombre sabe y confiesa que el Señor está tratando con él; sin embargo, no conoce al Señor, no lo conoce verdaderamente, no lo conoce personalmente. Tiene que gritar: "¿Quién eres, Señor? ¡Dime, muéstrame quién eres tú!".

3.   La desgarradora verdad es una verdadera revelación para toda persona que se opone a Jesús (o a Dios).

   a.   Jesús es el Señor, aquel a quien se enfrenta el pecador. (Véase Estudio a fondo 2, *Señor,* Hechos 2:36). Esta verdad resquebrajó a Saulo, lo quebrantó en completa sumisión. ¿Por qué? Porque ella significaba...

   • que cada una de las piedras que arrojaron sobre Esteban fue lanzada contra Dios mismo (Hch. 7:59-60).

   • que cada casa que él había asaltado era un hogar que verdaderamente adoraba a Dios (Hch. 8:3).

   • que cada persona que había arrastrado a la fuerza por las calles hasta la cárcel era un verdadero seguidor de Dios (Hch. 8:3).

   • que cada mujer de quien había abusado era una hija de Dios (Hch. 8:3; 9:2; 22:4).

   • que todos aquellos a quienes había encadenado eran verdaderos siervos de Dios (Hch. 8:3; 22:4; 26:10).

   • que cada sinagoga que había invadido era la verdadera casa de Dios (Hch. 26:11).

   • que cada creyente a quien había seguido y perseguido era un verdadero creyente (Hch. 22:5; 26:11).

   • que cada persona ha quien había matado (masacrado, v. 1), constituía un cargo de asesinato contra él (Hch. 26:10; 22:4).

   • que estaba perdido, verdaderamente perdido, separado de Dios y condenado al infierno.

   • que su vida era un desastre total, totalmente engañado y descarriado, destinado a la completa destrucción.

   • que no había otra opción para escapar de la culpa de su pecado y la condenación del infierno que el mayor acto de misericordia que Dios ha mostrado jamás. (Cp. 1 Ti. l:16).

(Véase notas, Hch. 4:2-4; nota y *Estudio a fondo 1,* Mt. 12:10 para ver la razón por la que Pablo se opuso tan encarnizadamente a Jesús.)

Pensamiento 1. Cuando una persona verdaderamente ve que se ha rebelado contra Dios mismo, el Salvador del universo, es quebrantado, completamente quebrantado. Se percata, al igual que Pablo,...

• que se ha estado oponiendo a Dios mismo.

• que ha pecado contra Dios.

• que está perdido, verdaderamente perdido, separado de Dios y condenado al infierno.

• que su vida es un desastre total, totalmente engañado

y descarriado, destinado a la completa destrucción.

   • que no tiene otra oportunidad de escapar a la culpa de su pecado y la condenación del infierno que el mayor acto de misericordia que Dios ha mostrado jamás.

   "**¡Serpientes, generación de víboras! ¿Cómo escaparéis de la condenación del infierno?**" (Mt. 23:33).

   "**¿Y piensas esto, oh hombre, tú que juzgas a los que tal hacen, y haces lo mismo, que tú escaparás del juicio de Dios?**" (Ro. 2:3).

   "**¿cómo escaparemos nosotros, si descuidamos una salvación tan grande? La cual, habiendo sido anunciada primeramente por el Señor, nos fue confirmada por los que oyeron**" (He. 2:3).

   "**Mirad que no desechéis al que habla. Porque si no escaparon aquellos que desecharon al que los amonestaba en la tierra, mucho menos nosotros, si desecháremos al que amonesta desde los cielos**" (He. 12:25).

   "**Por tanto, así ha dicho Jehová: He aquí yo traigo sobre ellos mal del que no podrán salir; y clamarán a mí, y no los oiré**" (Jer. 11:11).

   "**Aunque cavasen hasta el Seol, de allá los tomará mi mano; y aunque subieren hasta el cielo, de allá los haré descender**" (Am. 9:2).

   b.   Es duro batallar contra la conciencia. La frase "dar coces contra el aguijón" es la imagen de un buey que es espoleado o aguijoneado con una vara larga para hacerlo responder según la voluntad del que lo maneja. Saulo cuestionaba, peleaba, batallaba consigo mismo acerca de la verdad. Estaba deliberadamente cerrando sus oídos y su mente...

   • a la verdad del evangelio que estaba escuchando por boca de los discípulos del Señor.

   • a la verdad de su propio camino equivocado y la terrible vergüenza de su pecado.

Él había escogido y estaba transitando una forma de vida *dura.* Todo hombre que se rebela contra Dios ha escogido un duro camino, una vida difícil, una vida condenada a la incertidumbre y a divagar en cuanto al futuro...

• sin nunca tener la seguridad y la confianza de ser aceptado por Dios.

• sin nunca estar seguro si está en lo correcto.

• sin nunca tener la paz permanente y la seguridad que provienen de Dios.

   "**Al oír esto, se compungieron de corazón, y dijeron a Pedro y a los otros apóstoles: Varones hermanos, ¿qué haremos?**" (Hch. 2:37).

   "**Pero al disertar Pablo acerca de la justicia, del dominio propio y del juicio venidero, Félix se espantó, y dijo: Ahora vete; pero cuando tenga oportunidad te llamaré**" (Hch. 24:25).

   "**pues si nuestro corazón nos reprende, mayor que nuestro corazón es Dios, y él sabe todas las cosas**" (1 Jn. 3:20).

   "**y dije: Dios mío, confuso y avergonzado estoy para levantar, oh Dios mío, mi rostro a ti, porque nuestras iniquidades se han multiplicado sobre nuestra** cabeza, y nuestros delitos han crecido hasta el cielo" (Esd. 9:6).

"Si yo me justificare, me condenaría mi boca;

Si me dijere perfecto, esto me haría inicuo" (Job 9:20).

"Porque mis iniquidades se han agravado sobre mi cabeza;

Como carga pesada se han agravado sobre mí" (Sal. 38:4).

"Porque yo reconozco mis rebeliones,

Y mi pecado está siempre delante de mí" (Sal. 51:3).

4 (9:6) *Pablo, conversión:* La entrega. Note: Pablo estaba temblando y completamente sobrecogido (asombrado). Estaba destruido, prácticamente incapaz de levantarse bajo el peso del pecado por el que se le acusaba. Él sabía sin lugar a dudas que era un terrible pecador. Su única esperanza era *volverse y obedecer* al Señor Jesús, y gloria a Dios, lo hizo. Hizo lo que todo hombre debe hacer para que sus terribles pecados le sean perdonados.

1. Invocó y reconoció al Señor Jesús. (Véase *Estudio a fondo 2,* Señor, Hechos 2:36. Cp. Ro. 10:13).

2. Se rindió en obediencia al Señor Jesús. Él hizo una pregunta clave: "Señor, ¿qué quieres que yo haga?"

3. El Señor le dio un mandamiento: "Levántate y entra en la ciudad, y se te dirá lo que debes hacer". Note que Dios no le contestó a Saulo, al menos no en aquel momento.

=> Saulo no podía soportarlo. Era un hombre quebrantado. Él necesitaba tiempo para orar y meditar, para ordenar sus pensamientos y buscar confirmación de parte del Espíritu de Dios que ahora habitaba en él.

=> Saulo necesitaba el testimonio maduro, el contacto y la compañía de otro creyente. Iba a hacer falta que un creyente maduro atestiguara que Saulo se había convertido y había atravesado por un cambio radical para que la comunidad cristiana lo aceptara.

"A cualquiera, pues, que me confiese delante de los hombres, yo también le confesaré delante de mi Padre que está en los cielos" (Mt. 10:32).

"Os digo que todo aquel que me confesare delante de los hombres, también el Hijo del Hombre le confesará delante de los ángeles de Dios" (Lc. 12:8).

"que si confesares con tu boca que Jesús es el Señor, y creyeres en tu corazón que Dios le levantó de los muertos, serás salvo. Porque con el corazón se cree para justicia, pero con la boca se confiesa para salvación" (Ro. 10:9-10).

"Todo aquel que niega al Hijo, tampoco tiene al Padre. El que confiesa al Hijo, tiene también al Padre" (1 Jn. 2:23).

"Todo aquel que confiese que Jesús es el Hijo de Dios, Dios permanece en él, y él en Dios" (1 Jn. 4:15).

5 (9:7) *Insensibilidad espiritual:* Los testigos del acontecimiento. Fíjese que ellos no tuvieron el privilegio de saber qué era lo que realmente estaba sucediendo. –Eran un tipo de lo mundanal que vio el milagro de la conversión, de la maravillosa gracia de Dios, sin embargo nunca abrieron sus mentes y corazones…

- para ver la luz del Señor.
- para oír la voz de Dios.
- para encontrarse con el Señor.
- para acudir al Señor, rindiendo su vida en obediencia.

"¡Hipócritas! Sabéis distinguir el aspecto del cielo y de la tierra; ¿y cómo no distinguís este tiempo?" (Lc. 12:56).

"¿Por qué no entendéis mi lenguaje? Porque no podéis escuchar mi palabra" (Jn. 8:43).

"Porque el corazón de este pueblo se ha engrosado, Y con los oídos oyeron pesadamente, Y sus ojos han cerrado, Para que no vean con los ojos, Y oigan con los oídos, Y entiendan de corazón, Y se conviertan, Y yo los sane" (Hch. 28:27).

"No hay quien entienda, No hay quien busque a Dios" (Ro. 3:11).

"Pero el entendimiento de ellos se embotó; porque hasta el día de hoy, cuando leen el antiguo pacto, les queda el mismo velo no descubierto, el cual por Cristo es quitado" (2 Co. 3:14).

"Pero el entendimiento de ellos se embotó; porque hasta el día de hoy, cuando leen el antiguo pacto, les queda el mismo velo no descubierto, el cual por Cristo es quitado" (2 Co. 4:4).

"teniendo el entendimiento entenebrecido, ajenos de la vida de Dios por la ignorancia que en ellos hay, por la dureza de su corazón" (Ef. 4:18).

"Acerca de esto tenemos mucho que decir, y difícil de explicar, por cuanto os habéis hecho tardos para oír" (He. 5:11).

6 (9:8-9) *Obediencia:* Hubo obediencia. Saulo hizo lo que el Señor le dijo que hiciera: se levantó y entró a la ciudad, pero note varios hechos.

1. Sus ojos habían sido cerrados durante toda la traumática experiencia.

2. Iba a permanecer ciego por tres días. Estaba desvalido y los demás tuvieron que guiarle.

3. Su mente quedaría aislada en el mundo de los pensamientos. Estaría solo…

- para continuar orando sobre esta terrible vergüenza.
- para aprender y conocer sin duda alguna que se había encontrado con el Señor cara a cara. Recuerde: tenía tres días para profundizar en la experiencia.
- para reflexionar en su encuentro con el Señor.
- para preguntarse qué cambios ocurrirían ahora en su vida.
- para reemplazar los patrones de su forma de pensar y el propósito de su vida de la pasada vida de religión a la presente vida con Cristo.
- para preguntarse por qué Jesús le escogía a él, aquel que tan fieramente había luchado en contra del Señor.
- para preguntarse qué quería Jesús de él y qué era lo que Jesús le mandaría a hacer.

Note que Pablo no pudo comer ni beber durante tres días. El trauma agotó todas sus fuerzas dejándolo completamente exhausto.

"No todo el que me dice: Señor, Señor, entrará en el reino de los cielos, sino el que hace la voluntad de mi Padre que está en los cielos" (Mt. 7:21).

"El que quiera hacer la voluntad de Dios, conocerá si la doctrina es de Dios, o si yo hablo por mi propia cuenta" (Jn. 7:17).

"Respondió Jesús y le dijo: El que me ama, mi palabra guardará; y mi Padre le amará, y vendremos a él, y haremos morada con él" (Jn. 14:23).

"Porque de día y de noche se agravó sobre mí tu mano; Se volvió mi verdor en sequedades de verano" (Sal. 32:4).

"¿Por qué te abates, oh alma mía, Y te turbas dentro de mí? Espera en Dios; porque aún he de alabarle, Salvación mía y Dios mío. Dios mío, mi alma está abatida en mí; Me acordaré, por tanto, de ti desde la tierra del Jordán, Y de los hermonitas, desde el monte de Mizar" (Sal. 42:5-6).

"Se deshace mi alma de ansiedad; Susténtame según tu palabra" (Sal. 119:28).

	E. La preparación de Saulo: Las necesidades de un recién convertido, 9:10-18	14 y aun aquí tiene autoridad de los principales sacerdotes para prender a todos los que invocan tu nombre.	
1 Necesidad 1: ayuda de un creyente (discípulo) muy especial a. Un creyente sensible al llamado de Dios b. Un creyente dispuesto a llevar a cabo tareas difíciles c. Un creyente dispuesto a ser la respuesta a la oración d. Un creyente que se sintió insuficiente y receloso	10 Había entonces en Damasco un discípulo llamado Ananías, a quien el Señor dijo en visión: Ananías. Y él respondió: Heme aquí, Señor. 11 Y el Señor le dijo: Levántate, y ve a la calle que se llama Derecha, y busca en casa de Judas a uno llamado Saulo, de Tarso; porque he aquí, él ora, 12 y ha visto en visión a un varón llamado Ananías, que entra y le pone las manos encima para que recobre la vista. 13 Entonces Ananías respondió: Señor, he oído de muchos acerca de este hombre, cuántos males ha hecho a tus santos en Jerusalén;	15 El Señor le dijo: Ve, porque instrumento escogido me es éste, para llevar mi nombre en presencia de los gentiles, y de reyes, y de los hijos de Israel; 16 porque yo le mostraré cuánto le es necesario padecer por mi nombre. 17 Fue entonces Ananías y entró en la casa, y poniendo sobre él las manos, dijo: Hermano Saulo, el Señor Jesús, que se te apareció en el camino por donde venías, me ha enviado para que recibas la vista y seas lleno del Espíritu Santo. 18 Y al momento le cayeron de los ojos como escamas, y recibió al instante la vista; y levantándose, fue bautizado.	e. Un creyente que obedecería a Dios **2 Necesidad 2: comprender que es un instrumento escogido por Dios** a. Para llevar el nombre del Señor b. Para padecer por el nombre del Señor **3 Necesidad 3: experimentar la ayuda y ministerio del discípulo de Dios** a. El toque de su fidelidad b. El reconocimiento de que era un "hermano" c. El poder de su ministerio sanador d. La articipación de la llenura del Espíritu Santo

DIVISIÓN III

LA IGLESIA ESPARCIDA: COMIENZOS MISIONEROS EN JUDEA Y SAMARIA, 8:1–9:31

E. La preparación de Saulo: las necesidades de un recién convertido, 9:10-18

(9:10-18) *Introducción:* La persona que acaba de venir a los pies de Cristo tiene muchas necesidades. Como nuevo creyente que es, se encuentra desvalido y usualmente condenado a caer y regresar al mundo a menos que sean satisfechas sus necesidades. Este es el reto de la iglesia, de los creyentes maduros: satisfacer las necesidades de los nuevos creyentes.

1. Necesidad 1: ayuda de un creyente (discípulo) muy especial (vv. 10-15).
2. Necesidad 2: comprender que es un instrumento escogido por Dios (vv. 15-16).
3. Necesidad 3: experimentar la ayuda y ministerio del discípulo de Dios (vv. 17-18).

[1] (9:10-15) *Discipulado:* El recién convertido necesitaba la ayuda de un creyente muy especial. Evidentemente este creyente no era ni uno de los apóstoles o diáconos, ni un ministro ordenado. Este creyente era un simple discípulo desconocido llamado Ananías, pero las características que poseía Ananías eran exactamente las que necesitaba el recién convertido, Saulo. (Cp. Hch. 22:12 para otras dos características de Ananías que Pablo menciona: de buen tes-

timonio, y varón piadoso o devoto).

1. Ananías era sensible al llamado de Dios. Cuando Dios le habló a Ananías, él escuchó. Era perceptivo y sensible, conciente de y familiarizado con la voz de Dios. Era un hombre de mucha oración, por eso, cuando Dios lo llamó, él reconoció la voz de Dios y respondió.

Pensamiento 1. El recién convertido necesita el ministerio de un discípulo que conozca la voz de Dios. Necesita aprender cómo ser sensible al llamado y la dirección de Dios.

> **"Por tanto, id, y haced discípulos a todas las naciones, bautizándolos en el nombre del Padre, y del Hijo, y del Espíritu Santo; enseñándoles que guarden todas las cosas que os he mandado; y he aquí yo estoy con vosotros todos los días, hasta el fin del mundo. Amén" (Mt. 28:19-20).**

> **"Lo que has oído de mí ante muchos testigos, esto encarga a hombres fieles que sean idóneos para enseñar también a otros" (2 Ti. 2:2).**

> **"Igualmente, jóvenes, estad sujetos a los ancianos; y todos, sumisos unos a otros, revestíos de humildad; porque: Dios resiste a los soberbios, Y da gracia a los humildes. Humillaos, pues, bajo la poderosa mano de Dios, para que él os exalte cuando fuere tiempo" (1 P. 5:5-6).**

2. Ananías estaba dispuesto a llevar a cabo tareas difíciles. Extender la mano y ayudar a un recién convertido es

siempre difícil, es una enorme responsabilidad, y mientras más depravado haya sido el nuevo creyente, más difícil se vuelve la tarea. Esto se cumplió con Saulo; esto también se cumple con todos los nuevos creyentes.

Al tratar con un recién convertido, siempre hay cierto recelo, porque hasta cierto punto es alguien desconocido y en cierto grado un extraño y novato en la fe. Está la dificultad…

- de aprender en qué punto se encuentra en cuanto a su comprensión bíblica y espiritual.
- de aprender en qué punto se encuentra en cuanto a su madurez emocional.
- de saber qué enseñar, por dónde comenzar, y a qué ritmo enseñar.
- de determinar cuánto tiempo se necesita para discipularlo.
- de estar en guardia contra la posibilidad de convertirnos en piedra de tropiezo pues él siempre está observando y vigilando nuestra vida.
- de enraizarlo y afirmarlo en la fe mediante vida y ejemplo, instrucción y *adherencia personal*.
- de llevarlo a amar y no a criticar y juzgar, poniéndose en contra y atacando a otros creyentes.
- de protegerle de la posibilidad de caer y regresar al mundo, de regresar a su antigua vida de pecado.

3.   Ananías estaba dispuesto a ser la respuesta a la oración. Fíjese cómo Dios confortó al creyente, Ananías.

   a.   Dios le dijo a Ananías que Pablo estaba orando: en verdad era un nuevo creyente, buscando el rostro de Dios. Estaba quebrantado y temblando, afligido y temeroso…

      - por la abrumadora aparición del Señor Jesús.
      - por la advertencia del Señor de que estaba al borde del desastre y la condenación.
      - por haberse rebelado y haberse opuesto al Señor y a su pueblo.
      - por su terrible pecado.
      - por su incredulidad obstinada y su desilusión, al haber luchado y peleado contra Dios y haber dado coces contra el aguijón de la conciencia sabiendo perfectamente lo que hacía.
      - por tener que esperar por la Palabra del Señor enseñándole qué hacer.
      - por haber quedado ciego y en total oscuridad.

   b.   Dios le dijo a Ananías que Pablo había tenido una visión — una clara confirmación — de que un creyente (llamado Ananías) vendría y le ayudaría.

      El asunto principal es este: el genuino recién convertido ora pidiendo ayuda. Él ora para que Dios le envíe creyentes maduros a su vida que le ayuden a crecer y a conocer la voluntad del Señor para su vida. El creyente maduro es quien llega a ser la respuesta a la oración del recién convertido.

Pensamiento 1. Cuán desesperadamente el Señor necesita creyentes que extiendan su mano para ayudar a los nuevos en la fe, creyentes que se paren en la brecha y se conviertan ellos mismos en la respuesta a la oración de los recién convertidos.

Pensamiento 2. Todos los genuinos convertidos desean crecer en el conocimiento del Señor. Ellos anhelan la amistad de los creyentes y su ayuda. Depende de nosotros el llegar a ser la persona, el creyente, la respuesta misma a la oración del recién convertido. No depende de nadie más que de nosotros.

"Por tanto, id, y haced discípulos a todas las naciones, bautizándolos en el nombre del Padre, y del Hijo, y del Espíritu Santo; enseñándoles que guarden todas las cosas que os he mandado; y he aquí yo estoy con vosotros todos los días, hasta el fin del mundo. Amén" (Mt. 28:19-20).

"En todo os he enseñado que, trabajando así, se debe ayudar a los necesitados, y recordar las palabras del Señor Jesús, que dijo: Más bienaventurado es dar que recibir" (Hch. 20:35).

"Así que, los que somos fuertes debemos soportar las flaquezas de los débiles, y no agradarnos a nosotros mismos" (Ro. 15:1).

"Sobrellevad los unos las cargas de los otros, y cumplid así la ley de Cristo" (Gá. 6:2).

"Lo que has oído de mí ante muchos testigos, esto encarga a hombres fieles que sean idóneos para enseñar también a otros" (2 Ti. 2:2).

4.   Ananías se sintió insuficiente y receloso. Él sabía cuál había sido la vida de Pablo antes, su pecado, la vergüenza, la amenaza que representaba para los creyentes. Él se resistía a ayudarlo, sintiéndose inadecuado y además receloso. Pero tenga en cuenta lo siguiente, así es como el creyente debiera sentirse ante el llamado de Dios, no importa qué llamado sea. Sentirse insuficiente, inadecuado y receloso hace que el creyente se ponga en manos de Dios. Esto le enseña a confiar más y más en Dios, en su gracia, su sufrimiento y su fuerza.

Pensamiento 1. Lo que Saulo (al igual que todos los demás convertidos) necesitaba era la ayuda de un discípulo que sabía lo que era sentirse insuficiente y receloso. Todos los nuevos creyentes (al igual que Saulo) tienen que enfrentar tareas difíciles durante la vida, tareas que exigen la gracia especial de Dios si van a hacerse para bien. Un creyente que siente la insuficiencia, puede enseñarle con cierta rapidez a un nuevo creyente a confiar en Dios y depender de Él.

"Respondió Juan y dijo: No puede el hombre recibir nada, si no le fuere dado del cielo" (Jn. 3:27).

"Yo soy la vid, vosotros los pámpanos; el que permanece en mí, y yo en él, éste lleva mucho fruto; porque separados de mí nada podéis hacer" (Jn. 15:5).

"no que seamos competentes por nosotros mismos para pensar algo como de nosotros mismos, sino que nuestra competencia proviene de Dios" (2 Co. 3:5).

"Jehová guarda a los sencillos; Estaba yo postrado, y me salvó" (Sal. 116:6).

5. Ananías estuvo dispuesto a obedecer cuando Dios dio la orden de ir. El nuevo convertido necesita de un creyente obediente que le ayude. De no ser así, el nuevo convertido queda indefenso y propenso al fracaso. Obediencia, aprender a obedecer, es la marca y evidencia supremas de un verdadero creyente.

a.   Obedecer es creer y creer es obedecer.

"y habiendo sido perfeccionado, vino a ser autor de eterna salvación para todos los que le obedecen" (He. 5:9. Ver *Estudio a fondo 2,* Creer, Jn. 2:24.)
"el Espíritu Santo, el cual ha dado Dios a los que le obedecen" (Hch. 5:32).
"¿No sabéis que si os sometéis a alguien como esclavos para obedecerle, sois esclavos de aquel a quien obedecéis, sea del pecado para muerte, o sea de la obediencia para justicia?" (Ro. 6:16).
"Escuchad mi voz" (Jer. 7:23; 11:4).

b.   Obedecer es amar y amar es obedecer.

"El que tiene mis mandamientos, y los guarda, ése es el que me ama; y el que me ama, será amado por mi Padre, y yo le amaré, y me manifestaré a él" (Jn. 14:21).
"pero el que guarda su palabra, en éste verdaderamente el amor de Dios se ha perfeccionado; por esto sabemos que estamos en él" (1 Jn. 2:5).

c.   **"obedecer es mejor que los sacrificios" (1 S. 15:22).**

2 (9:15-16) *Ministro, llamamiento:* el nuevo convertido necesitaba saber que él era un vaso escogido, un instrumento escogido por Dios. Saulo necesitaba saber esta gloriosa verdad; y así también cada nuevo convertido. El Señor lo dice claramente:

"No me elegisteis vosotros a mí, sino que yo os elegí a vosotros, y os he puesto para que vayáis y llevéis fruto, y vuestro fruto permanezca" (Jn. 15:16).

El nuevo convertido es una vasija de gran valor, una vasija que no debe derribarse o romperse, dejarse a un lado o rechazar e ignorar. El nuevo convertido necesita saber que Dios lo ha escogido para usarlo en su obra y servicio, dándole así el mejor posible propósito en la tierra. Hay dos cosas en particular que él necesita saber.

1.   Dios ha escogido al creyente para que lleve el nombre del Señor.

a.   Necesita saber que debe llevar el nombre del Señor en su corazón, en su conducta, en sus acciones. Cristo está en su corazón y el propio Espíritu de Dios mora en su vida. Su cuerpo se ha convertido en templo del Espíritu Santo (1 Co. 6:19-20). Ahora es precioso para el Señor y contado como un amado hijo de Dios. Es un miembro de la familia de Dios y un heredero del cielo y de la eternidad. Hay que enseñar al nuevo convertido; él debe aprender que…

•   debe negarse a sí mismo y tomar su cruz cada día.

"Y decía a todos: Si alguno quiere venir en pos de

mí, niéguese a sí mismo, tome su cruz cada día, y sígame" (Lc. 9:23).

•   debe negarse a los deseos mundanos; vivir sobriamente, honrada y piadosamente en el mundo presente.

"enseñándonos que, renunciando a la impiedad y a los deseos mundanos, vivamos en este siglo sobria, justa y piadosamente" (Tit. 2:12).

•   debe presentar su cuerpo como un sacrificio vivo, santo y aceptable a Dios.

"Así que, hermanos, os ruego por las misericordias de Dios, que presentéis vuestros cuerpos en sacrificio vivo, santo, agradable a Dios, que es vuestro culto racional" (Ro. 12:l).

•   que no debe abandonar la comunión con otros creyentes, sino buscarla.

"no dejando de congregarnos, como algunos tienen por costumbre, sino exhortándonos; y tanto más, cuanto veis que aquel día se acerca" (He. 10:25).

Se dice que la presencia de Cristo dentro del corazón del creyente es "tesoro en vasos de barro" (2 Co. 4:7). Es un tesoro que trae camaradería y comunión con el mismo Señor, la seguridad perfecta y la confianza en que todas las cosas están como deben ser, ahora y para la eternidad. La presencia del Señor le asegura al creyente su cuidado, su protección, garantizándole que le llevará victorioso en medio de las pruebas de la vida, incluso a través de la muerte. Por lo tanto, hay que ayudar al creyente para que busque a Dios diligentemente, para que conforme su vida a Cristo, y para que tenga cuidado de lo que dice, hace y a dónde va.

b.   Necesita saber que ha de llevar el nombre del Señor mediante el testimonio verbal. Debe testificarle a todos los hombres, según venga la oportunidad. El nuevo convertido necesita saber que su objetivo principal en la tierra es compartir las noticias de la salvación que hay en Cristo Jesús. Él debe alcanzar y ayudar a todos los que pueda, ministrando y satisfaciendo sus necesidades en el amor de Cristo. Donde quiera que se encuentre, debe testificar y ayudar a otros: en el trabajo, el hogar, en un juego, en la escuela. El mundo necesita de Cristo al igual que él lo necesita.

"como el Hijo del Hombre no vino para ser servido, sino para servir, y para dar su vida en rescate por muchos" (Mt. 20:28).
"Porque el Hijo del Hombre vino a buscar y a salvar lo que se había perdido" (Lc. 19:10).
"pero recibiréis poder, cuando haya venido sobre vosotros el Espíritu Santo, y me seréis testigos en Jerusalén, en toda Judea, en Samaria, y hasta lo último de la tierra" (Hch. 1:8).
"porque no podemos dejar de decir lo que hemos visto y oído" (Hch. 4:20).

"Entonces Jesús les dijo otra vez: Paz a vosotros. Como me envió el Padre, así también yo os envío" (Jn. 20:21).

"pero teniendo el mismo espíritu de fe, conforme a lo que está escrito: Creí, por lo cual hablé, nosotros también creemos, por lo cual también hablamos" (2 Co. 4:13).

"Esto habla, y exhorta y reprende con toda autoridad. Nadie te menosprecie" (Tit. 2:15).

"sino santificad a Dios el Señor en vuestros corazones, y estad siempre preparados para presentar defensa con mansedumbre y reverencia ante todo el que os demande razón de la esperanza que hay en vosotros" (1 P. 3:15).

2. Dios ha escogido al creyente para que sufra por amor al nombre del Señor. Cada verdadero creyente sufre en manos del mundo. Cristo advirtió a los creyentes: sufrirían persecución. Es necesario que el nuevo convertido conozca esto. (Véase nota, Mt. 5:10-12 para mayor discusión.)

"Porque a vosotros os es concedido a causa de Cristo, no sólo que creáis en él, sino también que padezcáis por él" (Fil. 1:29).

"Y también todos los que quieren vivir piadosamente en Cristo Jesús padecerán persecución" (2 Ti. 3:12).

"Hermanos míos, no os extrañéis si el mundo os aborrece" (1 Jn. 3:13).

"Amados, no os sorprendáis del fuego de prueba que os ha sobrevenido, como si alguna cosa extraña os aconteciese" (1 P. 4:12).

3 (9:17-18) *Ministrar:* el nuevo convertido necesitaba experimentar la ayuda y el ministerio del discípulo de Dios. Imagínese la devastación, el temblor, la aflicción y temor en el corazón de Saulo (véase nota, Hch. 9:15-16). Él (al igual que todos los nuevos creyentes) necesitaba urgentemente cuatro cosas.

1. Necesitaba el toque de la mano y la fidelidad de un discípulo. Necesitaba la presencia de algún discípulo que fuera lo suficientemente fiel como para que viniera y tocara su vida. Él necesitaba ver la fidelidad en acción — amor, cuidado, atención, ayuda — todos ministrados a él en el nombre de Cristo. Nada podía ayudar más al nuevo creyente que ver la fidelidad de un discípulo extendiéndose a él para ayudarle en su necesidad.

2. El reconocimiento como *hermano* en el Señor. Observe: Ananías llamó a Saulo *hermano.* Esta palabra probablemente hizo que Pablo estallara en llanto, pues quien le estaba tendiendo la mano era un querido creyente del Señor, y le estaba aceptando y recibiendo en su corazón a pesar de las terribles maldades que él le había hecho a los creyentes. Ahora había recibido confirmación; había sido verdaderamente perdonado y recibido por el Señor. Dios le había aceptado verdaderamente y era amado en el nombre de Jesús, el nombre al que tanto había infamado y dañado en el pasado. ¡Cuánto necesitaba escuchar a un querido hijo de Dios decir "hermano"! Ahora lo había escuchado. Solamente la eternidad y una conversación con Pablo revelará el impacto que este hecho tuvo sobre Pablo.

3. El poder de su ministerio sanador. Saulo estaba afligido. Él necesitaba que Ananías le ayudara en su aflicción. Necesitaba que sus ojos sanaran, que su vista fuera restaurada, y que Dios usara a su querido discípulo para sanar a Saulo. Las escamas de oscuridad cayeron de sus ojos, simbolizando cómo habían sido eliminadas de su corazón las escamas de oscuridad espiritual, del pecado y la vergüenza.

4. La participación de la llenura del Espíritu Santo; el poder del Espíritu. (Véase *Estudio a fondo 1,* Hch. 9:17-18.)

"Mas el fruto del Espíritu es amor, gozo, paz, paciencia, benignidad, bondad, fe, mansedumbre, templanza; contra tales cosas no hay ley" (Gá. 5:22-23).

"...sed llenos del Espíritu" (Ef. 5:18).

"Sobrellevad los unos las cargas de los otros, y cumplid así la ley de Cristo" (Gá. 6:2).

"para que habite Cristo por la fe en vuestros corazones, a fin de que, arraigados y cimentados en amor, seáis plenamente capaces de comprender con todos los santos cuál sea la anchura, la longitud, la profundidad y la altura, y de conocer el amor de Cristo, que excede a todo conocimiento, para que seáis llenos de toda la plenitud de Dios" (Ef. 3:17-19).

"Y el que da semilla al que siembra, y pan al que come, proveerá y multiplicará vuestra sementera, y aumentará los frutos de vuestra justicia" (2 Co. 9:10).

"sino que siguiendo la verdad en amor, crezcamos en todo en aquel que es la cabeza, esto es, Cristo" (Ef. 4:15).

"desead, como niños recién nacidos, la leche espiritual no adulterada, para que por ella crezcáis para salvación" (1 P. 2:2).

"El ladrón no viene sino para hurtar y matar y destruir; yo he venido para que tengan vida, y para que la tengan en abundancia" (Jn. 10:10).

ESTUDIO A FONDO 1

(9:17, 18) *Pablo, conversión — Espíritu Santo, llenura:* ¿Pablo fue salvo en el camino a Damasco o cuando fue lleno del Espíritu Santo? Esta pregunta es debatida por varios eruditos. Observe exactamente lo que dice Las Escrituras.

1. Saulo llamó a Jesús "Señor": "¿Quién eres, Señor?" (v. 5). Sin embargo, él no sabía quién le hablaba en medio de aquella luz (vv. 3-5). Él estaba indagando, pero fíjese:

=> La luz era del cielo,(v. 3)
=> La voz venía del cielo (v. 4).

Saulo sabía que quien fuera que le estaba hablando, provenía del cielo; era un ser celestial. Él sabía que tenía que tratarse de lo que él había dicho, "El Señor". El sabía que se trataba del Señor al igual que lo supo Cornelio (Hch. 10:4), sin conocer a Dios personalmente, pero sabiendo que era el Señor Dios del cielo.

2. Saulo vuelve a llamar a Jesús "Señor" y ahora con una implicación mucho mayor: "Señor, ¿qué quieres que yo haga?" No debe caber ninguna duda de que aquí Saulo se estaba rindiendo al Señor. Observe lo siguiente: él estaba "temblando y temeroso" (completamente conmocionado). Estaba destruido, prácticamente incapaz de soportar el peso del pecado del que se le estaba acusando.

Sin lugar a dudas, él sintió que era el pecador más terrible. Su única esperanza era volverse al Señor Jesús y obedecerle. Observe además: él hizo exactamente lo que cualquier hombre debe hacer para que sus pecados sean perdonados.

> => Clamó y reconoció al Señor Jesús en su vida. (Véase *Estudio a fondo 2, Señor*, Hch. 2:36. Cp. Ro. 10:13.)

> => Se rindió en obediencia al Señor Jesús. Él hizo una pregunta clave: "Señor, ¿qué quieres que yo haga?"

3. Saulo oró (v. 11). Él pasó tres días completos en oración. Teniendo en cuenta cuán destrozado estaba Saulo, uno tendría que usar mucho la imaginación para afirmar que no era salvo. Observe que fue el Señor mismo quien dijo: "él ora" De manera que su oración debe haber sido aceptable a los ojos de Dios.

4. El Señor le dio a Saulo una *verdadera* visión que, cuando la estudiamos en detalle, resulta fenomenal. Una vez más, hay que dejar volar la imaginación para afirmar que no era salvo.

La evidencia es bien fuerte: Saulo se rindió al Señor en el camino de Damasco. Fue allí que el Señor (el Espíritu Santo) entró en su corazón y en su vida, y asimismo como él iba a experimentar la necesidad de muchas llenuras del Espíritu en el futuro, también la experimentó cuando Ananías le fue a visitar. De manera que Dios le llenó en aquel momento, el primero de muchos revestimientos de poder que vendrían sobre él. (Véase *Estudio a fondo 1, Espíritu Santo,* Hch. 2:1-4; *Estudio a fondo 2,* 8:14-17. Cp. Ef. 5:18.)

	F. El comienzo de la predicación de Pablo: la vida y testimonio de un creyente, 9:19-22	21 Y todos los que le oían estaban atónitos, y decían: ¿No es éste el que asolaba en Jerusalén a los que invocaban este nombre, y a eso vino acá, para llevarlos presos ante los principales sacerdotes?	**4 Fue un testimonio para la comunidad**
1 Se cuidó físicamente **2 Se juntó y se asoció e identificó con otros discípulos**	19 Y habiendo tomado alimento, recobró fuerzas. Y estuvo Saulo por algunos días con los discípulos que estaban en Damasco.	22 Pero Saulo mucho más \se esforzaba, y confundía a los judíos que moraban en Damasco, demostrando que Jesús era el Cristo.	**5 Fue fiel y constante, siguiendo adelante con Cristo**
3 Predicó inmediatamente a. Predicó a Cristo b. Predicó que él es el Hijo de Dios	20 En seguida predicaba a Cristo en las sinagogas, diciendo que éste era el Hijo de Dios.		a. Creció espiritualmente b. Proclamó a Jesús: Él es el Cristo

DIVISIÓN III

LA IGLESIA ESPARCIDA: COMIENZOS MISIONEROS EN JUDEA Y SAMARIA, 8:1–9:31

F. El comienzo de la predicación de Pablo: la vida y testimonio de un creyente, 9:19-22

(9:19-22) *Introducción:* La vida de Saulo, el recién convertido, es un ejemplo vivo para todos. Nos da una imagen de lo que debe ser la vida y testimonio de un creyente.

1. Se cuidó físicamente (v. 19).
2. Se juntó y se asoció e identificó con otros discípulos (v. 19).
3. Predicó inmediatamente (v. 20).
4. Fue un testimonio para la comunidad (v. 21).
5. Fue fiel y constante, siguiendo adelante con Cristo (v. 22).

1 (9:19) *Cuerpo:* Saulo se cuidó físicamente; se ocupó de su cuerpo. Él había pasado tres días delante del Señor, recluido en su presencia. Estaba…

• quebrantado espiritualmente.
• físicamente agotado y exhausto.
• aislado socialmente.
• debilitado físicamente.

Él no había comido, ni siquiera había tomado algo (v. 9). Estaba agotado y sin fuerzas. Fíjese que sucedió entonces: tomó alimento. Parece querer decir que estaba tan débil que tuvieron que darle la comida. Sea como sea, fue fortalecido tanto por el alimento como por el Señor. El Señor y los alimentos le estaban fortaleciendo activamente.

El hecho es que Saulo y Dios estaban cuidando de su cuerpo, fortaleciéndole de manera que pudiera hacer lo que Dios quería que hiciera. Dios tenía una tarea, un trabajo especial para él. Su cuerpo tenía que tener fuerzas y estar preparado para la tarea.

"Así que, hermanos, os ruego por las misericordias de Dios, que presentéis vuestros cuerpos en sacrificio vivo, santo, agradable a Dios, que es vuestro culto racional" (Ro. 12:1).

"conforme a mi anhelo y esperanza de que en nada seré avergonzado; antes bien con toda confianza, como siempre, ahora también será magnificado Cristo en mi cuerpo, o por vida o por muerte" (Fil. 1:20).

"porque el ejercicio corporal para poco es provechoso, pero la piedad para todo aprovecha, pues tiene promesa de esta vida presente, y de la venidera" (1 Ti. 4:8).

Pensamiento 1. Observe las poderosas lecciones sobre comer bien, hacer ejercicios y dormir adecuadamente.

2 (9:19) *Iglesia:* Pablo se juntó y se asoció e identificó con otros discípulos. Es importante destacar lo que le sucedió a Pablo pues contiene una necesidad que cada generación necesita mucho. Pablo se juntó con los demás creyentes de Damasco porque él era una verdadero creyente. Su vieja naturaleza, el viejo hombre, había realmente muerto; y ahora tenía la nueva naturaleza de los creyentes. Está claro que él se unió a aquellos que compartían su misma naturaleza. Necesitaba la presencia de ellos. Él quería compartir…

• su compañía y compañerismo (véase *Estudio a fondo 3,* Hch. 2:42 para mayor discusión).
• su amor, preocupación y cuidado.
• sus creencias y principios.
• el estudio de la Palabra.
• su crecimiento en Cristo.
• la edificación de los unos a los otros.
• su testimonio y servicio.

Saulo se asoció e identificó con la iglesia para que el mundo supiera que él era un creyente. Él quería declarar abierta y públicamente que ahora era…

• una nueva criatura en Cristo Jesús.
• un seguidor del "Camino" al que se había opuesto y perseguido.
• un verdadero discípulo del Señor Jesús.

"Y perseveraban en la doctrina de los apóstoles, en la comunión unos con otros, en el partimiento del pan y en las oraciones" (Hch. 2:42).

"no dejando de congregarnos, como algunos tienen por costumbre, sino exhortándonos; y tanto más, cuanto veis que aquel día se acerca" (He. 10:25).

"Compañero soy yo de todos los que te temen Y

"guardan tus mandamientos" (Sal. 119:63).

"Entonces los que temían a Jehová hablaron cada uno a su compañero; y Jehová escuchó y oyó, y fue escrito libro de memoria delante de él para los que temen a Jehová, y para los que piensan su nombre" (Mal. 3:16).

3 (9:20) *Predicación:* Pablo predicó inmediatamente, sin dudar en lo absoluto. Observe dos cosas.

1. Predicó a Cristo. Ya no predicaba más la religión, tradición, ceremonia o ritual. Tampoco predicaba de sí mismo o de sus experiencias, es decir, de sus visiones del Señor, su disciplina, su ayuno y oración. Predicó a Cristo y solo a Él.

"Porque no nos predicamos a nosotros mismos, sino a Jesucristo como Señor, y a nosotros como vuestros siervos por amor de Jesús" (2 Co. 4:5).

"pero nosotros predicamos a Cristo crucificado..." (1 Co. 1:23).

"a quienes Dios quiso dar a conocer las riquezas de la gloria de este misterio entre los gentiles; que es Cristo en vosotros, la esperanza de gloria, a quien anunciamos, amonestando a todo hombre, y enseñando a todo hombre en toda sabiduría, a fin de presentar perfecto en Cristo Jesús a todo hombre" (Col. 1:27-28).

2. Predicó que Cristo (el Mesías) es el Hijo de Dios (véase nota, Predicación, Hch. 11:19-30 para discusión).

"Porque de tal manera amó Dios al mundo, que ha dado a su Hijo unigénito, para que todo aquel que en él cree, no se pierda, mas tenga vida eterna" (Jn. 3:16).

"Oyó Jesús que le habían expulsado; y hallándole, le dijo: ¿Crees tú en el Hijo de Dios? 36 Respondió él y dijo: ¿Quién es, Señor, para que crea en él? 37 Le dijo Jesús: Pues le has visto, y el que habla contigo, él es" (Jn. 9:35-37).

"Yo y el Padre uno somos" (Jn. 10:30).

"Le dijo Jesús: Yo soy la resurrección y la vida; el que cree en mí, aunque esté muerto, vivirá. Y todo aquel que vive y cree en mí, no morirá eternamente. ¿Crees esto? Le dijo: Sí, Señor; yo he creído que tú eres el Cristo, el Hijo de Dios, que has venido al mundo" (Jn. 11:25-27).

"Porque en él habita corporalmente toda la plenitud de la Deidad" (Col. 2:9).

4 (9:21) *Predicación — Celo:* Pablo fue un testimonio para la comunidad. El público y los líderes de la sinagoga estaban maravillados (existanto), asombrados, atónitos, impactados por todo lo que estaban viendo.

1. Ellos esperaban un acalorado antagonismo asolando las casas y los sitios de reunión de aquellos que "invocaban este nombre [Jesús]". Ellos sabían que a él lo habían mandado a arrestar y encadenar no solo a los hombre, sino también a las mujeres que seguían a Jesús, y llevarlos de regreso a Jerusalén para ser traicionados y recibir la muerte.

2. En cambio, ellos estaban presenciando a un hombre radicalmente cambiado, un hombre...

• asociándose e identificándose con aquellos a quienes venía a destruir.

• predicando como un evangelio flameante, proclamando que Jesús es el Mesías y el Hijo de Dios.

"De un bautismo tengo que ser bautizado; y ¡cómo me angustio hasta que se cumpla!" (Lc. 12:50).

"Me es necesario hacer las obras del que me envió, entre tanto que el día dura; la noche viene, cuando nadie puede trabajar" (Jn. 9:4).

"porque no podemos dejar de decir lo que hemos visto y oído" (Hch. 4:20).

"Porque no me avergüenzo del evangelio, porque es poder de Dios para salvación a todo aquel que cree; al judío primeramente, y también al griego" (Ro. 1:16).

"Pues me propuse no saber entre vosotros cosa alguna sino a Jesucristo, y a éste crucificado" (1 Co. 2:2).

"Pues si anuncio el evangelio, no tengo por qué gloriarme; porque me es impuesta necesidad; y ¡ay de mí si no anunciare el evangelio!" (1 Co. 9:16).

"Y dije: No me acordaré más de él, ni hablaré más en su nombre; no obstante, había en mi corazón como un fuego ardiente metido en mis huesos; traté de sufrirlo, y no pude" (Jer. 20:9).

5 (9:22) *Constancia:* Pablo fue fiel y constante, siguiendo adelante con Cristo. Observe dos hechos significativos.

1. Él siguió creciendo espiritualmente, aumentando más y más su fortaleza espiritual. Las palabras "mucho más se esforzaba" (mallon enedunamouto) significa fortalecerse interiormente, obtener fuerza interna, crecer espiritualmente.

"Sed, pues, vosotros perfectos, como vuestro Padre que está en los cielos es perfecto" (Mt. 5:48).

"Y el que da semilla al que siembra, y pan al que come, proveerá y multiplicará vuestra sementera, y aumentará los frutos de vuestra justicia" (2 Co. 9:10).

"sino que siguiendo la verdad en amor, crezcamos en todo en aquel que es la cabeza, esto es, Cristo" (Ef. 4:15).

"Por lo demás, hermanos míos, fortaleceos en el Señor, y en el poder de su fuerza" (Ef. 6:10).

"Todo lo puedo en Cristo que me fortalece" (Fil. 4:13).

"Y el Señor os haga crecer y abundar en amor unos para con otros y para con todos, como también lo hacemos nosotros para con vosotros" (1 Ts. 3:12).

"Doy gracias al que me fortaleció, a Cristo Jesús nuestro Señor, porque me tuvo por fiel, poniéndome en el ministerio" (1 Ti. 1:12).

"Tú, pues, hijo mío, esfuérzate en la gracia que es en Cristo Jesús" (2 Ti. 2:1).

"Por tanto, dejando ya los rudimentos de la doctrina de Cristo, vamos adelante a la perfección; no echando otra vez el fundamento del arrepentimiento de obras muertas, de la fe en Dios" (He. 6:1).

"Mas tenga la paciencia su obra completa, para que seáis perfectos y cabales, sin que os falte cosa alguna" (Stg. 1:4).

Nota: Mientras más crecía en el Señor, más "confundía" (desconcertaba) a aquellos que se oponían y rebelaban contra el evangelio. Él podía "ratificarlo" (afirmarlo y confirmarlo) con más y más poder a medida que crecía y crecía.

2. El siguió predicando que Jesús es el Mesías.

"Y perseveraban en la doctrina de los apóstoles, en la comunión unos con otros, en el partimiento del pan y en las oraciones" (Hch. 2:42).

"Pero teniendo el mismo espíritu de fe, conforme a lo que está escrito: Creí, por lo cual hablé, nosotros también creemos, por lo cual también hablamos" (2 Co. 4:13).

"Así que, hermanos míos amados, estad firmes y constantes, creciendo en la obra del Señor siempre, sabiendo que vuestro trabajo en el Señor no es en vano" (1 Co. 15:58).

"que si confesares con tu boca que Jesús es el Señor, y creyeres en tu corazón que Dios le levantó de los muertos, serás salvo. Porque con el corazón se cree para justicia, pero con la boca se confiesa para salvación" (Ro. 10:9-10).

"Todo aquel que niega al Hijo, tampoco tiene al Padre. El que confiesa al Hijo, tiene también al Padre" (1 Jn. 2:23).

"Todo aquel que confiese que Jesús es el Hijo de Dios, Dios permanece en él, y él en Dios" (1 Jn. 4:15).

	G. El anticipo del gran sufrimiento de Pablo: fiel a pesar de pruebas difíciles, 9:23-30	27 Entonces Bernabé, tomándole, lo trajo a los apóstoles, y les contó cómo Saulo había visto en el camino al Señor, el cual le había hablado, y cómo en Damasco había hablado valerosamente en el nombre de Jesús.	c Bernabé le mostró amistad
1 **Fiel al testificar, no obstante enfrentó un complot que perseguía matarlo** [EFI, 2] a. Su predicación (v. 20) b. El complot para matarlo c. La fuga	23 Pasados muchos días, los judíos resolvieron en consejo matarle; 24 pero sus asechanzas llegaron a conocimiento de Saulo. Y ellos guardaban las puertas de día y de noche para matarle. 25 Entonces los discípulos, tomándole de noche, le bajaron por el muro, descolgándole en una canasta. 26 Cuando llegó a Jerusalén, trataba de juntarse con los discípulos; pero todos le tenían miedo, no creyendo que fuese discípulo.	28 Y estaba con ellos en Jerusalén; y entraba y salía, 29 y hablaba denodadamente en el nombre del Señor, y disputaba con los griegos; pero éstos procuraban matarle. 30 Cuando supieron esto los hermanos, le llevaron hasta Cesarea, y le enviaron a Tarso.	d Finalmente lo aceptaron 3 **Fiel en predicar valientemente, pero tuvo que enfrentar oposición y asesinato** a. Su valiente predicación b. La oposición y el intento de asesinato c. La fuga
2 **Fiel en su búsqueda de comunión con otros cristianos, no obstante fue rechazado.** a. Él trató de unirse a la comunión de creyentes b. Su pasado lo perseguía: los creyentes lo rechazaban			

DIVISIÓN III

LA IGLESIA ESPARCIDA: COMIENZOS MISIONEROS EN JUDEA Y SAMARIA, 8:1–9:31

G. El anticipo del gran sufrimiento de Pablo: fiel a pesar de pruebas difíciles, 9:23-30

(9:23-30) *Introducción:* la única cosa que Dios quiere es fidelidad. Los creyentes deben ser fieles a pesar de las pruebas o dificultades. Pablo fue un hombre que resplandeció en las páginas de la historia por su fidelidad, sobrepasando a cualquier otro.

1. Fiel al testificar, no obstante enfrentó un complot que perseguía matarlo (vv. 23-25).
2. Fiel en su búsqueda de comunión con otros cristianos, no obstante fue rechazado. (vv. 26-28).
3. Fiel en predicar valientemente, pero tuvo que enfrentar oposición y asesinato (vv. 29-30).

1 (9:23-25) *Testificar — Pablo, persecución:* Pablo fue fiel en testificar, a pesar del complot que había para matarlo.

1. Parece ser que Pablo había estado testificando durante cierto tiempo en Damasco, predicando a Cristo y demostrando que Jesús era el Mesías, el Salvador prometido por Dios (vv. 20, 22). El era fuerte en el Señor. Su fortaleza espiritual era evidente y su predicación confundía a aquellos que se rebelaban contra el Señor y su evangelio (v. 22).

El evangelio es efectivo, siempre lo es:

"Porque la palabra de Dios es viva y eficaz, y más cortante que toda espada de dos filos; y penetra hasta partir el alma y el espíritu, las coyunturas y los tuétanos, y discierne los pensamientos y las intenciones del corazón" (He. 4:12).

"así será mi palabra que sale de mi boca; no volverá a mí vacía, sino que hará lo que yo quiero, y será prosperada en aquello para que la envié" (Is. 55:11).

"¿No decís vosotros: Aún faltan cuatro meses para que llegue la siega? He aquí os digo: Alzad vuestros ojos y mirad los campos, porque ya están blancos para la siega. Y el que siega recibe salario, y recoge fruto para vida eterna, para que el que siembra goce juntamente con el que siega" (Jn. 4:35-36).

"No nos cansemos, pues, de hacer bien; porque a su tiempo segaremos, si no desmayamos" (Gá. 6:9).

"Los que sembraron con lágrimas, con regocijo segarán. Irá andando y llorando el que lleva la preciosa semilla; Mas volverá a venir con regocijo, trayendo sus gavillas" (Sal. 126:5-6).

2. Los judíos hicieron un complot para matar a Pablo. Ellos estaban perturbados: llenos de ira, enojo, amargura y enemistad. ¿Por qué? ¿Por qué odiaban a Pablo buscando venganza?

    a. Lo consideraban un traidor a su religión, su nación y su causa (cp. Hch. 9:1-2, 20-21. Ver notas, Hch. 4:2-4; nota y *Estudio a fondo 1,* Mt. 12:10 para mayor discusión.)

b.   Pablo era más sagaz que ellos en sus debates. Él les ganaba en sus argumentos y esto les hacía sentir avergonzados y abochornados. Ya que no podían imponérsele mental y espiritualmente, entonces decidieron vengarse físicamente.

c.   El mensaje del evangelio los condenaba y asustaba. El evangelio exigía negarse a sí mismo, exigía el sacrificio al Señor Jesús de todo lo que eran y tenían. (Véase nota y *Estudio a fondo 1*, Lc. 9:23.)

Lo que hicieron los judíos fue convencer a las autoridades civiles, el gobernador de Damasco, de que Pablo era un fanático, un alborotador, una amenaza para la paz de la ciudad. Los judíos fueron tan convincentes que el gobernador envió patrullas para "cazarlo" y apostó guardas por toda la ciudad para evitar que escapara (vv. 23-25; cp. 2 Co. 11:33).

3.   Pablo escapó. El complot para matarlo se descubrió. Había patrullas y guardias por todas partes. La manera de escapar fue interesante. La ciudad estaba rodeada de una muralla; los discípulos lo pusieron en una canasta y lo descolgaron por la pared.

Pensamiento 1. La fidelidad de Pablo y su valiente predicación son una ejemplo dinámico para todos. No importa la oposición, debemos ser fieles en testificar de Cristo. Las personas deben escuchar el evangelio, las gloriosas nuevas de que el Salvador ha venido para dar vida y darla en abundancia (Jn. 10:10).

"El ladrón no viene sino para hurtar y matar y destruir; yo he venido para que tengan vida, y para que la tengan en abundancia" (Jn. 10:10).

"Por tanto, id, y haced discípulos a todas las naciones, bautizándolos en el nombre del Padre, y del Hijo, y del Espíritu Santo; enseñándoles que guarden todas las cosas que os he mandado; y he aquí yo estoy con vosotros todos los días, hasta el fin del mundo" (Mt. 28:19-20).

"Y les dijo: Id por todo el mundo y predicad el evangelio a toda criatura" (Mr. 16:15).

"pero recibiréis poder, cuando haya venido sobre vosotros el Espíritu Santo, y me seréis testigos en Jerusalén, en toda Judea, en Samaria, y hasta lo último de la tierra" (Hch. 1:8).

"Id, y puestos en pie en el templo, anunciad al pueblo todas las palabras de esta vida" (Hch. 5:20).

Pensamiento 2. A menudo se acusa de fanáticos a los creyentes cuando testifican de Cristo. Observe la fidelidad y lealtad de Pablo a pesar de todo.

"Y seréis aborrecidos de todos por causa de mi nombre; mas el que persevere hasta el fin, éste será salvo" (Mt. 10:22).

"Por tanto, no te avergüences de dar testimonio de nuestro Señor, ni de mí, preso suyo, sino participa de las aflicciones por el evangelio según el poder de Dios" (2 Ti. 1:8).

"Tú, pues, sufre penalidades como buen soldado de Jesucristo" (2 Ti. 2:3-4).

"Bienaventurado el varón que soporta la tentación [prueba]; porque cuando haya resistido la prueba, recibirá la corona de vida, que Dios ha prometido a los que le aman" (Stg. 1:12).

"Porque esto merece aprobación, si alguno a causa de la conciencia delante de Dios, sufre molestias padeciendo injustamente" (1 P. 2:19).

Pensamiento 3. Dios siempre dará una vía de escape si somos fieles en nuestro testimonio. Él, o nos librará de la dificultad, o nos ayudará a lo largo de la dificultad. Él incluso nos llevará a través de la muerte hacia su maravillosa presencia.

"No os ha sobrevenido ninguna tentación que no sea humana; pero fiel es Dios, que no os dejará ser tentados más de lo que podéis resistir, sino que dará también juntamente con la tentación la salida, para que podáis soportar" (1 Co. 10:13).

"Y el Señor me librará de toda obra mala, y me preservará para su reino celestial. A él sea gloria por los siglos de los siglos. Amén" (2 Ti. 4:18).

ESTUDIO A FONDO 1

(9:23) *Pablo, preparación — Viajes:* Fíjese en las palabras: "Pasados muchos días". Esto parece referirse al retiro de Pablo en Arabia donde pasó de dos a tres años a solas con Dios.

En Gálatas 1:15-18, Pablo dice que, después que Dios lo salvó y lo llamó, él...

• no consultó en seguida con carne y sangre (para aprender acerca de Jesús),

• no subió a Jerusalén (para consultar con los apóstoles acerca de Jesús),

• *sino fue a Arabia* donde permaneció alrededor de tres años (Gá. 1:17-18);

• luego, después de Arabia, *regresó* a Damasco.

Lo que sucedió parece haber sido lo siguiente: después que Ananías ayudó a Pablo, este se quedó con los discípulos en Damasco "por algunos días" (hemeras tinas, un término que indica un corto tiempo) (Hch. 9:19). Mientras estuvo allí, predicó ardientemente (v. 20); pero al hacerlo, comenzó a sentir verdadera inaptitud, una profunda necesidad de estar a solas con el Señor. Así lo hizo. Dejó Damasco, y así como Moisés en la antigüedad buscó al Señor durante años en el desierto, Pablo fue al desierto de Arabia para pasar tres años aprendiendo del Señor mismo. Fue en la quietud del desierto que se comunicó y aprendió de su Señor; fue allí que Dios...

• le reveló a Pablo la verdad, haciendo que reconsiderara y reestructurara sus creencias.

• le reveló las verdades contenidas en Romanos, Corintios, Gálatas, Efesios, Filipenses, Colosenses, y Tesalonicenses.

• le reveló las maravillas y misterios de su gloriosa gracia y su plan para los creyentes y el mundo (véase *Estudio a fondo 1*, 1 Co. 2:7 para una lista de misterios).

El asunto es este: "pasados muchos días" en Arabia, Pablo *regresó* a Damasco. Es aquí que la historia alcanza su clímax en Hechos 9:23. Ahora Pablo era un creyente y un siervo del Señor mucho más maduro, pero observe lo siguiente: este hecho muestra cómo el creyente necesita el tiempo para madurar lo suficiente para llevar a cabo su ministerio para el Señor durante toda su vida.

=> Después de regresar de Arabia y ministrar en Damasco, pasaron otros doce años antes de que Pablo recibiera el llamado a lanzar sus viajes misioneros, tuvo que huir a Damasco, pues hubo varios intentos de asesinarlo. Fue a Jerusalén, pero de allí también tuvo que huir: de Jerusalén regresó a Tarso y permaneció allí por once años (véase *Estudio a fondo 1, Pablo, Viajes, Gá. 1:17-24*).

=> El tiempo que Pablo estuvo en Tarso, su ciudad natal, fue por lo visto un tiempo de aprendizaje y entrenamiento de igual manera que lo fue el tiempo en Arabia. Pero parece haber sido también un tiempo de ministerio…

Pensamiento 1. El tiempo que Pablo estuvo en Arabia y en Tarso muestran como una persona debe tomar tiempo para estar con Dios, para aprender, crecer y prepararse antes de desarrollar su ministerio de por vida.

ESTUDIO A FONDO 2

(9:23) *Pablo, viajes:* La siguiente es una lista de los viajes más significativos de Pablo (véase *Estudio a fondo 1, Pablo, Viajes, Gá. 1:17-24* para mayor discusión):

1. Su conversión (Gá. 1:15-16; Hch. 9:10.
2. Su primer ministerio en Damasco (Hch. 9:19-22).
3. Su tiempo a solas con Dios en Arabia (Gá. 1:17).
4. Su segundo ministerio en Damasco al volver de Arabia (Hch. 9:23-25).
5. Su primer viaje a Jerusalén por quince días para ver a Pedro (Gá. 1:18-19; Hch. 9:23-30). Los apóstoles mencionados en Hch. 9:27 serían Pedro y Santiago, el hermano del Señor.
6. Su ministerio en la ciudad y los alrededores de Tarso, que al parecer duró alrededor de once años (Gá. 1:21–2:1).
7. Bernabé lo llama para que lo ayude en su ministerio en Antioquía (Hch. 11:25-26).
8. Segundo viaje a Jerusalén para llevar ayuda material durante una hambruna (Gá. 2:ls; Hch. 11:30; 12:25).
9. Su llamamiento y comisionado como misionero (Hch. 13:2-3).
10. Su primer gran misión a los gentiles: a Chipre y Galacia (Hch. 13:1–14:28).
11. Regreso a Antioquía tras completar su primer viaje misionero (Hch. 14:26-28).
12. Tercer viaje a Jerusalén para defender el evangelio de la gracia ante el Concilio de Jerusalén (Hch. 15:1-30).
13. Regreso a Antioquía con el mensaje de parte del Concilio de Jerusalén (Hch. 15:30-35).
14. Su segunda gran misión a los gentiles: Europa (Hch. 15:36–18:22).
15. Regreso a Antioquía tras completar su segundo viaje misionero (Hch. 18:22).
16. Su tercera gran misión a los gentiles: Asia Menor y Europa (Hch. 18:23–21:16).
17. Su cuarto viaje y final a Jerusalén donde fue arrestado (Hch. 21:17–26:32).
18. Su viaje a Roma como prisionero (Hch. 27:1–28:15).
19. Su ministerio en Roma estando preso (Hch. 28:16-31).

2 (9:26-28) *Iglesia — Adoración:* Pablo fue fiel en buscar la comunión de los creyentes, pero ellos le rechazaron. Pablo huyó a Jerusalén. Observe los siguientes hechos:

1. Pablo trató una y otra vez de unirse a los discípulos en Jerusalén. La palabra griega para "trataba" (epeirazen) significa intentar repetidas veces.
2. El pasado de Pablo como el mayor perseguidor de los creyentes le perseguía; los creyentes no lo aceptaban, no creían su testimonio. Ellos sospechaban, pensando que era un impostor que trataba de meterse en el círculo de creyentes…

• para espiarlos.
• para identificar a todos los discípulos para poder arrestarlos.

3. Pablo hizo amistad con Bernabé. De alguna manera Bernabé comenzó a sentir que podía ser que Pablo estuviera diciendo la verdad. Al parecer, se sentó con Pablo e hizo que le relatara sus experiencias con Cristo. Bernabé quedó completamente convencido de que Pablo era sincero, y llevó a Pablo ante los apóstoles. (Por apóstoles se hace referencia a Pedro y Jacobo, el medio-hermano de Jesús quien se convertiría, si es que no lo era ya, pastor de la iglesia en Jerusalén [Gá. 1:18-19]. Los demás apóstoles probablemente estaban fuera de la ciudad en alguna misión). Observe que Bernabé, después de presentarle a Pablo a Pedro y a Jacobo, compartió tres cosas sobre Pablo:

=> la conversión de Pablo, que verdaderamente él había visto al Señor en el camino a Damasco,
=> a que el Señor en verdad le había hablado a Pablo,
=> que Pablo había estado predicando valientemente en Damasco.

4. Finalmente Pablo fue aceptado. Pedro se convenció e invitó a Pablo a quedarse con él. Así lo hizo Pablo, y se quedó quince gloriosos días, en comunión con el hombre al que el Señor mismo había escogido como el primer líder de su querido pueblo (cp. Gá. 1:18. Nota: Pablo dijo que su propósito principal al venir a Jerusalén fue ver a Pedro). Esto es algo importante, pues significa que no había ido con el objetivo de ministrar, sino de aprender del líder del grupo apostólico acerca de Jesús. Observe también que, mientras estuvo allí, Pablo no estuvo sentado por ahí disfrutando de la compañía de Pedro y Jacobo. También ministró, incluso dio testimonio de la gracia salvadora de Dios. Salió y predicó a Jesús.

Pensamiento 1. Observe la gran batalla por la que pasó Pablo solamente para poder adorar y participar del compañerismo de los demás creyentes. Sin embargo, no hubo nunca un pensamiento de abandonar la asamblea de creyentes, ni la idea de irse a adorar solo afuera en plena naturaleza o en algún otro lugar. Él luchó por tener comunión con otros creyentes, luchó hasta que lo aceptaron.

"Y perseveraban en la doctrina de los apóstoles,

en la comunión unos con otros, en el partimiento del pan y en las oraciones" (Hch. 2:42).

"Porque deseo veros, para comunicaros algún don espiritual, a fin de que seáis confirmados; 12esto es, para ser mutuamente confortados por la fe que nos es común a vosotros y a mí" (Ro. 1:11-12).

"no dejando de congregarnos, como algunos tienen por costumbre, sino exhortándonos; y tanto más, cuanto veis que aquel día se acerca" (He. 10:25).

3 (9:29-30) *Predicando — Fiel:* Pablo fue fiel al predicar valientemente, fiel a pesar de tener que enfrentar la oposición y un intento de asesinato. tenga en cuenta estos tres aspectos:

1. Pablo predicó valientemente en Jerusalén. Debe recordarse que él no había ido a Jerusalén a predicar sino a ver Pedro (Gá. 1:18). De hecho, era peligroso que lo vieran en la ciudad ya que habían pasado solo tres años desde que lo habían comisionado para que fuera el mayor perseguidor de la iglesia. Así que ¿por qué entonces nos encontramos a Pablo predicando? Hay probablemente dos razones:

    a. Él no podía quedarse tranquilo. Hablar del Señor y del mensaje glorioso del evangelio era algo que estaba en su corazón, y simplemente él tenía que compartirlo con todo el que quisiera escuchar.

    b. Él todavía sentía dolor por la muerte de Esteban y por los judíos griegos (los helenistas) a quienes él había incitado para asesinar a Esteban. Estar en Jerusalén le daba la oportunidad de volver a encontrarse con ellos, confesar su equivocación y proclamarles a Cristo. Probablemente haya visitado la misma sinagoga en que había discutido con Esteban, tratando de predicarles a los mismos que le habían ayudado a apedrear a Esteban.

Pensamiento 1. Aquí encontramos una gran lección. Debemos tratar de alcanzar a aquellos a quienes hemos ofendido o guiado por el mal camino.

"Por tanto, si traes tu ofrenda al altar, y allí te acuerdas de que tu hermano tiene algo contra ti, deja allí tu ofrenda delante del altar, y anda, reconcíliate primero con tu hermano, y entonces ven y presenta tu ofrenda" (Mt. 5:23-24).

"Si es posible, en cuanto dependa de vosotros, estad en paz con todos los hombres" (Ro. 12:18).

2. La oposición era fuerte. Los griegos se negaban a rendirse a aquel tal "Jesús". Ellos se rebelaban y discutían con Pablo. Se enfurecieron tanto en su contra que decidieron matarlo.

3. Los creyentes descubrieron el complot, pero el mismo Señor advirtió a Pablo y le dio instrucciones para que abandonara la ciudad y se fuera a Tarso, su ciudad natal. Era allí donde Pablo comenzaría a alcanzar al mundo de los gentiles (Hch. 22:17-21).

Pensamiento 1. Lo principal que debemos destacar es la fidelidad inquebrantable de Pablo a Cristo a pesar de la difícil prueba. ¡Un ejemplo valeroso para todos!

Pensamiento 2. Tenga en cuenta cuatro características admirables de Pablo en estos sucesos:

=> una fuerte convicción de que Cristo era el verdadero Mesías.

=> una determinación de hierro para ser obediente al predicara, a pesar de todo.

=> una perseverancia inquebrantable en su propósito.

=> una fuerte, tremenda energía y compromiso de predicar.

"pero recibiréis poder, cuando haya venido sobre vosotros el Espíritu Santo, y me seréis testigos en Jerusalén, en toda Judea, en Samaria, y hasta lo último de la tierra" (Hch. 1:8).

"Y él dijo: El Dios de nuestros padres te ha escogido para que conozcas su voluntad, y veas al Justo, y oigas la voz de su boca. Porque serás testigo suyo a todos los hombres, de lo que has visto y oído" (Hch. 22:14-15).

"porque no podemos dejar de decir lo que hemos visto y oído" (Hch. 4:20).

"Pero teniendo el mismo espíritu de fe, conforme a lo que está escrito: Creí, por lo cual hablé, nosotros también creemos, por lo cual también hablamos" (2 Co. 4:13).

"esto habla, y exhorta y reprende con toda autoridad. Nadie te menosprecie (Tit. 2:15).

	H. La condición de la iglesia: lo que debe ser una iglesia, 9:31

1 Condición 1: en paz
2 Condición 2: edificada
3 Condición 3: andando
   a. en el temor del Señor
   b. fortalecida en el
      Espíritu
4 Condición 4: crecer
	31 Entonces las iglesias tenían paz por toda Judea, Galilea y Samaria; y eran edificadas, andando en el temor del Señor, y se acrecentaban fortalecidas por el Espíritu Santo.

DIVISIÓN III

LA IGLESIA ESPARCIDA: COMIENZOS MISIONEROS EN JUDEA Y SAMARIA, 8:1–9:31

H. La condición de la iglesia: lo que debe ser una iglesia, 9:31

(9:31) *Introducción:* Este solo versículo es un planteamiento resumen que muestra la condición de la iglesia. Presenta un cuadro de lo que debe ser una iglesia.

1. Condición 1: en paz (v. 31).
2. Condición 2: edificada (v. 31).
3. Condición 3: andando (v. 31).
    a. en el temor del Señor
    b. fortalecida en el Espíritu.
4. Condición 4: crecer (v. 31).

1 (9:31) *Iglesia, en paz; en quietud:* La iglesia estaba en paz. La palabra "paz" (eirenen) proviene del griego. El tiempo verbal es activo: la iglesia estaba en un estado continuo de paz o quietud. Había pasado por un tiempo muy dificultoso, pero ya el problema había sido manejado y reinaba la paz. La calma y la quietud se establecieron y tomaron control. La idea que se nos da es que los creyentes estaban gozándose y regocijándose en la paz y liberación que Dios les había dado de su gran prueba. El problema había sido una severa persecución (véase bosquejo y notas, Hch. 8:1-4; 9:1-2 para mayor discusión), pero ya la tormenta había amainado, y prevalecían la paz, la clama, la quietud y la tranquilidad.

Dios mismo detuvo la persecución. Lo hizo mediante dos cosas.

1. Dios convirtió al mayor perseguidor, Saulo de Tarso (véase bosquejo y notas, Hch. 9:1-9. Fue algo más bien humorístico y con regocijo en la gracia de Dios: ¡convirtiendo al perseguidor! ¡Tremenda forma de detener al persecución!)

2. Dios venció la maldad de los hombres, hizo que todo obrara para bien. Él usó un acontecimiento del mundo para desviar la atención de los gobernantes judíos de la iglesia. Él emperador romano, Calígula, esta tratando de poner una estatua o imagen de sí mismo en el templo de Jerusalén. Él quería forzar a los judíos a que adoraran su imagen. Por supuesto, esto era algo abominable, condenado por los judíos. En sus mentes, esta era una amenaza mucho mayor que el pequeño movimiento de los cristianos. Por lo tanto, dejaron de perseguir a la iglesia para ocuparse de la amenaza del emperador romano.

Pensamiento 1: La iglesia tenía un motivo para regocijarse cuando la paz y la quietud volvieron a reinar.

1) La iglesia debiera regocijarse en Dios que hizo que las cosas obraran para bien y trajo tal estado de paz y tranquilidad a la iglesia. El creyente sufrirá persecución (cp. Fil. 1:28; 2 Ti. 3:12). No hay salida. Por consiguiente, cuando hay paz, ese es un motivo para regocijarse

    "Hermanos míos, tened por sumo gozo cuando os halléis en diversas pruebas, sabiendo que la prueba de vuestra fe produce paciencia. Mas tenga la paciencia su obra completa, para que seáis perfectos y cabales, sin que os falte cosa alguna" (Stg. 1:2-4).

    "Amados, no os sorprendáis del fuego de prueba que os ha sobrevenido, como si alguna cosa extraña os aconteciese, sino gozaos por cuanto sois participantes de los padecimientos de Cristo, para que también en la revelación de su gloria os gocéis con gran alegría" (1 P. 4:12-13).

2) La iglesia debe hacer uso de la calma y la paz, llevando un testimonio mucho más fuerte que antes. Los tiempos de paz y quietud, el descanso y el confort se usan con demasiada frecuencia para deleitarse en las *bendiciones* de la comunión y la iglesia se vuelve insulsa y creída de sí misma. Esto no debiera ser así. La paz y la tranquilidad significan que el evangelio *ahora está libre de estorbos y oposición,* como resultado, ha que aprovechar al máximo la oportunidad de predicar libremente el evangelio.

    "Porque el Hijo del Hombre vino a buscar y a salvar lo que se había perdido" (Lc. 19:10).

    "Me es necesario hacer las obras del que me envió, entre tanto que el día dura; la noche viene, cuando nadie puede trabajar" (Jn. 9:4).

    "Entonces Jesús les dijo otra vez: Paz a vosotros. Como me envió el Padre, así también yo os envío" (Jn. 20:21; cp. Lc. 19:10).

    "Andad sabiamente para con los de afuera, redimiendo el tiempo" (Col. 4:5).

"Enséñanos de tal modo a contar nuestros días, Que traigamos al corazón sabiduría" (Sal. 90:12).

2 (9:31) *Iglesia — Edificación:* la iglesia era "edificada" (oikudomoumene). La palabra significa acrecentar, crecer espiritualmente, promover el crecimiento espiritual, fortalecer, establecer, confirmar en la fe. El tiempo es una acción continua.

Los creyentes continuaban creciendo espiritualmente…

*   haciéndose más fuertes en su fe en el Señor Jesús.
*   aprendiendo más de la Palabra de Dios, de las enseñanzas y doctrinas de Jesús.
*   adquiriendo un conocimiento mayor acerca de la presencia y poder del Espíritu Santo.
*   aprendiendo cómo y volviéndose testigos más eficientes del Señor.
*   adquiriendo más y más valentía tanto para vivir como para testificar.

"Así que, sigamos lo que contribuye a la paz y a la mutua edificación" (Ro. 14:19).

"Cada uno de nosotros agrade a su prójimo en lo que es bueno, para edificación" (Ro. 15:2).

"pero el que profetiza habla a los hombres para edificación, exhortación y consolación" (1 Co. 14:3).

"a fin de perfeccionar a los santos para la obra del ministerio, para la edificación del cuerpo de Cristo" (Ef. 4:12).

"Ninguna palabra corrompida salga de vuestra boca, sino la que sea buena para la necesaria edificación, a fin de dar gracia a los oyentes" (Ef. 4:29).

3 (9:31) *Creyente, vida — Conducta — Espiritual, andar:* la iglesia estaba andando en el Señor así como el Espíritu Santo lo exhorta en las Escrituras.

"Por tanto, de la manera que habéis recibido al Señor Jesucristo, andad en él" (Col. 2:6).

"El que dice que permanece en él, debe andar como él anduvo" (1 Jn. 2:6).

"Pues para esto fuisteis llamados; porque también Cristo padeció por nosotros, dejándonos ejemplo, para que sigáis sus pisadas" (1 P. 2:21).

Note que ellos andaban en dos cosas en particular.

1. Andaban "en el temor del Señor" (véase *Estudio a fondo 1, Temor,* Hch. 9:31 para discusión del tema). Muy sencillo, esto significa vivir "en *el* temor del Señor"; vivir ante su presencia con confianza, reverencia, sobrecogimiento, adoración y obediencia. Significa vivir una vida que de testimonio de la gloria de su gracia, amor, santidad y justicia.

"Y no temáis a los que matan el cuerpo, mas el alma no pueden matar; temed más bien a aquel que puede destruir el alma y el cuerpo en el infierno" (Mt. 10:28).

"Y su misericordia es de generación en generación A los que le temen" (Lc. 1:50).

"sino que en toda nación se agrada del que le teme y hace justicia" (Hch. 10:35).

"Y si invocáis por Padre a aquel que sin acepción de personas juzga según la obra de cada uno, conducíos en temor todo el tiempo de vuestra peregrinación" (1 P. 1:17).

"Ahora, pues, Israel, ¿qué pide Jehová tu Dios de ti, sino que temas a Jehová tu Dios, que andes en todos sus caminos, y que lo ames, y sirvas a Jehová tu Dios con todo tu corazón y con toda tu alma" (Dt. 10:12).

"Ahora, pues, temed a Jehová, y servidle con integridad y en verdad" (Jos. 24:14).

"¿Quién es el hombre que teme a Jehová? El le enseñará el camino que ha de escoger" (Sal. 25:12).

"¡Cuán grande es tu bondad, que has guardado para los que te temen, Que has mostrado a los que esperan en ti, delante de los hijos de los hombres!" (Sal. 31:19).

"Se complace Jehová en los que le temen, Y en los que esperan en su misericordia" (Sal. 147:11).

"El principio de la sabiduría es el temor de Jehová; Los insensatos desprecian la sabiduría y la enseñanza" (Pr. 1:7).

"El fin de todo el discurso oído es este: Teme a Dios, y guarda sus mandamientos; porque esto es el todo del hombre" (Ecl. 12:13).

"A Jehová de los ejércitos, a él santificad; sea él vuestro temor, y él sea vuestro miedo" (Is. 8:13).

2. Andaban "fortalecidas por el Espíritu Santo". La palabra "fortalecidas" (paraklesei) significa paráclito, el mismo título que Cristo le dio al Espíritu Santo. Significa consolador, consejero, ayudador, alentador, exhortador. La imagen dada es la de uno al que se le llama para que esté al lado del creyente (igual que lo hizo Jesús). Es esa la razón por la que Jesús hizo la gran promesa: "[Dios] os dará otro Consolador" (Véase nota, Jn. 14:26 para mayor discusión). El Espíritu Santo inundaba sus corazones con un gran sentido de…

*   la presencia del Señor: consolando, aconsejando, ayudando, aconsejando y exhortándoles.
*   gozo y regocijo por la gran salvación con que habían sido salvos al mayor grado posible y se les había dado una herencia eterna en la presencia misma de Dios.

"Y yo rogaré al Padre, y os dará otro Consolador, para que esté con vosotros para siempre" (Jn. 14:16).

"Mas el Consolador, el Espíritu Santo, a quien el Padre enviará en mi nombre, él os enseñará todas las cosas, y os recordará todo lo que yo os he dicho" (Jn. 14:26).

"con gozo dando gracias al Padre que nos hizo aptos para participar de la herencia de los santos en luz" (Col. 1:12).

"para una herencia incorruptible, incontaminada e inmarcesible, reservada en los cielos para vosotros" (1 P. 1:4).

ESTUDIO A FONDO 1

(9:31) *Temor* (phobo): significa estar ante Dios con sobrecogimiento y reverencia. No significa tener miedo de la presencia de Dios, encogernos y retirarnos de Él. Por el contrario, significa que la persona reverencia y tiene un temor reverencial de él, queriendo acercarse y conocerle porque Él es el ser majestuoso y soberano del universo. Significa que la persona no teme…

*   confiar y creer en Él.

- acercarse y adorarle.
- hacer su voluntad.
- servirle.

4 (9:31) *Iglesia:* La iglesia crecía y se multiplicaba a pasos agigantados, pero observe por qué la iglesia estaba creciendo a un ritmo tan acelerado. Los creyentes…

- estaban en paz y quietud.

- se edificaban y se ayudaban a crecer los unos a los otros.
- andaban en el temor del Señor.
- andaban controlados por el Espíritu.

Estos son los aspectos esenciales para el crecimiento de la iglesia, para alcanzar a las personas con el evangelio del Señor Jesús.

	IV. LA IGLESIA ESPARCIDA: LA PRIMERA GRAN MISIÓN A LOS GENTILES, PEDRO, 9:32–11:18	33 Y halló allí a uno que se llamaba Eneas, que hacía ocho años que estaba en cama, pues era paralítico.	3 La necesidad: una trágica enfermedad
	A. Un ministerio más amplio: en Lida: sanidad a los enfermos, 9:32-35	34 Y le dijo Pedro: Eneas, Jesucristo te sana; levántate, y haz tu cama. Y en seguida se levantó.	4 La proclamación: Jesucristo sana[EF3]
1 El discípulo: un compromiso con la misión del Señor	32 Aconteció que Pedro, visitando a todos, vino también a los santos que habitaban en Lida.	35 Y le vieron todos los que habitaban en Lida y en Sarón, los cuales se convirtieron al Señor.	5 El resultado: todos se volvieron al Señor[EF4]
2 El lugar: la ciudad donde vivían los santos [EF1, 2]			

DIVISIÓN IV

LA IGLESIA ESPARCIDA: LA PRIMERA GRAN MISIÓN A LOS GENTILES: PEDRO, 9:32–11:18

A. Un ministerio más amplio: en Lida: sanidad a los enfermos, 9:32-35

(9:32-35) *Introducción:* En este pasaje se proclama el poder de Cristo para hacer completos a los hombres.

1. El discípulo: un compromiso con la misión del Señor (v. 32).
2. El lugar: la ciudad donde vivían los santos (v. 32).
3. La necesidad: una trágica enfermedad (v. 33).
4. La proclamación: Jesucristo sana (v. 34).
5. El resultado: todos se volvieron al Señor (v. 35).

1 (9:32) *Pedro — Dedicación:* Se manifestó el compromiso de Pedro con la misión del Señor. Cristo había escogido a Pedro como líder, el apóstol a los Judíos (cp. Gá. 2:8). Por tanto, era el deber de Pedro alcanzar a los creyentes judíos dondequiera que estuvieran. En esos momentos ellos estaban esparcidos por toda Palestina debido a la persecución (Hch. 8:1-4), así que, se dispuso a partir en una misión y recorrido evangelístico para visitar y fortalecer a los creyentes y para predicar a Cristo a todo el que quisiera oír. Observe los siguientes aspectos.

=> Pedro fue "visitando a todos", o sea, en Judea, Galilea y Samaria (cp. Hch. 8:4, 14, 25). Él fue y ministró en todos los lugares de los cuales era responsable.
=> Pedro *predicó el evangelio* a los perdidos y edificó a los creyentes (Hch. 8:25). Siempre debemos recordar esto: es el deber de los creyentes testificar y compartir las buenas nuevas de Cristo dondequiera que estén, independientemente del don o el llamamiento que tengan.
=> Pedro fue fiel a su llamamiento, fiel a la misión del Señor. Tuvo que pagar el precio de sacrificar sus comodidades personales. Él tenía una familia y un hogar que cuidar, sin embargo dejó toda su comodi-

dad para viajar y predicar a Cristo (cp. Mt. 8:14).

"Y les dijo: Id por todo el mundo y predicad el evangelio a toda criatura" (Mr. 16:15).

"pero recibiréis poder, cuando haya venido sobre vosotros el Espíritu Santo, y me seréis testigos en Jerusalén, en toda Judea, en Samaria, y hasta lo último de la tierra" (Hch. 1:8).

"porque no podemos dejar de decir lo que hemos visto y oído" (Hch. 4:20).

"¿No decís vosotros: Aún faltan cuatro meses para que llegue la siega? He aquí os digo: Alzad vuestros ojos y mirad los campos, porque ya están blancos para la siega" (Jn. 4:35-36).

"No nos cansemos, pues, de hacer bien; porque a su tiempo segaremos, si no desmayamos" (Gá. 6:9).

"Los que sembraron con lágrimas, con regocijo segarán. Irá andando y llorando el que lleva la preciosa semilla; Mas volverá a venir con regocijo, trayendo sus gavillas" (Sal. 126:5-6).

2 (9:32) *Santos:* El lugar a donde Pedro fue era una ciudad donde vivían santos: Lida. Hay dos cosas significativas aquí:

1. La ciudad era un lugar donde se manifestaría el poder de Cristo. Este era una importante ciudad comercial (véase *Estudio a fondo 1, Lida,* Hch. 9:32).
2. En esa ciudad vivían santos (véase *Estudio a fondo 2, Santos,* Hch. 9:32). Es difícil para Dios obrar donde no hay creyentes. Una ciudad donde habitan creyentes es grandemente bendecida. Quizá los ciudadanos no lo sepan, pero son bendecidos. Los creyentes traen a un lugar la presencia de Dios, la presencia de...

- rectitud
- moral
- justicia
- seguridad
- amor
- interés
- gozo
- confianza
- cuidado
- vida
- paz
- esperanza. (de vida eterna)
- servicio a los pobres, enfermos y a los indoctos

"Por la bendición de los rectos la ciudad será engrandecida; Mas por la boca de los impíos será trastornada" (Pr. 11:11).

"La justicia engrandece a la nación; Mas el

pecado es afrenta de las naciones" (Pr. 14:34).

ESTUDIO A FONDO 1

(9:32) *Lida — Lod:* En el Antiguo Testamento a Lida se le conoce como "Lod" (1 Cr. 8:12; Esd. 2:33; Neh. 7:37; 11:35). Estaba situada aproximadamente a 48 kilómetros al noroeste de Jerusalén y a 16 kilómetros al sur de Jope.

=> Estaba ubicada en la fértil llanura de Sarón.

=> Era una de las ciudades hacia las que regresaron los exiliados de la cautividad Babilonia cuando salieron en libertad (Esd. 2:33; Neh. 7:37).

=> Era una importante ciudad comercial. Estaba en la ruta de las caravanas que viajaban de Babilonia hacia Egipto.

ESTUDIO A FONDO 2

(9:32) *Santos:* Observe que a los creyentes se les llama *santos.* (Véase *Estudio a fondo 1, Santo,* 1 P. 1:15-16 para mayor discusión). Ananías fue el primero que llamó santos a los creyentes. Lo dijo cuando oraba al Señor (Hch. 9:13). La palabra se refiere a los santificados o santos, y simplemente significa apartados; separados (véase nota, 1 P. 1:15-16 para mayor discusión). La santificación consta de tres estados.

1. La santificación inicial o posicional. Cuando una persona cree en Cristo, inmediatamente es apartado para Dios, de una vez y por todas, permanentemente.

> "Por tanto, hermanos santos, participantes del llamamiento celestial, considerad al apóstol y sumo sacerdote de nuestra profesión, Cristo Jesús" (He. 3:1).

> "En esa voluntad somos santificados mediante la ofrenda del cuerpo de Jesucristo hecha una vez para siempre" (He. 10:10).

2. La santificación progresiva. El verdadero creyente se esfuerza decidida y disciplinadamente por permitir que el Espíritu de Dios lo aparte día tras día. El Espíritu de Dios le toma y le moldea más y más a la imagen de Cristo, durante todo el tiempo que esté sobre la tierra.

> "Santifícalos en tu verdad; tu palabra es verdad" (Jn. 17:17).

> "Por tanto, nosotros todos, mirando a cara descubierta como en un espejo la gloria del Señor, somos transformados de gloria en gloria en la misma imagen, como por el Espíritu del Señor" (2 Co. 3:18).

> "Maridos, amad a vuestras mujeres, así como Cristo amó a la iglesia, y se entregó a sí mismo por ella, para santificarla, habiéndola purificado en el lavamiento del agua por la palabra" (Ef. 5:25-26).

> "Y el mismo Dios de paz os santifique por completo; y todo vuestro ser, espíritu, alma y cuerpo, sea guardado irreprensible para la venida de nuestro Señor Jesucristo. 24Fiel es el que os llama, el cual también lo hará" (1 Ts. 5:23-24).

3. La santificación eterna. Viene el día en que el creyente será perfectamente apartado para Dios y su servicio, sin pecado ni fallo alguno. Ese será el gran y glorioso día de la redención eterna del creyente.

> "a fin de presentársela a sí mismo, una iglesia gloriosa, que no tuviese mancha ni arruga ni cosa semejante, sino que fuese santa y sin mancha" (Ef. 5:27).

> "Amados, ahora somos hijos de Dios, y aún no se ha manifestado lo que hemos de ser; pero sabemos que cuando él se manifieste, seremos semejantes a él, porque le veremos tal como él es" (1 Jn. 3:2).

3 (9:33) *Desesperanza:* La necesidad con la que Pedro se encontró era una trágica enfermedad, un hombre (Eneas) que había estado paralítico y postrado en cama por ocho años. Su condición era similar a la del paralítico con el que Cristo se había encontrado y a quien había sanado (cp. Lc. 5:18-26). Observe dos cosas.

1. La condición del hombre era desesperada. Estaba paralítico, postrado en cama…

- *incapaz* de levantarse de la cama.
- *incapaz* de caminar.
- *incapaz* de lavarse.
- *incapaz* de vestirse solo.
- *incapaz* de alimentarse solo.
- *incapaz* de cuidar de sus necesidades personales.
- *incapaz* de moverse por sí mismo.

Él no podía salir de la casa y el cuarto en que estaba; no podía dejar la cama en la que estaba acostado, y había sido así por ocho largos años. Imagine la situación. Su condición era prácticamente la más desesperada que una persona pudiera experimentar.

2. El hombre y su familia o los que cuidaban de él, estaban llenos de desesperación y desesperanza. No había la más mínima esperanza de que pudiera recuperarse y poder valerse por sí mismo. Estaban desvalidos y atados de pies y manos, lo cual les hacía sentir desesperanzados. No había ningún doctor, ningún hombre que pudiera cambiar su situación. Estaba fatal y destinado a estar paralítico por el resto de su vida, y alguien debía cuidarlo.

> "Está mi alma hastiada de mi vida; Daré libre curso a mi queja, Hablaré con amargura de mi alma" (Job 10:1).

> "Porque mi vida se va gastando de dolor, y mis años de suspirar; Se agotan mis fuerzas a causa de mi iniquidad, y mis huesos se han consumido" (Sal. 31:10).

> "Dios mío, mi alma está abatida en mí; Me acordaré, por tanto, de ti desde la tierra del Jordán, Y de los hermonitas, desde el monte de Mizar" (Sal. 42:6).

> "Estoy hundido en cieno profundo, donde no puedo hacer pie; He venido a abismos de aguas, y la corriente me ha anegado" (Sal. 69:2).

> "En cuanto a mí, casi se deslizaron mis pies; Por poco resbalaron mis pasos" (Sal. 73:2).

> "Guarda tus pies de andar descalzos, y tu garganta de la sed. Mas dijiste: No hay remedio en ninguna manera, porque a extraños he amado, y tras ellos he de ir" (Jer. 2:25).

> "En aquel tiempo estabais sin Cristo, alejados de la ciudadanía de Israel y ajenos a los pactos de la promesa, sin esperanza y sin Dios en el mundo" (Ef. 2:12).

4 (9:34) *Jesucristo, poder — liberación:* La proclamación fue una confrontación directa. Pedro declaró enérgicamente: "Jesucristo te sana". Fíjese en estos cinco puntos:

1.   Todo lo que se sabe de este hombre es su nombre, Eneas. Era un hombre de poca importancia para el mundo, sin fama ni trascendencia, incapaz de contribuir al bienestar de la sociedad. Lo más probable es que el mundo lo hubiera olvidado, pero observe algo: para Dios era importante, muy importante.

2.   El centro de atención fue Jesucristo y su poder, no Pedro, ni siquiera el hombre y su necesidad. Pedro no dijo: "Yo te sano". No dijo: "Es mi poder, mi fe, mi obra", sino que dijo: "Jesucristo te sana". Es Cristo…

• Su amor y cuidado,
• Su autoridad y poder,

…quien puede hacer limpio lo impuro y sanar a cualquier hombre.

3.   La palabra para "te sana" (iatai) significa ser sano inmediatamente, en este mismo instante. No fue lanzar palabras al aire. El hombre iba a ser sanado en ese momento. La palabra transmite la idea de ser hecho enteramente completo, interna y externamente, espiritual y físicamente. El hombre, si es que no era salvo ya, fue salvado espiritual y físicamente. (Véase nota, Mt. 14:36 para mayor discusión.)

4.   Pedro le declaró la Palabra de Dios al hombre: Jesucristo sana y hace a los hombres completos. Luego, Pedro reconfortó y lanzó un reto al hombre. Le dijo que se levantara, creyera en la Palabra, en la proclamación, e hiciera su cama. Pedro no declaró el poder de Cristo, se dio media vuelta y se fue. Él reconfortó al hombre y le lanzó un reto, animándolo a actuar, a creer, a ponerse en pie y hacer algo, a que hiciera su cama.

5.   El hombre tuvo que creer que Cristo le había sanado completamente. Si creía, se levantaría; si no creía, no se pondría en pie.

> **"Respondiendo Jesús, les dijo: Tened fe en Dios" (Mr. 11:22).**
>
> **"Entonces le dijeron: ¿Qué debemos hacer para poner en práctica las obras de Dios? Respondió Jesús y les dijo: Esta es la obra de Dios, que creáis en el que él ha enviado" (Jn. 6:28-29).**
>
> **"Así que la fe es por el oír, y el oír, por la palabra de Dios" (Ro. 10:17).**
>
> **"Pero sin fe es imposible agradar a Dios; porque es necesario que el que se acerca a Dios crea que le hay, y que es galardonador de los que le buscan" (He. 11:6).**
>
> **"Y cuando se levantaron por la mañana, salieron al desierto de Tecoa. Y mientras ellos salían, Josafat, estando en pie, dijo: Oídme, Judá y moradores de Jerusalén. Creed en Jehová vuestro Dios, y estaréis seguros; creed a sus profetas, y seréis prosperados" (2 Cr. 20:20).**

ESTUDIO A FONDO 3

(9:34) *Sanar — Sanidad:* Jesucristo sana, hace completas a las personas, pero siempre debemos recordar que Él sana a unos y no sana a otros, tal y como hizo mientras estuvo en la tierra. ¿En qué consiste la diferencia? ¿Por qué algunos son sanados y otros no? ¿Por qué no son sanados todos los creyentes fieles cuando tienen dolencias, están enfermos, y piden sanidad? Algunos han vivido creyendo en Dios fielmente. Ellos tienen la fe suficiente, creyendo que Dios puede sanar, y tienen tanta o más fe que algunos que son sanados. ¿Por qué no son sanados ellos también?

La razón es Dios. Cuando Dios mira nuestras peticiones, tiene en cuenta cuatro cosas. (Véase también notas, Ef. 1:3; ver bosquejo y notas, 2 Co. 1:3-11. Cp. Fil. 1:29.)

1.   La gloria de Dios. ¿Conceder dicha petición daría la mayor gloria a su nombre?

2.   Nuestro propio bien, no solo física, sino espiritualmente. ¿Qué gracia espiritual o cualidad en particular necesitamos aprender: resistencia, auto-control, confianza, dependencia?

a.   Espiritualmente, dentro de nosotros mismos: ¿al concedernos nuestra petición saldremos fortalecidos espiritualmente? ¿En qué forma crecerán nuestra fe y confianza en Dios?

b.   Espiritualmente, fuera de nosotros mismos: ¿Cómo quiere Dios usarnos ahora? ¿Cómo un constante guerrero de oración? ¿Cómo un testimonio increíble de su fortaleza espiritual, no importa cuál sea la condición física? Además observe lo siguiente: ¿Qué necesitan las personas con respecto a quienes Dios quiere usarnos? ¿Cuál es la mejor forma en que Dios puede alcanzarles? ¿Será mostrando su fortaleza durante nuestra prueba?

3.   La sabiduría de Dios. Él sabe lo que cada quien necesita; cuándo lo necesita, para quién lo necesita; dónde, cómo y por qué lo necesita.

4.   La misericordia de Dios. Él quiere, por encima de todas las cosas, que los hombres conozcan su misericordia. Él hace lo que sea necesario para demostrar su misericordia a los hombre. Algunas veces, atravesar las pruebas de la vida revela más su misericordia; en otras, quitar la prueba es lo que revela su misericordia. Él escoge lo mejor.

La idea es esta: Jesucristo sana al creyente que *tiene necesidad de ser sanado.* Esto es verdad siempre. El creyente que realmente necesita la sanidad es bendecido y sanado por Dios. Sin embargo,tenga en cuenta que *la necesidad de sanidad no siempre es la mayor necesidad de una persona.* A veces Dios usa la necesidad física para satisfacer aquella que es mucho más importante, la necesidad espiritual y Su gloria. Por lo tanto, no todos los creyentes son siempre sanados. Algunas veces el creyente necesita aprender del amor, el gozo, la paz, la paciencia, la oración, la confianza, la fe y la esperanza a través de su sufrimiento.

5 (9:35) *Conversión:* el resultado fue que todos en Lida se entregaron al Señor. Así como todos los residentes en el valle de Sarón, todos los que vieron la hombre sanado. (Véase *Estudio a fondo 4, Sarón,* Hch. 9:35.) Fíjese en la palabra *vieron.* Lo que vieron fue el poder de Cristo en la vida del hombre y eso provocó que las personas se volvieran a Cristo. Nada puede influir más sobre las personas que el poder de Cristo en la vida de una persona. Cristo dentro de un creyente

— el gobierno y reinado de su presencia y poder, la evidencia de su obra en las vidas humanas — esto toca a las personas. Hace que las personas se vuelvan al Dios vivo. Ellos se volvieron de la religión en todas sus formas y rituales, al Señor Jesucristo.

> "Y volviéndose a los discípulos, les dijo aparte: Bienaventurados los ojos que ven lo que vosotros veis; porque os digo que muchos profetas y reyes desearon ver lo que vosotros veis, y no lo vieron; y oír lo que oís, y no lo oyeron" (Lc. 10:23-24).
>
> "porque no podemos dejar de decir lo que hemos visto y oído" (Hch. 4:20).
>
> "Venid, oíd todos los que teméis a Dios, Y contaré lo que ha hecho a mi alma" (Sal. 66:16).

ESTUDIO A FONDO 4

(9:35) *Sarón:* esto no era una ciudad sino una próspera llanura costera. Yacía entre las montañas centrales y el mar Mediterráneo. Dentro de sus márgenes se construyeron varias ciudades como Lida, Jope, Cesarea, Dor, Antípatris.

1. El valle era tan fértil que sus pastos y belleza se convirtieron en algo proverbial (cp. el término "rosa de Sarón", Cnt. 2:1; cp. 1 Cr. 27:29).

2. En las escrituras el valle se usa como un tipo o símbolo de la eternidad, de los cielos y tierra nuevos que Dios ha prometido crear (Is. 35:1-2; 65:10-27. Cp. 2 P. 3:7, 10-13; Rev. 21: Is.)

3. Las tierras de pastos en el valle eran propiedad de la tribu de Gad en el Antiguo Testamento (1 Cr. 5:16).

	B. Un ministerio más amplio: en Jope: victoria sobre la muerte, 9:36-43	cuando llegó, le llevaron a la sala, donde le rodearon todas las viudas, llorando y mostrando las túnicas y los vestidos que Dorcas hacía cuando estaba con ellas.	e. Sufrimiento profundo por un creyente dedicado
1 El lugar: una ciudad donde vivían santos y discípulosEF1 **2 La necesidad: un creyente había muerto trágicamente** a. Un creyente fielEF2 b. Una muerte trágica	36 Había entonces en Jope una discípula llamada Tabita, que traducido quiere decir, Dorcas. Esta abundaba en buenas obras y en limosnas que hacía. 37 Y aconteció que en aquellos días enfermó y murió. Después de lavada, la pusieron en una sala.	40 Entonces, sacando a todos, Pedro se puso de rodillas y oró; y volviéndose al cuerpo, dijo: Tabita, levántate. Y ella abrió los ojos, y al ver a Pedro, se incorporó.	**3 La fuente de poder para resucitar a los muertos: Cristo Jesús** a. Quedarse solo b. Orar al Dios vivo c. Obrando como Jesús había instruido
c. Una gran esperanza y un clamor desesperado d. Una sensible respuesta pastoral	38 Y como Lida estaba cerca de Jope, los discípulos, oyendo que Pedro estaba allí, le enviaron dos hombres, a rogarle: No tardes en venir a nosotros. 39 Levantándose entonces Pedro, fue con ellos; y	41 Y él, dándole la mano, la levantó; entonces, llamando a los santos y a las viudas, la presentó viva. 42 Esto fue notorio en toda Jope, y muchos creyeron en el Señor. 43 Y aconteció que se quedó muchos días en Jope en casa de un cierto Simón, curtidor	**4 Los resultados** a. Muchos creyeron b. Una puerta abierta al evangelismo

DIVISIÓN IV

LA IGLESIA ESPARCIDA: LA PRIMERA GRAN MISIÓN A LOS GENTILES: PEDRO, 9:32–11:18

B. Un ministerio más amplio: en Jope: victoria sobre la muerte, 9:36-43

(9:36-43) *Introducción:* Jesucristo tiene poder para levantar a los muertos. Esto se prueba ampliamente en este maravilloso acontecimiento, un acontecimiento que habla alta y claramente a la necesidad más urgente del hombre: la necesidad de conquistar la muerte.

1. El lugar: una ciudad donde vivían santos y discípulos (v. 36).
2. La necesidad: un creyente había muerto trágicamente (vv. 36-39).
3. La fuente de poder para resucitar a los muertos: Cristo Jesús (vv. 40-41).
4. Los resultados (vv. 42-43).

[1] (9:36) *Santos:* el lugar donde el poder de Cristo confronta a la muerte, un ciudad donde vivían santos y discípulos (cp. vv. 36, 41). Tenga en cuenta dos factores:

1. La ciudad de jope era un importante centro comercial (véase *Estudio a fondo 1, Jope,* Hch. 9:36).
2. En la ciudad habitaban discípulos o santos (véase notas, Hch. 9:32 para discusión).

ESTUDIO A FONDO 1

(9:36) *Jope:* Jope era una ciudad con puerto de mar, a donde arribaban mercancías de todas partes del mundo antiguo. Era…
- el puerto de mar para Jerusalén, la capital de Israel.

- el único puerto de mar que podía proporcionar refugio entre Egipto y el monte Carmelo
- un puerto ocupado, bullicioso, poblado de judíos y gentiles de todas partes del mundo.
- un antiguo puerto de mar, uno de los más antiguos en el Medio Oriente, data de los tiempos de Jonás (Jonás 1:3).
- asignada a la tribu de Dan en el Antiguo Testamento (Jos. 19:46).
- la ciudad donde Pedro resucitó a Dorcas (Hach 9:36) y donde tuvo la visión que conllevó a la evangelización de los gentiles (Cornelio, Hch. 10:1s).

[2] (9:36-39) *Ministrando — Muerte:* la necesidad surgió a raíz de la trágica muerte de una creyente. Hay que destacar cinco aspectos.

1. Se trataba de un creyente fiel, una señora de nombre Dorcas.
   a. Se le dan dos nombres: "Tabita", que era su nombre judío o hebreo, y Dorcas, que era su nombre griego. Su nombre significa gacela (o cierva) que es un criatura muy hermosa. La gacela es conocida por…
   - sus rasgos esbeltos.
   - su gracia y belleza.
   - sus ojos brillantes y tierna apariencia.

   Parece ser que estos mismo rasgos caracterizaban a Dorcas. Fíjese que las Escrituras dicen que la esposa debe ser como cierva amada y graciosa gacela para su esposo (Pr. 5:19). Debe ser como esta hermosa criatura: amable y cariñosa, de ojos brillantes (alegre, entusiasmada, anhelante) y tierna.

b. Ella estaba profundamente comprometida con Cristo, una discípula muy fiel y dedicada, llena de…

- "buenas obras" (agathon ergon): un término general para indicar todo tipo de buenas obras, sirviendo y haciendo todo tipo de bien al que necesitara ayuda.
- "limosnas": obras caritativas. Ella daba regalos a los necesitados.

c. Note: *las obras que hacía* (on epoiei). El énfasis es que ella daba cosas, cosas que hacía por sí misma (cp. v. 39). Debe haber tenido buena posición, quizá era rica ya que compraba material para hacer ropa, y parece ser que para un gran número de necesitados y fíjese que ayudaba a muchas viudas (v. 39). Las viudas, sin el apoyo financiero de sus esposo fallecidos, eran especialmente pobres y necesitadas.

Pensamiento 1. El discipulado de Dorcas no era un profesión falsa.

=> Ella no prometía algo para después no cumplirlo.

=> No empezaba algo y luego lo dejaba inconcluso.

=> No decía: "voy a servir" para luego ignorar la necesidad.

"Así alumbre vuestra luz delante de los hombres, para que vean vuestras buenas obras, y glorifiquen a vuestro Padre que está en los cielos" (Mt. 5:16).

"Ahora, pues, llevad también a cabo el hacerlo, para que como estuvisteis prontos a querer, así también lo estéis en cumplir conforme a lo que tengáis" (2 Co. 8:11).

"Cada uno dé como propuso en su corazón: no con tristeza, ni por necesidad, porque Dios ama al dador alegre" (2 Co. 9:7).

"Que hagan bien, que sean ricos en buenas obras, dadivosos, generoso" (1 Ti. 6:18).

"presentándote tú en todo como ejemplo de buenas obras; en la enseñanza mostrando integridad, seriedad" (Tit. 2:7).

"Y considerémonos unos a otros para estimularnos al amor y a las buenas obras" (He. 10:24).

2. Dorcas murió trágicamente. La idea parece ser que ella murió en el mismo medio de su ministerio cuando era tan necesaria. Los creyentes estaban abatidos. Había muy poca esperanza de que el ministerio pudiera continuar tan eficientemente como lo había sido hasta ese momento.

=> Parece ser que había muy pocos, si acaso alguno, tan maduro en el Señor como ella. Estos eran, por lo que se infiere, nuevos creyentes, que no habían tenido tiempo suficiente para madurar en el Señor.

=> Había tantos pobres y aparentemente no había nadie más tan adinerado o dotado para satisfacer sus necesidades. La iglesia necesitaba a Dorcas desesperadamente.

3. Se despertó una gran esperanza y un clamor desesperado. Los discípulos de Jope…

- habían escuchado que Pedro estaba cerca, en Lida.
- habían oído acerca de la curación milagrosa del paralítico.
- habían escuchado (tal vez algunos incluso lo habían presenciado) que Jesús había resucitado a muertos.

Tenga en cuenta estos tres aspectos acerca de los creyentes.

a. Su corazón se había llenado de esperanza. Ellos no se apresuraron a enterrar a Dorcas como era costumbre entre los judíos sino que la lavaron y la pusieron en una sala.

b. Enviaron dos hombres para que le rogaran a Pedro que viniera e intercediera ante el Señor por Dorcas, tanto por amor a la iglesia y su testimonio como por amor a ella.

c. Ellos mostraron *gran fe* en la posibilidad de que el Señor pudiera levantar a los muertos y escuchar el grito de sus corazones. Ellos habían tenido fe suficiente…

- para no enterrarla.
- para ir en busca de Pedro y rogarle que viniera. Esto es importante. Ellos no fueron a discutir el asunto con él, sino a pedirle que viniera rápidamente, sin demora.

Las palabras "no tardes" (me okneseis) significan sin dudar, sin resistirse; actuar y hacerlo de inmediato, sin cuestionar. Los creyentes estaban totalmente empeñados, creían que si era su voluntad, el Señor podía resucitarla de los muertos. ¡Qué gran fe en el Señor Jesús demostraron!

4. El resultado fue una sensible respuesta pastoral. Pedro se levantó y fue con los dos hombres. Él era el siervo del Señor, así que sí estaba interesado y sí les amaba. Él estaba profundamente preocupado y lleno de misericordia. Había percibido la necesidad y el grito de ayuda había llegado a sus oídos y él había respondido. (¡Tremenda lección para los líderes de la iglesia!)

5. Expresaron un sufrimiento profundo por Dorcas, una dedicada creyente. Tan pronto como Pedro llegó, ellos lo llevaron a la sala. Las viudas a quienes tanto ella había ayudado, rápidamente rodearon a Pedro, llorando. Fíjese que comenzaron a mostrarle los vestidos que Dorcas había hecho para darles. La palabra *mostrarle* (epideiknumenai, voz media) significa que estaban señalando a las ropas. En realidad llevaban puestas las ropas que ella les había hecho en su honor, o porque tenían pocas o porque no tenían ninguna otra ropa decente para llevar en público.

"Así alumbre vuestra luz delante de los hombres, para que vean vuestras buenas obras, y glorifiquen a vuestro Padre que está en los cielos" (Mt. 5:16).

"Que hagan bien, que sean ricos en buenas obras, dadivosos, generosos" (1 Ti. 6:18).

"presentándote tú en todo como ejemplo de buenas obras; en la enseñanza mostrando integridad, seriedad" (Tit. 2:7).

"considerémonos unos a otros para estimularnos al amor y a las buenas obras" (He. 10:24).

ESTUDIO A FONDO 2

(9:36) *Dorcas:* piense en el legado que esta mujer dejó. Compárele con el de Evodia y Síntique (véase nota, Fil. 4:2-3).

3 (9:40-41) *Poder:* la fuente de poder para resucitar a los muertos es Cristo Jesús. Tenga en cuenta estos tres aspectos:

1. El discípulo se quedó a solas con el Señor. Él pidió a todos que abandonaran la habitación. Él tenía que quedarse solo y buscar al Señor. Tenía que concentrarse y meditar, sus pensamientos tenían que estar imperturbables delante del Señor. Hay al menos tres incidentes en las Escrituras donde los muertos fueron resucitados en circunstancias similares.

=> Jesús y la hija de Jairo (Mt. 5:40-42).
=> Elías y el hijo de la viuda (1 R. 17:17-24).
=> Elías y el hijo de la sunamita (2 R. 4:18-37, esp. 32-37).

2. Pedro oró al Dios viviente. Él Señor vive y por lo tanto Pedro se quedó a solas con Él y le pidió al menos dos cosas:

   a. Pidió la voluntad del Señor. ¿Era la voluntad del Señor resucitar a Dorcas o no? (Véase *Estudio a fondo 3, Sanidad,* Hch. 9:34 para discusión del tema.)

   b. Cuando Pedro supo que sí era la voluntad de Dios resucitar a Dorcas, oró pidiendo poder para resucitarla y que Dios usara el milagro para que los hombres creyeran (cp. v. 43).

     "Mas tú, cuando ores, entra en tu aposento, y cerrada la puerta, ora a tu Padre que está en secreto; y tu Padre que ve en lo secreto te recompensará en público" (Mt. 6:6).

     "Y después que los hubo despedido, se fue al monte a orar" (Mr. 6:46).

     "En aquellos días él fue al monte a orar, y pasó la noche orando a Dios" (Lc. 6:12).

     "Y esta es la confianza que tenemos en él, que si pedimos alguna cosa conforme a su voluntad, él nos oye. 15Y si sabemos que él nos oye en cualquiera cosa que pidamos, sabemos que tenemos las peticiones que le hayamos hecho" (1 Jn. 5:14-15).

3. Pedro hizo exactamente lo que Jesús había instruido. Él se volvió hacia el cuerpo y valientemente dijo: "Tabita, levántate".

   a. Mire la fe de Pedro. Era la misma fe del propio Señor Jesús, la fe que Jesús había demostrado al resucitar a la hija de Jairo (Mr. 5:41).

   b. Era la voluntad del Señor que Dorcas fuera resucitada. El Señor le reveló a Pedro su voluntad mientras oraba. Si Jesús le hubiera dicho a Pedro que no era su voluntad, entonces Pedro no hubiera dado la orden a Dorcas para que se levantara. Su resurrección tenía un propósito mucho más grande que su muerte. (Véase *Estudio a fondo 3, Sanidad,* Hch. 9:34 para discusión del tema.)

     "El que quiera hacer la voluntad de Dios, conocerá si la doctrina es de Dios, o si yo hablo por mi propia cuenta" (Jn. 7:17).

     "Respondiendo Pedro y los apóstoles, dijeron: Es necesario obedecer a Dios antes que a los hombres" (Hch. 5:29).

4 (9:42-43) *Poder — Testificar:* los resultados de la resurrección fueron dobles.

1. Muchos creyeron.
2. Se abrió una gran puerta para que Pedro pudiera evangelizar libremente en el área. Fue aquí en Jope que Dios le dio la visión que le hizo llevar el evangelio a los gentiles (Hch. 10: 1f).

Pensamiento 1. Fíjese en este aspecto crucial. Cuando Dios resucita a los muertos es siempre para demostrar el enorme poder de Dios para salvar a los hombres en medio de cualquier prueba, incluso de la más grande de las esclavitudes: la muerte. En este asunto existe un dramático simbolismo de la conversión de un alma de la muerte a la vida eterna.

Los "muchos" que creyeron en Jope ilustran el propósito del asunto. Ellos creyeron porque Dorcas resucitó. Debido a que ella fue resucitada, ellos buscaron al Señor para salvación. Se volvieron de la muerte espiritual a la vida espiritual, de la muerte física a la vida eterna. Ellos querían vida ahora y eternamente, vida abundante y que durara para siempre. Querían vivir con Cristo en aquel glorioso día de la promesa, el día de redención.

     "Porque de tal manera amó Dios al mundo, que ha dado a su Hijo unigénito, para que todo aquel que en él cree, no se pierda, mas tenga vida eterna" (Jn. 3:16).

     "De cierto, de cierto os digo: El que oye mi palabra, y cree al que me envió, tiene vida eterna; y no vendrá a condenación, mas ha pasado de muerte a vida (Jn. 5:24).

     "Por lo cual estoy seguro de que ni la muerte, ni la vida, ni ángeles, ni principados, ni potestades, ni lo presente, ni lo por venir, 39ni lo alto, ni lo profundo, ni ninguna otra cosa creada nos podrá separar del amor de Dios, que es en Cristo Jesús Señor nuestro" (Ro. 8:38-39).

1 El colapso de los prejuicios de un gentil, Cornelio[EF1]

  a. Su profesión: Un oficial del ejército en Cesarea[EF2]

  b. Su inusual reverencia hacia Dios

  c. Su visión

  d. Su obediencia a la visión e instrucciones celestiales

2 El colapso de los prejuicios de un judío

  a. Su vida de oración

  b. Su humanidad

  c. Su éxtasis

    1) Fue acerca del cielo

CAPÍTULO 10

C. Un ministerio internacional: en Cesarea (parte 1): derribar los prejuicios, 10:1-33

1 Había en Cesarea un hombre llamado Cornelio, centurión de la compañía llamada la Italiana,

2 piadoso y temeroso de Dios con toda su casa, y que hacía muchas limosnas al pueblo, y oraba a Dios siempre.

3 Este vio claramente en una visión, como a la hora novena del día, que un ángel de Dios entraba donde él estaba, y le decía: Cornelio.

4 El, mirándole fijamente, y atemorizado, dijo: ¿Qué es, Señor? Y le dijo: Tus oraciones y tus limosnas han subido para memoria delante de Dios.

5 Envía, pues, ahora hombres a Jope, y haz venir a Simón, el que tiene por sobrenombre Pedro.

6 Este posa en casa de cierto Simón curtidor, que tiene su casa junto al mar; él te dirá lo que es necesario que hagas.

7 Ido el ángel que hablaba con Cornelio, éste llamó a dos de sus criados, y a un devoto soldado de los que le asistían;

8 a los cuales envió a Jope, después de haberles contado todo.

9 Al día siguiente, mientras ellos iban por el camino y se acercaban a la ciudad, Pedro subió a la azotea para orar, cerca de la hora sexta.

10 Y tuvo gran hambre, y quiso comer; pero mientras le preparaban algo, le sobrevino un éxtasis;

11 y vio el cielo abierto, y que descendía algo semejante a un gran lienzo, que atado de las cuatro puntas era bajado a la tierra;

12 en el cual había de todos los cuadrúpedos terrestres y reptiles y aves del cielo.

13 Y le vino una voz: Levántate, Pedro, mata y come.

14 Entonces Pedro dijo: Señor, no; porque ninguna cosa común o inmunda he comido jamás.

15 Volvió la voz a él la segunda vez: Lo que Dios limpió, no lo llames tú común.

16 Esto se hizo tres veces; y aquel lienzo volvió a ser recogido en el cielo.

17 Y mientras Pedro estaba perplejo dentro de sí sobre lo que significaría la visión que había visto, he aquí los hombres que habían sido enviados por Cornelio, los cuales, preguntando por la casa de Simón, llegaron a la puerta.

18 Y llamando, preguntaron si moraba allí un Simón que tenía por sobrenombre Pedro.

19 Y mientras Pedro pensaba en la visión, le dijo el Espíritu: He aquí, tres hombres te buscan.

20 Levántate, pues, y desciende y no dudes de ir con ellos, porque yo los he enviado.

21 Entonces Pedro, descendiendo a donde estaban los hombres que fueron enviados por Cornelio, les dijo: He aquí, yo soy el que buscáis; ¿cuál es la causa por la que habéis venido?

22 Ellos dijeron: Cornelio el centurión, varón justo y temeroso de Dios, y que tiene buen testimonio en toda la nación de los judíos, ha recibido instrucciones de un santo ángel, de hacerte venir a su casa para oír tus palabras.

23 Entonces, haciéndoles entrar, los hospedó. Y al día siguiente, levantándose, se

---

  2) Vio la imagen de un recipiente, una bandeja llena de animales[EF3]

  3) Sus instrucciones

  4) Su negación

  5) Es corregido

  6) La experiencia se repite tres veces

  7) Su confusión

  8) Su sensibilidad al liderazgo del Espíritu

  9) Recibe a los siervos gentiles

3 La confrontación: lecciones aprendidas por los judíos y los gentiles,

los prejuiciados del mundo
a. La preparación de Pedro
b. La preparación de Cornelio
 	
c. El encuentro de dos hombres humillados por Dios
  1) La humildad de Cornelio, el gentil
  2) La humildad de Pedro, el judío
 	
d. La lección que Pedro aprendió: Ningún hombre es común o inmundo^{EF4}
	fue con ellos; y le acompañaron algunos de los hermanos de Jope.
	
	24 Al otro día entraron en Cesarea. Y Cornelio los estaba esperando, habiendo convocado a sus parientes y amigos más íntimos.
	25 Cuando Pedro entró, salió Cornelio a recibirle, y postrándose a sus pies, adoró.
	26 Mas Pedro le levantó, diciendo: Levántate, pues yo mismo también soy hombre.
	27 Y hablando con él, entró, y halló a muchos que se habían reunido.
	28 Y les dijo: Vosotros sabéis cuán abominable es para un varón judío juntarse o acercarse a un extranjero; pero a mí me ha mostrado Dios que a ningún hombre llame común o inmundo;
	29 por lo cual, al ser llamado,
		vine sin replicar. Así que pregunto: ¿Por qué causa me habéis hecho venir?
		30 Entonces Cornelio dijo: Hace cuatro días que a esta hora yo estaba en ayunas; y a la hora novena, mientras oraba en mi casa, vi que se puso delante de mí un varón con vestido resplandeciente,
		31 y dijo: Cornelio, tu oración ha sido oída, y tus limosnas han sido recordadas delante de Dios.
		32 Envía, pues, a Jope, y haz venir a Simón el que tiene por sobrenombre Pedro, el cual mora en casa de Simón, un curtidor, junto al mar; y cuando llegue, él te hablará.
		33 Así que luego envié por ti; y tú has hecho bien en venir. Ahora, pues, todos nosotros estamos aquí en la presencia de Dios, para oír todo lo que Dios te ha mandado.
			e. La lección que Cornelio aprendió
			  1) El hombre que verdaderamente busca a Dios mueve a Dios
			
			  2) El hombre que busca a Dios debe obedecer a Dios
			  3) El hombre que busca a Dios debe ser receptivo a la Palabra de Dios

DIVISIÓN IV

LA IGLESIA ESPARCIDA: LA PRIMERA GRAN MISIÓN A LOS GENTILES: PEDRO, 9:32–11:18

C. Un ministerio internacional: en Cesarea (parte 1): derribar los prejuicios, 10:1-33

(10:1-33) *Introducción:* El prejuicio y la parcialidad existen. Desde el comienzo del tiempo ha existido el prejuicio: (Caín y Abel, Gn. 4:1s). En todas partes del mundo encontramos el prejuicio: en todas las naciones, estados, ciudades y vecindarios. El prejuicio (discriminación) existe incuso dentro de las familias, entre padres e hijos, hermanos y hermanas, familiares y parientes. Estos sentimientos hacia y en contra de las personas son una trágica realidad. Observe varias cosas sobre el prejuicio.

1. Al menos existen dos razones básicas para los prejuicios.

    a. Las personas son diferentes. Difieren en nacionalidad, color, creencias, religión, idioma, aspecto, conducta, capacidad, energía, posición, estatus, nivel social, posesiones, riqueza, origen, herencia. Los prejuicios surgen cuando las personas sienten que son diferentes y que sus diferencias les hacen mejores que los demás.

    b. El maltrato da origen a los prejuicios, tanto el maltrato a otros como el ser maltratados.

Cuando una persona maltrata a otros o es maltratada por otros, inmediatamente su naturaleza se vuelve llena de prejuicios y crítica. El maltrato que origina el prejuicio incluye un amplio rango de conductas: ignorar, rechazar, hacer bromas, chismear, ofrecer oposición, maldecir, abusar, combatir, perseguir, pasar por encima, segregar, esclavizar.

2. El pasaje que nos ocupa asesta un duro golpe a los prejuicios. Demuestra que Jesucristo ha borrado para siempre todos los prejuicios y barreras entre las personas. Ahora judíos y gentiles son uno en Cristo. Ese es el tema de este pasaje. Sin embargo, antes de lanzarnos en Él, es necesario tener cierto entendimiento de lo que está sucediendo y su importancia.

Los judíos, al igual que todos los demás pueblos de la tierra, habían desarrollado sus propias leyes y costumbres, cada niño judío nacía y se criaba en el ambiente de esas leyes y costumbres. Ellos, como todas las demás personas, estaban sumidos en su propia nacionalidad y miraban a los demás con recelo. Sin embargo, había dos factores que hacían que los judíos fueran más allá que la mayoría.

1. El pueblo judío siempre había sido maltratado, esclavizado y perseguido, mucho más que otros pueblos del mundo. A través de los siglos, este pueblo había sido conquistado por un ejército tras otro, y habían sido deportados y esparcidos por el mundo por millares. Incluso en los tiempos

de Jesús eran esclavos de Roma. Su religión era la fuerza aglutinante que los mantenía juntos, especialmente la creencia de que Dios les había llamado para ser un pueblo especial (que adoraba al único Dios vivo y verdadero) y sus reglas incluían regían…

- el Sabbath
- el templo
- el matrimonio mixto
- la adoración y la limpieza
- la dieta, qué alimentos podía comer y cuáles no

Su creencia y sus reglas les protegieron de creencias extrañas y evitaron que fueran absorbidos por otros pueblos mediante el matrimonio mixto. Fue su religión lo que les mantuvo su identidad como pueblo y como nación.

Los líderes judíos sabían esto. Sabían que *su religión* era la fuerza aglutinante que mantenía unida la nación. Por lo tanto, se oponían a cualquiera o cualquier cosa que amenazara o intentara quebrantar las leyes de su religión y nación.

2. Los judíos habían malentendido y malinterpretado la Palabra de Dios y su propósito para ellos. Dios había llamado a Abraham y había fundado una nación con un único propósito: que fueran Su pueblo, Sus testigos, Sus misioneros para el resto del mundo. Dios le había dado a los judíos su Palabra y les había dado la orden de llevarla por todo el mundo y hablarle al mundo de Dios. Ellos debían testificar que Dios *es* — que Dios existe — y que los hombre deben servirle y adorarle solo a Él.

Fue en este punto donde Israel fracasó. En lugar de proclamar a Dios y su Palabra de justicia y moralidad para el mundo, Israel se alejó del mundo, argumentando que Dios y su Palabra eran de ellos exclusivamente. Se volvieron *separatistas,* extremadamente prejuiciados, construyeron barreras y divisiones entre ellos y el resto de los pueblos del mundo (los gentiles). Los prejuicios se volvieron tan arraigados que aparecieron actitudes como estas:

=> Llamaban a los otros pueblos "perros".

=> No tenían ningún contacto con los gentiles, a menos que fuera estrictamente necesario y luego de dicho contacto, tenían que pasar toda un ceremonia religiosa para ser limpiados.

=> No le ofrecían ayuda a una mujer gentil que estuviera dando a luz para evitar que viniera al mundo otro gentil más.

Fue en un mundo así que nació la Iglesia, un mundo de prejuicios, los prejuicios…

- de judíos contra gentiles.
- de gentiles contra judíos.
- de gentiles contra gentiles.

¿Cómo iba Dios a vencer y romper las barreras de prejuicios que se habían ido estableciendo en los siglos de la historia? ¿Cómo lograr que su iglesia, su pueblo, se liberara de sus raíces judías y se extendiera hacia el resto del mundo?

Precisamente ese el tema del pasaje siguiente. Las puertas de la salvación de Dios estaban a punto de abrirse para los pueblos del mundo. Dentro de poco cada persona tendría el maravilloso privilegio de escuchar el mensaje: Dios es amor y ha enviado a su amado Hijo al mundo para que el mundo se salve y no perezca. Este pasaje muestra cómo Dios sobrepasó el medio de prejuicios, las costumbres de su querido siervo,

Pedro, y le guió a abrir la puerta a un soldado gentil que desesperadamente clamaba a Dios.

La historia es una de las más grandes de todos los tiempos, y debiera ser estudiado por todos en todas partes. Un estudio de este acontecimiento nos muestra que Dios ha roto la barrera de los prejuicios raciales y religiosos entre los hombre, y que su intención y deseo es que estos prejuicios desaparezcan para siempre, en el nombre su amado Hijo que vino para mostrar que Dios muestra su amor a todos los hombres y quiere que todos los hombres sean salvos.

El título de este pasaje podría ser: "La caída de los prejuicios" o "La apertura de la puerta a los gentiles". La puerta no podía abrirse hasta que se eliminaran los prejuicios existentes, por tanto, la historia trata fundamentalmente de la caída de los prejuicios entre Cornelio, un gentil, y el ministro judío, Simón Pedro.

Debido a la longitud de la historia y su importancia, esta ha sido dividida entre tres partes.

Parte 1: El derrumbamiento de los prejuicios (Hch. 10:1-33).

Parte 2: El mensaje que sería predicado al mundo (los gentiles) (Hch. 10:34-43).

Parte 3: El Espíritu Santo es dado al mundo (los gentiles) (Hch.10:44-48).

1 (10:1-8) *Prejuicios — Judíos frente a gentiles — Buscar a Dios:* El colapso de los prejuicios de un gentil, Cornelio. Nota: Es Dios quien destruye los prejuicios. El prejuicio está tan profundamente arraigado en el corazón del hombre, que solo Dios puede borrarlo y reconciliar al hombre.

1. Cornelio era un soldado, un oficial del ejército, un centurión del ejército romano (véase *Estudio a fondo 1, Centurión,* Hch. 23:23 para mayor discusión). "La compañía llamada la Italiana" simplemente quiere decir que todos los soldados (100) bajo sus órdenes eran de Italia.

Cornelio residía en Cesarea. Es importante que nos fijemos en eso, pues Cesarea era una ciudad gentil, un lugar en donde los judíos estrictos nunca pondrían un pie, siempre y cuando pudieran evitarlo.

2. Cornelio sentía una inusual reverencia hacia Dios. Era…

- un hombre devoto: alguien que adoraba al verdadero Dios viviente.

- un hombre temeroso de Dios: alguien que percibía la presencia de Dios en el mundo y sabía que tenía la responsabilidad ante Dios de vivir una vida recta, justa y moral ante los hombres.

- un hombre benévolo y caritativo: alguien que daba limosnas, y nótese que daba "muchas".

- un hombre de oración (deomenos): la palabra significa *"que le ruega a Dios".* Observe *que oraba* siempre.

La idea que se quiere transmitir es esta: Cornelio era totalmente diferente de la mayoría de los gentiles de su época. Él no adoraba falsos dioses. Las Escrituras dice que él adoraba y "oraba a Dios" (tou theou). En griego esto significa al verdadero Dios, al único y verdadero Dios vivo. Cornelio había hecho dos cosas.

a.   Había mirado a la naturaleza y al mundo que lo rodeaba, y había visto que era obligatorio que existiera un Dios creador de todas las cosas.

"Porque las cosas invisibles de él, su eterno poder y deidad, se hacen claramente visibles desde la creación del mundo, siendo entendidas por medio de las cosas hechas, de modo que no tienen excusa" (Ro. 1:20).

b.   Había mirado la religión judía (el judaísmo) y había visto que era muy superior a las demás religiones en cuanto a…
   •   su adoración a un solo Dios.
   •   sus enseñanzas de rectitud, justicia y moralidad.
   •   sus prácticas religiosas como el orar tres veces al día. (Note que él oraba a la hora nona según el sistema judío, que en la actualidad es las 3 p.m.).

Fíjese que, no obstante: Cornelio no se convirtió en un adorador judío. No se había circuncidado (cp. Hch. 11:3). Él nunca hubiera consentido en convertirse en un prosélito judío. Podía aprender de ellos y de su religión, pero nunca se volvería uno de ellos. El prejuicio que existía dentro de su corazón, que existía entre gentiles y judíos era demasiado grande para superarlo. (Siempre debemos recordar que, en la carne del hombre natural, el prejuicio es demasiado grande para poder superarlo).

3.   Dios le dio a Cornelio una visión. Nótense cinco puntos.

   a.   Cornelio estaba orando cuando le sobrevino la visión.
   b.   La visión consistía en un ángel que traía un mensaje de parte de Dios.
   c.   Cornelio se quedó "mirándole fijamente" (atennisas), es decir, fijó sus ojos, contempló, centró su atención; él estaba sorprendido, asustado.
   d.   Cornelio se dio cuenta de que el ángel de Dios era un mensajero suyo (cp. v. 30, "vestido resplandeciente"). Se dirigió a él como "Señor".
   e.   El mensaje que recibió Cornelio tenía dos partes.
      1)   Sus oraciones y limosnas habían subido como para memoria delante de Dios (véase *Estudio a fondo 1,* Hch. 10:1-6 para mayor discusión).
      2)   Él debía enviar hombres a Jope para ver a Pedro y preguntarle qué hacer. Ahora bien, fíjese en un punto decisivo: a pesar de la enorme reverencia y fiel servicio de Cornelio hacia Dios…
         •   aún no estaba haciendo lo suficiente.
         •   algo faltaba.
         •   necesitaba una cosa.
         Note también otro hecho: Cornelio estaba consciente, muy consciente del hecho de que algo le faltaba. *Él le había preguntado a Dios qué era lo que necesi-*

taba. A pesar de toda su reverencia y buenas obras, él sentía una carencia, un vacío; y le rogaba a Dios que llenara ese vacío, que le mostrara qué era lo que todavía tenía que hacer.

4.   Cornelio obedeció la visión y las instrucciones del cielo. Él envió a dos siervos de confianza de su casa y a un devoto soldado de los que le asistían a buscar a Simón Pedro. Cornelio buscaría la respuesta a la necesidad de su corazón en un judío.

"No todo el que me dice: Señor, Señor, entrará en el reino de los cielos, sino el que hace la voluntad de mi Padre que está en los cielos" (Mt. 7:21).

"El que quiera hacer la voluntad de Dios, conocerá si la doctrina es de Dios, o si yo hablo por mi propia cuenta" (Jn. 7:17).

"Si guardareis mis mandamientos, permaneceréis en mi amor; así como yo he guardado los mandamientos de mi Padre, y permanezco en su amor" (Jn. 15:10).

"Bienaventurados los que lavan sus ropas, para tener derecho al árbol de la vida, y para entrar por las puertas en la ciudad" (Ap. 22:14).

ESTUDIO A FONDO 1

(10:1-6) *Buscar a Dios — Perdido — Salvación:* Cornelio no era salvo. Las Escrituras así lo dicen (Hch. 11:14). Él era un hombre…
   •   bueno y devoto.
   •   adoraba al verdadero Dios.
   •   temía y reverenciaba a Dios.
   •   hacía el bien, dando "muchas" limosnas al pueblo.
   •   oraba Dios "siempre", no diariamente, no frecuentemente, sino *siempre.*

Sin embargo, a pesar de lo buenas que son todas estas cosas, no son lo que salvan a una persona. Tenga en cuenta algo que muchas veces se pasar por alto. Cornelio era *sincero* en su búsqueda de Dios. Sus oraciones y limosnas subían para memoria delante de Dios (eis mnemo-sunon). La frase quiere decir que la sinceridad del corazón de Cornelio llamó la atención de Dios. Cornelio estaba *buscando* a Dios, quería agradarle, conocerle y hacer su voluntad. Por consiguiente, Dios no podía pasarle por alto. Él tenía que procurar que Cornelio escuchara el mensaje de la salvación.

Dios salva a las personas que le buscan. Dios hará cualquier cosa, lo que sea necesario, para que el mensaje de salvación llegues a la persona que verdaderamente le está buscando. La persona que lo busque lo encontrará, aun cuando dicha persona se encuentre en la jungla más intrincada del a tierra, totalmente aislada en los lugares más recónditos. Esta es la promesa de Dios.

"y me buscaréis y me hallaréis, porque me buscaréis de todo vuestro corazón" (Jer. 29:13).

"Pedid, y se os dará; buscad, y hallaréis; llamad, y se os abrirá. 8Porque todo aquel que pide, recibe; y el que busca, halla; y al que llama, se le abrirá" (Mt. 7:7-8).

Las Escrituras describen a personas como Cornelio,

personas que miran a la naturaleza y al mundo que les rodea y ven al verdadero Dios: buscan a Dios, sin embargo nunca han tenido el privilegio de escuchar la verdad del glorioso evangelio. (¡Qué gran reproche a los creyentes! ¡Han pasado sigloy y siglos y el mundo sigue sin ser alcanzado!)

> **"Porque las cosas invisibles de él, su eterno poder y deidad, se hacen claramente visibles desde la creación del mundo, siendo entendidas por medio de las cosas hechas, de modo que no tienen excusa" (Ro. 1:20).**

> **"Porque cuando los gentiles que no tienen ley, hacen por naturaleza lo que es de la ley, éstos, aunque no tengan ley, son ley para sí mismos, mostrando la obra de la ley escrita en sus corazones, dando testimonio su conciencia, y acusándoles o defendiéndoles sus razonamientos" (Ro. 2:14-15).**

> **"Si, pues, el incircunciso guardare las ordenanzas de la ley, ¿no será tenida su incircuncisión como circuncisión? Y el que físicamente es incircunciso, pero guarda perfectamente la ley, te condenará a ti, que con la letra de la ley y con la circuncisión eres transgresor de la ley. Pues no es judío el que lo es exteriormente, ni es la circuncisión la que se hace exteriormente en la carne; sino que es judío el que lo es en lo interior, y la circuncisión es la del corazón, en espíritu, no en letra; la alabanza del cual no viene de los hombres, sino de Dios" (Ro. 2:26-29).**

ESTUDIO A FONDO 2

(10:1) *Cesarea:* esta ciudad fue construida por Herodes el Grande entre 25-13 B. C. y se le puso el nombre por Augusto César. Llegó a convertirse en la capital romana en Palestina, el centro gubernamental y militar de Roma en Palestina.

=> Era un puerto de mar a unos 48 kilómetros al norte de Jope.

=> Era una ciudad espléndida: recién construida, resplandecía con el palacio real de Herodes, edificios majestuosos y enormes templos que habían sido construidos para rendir honor a dioses falsos.

=> Era el hogar de Cornelio (Hch. 10:1).

=> Era el hogar de Felipe el evangelista (Hch. 21:8).

=> Fue la ciudad donde Pablo apeló al César (Hch. 25:10-13).

=> Fue la ciudad a la que Pablo huyó (Hch. 9:30).

=> Fue la ciudad donde prendieron a Pablo (Hch. 13:12-35).

=> Era la ciudad que Pedro evangelizaría (Hch. 10:1-48).

2 (10:9-22) *Prejuicios — judíos frente a gentiles:* el fin de los prejuicios en Simón Pedro, el judío. Los sirvientes de Cornelio casi habían llegado a Jope, la ciudad en que Pedro se encontraba. Se le acercaría para pedirle que fuera y ayudara a Cornelio. Sin embargo, Pedro no estaba preparado…

• para recibir a estos hombres.
• para regresar con ellos a visitar a Cornelio.
• para quedarse y compartir en el hogar de Cornelio.

¿Por qué? Cornelio era un gentil y Pedro era un judío.

Había un racismo profundamente arraigado entre los dos. Recibir, visitar y compartir el hogar del uno con el otro era algo que esta descontado. Y por encima de todo, había una diferencia religiosa, una diferencia que estaba incluso más arraigada en la mente de Pedro que la diferencia racial. El no estaba preparado para que estos gentiles se le acercaran y le pidieran que fuera a visitar a Cornelio el gentil, todavía no.

Pero Dios sí estaba listo y fue Dios el que estableció la diferencia. Dios puede acabar con los prejuicios. Él puede reconciliar al judío con el gentil y al gentil con el judío. Dios puede reconciliar a un hombre con otro; el puede traer paz a los hombres y entre los hombres. Nótese que:

1. Pedro oraba con frecuencia cada día. Esto se percibe en le hecho de que estaba orando cerca de la hora sexta (las 12 del mediodía para los judíos). Este era uno de los tres horarios en que los judíos practicaban la oración. Pedro se iba solo y oraba al menos tres veces al día.

Pedro era un hombre de oración tal que Dios pudo intervenir en su vida, dirigirle y darle instrucciones específicas. Fue mientras oraba que Dios le habló a Pedro.

2. Pedro era un hombre común y corriente, muy humano. A pesar de ser el líder de los apóstoles de Jesús — el gran apóstol a los judíos, un hombre de gran madurez y profundidad espiritual, un gran siervo del Señor, un ministro muy estimado — , Pedro era simplemente un hombre, un hombre que sentía hambre y sed, el dolor y la angustia, era débil y frágil, tenía prejuicios y a menudo se equivocaba al igual que el resto de nosotros.

El centro de lo que estamos diciendo es que el hecho ser salvo, espiritualmente maduro y haber sido llamado a servir a Dios no hizo a Pedro perfecto. No le liberó de la necesidad y la carencia, como tampoco del pecado. Pedro como hombre que era, estaba sujeto al hambre como todos los hombres, y sujeto a los prejuicios de su entorno como todos los hombres: sujeto a los prejuicios hasta que Dios le cambió. Gloria a Dios, él estaba a punto de cambiar los prejuicios de Pedro contra nosotros los gentiles. Si Dios no le hubiera cambiado a él y a sus prejuicios, todavía nosotros estuviéramos perdidos y sin Cristo en este mundo.

3. Pedro experimentó un éxtasis. El griego dice que "le sobrevino un éxtasis"; es decir, fue transportado fuera de sí (ekstasis). Su mente estaba tan concentrada, tan centrada su atención que Pedro perdió toda noción del mundo que lo rodeaba. Fue devorado por los pensamientos de Dios, transportado mentalmente fuera de este mundo. Es algo así como soñar despierto, pero tan concentrado y enfocado que se pierde todo contacto con lo que lo rodea a uno. Es un tiempo de éxtasis en la presencia del Señor, recibiendo su Palabra, sea lo que sea que tiene que decirle a nuestro corazón.

a. El éxtasis era acerca del cielo. Pedro vio los cielos abiertos. El prejuicio de Pedro se había incrustado y endurecido. Alrededor de él nunca había habido otra cosa sino prejuicio excepto lo que Cristo le había mostrado. *Pedro no pensaba ni sabía que estaba prejuiciado. Él pensaba que simplemente estaba oponiéndose a la falta de rectitud e injusticias de los hombres, que tenía que ignorar y no tener nada que ver con los hombres impíos e injustos.* Para que Pedro cambiara y comenzara a alcanzar al odiado, impío e injusto, tenía que comprender que las instrucciones provenían del cielo, de Dios mismo.

    b.   El recipiente o fuente (lienzo) en el que se le sirvió la comida era enorme.

=> Era un gran receptáculo, tan grande que parecía un gran lienzo (othonen), que en griego significa tela de lino. Esto probablemente quiere decir que era blanco.

=> El inmenso recipiente o fuente tenía cuatro puntas tejidas, es decir, que estaba sostenido por cuatro cuerdas y fue bajado del cielo, descendiendo a la tierra y puesto ante Pedro.

=> El recipiente o fuente contenía todo tipo de animales.

    c.   A Pedro se le ordenó: "Levántate, Pedro, mata y come".

    d.   Pedro se negó, pues los animales eran comunes o inmundos según las leyes de la religión judía (véase *Estudio a fondo 3,* Hch. 10:11-16 para mayor discusión). Nótese la enorme lucha espiritual que Pedro estaba atravesando.

    e.   La voz corrigió a Pedro claramente: "Lo que Dios limpió, no lo llames tú común".

    f.   La misma escena se repitió tres veces y luego el trance terminó con que aquel lienzo volvió a ser recogido en el cielo.

    g.   Pedro quedó perplejo. Mientras Pedro pensaba en el trance y se preguntaba qué significaba, llegaron los hombres enviados por Cornelio y preguntaron por él.

    h.   A partir de este punto se aprecia claramente la sensibilidad de Pedro al liderazgo del Espíritu Santo. Observe que, fue el Espíritu Santo quien…

- le dijo que los hombres estaban buscándole.
- le dijo que fuera "con ellos" (Pedro todavía no sabía que eran gentiles).
- le dijo "no dudes": no vaciles, no hagas ninguna pregunta, no titubees, ni cuestiones lo que debes hacer.
- le dijo que Él, el Espíritu Santo, había enviado a los hombres a buscarlo.

Nótese: Pedro aún no sabía que los hombres eran gentiles, pero el Espíritu Santo le había dicho exactamente qué hacer. Pedro no podía poner en duda ese hecho. Ahora Pedro estaba listo para que su prejuicio contra los gentiles fuera borrado.

Note también: Pedro aún no sabía el significado de la visión. Esto se le aclararía después.

    i.   Pedro recibió a los siervos gentiles. Él obedeció al Espíritu Santo e hizo exactamente lo que el Espíritu le dijo. Pedro incluso *los hospedó,* algo totalmente inusitado. (Como una nota humorística…¡Imagínese la comida judía que tuvieron esa noche!)

"Pero bienaventurados vuestros ojos, porque ven; y vuestros oídos, porque oyen" (Mt. 13:16).

"Encamíname en tu verdad, y enséñame, Porque tú eres el Dios de mi salvación; En ti he esperado todo el día" (Sal. 25:5).

"Enséñame, oh Jehová, tu camino, Y guíame por senda de rectitud A causa de mis enemigos" (Sal. 27:11).

"Enséñame a hacer tu voluntad, porque tú eres mi Dios; Tu buen espíritu me guíe a tierra de rectitud" (Sal. 143:10).

ESTUDIO A FONDO 3

(10:11-16) *Judíos, leyes dietéticas:* Los judíos tenían toda clase de leyes dietéticas (cp. Lv. 11; 20:25-26; Dt. 14:3-21). Había ciertos alimentos que podían comer y otros que no. Las palabras "común o inmunda" (koinon kai akatharton) se refieren a ser religiosa o ceremonialmente impuros. Los animales inmundos no eran consagrados, eran profanos. Se consideraba que comerlos era desagradable ante los ojos de Dios. Observe dos cosas.

1. Los judíos eran muy estrictos, escrupulosos en guardar las leyes dietéticas. Estas leyes se les enseñaba desde su niñez, y un verdadero judío *nunca* comía un animal inmundo. Esto se ve claramente en la experiencia de Pedro.

    => Enfáticamente le dijo que no al Señor y se lo dijo tres veces durante esa experiencia.

    => Le dijo: "Señor, no; porque ninguna cosa común o inmunda he comido jamás".

Pedro nunca había comido alimentos inmundos, es por eso que la orden del Señor de que comiera esa comida provocó una enorme lucha en él. Los judíos eran muy estrictos a la hora de observar las reglas y todo lo relacionado con lo que podían y lo que no podían comer. Ellos *nunca* tocarían alimentos que no fueran limpios.

2. El hecho de que comían alimentos inmundos era una de las principales razones por las que los judíos consideraban a los gentiles *inmundos e inaceptables* ante Dios. Esta era una de las principales razones por la que se negaban a tener ningún tipo de relación con los gentiles. Si un judío se asociaba con un gentil, las consecuencias se verían fácilmente. Muy pronto el judío se vería inducido a probar algún alimento de los gentiles, y al hacerlo…

- quedaría inmundo religiosa y ceremonialmente hablando.
- quebrantaría la ley de Dios.
- perdería su individualidad como perteneciente al pueblo escogido por Dios, como alguien que sigue y obedece a Dios.
- estaría comiendo carne que podía proceder de un animal sacrificado a un ídolo. Una vez que un animal era sacrificado a un ídolo, con frecuencia los sacerdotes vendían su carne a los mercaderes que a su vez la vendían al público. Comer carne ofrecida a los ídolos era considerado idolatría, una de las peores ofensas a los ojos de un judío.

Note: lo que Dios le estaba diciendo a Pedro no contradice la Palabra de Dios para Israel. Dios le había dado muchas leyes a Israel...

- para hacer distintivo a Israel, el pueblo que seguía y obedecía la ley de Dios.
- para mantener a Israel separado de los otros pueblos que lo rodeaban y que estaban llenos de impiedad e injusticia, y de las uniones matrimoniales con ellos.
- para ofrecer a Israel dirección para que tuvieran cuidado y se protegieran a ellos mismos como nación y como individuos. (Las leyes con respecto a los alimentos protegía sus cuerpos y la salud de ellos.)

Israel era el guardián de la Palabra de Dios para el hombre, pero al venir Cristo, Dios dio un paso más, avanzó hacia otra etapa de su plan. Ahora Jesucristo y sus seguidores son los guardianes de la revelación de Dios. Ya no es solamente Israel, no solo los judíos los que...

- reciben,
- conocen
- son responsables

... de la revelación de Dios. Son tanto judíos como gentiles, todos los hombres en cualquier lugar del mundo. Todos los hombres deben unir sus fuerzas alrededor de Jesucristo y tomar la responsabilidad de proclamar la revelación de Dios (su Palabra, su ley). Ya no es solo los judíos, sino todos los hombres de todas las naciones, todos los que siguen a Cristo y asumen la responsabilidad de darlo a conocer.

3 (10:23-33) *Lecciones:* el encuentro y las lecciones aprendidas por el judío y el gentil, los prejuiciados del mundo.

1. La preparación de Pedro. Él llevó consigo a seis creyentes judíos, judíos ortodoxos (Hch. 10:45; 11:12). Pedro sabía que estaba pisando terreno movedizo al asociarse con gentiles; él presintió que iba a necesitar tener testigos de lo que estaba haciendo. Con esto, se estaba preparando contra los ataques (cp. 11:1s).

2. La preparación de Cornelio. Observe...

- estaba expectante, emocionado, esperando ansiosamente la llegada de aquellos hombres.
- había "convocado a sus parientes y amigos más íntimos". Había muchas personas presentes.

Note también la fe de Cornelio. Él *sabía* que Pedro vendría, que Dios cumpliría su palabra (v. 6) y que haría lo que había prometido.

> "Jehová redime el alma de sus siervos, Y no serán condenados cuantos en él confían" (Sal. 34:22).
> "Encomienda a Jehová tu camino, Y confía en él; y él hará" (Sal. 37:5).
> "Confiad en Jehová perpetuamente, porque en Jehová el Señor está la fortaleza de los siglos" (Is. 26:4).

Pensamiento 1. Cornelio ya estaba testificando al traer a otras personas a escuchar al mensajero de Dios.

3. El encuentro del judío y el gentil, dos hombres humillados por Dios.

a. Cornelio había sido humillado por la visión de

Dios. Había estado reflexionando en la experiencia desde hacía cuatro días, siendo humillado y preparándose más y más para recibir al mensajero judío. Cuando se encontró ante Pedro, estaba tan humillado que se postró ante Pedro en un acto de profunda reverencia.

b. Pedro también demostró humildad. Era costumbre inclinarse ante los hombres honorables, mostrando así reverencia y respecto hacia ellos, pero Dios había humillado también a Pedro. Pedro impidió el acto, prohibiéndolo. Ningún hombre debe idolatrarse o reverenciarse en el sentido de sentir temor reverencial hacia él. Pedro regañó a Cornelio: "yo mismo también soy hombre".

Pensamiento 1. Jesús aceptó ese tipo de reverencia y adoración (cp. Mt. 2:11; 8:2; 9:18; 14:33; 15:25; 20:20; 28:9, 17; Lc. 5:8), y la aceptó del propio Pedro (Mt. 8:2; Lc. 5:8). Sin embargo, Pedro dice que ningún hombre debe inclinarse o reverenciar a otro hombre sin importar quien sea. Todos somos simplemente hombres, salvados por la maravillosa gracia de Dios.

> "Así que, cualquiera que se humille como este niño, ése es el mayor en el reino de los cielos" (Mt. 18:4).
> "Digo, pues, por la gracia que me es dada, a cada cual que está entre vosotros, que no tenga más alto concepto de sí que el que debe tener, sino que piense de sí con cordura, conforme a la medida de fe que Dios repartió a cada uno" (Ro. 12:3).
> "Nada hagáis por contienda o por vanagloria; antes bien con humildad, estimando cada uno a los demás como superiores a él mismo; no mirando cada uno por lo suyo propio, sino cada cual también por lo de los otros" (Fil. 2:3-4).
> "Igualmente, jóvenes, estad sujetos a los ancianos; y todos, sumisos unos a otros, revestíos de humildad; porque: Dios resiste a los soberbios, Y da gracia a los humildes" (1 P. 5:5).

4. La lección que aprendió Pedro. (Véase nota, Hch. 10:28-29 para mayor discusión). Pedro ahora sabía que ningún hombre era común o inmundo. Ahora sabía...

- que Cristo había abolido las diferencias entre judíos y gentiles.
- que Cristo había abolido el muro de separación entre judíos y gentiles (véase *Estudio a fondo 2, templo,* Jn. 2:14).
- que Cristo había abolido *todas* las distinciones entre los hombres, ya sean raciales, social, o de algún sistema de castas.

Todos los hombres tratarían a los demás con amor, misericordia y perdón, interés y compasión. El prejuicio de Pedro fue eliminado, borrado y vencido. Dios lo había derrotado. La puerta de la salvación estaba a punto de ser abierta para los gentiles para siempre.

Fíjese en la referencia que Pedro hace a cómo era prohibido para un judío asociarse con un gentil (v. 28). Esta ley no estaba en las Escrituras, provenía de la ley de los escribas (véase *Estudio a fondo 1,* Lc. 6:2).

> **"para que seáis hijos de vuestro Padre que está en los cielos, que hace salir su sol sobre malos y buenos, y que hace llover sobre justos e injustos" (Mt. 5:45).**

> **"Porque no hay diferencia entre judío y griego, pues el mismo que es Señor de todos, es rico para con todos los que le invocan" (Ro. 10:12).**

> **"Pero de los que tenían reputación de ser algo (lo que hayan sido en otro tiempo nada me importa; Dios no hace acepción de personas), a mí, pues, los de reputación nada nuevo me comunicaron" (Gá. 2:6).**

> **"porque todos los que habéis sido bautizados en Cristo, de Cristo estáis revestidos. 28 Ya no hay judío ni griego; no hay esclavo ni libre; no hay varón ni mujer; porque todos vosotros sois uno en Cristo Jesús" (Gá. 3:27-28).**

> **"Y vosotros, amos, haced con ellos lo mismo, dejando las amenazas, sabiendo que el Señor de ellos y vuestro está en los cielos, y que para él no hay acepción de personas" (Ef. 6:9).**

5. Cornelio aprendió tres lecciones:
   a. El hombre que busca verdaderamente a Dios toca el corazón de Dios. Cornelio declaró que Dios contestó su oración.
   b. El hombre que busca a Dios debe escuchar y obedecer a Dios. Cornelio declaró que escuchó e hizo exactamente lo que Dios le dijo, y lo hizo inmediatamente (v. 33).
   c. El hombre que busca a Dios debe ser receptivo a la Palabra de Dios.

> **"Y éstos eran más nobles que los que estaban en Tesalónica, pues recibieron la palabra con toda solicitud, escudriñando cada día las Escrituras para ver si estas cosas eran así" (Hch. 17:11).**

> **"Por lo cual también nosotros sin cesar damos gracias a Dios, de que cuando recibisteis la palabra de Dios que oísteis de nosotros, la recibisteis no como palabra de hombres, sino según es en verdad, la palabra de Dios, la cual actúa en vosotros los creyentes" (1 Ts. 2:13).**

ESTUDIO A FONDO 4

(10:28-29) *Tradiciones religiosas — Iglesia, prejuicio — Gentiles frente a judíos:* Los judíos tenían prohibido comer ciertos tipos de animales porque eran considerados inmundos. Esta era una visión simbólica. Dios le estaba enseñando a Pedro que los gentiles (representados por los animales inmundos) eran aceptados por él e iban a ser parte de la iglesia de la misma manera que los judíos (v. 28). Este aspecto es de gran importancia pues Dios estaba revelando que este había sido su plan eterno para la iglesia desde el principio. Era la revelación que le fue dada "a sus santos apóstoles y profetas por el Espíritu" (Ef. 3:5). Observe que las palabras "apóstoles" y "profetas" están en plural. Pablo no era el único apóstol a quien le fue dada la revelación. Tiempo después, Pedro compartió esta experiencia con los gentiles en Cesarea (Hch. 10:24-29) y con los judíos de Jerusalén (Hch. 11:1-11). Pedro dice muy claramente en Hechos 15:7-14 que Dios estaba llamando tanto a gentiles como a judíos para formar parte de la iglesia.

Esta acción por parte de Dios revolvió uno de los movimientos más revolucionarios de la historia humana. Ambos, judíos y gentiles estaban aferrados a los más profundos prejuicios unos contra los otros (cp. Lc. 10:25-37. Ver bosquejos y notas, Lc. 7:4-5; *Estudio a fondo 1,* Mr. 7:27; nota, Ef. 2:11-12; cp. Gá. 2:4; Ef. 2:13-18; 2:19-22. Ver bosquejos y *Estudio a fondo 1,* Ro. 9:1-11:36. Ver notas-Mr. 11:15; Ef. 2:14-15 sobre la estructura del templo judío).

Nótese la invitación extendida a los gentiles: "todos nosotros estamos aquí en la presencia de Dios, para oír todo lo que Dios te ha mandado" (v. 33). ¡La puerta para la evangelización de los gentiles se había abierto de par en par!

	D. Un ministerio internacional: en Cesarea (parte 2): predicar la paz, 10:34-43		
		y sanando a todos los oprimidos por el diablo, porque Dios estaba con él. 39 Y nosotros somos testigos de todas las cosas que Jesús hizo en la tierra de Judea y en Jerusalén; a quien mataron colgándole en un madero.	c. La prueba: "nosotros somos testigos"
1 Dios no hace acepción de personas, Él acepta a cualquiera que le teme y obra rectamente	34 Entonces Pedro, abriendo la boca, dijo: En verdad comprendo que Dios no hace acepción de personas, 35 sino que en toda nación se agrada del que le teme y hace justicia.	40 A éste levantó Dios al tercer día, e hizo que se manifestase;	**4 Jesús fue crucificado** **5 Dios levantó a Jesús** **6 Jesús se apareció a algunos que fueron escogidos para ser testigos**
2 Dios dio su Palabra a Israel; Él envió a Jesucristo a predicar la paz a. Él es Señor de todo b. Se ha hablado de él y la noticia ha sido divulgada por todas partes c. Comenzó en Galilea después del ministerio de Juan	36 Dios envió mensaje a los hijos de Israel, anunciando el evangelio de la paz por medio de Jesucristo; éste es Señor de todos. 37 Vosotros sabéis lo que se divulgó por toda Judea, comenzando desde Galilea, después del bautismo que predicó Juan:	41 no a todo el pueblo, sino a los testigos que Dios había ordenado de antemano, a nosotros que comimos y bebimos con él después que resucitó de los muertos. 42 Y nos mandó que predicásemos al pueblo, y testificásemos que él es el que Dios ha puesto por Juez de vivos y muertos.	**7 Jesús juzgará a los vivos y a los muertos**
3 Jesús es el Salvador ungido por Dios[EF1] a. Con el Espíritu Santo b. Con poder milagroso	38 cómo Dios ungió con el Espíritu Santo y con poder a Jesús de Nazaret, y cómo éste anduvo haciendo bienes	43 De éste dan testimonio todos los profetas, que todos los que en él creyeren, recibirán perdón de pecados por su nombre.	**8 Jesús es el Mesías anunciado por los profetas** **9 El que cree en Jesús recibe el perdón de los pecados**

DIVISIÓN IV

LA IGLESIA ESPARCIDA: LA PRIMERA GRAN MISIÓN A LOS GENTILES: PEDRO, 9:32–11:18

D. Un ministerio internacional: en Cesarea (parte 2): predicar la paz, 10:34-43

(10:34-43) *Introducción:* Este pasaje contiene el primer mensaje predicado a los gentiles por uno de los apóstoles. Es el mensaje que abrió la puerta de la salvación para todas las personas del mundo, para los gentiles. Nos da los aspectos que hay que predicarles a todas las naciones del mundo.

1. Dios no hace acepción de personas, Él acepta a cualquiera que le teme y obra rectamente (vv. 34-35).
2. Dios dio su Palabra a Israel; Él envió a Jesucristo a predicar la paz (vv. 36-37).
3. Jesús es el Salvador ungido por Dios (vv. 38-39).
4. Jesús fue crucificado (v. 39).
5. Dios levantó a Jesús (v. 40).
6. Jesús se apareció a algunos que fueron escogidos para ser testigos (vv. 40-41).
7. Jesús juzgará a los vivos y a los muertos (v. 42).
8. Jesús es el Mesías anunciado por los profetas (v. 43).
9. El que cree en Jesús recibe el perdón de los pecados (v. 43).

1 (10:34-35) *Favoritismo — Parcialidad — Discriminación:* Dios no hace acepción de personas. Ese término "acepción" (prosopolemptes) significa considerar con parcialidad y favoritismo; favorecer a una persona por su apariencia, posición o circunstancias.

El gran tema de este capítulo es que Dios no tiene favoritos ni tampoco tiene prejuicios en contra de nadie. Él no muestra parcialidad o discriminación en lo absoluto. No acepta a una persona por su nacionalidad, raza, casta, posición social. Dios no favorece a un hombre....

* por quién es
* por lo que hace
* por lo que tiene

Ni la persona o su apariencia, ni las posesiones o posiciones, ni las capacidades o logros, ni la salud o la estatura, ninguna de estas cosas hacen que una persona sea aceptable delante de Dios. "Dios no hace acepción de personas". Él siempre lo ha dicho, pero los hombres, incluyendo a Pedro, no le han prestado atención (cp. Dt. 10:17; 2 Cr. 19:7; Job 34:10; Ro. 2:11; Ef. 6:9; Col. 3:25; Stg. 2:1; 1 P. 1:17). Simplemente siguieron ignorando la verdad de la Palabra de Dios e ignorando sus prejuicios. Fíjese que Pedro dijo...

* Dios no hace acepción de personas (v. 34).
* Dios se agrada en toda nación (v. 35. Cp. Ro. 2:27-29).

Hay dos cosas que hacen que una persona sea aceptable delante de Dios. Pedro se refirió a las dos.

1. Temer a Dios (véase nota, Hch. 9:31 para mayor discusión).

2. Hacer justicia (véase nota 5 y *Estudio a fondo 5. 6, Justicia,* Mt. 5:6 para mayor discusión). En la Biblia justicia significa dos cosas, simples pero profundas: *ser justo y hacer lo justo.* (Véase nota 5 y *Estudio a fondo 5. 6, Justicia,* Mt. 5:6 para mayor discusión.)

   a. Están los que hacen un mayor énfasis en ser justo y niegan el hacer justicia. Esto conlleva a dos graves errores.

    1) La falsa seguridad. Hace que la persona enfatice que es salva y aceptada por Dios porque ha creído en Jesucristo, pero rechaza el hacer el bien y vivir como debiera. Se niega a obedecer a Dios y servir a los hombres.

    2) Una vida libertina. Le permite a uno hacer lo que le plazca prácticamente. La persona se siente segura y cómoda con su fe en Cristo; sabe que su comportamiento puede afectar su comunión con Dios y con otros creyentes pero que no afectará su salvación. Cree que no importa lo que haga, siempre será aceptable delante de Dios.

      El problema con esto es que esa es una falsa justicia. Justicia en la Biblia significa ser justo y hacer lo justo. La Biblia no habla en ningún momento de ser justo sin vivir justamente.

   b. Están los que enfatizan el hacer justicia y rechazan el ser justos. Esto también lleva a dos graves errores.

    1) La propia justicia y el legalismo. Esto hace que la persona enfatice que es salva y aceptada por Dios porque hace lo bueno. Esta persona se comporta y obra moralmente; mantiene ciertas reglas y regulaciones. Hace lo que un cristiano debiera hacer al obedecer las leyes fundamentales de Dios, pero rechaza la ley principal: la ley del amor y la aceptación; que Dios le ama y le acepta no porque hace el bien sino porque le ama y confía en la justicia de Cristo (véase nota 5 y *Estudio a fondo 5. 6,* Mt. 5:6).

    2) Ser crítico y censurador. A menudo, la persona que enfatiza que es justa (aceptable delante de Dios) porque mantiene ciertas leyes, juzga y censura a los demás. Cree que hay que mantener esas reglas ya que él las mantiene. Por tanto, cualquiera que no lo haga es juzgado, criticado y censurado.

      El problema con este enfoque es que también es falsa justicia. Déjeme reiterarlo, en la Biblia justicia es ambas cosas *ser justo y hacer justicia.* La Biblia no habla en ningún momento de ser aceptados por Dios sin ser justos mediante Cristo Jesús (véase nota 5 y *Estudio a fondo 5. 6,* Mt. 5:6; Ro. 5:1 para mayor discusión. Cp 2 Co. 5:21).

"para que seáis hijos de vuestro Padre que está en los cielos, que hace salir su sol sobre malos y buenos, y que hace llover sobre justos e injustos" (Mt. 5:45).

"Porque no hay diferencia entre judío y griego, pues el mismo que es Señor de todos, es rico para con todos los que le invocan" (Ro. 10:12).

"Pero de los que tenían reputación de ser algo (lo que hayan sido en otro tiempo nada me importa; Dios no hace acepción de personas), a mí, pues, los de reputación nada nuevo me comunicaron" (Gá. 2:6).

"Y vosotros, amos, haced con ellos lo mismo, dejando las amenazas, sabiendo que el Señor de ellos y vuestro está en los cielos, y que para él no hay acepción de personas" (Ef. 6:9).

2 (10:36-37) *Jesucristo, ministerio — predicación:* Dios envió su Palabra a Israel; envió a Jesucristo a predicar la paz. Fíjese en lo que se dice exactamente.

  => Dios envió mensaje a Israel. Israel fue la primera nación que recibió la Palabra de Dios. La salvación es de los judíos (véase notas, también *Estudio a fondo 1,* Jn. 4:22; Ro. 9:3-5 para mayor discusión).

  => Dios envió su mensaje a Israel mediante *Jesucristo,* el propio Hijo de Dios. Fue Jesucristo quien trajo el mensaje de Dios (véase nota, Jn. 1:34 para mayor discusión).

Sin embargo, la Palabra de Dios no era solo para Israel. Jesucristo no vino solo para la salvación de Israel. Dios no hace acepción de personas. Dios acepta a las personas de *toda nación* que le temen y hacen justicia. Pedro declaró estos tres hechos.

1. Él irrumpió: "Cristo Señor de *todos*".
No solo de...
- los judíos
- los privilegiados
- los pobres
- los religiosos
sino también...
- de los gentiles, de cada nación
- de los paganos
- de las personas que verdaderamente le temen y hacen justicia

"Sepa, pues, ciertísimamente toda la casa de Israel, que a este Jesús a quien vosotros crucificasteis, Dios le ha hecho Señor y Cristo" (Hch. 2:36).

"que si confesares con tu boca que Jesús es el Señor, y creyeres en tu corazón que Dios le levantó de los muertos, serás salvo" (Ro. 10:9).

"Fiel es Dios, por el cual fuisteis llamados a la comunión con su Hijo Jesucristo nuestro Señor" (1 Co. 1:9).

"para nosotros, sin embargo, sólo hay un Dios, el Padre, del cual proceden todas las cosas, y nosotros somos para él; y un Señor, Jesucristo, por medio del

cual son todas las cosas, y nosotros por medio de él" (1 Co. 8:6).

2. Pedro declaró que Jesucristo había anunciado por toda Judea. Le dijo a Cornelio: "Ustedes lo saben. ustedes han oído la Palabra". Simplemente que tanto Cornelio como los que estaba allí sentados le había prestado poca o ninguna atención.

Pensamiento 1. Piense cuántos escuchan el evangelio y le prestan muy poca si es que alguna atención.

"Pero cualquiera que me oye estas palabras y no las hace, le compararé a un hombre insensato, que edificó su casa sobre la arena; y descendió lluvia, y vinieron ríos, y soplaron vientos, y dieron con ímpetu contra aquella casa; y cayó, y fue grande su ruina". (Mt. 7:26-27).

"Cuando alguno oye la palabra del reino y no la entiende, viene el malo, y arrebata lo que fue sembrado en su corazón. Este es el que fue sembrado junto al camino" (Mt. 13:19).

"Mas ellos, sin hacer caso, se fueron, uno a su labranza, y otro a sus negocios" (Mt. 22:5).

3. Pedro dijo que Jesucristo comenzó a predicar la Palabra de Dios en Galilea después del bautismo predicado por Juan.

"y donde entrare, decid al señor de la casa: El Maestro dice: ¿Dónde está el aposento donde he de comer la pascua con mis discípulos?" (Mr. 1:14).

"Pero él les dijo: Es necesario que también a otras ciudades anuncie el evangelio del reino de Dios; porque para esto he sido enviado" (Lc. 4:43).

"Aconteció después, que Jesús iba por todas las ciudades y aldeas, predicando y anunciando el evangelio del reino de Dios, y los doce con él" (Lc. 8:l).

"a quienes también, después de haber padecido, se presentó vivo con muchas pruebas indubitables, apareciéndoseles durante cuarenta días y hablándoles acerca del reino de Dios" (Hch. 1:3).

Pensamiento 1. Nadie tenía excusa para rechazar el evangelio del reino de Dios. Jesucristo había viajado y había predicado el evangelio por todas partes y era el tema de conversación de todos. Así que no tenían excusa. Y así mismo es hoy para todos los que han escuchado el evangelio. no tienen excusa.

3 (10:38-39) *Jesucristo, ungido:* Jesús es el Salvador ungido por Dios. Su nombre "Cristo" (Mesías) significa "el ungido de Dios " (véase *Estudio a fondo 2, Cristo,* Mt. 1:18). Jesús fue ungido por Dios de manera muy especial.

1. Jesús ungido con el Espíritu Santo, pero fíjese fue ungido por el Espíritu Santo como nadie lo ha sido; a Cristo le fue dado el Espíritu Santo sin medida. Él recibió una porción ilimitada del Espíritu, y esto fue una vez y par siempre. Es decir, la plenitud del Espíritu nunca le abandonó, ni por un momento. (Véase notas, Jn. 1:32-33; 3:34 para mayor discusión).

"Espíritu del Señor está sobre mí, Por cuanto me ha ungido para dar buenas nuevas a los pobres; Me ha enviado a sanar a los quebrantados de corazón; A pre-

gonar libertad a los cautivos, Y vista a los ciegos; A poner en libertad a los oprimidos" (Lc. 4:18).

"Porque verdaderamente se unieron en esta ciudad contra tu santo Hijo Jesús, a quien ungiste, Herodes y Poncio Pilato, con los gentiles y el pueblo de Israel" (Hch. 4:27).

2. Jesús fue ungido con un poder milagroso. El poder es la presencia y la obra del Espíritu Santo dentro de una persona. Jesús lo declaró. Él fue muy claro en dos cosas.

a. Él mismo había sido ungido con el Espíritu Santo para ser ungido con el poder para ministrar.

"El Espíritu del Señor está sobre mí, Por cuanto me ha ungido para dar buenas nuevas a los pobres; Me ha enviado a sanar a los quebrantados de corazón; A pregonar libertad a los cautivos Y vista a los ciegos; A poner en libertad a los oprimidos; A predicar el año agradable del Señor" (Lc. 4:18-19).

"cómo Dios ungió con el Espíritu Santo y con poder a Jesús de Nazaret, y cómo éste anduvo haciendo bienes y sanando a todos los oprimidos por el diablo, porque Dios estaba con él" (Hch. 10:38).

Jesús fue ungido con el Espíritu Santo para que pudiera hacer el bien y sanar a todos los que estaban siendo oprimidos por el diablo…

* por espíritu malos y demonios
* por asesinatos y guerras
* por el rechazo y la indiferencia
* por tentaciones y pecados
* por egoísmo y avaricia
* por inmoralidad y lujuria
* por estratagemas del diablo
* por yugo y esclavitud
* por robos e injusticias
* por mentira y engaño
* por complacencia y despilfarro
* por haraganería y autosatisfacción
* por amargura y odio
* por el deseo de acaparar y acumular
* por el poder sobre la muerte (He. 2:14-15)

b. El creyente recibe el Espíritu Santo para que tenga poder para predicar al mundo.

"pero recibiréis poder, cuando haya venido sobre vosotros el Espíritu Santo, y me seréis testigos en Jerusalén, en toda Judea, en Samaria, y hasta lo último de la tierra" (Hch. 1:8).

Pensamiento 1. Nótese: Jesucristo no vino ni fue ungido para debatir teorías ni teologías con los ministros y sacerdotes de su época. Fue ungido para hacer el bien y ayudar al a gente liberándola de la opresión del diablo.

3. Hay prueba de que Jesús hizo estas cosas. Pedro y los primeros creyentes lo vieron y lo conocieron.

=> "Lo que era desde el principio, lo que hemos oído, lo que hemos visto con nuestros ojos, lo que hemos contemplado, y palparon nuestras manos tocante al Verbo de vida (porque la vida fue manifestada, y la hemos visto, y testificamos, y os anunciamos la vida eterna, la cual estaba con el Padre, y se nos manifestó); lo que hemos visto y oído, eso os anunciamos, para que también vosotros tengáis comunión con nosotros; y nuestra comunión verdaderamente es con el Padre, y con su Hijo Jesucristo. Estas cosas os escribimos, para que vuestro gozo sea cumplido" (1 Jn. 1:1-4).

Pensamiento 1. Jesucristo sigue obrando en las vidas hoy, librando de la opresión del diablo. La prueba está en las vidas y el testimonio de los verdaderos creyentes.

ESTUDIO A FONDO 1

(10:38) *Ungir — Unción.* Las Escrituras hablan al menos de cuatro tipos de unciones.

1. La unción por respeto y hospitalidad. Se vertía aceite sobre el cuerpo de una persona como muestra de respeto y hospitalidad. Eso se hacía al dar la bienvenida a los huéspedes en el hogar (Lc. 7:46) o cuando se enterraba a los muertos (Mr. 14:8; 16:1).

2. La unción para servicio, como e n el caso de los profetas (1 R. 19:16), sacerdotes (Éx. 28:41), y reyes (1 S. 10:1).

3. La unción por razones curativas (Is. 1:6; Lc. 10:34; Jas. 5:14s; Ap. 3:18).

4. La unción del Hijo de Dios, Jesucristo. Las palabras *Cristo y Mesías* significan "El ungido".

> "cómo Dios ungió con el Espíritu Santo y con poder a Jesús de Nazaret, y cómo éste anduvo haciendo bienes y sanando a todos los oprimidos por el diablo, porque Dios estaba con él" (Hch. 10:38).
>
> "El Espíritu del Señor está sobre mí, Por cuanto me ha ungido para dar buenas nuevas a los pobres; Me ha enviado a sanar a los quebrantados de corazón; A pregonar libertad a los cautivos, Y vista a los ciegos; A poner en libertad a los oprimidos; A predicar el año agradable del Señor" (Lc. 4:18-19).

4 (10:39) *Jesucristo, muerte:* Jesús fue crucificado, asesinado y colgado en un madero (véase nota y *Estudio a fondo 1,* Hch. 1:3; *Estudio a fondo 2. 3,* 2:23; *Estudio a fondo 1,* 3:13; notas, 3:13-15; 4:25-28 para mayor discusión).

5 (10:40) *Jesucristo, resurrección:* Jesús fue resucitado por Dios (véase notas y *Estudio a fondo 1,* Hch. 1:3; *Estudio a fondo 4,* 2:24; nota, 2:25-36 para mayor discusión).

6 (10:40-41) *Jesucristo, resurrección:* Jesús se apareció a algunos que fueron escogidos y designados para ser testigos. Se destacan tres aspectos con relación a las apariciones de jesús luego de su resurrección.

1. Dios mostró a Jesús abiertamente (emphane genesthai), lo que significa que Dios puso a Jesús frente al as personas para que pudiera ser visto pública y abiertamente. Dios lo manifestó, lo mostró como el Señor Resucitado. (Véase nota y *Estudio a fondo 1, Jesús,* resurrección, Hch. 1:3 para mayor discusión.)

2. Jesús se apareció a testigos escogidos. La palabra "escogidos antes" (prokecheirotonemenois) significa designados, señalados (cp. Jn. 17:6). Aun antes de que Cristo resu-

citara, Dios escogio a algunas personas que serían testigos de la resurrección de su hijo. fueron escogidas con el propósito de proclamar la resurrección a un mundo de hombres moribundos.

3. Estos testigos "comieron y bebieron con él" después de que resucitó de los muertos. Tuvieron íntima comunión. (Cp. 1 Jn. 1:1-4). Pedro dice esto por dos razones.

a. Para destacar que tanto él como los demás testigos tuvieron contacto real con el Señor resucitado. No solamente lo vieron sino que "comieron y bebieron" con él, compartieron, tuvieron comunión. Ellos estaban tan íntimamente relacionados con él como es posible entre las personas. Eran testigos reales, verificables.

b. Para enfatizar que Jesús realmente había resucitado de los muertos. La persona que vieron fue el Jesús que ellos conocían. Su cuerpo era real, su cuerpo había sido resucitado. (Véase bosquejo y notas, Jn. 21:1-14 para mayor discusión).

> "a éste, entregado por el determinado consejo y anticipado conocimiento de Dios, prendisteis y matasteis por manos de inicuos, crucificándole; al cual Dios levantó, sueltos los dolores de la muerte, por cuanto era imposible que fuese retenido por ella" (Hch. 2:23-24).
>
> "Mas vosotros negasteis al Santo y al Justo, y pedisteis que se os diese un homicida, y matasteis al Autor de la vida, a quien Dios ha resucitado de los muertos, de lo cual nosotros somos testigos" (Hch. 3:14-15).
>
> "Y con gran poder los apóstoles daban testimonio de la resurrección del Señor Jesús, y abundante gracia era sobre todos ellos" (Hch. 4:33).
>
> "Y nosotros somos testigos de todas las cosas que Jesús hizo en la tierra de Judea y en Jerusalén; a quien mataron colgándole en un madero. 40A éste levantó Dios al tercer día, e hizo que se manifestase; 41no a todo el pueblo, sino a los testigos que Dios había ordenado de antemano, a nosotros que comimos y bebimos con él después que resucitó de los muertos" (Hch. 10:39-41).
>
> "Y Pablo, como acostumbraba, fue a ellos, y por tres días de reposo* discutió con ellos, declarando y exponiendo por medio de las Escrituras, que era necesario que el Cristo padeciese, y resucitase de los muertos; y que Jesús, a quien yo os anuncio, decía él, es el Cristo" (Hch. 17:2-3).
>
> "que fue declarado Hijo de Dios con poder, según el Espíritu de santidad, por la resurrección de entre los muertos" (Ro. 1:4).

7 (10:42) *Juicio:* Jesús juzgará a los vivos y a los muertos de todas las naciones. Juzgará tanto a judíos como a gentiles, juzgará a…

• ricos y pobres	• lindos y feos	• blancos y negros
• fuertes y débiles	• felices e infelices	• amarillos y rojos
• empleados y desempleados	• laboriosos y haraganes	• oscuros y claros
• saludables y enfermos	• empleados y empleadores	• religiosos y no religiosos

Dios ha ordenado a Jesucristo que juzgue a todos los hombres, sin importar quiénes sean o dónde estén, ya sea vivos o muertos. Él y sólo Él juzgará a cada alma que haya vivido en la tierra. (Cp. Jn. 5:21-29).

> "por cuanto ha establecido un día en el cual juzgará al mundo con justicia, por aquel varón a quien designó, dando fe a todos con haberle levantado de los muertos" (Hch. 17:31. Cp. Hch. 24:25).

Solo Jesucristo será juez. Solo Él. como el Señor resucitado, tiene el derecho de ejercer juicio.

1. Él decide las condiciones de la salvación: lo que una persona tiene que hacer para ser salva, quién es salvo y quién no.

2. Él decide las condiciones de la eternidad: cómo será la vida eterna; cómo será la muerte eterna; la condición, el ambiente, el premio y el castigo tanto para el cielo como para el infierno.

> "y serán reunidas delante de él todas las naciones; y apartará los unos de los otros, como aparta el pastor las ovejas de los cabritos" (Mt. 25:32).

> "Porque el Padre a nadie juzga, sino que todo el juicio dio al Hijo" (Jn. 5:22).

> "por cuanto [Dios el Padre] ha establecido un día en el cual juzgará al mundo con justicia, por aquel varón a quien designó, dando fe a todos con haberle levantado de los muertos" (Hch. 17:31).

> "en el día en que Dios juzgará por Jesucristo los secretos de los hombres, conforme a mi evangelio" (Ro. 2:16).

> "Te encarezco delante de Dios y del Señor Jesucristo, que juzgará a los vivos y a los muertos en su manifestación y en su reino" (2 Ti. 4:l).

8 (10:43) *Jesucristo, Mesías:* Jesús es el Mesías profetizado. (Véase notas, Hch. 3:22-24; 13:23-41; 8, Mt. 1:23; Lc. 3:24-31; 3:32-38; 3:38; 4:17-21; *Estudio a fondo 3,* Jn. 1:45 para mayor discusión).

> "El les dijo: Y vosotros, ¿quién decís que soy yo? Respondiendo Simón Pedro, dijo: Tú eres el Cristo, el Hijo del Dios viviente" (Mt. 16:15-16).

> "Mas Jesús callaba. Entonces el sumo sacerdote le dijo: Te conjuro por el Dios viviente, que nos digas si eres tú el Cristo, el Hijo de Dios. 64Jesús le dijo: Tú lo has dicho; y además os digo, que desde ahora veréis al Hijo del Hombre sentado a la diestra del poder de Dios, y viniendo en las nubes del cielo" (Mt. 26:63-64).

> "que os ha nacido hoy, en la ciudad de David, un Salvador, que es CRISTO el Señor" (Lc. 2:11).

> "Y le había sido revelado por el Espíritu Santo, que no vería la muerte antes que viese al Ungido del Señor" (Lc. 2:26).

> "Este halló primero a su hermano Simón, y le dijo: Hemos hallado al Mesías (que traducido es, el Cristo)" (Jn. 1:41).

> "Le dijo la mujer: Sé que ha de venir el Mesías, llamado el Cristo; cuando él venga nos declarará todas las cosas. Jesús le dijo: Yo soy, el que habla contigo" (Jn. 4:25-26).

> "Le respondió Simón Pedro: Señor, ¿a quién iremos? Tú tienes palabras de vida eterna. 69 Y nosotros

hemos creído y conocemos que tú eres el Cristo, el Hijo del Dios viviente" (Jn. 6:68-69).

> "Les dijo, pues, Jesús: Cuando hayáis levantado al Hijo del Hombre, entonces conoceréis que yo soy, y que nada hago por mí mismo, sino que según me enseñó el Padre, así hablo" (Jn. 8:28).

> "Le dijo Jesús: Yo soy la resurrección y la vida; el que cree en mí, aunque esté muerto, vivirá. Y todo aquel que vive y cree en mí, no morirá eternamente. ¿Crees esto? Le dijo: Sí, Señor; yo he creído que tú eres el Cristo, el Hijo de Dios, que has venido al mundo" (Jn. 11:25-27).

> "Pero Saulo mucho más se esforzaba, y confundía a los judíos que moraban en Damasco, demostrando que Jesús era el Cristo" (Hch. 9:22).

> "declarando y exponiendo por medio de las Escrituras, que era necesario que el Cristo padeciese, y resucitase de los muertos; y que Jesús, a quien yo os anuncio, decía él, es el Cristo" (Hch. 17:3).

> "todo aquel que cree que Jesús es el Cristo, es nacido de Dios; y todo aquel que ama al que engendró, ama también al que ha sido engendrado por él" (1 Jn. 5:l).

9 (10:43) *Creer:* creer en Jesús trae perdón por los pecados (véase *Estudio a fondo 2, Creer,* Jn. 2:24; *Perdón, Estudio a fondo 2,* Hch. 2:38).

> "Porque de tal manera amó Dios al mundo, que ha dado a su Hijo unigénito, para que todo aquel que en él cree, no se pierda, mas tenga vida eterna" (Jn. 3:16).

> "De cierto, de cierto os digo: El que oye mi palabra, y cree al que me envió, tiene vida eterna; y no vendrá a condenación, mas ha pasado de muerte a vida" (Jn. 5:24).

> "Por eso os dije que moriréis en vuestros pecados; porque si no creéis que yo soy, en vuestros pecados moriréis" (Jn. 8:24).

> "Le dijo Jesús: Yo soy la resurrección y la vida; el que cree en mí, aunque esté muerto, vivirá" (Jn. 11:25).

> "Yo, la luz, he venido al mundo, para que todo aquel que cree en mí no permanezca en tinieblas" (Jn. 12:46).

> "yendo por el camino, llegaron a cierta agua, y dijo el eunuco: Aquí hay agua; ¿qué impide que yo sea bautizado? Felipe dijo: Si crees de todo corazón, bien puedes. Y respondiendo, dijo: Creo que Jesucristo es el Hijo de Dios" (Hch. 8:36-37).

> "de éste dan testimonio todos los profetas, que todos los que en él creyeren, recibirán perdón de pecados por su nombre" (Hch. 10:43).

> "y que de todo aquello de que por la ley de Moisés no pudisteis ser justificados, en él es justificado todo aquel que cree" (Hch. 13:39).

> "Ellos dijeron: Cree en el Señor Jesucristo, y serás salvo, tú y tu casa" (Hch. 16:31).

> "que si confesares con tu boca que Jesús es el Señor, y creyeres en tu corazón que Dios le levantó de los muertos, serás salvo. Porque con el corazón se cree para justicia, pero con la boca se confiesa para salvación" (Ro. 10:9-10).

> "y que desde la niñez has sabido las Sagradas Escrituras, las cuales te pueden hacer sabio para la salvación por la fe que es en Cristo Jesús" (2 Ti. 3:15).

"todo aquel que cree que Jesús es el Cristo, es nacido de Dios; y todo aquel que ama al que engendró, ama también al que ha sido engendrado por él" (1 Jn. 5:1).

| 1 El Espíritu Santo cayó sobre los gentiles
a. Ellos habían "escuchado la Palabra"
b. Mientras Pedro hablaba
c. Los judíos creyentes estaban atónitos | E. Un ministerio internacional: en Cesarea (parte 3): recibiendo al Espíritu Santo, 10:44-48

44 Mientras aún hablaba Pedro estas palabras, el Espíritu Santo cayó sobre todos los que oían el discurso.
45 Y los fieles de la circuncisión que habían venido con Pedro se quedaron atónitos de que también sobre los gentiles se derramase el don | del Espíritu Santo.
46 Porque los oían que hablaban en lenguas, y que magnificaban a Dios.
47 Entonces respondió Pedro: ¿Puede acaso alguno impedir el agua, para que no sean bautizados estos que han recibido el Espíritu Santo también como nosotros?
48 Y mandó bautizarles en el nombre del Señor Jesús. Entonces le rogaron que se quedase por algunos días. | 2 Los creyentes gentiles hablaron en lenguas y alababan a Dios.
3 Los creyentes gentiles fueron bautizados

4 Se abrió la puerta a los gentiles |

DIVISIÓN IV

LA IGLESIA ESPARCIDA: LA PRIMERA GRAN MISIÓN A LOS GENTILES: PEDRO, 9:32–11:18

E. Un ministerio internacional: en Cesarea (parte 3): recibiendo el Espíritu Santo, 10:44-48

(10:44-48) *Introducción:* Dios y solamente Dios salva a los gentiles, es decir, a los pueblos del mundo. ningún hombre puede salvar a otro hombres. Ningún hombre tiene el poder de salvar a nadie; por tanto ningún hombre tiene autoridad para salvar. La salvación — el don del nuevo nacimiento y del Espíritu de Dios; es de Dios y solamente de Dios. Esto se dice claramente en este pasaje, pasaje en el que los gentiles recibieron al Espíritu Santo de Dios.

1. El Espíritu Santo cayó sobre los gentiles (vv. 44-45).
2. Los creyentes gentiles hablaban en lenguas y alababan a Dios (v. 46).
3. Los creyentes gentiles fueron bautizados (v. 47).
4. Se abrió la puerta a los gentiles (v. 48).

1 (10:44-45) *Espíritu Santo:* el Espíritu Santo cayó sobre los gentiles. Tenga en cuenta cuatro aspectos significativos.

1. El Espíritu Santo cayó sobre los gentiles cuando estos "escucharon la Palabra". Fue necesario que la escucharan. Es algo esencial para recibir al Espíritu Santo. Los inconversos (los gentiles) tenían que *escuchar la Palabra* antes de que pudieran recibir al Espíritu Santo. La idea es que escucharon, creyeron y recibieron la verdad de la Palabra de Dios en sus corazones sin que ni tan siquiera Pedro les dijeran que creyeran. Esto queda claro en Hechos 11:17. Ellos escucharon y recibieron el mensaje, tenían hambre y sed de la Palabra de Dios en sus vidas. Por tanto, creyeron inmediatamente. (Véase nota, Creer, Ro. 10:16-17 para mayor discusión.)

Pensamiento 1. ¡Qué glorioso testimonio! Un reto contundente para todo no creyente. Que tengamos tanta hambre y sed de la Palabra de Dios y de su salvación, que no esperemos por la invitación del mensajero, simplemente creemos y recibimos mientras escuchamos.

"Cualquiera, pues, que me oye estas palabras, y

las hace, le compararé a un hombre prudente, que edificó su casa sobre la roca. Descendió lluvia, y vinieron ríos, y soplaron vientos, y golpearon contra aquella casa; y no cayó, porque estaba fundada sobre la roca" (Mt. 7:24-25).

"Mas la que cayó en buena tierra, éstos son los que con corazón bueno y recto retienen la palabra oída, y dan fruto con perseverancia" (Lc. 8:15).

"Por lo cual también nosotros sin cesar damos gracias a Dios, de que cuando recibisteis la palabra de Dios que oísteis de nosotros, la recibisteis no como palabra de hombres, sino según es en verdad, la palabra de Dios, la cual actúa en vosotros los creyentes" (1 Ts. 2:13).

"El oído que escucha las amonestaciones de la vida, Entre los sabios morará" (Pr. 15:31).

2. El Espíritu Santo cayó sobre los gentiles "mientras aún hablaba Pedro estas palabras". Pedro todavía estaba predicando, aún no había terminado su mensaje cuando el Espíritu Santo cayó. Dios y solo Dios hizo que el Espíritu Santo cayera sobre los creyentes gentiles, no fueron las manos de Pedro…

• ungiéndolos
• imponiéndolas sobre ellos
• bautizándolos
• poniéndolas en agua

Ningún hombre tuvo absolutamente nada que ver con que Dios derramara su Espíritu sobre esos creyentes. El don del Espíritu fue obra única y exclusivamente de Dios.

3. "El Espíritu Santo cayó" (epepesen to pneuma to hagion) y fue derramado cobre los gentiles. Pedro dijo que los gentiles habían "recibido el Espíritu Santo también como nosotros" (v. 47). Observe que Dios les dio el Espíritu Santo después que ellos hubieron "creído en el Señor Jesucristo" (Hch. 11:17). Escuchar el mensaje (v. 44) y haber "creído en el Señor Jesucristo" son absolutamente esenciales para recibir el Espíritu Santo. (Véase *Estudio a fondo 1,* Hch. 10:44; *Estudio a fondo 1,* 2:1-4 para mayor discusión. Ver además nota 1, Hch. 2:1 para un análisis de la presencia del Espíritu Santo en una vida).

"Y he aquí había en Jerusalén un hombre llamado Simeón, y este hombre, justo y piadoso, esperaba la consolación de Israel; y el Espíritu Santo estaba sobre él" (Lc. 2:25).

"y se les aparecieron lenguas repartidas, como de fuego, asentándose sobre cada uno de ellos" (Hch. 2:3).

"Entonces les imponían las manos, y recibían el Espíritu Santo" (Hch. 8:17).

"Mientras aún hablaba Pedro estas palabras, el Espíritu Santo cayó sobre todos los que oían el discurso" (Hch. 10:44).

"Y habiéndoles impuesto Pablo las manos, vino sobre ellos el Espíritu Santo; y hablaban en lenguas, y profetizaban. 7Eran por todos unos doce hombres" (Hch. 19:6).

"Porque por un solo Espíritu fuimos todos bautizados en un cuerpo, sean judíos o griegos, sean esclavos o libres; y a todos se nos dio a beber de un mismo Espíritu" (1 Co. 12:13).

"Pero vosotros tenéis la unción del Santo, y conocéis todas las cosas" (1 Jn. 2:20).

4. Los creyentes judíos estaban atónitos (exestesan) o maravillados. Esto se refiere a los seis creyentes judíos que habían venido con Pedro (Hch. 10:23). A ellos se les había enseñado desde su niñez que el Espíritu Santo estaba a disposición de los judíos solamente, pero ahora ante sus propios ojos, presenciaron a Dios aceptando a los creyentes gentiles en el seno de la iglesia. Toda su vida a estos líderes, incluyendo a Pedro, se les había enseñado y saturado de un resentimiento que rayaba en el odio hacia los gentiles (véase nota, Hch. 10:1-33). ¡Qué rumbo tan radical tomaron los acontecimientos al ver a su Dios derramando su Espíritu sobre los gentiles! El hecho de presenciar esto, más el don de lenguas, fue la señal que les indicó a estos líderes que los gentiles iban a formar parte de la iglesia al igual que los judíos; y los judíos debían aceptar a los gentiles de tan buena gana como se habían aceptado entre ellos.

Pensamiento 1. El evangelio es universal; es para el mundo entero.

"Y les dijo: Id por todo el mundo y predicad el evangelio a toda criatura" (Mr. 16:15).

"Porque todo aquel que pide, recibe; y el que busca, halla; y al que llama, se le abrirá" (Lc. 11:10).

"Entonces Pedro, abriendo la boca, dijo: En verdad comprendo que Dios no hace acepción de personas" (Hch. 10:34).

"Porque no hay diferencia entre judío y griego, pues el mismo que es Señor de todos, es rico para con todos los que le invocan" (Ro. 10:12).

"Y el Espíritu y la Esposa dicen: Ven. Y el que oye, diga: Ven. Y el que tiene sed, venga; y el que quiera, tome del agua de la vida gratuitamente" (Ap. 22:17).

ESTUDIO A FONDO 1

(10:44) *Espíritu Santo:* Parece haber al menos dos, quizá tres, momentos históricos en que Dios "derramó" o bautizó a un grupo de personas con su Espíritu. Cada una dio cumplimiento a su promesa de enviar al Espíritu y a su vez sirvieron como puntos cardinales en la historia de la iglesia.

1. Hubo un Pentecostés judío (véase notas, Hch. 2:1-13).

2. Está el Pentecostés gentil que estamos analizando. Lo menos que podemos decir sobre este acontecimiento es que es una extensión del Pentecostés judío para incluir a los gentiles (Hch. 10:44-48).

3. Quizá tenga alguna trascendencia histórica en el relato de los samaritanos mitad judíos, mitad gentiles que recibieron el Espíritu Santo (Hch. 8:15-17). Este puede haber sido un Pentecostés de transición entre el Pentecostés judío y el de los gentiles.

2 (10:46) *Lenguas:* Los creyentes gentiles hablaron en lenguas y alabaron a Dios. Observe: el hecho de hablar en lenguas llevó a los creyentes gentiles a una gloriosa y gozosa alabanza a Dios. Ellos magnificaron a Dios (megalunonton ton theon), quedaron atrapados en una eufórica alabanza al Señor. El hecho de que "oían que hablaban en lenguas" parece haber sido la señal de que el Espíritu Santo había caído sobre los gentiles. Tanto Pedro como los creyentes judíos necesitaban una señal, una señal que no dejara lugar a dudas de que los gentiles eran salvos. Hablar en lenguas, es decir, prorrumpir en una eufórica alabanza a Dios, fue esa señal. Era la señal que de ninguna manera daría lugar a dudas. Observe: eso fue lo que conmocionó completamente a los creyentes judíos que acompañaban a Pedro, el hecho de que los gentiles estaban, como dice Pedro, recibiendo "el Espíritu Santo también como nosotros" (v. 47. Véase *Estudio a fondo 1,* Hch. 2:1-4. Además *Estudio a fondo 4, Lenguas,* Hch. 2:4 para mayor discusión).

"Y estas señales seguirán a los que creen: En mi nombre echarán fuera demonios; hablarán nuevas lenguas" (Mr. 16:17).

"Y fueron todos llenos del Espíritu Santo, y comenzaron a hablar en otras lenguas, según el Espíritu les daba que hablasen" (Hch. 2:4).

"Porque los oían que hablaban en lenguas, y que magnificaban a Dios. 47Entonces respondió Pedro: ¿Puede acaso alguno impedir el agua, para que no sean bautizados estos que han recibido el Espíritu Santo también como nosotros?" (Hch. 10:46-47).

"Y habiéndoles impuesto Pablo las manos, vino sobre ellos el Espíritu Santo; y hablaban en lenguas, y profetizaban" (Hch. 19:6).

"Porque a éste es dada por el Espíritu palabra de sabiduría; a otro, palabra de ciencia según el mismo Espíritu; a otro, fe por el mismo Espíritu; y a otro, dones de sanidades por el mismo Espíritu. A otro, el hacer milagros; a otro, profecía; a otro, discernimiento de espíritus; a otro, diversos géneros de lenguas; y a otro, interpretación de lenguas. Pero todas estas cosas las hace uno y el mismo Espíritu, repartiendo a cada uno en particular como él quiere" (1 Co. 12:8-11).

"Así que, quisiera que todos vosotros hablaseis en lenguas, pero más que profeticéis; porque mayor es el que profetiza que el que habla en lenguas, a no ser que las interprete para que la iglesia reciba edificación" (1 Co. 14:5).

3 (10:47) *Bautismo:* Los creyentes gentiles fueron bautizados. Observe que Pedro hizo una pregunta. Aparentemente estaba lanzando el reto a los creyentes judíos que estaban con él. No había lugar a dudas: los gentiles habían recibido el Espíritu. Ninguno de los presentes podía negarlo. Es por eso que dice: "¿Puede acaso alguno impedir el agua, para que no sean bautizados estos...?" (Véase *Estudio a fondo 1, Bautismo*, Hch. 2:38 para mayor discusión).

> "Por tanto, id, y haced discípulos a todas las naciones, bautizándolos en el nombre del Padre, y del Hijo, y del Espíritu Santo" (Mt. 28:19).
> "El que creyere y fuere bautizado, será salvo; mas el que no creyere, será condenado" (Mr. 16:16).
> "Respondió Jesús: De cierto, de cierto te digo, que el que no naciere de agua y del Espíritu, no puede entrar en el reino de Dios" (Jn. 3:5).
> "Pedro les dijo: Arrepentíos, y bautícese cada uno de vosotros en el nombre de Jesucristo para perdón de los pecados; y recibiréis el don del Espíritu Santo" (Hch. 2:38).
> "Y mandó bautizarles en el nombre del Señor Jesús. Entonces le rogaron que se quedase por algunos días" (Hch. 10:48).
> "Ahora, pues, ¿por qué te detienes? Levántate y bautízate, y lava tus pecados, invocando su nombre" (Hch. 22:16).

4 (10:48) *Evangelismo mundial:* Se había abierto la puerta para los gentiles. Pedro "mandó" (prosetexen) que los creyentes gentiles fueran bautizados. Evidentemente él ordenó a los seis hermanos judíos que los bautizaran. Observe: los gentiles...

- habían oído la Palabra (v. 44).
- creyeron en el Señor Jesucristo (Hch. 11:17).
- experimentaron el derramamiento del Espíritu Santo (vv. 44, 45) sobre ellos. Habían "recibido el Espíritu Santo" (v. 47).
- fueron bautizados "en el nombre del Señor Jesús" (v. 48).

> "Mirad a mí, y sed salvos, todos los términos de la tierra, porque yo soy Dios, y no hay más" (Is. 45:22).
> "A todos los sedientos: Venid a las aguas; y los que no tienen dinero, venid, comprad y comed. Venid, comprad sin dinero y sin precio, vino y leche" (Is. 55:1).
> "Id, pues, a las salidas de los caminos, y llamad a las bodas a cuantos halléis" (Mt. 22:9).
> "En el último y gran día de la fiesta, Jesús se puso en pie y alzó la voz, diciendo: Si alguno tiene sed, venga a mí y beba" (Jn. 7:37).
> "Porque no hay diferencia entre judío y griego, pues el mismo que es Señor de todos, es rico para con todos los que le invocan" (Ro. 10:12).
> "el cual quiere que todos los hombres sean salvos y vengan al conocimiento de la verdad" (1 Ti. 2:4).
> "Y el Espíritu y la Esposa dicen: Ven. Y el que oye, diga: Ven. Y el que tiene sed, venga; y el que quiera, tome del agua de la vida gratuitamente" (Ap. 22:17).

CAPÍTULO 11

F. Un ministerio internacional: en Cesarea (parte 4): adquirir visión mundial, 11:1-18

1 La visión original de la iglesia: estrecha y tradicional
   a. La iglesia supo de la conversión de los gentiles
   b. Los de la circuncisión se levantaron en contra
      1) Disputaban
      2) Acusaban a Pedro de ir a los gentiles, los mundanos
2 La voluntad de Dios para la visión de la iglesia: una misión de alcance mundial
   a. La visión

   b. La orden de Dios

   c. La batalla religiosa

   d. La lección aprendida

1 Oyeron los apóstoles y los hermanos que estaban en Judea, que también los gentiles habían recibido la palabra de Dios.
2 Y cuando Pedro subió a Jerusalén, disputaban con él los que eran de la circuncisión,
3 diciendo: ¿Por qué has entrado en casa de hombres incircuncisos, y has comido con ellos?
4 Entonces comenzó Pedro a contarles por orden lo sucedido, diciendo:
5 Estaba yo en la ciudad de Jope orando, y vi en éxtasis una visión; algo semejante a un gran lienzo que descendía, que por las cuatro puntas era bajado del cielo y venía hasta mí.
6 Cuando fijé en él los ojos, consideré y vi cuadrúpedos terrestres, y fieras, y reptiles, y aves del cielo.
7 Y oí una voz que me decía: Levántate, Pedro, mata y come.
8 Y dije: Señor, no; porque ninguna cosa común o inmunda entró jamás en mi boca.
9 Entonces la voz me respondió del cielo por segunda vez: Lo que Dios limpió, no lo llames tú común.
10 Y esto se hizo tres veces, y volvió todo a ser llevado arriba al cielo.
11 Y he aquí, luego llegaron tres hombres a la casa donde yo estaba, enviados a mí desde Cesarea.
12 Y el Espíritu me dijo que fuese con ellos sin dudar. Fueron también conmigo estos seis hermanos, y entramos en casa de un varón,
13 quien nos contó cómo había visto en su casa un ángel, que se puso en pie y le dijo: Envía hombres a Jope, y haz venir a Simón, el que tiene por sobrenombre Pedro;
14 él te hablará palabras por las cuales serás salvo tú, y toda tu casa.
15 Y cuando comencé a hablar, cayó el Espíritu Santo sobre ellos también, como sobre nosotros al principio.
16 Entonces me acordé de lo dicho por el Señor, cuando dijo: Juan ciertamente bautizó en agua, mas vosotros seréis bautizados con el Espíritu Santo.
17 Si Dios, pues, les concedió también el mismo don que a nosotros que hemos creído en el Señor Jesucristo, ¿quién era yo que pudiese estorbar a Dios?
18 Entonces, oídas estas cosas, callaron, y glorificaron a Dios, diciendo: ¡De manera que también a los gentiles ha dado Dios arrepentimiento para vida!

   e. El liderazgo del Espíritu

   f. El encuentro con Cornelio

   g. Los gentiles son bautizados con el Espíritu Santo

3 La respuesta de la iglesia a la voluntad de Dios: la convicción de una misión de alcance mundial
   a. La convicción de Pedro
      1) La promesa del Señor se cumplió en los gentiles
      2) Uno no debe estorbar a Dios
   b. La convicción de la iglesia: Dios concede arrepentimiento a todos los hombre
      1) Es un don de Dios
      2) Es para vida
      3) Hace que el creyente glorifique a Dios

DIVISIÓN IV

LA IGLESIA ESPARCIDA: LA PRIMERA GRAN MISIÓN A LOS GENTILES: PEDRO, 9:32–11:18

F. Un ministerio internacional: en Cesarea (parte 4): adquirir visión mundial, 11:1-18

(11:1-18) *Introducción:* Lo que sucedió en este pasaje es de importancia crítica en la historia de la iglesia. Cada iglesia y cuerpo de creyentes necesita estudiar este acontecimiento cuidadosamente.

1. La visión original de la iglesia: estrecha y tradicional (vv. 1-3).
2. La voluntad de Dios para la visión de la iglesia: una misión de alcance mundial (vv. 4-15).
3. La respuesta de la iglesia a la voluntad de Dios: la convicción de una misión de alcance mundial (vv. 16-18).

1 (11:1-3) *Iglesia:* La visión original de la iglesia: estrecha y tradicional. Nótense dos puntos.

1.   Los apóstoles y los hermanos, es decir, la totalidad de la iglesia, oyeron acerca de la predicación de Pedro a los gentiles y de que ellos habían recibido "la palabra de Dios". La noticia había llegado rápido ya que era totalmente inusual que un judío tuviera comunión y comiera con un gentil idólatra y encima de todo, Pedro había bautizado a los gentiles sin pedirles que se circuncidaran.

Recuerde que la mayoría de los creyentes en Jerusalén eran judíos. Habían sido circuncidados de niños y desde entonces habían estado dedicados a la ley de Moisés. Cuando aceptaron a Cristo, no echaron a un lado su religión judaica.

Para ellos el cristianismo era una extensión del judaísmo. En sus mentes, Cristo solo había añadido nuevas enseñanzas a la ley y religión que ya ellos tenían. Por lo tanto, si una persona quería aceptar a Cristo, primero tenían que convertirse en judía…

- circuncidarse
- dedicarse a la ley de Moisés
- observar todas las ceremonias y rituales del judaísmo

Una vez que la persona hubiera hecho estas cosas, es decir, convertirse al judaísmo, entonces y solo entonces, podía recibir a Cristo y ser bautizada.

Solo entonces podía ser aceptada en la iglesia. Pedro había ido en contra de esas creencias y prácticas. Él había…

- permitido a los gentiles recibir la palabra de Dios sin circuncidarles (v. 1).
- quebrantado la ley de Moisés al "entrar en casa de incircuncisos y comer con ellos" (v. 3).

La noticia había viajado rápido. Los primeros creyentes, que seguían siendo fieles a su religión judaica, estaban escandalizados. La iglesia de Jerusalén estaba conmovida hasta sus propios cimientos. La creencia principal de tantos de los primeros creyentes — que Jesús había venido solamente para aumentar y extender el judaísmo — estaba siendo desafiada. Pedro tenía que dar una respuesta y esta debía explicarse claramente y así mismo entenderse.

2.   La parte "circuncidada" de la iglesia estaba particularmente incitada. Fíjese que fueron solamente "los que eran de la circuncisión" discutieron con Pedro. (Véase *Estudio a fondo 1, La circuncisión,* Hch. 11:2). Los apóstoles y la mayoría de los hermanos cristianos no sentían contención o desunión. Ellos confían en que Pedro andaba con el Señor y estaban seguros de que él daría una explicación adecuada cuando se le diera la oportunidad de hablar de su experiencia.

La palabra "disputaban" (diekrinonto) significa estar en contra, tomar el bando contrario, estar del lado opuesto, oponerse, crear una división, una grieta. Es crear contienda, lucha, y discordia. Ellos se opusieron a Pedro inmediatamente y de buena gana y la idea es que era algo que se repetía, el asunto no se terminaba, seguía y seguía.

Vuelvo a repetirle, no se olvide de que Pedro había llevado la Palabra de Dios a los gentiles y había:

- permitido a los gentiles recibir la palabra de Dios sin circuncidarles (v. 1).
- quebrantado la ley de Moisés al 'entrar en casa de incircuncisos y comer con ellos" v. 3).

Pensamiento 1. Hay tres cosas que podemos aprender.

1)   Algunos se aferran a sus ceremonias, rituales, reglas y regulaciones religiosas. Todas estas van primero que la vida y la salvación de los hombres.

2)   Nótese el espíritu de estos legalistas. Sus espíritus debía regocijarse porque algunos había sido salvados y traídos al conocimiento de Cristo. En cambio, sus espíritus estaban llenos de contención y división porque ciertas prácticas religiosas habían sido quebrantadas.

3)   Prejuicios, discriminación, rituales y reglas nos pueden impedir que veamos el propósito de Dios de alcanzar a todos los hombres para salvación. Todas las personas deben ser alcanzadas, no importa lo que sean. Ninguna iglesia debe excluir a nadie. La misión de la iglesia es alcanzar tanto a limpios como a sucios, tanto a los de la clase alta como a los de la clase baja.

"Y será predicado este evangelio del reino en todo el mundo, para testimonio a todas las naciones; y entonces vendrá el fin" (Mt. 24:14).

"Por tanto, id, y haced discípulos a todas las naciones, bautizándolos en el nombre del Padre, y del Hijo, y del Espíritu Santo" (Mt. 28:19).

"Y es necesario que el evangelio sea predicado antes a todas las naciones" (Mr. 13:10).

"Y les dijo: Id por todo el mundo y predicad el evangelio a toda criatura" (Mr. 16:15).

"y que se predicase en su nombre el arrepentimiento y el perdón de pecados en todas las naciones, comenzando desde Jerusalén" (Lc. 24:47).

"pero recibiréis poder, cuando haya venido sobre vosotros el Espíritu Santo, y me seréis testigos en Jerusalén, en toda Judea, en Samaria, y hasta lo último de la tierra" (Hch. 1:8).

"Vi volar por en medio del cielo a otro ángel, que tenía el evangelio eterno para predicarlo a los moradores de la tierra, a toda nación, tribu, lengua y pueblo" (Ap. 14:6).

Pensamiento 2. El discípulo ha sido llamado a hacer la voluntad del Señor, a alcanzar al mundo y evangelizarlo. A menudo tiene que romper con la tradición e ir en contra de la corriente en cuanto a hacer las cosas de la manera en que siempre han sido hechas. Al hacerlo, puede esperar que lo critiquen y recibir oposición de los legalistas y tradicionalistas. A pesar de todo, el verdadero discípulo sigue siendo fiel al igual que lo hizo Pedro. Él hace lo que Dios dice, hace todo lo que puede para alcanzar al mundo necesitado y hablarle de Cristo.

Pensamiento 3. Algunas iglesias cometen el grave error de monopolizar el evangelio, rara vez lo comparten. Reciben el evangelio y lo guardan para sí mismas, dejando a todos los demás fuera, sin hacer nada para que otros puedan entrar. Construyen barreras de exclusividad y prejuicios, alejándose así del resto del mundo.

"Entonces Pedro, abriendo la boca, dijo: En verdad comprendo que Dios no hace acepción de personas" (Hch. 10:34).

"Y Dios, que conoce los corazones, les dio testimonio, dándoles el Espíritu Santo lo mismo que a nosotros; y ninguna diferencia hizo entre nosotros y ellos, purificando por la fe sus corazones" (Hch. 15:8-9).

"pero gloria y honra y paz a todo el que hace lo bueno, al judío primeramente y también al griego" (Ro. 2:10-11).

"Porque no hay diferencia entre judío y griego, pues el mismo que es Señor de todos, es rico para con todos los que le invocan; porque todo aquel que invocare el nombre del Señor, será salvo" (Ro. 10:12-13).

"Y vosotros, amos, haced con ellos lo mismo, dejando las amenazas, sabiendo que el Señor de ellos y vuestro está en los cielos, y que para él no hay acepción de personas" (Ef. 6:9).

"Te encarezco delante de Dios y del Señor Jesucristo, y de sus ángeles escogidos, que guardes estas cosas sin prejuicios, no haciendo nada con parcialidad" (1 Ti. 5:21).

"¿no hacéis distinciones entre vosotros mismos, y venís a ser jueces con malos pensamientos?" (Stg. 2:4).

"El os reprochará de seguro,
Si solapadamente hacéis acepción de personas" (Job 13:10).

ESTUDIO A FONDO 1

(11:2) *La circuncisión — Judaizantes — Legalistas:* Estos eran los judíos que profesaban a Cristo pero seguían aferrados a la religión judaica, en particular al rito de la circuncisión y a la ley de Moisés (Cp. Hch. 5:1-35, esp. 1, 24-29). Ellos creían que un hombre se volvía cristiano...

*   haciéndose primeramente judío. Dicha persona debía ser circuncidado, abrazar al judaísmo con todos sus rituales y ceremonias, y comenzar a obedecer la ley de Moisés,
*   entonces el hombre podía aceptar a Cristo como su Salvador.

En la mente del circunciso, el cristianismo era una mezcla de judaísmo y las enseñanzas de Cristo. La ley era tan importante como Cristo y Cristo no era más importante que la ley. Ellos no pudieron entender...

*   que Cristo era el cumplimiento de la ley.
*   que Cristo había guardado la ley a la perfección, convirtiéndose así en el Hombre Ideal, el modelo perfecto de lo que deben ser todos los hombres.
*   que Cristo no solo era la encarnación de la ley, sino mucho más: la encarnación del propio Dios, el Hombre Ideal, el modelo perfecto hacia quien todos los hombres deben mirar como su norma y para obtener la salvación.
*   que Cristo, como Hijo de Dios, Hombre Ideal y Modelo Perfecto, es a quien todos los hombres deben mirar y obedecer.

Algunos judíos estaban impresionados con Cristo y le profesaban, pero nunca fueron capaces de comprender ni estaban dispuestos a aceptar a Cristo como el cumplimiento de la ley y el salvador de todos los hombres, por tanto, nunca se volvieron solamente a Cristo, nunca pudieron romper con...

*   su religión legalista.

*   la idea de exigirle a los hombres (gentiles) que se convirtieran en judíos antes de convertirse en cristianos.

Esta fue la gran batalla que la iglesia tuvo que librar en sus inicios. Este fue el gran problema que enfrentó Dios: cómo independizar a la iglesia de sus raíces judaicas, de la marginación y de impedir la entrada de los demás pueblos del mundo (gentiles). Este siempre ha sido el problema con los judíos: la tendencia a mantener a los gentiles lejos de Dios y de la gloriosa salvación que él ha planeado para todos los hombres. Ahora bien, como Cristo había venido, Dios tenía que guiar a la iglesia primitiva lejos del enfoque judaico, lejos de la idea de hacer a un hombre judío antes de que pudiera aceptar a Cristo. Esa no era la voluntad de Dios. Él envió a Cristo al mundo para salvar a todos los hombres, no solamente a los judíos. Había que llevar el mensaje a todos los hombres. Dios tenía que separar a los creyentes judíos de su legalismo, de...

*   hacer distinción entre ellos mismos y los demás.
*   hacer que los demás se volvieran religiosos antes de que aceptaran a Cristo.
*   discriminar a otros.
*   construir barreras y muros que otros debían cruzar (reglas legalistas).
*   ser separatistas y divisores.
*   prejuiciados y fanáticos.

Sin embargo, observe lo siguiente: a lo largo de la historia de la iglesia, desde la iglesia primitiva hasta la actualidad, ha habido algunos que se han negado a seguir solamente a Cristo. Han puesto sobre las personas la carga de la ley (el legalismo, convertirse en un fanático religioso, en un judío). Se les conoce como los de la circuncisión, los judaizantes, o en términos más modernos, los legalistas o fanático religiosos.

"Entonces algunos que venían de Judea enseñaban a los hermanos: Si no os circuncidáis conforme al rito de Moisés, no podéis ser salvos" (Hch. 15:1).

"Por cuanto hemos oído que algunos que han salido de nosotros, a los cuales no dimos orden, os han inquietado con palabras, perturbando vuestras almas, mandando circuncidaros y guardar la ley" (Hch. 15:24).

"y esto a pesar de los falsos hermanos introducidos a escondidas, que entraban para espiar nuestra libertad que tenemos en Cristo Jesús, para reducirnos a esclavitud" (Gá. 2:4).

"Todos los que quieren agradar en la carne, éstos os obligan a que os circuncidéis [pasar por un ritual], solamente para no padecer persecución a causa de la cruz de Cristo. Porque ni aun los mismos que se circuncidan guardan la ley; pero quieren que vosotros os circuncidéis, para gloriarse en vuestra carne. Pero lejos esté de mí gloriarme, sino en la cruz de nuestro Señor Jesucristo, por quien el mundo me es crucificado a mí, y yo al mundo. Porque en Cristo Jesús ni la circuncisión [un ritual] vale nada, ni la incircuncisión, sino una nueva creación" (Gá. 6:12-15).

2 (11:4-15) *Misiones — Evangelismo — Iglesia, visión: La voluntad* de Dios para la visión de la iglesia era la de una misión internacional. Pedro se acercó a los contenciosos y les explicó lo más clara y directamente que pudo. Simplemente compartió lo que había sucedido. El bosquejo es de por sí suficiente para repasar la experiencia (véase bosquejo y notas, Hch. 10:1-48). Fíjese que Pedro destacó: *la voluntad de Dios* es la de una misión internacional, la puerta de la salvación va a abrirse para el mundo entero (los gentiles). El énfasis está puesto en la intervención de Dios: Dios actúa, se mueve, revela, y expone claramente su voluntad. Pedro destacó que…

- el éxtasis y la visión vinieron de Dios (v. 5).
- una vasija o bandeja descendió a él desde *los cielos* (v. 5).
- *el Señor le habló* (vv. 7-8).
- *el Señor le ordenó* tres veces (v. 10).
- la vasija fue recogida nuevamente *hacia el cielo* (v. 10).
- la llegada *sobrenaturalmente a tiempo* de los siervos de Cornelio (v. 11).
- *las instrucciones del Espíritu Santo* de que fuera a los gentiles (v. 12).
- *la visita del ángel* al gentil y sus instrucciones para que mandara a buscar a Pedro (v. 13).
- *el derramamiento del Espíritu Santo* sobre los gentiles incluso antes de que terminara de hablar (v. 15).
- *el Espíritu Santo* cayó sobre los gentiles "como sobre nosotros" (v. 15).
- *el Espíritu Santo* cayó sobre ellos tal y como el Señor lo había prometido (v. 16).
- *Dios dio* a los gentiles *el mismo* Espíritu Santo "que a nosotros" (v. 17).

Note ahora cuatro cosas:

1. Todo lo que le sucedió a Pedro en relación con la apertura para los gentiles provino de Dios, fue iniciado y controlado por Dios. Pedro fue a penas el instrumento que Dios utilizó. Fue la voluntad de Dios, la obra de Dios, la actividad de Dios, Dios llevando el evangelio al mundo (los gentiles), no Pedro.

2. Hubo seis testigos oculares de lo sucedido, cada uno pudo comprobar que el acontecimiento vino completamente de Dios. Y observe que: todos ellos eran creyentes judíos.

3. Las palabras "sin dudar" (meden diakrinanta, v. 12) significan sin hacer distinción. Dios le dice a Pedro sin ambigüedades "que fuese con ellos [los gentiles] sin dudar".

Pensamiento 1. A todos los creyentes de todas las generaciones se les da la misma orden. Los creyentes no deben hacer acepción de personas, ni discriminar a la hora de proclamar el evangelio. ¡Qué acusación para muchos! ¿Cuántos *evitan* al pobre? ¿Cuántos no van a donde las personas de otras razas o clases sociales? (Para más versículos, ver nota anterior, Hch. 11:1-3).

4. Nótese todo el espacio y detalle que el autor (Lucas) nos da sobre este suceso, enfatizándolo más que cualquier otro acontecimiento narrado en el libro de los Hechos. Añada a esto la larga discusión relacionada con el mismo asunto recogida en Hechos 15 y su importancia cobra aún más significado. Es imposible resaltar más la importancia de la voluntad de Dios de que se predique el evangelio a todo el mundo.

> **"Porque de tal manera amó Dios al mundo, que ha dado a su Hijo unigénito, para que todo aquel que en él cree, no se pierda, mas tenga vida eterna" (Jn. 3:16).**
>
> **"Y les dijo: Id por todo el mundo y predicad el evangelio a toda criatura" (Mr. 16:15).**
>
> **"pero recibiréis poder, cuando haya venido sobre vosotros el Espíritu Santo, y me seréis testigos en Jerusalén, en toda Judea, en Samaria, y hasta lo último de la tierra" (Hch. 1:8).**

3 (11:16-18) *Misiones — Iglesia, visión:* La respuesta de la iglesia a la voluntad de Dios fue el convencimiento de una misión mundial.

1. La convicción de Pedro. Pedro fue convencido de tres claras *verdades.*

   a. La promesa del Señor se cumplió en los gentiles; los gentiles fueron bautizados con el Espíritu Santo (Hch. 1:5; Jn. 14:26).

Pensamiento 1. Nótese un aspecto significativo: Pedro vio que el más importante de los dos bautismos (el bautismo en agua de Juan y el bautismo de Jesús) era el bautismo de Jesús, es decir, el bautismo del Espíritu. Claramente estaba diciendo que esto fue lo que él vio y comprendió.

   b. Pedro se convenció de otra verdad: él no podía resistir (oponerse) a Dios. En el griego está enfatizado: "¿quién era yo que pudiese estorbar a Dios?" Pedro no tuvo absolutamente nada que ver con el otorgamiento del Espíritu Santo a los gentiles. El don del Espíritu Santo es obra de Dios, y una cosa es segura: ningún hombre puede impedir que Dios haga lo que se propone hacer. Era la voluntad de Dios que la puerta de la salvación se abriera de par en par para los gentiles y Dios lo estaba haciendo.

   c. No es la circuncisión —ningún ritual, ninguna ceremonia, ni la religión— sino el creer, lo que hace que el Espíritu Santo entre a una vida. "Si Dios, pues, les concedió también el mismo don [el Espíritu Santo] que a nosotros que hemos creído en el Señor Jesucristo" (v. 17).

2. La convicción de la iglesia: Dios concede arrepentimiento a todos los hombre. Observe tres puntos significativos.

   a. El arrepentimiento es el don de Dios y del Espíritu Santo. Si no hubiera Dios, ni Espíritu Santo, no habría oportunidad para arrepentirse. Debido a que Dios y el Espíritu existen, y están obrando activamente para salvar al hombre, que existe tal cosa llamada arrepentimiento. Los hombres tienen el privilegio de arrepentirse, de volverse verdaderamente de sus pecados a Dios. Fíjese en lo que Dios espera de los hombres: no una religión, ni algún ritual o ceremonia, no una posición social ni éxito, no raza o conocimiento, sino arrepentimiento. (Véase nota y *Estudio a fondo, Arrepentimiento,* Hch. 3:19; 17:29-30.)

"Pedro les dijo: Arrepentíos, y bautícese cada uno de vosotros en el nombre de Jesucristo para perdón de los pecados; y recibiréis el don del Espíritu Santo. 39Porque para vosotros es la promesa, y para vuestros hijos, y para todos los que están lejos; para cuantos el Señor nuestro Dios llamare" (Hch. 2:38).

"Así que, arrepentíos y convertíos, para que sean borrados vuestros pecados; para que vengan de la presencia del Señor tiempos de refrigerio" (Hch. 3:19).

"Arrepiéntete, pues, de esta tu maldad, y ruega a Dios, si quizá te sea perdonado el pensamiento de tu corazón" (Hch. 8:22).

"Pero Dios, habiendo pasado por alto los tiempos de esta ignorancia, ahora manda a todos los hombres en todo lugar, que se arrepientan" (Hch. 17:30).

"Deje el impío su camino, y el hombre inicuo sus pensamientos, y vuélvase a Jehová, el cual tendrá de él misericordia, y al Dios nuestro, el cual será amplio en perdonar" (Is. 55:7).

"si se humillare mi pueblo, sobre el cual mi nombre es invocado, y oraren, y buscaren mi rostro, y se convirtieren de sus malos caminos; entonces yo oiré desde los cielos, y perdonaré sus pecados, y sanaré su tierra" (2 Cr. 7:14).

b.   El arrepentimiento es para vida; es decir, lleva a la vida. El fin, la consumación de la experiencia del arrepentimiento es vida abundante y vida eterna. La persona que se arrepiente experimenta la vida inmediatamente, y de ahí en adelante vive la vida a plenitud, para siempre. Nunca ha probado ni probará la muerte.

"Porque de tal manera amó Dios al mundo, que ha dado a su Hijo unigénito, para que todo aquel que en él cree, no se pierda, mas tenga vida eterna" (Jn. 3:16).

"El que cree en el Hijo tiene vida eterna; pero el que rehúsa creer en el Hijo no verá la vida, sino que la ira de Dios está sobre él" (Jn. 3:36).

"De cierto, de cierto os digo: El que oye mi palabra, y cree al que me envió, tiene vida eterna; y no vendrá a condenación, mas ha pasado de muerte a vida" (Jn. 5:24).

"Le dijo Jesús: Yo soy la resurrección y la vida; el que cree en mí, aunque esté muerto, vivirá. Y todo aquel que vive y cree en mí, no morirá eternamente. ¿Crees esto? Le dijo: Sí, Señor; yo he creído que tú eres el Cristo, el Hijo de Dios, que has venido al mundo" (Jn. 11:25-27).

"Porque el que siembra para su carne, de la carne segará corrupción; mas el que siembra para el Espíritu, del Espíritu segará vida eterna" (Gá. 6:8).

c.   Dios ha abierto completamente la puerta de salvación para todo el mundo (los gentiles). Esta es la primera *carta magna sobre misiones* de la iglesia, su primer sello de aprobación al evangelismo mundial. (Note: la batalla está muy lejos de haber terminado. El egoísmo y la vida centrada en sí mismo son muy difíciles de borrar de la depravada naturaleza humana. La iglesia primitiva tuvo que librar esta batalla constantemente, y la lucha ha continuado hasta la actualidad. ¿Cuántas iglesias y creyentes aún se oponen a las misiones y el evangelismo internacional, ya sea mediante el mero rechazo y desinterés o mediante la oposición directa?)

"Id, pues, a las salidas de los caminos, y llamad a las bodas a cuantos halléis" (Mt. 22:9).

"Por tanto, id, y haced discípulos a todas las naciones, bautizándolos en el nombre del Padre, y del Hijo, y del Espíritu Santo; enseñándoles que guarden todas las cosas que os he mandado; y he aquí yo estoy con vosotros todos los días, hasta el fin del mundo. Amén" (Mt. 28:19-20).

"Y les dijo: Id por todo el mundo y predicad el evangelio a toda criatura" (Mr. 16:15).

"Jesús le dijo: Deja que los muertos entierren a sus muertos; y tú ve, y anuncia el reino de Dios" (Lc. 9:60).

"Porque el Hijo del Hombre vino a buscar y a salvar lo que se había perdido" (Lc. 19:10).

"y que se predicase en su nombre el arrepentimiento y el perdón de pecados en todas las naciones, comenzando desde Jerusalén" (Lc. 24:47).

"Entonces Jesús les dijo otra vez: Paz a vosotros. Como me envió el Padre, así también yo os envío" (Jn. 20:21).

"Id, y puestos en pie en el templo, anunciad al pueblo todas las palabras de esta vida" (Hch. 5:20).

"que prediques la palabra; que instes a tiempo y fuera de tiempo; redarguye, reprende, exhorta con toda paciencia y doctrina" (2 Ti. 4:2).

	V. LA IGLESIA ESPARCIDA: SOBERANÍA DE DIOS SOBRE LA IGLESIA, 11:19–12:25	24 Porque era varón bueno, y lleno del Espíritu Santo y de fe. Y una gran multitud fue agregada al Señor.	c. Un gran resultado: muchos fueron añadidos
	A. La primera gran iglesia gentil: el modelo de Dios para todas las iglesias[EF1, 2]**, 11: 19-30**	25 Después fue Bernabé a Tarso para buscar a Saulo; y hallándole, le trajo a Antioquía.	**3 La iglesia busca más personal para enseñar**
		26 Y se congregaron allí todo un año con la iglesia, y enseñaron a mucha gente; y a los discípulos se les llamó cristianos por primera vez en Antioquía.	a. Fue una necesidad
1 Nació la iglesia	19 Ahora bien, los que habían sido esparcidos a causa de la persecución que hubo con motivo de Esteban, pasaron hasta Fenicia, Chipre y Antioquía, no hablando a nadie la palabra, sino solo a los judíos.		b. Lo encontraron
a. Por medio de la predicación y el testimonio.			**4 La iglesia (muchos) se reunían regularmente para aprender**
			5 La iglesia deja una gran herencia para sí misma y para Cristo: se les llama cristianos
b. Al hablarle de Cristo a todos: gentiles y judíos.	20 Pero había entre ellos unos varones de Chipre y de Cirene, los cuales, cuando entraron en Antioquía, hablaron también a los griegos, anunciando el evangelio del Señor Jesús.	27 En aquellos días unos profetas descendieron de Jerusalén a Antioquía.	**6 La iglesia inicia su propio ministerio internacional**[EF3]
		28 Y levantándose uno de ellos, llamado Agabo, daba a entender por el Espíritu, que vendría una gran hambre en toda la tierra habitada; la cual sucedió en tiempo de Claudio.	a. Se profetiza una gran necesidad
c. Por la mano del Señor	21 Y la mano del Señor estaba con ellos, y gran número creyó y se convirtió al Señor.	29 Entonces los discípulos, cada uno conforme a lo que tenía, determinaron enviar socorro a los hermanos que habitaban en Judea;	
2 La iglesia recibe seguimiento y enseñanza	22 Llegó la noticia de estas cosas a oídos de la iglesia que estaba en Jerusalén; y enviaron a Bernabé que fuese hasta Antioquía.	30 lo cual en efecto hicieron, enviándolo a los ancianos por mano de Bernabé y de Saulo.	b. Se comparte el dinero: cada cual lo hizo según su capacidad
a. La iglesia madre muestra interés.			
b. Se envía a un discípulo misionero.	23 Este, cuando llegó, y vio la gracia de Dios, se regocijó, y exhortó a todos a que con propósito de corazón permaneciesen fieles al Señor.		c. Se comparten los ministros
1) Su ministerio: la exhortación.			
2) Su carácter			

DIVISIÓN V

LA IGLESIA ESPARCIDA: SOBERANÍA DE DIOS SOBRE LA IGLESIA, 11:19–12:25

A. La primera gran iglesia gentil: el modelo de Dios para todas las iglesias, 11:19-30

(11:19-30) *Introducción:* Sin lugar a dudas este pasaje cubre uno de los acontecimientos más significativos de la historia: la fundación de la primera gran iglesia gentil. La iglesia fue fundada bajo la soberanía, control y voluntad de Dios. La iglesia fue establecida de manera muy simple, sin embargo, como un modelo dinámico a imitar por todas las iglesias y creyentes.

1. Nace la iglesia (vv. 19-21).
2. La iglesia es atendida y enseñada (vv. 22-24).
3. La iglesia busca más maestros (vv. 25-26).
4. La iglesia (muchos) se reúnen regularmente para recibir entrenamiento intensivo (v. 26).
5. La iglesia desarrolló una herencia increíble, para sí misma y para Cristo: a los creyentes se les llama cristianos (v. 26).
6. La iglesia lanza su propia misión mundial (vv. 27-30).

(11:19-30) *Otro bosquejo:* La primera gran iglesia gentil.
1. Nacimiento de la iglesia (vv. 19-21).
2. Nutrición de la iglesia (vv. 22-24).
3. Crecimiento de la iglesia (v. 24).
4. Entrenamiento intensivo de la iglesia (vv. 25-26).
5. Efecto del testimonio de la iglesia: se les llama cristianos (v. 26c).

6. Principio del ministerio de la iglesia (vv. 27-30).

ESTUDIO A FONDO 1

(11:19-30) *Antioquía:* Fue la tercera mayor ciudad del mundo romano, siguiendo a Roma y Alejandría en cuanto a tamaño e importancia. La ciudad tenía más de medio millón de habitantes.

1. Nótese la historia secular y la naturaleza de la ciudad. La ciudad…

- fue fundada por Seleuco Nicátor por el año 300 a.C. Este nombró la ciudad por el nombre de su padre Antíoco.
- se convirtió en la capital de Siria cuando Roma conquistó ese territorio.
- predominó en ella la cultura y el idioma griego; no obstante, un gran número de pobladores sirios y judíos.
- estaba aproximadamente a 15 millas de la costa del Mar Mediterráneo, en la desembocadura del río Orontes. El puerto que abastecía a la ciudad era Seleucia (cp. Hch. 13:4).
- fue el tercer mayor centro comercial y cosmopolita del mundo, siempre activo con el ajetreo y bullicio del comercio internacional, y el influjo de mercaderes, vendedores, obreros y visitantes.
- toleró todas las religiones, sin prohibir ninguna, pero fue la sede del gran templo de Dafne, donde se adoraba a un dios inmoral. Las profetizas del templo eran prostitutas sagradas.
- fue un gran centro deportivo y de búsqueda de placer. Se le conocía como una ciudad *enloquecida* por el deporte y el placer. Fue un sumidero de licencia y placer, y por esta razón, el nombre de Antioquía se convirtió en todo el mundo en un sinónimo de placer sensual. *Ebullía* día y noche con todos los placeres que el hombre deseara.

2. Fíjese en la importancia de la ciudad para la historia cristiana.

=> Antioquía fue la ciudad de;a primera gran iglesia cristiana entre los gentiles (Hch. 11:19-30).

=> Antioquía fue la ciudad y le iglesia desde la cuál se enviaron los primeros misioneros internacionales (Hch. 13:1-3). Fue la ciudad desde la que se dio el gran impulso a las misiones cristianas.

=> Antioquía fue la iglesia donde a los creyentes se les llamó "cristianos" por primera vez (Hch. 11:26).

ESTUDIO A FONDO 2

(11:19-30) *Predicación — Testimonio — Exhortación — Enseñanza:* En este se emplean tres palabras griegas diferentes para testificar y compartir la Palabra. Ellas muestran el ministerio de la iglesia, de cómo los creyentes deben ir a hablar de Cristo.

1. Está la palabra "hablaron" (lalounutes, v. 20). Esta palabra simplemente significa *hablar* y así debe traducirse. Es la simple conversación entre las personas. A medida que los creyentes se esparcían y viajaban, hablaban de la Palabra, compartían acerca de Cristo mediante la conversación ordinaria. La idea que se da es la de que testificaban uno a uno, esparcían la semilla adondequiera que iban. Cristo era su tema de conversación. Habían sido salvados y habían recibido vida, abundante y eterna, y se regocijaban en la gloria de la esperanza más grande que podían imaginar. Su salvación, la presencia y poder de Cristo en sus vidas, era lo que predominaba en sus mentes; por tanto, hablaban de Cristo y compartían con otros acerca de Él, esparciendo el glorioso mensaje del evangelio adondequiera que iban.

> "Entonces Felipe, descendiendo a la ciudad de Samaria, les predicaba a Cristo" (Hch. 8:5).
> "Entonces Felipe, abriendo su boca, y comenzando desde esta escritura, le anunció el evangelio de Jesús" (Hch. 8:35).
> "En seguida predicaba a Cristo en las sinagogas, diciendo que éste era el Hijo de Dios" (Hch. 9:20).
> "Dios envió mensaje a los hijos de Israel, anunciando el evangelio de la paz por medio de Jesucristo; éste es Señor de todos" (Hch. 10:36).
> "pero nosotros predicamos a Cristo crucificado, para los judíos ciertamente tropezadero, y para los gentiles locura" (1 Co. 1:23).

2. Está la frase "anunciando el evangelio [euaggelizomenoi] del Señor Jesús" (v. 20). Esta frase significa declarar y proclamar el evangelio; predicar las Buenas Nuevas de Jesucristo; proclamar la Palabra, la verdad acerca de Jesucristo. Quiere decir que los creyentes que fueron a Antioquía en realidad entraron a la ciudad predicando y proclamando al Señor Jesús. La imagen presentada es la de…

- que ellos entraron a la ciudad para llevar al Señor Jesús a sus moradores. Los creyentes estaban determinados a alcanzar a la ciudad para Dios, y su método fue predicar al Señor Jesús.
- que se pusieron delante de la persona o personas, se pararon delante del pueblo y predicaron a Cristo.

3. Está la palabra "exhortó" (parekalei, v. 23). Esta palabra significa amonestar, aconsejar, desafiar, suplicar, hacer un llamado, solicitar, apremiar, advertir, confortar, y animar.

a. Nótese en qué consistía el mensaje de exhortación: que las personas "permaneciesen fieles al Señor". La exhortación estaba completamente dirigida a lanzar un reto, animar, y advertir a los creyentes a que "permaneciesen fieles al Señor".

b. Observe cuán asociada está esta palabra en griego con la palabra Espíritu Santo (paraclete, ver nota, Jn. 14:16). El ministerio del Espíritu Santo es la exhortación. Su misma presencia y poder dentro del verdadero creyente tiene como objetivo apremiar, confortar, ayudar y advertir a los creyentes a permanecer fieles al Señor y a dar testimonio de su gloriosa salvación.

c. Note que el ministerio del ministro fue la exhortación. De la misma manera que el Espíritu Santo quedó en medio de la iglesia como *otro Ayudador* en lugar de Cristo, Bernabé tuvo que pararse en medio de ellos como otro ayudador. Bernabé tuvo que desafiar, animar y advertir a las personas que "permaneciesen fieles al Señor".

"Y abriendo su boca les enseñaba, diciendo" (Mt. 5:2),

"Y comenzó a hablar con denuedo en la sinagoga; pero cuando le oyeron Priscila y Aquila, le tomaron aparte y le expusieron más exactamente el camino de Dios" (Hch. 18:26).

"que prediques la palabra; que instes a tiempo y fuera de tiempo; redarguye, reprende, exhorta con toda paciencia y doctrina" (2 Ti. 4:2).

"retenedor de la palabra fiel tal como ha sido enseñada, para que también pueda exhortar con sana enseñanza y convencer a los que contradicen" (Tit. 1:9).

"Porque la gracia de Dios se ha manifestado para salvación a todos los hombres. 15Esto habla, y exhorta y reprende con toda autoridad. Nadie te menosprecie" (Tit. 2:11-15).

1 (11:19-21) *Iglesia, fundación: Nace la iglesia.* Este pasaje nos relata qué le sucedió a los creyentes que se vieron obligados a huir de Jerusalén tras la muerte de Esteban. Saulo había desplegado una terrible persecución contra ellos, tratando de destruir el nombre de Cristo (véase bosquejo y notas, Hch. 8:1-4; 9:1-9 para mayor discusión). Ellos se dispersaron por toda…

- Fenicia, que incluía las importantes ciudades de Tiro y Sidón.
- Chipre (véase *Estudio a fondo 1,* Hch. 13:4 para mayor discusión).
- Antioquía (véase *Estudio a fondo 1, Antioquía,* Hch. 11:19-30).

La idea central es contundente: a medida que los creyentes fueron dispersados, predicaron a Cristo. La imagen descrita es la de que no quedó ningún área que el evangelio no tocara. A dondequiera que los creyentes fueron, hablaron acerca de Cristo. Sin embargo, el centro de atención es Antioquía, la gran iglesia que se fundó allí. Observe qué fue lo que dio origen al nacimiento de la gran iglesia. Hubo tres aspectos esenciales:

1. La iglesia nació a través de creyentes laicos, mediante su testimonio (v. 19) y predicación (v. 20). (Véase nota, Predicar, ptos. 1 y 2, Hch. 11:19-30 para mayor discusión.)

2. La iglesia nació de creyentes laicos que hablaron de Cristo a todos y cada uno, sin importar quienes eran, tanto a gentiles como a judíos. Fíjese que algunos creyentes le testificaron solamente a los judíos (v. 19), pero otros creyentes le testificaron a los gentiles en Antioquía (v. 20). El evangelio de Cristo es para el mundo entero. Puede haber comenzado con los judíos, pero Dios es el Dios del universo, de todos los hombres. Por tanto, él desea que todos los hombres conozcan que su Hijo vino a este mundo y que sean salvos por él. Observe también el mensaje que se predicó: el Señor Jesús.

"Mirad a mí, y sed salvos, todos los términos de la tierra, porque yo soy Dios, y no hay más" (Is. 45:22).

"A todos los sedientos: Venid a las aguas; y los que no tienen dinero, venid, comprad y comed. Venid, comprad sin dinero y sin precio, vino y leche" (Is.55:1).

"Id, pues, a las salidas de los caminos, y llamad a las bodas a cuantos halléis" (Mt. 22:9).

"En el último y gran día de la fiesta, Jesús se puso en pie y alzó la voz, diciendo: Si alguno tiene sed, venga a mí y beba" (Jn. 7:37).

"Porque no hay diferencia entre judío y griego, pues el mismo que es Señor de todos, es rico para con todos los que le invocan" (Ro. 10:12).

"el cual quiere que todos los hombres sean salvos y vengan al conocimiento de la verdad" (1 Ti. 2:4).

"Y el Espíritu y la Esposa dicen: Ven. Y el que oye, diga: Ven. Y el que tiene sed, venga; y el que quiera, tome del agua de la vida gratuitamente" (Ap. 22:17).

3. La Iglesia nació bajo la mano del Señor, por su soberanía y control. Dios predominó sobre todos las pruebas y oposiciones, e hizo que la iglesia naciera.

=> Dios predominó sobre la persecución.

=> Dios predominó el miedo y el trauma de los creyentes que habían tenido que huir para no perder su vida, huir lejos de sus casas, sus amigos y sus negocios. El desaliento, las dudas, la incredulidad, la deserción, la negación, el silencio, y el dejar de testificar, todas estas cosas podían haberse adueñado de los creyentes perseguidos que estaban perdiendo todo lo que tenían, pero Dios predominó y los atesoró en su corazón, dándoles una gracia muy especial para resistir y marchar adelante triunfantes, proclamando el nombre del Señor Jesús.

=> Dios predominó sobre el delirio del placer y los pecados de Antioquía.

=> Dios predominó e impulsó a los creyentes a testificar y predicar a Cristo a pesar de todas las pruebas y la oposición. Dios hizo que la iglesia naciera. Su soberanía, su control, su poder: "Y la mano del Señor estaba con ellos". El resultado no se hizo esperar: "gran número creyó y se convirtió al Señor". La primera gran iglesia gentil nació, y nació bajo la soberanía de Dios.

"Para dar luz a los que habitan en tinieblas y en sombra de muerte; Para encaminar nuestros pies por camino de paz" (Lc.1:79).

"Encaminará a los humildes por el juicio, Y enseñará a los mansos su carrera" (Sal. 25:9).

"Yo Jehová te he llamado en justicia, y te sostendré por la mano; te guardaré y te pondré por pacto al pueblo, por luz de las naciones" (Is. 42:6).

(11:22-26) *Otro bosquejo:* Un verdadero discípulo o ministro.

1. Debe ver algo: la gracia de Dios (v. 23a).

2. Debe hacer algo: exhortar (v. 23b).
3. Debe ser algo (v. 24).
4. Debe darse cuenta de algo: necesita ayuda (vv. 25-26).

2 (11:22-24) *Iglesia, seguimiento — Ministro:* A la iglesia se le dio seguimiento y se le enseñó. Nótense tres cosas significativas que ocurrieron.

1. La iglesia madre oyó acerca del testimonio de los creyentes esparcidos. Recuerde que tanto los apóstoles como los primeros líderes de la iglesia aún estaban en Jerusalén. A Jerusalén todavía se le consideraba la iglesia madre, aquella a la que las iglesias de la diáspora acudían en búsqueda de liderazgo. La iglesia y sus líderes querían ayudar a crecer a las nuevas iglesias en todas partes.

Esto se aprecia claramente en lo que Bernabé hizo. La iglesia madre quería que las nuevas iglesias…

• recibieran ayuda ministerial (v. 22).
• recibieran exhortación (v. 23).
• recibieran enseñanza (v. 26).

2. Comisionaron a un discípulo misionero para que ayudara a las nuevas iglesias. Una vez más, la atención se enfoca en Antioquía. Observe tres cosas acerca del misionero Bernabé.

a. Su ministerio fue la exhortación (véase *Estudio a fondo 2, Predicar,* pt. 3, Hch. 11:19-30 para mayor discusión). El mensaje era que…

• "con propósito de corazón": un corazón con propósito determinado, estable, concentrado, resuelto, firme.

• "permaneciesen fieles al Señor": continuaran, fueran constantes, leales, firmes, persistentes, perseverando, fieles.

"**Mas a Jehová vuestro Dios seguiréis, como habéis hecho hasta hoy**" (Jos. 23:8).

"**Así que, hermanos míos amados, estad firmes y constantes, creciendo en la obra del Señor siempre, sabiendo que vuestro trabajo en el Señor no es en vano**" (1 Co. 15:58).

"**Estad, pues, firmes en la libertad con que Cristo nos hizo libres, y no estéis otra vez sujetos al yugo de esclavitud**" (Gá. 5:1).

"**Solamente que os comportéis como es digno del evangelio de Cristo, para que o sea que vaya a veros, o que esté ausente, oiga de vosotros que estáis firmes en un mismo espíritu, combatiendo unánimes por la fe del evangelio**" (Fil. 1:27).

"**al cual resistid firmes en la fe, sabiendo que los mismos padecimientos se van cumpliendo en vuestros hermanos en todo el mundo**" (1 P. 5:9).

"**Así que vosotros, oh amados, sabiéndolo de antemano, guardaos, no sea que arrastrados por el error de los inicuos, caigáis de vuestra firmeza**" (2 P. 3:17).

b. Su personalidad era impresionante.

=> "Bueno" (agathos): recto, justo, moral, honorable, y agradable a los ojos de Dios. Él era como debía ser tanto interna como externamente.

=> "Lleno del Espíritu Santo": conciente y apercibido de la presencia y poder, control y disciplina, voluntad y propósito, guía y dirección; el fruto del Espíritu.

"**Mas el fruto del Espíritu es amor, gozo, paz, paciencia, benignidad, bondad, fe, mansedumbre, templanza; contra tales cosas no hay ley**" (Gá. 5:22-23; cp. Ro. 8:1).

"**…sed llenos del Espíritu**" (Ef. 5:18).

=> Lleno de fe: creyendo en el Señor y en su propósito y poder para hacer y dirigirnos a hace cualquier cosa que desee.

"**Y todo lo que pidiereis en oración, creyendo, lo recibiréis**" (Mt. 21:22).

"**sino también con respecto a nosotros a quienes ha de ser contada, esto es, a los que creemos en el que levantó de los muertos a Jesús, Señor nuestro**" (Ro. 4:24).

"**Pero sin fe es imposible agradar a Dios; porque es necesario que el que se acerca a Dios crea que le hay, y que es galardonador de los que le buscan**" (He. 11:6).

Pensamiento 1. Ningún discípulo del Señor, en verdad ningún ministro del evangelio, debe ser menos que Bernabé.

3. Experimentaron un resultado tremendo. Muchos se agregaron al Señor (cp. vv. 21, 24, 26).

Pensamiento 1. Las nuevas iglesias alcanzarán a otras personas, de hecho cualquier iglesia alcanzará a otras personas…

• cuando los creyentes predican fielmente.
• cuando las iglesias muestran interese en la predicación de los creyentes en cualquier otro lugar.
• cuando los discípulos y ministros exhortan y muestran un carácter piadoso.

3 (11:25-26) *Iglesia — equipo de trabajo:* la iglesia busca apoyo adicional: tener un adecuado equipo de trabajo para la enseñanza. Bernabé ocupa el centro de atención en este momento, pero de seguro la iglesia sintió la necesidad de buscar apoyo y dio su aprobación. La idea es la siguiente: se vio la necesidad e inmediatamente se tomó la decisión de buscar ayuda. La única pregunta era quién sería seguro. Se necesitaba una persona especial, una persona que no solo tuviera un trasfondo judío sino que además conociera el idioma y la cultura griegos y que pudiera relacionarse tanto con judíos como con gentiles. Además se necesitaba que la persona fuera valiente y atrevida al predicar a Cristo debido a la inmoralidad e impiedad de la sociedad en Antioquía.

Bernabé conocía a un hombre así: Saulo de Tarso. Así que se dispuso a encontrarlo. La palabra "buscar" (anazeteo) significa procurar, buscar por todas partes; hacer una búsqueda minuciosa. Pablo había estado ocupado predicando a Cristo en Siria y Cilicia (Gá. 1:21). Parece ser que a Bernabé le fue difícil encontrarlo, pero fíjese que el conocía la voluntad de Dios y por tanto no descansó cejó en su búsqueda.

Pensamiento 1. ¡Qué enérgica lección para todas las iglesias acerca de la búsqueda de personal!

"Y les dijo: Venid en pos de mí, y os haré pescadores de hombres" (Mt. 4:19).

"Este halló primero a su hermano Simón, y le dijo: Hemos hallado al Mesías (que traducido es, el Cristo). Y le trajo a Jesús. Y mirándole Jesús, dijo: Tú eres Simón, hijo de Jonás; tú serás llamado Cefas (que quiere decir, Pedro)" (Jn. 1:41-42).

"Felipe halló a Natanael, y le dijo: Hemos hallado a aquél de quien escribió Moisés en la ley, así como los profetas: a Jesús, el hijo de José, de Nazaret" (Jn. 1:45).

"Después fue Bernabé a Tarso para buscar a Saulo; y hallándole, le trajo a Antioquía. Y se congregaron allí todo un año con la iglesia, y enseñaron a mucha gente; y a los discípulos se les llamó cristianos por primera vez en Antioquía" (Hch. 11:25-26).

4 (11:26) *Iglesia, preparación:* la iglesia: muchos de los creyentes se reunían constantemente para recibir preparación (véase *Estudio a fondo 2, Predicación,* pt. 4, Hch. 11:19-30 para mayor discusión y otros versículos). Tenga en cuenta tres aspectos que se explican por sí mismos:

1. El propósito de la iglesia al reunirse era aprender acerca del Señor…
    *   Su muerte de acuerdo a las Escrituras (1 Co. 15:3).
    *   Su resurrección de acuerdo a las Escrituras (1 Co. 15:4).
    *   Sus enseñanzas, doctrinas e instrucciones (Mt. 28:19-20; cp. Hch. 17:11).
2. "Muchos eran enseñados" no solo unos pocos. Los creyentes tenían sed del conocimiento de la verdad.
3. La iglesia se reunió constantemente durante todo un año.

5 (11:26) *Cristiano:* la iglesia deja una gran herencia para sí misma y para Cristo. Los creyentes de Antioquía fueron los primeros que recibieron el título de "cristianos". Tenga en cuenta que:
=> El nombre era un apodo que los inconversos le pusieron a los creyentes en Antioquía.
=> El título era para aquellos que pertenecían a Cristo, para sus seguidores.
=> Dicho título solamente se usa en otras dos oportunidades en el Nuevo Testamento (Hch. 26:28; 1 P. 4:16).
=> Los creyentes tomaron el nombre de *cristianos* y comenzaron a usarlo para referirse a sí mismos. Este se convertiría en el nombre adoptado por todos los seguidores de Cristo.

Pensamiento 1. Qué gran herencia dejaron al mundo los creyentes de Antioquía, el nombre de *seguidores de Cristo.*

Pensamiento 2. Cada persona que se llama a sí misma cristiano, debe ser un verdadero seguidor de Cristo. ¡Qué lamentable que muchos no lo son (Col. 2:6; 1 Jn. 2:6)!

"Por tanto, de la manera que habéis recibido al Señor Jesucristo, andad en él" (Col. 2:6).

"Pues para esto fuisteis llamados; porque también Cristo padeció por nosotros, dejándonos ejemplo, para que sigáis sus pisadas" (1 P. 2:21).

"El que dice que permanece en él, debe andar como él anduvo" (1 Jn. 2:6).

6 (11:27-30) *Misión — Evangelismo — Iglesia, visión:* la iglesia lanzó su propia misión de alcance mundial. Muy sencillo, algunos profetas de Jerusalén fueron a ayudar al ministerio en Antioquía. No sabemos qué les llevó hasta allí: si fue una invitación desde Antioquía o si fueron comisionados por la iglesia de Jerusalén o si recibieron alguna orden del Espíritu Santo. Tampoco sabemos cuántos fueron, pero algo sí está claro: era la voluntad de Dios que fueran. Esto lo podemos entender por lo que sigue.

1. Se profetizó que vendría una gran necesidad. Agabo, uno de los profetas, predijo una hambruna mundial. (Cp. Hch. 21:10 para otra referencia a Agabo).
    => La profecía no fue una deducción ni algo que Agabo razonó. Fue una profecía del Espíritu.
    => Dicha hambruna tuvo lugar en el reinado de Claudio César, quién gobernó del 41-54 d.C.
2. Se compartió el dinero y las provisiones. Todos enviaron ayuda a Jerusalén, "cada uno conforme a lo que tenía". Lo importante aquí es que la recién nacida iglesia de Antioquía estaba comenzando su propia obra misionera. Ahora estaban ayudando a la iglesia madre, la iglesia que originalmente les ayudó (vv. 22-24).
3. Se compartieron los ministros. Fíjese a quiénes envió la iglesia: a sus dos ministros principales, Saulo y Bernabé. Ellos entregaron la ofrenda a los ancianos de la iglesia de Jerusalén (véase *Estudio a fondo 1, Ancianos,* Tit. 1:5-9). Pablo tardó en animarles para dar constantemente para las necesidades del pueblo de Dios (Hch. 24:17; Ro. 15:25-27; 1 Co. 16:1-4; 2 Co. 8:1-15; Gá. 2:10).

"Así que, según tengamos oportunidad, hagamos bien a todos, y mayormente a los de la familia de la fe" (Gá. 6:10).

"Que hagan bien, que sean ricos en buenas obras, dadivosos, generosos" (1 Ti. 6:18).

"Y de hacer bien y de la ayuda mutua no os olvidéis; porque de tales sacrificios se agrada Dios" (He. 13:16).

"Confía en Jehová, y haz el bien; Y habitarás en la tierra, y te apacentarás de la verdad" (Sal. 37:3).

ESTUDIO A FONDO 3

(11:27) *Profetas:* Esta es la primera vez que se menciona el título de profeta en la iglesia primitiva. La función de un profeta del Nuevo Testamento tenía tres aspectos fundamentales: edificar, exhortar, y estimular (1 Co. 14:3; cp. Hch. 15:32). Sin embargo, también se les dio la gracia de predecir el futuro según Dios les quiso revelar. En el listado de dones que aparece en el Nuevo Testamento, a los profetas se les enumera en el orden de prioridad después de los apóstoles (1 Co. 12:28-29; Ef. 4:11).
=> Se nombran algunos de los primeros profetas (Hch. 13:1; 15:32; 11:28; cp. 21:10).
=> A los profetas les fue concedido el don espiritual de la enseñanza (Hch. 13:1).
=> Los profetas pueden ejercer a voluntad del don de profecía (1 Co. 15:32).

=> Los profetas enfrentan un gran peligro: el super-espiritualismo u orgullo (1 Co. 15:37).

=> Los profetas primitivos eran considerados parte del fundamento de la iglesia, junto con los apóstoles (Ef. 2:20).

=> A los profetas primitivos les fue concedido el comprender los misterios de la iglesia por revelación especial del Espíritu Santo (Ef. 3:5-6).

CAPÍTULO 12

B. La iglesia de Jerusalén protegida milagrosamente: el modelo de Dios para librar a la iglesia de la persecución[EF1], **12:1-25**

1 Primer ataque político contra la iglesia

a. Mediante la persecución

b. Mediante el asesinato

c. Mediante el encarcelamiento[EF2]

2 El modelo de Dios para la liberación

a. El modelo de la oración

b. El modelo de la confianza en la voluntad de Dios

c. El modelo de la obra milagrosa de Dios y la obediencia de los discípulos

  1) "Levántate": "las cadenas se le cayeron"

  2) "Cíñete": así lo hizo

  3) "Sígueme": "le seguía"

1 En aquel mismo tiempo el rey Herodes echó mano a algunos de la iglesia para maltratarles.

2 Y mató a espada a Jacobo, hermano de Juan.

3 Y viendo que esto había agradado a los judíos, procedió a prender también a Pedro. Eran entonces los días de los panes sin levadura.

4 Y habiéndole tomado preso, le puso en la cárcel, entregándole a cuatro grupos de cuatro soldados cada uno, para que le custodiasen; y se proponía sacarle al pueblo después de la pascua.

5 Así que Pedro estaba custodiado en la cárcel; pero la iglesia hacía sin cesar oración a Dios por él.

6 Y cuando Herodes le iba a sacar, aquella misma noche estaba Pedro durmiendo entre dos soldados, sujeto con dos cadenas, y los guardas delante de la puerta custodiaban la cárcel.

7 Y he aquí que se presentó un ángel del Señor, y una luz resplandeció en la cárcel; y tocando a Pedro en el costado, le despertó, diciendo: Levántate pronto. Y las cadenas se le cayeron de las manos.

8 Le dijo el ángel: Cíñete, y átate las sandalias. Y lo hizo así. Y le dijo: Envuélvete en tu manto, y sígueme.

9 Y saliendo, le seguía; pero no sabía que era verdad lo que hacía el ángel, sino que pensaba que veía una visión.

10 Habiendo pasado la primera y la segunda guardia, llegaron a la puerta de hierro que daba a la ciudad, la cual se les abrió por sí misma; y salidos, pasaron una calle, y luego el ángel se apartó de él.

11 Entonces Pedro, volviendo en sí, dijo: Ahora entiendo verdaderamente que el Señor ha enviado su ángel, y me ha librado de la mano de Herodes, y de todo lo que el pueblo de los judíos esperaba.

12 Y habiendo considerado esto, llegó a casa de María la madre de Juan, el que tenía por sobrenombre Marcos, donde muchos estaban reunidos orando.

13 Cuando llamó Pedro a la puerta del patio, salió a escuchar una muchacha llamada Rode,

14 la cual, cuando reconoció la voz de Pedro, de gozo no abrió la puerta, sino que corriendo adentro, dio la nueva de que Pedro estaba a la puerta.

15 Y ellos le dijeron: Estás loca. Pero ella aseguraba que así era. Entonces ellos decían: ¡Es su ángel!

16 Mas Pedro persistía en llamar; y cuando abrieron y le vieron, se quedaron atónitos.

17 Pero él, haciéndoles con la mano señal de que callasen, les contó cómo el Señor le había sacado de la cárcel. Y dijo: Haced saber esto a Jacobo y a los hermanos. Y salió, y se fue a otro lugar.

18 Luego que fue de día, hubo no poco alboroto entre los soldados sobre qué había sido de Pedro.

19 Mas Herodes, habiéndole buscado sin hallarle, después de interrogar a los guardas, ordenó llevarlos a la muerte. Después descendió de Judea a Cesarea y se quedó allí.

20 Y Herodes estaba enojado contra los de Tiro y de Sidón;

d. El modelo de la voluntad soberana de Dios

e. Resultados

  1) Reunión de creyentes[EF3]

  2) Regocijo, gozo

  3) Completamente atónitos

  4) Declaración de la liberación soberana de Dios

  5) Alivio de la ansiedad de los líderes: Santiago y los otros líderes

  6) Escape y seguridad

3 La ira soberana de Dios, la vindicación de la iglesia

a. Los terribles pecados de Herodes

b. La terrible muerte de Herodes

	pero ellos vinieron de acuerdo ante él, y sobornado Blasto, que era camarero mayor del rey, pedían paz, porque su territorio era abastecido por el del rey.
	21 Y un día señalado, Herodes, vestido de ropas reales, se sentó en el tribunal y les arengó.
	22 Y el pueblo aclamaba gritando: ¡Voz de Dios, y no de hombre!
		23 Al momento un ángel del Señor le hirió, por cuanto no dio la gloria a Dios; y expiró comido de gusanos.
		24 Pero la palabra del Señor crecía y se multiplicaba.
		25 Y Bernabé y Saulo, cumplido su servicio, volvieron de Jerusalén, llevando también consigo a Juan, el que tenía por sobrenombre Marcos.
			4 El avance triunfante de la iglesia
			  a. La Palabra se multiplicaba, v. 24
			  b. El discipulado de un joven, un joven destinado a la grandeza[EF4]

DIVISIÓN V

LA IGLESIA ESPARCIDA: SOBERANÍA DE DIOS SOBRE LA IGLESIA, 11:19–12:25

B. La iglesia de Jerusalén protegida milagrosamente: el modelo de Dios para librar a la iglesia de la persecución, 12:1-25

(12:1-25) *Introducción:* Dios siempre libera a su pueblo de las pruebas o en medio de las pruebas de esta vida, incluyendo la persecución y el martirio. Este pasaje nos describe un cuadro del modelo de Dios para la liberación de la persecución.

1. Primer ataque político contra la iglesia (vv. 1-4).
2. El modelo de Dios para la liberación (vv. 5-17).
3. La ira soberana de Dios, la vindicación de la iglesia (vv. 18-23).
4. El avance triunfante de la iglesia (vv. 24-25).

ESTUDIO A FONDO 1

(12:1-25) *Herodes Agripa I* (41-44 d.C.): Los hechos que tienen que ver con Herodes Agripa son muy interesantes.

=> Era el nieto de Herodes el Grande quien trató de matar al niño Jesús cuando mandó a asesinar a todos los niños (véase *Estudio a fondo 3*, Mt. 2:3-4).

=> Era sobrino de Herodes Antipas quien mandó a matar a Juan el Bautista (véase *Estudio a fondo 1, 2*, Mt. 14:1-14).

=> Nació en el año 10 a.C., fue criado y educado en Roma.

=> Se convirtió en rey de Palestina y gobernó del 41 — 44 d.C.

=> Buscó la popularidad entre el pueblo judío al fingir que era un convertido al judaísmo. Con el objetivo de buscar el apoyo y la lealtad del pueblo, mantuvo públicamente las leyes y festividades judías. Fue esto lo que le hizo volverse en contra de la iglesia. Estaba buscando el favor del pueblo, su aprobación y lealtad (cp. Hch. 12:3). Herodes fue un político sagaz, capaz de maniobrar y manipular a la gente para su beneficio.

Tenga en cuenta que desde hacía ya algún tiempo el pueblo judío se había vuelto contra los creyentes cristianos. El público había malinterpretado las enseñanzas y el fervor evangelístico de los cristianos. La idea de alcanzar a los gentiles y convertir el mundo entero a Cristo era algo completamente inusitado. Parece ser que había surgido una terrible enemistad para con la iglesia. Al destruir a los líderes de la iglesia, Herodes quería sacar provecho de dicha enemistad para ganar mayor apoyo y lealtad por parte del pueblo. Él pensó que al hacerlo obtendría el favor del pueblo y le ayudaría grandemente a mantener la paz en Palestina; todo esto consolidaría su poder y estima en Roma.

[1] (12:1-4) *Persecución:* se produce el *primer ataque político* contra la iglesia. Habían pasado ocho años desde la muerte de Estaban y de la primera persecución contra la iglesia. Dios había aplastado la persecución al convertir al mayor perseguidor, al propio Saulo de Tarso (véase notas, Hch. 9:1-9). Sin embargo, a lo largo de esos ocho años, se habían acumulado los resentimientos contra la iglesia, hasta que llegaron al clímax en este momento (cp. "todo lo que el pueblo de los judíos esperaba", v. 11). El pueblo estaba lleno de hostilidad para con los creyentes cristianos. Había dos razones fundamentales para ese odio. Simplemente el público no entendía…

• las enseñanzas de Jesús y de sus seguidores: cómo las mismas daba cumplimiento a la ley y que podían reconciliarse con la religión judía.

• el arranque evangelístico de la iglesia: que los creyentes judíos estaban tan llenos del fervor de Cristo que se lanzarían a convertir al mundo entero. Todo parece indicar que la conversión de Cornelio y la fundación de iglesias por todo el mundo gentil desagradó infinitamente a algunos de los judíos.

Herodes, al ser un político tan sagaz, vio allí una oportunidad para complacer a los judíos, persiguiendo y destruyendo a la iglesia. Eso ayudaría…

• a mantener a los judíos tranquilos, y así seguirían dando su apoyo a la política de Roma.

• solidificar su propio prestigio y poder antes las autoridades que estaban en Roma.

Herodes inició un ataque gubernamental contra los líderes de la iglesia. (Véase *Estudio a fondo 1, Herodes Agripa I*, Hch. 12:1-25 para mayor discusión.)

1. Persecución. La palabra "acosar"o "perseguir" (kakosai) significa oprimir, atormentar, hacer daño, hacer mal contra. Algunos líderes de la iglesia fueron arrestados, llevados a prisión y parece ser que también torturados. Para imaginarlo, basta con pensar en cómo son las persecuciones en todos los tiempos, los creyentes maltratados y agredidos, sus casas y propiedades destruidas y confiscadas o robadas.

2. Asesinato. Uno de los muertos fue Jacobo, el hermano de Juan, uno de los tres apóstoles principales que tuvo el Señor (véase también *Estudio a fondo 4. 6,* Mt. 10:2). No se dice nada sobre Jacobo en el libro de Hechos, solo que fue asesinado. Pero el hecho de que Herodes tratara de hacerlo callar es una muestra clara de que fue muy activo en el servicio a Cristo. Jesús le había dicho a Jacobo que sufriría martirio (Mt. 20:23). Dios tiene una promesa gloriosa para los creyentes que sufren persecución.

> "Y si hijos, también herederos; herederos de Dios y coherederos con Cristo, si es que padecemos juntamente con él, para que juntamente con él seamos glorificados" (Ro. 8:17).

3. Prisiones. La persecución de los líderes de la iglesia agradó a los judíos, especialmente el hecho de que uno de los principales apóstoles del Señor hubiera sido asesinado. Parecía que el plan de Herodes estaba funcionando. Tenga en cuenta estas tres cosas.

a. Era la época de la Pascua, los días de los panes sin levadura. (Véase *Estudio a fondo l*, Mt. 26:17; nota y *Estudio a fondo 1*, Lc. 22:1). Cientos de miles de peregrinos habían inundado Jerusalén. Como en cualquier fecha festiva, había una atmósfera de celebración revoloteando sobre la ciudad. La gente tenía un espíritu de fiesta, de alegría. Esta era la oportunidad exclusiva de Herodes para obtener verdadera popularidad entre las multitudes el pueblo.

b. Herodes estaba tan contento con la respuesta de los judíos que se apareció con la estratagema más osada que pudiera imaginarse: el arresto y encarcelamiento del *líder,* Pedro el apóstol. Fíjese que Herodes estaba planeado ejecutar a Pedro después de la Pascua. La ley judía no permitía ejecuciones durante esta festividad. Además tenga en cuenta que este era el tercer encarcelamiento de Pedro por causa de su Señor (cp. Hch. 4:3; 5:18; 12:4-5).

c. Herodes tenía a Pedro muy vigilado (ver Estudio a fondo 2, Hch. 12:3-4).

> "Y guardaos de los hombres, porque os entregarán a los concilios, y en sus sinagogas os azotarán" (Mt. 10:17).

> "Entonces os entregarán a tribulación, y os matarán, y seréis aborrecidos de todas las gentes por causa de mi nombre" (Mt. 24:9; cp. Lc. 21:12-13).

> "Acordaos de la palabra que yo os he dicho: El siervo no es mayor que su señor. Si a mí me han perseguido, también a vosotros os perseguirán; si han guardado mi palabra, también guardarán la vuestra" (Jn. 15:20).

> "Estas cosas os he hablado, para que no tengáis tropiezo. Os expulsarán de las sinagogas; y aun viene la hora cuando cualquiera que os mate, pensará que rinde servicio a Dios. 3Y harán esto porque no conocen al Padre ni a mí" (Jn. 16:l-3).

> "No temas en nada lo que vas a padecer. He aquí, el diablo echará a algunos de vosotros en la cárcel, para que seáis probados, y tendréis tribulación por diez días. Sé fiel hasta la muerte, y yo te daré la corona de la vida" (Ap. 2:10).

> "Jehová Dios mío, en ti he confiado; Sálvame de todos los que me persiguen, y líbrame" (Sal. 7:1).

> "En tu mano están mis tiempos; Líbrame de la mano de mis enemigos y de mis perseguidores" (Sal. 31:15).

> "Todos tus mandamientos son verdad; Sin causa me persiguen; ayúdame" (Sal. 119:86).

> "Porque ha perseguido el enemigo mi alma; Ha postrado en tierra mi vida; Me ha hecho habitar en tinieblas como los ya muertos" (Sal. 143:3).

ESTUDIO A FONDO 2

(12:3-4) *Prisioneros:* Probablemente Pedro haya sido vigilado por dieciséis soldados diferentes. En un período de veinticuatro horas, cuatro soldados le vigilaban en turnos de tres horas, alternado con otros, es decir que les tocaba dos veces en el día. Usualmente se encadenaba una de las muñecas del prisionero a la del guardia. Fíjese que con Pedro había extra seguridad: ambas muñecas estaban encadenadas (Hch. 12:6). La razón para esto era el enorme gentío que visitaba la ciudad durante la Pascua. Herodes pensó que tal vez algunos de los amigos de Pedro intentaran rescatarlo aprovechando la confusión que había en la ciudad.

2 (12:5-17) *Persecución — Liberación:* el modelo de Dios para la liberación. Tenga en cuenta un hecho muy significativo: la providencia de Dios salvó a Pedro pero no a Jacobo. ¿Por qué? Muy sencillo, había llegado el momento de que Jacobo se reuniera con su Señor y recibiera los frutos de su labor aquí en la tierra. La labor de Pedro todavía no había concluido. Los creyentes siempre deben recordar que llegará un día en que irán a encontrarse con su Señor. Puede ser que la voluntad de Dios para el creyente sea sufrir y soportar martirio por causa de su nombre. Puede que el plan de Dios sea usar la fidelidad del creyente perseguido como un testimonio para alcanzar a otros.

El modelo de Dios para liberar a los creyentes de la persecución o en medio de ella tiene cuatro partes.

1. Está el modelo de la oración. La oración de toda la iglesia liberó a Pedro (v. 5). Fíjese en estos tres puntos.

a. Toda la iglesia esta orando.

b. La iglesia estaba haciendo todo lo que podía hacer, orar *específicamente* por la liberación de Pedro.

c. Las palabras "sin cesar" (ektenes) significan fervientemente y con tenacidad. La idea es una oración intensa, que cautiva y centra la atención de la persona. La raíz de la palabra es "tumbarse". El cuadro nos sugiere que la iglesia estaba tumbada, postrada delante de Dios, suplicándole fervientemente, con tenacidad que con su soberanía librara a Pedro. No había nada que la iglesia pudiera hacer y ellos lo sabían. La única esperanza de Pedro era Dios.

2. El modelo de la confianza. Confianza en que la voluntad de Dios y su cuidado liberarían a Pedro (v. 6). Fíjese que Pedro estaba dormido, y era justo la noche antes de su ejecución. Cristo esta supliendo para la necesidad de su siervo querido, infundiéndole especialmente con gracia y paz. Pedro sintió la confianza y el cuidado de su Señor.

Pensamiento 1. El Señor infunde fortaleza, paz, seguridad, comprensión y gracia maravillosa para cualquier tipo de prueba que su siervo querido tenga que enfrentar.

"No os ha sobrevenido ninguna tentación que no sea humana; pero fiel es Dios, que no os dejará ser tentados más de lo que podéis resistir, sino que dará también juntamente con la tentación la salida, para que podáis soportar" (1 Co. 10:13).

"Y el Señor me librará de toda obra mala, y me preservará para su reino celestial. A él sea gloria por los siglos de los siglos" (2 Ti. 4:18).

"Sabe el Señor librar de tentación a los piadosos, y reservar a los injustos para ser castigados en el día del juicio" (2 P. 2:9).

"¡Cuán grande es tu bondad, que has guardado para los que te temen, Que has mostrado a los que esperan en ti, delante de los hijos de los hombres!" (Sal. 31:19).

"Jehová redime el alma de sus siervos, Y no serán condenados cuantos en él confían" (Sal. 34:22).

"Encomienda a Jehová tu camino, Y confía en él; y él hará". (Sal. 37:5).

"Mejor es confiar en Jehová que confiar en el hombre" (Sal. 118:8).

"Tú guardarás en completa paz a aquel cuyo pensamiento en ti persevera; porque en ti ha confiado. Confiad en Jehová perpetuamente, porque en Jehová el Señor está la fortaleza de los siglos" (Is. 26:3-4).

3. El modelo de la obra maravillosa de Dios y la obediencia del creyente. Ambas estuvieron involucradas en la liberación de Pedro (vv. 7-10). Fíjese en Las Escrituras y el bosquejo.
   a. El ángel no hizo por Pedro lo que Pedro mismo podía hacer. Pedro tenía que actuar; tenía que obedecer las órdenes del ángel.
   b. Una vez que Pedro estaba libre, fuera de peligro, se quedó por su cuenta, tenía que terminar su propia liberación.
      Tenía que seguir "andando por fe"…
      • para regresar a la iglesia y a los creyentes por su propia cuenta.
      • para obtener la dirección del Señor en cuanto a quedarse en Jerusalén o salir de ella y para cualquier otra decisión que hubiera que tomarse.

El hecho es que la milagrosa liberación de Dios implicó solamente aquello que *Pedro no podía hacer por sí mismo.* Cuando Pedro quedó indefenso, Dios se hizo cargo. Esta es la clave de los milagros. Los milagros son obra de Dios, obras que los hombre no pueden hacer por sí mismo. Dios los ejecuta y solo Él puede hacerlo; por lo tanto, solo Él recibe la alabanza y el honor.

4. El modelo de la voluntad soberana de Dios (v. 11). Era la soberana voluntad de Dios que Pedro fuera liberado. No fue así en el caso de Jacobo. El creyente verdadero descansa en la voluntad soberana de Dios, sabiendo que la voluntad de Dios redunda en las mayores bendiciones. Pedro creía que estaba viendo una visión (v. 9), que estaba en un estado de semiinconsciencia, soñando que Dios lo liberaba. Pedro estaba sorprendido; le tomó cierto tiempo organizar sus pensamientos y darse cuenta de lo que había pasado. Cuando lo hizo, comprendió…
   • que Dios le había librado por su soberana voluntad.
   • que Dios todavía tenía un propósito para él en esta tierra.
   • que él todavía tenía que desarrollar un ministerio para el Señor.

Rápidamente evaluó la situación y abandonó la ciudad, él sabía que tan pronto como Herodes descubriera que había escapado, enviaría a sus soldados tras él. No obstante, antes de irse, Pedro decidió visitar la casa de María (la madre de Juan Marcos), con la esperanza de que algunos de los creyentes estuvieran reunidos allí. Él necesitaba decirles que Dios le había librado y que se iba de allí.

Pensamiento 1. Fíjese cómo Dios espera que su pueblo solucione su propia salvación (liberación) cuando está en sus manos hacerlo. Mire el resultado de la liberación hecha por Dios a su querido siervo. Las Escrituras y los puntos del bosquejo son suficientes para ver los resultados. Cada milagro que Dios hace trae los mismos resultados, claro que en grados diferentes.

Fíjese que la iglesia había estado orando tan fervientemente, sin embargo realmente no esperaban un milagro. De cualquier manera, no debemos ser duros al juzgarle. Ellos ya habían presenciado la muerte de algunos líderes prominentes, dos de los cuales se nombran: Esteban y Santiago el apóstol.

"Otra vez os digo, que si dos de vosotros se pusieren de acuerdo en la tierra acerca de cualquiera cosa que pidieren, les será hecho por mi Padre que está en los cielos" (Mt. 18:19).

"Por tanto, os digo que todo lo que pidiereis orando, creed que lo recibiréis, y os vendrá" (Mr.11:24).

"Si permanecéis en mí, y mis palabras permanecen en vosotros, pedid todo lo que queréis, y os será hecho" (Jn. 15:7).

"y cualquiera cosa que pidiéremos la recibiremos de él, porque guardamos sus mandamientos, y hacemos las cosas que son agradables delante de él" (1 Jn. 3:22).

ESTUDIO A FONDO 3

(12:12) *María, madre de Juan Marcos:* María también era

la tía del misionero Bernabé (cp. Col. 4:10). Esta es la única vez que ella se menciona claramente en las Escrituras. Probablemente era viuda ya que su esposo nunca se menciona. Parece ser que era rica, dueña de una propiedad considerable. Ella poseía una casa enorme, lo suficientemente grande como para que los creyentes tuvieran cultos allí. También había un portón y "una portera" para recibir a los huéspedes que llegaban. Eso nos indica que se trataba de una casa tipo palacio (v. 13. Cp. el palacio del sumo sacerdote, Jn. 18:16).

Parece ser que María era una mujer muy piadosa, un ejemplo dinámico para las mujeres de toda generación. Como veremos más adelante, también fue una madre piadosa que crió a su hijo Juan Marcos en el evangelio. Con el tiempo ella lo estimuló para que dedicara su vida a las misiones tal como Pablo y Bernabé, su primo, lo habían hecho.

3 (12:18-23) *Herodes, muerte de — Juicio:* la ira soberana de Dios, su vindicación de la iglesia. Dios nuca ha permitido, ni nunca permitirá que la persecución de sus seguidores siga interminablemente. Dios paciente y quiere que todos se arrepientan y se vuelvan a él, pero solo tolera la maldad durante cierto tiempo. Todo hombre tiene que rendir cuentas por sus obras de maldad. Ahora había llegado la hora de Herodes. El juicio de Dios había llegado rápidamente.

1. Los pecados de Herodes eran graves. Él era culpable...

- de oponerse a Dios. Violentamente había perseguido a la iglesia de Dios, lo que es igual que perseguir al mismo Señor.
- El estaba decidido a borrar la Iglesia de la faz de la tierra (vv. 1-4; cp. Lc. 10:16; Hch. 9:4; 1 Co. 8:12).
- de asesinar a los siervos de Dios, y por lo que parece, de planear la muerte de todos ellos (vv. 2-4).
- de amar al mundo: su poder, posición e influencia (v. 3).
- de hipocresía y engaño: fingiendo ser religioso, todo en aras del poder y la posición.
- de ira y falta de compasión (v. 19): era ley para los romanos que los guardas de prisioneros escapados fueran sometidos al mismo castigo que el prisionero.
- de liderazgo hostil e insensato (v. 20): no se explica la disputa con Tiro y Sidón pero se percibe la naturaleza de Herodes en la palabra "enojado" (en thumomachon). Esta palabra significa estar acalorado, lleno de violenta hostilidad. Es una ira abrasadora, una emoción que nunca debiera caracterizar al líder de una nación.
- de orgullo: el orgullo del cargo, la posición y la persona (v. 21).
- de gloria y exaltación a sí mismo (v. 22): voluntariamente aceptó la declaración de que era un dios (v. 22).

2. La muerte de Herodes se produjo bajo la soberana voluntad de Dios. El tiempo de Herodes se había acabado, no era posible continuar permitiendo su pecado. Había llegado el día de la ira de Dios contra un corazón tan endurecido. Sentado en el trono Herodes fue herido con algún tipo de ataque

muy severo. Su cuerpo era comido por gusanos (genomenos skolekobrotos). La palabra The word "skolex" era usada por los griegos para referirse a gusanos intestinales. Josefo, el reconocido historiado de aquellos tiempos, cuenta que Herodes padeció duró cinco días, sufriendo gran dolor en el área del estómago (Flavius Josephus. *Josephus Complete Works.* Translated by William Whiston. Grand Rapids, MI: Kregel, 1960. *Ant.* 19. 8. 2).

> **"Porque la paga del pecado es muerte, mas la dádiva de Dios es vida eterna en Cristo Jesús Señor nuestro" (Ro. 6:23).**

> **"¿cómo escaparemos nosotros, si descuidamos una salvación tan grande? La cual, habiendo sido anunciada primeramente por el Señor, nos fue confirmada por los que oyeron" (He. 2:3).**

> **"Como la justicia conduce a la vida, Así el que sigue el mal lo hace para su muerte" (Pr.11:19).**

> **"He aquí que todas las almas son mías; como el alma del padre, así el alma del hijo es mía; el alma que pecare, esa morirá" (Ez. 18:4).**

4 (12:24-25) *Iglesia:* la iglesia avanza triunfante.

1. Las palabras "crecía y se multiplicaba" (euxanen kai eplethuneto) significan que la iglesia continuaba creciendo y multiplicándose. El progreso de la palabra de Dios no podía detenerse. Puede que hombres y gobiernos intenten detenerla. Podrán perseguir, encarcelar y matar a los que la proclaman, pero sus esfuerzos por acallar la Palabra siempre serán en vano. Dios prevalece sobre todo y siempre será así.

=> Él ha ordenado que su Palabra sea proclamada y así será por medio de todos los que en verdad le pertenecen.

> **"Porque no me avergüenzo del evangelio, porque es poder de Dios para salvación a todo aquel que cree; al judío primeramente, y también al griego" (Ro.1:16).**

=> Él ha ordenado su Palabra para que lleve fruto, crezca y se multiplique, nunca para que vuelva a Él vacía" (Is. 55:11).

> **"Irá andando y llorando el que lleva la preciosa semilla; Mas volverá a venir con regocijo, trayendo sus gavillas" (Sal. 126:6).**

> **"A todos los sedientos: Venid a las aguas; y los que no tienen dinero, venid, comprad y comed. Venid, comprad sin dinero y sin precio, vino y leche" (Is. 55:1).**

2. Se discípulo a un joven, un joven que estaba destinado a la grandeza. Bernabé y Saulo habían traído provisiones desde Antioquía para aliviar a las iglesias de Jerusalén y Judea, víctimas de la hambruna (cp. Hch. 11:27-30). Ahora regresaban a Antioquía, y mire lo que ocurrió. Juan Marcos, un joven discípulo se les unió. (Véase *Estudio a fondo 4, Marcos,* Hch. 12:25). Este era un joven que Dios había destinado...

- para que fuera discipulado por tres de los más grandes siervos de Dios: Pablo, Bernabé, y Pedro.
- para que escribiera uno de los cuatro evangelios del Nuevo Testamento, el Evangelio de Marcos.

> **"Por tanto, id, y haced discípulos a todas las naciones, bautizándolos en el nombre del Padre, y del Hijo,**

y del Espíritu Santo; 20enseñándoles que guarden todas las cosas que os he mandado; y he aquí yo estoy con vosotros todos los días, hasta el fin del mundo" (Mt. 28:19-20).

"Lo que has oído de mí ante muchos testigos, esto encarga a hombres fieles que sean idóneos para enseñar también a otros" (2 Ti. 2:2).

ESTUDIO A FONDO 4

(12:25) *Juan Marcos:* Juan Marcos tenía una madre piadosa (Hch. 12:12). Parece ser que su hogar era el centro de la iglesia cristiana (Hch. 12:12). De hecho, puede que su hogar haya sido el Aposento Alto que Jesús usó para la última cena (Lc. 22:10f) y también para el Pentecostés (Hch. 1:13). Juan Marcos estaba emparentado con Bernabé (Col. 4:10) y fue discípulo de Pablo y de Bernabé (Hch. 12:25). Como hombre joven y discípulo, algo sucedió que debilitó su fe e hizo que abandonara a Pablo y a Bernabé en su primer viaje misionero (Hch. 13:13; 15:38). Sin embargo, más adelante volvió a dedicar su vida al servicio misionero y su compromiso era tan inquebrantable que estuvo dispuesto a dejar que Pablo y Bernabé discutieran acerca del mismo y dividieran el trabajo en equipo por su causa (Hch. 15:36-40). Las Escrituras no nos dice qué pasó después de esto. Marcos solo se ve como un hombre que se había redimido ante los ojos de Pablo (Col. 4:10; Fil. 1:24; 2 Ti. 4:11) y Pedro menciona que Marcos servía con él (1 P. 5:13). Cuando escribió a las iglesias de Asia Menor, Pedro envió saludos especiales de parte de Marcos. Esto pudiera indicar que las iglesias conocían a Marcos personalmente. Parece ser que Marcos se unió a Pedro en sus viajes misioneros. Este es un hecho significativo ya que implica que probablemente mucho de lo que aparece en el Evangelio de Marcos proviene de lo que Pedro le había contado. El Evangelio de Marcos, escrito por él, fue probablemente el material de predicación de Pedro. (Véase nota, Hch. 13:13). Juan Marcos puede haber sido también el hombre que llevaba el cántaro de agua y que serviría de señal a los discípulos para acercársele y asegurar una habitación para la Pascua (Lc. 22:10s). Probablemente haya sido el joven que huyó en el arresto de Jesús (Mr. 14:51-52).

	CAPÍTULO 13	Niger, Lucio de Cirene, Manaén el que se había criado junto con Herodes el tetrarca, y Saulo.	**2 Se les consideraba dotados.**
	VI. EL PRIMER GRAN VIAJE MISIONERO DE PABLO: A CHIPRE Y GALACIA, 13:1–14:28	2 Ministrando éstos al Señor, y ayunando, dijo el Espíritu Santo: Apartadme a Bernabé y a Saulo para la obra a que los he llamado.	**3 Recibieron el llamado mientras ministraban y ayunaban**
	A. Bernabé y Pablo, los primeros misioneros: un reto al llamamiento cual no se ha dado jamás, 13:1-3		**4 Recibieron un llamamiento específico: fueron apartados por el Espíritu Santo**
1 Eran miembros de una gran iglesia, la iglesia que tendía su mano a todos	1 Había entonces en la iglesia que estaba en Antioquía, profetas y maestros: Bernabé, Simón el que se llamaba	3 Entonces, habiendo ayunado y orado, les impusieron las manos y los despidieron	**5 Ungieron su ministerio con oración y ayuno** **6 Fueron comisionados por la iglesia.**

DIVISIÓN VI

EL PRIMER GRAN VIAJE MISIONERO DE PABLO: A CHIPRE Y GALACIA, 13:1–14:28

A. Bernabé y Pablo, los primeros misioneros: un reto al llamamiento cual no se ha dado jamás, 13:1-3

(13:1-3) *Introducción:* este pasaje comienza con el paso más atrevido y desafiante que haya dado una organización en la historia del mundo. La iglesia cristiana salió adelante, haciendo un esfuerzo deliberado por llevar el evangelio a todo el mundo. Comisionó a sus dos primeros misioneros con el objetivo de satisfacer la necesidad desesperada que el mundo tiene de Cristo.

1. Eran miembros de una gran iglesia, la iglesia que tendía su mano a todos (v. 1).
2. Se les consideraba dotados (v. 1)
3. Recibieron el llamado mientras ministraban y ayunaban (v. 2)
4. Recibieron un llamamiento específico: fueron apartados por el Espíritu Santo (v. 2)
5. Ungieron su ministerio con oración y ayuno (v. 3)
6. Fueron comisionados por la iglesia (v. 3)

[1] (13:1) *Iglesia:* los primeros misioneros era miembros de una gran iglesia, una iglesia que tendía su mano a todos. La grandeza de la iglesia de Antioquía se ve en dos hechos.

1. La iglesia de Antioquía fue la opción de Dios para convertirla en el centro evangelístico y misionero del mundo. Dios estaba listo ahora para enviar su Palabra al mundo entero. Ya se habían iniciado las tres primeras fases de la gran comisión. Los discípulos de Cristo habían surgido y habían dejado su testimonio en Jerusalén, Judea y Samaria. Ahora era tiempo de que un testigo fuera por todo el mundo, alcanzando incluso los lugares más lejanos (Hch. 1:8).

Pero tenga en cuenta un aspecto significativo, un hecho que permanece como una advertencia para cada iglesia: Dios tuvo que escoger otra iglesia que no fuera la de Jerusalén para lanzar esta misión mundial. La iglesia de Jerusalén era de mente demasiado estrecha y tradicional para hacer este trabajo (véase nota, Salvación vs. ritual, Hch. 15:1-3 para mayor discusión). muchos de sus miembros (judíos) tenían demasiados prejuicios y tenían muchas cosas en contra del resto del mundo (Gentiles). Ellos se negaban a comprometerse libremente y de todo corazón con las misiones y el evangelismo. No querían arrepentirse de su *exclusivismo y su enfoque tradicional y formal acerca de Dios.* Dios tuvo que dejar a un lado la iglesia de Jerusalén y levantar otra iglesia que se convirtiera en el centro de las misiones en la tierra.

Tenga en cuenta lo que esto significa ya que es una advertencia para cada creyente. Algunos líderes, y no los líderes judíos, fueron escogidos para iniciar los propósitos de Dios en la tierra. Los líderes judíos habían resultado muy lentos para hacerlo con toda la libertad del Espíritu de Dios. Además, habían esperado mucho para arrepentirse de sus pecados. Dios estaba listo para salir al mundo y los líderes de Jerusalén no lo estaban. No le quedó otra opción a Dios que levantar otros líderes que comprometieran sus vidas totalmente al evangelio y que lo llevaran a todo el mundo con un espíritu libre y desinhibido.

2. La iglesia de Antioquía era heterogénea, una iglesia que tendía su mano a todos. Esto se ve claramente en los hombres que se mencionan.

　　a. Bernabé: era un rico chipriota, un hombre nacido y criado en la isla de Chipre. (Véase nota, Hch. 4:36-37 para mayor discusión).

　　b. Simón o Niger: el nombre "Niger" significa negro, refiriéndose a la complexión de su piel. Probablemente fuera africano. El nombre es también romano lo que indica que se había incorporado a la sociedad romana. Algunos comentaristas sugieren que este fue el Simón de Cirene que cargó la cruz de Jesús (cp. Mr. 15:21).

　　c. Lucio de Cirene: probablemente haya sido uno de los pobres cristianos que huyeron a Antioquía buscando seguridad. Si es así, entonces fue uno de los fundadores de esta gran iglesia. Al llegar a Antioquía, él y otros comenzaron a hablar de Cristo inmediatamente (cp. Hch. 11:19-20).

d. Manaén: era de la clase alta de la sociedad, ya que era hermano adoptivo de Herodes Antipas. Este fue el Herodes que probó a Jesús y que asesinó a Juan el bautista.

e. Saulo de Tarso: uno de los religiosos de la sociedad. Se le menciona de último, como si fuera considerado menos importante entre los líderes. Sin embargo, el profundo amor de Saulo por el Señor y su resuelto compromiso con la causa del Señor haría que en breve Dios le usara mucho más allá de lo que pueda imaginarse.

La idea es esta: estos hombres, con sus trasfondos y estatus sociales diferentes, son una prueba de cómo la iglesia de Antioquía había alcanzado a todos en la comunidad. Se dirigían a toda clase de personas, a todas las necesidades, nacionalidades y razas. No se excluía a nadie; todos recibían la invitación de Cristo y eran bienvenidos a la comunión y el ministerio de la iglesia. La iglesia de Antioquía era una iglesia que ministraba, una iglesia de gran alcance, justo el tipo de iglesia que Dios necesitaba para iniciar y apoyar a los primeros misioneros del mundo.

"**Id [la iglesia], pues, a las salidas de los caminos, y llamad a las bodas a cuantos halléis**" (Mt. 22:9).

"**Por tanto, id [la iglesia], y haced discípulos a todas las naciones, bautizándolos en el nombre del Padre, y del Hijo, y del Espíritu Santo; enseñándoles que guarden todas las cosas que os he mandado; y he aquí yo estoy con vosotros todos los días, hasta el fin del mundo**" (Mt. 28:19-20).

"**pero recibiréis poder, cuando haya venido sobre vosotros el Espíritu Santo, y me seréis testigos en Jerusalén, en toda Judea, en Samaria, y hasta lo último de la tierra**" (Hch. 1:8).

"**Porque no hay diferencia entre judío y griego, pues el mismo que es Señor de todos, es rico para con todos los que le invocan; porque todo aquel que invocare el nombre del Señor, será salvo**" (Ro. 10:12-13).

"**así nosotros, siendo muchos, somos un cuerpo en Cristo, y todos miembros los unos de los otros. De manera que, teniendo diferentes dones, según la gracia que nos es dada, si el de profecía, úsese conforme a la medida de la fe; o si de servicio, en servir; o el que enseña, en la enseñanza; el que exhorta, en la exhortación; el que reparte, con liberalidad; el que preside, con solicitud; el que hace misericordia, con alegría**" (Ro. 12:5-8).

"**el cual quiere que todos los hombres sean salvos y vengan al conocimiento de la verdad**" (1 Ti. 2:4).

2 (13:1) *Don, espiritual:* los primeros misioneros fueron dotados con los dones especiales del Espíritu Santo.

1. Fueron dotados como profetas (véase *Estudio a fondo 3,* Hch. 11:27; *Estudio a fondo 7,* Mt. 1:22; *Estudio a fondo 1,* 1 Co. 14:3 para mayor discusión).

2. Como maestros (véase *Estudio a fondo 2, Maes-* *tros,* Hch. 13:1; *Estudio a fondo 2 Predicación,* pt. 3, Hch. 1:19-30).

ESTUDIO A FONDO 2

(13:1) *Enseñanza — Maestros:* la enseñanza es un alto llamamiento, uno de los más grandes llamamientos. Queda como segunda, precedida solamente por los dones de apóstol y profeta (Hch. 13:1;1 Co. 12:28; Ef. 4:11). Cada apóstol, profeta y pastor tiene el donde de la enseñanza; pero no todo maestro es apóstol o profeta o pastor. El don de la enseñanza tiene una de las mayores responsabilidades dadas por Dios; por tanto, se requiere que el maestro rinda cuentas a Dios estrictamente por su fidelidad al usar este don (véase nota, Maestros, Stg. 3:1).

El don espiritual de la enseñanza es el don de entender y comunicar la Palabra de Dios, de edificar a los creyentes en las verdades de la Palabra de Dios. Implica entender, interpretar, organizar y comunicar la Palabra de Dios. El don de la enseñanza se le da al creyente que dedica su vida a la Palabra de Dios, a compartir sus gloriosas verdades con el pueblo de Dios.

"**Procura con diligencia presentarte a Dios aprobado, como obrero que no tiene de qué avergonzarse, que usa bien la palabra de verdad**" (2 Ti. 2:15).

"**Toda Las Escrituras es inspirada por Dios, y útil para enseñar, para redargüir, para corregir, para instruir en justicia**" (2 Ti. 3:16).

"**Y éstos eran más nobles que los que estaban en Tesalónica, pues recibieron la palabra con toda solicitud, escudriñando cada día las Escrituras para ver si estas cosas eran así**" (Hch. 17:11).

"**Y ahora, hermanos, os encomiendo a Dios, y a la palabra de su gracia, que tiene poder para sobreedificaros y daros herencia con todos los santificados**" (Hch. 20:32).

"**desead, como niños recién nacidos, la leche espiritual no adulterada, para que por ella crezcáis para salvación**" (1 P. 2:2-3).

3 (13:2) *Ministros — Misiones:* los primeros misioneros fueron llamados mientras ministraban y ayunaban. Es muy importante que veamos eso.

1. Los hombres escogidos eran fieles a su ministerio *en el lugar donde se encontraban*. No estaban esperando para servir cuando alcanzaran otros lugares del mundo; estaban sirviendo allí y en ese momento, exactamente en el lugar en que se encontraban. No pasaron por alto o echaron a un lado las necesidades que le rodeaban en su propia comunidad. Ellos pertenecían al Señor, eran sus seguidores y como tal tenían la orden de ministrar tal y como él lo había hecho: en el lugar donde se encontraban (Jn. 20:21; Mt. 20:28).

"**Y todo lo que hagáis, hacedlo de corazón, como para el Señor y no para los hombres; sabiendo que del Señor recibiréis la recompensa de la herencia, porque a Cristo el Señor servís**" (Col. 3:23-24).

"**Porque el que en esto sirve a Cristo, agrada a Dios, y es aprobado por los hombres**" (Ro. 14:18).

Era precisamente por la fidelidad que mostraron en ese

lugar que Dios sabía que podía confiar en estos hombres para que hicieran cosas más grandes para Él.

Pensamiento 1. Dios llama los que son fieles en el lugar donde están.

"Ahora bien, se requiere de los administradores, que cada uno sea hallado fiel" (1 Co. 4:2).

"Porque habéis sido comprados por precio; glorificad, pues, a Dios en vuestro cuerpo y en vuestro espíritu, los cuales son de Dios" (1 Co. 6:20).

"Así que, hermanos míos amados, estad firmes y constantes, creciendo en la obra del Señor siempre, sabiendo que vuestro trabajo en el Señor no es en vano" (1 Co. 15:58).

"Cada uno según el don que ha recibido, minístrelo a los otros, como buenos administradores de la multiforme gracia de Dios" (1 P. 4:10).

2. Los hombres escogidos eran hombres de ayuno y oración. Parece ser que se habían reunido para discutir el asunto del evangelismo mundial y estaban orando y ayunando al respecto. La idea está clara: Dios solo puede usar a aquellos que sienten las tremendas necesidades del mundo, que sienten la necesidad tan profundamente que echarían a un lado la comida y todo lo de más para buscar el rostro de Dios.

Pensamiento 1. Cuán desesperadamente Dios necesita a hombres y mujeres que suplan la necesidad como lo hicieron estos hombre. ¡Qué gran tragedia! Generación tras generación paso y el mundo sigue sin ser alcanzado. ¿Dónde están aquellos...

• que serán fieles al ministerio en el lugar en que se encuentran?
• qué estarán tan preocupados que dejarán a un lado comida y todo lo demás para orar?

"También les refirió Jesús una parábola sobre la necesidad de orar siempre, y no desmayar (Lc. 18:l).

"Hasta ahora nada habéis pedido en mi nombre; pedid, y recibiréis, para que vuestro gozo sea cumplido" (Jn. 16:24).

"orando en todo tiempo con toda oración y súplica en el Espíritu, y velando en ello con toda perseverancia y súplica por todos los santos" (Ef. 6:18).

"Orad sin cesar" (1 Ts. 5:17).

4 (13:2) *Llamado — Espíritu Santo:* los primeros misioneros tuvieron un llamamiento específico. Dicho llamamiento provenía del Espíritu Santo: ellos sería "apartados" para una obra escogida por Dios. Nótense varios factores que son muy importantes para cada creyente y ministros del evangelio

1. Es el Espíritu Santo quien llama al creyente para servir a Dios. Pablo y Bernabé no fueron llamados...

• por la iglesia.
• ni por los otros líderes.
• por su propia determinación

Las palabras de Cristo eran tan ciertas para Pablo y Bernabé como lo fueron para los primeros apóstoles y lo son para nosotros hoy:

"No me elegisteis vosotros a mí, sino que yo os elegí a vosotros, y os he puesto para que vayáis y llevéis fruto, y vuestro fruto permanezca; para que todo lo que pidiereis al Padre en mi nombre, él os lo dé" (Jn. 15:16).

Fíjese que el Espíritu Santo no estaba llamando a Pablo y Bernabé a una vida que testifique. Cada creyente ha sido llamado a testificar de Dios. El Espíritu Santo estaba llamando a estos hombres a una tarea específica, a dedicarse de por vida al ministerios. Ya no serían más creyentes laicos, sino que ahora debían dar sus vidas para el servicio a Dios como evangelistas o misioneros a tiempo completo.

2. El llamado del Espíritu Santo llega en un momento específico. Hay un momento exacto en que el Espíritu Santo habla a la mente y corazón del creyente, y la voz y la voluntad de Dios se hacen inconfundibles.

3. El llamamiento del Espíritu Santo es para que el creyente le pertenezca, para que sea poseído por el Espíritu de Dios. El creyente que es llamado es *separado para pertenecer* al Espíritu Santo: para permitir que el Espíritu viva, se mueva y more en el cuerpo del creyente; para que este sea llenado, poseído y guiado por el Espíritu; para que sea controlado completamente por el Espíritu; para que se rinda por completo a la voluntad del Espíritu.

4. El llamado del Espíritu Santo implica "trabajo"; el trabajo que Él ha escogido para que el creyente realice. El creyente es...

• "separado...para trabajar," para hacer la obra del ministerio.
• "[para hacer] la obra del ministerio, para la edificación del cuerpo de Cristo" (Ef. 4:12).

5 (13:3) *Oración — Ayuno:* los primeros misioneros ungieron su ministerio con oración y ayuno. No se lanzaron inmediatamente. El nuevo llamamiento era demasiado trascendental. Había que buscar el rostro de Dios...

• para un profundo sentido de su presencia y poder.
• para la dirección de su voluntad.
• para alabanza de su nombre.

(Véase notas, pt. 2, Hch. 13:2; Ayuno, Mt. 6:16-18 para mayor discusión).

6 (13:3) *Comisión — Iglesia:* los primeros misioneros fueron comisionados por la iglesia. Fíjese en estos dos puntos:

1. Parece ser que esta fue una reunión oficial de la iglesia con el objetivo específico de comisionar a Saulo y Bernabé.

2. No era la iglesia quien estaba llamando y apartando a estos dos hombres. Fue el Espíritu Santo quien los llamó y quien los apartó para el ministerio. La iglesia estaba...

• reconociendo el llamado del Espíritu Santo al imponerles las manos. (Véase *Estudio a fondo 2*, Hch. 6:6).
• al comprometerse mediante su apoyo y oraciones con estos dos hombres enviados por Dios.
• obedecer el liderazgo del Espíritu Santo y permitir que los hombres fueran *separados* de la iglesia de Antioquía.

Sin embargo fíjese que la iglesia fue llamada a *reconocer y comisionar* a estos hombres para la obra de Dios (v. 2).

"a los cuales presentaron ante los apóstoles, quienes, orando, les impusieron las manos" (Hch. 6:6).

"No descuides el don que hay en ti, que te fue dado mediante profecía con la imposición de las manos del presbiterio" (1 Ti. 4:14).

"No impongas con ligereza las manos a ninguno, ni partícipes en pecados ajenos. Consérvate puro" (1 Ti. 5:22).

"Por lo cual te aconsejo que avives el fuego del don de Dios que está en ti por la imposición de mis manos" (2 Ti.1:6).

	B. Chipre, la isla: el comienzo de las misiones y el evangelismo, 13:4-13	bién es Pablo, lleno del Espíritu Santo, fijando en él los ojos,	b. La razón fundamental: "les resistía"
1 La dirección del Espíritu Santo		10 dijo: ¡Oh, lleno de todo engaño y de toda maldad, hijo del diablo, enemigo de toda justicia! ¿No cesarás de	c. El juicio: por parte del Espíritu de Dios, no de Pablo
a. A Chipre	4 Ellos, entonces, enviados por el Espíritu Santo, descendieron a Seleucia, y de allí navegaron a Chipre.		1) Un engañador y fraudulento.
b. A Salamina		trastornar los caminos rectos del Señor?	2) Un hijo del diablo
2 La obra de las misiones y el evangelismo	5 Y llegados a Salamina, anunciaban la palabra de	11 Ahora, pues, he aquí la mano del Señor está contra ti,	3) Un enemigo de la justicia
a. Predicando la Palabra	Dios en las sinagogas de los judíos. Tenían también a Juan	y serás ciego, y no verás el sol por algún tiempo. E in-	4) Un pervertidor, un deformador
b. Discipulando	de ayudante.	mediatamente cayeron sobre él oscuridad y tinieblas; y	d. El juicio es imparcial
	6 Y habiendo atravesado toda la isla hasta Pafos, hallaron a	andando alrededor, buscaba	
c. Alcanzar nuevas regiones: Pafos	cierto mago, falso profeta, judío, llamado Barjesús,	quien le condujese de la mano.	
d. Hacer frente a falsos profetas	7 que estaba con el procónsul	12 Entonces el procónsul, viendo lo que había suce-	
3 El deseo de escuchar la Palabra de Dios	Sergio Paulo, varón prudente. Este, llamando a Bernabé y a Saulo, deseaba oír la	dido, creyó, maravillado de la doctrina del Señor.	**5 Hubo conversión**
	palabra de Dios.		
	8 Pero les resistía Elimas, el	13 Habiendo zarpado de Pafos, Pablo y sus compañe-	
4 Se pronuncia el juicio	mago (pues así se traduce su	ros arribaron a Perge de Pan-	**6 Hubo deserción**
a. El hombre: Elimas, el mago	nombre), procurando apartar de la fe al procónsul.	filia; pero Juan, apartándose de ellos, volvió a Jerusalén.	
	9 Entonces Saulo, que tam-		

DIVISIÓN VI

EL PRIMER GRAN VIAJE MISIONERO DE PABLO: A CHIPRE Y GALACIA, 13:1–14:28

B. Chipre, la isla: el comienzo de las misiones y el evangelismo, 13:4-13

(13:4-13) *Introducción:* este es el primer cuadro de la labor misionera en el mundo. Como tal, nos da una imagen gráfica de lo que implican el evangelismo y las misiones.

1. La dirección del Espíritu Santo (v. 4).
2. La obra de las misiones y el evangelismo (vv. 5-6).
3. El deseo de escuchar la Palabra de Dios (v. 7).
4. Se pronuncia el juicio (vv. 8-11).
5. Hubo conversión (v. 12).
6. Hubo deserción (v. 13).

[1] (13:4) *Misiones — Espíritu Santo:* la dirección del Espíritu Santo. Imagínese el cuadro: Seleucia era el puerto de mar de Antioquía. Yacía a unos 24 kilómetros al oeste de Antioquía. Bernabé y Saulo, con todo su equipaje, fueron escoltados hasta el puerto por algunos de sus amigos cristianos de Antioquía. Imagínese la conversación y el entusiasmo mientras compartían sus planes y sueños con respecto a lo que tenían por delante. Sin embargo, fíjese que las Escrituras no hacen énfasis en esto. El énfasis de Las Escrituras se dice con sencillez, pero es fundamental.

Los siervos de Dios fueron "enviados por el Espíritu Santo". No habían salido por su propia cuenta. No iban porque lo *sentían,* o porque cierta *idea interior* les dijo que debían hacerlo. Tampoco lo hacían porque la iglesia los hubiera enviado ni porque hubieran escogido el ser misioneros como profesión. La fuente de su llamamiento y misión era el Espíritu Santo. Era el Espíritu de Dios quien los había llamado y los estaba enviando (cp. Hch. 13:1-3).

La dirección del Espíritu es decisiva para el siervo de Dios. Si es guiado por el Espíritu, será lleno de mucho ánimo; pero si no, por lo general está desanimado. Pablo y Bernabé fueron guiados por el Espíritu; por lo tanto, eran capaces de salir adelante triunfantes. Ellos sabían cinco cosas que les servían de aliento.

=> Eran *hijos de Dios.*

"Porque todos los que son guiados por el Espíritu de Dios, éstos son hijos de Dios" (Ro. 8:14).

=> El Espíritu Santo *moraría* en ellos.

"Y yo rogaré al Padre, y os dará otro Consolador, para que esté con vosotros para siempre: el Espíritu de verdad, al cual el mundo no puede recibir, porque no le ve, ni le conoce; pero vosotros le conocéis, porque mora con vosotros, y estará en vosotros" (Jn. 14:16-17).

=> El Espíritu Santo les *guiaría.*

"Pero cuando venga el Espíritu de verdad, él os guiará a toda la verdad; porque no hablará por su propia cuenta, sino que hablará todo lo que oyere, y os

hará saber las cosas que habrán de venir" (Jn. 16:13).

=> El Espíritu Santo les *daría las palabras que iba a decir.*

"Mas el Consolador, el Espíritu Santo, a quien el Padre enviará en mi nombre, él os enseñará todas las cosas, y os recordará todo lo que yo os he dicho" (Jn. 14:26).

=> El Espíritu Santo les *daría éxito,* haciendo que los que escuchen se conviertan.

"Y cuando él venga, convencerá al mundo de pecado, de justicia y de juicio. De pecado, por cuanto no creen en mí; de justicia, por cuanto voy al Padre, y no me veréis más; y de juicio, por cuanto el príncipe de este mundo ha sido ya juzgado" (Jn. 16:8-11).

Fíjese que el Espíritu Santo guió a Bernabé y a Saulo a la isla de Chipre, el hogar de Bernabé (véase *Estudio a fondo 1, Chipre,* Hch. 13:4). Salamina era la ciudad más grande de la isla. (Véase *Estudio a fondo 2, Salamina,* Hch. 13:5 para mayor discusión.)

ESTUDIO A FONDO 1

(13:4) *Chipre:* la isla se encuentra en la esquina noreste del mar Mediterráneo (véase mapa, introducción a Hch.). Era un lugar de paso de las flotas comerciales. Era famosa por sus minas de cobre y por las industrias de construcción naval, pero sobre todo se conocía porque era un lugar turístico, bendecida con un clima cálido, atractivo. La población era fundamentalmente griega y fenicia, aunque también había un gran número de judíos. La capital, Pafos, era famosa por su adoración a Venus, la diosa del amor o la inmoralidad lujuriosa. La inmoralidad y la naturaleza supersticiosa de la gente muestran el grado de degradación que había alcanzado la población de la isla. Esta era la sociedad de la que provenía Bernabé. Era su hogar. Y fue la primera sociedad a la que Pablo salió a penetrar con el evangelio inmediatamente después de dedicar su vida a las misiones mundiales. Para cuando Pablo llegó, la isla ya llevaba aproximadamente cien años bajo la dominación romana.

ESTUDIO A FONDO 2

(13:5) *Salamina:* la ciudad más grande en la isla de Chipre. (Véase mapa, introducción a Hch.) Estaba en la costa sureste, frente a Siria. La ciudad era el centro comercial de Chipre, ostentaba un excelente puerto. (Véase *Estudio a fondo 1 Chipre,* Hch. 13:4 para mayor discusión.)

[2] (13:5-6) *Misiones, obra de las — Discipulado:* la obra de las misiones. En estos dos versículos se aprecia claramente la obra fundamental de las misiones.

1. Los siervos de Señor predicaron la Palabra (véase nota, Predicación, Hch. 14:21 para mayor discusión. Ver bosquejo y notas, Hch. 13:14-41 sobre el mensaje que Pablo predicó).

2. Los siervos del Señor hicieron discípulos. Llevaron con ellos a Juan Marcos. La palabra "ministro" (hupereten) significa asistente, ayudante, auxiliar. Marcos está ministrando bajo Bernabé y Pablo, siendo discipulado por ellos;

ayudando, sirviendo, ministrando con ellos, aprendiendo todo lo que podía. Parece ser que era un poco joven. La palabra "también" pudiera indicar que Marcos también estaba haciendo un poco de predicación además de ayudar en otras áreas.

Discipular a hombres jóvenes era uno de los ministerios más importantes de Pablo. Por lo general se le veía acompañado de varios discípulos. Incluso en esta misión, parece que había varios a quienes estaba discipulando, aunque no se nombran (cp. "sus compañeros", v. 13).

En las palabras de la Gran Comisión puede ver cómo era que Pablo hacía discípulos de otros: "Id y haced discípulos a todas las naciones" (Mt. 28:19). La idea a destacar es esta: nuestro Señor no nos dice solamente que *vayamos y evangelicemos,* nos dice cómo ir y cómo evangelizar. No solo nos menciona su objetivo fundamental y propósito primordial; nos da el método que podemos usar para evangelizar al mundo.

Consideremos la palabra "metheteusate" (hacer discípulos). ¿Qué quiere decir nuestro Señor con hacer discípulos? ¿No nos está diciendo acaso que hagamos exactamente lo mismo que él hizo?

¿Qué hizo él? Cristo "vino a buscar y a salvar lo que se había perdido" (Lc. 19:10). El buscaba a los perdidos, a los que estaban dispuestos a entregarles su vida y cuando se encontraba dicha persona, la salvaba. Cuando Cristo encontraba una persona que estaba dispuesta a *comprometer su vida,* él se unía a esa persona. Comenzaba a moldearla y conformarla a su imagen. Aquí la clave es la palabra *unir.* Probablemente esta es la palabra que mejor describe el discipulado. Cristo hacía discípulos uniéndose a las personas; mediante este *apego personal,* ellos podían observar su vida y conversación; y al verlo y escucharlo, comenzaban a absorber y asimilar su carácter y comportamiento. Comenzaron a seguirle y servirle cada vez más de cerca.

En pocas palabras esto fue lo que Pablo hizo. Fue así como formó discípulos. Así fueron su misión y su método, su obsesión. Hay otra manera de describir lo que Pablo hizo. Pablo visualizaba algo que iba más allá de sí mismo, de su época. Él visualizaba una continuación de sí mismo, una continuación de su propio ser, de su misión y su método. La forma que el escogió para esto fue el discipulado, el se unía a personas comprometidas y mediante esa unión las personas absorbían y asimilaban el carácter y misión del mismo Señor. Luego, ellos se unían a otros y los discipulaban. Ellos también esperaban que sus discípulos hicieran discípulos de otros que estuvieran dispuestos a rendir sus vidas a Cristo. Fue mediante este método que el glorioso mensaje de Cristo siguió a través de los siglos hasta llegar a nosotros. Y es mediante este método que el mensaje de Cristo continuará para alcanzar la generación que siga detrás de nosotros (2 Ti. 2:2).

No hay duda de lo que implica la comisión que nos dio nuestro Señor: debemos ir, pero más que eso, tenemos que hacer discípulos, unirnos a las personas que seguirán a nuestro Señor hasta que ellas puedan a su vez hacer discípulos (2 Ti. 2:2).

"Por tanto, id, y haced discípulos a todas las naciones, bautizándolos en el nombre del Padre, y del Hijo, y del Espíritu Santo; enseñándoles que guarden todas las cosas que os he mandado; y he aquí yo estoy con vosotros todos los días, hasta el fin del mundo. Amén" (Mt. 28:19-20).

"Y él mismo constituyó a unos, apóstoles; a otros, profetas; a otros, evangelistas; a otros, pastores y maestros, a fin de perfeccionar a los santos para la obra del ministerio, para la edificación del cuerpo de Cristo" (Ef. 4:11-12).

"Lo que has oído de mí ante muchos testigos, esto encarga a hombres fieles que sean idóneos para enseñar también a otros" (2 Ti. 2:2).

3.   Los siervos del Señor alcanzaron nuevas regiones. Nótese que los dos hombres fueron, pasando por Chipre, a la ciudad de Pafos. La idea es que evangelizaban y predicaban la palabra de ciudad en ciudad, de pueblo en pueblo según avanzaban por la isla. Llegaron a cada región, llevando el glorioso evangelio incluso a aquellos que estaban en lugares recónditos de la isla.

"Y les dijo: Id por todo el mundo y predicad el evangelio a toda criatura" (Mr. 16:15).

"pero recibiréis poder, cuando haya venido sobre vosotros el Espíritu Santo, y me seréis testigos en Jerusalén, en toda Judea, en Samaria, y hasta lo último de la tierra" (Hch. 1:8).

"Porque serás testigo suyo a todos los hombres, de lo que has visto y oído" (Hch. 22:15).

4.   Los siervos del Señor hicieron frente a un falso profeta. Si no hubiera falsos profetas, tampoco habría falsas doctrinas. Las falsas doctrinas existen porque hay falsos profetas. Por lo tanto, los siervos de Cristo no solo confrontarían falsas doctrinas sino también al propio falso profeta. Es importante destacar esto, porque por lo general es mucho más difícil hacer frente a una persona que simplemente a una idea. Una persona puede pararse frente a frente de otra, amenazarle y perseguirle. El falso profeta y maestro por lo general se rebela y opone a Dios; así que por lo tanto de seguro se producirá alguna clase de ataque maligno.

La idea es que el verdadero siervo del Señor se encontrará con falsos profetas y maestros, por consiguiente, tiene que andar en el Espíritu, descansando en su dirección, su cuidado, su presencia y poder para poder hacer frente a los falsos maestros y sus enseñanzas.

"Guardaos de los falsos profetas, que vienen a vosotros con vestidos de ovejas, pero por dentro son lobos rapaces" (Mt. 7:15).

"Y de vosotros mismos se levantarán hombres que hablen cosas perversas para arrastrar tras sí a los discípulos" (Hch. 20:30).

"Porque tales personas no sirven a nuestro Señor Jesucristo, sino a sus propios vientres, y con suaves palabras y lisonjas engañan los corazones de los ingenuos" (Ro. 16:18).

"Pero el Espíritu dice claramente que en los postreros tiempos algunos apostatarán de la fe, escuchando a espíritus engañadores y a doctrinas de demonios; por la hipocresía de mentirosos que, te-

niendo cauterizada la conciencia" (1 Ti. 4:1-2).

"Pero hubo también falsos profetas entre el pueblo, como habrá entre vosotros falsos maestros, que introducirán encubiertamente herejías destructoras, y aun negarán al Señor que los rescató, atrayendo sobre sí mismos destrucción repentina" (2 P. 2:l).

"¿Quién es el mentiroso, sino el que niega que Jesús es el Cristo? Este es anticristo, el que niega al Padre y al Hijo" (1 Jn. 2:22).

"Porque muchos engañadores han salido por el mundo, que no confiesan que Jesucristo ha venido en carne. Quien esto hace es el engañador y el anticristo" (2 Jn. 7).

ESTUDIO A FONDO 3

(13:6) *Pafos:* la capital de Chipre. (véase mapa, introducción a los Hch.). Era una ciudad próspera, sede del gobierno romano en la isla. Era también un bastión pagano de la adoración a Venus, la diosa romana del amor. Debido al excelente clima, la orilla del mar; y los ritos sensuales de la diosa Venus, muchos peregrinos viajaban de todas partes para participar de la diversión y los estímulos de la carne, Pafos ardía en lo que pudiéramos llamar *las brillantes luces de la playa y la vida de cabaret* las veinticuatro horas del día.

3 (13:7) *Palabra de Dios:* Había deseo de escuchar la Palabra de Dios. Sergio Paulo era el gobernador, el "procónsul" (anthupatoi) romano del país. Los procónsules romanos eran designados y controlados por el senado romano. Era el oficial de más alto rango, el hombre de mayor poder e influencia en la isla. Nótese lo que las Escrituras destacan sobre este hombre.

1.   Era un hombre prudente e inteligente, es decir, un hombre de entendimiento y discernimiento. Vivía controlado más por su mente que por sus sentimientos y emociones.

2.   Era un hombre que buscaba la verdad. Aparentemente había estado buscando la verdad en la filosofía, la ciencia y la religión. Esto explica por qué un hombre tan inteligente tenía a Elimas en su palacio. Como veremos, Elimas era una raza inusual, una mezcla única de verdad y error que nos habla de un hombre que buscaba la verdad.

Nota: Sergio Paulo mandó a buscar a Bernabé y a Saulo. Él había oído de la Palabra de Dios que estos predicadores proclamaban y quería verlo por sí mismo.

Pensamiento 1. El siervo del Señor encontrará a alguien que busca la verdad, alguien que desea oír la Palabra de Dios. Ahora bien, fíjese que Bernabé y Saulo estaban proclamando la Palabra. Fue debido a su fidelidad en la proclamación que Sergio Paulo oyó acerca de la Palabra de Dios. Si los creyentes no salen a testificar, el mundo nunca oirá la Palabra de Dios.

"Y éstos eran más nobles que los que estaban en Tesalónica, pues recibieron la palabra con toda solicitud, escudriñando cada día las Escrituras para ver si estas cosas eran así" (Hch. 17:11).

"porque todo aquel que invocare el nombre del Señor, será salvo. ¿Cómo, pues, invocarán a aquel en el cual no han creído? ¿Y cómo creerán en aquel de quien no han oído? ¿Y cómo oirán sin haber quien les predique?" (Ro. 10:13-14).

"Por lo cual también nosotros sin cesar damos gracias a Dios, de que cuando recibisteis la palabra de Dios que oísteis de nosotros, la recibisteis no como palabra de hombres, sino según es en verdad, la palabra de Dios, la cual actúa en vosotros los creyentes" (1 Ts. 2:13).

"que prediques la palabra; que instes a tiempo y fuera de tiempo; redarguye, reprende, exhorta con toda paciencia y doctrina" (2 Ti. 4:2).

4 (13:8-11) *Juicio:* Se pronunció un juicio. La mayoría de los creyentes nunca pronunciarían juicio contra otra persona de la manera en que Pablo lo hizo. No obstante, se debe pronunciar juicio según la Palabra de Dios y se debe declarar sobre aquellos que rechazan y se oponen a:

1.   Elimas era el título oficial de un mago. Quizá signifique "hombre sabio", su nombre era Barjesús, que significa hijo de Jesús o Josué. Recuerde que Jesús era un nombre común en ciertas naciones. El mago era un sacerdote religioso, un judío que enseñaba la verdad del monoteísmo, que existe un único Dios. Pero estaba mezclando la verdad con filosofía, ciencia, astrología, y con la magia de las religiones orientales.

2.   Lo que hizo que inmediatamente se emitiera juicio contra el hombre se dice claramente: él "los resistía", se ponían cara a cara en contra de la predicación de la Palabra de Dios. La idea es una oposición continua y persistente. Él hizo lo mejor que pudo para evitar que el gobernador se entregara a Cristo.

Pensamiento 1. Hay un enorme peligro en tratar de evitar que una persona acepte a Cristo. (Cp. Mr. 9:42.)

3.   El juicio provenía del Espíritu Santo, no de Pablo. Lo que Pablo hizo no provenía de sí mismo ni de sus emociones, ni de un resentimiento personal. El juicio era del Espíritu Santo. Dios había tolerado bastante el pecado de aquel hombre, su hostilidad y destrucción. Sus pecados eran grandes. Estaba…

*   el pecado de los subterfugios (pantos dolou): lleno de toda artimaña, mañosidad, trucos, engaños, traición, tratando de poner anzuelo para luego atrapar, para esclavizar en error y mentira.
*   el pecado de toda la maldad (pases rhaidiourgias): lleno de malicia, fraude, villanería, y escamoteo; andando con desembarazo, haciendo toda clase de mal
*   el pecado de ser un hijo del diablo: poseído y controlado por el diablo; haciendo la voluntad y las obras del maligno (cp. Jn. 8:44; 1 Jn. 3:10).
*   enemigo de toda justicia: se opone a todo lo que es justo, honesto; todo lo moral, puro y limpio.
*   pervertidor de "los caminos rectos del Señor": distorsionando, torciendo, añadiendo y quitando al carácter de Dios y su Palabra. (Pablo está citando Os. 14:9. Cp. Is. 40:4; 42:16; Lc. 3:5).

El hombre esta tomando "los caminos rectos" de Dios y torciéndolos.

Fíjese en la palabra "todo". El falso profeta estaba totalmente depravado, entregándose a *todo* pecado.

4.   El juicio que cayó sobre el hombre vino "de la mano del Señor". Fueron Dios y su poder quien ejecutó el juicio, y observe lo siguiente: el juicio fue imparcial, un juicio justo. Fue ceguera por ceguera; oscuridad por oscuridad. El falso profeta había cerrado toda su vida sus ojos a la verdad, eligiendo andar en oscuridad en vez de en la luz, (él era judío, contaba con el privilegio de las Escrituras), y no solo eso…

*   él había escogido deliberadamente ser un profeta de falsas doctrinas,
*   ahora se había encontrado con las afirmaciones de Cristo y había cerrado sus ojos a la verdad.

El hecho de haber quedado ciego y tener que ser guiado por otros silenciaría sus pretensiones de ser un ministro de luz. Sería además, una señal para él de que, o se arrepentía o sería condenado a un infierno eterno de oscuridad sin la presencia del Dios vivo y verdadero.

Pensamiento 1. Este juicio es una imagen de la ceguera y oscuridad de todas las religiones, filosofías, ciencias y magias que no son *Cristo.* Si Dios no es el centro del sistema de pensamientos lo mejor que puede suceder es que el sistema esté salpicado de enseñanzas erróneas.

"pero si tu ojo es maligno, todo tu cuerpo estará en tinieblas. Así que, si la luz que en ti hay es tinieblas, ¿cuántas no serán las mismas tinieblas?" (Mt. 6:23).

"La luz en las tinieblas resplandece, y las tinieblas no prevalecieron contra ella" (Jn. 1:5).

"Y esta es la condenación: que la luz vino al mundo, y los hombres amaron más las tinieblas que la luz, porque sus obras eran malas" (Jn. 3:19).

"en los cuales el dios de este siglo cegó el entendimiento de los incrédulos, para que no les resplandezca la luz del evangelio de la gloria de Cristo, el cual es la imagen de Dios" (2 Co. 4:4).

"teniendo el entendimiento entenebrecido, ajenos de la vida de Dios por la ignorancia que en ellos hay, por la dureza de su corazón" (Ef. 4:18).

ESTUDIO A FONDO 4

(13:9) *Pablo — Saulo:* "Saulo" era su nombre judío; "Pablo" es su nombre romano o gentil. Pablo nació en Tarso como hombre libre, ciudadano romano de nacimiento. Probablemente recibió ambos nombres siendo un bebé. ¿A qué se debe ahora el cambio de nombre? Hasta este momento Pablo había estado ministrando principalmente a los judíos, y mientras estaba entre ellos, era más natiral usar solamente el nombre de Saulo. Ahora había sucedido algo significativo. El Espíritu de Dios llenó a Pablo, no a Bernabé, para reprender a Elimas, el falso profeta. En este preciso momento acababa de lanzarse el ministerio de Pablo al mundo gentil. Él se encontraba parado en medio de la corte de un procónsul (gobernador) romano, no en una sinagoga judía, y el Espíritu de Dios le guiaba a proclamar el evangelio a un gentil que necesitaba a Cristo. A partir de este punto, se le co0nocería como Pablo, el gran ministro de los Gentiles. De aquí en adelante, Pablo llevaría el evangelio a los gentiles que tan desesperadamente necesitaban a Jesucristo y su salvación.

5 (13:12) *Conversión:* La conversión del procónsul. Observe por qué el procónsul creyó: estaba "maravillado", atónito, motivado por la "doctrina del Señor". Lo que lo dejó perplejo no fue el juicio que vino sobre el falso profeta, aunque dicho juicio también influiría, sino el mensaje de salvación en Cristo.

Nota: Se hace énfasis en el hecho de que no se menciona el ser bautizado como en el caso de Cornelio. La idea dada en el pasaje es que su creencia fue genuina y se convirtió en un seguidor de Jesús. Si no es así, ¿qué sentido tiene mencionar que creyó? A decir verdad, no tendría sentido siquiera que nos relataran el suceso.

> "y dijo: De cierto os digo, que si no os volvéis y os hacéis como niños, no entraréis en el reino de los cielos" (Mt. 18:3).
> "pero yo he rogado por ti, que tu fe no falte; y tú, una vez vuelto, confirma a tus hermanos" (Lc. 22:32).
> "Así que, arrepentíos y convertíos, para que sean borrados vuestros pecados; para que vengan de la presencia del Señor tiempos de refrigerio" (Hch. 3:19).
> "Hermanos, si alguno de entre vosotros se ha extraviado de la verdad, y alguno le hace volver, sepa que el que haga volver al pecador del error de su camino, salvará de muerte un alma, y cubrirá multitud de pecados" (Stg. 5:19-20).

6 (13:13) *Juan Marcos:* Su deserción. ¿Por qué Juan Marcos dejó a Pablo y Bernabé? Se han sugerido varias razones. Quizá estaba celoso. Bernabé era tío de Marcos, y Bernabé estaba entregando las riendas del liderazgo a Pablo. Puede ser que Marcos se opusiera a la misión a los gentiles, o que se sintiera tan opacado por Pablo que resultaba insoportable para él. Quizá sintió que la comisión original solo comprendía la isla de Chipre, o quizá simplemente extrañaba su casa.

Sin embargo, la actitud de Pablo parece indicar que Marcos simplemente no tenía resistencia. Era capaz de comenzar cosas, pero no podía terminarlas (véase *Estudio a fondo 4,* Hch. 12:25). Tuvo miedo y se retrajo del peligroso y duro viaje cruzando las montañas rocosas hacia Antioquía de Pisidia. Dicho camino estaba infestado de ladrones y el área era un lugar árido, rocoso y abandonado sometido a inundaciones repentinas. (Véase 2 Co. 11:26 para algunas de los peligros que probablemente se refieren a esta travesía. Observe nota, Hch. 12:25 para la restitución de Marcos.) El mensaje es el siguiente: todo siervo del Señor se encuentra con discípulos que desertan del ministerio del Señor. Sencillamente no están dispuestos a pagar el precio del discipulado (Lc. 9:23).

> "Y les dijo: No toméis nada para el camino, ni bordón, ni alforja, ni pan, ni dinero; ni llevéis dos túnicas" (Lc. 9:3).
> "Y Jesús le dijo: Ninguno que poniendo su mano en el arado mira hacia atrás, es apto para el reino de Dios" (Lc. 9:62).
> "Ningún siervo puede servir a dos señores; porque o aborrecerá al uno y amará al otro, o estimará al uno y menospreciará al otro. No podéis servir a Dios y a las riquezas" (Lc. 16:13).
> "para que ya no seamos niños fluctuantes, llevados por doquiera de todo viento de doctrina, por estratagema de hombres que para engañar emplean con astucia las artimañas del error" (Ef. 4:14).
> "No os dejéis llevar de doctrinas diversas y extrañas; porque buena cosa es afirmar el corazón con la gracia, no con viandas, que nunca aprovecharon a los que se han ocupado de ellas" (He. 13:9).
> "Pero pida con fe, no dudando nada; porque el que duda es semejante a la onda del mar, que es arrastrada por el viento y echada de una parte a otra" (Stg. 1:6).
> "El hombre de doble ánimo es inconstante en todos sus caminos" (Stg. 1:8).

ESTUDIO A FONDO 5

(13:13) *Panfilia:* Era un país en la costa sur de Asia Menor (Turquía), con fronteras con Cilicia por el este, Licia por el oeste, y cercado por las montañas Taurus por el norte. (Véase Mapa, Introducción a los Hch.). El país no era más que una larga y estrecha aislada franja de tierra costera, de aproximadamente 130 kilómetros y con solo unos 40 kilómetros tierra adentro. Era un refugio importante y seguro para los piratas. De hecho los habitantes de Panfilia eran en su mayoría una mezcla de griegos con piratas bárbaros. Solamente los más fuertes podrían sobrevivir en su duro clima. Fíjese que desde el principio el evangelio fue llevado a las situaciones más difíciles.

ESTUDIO A FONDO 6

(13:13) *Perge:* era la ciudad más importante de Panfilia. (Véase Mapa, Introducción a Hch.). Estaba situada a unos 19 kilómetros del puerto costero de Atalia. Atalia era una colonia griega, pero Perge estaba más o menos abandonada. Era una tierra baja, conocida por sus pantanos y por los insectos que transmitían enfermedades. Parace ser que el área estaba infectada de mosquitos ya que la malaria era una enfermedad común entre los habitantes. La ciudad también se conocía por su adoración a Artemisa, o Diana, la diosa asiática de la naturaleza. Se le conocía como la "reina de Perfa". Por supuesto, la adoración de la naturaleza condujo a toda clase de conducta inmoral y depravación. Recuerde que la mayoría de la población eran colonos griegos y piratas bárbaros en busca de refugio. Es fácil de imaginar la naturaleza malvada de la ciudad.

ESTUDIO A FONDO 7

(13:13) *Pablo:* fíjese que no se menciona la predicación en Perga, pero Hechos 14:25 nos dice que Pablo regresaron "habiendo predicado la palabra en Perge". Esto parece indicar que la ciudad no fue evangelizada sino hasta el viaje de regreso narrado en Hechos 14. ¿Por qué no se menciona en este versículo la predicación de Pablo en Perge? ¿Por qué las Escrituras parecen decir que Pablo fue en seguida hacia Antioquía de Pisidia? ¿Por qué el aparente apremio de la decisión del momento? ¿Estaban los hombres disgustados por la partida de Marcos? Pablo se enfermó cuando por primera vez llegó a Galacia (Gá. 4:13-14). Perge era un área baja que se caracterizaba por pantanos, con un clima hostil e insectos que transmitían enfermedades. ¿Fue aquí donde Pablo se enfermó y adquirió el "aguijón en la carne" (una fiebre que le golpearía ocasionalmente por el resto de su vida), y tuvo entonces que buscar la altitud curativa de las montañas? La respuesta es desconocida.

	C. Antioquía de Pisidia, la ciudad principal en el sur de Galacia, (parte 1): la predicación de Pablo, 13:14-41	24 Antes de su venida, predicó Juan el bautismo de arrepentimiento a todo el pueblo de Israel.	a. El Salvador fue anunciado por un precursor: Juan el bautista
1 Pablo y Bernabé llegan a Antioquía de Pisidia[EF1] a. Entraron en la sinagoga el día de reposo b. Como forasteros, fueron invitados a hablar	14 Ellos, pasando de Perge, llegaron a Antioquía de Pisidia; y entraron en la sinagoga un día de reposo y se sentaron. 15 Y después de la lectura de la ley y de los profetas, los principales de la sinagoga mandaron a decirles: Varones hermanos, si tenéis alguna palabra de exhortación para el pueblo, hablad.	25 Mas cuando Juan terminaba su carrera, dijo: ¿Quién pensáis que soy? No soy yo él; mas he aquí viene tras mí uno de quien no soy digno de desatar el calzado de los pies. 26 Varones hermanos, hijos del linaje de Abraham, y los que entre vosotros teméis a Dios, a vosotros es enviada la palabra de esta salvación.	b. El Salvador es "esta palabra de salvación" proclamada a ustedes
c. Pablo tomó la delantera y se dirigió a los judíos y seguidores de Dios	16 Entonces Pablo, levantándose, hecha señal de silencio con la mano, dijo: Varones israelitas, y los que teméis a Dios, oíd:	27 Porque los habitantes de Jerusalén y sus gobernantes, no conociendo a Jesús, ni las palabras de los profetas que se leen todos los días de reposo,* las cumplieron al condenarle.	c. El Salvador fue rechazado y crucificado 1) Los hombres no lo conocían 2) Los hombres no lo aceptaron ni creyeron las profecías que sobre él se hacían
2 Dios ha estado obrando a lo largo de la historia: Él sufrió y soportó las andanzas de Israel (y del mundo) (cp. v. 18) a. Dios escogió a Israel b. Dios liberó a Israel c. Dios soportó la debilidad de Israel en el desierto d. Dios guió a Israel en la conquista de Canaán	17 El Dios de este pueblo de Israel escogió a nuestros padres, y enalteció al pueblo, siendo ellos extranjeros en tierra de Egipto, y con brazo levantado los sacó de ella. 18 Y por un tiempo como de cuarenta años los soportó en el desierto; 19 y habiendo destruido siete naciones en la tierra de Canaán, les dio en herencia su territorio.	28 Y sin hallar en él causa digna de muerte, pidieron a Pilato que se le matase. 29 Y habiendo cumplido todas las cosas que de él estaban escritas, quitándolo del madero, lo pusieron en el sepulcro.	3) Los hombres lo rechazaron y crucificaron, dando cumplimiento a las profecías. 4) Los hombres cumplieron todas las profecías que sobre él se habían hecho
e. Dios le dio jueces a Israel f. Dios le dio profetas a Israel g. Dios le dio a Israel un rey que ellos mismos escogieron: Saúl	20 Después, como por cuatrocientos cincuenta años, les dio jueces hasta el profeta Samuel. 21 Luego pidieron rey, y Dios les dio a Saúl hijo de Cis, varón de la tribu de Benjamín, por cuarenta años.	30 Mas Dios le levantó de los muertos. 31 Y él se apareció durante muchos días a los que habían subido juntamente con él de Galilea a Jerusalén, los cuales ahora son sus testigos ante el pueblo.	d. Dios resucitó al Salvador 1) La prueba; testigos oculares que lo vieron: personas compañeros cercanos que no podían ser engañados
h. Dios levanta un rey escogido por Él: David[EF2]	22 Quitado éste, les levantó por rey a David, de quien dio también testimonio diciendo: He hallado a David hijo de Isaí, varón conforme a mi corazón, quien hará todo lo que yo quiero.	32 Y nosotros también os anunciamos el evangelio de aquella promesa hecha a nuestros padres, 33 la cual Dios ha cumplido a los hijos de ellos, a nosotros, resucitando a Jesús; como está escrito también en el salmo segundo: Mi hijo eres tú, yo te he engendrado hoy.	2) El propósito: traer buenas noticias a los hombres: el glorioso mensaje de incorrupción[DS3,4]
3 Dios ha consumado la historia: le ha dado al mundo un Salvador, Jesús	23 De la descendencia de éste, y conforme a la promesa, Dios levantó a Jesús por Salvador a Israel.		

	34 Y en cuanto a que le levantó de los muertos para nunca más volver a corrupción, lo dijo así: Os daré las misericordias fieles de David. 35 Por eso dice también en otro salmo: No permitirás que tu Santo vea corrupción. 36 Porque a la verdad David, habiendo servido a su propia generación según la voluntad de Dios, durmió, y fue reunido con sus padres, y vio corrupción. 37 Mas aquel a quien Dios levantó, no vio corrupción.	hermanos: que por medio de él se os anuncia perdón de pecados, 39 y que de todo aquello de que por la ley de Moisés no pudisteis ser justificados, en él es justificado todo aquel que cree. 40 Mirad, pues, que no venga sobre vosotros lo que está dicho en los profetas: 41 Mirad, oh menospreciadores, y asombraos, y desapareced; Porque yo hago una obra en vuestros días, Obra que no creeréis, si alguien os la contare.	el pecado f. El Salvador justifica a todo aquel que cree; justifica aparte de la ley g. El Salvador trae juicio sobre los hombres
e. El Salvador perdona	38 Sabed, pues, esto, varones		

DIVISIÓN VI

EL PRIMER GRAN VIAJE MISIONERO DE PABLO: A CHIPRE Y GALACIA, 13:1–14:28

C. Antioquía de Pisidia, la ciudad principal en el sur de Galacia (parte 1): la predicación de Pablo, 13:14-41

(13:14-41) *Introducción:* este es el único sermón completo de Pablo que aparece en las Escrituras. Nos da una idea panorámica de la historia, del plan glorioso de Dios para el hombre.

1. Pablo y Bernabé llegan a Antioquía de Pisidia (vv. 14-16).
2. Dios ha estado obrando a lo largo de la historia: Él sufrió y soportó las andanzas de Israel (y del mundo) (vv. 17-22).
3. Dios ha consumado la historia: le ha dado al mundo un Salvador, Jesús (vv. 23-41).

1 (13:14-16) *Misiones — Evangelismo:* Pablo y Bernabé llegan a Antioquía de Pisidia. Los hechos se presentan de forma muy sencilla.

1. Los dos ministros llegaron a la sinagoga en el día de reposo (sábado). Este fue el método de evangelismo que Pablo adoptó (véase *Estudio a fondo 1,* Hch. 13:46-47 para mayor discusión). Pablo estaba convencido de algo: los fieles entre los judíos y los que temían a Dios de entre los gentiles, estarían allí. Él y Bernabé ya tenían un auditorio preparado, así que tomaron la oportunidad.

Pensamiento 1. Fíjese cuán comprometidos estaban Pablo y Bernabé con su llamamiento y misión. Estaban obsesionados con dar a conocer a Cristo y con satisfacer las necesidades desesperadas de los hombres. Ellos existían para este solo propósito. Mire cómo era: llegaban a la ciudad y aprovechaban la oportunidad que hubiera disponible para hablar de Cristo.

Pensamiento 2. El método de evangelismo siempre debe ser ir a donde las personas están.

2. Como forasteros, se les invitó a hablar. Esta era una práctica común en las sinagogas, invitar a los visitantes para que compartieran una palabra de exhortación si lo deseaban. Recuerde que Pablo era un rabino, así que era muy normal que se le extendiera dicha invitación. (Véase *Estudio a fondo 2, Sinagoga,* Mt. 4:23).

3. Pablo tomó la delantera y se dirigió a los judíos y a los gentiles temerosos de Dios. Las personas que estaban sentadas frente a Pablo eran judíos fieles a sus escrituras del antiguo Testamento y los gentiles que…

• se habían cansado de la sociedad malvada e inmoral de su tiempo, así como de su religión.

• habían descubierto cierta verdad en las escrituras judías y en su adoración de un único Dios.

Pensamiento 1: Nótese que desde que estaban en Pafos, era Pablo quien estaba al frente y no Bernabé. Él seguiría siendo el líder, el apóstol a los gentiles. Imagínese el carácter de Bernabé, la fuerza y humildad de su amor y confianza en el Señor. Cuando vio que el Señor estaba llevando a Pablo a ocupar el liderazgo, Bernabé dispuestamente le animó y apoyó en su ministerio. Qué amonestación para tantos que permiten que los celos y la envidia entren a sus corazones cuando otros son puestos delante. Debemos servir donde Dios nos ponga, servir en amor, apoyando a otros y empujándolos hacia delante. (Cp. Fil. 2:3-4).

ESTUDIO A FONDO 1

(13:14) *Antioquía de Pisidia o Antioquía Pisidiana:* la ciudad recibe el nombre de Antioquía de Pisidia para distinguirla de Antioquía de Siria, la base de operaciones de Pablo y Bernabé. (Véase notas introductorias. Características especiales, Gálatas, para mayor discusión. También ver Mapas, Introducción a Hch.).

=> La ciudad estaba ubicada en una altiplanicie, aproximadamente a unos mil metros sobre el nivel del mar. Era un centro cultural y comercial, de hecho la ciudad más importante de Galacia (actualmente Turquía).

=> Era una ciudad de Asia Menor fundada por Seleuco Nicátor, el fundador del imperio selúcida, en el año 300 a.C. y la nombró por su padre, Antioco.

=> La ciudad fue libertada por Roma en el año 25 a.C. y hecha parte de la dura provincia de Galacia.

=> La ciudad fue convertida por Roma en el centro militar del distrito para controlar las tribus bárbaras de nativos que le rodeaban.

=> El propósito de negocios y cultura. (Ver página 198)

=> La ciudad era comercial, la más importante de su tipo en Galacia. La ruta comercial más importante entre el oeste y Efeso y las ciudades Cilicias (siria), atravesaba Antioquía.

En Antioquía de Pisidia quedó establecida una iglesia, pero con gran dificultad. Muchos de los gentiles recibieron la Palabra de Dios, pero los judíos rechazaron a Cristo, usando a mujeres influyentes para poner a los oficiales de la ciudad en contra de Pablo y Bernabé. Los dos siervos de Dios fueron obligados a abandonar la ciudad, (Véase bosquejo y notas-Hch. 13:42-52). Los judíos estrictos, los malvados judaizantes de Antioquía de Pisidia y luego de Iconio, se opusieron tan fuertemente a Pablo que comenzaron a perseguir y a alborotar a la gente en Galacia para ponerla en su contra. Incluso les indujeron para que le apedrearan (Hch. 14:19). Pero Pablo y Bernabé permanecieron fieles y muchos fueron alcanzados para Cristo. Se establecieron iglesias y en Galacia quedó arraigado un fuerte testimonio (cp, Hch. 14:21, 22). Nótese: la iglesia...

• fue fundada por Pablo en su primer viaje misionero (Hch. 13:14s).

• fue vuelta a visitar por Pablo en su viaje de regreso para afianzarlos más aun en el Señor (Hch. 14:21, 22).

• al parecer, volvió a ser visitada por Pablo en su segundo viaje misionero (Hch. 16:6; 18:23).

• fue una de las iglesias a las que Pablo escribió el libro de Gálatas.

2 (13:17-22) *Israel, historia de — Dios, plan — Historia, panorama general:* Dios ha estado obrando a lo largo de la historia: El sufrió y soportó las andanzas de Israel y del mundo (cp. v. 18). El mensaje predicado por Esteban abarca prácticamente los mismos aspectos que Pablo proclamó. Es útil analizar el mensaje de Esteban para desarrollar los puntos que Pablo señala (véase bosquejo y notas, Hch. 7:1-53). Fíjese que el énfasis de Pablo estaba en Dios mismo...

• Dios obrando en el hombre a lo largo de la historia.

• Dios obrando en el hombre mediante la nación de Israel.

El empuje del mensaje de Pablo estaban en que (v. 18) Dios había sufrido y soportado la conducta del hombre desde el mismo principio. La frase "los soportó" (etropophoresen) significa que...

• Dios ha soportado y sufrido la conducta del hombre.

• que Dios ha cuidado y sustentado al hombre al igual que un padre amante y cuidadoso (cp. Dt. 1:31).

Fíjese en el énfasis: está en Dios mismo y en cómo el ha soportado y sufrido con el hombre durante todo el curso de la historia.

1. Dios escogió a Israel (véase bosquejo y nota, Hch. 7:2-8 para mayor discusión).

2. Dios liberó a Israel. Habían estado en Egipto durante mucho tiempo, se habían vuelto satisfechos de sí mismos y profanos, perfectamente satisfechos con los placeres de Egipto. De hecho, se quedaron allí durante tanto tiempo que un faraón malvado subió al trono y los esclavizó, pero Dios — que los amaba y se preocupaba por ellos — los liberó (Éx. 6:1, 6. Ver bosquejo y notas, Hch. 7:17-29).

3. *Dios soportó* y sufrió a Israel a través del desierto. Dios le dio a Israel una gloriosa provisión, la columna de nube durante el día y la de fuego durante la noche (Éx. 13:21-22), y maná para comer (Éx. 16:15, 33-35). No obstante, ellos se quejaron, murmuraron, y se rebelaron contra Dios, pero él los "soportó" y sufrió, sustentándoles (Dt.1:31. Ver bosquejo y notas, Hch. 7:30-41).

4. Dios guió a Israel a la conquista de Canaán. Él constantemente los protegió, dirigiéndolos y guiándolos de victoria en victoria a pesar de su falta de confianza y desobediencia constante (Dt. 17:1; 20:17. Cp. Nm. 13:26-33 para ver un ejemplo de la desconfianza de Israel en el momento de ocupar la tierra. Cp. Hch. 7:5-6 para ver la promesa de Dios de que daría la tierra a Israel).

5. Dios le dio jueces a Israel. Una vez conquistada la tierra, Israel fue cayendo en la complacencia, el egoísmo, y el pecado, olvidándose de Dios y su llamamiento. Las naciones marcharon contra Israel, pero a pesar del pecado de Israel, Dios escuchó el clamor de los pocos justos y levantó libertadores conocidos como jueces (véase Jueces).

6. Dios le dio a Israel un hombre que no solo era juez, sino el primero de los grandes profetas, Samuel (cp. 1 S. 7:6, 15-17; 1 S. 3:20; Hch. 3:24; 13:20). Aún así Israel estaba insatisfecho con la elección y liderazgo de Dios. Miraron al mundo y desearon lo que el mundo tenía: un rey.

7. Dios le dio a Israel un rey *de su propia elección,* un hombre llamado Saúl. Saúl era todo lo que los hombres podían elegir, un hombre de gran físico que sobresalía de los hombros hacia arriba por encima de todos los demás (1 S. 9:1-2, 16; 10:17-25).

8. Dios levantó a un rey muy especial escogido por él mismo. La opción del hombre (de Israel) fracasó: Saúl administró mal la voluntad de Dios y el gobierno que Dios quería que se estableciera. Dios le desechó y puso en el trono a quien él había elegido, un hombre llamado David. (Véase *Estudio a fondo 2,* Hch. 13:22-23 para mayor discusión.)

ESTUDIO A FONDO 2

(13:22-23) *David — Jesucristo, sucesor davídico:* Dios fue quien "levantó" a David como rey de Israel (1 S.

16:12-13). Nótense varios puntos:

1. Dios había "hallado a David". La imagen que se nos da es de Dios buscando a un hombre para cubrir la brecha. Dios buscó por todo Israel a un hombre que le obedeciera y cumpliera su voluntad (Sal. 89:20).

2. Hacía falta un hombre que pusiera su corazón puesto en Dios y en su voluntad: un hombre conforme al corazón de Dios, un hombre que buscara cumplir completamente la voluntad de Dios (l S. 13:14; Sal. 40:8; Is. 44:28).

3. La elección de Dios fue una elección divina. Observe:

=> La elección divina: Dios provee al hombre
=> El corazón divino: un hombre conforme al corazón de Dios.
=> El comportamiento u obediencia divina: un hombre que haría todo lo que Dios quisiera.

Todo esto, por supuesto, apuntaba hacia Cristo. David era un prototipo de Cristo. Dios "dio también testimonio", es decir, Dios hizo un pacto (v. 22) y le prometió a David que enviaría un salvador para Israel y el mundo, un salvador que vendría de su descendencia (v. 23. Ver notas, Lc. 3:24-31; nota y *Estudio a fondo 3*, Jn. 1:45; *Estudio a fondo 4*, 1:49. Cp. Ro. 1:3). Era a este descendiente del rey escogido por Dios, al salvador prometido, a quien Pablo comenzó a proclamar.

Pensamiento 1. Observe cómo Dios todavía es quien trabaja, sufre y soporta al hombre, extendiéndose para salvar y liberar a todos los que serán salvos.

3 (13:23-41) *Jesucristo, Salvador — Historia, aspecto fundamental:* Dios ha consumado la historia. Le ha dado al mundo el Mesías, el salvador Jesucristo. Observe que Pablo…

• ha alcanzado el punto hacia el que se había estado dirigiendo.
• ha alcanzado la consumación de la historia.
• ha alcanzado el momento en que Dios envió al mundo al salvador Jesucristo.

Pablo procede al impulso final: el salvador es Jesús. El nombre Jesús es significativo para los judíos. Significa salvador, Dios salvará. La forma hebrea es Joshua (yasha), que significa Jehovah es salvación; Él es el salvador. La idea es liberación, de ser salvado de algún terrible desastre que lleva a perecer (cp. Jn. 3:16; Ro. 8:3; Gá. 1:4; He. 2:14-18; 7:25).

A partir de este punto debe leerse el mensaje que Pedro predicó el día de Pentecostés. Los puntos que Pablo plantea son casi los mismos de Pedro (véase bosquejo y notas, Hch. 2:14-24; 2:25-36). El mensaje de Pablo acerca de Jesucristo incluye siete puntos.

1. El salvador fue anunciado por un precursor, Juan el Bautista (vv. 24-25). El mundo no fue tomado por sorpresa. Dios preparó al mundo para la venida del salvador (véase *Estudio a fondo 1*, Gá. 4:4). Él envió a Juan el bautista; el precursor, a proclamar…

• el bautismo de arrepentimiento (Mr. 1:4).

"Pedro les dijo: Arrepentíos, y bautícese cada uno de vosotros en el nombre de Jesucristo para perdón de los pecados; y recibiréis el don del Espíritu Santo" (Hch. 2:38).

"Así que, arrepentíos y convertíos, para que sean borrados vuestros pecados; para que vengan de la presencia del Señor tiempos de refrigerio, y él envíe a Jesucristo, que os fue antes anunciado" (Hch. 3:19).

"Arrepiéntete, pues, de esta tu maldad, y ruega a Dios, si quizá te sea perdonado el pensamiento de tu corazón" (Hch. 8:22).

"Pero Dios, habiendo pasado por alto los tiempos de esta ignorancia, ahora manda a todos los hombres en todo lugar, que se arrepientan" (Hch. 17:30).

• la venida del Salvador, de quien Juan no era digno de desatar los zapatos (Mt. 3:11; Mr. 1:7; Jn. 1:19f).

"Así que, cualquiera que se humille como este niño, ése es el mayor en el reino de los cielos" (Mt. 18:4).

"Humillaos delante del Señor, y él os exaltará" (Stg. 4:10).

"Porque así dijo el Alto y Sublime, el que habita la eternidad, y cuyo nombre es el Santo: Yo habito en la altura y la santidad, y con el quebrantado y humilde de espíritu, para hacer vivir el espíritu de los humildes, y para vivificar el corazón de los quebrantados" (Is. 57:15).

2. El Salvador es "la palabra de salvación" proclamada a vosotros (v. 26). La salvación significa liberación del poder y el castigo del pecado, la muerte y el juicio. Pablo declaró que Jesús es "la palabra de salvación". Él mismo es la salvación del hombre, la salvación que Dios envió al hombre (cp. v. 23).

a. Jesús es a quien Dios "levantó de los muertos" (vv. 30-33).

"Porque primeramente os he enseñado lo que asimismo recibí: Que Cristo murió por nuestros pecados, conforme a las Escrituras; y que fue sepultado, y que resucitó al tercer día, conforme a las Escrituras" (1 Co. 15:3-4).

b. Jesús es el hijo de Dios, el unigénito de Dios (v. 33).

"Porque de tal manera amó Dios al mundo, que ha dado a su Hijo unigénito, para que todo aquel que en él cree, no se pierda, mas tenga vida eterna" (Jn. 3:16).

c. Jesús es "Santo", el que no sufrió corrupción (vv. 35, 37).

"que fue declarado Hijo de Dios con poder, según el Espíritu de santidad, por la resurrección de entre los muertos" (Ro. 1:4).

"Y si el Espíritu de aquel que levantó de los muertos a Jesús mora en vosotros, el que levantó de los muertos a Cristo Jesús vivificará también vuestros cuerpos mortales por su Espíritu que mora en vosotros" (Ro. 8:ll; cp. 1 Co. 15:12-19).

d. Por medio de Jesús hay "perdón de pecado" (v. 38).

"en quien tenemos redención por su sangre, el perdón de pecados según las riquezas de su gracia" (Ef.1:7).

e. Por medio de Jesús "es justificado todo aquel que cree" (v. 39).

> "Justificados, pues, por la fe, tenemos paz para con Dios por medio de nuestro Señor Jesucristo" (Ro. 5:l).
>
> "Y esto erais algunos; mas ya habéis sido lavados, ya habéis sido santificados, ya habéis sido justificados en el nombre del Señor Jesús, y por el Espíritu de nuestro Dios" (1 Co. 6:11).

3. El Salvador fue rechazado y crucificado (vv. 27-28). El bosquejo anterior, con las notas siguientes, ahonda en este punto (véase bosquejo y *Estudio a fondo* Hch. 2:23; *Estudio a fondo 1*, 3:13; nota, 3:13-15).

4. Dios levantó al salvador de los muertos (vv. 31-37). (Véanse bosquejo y *Estudio a fondo 4*, Hch. 2:24 para mayor discusión).

a. Había testigos oculares y compañeros cercanos que podían probrarlo y quienes no iban a estar equivocados o engañados (véase *Estudio a fondo 1*, Hch. 1:3 para mayor discusión).

b. El propósito de la resurrección de Jesús, las buenas nuevas de la resurrección e incorrupción para los creyentes. La promesa de Dios había sido cumplida (vv. 32-37). Los creyentes serían levantados de los muertos al igual que Cristo.

> "Pero Dios redimirá mi vida del poder del Seol, Porque él me tomará consigo" (Sal. 49:15).
>
> "De cierto, de cierto os digo: Viene la hora, y ahora es, cuando los muertos oirán la voz del Hijo de Dios; y los que la oyeren vivirán" (Jn. 5:25; cp. Jn. 6:40).
>
> "Le dijo Jesús: Yo soy la resurrección y la vida; el que cree en mí, aunque esté muerto, vivirá" (Jn. 11:25).
>
> "teniendo esperanza en Dios, la cual ellos también abrigan, de que ha de haber resurrección de los muertos, así de justos como de injustos" (Hch. 24:15).
>
> "sabiendo que el que resucitó al Señor Jesús, a nosotros también nos resucitará con Jesús, y nos presentará juntamente con vosotros" (2 Co. 4:14).
>
> "Porque el Señor mismo con voz de mando, con voz de arcángel, y con trompeta de Dios, descenderá del cielo; y los muertos en Cristo resucitarán primero" (1 Ts. 4:16).

5. El Salvador perdona pecados (v. 38). La única persona que puede perdonar pecados…

• es Él quien murió por los pecados para tener derecho a perdonar (Jn. 1:29).
• es Él quien se levantó y ahora vive.
• es Él quien vive con el propósito de perdonar pecados.

> "A éste, Dios ha exaltado con su diestra por Príncipe y Salvador, para dar a Israel arrepentimiento y perdón de pecados" (Hch. 5:31).
>
> "Sabed, pues, esto, varones hermanos: que por medio de él se os anuncia perdón de pecados" (Hch. 13:38).
>
> "en quien tenemos redención por su sangre, el perdón de pecados según las riquezas de su gracia" (Ef. 1:7).

> "Si confesamos nuestros pecados, él es fiel y justo para perdonar nuestros pecados, y limpiarnos de toda maldad" (1 Jn.1:9).

(Véase *Estudio a fondo 4*, *Perdón*, Mt. 26:28 para mayor discusión).

6. El salvador justifica a todo el que cree, justifica sin tener en cuenta la ley (véase *Estudio a fondo 1, 2,* Ro. 4:22).

> "Justificados, pues, por la fe, tenemos paz para con Dios por medio de nuestro Señor Jesucristo" (Ro. 5:l).
>
> "esto erais algunos; mas ya habéis sido lavados, ya habéis sido santificados, ya habéis sido justificados en el nombre del Señor Jesús, y por el Espíritu de nuestro Dios" (1 Co. 6:11).
>
> "Así Abraham creyó a Dios, y le fue contado por justicia" (Gá. 3:6).

7. El Salvador trae juicio a los hombres. Ya que Él vino, los hombres deben tener cuidado no sea que les suceda según lo dicho por el profeta (Hab. 1:5).

=> actuar en contra.

=> Pueden cuestionarse y perecer: la idea es que el hombre puede perecer cuestionándose si Jesús es verdaderamente el salvador y si la palabra predicada es verdad (vv. 38-39). (Véase *Estudio a fondo 2*, *Perecer,* Jn. 3:16).

ESTUDIO A FONDO 3

(13:32-37) *Jesucristo, resurrección de:* el propósito de la resurrección de Jesús es la incorrupción, es decir, Él se levantó para hacer posible que los hombre escapen de la corrupción de la muerte. Mucho antes de que Jesús viniera, Dios anunció que enviaría al salvador al mundo y que el salvador no vería corrupción. Pablo declaró:

> "la cual Dios ha cumplido a los hijos de ellos, a nosotros, resucitando a Jesús; como está escrito también en el salmo segundo: Mi hijo eres tú, yo te he engendrado hoy" (Hch. 13:33).

Pablo abarca tres profecías en particular.

1. "Mi hijo eres tú, yo te he engendrado hoy" (v. 33; Sal. 2:7; cp. He. 1:5; 5:5). La resurrección de Cristo es una prueba de que Jesús es el Hijo de Dios (Ro. 1:4).

2. "Os daré las misericordias fieles de David" (v. 34; Is. 55:3). Las misericordias fieles de David se refiere a las promesas y el pacto eterno que le fue dado a David (véase nota, Lc. 3:24-31 para una discusión sobre las promesas davídicas). Pablo estaba declarando que la resurrección de Cristo cumplió y selló esas promesas.

3. "No permitirás que tu Santo vea corrupción" (v. 35; Sal. 16:10). Pablo dice que David murió, fue sepultado y quedó allí en la tumba. Él vio corrupción (v. 36), por tanto, la profecía no puede estarse refiriendo a él. Pero sí hubo una persona a quien Dios levantó de los muertos: Jesucristo. Él no vio corrupción, por lo tanto, la profecía se refiere a él. Él es el Hijo de Dios (v. 33), el Santo (v. 35), el Salvador (v. 23). (Véase bosquejo y notas, Hch. 2:25-28; 2:29-31 para mayor discusión. Ver *Estudio a fondo 4, Corrupción,* Hch. 13:32-37).

ESTUDIO A FONDO 4

(13:32-37) *Corrupción:* Descomponerse, deteriorarse, echarse a perder, En ningún lugar Cristo le promete un nuevo cuerpo al no creyente, al no salvo, al perdido. La carne y el cuerpo de una persona pueden ser destruidos para siempre. El que no es salvo muere sin esperanza alguna de recibir un cuerpo nuevo y glorificado que vive para siempre (Este es un hecho que rara vez se señala esto).

	D. Antioquía de Pisidia, la ciudad principal en el sur de Galacia (parte 2): diversas respuestas al evangelio, 13:42-52	Dios; mas puesto que la desecháis, y no os juzgáis dignos de la vida eterna, he aquí, nos volvemos a los gentiles. 47 Porque así nos ha mandado el Señor, diciendo: Te he puesto para luz de los gentiles, A fin de que seas para salvación hasta lo último de la tierra. 48 Los gentiles, oyendo esto, se regocijaban y glorificaban la palabra del Señor, y creyeron todos los que estaban ordenados para vida eterna. 49 Y la palabra del Señor se difundía por toda aquella provincia.	a. Rechazaron a los que rechazaban el evangelio
			b. Se dirigieron a oídos receptivos
			  1) Jesús fue el enviado a la luz y salvación del mundo.
			  2) Los gentiles se regocijaron y glorificaron la Palabra
			  3) Algunos estaban ordenados para vida eterna y creyeron
			  4) La Palabra se difundió

1 La respuesta de las personas al evangelio a. Algunos no fanático religiosos deseaban oír más b. Algunos que tenían hambre de Dios deseaban oír más inmediatamente	42 Cuando salieron ellos de la sinagoga de los judíos, los gentiles les rogaron que el siguiente día de reposo les hablasen de estas cosas. 43 Y despedida la congregación, muchos de los judíos y de los prosélitos piadosos siguieron a Pablo y a Bernabé, quienes hablándoles, les persuadían a que perseverasen en la gracia de Dios.		

c. Algunos que nunca habían venido, vinieron a escuchar la Palabra de Dios
d. Algunos le rechazaron y se le opusieron
  1) Reaccionaron contra la multitud
  2) Hablaron contra el mensaje de:
2 La respuesta del predicador a las personas
	44 El siguiente día de reposo se juntó casi toda la ciudad para oír la palabra de Dios.
	
	45 Pero viendo los judíos la muchedumbre, se llenaron de celos, y rebatían lo que Pablo decía, contradiciendo y blasfemando.
	
	46 Entonces Pablo y Bernabé, hablando con denuedo, dijeron: A vosotros a la verdad era necesario que se os hablase primero la palabra de
		50 Pero los judíos instigaron a mujeres piadosas y distinguidas, y a los principales de la ciudad, y levantaron persecución contra Pablo y Bernabé, y los expulsaron de sus límites.
		51 Ellos entonces, sacudiendo contra ellos el polvo de sus pies, llegaron a Iconio.
		52 Y los discípulos estaban llenos de gozo y del Espíritu Santo.
			c. Fueron perseguidos y expulsados a la fuerza de la ciudad y las áreas aledañas
			
			d. Se alejaron dramáticamente de los que le rechazaban
			
			e. Dios les sostuvo: A pesar del rechazo y la persecución.

DIVISIÓN VI

EL PRIMER GRAN VIAJE MISIONERO DE PABLO: A CHIPRE Y GALACIA, 13:1–14:28

D. Antioquía de Pisidia, la ciudad principal en el sur de Galacia (parte 2): diversas respuestas al evangelio, 13:42-52

(13:42-52) *Introducción:* Este pasaje es realmente revelador y muy instructivo en cuanto a cómo las personas responden al evangelio. Se nos muestra exactamente qué debe esperar el creyente que testifica cuando proclama a Jesucristo al mundo perdido y necesitado.

1. La respuesta de las personas al evangelio (vv. 42-45).
2. La respuesta del predicador a las personas (vv. 46-52).

1 (13:42-45) *Evangelio, respuesta al:* Hubo cuatro respuestas de las personas al evangelio.

1. Algunos que no eran fanáticos religiosos deseaban oír más. Los que no eran fanáticos religiosos eran gentiles. Eran hombres y mujeres paganos que se habían cansado de

las inmoralidades e injusticias de su sociedad. Sus religiones vacías les habían dejado vacíos. En su hambre por algo más, se sintieron atraídos por la moralidad y la adoración judía de un ser supremo, es por eso que algunas veces asistían a los cultos judíos. Sin embargo, ellos comprendían muy poco de las Escrituras. Eso fue lo que sucedió en este caso. Habían comprendido muy poco de lo que Pablo había predicado. Su infancia no había incluido la enseñanza de las Escrituras.

=> Sus amigos y vecinos sabían muy poco o nada acerca de las Escrituras.
=> Sus religiones les habían enseñado muy poco sobre la verdad acerca de Dios.
=> Su entorno y la sociedad eran cualquier cosa menos piadosas.

Pero el evangelio había tocado sus corazones. El Espíritu Santo estaba trabajando en ellos, llevándolos a desear ardientemente…

• el perdón de sus pecados (v. 38).
• justificación de todas las cosas (v. 39).

Fíjese en la palabra "rogaron" (parekaloun). Es una acción continua: los gentiles continuaron rogándole. La idea es que le rogaron y le rogaron a Pablo que les hablara más sobre el perdón de pecados mediante Jesús.

Pensamiento 1. Nótense dos aspectos significativos.

1) Hay muchos que ignoran las Escrituras, que saben muy poco acerca de lo que nosotros predicamos. Ellos no tuvieron padres cristianos ni han estado en contacto directo con verdaderos creyentes cristianos. Simplemente nunca han tenido la oportunidad y el contacto directo con el evangelio que algunos de nosotros hemos tenido. Por esta razón, sus corazones están fértiles y suaves para el evangelio. Cuando oyen la verdad, el Espíritu Santo les convence y convierte con mucha más facilidad que a aquellos que tienen un corazón endurecido por tanto contacto con el evangelio.

2) Esto es un gran aliento para el creyente que testifica. Debe constituir un reto para cada uno de nosotros a poner manos a la obra, porque el mundo está lleno de personas como esas. Puede que estén impregnados de religión, pero ignoran la verdad acerca de Cristo. Están suaves y listos para responder, para oír más y más de la gloriosa verdad de que Jesús salva, perdona, y justifica (vv. 23, 38, 39).

> "**Bienaventurados los que ahora tenéis hambre, porque seréis saciados. Bienaventurados los que ahora lloráis, porque reiréis**" (Lc. 6:21).
>
> "**Mi alma tiene sed de Dios, del Dios vivo; ¿Cuándo vendré, y me presentaré delante de Dios?**" (Sal. 42:2).
>
> "**Mi boca abrí y suspiré, Porque deseaba tus mandamientos**" (Sal. 119:131).
>
> "**Los que sembraron con lágrimas, con regocijo segarán. Irá andando y llorando el que lleva la preciosa semilla; Mas volverá a venir con regocijo, trayendo sus gavillas**" (Sal. 126:5-6).
>
> "**Extendí mis manos a ti, Mi alma a ti como la tierra sedienta**" (Sal. 143:6).
>
> "**Con mi alma te he deseado en la noche, y en tanto que me dure el espíritu dentro de mí, madrugaré a buscarte; porque luego que hay juicios tuyos en la tierra, los moradores del mundo aprenden justicia**" (Is. 26:9).
>
> "**Dios, Dios mío eres tú; De madrugada te buscaré; Mi alma tiene sed de ti, mi carne te anhela, En tierra seca y árida donde no hay aguas**" (Sal. 63:1).

2. Algunos que tenían hambre de Dios deseaban oír más inmediatamente. eran en su mayoría prosélitos, gentiles paganos que estaban tan impresionados con el judaísmo que de hecho se habían convertido a la religión judía. Muchos de éstos y muchos de los judíos (religiosos genuinos) siguieron a Pablo y Bernabé después de la predicación. No podían esperar hasta la próxima semana. Eran demasiado culpables, se sentían muy atraídos a Cristo y a la esperanza de perdón. Necesitaban escuchar más en seguida.

a. Observe la palabra "muchos". El culto de adoración estaba lleno de muchos que estaban familiarizados con las Escrituras. Habían buscado a Dios mediante el estudio de estas, por lo tanto, cuando Pablo predicó la verdad de Cristo,

el Espíritu Santo tomó sus corazones y los trajo a Cristo. Sus corazones tenían sed de la verdad, anhelaban escuchar más, escuchar que Jesús es el Salvador…

- a quien Dios levantó de los muertos (v. 30).
- el que cumplió con la profecía (vv. 33-37).
- el que perdona pecados (v. 38).
- el que todo lo justifica (v. 39).

Pensamiento 1. La verdad de Cristo y Las Escrituras debieran ser siempre el mensaje a predicar y la lección a enseñar. Dios ha puesto dentro del hombre como algo natural, el deseo de conocer la verdad, un deseo ardiente de conocerle. Dentro de cada congregación hay personas que han buscado a Dios, que han leído y estudiado las Escrituras día y noche. Además le han buscado en sus sinagogas y templos. Sus corazones están listos para recibir la verdad de Cristo y de las Escrituras, pero fíjese en lo que se necesita: un creyente que viva, predique y enseñe como Pablo, un creyente…

- que ore mucho.
- que estudie mucho las Escrituras.
- que diligentemente busque vivir rectamente.
- que predique que Jesús es el Salvador.

b. Fíjese que Pablo los persuadió para que continuaran en la gracia de Dios. Parece ser que mientras Pablo predicaban, ellos tomaron la decisión de confiar en Cristo para el perdón y la justificación (vv. 38-39). Estaban viendo por primera vez cómo Jesús era el cumplimiento de las promesas de Dios. Tenían deseos de conocer más y más. No podían esperar hasta la próxima semana. Seguían al predicador a donde quiera que iba. Querían aprender más inmediatamente. La idea es un deseo ferviente, hambre y sed de la verdad. Pablo les exhortaba grandemente a continuar "en la gracia de Dios".

> "**Bienaventurados los que tienen hambre y sed de justicia, porque ellos serán saciados**" (Mt. 5:6).
>
> "**Mas buscad primeramente el reino de Dios y su justicia, y todas estas cosas os serán añadidas**" (Mt. 6:33).
>
> "**Dios, Dios mío eres tú; De madrugada te buscaré; Mi alma tiene sed de ti, mi carne te anhela,**
> "**En tierra seca y árida donde no hay aguas**" (Sal. 63:l).
>
> "**Quebrantada está mi alma de desear, Tus juicios en todo tiempo**" (Sal. 119:20).
>
> "**Mi boca abrí y suspiré, Porque deseaba tus mandamientos**" (Sal. 119:131).

3. Algunos que nunca asistían, vinieron a escuchar la Palabra de Dios (v. 44). Vinieron al culto de adoración el sábado siguiente. ¿Qué los trajo?

=> El deseo natural que hay en el corazón humano de conocer a Dios y la verdad.

=> Las noticias que se esparcían acerca de la predicación de la verdad.

=> El trabajo fiel y el testimonio de Pablo, Bernabé y de otros cristianos creyentes durante la semana.

Pensamiento 1. ¿Cuántas iglesias estarían llenas de personas deseosas de escuchar la Palabra de Dios…

• si predicáramos la verdad como es debido?
• si estuviéramos dando testimonio y guiando a nuestra gente a hacerlo como debiéramos?

> "porque no podemos dejar de decir lo que hemos visto y oído" (Hch. 4:20).
> "Pero teniendo el mismo espíritu de fe, conforme a lo que está escrito: Creí, por lo cual hablé, nosotros también creemos, por lo cual también hablamos" (2 Co. 4:13).
> "sino santificad a Dios el Señor en vuestros corazones, y estad siempre preparados para presentar defensa con mansedumbre y reverencia ante todo el que os demande razón de la esperanza que hay en vosotros" (1 P. 3:15).
> "Venid, oíd todos los que teméis a Dios, Y contaré lo que ha hecho a mi alma" (Sal. 66:16).
> "De las misericordias de Jehová haré memoria, de las alabanzas de Jehová, conforme a todo lo que Jehová nos ha dado, y de la grandeza de sus beneficios hacia la casa de Israel, que les ha hecho según sus misericordias, y según la multitud de sus piedades" (Is. 63:7).
> "Y dije: No me acordaré más de él, ni hablaré más en su nombre; no obstante, había en mi corazón como un fuego ardiente metido en mis huesos; traté de sufrirlo, y no pude" (Jer. 20:9).
> "Entonces los que temían a Jehová hablaron cada uno a su compañero; y Jehová escuchó y oyó, y fue escrito libro de memoria delante de él para los que temen a Jehová, y para los que piensan en su nombre" (Mal. 3:16).

4. Algunos lo rechazaron y se opusieron. Había tres razones fundamentales para su rechazo y oposición (v. 45).

    a. Sentían envidia de la gente que esta viniendo. El lugar se estaba llenado de personas…
- que eran diferentes.
- que ellos creían impuras y sucias.
- que eran pecadores, injustos y parias.
- que eran *extraños* para la congregación que asistía regularmente.
- que por lo general no venían ni mostraban interés en asistir y por lo tanto no apoyaban a los sacerdotes ni a su ministerio.

    b. Sentían envidia de los predicadores, Pablo y Bernabé. Los predicadores estaban dando un mensaje que satisfacía las necesidades de las personas y las personas se estaban agrupando en derredor de ellos. Los sacerdotes y maestros (rabinos) estaban celosos del éxito de ellos, ya que el pueblo no les apoyaba en sus ministerios como lo hacían con Pablo y Bernabé.

    c. Se oponían a ambas cosas, a lo que Pablo estaba haciendo y enseñando. Se oponían tanto a su ministerio como a su doctrina y enseñanzas. De hecho hablaban en contra de la verdad, contradiciendo lo que las Escrituras decían. Incluso blasfemaban el nombre de Cristo.

Pensamiento 1. Observe la seriedad de la oposición contra el mensaje de las Escrituras y el ministerio de los siervos del Señor.

Pensamiento 2. El siervo del Señor puede esperar rechazo, oposición así como puede esperar hospitalidad y recepción al evangelio.

> "Acordaos de la palabra que yo os he dicho: El siervo no es mayor que su señor. Si a mí me han perseguido, también a vosotros os perseguirán; si han guardado mi palabra, también guardarán la vuestra" (Jn. 15:20).
> "Y también todos los que quieren vivir piadosamente en Cristo Jesús padecerán persecución" (2 Ti. 3:12).
> "Jehová Dios mío, en ti he confiado; Sálvame de todos los que me persiguen, y líbrame" (Sal. 7:l).
> "Todos tus mandamientos son verdad; Sin causa me persiguen; ayúdame" (Sal. 119:86).

2 (13:46-52) *Ministros, respuesta a los perseguidores:* la respuesta de los predicadores a la gente tuvo cuatro puntos.

1. Los predicadores rechazaron a los que rechazaban el evangelio. Es importante destacar las razones de por qué fue así.

    a. La Palabra de Dios les había sido predicada claramente. Ellos habían tenido todas las oportunidades.

    b. Ellos habían echado a un lado la Palabra. Habían reaccionado enérgicamente; habían rechazado la Palabra.

    c. Se consideraban a sí mismos indignos de la vida eterna. No era Dios quien los consideraba injustos. De hecho Dios sí los consideraba injustos. Había hecho que se les llevara el evangelio. Fueron ellos mismos quienes se condenaron; quienes trajeron el juicio sobre sí.

> "El que en él cree, no es condenado; pero el que no cree, ya ha sido condenado, porque no ha creído en el nombre del unigénito Hijo de Dios" (Jn. 3:18).

Pensamiento 1. A los discípulos del Señor se les instruyó que se alejaran de los que les rechazaban (Lc. 10:10-16). Los campos están blancos para la siega. Hay muchos dispuestos a abrir sus corazones y sus hogares al Señor para gastar un tiempo precioso en aquellos que son tan malvados que contradicen y blasfeman a Cristo.

> "Entonces dijo a sus siervos: Las bodas a la verdad están preparadas; mas los que fueron convidados no eran dignos" (Mt. 22:8).
> "Mas en cualquier ciudad donde entréis, y no os reciban, saliendo por sus calles, decid: Aun el polvo de vuestra ciudad, que se ha pegado a nuestros pies, lo sacudimos contra vosotros. Pero esto sabed, que el reino de Dios se ha acercado a vosotros. Y os digo que en aquel día será más tolerable el castigo para Sodoma, que para aquella ciudad. ¡Ay de ti, Corazín! ¡Ay de ti, Betsaida! que si en Tiro y en Sidón se hubieran hecho los milagros que se han hecho en vosotras, tiempo ha que sentadas en cilicio y ceniza, se habrían arrepentido. Por tanto, en el juicio será más tolerable el castigo para Tiro y Sidón, que para vosotras. Y tú, Capernaum,

que hasta los cielos eres levantada, hasta el Hades serás abatida.El que a vosotros oye, a mí me oye; y el que a vosotros desecha, a mí me desecha; y el que me desecha a mí, desecha al que me envió" (Lc. 10:10-16).

"Y esta es la condenación: que la luz vino al mundo, y los hombres amaron más las tinieblas que la luz, porque sus obras eran malas. Porque todo aquel que hace lo malo, aborrece la luz y no viene a la luz, para que sus obras no sean reprendidas. Mas el que practica la verdad viene a la luz, para que sea manifiesto que sus obras son hechas en Dios" (Jn. 3:19-21).

"Entonces Pablo y Bernabé, hablando con denuedo, dijeron: A vosotros a la verdad era necesario que se os hablase primero la palabra de Dios; mas puesto que la desecháis, y no os juzgáis dignos de la vida eterna, he aquí, nos volvemos a los gentiles" (Hch. 13:46).

2. Los predicadores se volvieron a oyentes deseosos. Tenga en cuenta varios puntos importantes.

   a. Cristo es aquel a quien Dios ha designado y preparado para que sea...
       • "luz de los gentiles"
       • "salvación hasta lo último de la tierra" (Is. 49:6; cp. Lc. 2:32).

Cristo debe ser proclamado a los gentiles, al mundo entero. Por lo tanto, Pablo declaró en alta voz que él y Bernabé estaban obedeciendo la voluntad de Dios; se estaban volviendo a aquellos que dispuestamente recibirían el glorioso evangelio de la salvación.

   b. Los gentiles (los paganos) se regocijaron y glorificaron la Palabra del Señor. Mire cuál fue la razón: salvación, ellos serían salvados. Experimentaron la emoción de ser salvos, de llegar a conocer a Jesús personalmente y recibir la seguridad de la vida eterna.

   c. Algunos habían sido ordenados para vida eterna (véase *Estudio a fondo 2, Predestinación,* Hch. 13:48 para mayor discusión).

   d. Tanto los predicadores como los nuevos creyentes fueron fieles al llamado de Dios. Ellos anunciaron (diephereto), es decir, diseminaron y proclamaron la Palabra por toda la región. Los nuevo creyentes se convirtieron es fieles testigos inmediatamente.

3. Los predicadores fueron perseguidos y expulsados por la fuerza de al ciudad y regiones aledañas. Los líderes religiosos usaron a ciertas mujeres prominentes (honorable) quienes además eran muy devotas o religiosas. Parece ser que dichas mujeres eran las esposas de oficiales de la ciudad o prominentes en la sociedad y en los negocios. Cualquiera que fuera el caso, tenían influencia suficiente para poner a los oficiales de la ciudad en contra de Pablo y Bernabé. Los predicadores fueron duramente perseguidos. Pablo se refiere a esto posteriormente cuando le escribe a Timoteo.

"Pero tú has seguido mi doctrina, conducta, propósito, fe, longanimidad, amor, paciencia, persecuciones, padecimientos, como los que me sobrevinieron en Antioquía, en Iconio, en Listra; persecuciones que he sufrido, y de todas me ha librado el Señor" (2 Ti. 3:10-11).

4. Los predicadores se alejaron automáticamente de quienes los rechazaban. Esto fue exactamente lo que Cristo había dicho que se hiciera cuando las personas rechazaban el evangelio. Era un símbolo de que las personas no eran dignas de este por su obstinación, por su continuo rechazo y hostilidad hacia el mismo.

"Y si alguno no os recibiere, ni oyere vuestras palabras, salid de aquella casa o ciudad, y sacudid el polvo de vuestros pies" (Mt. 10:14).

"Y si en algún lugar no os recibieren ni os oyeren, salid de allí, y sacudid el polvo que está debajo de vuestros pies, para testimonio a ellos. De cierto os digo que en el día del juicio, será más tolerable el castigo para los de Sodoma y Gomorra, que para aquella ciudad" (Mr. 6:11).

"Y dondequiera que no os recibieren, salid de aquella ciudad, y sacudid el polvo de vuestros pies en testimonio contra ellos" (Lc. 9:5).

5. Los predicadores eran sostenidos por Dios, llenos de gozo y del Espíritu Santo, a pesar de la terrible persecución y del rechazo.

"Y el Señor me librará de toda obra mala, y me preservará para su reino celestial. A él sea gloria por los siglos de los siglos" (2 Ti. 4:18).

"Porque Jehová ama la rectitud, y no desampara a sus santos. Para siempre serán guardados" (Sal. 37:28).

"El eterno Dios es tu refugio, Y acá abajo los brazos eternos" (Dt. 33:27).

"No temas, porque yo estoy contigo; no desmayes, porque yo soy tu Dios que te esfuerzo; siempre te ayudaré, siempre te sustentaré con la diestra de mi justicia" (Is. 41:10).

ESTUDIO A FONDO 1

(13:46-47) *Pablo, método:* este es un pasaje muy significativo. Pablo señaló enfáticamente que *en esta ciudad* estaba dejando a un lado a los judíos y volviéndose a los gentiles. La importancia de esto es que el *método de evangelismo* de Pablo era hacer exactamente lo que Cristo había dicho, primero ir a los judíos y luego a los gentiles.

"A vosotros a la verdad era necesario que se os hablase primero la palabra de Dios" (Hch. 13:46).

"Y discutía en la sinagoga todos los días de reposo, y persuadía a judíos y a griegos. Y cuando Silas y Timoteo vinieron de Macedonia, Pablo estaba entregado por entero a la predicación de la palabra, testificando a los judíos que Jesús era el Cristo.Pero oponiéndose y blasfemando éstos, les dijo, sacudiéndose los vestidos: Vuestra sangre sea sobre vuestra propia cabeza; yo, limpio; desde ahora me iré a los gentiles" (Hch. 18:4-6).

"Porque no me avergüenzo del evangelio, porque es poder de Dios para salvación a todo aquel que cree; al judío primeramente, y también al griego" (Ro.1:16).

"tribulación y angustia sobre todo ser humano que hace lo malo, el judío primeramente y también el griego, pero gloria y honra y paz a todo el que hace lo bueno, al judío primeramente y también al griego" (Ro. 2:9-10).

Fíjese en las palabras de Pedro:

> **"Vosotros sois los hijos de los profetas, y del pacto que Dios hizo con nuestros padres, diciendo a Abraham: En tu simiente serán benditas todas las familias de la tierra. A vosotros primeramente, Dios, habiendo levantado a su Hijo, lo envió para que os bendijese, a fin de que cada uno se convierta de su maldad" (Hch. 3:25-26).**

Esta es la razón por la cual Pablo adoptó el méetodo de ir en seguida a las sinagogas fast. (Véase nota, Hch. 13:14-16 for more discusión). Cristo había ordenado que los judíos fueran los primeros en escuchar el evangelio. Si ellos lo rechazaban, Pablo entonces los dejaba y le predicada al resto de la gente, es decir, a los gentiles.

Nota: Pablo dijo que el Señor ordenó a los predicadores que adoptaran este método (v. 47).

ESTUDIO A FONDO 2

(13:48) *Predestinación:* este versísuclo muestra tanto la parte que le corresponde a Dios como al hombre en la salvación. El mismo Jesús dijo:

> **"Ninguno puede venir a mí, si el Padre que me envió no le trajere" (Jn. 6:44).**

La persona que viene a Cristo es alguien que ha sido atraído por Dios, una persona que ha experimentado la *iniciativa divina.* La persona no viene a Cristo por sí misma ni por su propio esfuerzo y energía, ni por sus propias obras, ya sean de tipo mental (pensamiento o voluntad, Jn.1:13) o mediante el trabajo (buenas obras, Ef. 2:8-9). El hombre es un espíritu muerto; por lo tanto no puede hacer nada espiritualmente, de la misma manera en que un cuerpo muerto no puede hacer nada físicamente. El hombre natural se prefiere a sí mismo y al pecado; por consiguiente, si un hombre con un espíritu muerto ha de venir a Cristo, necesita que se obre sobre él y que Dios lo atraiga. Tanto Dios como el hombre desempeñan un papel en la salvación.

=> La parte de Dios es atraer a los hombres.

=> La parte del hombre es creer

(Véase nota, Atraer, Jn. 6:44-46 para mayor discusión).

	CAPÍTULO 14	Señor, el cual daba testimonio a la palabra de su gracia, concediendo que se hiciesen por las manos de ellos señales y prodigios.	
	E. Iconio, la ciudad antigua: el modelo de Dios para predicar y testificar, 14:1-7		
1 Paso 1: un espíritu y esfuerzo unidosEF1	1 Aconteció en Iconio que entraron juntos en la sinagoga de los judíos, y hablaron de tal manera que creyó una gran multitud de judíos, y asimismo de griegos.	4 Y la gente de la ciudad estaba dividida: unos estaban con los judíos, y otros con los apóstoles.	**6 Paso 6: opiniones divididas**
2 Paso 2: seguir el método dado por Dios			
3 Paso 3: experimentando los resultados		5 Pero cuando los judíos y los gentiles, juntamente con sus gobernantes, se lanzaron a afrentarlos y apedrearlos,	
4 Paso 4: la oposición murmuradora	2 Mas los judíos que no creían excitaron y corrompieron los ánimos de los gentiles contra los hermanos.	6 habiéndolo sabido, huyeron a Listra y Derbe, ciudades de Licaonia, y a toda la región circunvecina,	**7 Paso 7: buscando oidores más dispuestos**
5 Paso 5: la valentía y perseverancia del predicador	3 Por tanto, se detuvieron allí mucho tiempo, hablando con denuedo, confiados en el	7 y allí predicaban el evangelio	

DIVISIÓN VI

EL PRIMER GRAN VIAJE MISIONERO DE PABLO: A CHIPRE Y GALACIA, 13:1–14:28

E. Iconio, la ciudad antigua: el modelo de Dios para predicar y testificar, 14:1-7

(14:1-7) *Introducción:* este pasaje es muy llamativo. Nos da un idea clara del modelo de Dios para la predicación, para testificar de su nombre. El modelo se ve en lo que Pablo y Bernabé experimentaron. Su experiencia muestra claramente lo que Dios espera de su siervo y exactamente lo que el siervo puede esperar cuando predicar el glorioso evangelio del Señor Jesús.

1. Paso 1: un espíritu y esfuerzo unidos (v. 1).
2. Paso 2: seguir el método dado por Dios (v. 1).
3. Paso 3. experimentando los resultados (v. 1).
4. Paso 4: la oposición murmuradora (v. 2).
5. Paso 5: la valentía y perseverancia del predicador (v. 3).
6. Paso 6: opiniones divididas (vv. 4-5).
7. Paso 7: buscando oidores más dispuestos (vv. 6-7).

1 (14:1) *Predicar:* el primer paso en la predicación es tener un espíritu y esfuerzo unidos. Hay un énfasis en la palabra "juntos" y en el hecho de que los hombres estaban ministrando y sirviendo *juntos.* Recuerde: el Espíritu de Dios había puesto a Pablo delante de Bernabé en el ministerio (véase *Estudio a fondo 4,* Hch. 13:9; 13:14-16). Esto dice mucho del espíritu de Bernabé. Él debe haber sido un hombre poco común, un gran siervo del Señor. Hubo varios factores que dieron a estos hombres un espíritu unido.

=> Servían al mismo Señor.
=> Fueron llamados al mismo campo misionero.
=> Llevaban el mismo mensaje
=> Se amaban el uno al otro como hermanos en el Señor, por lo tanto, querían animarse y apoyarse mutua-

mente mientras cumplían con el llamamiento de Dios.
=> Ellos sabían que el amor es el mayor testimonio para el mundo

"**Un mandamiento nuevo os doy: Que os améis unos a otros; como yo os he amado, que también os améis unos a otros. En esto conocerán todos que sois mis discípulos, si tuviereis amor los unos con los otros**" (Jn. 13:34-35).

Pensamiento 1. Los mismos factores se cumplen para todos los ministros del Señor; y por ende, el mismo espíritu de unidad debe verse en todos. Todos los siervos de Dios debieran servir *juntos,* trabajando unidos en su Espíritu y por su causa.

"**Os ruego, pues, hermanos, por el nombre de nuestro Señor Jesucristo, que habléis todos una misma cosa, y que no haya entre vosotros divisiones, sino que estéis perfectamente unidos en una misma mente y en un mismo parecer**" (1 Co.1:10).

"**solícitos en guardar la unidad del Espíritu en el vínculo de la paz**" (Ef. 4:3).

"**Solamente que os comportéis como es digno del evangelio de Cristo, para que o sea que vaya a veros, o que esté ausente, oiga de vosotros que estáis firmes en un mismo espíritu, combatiendo unánimes por la fe del evangelio**" (Fil. 1:27).

"**Finalmente, sed todos de un mismo sentir, compasivos, amándoos fraternalmente, misericordiosos, amigables**" (1 P. 3:8).

ESTUDIO A FONDO 1

(14:1) *Iconio:* esta ciudad estaba ubicada en el distrito romano de Galacia o Turquía, en los tiempos modernos (Véase Mapa, Introducción a Hch.). La ciudad estaba a aproximadamente ciento cuarenta y cinco kilómetros al este de Antioquía de Pisidia. Se le conocía como la

Damasco de Asia Menor. De hecho la ciudad alegaba ser más vieja que Damasco. Yacía a lo largo del borde de la gran planicie de Asia Menor, una de las llanuras más fértiles que pueda imaginar. Era famosa por sus huertos de ciruelos y albaricoques. La ciudad era un centro comercial ya que la atravesaba el camino principal entre el oeste y Siria. Imagínese a Pablo y Bernabé. Habían sufrido persecución y los habían expulsado de Antioquía de Pisidia, pero mientras andaban por el gran camino romano en medio de aquella bella y fértil llanura, con huertos exuberantes, se regocijaban en la tierra del Señor, en la plenitud del Espíritu Santo. Ellos tenían la victoria en Jesús su Señor. Marchaban adelante a ganar a Iconio para el Señor.

En Iconio se estableció una iglesia grande; una "gran multitud" de judíos y griegos creyó (Hch. 14:1). No obstante, la iglesia fue fundada en medio de la incredulidad y la persecución (Hch. 14:2, 4-6). A pesar de la oposición, Pablo y Bernabé, Pablo y Bernabé pudieron permanecer en la ciudad por tiempo suficiente, formando y estableciendo a los creyentes en la fe. Sin embargo, finalmente sus vidas fueron amenazadas y fueron obligados a escapar (Hch. 14:6). Algunos de los mismos perseguidores judíos acosaban a Pablo, siguiéndole y alborotando a la gente por toda Galacia en su contra (Hch. 14:19). Pablo menciona las tremendas persecuciones que sufrió en Antioquía, Iconio, y Listra (2 Ti. 3:11). La iglesia de Iconio...

- fue fundada en el primer viaje misionero de Pablo (Hch. 14:1-6).
- recibió nuevamente la visita de Pablo en su viaje de regreso (Hch. 14:21-22).
- fue visitada por Pablo, Silas y Timoteo en el segundo viaje misionero de Pablo (Hch. 16:1-5). Él también visitó la ciudad en su tercer viaje misionero (Hch. 18:23).
- fue una de las iglesias a las que Pablo dedicó el libro de Gálatas.

2 (14:1) *Testificar — Predicar:* el segundo paso en la predicación es seguir el método dado por Dios. El método de Dios tiene dos aspectos.

1. Primero, el siervo de Dios tiene que *hablar.* Tiene que hablar al testificar y predicar al Señor Jesucristo, la salvación que hay en Él. El método de Dios es *el testimonio verbal* (véase bosquejo y notas, Hch. 13:14-41).

> "Pues ya que en la sabiduría de Dios, el mundo no conoció a Dios mediante la sabiduría, agradó a Dios salvar a los creyentes por la locura de la predicación" (1 Co.1:21).
>
> "Y yendo, predicad, diciendo: El reino de los cielos se ha acercado" (Mt. 10:7).
>
> "Lo que os digo en tinieblas, decidlo en la luz; y lo que oís al oído, proclamadlo desde las azoteas" (Mt. 10:27).
>
> "Por tanto, id, y haced discípulos a todas las naciones, bautizándolos en el nombre del Padre, y del Hijo, y del Espíritu Santo" (Mt. 28:19).
>
> "Y les dijo: Id por todo el mundo y predicad el evangelio a toda criatura" (Mr. 16:15).

> "Jesús le dijo: Deja que los muertos entierren a sus muertos; y tú ve, y anuncia el reino de Dios" (Lc. 9:60).
>
> "Id, y puestos en pie en el templo, anunciad al pueblo todas las palabras de esta vida" (Hch. 5:20).
>
> "que prediques la palabra; que instes a tiempo y fuera de tiempo; redarguye, reprende, exhorta con toda paciencia y doctrina" (2 Ti. 4:2).

2. Segundo, el siervo de Dios tiene que ir a donde las personas están. Fíjese que el primer lugar al que Pablo y Bernabé se dirigieron fue la sinagoga (véase notas, Hch. 13:14-16; *Estudio a fondo 1,* 13:46-47 para mayor discusión). Este era su método...

- ir primero a donde la gente estaba, donde ya había un auditorio preparado.
- ir primero a los religiosos (judíos), a las personas que ya estaban familiarizadas con las Escrituras.

> "Id, pues, a las salidas de los caminos, y llamad a las bodas a cuantos halléis" (Mt. 22:9).
>
> "En el último y gran día de la fiesta, Jesús se puso en pie y alzó la voz, diciendo: Si alguno tiene sed, venga a mí y beba" (Jn. 7:37).
>
> "Id, y puestos en pie en el templo, anunciad al pueblo todas las palabras de esta vida" (Hch. 5:20).

3 (14:1) *Predicar:* el tercer paso en la predicación es experimentar los resultados. Tanto los judíos como los griegos habían sido alcanzados y la idea es que fueron alcanzados inmediatamente. Nótese: no se mostró parcialidad o favoritismo a nadie. El esfuerzo evangelístico fue hecho en toda la ciudad. Todo estaban en un mismo nivel; no había clases ni distinciones sociales. Pablo y Bernabé predicaron a todo el que escuchara el glorioso evangelio. Ellos obedecieron a su Señor; por lo tanto, Dios honró su palabra y muchos fueron alcanzados; muchos creyeron en la salvación, es decir, en Cristo Jesús.

> "Porque no hay diferencia entre judío y griego, pues el mismo que es Señor de todos, es rico para con todos los que le invocan: (Ro. 10:12).
>
> "el cual quiere que todos los hombres sean salvos y vengan al conocimiento de la verdad. Porque hay un solo Dios, y un solo mediador entre Dios y los hombres, Jesucristo hombre, el cual se dio a sí mismo en rescate por todos, de lo cual se dio testimonio a su debido tiempo" (1 Ti. 2:4-6).
>
> "Y el Espíritu y la Esposa dicen: Ven. Y el que oye, diga: Ven. Y el que tiene sed, venga; y el que quiera, tome del agua de la vida gratuitamente" (Ap. 22:17).
>
> "Mirad a mí, y sed salvos, todos los términos de la tierra, porque yo soy Dios, y no hay más" (Is. 45:22).

4 (14:2) *Persecución:* El cuarto paso en la predicación es la oposición murmuradora. Nótense tres cosas:

1. Fueron los religiosos incrédulos (judíos) los que instigaron el problema sobre la predicación del evangelio. La frase "no creían" (apeithesantes) significa que eran desobedientes. La idea es que ellos no estaban dispuestos a creer o a ser persuadidos. Ellos se retrajeron deliberadamente de creer, *desobedeciendo así a Dios.*

"Y este es su mandamiento: Que creamos en el nombre de su Hijo Jesucristo, y nos amemos unos a otros como nos lo ha mandado" (1 Jn. 3:23).

2. La imagen que se quiere dar es esta: ellos fueron por todas partes instigando a la ciudad contra los siervos del Señor. Los religiosos intentaron deliberadamente de incitar al pueblo. Los religiosos…

* divulgaron rumores
* hicieron falsas sugestiones
* envenenaron opiniones
* hicieron insinuaciones

Trataron de irritar y provocar al pueblo y a los funcionarios de la ciudad para que se deshicieran de los predicadores.

3. Se opusieron a los predicadores por tres razones (véase nota, pt. 4, Hch. 13:42-45 para mayor discusión).

5 (14:3) *Valor — Perseverancia — Ministrar:* El quinto paso en la predicación es la valentía y perseverancia del predicador. Observe tres cosas:

1. A pesar de la persecución y los malos sentimientos contra su predicación, ellos continuaron ministrando y testificando de Cristo. Ellos no…

* se retiraron o huyeron.
* suavizaron su predicación.
* comprometieron su mensaje.
* buscaron agradar a los funcionarios.

Pero observe cuál era la fuente de su valor. Ellos hablaron valientemente "confiados en el Señor"; es decir, dependieron y confiaron en Él y en su fortaleza para llevarlos adelante, y cuidarlos.

Pensamiento 1. Pablo y Bernabé deben haber pasado mucho tiempo en oración, pues la valentía se da como respuesta a la oración.

"Y ahora, Señor, mira sus amenazas, y concede a tus siervos que con todo denuedo hablen tu palabra" (Hch. 4:29).

"Y seréis aborrecidos de todos por causa de mi nombre; mas el que persevere hasta el fin, éste será salvo" (Mt. 10:22).

"Porque no nos ha dado Dios espíritu de cobardía, sino de poder, de amor y de dominio propio. Por tanto, no te avergüences de dar testimonio de nuestro Señor, ni de mí, preso suyo, sino participa de las aflicciones por el evangelio según el poder de Dios" (2 Ti. 1:7-8).

2. Los predicadores eran instrumentos en las manos del Señor. Fíjese en las palabras, "daba testimonio a la palabra de su gracia". En griego el sujeto de esta oración es Cristo, no los predicadores. Cristo es quien dio testimonio, quien predicó a través de la vida y las voces de los dos ministros. Estaban tan entregados, tan resndidos al Señor, que Él les pudo utilizar al máximo como siervos suyos para que dieran testimonio a la palabra de su gracia.

"Y ahora, hermanos, os encomiendo a Dios, y a la palabra de su gracia, que tiene poder para sobreedificaros y daros herencia con todos los santificados" (Hch. 20:32).

Pensamiento 1. Imagine a una persona tan entregada y

rendida a Cristo que sea capaz de hablar y ministrar a través de dicha persona. Esto es exactamente lo que él espera y demanda de nosotros. Somos sus instrumentos sus siervos, a través de los cuales él puede vivir y dar testimonio de sí mismo.

"Y decía a todos: Si alguno quiere venir en pos de mí, niéguese a sí mismo, tome su cruz cada día, y sígame" (Lc. 9:23).

"Así que, hermanos, os ruego por las misericordias de Dios, que presentéis vuestros cuerpos en sacrificio vivo, santo, agradable a Dios, que es vuestro culto racional. No os conforméis a este siglo, sino transformaos por medio de la renovación de vuestro entendimiento, para que comprobéis cuál sea la buena voluntad de Dios, agradable y perfecta" (Ro. 12:1-2).

"¿O ignoráis que vuestro cuerpo es templo del Espíritu Santo, el cual está en vosotros, el cual tenéis de Dios, y que no sois vuestros? Porque habéis sido comprados por precio; glorificad, pues, a Dios en vuestro cuerpo y en vuestro espíritu, los cuales son de Dios" (1 Co. 6:19-20).

"Con Cristo estoy juntamente crucificado, y ya no vivo yo, mas vive Cristo en mí; y lo que ahora vivo en la carne, lo vivo en la fe del Hijo de Dios, el cual me amó y se entregó a sí mismo por mí" (Gá. 2:20).

"Porque habéis muerto, y vuestra vida está escondida con Cristo en Dios" (Col. 3:3).

3. Observe las palabras: "concediendo que se hiciesen por las manos de ellos señales y prodigios" (v. 3). Una vez más, las señales y prodigios son efectuados por Cristo a través de las manos de los predicadores. Él es la Fuente, el Poder, el Ministro, el Sanador. Ellos fueron solo siervos e instrumentos en las manos del Señor. (¡Dios quiera que nosotros podamos estar rendidos a Él de la misma manera!)

"Y ahora, Señor, mira sus amenazas, y concede a tus siervos que con todo denuedo hablen tu palabra, mientras extiendes tu mano para que se hagan sanidades y señales y prodigios mediante el nombre de tu santo Hijo Jesús" (Hch. 4:29-30).

"testificando Dios juntamente con ellos, con señales y prodigios y diversos milagros y repartimientos del Espíritu Santo según su voluntad" (He. 2:4).

6 (14:4-5) *Ministros — Persecución:* El sexto paso en la predicación fue las opiniones divididas sobre los predicadores. Los predicadores *pueden esperar* opiniones divididas en sus oyentes. Algunos les apoyarán; otros no. Ningún predicador ha sido jamás aceptado por todas las personas. Nótense tres aspectos:

1. El mayor impacto que un predicador puede hacer es estar tan rendido a Cristo que se convierta en el instrumento y voz de Cristo mismo. La ciudad entera había oído acerca de Cristo y fueron tocados por el mensaje y el ministerio.

Pensamiento 1. Qué reto constituye para los predicadores la dedicación de Pablo…

* su dedicación en el estudio de la Palabra.

"Procura con diligencia presentarte a Dios aprobado, como obrero que no tiene de qué avergonzarse, que usa bien la palabra de verdad" (2 Ti. 2:15).

- su dedicación a la oración.

   "**orando en todo tiempo con toda oración y súplica en el Espíritu, y velando en ello con toda perseverancia y súplica por todos los santos**" (Ef. 6:18. Ver bosquejo y notas, Ef. 3:14-21 para las cosas por las que Pablo oraba).

- su dedicación a la predicación.

   "**que prediques la palabra; que instes a tiempo y fuera de tiempo; redarguye, reprende, exhorta con toda paciencia y doctrina… Pero tú sé sobrio en todo, soporta las aflicciones, haz obra de evangelista, cumple tu ministerio**" (2 Ti. 4:2, 5).

- su dedicación a hacer discípulos.

   "**Lo que has oído de mí ante muchos testigos, esto encarga a hombres fieles que sean idóneos para enseñar también a otros**" (2 Ti. 2:2).

Fue por el compromiso de Pablo a todos los deberes de un ministro que Dios pudo usarle tan dinámicamente.

2.   La opinión de las personas sobre los predicadores estaba dividida. Se formaron grupos y facciones en relación con los siervos del Señor. Algunos a favor, otros en contra.

Pensamiento 1. Cristo vino a la tierra a traer división.

   "**Porque de aquí en adelante, cinco en una familia estarán divididos, tres contra dos, y dos contra tres. Estará dividido el padre contra el hijo, y el hijo contra el padre; la madre contra la hija, y la hija contra la madre; la suegra contra su nuera, y la nuera contra su suegra**" (Lc. 12:52-53).

3.   La oposición ganó y de hecho agredieron (horme) a los dos hombres. La palabra significa un impulso, abalanzarse sobre. Parece ser que una pandilla se reunió y salió en busca de los hombres, ya sea fuera de su residencia o donde se encontraran. Fíjese que tanto los judíos como los gentiles estaban involucrados; es decir, religiosos y no religiosos, los que estaban familiarizados con las Escrituras y los que no.

Pensamiento 1. Hay dos hechos que el siervo del Señor nunca debe olvidar.

1)   Cristo vino a la tierra a traer división.

   "**Porque de aquí en adelante, cinco en una familia estarán divididos, tres contra dos, y dos contra tres. Estará dividido el padre contra el hijo, y el hijo contra el padre; la madre contra la hija, y la hija contra la madre; la suegra contra su nuera, y la nuera contra su suegra**" (Lc. 12:52-53).

2)   El siervo del Señor sufrirá persecución.

   "**Acordaos de la palabra que yo os he dicho: El siervo no es mayor que su señor. Si a mí me han perseguido, también a vosotros os perseguirán; si han guardado mi palabra, también guardarán la vuestra**" (Jn. 15:20).

   "**Estas cosas os he hablado, para que no tengáis tropiezo. Os expulsarán de las sinagogas; y aun viene la hora cuando cualquiera que os mate, pensará que rinde servicio a Dios. Y harán esto porque no conocen al Padre ni a mí. Mas os he dicho estas cosas, para que cuando llegue la hora, os acordéis de que ya os lo había dicho**" (Jn. 16:1-4).

   "**Porque a vosotros os es concedido a causa de Cristo, no sólo que creáis en él, sino también que padezcáis por él**" (Fil. 1:29).

   "**Hermanos míos, no os extrañéis si el mundo os aborrece**" (1 Jn. 3:13).

   "**Amados, no os sorprendáis del fuego de prueba que os ha sobrevenido, como si alguna cosa extraña os aconteciese**" (1 P. 4:12).

7 (14:6-7) *Ministros:* el séptimo paso en la predicación es buscar oidores más dispuestos. Muy sencillo, los predicadores descubrieron que la oposición estaba a punto de atacarlos. Sería peor para el evangelio si ellos se quedaban y lo importante para el evangelio era seguir adelante y divulgar su poder salvador. Así que los predicadores se fueron y huyeron por el bien del evangelio. Se fueron en buscar de oidores más dispuestos y continuaron predicando.

Pensamiento 1. Hay dos lecciones que debemos señalar.
1)   Frente a la oposición el siervo del Señor debe cuidadosamente analizar qué es lo mejor para la divulgación del evangelio. A veces enfrentarla traerá mayores resultados; en otras ocasiones huir será lo mejor. El siervo siempre debe hacer lo que sea mejor para el bien del evangelio.
2)   El siervo del Señor no debe dejarse vencer ni renunciar porque haya oposición. Siempre debe seguir adelante, buscando nuevos campos en los cuales predicar a Cristo.

   "**Entonces os entregarán a tribulación, y os matarán, y seréis aborrecidos de todas las gentes por causa de mi nombre**" (Mt. 24:9).

   "**Pero cuando venga el Espíritu de verdad, él os guiará a toda la verdad; porque no hablará por su propia cuenta, sino que hablará todo lo que oyere, y os hará saber las cosas que habrán de venir**" (Jn. 16:13).

	F. Listra, el pueblo fronterizo: la predicación a un pueblo pagano y supersticioso, 14:8-20	zaron entre la multitud, dando voces	
1 Pablo predicó en las calles de la ciudad[EF1]	8 Y cierto hombre de Listra estaba sentado, imposibilitado de los pies, cojo de nacimiento, que jamás había andado.	15 y diciendo: Varones, ¿por qué hacéis esto? Nosotros también somos hombres semejantes a vosotros, que os anunciamos que de estas vanidades os convirtáis al Dios vivo, que hizo el cielo y la tierra, el mar, y todo lo que en ellos hay.	a. Punto 1: Los hombres son simplemente hombres b. Punto 2: Existe un solo Dios vivo c. Punto 3: El Dios vivo es el creador de todas las cosas
2 La naturaleza de un pueblo supersticioso, una naturaleza que necesitaba un mensaje especial	9 Este oyó hablar a Pablo, el cual, fijando en él sus ojos, y viendo que tenía fe para ser sanado,		
a. Tienen una gran fe en Cristo	10 dijo a gran voz: Levántate derecho sobre tus pies. Y él saltó, y anduvo.	16 En las edades pasadas él ha dejado a todas las gentes andar en sus propios caminos;	d. Punto 4: Dios le permitió a los hombres andar en sus propios caminos
b. Propensos a deificar a los hombres	11 Entonces la gente, visto lo que Pablo había hecho, alzó la voz, diciendo en lengua licaónica: Dioses bajo la semejanza de hombres han descendido a nosotros.	17 si bien no se dejó a sí mismo sin testimonio, haciendo bien, dándonos lluvias del cielo y tiempos fructíferos, llenando de sustento y de alegría nuestros corazones.	e. Punto 5: Dios siempre a dado testimonio de sí mismo
c. Creían en mitos	12 Y a Bernabé llamaban Júpiter, y a Pablo, Mercurio, porque éste era el que llevaba la palabra.	18 Y diciendo estas cosas, difícilmente lograron impedir que la multitud les ofreciese sacrificio.	
d. Ofrecen el sacrificio equivocado	13 Y el sacerdote de Júpiter, cuyo templo estaba frente a la ciudad, trajo toros y guirnaldas delante de las puertas, y juntamente con la muchedumbre quería ofrecer sacrificios.	19 Entonces vinieron unos judíos de Antioquía y de Iconio, que persuadieron a la multitud, y habiendo apedreado a Pablo, le arrastraron fuera de la ciudad, pensando que estaba muerto.	**4 El ministro que se necesita para alcanzar a un pueblo supersticioso** a. Un ministro dispuesto a sufrir persecución e incluso el martirio b. Un ministro fiel a la misión de hacer discípulos[EF3]
3 El mensaje para una pueblo supersticioso	14 Cuando lo oyeron los apóstoles Bernabé y Pablo, rasgaron sus ropas, y se lan-	20 Pero rodeándole los discípulos, se levantó y entró en la ciudad; y al día siguiente salió con Bernabé para Derbe.	c. Un ministro que confía en el poder liberador de Dios

DIVISIÓN VI

EL PRIMER GRAN VIAJE MISIONERO DE PABLO: A CHIPRE Y GALACIA, 13:1–14:28

F. Listra, el pueblo fronterizo: la predicación a un pueblo pagano y supersticioso, 14:8-20

(14:8-20) *Introducción:* Alrededor del mundo existen personas que conocen muy poco sobre Dios y las Escrituras, tanto en las sociedades primitivas como en las industrializadas. Ellos son los perdidos del mundo, personas aferradas a idolatrías, supersticiones y filosofías, personas sin Dios y sin esperanza para el futuro. ¿Cómo podemos llegar hasta ellos? ¿Cuál es el mensaje que debemos predicarle a un pueblo pagano y supersticioso?

1. Pablo predicó en las calles de la ciudad (v. 8).

2. La naturaleza de un pueblo supersticioso, una naturaleza que necesita un mensaje especial (vv. 8-13).

3. El mensaje para una pueblo supersticioso (vv. 14-18).

4. El ministro que se necesita para alcanzar a un pueblo supersticioso (vv. 19-20).

[1] (14:8) *Predicación — Testimonio:* Pablo predicó en las calles de la ciudad. No se dice que hubiera una sinagoga en Listra, pero al menos había unos pocos ciudadanos judíos viviendo en la ciudad. Las Escrituras mencionan a la madre de Timoteo, quien al parecer era judía (véase nota y *Estudio a fondo 1, Timoteo,* Hch. 16:1-3).

Si los judíos se hubieran estado reuniendo, Pablo se les habría unido y comenzado su ministerio entre ellos, pero por lo que vemos en este pasaje, todo parece indicar que estaba predicando en las calles y compartiendo acerca de Cristo con cualquiera que se detuviera a escucharle. La afirmación "cierto hombre de Listra estaba sentado" parece también señalar hacia una predicación al aire libre. Lo más probable es que ese hombre fuera un mendigo.

Fíjese en otro hecho: Pablo y Bernabé tuvieron que luchar contra la barrera del idioma. Ellos no conocían la lengua licaónica, y solo los judíos educados conocían griego y arameo, los idiomas que hablaba Pablo (v. 11). Observe la inmensa dedicación de esos hombres. A pesar de la barrera del idioma, lucharon por dar a conocer a Cristo a todo el mundo.

ESTUDIO A FONDO 1

(14:8) *Listra:* esta era una ciudad frontera, mucho menos civilizada que la mayoría de los lugares donde Pablo había evangelizado (véase mapa, introducción a Hch.). Estaba ubicada a unos treinta y dos kilómetros de Iconio. Se desconoce la fecha exacta de la fundación de la ciudad. Sin embargo, aproximadamente en el año 6 a.C., Augusto estableció allí una colonia romana que servía como defensa fronteriza. Tuvo muy poca influencia de la cultura griega y muy pocas personas de nivel cultural se interesaron en dicha ciudad. En realidad, fue una ciudad construida como base militar, una ciudad construida en un lugar agreste con el único propósito de ofrecer protección. La gran carretera militar de Roma "El camino imperial", atravesaba la ciudad, y debido a esto y a la gran población necesaria para mantener la colonia militar, la ciudad contaba con una próspera economía. Esto, por supuesto, significaba un considerable núcleo de aristocráticos hombres de negocios. Pablo y Bernabé tuvieron un exitoso ministerio en Listra, estableciendo una sólida iglesia que perseveró en el Señor. Esta iglesia…

- fue fundada durante el primer viaje misionero de Pablo (Hch. 14:8).
- fue visitada por Pablo en los tres viajes misioneros, y al parecer la visitó una cuarta vez (Hch. 14:6f; 14:21; 16:1; 18:23).
- fue la iglesia madre de Timoteo (Listra o Derbe) (Hch. 16:1).
- fue una de las iglesias de Galacia a las que Pablo escribió la Epístola a los Gálatas.

2 (14:8-13) *Superstición — Humanismo:* La naturaleza de un pueblo supersticioso, una naturaleza que necesitaba un mensaje especial. Lo que sucedió nos da un claro entendimiento de la naturaleza de las personas supersticiosas.

1. Las personas supersticiosas son personas receptivas a la fe en Cristo. Esto se muestra en el cojo que estaba sentado en el borde de la calle. Parece ser que el cojo fue uno de los pocos que se detuvo a escuchar a Pablo. Podemos sacar esta conclusión del grito de Pablo, que por lo visto fue para atraer a la gente.

   a. El hombre estaba completamente desvalido; estaba cojo de ambos pies y desde su nacimiento. Nunca había caminado.
   b. El hombre escuchó el evangelio. Él "oyó hablar a Pablo".

   c. El corazón del hombre estaba abierto al evangelio; por tanto…
      - le impresionó.
      - percibió que el mensaje provenía del cielo.
      - experimentó el apasionamiento de la fe en Cristo.
   d. El hombre realmente "tenía fe para ser sanado" (echei pistin tou sothenai). Las palabras "ser sanado" significan tanto ser curado como ser salvo. Pablo, claro está, estaba predicando el evangelio, y el corazón del hombre fue movido a creer y confiar en que Jesús podía salvarle. Pablo se dio cuenta de esto; él vio surgir la fe en este hombre, una fe lo suficientemente fuerte para sanarle así como para salvar su alma. Todo lo que el hombre necesitaba era que se le señalara hacia ese poder en el nombre de Jesús.
   e. Pablo dijo a gran voz (megalei), "Levántate derecho sobre tus pies". Y el hombre saltó y anduvo. Observe: Pablo no le dio la mano al hombre; él no tocó al hombre en lo absoluto, simplemente le habló. El poder provenía de Cristo y la fe residía en el hombre. El hombre tenía que ejercitar su fe, creer y confiar verdaderamente en el Señor Jesús para ser sanado, de la misma manera que hizo para ser salvo.

   El punto central es este. Las personas supersticiosas y paganas del mundo pueden y deben ser alcanzadas para Cristo. Sus corazones son iguales que los corazones de las personas civilizadas y educadas del mundo. Sus corazones…
   - poseen la misma naturaleza.
   - tienen exactamente la misma necesidad.
   - están de igual manera abiertos y expuestos a la verdad.

Pensamiento 1. Fíjese que incluso en las sociedades civilizadas e industrializadas hay personas paganas y supersticiosas. Cualquier persona que ignore las Escrituras y la verdad acerca de Cristo…

- es un pagano: un idólatra, una persona irreligiosa, un extraño para Dios.

   "Así que ya no sois extranjeros ni advenedizos, sino conciudadanos de los santos, y miembros de la familia de Dios" (Ef. 2:19).

- confía su suerte y su destino a alguna forma de creencia falsa y supersticiosa.

2. Las personas supersticiosas son dadas a deificar a los hombres. Prácticamente todas las personas que escuchaban a Pablo correrían a ver qué era lo que estaba causando semejante conmoción. Teniendo en cuenta lo sucedido, el incidente ocurrió en un lugar muy concurrido de la ciudad. La imagen que se da es de una gran multitud que corría, aturdida, escandalizada y alborotada. Comenzaron a correr por toda la ciudad gritando que "dioses" en forma de hombres habían venido a visitarles. Por supuesto que con tanto alboroto,

pronto toda la ciudad se enteró del milagro y quiso *hacer* dioses a los dos hombres que habían ejecutado dicho milagro. Se nos está tratando de decir que hay una tendencia en el mundo a deificar tanto a la humanidad como a ciertas personas, a aferrarse a las creencias paganas y supersticiosas del humanismo…

- a deificar a la humanidad, adorando las habilidades del hombre y sus proezas, ya sea en la ciencia., la tecnología, la magia o la hechicería. Hay una tendencia a creer que el hombres es quien decide su propio destino.
- a deificar a ciertas personas, teniéndolas en demasiada estima, poniéndolas en pedestales y lugares de honor debido a su aparente poder, sus logros, su conocimiento, su fama o habilidad de leer el futuro.

Tal edificación es idolatría, superstición y paganismo. Adorarse a sí mismo es la tendencia del corazón del hombre, ya sea que se trate de un pagano en las tierras recónditas de una selva o de un pagano en la más industrializada sociedad.

> **"Porque las cosas invisibles de él, su eterno poder y deidad, se hacen claramente visibles desde la creación del mundo, siendo entendidas por medio de las cosas hechas, de modo que no tienen excusa. Pues habiendo conocido a Dios, no le glorificaron como a Dios, ni le dieron gracias, sino que se envanecieron en sus razonamientos, y su necio corazón fue entenebrecido. Profesando ser sabios, se hicieron necios, y cambiaron la gloria del Dios incorruptible en semejanza de imagen de hombre corruptible, de aves, de cuadrúpedos y de reptiles" (Ro. 1:20-23).**

> **"y confías en que eres guía de los ciegos, luz de los que están en tinieblas" (Ro. 2:19).**

> **"Porque tú dices: Yo soy rico, y me he enriquecido, y de ninguna cosa tengo necesidad; y no sabes que tú eres un desventurado, miserable, pobre, ciego y desnudo" (Ap. 3:17).**

> **"Yo soy limpio y sin defecto; Soy inocente, y no hay maldad en mí" (Job 33:9).**

> **"Tú que decías en tu corazón: Subiré al cielo; en lo alto, junto a las estrellas de Dios, levantaré mi trono, y en el monte del testimonio me sentaré, a los lados del norte; sobre las alturas de las nubes subiré, y seré semejante al Altísimo" (Is. 14:13-14).**

> **"Porque te confiaste en tu maldad, diciendo: Nadie me ve. Tu sabiduría y tu misma ciencia te engañaron, y dijiste en tu corazón: Yo, y nadie más" (Is. 47:10).**

> **"Hijo de hombre, di al príncipe de Tiro: Así ha dicho Jehová el Señor: Por cuanto se enalteció tu corazón, y dijiste: Yo soy un dios, en el trono de Dios estoy sentado en medio de los mares (siendo tú hombre y no Dios), y has puesto tu corazón como corazón de Dios" (Ez. 28:2).**

> **"Si te remontares como águila, y aunque entre las estrellas pusieres tu nido, de ahí te derribaré, dice Jehová" (Abd. 4).**

3. Las personas supersticiosas creen en los mitos. La gente en Listra identificaron a Pablo y a Bernabé con dos dioses artificiales, Zeus (Júpiter) y Hermes (Mercurio). El mito tan ampliamente difundido decía así.

Hace mucho tiempo los dos dioses se disfrazaron de hombres y vinieron a la tierra buscando gente que los recibieran y los agasajaran. La búsqueda fue en vano. Todos los rechazaron, excepto dos campesinos: Filemón y su esposa Baucis. Decepcionados y enojados, los dos dioses destruyeron la ciudad, pero premiaron y honraron a Filemón y a su esposa.

Fíjese qué rápido la gente de Listra asoció a los dos dioses con Pablo y Bernabé. Se creía que los dos dioses habían visitado la tierra en la región de Listra. La imaginación de los listrianos echó a volar cuando vieron aquel acontecimiento extraordinario: un hombre cojo, un hombre que nunca había caminado, fue sanado simplemente bajo la orden de Pablo. Relacionaron a los dos predicadores con los dioses mitológicos.

Así que no querían cometer el mismo error, querían el favor y la bendición de los dioses, no su juicio y condenación. Llamaron a Bernabé, Zeus, el rey de los dioses; y a Pablo, Hermes, el dios del discurso y el mensajero de los demás dioses. Los puntos a considerar son los siguientes:

a. Los paganos creen en mitos: tienen ideas erróneas acerca de la realidad y la verdad, del origen y el poder del mundo, de la naturaleza y presencia de Dios.

b. Los paganos confunden la capacidad del hombre con la capacidad y el poder de Dios: en seguida están dispuestos a rendir homenaje al hombre por sus logros.

4. Las personas supersticiosas ofrecen el sacrificio equivocado. Las personas estaban extremadamente entusiasmadas. Se apresuraron a rendir honor a los dos hombres-dioses. Estaban listos para ofrecer sacrificios a ambos. ¿Por qué? Para asegurar su favor y bendición.

Nótese que la idea de sacrificio o de darse uno mismo para asegurar favor y bendiciones no es solamente una idea de la religión. Es un hecho muy verídico, un hecho que permanece verdadero para cualquier cosa que el hombre hace. Una persona tiene que sacrificarse y darse a sí mismo en cualquier empeño si desea cosechar los beneficios de su cometido (su favor y bendiciones). Sea cual sea el proyecto, se necesita todo el esfuerzo, energía, tiempo y el ser entero de la persona si ésta desea obtener las bendiciones. Este aspecto tiene tres partes.

a. Los paganos, lo perdidos del mundo, se sacrifican y se dan a sí mismos a los hombres de poder, habilidad, riquezas y éxito. Se dan a sí mismos a dichos hombres, tratándolos como si fueran dioses. Lo hacen así para asegurarse el favor y las bendiciones de su poder, habilidad, riquezas y éxitos.

b. Los humanistas, paganos que siguen los mitos básicos del mundo, se sacrifican y dan a sí mismos a los hombres de ciencia e industria, habilidad y logros. ¿Por qué? Para asegurarse el favor y las bendiciones forjadas por sus manos como si fueran dioses.

c. Existen solo dos sacrificios genuinos.

=> El sacrificio de Jesucristo por el hombre, el hecho de dar su vida para salvar al hombre.

"Porque de tal manera amó Dios al mundo, que ha dado a su Hijo unigénito, para que todo aquel que en él cree, no se pierda, mas tenga vida eterna" (Jn. 3:16).

"Mas Dios muestra su amor para con nosotros, en que siendo aún pecadores, Cristo murió por nosotros" (Ro. 5:8).

"quien llevó él mismo nuestros pecados en su cuerpo sobre el madero, para que nosotros, estando muertos a los pecados, vivamos a la justicia; y por cuya herida fuisteis sanados" (1 P. 2:24).

=> El sacrificio del hombre para Jesucristo, el hecho de dar su vida para ser aceptado por Dios.

"Y decía a todos: Si alguno quiere venir en pos de mí, niéguese a sí mismo, tome su cruz cada día, y sígame" (Lc. 9:23).

"Así que, hermanos, os ruego por las misericordias de Dios, que presentéis vuestros cuerpos en sacrificio vivo, santo, agradable a Dios, que es vuestro culto racional. No os conforméis a este siglo, sino transformaos por medio de la renovación de vuestro entendimiento, para que comprobéis cuál sea la buena voluntad de Dios, agradable y perfecta" (Ro. 12:1-2).

3 (14:14-18) *Predicación — Mensaje:* el mensaje para personas supersticiosas. Fíjese en lo que hicieron Pablo y Bernabé. Las personas habían estado gritando y haciendo cosas en su propio idioma. Muchas de las personas eran bilingües, hablaban su idioma y el griego, pero Pablo y Bernabé no podían entender lo que decían en su idioma licaonio (v. 11). Cuando finalmente entendieron lo que estaba sucediendo, valientemente protestaron contra aquel comportamiento tan pagano. Corrieron en medio de la multitud y rasgaron sus ropas. Rasgarse las ropas era una señal de santa indignación frente al pecado. Mediante este acto, las personas sabrían inmediatamente que los dos hombres estaban protestando.

=> Pablo *dio voces* (v. 14), proclamando exactamente lo que la gente pagana necesitaba escuchar. Aquellas personas no conocían las Escrituras, así que Pablo tenía que hablarles del "Dios vivo, que hizo el cielo y la tierra" (v. 15). Pablo expuso estos cinco puntos.

1. Los hombres son simplemente hombres: "Nosotros también somos hombres semejantes a vosotros". La palabra "semejantes" (homoiopatheis) quiere decir de la misma naturaleza. Significa que todos los hombres tienen igual(es)…

- corazón (Sal. 33:15)
- sentimientos
- enfermedades
- tentaciones (1 Co. 10-13)
- sufrimientos
- cuerpo que muerte y envejece (He. 9:27)

    a. Nótese quién es el que declara estas cosas: uno de los hombres más grandes que haya vivido jamás…
    - el hombre que Dios mismo escogió para que fuera testigo y modelo para todos los hombres.

"Pero por esto fui recibido a misericordia, para que Jesucristo mostrase en mí el primero toda su clemencia, para ejemplo de los que habrían de creer en él para vida eterna" (1 Ti. 1:16).

- el hombre que podría decir al resto de los hombres, "Por tanto, os ruego que me imitéis" (1 Co. 4:16; 7:7; 11:1; Fil. 3:17; 4:9; 2 Ts. 3:7; 1 Ti. 1:16; 2 Ti. 1:13).
- el hombre que era la personificación, el ejemplo supremo del logro humano en el sentido religioso.

"Aunque yo tengo también de qué confiar en la carne. Si alguno piensa que tiene de qué confiar en la carne, yo más… en cuanto a celo, perseguidor de la iglesia; en cuanto a la justicia que es en la ley, irreprensible" (Fil. 3:4, 6).

"y en el judaísmo aventajaba a muchos de mis contemporáneos en mi nación, siendo mucho más celoso de las tradiciones de mis padres" (Gá. 1:14).

Este hombre, Pablo, rechazó el honor y homenaje de los hombres; declaró que todos los hombres son meramente eso, hombres. Ningún hombre es un dios.

    b. Fíjese que Pablo sabía quién era: no era un hombre semejante a Dios; él era un mensajero que predicaba a los hombres. Era un predicador que declaraba que los hombre debían arrepentirse y volverse de sus vanidades, de sus cosas e ídolos terrenales.

"Así que, arrepentíos y convertíos, para que sean borrados vuestros pecados; para que vengan de la presencia del Señor tiempos de refrigerio" (Hch. 3:19).

"Arrepiéntete, pues, de esta tu maldad, y ruega a Dios, si quizá te sea perdonado el pensamiento de tu corazón" (Hch. 8:22).

"Pero Dios, habiendo pasado por alto los tiempos de esta ignorancia, ahora manda a todos los hombres en todo lugar, que se arrepientan" (Hch. 17:30).

"Deje el impío su camino, y el hombre inicuo sus pensamientos, y vuélvase a Jehová, el cual tendrá de él misericordia, y al Dios nuestro, el cual será amplio en perdonar" (Is. 55:7).

"Mas el impío, si se apartare de todos sus pecados que hizo, y guardare todos mis estatutos e hiciere según el derecho y la justicia, de cierto vivirá; no morirá" (Ez. 18:21).

2. Hay un único Dios vivo. Las personas estaba adorando una de dos cosas:
    => ídolos hechos por manos humanas que carecían de vida y eran completamente inútiles para salvar al hombre del pecado, la muerte y el juicio.
    => al hombre mismo que envejece, sufre y muere, totalmente incapaz de salvarse a sí mismo de, pecado, la muerte, y el juicio, mucho menos salvar a otro.

Hay un único Dios vivo, un único Dios que tiene…

- la energía de la vida
- el poder de la vida
- la fuerza de la vida
- la esencia de la vida
- el principio de la vida
- la cualidad de la vida

Por tanto el *Dios vivo* es el único Dios digno de ser adorado.

> "los cuales sufrirán pena de eterna perdición, excluidos de la presencia del Señor y de la gloria de su poder" (2 Ts.1:9).

> "¡Horrenda cosa es caer en manos del Dios vivo!" (He. 10:31).

3.   El Dios vivo es el creador de *todas* las cosas, del "cielo, y la tierra y el mar, y todo lo que en ellos hay". Es el creador del hombre, de todo lo que tiene que ver con él y le rodea. Por tanto, el *Dios de la creación* es el único que debe ser adorado.

> "tú solo eres Jehová; tú hiciste los cielos, y los cielos de los cielos, con todo su ejército, la tierra y todo lo que está en ella, los mares y todo lo que hay en ellos; y tú vivificas todas estas cosas, y los ejércitos de los cielos te adoran" (Neh. 9:6).

> "Y en efecto, pregunta ahora a las bestias, y ellas te enseñarán; A las aves de los cielos, y ellas te lo mostrarán; O habla a la tierra, y ella te enseñará; Los peces del mar te lo declararán también. ¿Qué cosa de todas estas no entiende que la mano de Jehová la hizo? En su mano está el alma de todo viviente, Y el hálito de todo el género humano" (Job 12:7-10).

> "De Jehová es la tierra y su plenitud; El mundo, y los que en él habitan" (Sal. 24:l).

> "Por la palabra de Jehová fueron hechos los cielos, Y todo el ejército de ellos por el aliento de su boca" (Sal. 33:6).

> "¿No has sabido, no has oído que el Dios eterno es Jehová, el cual creó los confines de la tierra? No desfallece, ni se fatiga con cansancio, y su entendimiento no hay quien lo alcance" (Is. 40:28).

> "Yo hice la tierra, y creé sobre ella al hombre. Yo, mis manos, extendieron los cielos, y a todo su ejército mandé" (Is. 45:12).

> "El cielo es mi trono, Y la tierra el estrado de mis pies. ¿Qué casa me edificaréis? dice el Señor;
> ¿O cuál es el lugar de mi reposo? ¿No hizo mi mano todas estas cosas?" (Hch. 7:49-50).

4.   Dios permitió que los hombres anduvieran según su parecer. Fíjese que Pablo estaba explicando por qué las personas adoraban a los ídolos, es decir: "estas vanidades", las cosas vacías de la tierra. Los hombre adoran las cosas de la tierra porque Dios le ha dado al hombre libre albedrío. Al hombre se le permite andar en "sus propios caminos". Dios "ha dejado", es decir permite, soporta al hombre, anhela y desea que el hombre se vuelva a Él como el único y verdadero Dios, como el Dios que se merece el honor y la adoración de los hombres.

Nota: el libro de Romanos explica lo que pasó con el hombre (cp. Ro. 1:18-32).

5.   Dios siempre ha provisto testigos de sí mismo. Ningún hombre se ha quedado sin testigos. Hay evidencias en…

* el *bien* en el mundo (ontología, existencia).
* la lluvia.
* los frutos de las estaciones.
* en los alimentos,
* en la satisfacción (la alegría).

Las leyes de la naturaleza no surgieron por casualidad. Fueron dadas y son controladas por el único y verdadero Dios vivo. Él está detrás de todo lo bueno que le sucede al hombre.

> "Toda buena dádiva y todo don perfecto desciende de lo alto, del Padre de las luces, en el cual no hay mudanza, ni sombra de variación" (Stg.1:17).

> "A los ricos de este siglo manda que no sean altivos, ni pongan la esperanza en las riquezas, las cuales son inciertas, sino en el Dios vivo, que nos da todas las cosas en abundancia para que las disfrutemos" (1 Ti. 6:17).

Nótese que las Escrituras nos enseñan que el hombre siempre tiene al menos dos testigos de Dios…

* los testigos externos que se revelan en la naturaleza y que Pablo destaca en este pasaje.

> "porque lo que de Dios se conoce les es manifiesto, pues Dios se lo manifestó" (Ro. 1:19-20).

* el testigo interior tanto en la conciencia como en los pensamientos.

> "Porque cuando los gentiles que no tienen ley, hacen por naturaleza lo que es de la ley, éstos, aunque no tengan ley, son ley para sí mismos, 15mostrando la obra de la ley escrita en sus corazones, dando testimonio su conciencia, y acusándoles o defendiéndoles sus razonamientos" (Ro. 2:14-15).

> "Ellos me movieron a celos con lo que no es Dios; Me provocaron a ira con sus ídolos" (Dt. 32:21).

> "¿Hay entre los ídolos de las naciones quien haga llover? ¿y darán los cielos lluvias? ¿No eres tú, Jehová, nuestro Dios? En ti, pues, esperamos, pues tú hiciste todas estas cosas" (Jer. 14:22).

> "Siendo, pues, linaje de Dios, no debemos pensar que la Divinidad sea semejante a oro, o plata, o piedra, escultura de arte y de imaginación de hombres. 30Pero Dios, habiendo pasado por alto los tiempos de esta ignorancia, ahora manda a todos los hombres en todo lugar, que se arrepientan; 31por cuanto ha establecido un día en el cual juzgará al mundo con justicia, por aquel varón a quien designó, dando fe a todos con haberle levantado de los muertos" (Hch. 17:29-31).

[4] (14:19-20) *Ministro:* el ministro necesitaba alcanzar a un pueblo pagano y supersticioso. Tenga en cuenta tres características que se necesitan en el ministro que busque alcanzar a los paganos del mundo:

1.   Debe estar dispuesto a sufrir persecución, incluso la muerte. Antioquía de Pisidia e Iconio fueron dos ciudades que amenazaron y expulsaron a Pablo y Bernabé. Algunos judíos estaban tan indignados con los predicadores — con su ministerio y mensaje — que les estaban persiguiendo y siguiendo sus pasos de cerca, incitando a la gente en su contra.

Tengan en cuenta cuán volubles, inconstantes e impulsivos eran los paganos, y qué carnales y malvados los religiosos (judíos). Sin embargo, el ministro estuvo dispuesto a sufrir para *ayudarlos,* a los mismos que se le oponían. El pueblo apedreó a Pablo y luego lo dejaron dándolo por muerto

2.   El ministro debe ser fiel al testificar y hacer discípulos. Observe que algunos de los discípulos estaban parados

junto a Pablo mientras el yacía en el suelo, ¡ellos asumieron que estaba muerto! (Véase *Estudio a fondo 3,* Hechos 14:20 para una lista de los discípulos).

3. El ministro debe confiar en el poder libertador de Dios. Fíjese que Pablo se levantó (anastas). Esto nos señala que Dios le dio una milagrosa recuperación.

Pensamiento 1. Pablo le había dado todo a Dios; por tanto, le pertenecía a Él. Su vida estaba en las manos de Dios para hacer lo que Él quisiera.

> **"No os ha sobrevenido ninguna tentación que no sea humana; pero fiel es Dios, que no os dejará ser tentados más de lo que podéis resistir, sino que dará también juntamente con la tentación la salida, para que podáis soportar" (1 Co. 10:13).**
>
> **"Y el Señor me librará de toda obra mala, y me preservará para su reino celestial. A él sea gloria por los siglos de los siglos" (2 Ti. 4:18).**
>
> **"de manera que podemos decir confiadamente: El Señor es mi ayudador; no temeré lo que me pueda hacer el hombre" (He. 13:6).**
>
> **"sabe el Señor librar de tentación a los piadosos, y reservar a los injustos para ser castigados en el día del juicio" (2 P. 2:9).**
>
> **"Aunque afligido yo y necesitado, Jehová pensará en mí. Mi ayuda y mi libertador eres tú; Dios mío, no te tardes" (Sal. 40:17).**
>
> **"Pues tú has librado mi alma de la muerte, Mis ojos de lágrimas, Y mis pies de resbalar" (Sal. 116:8).**
>
> **"No temas, porque yo estoy contigo; no desmayes, porque yo soy tu Dios que te esfuerzo; siempre te ayudaré, siempre te sustentaré con la diestra de mi justicia" (Is. 41:10).**
>
> **"Y hasta la vejez yo mismo, y hasta las canas os soportaré yo; yo hice, yo llevaré, yo soportaré y guardaré" (Is. 46:4).**

ESTUDIO A FONDO 2

(14:19) *Apedreamiento, muerte por:* esta era una forma cruel e inhumana de dar muerte. Se usaban piedras lo suficientemente grandes que pudieran quebrar los huesos y la cabeza del hombre, y a la vez lo suficientemente pequeñas para que pudieran lanzarse con fuerza. Era una muerte lenta y dolorosa; a menos que un punto vital en la cabeza fuera alcanzado inmediatamente. Después de ser apedreado, el cuerpo era arrastrado por los talones a las afueras de la ciudad y allí lo dejaban a merced de los perros y bestias salvajes que andaban por el desierto.

ESTUDIO A FONDO 3

(14:20) *Discipulado:* Pablo testificó fielmente en Listra y discipuló a los creyentes. Los discípulos de Listra que se mencionan en las Escrituras son el hombre cojo (Hch. 14:8-10); Timoteo (1Ti. 1:2;2 Ti. 3:11), Loida y Eunice, la madre y abuela de Timoteo (2 Ti. 1:5).

	G. Derbe y el viaje de regreso: cómo se fortalecen las iglesias, 14:21-28	vinieron a Panfilia.	
1 Tarea 1: predicar el evangelio y hacer discípulos[EF1]	21 Y después de anunciar el evangelio a aquella ciudad y de hacer muchos discípulos, volvieron a Listra, a Iconio y a Antioquía,	25 Y habiendo predicado la palabra en Perge, descendieron a Atalia.	e. Al visitar todos los lugares
2 Tarea 2: comprometerse a fortalecer la iglesia	22 confirmando los ánimos de los discípulos, exhortándoles a que permaneciesen en la fe, y diciéndoles: Es necesario que a través de muchas tribulaciones entremos en el reino de Dios.	26 De allí navegaron a Antioquía, desde donde habían sido encomendados a la gracia de Dios para la obra que habían cumplido.	
a. Al animar a los creyentes			
b. Al exhortar a los creyentes[EF2]		27 Y habiendo llegado, y reunido a la iglesia, refirieron cuán grandes cosas había hecho Dios con ellos, y cómo había abierto la puerta de la fe a los gentiles.	
c. Al advertir sobre la persecución			
d. Al constituir ancianos:	23 Y constituyeron ancianos en cada iglesia, y habiendo orado con ayunos, los encomendaron al Señor en quien habían creído.	28 Y se quedaron allí mucho tiempo con los discípulos.	**3 Conclusión: cobrar ánimo**
1) Ordenándolos[EF3]			
2) Orando y ayunando			
3) Encomendándolos al Señor	24 Pasando luego por Pisidia,		

DIVISIÓN VI

EL PRIMER GRAN VIAJE MISIONERO DE PABLO: A CHIPRE Y GALACIA, 13:1–14:28

G. Derbe y el viaje de regreso: cómo se fortalecen las iglesias, 14:21-28

(14:21-28) *Introducción:* en la iglesia hay dos grandes ministerios: el de la predicación del evangelio y la formación de discípulos y el de fortalecimiento de la iglesia. Hay mucho descuido en ambos ministerios. ¿Cómo se hacen fuertes las iglesias? Esta es la lección de este pasaje. Sin embargo, los creyentes tienen que asumir y darse por entero a ambas tareas.

1. Tarea 1: predicar el evangelio y hacer discípulos (v. 21).
2. Tarea 2: comprometerse a fortalecer la iglesia (vv. 21-27).
3. Conclusión: cobrar ánimo (v. 28).

(14:19-28) *Otro bosquejo:* El gran llamamiento y el precio pagado el misionero.

1. El gran costo del ministerio: peligro personal (v. 19).
2. El gran valor que se requiere para predicar (v. 20).
   a. Pablo vuelve a entrar a la ciudad.
   b. Pablo viajó a Derbe.
3. El gran precio de viajar (v. 21).
4. La gran tarea de animar a los creyentes (v. 21b).
   a. Mediante la exhortación: a permanecer en la fe (v. 22).
   b. Advirtiéndoles sobre la persecución (v. 22).
   c. Organizando la iglesia (v. 23).
   d. Mediante el ayuno y la oración (v. 23b).
   e. Encomendando la iglesia al Señor (v. 23c).
5. La gran misión de predicar: consistentemente (vv. 24-25).
6. La gran responsabilidad para con la iglesia local (v. 26).
7. El gran llamado a dar toda honra a Dios (vv. 27-28).

(14:22-28) *Otro bosquejo:* El gran llamamiento y el precio que el misionero debe pagar.

1. Exhortación: a permanecer en la fe (v. 22).
2. Advertencia: sufriremos tribulaciones (v. 22).
3. Organización (v. 23).
4. Ayuno y oración (v. 23).
5. Confianza: encomendar a la iglesia al Señor (v. 23).
6. Visitación: yendo a donde están los creyentes (v. 24).
7. Predicar la Palabra: con regularidad (v. 25).
8. Reconocimiento e informe a la iglesia madre (vv. 26-27).
9. Dando toda la gloria a Dios (v. 28).
10. Reviviendo su propio espíritu (v. 28).

1 (14:21) *Predicación — Hacer discípulos:* La primera gran tarea fue predicar el evangelio y hacer discípulos. Observe dos hechos estimulantes.

1. El ministerio de los predicadores (Pablo y Bernabé) era evangelizar (euaggelisamenoi), y eso fue exactamente lo que hicieron.

"Y llegados a Salamina, anunciaban la palabra de Dios en las sinagogas de los judíos. Tenían también a Juan de ayudante" (Hch. 13:5).

"Entonces Pablo, levantándose, hecha señal de silencio con la mano, dijo:

Varones israelitas, y los que teméis a Dios, oíd:" (Hch. 13:16).

"Y nosotros también os anunciamos el evangelio de aquella promesa hecha a nuestros padres" (Hch. 13:32).

"Sabed, pues, esto, varones hermanos: que por medio de él se os anuncia perdón de pecados, y que de todo aquello de que por la ley de Moisés no pudisteis ser justificados, en él es justificado todo aquel que cree" (Hch. 13:38-39).

"Y despedida la congregación, muchos de los judíos y de los prosélitos piadosos siguieron a Pablo y a Bernabé, quienes hablándoles, les persuadían a que perseverasen en la gracia de Dios" (Hch. 13:43).

"El siguiente día de reposo se juntó casi toda la ciudad [Antioquía] para oír la palabra de Dios. 49Y la palabra del Señor se difundía por toda aquella provincia" (Hch. 13:44, 49).

"Aconteció en Iconio que entraron juntos en la sinagoga de los judíos, y hablaron de tal manera que creyó una gran multitud de judíos, y asimismo de griegos" (Hch. 14:1).

"Por tanto, se detuvieron allí mucho tiempo, hablando con denuedo, confiados en el Señor, el cual daba testimonio a la palabra de su gracia, concediendo que se hiciesen por las manos de ellos señales y prodigios" (Hch. 14:3).

"habiéndolo sabido, huyeron a Listra y Derbe, ciudades de Licaonia, y a toda la región circunvecina, y allí predicaban el evangelio" (Hch. 14:6-7).

"Y después de anunciar el evangelio a aquella ciudad [Derbe] y de hacer muchos discípulos, volvieron a Listra, a Iconio y a Antioquía" (Hch. 14:21).

2. El ministerio de los predicadores (Pablo y Bernabé) era hacer discípulos. Fíjese en las palabras "hacer muchos discípulos" (matheteusantes hikanous), ellos no solo predicaron, sino que tomaron a los creyentes y les hicieron discípulos (véase nota, Discipulado, Hch. 13:5-6 para discusión sobre el tema).

"Por tanto, id, y haced discípulos a todas las naciones, bautizándolos en el nombre del Padre, y del Hijo, y del Espíritu Santo; enseñándoles [hacerles discípulos] que guarden todas las cosas que os he mandado; y he aquí yo estoy con vosotros todos los días, hasta el fin del mundo. Amén" (Mt. 28:19-20).

"Y él mismo constituyó a unos, apóstoles; a otros, profetas; a otros, evangelistas; a otros, pastores y maestros, a fin de perfeccionar [equipar] a los santos para la obra del ministerio, para la edificación del cuerpo de Cristo" (Ef. 4:11-12).

"Lo que has oído de mí ante muchos testigos, esto encarga a hombres fieles que sean idóneos para enseñar también a otros" (2 Ti. 2:2).

ESTUDIO A FONDO 1

(14:21) *Derbe:* Era la ciudad fronteriza del imperio romano más alejada en la provincia de Galacia. (Véase Mapa, Introducción a los Hch.) Se encontraba a unos 48 kilómetros de Listra a la orilla del mayor camino que atravesaba el país pasando por Listra. La iglesia de Derbe…

*   fue fundada por Pablo en su primer viaje misionero (Hch. 14:20-21).

*   recibió la visita de Pablo durante su segundo viaje misionero (Hch. 16:1) y probablemente durante el tercero (Hch. 18:23).

Gallo, quien viajó con Pablo a Jerusalén, fue líder de la iglesia de Derbe (Hch. 20:4).

2 (14:21-27) *Ministro, deber — Iglesia — Salvación:* La segunda gran tarea fue fortalecer a las iglesias. Se necesitaba un verdadero compromiso para llevar a cabo esta tarea. Las razones son obvias.

En primer lugar, la emoción de una obra nueva, es decir, las grandes cantidades de personas receptivas y de conversiones, había terminado. Las restantes personas de una comunidad no son tan receptivas como las primeras que hicieron decisiones. Y mientras más espera una iglesia extender su mano, más difícil es alcanzar a las personas con el evangelio. La obra de hacer un ministerio día tras día en la misma comunidad, y predicar y enseñar a las mismas personas, no es tan emocionante como alcanzar nuevas áreas y establecer nuevas obras.

En segundo lugar, fortalecer y hacer verdaderos discípulos a los creyentes es mucho más difícil que llevarlos a los pies de Cristo.

Llevar las personas a Cristo involucra una decisión única, pero fortalecer y hacer discípulos involucra…

*   la toma de muchas decisiones.
*   muchos días, meses, y a veces años.
*   a las mismas personas una y otra vez.
*   diversas personalidades.
*   diferentes niveles de crecimiento espiritual.
*   diferentes niveles de compromiso.
*   diferentes emociones.
*   diferentes edades.
*   pensamientos e ideas opuestas.

Note el compromiso de Pablo. En Derbe se encontraba a solo 257 kilómetros de su ciudad natal, Tarso. Cuando salió de Derbe, pudo haber seguido hacia Tarso con solo atravesar el paso montañoso conocido como puertas de Cilicia. Recuerde: cuando comenzó a predicar, Pablo ministró en su pueblo natal y por toda Siria durante unos once años. Los deseos de visitar su casa y las iglesias que había establecido allí deben haber sido fuertes, pero la necesidad la tenían las iglesias que había fundado recientemente, y Pablo pertenecía al Señor. Por tanto, tuvo que regresar a las iglesias que acababa de establecer y fortalecerlas. Su viaje de regreso nos da una clara imagen de lo que implica el fortalecimiento de iglesias.

1. Confirmación (episterizontes), que significa fortalecer, afirmar, establecer. Las nuevas iglesias y los nuevos convertidos están siempre en peligro de…

*   fluctuar
*   ser seducidos
*   regresar a las tradiciones religiosas
*   resbalar
*   no orar con fidelidad
*   ser tentados por amigos mundanos
*   no estudiar consistentemente las Escrituras
*   no testificar

2. Exhortación (véase *Estudio a fondo 2, Predicar,* pt. 3, Hch. 11:19-30; *Estudio a fondo 2,* 14:22 para discusión sobre el tema).

3. Advertencia sobre la persecución. El verdadero creyente pasa por muchas pruebas y aflicciones al entrar en el Reino de Dios. (Véase bosquejo y notas, Lc. 21:12-19 para mayor discusión.)

   a. El creyente sufrirá persecución. Debe advertírsele para que no se desanime y deserte cuando llegue la persecución.

   "Acordaos de la palabra que yo os he dicho: El siervo no es mayor que su señor. Si a mí me han perseguido, también a vosotros os perseguirán; si han guardado mi palabra, también guardarán la vuestra" (Jn. 15:20).

   "Estas cosas os he hablado, para que no tengáis tropiezo. Os expulsarán de las sinagogas; y aun viene la hora cuando cualquiera que os mate, pensará que rinde servicio a Dios. Y harán esto porque no conocen al Padre ni a mí. Mas os he dicho estas cosas, para que cuando llegue la hora, os acordéis de que ya os lo había dicho" (Jn. 16:1-4).

   "Porque a vosotros os es concedido a causa de Cristo, no sólo que creáis en él, sino también que padezcáis por él" (Fil. 1:29).

   "a fin de que nadie se inquiete por estas tribulaciones; porque vosotros mismos sabéis que para esto estamos puestos" (1 Ts. 3:3).

   "Y también todos los que quieren vivir piadosamente en Cristo Jesús padecerán persecución" (2 Ti. 3:12).

   "Hermanos míos, no os extrañéis si el mundo os aborrece" (1 Jn. 3:13).

   "Amados, no os sorprendáis del fuego de prueba que os ha sobrevenido, como si alguna cosa extraña os aconteciese, sino gozaos por cuanto sois participantes de los padecimientos de Cristo, para que también en la revelación de su gloria os gocéis con gran alegría" (1 P. 4:12-13).

   b. El creyente tiene una seguridad gloriosa: pasará la persecución y la prueba. La tribulación llegará a su fin, y esta no devorará al creyente ni hará que se pierda o perezca eternamente. Si la prueba no termina en la tierra, Dios llevará al creyente al cielo a vivir en su gloriosa presencia para siempre.

   "Pero el Señor estuvo a mi lado, y me dio fuerzas, para que por mí fuese cumplida la predicación, y que todos los gentiles oyesen. Así fui librado de la boca del león. Y el Señor me librará de toda obra mala, y me preservará para su reino celestial. A él sea gloria por los siglos de los siglos. Amén" (2 Ti. 4:17-18).

   "de manera que podemos decir confiadamente: El Señor es mi ayudador; no temeré Lo que me pueda hacer el hombre" (He. 13:6).

   "Y él dijo: Mi presencia irá contigo, y te daré descanso" (Éx. 33:14).

   "Ahora, así dice Jehová, Creador tuyo, oh Jacob, y Formador tuyo, oh Israel: No temas, porque yo te redimí; te puse nombre, mío eres tú. 2Cuando pases por las aguas, yo estaré contigo; y si por los ríos, no te anegarán. Cuando pases por el fuego, no te quemarás, ni la llama arderá en ti" (Is. 43:1-2).

4. Organización de la iglesia (véase *Estudio a fondo 3,* Hch.14:23; ver además, nota, *Estudio a fondo 1, Ancianos,* Tit. 1:5-9 para discusión del tema).

5. Visitación y predicación de la Palabra (vv. 24-25). Sin duda alguna, los creyentes habían alcanzado a todo el distrito de Galacia. Los primeros creyentes estaban dando testimonio tanto a los viajeros de entre la concurrencia como a sus vecinos. Lo principal que se debe destacar aquí es que, Pablo y Bernabé estaban ocupados, extremadamente ocupados yendo de un lugar a otro y predicando la Palabra. Estaban tan atareados en el seguimiento y fortalecimiento de las iglesias como lo habían estado cuando las fundaron.

   "Y les dijo: Id por todo el mundo y predicad el evangelio a toda criatura" (Mr. 16:15).

   "El Espíritu del Señor está sobre mí, Por cuanto me ha ungido para dar buenas nuevas a los pobres; Me ha enviado a sanar a los quebrantados de corazón; A pregonar libertad a los cautivos, Y vista a los ciegos;

   A poner en libertad a los oprimidos; A predicar el año agradable del Señor" (Lc. 4:18-19).

   "Pues me propuse no saber entre vosotros cosa alguna sino a Jesucristo, y a éste crucificado. Y estuve entre vosotros con debilidad, y mucho temor y temblor; y ni mi palabra ni mi predicación fue con palabras persuasivas de humana sabiduría, sino con demostración del Espíritu y de poder, para que vuestra fe no esté fundada en la sabiduría de los hombres, sino en el poder de Dios" (1 Co. 2:2-5).

   "Pues si anuncio el evangelio, no tengo por qué gloriarme; porque me es impuesta necesidad; y ¡ay de mí si no anunciare el evangelio!" (1 Co. 9:16).

   "Porque no nos predicamos a nosotros mismos, sino a Jesucristo como Señor, y a nosotros como vuestros siervos por amor de Jesús" (2 Co. 4:5).

   "que prediques la palabra; que instes a tiempo y fuera de tiempo; redarguye, reprende, exhorta con toda paciencia y doctrina" (2 Ti. 4:2).

6. Reconocimiento e informe a la iglesia madre (vv. 26-27). Observe lo que hicieron cuando Pablo y Bernabé regresaron a la iglesia madre de Antioquía.

   a. Congregaron a la iglesia para la más gloriosa reunión misionera que podamos imaginar, el primer informe misionero rendido a la iglesia madre.

   b. Los dos misioneros repitieron y compartieron todo lo que *Dios había hecho* con ellos.

Pensamiento 1. Este es un aspecto crucial: los ministros, predicadores y misioneros son todos simplemente instrumentos en las manos de Dios. (Véase nota, pts. 2, 3, Hch. 14:3 para mayor discusión).

   "No me elegisteis vosotros a mí, sino que yo os elegí a vosotros, y os he puesto para que vayáis y llevéis fruto, y vuestro fruto permanezca; para que todo lo que pidiereis al Padre en mi nombre, él os lo dé" (Jn. 15:16).

"El Señor le dijo: Ve, porque instrumento escogido me es éste, para llevar mi nombre en presencia de los gentiles, y de reyes, y de los hijos de Israel" (Hch. 9:15).

c. La puerta de la fe quedaba ahora abierta a los gentiles, es decir, al mundo entero. Esto implicaba tres aspectos significativos.

1) La puerta de la fe, fe en Cristo, se proclamaba como la presencia de Dios (Jn. 14:6; 1 Ti. 2:5).

2) Fue Dios quien abrió la puerta. Fue el quien aceleró el evangelio en sus mentes y corazones. Ningún hombre puede hacer eso, solo Dios

3) Quedó provado que toda persona puede ser salva, sin importar quién sea y la salvación es por fe…

- aparte de la ley.
- aparte de los ritos (circuncisión)
- aparte de las especulaciones y mitos del mundo.
- aparte de la imaginación humanística.
- aparte de las ideas novedosas.
- aparte de la filosofía.

"el cual quiere que todos los hombres sean salvos y vengan al conocimiento de la verdad. 5Porque hay un solo Dios, y un solo mediador entre Dios y los hombres, Jesucristo hombre" (1 Ti. 2:4-5).

"Porque la gracia de Dios se ha manifestado para salvación a todos los hombres, 12enseñándonos que, renunciando a la impiedad y a los deseos mundanos, vivamos en este siglo sobria, justa y piadosamente" (Tit. 2:11-12).

"El Señor no retarda su promesa, según algunos la tienen por tardanza, sino que es paciente para con nosotros, no queriendo que ninguno perezca, sino que todos procedan al arrepentimiento" (2 P. 3:9).

ESTUDIO A FONDO 2

(14:22) *Fe, la:* el termino "permanecer en la fe" probablemente signifique más que simplemente *creer en Jesús.* Parece ser que Pablo se estaba refiriendo a las creencias y doctrinas de la fe cristiana. Debemos recordar que es muy probable que Pablo haya escrito las creencias básicas para las iglesias que él estableció. Es difícil imaginar que él no les haya dejado escrita la voluntad de Dios. Si tenía a mano una pluma y un pergamino, como ocurría por lo general, de seguro no dejo a merced de la frágil memoria de los humanos, asuntos tan importantes como las creencias básicas del cristianismo. Es casi seguro que él escribió las doctrinas para la iglesia de Colosas (Col. 1:23) y que se refiere a un grupo de doctrinas cuando le escribió a Timoteo (1 Ti. 5:8). El término "la fe", es decir, enseñar las creencias y doctrinas básicas de la Palabra de Dios (Escrituras), le dice al ministro cuál es su tarea: exhortar a la iglesia, exhortar a los creyentes a continuar, perseverar y permanecer firmes en la fe, en las creencias básicas de la fe.

"Así que, hermanos míos amados, estad firmes

y constantes, creciendo en la obra del Señor siempre, sabiendo que vuestro trabajo en el Señor no es en vano" (1 Co. 15:58).

"Estad, pues, firmes en la libertad con que Cristo nos hizo libres, y no estéis otra vez sujetos al yugo de esclavitud" (Gá. 5:1).

ESTUDIO A FONDO 3

(14:23) *Ordenación* (cheirotoneo): designar, elegir, escoger señalando con la mano. La palabra se utiliza para referirse a la selección tanto por parte de Dios como por parte de los hombres. Los siguientes son dos ejemplos:

=> "no a todo el pueblo, sino a los testigos que Dios había ordenado de antemano, a nosotros que comimos y bebimos con él después que resucitó de los muertos" (Hch. 10:41).

=> "al hermano… que también fue designado por las iglesias como compañero de nuestra peregrinación" (2 Co. 8:18-19).

Nótese que los siete diáconos fueron escogidos por la iglesia primeramente y luego comisionados por los apóstoles (Hch. 6:3-6). Los apóstoles los ordenaron o les impusieron las manos.

Es muy probable que Pablo y Bernabé hayan seguido el mismo plan (Cp. Tit. 1:5). Sin embargo, siempre debe recordarse que los obispos o ministros eran *escogidos* primero por el Espíritu Santo (Hch. 20:28; 13:2).

Es importante destacar que la ordenación de obispos o ministros implica tres pasos muy significativos.

1. La ordenación implica la propia selección. Como ya se ha mencionado, esto involucra ser ordenado o escogido por el Espíritu de Dios, la iglesia y otros ministros.

2. La ordenación implica orar y ayunar. Escoger y ser escogido como obispo o ministro es un asunto serio; tanto así que la oración necesita ir acompañada de ayuno. Todas las demás deben dejarse a un lado para poder concentrarse en la selección del ministro. Debe conocerse la elección de Dios y sólo esta debe ser ordenada. Hay que proteger y salvaguardar al ministerio de falsos maestros. (Véase nota, Ayuno, Mt. 6:16-18 para mayor discusión).

3. La ordenación implica encomendar el ministro al Señor. La palabra significa confiar, depositar, poner al cuidado del Señor. El ministro cree en el Señor Jesús, el rey soberano del universo. Por lo tanto, si la iglesia y los otros ministros han orado y han sido guiados por el Señor en dicha ordenación, pueden encomendar al nuevo ministro al cuidado del Señor y pueden tener la seguridad de que el Señor le guardará.

"He aquí os doy potestad de hollar serpientes y escorpiones, y sobre toda fuerza del enemigo, y nada os dañará" (Lc. 10:19).

"¿Tú quién eres, que juzgas al criado ajeno? Para su propio señor está en pie, o cae; pero estará firme, porque poderoso es el Señor para hacerle estar firme" (Ro. 14:4).

"el cual asimismo nos hizo ministros competentes de un nuevo pacto, no de la letra, sino del espíritu; porque la letra mata, mas el espíritu vivifica" (2 Co. 3:6).

"Y poderoso es Dios para hacer que abunde en vosotros toda gracia, a fin de que, teniendo siempre en todas las cosas todo lo suficiente, abundéis para toda buena obra;" (2 Cor,9:8).

"estando persuadido de esto, que el que comenzó en vosotros la buena obra, la perfeccionará hasta el día de Jesucristo" (Fil. 1:6).

"Todo lo puedo en Cristo que me fortalece" (Fil. 4:13).

"Doy gracias al que me fortaleció, a Cristo Jesús nuestro Señor, porque me tuvo por fiel, poniéndome en el ministerio" (1 Ti. 1:12).

"a aquel que es poderoso para guardaros sin caída, y presentaros sin mancha delante de su gloria con gran alegría, al único y sabio Dios, nuestro Salvador, sea gloria y majestad, imperio y potencia, ahora y por todos los siglos" (Jud. 24-25).

ESTUDIO A FONDO 4

(14:25) *Atalia:* un puerto de la provincia de Panfilia. (Véase Mapa, Introducción a Hch.). En esta ciudad Pablo concluyó su primer viaje misionero y regresó a casa en Antioquía.

3 (14:28) *Fidelidad:* Pablo y Bernabé pasaron largo tiempo en Antioquía cobrando ánimo, y sin duda alguna también ministraron a los creyentes.

"Volvió a decirle la segunda vez: Simón, hijo de Jonás, ¿me amas? Pedro le respondió: Sí, Señor; tú sabes que te amo. Le dijo: Pastorea mis ovejas" (Jn. 21:16).

"Así que, según tengamos oportunidad, hagamos bien a todos, y mayormente a los de la familia de la fe" (Gá. 6:10).

	CAPÍTULO 15	3 Ellos, pues, habiendo sido encaminados por la iglesia, pasaron por Fenicia y Samaria, contando la conversión de los gentiles; y causaban gran gozo a todos los hermanos.	d. La marcha gloriosa de una gran iglesia, animando y mostrando amor a los ministros de Dios
	VII. EL GRAN CONCILIO DE JERUSALÉN^{EF1}: SE CUESTIONA LA MISIÓN DE PABLO, 15: 1-35		e. Aprovechar las oportunidades para predicar
	A. Surge el problema: dos preguntas acerca de la salvación, 15:1-5		**2 La pregunta ampliada acerca de la salvación: ¿tiene el hombre que aceptar la totalidad de la ley para ser salvo?**
1. La pregunta fundamental acerca de la salvación: ¿es necesario un ritual o ceremonia para ser salvo?	1 Entonces algunos que venían de Judea enseñaban a los hermanos: Si no os circuncidáis conforme al rito de Moisés, no podéis ser salvos. 2 Como Pablo y Bernabé tuviesen una discusión y contienda no pequeña con ellos, se dispuso que subiesen Pablo y Bernabé a Jerusalén, y algunos otros de ellos, a los apóstoles y a los ancianos, para tratar esta cuestión.	4 Y llegados a Jerusalén, fueron recibidos por la iglesia y los apóstoles y los ancianos, y refirieron todas las cosas que Dios había hecho con ellos. 5 Pero algunos de la secta de los fariseos, que habían creído, se levantaron diciendo: Es necesario circuncidarlos, y mandarles que guarden la ley de Moisés.	a. Recibieron a los mensajeros de Antioquía y ellos rindieron un informe en la primera reunión (cp. v. 6)
a. Los disidentes			b. Los opositores de Jerusalén^{EF3}
b. La disensión^{EF2}			c. La gran discusión^{EF4}
c. La decisión de buscar consejo en la iglesia de Jersualén			

DIVISIÓN VII

EL GRAN CONCILIO DE JERUSALÉN: SE CUESTIONA LA MISIÓN DE PABLO, 15:1-35

A. Surge el problema: dos preguntas acerca de la salvación, 15:1-5

ESTUDIO A FONDO 1

(15:1-35) *Concilio de Jerusalén:* Si este es el mismo concilio que se menciona en Gálatas 2:1-10, entonces entre los hombres que se opusieron a Pablo están Pedro (Gá. 2:11; cp. Gá. 2:2-10) y Bernabé (Gá. 2:13). Sin embargo, debe destacarse que este pasaje dice que Bernabé estuvo de parte de Pablo contra los judaizantes. Esta es una de las muchas razones por la que algunos comentaristas sostienen que el encuentro privado de Pablo con los apóstoles tuvo lugar durante su hambruna o su segunda visita a Jerusalén. (véase *Estudio a fondo 1,* Gá. 1:17-24. Cp. Gá. 2:1).

(15:1-5) *Introducción:* Esta es la historia del gran Concilio de Jerusalén. Se le llama "gran" porque…
- todos los apóstoles estuvieron involucrados en este debate y decisión.
- el concilio declaró para siempre que una persona es salva aparte de los rituales, salvo por la gracia de Dios mediante la fe solamente.

Surgieron dos preguntas sobre la salvación.
1. La pregunta fundamental acerca de la salvación: ¿es necesario un ritual o una ceremonia para ser salvo? (vv. 1-3).
2. La pregunta ampliada acerca de la salvación: ¿tiene el hombre que aceptar la totalidad de la ley para ser salvo? (vv. 4-5).

1 (15:1-3) *Salvación vs. Ritual:* La pregunta básica acerca de la salvación. ¿Es necesario un ritual o una ceremonia para ser salvo? Observe cinco puntos significativos.

1. Los opositores de las iglesias judías eran una fuerza poderosa, tan poderosa que su argumentos y énfasis han continuado a través de los siglos. (Véase *Estudio a fondo 1, judaizantes,* Gá. 2:4 para mayor discusión.) Nótese que los visitantes de Jerusalén se fueron a vivir entre los creyentes de Antioquía y les enseñaron sus propias ideas. Los opositores eran…
- maestros y líderes.
- conocedores de las Escrituras.
- algunos de los primeros creyentes, considerados como maduros.
- ancianos estadistas.
- grandemente estimados.

Por lo tanto, lo que ellos decían era considerado muy importante. El problema era que, si se les permitía a los opositores que continuaran, los creyentes de Antioquía iban a terminar perturbados y confundidos. El resultado habría sido fulminante y devastador: la iglesia de Antioquía se habría dividido y su ministerio y testimonio se habría vuelto ineficaz.

2. Las Escrituras claramente declara cuál fue el desacuerdo; no cabe duda alguna de lo que se está diciendo aquí: "Si no os circuncidáis conforme al rito de Moisés, no podéis ser salvos". Observe tres hechos fundamentales.

a. Estaba en juego el destino eterno de la persona. Los opositores no dijeron que ustedes deben pasar por el ritual...
    • para obedecer a las Escrituras
    • para demostrar su amor
    • para agradar a Dios
    • para identificarse con los creyentes
    • para agradar a la iglesia
    • para evitar ser una piedra de tropiezo

    Los opositores estaban diciendo que los creyentes tienen que pasar por el ritual y ser circuncidados *para ser salvos.* Estaban diciendo que era el ritual, la circuncisión lo que los salvaba; el creyente no era salvo a menos que pase por el ritual. Afirmaban que la salvación era...
    • la gracia de Dios más un ritual.
    • la gracia de Dios más la propia mano del hombre.
    • la gracia de Dios más la obra del hombre
    • algo espiritual (Dios) más algo físico (la circuncisión)

b. El asunto no era si el creyente debe o no ser circuncidado. (Véase *Estudio a fondo 2,* Circuncisión, Hch. 15:1; 10:1-33 para mayor discusión.) Pablo nunca dijo que la circuncisión estaba mal. Él sostuvo que al venir Cristo, la circuncisión se convertía en un asunto personal y una cuestión de conciencia. Si una persona quería ser circuncidado, que lo fuera. A través de los siglos una multitud de creyentes gentiles (incluso dos cientos años después de Cristo) se han circuncidado y no se han hecho judíos. El acto físico de la circuncisión no hace a una persona judía como mismo cualquier otro ritual físico no hace que una persona pertenezca a otra raza. Es la naturaleza y compromiso del cuerpo, mente y alma de uno, lo que hace a una persona un verdadero miembro de una raza u otra cosa cualquiera.

    Como ya hemos dicho, el asunto no era si la persona debía ser circuncidada o *sometida a ritos* sino el hecho de si un ritual era necesario para ser salvo. La respuesta era crucial y afectaría a generaciones de creyentes. La respuesta determinaría la relación fundamental del hombre con Jesucristo: ¿En qué estará basada la experiencia de confrontación y salvación del hombre, en Jesucristo *o en Jesucristo y algo más?*
    => ¿En qué deben estar la mente y atención de una persona solo en Jesús o sobre Jesús y un ritual?
    => ¿En qué debe estar la fe de una persona solo en Jesús, o en Jesús y un ritual?
    => ¿Debe la profesión de una persona poner de manifiesto a Jesús solamente o a Jesús y un ritual?
    => ¿Debe la vida de una persona dar testimonio solamente de Jesús o de Jesús y de un ritual?
    => ¿Debe una persona testificar de Jesús solamente o de Jesús y un ritual?

    ¿Salva Dios a una persona cuyo cuerpo, mente y corazón están centrados solo en Su Hijo o en Jesús y...
    • algún ritual?
    • alguna ceremonia?
    • algún acto?
    • alguna obra?
    • algún esfuerzo humano?
    • alguna sustancia física?

    La respuesta debiera estar clara para todos los que piensan y son honestos y desinteresados. Dios tiene un único Hijo que le ama en gran manera, un único Hijo que ha mostrado su amor al obedecer a Dios totalmente, hasta el punto de sufrir por todos los pecados del mundo. Y Dios ama a su querido Hijo en gran manera.
    => ¿Será posible que Dios añadiera algo al plan de salvación, que añadiera algo que desviara la atención del hombre de su Hijo, especialmente en los primeros momentos de la confrontación?
    => ¿Pudiera Dios querer que la mente del hombre esté centrada en otra cosa que no sea su Hijo? ¿Centrada en el deseo de experimentar algún tipo de ritual en lugar de su amado Hijo solamente?
    => ¿Será posible que se necesite otra cosa además del propio Jesús?
    => ¿Se necesita verdaderamente alguna cosa física, además del unigénito Hijo de Dios?
    => ¿Existe algún ritual, u ordenanza con un corazón que pueda alcanzar al hombre y salvarlo de su muerte? ¿O son solo las personas quienes tienen corazón y solo la persona de Dios quien tiene el corazón de la salvación?

    Esto no quiere decir que la persona no deba bautizarse o participar en otro ritual u ordenanza. La persona que tiene sus ojos en Jesucristo está centrada en Él y eso significa que inmediatamente seguirá a Jesús mediante el primer paso de la vida cristiana: ser bautizado. Pero de cualquier manera el hombre es salvado y le debe su salvación al Señor Jesucristo y solamente a Él. (Véase *Estudio a fondo, Bautismo,* Hch. 2:38 para mayor discusión).

c. Pablo y Bernabé discutieron más de una vez por esta enseñanza, declarando que el ritual (circuncisión) no es necesario para la salvación. Fíjese en las palabras "discusión y contienda no pequeña". Las discusiones…

- eran frecuentes y largas.
- implicaba el cuestionamiento y el reto a cada uno así como la disensión.
- eran inflexibles y ninguno de los bandos cedía una pulgada.

El asunto era muy importante para Pablo, de otra manera él no habría llegado a tales límites en la discusión. El gran compromiso de Pablo con el Señor no le permitiría malgastar su tiempo en discusiones vanas (cp. 2 Ti. 2:16, 23-26). Este mero hecho debía hablar a los corazones de cualquiera que esté en el bando opuesto.

3. La iglesia de Antioquía tomó la decisión de buscar conejo en la iglesia de Jerusalén. La iglesia de Antioquía no tenía dudas en cuanto a su posición, fíjese que ellos no estaban buscando que la iglesia de Jerusalén les aclarara en cuanto a la doctrina de la salvación. La iglesia envió a Pablo y a Bernabé a Jerusalén por tres razones.

a. Dios le dijo a Pablo que fuera: "subí según una revelación" (Gá. 2:2). Dios había previsto un gran concilio de iglesias (uno que incluyera a los primeros apóstoles), un concilio que dictara un gran veredicto, proclamando la verdad para cada generación.

b. Una declaración hecha por los apóstoles tendría mucho peso y ayudaría grandemente a callar a aquellos que añadían un ritual a los requerimientos para la salvación.

c. Una declaración hecha por la iglesia de Jerusalén sería un arma grande en contra de la "salvación ritual". La iglesia de Jerusalén era el centro *ritual*, la base de operaciones de aquellos que predicaban el error, por lo tanto, si la iglesia de Jerusalén pronunciaba un veredicto negando la necesidad de un ritual para la salvación, la posición de la "salvación por gracia solamente" se fortalecería grandemente.

"Porque de tal manera amó Dios al mundo, que ha dado a su Hijo unigénito, para que todo aquel que en él cree, no se pierda, mas tenga vida eterna" (Jn. 3:16).

"De cierto, de cierto os digo: El que oye mi palabra, y cree al que me envió, tiene vida eterna; y no vendrá a condenación, mas ha pasado de muerte a vida" (Jn. 5:24).

"Pero éstas se han escrito para que creáis que Jesús es el Cristo, el Hijo de Dios, y para que creyendo, tengáis vida en su nombre" (Jn. 20:31).

"ya que por las obras de la ley ningún ser humano será justificado delante de él; porque por medio de la ley es el conocimiento del pecado" (Ro. 3:20).

"que si confesares con tu boca que Jesús es el Señor, y creyeres en tu corazón que Dios le levantó de los muertos, serás salvo. Porque con el corazón se cree para justicia, pero con la boca se confiesa para salvación" (Ro. 10:9-10).

"sabiendo que el hombre no es justificado por las obras de la ley, sino por la fe de Jesucristo, nosotros también hemos creído en Jesucristo, para ser justificados por la fe de Cristo y no por las obras de la ley, por cuanto por las obras de la ley nadie será justificado" (Gá. 2:16).

"Porque por gracia sois salvos por medio de la fe; y esto no de vosotros, pues es don de Dios" (Ef. 2:8-9).

"Pero cuando se manifestó la bondad de Dios nuestro Salvador, y su amor para con los hombres, nos salvó, no por obras de justicia que nosotros hubiéramos hecho, sino por su misericordia, por el lavamiento de la regeneración y por la renovación en el Espíritu Santo" (Tit. 3:4-5).

4. La marcha gloriosa de una gran iglesia, animando y mostrando amor a los ministros de Dios. Fíjese en las reveladoras palabras: "habiendo sido encaminados por la iglesia". Cuando Pablo y Bernabé comenzaron su viaje a Jerusalén, una gran compañía de la iglesia de Antioquía los escoltó, como una señal de gran afecto y honor. A pesar de la evidente oposición a Pablo que parecía haber en prácticamente cada iglesia, había algunos creyentes que le aman y respetaban profundamente.

"doliéndose en gran manera por la palabra que dijo, de que no verían más su rostro. Y le acompañaron al barco" (Hch. 20:38).

"Cumplidos aquellos días, salimos, acompañándonos todos, con sus mujeres e hijos, hasta fuera de la ciudad; y puestos de rodillas en la playa, oramos" (Hch. 21:5).

"os cuales han dado ante la iglesia testimonio de tu amor; y harás bien en encaminarlos como es digno de su servicio a Dios, para que continúen su viaje" (3 Jn. 6. Ver nota, Hch. 28:15).

5. Los siervos aprovechaban cada oportunidad para predicar. Mientras Pablo y Bernabé viajaban hacia Jerusalén, proclamaban a Cristo a los creyentes en los lugares donde se habían fundado iglesias. Además anunciaban lo grandioso que Dios había estado haciendo entre los gentiles. Nótese que había "gran gozo" en los hermanos cristianos.

=> Las iglesias fenicias habían sido fundadas por obreros laicos hacía aproximadamente una década (cp. Hch. 11:19).

=> Las iglesias samaritanas habían sido fundadas por Felipe, Pedro y Juan (cp. Hch. 8:5, 25).

"Y les dijo: Id por todo el mundo y predicad el evangelio a toda criatura" (Mr. 16:15).

"Pues me propuse no saber entre vosotros cosa alguna sino a Jesucristo, y a éste crucificado. Y estuve entre vosotros con debilidad, y mucho temor y temblor; y ni mi palabra ni mi predicación fue con palabras persuasivas de humana sabiduría, sino con demostración del Espíritu y de poder, 5para que vuestra fe no esté fundada en la sabiduría de los hombres, sino en el poder de Dios" (1 Co. 2:2-5).

"que prediques la palabra; que instes a tiempo y fuera de tiempo; redarguye, reprende, exhorta con toda paciencia y doctrina" (2 Ti. 4:2).

ESTUDIO A FONDO 2

(15:1) *Circuncisión:* antes de Cristo, la circuncisión era un señal física de que una hombre era seguidor de Dios. Era señal de que un hombre había creído las promesas que Dios había hecho a Abraham y Israel (cp. Gn. 17:10-14; Ro. 4:11). Dios nunca tuvo la intención de que la circuncisión significara algo más que una señal. No era para dar justicia a ningún hombre, ni tan siquiera a Abraham (Ro. 4:9-10). Fue dada sólo como una señal, una señal de la fe que un hombre ya tenían en las promesas de Dios. Al hombre se le contaba por justicia porque creía en las promesas de Dios; entonces el hombre era circuncidado como señal de su fe en Dios (Ro. 4:11-12).

Sin embargo, muchos abusaban del propósito de Dios para la circuncisión.

1. Algunos hicieron de la circuncisión un sustituto de la justicia. Se creía que un hombre estaba a salvo y seguro en los brazos de Dios si había sido circuncidado. Creer en Dios y amar a los hombres tenían muy poco que ver en ser un hijo de Dios. Muchos se olvidaban de la circuncisión de un corazón puro y se convertían en judíos de la circuncisión solamente de nombre. La circuncisión entonces se convirtió en una señal meramente física, externa.

2. Algunos usaban la circuncisión como una manera de dividir y categorizar a las personas. Se creó un gran muro de división alrededor de los incircuncisos (cp. 1 S. 17:26, 36; 2 S.1:20). Se consideraba que un hombre incircunciso debía aislarse y mantenerse alejado, no solo de los que se creían ser el pueblo de Dios (los judíos y los circuncidados), sino de Dios mismo. Un hombre incircunciso era visto con amargo desprecio. En la mente de los judíos, Dios solamente amaba a Israel, y despreciaba y rechazaba a las naciones gentiles.

3. Desde que Cristo vino, Dios ha eliminado la circuncisión como una señal de justicia (Gá. 5:6; 6:15; Col. 2:11). La justicia ahora es algo del corazón y en el espíritu, no en la letra de la ley y las regulaciones (cp, Ro, 2:25-29; 4:8,12, 23-25). El hombre verdaderamente justo es aquel que le pertenece a Dios por dentro, el hombre cuyo espíritu ha sido *recreado* a la naturaleza de Dios. La propia naturaleza justa de Dios es implantada en la naturaleza del hombre cuando nace de nuevo. *El hombre que nace de nuevo por el Espíritu de Dios es una nueva creación de Dios* (Jn. 3:3f; 2 Co. 5:17; 1 P. 1:20; 2 Pt,1:4).

[2] (15:4-5) *Salvación:* La pregunta ampliada acerca de la salvación: ¿Tiene el hombre que aceptar la totalidad de la ley para ser salvo? Tenga en cuenta tres aspectos:

1. Pablo y sus acompañantes fueron recibidos y bienvenidos por la iglesia de Jerusalén, incluyendo a los apóstoles y los ancianos. Parece ser que *todos* estaban presentes; el concilio era una reunión crucial. La palabra "recibidos" (paredechthesan) da la idea de una reunión formal de la iglesia. Pablo estaba informando a la iglesia, los apóstoles y los ancianos en una reunión a la que habían sido convocados. Todo parece indicar que hubo dos días de reunión (vv. 4, 6).

Fíjese que Pablo les refirió "todas las cosas que Dios había hecho". La salvación de los hombres "por gracia mediante la fe" no era obra suya. Dios era el que estaba aceptando a las personas por fe solamente.

2. Los disidentes de Jerusalén eran "de la secta de los fariseos, que habían creído" (véase *Estudio a fondo 3, Fariseos,* Hch. 15:5; 23:8 para discusión sobre el tema).

3. La discusión ampliada (véase *Estudio a fondo 4, Salvación,* Hch. 15:5; 10:1-33; 10:11-16 para discusión sobre el tema).

ESTUDIO A FONDO 3

(15:5) *Fariseos:* parece ser que había un gran número de fariseos que habían aceptado a Jesús como el verdadero Mesías luego de su muerte y resurrección. Esto sería un resultado natural en un fariseo honesto y reflexivo.

1. El fariseo estaba esperando la venida del Mesías. Conocía las Escrituras, por lo tanto, al escuchar a los apóstoles probar por medio de las Escrituras que Jesús era el Mesías, estaba obligado a ver las evidencias. Si tenía un corazón honesto y abierto, sería tocado, condenado y convertido por el Espíritu Santo.

2. La tendencia del fariseo era…

- ver a Jesús como el cumplimiento del judaísmo, no la sustitución de este.
- ver a Jesús como una añadidura a la ley, no como sustitución o adopción de esta.
- ver a Jesús añadiendo la creencia al ritual, no reemplazándolo.
- ver a Jesús añadiendo el bautismo a las ordenanzas, no reemplazando las ordenanzas.

Dicho sencillamente, para los fariseos, debido a su gran instrucción y a su compromiso de por vida con la ley, sería muy trabajoso renunciar a la ley. Les sería difícil descansar solamente en la justicia de Jesús. Sin embargo, fíjese que las Escrituras dicen que alguno sí lo hicieron. Solo "algunos" se levantaron en contra del mensaje de la salvación por fe (v. 5).

ESTUDIO A FONDO 4

(15:5) *Salvación — Obras:* fíjese que el asunto en Jerusalén iba más allá de la circuncisión. En Antioquía la pregunta había sido: "¿Necesita el hombre ser circuncidado para ser salvo?" En Jerusalén la pregunta era: "¿Tiene el hombre que guardar toda la ley para ser salvo y aceptado dentro de la iglesia? ¿Es necesario que acepte la ley así como a Cristo?" (Véase Estudio a fondo 1, Gá. 2:4).

La pregunta es para todas las generaciones.

=> ¿Puede un hombre ganar el favor de Dios o no? ¿O recibe el hombre el favor de Dios?

=> ¿Es el hombre aceptado por Dios porque guarda la ley? ¿O es salvo porque confiesa que quebranta la ley y que depende absolutamente del Señor Jesucristo?

=> ¿Se esfuerza el hombre para hacerse justo a sí mismo? ¿O se rinde a la justicia de Jesús?

=> ¿Dice el hombre: "Señor, vengo por mi propia justicia" o, "Señor, vengo por la justicia de Jesús"?

=> ¿Dice: "Señor, te ofrezco mis propias obras" o,

"Señor, vengo implorando tu misericordia porque
no soy suficiente"?

=> ¿Viene a Dios para ser alabado por lo que ha
logrado con sus propias manos y esfuerzos? ¿O
viene para alabar a Dios por lo que ha hecho él en
Jesús?

=> ¿Debe el hombre recibir la gloria porque ha hecho
el bien? ¿O debe darse la gloria a Dios por quién
es y lo que ha hecho?

	B. Se reúne el concilio de Jerusalén: la gran declaración sobre la salvación, 15:6-22	ellos pueblo para su nombre.	a. Apoyó la gran declaración de Pedro
1 El concilio se reúne por segunda vez (cp. v. 45)	6 Y se reunieron los apóstoles y los ancianos para conocer de este asunto.	15 Y con esto concuerdan las palabras de los profetas, como está escrito:	b. Citó las Escrituras como complemento
2 La gran declaración de Pedro: todos son salvos por la gracia del Señor Jesucristo	7 Y después de mucha discusión, Pedro se levantó y les dijo: Varones hermanos, vosotros sabéis cómo ya hace algún tiempo que Dios escogió que los gentiles oyesen por mi boca la palabra del evangelio y creyesen.	16 Después de esto volveré Y reedificaré el tabernáculo de David, que está caído; Y repararé sus ruinas, Y lo volveré a levantar,	1) El Señor regresará
a. Recordó que Dios había salvado a Cornelio y su familia		17 Para que el resto de los hombres busque al Señor, Y todos los gentiles, sobre los cuales es invocado mi nombre,	2) Habrá creyentes judíos
1) Creyeron al escuchar la palabra	8 Y Dios, que conoce los corazones, les dio testimonio, dándoles el Espíritu Santo lo mismo que a nosotros;	18 Dice el Señor, que hace conocer todo esto desde tiempos antiguos.	3) Habrá creyentes gentiles
2) Dios les dio el Espíritu Santo al creer (antes del bautismo)	9 y ninguna diferencia hizo entre nosotros y ellos, purificando por la fe sus corazones.	19 Por lo cual yo juzgo que no se inquiete a los gentiles que se convierten a Dios,	
3) Dios limpió sus corazones mediante la fe (no mediante un ritual)	10 Ahora, pues, ¿por qué tentáis a Dios, poniendo sobre la cerviz de los discípulos un yugo que ni nuestros padres ni nosotros hemos podido llevar?	20 sino que se les escriba que se aparten de las contaminaciones de los ídolos, de fornicación, de ahogado y de sangre.	c. Afirmó el previo conocimiento y la providencia de Dios en cuanto a este asunto.
b. Reconoció que la ley es un yugo: el hombre es incapaz de llevarlo			d. Recomendó que se hiciera una carta de recomendación, no sobrecargar con reglas.
c. Les recordó su creencia fundamental: que somos salvos por gracia	11 Antes creemos que por la gracia del Señor Jesús seremos salvos, de igual modo que ellos.		1) Que a ningún hombre se le impida volverse a Dios
3 La gran declaración de Pablo y Bernabé: solo Dios obró milagros y maravillas para corroborar el mensaje de la salvación por gracia	12 Entonces toda la multitud calló, y oyeron a Bernabé y a Pablo, que contaban cuán grandes señales y maravillas había hecho Dios por medio de ellos entre los gentiles.	21 Porque Moisés desde tiempos antiguos tiene en cada ciudad quien lo predique en las sinagogas, donde es leído cada día de reposo.	2) Que todos los hombres vivan como es debido
4 La gran declaración de Jacobo: todos los hombres deben tener la posibilidad de volverse a Dios independientemente de los rituales y la ley.	13 Y cuando ellos callaron, Jacobo respondió diciendo: Varones hermanos, oídme. 14 Simón ha contado cómo Dios visitó por primera vez a los gentiles, para tomar de	22 Entonces pareció bien a los apóstoles y a los ancianos, con toda la iglesia, elegir de entre ellos varones y enviarlos a Antioquía con Pablo y Bernabé: a Judas que tenía por sobrenombre Barsabás, y a Silas, varones principales entre los hermanos.	3) Que ningún hombre ofenda o sea piedra de tropiezo para otro.
			5 La decisión del concilio: consenso general
			a. Enviar representantes a las iglesias
			b. Escribir cartas formales informando de la decisión, v. 23

DIVISIÓN VII

EL GRAN CONCILIO DE JERUSALÉN: SE CUESTIONA LA MISIÓN DE PABLO, 15:1-35

B. Se reúne el concilio de Jerusalén: la gran declaración sobre la salvación, 15:6-22

(15:6-22) *Introducción:* Este pasaje abarca una de las reuniones más importantes del concilio de la iglesia que jamás haya tenido lugar. Es la gran declaración sobre la salvación.

1. El concilio se reúne por segunda vez (v. 6).
2. La gran declaración de Pedro: todos son salvos por la gracia del Señor Jesucristo (vv. 7-11).

3. La gran declaración de Pablo y Bernabé: solo Dios obró milagros y maravillas para corroborar el mensaje de la salvación por gracia (v. 12).
4. La gran declaración de Jacobo: todos los hombres deben tener la posibilidad de volverse a Dios independientemente de los rituales y la ley (vv. 13-21).
5. La decisión del concilio: consenso general (v. 22).

1 (15:6) *Iglesia, reunión del concilio:* El gran concilio de Jerusalén se reúne por segunda vez. Se reunió toda la iglesia: los apóstoles, los ancianos, y el resto de los creyentes (vv. 12, 22). Una vez más, la escena que vemos es la de una reunión del concilio extremadamente importante, una importancia que no podemos dejar de recalcar. Observe la consideración que los líderes mostraron. Los apóstoles no estaban *enseñoreándose* de los ancianos, ni los ancianos del resto de la iglesia. El asunto en cuestión era de tal magnitud que los líderes mostraban humildad y sensibilidad ante las necesidades de todos. Observe también que hubo "mucha discusión". No se ignoró o silenció a nadie. A todos se les permitió decir lo que pensaban.

2 (15:7-11) *Salvación:* La gran declaración de Pedro: todos son salvos por la gracia del Señor Jesucristo. Pedro los persuadió de tres puntos.

1. Pedro les recordó que fue Dios y solamente Dios quien salvó a los gentiles, es decir, a Cornelio y su familia. El hecho había ocurrido hacía unos diez años, pero Dios lo había dado y establecido como ejemplo y modelo que la iglesia debía seguir (v. 10. Esto es algo importante, un punto crucial que todas las iglesias deben tener en cuenta por todas las generaciones). Dios fue quien planeó, inició, y ejecutó de principio a fin lo que allí ocurrió (cp. Hch. 10:1-48; ver bosquejo y notas, Hch. 10:44-48 para mayor discusión).

    a. Cornelio y su familia habían creído la Palabra *mientras* Pedro estaba en el proceso de predicar la Palabra. Ellos creyeron *mientras* escuchaban y oían la Palabra.

    b. Dios les había dado el Espíritu Santo *mientras* creían la Palabra. Fíjese cómo Pedro destacó que la salvación es un acto de Dios.

      => Dios "conoce los corazones", sabía que ellos estaban creyendo en sus corazones. Solo Dios conoce el corazón.

      => Dios dio testimonio de que creían en sus corazones.

      => Dios dio testimonio dándoles el Espíritu Santo.

      => Dios les dio el Espíritu Santo por un acto de su voluntad (no por el bautismo ni por imposición de las manos de ningún hombre).

      => Dios les dio el Espíritu Santo de la misma manera que a los judíos.

    c. Dios limpió sus corazones por la fe. El énfasis está puesto sobre la palabra *fe,* no sobre ritual o ceremonia. Nuevamente, el énfasis está puesto en Dios. Dios conoce el corazón, cuando un hombre cree, cuando su corazón se rinde al Señor Jesús, comprendiendo y creyendo lo que Jesús ha hecho por él. Cuando Dios ve eso, limpia el corazón del hombre.

2. Pedro reconoció la realidad del yugo de la ley; reconoció la incapacidad del hombre para guardar la ley. Él hizo una pregunta, pero fíjese que también fue una seria acusación: "¿por qué tentáis a Dios...?" Pedro dijo que ya Dios había demostrado la verdad acerca de la salvación. Esto se había dado a conocer clara e indiscutiblemente en la experiencia de Cornelio. Si alguien afirma que el hombre es salvo por la gracia de Dios un ritual o la ley, tienta a Dios; está mandando y dando órdenes a Dios. Está cuestionando...

• lo que Dios ya hizo.
• si Dios sabía lo que estaba haciendo.
• si lo que Dios ha hecho era lo mejor.

Cuestionar a Dios es, por supuesto, caminar sobre arena movediza. Es muy peligroso. Nótese lo que Pedro dijo sobre la ley.

    a. La ley es un "yugo", una carga. El cuadro que se nos pinta es el de el yugo del buey (cp. Mt. 11:29-30; 23:4; Gá. 5:1). Insistir en que un hombre...

      • pase por un ritual,
      • acepte la ley

    ...para poder ser salvo, es ponerle un yugo, un yugo que ningún hombre puede soportar.

    b. Ningún hombre puede guardar la ley; los judíos así lo habían probado (véase *Estudio a fondo 2, Ley,* Gá. 3:10 para discusión sobre el tema).

3. Pedro le recordó a la iglesia su creencia principal: todos los hombres son salvos por la gracia del Señor Jesucristo. Pedro declaró la doctrina de la salvación. Fue lo mismo que Pablo había hecho (cp. Ef. 2:8-9). Todos los hombres son salvos de la misma manera: "por medio de la gracia del Señor Jesucristo".

> **"por cuanto todos pecaron, y están destituidos de la gloria de Dios, siendo justificados gratuitamente por su gracia, mediante la redención que es en Cristo Jesús" (Ro. 3:23-24).**
>
> **"Porque por gracia sois salvos por medio de la fe; y esto no de vosotros, pues es don de Dios; no por obras, para que nadie se gloríe" (Ef. 2:8-9).**
>
> **"Pero cuando se manifestó la bondad de Dios nuestro Salvador, y su amor para con los hombres, nos salvó, no por obras de justicia que nosotros hubiéramos hecho, sino por su misericordia, por el lavamiento de la regeneración y por la renovación en el Espíritu Santo, el cual derramó en nosotros abundantemente por Jesucristo nuestro Salvador, para que justificados por su gracia, viniésemos a ser herederos conforme a la esperanza de la vida eterna" (Tit. 3:4-7).**

3 (15:12) *Salvación, la fuente:* La gran declaración de Pablo y Bernabé: Dios y solo Dios ha obrado señales y maravillas para ratificar el mensaje de la salvación por gracia. Fíjese que el énfasis está en "señales y maravillas," no en ideas o argumentos. ¿Por qué?

Los milagros de Dios muestran claramente que él aprueba la predicación de Pablo y Bernabé. El mensaje: "por gracia sois salvos por medio de la fe; y esto no de vosotros" queda ratificado con el sello de la aprobación de Dios.

Uno pudiera preguntarse si Pablo hizo la misma pregunta que a los Gálatas:

"¿Recibisteis el Espíritu por las obras de la ley, o por el oír con fe?" (Gá. 3:2).

4 (15:13-21) *Salvación, la fuente:* la gran declaración de Jacobo: todos los hombres deben tener la posibilidad de volverse a Dios independientemente de los rituales y la ley. Jacobo era el hermano del Señor. (Véase Introducción, Autor, Jacobo, para mayor discusión). Parece ser que él era el ministro anciano principal en la iglesia de Jerusalén. Tenga en cuenta estos cuatro puntos.

1. Jacobo apoyó la gran declaración de Pedro. La forma en que lo hizo es significativa.
    => "Dios visitó a los gentiles" (epeskepsato): considerar, supervisar, ocuparse de, velar por, proveer para los gentiles.
    => "para tomar de ellos pueblo": escoger, designar; sacarlos de las naciones gentiles y escoger un pueblo. La palabra "pueblo" (laon) es la misma que se usa para referirse al pueblo judío (cp. Hch. 10:2). La idea es que Dios esta llamando a un nuevo pueblo, *un nuevo cuerpo,* una nueva nación, una nueva raza, para que fueran su pueblo escogido, al igual que había hecho con Abraham y los judíos. (Véase *Estudio a fondo 8,* pt. 6, Mt. 21:43; notas, Ef. 2:11-18; 2:14-15; 2:19-22; 4:17-19 para mayor discusión).
    => "para su nombre": hay dos versículos que muestran claramente lo que Dios quiere decir con escoger a un pueblo "para su nombre".

    "Vosotros sois mis testigos, dice Jehová, y mi siervo que yo escogí, para que me conozcáis y creáis, y entendáis que yo mismo soy; antes de mí no fue formado dios, ni lo será después de mí" (Is. 43:10).
    "Porque como el cinto se junta a los lomos del hombre, así hice juntar a mí toda la casa de Israel y toda la casa de Judá, dice Jehová, para que me fuesen por pueblo y por fama, por alabanza y por honra; pero no escucharon" (Jer. 13:11).

2. Jacobo declaró que las Escrituras apoyaban dicha verdad. Dios llama a personas de entre los judíos y los gentiles. Él citó Amós 9:11-12 y lo aplicó a Jesucristo y a los creyentes. Dios prometió tres cosas.
    a. "Regresaré". Esto se refiere a la primera venida de Jesucristo. Él había venido, ninguno de los presente podía negarlo.
    b. Habrán creyentes judíos: "el tabernáculo de David" se refiere a los creyentes judíos, el verdadero tabernáculo o verdadero cuerpo de judíos. Jacobo estaba aplicando la profecía a la presente situación. Del pueblo de David, el verdadero indestructible tabernáculo de David, el verdadero cuerpo de David (creyentes judíos)

Dios ha dicho que lo: "reedificaré…; Y repararé sus ruinas, Y lo volveré a levantar".
    c. Habrá creyentes gentiles, creyentes que…
    • buscarán al Señor.
    • son llamados y conocidos por el nombre de Dios.

3. Jacobo declaró que *Dios conoció y destinó* desde la fundación del mundo…
    • la salvación por fe.
    • salvación para todos los hombres que buscan al Señor y se identifican con Él.

Este es y siempre ha sido el propósito de Dios (cp. Ro. 16:25-27; Ef. 3:8-9), y Él está cumpliendo su propósito.

4. Jacobo recomendó que se les escribiera una exhortación en vez de reglas pesadas. Lo hizo por tres razones:
    a. Que a ningún hombre se le inquietara o impidiera volverse a Dios por algún ritual o ley. Ningún hombre puede guardar un ritual.

        Los que puedan deben hacerlo, pero algunos sencillamente no son capaces de guardar un ritual por motivos como defectos de nacimiento, lesiones, enfermedad, o parálisis. Y aunque todos deben obedecer a Dios, nadie es capaz de guardar la ley, no de manera perfecta. Por tanto, por la ley nadie puede ser salvo. La única esperanza de salvación es que el hombre se vuelva a Dios y confíe en que Él lo acepta simplemente porque Dios ama tanto así.
    b. Que todos los hombres vivan como deben. Observe la gran importancia de los pecados que Jacobo enumeró…
        • idolatría: seguir y sacrificar a los dioses nacidos de la imaginación y deseos de los hombres; participar de las cosas que pertenecen a los ídolos (v. 29).

        "Os he escrito por carta, que no os juntéis con los fornicarios; no absolutamente con los fornicarios de este mundo, o con los avaros, o con los ladrones, o con los idólatras; pues en tal caso os sería necesario salir del mundo" (1 Co. 5:9-10).
        • fornicación: todas las formas de inoralidad.

        "Os he escrito por carta, que no os juntéis con los fornicarios; no absolutamente con los fornicarios de este mundo,… pues en tal caso os sería necesario salir del mundo" (1 Co. 5:9-10).
        • "ahogado": el pecado de la indulgencia, de ir en contra de la ley de Dios satisfaciendo nuestro propio deseo. Específicamente se refiere a comer carnes prohibidas, a las leyes dietéticas de los judíos (véase nota, Hch. 10:11-16).

        "Y yo sé que en mí, esto es, en mi carne, no mora el bien; porque el querer el bien está en mí, pero no el hacerlo" (Ro. 7:18).
        "Porque el ocuparse de la carne es muerte, pero el ocuparse del Espíritu es vida y paz" (Ro. 8:6).

"y los que viven según la carne no pueden agradar a Dios" (Ro. 8:8).

"porque si vivís conforme a la carne, moriréis; mas si por el Espíritu hacéis morir las obras de la carne, viviréis" (Ro. 8:13).

"Porque el deseo de la carne es contra el Espíritu, y el del Espíritu es contra la carne; y éstos se oponen entre sí, para que no hagáis lo que quisiereis" (Gá. 5:17).

"Porque el que siembra para su carne, de la carne segará corrupción; mas el que siembra para el Espíritu, del Espíritu segará vida eterna" (Gá. 6:8).

"el fin de los cuales será perdición, cuyo dios es el vientre, y cuya gloria es su vergüenza; que sólo piensan en lo terrenal" (Fil. 3:19).

"No améis al mundo, ni las cosas que están en el mundo. Si alguno ama al mundo, el amor del Padre no está en él. Porque todo lo que hay en el mundo, los deseos de la carne, los deseos de los ojos, y la vanagloria de la vida, no proviene del Padre, sino del mundo" (1 Jn. 2:15-16).

- "sangre": puede referirse al asesinato o a la sangre de animales. Probablemente se refiere al asesinato.

"Oísteis que fue dicho a los antiguos: No matarás; y cualquiera que matare será culpable de juicio. Pero yo os digo que cualquiera que se enoje contra su hermano, será culpable de juicio; y cualquiera que diga: Necio, a su hermano, será culpable ante el concilio; y cualquiera que le diga: Fatuo, quedará expuesto al infierno de fuego" (Mt. 5:21-22).

"Todo aquel que aborrece a su hermano es homicida; y sabéis que ningún homicida tiene vida eterna permanente en él" (1 Jn. 3:15).

"Le dijo: ¿Cuáles? Y Jesús dijo: No matarás. No adulterarás. No hurtarás. No dirás falso testimonio" (Mt. 19:18).

"Así que, ninguno de vosotros padezca como homicida, o ladrón, o malhechor, o por entremeterse en lo ajeno" (1 P. 4:15).

Nota: Estos cuatro pecados son los pecados más comunes de toda la humanidad en sentido general.

c. Que ningún hombre ofenda o sea piedra de tropiezo para otro. Los pecados enumerados por Jacobo eran muy ofensivos para los creyentes judíos. Los rabinos judíos predicaban a menudo contra ellos. Jacobo enfatizó este hecho, señalando que cumplir con esas cuatro simples exhortaciones agradaría al cuerpo de creyentes judíos, a los religiosos estrictos.

5 (15:22) *Iglesia:* El concilio de la iglesia decidió que estaba de acuerdo. Observe dos aspectos.

1. Toda la iglesia estuvo de acuerdo con lo que se había dicho públicamente, al menos oficialmente.

2. La iglesia fue más allá del mero hecho de tomar una decisión, extendiéndose para eliminar cualquier preocupación o duda que pudiera existir. Lo hicieron enviando a Antioquía junto con Pablo y Bernabé, a dos ministros principales. Estos dos hombres…

- recalcarían el mensaje de la decisión: la salvación es por la gracia del Señor Jesucristo y nada más (v. 11).
- exhortarían a los nuevos creyentes en la fe y les asegurarían que el mensaje de los judaizantes era un error.

	C. El decreto formal del concilio: el gran decreto sobre la salvación, 15:23-35	no imponeros ninguna carga más que estas cosas necesarias:	
1 La actitud que originó el decreto: la humildad	23 y escribir por conducto de ellos: Los apóstoles y los ancianos y los hermanos, a los hermanos de entre los gentiles que están en Antioquía, en Siria y en Cilicia, salud.	29 que os abstengáis de lo sacrificado a ídolos, de sangre, de ahogado y de fornicación; de las cuales cosas si os guardareis, bien haréis. Pasadlo bien.	
		30 Así, pues, los que fueron enviados descendieron a Antioquía, y reuniendo a la congregación, entregaron la carta;	**5 Los gloriosos resultados** a. Hubo gran regocijo b. Hubo gran consolación
2 La declaración del decreto: el ritual y la ley no son necesarios para la salvación, los que discrepaban fueron reprendidos	24 Por cuanto hemos oído que algunos que han salido de nosotros, a los cuales no dimos orden, os han inquietado con palabras, perturbando vuestras almas, mandando circuncidaros y guardar la ley,	31 habiendo leído la cual, se regocijaron por la consolación.	
3 Los hombres escogidos para proclamar la verdad a. Hombres amados y probados: Pablo y Bernabé	25 nos ha parecido bien, habiendo llegado a un acuerdo, elegir varones y enviarlos a vosotros con nuestros amados Bernabé y Pablo,	32 Y Judas y Silas, como ellos también eran profetas, consolaron y confirmaron a los hermanos con abundancia de palabras.	
	26 hombres que han expuesto su vida por el nombre de nuestro Señor Jesucristo.	33 Y pasando algún tiempo allí, fueron despedidos en paz por los hermanos, para volver a aquellos que los habían enviado.	
b. Hombres escogidos como dignos exponentes: Judas y Silas	27 Así que enviamos a Judas y a Silas, los cuales también de palabra os harán saber lo mismo.	34 Mas a Silas le pareció bien el quedarse allí.	c. El descubrimiento de un gran misionero: Silas
4 Algunas reglas necesarias	28 Porque ha parecido bien al Espíritu Santo, y a nosotros,	35 Y Pablo y Bernabé continuaron en Antioquía, enseñando la palabra del Señor y anunciando el evangelio con otros muchos.	d. Gran ministerio de predicación y enseñanza en la iglesia.

DIVISIÓN VII

EL GRAN CONCILIO DE JERUSALÉN: SE CUESTIONA LA MISIÓN DE PABLO, 15:1-35

C. El decreto formal del concilio: el gran decreto sobre la salvación, 15:23-35

(15:23-35) Introducción: el gran decreto de salvación emitido por la iglesia primitiva debió haber dejado este asunto claro para siempre. No hay lugar a dudas: la salvación es "por la gracia del Señor Jesucristo" (v. 11). Sin embargo algunas personas todavía insisten en añadir al plan de salvación. Es por esto que se hace necesario que el gran decreto sobre la salvación sea proclamado y enseñado una y otra vez.

1. La actitud que originó el decreto: la humildad (v. 23).
2. La declaración del decreto: el ritual y la ley no son necesarios para la salvación, los que discrepaban fueron reprendidos (v. 24).
3. Los hombres escogidos para proclamar la verdad (vv. 25-27).
4. Algunas reglas necesarias (vv. 28-29).
5. Los gloriosos resultados (vv. 30-35).

1 (15:23) *Humildad:* la actitud que originó el decreto: la humildad. Los apóstoles y los ancianos se pusieron en el mismo nivel que el resto de los hermanos de la iglesia. No había señal de exaltación o superioridad, o de resaltar la posición de alguien, ningún reclamo de que ellos tenían la autoridad de hablar por la iglesia. Humildemente declararon que la decisión había sido tomada por todos los hermanos. El pasaje dice: "los apóstoles y los ancianos y los hermanos, a los hermanos de entre los gentiles que están en Antioquía, en Siria y en Cilicia, salud". Es decir que los apóstoles y ancianos estaban escribiendo como hermanos a otros hermanos, poniéndose en el mismo nivel que los hermanos entre los gentiles.

La idea queda clara. El gran decreto de la salvación está basado en la humildad. Todos los involucrados, y los líderes en particular, incluyendo a los propios apóstoles, se dieron cuenta de que eran humildes recipientes de la salvación al igual que el resto de los hombres. Todos eran "hermanos en el Señor". Todos estaban en igualdad de condiciones, ninguno por encima del otro, no al hacer el gran decreto de salvación. Ninguno tenía la autoridad de señorear sobre otra persona, no cuando se trata de la salvación. Ante el Señor, todos los hombres son hermanos, todos son salvos por igual "por medio de la gracia del Señor Jesucristo" (v. 11).

> "Mas Juan se le oponía, diciendo: Yo necesito ser bautizado por ti, ¿y tú vienes a mí?" (Mt. 3:14).
>
> "Así que, cualquiera que se humille como este niño, ése es el mayor en el reino de los cielos" (Mt. 18:4).
>
> "Digo, pues, por la gracia que me es dada, a cada cual que está entre vosotros, que no tenga más alto concepto de sí que el que debe tener, sino que piense de sí con cordura, conforme a la medida de fe que Dios repartió a cada uno" (Ro. 12:3).
>
> "no mirando cada uno por lo suyo propio, sino cada cual también por lo de los otros. Haya, pues, en vosotros este sentir que hubo también en Cristo Jesús" (Fil. 2:4-5).
>
> "Palabra fiel y digna de ser recibida por todos: que Cristo Jesús vino al mundo para salvar a los pecadores, de los cuales yo soy el primero" (1 Ti. 1:15).
>
> "Humillaos delante del Señor, y él os exaltará" (Stg. 4:10).
>
> "Igualmente, jóvenes, estad sujetos a los ancianos; y todos, sumisos unos a otros, revestíos de humildad; porque: Dios resiste a los soberbios, Y da gracia a los humildes" (1 P. 5:5).
>
> "La soberbia del hombre le abate;
> Pero al humilde de espíritu sustenta la honra" (Pr. 29:23).

Pensamiento 1. Para hacer un estudio interesante, tome una concordancia y busque la palabra "hermanos".

2 (15:24) *Salvación — Ritual — Ley — Gracia:* se hace la declaración: el ritual y la ley no son necesarios para la salvación. No importa lo que cualquiera pueda enseñar, no importa quién sea o cuán influyente pueda ser, la salvación es…

- "por la gracia del Señor Jesucristo" y sólo por Él. El ritual y la ley no son necesarios (v. 11).
- mediante "señales y milagros por parte de Dios" y sólo de Él (v. 12).
- volverse a Dios y solamente a Él (v. 19).

Las personas que daban otra enseñanza, los falsos maestros, fueron fuertemente reprendidos.

1. Ellos inquietaban a los creyentes con sus palabras. El cuadro que se nos pinta es el de palabras amontonadas sobre palabras, falsas palabras que habían "inquietado" (etaraxan), agitado, trastornado, y sacudido violentamente. Ahora bien, observe que los falsos maestros proclamaron meras palabras, palabras vacías, y los creyentes deben recordar esto siempre. La salvación es solo por gracia y no debe añadírsele ninguna otra cosa. Solo Dios salva. El hombre, o acepta la salvación de Dios o la rechaza. Es así de simple. No hay nada que el hombre pueda hacer para ganar la salvación.

2. Ellos habían "perturbado" (anaskeuazontes) el alma de los creyentes. La palabra significa devastar, saquear, desmantelar, desolar, arruinar, causar estragos.

3. La iglesia no los había comisionado. El mensaje de la iglesia primitiva fue declarado:

> "Y vino gran temor sobre toda la iglesia, y sobre todos los que oyeron estas cosas" (Hch. 5:11).
>
> "siendo justificados gratuitamente por su gracia, mediante la redención que es en Cristo Jesús" (Ro. 3:24).
>
> "Porque por gracia sois salvos por medio de la fe; y esto no de vosotros, pues es don de Dios" (Ef. 2:8-9).
>
> "Porque la gracia de Dios se ha manifestado para salvación a todos los hombres" (Tit. 2:11).
>
> "Pero cuando se manifestó la bondad de Dios nuestro Salvador, y su amor para con los hombres, nos salvó, no por obras de justicia que nosotros hubiéramos hecho, sino por su misericordia, por el lavamiento de la regeneración y por la renovación en el Espíritu Santo, cual derramó en nosotros abundantemente por Jesucristo nuestro Salvador, para que justificados por su gracia, viniésemos a ser herederos conforme a la esperanza de la vida eterna" (Tit. 3:4-7).

Todo el que añade: "mandando circuncidaros [pasar por un ritual] y guardar la ley", a ellos "no dimos orden".

Nótese cuán fuerte fue la represión. Los judaizantes o legalistas (de aquel tiempo y de hoy día, en todas las generaciones) recibieron una fuerte reprensión. Pablo fue un poco más allá y advirtió:

> "Estoy maravillado de que tan pronto os hayáis alejado del que os llamó por la gracia de Cristo, para seguir un evangelio diferente. No que haya otro, sino que hay algunos que os perturban y quieren pervertir el evangelio de Cristo. Mas si aun nosotros, o un ángel del cielo, os anunciare otro evangelio diferente del que os hemos anunciado, sea anatema. Como antes hemos dicho, también ahora lo repito: Si alguno os predica diferente evangelio del que habéis recibido, sea anatema" (Gá.1:6-9).
>
> "Pero el Espíritu dice claramente que en los postreros tiempos algunos apostatarán de la fe, escuchando a espíritus engañadores y a doctrinas de demonios; por la hipocresía de mentirosos que, teniendo cauterizada la conciencia" (1 Ti. 4:l-2).
>
> "Porque vendrá tiempo cuando no sufrirán la sana doctrina, sino que teniendo comezón de oír, se amontonarán maestros conforme a sus propias concupiscencias, y apartarán de la verdad el oído y se volverán a las fábulas" (2 Ti. 4:3-4).
>
> "Pero hubo también falsos profetas entre el pueblo, como habrá entre vosotros falsos maestros, que introducirán encubiertamente herejías destructoras, y aun negarán al Señor que los rescató, atrayendo sobre sí mismos destrucción repentina" (2 P. 2:1).

3 (15:25-27) *Ministros:* Los hombres escogidos para proclamar la verdad. Fíjese lo que hizo la iglesia.

1. La iglesia envió a Bernabé y Saulo como hombres que habían proclamado la verdad. Los judaizantes (legalistas) les habían acusado de *dividir* el evangelio, pero no era cierto. Ellos habían declarado La verdad: que la salvación es "por la gracia del Señor Jesús", y ellos habían arriesgado sus vidas para declarar la verdad. Por lo tanto, la iglesia les llamó amados.

Pensamiento 1. La iglesia debe llamar amados a todos los ministros que proclaman la verdad de la salvación por gracia. Los hombres tienen la tendencia de añadir a la salvación. La naturaleza del hombre desea obrar, ganar algo, recibir algún crédito. Al hombre le resulta muy difícil confesar que es depravado, totalmente incapaz de hacer algo para salvarse.

Pensamiento 2. Lo que la iglesia necesita es hombres y mujeres que pongan en *peligro* (arriesguen) sus vidas por el nombre de nuestro Señor Jesucristo.

> **"Bienaventurados sois cuando por mi causa os vituperen y os persigan, y digan toda clase de mal contra vosotros, mintiendo" (Mt. 5:11).**

> **"Y seréis aborrecidos de todos por causa de mi nombre; mas el que persevere hasta el fin, éste será salvo" (Mt. 10:22).**

> **"Entonces Jesús dijo a sus discípulos: Si alguno quiere venir en pos de mí, niéguese a sí mismo, y tome su cruz, y sígame. Porque todo el que quiera salvar su vida, la perderá; y todo el que pierda su vida por causa de mí, la hallará" (Mt. 16:24-25).**

> **"Y cualquiera que haya dejado casas, o hermanos, o hermanas, o padre, o madre, o mujer, o hijos, o tierras, por mi nombre, recibirá cien veces más, y heredará la vida eterna" (Mt. 19:29).**

> **"Y el que no lleva su cruz y viene en pos de mí, no puede ser mi discípulo" (Lc. 14:27).**

> **"Y ellos salieron de la presencia del concilio, gozosos de haber sido tenidos por dignos de padecer afrenta por causa del Nombre" (Hch. 5:41).**

> **"Porque nosotros que vivimos, siempre estamos entregados a muerte por causa de Jesús, para que también la vida de Jesús se manifieste en nuestra carne mortal" (2 Co. 4:11).**

> **"Por la fe Moisés, hecho ya grande, rehusó llamarse hijo de la hija de Faraón, escogiendo antes ser maltratado con el pueblo de Dios, que gozar de los deleites temporales del pecado" (He.11:24-25).**

2.   Las iglesias enviaron a dos exponentes y profetas escogidos, Judas y Silas. Estos hombres eran profetas (v. 32), hombres valiosos, dotados por el Espíritu Santo; por consiguiente, la iglesia los escogió para ir y declarar el gran decreto de salvación. Observe que este decreto era tan importante que el mensaje escrito no era suficiente. Tenía que tener exponentes…

- que supieran "lo mismo", la verdad de la salvación.
- que pudieran proclamar y decir las "lo mismo", la verdad dicha "de palabra".

> **"porque no podemos dejar de decir lo que hemos visto y oído" (Hch. 4:20).**

> **"Y nosotros somos testigos suyos de estas cosas, y también el Espíritu Santo, el cual ha dado Dios a los que le obedecen" (Hch. 5:32).**

> **"Y él dijo: El Dios de nuestros padres te ha escogido para que conozcas su voluntad, y veas al Justo, y oigas la voz de su boca. Porque serás testigo suyo a todos los hombres, de lo que has visto y oído" (Hch. 22:14-15).**

> **"Pero habiendo obtenido auxilio de Dios, persevero hasta el día de hoy, dando testimonio a pequeños y a grandes, no diciendo nada fuera de las cosas que los profetas y Moisés dijeron que habían de suceder" (Hch. 26:22).**

> **"Pero teniendo el mismo espíritu de fe, conforme a lo que está escrito: Creí, por lo cual hablé, nosotros también creemos, por lo cual también hablamos" (2 Co. 4:13).**

4 (15:28-29) *Espíritu Santo — Pureza:* Las pocas cosas necesarias. Nótense dos aspectos significativos.

1.   El Espíritu Santo y la iglesia estuvieron involucrados en la decisión. El Espíritu Santo dirigió y guió a la iglesia para declarar la salvación "por la gracia del Señor Jesús" (v. 11).

> **"Pero cuando venga el Espíritu de verdad, él os guiará a toda la verdad; porque no hablará por su propia cuenta, sino que hablará todo lo que oyere, y os hará saber las cosas que habrán de venir" (Jn. 16:13).**

> **"Porque todos los que son guiados por el Espíritu de Dios, éstos son hijos de Dios" (Ro. 8:14).**

2.   Las reglas necesarias no fueron dadas con el objetivo de salvar a los hombre, sino por el bienestar de los creyentes. Al hacer esto los creyentes estarían "haciendo bien" (en praxete), es decir, les iría bien y lo experimentarían amor, gozo, paz, tanto en sus corazones y vidas así como entre ellos y otros creyentes. (Véase nota, pt. 4, Hch. 15:13-21 para discusión sobre el tema of las cuatro reglas necesarias).

> **"No impongas con ligereza las manos a ninguno, ni participes en pecados ajenos. Consérvate puro" (1 Ti. 5:22).**

> **"La religión pura y sin mácula delante de Dios el Padre es esta: Visitar a los huérfanos y a las viudas en sus tribulaciones, y guardarse sin mancha del mundo" (Stg. 1:27).**

> **"Hijitos, guardaos de los ídolos. Amén" (1 Jn. 5:21).**

> **"conservaos en el amor de Dios, esperando la misericordia de nuestro Señor Jesucristo para vida eterna" (Judas 21).**

5 (15:30-35) *Salvación:* los gloriosos resultados de la salvación gratis. Cuando los cuatro hombres llegaron a Antioquía, toda la iglesia se congregó y se leyó el gran decreto sobre la salvación. La lectura trajo cuatro grandes resultados. Nótese cómo Dios usó la disensión y los hechos que le siguieron e hizo que todo obrara para bien de la iglesia de Antioquía y para la causa de Cristo. Estos fueron los resultados.

1.   Hubo gran "regocijo" (echaresan): gozo, felicidad, alegría por la consolación (paraklesei), es decir, por el ánimo y la ayuda dada por la iglesia de Jerusalén.

2.   Hubo gran exhortación. Fíjese que eran Silas y Judas quienes estaban consolando y confirmando la fe de los creyentes de Antioquía. Observe la frase "con abundancia de palabras". Ellos los exhortaron durante mucho tiempo, edificando más y más a los creyentes, afirmándolos en su fe en el Señor Jesús. Ellos habían sido salvados por la gracia de Dios solamente, y los dos predicadores visitantes querían que los creyentes supieran que los apóstoles y los ancianos de la gran iglesia de Jerusalén reafirmaban esa gloriosa verdad.

Pensamiento 1. No existe en lo absoluto duda alguna acerca de cuál era la posición de la iglesia primitiva en cuanto a la gran declaración de que la salvación es "por la gracia del Señor Jesucristo" y solo por Él.

> "**Jesús le dijo: Yo soy el camino, y la verdad, y la vida; nadie viene al Padre, sino por mí" (Jn. 14:6).**

> "**el cual [Dios] quiere que todos los hombres sean salvos y vengan al conocimiento de la verdad. Porque hay un solo Dios, y un solo mediador entre Dios y los hombres, Jesucristo hombre, el cual se dio a sí mismo en rescate por todos, de lo cual se dio testimonio a su debido tiempo" (1 Ti. 2:4-6).**

3.   El descubrimiento del gran misionero, Silas. Los manuscritos griegos más antiguos no incluyen este versículo (observe el plural en "fueron" en el v. 33). Algunos eruditos piensan que fue añadido más adelante ya que Silas aparece con Pablo en Hechos 15:40. Por supuesto, Silas tuvo tiempo suficiente para viajar a Jerusalén e informar a la iglesia y luego entonces regresar a Antioquía antes que Pablo saliera en su segundo viaje misionero. Otros eruditos creen que el versículo sí estaba en el manuscrito original. No importa realmente quién tenga la razón, el hecho es que en Antioquía, Pablo descubrió a Silas y el gran don dado por Dios, y parece ser que Pablo lo invitó para que le acompañara en su empeño misionero. (Véase nota, Silas, Hch. 15:34 para mayor discusión).

4.   En la iglesia se desarrolló un gran ministerio de enseñanza. Observe estos tres aspectos significativos.

a.   Pablo y Bernabé estaban ocupados enseñando y predicando. No estaban ociosos.

b.   En la iglesia había muchos maestros y predicadores y ninguno de ellos estaba inactivo. Todos estaban enseñando y predicando.

> "**Y les dijo: Id por todo el mundo y predicad el evangelio a toda criatura" (Mr. 16:15).**

> "**Id, y puestos en pie en el templo, anunciad al pueblo todas las palabras de esta vida" (Hch. 5:20).**

> "**Lo que has oído de mí ante muchos testigos, esto encarga a hombres fieles que sean idóneos para enseñar también a otros" (2 Ti. 2:2).**

> "**que prediques la palabra; que instes a tiempo y fuera de tiempo; redarguye, reprende, exhorta con toda paciencia y doctrina" (2 Ti. 4:2).**

c.   El mensaje que ellos enseñaban y predicaban era "la palabra del Señor," no sus propias teoría e ideas.

> "**En seguida predicaba a Cristo en las sinagogas, diciendo que éste era el Hijo de Dios" (Hch. 9:20).**

> "**Dios envió mensaje a los hijos de Israel, anunciando el evangelio de la paz por medio de Jesucristo; éste es Señor de todos" (Hch. 10:36).**

> "**Así que, hermanos, cuando fui a vosotros para anunciaros el testimonio de Dios, no fui con excelencia de palabras o de sabiduría. Pues me propuse no saber entre vosotros cosa alguna sino a Jesucristo, y a éste crucificado" (1 Co. 2:1-2).**

> "**Porque no nos predicamos a nosotros mismos, sino a Jesucristo como Señor, y a nosotros como vuestros siervos por amor de Jesús" (2 Co. 4:5).**

ESTUDIO A FONDO 1

(15:34) ***Silas:*** Silas se convirtió en uno de los misioneros más grandes de la iglesia primitiva (cp. Hch. 15:40). Era un creyente sobresaliente; un discípulo y un compañero cercano de Pablo. Todo parece indicar que era un ciudadano romano (Hch. 16:37). Silas...

- era líder en la iglesia de Jerusalén (Hch. 15:27).
- fue enviado a Antioquía para compartir el gran decreto acerca de la salvación (Hch. 15:27, 32-33).
- era un profeta (Hch. 15:32).
- fue discípulo de Pablo y le acompañó en su segundo viaje misionero (Hch. 15:40).
- estuvo preso con Pablo (Hch. 16:19-40).
- se quedó en Berea junto con Timoteo para misnistrar a los creyentes (Hch. 17:14).
- estuvo con Pablo en Corinto (Hch. 18:5; 2 Co.1:19).
- ministró junto a Pedro, parece ser que después de la muerte de Pablo' (1 P. 5:12).
- se menciona en los siguientes libros del Nuevo Testamento: 1 Ts. 1:1; 2 Ts. 1:1; 2 Co. 1:19; 1 P. 5:12.

	VIII. LA SEGUNDA MISIÓN DE PABLO A LOS GENTILES: EUROPA, 15:36–18:22 A. El viaje comienza con una controversia: un estudio sobre un conflicto honesto, 15:36-41	que tenía por sobrenombre Marcos; 38 pero a Pablo no le parecía bien llevar consigo al que se había apartado de ellos desde Panfilia, y no había ido con ellos a la obra.	misionero 1) Bernabé creía que Marcos se había vuelto a comprometer y debía acompañarlos 2) Pablo pensaba que Marcos era un desertor y un mal ejemplo para las iglesias
1 La causa de un conflicto honesto a. Preocupación genuina por la misión de la iglesia. b. Diferencias genuinas: cómo hacer el trabajo	36 Después de algunos días, Pablo dijo a Bernabé: Volvamos a visitar a los hermanos en todas las ciudades en que hemos anunciado la palabra del Señor, para ver cómo están. 37 Y Bernabé quería que llevasen consigo a Juan, el	39 Y hubo tal desacuerdo entre ellos, que se separaron el uno del otro; Bernabé, tomando a Marcos, navegó a Chipre, 40 y Pablo, escogiendo a Silas, salió encomendado por los hermanos a la gracia del Señor, 41 y pasó por Siria y Cilicia, confirmando a las iglesias.	2 El triste resultado de un conflicto honesto: división y pérdida 3 El buen resultado de un conflicto honesto: Dios prevalece, se envían dos equipos misioneros

DIVISIÓN VIII

LA SEGUNDA MISIÓN DE PABLO A LOS GENTILES: EUROPA, 15:36–18:22

A. El viaje comienza con una controversia: un estudio sobre un conflicto honesto, 15:36-41

(15:36-41) *Introducción:* el mundo está lleno de conflictos, y la mayoría de estos son egoístas y malos. Sin embargo, existe un conflicto honesto, una forma honesta de tener opiniones diferentes. Este pasaje es un estudio excelente de este último tipo, es decir, del conflicto honesto.

1. La causa de un conflicto honesto (vv. 36-38).
2. El triste resultado de un conflicto honesto: división y pérdida (v. 39).
3. El buen resultado de un conflicto honesto: Dios prevalece, se envían dos equipos misioneros (vv. 39-41).

1 (15:36-38) *Conflicto — División:* la causa de un conflicto honesto. Tenga en cuenta dos aspectos significativos.

1. Los conflictos genuinos surgen a raíz de una *genuina* preocupación. La preocupación no es personal, ni egoísta ni buscar intereses propios. El conflicto no existe porque la persona esté…

• ejerciendo su autoridad
• buscando su propio beneficio
• tratando de salirse con la suya
• celosa de otra persona
• resistiéndose al cambio
• tratando de mantener las cosas como están
• manteniendo la tradición

Este hecho se ve claramente entre Pablo y Bernabé. Fue Pablo quien hizo la sugerencia de volver a visitar las nuevas iglesias, y Bernabé estuvo de acuerdo. Estaba tan decidido a ir como Pablo (v. 37). Ambos tenían una preocupación genuina por la obra del Señor. De hecho la preocupación era tan profunda como era posible. Ambos estaban decididos a visitar "todas la ciudades donde [ellos] habían anunciado la palabra del Señor". Su preocupación las encerraba a todos, deseosos de que todas fueran alcanzadas y no despreciadas en el ministerio.

La idea es que uno estaba tan preocupado como el otro. Su preocupación por la obra del Señor era genuina.

2. El conflicto honesto surge de una genuina diferencia, una diferencia que se centra en cómo desarrollar mejor la misión del Señor. Es esencial que veamos esto.

=> Las diferencias no fueron con respecto a la misión. Todo creyente debe preocuparse y comprometerse a la misión del Señor, a visitar a sus hermanos en "en todas las ciudades en que hemos anunciado la palabra del Señor". A cada iglesia se le debe exhortar y ayudar de todas las maneras posibles en todas las generaciones. Las diferencias no deben y no pueden se en cuanto a la misión. De ser así, el conflicto no es honesto, sino falso y egoísta.

=> Las diferencias eran sobre el método, sobre cómo llevar a cabo mejor la misión.

Estas diferencias se ven claramente en lo que les ocurrió a Pablo y Bernabé.

a. Bernabé creía que la mejor manera de llevar a término la tarea era llevar a Marcos con nosotros. Hay tres cosas que hacen esto es evidente.

=> En primer lugar Marcos ya había fallado y se había desaprobado a sí mismo con anterioridad (ver nota 6, Hch. 13:13). Bernabé nunca habría insistido en que Marcos fuera con ellos si hubiera sabido que vuelto a comprometer su vida —ni hubiera insistido tanto como lo hizo. El griego dice que se aferró a su insistencia. Note además otra cosa: Marcos estaba deseoso de ir, quería que Bernabé asumiera una postura firme a su favor. Parece ser que Marcos creía firmemente que Dios quería que él fuera misionero y quería una segunda oportunidad, una oportunidad de reparar el mal que había hecho y demostrar su valor. Bernabé, hijo de consolación, el gran siervo de Dios que siempre estaba dispuesto a ayudar a otros que fueran atacados, al igual que hizo con Pablo, quiso una vez más ayudar a otro joven discípulo (Hch. 9:27; 11:25-26).

=> En segundo lugar, Bernabé quería a Pablo entrañablemente. Él había sido un padre o hermano espiritual para Pablo, mucho más que cualquier otra persona y él había sido testigo de cómo Dios había dotado a Pablo para que asumiera la lid al llevar el evangelio por el mundo. Bernabé se regocijaba en todo lo que había presenciado y en como Dios había hecho madurar a Pablo y lo había usado. Bernabé nunca se hubiera opuesto a Pablo a menos que estuviera convencido de que tenía la razón.

=> En tercer lugar, Bernabé ya se había equivocado una vez al diferir de Pablo (cp. Gá. 2:11-13). Cuando Pedro vino hasta Antioquía para visitar la iglesia, él se le unió, compartió y comió con los gentiles. Luego vinieron algunos de los judaizantes y criticaron a Pedro; así que Pedro entonces dejó de comer con los gentiles. El conflicto se hizo tan agudo que incluso Bernabé estaba afectado y dejó de comer con los gentiles. No se sabe exactamente cuándo sucedió esto, pero las Escrituras parecen indicar que fue antes de que se iniciara el segundo viaje misionero.

El asunto es que Bernabé no se hubiera opuesto a Pablo con respecto a llevar a Marcos a menos que genuinamente discrepara, estando totalmente convencido de su posición.

b. Pablo no estaba de acuerdo con Bernabé. Era muy sencillo, el creía que un desertor era un mal ejemplo para las iglesias jóvenes que necesitaban ser fortalecidas.

Una vez más es importante señalar que el conflicto entre Pablo y Bernabé era honesto. En las Escrituras podemos apreciar que ambos estaban decididos a llevar adelante la misión del Señor. El único asunto era cómo hacerlo mejor; y en este caso en particular, ¿quién era necesario para desempeñar el trabajo de forma más eficaz?

Pensamiento 1. Mientras haya hombre en la tierra, habrá conflictos. Siempre los ha habido y siempre los habrá. Es triste que por lo general los conflictos son por motivos egoístas. El creyente siempre debe buscar en su corazón y asegurarse de que sus diferencias con otro sean puras y totalmente desinteresadas.

El conflicto nunca es bueno, siempre es malo; pero cuando nuestras diferencias son honestas, estando convencidos de que Dios nos está guiando, entonces el conflicto no puede evitarse. Cuando esto sucede, cada parte debe seguir adelante y confiar en que el Señor se hará cargo del otro y hará que todas las cosas obren para bien.

"Otra vez fue, y oró por segunda vez, diciendo: Padre mío, si no puede pasar de mí esta copa sin que yo la beba, hágase tu voluntad" (Mt. 26:42).

"El que quiera hacer la voluntad de Dios, conocerá si la doctrina es de Dios, o si yo hablo por mi propia cuenta" (Jn. 7:17).

"quien viniendo a vernos, tomó el cinto de Pablo, y atándose los pies y las manos, dijo: Esto dice el Espíritu Santo: Así atarán los judíos en Jerusalén al varón de quien es este cinto, y le entregarán en manos de los gentiles. Al oír esto, le rogamos nosotros y los de aquel lugar, que no subiese a Jerusalén. Entonces Pablo respondió: ¿Qué hacéis llorando y quebrantándome el corazón? Porque yo estoy dispuesto no solo a ser atado, mas aun a morir en Jerusalén por el nombre del Señor Jesús. Y como no le pudimos persuadir, desistimos, diciendo: Hágase la voluntad del Señor" (Hch. 21:11-14).

"no sirviendo al ojo, como los que quieren agradar a los hombres, sino como siervos de Cristo, de corazón haciendo la voluntad de Dios" (Ef. 6:6).

"En lugar de lo cual deberíais decir: Si el Señor quiere, viviremos y haremos esto o aquello" (Stg. 4:15).

"sino que según fuimos aprobados por Dios para que se nos confiase el evangelio, así hablamos; no como para agradar a los hombres, sino a Dios, que prueba nuestros corazones" (1 Ts. 2:4).

"Enséñame a hacer tu voluntad, porque tú eres mi Dios; Tu buen espíritu me guíe a tierra de rectitud" (Sal. 143:10).

2 (15:39) *Conflicto — División — Unidad:* el triste resultado de un conflicto honesto. En la experiencia de Pablo y Bernabé se aprecia tres resultados, resultados que tristemente son muy comunes.

1. Hubo "tal desacuerdo" (paroxusmos). La idea es de diferir a tal punto que se sufre dolor. Contrario a lo que siempre se dice, el cuadro refleja que ambos hombres estaban sufriendo. La diferencia era grande y ambos corazones estaban profundamente heridos. Cada uno de los hombres estaba convencido de que tenía la razón frente al Señor; y por ende, cada uno defendía fuertemente su posición. Esto no significa que se estaban hiriendo el uno al otro con palabras violentas

y feas. Es importante destacar esto ya que entre creyentes nunca deben haber palabras violentas. No obstante, las posiciones opuestas y las convicciones hirieron ambos corazones. Se amaban y respetaban el uno al otro, y pero su gran conflicto se hizo irreconciliable. Parece ser que no había solución.

2. Ambos perdieron. Este es un hecho que se olvida con frecuencia pero no debería ser así. Los dos hombres se respetaban y se querían grandemente. Muy pocos hombres significan para otro lo que Bernabé y Pablo representaban el uno para el otro. Cuando Pablo necesitó ayuda, Bernabé fue el único creyente que se ofreció a ayudarle. Bernabé fue como un padre o hermano espiritual para Pablo; lo había tomado bajos sus alas y…

• estuvo a su lado frente a todos los demás creyentes (Hch. 9:27).

• lo inició en al fe y el ministerio (Hch. 11:25-26).

• vio que Dios bendijo sus esfuerzos y que había puesto a Pablo a la vanguardia, llevando el evangelio por el mundo (Hch. 13:9; 13:14-16).

Pablo le debía mucho a Bernabé, y nunca hubiera permitido que el conflicto los separara a menos que estuviera plenamente convencido de que tenía la razón y lo mismo sucedía con Bernabé. El conflicto era honesto, pero los resultados trágicos. Dos hermanos queridos, fuertes en el Señor y que se cuidaban tanto el uno del otro, estaban dividiendo su ministerio. La única esperanza que tenían es que Dios prevalecería y le mostraría al que estaba equivocado su error, perdonándolo y siguiendo usándolo tan eficazmente como antes.

Evidentemente surge la pregunta: ¿quién estaba equivocado? no sabemos la respuesta con absoluta certeza. Evidentemente Pablo juzgó mal y el hecho de que la iglesia no encomendara a Bernabé y a Marcos fue un tremendo fallo.

=> Marcos sí había reparado su error. Más adelante lo vemos sirviendo junto a Pablo y a Pedro (Col. 4:10; 2 Ti. 4:11; Fil. 24; 1 P. 5:13).

=> Pablo habló con cariño sobre Bernabé cuando al escribirles a los corintios reconoce su ministerio (1 Co. 9:6).

Pensamiento 1. Un creyente debe hacer todo el esfuerzo posible para evitar el conflicto. Debe hacer todo lo que pueda para vivir y servir en paz junto a otros hermanos y hermanas.

"Solamente que os comportéis como es digno del evangelio de Cristo, para que o sea que vaya a veros, o que esté ausente, oiga de vosotros que estáis firmes en un mismo espíritu, combatiendo unánimes por la fe del evangelio" (Fil. l:27).

"Nada hagáis por contienda o por vanagloria; antes bien con humildad, estimando cada uno a los demás como superiores a él mismo; 4no mirando cada uno por lo suyo propio, sino cada cual también por lo de los otros" (Fil. 2:3-4).

"Ruego a Evodia y a Síntique, que sean de un mismo sentir en el Señor" (Fil. 4:2).

"Recuérdales esto, exhortándoles delante del Señor a que no contiendan sobre palabras, lo cual para nada aprovecha, sino que es para perdición de los oyen-

tes" (2 Ti. 2:14).

"Porque el siervo del Señor no debe ser contencioso, sino amable para con todos, apto para enseñar, sufrido" (2 Ti. 2:24).

"El que comienza la discordia es como quien suelta las aguas; Deja, pues, la contienda, antes que se enrede" (Pr. 17:14).

"No entres apresuradamente en pleito, No sea que no sepas qué hacer al fin, Después que tu prójimo te haya avergonzado" (Pr. 25:8).

Pensamiento 2. Cuando un creyente se percata de que estaba equivocado, necesita reconocerlo y corregir su error tanto como sea posible. ¡Imagínese que Marcos fue el autor del Evangelio de Marcos! ¡Qué gran amigo fue Bernabé! ¡Qué gran ayudador fue para Pablo y para Marcos, así como para otros, que eran echados a un lado por otros creyentes! ¿Cuánto le deben a Bernabé el ministerio de Marcos, el ministerio de Pablo y cuánto le debe el evangelio de Marcos a Bernabé y a su fidelidad en hacer un verdadero discípulo de ambos hombres? ¡Qué gran siervo del Señor!

"Lo que has oído de mí ante muchos testigos, esto encarga a hombres fieles que sean idóneos para enseñar también a otros" (2 Ti. 2:2).

3 (15:39-41) *Conflicto:* El buen resultado del conflicto honesto es que Dios predomina. Dios predominó en el conflicto entre Pablo y Bernabé porque ellos dos tenían sinceras diferencias de opinión. En ningún momento fueron egoístas, ni tenían otros motivos deshonestos. Ambos amaban a Dios con todo su corazón y habían sido llamados conforme al propósito de Dios.

"Y sabemos que a los que aman a Dios, todas las cosas les ayudan a bien, esto es, a los que conforme a su propósito son llamados" (Ro. 8:28).

Nótense los buenos resultados.

1. Se recuperó y avivó a un desertor: Marcos.

2. Nació un nuevo discípulo y un gran ministro: Silas (ver *Estudio a fondo 1,* Hch. 15:34).

3. Fueron enviados dos equipos misioneros. Bernabé y Marcos fueron a Chipre, el país de origen de Bernabé. Pablo y Silas fueron a Siria y Cilicia, el país de origen de Pablo (Hch. 15:41).

Aquí hemos visto tres factores:

a. Pablo estaba profundamente dolido en su corazón. Él y Bernabé, su mejor amigo y compañero en el ministerio, se habían separado, y lo habían hecho producto a una diferencia específica. Simplemente no se pudieron poner de acuerdo en cómo actuar, en si debían llevar o no a Marcos. No había nada que pudieran hacer al respecto. Era una diferencia sincera, pero aún así dolía, pues estos hombres se amaban y respetaban el uno al otro profundamente y habían servido juntos por muchos años. El dolor debe haber sido casi insoportable para ambos, pero fíjese en algo: tanto Pablo como Bernabé siguieron adelante (Hch. 15:39). Aunque era algo muy difícil, continuaron adelante. No se sentaron por ahí destruidos, preguntándose por qué habían tenido ese desacuerdo. El desaliento y la depresión podían muy bien haberse apoderado de ellos, pero Pablo luchó contra tales sentimientos y marchó adelante, fiel a su Señor y a su llamado. Se lanzó fielmente al ministerio de su Señor.

A partir de este momento, Lucas, el autor de los Hechos, se centra en el ministerio de Pablo. No se dice nada más sobre Bernabé o los apóstoles.

b. Pablo viajó por toda Siria y Cilicia, los lugares donde nació y creció. Viajó por tierra, en vez de por mar como lo hiciera en su primer viaje misionero. Dios, por supuesto, guió a Pablo para que tomara esta ruta, probablemente por una razón práctica. Sencillamente no hay lugar como el hogar cuando el corazón de una persona está adolorido. Además, habían pasado aproximadamente 10 años desde que Pablo visitó su casa por última vez. Recuerde que la primera expansión del ministerio de Pablo después de su conversión fue a lo largo de su región natal. Pasó once años allí. Probablemente la mayoría de las iglesias en la región habían surgido producto de su ministerio en esos once años. (Cp. Hch. 9:29-30. Ver *Estudio a fondo 1, 2,* Hch. 9:23; *Estudio a fondo 1,* Gá. 1:17-24). Este aspecto tiene dos partes.

En primer lugar, Dios sabía que al estar en su región de origen entre las primeras iglesias surgidas de su ministerio ayudaría a que el corazón de Pablo sanara, un corazón que había sufrido tanto e iba a sufrir mucho más. Dios tuvo que proveer algún alivio para que su querido siervo pudiera seguir adelante.

Pensamiento 1. Note cómo Dios cuida de sus siervos heridos cuando son fieles a su llamamiento y ministerio. Pablo es un ejemplo vivo de cómo seguir adelante a pesar de ser bombardeado con un problema tras otro.

"No nos cansemos, pues, de hacer bien; porque a su tiempo segaremos, si no desmayamos" (Gá.. 6:9).

"Así que, hermanos míos amados, estad firmes y constantes, creciendo en la obra del Señor siempre, sabiendo que vuestro trabajo en el Señor no es en vano" (1 Co. 15:58).

"Solamente que os comportéis como es digno del evangelio de Cristo, para que o sea que vaya a veros, o que esté ausente, oiga de vosotros que estáis firmes en un mismo espíritu, combatiendo unánimes por la fe del evangelio" (Fil. 1:27).

"Por tanto, ceñid los lomos de vuestro entendimiento, sed sobrios, y esperad por completo en la gracia que se os traerá cuando Jesucristo sea manifestado" (1 P.1:13).

"No obstante, proseguirá el justo su camino, Y el limpio de manos aumentará la fuerza" (Job 17:9).

En segundo lugar, Pablo estaba deseoso de visitar a las iglesias de su región natal. Habían transcurrido cerca de diez años desde que les había visto y exhortado por última vez. Era tiempo de ver cómo se encontraban y cómo les iba. (Hch. 15:36).

c. El propósito de Pablo era ir "confirmando a las iglesias". La palabra "confirmando" (episterizon) significa fortalecer; establecer; apoyar; estabilizar; hacer más fuertes; llevar a alguien a apoyarse o recostarse. El propósito de Pablo era apoyar y enseñar a las iglesias…

• a descansar y apoyar sus vidas en Jesús.

• a ser estables y fuertes en las enseñanzas del Señor.

• a fortalecer y establecer sus vidas y testimonio.

"Así que, sigamos lo que contribuye a la paz y a la mutua edificación" (Ro. 14:19).

"Cada uno de nosotros agrade a su prójimo en lo que es bueno, para edificación" (Ro. 15:2).

"Pero el que profetiza habla a los hombres para edificación, exhortación y consolación" (1 Co. 14:3).

"Y él mismo constituyó a unos, apóstoles; a otros, profetas; a otros, evangelistas; a otros, pastores y maestros, a fin de perfeccionar a los santos para la obra del ministerio, para la edificación del cuerpo de Cristo" (Ef. 4:11-12).

"Ninguna palabra corrompida salga de vuestra boca, sino la que sea buena para la necesaria edificación, a fin de dar gracia a los oyentes" (Ef. 4:29).

	CAPÍTULO 16	le circuncidó por causa de los judíos que había en aquellos lugares; porque todos sabían que su padre era griego.	
	B. Galacia, el regreso a una región distante: fidelidad a la iglesia, 16:1-5	4 Y al pasar por las ciudades, les entregaban las ordenanzas que habían acordado los apóstoles y los ancianos que estaban en Jerusalén, para que las guardasen.	**2 Fiel en llevar a la declaración de la iglesia sobre la salvación y el comportamiento**
1. Fiel en hacer discípulos[EF1]			
a. Un descubrimiento maravilloso	1 Después llegó a Derbe y a Listra; y he aquí, había allí cierto discípulo llamado Timoteo, hijo de una mujer judía creyente, pero de padre griego;		
b. Una madre piadosa			
c. Un padre no creyente	2 y daban buen testimonio de él los hermanos que estaban en Listra y en Iconio.	5 Así que las iglesias eran confirmadas en la fe, y aumentaban en número cada día.	**3 Fiel en llevar frutos: las iglesias fueron fortalecidas**
d. Un buen testimonio			
e. Una concesión bien intencionada	3 Quiso Pablo que éste fuese con él; y tomándole,		

DIVISIÓN VIII

LA SEGUNDA MISIÓN DE PABLO A LOS GENTILES: EUROPA, 15:36–18:22

B. Galacia, el regreso a una región distante: fidelidad a la iglesia, 16:1-5

(16:1-5) *Introducción:* Este pasaje es un contundente reflejo de la fidelidad de Pablo a la iglesia del Señor. (Ver Mapa, Introducción a los Hch.).

1. Fiel en hacer discípulos (vv. 1-3).
2. Fiel en llevar a la declaración de la iglesia sobre la salvación y el comportamiento (v. 4).
3. Fiel en llevar frutos: las iglesias fueron fortalecidas (v. 5).

1 (16:1-3) *Discipulado:* fiel en hacer discípulos. Este es un pasaje significativo, pues muestra cómo Pablo tomó a Timoteo bajo su cuidado para ayudarlo a desarrollarse y a crecer. Timoteo era el joven discípulo destinado a convertirse en uno de los grandes siervos de la iglesia primitiva, aquel a quien el Señor había hecho que Pablo escribiera dos de las grandes cartas del Nuevo Testamento (1 y 2 Timoteo). (Ver *Estudio a fondo 1,* Timoteo, Hch. 16:1-3 para discusión sobre el tema.)

1. Timoteo fue una sorpresa maravillosa, un emocionante descubrimiento para Pablo. La frase "he aquí" (idou) conlleva la idea de mirar y contemplar un descubrimiento maravilloso, una sorpresa inesperada. El amor y la madurez en el Señor que tenía Timoteo impresionaron a Pablo.

> "Por tanto, id, y haced discípulos a todas las naciones, bautizándolos en el nombre del Padre, y del Hijo, y del Espíritu Santo; enseñándoles que guarden todas las cosas que os he mandado; y he aquí yo estoy con vosotros todos los días, hasta el fin del mundo. Amén" (Mt. 28:19-20).

> "Lo que has oído de mí ante muchos testigos, esto encarga a hombres fieles que sean idóneos para enseñar también a otros" (2 Ti. 2:2.)

2. Timoteo tenía una madre y una abuela devotas de procedencia judía, pero también eran creyentes cristianas. Ambas fueron tan piadosas y fuertes en la fe, que Pablo las menciona años después (2 Ti. 1:5.) Tanto una como la otra ejercieron gran influencia sobre Timoteo.

Pensamiento 1. Note la influencia que puede tener una madre devota sobre su hijo.

> "trayendo a la memoria la fe no fingida que hay en ti, la cual habitó primero en tu abuela Loida, y en tu madre Eunice, y estoy seguro que en ti también" (2 Ti. 1:5.)

> "Por tanto, guárdate, y guarda tu alma con diligencia, para que no te olvides de las cosas que tus ojos han visto, ni se aparten de tu corazón todos los días de tu vida; antes bien, las enseñarás a tus hijos, y a los hijos de tus hijos" (Dt. 4:9).

> "Y estas palabras que yo te mando hoy, estarán sobre tu corazón; y las repetirás a tus hijos, y hablarás de ellas estando en tu casa, y andando por el camino, y al acostarte, y cuando te levantes" (Dt. 6:6-7).

> "Instruye al niño en su camino,
> Y aun cuando fuere viejo no se apartará de él" (Pr. 22:6).

3. El padre de Timoteo era griego y no era creyente. No era seguidor del Dios judío. Si lo hubiera sido, hubiera hecho que Timoteo se circuncidara (v. 3). Es decir, era un padre gentil y no salvo. Timoteo procedía de una familia dividida espiritualmente, no obstante, él siguió a Dios a pesar de la incredulidad de su padre. Incluso si para ese entonces su padre ya había muerto, Timoteo tuvo que tomar la decisión de seguir al Señor de acuerdo a las enseñanzas de su madre.

4. Timoteo tenía un buen testimonio en toda la región. Nótese además que era un jovencito, de menos de veinte años, probablemente contaba con diecisiete o dieciocho años. Todavía era un joven cuando Pablo le escribió su primera carta (1 Ti. 4:12). Note el énfasis puesto en el carácter de Timoteo, un joven de pureza y madurez, un joven con un carácter impecable.

"Huye también de las pasiones juveniles, y sigue la justicia, la fe, el amor y la paz, con los que de corazón limpio invocan al Señor" (2 Ti. 2:22).

5. Pablo realizó una concesión bien intencionada. En los distritos donde Pablo pensaba ministrar había una gran población judía. Como judío que era, Timoteo necesitaba ser circuncidado para poder ministrar a los judíos. Mientras no se circuncidara, lo considerarían gentil, negando la señal (circuncisión, ritual) que Dios había dado para mostrar que una persona verdaderamente le seguía. Sin circuncidarse, los judíos nunca le dejarían predicar en sus sinagogas. Por tanto, Pablo eliminó la piedra de tropiezo del ministerio de Timoteo y le hizo circuncidar.

Ahora bien, fíjese que la circuncisión de Timoteo tuvo un basamento práctico, es decir, fue "por causa de los judíos" (Hch. 16:3; cp. 1 Co. 6:12). Sin embargo, Pablo no había querido circuncidar a Tito por razón de la verdad. O sea, Tito era gentil, no era judío; y ciertos creyentes profesantes insitían en que todos los hombres tenían que ser circuncidados para ser salvos (Hch. 15:ls; cp. Gá. 2:3-50). Pablo no iba a comprometer la verdad de la salvación que es por la gracia de Dios mediante la fe. Es por eso que no permitió que Tito fuera circuncidado a pesar de la paz que esto habría traído para la iglesia.

Debemos destacar cómo la persona carnal, el crítico, el de mente estrecha, y el legalista nunca están satisfechos y están siempre buscando como molestar al pueblo de Dios. Los judaizantes posteriormente afirmaron que Pablo predicaba la circuncisión (Gá. 5:11). Este asunto causó tal división en Galacia que más tarde Pablo se vio forzado a escribir a la iglesia y refutarlo —vehementemente— usando a Tito a manera de ejemplo (Gá.1:10; 2:3-5; 5:11).

"Solamente que os comportéis como es digno del evangelio de Cristo, para que o sea que vaya a veros, o que esté ausente, oiga de vosotros que estáis firmes en un mismo espíritu, combatiendo unánimes por la fe del evangelio" (Fil. 1:27).

ESTUDIO A FONDO 1

(16:1-3) *Timoteo — Discipulado:* Timoteo era apenas un niño cuando Pablo visitó Listra durante su primera misión (unos cinco o seis años atrás.) Tenía probablemente alrededor de diez a doce años. Era todavía un joven cuando Pablo le escribió su primera carta a Timoteo (1 Ti. 4:12). Todo esto quiere decir que Timoteo tenía aproximadamente dieciocho años cuando Pablo se encontró con él en su segunda misión a Listra.

También es posible que Pablo llevara a Timoteo a los pies del Señor durante su primer viaje misionero, pero es aún más probable que la madre y la abuela de Timoteo fueran quienes lo llevaron al Señor.

Este pasaje parece indicar que Pablo no conocía o recordaba a Timoteo de su primer viaje misionero. De cualquier forma, su madurez espiritual en este momento era lo suficientemente fuerte para que Pablo le lanzara el reto de unirse a su grupo misionero. Los hechos de su vida parecen haberse desarrollado de la siguiente manera:

El padre de Timoteo era griego y no era creyente, pero su madre era judía y creyente. Su nombre era Eunice y el nombre de su abuela era Loida (2 Ti. 1:5). Timoteo no estaba circuncidado; de aquí inferimos que lo habían educado según las formas y costumbres griegas (Hch. 16:3). Cuando Pablo se encontró con Timoteo, Timoteo ya era un creyente cristiano con un poderoso testimonio, de hecho, era tan poderoso que Pablo hizo preparativos para que se convirtiera en su compañero misionero (Hch. 16:1f). La madurez e importancia de Timoteo se aprecia en el rápido cambio del singular del versículo uno, al plural empleado en el versículo cuatro. Timoteo vino a ser como un hijo para Pablo (1 Co. 4:17). Pablo le tenía en tan alta estima y le amaba tan profundamente que dijo que su mente estaba a tono con la suya propia (Fil. 2:19). Pablo probablemente lo escogió para que fuera su sucesor (ver nota — Fil. 1:1). A partir de este momento, se le ve, o ministrando junto con Pablo o siendo enviado por este a ministrar en determinadas iglesias. Él estaba con Pablo en su primer encarcelamiento (Col. 1:1; Fil. 1). Al parecer, a Pablo lo liberaron y Timoteo siguió viajando con él (ver 1 Timoteo, Introducción, Date.) En este viaje Pablo lo dejó en Éfeso para que corrigiera algunos errores que habían surgido, mientras que Pablo continuaba su viaje hacia la provincia de Macedonia para visitar a las iglesias de allí. Poco tiempo después Pablo fue arrestado y encarcelado en Roma por segunda vez. Tan pronto como fue posible, Timoteo se le unió (2 Ti. 4:11, 21), pero en esta ocasión Timoteo también estaba encarcelado. Sin embargo, a él lo liberaron un poco después (He. 13:23), mientras que Pablo fue decapitado o puesto en libertad y comenzó un viaje misionero hacia España. (Ver nota, Timoteo — Fil. 2:22-24 para mayor discusión.)

2 (16:4) *Fidelidad — Palabra de Dios:* fiel al entregar la declaración de la iglesia, dad por el Espíritu, con respecto a la salvación y la conducta. Tenga en cuenta tres puntos fundamentales.

1. El Espíritu Santo había dirigido a la iglesia en la redacción y escritura del mensaje (Hch. 15:28).

2. El mensaje era una declaración de la verdad: haciendo énfasis en la salvación y el comportamiento.

   a. La declaración de salvación "por la gracia del Señor Jesús" (Hch. 15:11. Ver bosquejo y notas, Hch. 15:7-11 para discusión sobre el tema y otros versículos.)

   b. La declaración de la pureza de comportamiento (ver nota, pt. 4, Hch. 15:13-21 para discusión sobre el tema y otros versículos.)

3. Pablo fue fiel en ir a "las ciudades", entregando la gloriosa declaración de la iglesia acerca de la salvación "por la gracia del Señor Jesús" (Hch. 15:11). Note que dejó una copia escrita de la declaración a cada iglesia.

Pensamiento 1. ¡Qué tremenda lección para nosotros! Nosotros tenemos el decreto escrito, la Palabra de Dios escrita, que nos habla tanto de la salvación como del comportamiento. Aún así, cuántos creyentes e iglesias honestamente leen, enseñan y viven de acuerdo a la verdad de la Palabra de Dios según está escrito?

> "Escudriñad las Escrituras; porque a vosotros os parece que en ellas tenéis la vida eterna; y ellas son las que dan testimonio de mí" (Jn. 5:39).

> "Y éstos eran más nobles que los que estaban en Tesalónica, pues recibieron la palabra con toda solicitud, escudriñando cada día las Escrituras para ver si estas cosas eran así" (Hch. 17:11).

> "Y ahora, hermanos, os encomiendo a Dios, y a la palabra de su gracia, que tiene poder para sobreedificaros y daros herencia con todos los santificados" (Hch. 20:32).

> "Porque las cosas que se escribieron antes, para nuestra enseñanza se escribieron, a fin de que por la paciencia y la consolación de las Escrituras, tengamos esperanza" (Ro. 15:4).

> "desead, como niños recién nacidos, la leche espiritual no adulterada, para que por ella crezcáis para salvación" (1 P. 2:2).

> "y lo tendrá consigo, y leerá en él todos los días de su vida, para que aprenda a temer a Jehová su Dios, para guardar todas las palabras de esta ley y estos estatutos, para ponerlos por obra" (Dt. 17:19).

3 (16:5) *Iglesia — Establecida:* Fiel en llevar frutos. Las iglesias fueron confirmadas y crecían en número diariamente. Fueron...

- confirmadas en la verdad de la salvación y el comportamiento.
- confirmadas en la posición contra la idea de hacer del ritual algo necesario para la salvación.
- fortalecidas en mantenerse fieles en su obra por el Señor.
- animadas a continuar alcanzar a más y más personas para el Señor.

Nota: Las palabras griegas "confirmadas" y "aumentaban" implican una acción continuada. Era una experiencia continua, una experiencia de cada día.

> "Y al que puede confirmaros según mi evangelio y la predicación de Jesucristo, según la revelación del misterio que se ha mantenido oculto desde tiempos eternos" (Ro. 16:25).

> "Por tanto, de la manera que habéis recibido al Señor Jesucristo, andad en él; arraigados y sobreedificados en él, y confirmados en la fe, así como habéis sido enseñados, abundando en acciones de gracias" (Col. 2:6-7).

> "Y el mismo Jesucristo Señor nuestro, y Dios nuestro Padre, el cual nos amó y nos dio consolación eterna y buena esperanza por gracia, conforte vuestros corazones, y os confirme en toda buena palabra y obra" (2 Ti. 2:16-17).

	C. Asia, la zona prohibida, y Europa, la zona escogida: llamamiento al evangelismo mundial: cambiando la cuna de la sociedad, 16:6-11	9 Y se le mostró a Pablo una visión de noche: un varón macedonio estaba en pie, rogándole y diciendo: Pasa a Macedonia y ayúdanos.	a. Pablo siguió adelante
			b. Pablo es llamado a ir a Europa mediante una visión
			  1) Un hombre de Europa: una región perdida
			  2) El ruego de un hombre: Pasa… ayúdanos

1 El liderazgo del Espíritu Santo paso a paso a. Se llevó a término el plan de volver a visitar a las iglesias b. El Espíritu prohibió la misión hacia el oeste c. El Espíritu prohibió la misión hacia el norte[EF1] d. El Espíritu restringió: el gran estrés 2 El claro llamado del Espíritu Santo	6 Y atravesando Frigia y la provincia de Galacia, les fue prohibido por el Espíritu Santo hablar la palabra en Asia; 7 y cuando llegaron a Misia, intentaron ir a Bitinia, pero el Espíritu no se lo permitió. 8 Y pasando junto a Misia, descendieron a Troas.	10 Cuando vio la visión, en seguida procuramos partir para Macedonia, dando por cierto que Dios nos llamaba para que les anunciásemos el evangelio. 11 Zarpando, pues, de Troas, vinimos con rumbo directo a Samotracia, y el día siguiente a Neápolis;	3 La fuerte convicción del llamado del Espíritu Santo a. El llamado de Dios b. Completamente de acuerdo: "nos"[EF2] c. Propósito: predicar 4 La obediencia inmediata al llamado del Señor

DIVISIÓN VIII

LA SEGUNDA MISIÓN DE PABLO A LOS GENTILES: EUROPA, 15:36-18:22

C. Asia, la zona prohibida, y Europa, la zona escogida: llamamiento al evangelismo mundial: cambiando la cuna de la sociedad, 16:6-11

(16:6-11) *Introducción:* El Espíritu Santo cambió la cuna de la sociedad. Este pasaje recoge unas de las más grandes decisiones y acontecimientos de la historia. Hasta este momento, Asia había sido la cuna de la civilización, pero ahora iba a ser reemplazada por Europa. Europa pronto se convertiría en el centro del cristianismo y de la civilización. Por tanto, el gran llamado de Dios a la evangelización de Europa es uno de los grandes llamados en toda la historia humana. Como tal, el llamado de Dios para Pablo se convierte en un modelo del llamado de Dios para cada creyente. Cada creyente recibe el llamado del hombre de Europa, o de cualquier parte del mundo: "Pasa a Macedonia y ayúdanos". (Ver Mapa, Introducción a los Hch.)

1. El liderazgo del Espíritu Santo paso a paso (vv. 6-7).
2. El claro llamado del Espíritu Santo (vv. 8-9).
3. La fuerte convicción del llamado del Espíritu Santo (v. 10).
4. La obediencia inmediata al llamado del Señor (v. 11).

1 (16:6-7) *Espíritu Santo — Llamamiento:* El liderazgo del Espíritu Santo paso a paso. Lo que le sucedió a Pablo fue una experiencia de lo más interesante. Permanece como un desafío para los creyentes cristianos de todas las generaciones. Note estos tres puntos sobresalientes.

1. Pablo terminó su misión de volver a visitar a todas las iglesias (Hch. 15:36, 41; 16:1, 6). Al parecer, se estaba quedando en Antioquía de Pisidia, tratando de decidir hacia dónde debería lanzar un nuevo impulso misionero.

2. El Espíritu Santo le prohibió a Pablo ir hacia el oeste a la provincia romana de Asia (no el Asia moderna, sino la actual Turquía.) Las siete iglesias mencionadas en el libro de Apocalipsis, incluyendo la gran ciudad de Éfeso, se encontraban en el Asia romano (Ap. 2:1-3:22). El cuadro que debemos mirar aquí es este: allí sentado en Antioquía de Pisidia, Pablo soñaba y planeaba penetrar a Asia para Cristo, pero el Espíritu Santo *no se lo permitió,* prohibiéndole que fuera hacia el oeste, hacia la Asia de aquellos días.

3. El Espíritu Santo no le permitió a Pablo emprender una misión hacia el norte. Por consiguiente, Pablo y sus dos compañeros (Silas y Timoteo) dejaron Antioquía de Pisidia y se dirigieron hacia el norte rumbo a Bitinia. Cuando llegaron al área de Misia, el Espíritu les dijo que no avanzaran más hacia el norte. Así que Pablo hizo un giro y se dirigió en la única dirección posible, hacia Troas, una ciudad que se encontraba a la orilla del mar. (Ver Mapa, Introducción a los Hechos para un mejor cuadro de lo que estaba sucediendo.)

4. El gran énfasis de lo que ha acabado de suceder es el liderazgo del Espíritu Santo: el Espíritu les guió paso a paso mediante *impedimentos.* El Espíritu no salió y le dijo a Pablo lo que debía hacer, sino que el Espíritu Santo cerró puertas, impidió y atrajo el corazón de Pablo para que se moviera en una dirección diferente de hacia donde él se estaba dirigiendo. Muy sencillo, el Espíritu Santo no permitió que Pablo prosiguiera con los planes que él estaba haciendo. Nótense los siguientes hechos.

    a. Los planes de Pablo eran importantes. Las grandes ciudades de Asia necesitaban escuchar el mensaje de Cristo.

    b. El tiempo de Pablo estaba equivocado. Pablo

alcanzaría a las grandes ciudades de Asia para Cristo, pero sería en algún momento en el futuro, no en ese momento.

c. Pablo no estaba dando una razón para rechazar sus planes. El Espíritu Santo estaba simplemente cerrando las puertas. De hecho, todas ellas estuvieron cerradas hasta que Pablo pudo ir en una sola dirección.

d. Solo Dios conocía la razón por la que Pablo todavía no iba a emprender la misión hacia Asia. Puede haber habido laicos testificando en el área y Dios estaba usando su testimonio para sazonar (preparar) al pueblo, o quizá las personas simplemente no estaban preparadas para el evangelio, o quizá alguna oposición potencial tenía que ser eliminada primero. Pudiéramos seguir mencionando razones. Lo que debemos considerar es que Dios siempre sabe lo que es mejor. El conocía toda la situación. El creyente siempre debe confiar en el liderazgo de Dios, tanto cuando abre puertas como cuando las cierra.

Observe la dirección del Espíritu Santo paso a paso al reprimir a Pablo.

=> El Espíritu le prohibió la misión a Asia (Hch. 16:6).

=> El Espíritu impidió la misión a Bitinia (Hch. 16:7).

=> Pablo viajó a Troas (Hch. 16:8).

=> El Espíritu le dio la visión del hombre en Macedonia (Hch. 16:9). Pablo "en seguida" respondió al llamado del Espíritu (Hch. 16:11).

> "Y yo rogaré al Padre, y os dará otro Consolador, para que esté con vosotros para siempre: el Espíritu de verdad, al cual el mundo no puede recibir, porque no le ve, ni le conoce; pero vosotros le conocéis, porque mora con vosotros, y estará en vosotros" (Jn. 14:16-17).

> "Pero cuando venga el Espíritu de verdad, él os guiará a toda la verdad; porque no hablará por su propia cuenta, sino que hablará todo lo que oyere, y os hará saber las cosas que habrán de venir" (Jn. 16:13).

> "pero recibiréis poder, cuando haya venido sobre vosotros el Espíritu Santo, y me seréis testigos en Jerusalén, en toda Judea, en Samaria, y hasta lo último de la tierra" (Hch. 1:8).

> "Cuando subieron del agua, el Espíritu del Señor arrebató a Felipe; y el eunuco no le vio más, y siguió gozoso su camino" (Hch. 8:39).

> "Y mientras Pedro pensaba en la visión, le dijo el Espíritu: He aquí, tres hombres te buscan. Levántate, pues, y desciende y no dudes de ir con ellos, porque yo los he enviado" (Hch. 10:19-20).

> "Porque este Dios es Dios nuestro eternamente y para siempre;
> El nos guiará aun más allá de la muerte" (Sal. 48:14).

> "Me has guiado según tu consejo, Y después me recibirás en gloria" (Sal. 73:24).

> "Entonces tus oídos oirán a tus espaldas palabra que diga: Este es el camino, andad por él; y no echéis a la mano derecha, ni tampoco torzáis a la mano izquierda" (Is. 30:21).

ESTUDIO A FONDO 1

(16:7) *Trinidad:* observe las palabras "el Espíritu". El griego dice "el Espíritu de Jesús" (To pneuma Iesou.) En estos dos versículos hay un cercanía en la identidad la identidad del Espíritu Santo y Jesús. Son distintas personas y no obstante son Dios; es decir, en estos versículos ambos tienen la misma naturaleza y poder de Dios al tratar con Pablo (Hch 16:6-7).

2 (16:8-9) *Misiones — Espíritu Santo — Evangelismo mundial:* el claro llamado del Espíritu Santo. Tenga en cuenta dos aspectos significativos.

1. Pablo siguió adelante. El no iba a permitir que las puertas que se cerraban lo detuvieran o desalentaran. A pesar de las restricciones, y de no tener una guía directa de parte de Dios, Pablo fue llamado a predicar, enseñar y ministrar y él siguió haciéndolo. Continuó cumpliendo con la gran comisión del Señor, esperando y confiando en que el Señor le diera instrucciones *positivas* en el momento adecuado.

Este hecho es importante, porque si Pablo hubiera permitido que la puerta que se cerraba y que la restricción lo desalentara, el gran llamado que estaba a punto de recibir nunca hubiera ocurrido. Pablo pudiera haberse perdido aquello para siempre.

Pensamiento. Un creyente nunca debe desalentarse porque se cierren puertas. Dios es el que cierra la puerta, y si lo hace es por una de estas dos razones:

1) Para proteger a su amado seguidor.

2) Para abrir una puerta mucho mayor para su siervo. Solamente Dios ve el futuro y sabe todo lo que pasa alrededor del mundo. Por lo tanto, solamente Dios sabe cuándo su amado seguidor necesita ser protegido y cuándo es necesario en algún otro lugar.

2. Pablo fue llamado a Europa. Dios le dio la visión del hombre en Macedonia que clamaba por ayuda. Fíjese que el clamor era "ayúdanos", en plural. Era la visión, la imagen de un hombre en representación de toda Europa, clamando y suplicándole a Pablo que viniera y ayudara a todo el continente europeo. La desesperación del clamor rompería y a la vez impulsaría el corazón de cualquier verdadero ministro del evangelio. Era una escena tan impresionante que Pablo nunca la olvidaría, ni tampoco debiera olvidarla cualquier otro creyente. El clamor de desesperación es enfático, declarando a Pablo y a todos los creyentes que le sucedieran...

• que la puerta del mundo está abierta de par en par. Las almas están listas y claman por ayuda. La cosecha está verdaderamente madura.

• que el corazón deben sentirse impulsado *ahora* a ayudar. La necesidad es *ahora*.

• que la necesidad es grande. No es solo un hombre quien necesita ayuda, sino varios en Macedonia (Europa, el mundo.)

• que la impresión en la memoria debe ser duradera. Ese clamor debe transmitirse de generación a generación hasta que todo el mundo sea alcanzado.

• que la gran misión al mundo es el llamado de la iglesia. La iglesia debe continuar adelante ahora o de lo contrario nunca podrá saciarse el clamor por ayuda.

- que el ruego es desesperado, la necesidad es ahora. La respuesta debe ser rápida, inmediata. No debe desperdiciarse ni un día no debe seguirse un camino lento y sin objetivo (v. 11).

"Y será predicado este evangelio del reino en todo el mundo, para testimonio a todas las naciones; y entonces vendrá el fin" (Mt. 24:14).

"Por tanto, id, y haced discípulos a todas las naciones, bautizándolos en el nombre del Padre, y del Hijo, y del Espíritu Santo; enseñándoles que guarden todas las cosas que os he mandado; y he aquí yo estoy con vosotros todos los días, hasta el fin del mundo" (Mt. 28:19-20).

"Y les dijo: Id por todo el mundo y predicad el evangelio a toda criatura" (Mr. 16:l5).

"y que se predicara en su nombre el arrepentimiento y el perdón de pecados en todas las naciones, comenzando desde Jerusalén" (Lc. 24:47).

"pero recibiréis poder cuando haya venido sobre vosotros el Espíritu Santo, y me seréis testigos en Jerusalén, en toda Judea, en Samaria y hasta lo último de la tierra" (Hch. 1:8).

"Una noche, Pablo tuvo una visión. Un varón macedonio estaba en pie, rogándole y diciendo: «Pasa a Macedonia y ayúdanos»" (Hch. 16:9).

"Pero levántate y ponte sobre tus pies, porque para esto he aparecido a ti, para ponerte por ministro y testigo de las cosas que has visto y de aquellas en que me apareceré a ti, librándote de tu pueblo y de los gentiles, a quienes ahora te envío para que abras sus ojos, para que se conviertan de las tinieblas a la luz y de la potestad de Satanás a Dios; para que reciban, por la fe que es en mí, perdón de pecados y herencia entre los santificados" (Hch. 26:16-18).

3 (16:10) *Dios, la voluntad de:* la fuerte convicción del llamado del Espíritu. Lo que sucedió es instructivo. Pablo discutió la visión con tres personas: sus dos compañeros Silas y Timoteo, y Lucas el médico que ahora se les había unido en la empresa misionera. Observe las palabras "dando por cierto" o concluyendo (sunbibazontes), lo que significa probando, atando cabos, poner uno al lado del otro. La idea es que los tres hombres discutieron y razonaron, considerando todo lo que les había sucedido…

- la visión de Pablo,
- las puertas que el Espíritu había cerrado,
- la fuerte convicción de Pablo.

Llegaron a la conclusión que la visión provenía de Dios definitivamente. Era la voluntad de Dios para ellos que fueran a Europa y predicaran el evangelio.

Pensamiento 1. Note cómo se "probaron los espíritus" en la visión para asegurarse de que sin dudas provenía de Dios. Esta es una gran lección cuando tratamos de asegurarnos que es Dios quien nos guía al tomar decisiones y en los ministerios que nos sentimos guiados a emprender para Cristo.

"comprobando lo que es agradable al Señor" (Ef. 5:10).

"Examinadlo todo y retened lo bueno" (1 Ts. 5:21).

"Amados, no creáis a todo espíritu, sino probad los espíritus si son de Dios, porque muchos falsos profetas han salido por el mundo" (1 Jn. 4:l).

ESTUDIO A FONDO 2

(16:10) *Lucas:* observe la palabra "nos" . Aquí hay un cambio de personas, de "ellos" y "él" (Pablo) a "nosotros". Esto muestra que Lucas, el médico y autor de Hechos, se unió a Pablo y a sus compañeros misioneros en este punto. Lucas se quedó con Pablo casi permanentemente e incluso estuvo con él durante los meses sombrío de la vida de Pablo, cuando estuvo como prisionero en Roma. La única oportunidad en que al parecer Lucas no estuvo con él fue cuando Pablo salió para Filipos (Hch. 17:1). Todo parece indicar que al regreso de este, Lucas se le unió nuevamente (Hch. 20:5).

4 (16:11) *Obediencia:* hubo obediencia inmediata al llamado del Señor. este versículo habla por sí mismo: no se perdió tiempo ninguno. Se trazó un plan sencillo; los hombres salieron a hacer lo que Dios les había indicado. Partieron en su misión de ayudar a Europa en su gran necesidad y búsqueda de Dios y de su gloriosa salvación.

Pensamiento 1. Es necesario hacer varias preguntas importantes. ¿Se habría alcanzado ya al mundo para Cristo si…

- *cada ministro* que hubiera sido llamado por Cristo para ir a Europa (es decir, al mundo) hubiera dicho: "Sí, Señor, yo me rindo y voy a ir"?
- si *cada creyente* que hubiera sido llamado a dar su vida a las misiones hubiera dicho: "Sí, Señor, yo me entrego al ministerio a tiempo completo"?
- si *cada obrero laico* que hubiera sido instado a dar más apoyo al evangelio en el mundo hubiera dado el paso al frente?
- si *cada iglesia* hubiera dejado a un lado la extravagancia y la comodidad de los edificios y programas locales y se hubiera concentrado en el evangelismo como el Señor enseñó?
- se hubiera alcanzado a muchos *Pablos* mediante la predicación de miles de laicos? Si los miles que han sido instados a predicar lo hubieran hecho, se hubiera alcanzado a un *Pablo* cada diez años? La respuesta es evidente porque Dios honra su Palabra.

"No todo el que me dice: "¡Señor, Señor!", entrará en el reino de los cielos, sino el que hace la voluntad de mi Padre que está en los cielos" (Mt. 7:21).

"pues todo aquel que hace la voluntad de mi Padre que está en los cielos, ese es mi hermano, mi hermana y mi madre" (Mt. 12:50).

"Por tanto, id y haced discípulos a todas las naciones, bautizándolos en el nombre del Padre, del Hijo y del Espíritu Santo, y enseñándoles que guarden todas las cosas que os he mandado. Y yo estoy con vosotros todos los días, hasta el fin del mundo" (Mt. 28:19-20).

"Y les dijo: Id por todo el mundo y predicad el evangelio a toda criatura" (Mr. 16:15).

"Por lo cual, rey Agripa, no fui rebelde a la visión celestial, sino que anuncié primeramente a los que están en Damasco" (Hch. 26:19).

| 1 Pablo y sus acompañantes llegan a Filipos
a. Esperaron hasta el sábado
b. Asistieron a una reunión de oración junto al río
c. Vieron que solamente había mujeres presentes
d. Predicaron | D. Filipos: una ciudad importante, y el hogar de Lucas (parte 1): el primer convertido de Europa[EF1], 16:12-15

12 y de allí a Filipos, que es la primera ciudad de la provincia de Macedonia, y una colonia. Estuvimos en aquella ciudad algunos días.
13 Un sábado salimos fuera de la puerta, junto al río, donde solía hacerse la oración. Nos sentamos y hablamos a las mujeres que se habían reunido. | 14 Entonces una mujer llamada Lidia, vendedora de púrpura, de la ciudad de Tiatira, que adoraba a Dios, estaba oyendo. El Señor le abrió el corazón para que estuviera atenta a lo que Pablo decía,
15 y cuando fue bautizada, junto con su familia, nos rogó diciendo: —Si habéis juzgado que yo sea fiel al Señor, hospedaos en mi casa. Y nos obligó a quedarnos. | 2 Lidia era una profesional
3 Ella buscaba y adoraba a Dios: era de los judíos prosélitos[EF2]
4 Escuchó el evangelio
5 El Señor abrió su corazón
6 Fue bautizada de inmediato
7 Llevó a toda su familia al Señor[EF3]
8 Abrió la puertas de su hogar: usó su riqueza para el Señor |

DIVISIÓN VIII

LA SEGUNDA MISIÓN DE PABLO A LOS GENTILES: EUROPA, 15:36–18:22

D. Filipos: una ciudad importante, y el hogar de Lucas (parte 1): el primer convertido de Europa, 16:12-15

(16:12-15) *Introducción:* la primera persona que se convirtió en Europa fue una mujer de negocios llamada Lidia. Ella sobresale como un ejemplo dinámico de conversión, un ejemplo que puede impulsar a muchas personas a confiar en Cristo.

1. Pablo y sus acompañantes llegan a Filipos (vv. 12-13).
2. Lidia era una profesional (v. 14).
3. Ella buscaba y adoraba a Dios: era de los judíos prosélitos (v. 14).
4. Escuchó el evangelio (v. 14).
5. El Señor abrió su corazón (v. 14).
6. Fue bautizada de inmediato (v. 15).
7. Llevó a toda su familia al Señor (v. 15).
8. Abrió la puertas de su hogar: usó su riqueza para el Señor (v. 15).

ESTUDIO A FONDO 1

(16:12-40) *Filipos:* Filipos era la puerta hacia Europa. (Ver Mapa, Introducción a los Hch.). Estaba situada en la Vía Egnatia. La ciudad tomó el nombre por Filipo de Macedonia, padre de Alejandro Magno. El lugar era una fortaleza natural ubicada en una cadena de colinas que separaba a Europa de Asia, al Este del Oeste. Era un punto estratégico que dominaba la gran Vía Egnatia.

Filipos era también una orgullosa colonia romana. De hecho era famosa por considerarse una Roma en miniatura. Una ciudad se convertía en colonia romana de dos maneras. Al principio Roma fundó colonias en las márgenes del imperio para mantener la paz y protegerse de invasiones de hordas bárbaras. A los soldados veteranos que estaban prontos a retirarse se les otorgaba la ciudadanía si estaban dispuestos a salir y fundar estas colonias. Sin embargo, posteriormente, a una ciudad se le concedía el título distintivo de colonia romana por su fidelidad y servicio al imperio. La característica sobresaliente de estas colonias era su fidelidad ciega a Roma. Los ciudadanos mantenían todos los vínculos romanos, el idioma, los títulos, los negocios y el vestuario. Ellos rehusaban tener cualquier tipo de influencia local. Rechazaban por completo la influencia del mundo que les rodeaba. Eran colonos romanos en un ambiente extranjero.

En Hechos 16:20-21 vemos una ilustración de la lealtad de la colonia filipense a su ciudadanía romana. Pablo una como ilustración la lealtad de estas colonias y le dice a la iglesia de Filipos: "mas nuestra ciudadanía está en los cielos" (Fil. 3:20).

Filipos venía muy bien al plan maestro de Pablo. Su posición estratégica en la Vía Egnatia garantizaba que el evangelio se difundiera por todo el imperio romano. Hombres de negocios así como comerciantes iban y venían a Filipos de todas partes del mundo. Aunque el propio Pablo se dirigía a Roma y más allá, hacia España, los convertidos que por razones de su empleo tuvieran que salir de Filipos a otros lugares del Imperio podían ir delante de él. Eso permitiría que se ganara tiempo y que se establecieran las bases para un evangelización más rápida del mundo (cp. Hch. 28:13).

La iglesia de Filipos fue fundada en el segundo viaje misionero de (Hch. 16:1-40). Es una de las aventuras más emocionantes de toda la literatura. Filipos presenció la entrada del evangelio a Europa. Pablo había intentado ir a otros lugares, pero el Espíritu Santo se lo había impedido (Hch. 16:6-7). Por lo tanto, partió a Troas, sin saber en realidad por qué. Estanbo en Troas, Pablo experimentó la increíble visión de un hombre en Macedonia que le rogaba: "ven y ayúdanos". Mediante esa única visión, el Espíritu Santo cambió la cuna de la sociedad. Lanzó a

Pablo hacia Europa con el glorioso evangelio de Cristo, y desde ese día el mundo nunca ha vuelto a ser el mismo.

La iglesia de Filipos…

- fue fundada en el segundo viaje misionero de Pablo.
- fue la primera ciudad europea evangelizada (Hch. 16:10s).
- comenzó con tres conversiones significativas: Lidia, una prominente mujer de negocios (Hch. 16:14-15); una muchacha esclava que estaba poseída por un espíritu maligno de adivinación (Hch. 16:16); y un carcelero que a vigilaba a Pablo y a Silas mientras estaban en prisión (Hch. 16:19).
- fue perseguida (Fil.1:28; 2:15).
- se reunía en la casa de Lidia (Hch. 16:40).
- siguió creciendo (Hch.16:40)
- estaba conformada mayormente de gentiles convertidos. Los nombres de los creyentes filipenses así lo indican (Fil. 2:25; Fil. 1:7; 27-30; 2:15; 3:10-11; 4:1)
- apoyaba el ministerio de Pablo financieramente; incluso cuando ellos mismo estaban sufriendo persecución (Fil. 1:7, 27-30; 2:15; 3:10-11; 4:1).
- era una iglesia fuerte, digna de ser encomendada a otras iglesias (2 Co.8:1f).

1 (16:12-13) *Pablo:* Pablo y sus acompañantes llegaron a Filipos. Sus acompañantes incluían a Silas, Timoteo, y Lucas el médico. Parece ser que la pequeña comitiva misionera llego a Filipos a principio de la semana. Durante la semana ellos oyeron u observaron una pequeña reunión de oración que se celebraba aproximadamente a un kilómetro y medio de la ciudad, junto al río Gangites. Cuando en una ciudad había muy pocos judíos como para formar una sinagoga, estos por lo general se reunían en las afueras junto a un río para orar.

=> El río les proporcionaba el agua necesaria para los lavados ceremoniales que formaban parte de la adoración judía.

=> Fíjese que el puñado de judíos se reunía solo para orar. La ley judía requería la presencia de de diez hombres como mínimo para leer la ley (Torah.) Los judíos consideraban a las mujeres tan insignificantes que no eran dignas de recibir la ley sin la prensencia de los hombres.

Cuando llegó el sábado, la pequeña comitiva misionera salió para el río y asistió al culto de oración. Nótese…

- solamente había mujeres presentes.
- las palabras *"hablamos"*. Los hombres compartieron su testimonio acerca de Cristo, pero Pablo era el orador principal (v. 14).

2 (16:14) *Lidia — Mujeres — Empresarios:* Lida era un profesional. Ella vendía telas de púrpura (porphuropolis.) Esta tela tenía mucha demanda en el mundo romano. La realeza romana usaba la púrpura en la toga o en otras vestimentas exteriores. Así que, como en todas las sociedades, incluso las clases bajas deseaban lo que la clase alta tenía. La *púrpura real* ha sido y sigue siendo un término común.

Al parecer, Lidia era muy rica. Su casa y sus medios financieros eran lo suficientemente amplios como para acomodar, no solo al grupo misionero y a su familia (v. 15) sino a la iglesia misma (v. 40). Note además que su ciudad natal era Tiatira. Todo parece indicar que ella tenía establecimientos de su negocio y casas en ambos lugares. Quizá Tiatira, una ciudad floreciente conocida por sus tientes y tejidos de púrpura, era la sede de sus oficinas centrales de manufactura y embarque, y Filipos era su centro de distribución. Se requería un flujo constante de púrpura para abastecer el mercado en una ciudad grande como Filipos incluso si no lo comercializaba en otro lugar. Note: Tiatira es una de las siete iglesias mencionadas en el libro de Apocalipsis (Ap. 2:18-29).

3 (16:14) *Adoración:* Lidia buscaba y adoraba a Dios. Se había convertido al judaísmo. El término "adoraba a Dios" (sebomene ton theon) se refiere a un prosélito judío o alguien que adoraba a Dios. (Ver *Estudio a fondo 2,* Hch. 16:14 para una discusión del tema).

ESTUDIO A FONDO 2

(16:14) *Sociedad, corrupción — Mujeres — Judaísmo:* La sociedad de aquel momento era en gran medida una sociedad sin principios: El crimen, la inmoralidad y la injusticia estaban muy extendidos. La religión y los dioses se concebían y formaban para dar escape a las necesidades básicas de las pasiones de los hombres. Los dioses llegaron a ser dioses de la fertilidad, y los sacerdotes y sacerdotisas se volvían prostitutas para la satisfacción sensual del hombre. La corrupción era algo tan común que se convirtió en una práctica aceptada por la sociedad. Esto hizo que la vida fuera especialmente difícil para las personas con normas morales, especialmente para las mujeres. Por esta razón muchos se volvieron a las religión judía. El judaísmo ofrecía el concepto de un Dios verdadero. Los judíos creían que Dios realmente estaba vivo y que estaba involucrado activamente en los asuntos del hombre. Creían que exigía una vida pura y santa, y respeto por la decencia y el orden. (Ver nota, Sociedad Corrupta, Hch. 17:11 para mayor discusión.)

> "Dios es Espíritu; y los que le adoran, en espíritu y en verdad es necesario que adore" (Jn. 4. 24).
>
> "diciendo a gran voz: Temed a Dios, y dadle gloria, porque la hora de su juicio ha llegado; y adorad a aquel que hizo el cielo y la tierra, el mar y las fuentes de las aguas" (Ap. 14:7).
>
> "Dad a Jehová la honra debida a su nombre; Traed ofrenda, y venid delante de él; Postraos delante de Jehová en la hermosura de la santidad" (1 Cr. 16:29).
>
> "Y vendrán muchos pueblos, y dirán: Venid, y subamos al monte de Jehová, a la casa del Dios de Jacob; y nos enseñará sus caminos, y caminaremos por sus sendas. Porque de Sion saldrá la ley, y de Jerusalén la palabra de Jehová" (Is. 2:3).
>
> "El limpio de manos y puro de corazón; El que no ha elevado su alma a cosas vanas, Ni jurado con engaño" (Sal. 24:4).
>
> "Señor, delante de ti están todos mis deseos, Y

mi suspiro no te es oculto" (Sal. 38:9).

"Dios, Dios mío eres tú; De madrugada te buscaré; Mi alma tiene sed de ti, mi carne te anhela, En tierra seca y árida donde no hay aguas" (Sal. 63:1).

"¿A quién tengo yo en los cielos sino a ti? Y fuera de ti nada deseo en la tierra" (Sal. 73:25).

"Venid, adoremos y postrémonos; Arrodillémonos delante de Jehová nuestro Hacedor" (Sal. 95:6).

"Adorad a Jehová en la hermosura de la santidad; Temed delante de él, toda la tierra" (Sal.96:9)

4 (16:14) *Receptividad espiritual:* Lidia oyó y prestó atención al evangelio. La palabra "oyendo" (ekouen) significa que realmente mostró interés y prestó atención. Ella escuchó y siguió escuchando, prestándole la mayor atención posible al evangelio.

Pensamiento 1. Ninguna persona se convierte si no escucha y presta atención al evangelio. Muchos simplemente se sientan complacidos con mentes divagadoras, considerando al evangelio menos importante que los asuntos del mundo.

"Pero bienaventurados vuestros ojos, porque ven; y vuestros oídos, porque oyen" (Mt. 13:16).

"Mas el que fue sembrado en buena tierra, éste es el que oye y entiende la palabra, y da fruto; y produce a ciento, a sesenta, y a treinta por uno" (Mt. 13:23).

"Mas a todos los que le recibieron, a los que creen en su nombre, les dio potestad de ser hechos hijos de Dios" (Jn. 1:12).

"Porque Dios, que mandó que de las tinieblas resplandeciese la luz, es el que resplandeció en nuestros corazones, para iluminación del conocimiento de la gloria de Dios en la faz de Jesucristo" (2 Co. 4:6).

"alumbrando los ojos de vuestro entendimiento, para que sepáis cuál es la esperanza a que él os ha llamado, y cuáles las riquezas de la gloria de su herencia en los santos" (Ef. 1:18).

"Por lo cual también nosotros sin cesar damos gracias a Dios, de que cuando recibisteis la palabra de Dios que oísteis de nosotros, la recibisteis no como palabra de hombres, sino según es en verdad, la palabra de Dios, la cual actúa en vosotros los creyentes" (1 Ts. 2:13).

"El oído que escucha las amonestaciones de la vida, Entre los sabios morará" (Pr. 15:31).

5 (16:14) *Conversión — Corazón:* El Señor abrió el corazón de Lidia. Esto es algo crucial que debemos notar. El predicador no salva a nadie. Se necesita que el predicador testifique, pero es Dios el que salva. Solo Dios puede abrir el corazón de una persona. Ningún hombre puede penetrar el corazón de otra persona. Dios es el único que puede entrar al corazón y salvar a las personas espiritualmente.

Note lo siguiente: Es el corazón el que debe ser abierto y convertido. Las Escrituras lo dicen de diferentes maneras.

"...sino transformaos por medio de la renovación de vuestro entendimiento.." (Ro. 12:2).

"Crea en mí, oh Dios, un corazón limpio,
Y renueva un espíritu recto dentro de mí" (Sal. 51:10).

"pero los que esperan a Jehová tendrán nuevas fuerzas; levantarán alas como las águilas; correrán, y no se cansarán; caminarán, y no se fatigarán" (Is. 40:31).

"Por tanto, no desmayamos; antes aunque este nuestro hombre exterior se va desgastando, el interior no obstante se renueva de día en día" (2 Co. 4:16).

"y renovaos en el espíritu de vuestra mente" (Ef. 4:23).

"y revestido del nuevo, el cual conforme a la imagen del que lo creó se va renovando hasta el conocimiento pleno" (Col. 3:10).

"nos salvó, no por obras de justicia que nosotros hubiéramos hecho, sino por su misericordia, por el lavamiento de la regeneración y por la renovación en el Espíritu Santo" (Tit. 3:5).

6 (16:15) *Bautismo:* Lidia fue bautizada inmediatamente (ver *Estudio a fondo 1,* Hch. 2:38 para discusión sobre el tema. Cp. Hch. 8:12; 8:36).

7 (16:15) *Testificar:* Lidia llevó a toda su familia a los pies del Señor. Esto incluiría…

- miembros de la familia como esposo, hijos, padres ancianos, hermanos, hermanas, y otros parientes.
- siervos o empleados al cuidado de la casa o de los negocios.

La relevancia que tiene esto es la influencia y el testimonio cristiano que ella dio ante su familia. Ella vivió para Cristo y testificó a todos los que se encontraban bajo su influencia. Note: tras su conversión, su primer objetivo fue su familia inmediata y los que convivían en su hogar. (Ver *Estudio a fondo 3, Padres,* Hch. 16:15 para mayor discusión y versículos afines).

ESTUDIO A FONDO 3

(16:15) *Padres, influencia piadosa — Religión en el hogar:* No podemos pasar por alto la importancia del líder de la familia y de que sea un poderoso testigo del Señor. Un líder espiritual fuerte prácticamente asegura la salvación de toda la familia (cp. Hch. 16:31). Las Escrituras enfatizan esto una y otra vez. Agunos ejemplos son…

- Abraham ordenó a sus hijos a que guardaran el camino del Señor.

"Porque yo sé que mandará a sus hijos y a su casa después de sí, que guarden el camino de Jehová, haciendo justicia y juicio, para que haga venir Jehová sobre Abraham lo que ha hablado acerca de él" (Gn. 18:19).

- Jacob exigió que su familia quitara los falsos dioses.

"Entonces Jacob dijo a su familia y a todos los que con él estaban: Quitad los dioses ajenos que hay entre vosotros, y limpiaos, y mudad vuestros vestidos" (Gn. 35:2).

- el mandato de enseñar la Palabra de Dios a los niños,

"y las repetirás a tus hijos, y hablarás de ellas estando en tu casa, y andando por el camino, y al acostarte, y cuando te levantes" (Dt. 6:7).

"Y las enseñaréis a vuestros hijos, hablando de ellas cuando te sientes en tu casa, cuando andes por el camino, cuando te acuestes, y cuando te levantes" (Dt.11:19).

- el mandato de enseñar a los hijos el temor del Señor.

"y los hijos de ellos que no supieron, oigan, y aprendan a temer a Jehová vuestro Dios todos los días que viviereis sobre la tierra adonde vais, pasando el Jordán, para tomar posesión de ella" (Dt. 31:13).

"¿A quién se enseñará ciencia, o a quién se hará entender doctrina? ¿A los destetados? ¿a los arrancados de los pechos?" (Is. 28:9)

- Josué declaró que él y su casa servirían a Dios.

"Y si mal os parece servir a Jehová, escogeos hoy a quién sirváis; si a los dioses a quienes sirvieron vuestros padres, cuando estuvieron al otro lado del río, o a los dioses de los amorreos en cuya tierra habitáis; pero yo y mi casa serviremos a Jehová" (Jos. 24:15).

- Manoa oró pidiendo la dirección de Dios para la crianza del hijo que aún no había nacido.

"Entonces oró Manoa a Jehová, y dijo: Ah, Señor mío, yo te ruego que aquel varón de Dios que enviaste, vuelva ahora a venir a nosotros, y nos enseñe lo que hayamos de hacer con el niño que ha de nacer" (Jue. 13:8).

- David instruyó a su hijo Salomón a andar en los caminos del Señor su Dios.

"Llegaron los días en que David había de morir, y ordenó a Salomón su hijo, diciendo: Yo sigo el camino de todos en la tierra; esfuérzate, y sé hombre. Guarda los preceptos de Jehová tu Dios, andando en sus caminos, y observando sus estatutos y mandamientos, sus decretos y sus testimonios, de la manera que está escrito en la ley de Moisés, para que prosperes en todo lo que hagas y en todo aquello que emprendas; para que confirme Jehová la palabra que me habló, diciendo: Si tus hijos guardaren mi camino, andando delante de mí con verdad, de todo su corazón y de toda su alma, jamás, dice, faltará a ti varón en el trono de Israel" (1 R. 2:1-4).

- el mandato de instruir al hijo en el camino que debe seguir.

"Instruye al niño en su camino, Y aun cuando fuere viejo no se apartará de él" (Pr. 22:6).

- Juan el Bautista nacido de un padre piadoso, Zacarías.

"Y Zacarías su padre fue lleno del Espíritu Santo, y profetizó, diciendo:" (Lc.1:67).

- Jesús, el Hijo de Dios, enviado al mundo a través de una mujer piadosa.

"Al sexto mes el ángel Gabriel fue enviado por Dios a una ciudad de Galilea, llamada Nazaret, a una virgen desposada con un varón que se llamaba José, de la casa de David; y el nombre de la virgen era María. Y entrando el ángel en donde ella estaba, dijo: ¡Salve, muy favorecida! El Señor es contigo; bendita tú entre las mujeres" (Lc. 1:26-28).

- al endemoniado que fue sanado se le dijo que regresara a su casa y testificara en vez de seguir a Jesús.

"Y el hombre de quien habían salido los demonios le rogaba que le dejase estar con él; pero Jesús le despidió, diciendo: Vuélvete a tu casa, y cuenta cuán grandes cosas ha hecho Dios contigo. Y él se fue, publicando por toda la ciudad cuán grandes cosas había hecho Jesús con él" (Lc. 8:38-39).

- Andrés llevó a su hermano Pedro a los pies del Señor.

"Este halló primero a su hermano Simón, y le dijo: Hemos hallado al Mesías (que traducido es, el Cristo)" (Jn. 1:41).

- el oficial, cuyo hijo fue sanado, llevó a toda su familia a creer en Jesús.

"El padre entonces entendió que aquella era la hora en que Jesús le había dicho: Tu hijo vive; y creyó él con toda su casa" (Jn. 4:53).

- Cornelio llevó a toda su familia a temer a Dios.

"piadoso y temeroso de Dios con toda su casa, y que hacía muchas limosnas al pueblo, y oraba a Dios siempre" (Hch. 10:2).

- Lidia guió a toda su familia a los pies del Señor.

"Y cuando fue bautizada, y su familia, nos rogó diciendo: Si habéis juzgado que yo sea fiel al Señor, entrad en mi casa, y posad. Y nos obligó a quedarnos" (Hch. 16:15).

- el carcelero de Filipos llevó a toda su familia a creer en Dios.

"Y él, tomándolos en aquella misma hora de la noche, les lavó las heridas; y en seguida se bautizó él con todos los suyos. Y llevándolos a su casa, les puso la mesa; y se regocijó con toda su casa de haber creído a Dios" (Hch. 16:33-34).

- el mandato de criar a los hijos en el Señor.

"Y vosotros, padres, no provoquéis a ira a vuestros hijos, sino criadlos en disciplina y amonestación del Señor" (Ef. 6:4).

- el mandato a tener a los hijos en sujeción al Señor y a nuestra autoridad.

"que gobierne bien su casa, que tenga a sus hijos en sujeción con toda honestidad" (1 Ti. 3:4).

"Los diáconos sean maridos de una sola mujer, y que gobiernen bien sus hijos y sus casas" (1 Ti. 3:12).

- el mandato a enseñar a los hijos a vivir piadosamente.

"Pero si alguna viuda tiene hijos, o nietos,

> **aprendan éstos primero a ser piadosos para con su propia familia, y a recompensar a sus padres; porque esto es lo bueno y agradable delante de Dios" (1 Ti. 5:4).**

8 (16:15) *Ministrando:* Lidia abrió su casa y usó su riqueza para el Señor. Lidia deseaba ser fiel y ser tenida por fiel al Señor. Estaba decidida a dar un fuerte testimonio siguiendo a Jesús. Lidia obedeció a su Señor…

- tomando lo que tenía y usándolo para el Señor.
- dando generosamente para la causa del Señor. Lo más probable es que ella fuera uno de los que se pusieron al frente dando tan liberalmente. La iglesia filipense apoyaba a Pablo con más fidelidad que ninguna otra iglesia (Fil. 1:5; 4:10-19).

"compartiendo para las necesidades de los santos; practicando la hospitalidad" (Ro. 12:13).

"A los ricos de este siglo manda que no sean altivos, ni pongan la esperanza en las riquezas, las cuales son inciertas, sino en el Dios vivo, que nos da todas las cosas en abundancia para que las disfrutemos. Que hagan bien, que sean ricos en buenas obras, dadivosos, generosos; atesorando para sí buen fundamento para lo por venir, que echen mano de la vida eterna" (1 Ti. 6:17-19).

"sino hospedador, amante de lo bueno, sobrio, justo, santo, dueño de sí mismo" (Tit. 1:8).

"Hospedaos los unos a los otros sin murmuraciones" (1 P. 4:9).

	E. Filipos (parte 2): El poder del pecado y del dinero frente al poder del nombre de Jesús 16:16-24	19 Pero viendo sus amos que había salido la esperanza de su ganancia, prendieron a Pablo y a Silas, y los trajeron al foro, ante las autoridades;	**3 El poder del dinero y la avaricia**
1 El poder del pecado humano	16 Aconteció que mientras íbamos a la oración, nos salió al encuentro una muchacha que tenía espíritu de adivinación, la cual daba gran ganancia a sus amos, adivinando.	20 y presentándolos a los magistrados, dijeron: Estos hombres, siendo judíos, alborotan nuestra ciudad,	a. Provocó una protesta y oposición
a. El espíritu de adivinación, de predecir el futuro y la suerte de las personas	17 Esta, siguiendo a Pablo y a nosotros, daba voces, diciendo: Estos hombres son siervos del Dios Altísimo, quienes os anuncian el camino de salvación.	21 y enseñan costumbres que no nos es lícito recibir ni hacer, pues somos romanos.	b. Dio lugar a falsas acusaciones: son peligrosos 1) Alborotadores 2) Enseñan costumbres diferentes
b. El espíritu de avaricia y materialismo		22 Y se agolpó el pueblo contra ellos; y los magistrados, rasgándoles las ropas, ordenaron azotarles con varas.	
c. El espíritu de decepción 1) Un verdadero testimonio 2) Un falso testigo de Dios	18 Y esto lo hacía por muchos días; mas desagradando a Pablo, éste se volvió y dijo al espíritu: Te mando en el nombre de Jesucristo, que salgas de ella. Y salió en aquella misma hora.	23 Después de haberles azotado mucho, los echaron en la cárcel, mandando al carcelero que los guardase con seguridad.	c. Provocó corrupción de los oficiales públicos
2 El poder del nombre de Jesús		24 El cual, recibido este mandato, los metió en el calabozo de más adentro, y les aseguró los pies en el cepo.	d. Ocasionó un tratamiento penoso, injusto y malvado
a. El falso testigo duró muchos días b. El espíritu agraviado de Pablo c. El poderoso nombre de Jesús d. La liberación completa e inmediata			

DIVISIÓN VIII

LA SEGUNDA MISIÓN DE PABLO A LOS GENTILES: EUROPA, 15:36–18:22

E. Filipos (parte 2): el poder del pecado y del dinero frente al poder del nombre de Jesús, 16:16-24

(16:16-24) *Introducción:* Este es un cuadro expositivo del poder del mundo contra el poder del nombre de Jesús.

1. El poder del pecado humano (vv. 16-17).
2. El poder del nombre de Jesús (v. 18).
3. El poder del dinero y la avaricia (vv. 19-24).

1 (16:16-17) *Ocultismo — Predicción del futuro — Hechicería — Riquezas:* El poder del pecado humano se aprecia en tres personas o espíritus.

1. La señorita (paidisken) o muchacha esclava poseída por un "espíritu de adivinación" (pneuma puthona), de predecir el futuro y la suerte de las personas. Note la palabra griega "puthona" que es de donde viene nuestra palabra hispana pitón, y que se refiere la gran serpiente pitón. En la mitología antigua, se dice que el dios griego Apolo mató a la gran serpiente o dragón pitón. Como resultado Apolo recibió su gran don de la predicción y su nombre. Apolo llegó a ser conocido como "puthios Apolo" o "Pitón Apolo". La joven esclava tenía el espíritu de "pitón" (putona); es decir, la gente pensaba

que ella era la voz, el oráculo del gran dios griego Apolo. También había ventrílocuos de quienes se decía que estaban poseídos por el espíritu de Apolo.

Nota: Las Escrituras dicen que la joven esclava estaba poseída por un espíritu malo (v. 18) que le daba el poder de predecir el futuro. Como resultado, las personas iban a ella con la esperanza de...

* que se cumplieran sus deseos.
* tener un buen futuro.
* recuperar su confianza.
* que su buena suerte estuviera cerca.
* poder encontrar objetos perdidos.
* desentrañar sus pasados.
* que se resolverían sus misterios.

Lo principal que debemos ver es el poder del pecado para esclavizar y atar a una persona al oscuro mundo de la adivinación, la predicción del futuro, la brujería, la magia negra, la hechicería, y la astrología. Todos los falsos enfoques de la verdad son similares. Todos provienen del oscuro mundo de los espíritus malos, espíritus que hacen que las personas pongan su confianza en cosas como...

* la predicción del futuro
* agoreros
* la lectura de la palma de la mano
* las estrellas
* hechicerían
* el zodíaco

- sesiones espiritistas   • un juego de cartas

¡Imagínese usted! Las personas confían en esas cosas en vez de en Dios. ¡Qué engañado y ciego están los hombres! Qué oscuro es el mundo: el mundo oscuro de los espíritus malos…

- que hacen que las personas pongan su confianza en esas cosas en vez de en Dios.
- que mantienen a las personas alejadas de la Palabra de Dios y las verdaderas promesas de Dios.
- que ciegan a las personas de la realidad de la oración.
- que mantienen a las personas lejos de la gracia de Dios, la gracia del único Dios vivo y verdadero, la Majestad Soberana del universo, el único Espíritu Soberano que verdaderamente puede salvarles.

El poder del pecado es fuerte, muy fuerte en el oscuro mundo de los espíritus malos.

"Muchos me dirán en aquel día: Señor, Señor, ¿no profetizamos en tu nombre, y en tu nombre echamos fuera demonios, y en tu nombre hicimos muchos milagros? Y entonces les declararé: Nunca os conocí; apartaos de mí, hacedores de maldad" (Mt. 7:22-23).

"Porque se levantarán falsos Cristos, y falsos profetas, y harán grandes señales y prodigios, de tal manera que engañarán, si fuere posible, aun a los escogidos" (Mt. 24:24).

"A éste oían atentamente todos, desde el más pequeño hasta el más grande, diciendo: Este es el gran poder de Dios. Y le estaban atentos, porque con sus artes mágicas les había engañado mucho tiempo. Pero cuando creyeron a Felipe, que anunciaba el evangelio del reino de Dios y el nombre de Jesucristo, se bautizaban hombres y mujeres" (Hch. 8:10-12).

"Y habiendo atravesado toda la isla hasta Pafos, hallaron a cierto mago, falso profeta, judío, llamado Barjesús" (Hch. 13:6).

"Y manifiestas son las obras de la carne, que son: adulterio, fornicación, inmundicia, lascivia, 20idolatría, hechicerías, enemistades, pleitos, celos, iras, contiendas, disensiones, herejías, 21envidias, homicidios, borracheras, orgías, y cosas semejantes a estas; acerca de las cuales os amonesto, como ya os lo he dicho antes, que los que practican tales cosas no heredarán el reino de Dios" (Gá.. 5:19-21).

"…porque tus mercaderes eran los grandes de la tierra; pues por tus hechicerías fueron engañadas todas las naciones" (Ap. 18:23).

"Pero los cobardes e incrédulos, los abominables y homicidas, los fornicarios y hechiceros, los idólatras y todos los mentirosos tendrán su parte en el lago que arde con fuego y azufre, que es la muerte segunda" (Ap. 21:8).

"Y los hechiceros no podían estar delante de Moisés a causa del sarpullido, porque hubo sarpullido en los hechiceros y en todos los egipcios" (Éx. 9:11).

"No os volváis a los encantadores ni a los adivinos; no los consultéis, contaminándoos con ellos. Yo Jehová vuestro Dios" (Lv. 19:31).

"Y la persona que atendiere a encantadores o adivinos, para prostituirse tras de ellos, yo pondré mi rostro contra la tal persona, y la cortaré de entre su pueblo" (Lv. 20:6).

"No sea hallado en ti quien haga pasar a su hijo o a su hija por el fuego, ni quien practique adivinación, ni agorero, ni sortílego, ni hechicero, ni encantador, ni adivino, ni mago, ni quien consulte a los muertos. Porque es abominación para con Jehová cualquiera que hace estas cosas, y por estas abominaciones Jehová tu Dios echa estas naciones de delante de ti" (Dt. 18:10-12).

"Porque como pecado de adivinación es la rebelión, y como ídolos e idolatría la obstinación. Por cuanto tú desechaste la palabra de Jehová, él también te ha desechado para que no seas rey" (1 S. 15:23).

"Entonces Saúl dijo a sus criados: Buscadme una mujer que tenga espíritu de adivinación, para que yo vaya a ella y por medio de ella pregunte. Y sus criados le respondieron: He aquí hay una mujer en Endor que tiene espíritu de adivinación. Y se disfrazó Saúl, y se puso otros vestidos, y se fue con dos hombres, y vinieron a aquella mujer de noche; y él dijo: Yo te ruego que me adivines por el espíritu de adivinación, y me hagas subir a quien yo te dijere" (1 S. 28:7-8).

"e hicieron pasar a sus hijos y a sus hijas por fuego; y se dieron a adivinaciones y ag:ueros, y se entregaron a hacer lo malo ante los ojos de Jehová, provocándole a ira" (2 R. 17:17).

"Y pasó [Manasés] a su hijo por fuego, y se dio a observar los tiempos, y fue agorero, e instituyó encantadores y adivinos, multiplicando así el hacer lo malo ante los ojos de Jehová, para provocarlo a ira" (2 R. 21:6).

"Asimismo barrió Josías a los encantadores, adivinos y terafines, y todas las abominaciones que se veían en la tierra de Judá y en Jerusalén, para cumplir las palabras de la ley que estaban escritas en el libro que el sacerdote Hilcías había hallado en la casa de Jehová" (2 R. 23:24).

"Así murió Saúl por su rebelión con que prevaricó contra Jehová, contra la palabra de Jehová, la cual no guardó, y porque consultó a una adivina" (1 Cr. 10:13).

"Ciertamente tú has dejado tu pueblo, la casa de Jacob, porque están llenos de costumbres traídas del oriente, y de agoreros, como los filisteos; y pactan con hijos de extranjeros" (Is. 2:6).

"Y si os dijeren: Preguntad a los encantadores y a los adivinos, que susurran hablando, responded: ¿No consultará el pueblo a su Dios? ¿Consultará a los muertos por los vivos? ¡A la ley y al testimonio! Si no dijeren conforme a esto, es porque no les ha amanecido" (Is. 8:19-20).

"Y el espíritu de Egipto se desvanecerá en medio de él, y destruiré su consejo; y preguntarán a sus imágenes, a sus hechiceros, a sus evocadores y a sus adivinos" (Is. 19:3).

"Estas dos cosas te vendrán de repente en un mismo día, orfandad y viudez; en toda su fuerza vendrán sobre ti, a pesar de la multitud de tus hechizos y de tus muchos encantamientos" (Is. 47:9).

"Y vosotros no prestéis oído a vuestros profetas, ni a vuestros adivinos, ni a vuestros soñadores, ni a vuestros agoreros, ni a vuestros encantadores, que os hablan diciendo: No serviréis al rey de Babilonia. Porque ellos os profetizan mentira, para haceros alejar de vuestra tierra, y para que yo os arroje y perezcáis" (Jer. 27:9-10).

"Daniel respondió delante del rey, diciendo: El misterio que el rey demanda, ni sabios, ni astrólogos, ni magos ni adivinos lo pueden revelar al rey. Pero hay un Dios en los cielos, el cual revela los misterios, y él ha hecho saber al rey Nabucodonosor lo que ha de acontecer en los postreros días. He aquí tu sueño, y las visiones que has tenido en tu cama" (Dn. 2:27-28).

"El rey gritó en alta voz que hiciesen venir magos, caldeos y adivinos; y dijo el rey a los sabios de Babilonia: Cualquiera que lea esta escritura y me muestre su interpretación, será vestido de púrpura, y un collar de oro llevará en su cuello, y será el tercer señor en el reino" (Dn. 5:7).

"Asimismo destruiré de tu mano las hechicerías, y no se hallarán en ti agoreros" (Mi. 5:12).

"Porque los terafines han dado vanos oráculos, y los adivinos han visto mentira, han hablado sueños vanos, y vano es su consuelo; por lo cual el pueblo vaga como ovejas, y sufre porque no tiene pastor" (Zac. 10:2).

2. Los hombres poseídos por el espíritu de avaricia y materialismo. La muchacha era una esclava explotada por dos hombres para obtener dinero. Ellos usaban su capacidad de predecir el futuro para jugar con la necesidad de esperanza, confianza, auto-estima y dirección de las personas. Nótense las palabras "gran ganancia". Al parecer, ella era el líder de los agoreros, a quien venían a pedir consejo y opinión las personas de clase alta. Esto explicaría por qué las personas se enojaron tan rápidamente y por qué los magistrados o gobernadores condenaron tan rápidamente a Pablo y Silas (vv. 19-24).

Lo principal que debemos notar es esto: los fuertes y adinerados siempre han explotado y siempre explotarán y usarán a los débiles para sus propios fines, ya sea en prostitución, adivinación, mano de obra, falsa adoración, gratificación sexual, o cualquier otro. El mundo ha sido siempre testigo de la *esclavitud de blancos, de negros, de niños, de una nación y de muchas otras formas de esclavitud.* Cualquiera que sea la variante, el propósito de los fuertes y poderosos siempre es el mismo: satisfacer sus deseos o llenar sus bolsillos. En este pasaje el énfasis está en llenar los bolsillos, en la avaricia y el materialismo. Fíjese que el mundo oscuro de la avaricia y el materialismo es el mismo mundo oscuro de los malos espíritus: los espíritus malignos de egoísmo que abusan de las personas y las explotan para su beneficio personal.

"Y les dijo: Mirad, y guardaos de toda avaricia; porque la vida del hombre no consiste en la abundancia de los bienes que posee" (Lc. 12:15).

"porque raíz de todos los males es el amor al dinero, el cual codiciando algunos, se extraviaron de la fe, y fueron traspasados de muchos dolores" (1 Ti. 6:10).

"Vuestro oro y plata están enmohecidos; y su moho testificará contra vosotros, y devorará del todo vuestras carnes como fuego. Habéis acumulado tesoros para los días postreros" (Stg. 5:3).

"No codiciarás la casa de tu prójimo, no codiciarás la mujer de tu prójimo, ni su siervo, ni su criada, ni su buey, ni su asno, ni cosa alguna de tu prójimo" (Éx. 20:17).

"¡Ay del que codicia injusta ganancia para su casa, para poner en alto su nido, para escaparse del poder del mal!" (Hab. 2:9).

3. Por un lado, la joven esclava y el espíritu de engaño que la poseía. Tenga en cuenta estas tres cosas.

a. El testimonio del espíritu inmundo era verdadero. Pablo y los demás eran "siervos del Dios Altísimo".

b. El testimonio del espíritu inmundo era a la vez, un falso testimonio. Esto se aprecia en el griego, donde dice: "un camino de salvación", no "el camino". La palabra "el" (el artículo definido) no está en el griego. El espíritu malo está proclamando que Pablo simplemente predica uno de los muchos caminos de llegar a Dios. (¡Como se parece a nuestros días!)

c. El testimonio, aunque parcialmente verdadero, es inaceptable. Tal reconocimiento es un falso testimonio, una mera profesión. El espíritu malo no estaba confesando de corazón ni expresando su voluntad de seguir a Jesús. Él no había nacido de nuevo. La única confesión que Jesús acepta es la confesión de quien toma la decisión deliberada de seguirle como su *Señor.* (Ver nota, Mr. 1:25-26).

El punto central aquí es el poder del pecado humano. El pecado es tan poderoso que puede esclavizar a una persona y hundirlo en el oscuro mundo…

- de la adivinación y el ocultismo.
- de la avaricia y el materialismo.
- de la decepción y el falso testimonio.

"Porque de tal manera amó Dios al mundo, que ha dado a su Hijo unigénito, para que todo aquel que en él cree, no se pierda, mas tenga vida eterna" (Jn. 3:16).

"Le respondió Simón Pedro: Señor, ¿a quién iremos? Tú tienes palabras de vida eterna" (Jn. 6:68).

"Por eso os dije que moriréis en vuestros pecados; porque si no creéis que yo soy, en vuestros pecados moriréis" (Jn. 8:24).

"Y en ningún otro hay salvación; porque no hay otro nombre bajo el cielo, dado a los hombres, en que podamos ser salvos" (Hch. 4:12).

"Pues me propuse no saber entre vosotros cosa alguna sino a Jesucristo, y a éste crucificado" (1 Co. 2:2).

"Porque nadie puede poner otro fundamento que el que está puesto, el cual es Jesucristo" (1 Co. 3:11).

"Porque hay un solo Dios, y un solo mediador entre Dios y los hombres, Jesucristo hombre, 6el cual se dio a sí mismo en rescate por todos, de lo cual se dio testimonio a su debido tiempo" (1 Ti. 2:5-6).

2 (16:18) *Jesucristo:* El poder del nombre de Jesús. Note cuatro hechos.

1. El falso testimonio fue un ataque continuo que duró por muchos días. La joven esclava seguía a Pablo y a sus compañeros día tras día cuando estos iban a orar. Mientras les

seguía, iba gritando el gran pero falso oráculo:

"…Estos hombres son siervos del Dios Altísimo, quienes os anuncian el camino de salvación" (v. 17).

Nota: Lo que ella proclamaba era un bombardeo constante que debió ser embarazoso y que se extendió por muchos días. No sabemos por qué Pablo no actuó antes, puede haber sido que temía a una reacción de las personas de mentalidad terrenal, sintiendo de parte de Dios que aún no era hora de detener el falso testimonio.

2. Llegó el día en que a Pablo le desagradó (diaponetheis). La palabra significa disgustado, profundamente turbado, emocionado, molesto y airado (una ira justa). Estaba molesto y herido…

* porque la muchacha estaba esclavizada por el pecado.
* porque la muchacha estaba siendo usada por hombres avaros y lascivos.
* por el falso testimonio sobre el nombre del Señor.
* por la burla y la ridiculización de su ministerio como siervo de Cristo.

3. Llegó el momento en que Pablo invocó el poderoso nombre de Jesucristo. Se volvió y sanó a la muchacha. Fíjese qué fue exactamente lo que hizo Pablo.

    a. Se dirigió al espíritu inmundo que estaba dentro de la muchacha. Un espíritu malo de adivinación o de lo oculto la tenía cautiva. El poder que ella tenía no procedía de sí misma, sino del espíritu malo. El verdadero problema era el espíritu inmundo, no la muchacha. Por tanto, Pablo le habló al espíritu inmundo.

    b. Pablo invocó "el nombre de Jesucristo". El poder de echar fuera al espíritu inmundo procedía de Cristo, no de Pablo.

(Ver *Estudio a fondo 2, Nombre,* Hch. 3:6 para discusión sobre el tema.)

4. La muchacha esclava fue liberada inmediata y completamente. En ese mismo momento el espíritu inmundo salió de ella.

"Porque el Hijo del Hombre vino a buscar y a salvar lo que se había perdido" (Lc. 19:10).

"pero que ahora ha sido manifestada por la aparición de nuestro Salvador Jesucristo, el cual quitó la muerte y sacó a luz la vida y la inmortalidad por el evangelio" (2 Ti. 1:10).

"por lo cual puede también salvar perpetuamente a los que por él se acercan a Dios, viviendo siempre para interceder por ellos" (He. 7:25).

3 (16:19-24) *Avaricia — Riquezas:* El poder del dinero y la avaricia se evidencia en lo siguiente.

1. El dinero y la avaricia ocasionaron protesta y oposición contra el evangelio, y fíjese por qué: porque los dueños de la muchacha esclava habían perdido la fuente de su ganancia. El poder de Cristo la había liberado, y ellos estaban frustrados y furiosos, llenos de ira y venganza. Apresaron a Pablo y a Silas y los arrastraron (heilkusan, la idea es que fue con violencia) ante los magistrados de la ciudad. Los magistrados en una ciudad griega eran los gobernantes o legisladores.

Ellos eran equivalentes a los cónsules en el gobierno romano.

2. El dinero y la avaricia provocaron falsos cargos. Dijeron que los predicadores…

* eran peligrosos.
* alborotaban al pueblo y alteraban la paz pública.
* enseñaban costumbres diferentes y llevaban a cabo actividades religiosas ilegales. Las estrictas leyes romanas permitían a las naciones conquistada que mantuvieran sus propias prácticas religiosas pero no permitía que las religiones extranjeras evangelizaran a los ciudadanos romanos.

El mundo muchas veces acusa a los cristianos de las mismas cosas. Incluso en las democracias donde se proclama a toda voz la libertad de expresión los cristianos auténticos reciben estas acusaciones.

Observe el énfasis en la frase: "estos hombres, siendo judíos". Es un estigma de prejuicio racial. El emperador Claudio había expulsado a todos los judíos de Roma (Hch. 18:2). El odio de los romanos hacia los judíos estaba en su apogeo cuando Pablo y sus acompañantes ministraban en Filipos.

3. El dinero y la avaricia causaron la corrupción de los mandatarios públicos. Fíjese que estos se plegaron ante los influyentes dueños y ante la gente. Se pasó por alto la verdadera justicia. A Pablo y a Silas no se les permitió defenderse; de hecho ni tan siquiera se les permitió hablar. Si la corte hubiera estado interesada en ejercer justicia verdadera, los magistrados hubieran descubierto mucho antes que los dos hombres eran ciudadanos romanos (cp. vv. 37-40), y hubieran descubierto que lo único que habían hecho era ayudar a una pobre muchacha esclava. Un mente abierta y razonadora hubiera visto la enorme contribución que los predicadores hubieran hecho en cuanto a …

* ayudar a liberar a las personas del pecado, la desesperación, y la oscuridad.
* fortalecer a la sociedad mediante la rectitud y la justicia.
* guiar a las personas a aprovechar sus energías en creatividad y desarrollo en vez de concentrarlas en la inmoralidad y el placer.

Sin embargo, los funcionarios y gobernadores ni tenían una mente abierta, ni eran honestos. Se dejaron influenciar y guiar por sus propios propósitos egoístas. Cedieron ante el dinero y la avaricia de personas influyentes, y los gritos del populacho engañado que seguía a los influyentes.

4. El dinero y la avaricia ocasionaron un tratamiento vergonzoso, injusto y malvado (cp. 1 Ts. 2:2). A Pablo y Silas, los grandes siervos de Dios que habían hecho algo tan glorioso…

* les rasgaron la ropa.
* los azotaron con varas innumerables veces (cp. 2 Co. 11:23).
* los echaron en la cárcel —una mazmorra oscura, sucia, infestada de ratas y cucarachas.
* los metieron en el calabozo de más adentro —una situación de confinamiento solitario.
* les aseguraron los pies en el cepo.

El centro del asunto es este: a los dos siervos piadosos los trataron de esta manera por culpa de algunos hombres consumidos por el oscuro espíritu del dinero y la avaricia. Ese espíritu oscuro y malvado tiene gran poder, pero el poder de Dios es mayor.

> "Hijitos, vosotros sois de Dios, y los habéis vencido; porque mayor es el que está en vosotros, que el que está en el mundo" (1 Jn. 4:4).

> "¿Qué, pues, diremos a esto? Si Dios es por nosotros, ¿quién contra nosotros?" (Ro. 8:31).

Pensamiento 1. La gran tragedia para muchos en el mundo es que ponen su egoísmo, su avaricia y su dinero ante que las personas. Por causa del egoísmo es que muchas personas con influencia atacan a los creyentes genuinos. Pero Cristo cambia las vidas. Él cambia…

- al inmoral en moral
- al injusto en justo
- al deshonesto en honesto
- al orgulloso en humilde
- al poderoso en siervo
- al rico en benefactor de los pobres
- al autoritario en ayudador

Así muchos de los influyentes, ricos y poderosos no desean volverse en siervos de la humanidad; siervos que sacrifican todo lo que tienen y todo lo que son por los necesitados. No desean en realidad sacrificarse ellos mismos y su dinero para ayudar a los necesitados de este del mundo. Por lo tanto, están opuestos a cualquier cosas que conlleve el sacrificio de su egoísmo. Ellos darán y ayudarán lo suficiente para acallar sus conciencias, pero no hasta el punto del sacrificio.

> "Haced morir, pues, lo terrenal en vosotros: fornicación, impureza, pasiones desordenadas, malos deseos y avaricia, que es idolatría" (Col. 3:5).

> "Sean vuestras costumbres [comportamiento] sin avaricia, contentos con lo que tenéis ahora; porque él

dijo: No te desampararé, ni te dejaré" (He. 13:5).

> "Alborota su casa el codicioso; mas el que aborrece el soborno vivirá" (Pr. 15:27).

> "¡Ay del que codicia injusta ganancia para su casa, para poner en alto su nido, para escaparse del poder del mal!" (Hab. 2:9).

Pensamiento 2. Muchas cosas de las que el hombre hace y disfruta están construidas sobre la base del tratamiento inmoral, injusto, deshonesto y egoísta para con los demás, cosas como:

=> gratificación	=> empleo
=> dinero	=> placer
=> posición a	=> vida social

Por lo tanto, cuando un creyente proclama justicia, puede esperar recibir oposició.

> "Y guardaos de los hombres, porque os entregarán a los concilios, y en sus sinagogas os azotarán" (Mt. 10:17).

> "Acordaos de la palabra que yo os he dicho: El siervo no es mayor que su señor. Si a mí me han perseguido, también a vosotros os perseguirán; si han guardado mi palabra, también guardarán la vuestra" (Jn. 15:20).

> "Porque a vosotros os es concedido a causa de Cristo, no sólo que creáis en él, sino también que padezcáis por él" (Fil. 1:29).

> "no dado al vino, no pendenciero, no codicioso de ganancias deshonestas, sino amable, apacible, no avaro" (1 Ti. 3:3).

> "Y también todos los que quieren vivir piadosamente en Cristo Jesús padecerán persecución" (2 Ti. 3:12).

> "Amados, no os sorprendáis del fuego de prueba que os ha sobrevenido, como si alguna cosa extraña os aconteciese, sino gozaos por cuanto sois participantes de los padecimientos de Cristo, para que también en la revelación de su gloria os gocéis con gran alegría" (1 P. 4:12-13).

	F. Filipos (parte 3): un carcelero y la salvación, 16:25-40	todos los suyos.	4 Los frutos de la salvación
1 La preparación para la salvación		34 Y llevándolos a su casa, les puso la mesa; y se regocijó con toda su casa de haber creído a Dios.	a. El privilegio de ministrar
a. El poderoso testimonio de los creyentes en medio de circunstancias difíciles	25 Pero a medianoche, orando Pablo y Silas, cantaban himnos a Dios; y los presos los oían.		b. La alegría de regocijarse
b. El movimiento de Dios mediante un terremoto	26 Entonces sobrevino de repente un gran terremoto, de tal manera que los cimientos de la cárcel se sacudían; y al instante se abrieron todas las puertas, y las cadenas de todos se soltaron.	35 Cuando fue de día, los magistrados enviaron alguaciles a decir: Suelta a aquellos hombres.	c. La salvación de la familia
		36 Y el carcelero hizo saber estas palabras a Pablo: Los magistrados han mandado a decir que se os suelte; así que ahora salid, y marchaos en paz.	5 El efecto de la salvación en el mundo
c. La súplica desesperada de un hombre: Miedo, desesperanza e inseguridad	27 Despertando el carcelero, y viendo abiertas las puertas de la cárcel, sacó la espada y se iba a matar, pensando que los presos habían huido.		a. El sentido de culpa y las injusticias
d. El llamado de esperanza de los creyentes	28 Mas Pablo clamó a gran voz, diciendo: No te hagas ningún mal, pues todos estamos aquí.	37 Pero Pablo les dijo: Después de azotarnos públicamente sin sentencia judicial, siendo ciudadanos romanos, nos echaron en la cárcel, ¿y ahora nos echan encubiertamente? No, por cierto, sino vengan ellos mismos a sacarnos.	b. Los magistrados tuvieron miedo y temblaron
2 El grito pidiendo salvación	29 El entonces, pidiendo luz, se precipitó adentro, y temblando, se postró a los pies de Pablo y de Silas;		c. Los discípulos fueron puestos en libertad
a. La búsqueda inmediata y reverente de la salvación	30 y sacándolos, les dijo: Señores, ¿qué debo hacer para ser salvo?	38 Y los alguaciles hicieron saber estas palabras a los magistrados, los cuales tuvieron miedo al oír que eran romanos.	
b. El grito urgente pidiendo salvación	31 Ellos dijeron: Cree en el Señor Jesucristo, y serás salvo, tú y tu casa.		
3 La proclamación de la salvación	32 Y le hablaron la palabra del Señor a él y a todos los que estaban en su casa.	39 Y viniendo, les rogaron; y sacándolos, les pidieron que salieran de la ciudad.	
a. La necesidad de que creyera		40 Entonces, saliendo de la cárcel, entraron en casa de Lidia, y habiendo visto a los hermanos, los consolaron, y se fueron.	
b. La necesidad de que comprendiera la Palabra del Señor	33 Y él, tomándolos en aquella misma hora de la noche, les lavó las heridas; y en seguida se bautizó él con		
c. La necesidad de arrepentimiento y bautismo			

DIVISIÓN VIII

LA SEGUNDA MISIÓN DE PABLO A LOS GENTILES: EUROPA, 15:36–18:22

F. Filipos (parte 3): un carcelero y la salvación, 16:25-40

(16:25-40) *Introducción:* Este es un gran estudio acerca de la salvación.

1. La preparación para la salvación (vv. 25-28).
2. El grito pidiendo salvación (vv. 29-30).
3. La proclamación de la salvación (vv. 31-33).
4. Los frutos de la salvación (v. 34).
5. El efecto de la salvación en el mundo (vv. 35-40).

[1] (16:25-28) *Salvación:* La preparación para la salvación se compone de cuatro partes.

1. El poderoso testimonio de los discípulos mientras atravesaban terribles dificultades. A Pablo y a Silas los habían desnudado, azotado con varas, encarcelado, y encadenado. Sus espaldas estaban laceradas, ensangrentadas, eran una masa deforme de carne humana. Podemos imaginarnos el agudo dolor por el que estaban pasando, pero fíjese en algo: sentados allí en la mazmorra oscura, maloliente, e infectada de ratas y cucarachas, ellos dieron un poderoso testimonio de la maravillosa gracia de Dios.

    a. Ellos oraban. Probablemente le pedían a Dios lo que todo siervo dedicado pediría: que Dios…

- les fortaleciera y ayudara.
- perdonara a sus perseguidores.
- usara su sufrimiento para traer a otros a los pies de Cristo.
  b. Alababan y agradecían a Dios por...
- su salvación.
- el privilegio de sufrir por el nombre de Cristo Jesús.
- su presencia y fortaleza en medio de todo el sufrimiento.

Nota: Todo esto sucedió a medianoche (cp. Sal. 119:62), y cantaban tan alto que los demás prisioneros podían oírles. Ellos no se avergonzaban de su Señor (cp. 2 Ti.1:8). La idea que se da es que el canto y las oraciones continuaron por mucho tiempo.

Lo principal que debemos ver es el poderoso testimonio que ellos dieron en medio de aquella terrible prueba. Su fe en el Señor Jesús era un fuerte testimonio que preparó el corazón de los no salvos para recibir el evangelio. Note lo siguiente: cuando Pablo más tarde escribió a los Filipenses, les dijo: "regocijáos en el Señor siempre" (Fil. 4:4; 3:1).

> **"hablando entre vosotros con salmos, con himnos y cánticos espirituales, cantando y alabando al Señor en vuestros corazones" (Ef. 5:19).**
>
> **"porque no podemos dejar de decir lo que hemos visto y oído" (Hch. 4:20).**
>
> **"Porque esta leve tribulación momentánea produce en nosotros un cada vez más excelente y eterno peso de gloria" (2 Co. 4:17).**
>
> **"Venid, oíd todos los que teméis a Dios, Y contaré lo que ha hecho a mi alma" (Sal. 66:16).**
>
> **"Sobre tus muros, oh Jerusalén, he puesto guardas; todo el día y toda la noche no callarán jamás. Los que os acordáis de Jehová, no reposéis" (Is. 62:6).**

2. El movimiento de Dios. En este caso, Dios se movió por medio de un terremoto. En otros casos, Él se mueve en medio nuestro de otras maneras. Dios puede moverse en el alma de una persona a través de...
- algún acontecimiento en la naturaleza
- algún acontecimiento en la vida de la persona
- una tragedia
- pensamientos acerca de la vida o la muerte
- una carencia o necesidad
- la predicación del evangelio
- la lectura de las Escrituras
- una lista innumerable de otras maneras
- algún milagro

Lo que debemos ver aquí es esto: Dios mueve situaciones para preparar el alma del hombre para salvación. Una de las principales razones por la que ocurrió el terremoto fue para llevar al carcelero a clamar por la salvación.

3. La situación desesperada del hombre: su miedo, impotencia, e inseguridad. En el caso del carcelero, él sintió que estaba enfrentando una situación desesperada porque...
- el terremoto había abierto las puertas de la cárcel, permitiéndole a los prisioneros escapar.
- se había quedado dormido en la guardia.

- el castigo por dejar escapar a los prisioneros era la muerte (cp. Hch. 12:19; 1 R. 20:39, 42).

El carcelero, impotente y desesperanzado, sacó su espada para matarse. Él sabía la terrible vergüenza y el castigo que le esperaba, y la deshonra que vendría sobre su familia por dejar escapar a los prisioneros. Por eso, prefirió morir la muerte menos dolorosa del suicidio. Así parecería que había sido asesinado por uno de los prisioneros mientras escapaban y esto le evitaría a su familia la vergüenza de su incumplimiento del deber.

Las circunstancias difieren, pero todas personas experimentan serios problemas en la vida que causan temor, impotencia, desesperanza, e inseguridad. Cada vez que hay una seria necesidad, la persona, o se vuelve a Dios o se aleja más de Él. La persona, o bien se vuelve dócil ante Dios o reacciona endureciéndose contra Él. Una persona o busca la ayuda de Dios o toma alguna respuesta humanista.

Lo que estamos diciendo es que Dios usa la impotencia y desesperanza para preparar el alma humana para la salvación, pero somos nosotros quienes tenemos que acudir a Dios cuando enfrentamos situaciones imposibles. La opción es nuestra.

> **"Y él estaba en la popa, durmiendo sobre un cabezal; y le despertaron, y le dijeron: Maestro, ¿no tienes cuidado que perecemos?" (Mr. 4:38)**
>
> **"Pero una mujer que desde hacía doce años padecía de flujo de sangre, y había sufrido mucho de muchos médicos, y gastado todo lo que tenía, y nada había aprovechado, antes le iba peor" (Mr. 5:25-26).**
>
> **"Y respondiendo uno de la multitud, dijo: Maestro, traje a ti mi hijo, que tiene un espíritu mudo, el cual, dondequiera que le toma, le sacude; y echa espumarajos, y cruje los dientes, y se va secando; y dije a tus discípulos que lo echasen fuera, y no pudieron" (Mr. 9:17-18).**
>
> **"y había allí una mujer que desde hacía dieciocho años tenía espíritu de enfermedad, y andaba encorvada, y en ninguna manera se podía enderezar. Cuando Jesús la vio, la llamó y le dijo: Mujer, eres libre de tu enfermedad" (Lc. 13:11-12).**
>
> **"Aquí está un muchacho, que tiene cinco panes de cebada y dos pececillos; mas ¿qué es esto para tantos?" (Jn. 6:9)**
>
> **"Ninguno puede venir a mí, si el Padre que me envió no le trajere; y yo le resucitaré en el día postrero" (Jn. 6:44).**
>
> **"Y no apareciendo ni sol ni estrellas por muchos días, y acosados por una tempestad no pequeña, ya habíamos perdido toda esperanza de salvarnos" (Hch. 27:20).**
>
> **"Porque Cristo, cuando aún éramos débiles, a su tiempo murió por los impíos" (Ro. 5:6).**
>
> **"Y yo sé que en mí, esto es, en mi carne, no mora el bien; porque el querer el bien está en mí, pero no el hacerlo" (Ro. 7:18).**

4. El creyente hizo un llamado de esperanza. El carcelero estaba parado en la luz en el pasillo o corredor. Pablo, en la oscura celda de la mazmorra, lo vio y le gritó que no se hiciera daño. El carcelero nunca había oído una voz o lla-

mado tan grande, y este salvó su vida. Esta es una representación del alma humana sintiéndose desamparada y siendo preparada para la salvación. El creyente debe gritar, proclamar esperanza a los desprotegidos y desesperanzados del mundo. El grito de esperanza es parte del (de la) preparación para salvación, una parte que se necesita urgentemente. Sin ella el mundo se duele y muere en su estado de desesperación.

> **"Porque me serás testigo suyo a todos los hombres, de lo que has visto y oído" (Hch. 22:15).**

> **"Esto habla, y exhorta y reprende con toda autoridad. Nadie te menosprecie" (Tit. 2:15).**

> **"sino santificad a Dios en el Señor en vuestros corazones, y estada siempre preparados para presentar defensa con mansedumbre y reverencia ante todo el que os demande razón de la esperanza que hay en todos vosotros (1 P. 3:15).**

2 (16:29-30) *La salvación:* el clamor por la salvación. Note dos puntos significativos.

1. Hubo una búsqueda inmediata y reverente de la salvación. El carcelero…

* Pidió una luz.
* Se lanzó dentro
* Vino temblando
* Cayó delante de Pablo y Silas

El énfasis es la reverencia inmediata ante el Dios de estos hombres. Su Dios había causado el terremoto y lo había salvado a él de haber sido ejecutado al mantener a los prisioneros en las celdas. (Lo más probable es que los demás prisioneros se hubieran reunido en la celda de Pablo.) Él había oído que Pablo y Silas habían estado predicando acerca de la salvación a través de toda la ciudad., o sea, que la gente pudo recibir perdón de sus pecados y libertad del pecado y de la muerte. Y ya estando en la cárcel, oyó a los dos predicadores orando por fuerza, liberación y la salvación de sus perseguidores (lo cual lo incluía a él.) Temió al Dios que respondía la oración tan rápidamente y que tenía tan enorme poder. Él no debía perder tiempo en buscar a este Dios y lograr de Él el perdón de pecados para no enfrentar el juicio de tal Dios. Un hecho significativo es éste: el hombre se estaba arrepintiendo por el miedo. El miedo es una legítima razón para buscar la salvación a pesar de que muchos lo subestimen.

> **"Y no temáis a los que matan el cuerpo, mas el alma no pueden matar; temed más bien a aquel que puede matar el alma y el cuerpo en el infierno" (Mt.10:28).**

> **"Y su misericordia es de generación en generación" (Lc 1:50).**

> **"sino que en toda nación se agrada del que le teme y hace justicia "(Hch 10:35).**

> **"Cercano está Jehová a los quebrantados de corazón; y salva a los contritos de espíritu" (Sal 34:18).**

> **"Los sacrificios de Dios son el espíritu quebrantado; al corazón contrito y humillado no despreciarás tú, oh Dios. (Sal. 51:17).**

> **"En los sacrificios de mis ofrendas sacrificaron carne, y comieron; no los que quiso Jehová; ahora se acordará se su iniquidad, y castigará su pecado; ellos se volverán a Egipto" (Os. 8:13)**

> **"Deje el impío su camino, y el hombre inicuo sus**

> **pensamientos, y vuélvase a Jehová, el cual tendrá de él misericordia y al Dios nuestro, el cual será amplio en perdonar" (Is 55:7).**

> **"Mi mano hizo todas estas cosas, y así todas estas cosas fueron hechas, dice Jehová; pero miraré aquel que es pobre y humilde de espíritu, y que tiembla a mi palabra" (Is 66:2).**

> **"Así que arrepentíos y convertíos, para que sean borrados vuestros pecados; para que vengan de la presencia del Señor tiempos de refrigerio, (Hch 3:19).**

> **"Porque la tristeza que es según Dios produce arrepentimiento para salvación, de que no hay arrepentirse; pero la tristeza del mundo produce muerte" (2 Co 7:10).**

2. Hubo un urgente clamor de salvación. Note: el hombre sabía a quién ir. Había oído a Pablo y a Silas orando y cantando acerca de la salvación. Él sabía:

* Que la salvación era lo que él necesitaba.
* Que él desesperadamente necesitaba conocer al Dios de ellos.
* Que él y todo el mundo necesitaba el cuidado de un Dios que se interesa por sus seguidores como lo hizo con Pablo y Silas.

> **El carcelero gritó: ¿"Señores, qué debo hacer para ser salvo?" Los discípulos fueron los instrumentos de Dios para proclamar la salvación. Ellos estaban cansados y adoloridos y eran las horas tempranas de la mañana, mas ellos no pospusieron el asunto hasta la mañana. Ellos aprovecharon el momento y el lugar inmediatamente para suplir la necesidad del hombre.**

> **"Oh Dios, sálvame por tu nombre, y con tu poder defiéndeme: (Sal 54:1)**

> **"Muéstranos, Jehová tu misericordia, y danos tu salvación" (Sal 85:7).**

> **"Acuérdate de mí, oh Jehová, según tu benevolencia para con tu pueblo; visítame con tu salvación" (Sal. 106:4).**

> **"Venga a mí tu misericordia, oh Jehová; tu salvación, conforme a tu dicho" (Sal. 119:41).**

3 (16:31-33) *Pensamiento 1:* la proclamación de la salvación… creer. Note tres puntos cruciales:

1. La necesidad de creer (ver *Estudio a fondo 2, Creer,* Jn. 2:24 para discusión.) "Cree en el Señor Jesucristo y serás salvo" es la respuesta a la pregunta del carcelero. Lo que no se dice es de extrema importancia. Note que Pablo no dijo:

* ¿Salvo? Mi buen hombre, eso es superstición, una falsa ilusión. No hay nada por lo que puedas ser salvo.
* ¿Salvo? Bueno, si haz hecho mal, corrígelo.
* ¿Salvo? Ve a trabajar para Dios. Pon manos a la obra. Trabaja y agótate para Dios y para la humanidad.
* ¿Salvo? Hombre no te preocupes por tales caprichos. La vida es demasiado corta. ¡Vive! Come, bebe y estate contento. Aprovecha al máximo la vida que tienes.

> **"Mas a todos los que le recibieron. A los que creen en su nombre, les dio potestad de ser hijos de Dios" (Jn 1:12).**

"**Para que todo aquel que en él cree no se pierda mas tenga vida eterna. Porque de tal manera amó Dios al mundo que dio a su hijo unigénito para que todo aquel que en él crea no se pierda mas tenga vida eterna**" (Jn 3:15-16).

"**De cierto, de cierto os digo: El que oye mi palabra, y cree al que me envió, tiene vida eterna; y no vendrá a condenación, mas ha pasado de muerte a vida**" (Jn 5:24).

"**que si confesares con tu boca que Jesús es el Señor, y creyeres en tu corazón que Dios le levantó de los muertos, serás salvo. Porque con el corazón se cree para justicia, pero con la boca se confiesa para salvación**" (Ro. 10:9-10).

Note la promesa de que toda la casa del carcelero sería salva. No podemos dejar de recalcar la influencia del cabeza de la familia en asuntos espirituales. Un líder espiritual fuerte asegura la salvación de su familia. (Ver nota *Estudio a fondo 3,* Hch. 16:15 para discusión.)

2. La necesidad de entender la Palabra de Dios. El hombre y su casa estaban completamente ignorantes de Cristo. Al parecer nunca habían oído nada acerca de Él, así que Pablo y Silas tuvieron que instruir al carcelero y a su casa en las cosas básicas de la salvación. Note que la residencia del carcelero estaba dentro de las paredes de la prisión.

Y les dijo: "**Id por todo el mundo y predicad el evangelio a toda criatura**" (Mr 16:15).

"**Además os declaro, hermanos, el evangelio que os he predicado, el cual también en el cual también perseveráis; por lo cual así mismo, si retenéis la palabra que os he predicado, sois salvos, si no creísteis en vano. Porque primeramente os he enseñado lo mismo que recibí: Que Cristo murió por nuestros pecados, conforme a las Escrituras; y que fue sepultado y que resucitó al tercer día, conforme a las escrituras**" (1 Co 15: 1-4).

3. La necesidad del arrepentimiento y del bautismo. El hombre y su familia creyeron, confiaron en Cristo su Salvador (v. 34), y se arrepintieron de sus pecados. Esto no se menciona, pero está claro, porque el primer acto de creencia y arrepentimiento es el bautismo. Note: Ellos fueron inmediatamente bautizados (v. 33) (Ver *Estudio a fondo 1, Bautismo,* Hch. 2:38) Además note que el hombre demostró arrepentimiento al cuidar las heridas de los hombres a los cuales él había tratado tan mal.

"**Pedro les dijo: Arrepentíos, y bautícese cada uno de vosotros en el nombre de Jesucristo para perdón de los pecados; y recibiréis el don del Espíritu Santo**" (Hch. 2:38).

"**Así que, arrepentíos y convertíos, para que sean borrados vuestros pecados; para que vengan de la presencia del Señor tiempos de refrigerio**" (Hch. 3:19).

El pasaje de Escritura que leía era este: **Como oveja a la muerte fue llevado; y como cordero mudo delante del que lo trasquila, así no abrió su boca.** (Hch. 8:32).

"**Deje el impío su camino, y el hombre inicuo sus pensamientos y vuélvase a Jehová, el cual tendrá de él misericordia, y al Dios nuestro, el cual será amplio en perdonar**" (Is 55: 7).

[4] (16:34) *La Salvación:* Los frutos de la salvación. Tres son los frutos que se ven claramente.

1. El privilegio de ministrar a compañeros creyentes. El carcelero llevó a Pablo y a Silas a su casa que estaba aparente, dentro de las paredes de la cárcel, y entonces los alimentó. Lo que él estaba haciendo, por supuesto, era mostrando agradecimiento por lo que Dios había hecho por él. Un creyente no se puede sentar inmóvil e ignorar a las personas a su alrededor, no si tienen necesidades desesperadas, no si es un genuino creyente. Cuando Dios lo había ayudado tanto, no pudo cerrar sus ojos a aquellos que necesitaban su ayuda.

"**Porque tuve hambre, y me disteis de comer; tuve sed, y me disteis de beber; fui forastero, y me recogisteis**" (Mt. 25:35).

"**En todo os he enseñado que, trabajando así, se debe ayudar a los necesitados, y recordar las palabras del Señor que dijo: Más aventurado es dar que recibir**" (Hch. 20:35)

"**compartiendo para las necesidades de los santos; practicando la hospitalidad**" (Ro. 12:13).

"**Así que, los que somos fuertes debemos soportar las flaquezas de los débiles, y no agradarnos a nosotros mismos. Cada uno de nosotros agrade a su prójimo en lo que es bueno, para edificación**" (Ro. 15:1-2).

"**Sobrellevad los unos las cargas de los otros, y cumplid así la ley de Cristo**" (Gá. 6:2).

2. Hubo la alegría del gozo. Dios lo había salvado a él y a su familia, los había salvado a todos de las garras del pecado, la muerte, y la condenación. Pudo experimentar la alegría del regocijarse.

"**Estas cosas os he hablado, para que mi gozo esté en vosotros, y vuestro gozo sea cumplido**" (Jn 15:11).

"**A quien amáis sin haberle visto, en quien creyendo, aunque ahora no lo veáis, os alegráis con gozo inefable y glorioso**" (1 P 1:8)

"**En gran manera me gozaré en Jehová, mi alma se alegrará en mi Dios; porque me visitó con vestiduras de salvación, me rodeó de manto de justicia, como a novio me atavió, y como a novia adornada con sus joyas**" (Is 61:10).

"**Fueron halladas tus palabras, y yo las comí; y tu palabra me fue con gozo y por alegría de mi corazón; porque tu nombre se invocó sobre mí, oh Jehová Dios de los ejércitos**" (Jer. 15:16)

3. La salvación de su familia. Él era fiel. Conocía la importancia de la salvación, así que insistió para que toda su familia se reuniera para oír el evangelio. Y note que fue en las horas tempranas de la mañana. Dios honró su hambre espiritual y liderazgo y salvó a toda la familia. (Ver *Estudio a fondo 3, hogar.*) Religión, Hch. 16:15 para más discusión y versículos.)

[5] (16:35-40) *La salvación:* el efecto de la salvación sobre el mundo. Tres efectos se ven en esta experiencia:

1. El mundo tuvo una idea de la culpa sobre la injusticia hecha. ¿Qué causó esto? Al parecer el terremoto que produjo Dios. Como usualmente sucede en un desastre natural,

la mayoría de las mentes de los hombres se vuelven hacia Dios. Estos hombres habían cometido un mal serio, eran los jueces y gobernantes y se habían dejado persuadir por los influyentes y los ricos de la ciudad. Ellos habían castigado y encarcelado a dos hombres sin un juicio. Les inquietó la conciencia y entonces decidieron hacer lo que pudieron para corregir su agravio. Liberaron a los hombres.

Pensamiento1. El Espíritu de Dios convencerá a todo hombre que alguna vez maltrate a un creyente. Nadie nunca escapará al poder de su convicción. Pero note: el arrepentimiento depende del hombre. Dios no se puede arrepentir por el hombre. El arrepentimiento es responsabilidad del hombre. Y si el hombre no responde a la convicción de Dios para arrepentirse, él será juzgado y condenado eternamente.

> "Porque de tal manera amó Dios al mundo que ha dado a su Hijo unigénito para que todo aquel que en él crea no se pierda mas tenga vida eterna. Porque no envió Dios a su Hijo para condenar al mundo, sino para que el mundo sea salvo por él. El que cree en él no es condenado; pero el que no cree ya ha sido condenado, porque no ha creído en el nombre del nombre del unigénito Hijo de Dios. Y esta es la condenación: que la luz vino al mundo, y los hombres amaron más las tinieblas que la luz, porque sus obras eran malas" (Jn 3:16-19).

> "De cierto de cierto os digo: viene la hora, y es, cuando los muertos oirán la voz del Hijo de Dios; y las que la oyeren vivirán" (Jn: 5:25).

> "Porque la ira de Dios se revela desde el cielo contra toda impiedad e injusticia de los hombres que detienen con injusticia la verdad.; porque lo que de Dios se conoce les es manifiesto, porque Dios se lo manifestó. Porque las cosas invisibles de él, su eterno poder y deidad, se hacen claramente visibles desde la creación del mundo, siendo entendidas por medio de las cosas hechas, de modo que no tienen excusas" (Ro. 1:18-20).

> "Así que, arrepentíos y convertíos, para que sean borrados vuestros pecados; para que vengan del Señor tiempos de refrigerio" (Hch. 3:19).

> "Arrepiéntete, pues de esta maldad, y ruega a Dios, si quizás te sea perdonado el pensamiento de tu corazón" (Hch. 8:22).

> "Pero Dios habiendo pasado por alto los tiempos de esta ignorancia, manda a todos los hombres en todo lugar, que se arrepientan" (Hch. 17:30).

2. El mundo temió y fue humillado. Pablo reveló que era un ciudadano romano. Era contra la ley que a un ciudadano romano se le denegara un juicio y fuera flagelado. Si los gobernantes eran denunciados a Roma, se les quitaba el cargo y podían ser juzgados por traición.

El asunto es este: Dios estaba usando acontecimientos naturales para llenar de temor y humildad a la ciudad de Filipos.

Dios quería que a la iglesia en Filipos se le dejara sola para que pudiera crecer y se convirtiera en una de las más grandes iglesias ministradoras en el primer siglo.

> "Y no temáis a los que matan el cuerpo, más al alma no pueden matar; temed más bien a aquel que puede destruir al alma y el cuerpo en el infierno" (Mt. 10:28).

> "Quitó de los tronos a los poderosos, y exaltó a los humildes" (Lc. 1:52).

> "Y si invocáis por Padre a aquel que sin acepción de personas juzga según la obra se cada uno, conducíos en temor todo el tiempo de vuestra peregrinación" (1 P: 1-17).

> "Honrad a todos. Amad a los hermanos. Temed a Dios. Honrad al rey" (1 P.2-17)

> "Ahora, pues, temed a Jehová, y servidle con integridad y en verdad; y quitad de entre vosotros los dioses a los cuales sirvieron vuestros padres al otro lado del río, y en Egipto; y servid a Jehová" (Jos. 24:14).

> "A Jehová de los ejércitos, a él santificad; sea él vuestro temor, y él sea vuestro miedo" (Is.8: 13).

3. Los discípulos fueron liberados por la mano de Dios.
=> Fueron a la casa de Lidia.
=> La palabra "ellos" es usada en vez de "nosotros". Lucas se quedó en Filipos.
=> El primer fruto en Europa nació. Había ahora una confraternidad o iglesia cristiana en Filipos: Lidia, la muchacha esclava, el carcelero, y quizás Clemente, Evodia y Síntique fueron también   salvadas en esta primera misión a Filipo. (cp Fil. 4:2-3).

Pensamiento 1. Dios es capaz de librar al creyente a través de todas las pruebas y hacer que todas las cosas obren para bien hasta que Él esté listo para llevar al creyente a su hogar en el cielo.

> "Y sabemos que a los que aman a Dios, todas las cosas les ayudan a bien, esto es, a los que conforme a su propósito son llamados" (Ro. 8:28).

> "No os ha sobrevenido ninguna tentación (pruebas) que no sea humana; pero fiel es Dios que podéis resistir, sino que dará también junto con la tentación la salida, para que podáis soportar" (1 Co. 10:13).

> "el cual nos libró, y nos libra, y en quien esperamos que aún nos librará, de tan grande muerte" (2Co. 1-10).

> "Y el Señor me librará de toda obra mala, y me preservará para su reino celestial. A él sea la gloria por los siglos de los siglos (2 Ti. 4:18 s).

> "Así que, por cuanto los hijos participaron de carne y de sangre, él también participó de los mismo, para destruir por medio de la muerte al que tenía el imperio de la muerte, esto es, al diablo, y librar a todos los que por el temor de la muerte estaban durante toda la vida sujetos a servidumbre" (He.2:14-15).

> "Porque no tenemos un sumo sacerdote que no pueda compadecerse de nuestras debilidades, sino uno que fue tentado en todo según nuestra semejanza, pero sin pecado. Acerquémonos, pues, confiadamente al trono de la gracia, para alcanzar misericordia y hallar gracia para el oportuno socorro" (He. 4:15-16).

> "sabe el Señor librar de tentación a los piadosos, y reservar a los injustos para ser castigados en el día del juicio" (2 P 2:9).

CAPÍTULO 17

G. Tesalónica: una ciudad muy importante. El mensaje que puso al mundo patas arriba, 17:1-9

1 El mensajero
a. Un hombre que siguió adelante para el Señor
b. Un hombre que sembró el evangelio en todas partes
c. Un hombre que siguió un plan

2 El mensaje
a. La fuente y autoridad: las Escrituras
b. Los puntos
1) Cristo murió
2) Cristo resucitó
3) Jesús es el Cristo

3 Los resultados del mensaje: muchos creyeron
a. Judíos:
b. Muchos griegos temerosos de Dios

1 Pasando por Ampífolis y Tesalónica, donde había una sinagoga de los judíos.
2 Y Pablo, como acostumbraba, fue a ellos, y por tres días de reposo* discutió con ellos,

3 declarando y exponiendo por medio de las Escrituras, que era necesario que el Cristo padeciese, y resucitase de los muertos; y que Jesús, a quien yo os anuncio, decía él, es el Cristo.
4 Y algunos de ellos creyeron, y se juntaron con Pablo y con Silas; y de los griegos piadosos gran número, y mujeres nobles no pocas.

5 Entonces los judíos que no creían, teniendo celos, tomaron consigo a algunos ociosos, hombres malos, y juntando una turba, alborotaron la ciudad; y asaltando la casa de Jasón, procuraban sacarlos al pueblo.

6 Pero no hallándolos, trajeron a Jasón y a algunos hermanos ante las autoridades de la ciudad, gritando: Estos que trastornan el mundo entero también han venido acá;
7 a los cuales Jasón ha recibido; y todos éstos contravienen los decretos de Cesar, diciendo que hay otro rey, Jesús.
8 Y alborotaron al pueblo y a las autoridades de la ciudad, oyendo estas cosas.
9 Pero obtenida fianza de Jasón y de los demás, los soltaron.

c. muchas mujeres influyentes

4 La reacción del mundo al mensaje
a. La reacción de los "religiosos"
b. La reacción de los vagos, desocupados, revoltosos.
c. La reacción del ciudadano promedio

5 La acusación en contra del mensaje
a. Es revolucionario, equivale a una insurrección

b. Es un clamor de que Jesús es Rey

6 El temor del mundo acerca del mensaje: temor a la pérdida de posesiones y posiciones

DIVISIÓN VIII

LA SEGUNDA MISIÓN DE PABLO A LOS GENTILES: EUROPA, 15:36–18:22

G. Tesalónica: una ciudad muy importante. El mensaje que puso al mundo patas arriba, 17:1-9

(17:1-9) *Introducción:* Este es el mensaje que se necesita hoy, el mensaje que viró al mundo antiguo al revés.
1. El mensajero (vv. 1-2).
2. El mensaje (vv. 2-3).
3. Los resultados del mensaje: muchos creyeron (v. 4).
4. La reacción del mundo al mensaje (v. 5).
5. La acusación en contra del mensaje (vv. 6-7).
6. El temor del mundo al mensaje: temor a la pérdida de posesiones y posiciones (vv. 8-9).

ESTUDIO A FONDO 1

(17:1-9) *Tesalónica:* la gran ciudad era la capital y la ciudad más grande de Macedonia. (Ver Mapa. Introducción a los Hechos) Había sido fundada por Casander, el oficial de más alto rango de Alejandro el Grande, murió después que Alejandro murió. Bajo los romanos la ciudad se liberó debido a su lealtad a Roma. Como una ciudad libre se le permitía tener su gobierno y sus leyes locales. La ciudad tenía una bahía natural, pero el factor primario que contri-

buía a la grandeza de la ciudad era que estaba directamente en el camino romano, el Camino Egnatia. De hecho, la gran carretera corría exactamente a través de Tesalónica. Era la calle principal de la ciudad, que se expandía por todo el camino desde el mar Adriático hasta el Medio Oriente. El tráfico y el comercio se acompañaban de todo el vicio que sigue a tal centro metropolitano. Fue un gran día cuando Pablo entró a la ciudad trayendo las nuevas del glorioso evangelio. El evangelio estaba destinado a expandirse por todo el mundo rápidamente. La iglesia en Tesalónica…

- se fundó en la segunda jornada misionera
- fue vuelta a visitar por Pablo (1 Co.16:5).
- incluyó algunos judíos y un gran número de griegos y mujeres influyentes (Hch. 17:4; 2 Ts.3:4, 7-8).
- No sostuvo a Pablo. Él trabajó en un empleo secular mientras estuvo allá (1 Ts. 2: 9); sin embargo sí recibió ayuda financiera de la iglesia en Filipos (Fil.4: 1 6).
- sufrió persecución (1 Ts.2:14).
- estaba bien organizada (1 Ts.5:12).
- tenía algunos creyentes prominentes conocidos por nombre: Jasón (Hch. 17:6), Gayo (Hch. 19:29), Aristarcos (Hch.19:29; 20:4), y Segundo (Hch. 20:4).

1 (17:1-2) *Ministro — Pablo:* el mensajero. A medida que Pablo viajaba proclamando el evangelio, estableció un ejemplo dinámico para todo creyente. Note tres puntos desafiantes.

1. El mensajero continuó viajando por el Señor a pesar de la oposición y de la terrible persecución de esos que no entendían el evangelio (vv.23-24, 39). Pablo era del Señor, y había sido llamado por el Señor personalmente para predicar el evangelio. Y aún más directamente, él conoció al Señor personalmente — su gloriosa salvación- y sabía que había muchas personas que nunca habían oído el evangelio y que por tanto estaban muriendo y destinadas a un infierno eterno. Tal y como Cristo amó al mundo, Pablo amó al mundo; por tanto, estaba impelido a llevar el mensaje a Tesalónica. Quería que ellos, por lo menos, tuvieran la oportunidad de oír y ser salvos.

Pensamiento 1. No podemos permitir que la oposición detenga nuestro testimonio.

=> Tenemos que testificar de nuestro amor a las personas que nunca han oído una presentación clara del evangelio.

=> Tenemos que testificar, obligados por el amor que Cristo nos tiene.

=> Tenemos que testificar, porque los hombres están perdidos y condenados a la ruina sin Jesucristo a menos que sean salvos.

"**Porque el amor de Cristo nos constriñe, pensando esto: que si uno murió por todos, luego todos murieron**" (2 Co. 5:14-15).

2. El mensajero sembraba el evangelio dondequiera que estaba. Esto se ve claramente en este versículo. "Pablo pasó por Anfípolis y Macedonia". La ciudad de Apolonia estaba en un distrito de Iconio, y Pablo predicó el evangelio "desde Jerusalén, y por los alrededores hasta Ilírico" (Ro. 15:19). Pablo testificó dondequiera que estaba. No perdió oportunidad para alcanzar a esos que necesitaban el evangelio desesperadamente.

3. El mensajero siguió su plan. Su plan era sabio: primero alcanzaría a aquellos que ya estaban familiarizados con la Escritura, a los judíos y a los gentiles temerosos de Dios. (Ver nota, Hch. 13:14-16 para discusión)

Pensamiento 1. Una razón primordial por la que se debilita el testimonio de los creyentes es la falta de un plan. Los creyentes necesitan organizar su testimonio, como…

• descubrir los perdidos.
• hacer las oportunidades.
• enfocar el tema del evangelio.
• compartir a Cristo.

"**Por tanto, id, y haced discípulos a todas las naciones, bautizándolos en el nombre del Padre, y del Hijo, y del Espíritu Santo; enseñándoles que guarden todas las cosas que os he mandado; y he aquí yo estoy con vosotros todos los días, hasta el fin del mundo. Amén**" (Mt. 28:19-20)

"**pero recibiréis poder, cuando haya venido sobre vosotros el Espíritu Santo, y me seréis testigos en Jeru-**salén, **en toda Judea, en Samaria, y hasta lo último de la tierra**" (Hch. 1:8)

"**Lo que has oído de mí ante muchos testigos, esto encarga a hombres fieles que sean idóneos para enseñar también a otros**" (2 Ti.2:2).

"**sino santificad a Dios el Señor en vuestros corazones, y estad siempre preparados para presentar defensa con mansedumbre y reverencia ante todo el que os demande razón de la esperanza que hay en vosotros**" (1 P 3:15).

2 (17:2-3) *Evangelio — Predicación:* El mensaje era decisivo. Siempre lo es, porque lo que la persona cree determina todo lo que llega a ser y hace.

1. La fuente y autoridad del mensaje de Pablo era la Escritura. Esto es decisivo. Pablo no predicó las ideas de otros hombres ni sus propias ideas. Su mensaje no vino de la mente del hombre, ni fue hecho por el hombre…

• filosofía
• historia
• sicología
• religión
• sociología
• ley

Pablo predicó las Escrituras. Las Escrituras eran la fuente y la autoridad de su mensaje.

2. Los asuntos del mensaje de Pablo eran triples.
   a. Cristo murió. (Ver *Estudio a fondo 2,3,* Hch. 2:23 para discusión)
   b. Cristo se levantó de los muertos (ver nota y *Estudio a fondo 1,* Hch. 1:3; *Estudio a fondo 4* — 2:24; nota — 2:25-26 para discusión.)
   c. Jesús es el Cristo (ver *Estudio a fondo 2* — Mt. 1:18 para discusión.)

3. Pablo predicó el mensaje en las sinagogas por tres días de descanso. Esto no significa que Pablo predicó en Tesalónica solo por tres semanas. Pablo simplemente salió de la sinagoga y comenzó a predicar el mensaje en los hogares donde era bienvenido. Algunos pasajes indican que estuvo en Tesalónica por un largo período de tiempo, y mientras estaba ahí

• trabajó noche y día en un empleo secular (1 Ts.2:9).
• recibió apoyo financiero varias veces de la iglesia de los filipenses (Fil.4:16.)
• al parecer le dio a la iglesia un fuerte impulso evangelístico a través de toda la región (1 Ts. 1:8).

Pensamiento 1. La gran necesidad del momento debe motivar a los creyentes a estar tan dedicados como Pablo lo estaba. Solo imagínese el estar tan comprometido con la predicación del evangelio que…

• cuando la gente lo rechace, uno simplemente salga del centro de adoración y vaya a los hogares y aún al aire libre si se necesita.

• cuando la gente no apoye el ministerio, uno trabaje en un empleo secular, trabaje día y noche si es necesario, solo para tener lo suficiente para continuar predicando el evangelio.

"Me es necesario hacer las obras del que me envió, entre tanto que el día dura; la noche viene, cuando nadie puede trabajar" (Jn 9:4).

" porque no podemos dejar de decir lo que hemos visto y oído. (Hch. 4:20).

"A griegos y a no griegos, a sabios y a no sabios soy deudor. Así que, en cuanto a mí, pronto estoy a anunciaros el evangelio también a vosotros que estáis en Roma.

Porque no me avergüenzo del evangelio, porque es poder de Dios para salvación a todo aquel que cree; al judío primeramente, y también al griego" (Ro 1:14-16).

" Pues si anuncio el evangelio, no tengo por qué gloriarme; porque me es impuesta necesidad; y ¡ay de mí si no anunciare el evangelio! (1 Co. 9:16).

3 (17:4) *Predicación:* El resultado del mensaje fue que muchos creyeron. Una representación de toda la sociedad vino a Cristo. Note quiénes eran.

1. Algunos judíos creyeron y se unieron con Pablo y Silas para seguir a Cristo. Note un motivo significativo que puede alentar a todo testigo del Señor. Los judíos eran las personas más prejuiciadas que uno pueda imaginar, sin embargo algunos fueron salvos y se convirtieron en verdaderos discípulos. El pecado se puede vencer en la vida, no importa cuán enraizado esté. Pablo no permitió que el pecado le impidiera predicar. Él conocía el poder del evangelio y lo proclamó aún a los más amargados y prejuiciados.

"Porque no me avergüenzo del evangelio, porque es poder de Dios para salvación a todo aquel que cree; al judío primeramente, y también al griego" (Ro.1: 16).

2. Muchos griegos devotos (temerosos de Dios) y mujeres influyentes creyeron. Estas eran personas...
- que estaban enfermas de la idolatría e inmoralidad de su sociedad.
- que sintieron la presencia y soberanía del verdadero y viviente Dios.
- que vieron en la religión judía y en la Escritura esperanza para descubrir la verdad de Dios y la vida (ver *Estudio a fondo 2, Sociedad,* Hch. 16:14 para más discusión)

"Porque todo aquel que pide, recibe; y el que busca, halla; y al que llama, se le abrirá" (Lc. 11:10).

"Y de una sangre ha hecho todo el linaje de los hombres, para que habiten sobre toda la faz de la tierra; y les ha prefijado el orden de los tiempos, y los límites de su habitación; para que busquen a Dios, si en alguna manera, palpando, puedan hallarle, aunque ciertamente no está lejos de cada uno de nosotros" (Hch. 17:26-27).

"Mas si desde allí buscares a Jehová tu Dios, lo hallarás, si lo buscares de todo tu corazón y de toda tu alma" (Dt. 4:29).

"Y me buscaréis y me hallaréis, porque me buscaréis de todo vuestro corazón" (Jer. 29:13).

"Sembrad para vosotros en justicia, segad para vosotros en misericordia; haced para vosotros barbecho; porque es el tiempo de buscar a JEHOVÁ, hasta que venga y os enseñe justicia" (Os. 10:12).

4 (17:5) *Evangelio, reacción — Iglesia, problemas en:* La reacción del mundo al mensaje. Tres segmentos diferentes de la sociedad reaccionan al evangelio.

1. Los religiosos. (Ver *Estudio a fondo 2, Religiosos,* Hch. 17:5)

2. Los holgazanes, los perezosos, los alborotadores que siempre están listos para seducir a la camorra a hacer diabluras y el mal. Tales personas son fácilmente incitados y llevados a reaccionar en contra de cualquiera y de cualquier cosa. Los líderes del gobierno y de la religión han encontrado siempre en los perezosos, en los alborotadores una presa fácil de usar en sus esquemas para atacar a los oponentes. Note cómo los holgazanes y los alborotadores no tienen ningún interés en Cristo. Se ocupan de sus propios intereses y siempre están en la búsqueda de no hacer nada hasta que algún líder les incita a oponerse a algo. En la presente situación los religiosos usaron a los alborotadores para inflamar la ciudad en contra de Pablo, Silas y los nuevos creyentes.

Pensamiento 1. Los alborotadores son una amenaza peligrosa para los creyentes si son incitados. Se les ha utilizado a través de la historia una y otra vez para oponerse al movimiento de Dios. Esto es cierto aún en la iglesia. Los líderes carnales raras veces han sido capaces de incitar a los espirituales en contra de la voluntad de Dios, pero han encontrado presa fácil en los que no están involucrados y en los ociosos. De hecho, la mayoría de los problemas en las iglesias vienen de los líderes carnales que agitan a los que no están involucrados

3. Los ciudadanos promedios. La respuesta del ciudadano promedio a Cristo se ve claramente en el cuadro que aquí se describe. Ellos ignoraban a Cristo y tenían poco que ver con Él, pero se les podía influenciar fácilmente y lograr que llegaran a estar muy molestos con Cristo y Sus seguidores. Note lo que los incitó. Fue por...
- hombres con motivos egoístas.
- rumores siendo difundidos.
- hablar contra los líderes.
- los mal informados.
- los líderes religiosos hablando en contra de Cristo y de sus seguidores.

"Mientras todavía hablaba, vino Judas, uno de los doce, y con él mucha gente con espadas y palos, de parte de los principales sacerdotes y de los ancianos del pueblo" (Mt. 26:47).

"Y se agolpó el pueblo contra ellos; y los magistrados, rasgándoles las ropas, ordenaron azotarles con varas" (Hch. 16:22).

"Y la gente extranjera que se mezcló con ellos tuvo un vivo deseo, y los hijos de Israel también volvieron a llorar y dijeron: ¡Quién nos diera a comer carne" (Nm. 11:4).

ESTUDIO A FONDO 2

(17:5) *Religiosos:* se dice que los religiosos (judíos) "tuvieron celos (zelosantes)" de Pablo y el evangelio. Grandes multitudes se estaban entregando a Cristo, y por lo tanto estaban asistiendo a la predicación y a las clases que Pablo estaba impartiendo. Los religiosos se llenaron de envidia. Tenga en cuenta dos aspectos significativos:

1. Los religiosos estaban envidiosos porque otro predicador estaba logrando la atención, el reconocimiento y la lealtad de la gente.

2. Los religiosos estaban tan envidiosos que se "movieron" para hacer algo al respecto. Justo lo que ellos hicieron se ve en la carta de Pablo a los tesalonicenses (1 Ts. 2:3-10). Los religiosos hablaron en contra de Pablo difundiendo rumores acerca de él.

a. difundieron el rumor que su predicación …
  • era engañosa (v.3).
  • era por motivos impuros (v.3).
  • era un fraude, un falso evangelio (v.3).
b. Difundieron el rumor de que Pablo…
  • era un hombre que complacía (v.4).
  • que recurría a la lisonja para alcanzar sus fines (v.5).
  • usaba una máscara de una engañadora codicia para hacer dinero con la predicación del evangelio por avaricia (v.5).
  • estaba buscando la gloria (v.6).
  • era injusto o deshonesto (v.10).
  • debía ser culpado, reprochado, desenmascarado (v. l0).

Pensamiento 1. Los rumores se utilizan frecuentemente una y otra vez en contra de los siervos de Dios. Sin embargo, esto no es lo más impactante. En este caso eran los predicadores atacando a un predicador: Los ministros judíos atacando a un ministro cristiano. Note esto: una persona es usualmente atacada por sus propios compañeros más que por otra persona. Y la razón es demasiado frecuente: envidia y celos.

5 (17:6-7) *Evangelio — Predicación:* La acusación en contra de los mensajeros y el mensaje. La turba no pudo apresar ni a Pablo ni a Silas. Se encontraban en otro lugar. Pablo se había estado quedando en la casa de un hombre llamado Jasón. La turba lo arrastró a él y a otros creyentes ante los gobernantes de la ciudad y les hicieron dos cargos

1. La acusación de que el mensaje era revolucionario, un mensaje de insurrección; viró al mundo al revés.

a. La acusación era verdadera en un sentido. El evangelio sí cambia las vidas. Hace que los hombres se vuelvan del pecado y la vergüenza a Dios, y de la inmoralidad a la pureza.
b. La acusación era falsa en el sentido de lo que los acusadores querían dar a entender. Decían que el mensaje molestaba a la comunidad y amenazaba a la paz pública, alborotaba al pueblo e infringía sus derechos.

Pensamiento 1. Las mismas acusaciones se hacen frecuentemente a la iglesia y a los creyentes, especialmente cuando comienzan a suplirse las necesidades de un gran número de personas.

2. El mensaje era la afirmación de que Jesús es Rey.

Note que una de las enseñanzas de la Escritura es el regreso del Señor Jesucristo a la tierra. Pablo había estado enseñando la gloriosa verdad a los creyentes (1 Ts. 4:13f). El público libre había malentendido la enseñanza "Jesucristo es Rey". Pero Él es el Rey del espíritu del hombre y del cielo, del mundo espiritual y de la dimensión del ser, no de *este mundo* (Jn. 18: 36-37). Él vino a gobernar al mundo y a reinar en los corazones y vidas de los hombres, en el dominio de lo espiritual y de lo eterno, no de lo físico y de lo temporal. (ver nota — Ef. 1:3). Ninguna potestad terrestre debe preocuparse acerca de que Cristo usurpe las autoridades y los reinados de la tierra. La preocupación del Señor es la revolución espiritual de los hombres, el cambio de sus corazones y vidas para vivir de forma justa y piadosa *en este mundo de hoy.*

Nota: un hombre justo y piadoso se convierte en un ciudadano mucho más leal y responsable que un hombre inmoral e irresponsable. El último es más probable que cause la caída de su gobierno al sembrar la deshonestidad y la corrupción, la inmoralidad y la infidelidad, el no compromiso y el egoísmo, el deshonor y la traición.

> **"Por la bendición de los rectos la ciudad será engrandecida; Mas por la boca de los impíos será trastornada" (Pr 11:11).**
>
> **"La justicia engrandece a la nación; Mas el pecado es afrenta de las naciones".(Pr. 14:34).**
>
> **"Mejor es el que tarda en airarse que el fuerte; Y el que se enseñorea de su espíritu, que el que toma una ciudad" (Pr. 16:32).**
>
> **"Aparta al impío de la presencia del rey, Y su trono se afirmará en justicia" (Pr. 25:5).**
>
> **"Por la rebelión de la tierra sus príncipes son muchos; Mas por el hombre entendido y sabio permanece estable" (Pr. 28:2).**

6 (17:8-9) *El mundo, reacción — Evangelio, reacción:* El temor del mundo al mensaje. Muy simple, los líderes de la ciudad temieron la pérdida de sus posesiones y autoridad, estima y reconocimiento, poder y mando, riqueza y subsistencia. Si las nuevas de otro rey llegaban a César, Roma actuaría y quitaría a los líderes de la ciudad y ellos lo perderían todo. Al parecer, los oficiales solo se percataron de la predicación de Pablo, así que se mantuvieron alertas ante las cosas y previeron el ascenso de un *Rey cristiano* en su medio. Pusieron a Jasón bajo una atadura que al parecer era para prevenir que él les diera alojamiento nuevamente a los ministros y vigilar que ellos abandonaran la ciudad inmediatamente. (cp. 1 Ts.2: 17-18).

Pensamiento 1. Los hombres rechazan a Cristo por lo que les cuesta. Cristo demanda la negación del mundo y de la muerte a todos los deseos y ambiciones egoístas. (ver nota y *Estudio a fondo 1,* Lc. 9:23 para discusión.)

> **"Y decía a todos: Si alguno quiere venir en pos de mí, niéguese a sí mismo, tome su cruz cada día, y sígame. Porque todo el que quiera salvar su vida, la perderá; y todo el que pierda su vida por causa de mí, éste la salvará" (Lc 9:23-24).**
>
> **"Así, pues, cualquiera de vosotros que no renuncia**

a todo lo que posee, no puede ser mi discípulo" (Lc 14:33)

"porque si vivís conforme a la carne, moriréis; mas si por el Espíritu hacéis morir las obras de la carne, viviréis" (Ro. 8: 13).

1 Pablo y Silas escapan de noche	H. Berea, la ciudad receptiva: un pueblo noble, 17:10-15	13 Cuando los judíos de Tesalónica supieron que también en Berea era anunciada la palabra de Dios por Pablo, fueron allá, y también alborotaron a las multitudes.	7 Un pueblo valiente, protector, servicial y que ministraba
a. Guiados por un pueblo valiente	10 Inmediatamente, los hermanos enviaron de noche a Pablo y a Silas hasta Berea. Y ellos, habiendo llegado, entraron en la sinagoga de los judíos.	14 Pero inmediatamente los hermanos enviaron a Pablo que fuese hacia el mar; y Silas y Timoteo se quedaron allí.	a. Los enemigos del evangelio persiguieron a Pablo: alborotaron al pueblo
b. Propósito: salvarlos para que pudieran continuar proclamando a Cristo		15 Y los que se habían encargado de conducir a Pablo le llevaron a Atenas; y habiendo recibido orden para Silas y Timoteo, de que viniesen a él lo más pronto que pudiesen, salieron.	b. Los creyentes fueron valientes y protectores: escoltaron a Pablo a Atenas
2 Un pueblo interesado y temeroso de Dios	11 Y éstos eran más nobles que los que estaban en Tesalónica, pues recibieron la palabra con toda solicitud, escudriñando cada día las Escrituras para ver si estas cosas eran así.		c. Los creyentes fueron serviciales y ministradores
3 Un pueblo receptivo			
4 Un pueblo que honestamente buscó la verdad.			
5 Un pueblo que piensa y busca: ellos verificaron el mensaje predicado			
6 Un pueblo honesto y decidido: creyeron lo que se había demostrado que era verdad	12 Así que creyeron muchos de ellos, y mujeres griegas de distinción, y no pocos hombres.		

DIVISIÓN VIII

LA SEGUNDA MISIÓN DE PABLO A LOS GENTILES: EUROPA, 15:36–18:22

H. Berea, la ciudad receptiva: un pueblo noble, 17:10-15

(17:10-15) *Introducción:* Este es un estudio excelente sobre lo que hace que las personas sean nobles.

1. Pablo y Silas escapan de noche (v. 10).
2. Un pueblo interesado y temeroso de Dios (v. 11).
3. Un pueblo receptivo (v. 11).
4. Un pueblo que honestamente buscó la verdad (v. 11).
5. Un pueblo que piensa y busca: ellos verificaron el mensaje predicado (v. 11).
6. Un pueblo honesto y decidido: creyeron lo que se había demostrado que era verdad (v. 12).
7. Un pueblo valiente, protector, servicial y que ministra (vv. 13-15).

ESTUDIO A FONDO 1

(17: 10-15) *Berea:* La ciudad estaba cerca de cincuenta millas al sudeste de Tesalónica. (Ver Mapa, Introducción a los Hechos). Estaba ubicada en un lugar tranquilo, fuera del camino, situada en un declive de las montañas Opiatas, y cerca de un llano bien regado. Estaba muy alejada de la Vía Egnatia, o sea, el principal camino romano que se extendía a través del país. Pablo problablemente escogió a Berea porque estaba fuera del camino, pensando que la oposición en otros pueblos en su contra podía calmarse. Más que otra cosa él quería predicar el evangelio para que los hombres perdidos fueran salvos. Naturalmente él podía predicar libremente y alcanzar más personas si había paz.

La iglesia..
- se fundó en el segundo viaje misionero de Pablo
- era un pueblo noble, de la más alta calidad y temperamento
- tenía un miembro prominente mencionado en la Escritura: Sópater (Hch. 20:4).
- se describe solamente aquí.
- amó la escritura y rápidamente respondió a Cristo.
- tuvo un fuerte testimonio y un legado para amar la Escritura. Muchas clases bíblicas llevan el nombre de los bereanos.

1 (17:10) *Valentía:* Pablo y Silas se escaparon de noche. Recuerde que no se encontraba en la casa de Jasón cuando la multitud la invadió. (vv.5-6). Cuando regresaron Jasón y los hermanos cristianos naturalmente relataron lo que había sucedido. Se tomó la decisión que lo mejor para Pablo y Silas era que escaparan por la noche.

1. Note la valentía de los creyentes. Jasón estaba bajo fianza, lo cual era ciertamente una forma de decir que no podía albergar o darle la bienvenida a los predicadores nunca más. Además probablemente él debía volver a las autoridades para un interrogatorio y quizás un juicio. Pero Jasón, junto con otros hermanos, mostró un valor enorme al ayudar a Silas y a Pablo a escapar.

Pensamiento 1. Todos los creyentes necesitan valentía. ¿Cuántos tendrían el coraje de arriesgar su vida o ir a prisión por ayudar a otros creyentes? ¿Cuántos no tienen la suficiente valentía para testificar de Cristo y temen el ridículo y la vergüenza que cuanto más es solo una amonestación?

2. El propósito de la evasión era salvar la vida de los predicadores. Pero note en qué estaban sus mentes: no tanto en salvar sus vidas como en que continuaran aprovechando las oportunidades para predicar el evangelio. Las personas están perdidas y sin Cristo, destinadas al pecado, a la vergüenza y al juicio. Y Pablo quería vivir para alcanzarlos con las gloriosas nuevas de salvación.

Pudieron alcanzar salvación del pecado y de la muerte; por tanto, tan pronto como entró a Berea, fue a la sinagoga para compartir a Cristo.

2 (17:11) *La sociedad, corrupción — Hombre, temeroso de Dios: noble:* Un pueblo noble es uno que se interesa por Dios y le teme. El pueblo bereano era un pueblo de sinagoga y de las Escrituras, un pueblo que adoraba a Dios. Estaban enfermos por la inmoralidad y las injusticias de la sociedad, por el pecado y la vergüenza, el egoísmo y la avaricia, la indulgencia y la vida licenciosa, la injusticia y la desventaja, el abuso y la violencia, la deshonestidad y el robo, la decepción y la mentira, la fornicación y el adulterio de hombres y mujeres unos contra otros y contra los seres humanos. Estaban enfermos por un mundo que había olvidado lo que edifica un carácter y una nación:

=> rectitud   => Verdad
=> honestidad   => justicia
=> moralidad   => amor
=> bondad   => hermandad

Un pueblo noble tiene interés en Dios y las cosas de Dios. Teme y se mantiene en temor y reverencia ante Dios — sabiendo que solo Dios es la respuesta al anhelo de su alma y a los males de su sociedad y del mundo (ver *Estudio a fondo 2, Sociedad Corrupta,* Hch. 16:14 para más discusión.)

> **"Y su misericordia es de generación en generación A los que le temen" (Lc 1:50)**

> **"sino que en toda nación se agrada del que le teme y hace justicia" (Hch. 10:35).**

> **"¿Quién es el hombre que teme a Jehová? El le enseñará el camino que ha de escoger" (Sal.25:12).**

> **"¡Cuán grande es tu bondad, que has guardado para los que te temen, Que has mostrado a los que esperan en ti, delante de los hijos de los hombres" (Sal. 31:19).**

3 (17:11) *Receptividad espiritual:* un pueblo noble es receptivo y abierto a las personas y a la verdad.

1. Es un pueblo con un temperamento ecuánime y balanceado. Su temperamento no es …

- negativo
- amargo
- desagradable
- desesperado
- crítico
- malvado
- abatido

2. Es un pueblo con una actitud saludable hacia otros. Su actitud no es esa de

- orgullo o superioridad
- estar demasiado ocupado
- más santo que tú
- ignorante o negligente
- indiferente

3. Es un pueblo preocupado por el bienestar de otros.

Sus acciones y comportamiento no son los de:

- ser egoístas o egocentristas
- mostrar celos y envidia
- prejuicio y rechazo
- reaccionar y abusar

4. Es un pueblo que está abierto a otros y a la verdad. Es un pueblo…

- que acoge y es hospitalario
- que es amable y afectuoso
- que escucha y oye
- que es justo e imparcial
- que es considerable y caritativo

4 (17:11) *Palabra de Dios — Verdad:* un pueblo noble busca la verdad y la busca honestamente. Está abierto para hacerlo tanto en la Escritura como en el mundo. No todo el mundo es honesto al buscar la verdad. Algunos claman buscar la verdad, pero tienen mentes cerradas a otros enfoques de la verdad. Están cerrados a los enfoques que difieren del enfoque que desean seguir. Esto es particularmente cierto con la verdad de la Escritura y de Cristo. El hombre natural tiene una predisposición y un prejuicio en contra de la verdad de la Escritura y de Cristo. Por tanto, en su búsqueda de la verdad, ignora y a veces se burla de la verdad bíblica.

Pero note: Esto era de esperar. ¿Por qué? Porque la Biblia es verdadera, entonces el hombre tiene que rendir su vida a Cristo, todo lo que es y tiene. El hombre teme y se rebela contra esta demanda. Simplemente no desea mirar a la realidad del mundo, que se está tambaleando bajo el peso increíble del dolor y del sufrimiento debido al pecado. Y la única respuesta concebible al encuentro de las gigantescas necesidades del mundo es volver el corazón del hombre a Dios. Solo Dios puede cambiar el corazón del hombre del egoísmo e inyectar suficiente amor y cuidado para suplir las necesidades del hombre.

El asunto es este: la mayoría de los hombres desean enfrentar la realidad de la verdad. El hombre natural tiene un prejuicio en contra de Dios y su mundo. Pero note los nobles del mundo. Los nobles son aquellos que buscan la verdad y están abiertos a todas las áreas de la verdad, incluyendo a Dios y a la Escritura.

> **"Escudriñad las Escrituras; porque a vosotros os parece que en ellas tenéis la vida eterna; y ellas son las que dan testimonio de mí" (Jn 5:39).**

> **"Porque las cosas que se escribieron antes, para nuestra enseñanza se escribieron, a fin de que por la paciencia y la consolación de las Escrituras, tengamos esperanza" (Ro. 15:4).**

> **"Por lo cual también nosotros sin cesar damos gracias a Dios, de que cuando recibisteis la palabra de Dios que oísteis de nosotros, la recibisteis no como palabra de hombres, sino según es en verdad, la palabra de Dios, la cual actúa en vosotros los creyentes" (1 Ts .2:13).**

5 (17:11) *Buscar — Búsqueda — Verdad:* Un pueblo noble es un pueblo honesto, que piensa y que busca. Investiga, estudia y busca para verificar el mensaje de la verdad. Nota: los bereanos buscaron con "toda solicitud" (meta pases prothumias): un deseo profundo, un ansia, un hambre, una sed de conocer la verdad. Un pueblo que no cierra sus mentes, no rehusan escuchar o considerar.

Note otro hecho: un pueblo noble no es el que simplemente acepta y "se traga" cualquier cosa que se dice. Pablo mismo era la autoridad que proclamaba la verdad, pero los bereanos mismos estudiaban, investigaban las Escrituras para la verdad. Y las buscaban diariamente. La verdad de Dios y su mundo no tiene fin, es insondable. El descubrir la verdad es una responsabilidad diaria. Dios así lo hizo (Lc.9:23).

> "Bienaventurados los que guardan sus testimonios, Y con todo el corazón le buscan" (Sal. 119:2).

> "Venid luego, dice Jehová, y estemos a cuenta: si vuestros pecados fueren como la grana, como la nieve serán emblanquecidos; si fueren rojos como el carmesí, vendrán a ser como blanca lana. Si quisiereis y oyereis, comeréis el bien de la tierra Y con todo el corazón le buscan" (Is.1: 18-20).

> "y me buscaréis y me hallaréis, porque me buscaréis de todo vuestro corazón" (Jer.29: 13).

6 (17:12) *Verdad — Compromiso:* un pueblo noble es un pueblo honesto y decidido. Creen la verdad y comprometen sus vidas a ella cuando la descubren. Dios premia una búsqueda diligente de la verdad. Él rebela la verdad al corazón humano por su Espíritu.

> "Escudriñad las Escrituras; porque a vosotros os parece que en ellas tenéis la vida eterna; y ellas son las que dan testimonio de mí" (Jn.5: 39).

> "Porque las cosas que se escribieron antes, para nuestra enseñanza se escribieron, a fin de que por la paciencia y la consolación de las Escrituras, tengamos esperanza" (Ro.:15:4).

> "Dijo entonces Jesús a los judíos que habían creído en él: Si vosotros permaneciereis en mi palabra, seréis verdaderamente mis discípulos; y conoceréis la verdad, y la verdad os hará libres" (Jn.8: 31-32).

> "Pero cuando venga el Espíritu de verdad, él os guiará a toda la verdad; porque no hablará por su propia cuenta, sino que hablará todo lo que oyere, y os hará saber las cosas que habrán de venir" (Jn.16: 13).

Nota: muchos bereanos creyeron, y entre los creyentes estaban muchas mujeres y hombres honorables. La palabra "honorable" (euschemonon) significa ciudadanos respetables de buen carácter e influyentes. Eran líderes en la comunidad. Note además que los hombres y las mujeres estaban buscando a Dios, asistiendo a los cultos y estudiando las Escrituras juntos, no solo las mujeres.

> "Y ahora, hermanos, os encomiendo a Dios, y a la palabra de su gracia, que tiene poder para sobreedificaros y daros herencia con todos los santificados" (Hch. 20:32).

7 (17:13-14) *Ministerio — Valentía:* un pueblo noble es un pueblo valiente y protector, que ayuda y ministra a las personas. Un pueblo noble siempre hará todo lo que ellos puedan para erguirse y proteger a esos que proclaman la verdad y hacen el bien. La nobleza rechaza que al inocente se le trate injustamente y que se abuse de él. Note cómo esto se demuestra en las personas nobles de Berea. Los enemigos del evangelio en Tesalónica oyeron que Pablo estaba en Berea predicando el evangelio. Así que lo persiguieron y comenzaron a agitar (saleuontes) a las personas contra de Pablo. La idea es la de una agitación volcánica o sacudir las personas. La agitación fue de proporciones de un terremoto. (Cp. Los judíos gálatas que también persiguieron a Pablo para evitar que predicara, Hch. 14:19). Pero note los rasgos de la nobleza demostrada por los bereanos.

1. Eran valientes y protectores. Inmediatamente tomaron los asuntos en sus propias manos y valientemente entraron en una acción contraria a la de los ciudadanos incitados. Protegieron a Pablo y a Silas enviándolos fuera. Sin embargo, Silas y Timoteo permanecieron en Berea para continuar afianzando las bases de la iglesia y predicando el evangelio a la ciudad.

2. Eran serviciales y ministradores. Los cristianos bereanos tomaron una medida inusual para mostrar su amor y su cuidado: proveyeron una escolta para Pablo, ayudándole y ministrándole durante todo el trayecto a Atenas.

Pensamiento 1. Los creyentes deben mantenerse unidos, ayudarse y ministrarse los unos a los otros cada vez que se necesite. Frente a la oposición, el ridículo y la vergüenza puede que sea duro. Pero podemos ser intrépidos y valientes y sostener a los hermanos en el Señor, no importa el costo.

- en el trabajo
- en la iglesia
- en la recreación
- en la escuela

> "En todo os he enseñado que, trabajando así, se debe ayudar a los necesitados, y recordar las palabras del Señor Jesús, que dijo: Más bienaventurado es dar que recibir" (Hch. 20:35).

> "Así que, los que somos fuertes debemos soportar las flaquezas de los débiles, y no agradarnos a nosotros mismos" (Ro. 15:1).

> "Sobrellevad los unos las cargas de los otros, y cumplid así la ley de Cristo" (Ga. 6:2).

> "También os rogamos, hermanos, que amonestéis a los ociosos, que alentéis a los de poco ánimo, que sostengáis a los débiles, que seáis pacientes para con todos" (1 Ts. 5:14).

| 1 El mensajero Pablo estaba en Atenas, el gran centro intelectual y cultural

  a. Su espíritu estaba enardecido
  b. Predicaba diariamente
2 Los religiosos
3 Las personas temerosas de Dios
4 Las personas o ciudadanos promedio
5 Los epicúreos o buscadores de placer | I. Atenas, la gran ciudad intelectual y filosófica (parte 1): la urgencia del predicador y público diverso: quién necesita el evangelio, 17:16-21

16 Mientras Pablo los esperaba en Atenas, su espíritu se enardecía viendo la ciudad entregada a la idolatría.

17 Así que discutía en la sinagoga con los judíos y piadosos, y en la plaza cada día con los que concurrían.

18 Y algunos filósofos de los epicúreos y de los estoicos disputaban con él; y unos | decían: ¿Qué querrá decir este palabrero? Y otros: Parece que es predicador de nuevos dioses; porque les predicaba el evangelio de Jesús, y de la resurrección.
19 Y tomándole, le trajeron al Areópago, diciendo: ¿Podremos saber qué es esta nueva enseñanza de que hablas?
20 Pues traes a nuestros oídos cosas extrañas. Queremos, pues, saber qué quiere decir esto.
21 (Porque todos los atenienses y los extranjeros residentes allí, en ninguna otra cosa se interesaban sino en decir o en oír algo nuevo.) | 6 Los estoicos o autodisciplinados
7 Los que cuestionaban filosóficamente a Cristo.
  a. Confrontaron a Pablo
  b. Estaban perturbados por la resurrección
  c. Querían oír más

  d. Una gran necesidad: Sin objetivo, sin significado, vacía |

DIVISIÓN VIII

LA SEGUNDA MISIÓN DE PABLO A LOS GENTILES: EUROPA, 15:36–18:22

I. Atenas, la gran ciudad intelectual y filosófica (parte 1): la urgencia del predicador y público diverso: quién necesita el evangelio, 17:16-21

(17:16-21) *Introducción:* este es un excelente estudio de diferentes tipos de personas y de audiencias que se sientan ante el evangelio

1. El mensajero Pablo estaba en Atenas, el gran centro intelectual y cultural (v. 16).
2. Los religiosos (v. 17).
3. Las personas temerosas de Dios (v. 17).
4. Las personas o ciudadanos promedio (v. 17).
5. Los epicúreos o buscadores del placer (v. 18).
6. Los estoicos o autodisciplinados (v. 18).
7. Los que cuestionaban filosóficamente a Cristo (vv. 18-21).

ESTUDIO A FONDO 1

(17:16-21) *Atenas:* La que antes fuera una gran ciudad ahora estaba en el ocaso de su gloria. (Ver Mapa, Introducción a los Hch.) En la historia antigua, Atenas había sido una de las ciudades más gloriosas del mundo. En ella florecieron la literatura, el arte, la arquitectura, y el pensamiento. La prosperidad no tenía límites, pero como la historia siempre ha demostrado, cuando un pueblo prospera muchos se vuelven arrogantes y autosuficientes, extravagantes e indulgentes, ambiciosos e injustos, mundanos e inmorales, perezosos y satisfechos de sí mismos, egoístas y acaparadores. La fibra espiritual y la dureza física de los atenienses se deterioró. En el momento de la visita de Pablo, la ciudad era el mayor centro universitario del mundo, pero sus ciudadanos carecían de unidad espiritual, de un propósito común y de conducta. Había tantos dioses como hombres. Los hombres prácticamente no hacían más que ejercer sus facultades mentales, debatir el mérito de sus filosofías, realidad y dioses (v. 21).

1 (17:16) *Ministro:* Estaba el mensajero Pablo en Atenas; el gran centro intelectual y cultural del mundo. Pablo estaba solo, y sin dudas hizo lo que cualquiera haría: recorrería la ciudad. Pero note:

No estaba alienado por los edificios majestuosos ni por el esplendor de la arquitectura. Todo lo contrario, lo que le motivó fue la idolatría. La ciudad estaba "completamente dada a la idolatría". El griego dice "lleno de ídolos". Los escritores antiguos estiman que la ciudad tenía miles y miles de ídolos, uno o más por cada persona en la ciudad. Los ídolos estaban dondequiera, revistiendo las calles y los edificios, dentro y fuera de cada hogar. Ver tal espectáculo agitó (paroxuneto) el espíritu de Pablo. La palabra significa incitado, agitado, irritado. Pablo estaba incitado…

- por el abuso de la gloria de Dios.
- por la ceguera de la mente y la razón del hombre
- por cómo el diablo esclaviza las vidas
- con compasión por las almas de los hombres.

Note lo que sucedió: Pablo no pudo seguir esperando. Había estado esperando por Silas y Timoteo, pero no pudo soportar más la escena de idolatría. Comenzó a *razonar y discutir sobre* el evangelio con los hombres en todas partes. La palabra "disputa" (dielegeto) significa razonar y discutir. Y él proclamó el evangelio *diariamente. La* idea es doble

1. Él tenía celo, fervor y pasión, aferrándose a cada momento y oportunidad.

2. Sabía que los riesgos eran altos. El destino de todos los que pasaban y veía estaba en proporcionalidad. Todos estaban perdidos y destinados a juicio a menos que pudiera alcanzarlos con el evangelio. Por tanto, sin importar el costo, tenía que hacer todo lo que pudiera para alcanzarlos y ayudarlos en su búsqueda de la verdad.

2 (17:17) *Religiosos — Evangelio:* La primera audiencia para el evangelio fueron los religiosos. Los religiosos estaban visualizados en los judíos. Ellos…

- eran asistentes regulares de los cultos de adoración.
- estaban familiarizados con Dios.
- estaban familiarizados con las Escrituras y sus enseñanzas.
- eran los que usualmente trataban de vivir vidas justa y morales.
- eran los que usualmente buscaban la verdad.

Por tanto eran los que lógicamente se tratarían de alcanzar primero. Eran los primeros por los que el corazón del predicador se dolería, porque ellos…

- habían estado buscando a Dios y habían estado ciegos por la religión institucional, por sus ceremonias y forma ritual.
- estaban descansando en una falsa seguridad y convicción.
- habían estado sujetando el estandarte de la moralidad y justicia de forma alta en un mundo maligno.
- habían estado conteniendo el diluvio de maldad.

Muy simplemente, los religiosos eran las personas que se asemejaban más al predicador que cualquier otra. Los religiosos, aunque estaban perdidos y ciegos para Cristo, estaban preocupados con la moralidad y la justicia. El corazón del predicador estaba atado con dolor para que *los ciegos religiosos* conocieran la verdad

> "que tengo gran tristeza y continuo dolor en mi corazón. Porque deseara yo mismo ser anatema, separado de Cristo, por amor a mis hermanos, los que son mis parientes según la carne" (Ro.9: 2-3).
> "Hermanos, ciertamente el anhelo de mi corazón, y mi oración a Dios por Israel, es para salvación" (Ro. 10:1).
> "Porque os acordáis, hermanos, de nuestro trabajo y fatiga; cómo trabajando de noche y de día, para no ser gravosos a ninguno de vosotros, os predicamos el evangelio de Dios" (1 Ts. 2: 9).

3 (17:17) *Buscando a Dios — Reverencia:* La segunda audiencia para el evangelio eran hombres y mujeres temerosos de Dios. La palabra "devoto" (sebomenois) significa aquellos que adoran, hombres y mujeres temerosos de Dios que no son judíos. Hay muchos en el mundo antiguo, muchos que estaban simplemente enfermos por la inmoralidad y las injusticias de su sociedad pagana y religiones politeístas. Por tanto, se volvían a la religión judía, siendo atraídos por el énfasis en un solo Dios y por las leyes que demandaban moralidad y justicia para todos (ver *Estudio a fondo 2, La Sociedad Corrupta*, Hch. 16:14; nota, 17:11 para discusión.)

> "para que busquen a Dios, si en alguna manera, palpando, puedan hallarle, aunque ciertamente no está lejos de cada uno de nosotros" (Hch. 17:27).
> "Mas si desde allí buscares a Jehová tu Dios, lo hallarás, si lo buscares de todo tu corazón y de toda tu alma" (Dt. 4: 29).
> "Buscad a Jehová mientras puede ser hallado, llamadle en tanto que está cercano" (Is. 55: 6).
> "y me buscaréis y me hallaréis, porque me buscaréis de todo vuestro corazón" (Jer. 29:13).

4 (17:17) *Evangelio — Materialismo:* La tercera audiencia para el evangelio era la persona o el ciudadano promedio de la comunidad. Estas eran personas o ciudadanos de la comunidad que…

- le daban poco importancia a la verdad, a lo que estaba detrás del mundo y del hombre, detrás del comportamiento y de la muerte.
- solo se acomodaba e iba tras la multitud, la sociedad y el mundo alrededor de ellos, sin importar si era justo o injusto, moral o inmoral.
- estaban preocupados con los asuntos día tras día y con el vivir práctico.

Eran la audiencia que se movía alrededor del mercado y en los lugares de compra de la comunidad., comprando y vendiendo, demostrando preocupación sobre…

- la apariencia y la fisonomía
- las ropas y los últimos estilos
- posesiones y cosas
- cuerpo y desarrollo
- aceptación social y popularidad
- posición y reconocimiento
- dinero y propiedad

Nota: Estos eran los materialistas del mundo, y los materialistas siempre dejan el corazón humano vacío y deseoso por algo que llenará la vida de uno y la satisfará. El corazón del materialista honesto es una muy buena audiencia para el evangelio.

> "Ninguno puede servir a dos señores; porque o aborrecerá al uno y amará al otro, o estimará al uno y menospreciará al otro. No podéis servir a Dios y a las riquezas" (Mt. 6:24).
> "Porque ¿qué aprovechará al hombre, si ganare todo el mundo, y perdiere su alma? ¿O qué recompensa dará el hombre por su alma?" (Mt. 16: 26).
> "Poned la mira en las cosas de arriba, no en las de la tierra" (Col. 3:2).
> "He aquí, yo estoy a la puerta y llamo; si alguno oye mi voz y abre la puerta, entraré a él, y cenaré con él, y él conmigo" (Ap. 3:20).
> "Y el Espíritu y la Esposa dicen: Ven. Y el que oye, diga: Ven. Y el que tiene sed, venga; y el que quiera, tome del agua de la vida gratuitamente" (Ap. 22:17).
> "Venid luego, dice Jehová, y estemos a cuenta: si vuestros pecados fueren como la grana, como la nieve serán emblanquecidos; si fueren rojos como el carmesí, vendrán a ser como blanca lana" (Is. l: l8).
> "A todos los sedientos: Venid a las aguas; y los que no tienen dinero, venid, comprad y comed. Venid, comprad sin dinero y sin precio, vino y leche" (Is. 55: 1).

5 (17:18) *Los epicúreos — Mundanalidad:* la cuarta audiencia para el evangelio eran los epicúreos o los buscadores de placer. La filosofía epicúrea ha estado en el mundo desde Adán. Sin embargo, los principios básicos fueron explicados por los filósofos griegos epicúreos (342-270 a.C.) Las creencias básicas son:

=> El mundo surgió por casualidad, por accidente.

=> Si hay dioses, están lejos y desinteresados en los asuntos de los hombres.

=> Al hombre se le dejó solitario para que descubriera la verdad y el placer de la vida.

=> No hay nada después de la muerte, no hay cielo, no hay infierno, no hay recompensa ni castigo. El hombre simplemente regresa a convertirse parte del polvo de la tierra.

Note cómo esta filosofía se centra en el hombre y su placer. Es humanista y materialista, dejando a Dios completamente fuera del cuadro. Note además el resultado de la filosofía epicúrea. Al hombre se le deja solitario para que descubra la verdad y su propio placer. Es libre de hacer cualquier cosa que le cause placer y felicidad a él y a la sociedad.

Una visión tan baja del hombre le guía a…

* hacer sus propias cosas.
* autogratificarse.
* comer, beber, y estar contento, porque mañana muere y deja de ser.
* tomarse libertades contra otros.
* complacerse por encima de otros.
* comportarse por interés propio egoístamente.
* ignorar y negar los derechos de otros para tener y edificar la felicidad y el placer de uno.

Los buscadores de placer están generalmente vacíos e inconformes, anhelando algo para llenar y satisfacer sus vidas. Son, por tanto, clientes de primera clase para el evangelio del Señor Jesucristo.

> "La que cayó entre espinos, éstos son los que oyen, pero yéndose, son ahogados por los afanes y las riquezas y los placeres de la vida, y no llevan fruto" (Lc. 8:14).
>
> "Mirad también por vosotros mismos, que vuestros corazones no se carguen de glotonería y embriaguez y de los afanes de esta vida, y venga de repente sobre vosotros aquel día. Y esto os será ocasión para dar testimonio" (Lc. 21:34).
>
> "Pero la que se entrega a los placeres, viviendo está muerta" (1 Ti. 5:6).
>
> "Porque nosotros también éramos en otro tiempo insensatos, rebeldes, extraviados, esclavos de concupiscencias y deleites diversos, viviendo en malicia y envidia, aborrecibles, y aborreciéndonos unos a otros" (Tit. 3:3).
>
> "¡Oh almas adúlteras! ¿No sabéis que la amistad del mundo es enemistad contra Dios? Cualquiera, pues, que quiera ser amigo del mundo, se constituye enemigo de Dios" (Stg. 4:4).

6 (17:18) *Los estoicos:* La quinta audiencia para el mensaje eran los estoicos o los racionalistas, los autocontrolados y disciplinados. La filosofía estoica fue formulada por Zeno (336-264 a.C.). Las creencias básicas son…

* Panteísmo: Dios existe en todo y en todos. *El espíritu fiero,* la energía de todo es Dios.

* Fatalismo: Todo lo que ocurra sucedió porque se suponía que sucediera. No hay ni bien ni mal en el mundo. Las cosas son de la forma que son y suceden porque están destinadas. No hay nada que alguien pueda hacer.

Note el resultado práctico de esta filosofía. Las personas —los que creen en un dios y creen que lo que suceda es *de ios* y que ese acontecimiento no se puede afectar por el hombre— se deslizan dentro de dos respuestas.

Primero, algunas personas tratan de controlar sus destinos. Se disciplinan y se controlan, usando todos los poderes imaginativos y la energía a su disposición y destino. Tratan de controlar su destino, intentando hacer que solo las cosas buenas sucedan. Aún se niegan así mismos los placeres simples y los gozos de la vida. Reprimen todos los sentimientos, porque las emociones y los sentimientos son señales de debilidad. La persona trata de ser autosuficiente, indiferente al dolor y al placer y guiada solamente por la razón.

Segundo, algunas personas razonan que no pueden hacer nada por su destino; por tanto, viven haciendo muy poco si es que algo. Toman cualquier cosa que viene como su destino y a la vida que se supone que vivan. Hacen pocas, si algunas, contribuciones insignificantes a la vida. Por supuesto, esto generalmente lleva a la complacencia, y al letargo, la pereza y a la inutilidad.

Los disciplinados, los auto-controlados y los legalistas generalmente sufren por liberación, por un espíritu de gozo y regocijo. Y, ellos, junto con los aletargados, los complacientes, los fatalistas generalmente se duelen por el cuidado y el interés del Señor Jesucristo. Son unos clientes de primera para la audiencia del evangelio.

> "Guardáis los días, los meses, los tiempos y los años. Me temo de vosotros, que haya trabajado en vano con vosotros" (Gá. 4:10-11).
>
> "porque el ejercicio corporal para poco es provechoso, pero la piedad para todo aprovecha, pues tiene promesa de esta vida presente, y de la venidera" (1 Ti. 4: 8).

7 (17:18-21) *Los filósofos:* la sexta audiencia para el evangelio eran los interrogadores de Cristo. Note algunos puntos.

1. Algunos de los epicúreos y de los filósofos estoicos confrontaron a Pablo. Algunos se burlaron en su cara, llamándolo "palabrero". Otros lo tomaron más seriamente, diciendo que estaba presentando un nuevo y *extraño dios* a las personas.

Pensamiento 1. Pablo resistió la burla, mantuvo su causa y rechazó que le despidieran. Quería la oportunidad de predicar el evangelio para que algunos pudieran ser salvos. ¡Que dinámico ejemplo para nosotros: deseosos de aguantar la burla para tratar de alcanzar a algunos escarnecedores de Cristo!

2. Era Jesús y la resurrección lo que confundía a los filósofos. Note: Pablo estaba proclamando a Jesús como el *Dios personal…*

* el Dios que está vitalmente interesado en nues-

tras vidas, lo suficientemente interesado para venir a la tierra y vivir y morir por nosotros.

• tal Dios que está tan interesado en nosotros que ha ordenado un día cuando nos resucitará a todos para verlo cara a cara. Y darle cuenta de nuestras vidas.

3. Los filósofos trajeron a Pablo al Aerópago, que es en griego el Monte de Marte. No se conoce si Pablo pidió compartir su dios con una congregación de todos los filósofos interesados de la ciudad o ante la corte oficial de la ciudad. Cualquiera que sea el caso, se hubiera rodeado por un gentío que le había seguido al Monte de Marte. Pablo estaba ansioso de predicar a Cristo.

4. La gran necesidad de los filósofos está claramente declarada por la Escritura. Ellos estaban…

- sin designio
- vacíos
- sin significado
- sin propósito provechoso

Habían buscado toda filosofía y pensamiento, creencia y posición en el mundo conocido en ese tiempo, y se habían quedado cortos en encontrar la verdad —la única verdad y el Dios viviente. Habían buscado por tanto tiempo y siempre terminando vacíos, que solo encontraron significado en la vida al escuchar las ideas nuevas y originales. No tenían esperanza de descubrir al único y abarcador Ser de la verdad.

"Profesando ser sabios, se hicieron necios" (Ro.1:22).

"Pues está escrito: Destruiré la sabiduría de los sabios, Y desecharé el entendimiento de los entendidos. ¿Dónde está el sabio? ¿Dónde está el escriba? ¿Dónde está el disputador de este siglo? ¿No ha enloquecido Dios la sabiduría del mundo" (1 Co.1: 19-21).

"Sin embargo, hablamos sabiduría entre los que han alcanzado madurez; y sabiduría, no de este siglo, ni de los príncipes de este siglo, que perecen" (1 Co.2: 6).

"Porque la sabiduría de este mundo es insensatez para con Dios; pues escrito está: El prende a los sabios en la astucia de ellos. Y otra vez: El Señor conoce los pensamientos de los sabios, que son vanos" (1 Co. 3:19-20).

"para que ya no seamos niños fluctuantes, llevados por doquiera de todo viento de doctrina, por estratagema de hombres que para engañar emplean con astucia las artimañas del error" (Ef. 4:14).

"Mirad que nadie os engañe por medio de filosofías y huecas sutilezas, según las tradiciones de los hombres, conforme a los rudimentos del mundo, y no según Cristo" (Col. 2:8).

"porque esta sabiduría no es la que desciende de lo alto, sino terrenal, animal, diabólica" (Stg. 3:15)

	J. Atenas (parte 2): predicando a un pueblo pagano, 17:22-34	28 Porque en él vivimos, y nos movemos, y somos; como algunos de vuestros propios poetas también han dicho: Porque linaje suyo somos.	b. El hombre es linaje de Dios: es responsable de buscar a Dios
1 Pablo predicó en el Areópago 2 El hombre busca a Dios	22 Entonces Pablo, puesto en pie en medio del Areópago, dijo: Varones atenienses, en todo observo que sois muy religiosos;	29 Siendo, pues, linaje de Dios, no debemos pensar que la Divinidad sea semejante a oro, o plata, o piedra, escultura de arte y de imaginación de hombres.	7 Dios ahora demanda arrepentimiento a. Por los pecados del hombre: su idolatría
3 Dios no estaba escondido ni era desconocido	23 porque pasando y mirando vuestros santuarios, hallé también un altar en el cual estaba esta inscripción: AL DIOS NO CONOCIDO. Al que vosotros adoráis, pues, sin conocerle, es a quien yo os anuncio.	30 Pero Dios, habiendo pasado por alto los tiempos de esta ignorancia, ahora manda a todos los hombres en todo lugar, que se arrepientan;	b. Porque se han acabado los días de la ignorancia
4 Dios es el Creador a. El Señor del cielo y la tierra b. El Dios omnipresente	24 El Dios que hizo el mundo y todas las cosas que en él hay, siendo Señor del cielo y de la tierra, no habita en templos hechos por manos humanas,	31 por cuanto ha establecido un día en el cual juzgará al mundo con justicia, por aquel varón a quien designó, dando fe a todos con haberle levantado de los muertos.	8 Dios ha designado un día para juzgar al mundo a. El juicio: Justicia b. El juez: Jesucristo c. La seguridad del juicio: la resurrección de Jesús.
c. El Creador, no la criatura d. Suficiente por sí mismo e. El Dador de la vida y de todas las cosas	25 ni es honrado por manos de hombres, como si necesitase de algo; pues él es quien da a todos vida y aliento y todas las cosas.	32 Pero cuando oyeron lo de la resurrección de los muertos, unos se burlaban, y otros decían: Ya te oiremos acerca de esto otra vez.	9 Los resultados del mensaje a. Algunos se burlaron b. Algunos se apartaron
5 Dios guía la historia de todos los hombres y naciones a. Todos los hombres vienen de un mismo lugar b. Todos los hombres tienen un tiempo designado para vivir y también límites	26 Y de una sangre ha hecho todo el linaje de los hombres, para que habiten sobre toda la faz de la tierra; y les ha prefijado el orden de los tiempos, y los límites de su habitación;	33 Y así Pablo salió de en medio de ellos. 34 Mas algunos creyeron, juntándose con él; entre los cuales estaba Dionisio el areopagita, una mujer llamada Dámaris, y otros con ellos	c. El predicador salió de en medio de ellos d. Algunos creyeron
6 Dios tiene un propósito al crear al hombre: que lo busque y lo conozca a. Dios puede ser hallado	27 para que busquen a Dios, si en alguna manera, palpando, puedan hallarle, aunque ciertamente no está lejos de cada uno de nosotros.		

DIVISIÓN VIII

LA SEGUNDA MISIÓN DE PABLO A LOS GENTILES: EUROPA, 15:36–18:22

J. Atenas (parte 2): predicando a un pueblo pagano, 17:22-34

(17:22-34) Introducción: Todo inconverso debe escuchar el mensaje predicado al pueblo pagano.

1. Pablo predicó en el Areópago (v. 22).
2. El hombre busca a Dios (v. 22).
3. Dios no no estaba escondido ni era desconocido (v. 23).
4. Dios es el Creador (vv. 24-25).
5. Dios guía la historia de todos los hombres y naciones (v. 26).
6. Dios tiene un propósito al crear al hombre: que lo busque y lo conozca (vv. 27-28).
7. Dios ahora demanda arrepentimiento (vv. 29-30).
8. Dios ha designado un día para juzgar al mundo (v. 31).
9. Los resultados del mensaje (vv. 32-34).

1 (17:22) *Evangelio — Predicación:* Pablo se paró en el medio del Areópago listo para predicar. Se paró donde tantos de los grandes filósofos del mundo se habían parado, filósofos como Sócrates, Platón y Aristóteles. Ellos habían expuesto que los grandes pensamientos de sus filosofías; ahora Pablo estaba a punto de proclamar las grandes verdades de Dios. La corte oficial se sentó ante él y una gran multitud de filósofos y de poetas interesados y de ciudadanos lo rodearon. Ahí se sentaron todos los atenienses, completamente vacíos de conocimiento del vivo y verdadero Dios. El momento más trascendental de su vida estaba a punto de ocurrir.

Estaban a punto de oír las nuevas más gloriosas que jamás se le proclamó al hombre: que Dios se reveló y se dio a conocer al hombre. Envió a su Hijo, el Señor Jesucristo, para salvar al mundo del pecado, de la muerte y del juicio. Dios estaba profundamente preocupado por el bienestar del hombre. El mensaje de Pablo incluía ocho puntos.

2 (17:22) *Hombre — Búsqueda de Dios:* Dios fue buscado por el hombre. Note las palabras, *ustedes son muy supersticiosos, muy religiosos.* (hos desidaimonesterous). La palabra se puede traducir de cualquiera de las dos formas. El hecho de que el hombre es religioso y supersticioso revela que está buscando a Dios. Los hombres adoran porque buscan a Dios. Sus corazones…

- están inquietos, buscando la paz y la vida con Dios.
- están hambrientos, buscando tener el cuidado y la provisión de Dios.
- están temerosos, buscando la protección de Dios.

> "Mas ¿dónde se hallará la sabiduría? ¿Dónde está el lugar de la inteligencia? Y dijo al hombre: He aquí que el temor del Señor es la sabiduría, Y el apartarse del mal, la inteligencia" (Job 28:12, 28).
>
> "me hicieron airar con sus imágenes de talla, con vanidades ajenas? Pasó la siega, terminó el verano, y nosotros no hemos sido salvos" (Jer. 8: 20).
>
> "buscad al que hace las Pléyades y el Orión, y vuelve las tinieblas en mañana, y hace oscurecer el día como noche; el que llama a las aguas del mar, y las derrama sobre la faz de la tierra; Jehová es su nombre" (Am. 5:8).

3 (17:23) *Dios — Idolatría:* Dios no está escondido. No es desconocido. Como Pablo había caminado a través de la gran ciudad de Atenas, había leído muchas de las inscripciones escritas en los monumentos y los ídolos. Una en particular había acaparado su atención: el altar "AL DIOS NO CONOCIDO" (AGNOSTO THEO). Note algunos hechos.

1. La palabra "devociones" (tasebasmata) denota los objetos del culto tales como los ídolos, altares e imágenes.

2. Las personas reconocieron que había un dios desconocido y lo adoraban, pero no lo conocían.

Ninguno de los dioses satisfacían a las personas. Sus vidas y religiones estaban aún vacías y añoraban algo. La inquietud, y el hambre, y el miedo estaban aún en sus corazones y mentes, especialmente en los momentos de soledad. Ninguna de las religiones o de los dioses creados por la imaginación del hombre satisficieron ni les proveyeron de sus necesidades. Todo lo que podían hacer era adorar a *un dios no conocido;* a pesar de que no sabían nada de él, lo adoraban.

Note lo que Pablo hizo: él les declaró que conocía al Dios no conocido. Él lo conocía personalmente y era a Él a quien Pablo anunciaba.

> "Y toda aquella generación también fue reunida a sus padres. Y se levantó después de ellos otra generación que no conocía a Jehová, ni la obra que él había hecho por Israel" (Jue.2:10).
>
> "Porque mi pueblo es necio, no me conocieron; son hijos ignorantes y no son entendidos; sabios para hacer el mal, pero hacer el bien no supieron" (Jer.4:22).
>
> "A griegos y a no griegos, a sabios y a no sabios soy deudor. Así que, en cuanto a mí, pronto estoy a anunciaros el evangelio también a vosotros que estáis en Roma. Porque no me avergüenzo del evangelio, porque es poder de Dios para salvación a todo aquel que cree; al judío primeramente, y también al griego" (Ro.1: 14-16).
>
> "Además os declaro, hermanos, el evangelio que os he predicado, el cual también recibisteis, en el cual también perseveráis; por el cual asimismo, si retenéis la palabra que os he predicado, sois salvos, si no creísteis en vano. Porque primeramente os he enseñado lo que asimismo recibí: Que Cristo murió por nuestros pecados, conforme a las Escrituras; y que fue sepultado, y que resucitó al tercer día, conforme a las Escrituras" (1 Co.15: 1-4).

4 (17:24-25) *Dios, Creador:* Dios es el Creador. Pablo declaró seis puntos significativos acerca de Dios el Creador.

1. Dios hizo el mundo y todas las cosas que en él están (el cosmos, el universo completo.) El asunto es impresionante. Solo hay un Dios el cual…

- es supremo
- ha creado el mundo (el cosmos, el universo)
- es absoluto
- ha creado todo en el mundo
- es todo poderoso
- Él mismo ha creado al hombre (el cual es parte del universo)
- es todo circundante

> "Tú solo eres Jehová; tú hiciste los cielos, y los cielos de los cielos, con todo su ejército, la tierra y todo lo que está en ella, los mares y todo lo que hay en ellos; y tú vivificas todas estas cosas, y los ejércitos de los cielos te adoran. " (Neh.9:6; cp. Hch. 14:15).
>
> "Por la fe entendemos haber sido constituido el universo por la palabra de Dios, de modo que lo que se ve fue hecho de lo que no se veía" (He. 11:3).
>
> "En el principio creó Dios los cielos y la tierra. " (Gn. 1:1).

Note la razón: si hay un solo Dios Supremo, entonces no hay más dioses. Todos los otros dioses son falsos. Son solo la creación de la mente humana y del objeto del deseo del hombre.

Pensamiento 1. Los hombres de toda generación necesitan atender a este punto, porque los hombres adoran muchos falsos dioses e ídolos. Ponen su confianza y certidumbre en las cosas del mundo tales como…

el dinero	las casa
la propiedad	la posición
la fama	los carros
las ropas	la educación
el gobierno	la religión

- el ego   - la humanidad

Cualquiera de estas y muchas otras cosas pueden convertirse en los dioses del hombre contemporáneo, los objetos primarios de su confianza y de su atención, energía y esfuerzos, esperanza y confianza. Pero note la declaración de Pablo: hay solo un Dios, Uno solo que puede cuidar y encargarse del hombre; solo Uno que creó el universo. No hay otro Dios digno de la confianza, de la adoración, del tiempo, y de la energía del hombre.

2. Dios es el señor del cielo y de la tierra. Él es el Maestro, el gobernante sobre todo. El punto es claro. Como Señor, el Dios Desconocido del hombre es al que todos los hombres le deben lealtad y adoración. Los hombres no deben inclinarse ni servir a otros dioses. (Ver *Estudio a fondo 2, Señor*, Hch. 2:36 para más discusión.)

> **"Por tanto, al Rey de los siglos, inmortal, invisible, al único y sabio Dios, sea honor y gloria por los siglos de los siglos. Amén" (1 Ti. 1: 17).**

> **"Y oí como la voz de una gran multitud, como el estruendo de muchas aguas, y como la voz de grandes truenos, que decía: ¡Aleluya, porque el Señor nuestro Dios Todopoderoso reina" (Ap.19: 6).**

> **"Jehová reinará eternamente y para siempre" (Éx.15: l8).**

> **"y dijo: Jehová Dios de nuestros padres, ¿no eres tú Dios en los cielos, y tienes dominio sobre todos los reinos de las naciones? ¿No está en tu mano tal fuerza y poder, que no hay quien te resista?" (2 Cr. 20: 6)**

> **"Porque de Jehová es el reino, Y él regirá las naciones" (Sal. 22: 28).**

> **"¿Quién es este Rey de gloria? Jehová de los ejércitos, El es el Rey de la gloria" (Sal. 24: 10).**

3. Dios es el creador, no lo creado. Él no habita en templos hechos por las manos del hombre.

=> Las ideas y las imaginaciones acerca de Dios no son Dios. El hombre no puede crear a Dios a partir su mente.

=> Los templos que el hombre edifica para contener la presencia de Dios en realidad no pueden contenerla. Dios está por encima del los cielos. Él es el creador, el Señor del cielo y de la tierra.

Pensamiento 1. Los hombres generalmente adoran lo que ellos han hecho *con sus propias manos* y mentes. Puede ser una religión hecha por los hombres o alguna cosa hecha por el hombre en el mundo Cualquier cosa que sea es falsa. Es solo la creación misma del hombre y no le puede hacer ningún bien más allá de este mundo. Hay un solo Dios y es el Creador del hombre, no el creado.

> **"En el principio creó Dios los cielos y la tierra" (Gé. 1:1).**

> **"Tú solo eres Jehová; tú hiciste los cielos, y los cielos de los cielos, con todo su ejército, la tierra y todo lo que está en ella, los mares y todo lo que hay en ellos; y tú vivificas todas estas cosas, y los ejércitos de los cielos te adoran" (Neh.9: 6).**

> **"El extiende el norte sobre vacío, Cuelga la tierra sobre nada" (Job 26:7).**

> **"Desde el principio tú fundaste la tierra, Y los cielos son obra de tus manos" (Sal.102: 25).**

> **"y diciendo: Varones, ¿por qué hacéis esto? Nosotros también somos hombres semejantes a vosotros, que os anunciamos que de estas vanidades os convirtáis al Dios vivo, que hizo el cielo y la tierra, el mar, y todo lo que en ellos hay" (Hch. 14:15).**

> **"Por la fe entendemos haber sido constituido el universo por la palabra de Dios, de modo que lo que se ve fue hecho de lo que no se veía" (He. 11:3).**

4. Dios es el Suficiente. No necesita nada. Los hombres pueden pensar que Dios necesita sus vidas, su adoración, sus ofrendas, y sus servicios, pero Dios no necesita a los hombres. No necesita nada de lo que el hombre tiene. El hombre no puede ayudar a Dios ni beneficiar a Dios absolutamente.

El asunto es chocante a la mente del hombre. Esto significa que todo lo que el hombre es, él mismo, y su mundo, son dones de Dios. Dios ha hecho al hombre porque Dios es amoroso, afable, dador, no porque Él necesita al hombre. El hombre no le tiene que ofrecer nada a Dios, el hombre no existe porque Dios lo necesita. El hombre existe porque Dios ama y quiere demostrarle su amor al hombre.

> **"Y no nos metas en tentación, mas líbranos del mal; porque tuyo es el reino, y el poder, y la gloria, por todos los siglos. Amén" (Mt.6: 13).**

> **"He aquí, arrebatará; ¿quién le hará restituir? ¿Quién le dirá: ¿Qué haces?" (Job 9:12).**

> **"Y conozcan que tu nombre es Jehová; Tú solo Altísimo sobre toda la tierra" (Sal.83: 18)**

> **"La tierra no se venderá a perpetuidad, porque la tierra mía es; pues vosotros forasteros y extranjeros sois para conmigo" (Lv. 25: 23).**

> **"Porque ¿quién soy yo, y quién es mi pueblo, para que pudiésemos ofrecer voluntariamente cosas semejantes? Pues todo es tuyo, y de lo recibido de tu mano te damos" (1 Cr. 29:14).**

> **"De Jehová es la tierra y su plenitud; El mundo, y los que en él habitan" (Sal. 24:1).**

5. Dios es el Dador de la vida y del aliento y de todas las cosas. Él es la fuente única de la existencia del hombre. El que da y sostiene la vida. Nota: Dios está activamente involucrado en dar tres cosas a todos los seres…

- vida
- aliento
- todas las cosas

Todo lo que el hombre tiene y lo que le concierne viene de la mano de Dios. Dios no está alejado en alguna parte del espacio exterior, inalcanzable. Él está activamente involucrado en la vida del hombre, aun en su mismo aliento y en el ofrecimiento de todas las cosas.

> **"Toda buena dádiva y todo don perfecto desciende de lo alto, del Padre de las luces, en el cual no hay mudanza, ni sombra de variación" (Stg. l: 17).**

> **"diste alabanza a dioses de plata y oro, de bronce, de hierro, de madera y de piedra, que ni ven, ni oyen, ni saben; y al Dios en cuya mano está tu vida, y cuyos son todos tus caminos, nunca honraste" (Dn. 5:23).**

5 (17:26) *Dios, soberanía:* Dios guía la historia de todos los hombres y de las naciones. Esta es una revelación fenomenal.

1.   Todos los hombres vienen de una misma fuente, de Dios mismo. Todos los hombres vienen de la misma sangre y naturaleza. Ningún hombre o nación está por encima de otra. Todos son iguales, todos están ante Dios. Nadie es el favorito de Dios. Dios no muestra parcialidad con una persona sobre otra: a judíos o gentiles, a los religiosos o a los paganos.

2.   A todos los hombres y naciones se les "asignó un tiempo" para vivir y se les dan "límites" dentro de los cuales vivir. Dios supervisa el nacimiento y la vida de toda persona y nación. Está activamente involucrado en el mundo y en las vidas de las personas. El hombre solamente necesita reconocer y alcanzarlo a Él y a Él solamente, entonces el hombre vendrá a conocer la gloriosa atención y la guía de la mano de Dios.

Pensamiento 1. Note cómo Dios está en control de la historia humana, de las naciones y de los individuos. Él gobierna sobre todo, guiando y dirigiendo y manteniendo a todo el mundo dentro de ciertos límites. Lo que se necesita tan desesperadamente es que los hombres pongan su confianza en Dios para que puedan venir a conocer su cuidado en sus vidas.

"**Y no nos metas en tentación, mas líbranos del mal; porque tuyo es el reino, y el poder, y la gloria, por todos los siglos**" (Mt. 6: 13).

"**Jehová preside en el diluvio, Y se sienta Jehová como rey para siempre**" (Sal. 29:10).

"**Y conozcan que tu nombre es Jehová; Tú solo Altísimo sobre toda la tierra**" (Sal. 83: 18).

"**Jehová reina; se vistió de magnificencia; Jehová se vistió, se ciñó de poder. Afirmó también el mundo, y no se moverá**" (Sal. 93: 1).

"**Todo lo que Jehová quiere, lo hace, En los cielos y en la tierra, en los mares y en todos los abismos**" (Sal. 135:6).

"**Y Daniel habló y dijo: Sea bendito el nombre de Dios de siglos en siglos, porque suyos son el poder y la sabiduría**" (Dn. 2: 20).

"**Todos los habitantes de la tierra son considerados como nada; y él hace según su voluntad en el ejército del cielo, y en los habitantes de la tierra, y no hay quien detenga su mano, y le diga: ¿Qué haces?**" (Dn. 4: 35).

6 (17:27-28) *Creación — Idolatría:* Dios tiene un gran propósito al crear a los hombres para que los hombres sigan y conozcan a Dios. El hombre nunca debió alejarse de Dios y caer en la idolatría (cp. Ro. 1:18-32). Pero ya que el hombre lo ha hecho, necesita desesperadamente buscar a Dios para hacer todo lo que pueda para encontrarle. Hay dos razones dadas por las que el hombre debe buscar y seguir a Dios.

1.   Dios no está lejos. Él está cerca de todos nosotros. Se puede encontrar. ¿Cuán cerca está Dios? Es en Dios que vivimos y nos movemos y tenemos nuestro ser. Estamos en el centro de Él y de Sus obras. Si solamente miramos, podemos ver cómo Él da y sostiene nuestras vidas y movimientos. Nosotros le seguimos y una vez que lo hayamos encontrado, le podremos invocar y Él se nos dará a conocer. Nota: los hombres deben ver a Dios en la revelación natural, en el mundo alrededor de ellos.

2.   El hombre es linaje de Dios (vv.28-29). Por tanto, el hombre es responsable de buscar a Dios. Pablo cita al poeta

griego Arato (sobre el 270 a.C.). El asunto es fuerte:

=> Si el hombre desciende de Dios, entonces los ídolos son menores que el hombre, ya que los ídolos fueron hechos por la mente del hombre. El hombre es superior a los ídolos, por tanto, adorar a los ídolos es degradar la posición exaltada que Dios le ha dado al hombre.

=> Si el hombre es criatura de Dios, entonces algo creado por el hombre es menos que Dios. Dios está por encima de todo lo que el hombre hace. Por tanto, exaltar las obras de las manos de hombre por encima de Dios, es degradar la posición de Dios y del hombre.

"**Mas si desde allí buscares a JEHOVÁ tu Dios, lo hallarás, si lo buscares de todo tu corazón y de toda tu alma**" (Dt.4: 29).

"**Buscad a Jehová y su poder; Buscad siempre su rostro**" (Sal.105: 4).

"**Buscad a Jehová mientras puede ser hallado, llamadle en tanto que está cercano**" (Is.55: 6).

"**Sembrad para vosotros en justicia, segad para vosotros en misericordia; haced para vosotros barbecho; porque es el tiempo de buscar a Jehová, hasta que venga y os enseñe justicia**" (Os.10: 12).

7 (17:29-30) *Arrepentimiento:* Dios ahora demanda que todo hombre se arrepienta. Hay dos razones por las que el hombre debe arrepentirse.

1. El hombre se debe arrepentir debido a su pecado y a la idolatría El hombre no debe adorar ídolos de ningún tipo, invisibles o visibles, de la mente o materiales, de la imaginación o del mundo. Note cómo expresa la exhortación "No debemos pensar" que la Divinidad sea semejante a oro, o plata, o piedra, escultura de arte y de imaginación de hombres. La palabra que se traduce imaginación (enthumeseos) significa pensamientos internos. Todo hombre tiene un *concepto*, una opinión acerca de Dios. Pero no debiéramos. Debemos buscar y seguir al *único Dios viviente y verdadero*. Toda persona tiene la responsabilidad de abandonar a los ídolos de este mundo para encontrar a Dios?

2. El hombre se debe arrepentir porque estos días de ignorancia se acabaron. Antes de ahora Dios le guiñó un ojo (huperidon) a la ignorancia del hombre —no en el sentido de cerrar Sus ojos o de condonar la idolatría del hombre., sino que pasó por alto la ignorancia del hombre hasta que Él pudiera preparar al hombre para la venida de Su Hijo. Ahora el Hijo de Dios ha venido, y Dios demanda que todos los hombres se arrepientan. (ver *Estudio a fondo 1,* Hch. 17: 29-30).

ESTUDIO A FONDO 1

(17:29-30) *Arrepentimiento:* Cambiar, volverse, cambiar la mente de uno, cambiar la vida de uno. Estar lejos del pecado y volverse hacia Dios. Es un cambio de mente, un abandono del pecado. Es alejar el pecado de nuestros pensamientos y comportamiento. Es tomar la decisión de nunca más pensar o hacer algo. (Cp. Mt.3: 2; Lc 13:2-3; Hch. 2:38; 3:19; 8:22; 26:20.) El cambio es darle la espalda a la mentira, el robo, el engaño, la inmoralidad, el maldecir, las borracheras y otros de los así llamados pecados *de la carne.* Pero el cambio es también alejarse de los silenciosos pecados del espíritu, como la vida centrada en sí mismo, el egoísmo, la envidia, la amargura, el orgullo, la codicia, la ira, los malos pensamientos, la desesperanza, la pereza, los celos, la lujuria.

1. El arrepentimiento involucra dos cambios de dirección. Uno negativo al alejarnos del pecado y otro positivo al volvernos hacia Dios. Es volvernos a Dios y alejarnos del pecado, ya sean pecados de pensamiento o de acción (Ver nota, Arrepentimiento — Lc. 3:3. Cp. 1 Ts. 1:9, Hch 14:15).

2. El arrepentimiento es más que sentir pesar. El pesar puede o no estar involucrado en el arrepentimiento. Una persona se puede arrepentir simplemente porque desea, y actuar en pro de un cambio; o una persona puede arrepentirse porque siente un pesar muy grande en su interior. Pero la sensación o sentimiento de pesar no es arrepentimiento. El arrepentimiento es tanto el cambio de mente como el acto de alejarnos del pecado y volvernos hacia Dios. (Ver *Estudio a fondo 1* — 2 Co. 7:10).

8 (17:31) *Juicio:* Dios ha establecido un día para juzgar al mundo. La palabra "establecido" es significativa. El día de juicio ya ha sido designado, ya está determinado. Note tres puntos.

1. El juicio tiene que ver con la justicia, la forma en que los hombres viven y se comportan. La vida no cesa en la sepultura (los epicúreos, los buscadores de placer), ni pasa al interior de una bola grande de energía con todo el mundo entrando a Dios. La vida está llena de significado, lo que quiere decir que…

• está planeada y guiada por amor y preocupación .
• es justa y ética.

"Cuando el Hijo del Hombre venga en su gloria, y todos los santos ángeles con él, entonces se sentará en su trono de gloria, y serán reunidas delante de él todas las naciones; y apartará los unos de los otros, como aparta el pastor las ovejas de los cabritos" (Mt. 25:31-32).

"en el día en que Dios juzgará por Jesucristo los secretos de los hombres, conforme a mi evangelio" (Ro. 2:16).

"De manera que cada uno de nosotros dará a Dios cuenta de sí" (Ro. 14:12).

"Y de la manera que está establecido para los hombres que mueran una sola vez, y después de esto el juicio" (He. 9:27).

"pero los cielos y la tierra que existen ahora, están reservados por la misma palabra, guardados para el fuego en el día del juicio y de la perdición de los hombres impíos" (2 P.3:7).

"De éstos también profetizó Enoc, séptimo desde Adán, diciendo: He aquí, vino el Señor con sus santas decenas de millares, para hacer juicio contra todos, y dejar convictos a todos los impíos de todas sus obras impías que han hecho impíamente, y de todas las cosas duras que los pecadores impíos han hablado contra él" (Jud. 14-15).

"Y vi a los muertos, grandes y pequeños, de pie ante Dios; y los libros fueron abiertos, y otro libro fue abierto, el cual es el libro de la vida; y fueron juzgados los muertos por las cosas que estaban escritas en los libros, según sus obras" (Ap. 20:12).

2. El juez es Jesucristo, el Hombre ordenado por Dios (ver nota, Juicio, 10:42 para discusión).

3. La seguridad del juicio es la resurrección de Jesús (ver notas, Hch. 10:40 para discusión y otros versículos. Cp. Jn. 5:27-29).

9 (17:32-34) *Evangelio — Predicación:* Los resultados del mensaje. Note que a Pablo se le interrumpió y se le detuvo para que no completara su mensaje. Los resultados fueron trágicos y maravillosos.

1. Algunos se burlaron. En particular se burlaron de la resurrección. La mayoría sentía que la vida cesaba con la muerte o que la persona pasaba a una nube esponjosa, algunos a un estado medio dormidos y medio conscientes.

=> La idea de que la vida sería tan llena de significado que el hombre existiría para siempre — que literalmente se levantaría de los muertos y viviría en un estado perfecto — sencillamente era algo más allá de su entendimiento.

2. Algunos pospusieron hacer una decisión. Estaban pensativos, tratando de captar el mensaje y pensar en las implicaciones, en lo que significaría vivir una vida de justicia, el gran precio que tendrían que pagar. Simplemente no estaban listos para hacer tal compromiso, todavía no.

"Después que el padre de familia se haya levantado y cerrado la puerta, y estando fuera empecéis a llamar a la puerta, diciendo: Señor, Señor, ábrenos, él respondiendo os dirá: No sé de dónde sois" (Lc.13:25).

"Pero al disertar Pablo acerca de la justicia, del dominio propio y del juicio venidero, Félix se espantó, y dijo: Ahora vete; pero cuando tenga oportunidad te llamaré" (Hch. 24:25).

"Pasó la siega, terminó el verano, y nosotros no hemos sido salvos" (Jer.8:20).

3. Pablo se alejó de ellos. Había hecho su deber para con ellos, proclamó el glorioso mensaje de la salvación. Ahora le tocaba a la audiencia arrepentirse o no.

4. Algunos creyeron. Dionisio era uno de los jueces de la gran corte de Atenas. Dámaris era el nombre de una mujer. Mujeres respetables de Atenas no hubieran estado en la multitud del mercado escuchando a Pablo. Por tanto, era probablemente una mujer de un carácter inmoral. Había además otros que fueron salvos, pero no se nombraron.

Pensamiento 1. El evangelio tiene el poder de alcanzar a todos: los de clase alta, los de clase baja, y los no salvos.

"Mas a todos los que le recibieron, a los que creen en su nombre, les dio potestad de ser hechos hijos de Dios" (Jn.l:12).

"que si confesares con tu boca que Jesús es el Señor, y creyeres en tu corazón que Dios le levantó de los muertos, serás salvo. Porque con el corazón se cree para justicia, pero con la boca se confiesa para salvación" (Ro.10: 9-10).

"porque todo aquel que invocare el nombre del Señor, será salvo" (Ro.10: 13).

"Porque por gracia sois salvos por medio de la fe; y esto no de vosotros, pues es don de Dios; no por obras, para que nadie se gloríe" (Ef.2: 8-9).

CAPÍTULO 18

K. Corinto, el puente de Grecia: un cristiano indiscutible[EF1]**, 18:1-17**

1 Pablo dejó Atenas y viajó a Corinto

2 Encontró y edificó a las personas[EF2]

3 Trabajó cuando fue necesario

4 Adoró y enseñó todos los días de reposo

5 Experimentó una terrible presión y rechazo, pero siguió adelante
  a. Estaba presionado en espíritu.
  b. Fue rechazado: Los judíos se opusieron y blasfemaron.

  c. se volvió de los judíos a los gentiles.
6 Se identificó con las personas a las cuales ministró

7 Testificó a los de alta y a los de baja posición

1 Después de estas cosas, Pablo salió de Atenas y fue a Corinto.
2 Y halló a un judío llamado Aquila, natural del Ponto, recién venido de Italia con Priscila su mujer, por cuanto Claudio había mandado que todos los judíos saliesen de Roma. Fue a ellos,
3 y como era del mismo oficio, se quedó con ellos, y trabajaban juntos, pues el oficio de ellos era hacer tiendas.
4 Y discutía en la sinagoga todos los días de reposo, y persuadía a judíos y a griegos.
5 Y cuando Silas y Timoteo vinieron de Macedonia, Pablo estaba entregado por entero a la predicación de la palabra, testificando a los judíos que Jesús era el Cristo.
6 Pero oponiéndose y blasfemando éstos, les dijo, sacudiéndose los vestidos: Vuestra sangre sea sobre vuestra propia cabeza; yo, limpio; desde ahora me iré a los gentiles.
7 Y saliendo de allí, se fue a la casa de uno llamado Justo, temeroso de Dios, la cual estaba junto a la sinagoga.
8 Y Crispo, el principal de la sinagoga, creyó en el Señor

con toda su casa; y muchos de los corintios, oyendo, creían y eran bautizados.
9 Entonces el Señor dijo a Pablo en visión de noche: No temas, sino habla, y no calles;
10 porque yo estoy contigo, y ninguno pondrá sobre ti la mano para hacerte mal, porque yo tengo mucho pueblo en esta ciudad.
11 Y se detuvo allí un año y seis meses, enseñándoles la palabra de Dios.
12 Pero siendo Galión procónsul de Acaya, los judíos se levantaron de común acuerdo contra Pablo, y le llevaron al tribunal,
13 diciendo: Este persuade a los hombres a honrar a Dios contra la ley.
14 Y al comenzar Pablo a hablar, Galión dijo a los judíos: Si fuera algún agravio o algún crimen enorme, oh judíos, conforme a derecho yo os toleraría.
15 Pero si son cuestiones de palabras, y de nombres, y de vuestra ley, vedlo vosotros; porque yo no quiero ser juez de estas cosas.
16 Y los echó del tribunal.
17 Entonces todos los griegos, apoderándose de Sóstenes, principal de la sinagoga, le golpeaban delante del tribunal; pero a Galión nada se le daba de ello.

8 Enfrentó un terrible desaliento
  a. Su miedo

  b. El aliento y presencia de Dios

  c. Su fidelidad al llamado de Dios

9 Vio la mano de Dios obrando
  a. Los judíos arrestaron a Pablo y lo llevaron a juicio
  b. La acusación

  e. El veredicto

  d. El castigo recíproco

DIVISIÓN VIII

LA SEGUNDA MISIÓN DE PABLO A LOS GENTILES: EUROPA, 15:36–18:22

K. Corinto, el puente de Grecia: un cristiano indiscutible, 18:1-17

(18:1-17) Introducción: El ministerio de Pablo en Corinto contiene muchas lecciones para el creyente cristiano. Pablo demostró por la fuerza lo que se necesita para ser un indisputable discípulo del Señor.

1. Pablo dejó Atenas y viajó a Corinto (v. 1).
2. Encontró y edificó a las personas (v. 2).
3. Trabajó cuando fue necesario (v. 3).
4. Adoró y enseñó todos los días de reposo (v. 4).
5. Experimentó una terrible presión y rechazo, pero siguió adelante (vv. 5-6).
6. Se identificó con las personas a las cuales ministró (v. 7).
7. Testificó a los de alta y a los de baja posición (v. 8).
8. Enfrentó un terrible desaliento (vv. 9-11).
9. Vio a la mano de Dios obrando (vv. 12-17).

ESTUDIO A FONDO 1

(18:1:17) *Corinto:* Era una de las ciudades más importantes de Grecia, una península en la punta sur de Grecia con un ancho de apenas 8 kilómetros. (Ver mapa, Introducción a los Hch.) Estaba bordeada por dos puertos, uno estaba en la costa oeste y el otro en la este. Todo tráfico del norte o del sur pasaba justamente a través de la ciudad. Se conocía como la ciudad vigía, *la guardiana,* el ojo de Grecia, y como tal se convirtió en una ciudad de gran riqueza. Era cosmopolita, compuestas de griegos, romanos y aventureros que empleaban y tramitaban sus negocios día a día y frecuentaban de noche los centros nocturnos. Era una ciudad enloquecida por el placer, revolcándose en la sensualidad y la extorsión. Sus templos consagrados a la diosa de la fertilidad, Afrodita. Era una ciudad de mente deportiva, el hogar de los Juegos Ístmicos, segundos de los Juegos Olímpicos. Era justamente el tipo de ciudad metropolitana que Pablo estaba buscando para esparcir el evangelio al mundo entero. (Ver 1 Corintios, Notas introductorias, Rasgos Especiales, punto 1.) La iglesia en Corinto nos ha permitido contar con el mayor escrito dentro de las epístolas de Pablo, 1 y 2 Corintios. Cuando Pablo entró a Corinto, entró con debilidad y con temor y mucho temblor (Hch. 2:3) —al parecer decepcionado. Se había enfrentado a una severa oposición en sus tres ministerios anteriores. Los judaizantes lo habían echado de Filipos, Tesalónica y Berea. Aún en Atenas había experimentado poco éxito. Ahora en Corinto, se enfrentaba a una mezcolanza de todo tipo, una ciudad con población y cultura diversas, una población que era orgullosa, intelectual, ocupada e inmoral. Él estaba al parecer solo, Silas y Timoteo se habían quedado en Macedonia para ministrar. Él estaba, por decirlo de una forma, a la sola misericordia de Dios.

Dios proveyó para las necesidades de Pablo. Casi inmediatamente Dios le puso en el camino a dos creyentes, Aquila y Priscila, que eran tenderos de profesión. Estos dos piadosos judíos habían sido expulsados de Roma junto con otros judíos por decreto del emperador Claudio (Hch. 18:2-3). Silas y Timoteo también regresaron a él inmediatamente, trayendo noticias de la posición firme de los creyentes de Tesalónica contra la persecución (Hch. 18:5). Animado y presionado en su espíritu, Pablo entró inmediatamente en la sinagoga y comenzó su ministerio, testificando que Jesús es el Cristo. (Hch. 18:5). Pablo logró tanto éxito que los judíos hostiles le obligaron a salir de la sinagoga. Se desplazó a la puerta al lado de la sinagoga, a una casa donde habitaba Justo. El hogar de Justo se convirtió en su base de operaciones. A parecer para prevenir más desaliento, Dios le dio una visión asegurándole que muchas personas en la ciudad tenían que ser alcanzadas para Cristo (Hch. 18:10).

Su ministerio duró dieciocho meses, el más largo de cualquier ministerio a parte de los tres años que pasó con la iglesia de los efesios. Los conversos en Corinto dan una buena ilustración del tipo del éxito que Pablo experimentó ciudad tras ciudad. Hasta lo que se conoce, los únicos judíos convertidos bajo su ministerio personal fueron Crispo y su casa. Crispo era el principal jefe de la sinagoga (Hch. 18:8). Como era el caso en otras ciudades, el número más grande de convertidos era gentiles, los que sintieron motivación por la religión judía debido a su énfasis en una alta moral y creencia en un solo Dios. El judaísmo era especialmente atractivo a las mujeres prósperas. Eran ciudadanas de un mundo que no le daba ningún derecho a las mujeres, por tanto, encontraron seguridad en una religión de una alta moral. Sin embargo la mayoría de los gentiles, a pesar de su atracción al judaísmo fueron repudiados por el nacionalismo y ritos judíos como el de la circuncisión. Fueron estos los que estuvieron prestos a escuchar el evangelio de Cristo y de ellos fue el número más grande de convertidos.

Algunos ricos se convirtieron. Gayo fue el anfitrión de Pablo y de la iglesia entera (Ro. 16:23). Erasto era el chambelán (tesorero) de la ciudad. Cloé era probablemente una dama de extrema riqueza con intereses de negocios en Corinto y Éfeso (1 Co. 1:11). Algunos creyentes estaban comprometidos en disputas legales y otros estaban asistiendo a banquetes acaudalados. Estos dos compromisos indican riqueza. Sin embargo, el número mayor de conversos venía de las personas promedio y de los amigos que habían venido del fondo más pecaminoso inimaginable. Recuerde que Corinto era uno de los sumideros de inmoralidad y de vida de centros nocturnos en el mundo antiguo. Como Pablo dice claramente: "Pues mirad, hermanos, vuestra vocación, que no sois muchos sabios según la carne, ni muchos poderosos, ni muchos nobles; sino que lo necio del mundo escogió Dios, para avergonzar a los sabios; y lo débil del mundo escogió Dios, para avergonzar a lo fuerte; y lo vil del mundo y lo menospreciado escogió Dios, y lo que no es, para deshacer lo que es, a fin de que nadie se jacte en su presencia" (1 Co. 1:26-29).

1 (18:1) *Evangelismo:* Pablo dejó Atenas y viajó a Corinto. La decisión fue de buena gana. Hubo resultados en Atenas, pero el orgullo intelectual y filosófico hizo a la mayoría de las personas estrechas de mente y autosuficientes al considerar a Dios y a la eternidad. A parecer Pablo sintió que podía pasar más tiempo en Corintio. No hay dudas de que se quedó en Atenas el tiempo suficiente para darle el fundamento a los creyentes atenienses en la fe, entonces partió para Corinto.

Pensamiento 1. Note tres lecciones.
1) El orgullo intelectual cierra la mente de la persona a la verdad de Dios y la eternidad.
2) Una persona necesita pasar el tiempo donde puedan nacer más frutos, a no ser que Dios muestre otra cosa.
3) El siervo de Dios debe ayudar al crecimiento del nuevo creyente, aunque sea bajo circunstancias difíciles.

2 (18:2) *Discipulado:* El discípulo cristiano encuentra y edifica a las personas. Note la palabra *encontró.* Donde quiera que Pablo fue buscó a personas que necesitaban de Cristo o necesitaban crecer en Cristo. Si Aquila o Priscila eran creyentes o no, no se sabe, pero Pablo encontró a esta pareja, permaneció con ellos, y los guió al Señor o los comprometió más profundamente con el Señor. (ver *Estudio a fondo 2, Priscila,* Hch. 18:2 para más discusión.)

El punto clave que debemos ver es que Pablo siempre estaba alcanzando a las personas que necesitaban encontrar a Cristo. ¡Un ejemplo dinámico para todos nosotros!

> **"Por tanto, id, y haced discípulos a todas las naciones, bautizándolos en el nombre del Padre, y del Hijo, y del Espíritu Santo; enseñándoles que guarden todas las cosas que os he mandado; y he aquí yo estoy con vosotros todos los días, hasta el fin del mundo" (Mt.28:19-20).**

> **"Lo que has oído de mí ante muchos testigos, esto encarga a hombres fieles que sean idóneos para enseñar también a otros" (2 Ti.2:2).**

ESTUDIO A FONDO 2

(18:2) *Priscila y Aquila — Hospitalidad:* Priscila y Aquila fueron compañeros de Pablo. Ellos eran originalmente residentes de Roma, pero el emperador romano Claudio echó a los judíos de Roma en 52 d.C. y se trasladaron a Corinto. Esta fue la pareja que abrió su hogar al apóstol Pablo cuando entró por primera vez a Corinto. Fue además la pareja que comenzó el negocio junto con Pablo como fabricantes de tiendas de campañas. Más tarde viajaron con Pablo a Éfeso donde se asentaron (Hch. 18:18). La principal característica de esta pareja fue la de un corazón abierto y una casa abierta. Donde quiera que los encontramos, encontramos que su casa es el centro para la adoración cristiana y para la comunión.

1. Ellos recibieron al joven predicador, Apolos, dentro de su casa para instruirlos en la fe. (Hch. 18:24-26).

2. Tenían una reunión en su hogar en Éfeso (1 Co.16:19).

3. Tenían otra iglesia su hogar en Roma (Ro.16:13).

4. Pablo los llamó *mis colaboradores* (mis compañeros de trabajo) en Cristo Jesús (Ro. 16:3), y explicó lo que quería decir. Arriesgaron sus vidas para salvarlo. Esto probablemente se refiere a los ataques que le hicieron a Pablo y a la iglesia en Corinto (Hch. 18:6, 12-17), o alguna otra severa persecución que se llevó a cabo en Éfeso (1 Co.15:32; cp. 2 Co. 1:8). En cualquiera de los casos, esta pareja de Dios, Priscila y Aquila, arriesgaron sus vidas para salvar la vida de uno de los queridos siervos de Dios, el mismo Pablo.

3 (18:3) *Pablo, ministerio — Trabajo secular:* El discípulo cristiano trabajó en un empleo secular cuando fue necesario. Pablo usualmente recibía apoyo en su ministerio y no tenía que trabajar en una labor secular. De hecho, pronto recibió apoyo financiero de la iglesia de Filipos cuando Silas y Timoteo arribaron, y la ayuda financiera lo liberaría para predicar el evangelio y ministrar a tiempo completo. (Hch. 18:5; cp. 1 Ts.3:6; 2 Co.11:9; Fil.4:15). Pero note este versículo. Pablo no vaciló en trabajar con sus propias manos para difundir el evangelio al pueblo. El haría lo que fuera necesario para alcanzar las personas y suplirles las necesidades imperiosas para con Cristo, y la vida gloriosa de dicha y eternidad que

Cristo da. (Cp. Hch. 20:34; 1 Ts. 2:9; 2 Ts. 3:8; 1 Co. 4:11-12; 9:12-15; 2 Co. 11:7-9; 12:14.)

> **"Me es necesario hacer las obras del que me envió, entre tanto que el día dura; la noche viene, cuando nadie puede trabajar" (Jn. 9:4).**

> **"porque no podemos dejar de decir lo que hemos visto y oído" (Hch. 4:20).**

> **"Pues si anuncio el evangelio, no tengo por qué gloriarme; porque me es impuesta necesidad; y ¡ay de mí si no anunciare el evangelio!" (1 Co. 9:16).**

4 (18:4) *Predicando — Enseñando — Atestiguando:* el discípulo cristiano adoraba y enseñaba todos los días de reposo. Note donde Pablo estaba en el día de adoración. Él estaba donde debía estar: adorando al Señor y sirviéndole al predicar y enseñar a otros, justo como el Señor le había encargado.

1. Pablo "razonó" (dielegeto): presentó asuntos lógicos, sólidos y bien pensados; respondió y formuló preguntas en una forma razonable. El tiempo que se usa es el de acción continua. Pablo razonó y razonó haciendo todo lo que pudo para convencer a los oyentes de que Jesucristo era el hijo de Dios. Note que no había sentido en bombardear a una persona con un espíritu exigente, contundente, fiero y argumentativo.

> **"Venid luego, dice Jehová, y estemos a cuenta: si vuestros pecados fueren como la grana, como la nieve serán emblanquecidos; si fueren rojos como el carmesí, vendrán a ser como blanca lana" (Is.l:18).**

> **"Alegad por vuestra causa, dice Jehová; presentad vuestras pruebas, dice el Rey de Jacob" (Is.41:21).**

> **"sino santificad a Dios el Señor en vuestros corazones, y estad siempre preparados para presentar defensa con mansedumbre y reverencia ante todo el que os demande razón de la esperanza que hay en vosotros" (1 P.3:l5).**

2. Pablo "persuadió" (epeithen): prevaleció, urgió, indujo, suplicó, rogó, buscó mover y cambiar las mentes. Pablo razonó y razonó, hizo todo lo que pudo para alcanzar y ayudar a las personas a confiar en Cristo Jesús el Señor. Una vez más, el tiempo es de acción continua. Pablo continuó persuadiendo.

> **"discutía en la sinagoga todos los días de reposo, y persuadía a judíos y a griegos. Y cuando Silas y Timoteo vinieron de Macedonia, Pablo estaba entregado por entero a la predicación de la palabra, testificando a los judíos que Jesús era el Cristo" (Hch. 18:4-5)**

> **"Por tanto, velad, acordándoos que por tres años, de noche y de día, no he cesado de amonestar con lágrimas a cada uno" (Hch. 20:31)**

> **"para lo cual también trabajo, luchando según la potencia de él, la cual actúa poderosamente en mí" (Col. 1:29)**

> **"Por amor de Sion no callaré, y por amor de Jerusalén no descansaré, hasta que salga como resplandor su justicia, y su salvación se encienda como una antorcha" (Is.62:1)**

5 (18:5-6) *Evangelio, rechazo — Ministro, rechazo:* El discípulo cristiano experimentó la terrible presión y el rechazo, pero siguió adelante. Silas y Timoteo llegaron desde Macedonia, Silas viniendo de Filipos y Berea, y Timoteo de Tesalónica.

=> Ellos trajeron apoyo financiero el cual liberó a Pablo para predicar a tiempo completo.

=> Trajeron noticias maravillosas de la iglesia de Macedonia que crecía en el Señor. Tales bendiciones animaron a Pablo para ministrar y proclamar a Cristo con más vigor. Note tres puntos.

1. Pablo fue presionado en el espíritu, constreñido por la Palabra para entregarse por completo a la predicación y a la enseñanza de la Palabra. Note lo que estaba proclamando: que Jesús es el Mesías (ver *Estudio a fondo 2* — Mt. 1:18 para más discusión.)

2. Pablo fue rechazado. Los judíos se opusieron y blasfemaron el nombre de Jesús. La idea es que se organizaron y se opusieron a la predicación y a la enseñanza de Jesús como el Mesías, e insultaron y hablaron reprensiblemente de Cristo.

3. Pablo se volvió de los judíos a los gentiles. Este fue un momento decisivo en el ministerio en Corinto. Algunos judíos se salvaron; pero la vasta mayoría de los que se alcanzarían serían gentiles. La escena fue dramática y contundente. Pablo no estaba pronunciando una maldición sobre los judíos, sino estaba declarando que había cumplido su responsabilidad para con ellos. Estaba libre de su sangre, de su responsabilidad por su salvación. Su sangre, la responsabilidad por su salvación estaba ahora sobre sus cabezas.

Pensamiento 1. El discípulo cristiano debe volverse de aquellos que continúan rechazando el evangelio; pero debe continuar, no debe desistir o detenerse. Nota: Pablo hizo exactamente lo que Cristo nos dijo que hiciéramos. Se sacudió el polvo de aquellos que los rechazaron.

"Y al entrar en la casa, saludadla. Y si la casa fuere digna, vuestra paz vendrá sobre ella; mas si no fuere digna, vuestra paz se volverá a vosotros. Y si alguno no os recibiere, ni oyere vuestras palabras, salid de aquella casa o ciudad, y sacudid el polvo de vuestros pies" (Mt.10:12-14).

"Ellos entonces, sacudiendo contra ellos el polvo de sus pies, llegaron a Iconio" (Hch. 13:51).

"Además sacudí mi vestido, y dije: Así sacuda Dios de su casa y de su trabajo a todo hombre que no cumpliere esto, y así sea sacudido y vacío. Y respondió toda la congregación: ¡Amén! y alabaron a Jehová. Y el pueblo hizo conforme a esto" (Neh.5:13).

6 (18:7) *Humildad:* El discípulo cristiano se identifica con aquellos a los que ministra. Rechazado por los discípulos, Pablo no pudo seguir predicando en la sinagoga. Note lo que hizo: Comenzó a predicar *en el hogar* de un convertido llamado Justo. Esto dice dos cosas significativas.

1. Pablo estratégicamente planeó y localizó su ministerio. Le había estado predicando a las personas que asistían a la sinagoga, así que él quería estar localizado cerca para poder continuar alcanzando a aquellos familiarizados con el mensaje. Bajo la dirección del Señor, fue capaz de asegurar el cuartel en el *lugar más favorable,* justo al lado de la misma sinagoga.

Pensamiento 1. Esta es una lección muy importante. Siempre debemos estar atentos a los lugares favorables a la hora de establecer iglesias y edificios, y al tener reuniones.

2. Pablo se identifica con aquellos a quienes ministró. Este es un asunto muy necesario. Él no se desligó de su congregación, ni se hizo el de mente sabia, o que estaba por encima de otros en ningún sentido de la palabra. Él era uno con el rebaño de Dios.

"Así que, cualquiera que se humille como este niño, ése es el mayor en el reino de los cielos" (Mt.18:4).

"Digo, pues, por la gracia que me es dada, a cada cual que está entre vosotros, que no tenga más alto concepto de sí que el que debe tener, sino que piense de sí con cordura, conforme a la medida de fe que Dios repartió a cada uno" (Ro.12:3).

"Yo publicaré tu justicia y tus obras, que no te aprovecharán" (Is.57:12).

7 (18:8) *Testificando:* El discípulo cristiano le testificó a los de la clase alta y a los de la baja. Esto se ve claramente en que el principal de la sinagoga y su familia fueron alcanzados para Cristo, pero también otros tantos ciudadanos de Corinto. Y recuerde, muchos de estos vendrían de un trasfondo pecaminoso inimaginable, porque Corinto era uno de los sumideros de inmoralidad y de vida de centros nocturnos en el mundo antiguo.

Pensamiento 1. ¡Qué ejemplo para la iglesia: alcanzando a los de alta y los de baja posición para Cristo!

"Y les dijo: Id por todo el mundo y predicad el evangelio a toda criatura" (Mr.16:15).

"pero recibiréis poder, cuando haya venido sobre vosotros el Espíritu Santo, y me seréis testigos en Jerusalén, en toda Judea, en Samaria, y hasta lo último de la tierra" (Hch. 1:8).

"como el Hijo del Hombre no vino para ser servido, sino para servir, y para dar su vida en rescate por muchos" (Mt.20:28; cp. Jn.20:21 con Lc.19:10).

7 (18:9-11) *Aliento:* El discípulo cristiano se enfrentó a terribles desalientos. Este es justamente un cuadro impresionante de cómo era el Pablo humano y cuán dependiente era de la presencia del Señor y de su aliento. Lo que le sucedió a este siervo cristiano es una gloriosa lección para todo cristiano que enfrenta terribles desalientos.

1. Pablo sintió miedo, un terrible miedo. Al parecer cuando Crispo, el principal líder de la sinagoga, y otros tantos, se salvaron, los judíos comenzaron a agitarse; y la tormenta potencial de persecución una vez más se encontraba en el horizonte para Pablo. (Ver *Estudio a fondo 1, Pablo, Persecución* — 2 Co. 1:8-10; nota — 11:23-31 para un listado de persecuciones.) Tenga en cuenta cuán severa era la persecución y cuánto sufría por su precioso Señor…

• su vida había sido amenazada en Damasco (Hch. 9:23).

• su vida había sido amenazada en Jerusalén (Hch. 9:29).

- había sido perseguido y escapado de Antioquía de Pisidia (Hch. 13:50).
- había enfrentado una posible lapidación en Iconio (Hch. 14:5).
- había sido apedreado y dado por muerto en Listra (Hch. 14:19).
- se habían opuesto y hecho el centro de una controversia por la iglesia misma (Hch.15:1f)
- había experimentado la pérdida de su amigo más cercano y compañero Bernabé (Hch. 15:39).
- había sido golpeado con varas y arrestado en Filipos. (Hch. 16:23s).
- había sido expulsado de Filipos (Hch. 16:39).
- su vida había sido amenazada en Tesalónica (Hch. 17:5-7, 10).
- había sido forzado fuera de Berea (Hch. 17:13-14).
- se habían burlado en Atenas (Hch. 17:18).

El querido siervo de Dios estaba temiendo tener que enfrentar el alboroto de la persecución de nuevo. Estaba al parecer pensando en continuar moviéndose o en mantenerse en silencio por un tiempo, esperando a que la tormenta pasara. Esto se ve en las mismas primeras palabras que el Señor le habló a Pablo…

- No tengas miedo.
- Habla.
- Mantén tu paz.

2. Dios proveyó para las necesidades de su querido siervo con una visión del mismo Señor. Nota: Fue la presencia del Señor la que alentó a Pablo. El Señor le dio a Pablo una gloriosa promesa: "Estoy contigo". Es la misma promesa que nos da a nosotros. (Mt. 28:20). Pablo no necesitaba nada más, solo la perfecta seguridad y la percepción de la presencia del que había hecho tanto por él y a quien él amó tanto.

3. El Señor le aseguró a Pablo que estaría a salvo y que tendría mucho fruto mientras estuviera en Corinto.

> "No temas, porque yo estoy contigo; no desmayes, porque yo soy tu Dios que te esfuerzo; siempre te ayudaré, siempre te sustentaré con la diestra de mi justicia" (Is. 41: 10).

> "Ahora, así dice Jehová, Creador tuyo, oh Jacob, y Formador tuyo, oh Israel: No temas, porque yo te redimí; te puse nombre, mío eres tú. Cuando pases por las aguas, yo estaré contigo; y si por los ríos, no te anegarán. Cuando pases por el fuego, no te quemarás, ni la llama arderá en ti. Porque yo Jehová, Dios tuyo, el Santo de Israel, soy tu Salvador; a Egipto he dado por tu rescate, a Etiopía y a Seba por ti" (Is.43:1-3).

> "Porque no nos ha dado Dios espíritu de cobardía, sino de poder, de amor y de dominio propio. Por tanto, no te avergüences de dar testimonio de nuestro Señor,

ni de mí, preso suyo, sino participa de las aflicciones por el evangelio según el poder de Dios" (2 Ti. 1: 7-8).

4. Pablo fue fiel al llamado del Señor, manteniéndose en Corinto por dieciocho meses enseñando la Palabra de Dios. Note un punto crucial que todos necesitamos aprender. Pablo continuó por *fe*, resistiendo en el ministerio. No vivía en alturas espirituales sino por fe. Dios le dio alturas espirituales, experiencias profundas con Él Mismo cuando Pablo necesitaba tal aliento y guía. Pero las experiencias profundas no eran de ocurrencias comunes. Pablo tenía que caminar por fe. ¡Qué lección para nosotros!

> "Doy gracias al que me fortaleció, a Cristo Jesús nuestro Señor, porque me tuvo por fiel, poniéndome en el ministerio" (1 Ti. l: 12).

9 (18:12-17) *Dios, Fidelidad:* El discípulo cristiano vio la mano de Dios obrando. Dios cumplió su promesa. Esto se ve claramente en estos versículos. Algunos meses más tarde un nuevo diputado, Galión, comenzó su gobierno en el distrito de Acaya al que pertenecía Corinto. Los judíos, pensando que podrían manipular a este nuevo gobernante, se levantaron en contra de Pablo y lo arrastraron ante Gallo. Pero note lo que sucedió.

=> Galión no tendría nada que ver con estos alborotadores religiosos. Los hizo sacar de la corte.

=> Los judíos abochornados y avergonzados, se volvieron contra el líder Sóstenes, quien había inspirado su oposición contra Pablo; lo golpearon allí mismo en el salón del juicio ante Galión.

Nota: Sóstenes más tarde se convirtió a Cristo. Se convirtió además en un ministro del evangelio con Pablo. (1 Co. 1:1). Cuán maravillosamente el Señor le cumple sus promesas a Pablo, no solo al protegerlo del daño, sino que el Señor convirtió al mismo líder de los que dañarían a su querido siervo.

> "Y el Señor me librará de toda obra mala, y me preservará para su reino celestial. A él sea gloria por los siglos de los siglos" (2 Ti. 4:18).

> "Así que podemos decir confiadamente: «El Señor es mi ayudador; no temeré lo que me pueda hacer el hombre»" (He.13:6).

> "sabe el Señor librar de tentación a los piadosos, y reservar a los injustos para ser castigados en el día del juicio" (2 P. 2: 9).

> "Jehová es mi fortaleza y mi escudo; En él confió mi corazón, y fui ayudado, Por lo que se gozó mi corazón, Y con mi cántico le alabaré" (Sal. 28:7).

> "Aunque afligido yo y necesitado, Jehová pensará en mí. Mi ayuda y mi libertador eres tú; Dios mío, no te tardes" (Sal. 40: 17).

	L. Jerusalén y Antioquía, el viaje de regreso: el cristiano heroico, 18:18-22	20 los cuales le rogaban que se quedase con ellos por más tiempo; mas no accedió, 21 sino que se despidió de ellos, diciendo: Es necesario que en todo caso yo guarde en Jerusalén la fiesta que viene; pero otra vez volveré a vosotros, si Dios quiere. Y zarpó de Éfeso.	5 Dio honor a otros líderes
1 Partió a pesar de estar cómodamente establecido 2 Se puso bajo un voto cuando fue necesario^{EF1} 3 Hizo discípulos de los que iban con él 4 Testificó fielmente dondequiera que estuvo^{EF2}	18 Mas Pablo, habiéndose detenido aún muchos días allí, después se despidió de los hermanos y navegó a Siria, y con él Priscila y Aquila, habiéndose rapado la cabeza en Cencrea, porque tenía hecho voto. 19 Y llegó a Éfeso, y los dejó allí; y entrando en la sinagoga, discutía con los judíos,	22 Habiendo arribado a Cesarea, subió para saludar a la iglesia, y luego descendió a Antioquía.	6 Estaba apegado a su iglesia sede

DIVISIÓN VIII

LA SEGUNDA MISIÓN DE PABLO A LOS GENTILES: EUROPA, 15:36–18:22

L. Jerusalén y Antioquía, el viaje de regreso: el cristiano heroico, 18:18-22

(18:18-22) *Introducción:* esta es una descripción clara del discípulo heroico. En estos pocos versículos, el viaje al que Pablo se lanzó y cubrió es sobre 2.400 kilómetros.

1. Partió a pesar de estar cómodamente establecido (v. 18).
2. Se puso bajo un voto cuando fue necesario (v. 18).
3. Hizo discípulos de los que iban con él (v. 18).
4. Testificó fielmente dondequiera que estuvo (v. 19).
5. Dio honor a otros líderes (vv. 20-21).
6. Estaba apegado a su iglesia sede (v. 22).

[1] (18:18) *Negación de sí mismo — Celo:* El discípulo heroico partió a pesar de estar establecido cómodamente. No tenía que dejar Corinto. Después del juicio y un gobierno favorable por el nuevo procónsul Galión, Pablo pudo establecerse en un ministerio permanente, yendo y viniendo y ministrando libremente. La Escritura dice que permaneció en Corinto por un buen tiempo, por muchos días. Ministrar libremente sin presión ni tensión de abuso abierto y oposición era realmente un regalo para Pablo (ver nota, Hch. 18: 9-11 para la constante tensión de persecución que Pablo había sufrido hasta este momento.) Ningún hombre podría culpar a Pablo por establecerse y por continuar un ministerio dinámico en Corinto.

=> Estaba protegido por el gobierno de Galión.
=> Estaba teniendo tremendos resultados.
=> Era amado por muchos de los creyentes.
=> Estaba en una ciudad estratégica de comercio y de tráfico lo que le aseguraría la expansión del evangelio lejos y ampliamente.

Pero note un hecho crítico. Dios no había llamado a Pablo a ser un ministro de una iglesia local. Lo había llamado a llevar el evangelio adelante como un evangelista y misionero. Permanecer en Corinto como ministro de una iglesia

local estaría en contra de la voluntad de Dios. Pablo hubiera perdido el gran llamado de Dios para su vida.

El asunto es este: siendo el creyente heroico que era, Pablo…

- partió porque era la única forma de cumplir el propósito de Dios para su vida.
- partió a pesar de que estaba cómodamente establecido.
- partió para llevar adelante el mensaje del glorioso evangelio.
- partió para alcanzar a hombres y mujeres, niños y niñas para Jesucristo.

El denuedo contundente de Pablo se ve en que este viaje cubrió 2.400 kilómetros.

Pensamiento 1. Cuántos se alejan del llamado de Dios debido a…

- la familia y los amigos
- el éxito y la aceptación
- la posición y el prestigio
- las posesiones y el materialismo
- la certidumbre y seguridad

El creyente heroico rechaza perder la voluntad de Dios y el llamado para su vida. Se niega a sí mismo, toma su cruz diariamente y sigue a Jesús, no importa lo que le cueste.

"Y decía a todos: Si alguno quiere venir en pos de mí, niéguese a sí mismo, tome su cruz cada día, y sígame. Porque todo el que quiera salvar su vida, la perderá; y todo el que pierda su vida por causa de mí, éste la salvará" (Lc. 9:23-24).

"Me es necesario hacer las obras del que me envió, entre tanto que el día dura; la noche viene, cuando nadie puede trabajar" (Jn. 9:4).

"Así que, hermanos míos amados, estad firmes y constantes, creciendo en la obra del Señor siempre, sabiendo que vuestro trabajo en el Señor no es en vano" (1 Co. 15:58).

"Por lo cual te aconsejo que avives el fuego del don de Dios que está en ti por la imposición de mis manos" (2 Ti. l: 6).

2 (18:18) *Votos:* El discípulo heroico se puso bajo voto ante el Señor cuando fue necesario. Cuando Pablo dejó Corinto hizo voto ante el Señor. No se cortaría el pelo hasta que se cumpliera el voto. Se cumplió cuando llegó a Cencrea y se cortó el pelo. ¿Cuál fue el voto? ¿Era un voto…

- de acción de gracias y alabanza por el ministerio tan fructífero en Corinto?
- de compromiso de romper con tal ministerio tan cómodo y pacífico?
- de oración por la seguridad mientras viajó de regreso a casa en Antioquía?

La respuesta se desconoce. Sin embargo, hay una gran lección para los creyentes en el hecho de que Pablo hizo un voto ante el Señor. Los votos son ignorados con mucha frecuencia y desechados por los creyentes tal y como lo es el ayuno. Sin embargo la Escritura enseña de ambos.

"**Cuando alguno hiciere voto a Jehová, o hiciere juramento ligando su alma con obligación, no quebrantará su palabra; hará conforme a todo lo que salió de su boca**" (Nm. 30:2).

"**Cuando haces voto a Jehová tu Dios, no tardes en pagarlo; porque ciertamente lo demandará Jehová tu Dios de ti, y sería pecado en ti. Mas cuando te abstengas de prometer, no habrá en ti pecado. Pero lo que hubiere salido de tus labios, lo guardarás y lo cumplirás, conforme lo prometiste a Jehová tu Dios, pagando la ofrenda voluntaria que prometiste con tu boca**" (Dt. 23:21-23).

"**Orarás a él, y él te oirá; Y tú pagarás tus votos**" (Job 22:27).

"**De ti será mi alabanza en la gran congregación; Mis votos pagaré delante de los que le temen**" (Sal. 22:25).

"**Sacrifica a Dios alabanza, Y paga tus votos al Altísimo; E invócame en el día de la angustia; Te libraré, y tú me honrarás**" (Sal. 50:14-15).

"**Sobre mí, oh Dios, están tus votos; Te tributaré alabanzas**" (Sal. 56:12).

"**Tuya es la alabanza en Sión, oh Dios, Y a ti se pagarán los votos**" (Sal. 65:l).

"**Prometed, y pagad a Jehová vuestro Dios; Todos los que están alrededor de él, traigan ofrendas al Temible**" (Sal. 76:11).

"**Ahora pagaré mis votos a Jehová. Delante de todo su pueblo. Estimada es a los ojos de Jehová la muerte de sus santos. Te ofreceré sacrificio de alabanza, E invocaré el nombre de Jehová.**

A Jehová pagaré ahora mis votos delante de todo su pueblo" (Sal. 116:14-15, 17-18).

"**Cuando a Dios haces promesa, no tardes en cumplirla; porque él no se complace en los insensatos. Cumple lo que prometes. Mejor es que no prometas, y no que prometas y no cumplas**" (Ecl. 5:4-5).

"**Mas yo con voz de alabanza te ofreceré sacrificios; Pagaré lo que prometí. La salvación es de Jehová.**" (Jonás 2:9).

"**He aquí sobre los montes los pies del que trae buenas nuevas, del que anuncia la paz. Celebra, oh Judá, tus fiestas, cumple tus votos; porque nunca más volverá a pasar por ti el malvado; pereció del todo**" (Nah. l:15).

ESTUDIO A FONDO 1

(18:18) *Cencrea:* Situada en la parte occidental de Corinto, pero como un pueblo separado. (Ver Mapa, Introducción a los Hch.) La ciudad evidentemente tenía una iglesia fuerte. Pablo alabó altamente a Febe, una de las diaconisas de la iglesia. (Ro. 16: 1-2).

3 (18:18) *Discipulado:* El discípulo heroico entrenó a otros. Pablo tomó a Priscila y Aquila con él. Note dos puntos significativos.

1. Pablo estaba comprometido a hacer discípulos, a edificar testigos y ministros dinámicos. Entrenó a los que estaban deseosos de ir con él. (ver notas Discipulado, Hch. 13:5-6 para discusión).

2. A Priscila se le nombró primero que a su esposo. Esto es significativo, probablemente era la cristiana más fuerte y madura de los dos.

"**Otra vez os digo, que si dos de vosotros se pusieren de acuerdo en la tierra acerca de cualquiera cosa que pidieren, les será hecho por mi Padre que está en los cielos. Porque donde están dos o tres congregados en mi nombre, allí estoy yo en medio de ellos**" (Mt. 28:19-20).

"**Lo que has oído de mí ante muchos testigos, esto encarga a hombres fieles que sean idóneos para enseñar también a otros**" (2 Ti. 2:2).

4 (18:19) *Testificando:* El discípulo heroico testificó fielmente dondequiera que estaba La estancia de Pablo en Éfeso en ese momento fue muy breve. Pero no se quedó en silencio. No importa dónde Pablo estuviera o la brevedad de su estancia, él daba testimonio de la gloriosa salvación en Cristo Jesús. Note que él razonaba con los judíos (ver nota, Hch. 18:4 para discusión).

"**Y les dijo: Id por todo el mundo y predicad el evangelio a toda criatura**" (Mr. 16:15).

"**pero recibiréis poder, cuando haya venido sobre vosotros el Espíritu Santo, y me seréis testigos en Jerusalén, en toda Judea, en Samaria, y hasta lo último de la tierra**" (Hch. 1:8).

"**porque no podemos dejar de decir lo que hemos visto y oído**" (Hch. 4:20).

"**Pero teniendo el mismo espíritu de fe, conforme a lo que está escrito: Creí, por lo cual hablé, nosotros también creemos, por lo cual también hablamos**" (2 Co. 4:13).

ESTUDIO A FONDO 2

(18:19) *Éfeso:* Ver nota, Hch. 19:1-41.

5 (18:20-21) *Humildad:* El discípulo heroico le mostró honor a otros líderes. Nota: aún los judíos en Éfeso estaban abiertos a Pablo en esta breve visita. Le pidieron que permaneciera con ellos por un tiempo, hambrientos de la Palabra de Dios. Pero no podía permanecer, ahora no. Tenía que continuar a Jerusalén para la fiesta (probablemente la de Pentecostés.) Estaba dejando a Priscila para que enseñara a las personas. Estarían en buenas manos.

El punto a observar es la cortesía a los líderes que le habían pedido que se quedara. El tono de la respuesta de

Pablo fue una respuesta de gracia. Sufrió penas adicionales explicando que tenía que…

- despedirse de ellos,
- observar la fiesta,

…pero retornaría de nuevo si Dios *quería*.

Pensamiento 1. Tenemos que dar honor a otros creyentes siempre, no importa…

- cuán importante sea el llamado de Dios.
- cuán significativos sean nuestros dones.
- cuán importante las personas nos vean.
- cuán ocupados podamos estar.

> "**Nada hagáis por contienda o por vanagloria; antes bien con humildad, estimando cada uno a los demás como superiores a él mismo**" **(Fil. 2: 3-4).**

> "**Digo, pues, por la gracia que me es dada, a cada cual que está entre vosotros, que no tenga más alto concepto de sí que el que debe tener, sino que piense de sí con cordura, de fe que Dios repartió conforme a la medida a cada uno**" **(Ro. 12: 3).**

> "**como también yo en todas las cosas agrado a todos, no procurando mi propio beneficio, sino el de muchos, para que sean salvos**" **(1 Co. 10:33).**

> "**Humillaos delante del Señor, y él os exaltará**" **(Stg. 4:10).**

6 (18:22) ***Iglesia:*** el discípulo heroico estaba apegado a la iglesia madre en Antioquía. Note las palabras "la iglesia". Es lo más probable que sea la iglesia de Jerusalén. Los judíos siempre hablaban de *ir a* Jerusalén. Nada se dice acerca del simple hecho de que él visitó la iglesia en Jerusalén. Pero note otro hecho: inmediatamente después de visitar la iglesia de Jerusalén bajó a la iglesia en Antioquía, y nada se dice tampoco de esta visita. Esto es probablemente muy significativo. Pablo había acabado de tener la experiencia más gloriosa: llevar el evangelio por primera vez a Europa misma. Rompiendo las ataduras con el gozo y la llenura del Señor, estaba atado al desear compartir las gloriosas nuevas con su iglesia madre, Antioquía. Pero además añoraba compartir con la iglesia madre de la cristiandad, Jerusalén misma. Había experimentado los frutos del pentecostés en su segundo viaje misionero, y quería compartir la gloriosa celebración de pentecostés con los apóstoles y con los que habían experimentado el mismo pentecostés.

Note cuán apegado estaba a la iglesia madre el heroico siervo del Señor, cuánto deseaba compartir los gloriosos reportes de la gracia de Dios con ellos. Esto ayuda a explicar su sentido de la urgencia al correr a Jerusalén.

Pensamiento 1. Todo creyente necesita tal apego, y tal sentido de la responsabilidad ante su iglesia madre.

> "**Por tanto, mirad por vosotros, y por todo el rebaño en que el Espíritu Santo os ha puesto por obispos, para apacentar la iglesia del Señor, la cual él ganó por su propia sangre**" **(Hch. 20:28).**

> "**no dejando de congregarnos, como algunos tienen por costumbre, sino exhortándonos; y tanto más, cuanto veis que aquel día se acerca**" **(He. 10:25).**

> "**y además de otras cosas, lo que sobre mí se agolpa cada día, la preocupación por todas las iglesias**" **(2 Co. 11:28).**

| | IX. LA TERCERA GRAN MISIÓN DE PABLO A LOS GENTILES: ASIA MENOR Y EUROPA, 18:23–21:16

A. Éfeso, el centro comercial y religioso de Asia Menor (parte 1): Apolos: preparando el camino^EF1, 18:23-28 | siendo de espíritu fervoroso, hablaba y enseñaba diligentemente lo concerniente al Señor, aunque solamente conocía el bautismo de Juan. 26 Y comenzó a hablar con denuedo en la sinagoga; pero cuando le oyeron Priscila y Aquila, le tomaron aparte y le expusieron más exactamente el camino de Dios. 27 Y queriendo él pasar a Acaya, los hermanos le animaron, y escribieron a los discípulos que le recibiesen; y llegado él allá, fue de gran provecho a los que por la gracia habían creído; | 4 Era de espíritu fervoroso
5 Enseñó exactamente, enseñó lo que sabía

6 Habló valientemente
7 Era alguien a quien se podía enseñar, deseoso de recibir enseñanza aun de los que sabían menos
8 Fue fiel a su llamado
  a. Ayudó y sirvió grandemente a otros creyentes
  b. Alcanzó a los perdidos con poder. |
| 1 Dos grandes ministros del Señor
  a. Pablo comenzó su tercer viaje misionero

  b. Apolos comenzó a ministrar en Éfeso^EF2
2 Era un hombre elocuente, poderoso en las Escrituras
3 Fue instruido en los caminos del Señor | 23 Y después de estar allí algún tiempo, salió, recorriendo por orden la región de Galacia y de Frigia, confirmando a todos los discípulos. 24 Llegó entonces a Éfeso un judío llamado Apolos, natural de Alejandría, varón elocuente, poderoso en las Escrituras. 25 Este había sido instruido en el camino del Señor; y | 28 porque con gran vehemencia refutaba públicamente a los judíos, demostrando por las Escrituras que Jesús era el Cristo. | |

DIVISIÓN IX

LA TERCERA GRAN MISIÓN DE PABLO A LOS GENTILES: ASIA MENOR Y EUROPA, 18:23–21:16

A. Éfeso, el centro comercial y religioso de Asia Menor (parte 1): Apolos: preparando el camino, 18:23-28

(18:23–21:16) *Visión general de la división: Misiones — Pablo, Viajes misioneros:* Aquí comienza el tercer gran viaje misionero de Pablo. (Ver Mapa, Introducción a los Hechos) La misión incluye…

- una nueva visita a todas las iglesias que Pablo había fundado anteriormente en Galacia y Frigia. Este versículo es la única información dada acerca de su tercera visita a estas iglesias (Hch. 18:23).
- el ministerio en Éfeso el cual duró acerca de tres años (Hch. 19:1-41).
- un regreso a Europa y a Asia Menor (Hch. 20:1-5).
- un regreso a Troas (Hch. 20:6-12).
- una escala en Mileto donde recibió la visita de los ancianos de Éfeso (Hch. 20:13-38).
- las millas finales para visitar a Jerusalén (Hch. 21:1-16).

(18:23-28) Introducción: Apolos fue uno de los grandes siervos de Dios de la iglesia primitiva. Note cómo irrumpe en la escena en este pasaje. Es un ejemplo de un discípulo fuerte.

1. Dos grandes ministros del Señor (vv. 23-24).
2. Era un hombre elocuente, poderoso en las Escrituras (v. 24).
3. Fue instruido en los caminos del Señor (v. 25).
4. Era de espíritu fervoroso (v. 25).
5. Enseñó exactamente, enseñó lo que sabía (v. 25).
6. Habló valientemente (v. 26).
7. Era alguien a quien se podía enseñar, deseoso de recibir enseñanza aun de los que sabían menos (v. 26).
8. Fue fiel a su llamado (vv. 27-28).

ESTUDIO A FONDO 1

(18:23-28) *Éfeso:* La ciudad de los grandes centros comerciales de Asia (ver Mapa, Introducción a los Hechos). Éfeso se asentaba en la boca del gran valle del río Caístro, y era una tierra fértil. Una descripción del tipo de comercio que se llevaba a cabo en las grandes ciudades de esos días se describe en Apocalipsis 18: 12-13.

La ciudad se había fundado para dominar una de las carreteras del Asia Menor. Se le llamaba "la reina del Asia Menor" "la casa del tesoro de Asia" y "la feria de las vanidades del Asia Menor". Era la sede de los Juegos Jónicos, pero el honor mayor era el del templo de Diana o Artemisa, una de las siete maravillas del mundo. Los peregrinos de todo el mundo se convertían en adoradores —turistas (cp. Hch. 19:27), y el próspero gremio de los orfebres con sus reliquias abundaban y llenaban su comercio de superstición religiosa por toda la ciudad. El temor de los orfebres era perder su sustento bajo el poder del evangelio que le causaría a Pablo un gran problema en los próximos meses. (Ver Efesios —Notas introductorias— Características especiales, punto 1 para más discusión.)

La iglesia en Éfeso tuvo un comienzo reducido. Cuando Pablo la visitó, encontró solo doce creyentes. Apolos, el predicador natural, pero sensacional los habían ganado para el Señor. Pero aún no tenían información sobre la presencia del Espíritu Santo. Parecía que les faltaba una conciencia en la vida del creyente, el conocimiento de que Él ya lo había enviado al mundo (Hch. 19:1-7). Después que Pablo instruyó a estos doce, comenzó a enseñar en la sinagoga. Enseñó allí por tres meses, pero los judíos se endurecieron y no creyeron y murmuraron en contra del mensaje.

Por tanto, Pablo fue forzado a moverse de la iglesia a la escuela de un filósofo nombrado Tirano. Ahí predicó a Cristo por dos años completos. Durante este tiempo se dice que la iglesia fue grandiosa en sondear en la Palabra a través de toda Asia…

> **"Así continuó por espacio de dos años, de manera que todos los que habitaban en Asia, judíos y griegos, oyeron la palabra del Señor Jesús" (Hch. 19:10).**

1 (18:23-24) *Pablo, Ministerio:* Dos grandes ministros de Dios, Pablo y Apolos.

1. El primer gran ministro fue Pablo, a quien se le ve comenzando su tercera gran comisión. La primera parte del viaje fue visitar de nuevo a todas las iglesias en Galacia y Frigia. Note dos puntos.

    a. Pablo estaba solo. Hasta donde sabemos, nadie estaba viajando con él. Esto es simbólico de su fidelidad y de su compromiso al llamado del Señor. Nada lo podía retener para llevar a cabo la gran comisión…

- ni siquiera las comodidades de un hogar y el amor de los amigos queridos (Antioquía).
- ni los viajes peligrosos a las áreas fronterizas (ver nota, Listra, Hch. 14:8-20; *Estudio a fondo 1, Derbe,* Hch. 14:21).
- ni tener que viajar y ministrar solo.

    b. El propósito de Pablo en estas nuevas visitas no era hacer amigos o disfrutar de una buena comunión cristiana. Aunque él y los discípulos pasarían un tiempo maravilloso juntos, el propósito de Pablo era más específico: fortalecer los discípulos en el Señor. Note que él no los había visto por muchos meses. Los amaba y añoraba verlos, pero el verlos y el estar con ellos no era suficiente para Pablo. Había más en la vida que solo el socializar y el tener comunión juntos. Él quería que crecieran en el Señor, que estuvieran fortalecidos en Él.

2. El segundo gran ministro era Apolos. Apolos era un nuevo ministro que aparecía en la escena de las misiones cristianas. (ver *Estudio a fondo 2, Apolos,* Hch. 18:24-28 para discusión.)

ESTUDIO A FONDO 2

(18:24-28) *Apolos:* Era un judío nacido en Alejandría, uno de las grandes ciudades culturales y educacionales del mundo antiguo. Había alrededor de un millón de judíos en Alejandría, lo que quiere decir que Apolos estaba impreg-

nado en la religión, tradición y escritura judía. De alguna manera o estuvo en contacto con Juan el Bautista o con el mensaje sobre el bautismo de arrepentimiento. Esto simplemente significa que sabía de la declaración de Juan de que Jesús era el Cordero de Dios, pero no sabía…

- nada de la muerte y de la resurrección de Jesús.
- nada de Jesús como el Salvador.
- nada del Espíritu Santo viniendo a vivir dentro de los creyentes, facultándoles para vivir justamente y concediéndoles el ministrar con poder.

Esto, por supuesto, significa que el mensaje era *solo de arrepentimiento, estaba falto* de la salvación por Cristo Jesús. Pero note su sinceridad y fervor respecto a lo que él sabía. Estaba *totalmente comprometido* con lo que conocía, y Dios siempre honra a quienes le buscan diligentemente (He. 11:6). Por tanto, Dios hizo que se cruzaran en su camino creyentes que pudieran instruirlo. Es en este punto que el presente pasaje recoge el ministerio de Apolos. Su ministerio en el Nuevo Testamento incluye…

- su visita a Éfeso (Hch. 18:23-26).
- su visita a Acaya o a Corinto y el área circundante (Hch. 18:27-28).
- su visita de respuesta a Éfeso (1 Co. 16:12).
- su visita a Creta (Tit. 3:13).

Apolos era un predicador tan poderoso que se comenzó a formar un grupo en su nombre, causando problemas en la iglesia de Corinto (1 Co. 1:12ss; 3:4-6, 22ss; 4:6). Pablo lo amaba y añoraba su compañía y ministerio dentro de las iglesias (1 Co. 16:12; Tit. 3:13).

2 (18:24) *Apolos — Escritura — Ministro:* El poderoso discípulo era un hombre elocuente, poderoso en las escrituras. El término "hombre elocuente" (aner logios) puede significar o erudito o elocuente. En este caso probablemente signifique ambos. Pero note el punto: fueron las *Escrituras* las que Apolos…

- aprendió tan bien.
- habló tan elocuentemente y enérgicamente.

Apolos había aprendido las escrituras del Antiguo Testamento de memoria y pasó horas meditando en ellas, aferrándose a las promesas del Mesías. Por tanto, cuando vio u oyó la proclamación de Juan el Bautista, estaba listo para recibir las promesas del Salvador y proclamarlas.

> **"Procura con diligencia presentarte a Dios aprobado, como obrero que no tiene de qué avergonzarse, que usa bien la palabra de verdad" (2 Ti. 2:5).**
>
> **Toda la Escritura es inspirada por Dios, y útil para enseñar, para redargüir, para corregir, para instruir en justicia" (2 Ti. 3:16).**
>
> **"Y éstos eran más nobles que los que estaban en Tesalónica, pues recibieron la palabra con toda solicitud, escudriñando cada día las Escrituras para ver si estas cosas eran así" (Hch. 17:11).**
>
> **"Y ahora, hermanos, os encomiendo a Dios, y a la palabra de su gracia, que tiene poder para sobreedificaros y daros herencia con todos los santificados" (Hch. 20:32).**

3 (18:25) *Instrucción — Enseñanza, Padres:* el discípulo fuerte había sido instruido en "el camino del Señor". Él sabía que Juan había declarado que Jesús era el "Cordero de Dios", el Mesías prometido, pero todavía no había aprendido de la muerte y resurrección de Jesús como el Salvador del mundo, ni de la presencia interna y del poder del Espíritu Santo. (Ver nota, Apolos, Hch. 18:24-28 para más discusión.)

El asunto principal se compone de dos partes.

1. Alguien había instruido a Apolos, o sus padres o algún maestro piadoso que era genuino y fiel en su responsabilidad docente.

2. Apolos era un estudiante obediente y fiel.

Pensamiento 1. Esto proclama un mensaje importante para todos los padres y maestros y a los estudiantes y niños cristianos. Un creyente tiene que ser instruido en el "camino del Señor" para convertirse en un discípulo fuerte del Señor.

> "Dijo entonces Jesús a los judíos que habían creído en él: Si vosotros permaneciereis en mi palabra, seréis verdaderamente mis discípulos; y conoceréis la verdad, y la verdad os hará libres" (Jn. 8:31-32).
>
> "Esto manda y enseña. Ninguno tenga en poco tu juventud, sino sé ejemplo de los creyentes en palabra, conducta, amor, espíritu, fe y pureza. Entre tanto que voy, ocúpate en la lectura, la exhortación y la enseñanza. No descuides el don que hay en ti, que te fue dado mediante profecía con la imposición de las manos del presbiterio. Ocúpate en estas cosas; permanece en ellas, para que tu aprovechamiento sea manifiesto a todos. Ten cuidado de ti mismo y de la doctrina; persiste en ello, pues haciendo esto, te salvarás a ti mismo y a los que te oyeren" (1 Ti. 4:11-16).
>
> "trayendo a la memoria la fe no fingida que hay en ti, la cual habitó primero en tu abuela Loida, y en tu madre Eunice, y estoy seguro que en ti también" (2 Ti. 1:5).
>
> "Porque el siervo del Señor no debe ser contencioso, sino amable para con todos, apto para enseñar, sufrido" (2 Ti. 2:24).
>
> "y que desde la niñez has sabido las Sagradas Escrituras, las cuales te pueden hacer sabio para la salvación por la fe que es en Cristo Jesús" (2 Ti. 3:15).
>
> "Y estas palabras que yo te mando hoy, estarán sobre tu corazón; y las repetirás a tus hijos, y hablarás de ellas estando en tu casa, y andando por el camino, y al acostarte, y cuando te levantes" (Dt. 6:6-7).
>
> "Para que lo sepa la generación venidera, y los hijos que nacerán; Y los que se levantarán lo cuenten a sus hijos" (Sal. 78:6-7).
>
> "Y enseñarán a mi pueblo a hacer diferencia entre lo santo y lo profano, y les enseñarán a discernir entre lo limpio y lo no limpio" (Ez. 44:23).

ESTUDIO A FONDO 3

(18:25) *El camino del Señor:* Este fue uno de los primeros nombres con que se conoció a la cristiandad (Hch. 9:2; 18:25, 26; 19:9, 23; 24:14, 22; cp. 1 P. 2:2, 15, 21).

4 (18:25) *Celo:* El discípulo fuerte era ferviente en espíritu. La palabra "ferviente" (zeon) significa estar hirviendo, resplandeciendo, quemándose, apasionado. Su espíritu estaba ardiente, lleno con toda efervescencia y celo por Dios. Se estaba quemando con un fuego sagrado para proclamar la gloriosa promesa de que Jesús era el Mesías prometido, el Cordero de Dios.

Pensamiento 1. El discípulo fuerte es ferviente en Espíritu. Es el mandato del Señor.

> "Jesús les dijo: Mi comida es que haga la voluntad del que me envió, y que acabe su obra" (Jn. 4:34).
>
> "Me es necesario hacer las obras del que me envió, entre tanto que el día dura; la noche viene, cuando nadie puede trabajar" (Jn. 9:4).
>
> "En lo que requiere diligencia, no perezosos; fervientes en espíritu, sirviendo al Señor" (Ro. 12:11).
>
> "Por lo cual te aconsejo que avives el fuego del don de Dios que está en ti por la imposición de mis manos" (2 Ti. 1:6).
>
> "Todo lo que te viniere a la mano para hacer, hazlo según tus fuerzas; porque en el Seol, adonde vas, no hay obra, ni trabajo, ni ciencia, ni sabiduría" (Ec. 9:10).

5 (18:25) *Enseñanza:* el discípulo fuerte enseñó acertadamente, enseñó lo que sabía. Como se apuntó, Apolos sabía solo del bautismo de Juan el Bautista (Ver *Estudio a fondo 2*, Hch. 18:24-28; y la nota 3, 18:25). El énfasis de este punto es que enseñó diligentemente (akribos), o sea, cuidadosamente y acertadamente.

=> Era fiel a las Escrituras, pesando cuidadosamente lo que decían.

> "y ni mi palabra ni mi predicación fue con palabras persuasivas de humana sabiduría, sino con demostración del Espíritu y de poder, para que vuestra fe no esté fundada en la sabiduría de los hombres, sino en el poder de Dios" (1 Co. 2:4-5).

=> Él proclamó lo que las Escrituras enseñaban y todo lo que enseñaban, sin descuidar tópicos que a sus oyentes no les pudiera gustar.

> "Porque os doy buena enseñanza; No desamparéis mi ley" (Pr. 4:2).

=> No torció las Escrituras añadiéndole o sustrayéndole.

> "Porque nuestra exhortación no procedió de error ni de impureza, ni fue por engaño, sino que según fuimos aprobados por Dios para que se nos confiase el evangelio, así hablamos; no como para agradar a los hombres, sino a Dios, que prueba nuestros corazones. Porque nunca usamos de palabras lisonjeras, como sabéis, ni encubrimos avaricia; Dios es testigo" (1 Ts. 2:3-5).
>
> "retenedor de la palabra fiel tal como ha sido enseñada, para que también pueda exhortar con sana enseñanza y convencer a los que contradicen" (Tit. 1:9).
>
> "Pero tú habla lo que está de acuerdo con la sana doctrina" (Tit. 2:1).

6 (18:26) *Denuedo:* El discípulo fuerte habló con denuedo. Apolos siguió un largo tren de testigos fieles quienes proclamaron *la verdad con denuedo.* El denuedo es un esencial absoluto para el testimonio fiel, ambos el denuedo y la búsqueda de la presencia del Señor al enfrentarse los hombres del mundo.

"Entonces viendo el denuedo de Pedro y de Juan, y sabiendo que eran hombres sin letras y del vulgo, se maravillaban; y les reconocían que habían estado con Jesús" (Hch. 4:13).

"Entonces Bernabé, tomándole, lo trajo a los apóstoles, y les contó cómo Saulo había visto en el camino al Señor, el cual le había hablado, y cómo en Damasco había hablado valerosamente en el nombre de Jesús. y hablaba denodadamente en el nombre del Señor, y disputaba con los griegos; pero éstos procuraban matarle. Entonces las iglesias tenían paz por toda Judea, Galilea y Samaria; y eran edificadas, andando en el temor del Señor, y se acrecentaban fortalecidas por el Espíritu Santo" (Hch. 9:27, 29, 31).

"Entonces Pablo y Bernabé, hablando con denuedo, dijeron: A vosotros a la verdad era necesario que se os hablase primero la palabra de Dios; mas puesto que la desecháis, y no os juzgáis dignos de la vida eterna, he aquí, nos volvemos a los gentiles" (Hch. 13:46).

"Por tanto, se detuvieron allí mucho tiempo, hablando con denuedo, confiados en el Señor, el cual daba testimonio a la palabra de su gracia, concediendo que se hiciesen por las manos de ellos señales y prodigios" (Hch. 14:3).

"Y comenzó a hablar con denuedo en la sinagoga; pero cuando le oyeron Priscila y Aquila, le tomaron aparte y le expusieron más exactamente el camino de Dios" (Hch. 18:26).

"Y entrando Pablo en la sinagoga, habló con denuedo por espacio de tres meses, discutiendo y persuadiendo acerca del reino de Dios" (Hch. 19:8).

"Pues el rey sabe estas cosas, delante de quien también hablo con toda confianza. Porque no pienso que ignora nada de esto; pues no se ha hecho esto en algún rincón" (Hch. 26:26).

"Mucha franqueza tengo con vosotros; mucho me glorío con respecto de vosotros; lleno estoy de consolación; sobreabundo de gozo en todas nuestras tribulaciones. (2 Co. 7:4).

"en quien tenemos seguridad y acceso con confianza por medio de la fe en él" (Ef. 3:12).

"por el cual soy embajador en cadenas; que con denuedo hable de él, como debo hablar" (Ef. 6:20).

'pues habiendo antes padecido y sido ultrajados en Filipos, como sabéis, tuvimos denuedo en nuestro Dios para anunciaros el evangelio de Dios en medio de gran oposición" (1 Ts. 2:2).

"Porque los que ejerzan bien el diaconado, ganan para sí un grado honroso, y mucha confianza en la fe que es en Cristo Jesús" (1 Ti. 3:13).

"Así que, hermanos, teniendo libertad para entrar en el Lugar Santísimo por la sangre de Jesucristo" (He. 10:19).

"En esto se ha perfeccionado el amor en nosotros, para que tengamos confianza en el día del juicio; pues como él es, así somos nosotros en este mundo" (1 Jn. 4:17).

7 (18:26) *Humildad:* el discípulo fuerte era alguien a quien se podía enseñar, deseoso de recibir enseñanza aún de los que sabían menos. Al parecer, Priscila y Aquila oyeron a Apolos predicar en el culto de la sinagoga. Pudieron decir que él no había oído la historia completa del evangelio, así que lo llevaron a un lado para compartir el mensaje completo del evangelio con él. Note cuán humilde y receptivo era Apolos. No tenía ningún aire de arrogancia, de estar por encima de otros. El joven siervo de Dios —tan bien educado, tan bien versado en las escrituras, tan capaz como predicador— estaba deseoso de aprender de cualquiera que lo enseñara, aún de dos tenderos de baja estirpe.

Pensamiento 1. Un discípulo fuerte, uno que es realmente fuerte, siempre está buscando ser fortalecido por *todo* el pueblo de Dios, sin importar su posición.

"Porque el que se enaltece será humillado, y el que se humilla será enaltecidos." (Mt. 23:12).

"Digo, pues, por la gracia que me es dada, a cada cual que está entre vosotros, que no tenga más alto concepto de sí que el que debe tener, sino que piense de sí con cordura, conforme a la medida de fe que Dios repartió a cada uno" (Ro. 12:3).

"Nada hagáis por contienda o por vanagloria; antes bien con humildad, estimando cada uno a los demás como superiores a él mismo; no mirando cada uno por lo suyo propio, sino cada cual también por lo de los otros" (Fil. 2:3-4).

8 (18:27-28) *Ministro — Llamamiento:* El discípulo fuerte es fiel a su llamado. Apolos fue llamado a predicar y a evangelizar; por tanto, tan pronto como fue lleno del evangelio se incendió y quiso ir a Corinto (Acaya) y compartir el evangelio ahí. Al parecer sintió que la iglesia de Éfeso estaba en manos excelentes bajo el liderazgo de Priscila y Aquila y podría ser más útil en otra parte. La iglesia de Éfeso lo alentó e incluso le dio una carta de recomendación a la iglesia de Corinto y le aseguró el ser recibido. (cp. 2 Co. 3:1). Una carta de Priscila y de Aquila le abriría la puerta de Corinto y aseguraría el ser recibido. (Hch. 18: 1s).

El asunto a notar aquí es el fuego para alcanzar al mundo para Cristo que abrasaba a Apolos. Y solamente piense, anteriormente a esto él ni siquiera tenía el mensaje completo de Cristo. (¡Qué ejemplo dinámico para todos nosotros!)

1.   Él ardía para ayudar y servir a otros creyentes. Les ayudó mucho, edificando, exhortando, regando lo que Pablo había plantado (1 Co. 3:6).

"Así que, sigamos lo que contribuye a la paz y a la mutua edificación" (Ro. 14:19).

"Cada uno de nosotros agrade a su prójimo en lo que es bueno, para edificación" (Ro. 15:2).

"Y él mismo constituyó a unos, apóstoles; a otros, profetas; a otros, evangelistas; a otros, pastores y maestros, a fin de perfeccionar a los santos para la obra del ministerio, para la edificación del cuerpo de Cristo, hasta que todos lleguemos a la unidad de la fe y del conocimiento del Hijo de Dios, a un varón perfecto, a la medida de la estatura de la plenitud de Cristo" (Ef. 4:11-13).

"Ninguna palabra corrompida salga de vuestra boca, sino la que sea buena para la necesaria edificación, a fin de dar gracia a los oyentes" (Ef. 4:29).

2.   Ardía para alcanzar a los perdidos. Las palabras que usó en este versículo muestran cuán profundamente ardía con el mensaje del Señor.

a.   La palabra "poderosamente" (eutonos) significa que él usaba las escrituras con poder, esforzándose seriamente para probar que Jesús es el Cristo, el verdadero Mesías.

b.   La palabra "convencido" (diakatelegcheto) significa confrontó, discutió, refutó hasta el mismo último punto, derrotó con argumentos. Y lo hizo públicamente.

Pero note: no usaba argumentos humanos para discutir, estaba usando la escritura. Y su propósito era probar que Jesús es el Mesías (Ver *Estudio a fondo 2* — Mt. 1:18 para más discusión.)

"¿No decís vosotros: Aún faltan cuatro meses para que llegue la siega? He aquí os digo: Alzad vuestros ojos y mirad los campos, porque ya están blancos para la siega" (Jn. 4:35).

"A griegos y a no griegos, a sabios y a no sabios soy deudor. Así que, en cuanto a mí, pronto estoy a anunciaros el evangelio también a vosotros que estáis en Roma. Porque no me avergüenzo del evangelio, porque es poder de Dios para salvación a todo aquel que cree; al judío primeramente, y también al griego" (Ro. 1:14-16).

"Pues me propuse no saber entre vosotros cosa alguna sino a Jesucristo, y a éste crucificado" (1 Co. 2:2).

"para lo cual también trabajo, luchando según la potencia de él, la cual actúa poderosamente en mí" (Col. 1:29).

	CAPÍTULO 19	Asia, judíos y griegos, oyeron la palabra del Señor Jesús.	a. Se predicó la palabra durante dos años
	B. Éfeso (parte 2): Pablo en Éfeso: lecciones sobre la salvación y el avivamiento, 19:1-20	11 Y hacía Dios milagros extraordinarios por mano de Pablo,	b. Se vieron los milagros especiales de Dios
1 Pablo llegó a Éfeso, pero no vio a Apolos	1 Aconteció que entre tanto que Apolos estaba en Corinto, Pablo, después de recorrer las regiones superiores, vino a Éfeso, y hallando a ciertos discípulos,	12 de tal manera que aun se llevaban a los enfermos los paños o delantales de su cuerpo, y las enfermedades se iban de ellos, y los espíritus malos salían.	
2 Las lecciones sobre la salvación	2 les dijo: ¿Recibisteis el Espíritu Santo cuando creísteis? Y ellos le dijeron: Ni siquiera hemos oído si hay Espíritu Santo.	13 Pero algunos de los judíos, exorcistas ambulantes, intentaron invocar el nombre del Señor Jesús sobre los que tenían espíritus malos, diciendo: Os conjuro por Jesús, el que predica Pablo.	c. Fueron desenmascarados los falsos profetas
a. La salvación necesita una creencia completa y recibir el Espíritu Santo 1) La creencia incompleta de los doce discípulos 2) La instrucción completa que se les dio	3 Entonces dijo: ¿En qué, pues, fuisteis bautizados? Ellos dijeron: En el bautismo de Juan. 4 Dijo Pablo: Juan bautizó con bautismo de arrepentimiento, diciendo al pueblo que creyesen en aquel que vendría después de él, esto es, en Jesús el Cristo.	14 Había siete hijos de un tal Esceva, judío, jefe de los sacerdotes, que hacían esto. 15 Pero respondiendo el espíritu malo, dijo: A Jesús conozco, y sé quién es Pablo; pero vosotros, ¿quiénes sois?	
3) Su obediencia en el bautismo 4) Su recepción del Espíritu Santo	5 Cuando oyeron esto, fueron bautizados en el nombre del Señor Jesús. 6 Habiéndoles impuesto Pablo las manos, vino sobre ellos el Espíritu Santo; y hablaban en lenguas, y profetizaban.	16 Y el hombre en quien estaba el espíritu malo, saltando sobre ellos y dominándolos, pudo más que ellos, de tal manera que huyeron de aquella casa desnudos y heridos.	
5) Su número b. La salvación necesita una decisión: muchos rechazaron a Cristo y rehusaron creer	7 Eran por todos unos doce hombres. 8 Y entrando Pablo en la sinagoga, habló con denuedo por espacio de tres meses, discutiendo y persuadiendo acerca del reino de Dios.	17 Y esto fue notorio a todos los que habitaban en Éfeso, así judíos como griegos; y tuvieron temor todos ellos, y era magnificado el nombre del Señor Jesús. 18 Y muchos de los que habían creído venían, confesando y dando cuenta de sus hechos.	d. El temor de Dios calló sobre los corazones de los hombres e. Se magnificó el nombre del Señor f. Muchos se convirtieron
c. La salvación necesita la protección y el crecimiento de nuevos convertidos	9 Pero endureciéndose algunos y no creyendo, maldiciendo el Camino delante de la multitud, se apartó Pablo de ellos y separó a los discípulos, discutiendo cada día en la escuela de uno llamado Tiranno.	19 Asimismo muchos de los que habían practicado la magia trajeron los libros y los quemaron delante de todos; y hecha la cuenta de su precio, hallaron que era cincuenta mil piezas de plata.	g. Se quemaron los libros de encantamientos y de superstición
3 Las lecciones sobre el avivamiento	10 Así continuó por espacio de dos años, de manera que todos los que habitaban en	20 Así crecía y prevalecía poderosamente la palabra del Señor	h. La Palabra de Dios se esparció poderosamente

DIVISIÓN IX

LA TERCERA GRAN MISIÓN DE PABLO A LOS GENTILES: ASIA MENOR Y EUROPA, 18:23–21:16

B. Éfeso (parte 2): Pablo en Éfeso: lecciones sobre la salvación y el avivamiento, 19:1-20

(19:1-20) Introducción: El ministerio de Pablo en Éfeso fue dramático. Fue un ministerio que se concentró en la salvación y experimentó un avivamiento.

1. Pablo llegó a Éfeso, pero no vio a Apolos (v. 1).
2. Las lecciones sobre la salvación (vv. 2-9).
3. Las lecciones sobre el avivamiento (vv. 10-20).

1 (19:1) *Ministerio:* Pablo llegó a Éfeso pero Apolos ya había salido para Corinto. Por tanto, los dos hombres perdieron la oportunidad de verse. Cuando Aquila y Priscila le dijeron a Pablo sobre Apolos, el corazón de Pablo debió haber saltado de alegría por otro joven para Cristo. A través de los años siguientes Pablo aprendería a amar al joven y a añorar su compañía y ministerio. (1 Co. 16:12; Tit. 3:13).

Mientras Pablo ministraba en Éfeso, lo que resalta es su compromiso para alcanzar a los hombres con el evangelio de la salvación. El era un mensajero de la salvación, así que enfocó su vida completa para compartir este mensaje con los que estaban perdidos, sin esperanza, y los condenados

2 (19:2-9) *Salvación — Predicación:* Este pasaje presenta algunas lecciones sobre la salvación. Estas lecciones deben estar en la mente de los creyentes cuando se ocupan en la tarea de proclamar el glorioso evangelio de la salvación.

1. La salvación necesita *una creencia completa y la recepción del Espíritu Santo.* Mientras que estaba ministrando en Éfeso, Pablo se encontró con doce discípulos que no tenían asociación con la iglesia en Éfeso. Estaban a la deriva o se estaban reuniendo en otra área de la ciudad. Eran totalmente desconocidos a la iglesia y a Priscila y Aquila. En cualquier caso Pablo los *encontró*, y lo que resulta es una de las grandes lecciones de salvación. (Nota: No podían haber estado asociados con Apolos, pues él les habría proclamado a Cristo después de su verdadera conversión. Ver esquema y notas, Hch. 18:23-28.)

Note la pregunta de Pablo. La correcta traducción del griego es: "¿Recibieron al Espíritu Santo, habiendo creído" o "… cuando creyeron?" Algunos han mantenido que estos hombres creyeron y entonces el Espíritu Santo vino sobre ellos algún tiempo después de su creencia. Pero este no podría ser el caso, pues es contrario a las enseñanzas de la Escritura. Eran discípulos de Juan, prosélitos judíos, quienes aún estaban buscando la venida del Mesías (Hch. 19:2-4, esp. 3-4). Evidentemente no eran creyentes cristianos. No habían sido bautizados en el *nombre del Señor Jesucristo*. Su creencia era incompleta. Creyeron lo que Juan había predicado, que el Mesías venía, pero no sabían que ya había venido en la persona de Jesucristo. Se habían arrepentido del pecado como lo había predicado Juan, pero no habían recibido aún la presencia salvadora del Señor Jesús en sus corazones y en sus vidas. La viva presencia y el poder de Cristo en la persona del Espíritu Santo no los había salvado todavía.

Nota: Pablo no degradó su fe incompleta. No los censuró por no captar el mensaje completo de Juan. Se aproximó de una manera positiva. Él les señaló que habían hecho bien en arrepentirse del pecado, porque Juan sí había proclamado el bautismo de arrepentimiento. *Pero Juan hizo algo más:* Él le proclamó a las personas que…

"Ellos debían creer en otro que vendría después de él [Juan], o sea Cristo Jesús"

Cuando los doce discípulos oyeron esto, respondieron justo como debían hacerlo: creyeron (v.4), fueron bautizados (v. 5), y recibieron el Espíritu Santo (v. 6). (Ver *Estudio a fondo 4, Lenguas,* Hch. 2:4; nota, 10:46 para discusión sobre las lenguas.)

Pensamiento 1. Note tres lecciones significativas.

1) Una persona puede arrepentirse y bautizarse y aún no haber recibido a Cristo en su vida y en su corazón. Puede confesar a Cristo y aún no tener el Espíritu Santo. Cuando Pablo vio a estos hombres que profesaron ser discípulos, él notó que faltaba algo. La falta era visible, y él sospechaba lo que era. No llevaban la presencia ni el fruto del Espíritu Santo en sus vidas.

"En él también vosotros, habiendo oído la palabra de verdad, el evangelio de vuestra salvación, y habiendo creído en él, fuisteis sellados con el Espíritu Santo de la promesa" (Ef. l:13).

"el cual también nos ha sellado, y nos ha dado las arras (garantía) del Espíritu en nuestros corazones" (2 Co. 1:22).

"Mas el que nos hizo para esto mismo es Dios, quien nos ha dado las arras del Espíritu" (2 Co. 5:5).

2) La creencia puede ser incompleta. Note detenidamente: estos hombres creyeron en el Mesías que vendría predicado por Juan, y aún se habían arrepentido y se habían vuelto de su pecado a Dios. Pero aún les faltaba la presencia de Cristo, o sea, del Espíritu Santo en sus vidas. ¿Cuántos han cambiado sus vidas y ahora están viviendo vidas morales, pero aún no han aceptado *la verdad* del Hijo de Dios,
=> a la verdad de Su venida a la tierra,
=> a la verdad de que Él asegura nuestra justicia al vivir una vida sin pecado,
=> a la verdad de su muerte por nuestros pecados
=> a la verdad de Su resurrección de los muertos?
La salvación necesita una creencia completa, creyendo la verdad de que Jesús es el Hijo de Dios en su sentido más completo de la salvación.

3) Note que estos doce se bautizaron dos veces. Un creyente se bautiza después de su conversión –*en el nombre del Señor Jesucristo.* (Ver *Estudio a fondo 1,* Hch. 2:38; nota, Ef. 5:18-21. Cp. Ro. 8:19; 1 Co. 6:19; Ef. 1:13-14 "habiendo creído en él, fuisteis sellados con el Espíritu Santo de la promesa")

2. La salvación necesita una decisión: una persona o se decide a aceptar a Cristo o automáticamente lo rechaza. En el caso de la audiencia que oyó a Pablo, muchos rechazaron a

Cristo. Simplemente endurecieron su corazón y rehusaron creer. Por tres meses Pablo predicó con denuedo en la sinagoga de los judíos. Note cuatro hechos.

a. Pablo debatió (dialegomenos) el evangelio. La palabra significa razonar, discutir, convencer, y responder preguntas. Él debatió el evangelio, haciendo y respondiendo preguntas, convenciendo a todos los que estaban deseosos de ser convencidos.

b. Persuadió (peithon) a los hombres a cerca del evangelio. (Ver nota, Hch. 18:4 para discusión.)

c. El mensaje de Pablo estaba relacionado con el reino de Dios (ver *Estudio a fondo 3, El reino de Dios* —Mt. 19:23-24 para discusión.)

d. Muchos se endurecieron y no creyeron, siendo desobedientes al llamado de Dios para salvación.

=> La palabra "endureció" (esklerunonto) significa endurecer como una piedra; estar insensible y difícil, mantenerse en posición.

=> a Las palabras "no creyeron" (epeithoun) significan ser desobedientes. Tome nota de esto, porque rechazar el evangelio no es solo incredulidad. Es mucho peor: es desobedecer a Dios. Dios demanda que los hombres crean en su Hijo Jesucristo. El rehusar creer es una desobediencia categórica, una afrenta a Dios, un acto de rebelión contra su mandamiento.

"Porque el corazón de este pueblo se ha engrosado, Y con los oídos oyeron pesadamente, Y sus ojos han cerrado, Para que no vean con los ojos, Y oigan con los oídos, Y entiendan de corazón,
Y se conviertan, Y yo los sane" (Hch. 28:27).
"los cuales, después que perdieron toda sensibilidad, se entregaron a la lascivia para cometer con avidez toda clase de impureza" (Ef. 4:19).
"Bienaventurado el hombre que siempre teme a Dios; Mas el que endurece su corazón caerá en el mal" (Pr. 28:14).
"El hombre que reprendido endurece la cerviz, De repente será quebrantado, y no habrá para él medicina" (Pr. 29:l).

3. La salvación necesita la proyección y el crecimiento de los nuevos convertidos. Los nuevos creyentes tienen que ser protegidos y desarrollados. Por tanto, cuando los judíos comenzaron a calumniar a Cristo y el camino de la salvación, Pablo separó a los creyentes de la sinagoga. Aseguró una sala de conferencias en una escuela conducida por Tirano. Note dos puntos.

a. Pablo separó a los creyentes de la sinagoga. Comenzó una iglesia aparte. ¿Por qué? Porque la sinagoga se estaba oponiendo a la verdad, amenazando la fe y el crecimiento de los creyentes. Tenía que salir para proteger y asegurar su crecimiento en Cristo (¡Qué valor! ¡Qué compromiso con las necesidades de los hombres y la causa de Cristo!)

"Le dijo la tercera vez: Simón, hijo de Jonás, ¿me amas? Pedro se entristeció de que le dijese la tercera vez: ¿Me amas? y le respondió: Señor, tú lo sabes todo; tú sabes que te amo. Jesús le dijo: Apacienta mis ovejas" (Jn. 21:17).
"Por tanto, mirad por vosotros, y por todo el rebaño en que el Espíritu Santo os ha puesto por obispos, para apacentar la iglesia del Señor, la cual él ganó por su propia sangre" (Hch. 20:28).
"Recuérdales esto, exhortándoles delante del Señor a que no contiendan sobre palabras, lo cual para nada aprovecha, sino que es para perdición de los oyentes" (2 Ti. 2:14).
"que con mansedumbre corrija a los que se oponen, por si quizá Dios les conceda que se arrepientan para conocer la verdad" (2 Ti. 2:25).
"que prediques la palabra; que instes a tiempo y fuera de tiempo; redarguye, reprende, exhorta con toda paciencia y doctrina. Porque vendrá tiempo cuando no sufrirán la sana doctrina, sino que teniendo comezón de oír, se amontonarán maestros conforme a sus propias concupiscencias" (2 Ti. 4:2-3).
"Apacentad la grey de Dios que está entre vosotros, cuidando de ella, no por fuerza, sino voluntariamente; no por ganancia deshonesta, sino con ánimo pronto" (1 P. 5:2).
"Sobre tus muros, oh Jerusalén, he puesto guardas; todo el día y toda la noche no callarán jamás. Los que os acordáis de Jehová, no reposéis" (Is. 62:6).
"Hijo de hombre, yo te he puesto por atalaya a la casa de Israel; oirás, pues, tú la palabra de mi boca, y los amonestarás de mi parte" (Ez. 3:17).

b. Pablo era un hombre totalmente comprometido en ayudar a los creyentes y alcanzar a los perdidos. Esto se ve en el horario que mantenía. Las personas tomaban una siesta entre las 11 a.m. y 4 p.m. debido al calor en esa parte del mundo. (William Barclay. *Los Hechos de los Apóstoles. "The Daily Study Bible"* (La Biblia de Estudio Diario.) Filadelfia, PA: The Westminster Press, 1956, p. 155). Por tanto, Pablo…

• trabajó en un empleo secular en las horas tempranas de la mañana hasta las 11 a.m. (Hch. 20:34; 1 Co. 14:11-12).

• enseñó durante las horas en que Tirano no estaba usando la escuela (11 a.m.-4 p.m.).

• enseñó en los hogares de los creyentes en las noches (Hch. 20:20-21, 31).

Él literalmente trabajó para el Señor día y noche. Toda su energía, mente, cuerpo, y alma fueron comprometidas a la causa de Cristo. Y a su reino.

Pensamiento 1. Una importante pregunta que necesitamos hacernos y quizás los unos a los otros es: ¿Le hemos dado nuestras vidas realmente al Señor? ¿Estamos honestamente comprometidos con el Señor laborando día y noche?

"Así que, hermanos, os ruego por las misericordias de Dios, que presentéis vuestros cuerpos en sacrificio vivo, santo, agradable a Dios, que es vuestro culto racional. No os conforméis a este siglo, sino transformaos por medio de la renovación de vuestro entendimiento, para que comprobéis cuál sea la buena voluntad de Dios, agradable y perfecta" (Ro. 12:1-2).

"Porque habéis sido comprados por precio; glorificad, pues, a Dios en vuestro cuerpo y en vuestro espíritu, los cuales son de Dios" (1 Co. 6:20).

"Así que, hermanos míos amados, estad firmes y constantes, creciendo en la obra del Señor siempre, sabiendo que vuestro trabajo en el Señor no es en vano" (1 Co. 15:58.)

3 (19:10-20) *Avivamiento:* este pasaje además presenta varias lecciones sobre el avivamiento. Note ocho puntos.

1. Se predicó la Palabra del Señor. La Palabra predicada sería el mensaje mencionado anteriormente, las cosas concernientes al Reino de Dios (v. 8. Ver *Estudio a fondo 3, El Reino de los Cielos,* Mt. 19:23-24 para más discusión.) Pablo predicó la Palabra por dos años en la escuela, y note el evangelio expandido por toda Asia (la moderna Asia Menor o más particularmente, Turquía.) Lo más probable es que las otras seis iglesias mencionadas en los capítulos 2 y 3 del Apocalipsis fueron fundadas en este tiempo, al igual que las de Colosas y Hierápolis (Col. 4:13). Estos hechos se conocen.

=> Timoteo y Erasto estaban con Pablo en Éfeso, por lo menos por un tiempo (Hch. 19:22; Col 1:1).

=> Tres líderes bien conocidos de la iglesia de Colosas eran colaboradores de Pablo: Epafras (Col. 1:7; 4:12), Filemón, y Arquipo (Col. 4:17; Fil. 1:1-2).

Al parecer, estos laicos y otros llevaron la Palabra a través de toda Asia durante estos dos años. Un verdadero avivamiento se llevó a cabo porque…

• los siervos del Señor predicaron la Palabra del Señor, no sus propias ideas o filosofías

• los siervos de Cristo estaban comprometidos, completamente entregados a Él para la evangelización del mundo.

• los siervos de Cristo no hablaron solamente acerca de alcanzar a las personas para Cristo, realmente alcanzaron *toda el área,* fueron a donde pudieron.

"Y será predicado este evangelio del reino en todo el mundo, para testimonio a todas las naciones; y entonces vendrá el fin" (Mt. 24:14).

"Y les dijo: Id por todo el mundo y predicad el evangelio a toda criatura" (Mr. 16:l5).

"Dios envió mensaje a los hijos de Israel, anunciando el evangelio de la paz por medio de Jesucristo; (éste es Señor de todos.)" (Hch. 10:36).

"Pues si anuncio el evangelio, no tengo por qué gloriarme; porque me es impuesta necesidad; y ¡ay de mí si no anunciare el evangelio!" (1 Co. 9:16).

"Porque no nos predicamos a nosotros mismos, sino a Jesucristo como Señor, y a nosotros como vuestros siervos por amor de Jesús" (2 Co. 4:5).

2. Se vieron milagros especiales de Dios. Note estos dos "milagros especiales" (dunameis ou tas tuchousas); la frase realmente significa dos cosas:

=> Eran milagros, poderes que no ocurrían regularmente; poderes que no eran experiencias de los hombres todos los días.

=> Eran milagros extraordinarios; milagros que usualmente no se veían; que no eran comunes; que no se realizaban usualmente.

Aún los discípulos no habían sido testigos de tales milagros, no de una forma regular. Al parecer lo que sucedió fue esto: Éfeso era un semillero de lo oculto incluyendo todo tipo de espiritismo, magia, superstición, y artes negras. Las personas eran eminentemente emocionales, sensuales y fácilmente movidas a sentimientos y creencias en lo mágico. Ante toda esta evidencia, lo espectacular era necesario para comunicarse con las personas. Como siempre, Dios hace todo lo que Él puede para alcanzar a las personas. Muy simplemente dicho, estos "milagros especiales" muestran el gran amor de Dios hacia los hombres (Ver nota, Hch. 2:22-24; Jn. 2:23 para más discusión.)

La escena ve a Pablo trabajando en la tienda de casas de campañas, sudando y teniendo que cambiar su delantal y cinta (pañuelo) para la cabeza frecuentemente. Al parecer las personas llevaban las ropas de sus enfermos. Al tocar sus pañuelos la fe de los enfermos en Dios predicada por Pablo se levantaba a nuevas alturas, y Dios por misericordia los sanaba.

Como sabemos (por lo menos en lo profundo de nuestro ser) ninguna pieza de tela o de cualquier material tiene virtud en sí misma. Solo Dios tiene la virtud dentro de Él. Por tanto, Dios era quien sanaba, no Pablo ni un pedazo de tela. Nosotros que genuinamente creemos en Dios, tenemos que ser honestos al tratar con Dios. Ya que Dios es Dios…

• Dios tiene el deber y el poder de hacer lo que quiera.

• Dios es amor y extiende su mano para salvar a los hombres en toda forma posible.

• Dios sabe cuando la fe de una persona es genuina, cuando la persona tiene realmente fe para ser completamente salva, espiritual y físicamente.

"Y mirándolos Jesús, les dijo: Para los hombres esto es imposible; mas para Dios todo es posible" (Mt. 19:26).

"porque nada hay imposible para Dios" (Lc. 1:37).

"Y a Aquel que es poderoso para hacer todas las cosas mucho más abundantemente de lo que pedimos o entendemos, según el poder que actúa en nosotros" (Ef. 3:20).

3. Fueron desenmascarados los falsos profetas (vv.13-16). Este acontecimiento demuestra gráficamente cómo Dios desenmascara a los falsos profetas. Note esto:

=> Los exorcistas eran comunes a través de todo el mundo antiguo. Muchos eran vagabundos, viviendo como gitanos caminantes. Vivían una vida tipo circo, ganándose el sustento de las personas supersticiosas. Sintieron que el poder venía al usar el nombre de Dios en una fórmula. Los exorcistas judíos, por supuesto, usaban el nombre mismo de Dios.

=> Estos exorcistas o sacerdotes eran siete hijos de un sumo sacerdote o de un hombre estrechamente conectado con la familia de un sumo sacerdote.

Note cuán degenerados y de qué manera la familia había abandonado el alto llamado de Dios. Los sacerdotes eran llamados por Dios para servir a Su pueblo como sacerdotes. (¡Qué advertencia a cada ministro del evangelio! Puede caer en un terrible estado de degeneración.)

=> Estos sacerdotes usaron el nombre de Jesús en un hombre poseído por un demonio. La escena fue dramática porque el demonio usó la voz del hombre, reprendiendo a los falsos profetas por usar el nombre de Jesús en contra de él. El espíritu maligno les dijo que conocía a Jesús y a Pablo, pero ¿quiénes eran ellos? Y usó al hombre para asaltar a los falsos profetas por usar el nombre de Jesús en contra de él.

Ahora note un aspecto: un verdadero avivamiento, un verdadero movimiento del Espíritu de Dios, descubrirá a los falsos profetas. Los falsos profetas confiesan a Jesús y usan Su nombre en sus trabajos. Pero el poder no está presente, no el tipo de poder visto en un avivamiento verdadero. Un verdadero movimiento testifica del poder de Dios obrando.

4. El temor de Dios golpeó el corazón de los hombres. Fueron cautivados con un sentimiento de sobrecogimiento y reverencia, de poder de Dios y de demanda de justicia, y de su necesidad para caminar honradamente ante Dios.

> "Y no temáis a los que matan el cuerpo, mas el alma no pueden matar; temed más bien a aquel que puede destruir el alma y el cuerpo en el infierno" (Mt. 10:28).
>
> "Y si invocáis por Padre a aquel que sin acepción de personas juzga según la obra de cada uno, conducíos en temor todo el tiempo de vuestra peregrinación" (1 P. 1:17).
>
> "Ahora, pues, temed a Jehová, y servidle con integridad y en verdad; y quitad de entre vosotros los dioses a los cuales sirvieron vuestros padres al otro lado del río, y en Egipto; y servid a Jehová" (Jos. 24:14).
>
> "Tema a Jehová toda la tierra; Teman delante de él todos los habitantes del mundo" (Sal. 33:8).
>
> "El fin de todo el discurso oído es este: Teme a Dios, y guarda sus mandamientos; porque esto es el todo del hombre" (Ec. 12:13).
>
> "A Jehová de los ejércitos, a él santificad; sea él vuestro temor, y él sea vuestro miedo" (Is. 8:13).

5. Se magnificó el nombre del Señor Jesús (ver *Estudio a fondo 2, Nombre,* Hch. 3:6 para discusión.)

6. Muchos creyeron. Creyeron y confesaron (ver Estudio a fondo 2, Creer, Jn. 2:24 para discusión.)

> "Dad a Jehová la gloria debida a su nombre; Adorad a Jehová en la hermosura de la santidad" (Sal. 29:2).
>
> "Engrandeced a Jehová conmigo, Y exaltemos a una su nombre" (Sal. 34:3).

7. Se quemaron los libros de encantamiento y de superstición. ¡Qué ejemplo! (¿Qué sucedería si todos los libros y revistas ocultistas y pornográficos, panfletos y papeles, fotografías, y filmes fueran destruidos?) Nota: no vendieron los artículos; los destruyeron. No lo querían en las manos de otros debido a sus mentiras y a su influencia degradante. Note además el gran costo de todos los artículos. Una pieza de plata era el salario de un día, así que cincuenta mil piezas de plata equivaldrían a 137 años.

> "Y entró Jesús en el templo de Dios, y echó fuera a todos los que vendían y compraban en el templo, y volcó las mesas de los cambistas, y las sillas de los que vendían palomas" (Mt. 21:12).
>
> "Y haciendo un azote de cuerdas, echó fuera del templo a todos, y las ovejas y los bueyes; y esparció las monedas de los cambistas, y volcó las mesas" (Jn. 2:15).
>
> "Porque quitó del país a los sodomitas, y quitó todos los ídolos que sus padres habían hecho" (1 R. 15:12).
>
> "Pero se han hallado en ti buenas cosas, por cuanto has quitado de la tierra las imágenes de Asera, y has dispuesto tu corazón para buscar a Dios" (2 Cr. 19:3).
>
> "Asimismo quitó los dioses ajenos, y el ídolo de la casa de Jehová, y todos los altares que había edificado en el monte de la casa de Jehová y en Jerusalén, y los echó fuera de la ciudad" (2 Cr. 33:15).

8. Se diseminó la Palabra del Señor poderosamente, con fuerza y autoridad, prevaleciendo y triunfando sobre todo.

> "Y éstos eran más nobles que los que estaban en Tesalónica, pues recibieron la palabra con toda solicitud, escudriñando cada día las Escrituras para ver si estas cosas eran así" (Hch. 17:11).
>
> "Porque no me avergüenzo del evangelio, porque es poder de Dios para salvación a todo aquel que cree; al judío primeramente, y también al griego" (Ro. 1:16).
>
> "Por lo cual también nosotros sin cesar damos gracias a Dios, de que cuando recibisteis la palabra de Dios que oísteis de nosotros, la recibisteis no como palabra de hombres, sino según es en verdad, la palabra de Dios, la cual actúa en vosotros los creyentes" (1 Ts. 2:13).
>
> "Porque la palabra de Dios es viva y eficaz, y más cortante que toda espada de dos filos; y penetra hasta partir el alma y el espíritu, las coyunturas y los tuétanos, y discierne los pensamientos y las intenciones del corazón" (He. 4:12).
>
> "Por tanto, así ha dicho Jehová Dios de los ejércitos: Porque dijeron esta palabra, he aquí yo pongo mis palabras en tu boca por fuego, y a este pueblo por leña, y los consumirá" (Jer. 5:14).
>
> "¿No es mi palabra como fuego, dice Jehová, y como martillo que quebranta la piedra?" (Jer. 23:29).

1 La gran estrategia de Pablo
a. Evangelizar: Asia, luego Europa, luego Roma

b. Ministrar a las iglesias y enviar discípulos

c. Se originó un gran alboroto acerca del Camino

2 El Camino perturbaba a los ambiciosos, a los materialistas

a. El mensaje del Señor atacaba la avaricia de las profesiones malignas

b. El Señor asestó un golpe a los idólatras: cambió las vidas de los hombres, demandando que negaran a todos los falsos dioses.

3 El Camino recibió acusaciones y ataques falsos
a. La falsa acusación: el mensaje de Cristo era revolucionario y blasfemo

b. La reacción: Ira, rabia

c. El ataque: Un disturbio.

4 El Camino requería gran valentía, pero además sabiduría

C. Éfeso (parte 3): el camino del Señor molesta a las personas, 19:21-41

21 Pasadas estas cosas, Pablo se propuso en espíritu ir a Jerusalén, después de recorrer Macedonia y Acaya, diciendo: Después que haya estado allí, me será necesario ver también a Roma.
22 Y enviando a Macedonia a dos de los que le ayudaban, Timoteo y Erasto, él se quedó por algún tiempo en Asia.
23 Hubo por aquel tiempo un disturbio no pequeño acerca del Camino.
24 Porque un platero llamado Demetrio, que hacía de plata templecillos de Diana, daba no poca ganancia a los artífices;
25 a los cuales, reunidos con los obreros del mismo oficio, dijo: Varones, sabéis que de este oficio obtenemos nuestra riqueza;
26 pero veis y oís que este Pablo, no solamente en Éfeso, sino en casi toda Asia, ha apartado a muchas gentes con persuasión, diciendo que no son dioses los que se hacen con las manos.
27 Y no solamente hay peligro de que este nuestro negocio venga a desacreditarse, sino también que el templo de la gran diosa Diana sea estimado en nada, y comience a ser destruida la majestad de aquella a quien venera toda Asia, y el mundo entero.
28 Cuando oyeron estas cosas, se llenaron de ira, y gritaron, diciendo: ¡Grande es Diana de los efesios!
29 Y la ciudad se llenó de confusión, y a una se lanzaron al teatro, arrebatando a Gayo y a Aristarco, macedonios, compañeros de Pablo.
30 Y queriendo Pablo salir al pueblo, los discípulos no le dejaron.

31 También algunas de las autoridades de Asia, que eran sus amigos, le enviaron recado, rogándole que no se presentase en el teatro.
32 Unos, pues, gritaban una cosa, y otros otra; porque la concurrencia estaba confusa, y los más no sabían por qué se habían reunido.
33 Y sacaron de entre la multitud a Alejandro, empujándole los judíos. Entonces Alejandro, pedido silencio con la mano, quería hablar en su defensa ante el pueblo.
34 Pero cuando le conocieron que era judío, todos a una voz gritaron casi por dos horas: ¡Grande es Diana de los efesios!
35 Entonces el escribano, cuando había apaciguado a la multitud, dijo: Varones efesios, ¿y quién es el hombre que no sabe que la ciudad de los efesios es guardiana del templo de la gran diosa Diana, y de la imagen venida de Júpiter?
36 Puesto que esto no puede contradecirse, es necesario que os apacigüéis, y que nada hagáis precipitadamente.
37 Porque habéis traído a estos hombres, sin ser sacrílegos ni blasfemadores de vuestra diosa.
38 Que si Demetrio y los artífices que están con él tienen pleito contra alguno, audiencias se conceden, y procónsules hay; acúsense los unos a los otros.
39 Y si demandáis alguna otra cosa, en legítima asamblea se puede decidir.
40 Porque peligro hay de que seamos acusados de sedición por esto de hoy, no habiendo ninguna causa por la cual podamos dar razón de este concurso.
41 Y habiendo dicho esto, despidió la asamblea.

5 El Camino fue objeto de una turba
a. Hubo una confusión masiva

b. Hubo golpes.

c. Hubo un comportamiento frenético.

6 Dios protegió milagrosamente El Camino
a. Dios usó un oficial de la ciudad
1) Dijo que el mundo conocía a Diana y su grandeza, que no había peligro de que fuera destruida
2) Recordó al pueblo que las leyes de la ciudad eran los guardianes de la idolatría
3) Dijo que se atacaba ilegalmente al Camino
4) Aconsejó proseguir el curso legal

5) Sugirió que el gobierno no toleraría un desorden civil

b. Dios prevaleció sobre la turba

DIVISIÓN IX

LA TERCERA GRAN MISIÓN DE PABLO A LOS GENTILES: ASIA MENOR Y EUROPA, 18:23–21:16

C. Éfeso (parte 3): el camino del Señor molesta a las personas, 19:21-41

(19:21-41) *Introducción:* este es un excelente pasaje que muestra la reacción del mundo *al Camino de Cristo.* Es un fuerte recordatorio de que las personas de Dios sufrirán persecución como el mismo Señor sufrió.

1. La gran estrategia de Pablo (vv. 21-23).
2. El Camino perturbaba a los ambiciosos, a los materialistas (vv. 24-26).
3. El Camino recibió acusaciones y ataques falsos (vv. 27-29).
4. El Camino requería gran valentía, pero además sabiduría (vv. 30-31).
5. El Camino fue objeto de una turba (vv. 32-34).
6. Dios protegió milagrosamente El Camino (vv. 35-41).

1 (19:21-23) *Evangelismo — Estrategia:* La gran estrategia de Pablo para la evangelización se puede ver mejor aquí. Pablo había iniciado su misión en las grandes ciudades del sur de Galacia (Hch. 13:1-14:28). Entonces tuvo el deseo de alcanzar rápidamente a Éfeso, la unión entre el este y el oeste. Pero Dios, conociendo las generaciones que había por delante, dirigió a Pablo hacia Europa (Hch. 15:36-18:22, esp. 16:6ss). Después de Europa, Pablo salió para Éfeso, "la puerta entre los continentes" (Hch. 18:23-19:41). Con la evangelización de Éfeso él dijo, "me será necesario ver también a Roma" (Hch. 19:21). Esta fue una declaración importante, pues Pablo estaba diciendo que las grandes ciudades que había a lo largo del camino a Roma estaban ahora evangelizadas. Podía ahora alcanzar a Roma, la capital del mundo. Sus oraciones por años habían sido la conquista de Roma, y ahora su corazón parecía decirle que sus oraciones podían cumplirse. (Ro. 1:13-15). Observe que Pablo se dolía por evangelizar a España también (Ro. 15:24).

Ahora note un punto significativo: El propósito de Pablo era evangelizar, pero no se había olvidado ministrar a las iglesias y enviar discípulos. La escena era esta: Pablo estaba en Éfeso (Asia o Turquía.) Se dolía en alcanzar a Roma para Cristo, pero las iglesias en Jerusalén y a través de Judea estaban sufriendo hambre. Sintió una necesidad profunda de ayudarlos, así que antes de salir para Roma, planeó visitar Jerusalén con una ofrenda de todas las iglesias de Macedonia y Acaya (las iglesias europeas o griegas.) Pablo no podía salir inmediatamente, así que envió adelante a Timoteo y a Erasto a las iglesias europeas. Tenían que exhortar a las iglesias para recaudar los fondos necesarios para las ofrendas de ayuda. Planeó seguir lo más pronto posible.

Pensamiento 1. El llamado del ministro es a evangelizar y a edificar iglesias y enviar discípulos. Todos estos ministerios son necesarios y todos se tienen que hacer.

Nunca debemos olvidar el ejemplo dinámico de Pablo.

2 (19:24-26) *Avaricia — Materialismo:* El Camino del Señor perturbó a los avariciosos y a los materialistas y a todos los que trabajaban en profesiones malignas. Hay dos razones primarias:

1. El mensaje del Señor atacó a los avariciosos de profesiones malignas. Demetrio y los plateros estaban comprometidos en una profesión maléfica, la de hacer y vender artículos (ídolos) que eran dañinos y perjudiciales a los hombres. Nota: su artesanía era provechosa, muy provechosa. Era su sustento, la base de su riqueza y de su posición social. Demetrio era al parecer un ciudadano influyente en la ciudad, quizás la cabeza del gremio de los orfebres.

2. El Señor cambió las vidas de los hombres: demandó que enfrentaran la verdad y que negaran a todos los falsos dioses y comprometieran sus vidas a Dios solamente. Se estaban convirtiendo a Cristo tantos ciudadanos y al parecer turistas, que no ya estaban comprando los ídolos, y les estaban dañando los beneficios de Demetrio y de los otros comerciantes.

Nota: cuando un hombre se convierte verdaderamente, hace dos cosas.

a. Se enfrenta a la verdad. "no son dioses los que se hacen con las manos" (v. 6) o creados por las imaginaciones de los hombres. Si un hombre lo imagina o lo hace, es un pensamiento vacío o inerte o de lo contrario sustancia material. No es Dios, no la Soberana Majestad del universo…
   - que tiene vida en sí mismo.
   - que es creador de todo.
   - que sostiene y lo gobierna todo.
   - es el Salvador de los hombres.

"Acerca, pues, de las viandas que se sacrifican a los ídolos, sabemos que un ídolo nada es en el mundo, y que no hay más que un Dios" (1 Co. 8:4).

"un Dios y Padre de todos, el cual es sobre todos, y por todos, y en todos" (Ef. 4:6).

"Porque esto es bueno y agradable delante de Dios nuestro Salvador, el cual quiere que todos los hombres sean salvos y vengan al conocimiento de la verdad. Porque hay un solo Dios, y un solo mediador entre Dios y los hombres, Jesucristo hombre, el cual se dio a sí mismo en rescate por todos, de lo cual se dio testimonio a su debido tiempo" (1 Ti. 2:3-6).

"A ti te fue mostrado, para que supieses que Jehová es Dios, y no hay otro fuera de él" (Dt. 4:35).

"Por tanto, tú te has engrandecido, Jehová Dios; por cuanto no hay como tú, ni hay Dios fuera de ti, conforme a todo lo que hemos oído con nuestros oídos" (2 S. 7:22).

"Y conozcan que tu nombre es Jehová; Tú solo Altísimo sobre toda la tierra" (Sal. 83:18).

"Porque tú eres grande, y hacedor de maravillas; Sólo tú eres Dios" (Sal. 86:10).

"Vosotros sois mis testigos, dice Jehová, y mi siervo que yo escogí, para que me conozcáis y creáis, y entendáis que yo mismo soy; antes de mí no fue for-

mado dios, ni lo será después de mí. Yo, yo Jehová, y fuera de mí no hay quien salve" (Is. 43:10-11).

"**Porque así dijo Jehová, que creó los cielos; él es Dios, el que formó la tierra, el que la hizo y la compuso; no la creó en vano, para que fuese habitada la creó: Yo soy Jehová, y no hay otro" (Is. 45:18).**

b. Él niega a todos los dioses excepto a Dios mismo. Se arrepiente y se convierte "de los ídolos a Dios, para servir al Dios vivo y verdadero" (1 Ts. 1:9). (Ver nota, Hch. 17:23; 17:24-25 para discusión.)

Pensamiento 1. Hay demasiados Demetrios en el mundo; demasiados ambiciosos que se comprometen en profesiones malvadas: profesiones que dañan y degradan a los hombres. La gran necesidad de la hora es que algunos den un paso como los *Pablos* del mundo, que den un paso proclamando que los hombres deben volverse de los ídolos y de las profesiones malvadas de este mundo a Dios.

"**Así que, arrepentíos y convertíos, para que sean borrados vuestros pecados; para que vengan de la presencia del Señor tiempos de refrigerio" (Hch. 3:19).**

"**Arrepiéntete, pues, de esta tu maldad, y ruega a Dios, si quizá te sea perdonado el pensamiento de tu corazón" (Hch. 8:22).**

"**Pero Dios, habiendo pasado por alto los tiempos de esta ignorancia, ahora manda a todos los hombres en todo lugar, que se arrepientan" (Hch. 17:30).**

"**Deje el impío su camino, y el hombre inicuo sus pensamientos, y vuélvase a Jehová, el cual tendrá de él misericordia, y al Dios nuestro, el cual será amplio en perdonar" (Is. 55:7).**

"**Mas el impío, si se apartare de todos sus pecados que hizo, y guardare todos mis estatutos e hiciere según el derecho y la justicia, de cierto vivirá; no morirá" (Ez. 18:21).**

3 (19:27-29) *Persecución — Sociedad — Naciones:* El Camino del Señor recibió acusaciones y ataques falsos. Demetrio acusó a Pablo y a los cristianos de ser revolucionarios que estaban…

- destruyendo el sustento y el pequeño negocio de todos los orfebres de Éfeso .
- destruyendo uno de los negocios principales de la ciudad (el templo de Diana.)
- destruyendo el comercio turístico de Asia y del mundo.

El paralelo con los negocios malvados de toda generación se ve claramente en los cargos hechos contra la cristiandad. Los negocios pueden involucrar tales males como la droga, el alcohol, la pornografía, el juego. Pero cualquiera que sea el negocio, los trabajos y los sustentos están en juego; y cuando lo están, se estimulan las emociones.

Demetrio agitó a los orfebres para que se movieran e incitara a la ciudad en contra de Pablo y los creyentes. Pudieron apresar a dos de los compañeros de Pablo, Gayo y Aristarco, y arrastrarlos al teatro. Note que la chusma estaba "llena de ira" en una rabia descontrolada.

Pensamiento 1. La cristiandad sí predica la revolución, pero no la revolución política. Predica la revolución espiritual. La cristiandad no predica la violencia física.

=> La cristiandad no predica la violencia física sino la espiritual.

=> La cristiandad no le dice a los hombres que tomen las armas físicas, sino las armas de la guerra espiritual.

=> La cristiandad no enseña la destrucción y la muerte, enseña la conversión espiritual y la vida.

=> La cristiandad no destruye, construye.

=> La cristiandad no obliga; predica la libertad.

Por lo tanto, la acusación era falsa. Los efesios no tenían necesidad de temer. El templo, tan idólatra como era, no sería destruido por los creyentes cristianos, ni los ciudadanos serían obligados a seguir el Camino. La selección sería de cada hombre. No estaba implícita la violencia. Todo lo que Pablo y los creyentes querían era el derecho del libre diálogo, el derecho de proclamar…

- que Dios es.
- que *Dios es amor.*
- que Dios ha revelado *Su amor en Su Hijo Jesucristo.*
- que Dios *ahora invita a los hombres a amar a su Hijo Jesús y amarse los unos a los otros, dejando toda maldad que dañe a sí mismo y a otros.*

Note un hecho claro: el camino de Cristo es el mejor camino para cada sociedad. Entereza, amor y justicia siempre ayudan a construir una sociedad, nunca rompen ni destruyen. Naturalmente pudiera existir alguna conmoción para que la sociedad vaya adelante mientras se deshace de las profesiones nocivas y las reemplaza con profesiones buenas y saludables. Pero piense en los gloriosos resultados: salvar las vidas, evitar los cuerpos mutilados, unir a las familias desmoronadas, librar a los cuerpos esclavizados, y así sin parar. Piense en la salud y la fortaleza de la sociedad sin profesiones malvadas y donde no abunde la avaricia, una sociedad con vecinos viviendo para el bienestar y el amor de cada uno.

"**Por la bendición trastornada de los rectos la ciudad será engrandecida; Mas por la boca de los impíos será trastornada" (Pr. 11: 11).**

"**La justicia engrandece a la nación; Mas el pecado es afrenta de las naciones" (Pr. 14: 34).**

"**Abominación es a los reyes hacer impiedad, porque con justicia será afirmado el trono" (Pr. 16: 12).**

"**Aparta al impío de la presencia del rey, y su trono se afirmará en justicia" (Pr. 25: 5).**

"**Y habitará el juicio en el desierto, y en el campo fértil morará la justicia" (Is. 32: 16).**

"**Con justicia serás adornada; estarás lejos de opresión, porque no temerás, y de temor, porque no se acercará a ti" (Is.54: 14).**

4 (19:30-31) *Valor — Sabiduría:* El Camino del Señor requirió gran valentía, pero además sabiduría. Pablo y los creyentes habían naturalmente oído el alboroto. "La ciudad completa estaba llena de confusión", atrapada en el disturbio. Cuando Pablo descubrió que sus dos queridos discípulos,

Gayo y Aristarco, habían sido arrastrados al teatro…

- note su denuedo: corrió y trató de salvarlo.
- note que algunos de los oficiales locales refrenaron a Pablo. Estos oficiales eran "asiarcos", la palabra significa los representantes locales elegidos por un distrito para manejar los juegos públicos y los festivales de grandes ciudades. No sabemos si los oficiales eran creyentes, pero por lo menos eran amigos de Pablo.

Pensamiento 1. Todos necesitamos el denuedo para correr en ayuda del pueblo de Dios cuando están siendo ridiculizados, abusados y perseguidos por su fe. Con mucha frecuencia, cuando un amigo creyente está bajo ataque, nos sentamos quietamente. Temiendo que se viren en contra nuestra también. La escena puede ser en el trabajo, en la escuela, en la vecindad, en muchos otros lugares, pero no importa dónde, tenemos que mantener nuestra posición al lado de los que están siendo abusados por causa de Cristo.

> **"y en nada intimidados por los que se oponen, que para ellos ciertamente es indicio de perdición, mas para vosotros de salvación; y esto de Dios" (Fil. 1:28).**
>
> **"Porque no nos ha dado Dios espíritu de cobardía, sino de poder, de amor y de dominio propio" (2 Ti. 1:7).**
>
> **"Esforzaos y cobrad ánimo; no temáis, ni tengáis miedo de ellos, porque Jehová tu Dios es el que va contigo; no te dejará, ni te desamparará" (Dt. 31:6).**
>
> **"No temeré a diez millares de gente, que pusieren sitio contra mí" (Sal. 3: 6).**
>
> **"Aunque un ejército acampe contra mí, no temerá mi corazón; aunque contra mí se levante guerra, Yo estaré confiado" (Sal. 27: 3).**
>
> **"Jehová está conmigo; no temeré lo que me pueda hacer el hombre" (Sal. 118: 6).**
>
> **"He aquí Dios es salvación mía; me aseguraré y no temeré; porque mi fortaleza y mi canción es JAH Jehová, quien ha sido salvación para mí " (Is. 12: 2).**

Sin embargo, hay tiempos cuando la sabiduría nos dice cuándo contenernos y no actuar. Debemos ser como Pablo, deseosos de arriesgar nuestras vidas por otros, pero no arriesgar nuestras vidas tontamente.

> **"Puesto que esto no puede contradecirse, es necesario que os apacigüéis, y que nada hagáis precipitadamente" (Hch. 19:36).**
>
> **"Y si alguno de vosotros tiene falta de sabiduría, pídala a Dios, el cual da a todos abundantemente y sin reproche, y le será dada" (Stg. 1: 5).**
>
> **"El alma sin ciencia no es buena, y aquel que se apresura con los pies, peca" (Pr. 19: 2).**
>
> **"El avisado ve el mal y se esconde; mas los simples pasan y reciben el daño" (Pr. 22: 3).**
>
> **"¿Has visto hombre ligero en sus palabras? Más esperanza hay del necio que de él" (Pr. 29: 20).**
>
> **"Por tanto, el prudente en tal tiempo calla, porque el tiempo es malo" (Am. 5:13).**

5 (19:32-34) *Persecución:* El camino del Señor fue objeto de la acción de la chusma. Lo que sucedió después es interesante. Pablo y Aristarco eran ambos judíos, así que los judíos comenzaron a temer que la chusma comenzaran a conectarlos a ellos con Pablo y se viraran en su contra. Los judíos convencieron a uno de ellos, Alejandro, para que se parara ante la multitud y hablara en contra de Pablo y de los cristianos. Pero cuando se levantó y alzó su mano para aquietarlos, la multitud se volvió frenética, gritando: "Grande es Diana de los efesios". Ahora, fíjese por cuánto tiempo duró el grito —por dos horas completas.

Pensamiento 1. Tenga en cuenta tres aspectos.

1) Algunos abandonaron la verdad ante la presión profana. Los judíos estaban en contra de la profesión malvada (la idolatría) tanto como cualquiera lo pudiera estar, pero temieron la venganza, así que se retrajeron y se negaron a ayudar a los creyentes.

2) Observe cuán fácilmente se manipula a la multitud y se distorsiona la información. Fíjese lo que dicen las Escrituras:

> **"Unos, pues, gritaban una cosa, y otros otra; porque la concurrencia estaba confusa, y los más no sabían por qué se habían reunido" (v. 32).**

3) Las profesiones malignas y los hombres avariciosos siempre trabajarán para incitar al público contra los creyentes genuinos. Siempre van a usar información engañosa y torcida. Es la única forma que pueden vivir y continuar llenando sus bolsillos con su comercio de maldad.

> **"Y guardaos de los hombres, porque os entregarán a los concilios, y en sus sinagogas os azotarán" (Mt.10:17).**
>
> **"Acordaos de la palabra que yo os he dicho: El siervo no es mayor que su señor. Si a mí me han perseguido, también a vosotros os perseguirán; si han guardado mi palabra, también guardarán la vuestra" (Jn.15:20).**
>
> **"Porque a vosotros os es concedido a causa de Cristo, no sólo que creáis en él, sino también que padezcáis por él" (Fil. 1:29).**
>
> **"Y también todos los que quieren vivir piadosamente en Cristo Jesús padecerán persecución" (2 Ti. 3:12).**

6 (19:35-41) *Dios — Presencia — Liberación:* El Camino del Señor estaba milagrosamente protegido por Dios. Cómo Dios gobierna se ve claramente en los versículos más arriba.

Pensamiento 1. Al enfrentar la persecución, si la voluntad de Dios es que seamos liberados, Él puede usar y usará a hombres del mundo para traer la cordura a los perseguidores y aplacar la violencia. Dios gobierna los espíritus de los hombres. Siempre tenemos que recordar esto cuando nos encontramos en medio de problemas.

> **"El que sosiega el estruendo de los mares, el estruendo de sus ondas, y el alboroto de las naciones" (Sal. 65: 7).**
>
> **"He aquí, yo estoy contigo, y te guardaré por dondequiera que fueres, y volveré a traerte a esta tierra; porque no te dejaré hasta que haya hecho lo que te he dicho" (Gn. 28:15).**

"No temas, porque yo estoy contigo; no desmayes, porque yo soy tu Dios que te esfuerzo; siempre te ayudaré, siempre te sustentaré con la diestra de mi justicia" (Is. 41:10).

"Ahora, así dice Jehová, Creador tuyo, oh Jacob, y Formador tuyo, oh Israel: No temas, porque yo te redimí; te puse nombre, mío eres tú. Cuando pases por las aguas, yo estaré contigo; y si por los ríos, no te anegarán. Cuando pases por el fuego, no te quemarás, ni la llama arderá en ti" (Is. 43:1-2).

CAPÍTULO 20

D. Europa y Asia Menor, las grandes ciudades visitadas nuevamente: el ministro fiel, 20:1-12

1 Estimó a la iglesia por sobre todas las cosas

1 Después que cesó el alboroto, llamó Pablo a los discípulos, y habiéndolos exhortado y abrazado, se despidió y salió para ir a Macedonia.

2 Sirvió en silencio, exhortando mucho

2 Y después de recorrer aquellas regiones, y de exhortarles con abundancia de palabras, llegó a Grecia.

3 Enfrentó las constantes amenazas con valor, pero inteligentemente

3 Después de haber estado allí tres meses, y siéndole puestas asechanzas por los judíos para cuando se embarcase para Siria, tomó la decisión de volver por Macedonia.

4 Cultivó discípulos

4 Y le acompañaron hasta Asia, Sópater de Berea, Aristarco y Segundo de Tesalónica, Gayo de Derbe, y Timoteo; y de Asia, Tíquico y Trófimo.

   a. Confiando en que ellos podían ir por su propia cuenta

5 Estos, habiéndose adelantado, nos esperaron en Troas.
6 Y nosotros, pasados los días de los panes sin levadura, navegamos de Filipos, y en cinco días nos reunimos con ellos en Troas, donde nos quedamos siete días.

7 El primer día de la semana, reunidos los discípulos para partir el pan, Pablo les enseñaba, habiendo de salir al día siguiente; y alargó el discurso hasta la medianoche.

8 Y había muchas lámparas en el aposento alto donde estaban reunidos;

9 y un joven llamado Eutico, que estaba sentado en la ventana, rendido de un sueño profundo, por cuanto Pablo disertaba largamente, vencido del sueño cayó del tercer piso abajo, y fue levantado muerto.

10 Entonces descendió Pablo y se echó sobre él, y abrazándole, dijo: No os alarméis, pues está vivo.

11 Después de haber subido, y partido el pan y comido, habló largamente hasta el alba; y así salió.

12 Y llevaron al joven vivo, y fueron grandemente consolados.

   b. Uniéndose a ellos cada vez que pudo

5 Adoró con los creyentes dondequiera que fue

6 Predicó larga y fervientemente

7 Sirvió con mucho amor

   a. Un joven se quedó dormido
     1) La extensa predicación de Pablo
     2) El sueño profundo del joven
     3) La caída y muerte del joven
     4) La restauración del joven

   b. El compañerismo continuó durante toda la noche

   c. El gran milagro y el consuelo

DIVISIÓN IX

LA TERCERA GRAN MISIÓN DE PABLO A LOS GENTILES: ASIA MENOR Y EUROPA, 18:23–21:16

D. Europa y Asia Menor, las grandes ciudades visitadas nuevamente: el ministro fiel, 20:1-12

(20:1-12) Introducción: este pasaje nos permite echar un vistazo al ministro fiel. (Para ver una imagen del viaje y las ciudades, Mapa, Introducción a Hch.)

1. Estimó a la iglesia por sobre todas las cosas (v. 1).
2. Sirvió en silencio, exhortando mucho (vv. 1-2).
3. Enfrentó las constantes amenazas con valor, pero inteligentemente (v. 3).
4. Cultivó discípulos (vv. 4-6).
5. Adoró con los creyentes dondequiera que fue (v. 7).
6. Predicó larga y fervientemente (v. 7).
7. Sirvió con mucho amor (vv. 8-12).

1 (20:1) *Ministro — Iglesia, cuidado de:* el fiel ministro estimaba a la iglesia por sobre todas las cosas. En Éfeso se había producido un terrible disturbio, un ataque que estaba dirigido a Pablo fundamentalmente, pero que además involucró a los creyentes. Apenas lograron escapar (cp. Hch. 19:21-41). El asunto es que Pablo se dio cuenta de que si permanecía en Éfeso pondría en peligro a los creyentes. Pensó en la iglesia primeramente pues no deseaba traer ningún mal sobre los creyentes. Así que los llamó y abrazándoles se despidió y salió rumbo a Europa.

> **Pensamiento 1.** Cada ministro, de hecho cada creyente, debe tener en cuenta a la iglesia y su bienestar por encima de todas las cosas. No hay dudas de que Pablo deseaba ministrar en Éfeso un tiempo más, pero él sabía que era la fuente de la controversia y sería mejor para la iglesia si se marchaba. Él puso el bienestar de la iglesia por encima de su propios deseos.

2 (20:1-2) *Exhortación — Ministro — Fidelidad:* El ministro fiel sirve quedamente, exhortando mucho. Muchas cosas pasaron en la vida de Pablo que nunca se sabrán. En realidad, si no fuera por Lucas el autor de Hechos., sabríamos muy poco de este extraordinario siervo de Dios. En las carta que él les escribió a las iglesias dice muy poco acerca de sí mismo.

Pablo sirvió calladamente, sin alardear ni dar publicidad a sus esfuerzos en la obra del Señor. A él solo le interesaba traer a las personas a los pies de Cristo, no promocionarse a sí mismo. De hecho, este era el espíritu de todos los siervos de la iglesia primitiva. Incluso Lucas, al escribirle acerca de Pablo, no glorifica a Pablo por su trabajo, sino al Señor como la fuente y el poder que reside detrás del trabajo de Pablo. En otras palabras, incluso Lucas presenta el servicio de Pablo calladamente, simbolizando que Pablo sirvió al Señor calladamente, glorificando el nombre del Señor y no ensalzando sus propios débiles esfuerzos (débiles esfuerzos que fueron hechos fuertes en el Señor.)

En estos dos versículos encontramos un buen ejemplo de cómo Pablo servía tranquilamente y exhortando mucho. El ministerio de Pablo en Macedonia (Europa) duró casi un año e implicó varios acontecimientos importantes. Sin embargo, casi no sabemos nada de esto, con excepción de lo poco que Pablo nos deja ver en sus propios escritos.

=> Pablo estaba en Troas esperando a Tito. Tío había sido enviado de Éfeso a Corinto para resolver los problemas que había allí y para entregar la Primera Epístola de Pablo a los Corintios. Se suponía que luego se encontrara con Pablo en Troas y allí le informara de lo acontecido, pero no estaba allí cuando Pablo llegó. Así que mientras esperaba por Tito, Pablo comenzó a predicar el evangelio de Cristo y a ministrar (2 Co. 2:12-13).

=> Parece ser que durante su estancia en Troas, Pablo padeció de alguna enfermedad grave o de alguna carga terrible (2 Co. 1:8-10).

=> Tuvo que salir de Troas porque fue "abrumado sobremanera". Esto, al menos en parta, se refiere a su preocupación por los problemas que tenían las iglesias de Galacia y Corinto. Tito se estaba atrasando y esto preocupaba a Pablo. Así que siguió a Macedonia (Europa) (2 Co. 7:5-6).

=> Pablo se reunió con Timoteo en Macedonia, probablemente en Tesalónica. Allí obtuvo informes del bienestar de todas las iglesias que Timoteo había visitado (Hch. 19:22).

=> Finalmente Pablo se reunió con Tito en Macedonia, probablemente en Filipos, y allí recibió las noticias sobre la iglesia de Corinto (2 Co. 7:5-6).

=> Inmediatamente Pablo se sienta a escribir la Segunda Epístola a los Corintios y envía a tito nuevamente a Corinto para terminar la obra de encaminar a la iglesia (2 Co. 8:16-24). Fíjese que Timoteo se quedó con Pablo (1 Co. 1:1), pero alguien más fue enviado con tito, tal vez Lucas (2 Co. 8:18).

=> Pablo no quería visitar Corinto hasta que su Tito y la carta que con él había enviado tuvieran tiempo de arreglar los problemas en la iglesia. Mientras esperaba evangelizó en Ilírico (Ro. 15:19; 2 Co. 13:1-2, 10).

Ahora imagínese que todos estos acontecimientos, y muchos más, ocurrieron en un año, sin embargo nunca se mencionan. Todo lo que Lucas dice es que Pablo fue a Macedonia y que exhortó mucho. La idea es que el ministro fiel sirve tranquilamente y exhorta mucho. No hace alarde de su obra, le rinde honor a Cristo y solo a él. Su servicio es para alcanzar a las personas para Cristo y exhortarlas en la fe, no para hacerse propaganda a sí mismo.

"Porque la gracia de Dios se ha manifestado para salvación a todos los hombres, enseñándonos que, renunciando a la impiedad y a los deseos mundanos, vivamos en este siglo sobria, justa y piadosamente, aguardando la esperanza bienaventurada y la manifestación gloriosa de nuestro gran Dios y Salvador Jesucristo, quien se dio a sí mismo por nosotros para redimirnos de toda iniquidad y purificar para sí un pueblo propio, celoso de buenas obras. Esto habla, y exhorta y reprende con toda autoridad. Nadie te menosprecie" (Tit. 2:11-15).

"antes exhortaos los unos a los otros cada día, entre tanto que se dice: Hoy; para que ninguno de vosotros se endurezca por el engaño del pecado" (He. 3:13).

"no dejando de congregarnos, como algunos tienen por costumbre, sino exhortándonos; y tanto más, cuanto veis que aquel día se acerca" (He. 10:25).

3 (20:3) *Persecución:* El ministro fiel enfrentó constantes amenazas con valentía, pero con inteligencia. Esto fue lo que le pasó a Pablo: había estado ministrando en Grecia durante tres meses y estaba a punto de zarpar para Antioquía de Siria para visitar su iglesia madre, de alguna manera descubrió un complot contra su vida. Todo parece indicar que los judíos de Corinto nunca se habían olvidado del juicio que el gobernador (Gayo) había emitido contra ellos y durante mucho tiempo habían esperado la oportunidad de deshacerse de Pablo. Ellos lo iban, o bien a lanzar por la borda o matarlo en algún lugar del muelle. Pablo cambió inmediatamente sus planes y huyó a Macedonia.

Pensamiento 1. El ministro fiel enfrenta una amenaza constante a causa del evangelio y la voluntad de Dios. Constantemente está presionando para que la iglesia y sus creyentes vivan para Cristo. Continuamente está llevando el mensaje del Señor a su propio vecindario y al mundo. La justicia y el evangelismo perturban a la gente, incluso a los cristianos carnales. El ministro fiel siempre es una amenaza para los creyentes genuinos. El creyente debe vivir valientemente pero también con inteligencia; debe estar siempre preparado para cambia sus planes bajo la dirección de Dios, tal y como Pablo lo hizo.

"Y guardaos de los hombres, porque os entregarán a los concilios, y en sus sinagogas os azotarán" (Mt. 10:17).

"Acordaos de la palabra que yo os he dicho: El siervo no es mayor que su señor. Si a mí me han perseguido, también a vosotros os perseguirán; si han guardado mi palabra, también guardarán la vuestra" (Jn. 15:20).

"Porque a vosotros os es concedido a causa de Cristo, no sólo que creáis en él, sino también que padezcáis por él" (Fil. 1:29).

"Y también todos los que quieren vivir piadosamente en Cristo Jesús padecerán persecución" (2 Ti. 3:12).

4 (20:4-6) *Discipulado:* el ministro fiel cultivó discípulos. Estos hombres fueron escogido por varias iglesias para que ayudaran a Pablo a distribuir las ofrendas que se estaban enviando a la iglesia de Jerusalén.

1.   Sópater o Sosípater era de Berea. Puede que haya sido la misma persona que Pablo menciona que estaba con él cuando escribió Romanos (Ro. 16:21). Era un siervo del Señor que la iglesia de Berea tenían en alta estima. Fue a él a quien le confiaron sus ofrendas para la iglesia de Jerusalén.

2.   Aristarco (ver nota —Flm. 24 para una discusión del tema.)

3.   Segundo. Esta es la única referencia que se hace a él. Era discípulo de Pablo y muy estimado por su iglesia en Tesalónica ya que le confiaron su ofrenda par los pobres.

4.   Gayo era un nombre común, y hay muchas posibilidades en cuanto a quién era. Fíjese que él acompañaba a Pablo.

=> Estaba Gayo, un nativo de Macedonia y discípulo de Pablo a quien agarraron en la revuelta de Éfeso (Hch. 19:29).

=> Estaba Gayo, nativo de Derbe y discípulo de Pablo (Hch. 20:4). Este es probablemente el mismo Gayo de Corinto.

=> Estaba Gayo el que fue llevado al Señor y bautizado por Pablo en Corinto (Ro. 16:23; 1 Co.1:14).

5.   Timoteo (ver *Estudio a fondo 1,* Hch. 16:1-3).

6.   Tíquico (ver *Estudio a fondo 1,* Ef. 6:21).

7.   Trófimo era de Éfeso. Solamente hay tres referencias a su nombre. Era un líder muy estimado en la iglesia de Éfeso y a quien se le confió la ofrenda para los pobres en Jerusalén (Hch. 20:4-5). Él fue la causa por la cual los judíos de Jerusalén se amotinaron y arrestaron a Pablo. Pablo lo dejó enfermo en Mileto (2 Ti. 4:20). (Fíjese que Pablo no lo pudo sanar. La sanidad no es siempre la voluntad de Dios. Pero debemos recordar que en ocasiones Dios sí lo es.)

Pensamiento 1. Pablo estaba discipulando constantemente, acercando hombres a él y ayudándoles a crecer en el Señor (ver nota, Discipulado, Hch. 13:5-6 para una discusión del tema.)

"Por tanto, id, y haced discípulos a todas las naciones, bautizándolos en el nombre del Padre, y del Hijo, y del Espíritu Santo; enseñándoles que guarden todas las cosas que os he mandado; y he aquí yo estoy con vosotros todos los días, hasta el fin del mundo. Amén" (Mt. 28:19-20).

"Lo que has oído de mí ante muchos testigos, esto encarga a hombres fieles que sean idóneos para enseñar también a otros" (2 Ti. 2:2).

Pensamiento 1. Nótese que estos hombre fueron escogidos para encargarse de las ofrendas de la iglesia. Nos hacen ver qué tipo de hombres (ujieres) deben escogerse para administrar el dinero de la iglesia. (Ver bosquejo y notas — 1 Co. 16:1-4; 2 Co. 8:16-24).

ESTUDIO A FONDO 1

(20:6) *Ministros:* observe la palabra "nosotros". Lucas se volvió a reunir con Pablo en Troas.

5 (20:7) *Adoración:* el ministro fiel adoraba con los creyentes donde quiera que se encontraba. Observe que Pablo estuvo en Troas, en la costa, durante siete días, lo que quiere decir que pasó allí un domingo. Estaba cansado, agotado y al parece no había tomado un descanso en años. En lugar de tomarse el domingo libre y pasear por la playa, para orar y meditar, mire dónde estaba: adorando con los creyentes. Él era fiel…

*   al adorar el primer día de la semana.
*   al observar el día en que el Señor resucitó (el primer día de la semana.)
*   al observar la cena del Señor, partiendo el pan cada semana.
*   al tener comunión con otros creyentes sin importar quiénes fueran, dónde estuvieran, ni cuán pobres fueran sus instalaciones (fíjese que tenían que reunirse en una casa.)
*   al honrar, junto a otros creyentes, al Señor en su día.
*   al estar en el lugar donde el mundo suponía que el estuviera en el Día del Señor.

"Estaba también allí Ana, profetisa, hija de Fanuel, de la tribu de Aser, de edad muy avanzada, pues había vivido con su marido siete años desde su virginidad, y era viuda hacía ochenta y cuatro años; y no se apartaba del templo, sirviendo de noche y de día con ayunos y oraciones" (Lc. 2:36-37).

"Ellos, después de haberle adorado, volvieron a Jerusalén con gran gozo; y estaban siempre en el templo, alabando y bendiciendo a Dios. Amén" (Lc. 24:52-53).

"Y perseverando unánimes cada día en el templo, y partiendo el pan en las casas, comían juntos con alegría y sencillez de corazón" (Hch. 2:46).

"no dejando de congregarnos, como algunos tienen por costumbre, sino exhortándonos; y tanto más, cuanto veis que aquel día se acerca" (He. 10:25).

6 (20:7) *Predicación:* el ministro fiel predicó larga y fervientemente. Aprovechaba cada oportunidad que tenía para predicar, a pesar del cansancio y la necesidad de descanso. Observe que predicó hasta la medianoche.

Pensamiento 1. Aquí hay una lección para todos nosotros. Hay lugar para la predicación larga y hay necesidad de aprender, lo que implica gran atención.

"Y yendo, predicad, diciendo: El reino de los cielos se ha acercado" (Mt. 10:7).

"Y les dijo: Id por todo el mundo y predicad el evangelio a toda criatura" (Mr. 16:15).

"que prediques la palabra; que instes a tiempo y fuera de tiempo; redarguye, reprende, exhorta con toda paciencia y doctrina" (2 Ti. 4:2).

7 (20:8-12) *Ministro:* el ministro fiel sirvió tierna y cálidamente. La historia habla por sí misma. Tenga en cuenta varios aspectos.

1.   El nombre del muchacho era Eutico.

2. El accidente del muchacho fue su propia culpa. Estaba sentado en un lugar peligroso, en el alféizar de una ventana que estaba a tres pisos de altura. Se quedó dormido cuando se suponía que estuviera escuchando y aprendiendo.

Pensamiento 1. Muchas personas se pierden muchas cosas por no estar alertas y despiertas.

Pensamiento 2. Nótese que había muchas luces para ayudar a las personas a mantenerse despiertas. Las iglesias necesitan prestar atención a la necesidad de edificios bien iluminados.

3. Lucas el médico nos cuenta que el muchacho "fue levantado muerto." Las palabras "levantado" indican que lo recogieron y lo llevaron a otro lugar, tal vez a un dormitorio o al primer piso de la casa.

4. Pablo "se echó sobre él" y lo abrazó. Esta es una imagen de...

- compasión
- estar decidido a ayudar al muchacho
- ser un instrumento para que el poder de la vida de Dios fluyera a través de él hacia el muchacho

Pensamiento 1. Simbólicamente, cada creyente debe echarse sobre los perdidos del mundo para darles la vida de Dios (Jn. 20:21; cp. Lc. 19:10).

5. Pablo compartió con los creyentes durante toda la noche. Fíjese que estaban celebrando la cena del Señor.

Pensamiento 1. ¡Qué hermoso cuadro de la dulce comunión entre los creyentes y un predicador visitante! Esto dice mucho a las iglesias sobre la bienvenida y el compañerismo en el Señor que debe mostrarse a predicadores visitantes.

6. El muchacho, su familia y la iglesia fueron consolados con la maravillosa recuperación del joven. Es una escena de gran regocijo.

Pensamiento 1. Cuando otra persona recibe la vida de Dios, el resultado es gran consolación.

"En todo os he enseñado que, trabajando así, se debe ayudar a los necesitados, y recordar las palabras del Señor Jesús, que dijo: Más bienaventurado es dar que recibir" (Hch. 20:35).

"Así que, los que somos fuertes debemos soportar las flaquezas de los débiles, y no agradarnos a nosotros mismos" (Ro. 15:l).

"Sobrellevad los unos las cargas de los otros, y cumplid así la ley de Cristo" (Gá. 6:2).

"Por lo cual, animaos unos a otros, y edificaos unos a otros, así como lo hacéis" (1 Ts. 5:11).

"También os rogamos, hermanos, que amonestéis a los ociosos, que alentéis a los de poco ánimo, que sostengáis a los débiles, que seáis pacientes para con todos" (1 Ts. 5:14).

"echando toda vuestra ansiedad sobre él, porque él tiene cuidado de vosotros" (1 P. 5:7).

"Consolaos, consolaos, pueblo mío, dice vuestro Dios" (Is. 40:1).

"En toda angustia de ellos él fue angustiado, y el ángel de su faz los salvó; en su amor y en su clemencia los redimió, y los trajo, y los levantó todos los días de la antig En toda angustia de ellos él fue angustiado, y el ángel de su faz los salvó; en su amor y en su clemencia los redimió, y los trajo, y los levantó todos los días de la antigüedad" (Is. 63:9).

1 La pasión de Pablo: su mira puesta en Jerusalén
a. Su deseo de estar solo
b. Su urgencia extrema
 	
  1) Fue tomado a bordo rápidamente
  2) Fue de un lugar a otro sin perder tiempo
 	
  3) Tenían tanta premura que incluso hizo planes para pasar de largo a Éfeso
 	
c. Tuvo una demora, así que hizo llamar a los ancianos de Éfeso
d. Les contó su testimonio
 	
2 Un servicio constante y leal
 	
a. Con humildad
b. Con lágrimas
c. Con pruebas
	E. Mileto, una ciudad notable en el mundo antiguo (parte 1): el testimonio de un ministro fiel[EFI]**, 20:13-27**
	
	13 Nosotros, adelantándonos a embarcarnos, navegamos a Asón para recoger allí a Pablo, ya que así lo había determinado, queriendo él ir por tierra.
	14 Cuando se reunió con nosotros en Asón, tomándole a bordo, vinimos a Mitilene.
	15 Navegando de allí, al día siguiente llegamos delante de Quío, y al otro día tomamos puerto en Samos; y habiendo hecho escala en Trogilio, al día siguiente llegamos a Mileto.
	16 Porque Pablo se había propuesto pasar de largo a Éfeso, para no detenerse en Asia, pues se apresuraba por estar el día de Pentecostés, si le fuese posible, en Jerusalén. Discurso de despedida de Pablo en Mileto
	17 Enviando, pues, desde Mileto a Éfeso, hizo llamar a los ancianos de la iglesia.
	18 Cuando vinieron a él, les dijo: Vosotros sabéis cómo me he comportado entre vosotros todo el tiempo, desde el primer día que entré en Asia,
	19 sirviendo al Señor con toda humildad, y con muchas lágrimas, y pruebas que me han venido por las asechan-
		zas de los judíos;
		20 y cómo nada que fuese útil he rehuido de anunciaros y enseñaros, públicamente y por las casas,
		21 testificando a judíos y a gentiles acerca del arrepentimiento para con Dios, y de la fe en nuestro Señor Jesucristo.
		
		22 Ahora, he aquí, ligado yo en espíritu, voy a Jerusalén, sin saber lo que allá me ha de acontecer;
		23 salvo que el Espíritu Santo por todas las ciudades me da testimonio, diciendo que me esperan prisiones y tribulaciones.
		24 Pero de ninguna cosa hago caso, ni estimo preciosa mi vida para mí mismo, con tal que acabe mi carrera con gozo, y el ministerio que recibí del Señor Jesús, para dar testimonio del evangelio de la gracia de Dios.
		25 Y ahora, he aquí, yo sé que ninguno de todos vosotros, entre quienes he pasado predicando el reino de Dios, verá más mi rostro.
		26 Por tanto, yo os protesto en el día de hoy, que estoy limpio de la sangre de todos;
		27 porque no he rehuido anunciaros todo el consejo de Dios.
			3 Prioridad para el evangelismo y la enseñanza
			a. Enseñar el evangelio completo
			b. Enseñar en público y en privado
			c. Enseñar con poder, como un hombre bajo juramento
			d. Enseñar a judíos y griegos.
			e. Enseñar arrepentimiento y fe
			
			4 Un apremio constante: alcanzar a los perdidos
			
			5 Disposición a sufrir
			
			6 Entrega total a Cristo
			a. Para acabar su carrera
			b. Para terminar su ministerio
			
			7 Testimonio de predecir su ministerio en el futuro
			
			8. Un corazón limpio y puro
			a. Estaba limpio de la sangre de todos los hombres
			b. Razón: había anunciado el consejo de Dios

DIVISIÓN IX

LA TERCERA GRAN MISIÓN DE PABLO A LOS GENTILES: ASIA MENOR Y EUROPA, 18:23–21:16

E. Mileto, una ciudad notable en el mundo antiguo (parte 1): el testimonio de un ministro fiel, 20:13-27

(20:13-27) *Introducción:* Esta es una de las escenas más conmovedoras de las Escrituras. Tiene un mensaje poderoso, especialmente para aquellos que verdaderamente sirven al Señor Jesús. (Véase Mapa, Introducción a Hechos, para una imagen de las ciudades y del viaje.)

1. La pasión de Pablo: su mira puesta en Jerusalén (vv. 13-18).
2. Un servicio constante y leal (vv. 18-19).
3. Prioridad para el evangelismo y la enseñanza (vv. 20-21).
4. Un apremio constante: alcanzar a los perdidos (v. 22).
5. Disposición a sufrir (v. 23).
6. Entrega total a Cristo (v. 24).
7. Testimonio de predecir su ministerio en el futuro (v. 25).
8. Un corazón limpio y puro (vv. 26-27).

ESTUDIO A FONDO 1

(20:13-27) *Mileto:* La ciudad estaba solo a aproximadamente 45 kilómetros de Éfeso (Ver Mapa, Introducción a Hechos.) Era un gran puerto y centro comercial en tiempos de Pablo. La historia y mitos del mundo antiguo fueron bañados por sus costas. La ciudad es muy conocida por escritos como la "Troya" de Homero.

1 (20:13-18) *Pablo:* Pablo estaba cautivado por la pasión de visitar Jerusalén. Tenía la mira puesta en Jerusalén y nada lo detendría. Tenga en cuenta dos aspectos importantes.

1. La necesidad y el deseo de Pablo de estar solo. El viaje a Asón era de solo treinta y dos kilómetros por tierra pero de cuarenta y ocho por mar. ¿Por qué querría Pablo estar solo y hacer el viaje por tierra en lugar de por mar? Evidentemente la respuesta está en su necesidad de estar solo. Dios le había puesto una carga pesada en cuanto a la evangelización de Roma y España (ver nota —Hch. 19:21-23), y los amigos le habían advertido que no regresara a Jerusalén. Sin embargo, él había postergado la evangelización de Roma y de España; quería ministrar a su querida gente en Jerusalén y quería estar presente cuando llegara la ofrenda para ayudar a los pobres. Quizá el Espíritu Santo lo estaba molestando y él se cuestionaba qué hacer; así que sintió la necesidad de buscar el rostro de Dios y pensar en el asunto detenidamente. Necesitaba tratar este asunto con su Señor. Observe la semejanza entre el empeño de Jesús en hacer su viaje final a Jerusalén y el propio empeño de Pablo. Ambos tenían la mira puesta en "subir" a Jerusalén (Lc. 9:51; Hch. 20:22. Ver bosquejo y notas notas, Hch. 21:1-16 para mayor discusión.)

> *Pensamiento 1.* El siervo de Dios debe quedarse solo y buscar la dirección de Dios para su ministerio, especialmente cuando están por ocurrir cambios significativos o nuevas directrices.

2. Pablo tenía sentía gran apremio. Lo llevarían a bordo en Asón. La idea es que se apuró para subir a bordo y zarpar. De hecho se apuró tanto que dejó tras sí parte de su equipaje y sus Escrituras (cp. 2 Ti. 4:13).

Tenga en cuenta que fue Pablo quien decidió el rumbo de la nave (v. 16); o había alquilado la nave o el capitán estaba dispuesto a complacerlo. La idea que se nos da es que Pablo iba corriendo de un lugar a otro, sin perder tiempo, batallando para llegar a Jerusalén antes del Pentecostés (v. 16). Él quería celebrar el derramamiento del Espíritu Santo con los creyentes en Jerusalén. Nótese que incluso había planeado pasar de largo por Éfeso. Sin embargo, por alguna razón la nave fue demorada varios días en el puerto de Mileto, así que Pablo mandó a buscar a los ancianos de Éfeso para que vinieran y reunirse con ellos (v. 17). Cuando vinieron, les contó una de las historias más conmovedoras de toda la literatura, una historia que puede titularse "el testimonio final de un ministro fiel a su pueblo querido."

2 (20:18-19) *Resolución — Ministerio:* el testimonio de un servicio constante y leal. Tenga en cuenta estos tres aspectos.

1. Pablo estaba totalmente dedicado "desde el primer día" y "todo el tiempo" (chronon), es decir, durante todo tipo de situaciones y circunstancias.

2. Pablo estaba "sirviendo al Señor" (douleuon toi kurioi), no a sí mismo ni a otros. Nótese que la palabra "sirviendo" (douleuon): proviene de la palabra esclavo (doulos.) Pablo constantemente se llamaba a sí mismo siervo de Jesucristo (ver nota —Ro. 1:1 para una discusión del tema.)

3. El servicio de Pablo se caracterizaba por tres cosas.
   a. Servía "con humildad" (meta pases tapeinophrosunes) o con sencillez de corazón (ver *Estudio a fondo 1, Humildad* — Lc. 14:11 para una discusión del tema.)
      => Se movía entre todos
      => Reconocía y compartía con todos, los de clase baja así como con los de la alta.
      => Trataba de ayudar en cualquier forma posible.
   b. Servía con "muchas lágrimas". Él tenía un corazón tierno, compasivo y comprensivo. Lloraba por…
      • los perdidos del mundo (Hch. 20:19, 31).
      • los creyentes carnales (2 Co. 2:4).
      • los ministros sensuales y apóstatas (Fil. 3:18).
   c. Servía "con muchas pruebas", especialmente siendo atacado por los religiosos no salvos (judíos.) La idea es que a pesar de las terribles pruebas, él seguía sirviendo fielmente. (Ver nota, Pablo, Sufrimientos, Hch. 18:9-11 para una discusión del tema.)

> "Volvió a decirle la segunda vez: Simón, hijo de Jonás, ¿me amas? Pedro le respondió: Sí, Señor; tú sabes que te amo. Le dijo: Pastorea mis ovejas" (Jn. 21:16).
>
> "Así que, hermanos míos amados, estad firmes y constantes, creciendo en la obra del Señor siempre, sabiendo que vuestro trabajo en el Señor no es en vano" (1 Co. 15:58).
>
> "Así que, según tengamos oportunidad, hagamos bien a todos, y mayormente a los de la familia de la fe" (Gá. 6:10).
>
> "que prediques la palabra; que instes a tiempo y fuera de tiempo; redarguye, reprende, exhorta con toda paciencia y doctrina" (2 Ti. 4:2).

3 (20:20-21) *Evangelismo — Exhortación:* El testimonio de necesidad urgente en evangelismo y exhortación. Note cinco aspectos importantes:

1. Pablo enseñó la totalidad del evangelio, simple y llanamente. No retuvo nada. El griego dice que él no *sustrajo ni quitó nada*. Él no sustrajo ni retuvo ninguna parte del evangelio. No anduvo dando rodeos con el evangelio, sino que proclamó y enseñó toda la verdad. Note las palabras "anunciaros" y "enseñaros". La enseñanza simple y llana de Pablo mostraba la verdad, pintándola ante los ojos del pueblo. Él no empleó un lenguaje adornado y palabras rebuscadas, simplemente habló al mismo nivel del pueblo.

> "Así que, hermanos, cuando fui a vosotros para anunciaros el testimonio de Dios, no fui con excelencia

de palabras o de sabiduría …y ni mi palabra ni mi predicación fue con palabras persuasivas de humana sabiduría, sino con demostración del Espíritu y de poder" (1 Co. 2:1, 4).

2. Pablo enseñó públicamente y en privado. Él utilizó todas las oportunidades que pudo para enseñar, incluso yendo de casa en casa. Nota: sus visitas a las casas no eran estrictamente invitaciones sociales. Por supuesto que él tuvo compañerismo con los creyentes es sus hogares, pero también aprovechó esas visitas sociales para enseñar la Palabra.

3. Pablo enseñó poderosamente, como quien está bajo juramento. Esto se aprecia en la palabra "testificando" (diamarturomenos.) Él proclamó la verdad como un hombre veraz. Habló con autoridad, como a quien Dios mismo le ha dado el derecho de testificar.

4. Enseñó tanto a judíos como a griegos. No mostró favoritismo ni parcialidad. Él era judío, pero no favoreció a los judíos. Dios lo llamó para que fuera el apóstol a los gentiles, y los judíos lo persiguieron duramente, pero aun así no rechazó a los judíos. Le predicó a todos los hombres. Nada importaba, ni el color, la nacionalidad, las creencias, el nivel de vida, pobreza, o riqueza. Extendió su mano a todos.

> "Entonces Pedro, abriendo la boca, dijo: En verdad comprendo que Dios no hace acepción de personas, sino que en toda nación se agrada del que le teme y hace justicia" (Hch. 10:34-35).
>
> "Porque no hay diferencia entre judío y griego, pues el mismo que es Señor de todos, es rico para con todos los que le invocan" (Ro. 10:12).

5. Enseñó el arrepentimiento y la fe (ver notas, Arrepentimiento, Hch. 3:19; nota y *Estudio a fondo 1*, 7:29-30; *Estudio a fondo 2, Fe,* Jn. 2:24; nota y *Estudio a fondo 3,* Hch. 5:32 para una discusión del tema.)

> "y diciendo: Arrepentíos, porque el reino de los cielos se ha acercado" (Mt. 3:2).
>
> "Por tanto, todo lo que habéis dicho en tinieblas, a la luz se oirá; y lo que habéis hablado al oído en los aposentos, se proclamará en las azoteas" (Lc. 12:3).
>
> "De cierto, de cierto os digo: El que oye mi palabra, y cree al que me envió, tiene vida eterna; y no vendrá a condenación, mas ha pasado de muerte a vida" (Jn. 5:24).
>
> "que si confesares con tu boca que Jesús es el Señor, y creyeres en tu corazón que Dios le levantó de los muertos, serás salvo" (Ro. 10:9).

4 (20:22) *Celo:* El testimonio de un molesto deseo de alcanzar a los perdidos. Las palabras "ligado yo en espíritu" se refieren al espíritu de Pablo, no al Espíritu Santo. Pablo se sentía impulsado a hacer todo lo que podía para alcanzar a su propio pueblo, los judíos (Ro. 9:1-3; 10:1).

Podemos ver la profunda intensidad de su deseo en el hecho de que probablemente estaba viajando en contra de lo que Dios en realidad quería que él hiciera. Hay fuertes indicios de que Dios quería que él emprendiera una misión evangelística hacia Roma y España (ver notas, Hch. 19:21-23; 20:13-18. Ver bosquejo y notas, Hch. 21:1-16 especialmente para una discusión del tema.)

> "Jesús les dijo: Mi comida es que haga la voluntad del que me envió, y que acabe su obra" (Jn. 4:34).
>
> "Me es necesario hacer las obras del que me envió, entre tanto que el día dura; la noche viene, cuando nadie puede trabajar" (Jn. 9:4).
>
> "porque no podemos dejar de decir lo que hemos visto y oído" (Hch. 4:20).
>
> "cómo Dios ungió con el Espíritu Santo y con poder a Jesús de Nazaret, y cómo éste anduvo haciendo bienes y sanando a todos los oprimidos por el diablo, porque Dios estaba con él" (Hch. 10:38).
>
> "Pues si anuncio el evangelio, no tengo por qué gloriarme; porque me es impuesta necesidad; y ¡ay de mí si no anunciare el evangelio!" (1 Co. 9:16).

5 (20:23) *Persecución:* El testimonio de la disposición a sufrir. Pablo dijo que el Espíritu Santo le daba testimonio de que le sobrevendrían cadenas y aflicciones en todas las ciudades. Por lo tanto, él sabía que le esperaba persecución en Jerusalén. No sabía que tipo de persecuciones, pero tendría que sufrir al llegar a Jerusalén.

=> Note la devoción de Pablo: andaba tan cerca del Señor que el Espíritu Santo le prepara para cada prueba que tendría que enfrentar.

=> Note la valentía de Pablo: marchaba adelante a pesar de saber que le esperaban pruebas y sufrimientos increíbles (ver nota, Sufrimientos de Pablo, Hch. 18:9-11).

=> Note el compromiso permanente de Pablo: perseveraba y continuaba en el Señor a pesar de la interminable persecución y a pesar de saber que le esperaban tales aflicciones, sin importar dónde fuera.

> "Acordaos de la palabra que yo os he dicho: "El siervo no es mayor que su señor" (Jn. 15:20).
>
> "A vosotros os es concedido a causa de Cristo, no solo que creáis en él, sino también que padezcáis por él" (Fil.1:29).
>
> "Y también todos los que quieren vivir piadosamente en Cristo Jesús padecerán persecución" (2 Ti. 3:12).
>
> "Amados, no os sorprendáis del fuego de la prueba que os ha sobrevenido, como si alguna cosa extraña os aconteciera. Al contrario, gozaos por cuanto sois participantes de los padecimientos de Cristo, para que también en la revelación de su gloria os gocéis con gran alegría" (1 P. 4:12-13)

6 (20:24) *Consagración — Dedicación:* el testimonio de entregarse totalmente a Cristo. Este es un versículo contundente, pero también un versículo precioso, y debe leerse muchas veces para lograr obtener el impacto total de su mensaje.

1. Pablo no estimaba su vida como algo "precioso" para sí mismo. Su vida no era para su propio uso ni para hacer con ella lo que quisiera, tampoco era para el bienestar y disfrute terrenal. Su vida no era para sí mismo sino para Cristo. Su vida era "preciosa" (timian), es decir, *valiosa,* pero no para sí mismo ni para su propio uso. Su vida era una posesión valiosa y preciosa del Señor. El Señor poseía su vida, ya que él se la había entregado y el Señor la estaba usando al máximo.

2. Pablo le había entregado su vida al Señor por dos razones.

a. Quería acabar la carrera de su vida con gozo, corriendo la carrera cristiana fiel y diligentemente hasta el final (1 Co. 9:24-27; Fil. 3:13-14). Nótese que sí la terminó y se lo anunció a Timoteo (2 Ti. 4:6-8).

"Yo ya estoy próximo a ser sacrificado. El tiempo de mi partida está cercano. He peleado la buena batalla, he acabado la carrera, he guardado la fe. Por lo demás, me está reservada la corona de justicia, la cual me dará el Señor, juez justo, en aquel día; y no solo a mí, sino también a todos los que aman su venida" (2 Ti. 4:6-8).

"¿No sabéis que los que corren en el estadio, todos a la verdad corren, pero uno solo se lleva el premio? Corred de tal manera que lo obtengáis. Todo aquel que lucha, de todo se abstiene; ellos, a la verdad, para recibir una corona corruptible, pero nosotros, una incorruptible. Así que yo de esta manera corro, no como a la ventura; de esta manera peleo, no como quien golpea el aire; sino que golpeo mi cuerpo y lo pongo en servidumbre, no sea que, habiendo sido heraldo para otros, yo mismo venga a ser eliminado" (1 Co. 9:24-27).

"Hermanos, yo mismo no pretendo haberlo ya alcanzado; pero una cosa hago: olvidando ciertamente lo que queda atrás y extendiéndome a lo que está delante, prosigo a la meta, al premio del supremo llamamiento de Dios en Cristo Jesús" (Fil. 3:13-14).

b. Pablo deseaba terminar el ministerio que el Señor Jesús le había dado (cp. Hch. 9:15; 26:16-18; Gá. 1:1, 11-12; 15-17). Mire cuál era su ministerio —proclamar el evangelio de la gracia de Dios (ver *Estudio a fondo 1, Gracia* — Tit. 2:11-15 para una discusión del tema. Cp. cómo se acentúa la gracia en Efesios: Ef.1:2, 6-7; 2:5, 7-8; 3:2, 7-8; 4:7, 29; 6:24).

"El Señor le dijo: Ve, porque instrumento escogido me es éste, para llevar mi nombre en presencia de los gentiles, y de reyes, y de los hijos de Israel" (Hch. 9:15).

[7] (20:25) *Ministerio:* el testimonio de predecir su ministerio en el futuro . Pablo probablemente estaba pensando…

*   en su posible misión futura a Roma y a España (ver note, Hch. 20:13-18).
*   en posible persecución y muerte.

Él sabía que cualquiera que fuera el caso no podría visitar a la iglesia de Éfeso nuevamente. El cuadro es conmovedor, tierno y solemne. Recuerde que él le había anunciado el reino de Dios estos hombres. (Ver *Estudio a fondo 3, Reino de los cielos* — Mt. 19:23-24 para una discusión del tema.)

"Jesús les dijo: Mi comida es que haga la voluntad del qe me envió y que acabe su obra" (Jn. 4:34).

"Cuando Jesús tomó el vinagre, dijo: ¡Consumado es! E inclinando la cabeza, entregó el espíritu" (Jn. 19:30).

"Pero de ninguna cosa hago caso, ni estimo preciosa mi vida para mí mismo, con tal que acabe mi carrera con gozo, y el ministerio que recibí del Señor Jesús, para dar testimonio del evangelio de la gracia de Dios" (Hch. 20:24).

"Porque yo ya estoy para ser sacrificado, y el tiempo de mi partida está cercano. He peleado la buena batalla, he acabado la carrera, he guardado la fe. Por lo demás, me está guardada la corona de justicia, la cual me dará el Señor, juez justo, en aquel día; y no sólo a mí, sino también a todos los que aman su venida" (2 Ti. 4:6-8).

[8] (20:26-27) *Ministerio:* el testimonio de un corazón limpio y puro. Pablo presenta un argumento asombroso, argumento que él quería que sirviera como desafío a los ministros que estaban junto a él y a los de todas las edades.

1. Él estaba limpio de la sangre de todos. Si algún hombre no era salvo, era culpa de ese hombre (cp. Ez. 33:6).

2. La razón por la que estaba libre era porque él había anunciado todo consejo de Dios. Él había proclamado la verdad, advirtiendo a todo hombre.

"a quien anunciamos, amonestando a todo hombre, y enseñando a todo hombre en toda sabiduría, a fin de presentar perfecto en Cristo Jesús a todo hombre; para lo cual también trabajo, luchando según la potencia de él, la cual actúa poderosamente en mí" (Co1. 1:28-29).

"Pero si el atalaya viere venir la espada y no tocare la trompeta, y el pueblo no se apercibiere, y viniendo la espada, hiriere de él a alguno, éste fue tomado por causa de su pecado, pero demandaré su sangre de mano del atalaya" (Ez. 33:6).

Pensamiento 1. El testimonio de Pablo debe ser el argumento de todo predicador y maestro en la iglesia.

F. Mileto (parte 2): últimas palabras a los líderes de la iglesia, 20:28-38

1 Cuiden de ustedes y de la iglesia

2 Alimenten a la iglesia de Dios
   a. Porque Dios la ha comprado con su propia sangre[EF1]
   b. Porque ustedes son supervisores, ancianos y pastores
   c. Porque vendrán falsos maestros[EF2]
      1) De afuera
      2) De entre vosotros mismos
      3) Pervertirán la verdad
      4) Propósito: para desviar a los discípulos
   d. Por el ejemplo supremo de fidelidad de Pablo

3 Vivan para Dios y para su Palabra
   a. Dios y su Palabra los edifican

28 Por tanto, mirad por vosotros, y por todo el rebaño en que el Espíritu Santo os ha puesto por obispos, para apacentar la iglesia del Señor, la cual él ganó por su propia sangre.
29 Porque yo sé que después de mi partida entrarán en medio de vosotros lobos rapaces, que no perdonarán al rebaño.
30 Y de vosotros mismos se levantarán hombres que hablen cosas perversas para arrastrar tras sí a los discípulos.
31 Por tanto, velad, acordándoos que por tres años, de noche y de día, no he cesado de amonestar con lágrimas a cada uno.

32 Y ahora, hermanos, os encomiendo a Dios, y a la palabra de su gracia, que tiene poder para sobreedifi-

caros y daros herencia con todos los santificados.

33 Ni plata ni oro ni vestido de nadie he codiciado.
34 Antes vosotros sabéis que para lo que me ha sido necesario a mí y a los que están conmigo, estas manos me han servido.
35 En todo os he enseñado que, trabajando así, se debe ayudar a los necesitados, y recordar las palabras del Señor Jesús, que dijo: Más bienaventurado es dar que recibir.

36 Cuando hubo dicho estas cosas, se puso de rodillas, y oró con todos ellos.
37 Entonces hubo gran llanto de todos; y echándose al cuello de Pablo, le besaban,
38 doliéndose en gran manera por la palabra que dijo, de que no verían más su rostro. Y le acompañaron al barco.

   b. Dios y su palabra tiene poder para darles herencia

4 Trabajen y den, no codicien las riquezas terrenales
   a. Pablo no codició riquezas
   b. Pablo trabajó en el mundo secular
      1) Para satisfacer sus necesidades
      2) Para ayudar a los ministros
      3) Para ayudar a los necesitados

      4) Para parecerse más a Jesús

5 Conclusión: el pastor y los demás emprenden viaje
   a. Oraron
   b. Expresaron su gran afecto y amor

DIVISIÓN IX

LA TERCERA GRAN MISIÓN DE PABLO A LOS GENTILES: ASIA MENOR Y EUROPA, 18:23-21:16

F. Mileto (parte 2): últimas palabras a los líderes de la iglesia, 20:28-38

(20:28-38) Introducción: estas fueron las últimas palabras de Pablo a los líderes de la iglesia de las que queda constancia. Es un mensaje crucial, un mensaje que necesita ser estudiado una y otra vez por cada líder de la iglesia.

1. Cuiden de ustedes y de la iglesia (v. 28).
2. Alimenten a la iglesia de Dios (vv. 28-31).
3 Vivan para Dios y para su Palabra (v. 32).
4. Trabajen y den, no codicien las riquezas terrenales (vv. 33-35).
5. Conclusión: el pastor y los demás emprenden viaje (vv. 36-38).

1 (20:28) *Ministro, deber — Rebaño:* el primer deber es cuidar de ustedes mismo y de la iglesia. Esta es una tremenda encomienda.

1. El ministro debe velar por su vida, su carácter y conducta antes de poder velar por el rebaño de Dios.

"Mirad" (prosechete), implica prestar atención, concentrarse en, cuidar, velar por, y guardar su vida. Hay algunas áreas específicas que debe vigilar.

   a. Debe guardarse de falsas enseñanzas.

   "en esto, juntándose por millares la multitud, tanto que unos a otros se atropellaban, comenzó a decir a sus discípulos, primeramente: Guardaos de la levadura de los fariseos, que es la hipocresía" (Lc. 12:1).

   b. Debe velar por tener un espíritu perdonador.

   Mirad por vosotros mismos. Si tu hermano pecare contra ti, repréndele; y si se arrepintiere, perdónale. Y si siete veces al día pecare contra ti, y siete veces al día volviere a ti, diciendo: Me arrepiento; perdónale" (Lc. 17:3-4).

   c. Debe cuidarse de la indulgencia, las borracheras y los afanes de esta vida.

   "Mirad también por vosotros mismos, que vuestros corazones no se carguen de glotonería y embriaguez y de los afanes de esta vida, y venga de repente sobre vosotros aquel día" (Lc. 21:34).

   d. Debe cuidarse de fábulas, mitos, especulaciones, ideas, falsas doctrinas de hombres y genealogías (raíces, herencia, ancestros, conocimiento inútil) de hombres.

"ni presten atención a fábulas y genealogías interminables, que acarrean disputas más bien que edificación de Dios que es por fe, así te encargo ahora" (1 Ti. 1:4).

e.   Debe velar y entregar a la lectura, la exhortación y la enseñanza.

"...ocúpate en la lectura, la exhortación y la enseñanza" (1 Ti. 4:13).

f.   Debe dedicarse especialmente a la *doctrina* (te didaskalia), la enseñanza de las Escrituras.

"Ten cuidado de ti mismo y de la doctrina; persiste en ello, pues haciendo esto, te salvarás a ti mismo y a los que te oyeren" (1 Ti. 4:16).

2.   El ministro debe velar por "todo el rebaño." Para ello las Escrituras nos dan tres razones.

a.   Las ovejas pueden vagar y perderse (ver nota — Lc. 15:4 para ver cinco razones por las cuales las ovejas pierden su camino.)

"Todos nosotros nos descarriamos como ovejas, cada cual se apartó por su camino; mas Jehová cargó en él el pecado de todos nosotros" (Is. 53:6).
"El hombre que se aparta del camino de la sabiduría vendrá a parar en la compañía de los muertos" (Pr. 21:16).
"Cual ave que se va de su nido, Tal es el hombre que se va de su lugar" (Pr. 27:8).
"Tú me dejaste, dice Jehová; te volviste atrás; por tanto, yo extenderé sobre ti mi mano y te destruiré; estoy cansado de arrepentirme" (Jer. 15:6).
"Mas el justo vivirá por fe; Y si retrocediere, no agradará a mi alma" (He. 10:38).
"Han dejado el camino recto, y se han extraviado siguiendo el camino de Balaam hijo de Beor, el cual amó el premio de la maldad" (2 P. 2:15).

b.   Las ovejas pueden ser perseguidas por fieras (falsos maestros) del mundo y de dentro de la iglesia (ver *Estudio a fondo 2,* Hch. 20:29-30; Jn. 10:1; 10:7-8 para una discusión del tema.)

"Todas las bestias del campo, todas las fieras del bosque, venid a devorar. Sus atalayas son ciegos, todos ellos ignorantes; todos ellos perros mudos, no pueden ladrar; soñolientos, echados, aman el dormir. Y esos perros comilones son insaciables; y los pastores mismos no saben entender; todos ellos siguen sus propios caminos, cada uno busca su propio provecho, cada uno por su lado" (Is. 56:9-11).
"Ay de los pastores que destruyen y dispersan las ovejas de mi rebaño! dice Jehová. 2Por tanto, así ha dicho Jehová Dios de Israel a los pastores que apacientan mi pueblo: Vosotros dispersasteis mis ovejas, y las espantasteis, y no las habéis cuidado. He aquí que yo castigo la maldad de vuestras obras, dice Jehová" (Jer. 23:1-2; cp. Jer. 25:34-38).
"Ovejas perdidas fueron mi pueblo; sus pastores las hicieron errar, por los montes las descarriaron;

anduvieron de monte en collado, y se olvidaron de sus rediles" (Jer. 50:6).
"Hijo de hombre, profetiza contra los pastores de Israel; profetiza, y di a los pastores: Así ha dicho Jehová el Señor: ¡Ay de los pastores de Israel, que se apacientan a sí mismos! ¿No apacientan los pastores a los rebaños? Coméis la grosura, y os vestís de la lana; la engordada degolláis, mas no apacentáis a las ovejas. No fortalecisteis las débiles, ni curasteis la enferma; no vendasteis la perniquebrada, no volvisteis al redil la descarriada, ni buscasteis la perdida, sino que os habéis enseñoreado de ellas con dureza y con violencia. Y andan errantes por falta de pastor, y son presa de todas las fieras del campo, y se han dispersado. Anduvieron perdidas mis ovejas por todos los montes, y en todo collado alto; y en toda la faz de la tierra fueron esparcidas mis ovejas, y no hubo quien las buscase, ni quien preguntase por ellas" (Ez. 34:2-6; cp. Ez. 34:7-31).

c.   Las ovejas sin pastor están en un estado lamentable (ver note — Mr. 6:34 para una discusión del tema.)

"Y al ver las multitudes, tuvo compasión de ellas; porque estaban desamparadas y dispersas como ovejas que no tienen pastor" (Mt. 9:36).
"Porque vosotros erais como ovejas descarriadas, pero ahora habéis vuelto al Pastor y Obispo de vuestras almas" (1 P. 2:25).

2 (20:28-31) *Ministro — Iglesia:* el segundo deber es apacentar a la iglesia de Dios. La palabra "apacentar" (poimainein) es pastor, actuar como pastor. Los líderes de la iglesia de Dios deben pastorearla (ver note, pt. 4, Pastor — Jn. 10:2-3 para discusión de las siete funciones del pastoreo o alimentación.) Existen cuatro razones por las cuales el líder de la iglesia debe alimentarla.

1.   La iglesia debe ser apacentada porque Dios la ha comprado y ha pagado por ella el precio supremo, con su propia sangre. Tenga en cuenta tres puntos importantes.

a.   Inequívocamente Jesús es Dios. Fue él quien derramó su sangre para pagar por la iglesia. Él es Dios y es hombre. (Ver *Estudio a fondo 1 —* Jn.1:1-5 para mayor discusión. Cp. Ro. 9:5; Col. 2:9; Tit. 2:13. Ver bosquejos y notas — Fil. 2:5-11; Col. 1:15; 1:16-17; 1:18-19).

b.   Jesús "compró" (periepoiesato) la iglesia. Es decir que él es su dueño, le pertenece; él tiene todo consentimiento en cualquier cosa que a ella se refiera. Como Comprador, su palabra con respecto al cuidado de la iglesia debe cumplirse explícitamente, tal y como él dice. No puede haber ningún tipo de desviación. Los líderes no son más que supervisores que él ha puesto para pastorear a su iglesia como él diga.

c.   Jesús pagó el precio supremo por la iglesia — su propia sangre (ver *Estudio a fondo 1 —* Hch. 20:28 para discusión de este tema.)

2.   a iglesia debe ser pastoreada porque este es el deber de sus líderes. A los líderes de la iglesia se les llama supervi-

sores (episkopous) o ancianos (nombre judío) u obispos (nombre griego) o presbítero (supervisor.) Fíjese que los términos se usan indistintamente: anciano (v. 17), obispo (v. 28), supervisor o epíscopo (v. 28), y pastor (apacentar, v. 28). (Ver *Estudio a fondo 1, Anciano* — Tit. 1:5-9 para una discusión del tema.)

> "Ruego a los ancianos que están entre vosotros, yo anciano también con ellos, y testigo de los padecimientos de Cristo, que soy también participante de la gloria que será revelada: Apacentad la grey de Dios que está entre vosotros, cuidando de ella, no por fuerza, sino voluntariamente; no por ganancia deshonesta, sino con ánimo pronto; no como teniendo señorío sobre los que están a vuestro cuidado, sino siendo ejemplos de la grey. Y cuando aparezca el Príncipe de los pastores, vosotros recibiréis la corona incorruptible de gloria" (1 P. 5:1-4).

3. La iglesia debe ser apacentada porque vendrán falsos maestros a los creyentes y tratarán de seducirlos (ver *Estudio a fondo 2, Falsos Maestros* — Hch. 20:29-30 para una discusión del tema.)

4. La iglesia debe ser apacentada por el supremo ejemplo de fidelidad dado por Pablo. Pablo establece un ejemplo dinámico para todos los líderes de la iglesias. Él fue un hombre igual a los demás, como cualquier líder, no obstante fue capaz de agradar a Dios grandemente, capaz de apacentar a la iglesia tal y como Dios deseaba. Demostró perfectamente que el hombre que Dios escoge para ser un velador puede pastorear a la iglesia como debe ser (ver note, pt. 1, Hch. 14:14-18 para mayor discusión.)

a. El "advirtió" (noutheton): amonestó. La palabra significa ambas cosas, aconsejar y advertir.

> "a quienes Dios quiso dar a conocer las riquezas de la gloria de este misterio entre los gentiles; que es Cristo en vosotros, la esperanza de gloria" (Col. 1:27).

b. Amonestó a todos, sin rechazar o favorecer a ninguno. A todos les prestaba atención y se ocupaba de que fueran alimentados y pastoreados completamente.

c. Les amonestaba día y noche: cada día, cada noche, todo el tiempo, constante y consistentemente, sin desaprovechar una oportunidad.

d. Les amonestó "con lágrimas", lleno de compasión y preocupación, conmovido por la miseria y el destino de los perdidos, las necesidades de los salvos y la gloriosa misericordia de Dios.

> "Le dijo la tercera vez: Simón, hijo de Jonás, ¿me amas? Pedro se entristeció de que le dijese la tercera vez: ¿Me amas? y le respondió: Señor, tú lo sabes todo; tú sabes que te amo. Jesús le dijo: Apacienta mis ovejas" (Jn. 21:17).

> "Apacentad la grey de Dios que está entre vosotros, cuidando de ella, no por fuerza, sino voluntariamente; no por ganancia deshonesta, sino con ánimo pronto" (1 P. 5:2).

> "y os daré pastores según mi corazón, que os apacienten con ciencia y con inteligencia" (Jer. 3:15).

> "Y pondré sobre ellas pastores que las apacienten;

y no temerán más, ni se amedrentarán, ni serán menoscabadas, dice Jehová" (Jer. 23:4).

ESTUDIO A FONDO 1

(20:28) *Jesucristo, sangre de:* Jesús pagó el precio supremo por la iglesia: su propia sangre. Tenga en cuenta algo sumamente importante: se dice que la sangre de Jesús era la sangre de Dios. Como hombre, la sangre que corría por sus venas era la sangre Dios, por tanto era preciosas, llena de dignidad y valía. Este es un punto decisivo para el ministerio.

La sangre de Jesús —siendo de Dios— es preciosa, lo supremo y esencial en cuanto a valor y estima.

La idea es esta: Jesús dio la sangre de Dios, el precio supremo, para comprar a la iglesia. Por esta razón, los líderes de la iglesia deben dar su sangre —sacrificarlo todo, todo lo que son y lo que tienen— para hacer la dedicación suprema al pastor de la iglesia. La iglesia es el elemento más valioso y precioso en la tierra.

ESTUDIO A FONDO 2

(20:29-30) *Falsos maestros:* Pablo dijo: "yo sé", es decir, que vendrían falsos maestros a los creyentes. No hay sombra de duda al respecto. La iglesia debe esperar y estar preparada contra los falsos maestros. (Ver bosquejo y notas, Mt. 7:15-20 para mayor discusión.)

1. Falsos maestro de fuera de la iglesia.

> "Guardaos de los falsos profetas, que vienen a vosotros con vestidos de ovejas, pero por dentro son lobos rapaces" (Mt. 7:15).

> "Porque éstos son falsos apóstoles, obreros fraudulentos, que se disfrazan como apóstoles de Cristo. Y no es maravilla, porque el mismo Satanás se disfraza como ángel de luz. Así que, no es extraño si también sus ministros se disfrazan como ministros de justicia; cuyo fin será conforme a sus obras" (2 Co.11:13-15).

> "Porque muchos engañadores han salido por el mundo, que no confiesan que Jesucristo ha venido en carne. Quien esto hace es el engañador y el anticristo" (2 Jn. 7).

> "Porque se levantarán falsos Cristos y falsos profetas, y harán señales y prodigios, para engañar, si fuese posible, aun a los escogidos" (Mr. 13:22).

2. Falsos maestros de dentro de la iglesia (cp. Ez. 34:1-10).

> "Este pueblo de labios me honra; Mas su corazón está lejos de mí. Pues en vano me honran, Enseñando como doctrinas, mandamientos de hombres" (Mt. 15:8-9).

> "Pues el propósito de este mandamiento es el amor nacido de corazón limpio, y de buena conciencia, y de fe no fingida, 6de las cuales cosas desviándose algunos, se apartaron a vana palabrería, 7queriendo ser doctores de la ley, sin entender ni lo que hablan ni lo que afirman" (1 Ti. 1:5-7).

> "Pero el Espíritu dice claramente que en los postreros tiempos algunos apostatarán de la fe, escuchando a espíritus engañadores y a doctrinas de demonios; por la hipocresía de mentirosos que,

teniendo cauterizada la conciencia" (1 Ti. 4:1-2).

"Si alguno enseña otra cosa, y no se conforma a las sanas palabras de nuestro Señor Jesucristo, y a la doctrina que es conforme a la piedad, está envanecido, nada sabe, y delira acerca de cuestiones y contiendas de palabras, de las cuales nacen envidias, pleitos, blasfemias, malas sospechas, disputas necias de hombres corruptos de entendimiento y privados de la verdad, que toman la piedad como fuente de ganancia; apártate de los tales" (1 Ti. 6:3-5).

"Porque hay aún muchos contumaces, habladores de vanidades y engañadores, mayormente los de la circuncisión, a los cuales es preciso tapar la boca; que trastornan casas enteras, enseñando por ganancia deshonesta lo que no conviene" (Tit.1:10-11).

"Pero hubo también falsos profetas entre el pueblo, como habrá entre vosotros falsos maestros, que introducirán encubiertamente herejías destructoras, y aun negarán al Señor que los rescató, atrayendo sobre sí mismos destrucción repentina" (2 P. 2:1).

"Hijitos, ya es el último tiempo; y según vosotros oísteis que el anticristo viene, así ahora han surgido muchos anticristos; por esto conocemos que es el último tiempo. Salieron de nosotros, pero no eran de nosotros; porque si hubiesen sido de nosotros, habrían permanecido con nosotros; pero salieron para que se manifestase que no todos son de nosotros" (1 Jn. 2:18-19).

"Amados, no creáis a todo espíritu, sino probad los espíritus si son de Dios; porque muchos falsos profetas han salido por el mundo. En esto conoced el Espíritu de Dios: Todo espíritu que confiesa que Jesucristo ha venido en carne, es de Dios; y todo espíritu que no confiesa que Jesucristo ha venido en carne, no es de Dios; y este es el espíritu del anticristo, el cual vosotros habéis oído que viene, y que ahora ya está en el mundo" (1 Jn. 4:1-3).

3. Los falsos maestros pervierten la verdad. El término "cosas perversas" (diestrammena) significa distorsionado, torcido. Lo que ellos enseñan encierra verdad y mentira. Toman la verdad y la pervierten, presentando una verdad torcida.

Enseñan "cosas perversas" que no provienen de Dios, ni de su Palabra o voluntad. (Ver notas — Mt. 7:17; 7:18 para mayor discusión.)

4. Los falsos maestros van a "arrastrar tras sí" (tou apospain) a los discípulos. La frase significa separar, arrastrar y arrancar. Los falsos maestros arrastran a las personas lejos de la verdad de tres maneras diferentes.

   a. Atacan a los creyentes: sembrando discordia y problemas entre ellos.

   b. Enseñan el error, pervirtiendo y distorsionando la verdad, ya sea quitando o añadiendo a la Palabra de Dios.

   c. Atacan a los verdaderos líderes culpando y difamando sus caracteres y ministerios; agitando a los   creyentes contra ellos.

Note que a los falsos maestros se les conoce en las Escrituras de dos maneras:

   => lobos rapaces (ver note, Mt. 7:15),
   => perros (Fil. 3:2. Ver *Estudio a fondo 1,* Mr. 7:27).

3 (20:32) *Creyente, deber:* El tercer deber es vivir para Dios y por su Palabra. La "palabra de su gracia [de Dios]" es la Palabra del favor de Dios, de su gloriosa salvación en su plenitud, de su verdad, de su voluntad. Por tanto, la "palabra de su gracia" es la Palabra revelada, tanto la Palabra viva (Cristo mismo) como la Palabra escrita (la Santa Biblia.) Ahora bien, nótese el punto central: el líder de la iglesia debe ser encomendado (paratithemai) a la Palabra de Dios; es decir, debe comprometer, encomendar, fijar, descansar y depositar su vida en Dios y en su Palabra. Simplemente el líder de la iglesia debe encomendar totalmente su vida a Dios y a su Palabra, descansando completamente en ellos. Existen dos razones para confiar tan plenamente en Dios y en su Palabra.

1. Dios y su Palabra edificarán al creyente.

"**Conforme a la gracia de Dios que me ha sido dada, yo como perito arquitecto puse el fundamento, y otro edifica encima; pero cada uno mire cómo sobreedifica. Porque nadie puede poner otro fundamento que el que está puesto, el cual es Jesucristo. Y si sobre este fundamento alguno edificare oro, plata, piedras preciosas, madera, heno, hojarasca, la obra de cada uno se hará manifiesta; porque el día la declarará, pues por el fuego será revelada; y la obra de cada uno cuál sea, el fuego la probará. Si permaneciere la obra de alguno que sobreedificó, recibirá recompensa**" (1 Co. 3:10-14).

"**Porque sabemos que si nuestra morada terrestre, este tabernáculo, se deshiciere, tenemos de Dios un edificio, una casa no hecha de manos, eterna, en los cielos**" (2 Co. 5:1).

"**edificados sobre el fundamento de los apóstoles y profetas, siendo la principal piedra del ángulo Jesucristo mismo**" (Ef. 2:20).

"**a fin de perfeccionar a los santos para la obra del ministerio, para la edificación del cuerpo de Cristo**" (Ef. 4:12).

"**y que desde la niñez has sabido las Sagradas Escrituras, las cuales te pueden hacer sabio para la salvación por la fe que es en Cristo Jesús**" (2 Ti. 3:15).

2. Dios y su Palabra darán una herencia a los creyentes. La herencia (kleronomian) es, a la vez…

• presente, en este mismo momento.

"**para que abras sus ojos, para que se conviertan de las tinieblas a la luz, y de la potestad de Satanás a Dios; para que reciban, por la fe que es en mí, perdón de pecados y herencia entre los santificados**" (Hch. 26:18).

"**con gozo dando gracias al Padre que nos hizo aptos para participar de la herencia de los santos en luz**" (Col. 1:12).

• futura, en el nuevo cielo y la nueva tierra.

"**El Espíritu mismo da testimonio a nuestro espíritu, de que somos hijos de Dios. Y si hijos, también herederos; herederos de Dios y coherederos con Cristo, si es que padecemos juntamente con él, para que juntamente con él seamos glorificados**" (Ro. 8:16-17).

"Así que, por eso es mediador de un nuevo pacto, para que interviniendo muerte para la remisión de las transgresiones que había bajo el primer pacto, los llamados reciban la promesa de la herencia eterna" (He. 9:15).

"Bendito el Dios y Padre de nuestro Señor Jesucristo, que según su grande misericordia nos hizo renacer para una esperanza viva, por la resurrección de Jesucristo de los muertos, para una herencia incorruptible, incontaminada e inmarcesible, reservada en los cielos para vosotros" (1 P. 1:3-4).

(Ver notas, Recompensas — Lc. 16:10-12; Jn. 4:36-38; Ap. 14:13; 21:24-27 para un listado de las recompensas de los creyentes.)

4 (20:33-35) *Ministros — Apoyo financiero:* El cuarto deber es el de trabajar y dar, sin codiciar riquezas terrenales. Note dos puntos contundentes.

1. Pablo no codició riquezas terrenales. No codició plata ni oro ni vestido. En el mundo antiguo, los vestidos costosos eran una señal de riqueza. Muchas personas de la iglesia tenían suficiente y algunos eran ricos. Tenían...

- dinero
- ropas opulentas
- propiedades
- medios de transporte

Pero Pablo no codició lo que ellos tenían. Su mente y sus pensamientos no estaban centrados en las cosas terrenales. El dinero, las propiedades, los vestidos, y los más modernos medios de transporte no constituían un atractivo para él. Anhelaba algo mucho más importante:

=> el Reino de Dios y su justicia,
=> satisfacer las desesperadas necesidades del mundo,
=> librar a los hombres de la esclavitud del pecado,
=> compartir el evangelio de vida eterna.

Pensamiento 1. Los ministros y maestros del evangelio deben estar totalmente comprometidos a compartir el evangelio, y un compromiso total incluye, no solo la predicación y la enseñanza verbal, sino esparcir el evangelio apoyando a otros financieramente. (Ver bosquejo y notas, Mt. 19:16-22; 19:23-26 para mayor discusión. Cada creyente necesita estudiar y aplicar a su vida estos dos pasajes, per en especial los ministros y maestros del evangelio. Cp. 1 S. 12:3-5; 1 Ts. 2:5-6; 1 Ti. 3:3, 8; 6:10.)

2. Pablo trabajó en el mundo secular. El era artesano, un fabricante de tiendas de campaña (ver nota, Hch. 18:3). Hay cinco razones por las cuales Pablo trabajaba en el mundo secular, cuatro de las cuales se mencionan en este pasaje.

  a. Para satisfacer sus propias necesidades (v. 34).
  b. Para ayudar a otros que estaban sirviendo junto a él (v. 34).
  c. Para apoyar a los débiles (v. 35).
  d. Para parecerse más a Jesús (v. 35). Este es un refrán de Jesús que no aparece en los evangelios: "Más bienaventurada cosa es dar que recibir". Por supuesto que Jesús siguió esto último...

  - no codiciando nada de este mundo.
  - dando a otros todo lo que tenía.
  - sacrificando su vida por los demás.

Pablo quería ser como su Señor, ser conformado a su imagen y por eso trabajaba en el mundo secular cuando era necesario.

  e. Para no ser carga ni a los creyentes ni a las iglesias. Esta razón no se menciona en este pasaje pero sí en muchos otros (2 Co.11:9; 1 Ts. 2:9; 2 Ts. 3:8). Pablo quería decir dos cosas con "no ser carga" para ninguno, y estas dos cosas son lecciones muy poderosas para los ministros modernos del evangelio.

En primer lugar, algunos no creyentes, y tristemente algunos creyentes carnales, estaban acusando a Pablo...

- de "codiciar" un salario a costa de las iglesias.
- de buscar confort y comodidad a expensas de los creyentes y las iglesias.
- de recibir las ofrendas y sustraer de las mismas (2 Co. 1:17-18; 8:20-22. Ver note, pt. 2, 2 Co. 12:13-18).

Al trabajar en el mundo secular y no aceptar dinero de las iglesias, Pablo podía combatir esas acusaciones y demostrar que eran mentiras. Nótese que también tenía representantes designados por las iglesias para llevar las ofrendas de estas a Jerusalén (ver nota, Hch. 20:4-6).

Segundo, Pablo quería ser libre e independiente de las iglesias y los creyentes. Él no quería que la congregación creyera que les pertenecía, que tenía que cumplir con su invitación. No quería que le pusieran frenos ni presiones sobre su derecho de ir de un lugar a otro para ministrar y predicar el evangelio según viera la necesidad.

=> No quería ningún tipo de tentación, ninguna cosa que le hiciera sentir que tenía que cumplir con los deseos, antojos y caprichos de la congregación, a menos que realmente provinieran de Dios.

Pensamiento 1. Tenga en cuenta cuatro aspectos significativos.

  1) Pablo recibió apoyo financiero de algunas iglesias. No siempre tuvo un trabajo secular, no en todas las situaciones. El apreciaba el valor de estar completamente libre de la carga de preocupaciones financieras para poderse dedicar por completo al ministerio. (Ver note, Hch. 18:3 para mayor discusión.)

  2) El ministro del evangelio tiene derecho a recibir salario de las iglesias. De hecho, Cristo enseñó que el ministro debía, sin duda alguna, ser sostenido por la iglesia. (Ver bosquejo y notas, Mt. 10:9-10 para discusión y consulta de las Escrituras. Este es un pasaje importante, un pasaje que todo ministro e iglesia debiera estudiar ya que es una enseñanza de nuestro Señor.)

  3) Hay grandes beneficios al seguir el ejemplo de Pablo en asuntos prácticos. Tener libertad financiera para ministrar según Dios dirija sin la influencia de *prejuicios carnales y caprichos,* tiene ventajas, como

ya se señaló arriba. Sin embargo, todo ministro debe recordar siempre que hay algunos en cada iglesia genuina que han marchado muy cerca del Señor y así lo han hecho durante años. Dios le ha dado su visión a esa iglesia y les ha dado la comunidad que les rodea. Solo han carecido de una cosa: un ministro lleno del Espíritu que les ayude. El ministro necesita escuchar a estos queridos creyentes incluso cuando él se sostenga a sí mismo.

4) Cada ministro debe *trabajar* para que pueda ayudar a los débiles (v. 35). No importa de dónde provengan sus ingresos, él debe dar el ejemplo a otros en cuanto a satisfacer las carencias de los necesitados.

"En todo os he enseñado que, trabajando así, se debe ayudar a los necesitados, y recordar las palabras del Señor Jesús, que dijo: Más bienaventurado es dar que recibir" (Hch. 20:35).

"Así que, los que somos fuertes debemos soportar las flaquezas de los débiles, y no agradarnos a nosotros mismos" (Ro. 15:1).

"También os rogamos, hermanos, que amonestéis a los ociosos, que alentéis a los de poco ánimo, que sostengáis a los débiles, que seáis pacientes para con todos" (1 Ts. 5:14).

5 (20:36-38) *Conclusión:* el final de la exhortación de Pablo a los ancianos de Éfeso es una escena conmovedora, es la manera de expresar afecto que todo ministro y maestro del evangelio debiera codiciar. Note que Pablo estaba tan emocionado que cayó de rodillas y comenzó a orar por estos amados hombres de Dios. (El cuadro es muy inusual ya que era costumbre judía ponerse de pie al orar en público.)

Los ancianos…

- lloraron profundamente.
- se echaron al cuello de Pablo, abrazándole y besándole una y otra vez (griego.)
- estaban muy tristes.
- lo acompañaron hasta el barco.

CAPÍTULO 21

G. Jerusalén, los últimos kilómetros: puesto en alerta y no obstante obligado a predicar, 21:1-16

1 Pablo viajó por una tierra rica en historia antigua
   a. Cos
   b. Rodas
   c. Pátara

   d. Chipre

   e. Tiro

2 El llamado de una iglesia llena del Espíritu frente al sentido del deber
   a. Una iglesia pequeña pero rendida al Espíritu
   b. Una iglesia de familias muy unidas
   c. Una iglesia de creyentes que no se avergonzaban y que tenían un testimonio público

3 El recuerdo de los creyentes y sus necesidades en todas partes frente a un profundo sentido de la dirección del Espíritu
4 El hecho de una persecución segura frente a un

1 Después de separarnos de ellos, zarpamos y fuimos con rumbo directo a Cos, y al día siguiente a Rodas, y de allí a Pátara.
2 Y hallando un barco que pasaba a Fenicia, nos embarcamos, y zarpamos.
3 Al avistar Chipre, dejándola a mano izquierda, navegamos a Siria, y arribamos a Tiro, porque el barco había de descargar allí.
4 Y hallados los discípulos, nos quedamos allí siete días; y ellos decían a Pablo por el Espíritu, que no subiese a Jerusalén.
5 Cumplidos aquellos días, salimos, acompañándonos todos, con sus mujeres e hijos, hasta fuera de la ciudad; y puestos de rodillas en la playa, oramos.
6 Y abrazándonos los unos a los otros, subimos al barco y ellos se volvieron a sus casas.
7 Y nosotros completamos la navegación, saliendo de Tiro y arribando a Tolemaida; y habiendo saludado a los hermanos, nos quedamos con ellos un día.
8 Al otro día, saliendo Pablo y los que con él estábamos, fuimos a Cesarea; y entrando

en casa de Felipe el evangelista, que era uno de los siete, posamos con él.
9 Este tenía cuatro hijas doncellas que profetizaban.
10 Y permaneciendo nosotros allí algunos días, descendió de Judea un profeta llamado Agabo,
11 quien viniendo a vernos, tomó el cinto de Pablo, y atándose los pies y las manos, dijo: Esto dice el Espíritu Santo: Así atarán los judíos en Jerusalén al varón de quien es este cinto, y le entregarán en manos de los gentiles.
12 Al oír esto, le rogamos nosotros y los de aquel lugar, que no subiese a Jerusalén.
13 Entonces Pablo respondió: ¿Qué hacéis llorando y quebrantándome el corazón? Porque yo estoy dispuesto no solo a ser atado, mas aun a morir en Jerusalén por el nombre del Señor Jesús.
14 Y como no le pudimos persuadir, desistimos, diciendo: Hágase la voluntad del Señor.
15 Después de esos días, hechos ya los preparativos, subimos a Jerusalén.
16 Y vinieron también con nosotros de Cesarea algunos de los discípulos, trayendo consigo a uno llamado Mnasón, de Chipre, discípulo antiguo, con quien nos hospedaríamos.

firme apremio de hacer la voluntad de Dios
   a. Un contacto importante para Lucas
      1) Felipe fue uno de los primeros diáconos
      2) Felipe tenía cuatro hijas
   b. Una advertencia hecha por el Espíritu

   c. Pablo aún continuaba firme

5 El ruego de los seres queridos frente a una buena disposición para morir por el Señor Jesús si fuera necesario
   a. Una doble advertencia
   b. Un profundo sentido de misión

   c. Cesan las advertencias

   d. El viaje continúa

   e. Los otros discípulos muestran su amor al escoltar a Pablo parte del camino

DIVISIÓN IX

LA TERCERA GRAN MISIÓN DE PABLO A LOS GENTILES: ASIA MENOR Y EUROPA, 18:23–21:16

G. Jerusalén, los últimos kilómetros: puesto en alerta y no obstante obligado a predicar, 21:1-16

(21:1-16) Pablo, ministerio: ¿Tenía Pablo la razón al insistir en el viaje a Jerusalén? No hay dudas de que sentía un profundo apremio de ir. Él dijo:

"Ahora, he aquí, ligado yo en espíritu, voy a Jerusalén, sin saber lo que allá me ha de acontecer; salvo

que el Espíritu Santo por todas las ciudades me da testimonio, diciendo que me esperan prisiones y tribulaciones. Pero de ninguna cosa hago caso, ni estimo preciosa mi vida para mí mismo, con tal que acabe mi carrera con gozo, y el ministerio que recibí del Señor Jesús, para dar testimonio del evangelio de la gracia de Dios" (Hch. 20:22-24).

Hay que escuchar y respetar al hombre que tenga una convicción tan profunda. Sin embargo, los grandes hombres no están exentos de cometer errores al tomar decisiones y la Biblia nos muestra francamente los errores de los grandes hombres de Dios. Este capítulo cuestiona algunas cosas con respecto a la decisión de Pablo.

=> La iglesia en Tiro dijo "a Pablo por el Espíritu, que no subiese a Jerusalén" (v. 4).

=> Agabo tomó el cinto de Pablo y ató sus manos y sus pies diciendo: "Esto dice el Espíritu Santo: Así atarán los judíos en Jerusalén al varón de quien es este cinto, y le entregarán en manos de los gentiles" (v. 11).

=> Lucas y los demás discípulos lloraban y le rogaban que no subiera a Jerusalén (v. 12).

¿Quién tenía la razón? (Ver notas, Hch. 19:21-23; 20:13-18 para mayor discusión.) Una cosa es segura, en el libro de Hecho la voz de Pablo fue silenciada a partir de ese momento en cuanto a las misiones mundiales. Su testimonio estaría limitado a líderes nacionales y a las personas que lograran llegar hasta él. Pronto se convertiría en un prisionero por Cristo para el resto de su vida (hasta donde sabemos por el libro de Hechos.)

Sin embargo, en honor a la verdad, probablemente Pablo sentía que nunca podría regresar a Jerusalén, no después de iniciar su misión en Roma y España. Si sobrevivía a la tensión de otra misión tan grande, en particular una que le llevaría tan lejos, probablemente tendría que quedarse en el campo misionero. Semejante misión tomaría demasiado de él. El precio que su cuerpo pagaría sería muy alto. (Ver nota, Sufrimiento, Hch. 18:9-11; 2 Co. 6:3-10; 11:23-31).

La idea es que Pablo amaba entrañablemente a los judíos pues ellos eran su propio pueblo. Les amaba tanto que hubiera dado su propia alma por la salvación de ellos (Ro. 9:1-3; 10:11). Además amaba a los apóstoles y creyentes de Jerusalén. Por esta razón, se sentía impulsado a visitarlos y testificarles una vez más. Tal vez el impulso se convirtió en una obsesión que no sabía como controlar. Si fue así, el Señor, como siempre, comprendió, rescató la vida de su querido siervo y continuó usándolo para la extensión del evangelio.

Cualquier que haya sido el caso, Pablo fue confrontado por creyentes una y otra vez quienes le rogaba que no fuera, sabiendo que en Jerusalén le aguardaban el arresto y encarcelamiento. La presión para que regresara era grande, pero Pablo, "ligado en el espíritu" se veía en la necesidad de ir. Este pasaje es un cuadro descriptivo de fuertes advertencias y el fuerte deseo de predicar.

1. Pablo viajó por una tierra rica en historia antigua (vv. 1-3).
2. El llamado de una iglesia llena del Espíritu frente al sentido del deber (vv. 4-6).
3. El recuerdo de los creyentes y sus necesidades en todas partes frente a un profundo sentido de la dirección del Espíritu (v. 7).
4. El hecho de una persecución segura frente a un firme apremio de hacer la voluntad de Dios (vv. 8-11).
5. El ruego de los seres queridos frente a una buena disposición para morir por el Señor Jesús si fuera necesario (vv. 12-16).

1 (21:1-3) *Cos — Pátara — Tiro:* Pablo viajó por una tierra rica en historia antigua. (Para una imagen del viaje y las ciudades, véase Mapa, Introducción a Hch.) Es fácil imaginar

sus devocionales temprano en la mañana, pensamientos que trascendían horas, conversaciones con el Señor, su comunión y debates con sus compañeros, con los viajeros y con la tripulación del barco, su predicación a todos los que estuvieran abiertos y dispuestos a escuchar el evangelio.

1. *Cos:* una isla de gran comercio y mercado en la ruta marítima principal. También era famosa como centro médico, con una gran escuela de medicina y por su famoso templo de Esculapio, el dios griego de la medicina. Fue la tierra natal de Hipócrates, el gran médico griego y de Apelo, el gran pintor griego.

2. *Rodas:* conocida como la isla de las rosas. Estaba situada en la misma entrada del mar Egeo lo que la convertía en un importante centro de transporte marítimo. La ciudad también era famosa por su gran universidad especializada en "Discurso y Oratoria".

3. *Pátara:* ubicada en la desembocadura del río *Xanto* lo que la convertía en una importante ciudad comercial para todos los pueblos del interior o los que bordeaban el río. Este factor, además de que se encontraba en la ruta principal del mar Mediterráneo, hacía de ella una ciudad extremadamente importante y próspera. Nótese que desde Pátara, Pablo podría viajar en barco directamente por el mediterráneo hasta tiro de Fenicia, un viaje que abarcaba unos 640 kilómetros.

4. *Chipre:* ver nota, Hch. 13:4 para una discusión del tema.

5. *Tiro:* uno de los puertos de mar más famosos del mundo antiguo. La ciudad tenía dos secciones principales, una construida en el continente y la otra en un isla con una ensenada que corría entre las dos secciones. Debido a esto había dos puertos, y el puerto del continente ofrecía amparo a los barcos durante las tormentas y durante los meses del invierno. Tiro era una ciudad libre. Se menciona de esta forma en las Escrituras:

=> David y Salomón hicieron alianza con sus gobernantes (1 R. 9:10-14; 2 Cr. 2:3-16).

=> Era un gran centro comercial, famoso por sus obras de metal, vidrio, pinturas, y navieras (Is. 23:8).

=> Los profetas de la antigüedad denunciaron su mundanalidad y materialismo egocéntrico (Is. 23:1-17; Jer. 27:3; Ez. 27:1f; 28:1-19; cp. Am. 1:9; Jl. 3:5f; Zac. 9:2).

=> Jesús visitó los alrededores de Tiro, pero nunca entró a la ciudad (Mr. 7:24-31).

=> Pablo pasó siete días con la iglesia en Tiro (Hch. 21:3-7).

2 (21:4-6) *Iglesia:* El llamado de una iglesia llena del Espíritu frente a el sentido del deber. Cuando una iglesia llena del Espíritu habla, el mensajero de Dios tiene que escuchar. La advertencia de esa iglesia estaba dirigida a presionar a Pablo. Nótense tres características impresionantes de la iglesia en Tiro.

1. Era una iglesia pequeña, pero llena del Espíritu. Sabemos que era pequeña, porque Pablo y sus compañeros tuvieron que buscar a la iglesia, y al parecer les tomó algún tiempo encontrar a los creyentes.

a. La iglesia estaba llena del Espíritu, tanto era así

que inmediatamente fueron capaces de advertir a Pablo acerca de las pruebas que iba a enfrentar. El Espíritu los capacitó para ver el futuro, para predecir, para profetizar.

Pensamiento 1. Cada iglesia debe estar tan llena del Espíritu como la iglesia de Tiro. El Espíritu Santo debe poder usarnos a cada uno de nosotros para ayudar a otros a enfrentar las pruebas de la vida.

> **"...sed llenos del Espíritu" (Ef. 5:18).**
>
> **"¿Acaso no sabéis que sois templo de Dios y que el Espíritu de Dios está en vosotros?" (1 Co. 3:16).**
>
> **"el cual asimismo nos capacitó para ser ministros de un nuevo pacto, no de la letra, sino del Espíritu, porque la letra mata, pero el Espíritu da vida" (2 Co. 3:6).**

b. La iglesia de Tiro creía que la advertencia era una *prohibición,* pero Pablo la aceptó como una *información,* como que el Espíritu lo estaba preparando para lo que estaba por venir.

c. El cuadro que se nos presenta es al mensajero de Dios indeciso entre…

   • escuchar a la iglesia llena del Espíritu vs. su propio sentido del deber.

La iglesia sintió poderosamente que había oído la voz de Dios, pero Pablo lo sentía de la misma manera. ¿Quién tenía la razón? Solo Dios lo sabe, pero el mensajero de Dios tenía que hacer lo que le indicaba el sentido del deber.

Pensamiento 1. ¿Cuántos ministros y líderes laicos han permanecido en o han prestado atención a una iglesia llena del Espíritu o a una situación más cómoda cuando Dios les ha estado llamando a una situación más difícil? El siervo de Dios debe siempre cumplir con su deber, con lo que les dice el sentido del deber desde su corazón, aún cuando el llamado incluya dar un paso difícil.

A los ojos de la iglesia, no había posibilidad alguna de que el arresto de Pablo fuera para bien, de ninguna manera el acallar su voz y su ministerio redundaría para el bien del reino de Dios. Hay algo que siempre debemos recordar: la iglesia no podía ver el futuro, Dios sí. Ellos no podían ver cómo Dios iba a usar a Pablo como testigo suyo ante los más altos líderes y tribunales de la tierra, y cómo el reino de Dios iba a esparcirse por toda Roma y su imperio.

2. La iglesia estaba compuesta por familias muy unidas. Note cómo se mencionan familias completas — hombres "con sus mujeres e hijos" — acompañando a Pablo hasta el barco (v. 5). Toda la iglesia le dijo adiós a este predicador viajante, algo muy simple, pero que debe haber sido de gran inspiración para el predicador. Qué tremendo ejemplo…

   • para que las iglesias y los creyentes de hoy día usen sus dones de exhortación con los queridos siervos de Dios.

   • para los niños de la iglesia.

   • para las familias cristianas de hoy día.

   • para las actividades familiares en la iglesia.

> **"Y perseveraban en la doctrina de los apóstoles,**

> **en la comunión unos con otros, en el partimiento del pan y en las oraciones" (Hch. 2:42).**
>
> **"Por tanto, si hay algún consuelo en Cristo, si algún estímulo de amor, si alguna comunión del Espíritu, si algún afecto entrañable, si alguna misericordia, completad mi gozo, sintiendo lo mismo, teniendo el mismo amor, unánimes, sintiendo una misma cosa" (Fil. 2:1-2).**
>
> **"no dejando de congregarnos, como algunos tienen por costumbre, sino exhortándonos; y tanto más, cuanto veis que aquel día se acerca" (He. 10:25).**

3. La iglesia estaba llena de creyentes que testificaban y no se avergonzaban. Note: ellos se arrodillaron en público en el muelle y oraron con Pablo. ¡Qué ejemplo tan vivo para todos los presentes y para nosotros hoy día! Qué testimonio más glorioso para los rudos obreros del puerto, para los transeúntes del lugar, para sus familias y amigos que estaban con ellos despidiendo a Pablo.

> **"Por tanto, no te avergüences de dar testimonio de nuestro Señor, ni de mí, preso suyo, sino participa de las aflicciones por el evangelio según el poder de Dios" (2 Ti. 1:8).**
>
> **"pero recibiréis poder cuando haya venido sobre vosotros el Espíritu Santo, y me seréis testigos en Jerusalén, en toda Judea, en Samaria y hasta lo último de la tierra" (Hch. 1:8).**

3 (21:7) *Dedicación — Celo — Determinación:* El recuerdo de los creyentes y sus necesidades en todas partes vs. un profundo sentido de la dirección del Espíritu. Note que Pablo estuvo en Tolemaida un día solamente, con tiempo solamente para saludar brevemente a los creyentes y compartir el evangelio. Muchas cosas se quedarían por decir. El pensamiento de los creyentes de todo el mundo y la necesidad de estos de ser enraizados en el evangelio estaba constantemente en la mente y el corazón de Pablo. La esencia de su vida era alcanzar y cimentar a las personas. El hecho de haber estado con los creyentes solamente un día, y que le hubieran advertido del arresto en Jerusalén motivaría su corazón para el evangelismo mundial y haría que cuestionara su decisión. No obstante, fíjese que Pablo fue sensible a la dirección del Espíritu. Incondicionalmente siguió adelante, sin que nada lo desviara de su obsesión de predicar y alcanzar a su propio pueblo en Jerusalén.

> **"Jesús les dijo: Mi comida es que haga la voluntad del que me envió y que acabe su obra" (Jn. 4:34).**
>
> **"¿No decís vosotros: "Aún faltan cuatro meses para que llegue la siega"? Yo os digo: Alzad vuestros ojos y mirad los campos, porque ya están blancos para la siega. Y el que siega recibe salario y recoge fruto para vida eterna, para que el que siembra se goce juntamente con el que siega" (Jn. 4:35-36).**
>
> **"Me es necesario hacer las obras del que me envió, mientras dura el día; la noche viene, cuando nadie puede trabajar" (Jn. 9:4).**
>
> **"Así que, hermanos míos amados, estad firmes y constantes, creciendo en la obra del Señor siempre, sabiendo que vuestro trabajo en el Señor no es en vano" (1 Co. 15:58).**
>
> **"No nos cansemos, pues, de hacer bien, porque a**

su tiempo segaremos, si no desmayamos" (Gá. 6:9).

ESTUDIO A FONDO 1

(21:7) **Tolemaida — Acco:** se le conocía como Acco en los tiempos del Antiguo Testamento. Era una ciudad de puerto de mar, aproximadamente a 48 kilómetros al sur de Tiro, con uno de los mejores puertos en el litoral de Palestina. Fue prometida a la tribu de Aser, pero nunca llegó a ser conquistada (Jue. 1:31). Fue una gran ciudad comercial, ubicada en la vía principal entre Siria y Egipto. Parece ser que esta iglesia fue fundada por creyentes que huyeron tras la persecución que prosiguió a la muerte de Esteban. (cp. Hch. 8:1, 4).

4 (21:8-11) **Obligación — Ministro:** el hecho de una persecución segura vs. Un deseo inconmovible de hacer la voluntad de Dios. La confrontación con el profeta Agabo fue una escena que lo despertaría.

1. Felipe fue el creyente escogido para ser uno de los primeros diáconos. Era un diácono que ardía con el fuego de Dios, tanto así que se convirtió en evangelista. Fue el evangelista que había llegado a Samaria con el evangelio unos veinte años antes (cp. Hch. 6:5; 8:5-13, 26-40). Fíjese que ahora tenía una familia, cuatro hijas solteras a quienes el Espíritu Santo había dado el don de profetizar.

Pensamiento 1. Observe cuán fiel fue Felipe al instruir a su familia en el Señor. Todo sus hijos servían al Señor.

2. La predicción de Agabo sorprendería a Pablo y en gran manera ya que Agabo era un profeta grandemente usado por Dios. Fue este el profeta que Dios usó para anuncia la hambruna de Jerusalén (Hch. 11:27-28). Al tomar el cinto de Pablo y atar sus manos y pies, Agabo estaba usando un símbolo que usaron también los profetas del Antiguo Testamento para hacerse entender (cp. 1 R. 22:11; Jer. 13:l-8; Ez. 4:l-6; 5:1-3). Una vez más Pablo interpretó la advertencia como un indicativo de que tenía que prepararse y no cono una prohibición.

3. Pablo seguía inconmovible. Él no iba a dejar de hacer lo que entendía que Dios quería que hiciera.

> "Si anuncio el evangelio, no tengo por qué gloriarme, porque me es impuesta necesidad; y ¡ay de mí si no anunciara el evangelio!" (1 Co. 9:16).
> "De un bautismo tengo que ser bautizado. ¡Y cómo me angustio hasta que se cumpla!" (Lc. 12:50).
> "Me es necesario hacer las obras del que me envió, mientras dura el día; la noche viene, cuando nadie puede trabajar" (Jn. 9:4).
> "porque no podemos dejar de decir lo que hemos visto y oído" (Hch. 4:20).
> "Por eso dije: ¡No me acordaré más de él ni hablaré más en su nombre! No obstante, había en mi corazón como un fuego ardiente metido en mis huesos Traté de resistirlo, pero no pude" (Jer. 20:9).
> "Si el león ruge, ¿quién no temerá? Si habla Jehová, el Señor, ¿quién no profetizará?" (Am. 3:8).

5 (21:12-16) **Compromiso — Fidelidad — Ministro:** La influencia de los seres queridos vs. una buena disposición para morir por el Señor Jesús si fuera necesario. La escena es dramática y conmovedora. La profecía de Agabo había estremecido a los seres queridos de Pablo. Todos los presentes Lucas, los compañeros de viaje de Pablo, Felipe y su familia, todos los que eran tan queridos para Pablo estaban devastados y llorando por lo que aguardaba a Pablo en Jerusalén. Le suplicaron que no fuera.

Pablo estaba conmovido, profundamente conmovido. Las palabras "corazón quebrantado" significan abatido, hecho pedazos, desfallecido. Pablo estaba tan abatido como era posible ante el amor y el cuidado de los queridos hermanos y hermanas que lloraban y le rogaban que prestara atención a sus súplicas. Pero no podía escucharlos, no podía ceder. Estaba plenamente convencido de que Dios le había llamado para ir a Jerusalén. Su respuesta a los seres queridos es un monumento que sigue en pie como modelo para todos los que son llamados al ministerio del Señor Jesucristo. Fueron palabras que cada siervo, predicador y maestro debiera memorizar y guardar en su corazón.

> "Pero Pablo respondió: ¿Qué hacéis llorando y quebrantándome el corazón?, pues yo estoy dispuesto no solo a ser atado, sino también a morir en Jerusalén por el nombre del Señor Jesús" (Hch. 21:13).

Fíjese cuál era el propósito de Lucas y los demás: "hágase la voluntad del Señor". Esta debiera ser la respuesta de cada familiar y amigo que pudiera oponerse a la persona que está sintiendo el llamado de Dios.

Observe también como algunos otros discípulos de Cesarea se unieron al equipo ministerial y escoltaron a Pablo parte del camino. Cuidado, preocupación y amor llenaban la escena. No se sabe más nada acerca de Mnasón, solo que se menciona en este pasaje. Así que será recordado como …

- un discípulo que anduvo fielmente con Jesús durante muchos años. Al parecer fue uno de los primeros discípulos.
- un discípulo que abrió las puertas de su hogar para recibir a la gente del Señor.

> "Y decía a todos: Si alguno quiere venir en pos de mí, niéguese a sí mismo, tome su cruz cada día y sígame. Todo el que quiera salvar su vida, la perderá; y todo el que pierda su vida por causa de mí, este la salvará" (Lc. 9:23-24).
> "A griegos y a no griegos, a sabios y a no sabios soy deudor. Así que, en cuanto a mí, pronto estoy a anunciaros el evangelio también a vosotros que estáis en Roma. No me avergüenzo del evangelio, porque es poder de Dios para salvación de todo aquel que cree, del judío primeramente y también del griego" (Ro. 1:14-16).
> "Nadie busque su propio bien, sino el del otro" (1 Co. 10:24).

X. LA AMARGA EXPE-RIENCIA EN JERUSA-LÉN, 21:17–23: 11

A. La decisión reacia de Pablo: un cuadro del compromiso, 21:17-40

1 Pablo en Jerusalén

2 Cuadro 1: se informa acerca de la obra de Dios y Dios fue glori-ficado

  a. Pablo le dio el crédito a Dios no a sí mismo

  b. Dios fue glorificado

3 Cuadro 2: el siervo de Dios transige para ase-gurar la paz

  a. El problema exis-tente: miles de judíos creyeron, aceptando a Jesús como el Mesías

  b. Eran legalistas, seguían la ley

  c. Ellos habían escu-chado que Pablo enseñaba que la ley y la circuncisión debían abandonarse.

  d. Se sugiere un trato

    1) El trato consistía en que Pablo hi-ciera un voto y ritual judío

    2) El propósito: mos-trar su obediencia a la ley

    3) La razón: la igle-sia judía había hecho un pacto con él antes

17 Cuando llegamos a Jeru-salén, los hermanos nos reci-bieron con gozo.
18 Al día siguiente, Pablo entró con nosotros a ver a Jacobo, y se hallaban reuni-dos todos los ancianos;
19 a los cuales, después de haberlos saludado, les contó una por una las cosas que Dios había hecho entre los gentiles por su ministerio.
20 Cuando ellos lo oyeron, glorificaron a Dios, y le dijeron:
Ya ves, hermano, cuántos millares de judíos hay que han creído; y todos son celo-sos por la Ley.
21 Pero se les ha informado en cuanto a ti, que enseñas a todos los judíos que están entre los gentiles a apostatar de Moisés, diciéndoles que no circunciden a sus hijos ni observen las costumbres.

22 ¿Qué hay, pues? La multi-tud se reunirá de cierto, por-que oirán que has venido.
23 Haz, pues, esto que te decimos: Hay entre nosotros cuatro hombres que tienen obligación de cumplir voto.
24 Tómalos contigo, purifí-cate con ellos y paga sus gas-tos para que se rasuren la cabeza; y todos comprenderán que no hay nada de lo que se les informó acerca de ti, sino que tú también andas ordena-damente, guardando la Ley.
25 Pero en cuanto a los genti-les que han creído, nosotros les hemos escrito determi-nando que no guarden nada de esto; solamente que se

abstengan de lo sacrificado a los ídolos, de sangre, de aho-gado y de fornicación.
26 Entonces Pablo tomó con-sigo a aquellos hombres, y al día siguiente, habiéndose purificado con ellos, entró en el Templo para anunciar el cumplimiento de los días de la purificación, cuando había de presentarse la ofrenda por cada uno de ellos.
27 Pero cuando estaban para cumplirse los siete días, unos judíos de Asia, al verlo en el Templo, alborotaron a toda la multitud y le echaron mano,

28 gritando: ¡Israelitas, ayu-dad! Este es el hombre que por todas partes enseña a todos contra el pueblo, la Ley y este lugar; y además de esto, ha metido a griegos en el Templo y ha profanado este santo lugar.
29 Decían esto porque antes habían visto con él en la ciu-dad a Trófimo, de Éfeso, a quien pensaban que Pablo había metido en el Templo.
30 Toda la ciudad se albo-rotó, y se agolpó el pueblo. Apoderándose de Pablo, lo arrastraron fuera del Templo, e inmediatamente cerraron las puertas.
31 Intentaban ellos matarlo, cuando se le avisó al coman-dante de la compañía que toda la ciudad de Jerusalén estaba alborotada.
32 Este, inmediatamente tomó soldados y centuriones y corrió a ellos. Cuando ellos vieron al comandante y a los soldados, dejaron de golpear a Pablo.

33 Entonces, llegando el co-mandante, lo prendió y lo mandó atar con dos cadenas, y preguntó quién era y qué había hecho.
34 Pero, entre la multitud, unos gritaban una cosa y

  4) La conciliación: Pablo cede

4 Cuadro 3: alborotado-res tuercen la verdad para salirse con la suya

  a. Forasteros, judíos asiáticos apresan a Pablo.

  b. Hicieron acusaciones falsas

    1) que Pablo insul-taba el pueblo judío

    2) que Pablo destruía la ley

    3) que Pablo conta-minaba el templo

  c. La revuelta: un intento de asesinar a Pablo

5 Cuadro 4: Dios prevale-ció, usó a los soldados para proteger a su siervo para que pudiera testificar dinámica-mente

  a. Los soldados fueron notificados

  b. Un gran destaca-mento atraviesa la multitud para llegar hasta Pablo

  c. Pablo encadenado por razones de seguridad

  d. Una multitud frené-tica y enloquecida

1) El capitán no pudo descubrir la causa	otros otra; y como no podía entender nada de cierto a causa del alboroto, lo mandó llevar a la fortaleza.	que levantó una sedición antes de estos días y sacó al desierto los cuatro mil sicarios?	cionario egipcio que el capitán se imaginaba
2) Pablo fue literal-mente cargado por los soldados.	35 Al llegar a las gradas, aconteció que era llevado en peso por los soldados a causa de la violencia de la multitud,	39 Entonces dijo Pablo: Yo de cierto soy hombre judío de Tarso, ciudadano de una ciu-dad no insignificante de Cili-cia; pero te ruego que me permitas hablar al pueblo.	f. Pablo solicita hablar a la multitud
3) La enloquecida multitud persiguió a Pablo.	36 porque la muchedumbre del pueblo venía detrás, gritando: ¡Muera!		
4) A Pablo lo lleva-ron a un castillo para su propia se-guridad.	37 Cuando estaban a punto de meterlo en la fortaleza, Pablo dijo al comandante: ¿Se me permite decirte algo? Y él dijo: ¿Sabes griego?	40 Cuando él se lo permitió, Pablo, de pie en las gradas, hizo señal con la mano al pueblo. Se hizo un gran silencio, y comenzó a hablar en lengua hebrea, diciendo:	1) Se le autorizó 2) Hizo una señal pidiendo silencio
e. Pablo se identifica			g. El silencio milagroso
1) Era un hombre culto y educado: hablaba griego			1) El poder de Dios fluyó a través de Pablo
2) No era el revolu-	38 ¿No eres tú aquel egipcio		2) Pablo habló en hebreo

DIVISIÓN X

LA AMARGA EXPERIENCIA EN JERUSALÉN, 21:17–23: 11

A. La decisión reacia de Pablo: un cuadro del compro-miso, 21:17-40

(21:17:40) Introducción: Para predicar el evangelio es nece-saria la paz. Pablo hizo concesiones esperando poder lograr la paz con los que tan fuertemente se le oponían. ¿Por qué? Para ser capaz de proclamar las inescrutables riquezas de Cristo sin impedimentos.

1. Pablo en Jerusalén (vv. 17-18)
2. Cuadro 1: se informa acerca de la obra de Dios y Dios fue glorificado (vv. 19-20)
3. Cuadro 2: el siervo de Dios transige para asegurar la paz (vv. 20-26)
4. Cuadro 3: alborotadores tuercen la verdad para salirse con la suya (vv. 27-30)
5. Cuadro 4: Dios prevaleció, usó a los soldados para proteger a su siervo para que pudiera testificar diná-micamente. (vv. 31-40)

1 (21:17-18) *Pablo:* Pablo estaba en Jerusalén y fue bien recibido por aquellos con quienes se estaba quedando. Al parecer esta fue la bienvenida extraoficial que le dieron unos cuantos creyentes. Al día siguiente, Pablo solicitó una reunión con Jacobo. Nótese que todos los compañeros de Pablo y todos los ancianos de Jerusalén estuvieron presentes en la reunión oficial, pero no se convocó a toda la iglesia. Proba-blemente los rumores acerca de Pablo habían afectado tanto a la congregación que no hubiera sido prudente que el resto de la congregación estuviera presente. Es posible que por aquel entonces los apóstoles estuvieran fuera en misiones evangelísticas.

2 (21:19-20) *Dios — Alabanza:* En el cuadro uno se da un informe de la obra de Dios y de cómo su nombre estaba siendo glorificado. Tenga en cuenta tres aspectos fundamentales:

1. Pablo se refirió en detalle a los acontecimientos de su tercer viaje misionero. La frase "una por una" significa en detalle, paso por paso. Nótese que habían pasado aproxima-damente cinco años desde que Pablo visitó por última vez a la iglesia en Jerusalén.

2. Pablo le dio a Dios todo el crédito de lo que se había hecho, sin excepción alguna. Se trataba de lo que Dios había hecho, no de lo que él u otra persona hubiera hecho. Las igle-sias y los creyentes eran resultado de la gloriosa gracia y poder de Dios.

3. Fueron Jacobo y los ancianos de Jerusalén los que glorificaron a Dios, no Pablo. Es importante que notemos esto, porque demuestra que ellos apoyaron a Pablo y no estu-vieron entre los que se le opusieron.

Pensamiento 1. Nótense las lecciones contenidas aquí para las iglesias y los creyentes de todas las genera-ciones:

1) Las iglesias deben recibir un informe detallado de los viajes misioneros.
2) Solo Dios debe recibir el crédito y el reconocimiento por ser la persona que hace la obra.
3) Solo Dios es digno de alabanza por lo que ha sido hecho.

"En esto es glorificado mi Padre, en que llevéis mucho fruto, y seáis así mis discípulos" (Jn. 15:8).

"Así que, ofrezcamos siempre a Dios, por medio de él, sacrificio de alabanza, es decir, fruto de labios que confiesan su nombre" (He. 13:15).

"Ofrezcan sacrificios de alabanza, Y publiquen sus obras con júbilo" (Sal. 107:22).

3 (21:20-26) *Compromiso — Débil, apoyo:* El cuadro dos muestra al siervo de Dios transigiendo para lograr la paz. Jacobo trajo a la conversación un problema serio. El pasaje y el bosquejo dan una visión clara de cuál era el problema y de la concesión que Pablo hizo. Fíjese en los siguientes hechos:

1. El ministro de Dios inquietó a miles de creyentes judíos. La palabra griega para "millares" (posaimuriades) significa miles de miles, miríadas de miríadas.

2. El disturbio fue ocasionado por rumores. Algunos estaban mintiendo, al decir que Pablo enseñaba falsas doctrinas, que ya no era necesario guardar la ley de Moisés, ni circuncidarse. Note la palabra "apostatar" (apostasian). Esta es la acusación más grave para un judío, apostasía de la ley de Moisés y la ley de la circuncisión. Por supuesto que hablo nunca dijo esto. El había dicho que…

- si una persona quería, podía ser circuncidada y guardar las costumbres de la ley.
- sin embargo, no era necesario que una persona fuera circuncidada o que guardara la ley *para ser salva.* No es la ley la que salva a una persona. Solo Cristo salva. (Ver nota, Salvación vs. Ritual, Hch. 15:1-3; bosquejo y notas, Hch. 15:6-22 para discusión.)

3. El trato sugerido fue un ritual y un voto judío. Al parecer incluía algún tipo de voto nazareo como rasurarse la cabeza y presentar ciertas ofrendas (Num. 6:l-21). Se sugirió que Pablo pagara por los animales o el incienso que se requería de los cuatro hombres así como de él mismo. Era común que los pobres no pudieran pagar estos gastos, así que algún rico benefactor lo hacía. Esto era muy bien visto entre los judíos. La intención era hacer todo lo posible para mostrar que Pablo era un judío verdadero y que no estaba enseñando que debía abrogarse la ley de Moisés. Al contrario, él mismo estaba obedeciendo la ley.

4. Jacobo destacó que él y la iglesia en Jerusalén habían hecho una concesión con Pablo anteriormente y que su sugerencia no violaba dicha concesión (v. 25). Lo que hacía falta ahora era que Pablo hiciera una concesión y ayudara a traer la paz. Como era de esperarse, Pablo lo hizo.

Pensamiento 1. Tenga en cuenta cuatro lecciones importantes.

1) Pablo nunca enseñó que las costumbres o rituales no pudieran practicarse si la persona no lo deseaba. Él solo enseñó que estos no eran necesario para la salvación. De hecho Pablo hizo que Timoteo se circuncidara (Hch. 16:3) y enseñó en sus epístolas que los rituales y las costumbres era un asunto de preferencia personal (1 Co. 7:18). (Ver nota, Hch. 15:1-3.)

2) Hasta los creyentes verdaderos pueden ser influenciados trágicamente por rumores y falsedades. Siempre debemos cuidarnos de los alborotadores.

3) Cuando los creyentes se vuelven legalistas y comienzan a vivir según ciertas reglas y lineamientos, por lo general acaban convirtiéndose en *cazadores de brujas.* Buscan a los que no cumplen con sus principios. De hecho su propia actitud propicia un ambiente ideal para rumores.

4) Pablo estaba dispuesto a convertirse en todas las cosas y en hacer cualquier cosa que no fuera contraria a Dios con tal de alcanzar a los hombres para Cristo.

"Recibid al débil en la fe, pero no para contender sobre opiniones" (Ro. 14:1).

"Así que, los que somos fuertes debemos soportar las flaquezas de los débiles, y no agradarnos a nosotros mismos" (Ro. 15:1).

"Por lo cual, siendo libre de todos, me he hecho siervo de todos para ganar a mayor número. Me he hecho a los judíos como judío, para ganar a los judíos; a los que están sujetos a la ley (aunque yo no esté sujeto a la ley) como sujeto a la ley, para ganar a los que están sujetos a la ley; a los que están sin ley, como si yo estuviera sin ley (no estando yo sin ley de Dios, sino bajo la ley de Cristo), para ganar a los que están sin ley. Me he hecho débil a los débiles, para ganar a los débiles; a todos me he hecho de todo, para que de todos modos salve a algunos. Y esto hago por causa del evangelio, para hacerme copartícipe de él" (1 Co. 9:19-23).

"También os rogamos, hermanos, que amonestéis a los ociosos, que alentéis a los de poco ánimo, que sostengáis a los débiles, que seáis pacientes para con todos" (1 Ts. 5:14).

4 (21:27-30) *Alborotadores — Persecución:* el tercer cuadro nos muestra los alborotadores que torcían la verdad para asegurar que las cosas se hicieran a su manera. Los alborotadores eran forasteros, judíos asiáticos que estaban asistiendo a la fiesta de Pentecostés. Al parecer el voto que Pablo tomó satisfizo a los cristianos, demostrándoles que Pablo no estaba enseñando nada en contra de la ley de Moisés.

Estos atacaron a Pablo y lo agarraron, poniéndolo en pie frente la multitud de adoradores y gritando acusaciones, todas falsas. Gritaban…

- que él insultaba los judíos, volviendo al mundo en contra del pueblo judío. Pablo solamente había dicho que ser judío (o de cualquier otra nacionalidad) no le daba la salvación a la persona.
- que él enseñaba que la ley de Moisés, con sus costumbres y rituales no era obligatoria. Pablo había dicho que la ley no era obligatoria para los gentiles, no para la salvación.
- que él contaminaba el templo y enseñaba en contra de este. Pablo había dicho que los hombres podían adorar a Dios en cualquier lugar, no solo en el templo.

Nótese que acusaban a Pablo de llevar a un gentil, a Trófimo a uno de los atrio interiores del templo. Esto estaba prohibido, y Pablo nunca hubiera hecho tal cosa, pero estos alborotadores no se detendrían, incluso si para ellos tenían que torcer la verdad.

Pensamiento 1. A veces los extraños, o forasteros, son culpables de causar problemas en la iglesia pero con demasiada frecuencia son los de adentro quienes causan los problemas que las iglesias experimentan — creyentes profesantes que quieren salirse con la suya y que quieren que la iglesia se mantenga según ellos dicen.

"porque aún sois carnales; pues habiendo entre vosotros celos, contiendas y disensiones, ¿no sois carnales, y andáis como hombres?" (1 Co. 3:3).

"Pues me temo que cuando llegue, no os halle tales como quiero, y yo sea hallado de vosotros cual no queréis; que haya entre vosotros contiendas, envidias, iras, divisiones, maledicencias, murmuraciones, soberbias, desórdenes" (2 Co. 12:20).

"Ruego a Evodia y a Síntique, que sean de un mismo sentir en el Señor" (Fil. 4:2).

"está envanecido, nada sabe, y delira acerca de cuestiones y contiendas de palabras, de las cuales nacen envidias, pleitos, blasfemias, malas sospechas" (1 Ti. 6:4).

"Porque donde hay celos y contención, allí hay perturbación y toda obra perversa" (Stg. 3:16).

"Yo he escrito a la iglesia; pero Diótrefes, al cual le gusta tener el primer lugar entre ellos, no nos recibe" (3 Jn. 9).

Pensamiento 2. En demasiadas ocasiones se permite que el ritual y las costumbres ocupen el lugar de Cristo en la iglesia, algo que nunca debiera permitirse. El asunto fundamental es la salvación y el servicio, la plenitud de Dios en la vida. Lo que debe usarse por las personas y por la iglesia es aquello que sea necesario para producir compromiso y servicio a Dios. Si el ritual y las costumbres nos ayudan en nuestra adoración, entonces debemos usarlo, si no sirven de ayuda, pues no.

"¡Ay de vosotros, escribas y fariseos, hipócritas! porque diezmáis la menta y el eneldo y el comino, y dejáis lo más importante de la ley: la justicia, la misericordia y la fe. Esto era necesario hacer, sin dejar de hacer aquello" (Mt. 23:23).

"porque el reino de Dios no es comida ni bebida, sino justicia, paz y gozo en el Espíritu Santo" (Ro. 14:17).

"Guardáis los días, los meses, los tiempos y los años. Me temo de vosotros, que haya trabajado en vano con vosotros" (Gá. 4:10-11).

"Pues si habéis muerto con Cristo en cuanto a los rudimentos del mundo, ¿por qué, como si vivieseis en el mundo, os sometéis a preceptos" (Col. 2:20).

"que tendrán apariencia de piedad, pero negarán la eficacia de ella; a éstos evita" (2 Ti. 3:5).

"Y Samuel dijo: ¿Se complace Jehová tanto en los holocaustos y víctimas, como en que se obedezca a las palabras de Jehová? Ciertamente el obedecer es mejor que los sacrificios, y el prestar atención que la grosura de los carneros" (1 S. 15:22).

"Porque no quieres sacrificio, que yo lo daría; No quieres holocausto. Los sacrificios de Dios son el espíritu quebrantado; Al corazón contrito y humillado no despreciarás tú, oh Dios" (Sal. 51:16-17).

"Dice, pues, el Señor: Porque este pueblo se acerca a mí con su boca, y con sus labios me honra, pero su corazón está lejos de mí, y su temor de mí no es más que un mandamiento de hombres que les ha sido enseñado" (Is. 29:13).

5 (21:31-40) *Dios, soberanía — Liderazgo:* el cuadro número cuatro nos muestra a Dios predominando para proteger a su siervo. Dios usó a los soldados para proteger a su siervo para que pudiera testificar dinámicamente. La escena es un drama excitante; las Escrituras y el bosquejo describen claramente lo que sucedió, lo que hace que no sea necesario ningún tipo de comentarios. La idea es ver cómo la mano de Dios se mueve en medio de todo el acontecimiento. Al ller las Escrituras y los puntos del bosquejo, note como el poder de Dios fluye a través de Pablo y el maravilloso silencio que se apodera e la muchedumbre (v. 40).

Pensamiento 1. El siervo de Dios puede confiar su vida al cuidado de Dios en medio de las pruebas, incluso en medio del ataque de una multitud. No importa cuál sea la prueba, Dios hace que su voluntad se cumpla en la vida del creyente.

"Y sabemos que a los que aman a Dios, todas las cosas les ayudan a bien, esto es, a los que conforme a su propósito son llamados" (Ro. 8:28).

"estando persuadido de esto, que el que comenzó en vosotros la buena obra, la perfeccionará hasta el día de Jesucristo" (Fil.1:6).

"Y el Señor me librará de toda obra mala, y me preservará para su reino celestial. A él sea gloria por los siglos de los siglos" (2 Ti. 4:18).

"de manera que podemos decir confiadamente: El Señor es mi ayudador; no temeré Lo que me pueda hacer el hombre" (He. 13:6).

"sabe el Señor librar de tentación a los piadosos, y reservar a los injustos para ser castigados en el día del juicio" (2 P. 2:9).

"Jehová es mi fortaleza y mi escudo; En él confió mi corazón, y fui ayudado, Por lo que se gozó mi corazón, Y con mi cántico le alabaré" (Sal. 28:7). "El te librará del lazo del cazador, De la peste destructora" (Sal. 91:3).

"No temas, porque yo estoy contigo; no desmayes, porque yo soy tu Dios que te esfuerzo; siempre te ayudaré, siempre te sustentaré con la diestra de mi justicia" (Is. 41:10).

1 El gran amor de Pablo por su pueblo

a. Sus sentimientos: les llamó hermanos, padres

b. Su apelación: habló en hebreo

2 Su vida anterior

a. Su herencia personal
  1) Judío
  2) De Tarso, pero criado en Jerusalén
  3) Educado con grandes maestros
  4) Educado en la ley
  5) Celoso de Dios

b. Su hostilidad para con los cristianos

3 Su conversión

a. La luz del cielo

b. El encuentro con el Señor
  1) La acusación de pecado
  2) La petición de conocer al Señor
  3) La verdad demoledora: Jesús es el Señor

c. Los testigos del suceso

CAPÍTULO 22

B. El testimonio de Pablo ante una enloquecida multitud: un mensaje para personas enfadadas, 22:1-21

1 Varones hermanos y padres, oíd ahora mi defensa ante vosotros.

2 Y al oír que les hablaba en lengua hebrea, guardaron más silencio. Y él les dijo:

3 Yo de cierto soy judío, nacido en Tarso de Cilicia, pero criado en esta ciudad, instruido a los pies de Gamaliel, estrictamente conforme a la ley de nuestros padres, celoso de Dios, como hoy lo sois todos vosotros.

4 Perseguía yo este Camino hasta la muerte, prendiendo y entregando en cárceles a hombres y mujeres;

5 como el sumo sacerdote también me es testigo, y todos los ancianos, de quienes también recibí cartas para los hermanos, y fui a Damasco para traer presos a Jerusalén también a los que estuviesen allí, para que fuesen castigados.

6 Pero aconteció que yendo yo, al llegar cerca de Damasco, como a mediodía, de repente me rodeó mucha luz del cielo;

7 y caí al suelo, y oí una voz que me decía: Saulo, Saulo, ¿por qué me persigues?

8 Yo entonces respondí: ¿Quién eres, Señor? Y me dijo: Yo soy Jesús de Nazaret, a quien tú persigues.

9 Y los que estaban conmigo vieron a la verdad la luz, y se espantaron; pero no entendieron la voz del que hablaba conmigo.

10 Y dije: ¿Qué haré, Señor? Y el Señor me dijo: Levántate, y ve a Damasco, y allí se te dirá todo lo que está ordenado que hagas.

11 Y como yo no veía a causa de la gloria de la luz, llevado de la mano por los que estaban conmigo, llegué a Damasco.

12 Entonces uno llamado Ananías, varón piadoso según la ley, que tenía buen testimonio de todos los judíos que allí moraban,

13 vino a mí, y acercándose, me dijo: Hermano Saulo, recibe la vista. Y yo en aquella misma hora recobré la vista y lo miré.

14 Y él dijo: El Dios de nuestros padres te ha escogido para que conozcas su voluntad, y veas al Justo, y oigas la voz de su boca.

15 Porque serás testigo suyo a todos los hombres, de lo que has visto y oído.

16 Ahora, pues, ¿por qué te detienes? Levántate y bautízate, y lava tus pecados, invocando su nombre.

17 Y me aconteció, vuelto a Jerusalén, que orando en el templo me sobrevino un éxtasis.

18 Y le vi que me decía: Date prisa, y sal prontamente de Jerusalén; porque no recibirán tu testimonio acerca de mí.

19 Yo dije: Señor, ellos saben que yo encarcelaba y azotaba en todas las sinagogas a los que creían en ti;

20 y cuando se derramaba la sangre de Esteban tu testigo, yo mismo también estaba presente, y consentía en su muerte, y guardaba las ropas de los que le mataban.

21 Pero me dijo: Ve, porque yo te enviaré lejos a los gentiles.

d. La entrega
  1) El reconocimiento: Señor
  2) La entrega
  3) La orden: levántate y ve

e. Obediencia

4 Su llamamiento y misión por medio de Ananías

a. Ananás, un judío piadoso, temeroso de Dios

b. Pablo, llamamiento y comisión
  1) Conocer la voluntad de Dios
  2) Ver al Justo
  3) Escuchar su voz
  4) Ser testigo a todos los hombres
  5) Ser bautizado como cristiano

5 Instrucciones claras de Dios

a. Cuándo: mientras oraba

b. La orden: salir de Jerusalén

c. el argumento de Pablo: especialmente calificado para alcanzar a los judíos

d. El consejo enfático del Señor: ¡Sal! Ve a los gentiles

DIVISIÓN X

LA AMARGA EXPERIENCIA EN JERUSALÉN, 21:17–23: 11

B. El testimonio de Pablo ante una enloquecida multitud: un mensaje para personas enfadadas, 22:1-21

(22:1-21) Introducción: El testimonio de Pablo siempre encerrará lecciones para los creyentes de cada generación. Fíjese que él estaba dando su testimonio ante una multitud enloquecida que acaba de hacer una revuelta para matarlo.

1. El gran amor de Pablo por su pueblo (vv. 1-2).
2. Su vida anterior (vv. 3-5).
3. Su conversión (vv. 6-11).
4. Su llamamiento y misión por medio de Ananías (vv. 12-16).
5. Instrucciones claras de Dios (vv. 17-21).

1 (22:1-2) *Evangelismo —Amor:* el gran amor de Pablo por su pueblo. ¿Por qué querría Pablo hablarle a una multitud que gritaba pidiendo su muerte (Hch. 21:39-40)? ¿Por qué no querría que sencillamente los soldados lo rescataran y salvaran su vida? La respuesta está en el amor y la pasión por su propio pueblo, los judíos.

> **"Verdad digo en Cristo, no miento, y mi conciencia me da testimonio en el Espíritu Santo, que tengo gran tristeza y continuo dolor en mi corazón. Porque deseara yo mismo ser anatema, separado de Cristo, por amor a mis hermanos, los que son mis parientes según la carne" (Ro. 9:1-3).**

Es muy sencillo, Pablo estaba dispuesto a enfrentar la muerte para salvar a tantos de su pueblo como le fuera posible. Él había sido salvado y conocía la verdad de la gloriosa salvación que se encuentra en el Señor Jesús, y quería desesperadamente que cada judío tuviera la misma salvación. Mire cómo el amor y la pasión comenzaron a fluir de él cuando comenzó a dirigirse a la multitud. Y recuerde que acaban de atacarlo y de gritar pidiendo su sangre.

Sus primeras palabras fueron: "varones hermanos y padre." No les gritó, no los reprendió ni los acusó de un crimen. Les llamó *hermanos y padre*. La palabra padre era el título oficial para los líderes de la nación, muchos de los cuales estaban presentes en la multitud. Al usar las palabras *hermanos y padres,* Pablo estaba apelando a la relación más cercana posible — la de una familia, la que en este caso se refiere a la familia nacional del pueblo judío. Él se estaba identificando con ellos, apelando a ellos en un intento de alcanzarlos. Al mismo tiempo, estaba revelando sus propios sentimientos — el sentimiento, el amor que sentía por ellos como hermanos y padres de su pueblo. Fíjese que habló en hebreo, es decir, en el idioma nacional de los judíos.

2 (22:3-5) *Pablo — vida anterior:* la vida anterior de Pablo. Habían pasado unos veinticinco años desde la conversión de Pablo. Aunque algunos pocos habrían tenido conocimiento de su pasado, muchos en la multitud no tenían idea de quién era.

1. Habló de sus raíces, su herencia personal, es decir, los privilegios y ventajas de su genealogía.

=> Él era un judío, no un extranjero, tan judío como cualquiera de sus oyentes. Él había nacido judío.
=> Había nacido en Tarso pero creció en Jerusalén para poder ser educado a los pies de los maestro más grandes de Israel. Lo llevaron a Jerusalén siendo muy joven con el propósito de asegurarle la mejor educación (cp. Hch. 26:4).
=> Fue educado según las leyes más estrictas de los padres (maestros.) Pablo en realidad había sido fariseo, una pequeña secta de hombre que dedicaban sus vidas totalmente a cumplir la ley, nada más (ver *Estudio a fondo 3,* Hch. 23:8).
=> Era celoso de Dios al cumplir la ley, tan celoso como cualquier judío. Este es un punto crucial para entender a Pablo. Él argumentaba que nunca había abandonado la práctica y las costumbres de la ley Mosaica, no en el plano personal. Era un judío practicante de la ley como cualquier otro de los que estaban escuchándolo.

2. Pablo habló de la primera etapa de su vida cuando era hostil para con la cristiandad (ver bosquejos y notas, Hch. 8:1-4; esp. 8:1; 8: 3; 9:1-2 para una discusión del tema y consultar versículos.)

3 (22:6-11) *Pablo — Conversión:* la conversión de Pablo. El punto a destacar es la afirmación de Pablo: él argumentaba que había sido salvado solamente por el Señor, en un encuentro personal con Él. Pablo describió el suceso exactamente (ver bosquejo y notas, Hch. 9:3-9 para una discusión del tema.) Los hechos que Pablo presenta en este relato son los siguientes.

=> Su conversión ocurrió "a mediodía" (v. 6).
=> Las palabras "de Nazaret" no se mencionan en el acontecimiento. Decir que Jesús, el nazareno despreciado, era el Señor del cielo, era algo contundente.
=> Los hombres que iban con él escucharon una voz que hablaba, pero no podían entender las palabras (v. 9).
=> La luz fue la causa de la ceguera de Pablo (v. 11).

Pensamiento 1. Pablo acababa de referirse a su vida anterior, lo que incluía…

• una gran herencia personal, de la que se gloriaba.
• un gran celo en la persecución de la iglesia, sintiéndose orgulloso de ese celo, creyendo que así agradaba a Dios.

Había contado su conversión a Cristo, la cual se centra en una luz brillante que lo dejó ciego. Había quedado físicamente ciego, como un símbolo que mostrara que *está ciego espiritualmente.*

> **"y dijo: De cierto os digo, que si no os volvéis y os hacéis como niños, no entraréis en el reino de los cielos" (Mt. 18:3).**
> **"Entonces Jesús les dijo: Aún por un poco está la luz entre vosotros; andad entre tanto que tenéis luz, para que no os sorprendan las tinieblas; porque el que anda en tinieblas, no sabe a dónde va" (Jn. 12:35).**
> **"Así que, arrepentíos y convertíos, para que sean borrados vuestros pecados; para que vengan de la pre-**

sencia del Señor tiempos de refrigerio" (Hch. 3:19).

"Porque Dios, que mandó que de las tinieblas resplandeciese la luz, es el que resplandeció en nuestros corazones, para iluminación del conocimiento de la gloria de Dios en la faz de Jesucristo" (2 Co. 4:6).

"Por lo cual dice: Despiértate, tú que duermes, Y levántate de los muertos, Y te alumbrará Cristo" (Ef. 5:14).

4 (22:12-16) *Llamamiento — Misión:* el llamamiento de Pablo y su misión a través de Ananías. En estos versículos Pablo se refiere al carácter de Ananías y a su propia misión.

1. El carácter de Ananás era irreprochable. Nunca hubiera hecho nada que pudiera cuestionarse, nunca hubiera ayudado a Pablo si este hubiera sido un hombre malvado.

=> Ananás era piadoso, es decir, un hombre temeroso de Dios, que vivía según la ley de moisés y Dios.

=> Era un hombre de alta reputación, muy estimado por los judíos de Damasco.

=> Era un verdadero ministro, un verdadero siervo que había sido enviado para ayudar a Pablo cuando este necesitaba ayuda con urgencia. ¡Fíjese que este llamó a Pablo *hermano* y sanó sus ojos!

=> Ananías fue el mensajero que Dios envió para separar a Pablo para su obra.

2. El llamamiento de Pablo y su misión para servir a Dios. Pablo detalló lo que Dios le había llamado a hacer. Fíjese cómo el énfasis estaba en que Pablo supiera, viera y escuchara a Dios personalmente antes de ir a alcanzar a otros. Esto es verdad para cada creyente. Dios espera que el creyente lo *conozca* primero, no importa quién sea el creyente o cuán importante sea la misión del mismo. Pablo describió específicamente lo que Dios le había llamado a hacer.

a. Conocer la voluntad de Dios: su persona, su salvación, su santificación, sus misterios, su revelación, sus mandamientos — todo eso está implícito en la voluntad de Dios.

b. Ver al Justo: al Mesías, al Hijo de Dios, el que no tiene pecado, el único justo.

c. Escuchar la voz del justo: conocerlo personalmente, tener comunión con él, orar y compartir con él, ser guiado y dirigido por él, ser instruido por él.

d. Ser un testigo del Justo para todos los hombres (ver bosquejo, nota, y *Estudio a fondo 1,* Hch. 1:8; 9:15-16 para discusión).

e. Ser bautizado (ver *Estudio a fondo 1,* Hch. 2:38).

Pensamiento 1. Estos mismos cinco puntos se aplican al llamamiento de cada creyente. Todo creyente debe conocer, ver y escuchar al Justo en su corazón y en su vida por fe; y debe testificar del Señor y ser bautizado.

"No me elegisteis vosotros a mí, sino que yo os elegí a vosotros, y os he puesto para que vayáis y llevéis fruto, y vuestro fruto permanezca; para que todo lo que pidiereis al Padre en mi nombre, él os lo dé" (Jn. 15:16).

"Entonces Jesús les dijo otra vez: Paz a vosotros. Como me envió el Padre, así también yo os envío" (Jn.

20:21; cp. Mt. 20:28; Lc. 19:10).

"Así que, somos embajadores en nombre de Cristo, como si Dios rogase por medio de nosotros; os rogamos en nombre de Cristo: Reconciliaos con Dios" (2 Co. 5:20).

"a fin de conocerle, y el poder de su resurrección, y la participación de sus padecimientos, llegando a ser semejante a él en su muerte" (Fil. 3:10).

"Sé vigilante, y afirma las otras cosas que están para morir; porque no he hallado tus obras perfectas delante de Dios" (Ap. 3:2).

"Vosotros sois mis testigos, dice Jehová, y mi siervo que yo escogí, para que me conozcáis y creáis, y entendáis que yo mismo soy; antes de mí no fue formado dios, ni lo será después de mí" (Is. 43:10).

5 (22:17-21) *Llamamiento — Misión:* las claras instrucciones de Dios a Pablo por medio de una visión. Esto sucedió aproximadamente tres años después de la conversión de Pablo (Hch. 9:26-29; cp. Gá. 1:18-19). Tenga en cuenta cuatro aspectos.

1. Pablo estaba orando cuando le sobrevino un éxtasis: estaba tan perdido, tan lleno de preocupación por su pueblo y la hostilidad que ellos le mostraban, que perdió el sentido del mundo que le rodeaba. Estaba sumido en los pensamientos de Dios, transportado mentalmente fuera de este mundo (ver note, pt. 3, Hch. 10:9-22 para mayor discusión.) Nótese que Pablo vio a Cristo estando en éxtasis.

2. La voluntad del Señor era que Pablo se fuera de Jerusalén. Los judíos procuraban matarlo porque él estaba predicando a Cristo (ver notas, Hch. 9:26-28; 9:29-30).

3. El argumento de Pablo contra el Señor. Pablo creía que él estaba especialmente calificado para alcanzar a los judíos. Había sido el mayor perseguidor de la cristiandad, así que le parecía que los judíos le creerían, conociendo su pasado. Ellos sabrían que nunca se hubiera convertido a aquello que odiaba con tanta amargura a menos que hubiera visto a Cristo realmente, pero Pablo estaba equivocado. Los judíos creían que él era un traidor.

4. La orden del Señor fue enfática: "levántate". La misión de Pablo no era en casa, sino en otro lugar: a los gentiles.

Pensamiento 1. Tenga en cuenta estos cuatro aspectos

1) El hombre tiene que cumplir con su llamamiento, no importa cuál sea.

2) No siempre el hombre puede servir donde él quisiera.

3) No siempre el hombre es aceptado por aquellos a quien quiere.

4) Cuando el Señor le dice a alguien que vaya, esa persona tiene que "levantarse" e ir.

Pensamiento 2. Observe que Pablo estaba tratando de cometer el mismo error de veinticinco años atrás, todavía estaba tratando de persuadir a los judíos.

Pensamiento 3. Demasiadas personas tratan de quedarse *en casa* cuando el Señor les ha llamado a levantarse y salir.

"Por tanto, id, y haced discípulos a todas las naciones, bautizándolos en el nombre del Padre, y del Hijo, y del Espíritu Santo; 20enseñándoles que guarden todas las cosas que os he mandado; y he aquí yo estoy con vosotros todos los días, hasta el fin del mundo" (Mt. 28:19-20).

"les dijo: Id por todo el mundo y predicad el evangelio a toda criatura" (Mr. 16:15).

"Entonces Jesús les dijo otra vez: Paz a vosotros. Como me envió el Padre, así también yo os envío" (Jn. 20:21; cp. Lc. 19:10).

"pero recibiréis poder, cuando haya venido sobre vosotros el Espíritu Santo, y me seréis testigos en Jerusalén, en toda Judea, en Samaria, y hasta lo último de la tierra" (Hch. 1:8).

	C. El testimonio de Pablo ante el tribunal, el gran sanedrín (juicio 1): La dirección y presencia de Dios ante una terrible tensión, 22:22–23:11	CAPÍTULO 23	
		1 Entonces Pablo, mirando fijamente al concilio, dijo: Varones hermanos, yo con toda buena conciencia he vivido delante de Dios hasta el día de hoy.	**2 El gran reclamo de Pablo: una buena conciencia**
1 Pablo reclama derechos legales	22 Y le oyeron hasta esta palabra; entonces alzaron la voz, diciendo: Quita de la tierra a tal hombre, porque no conviene que viva.	2 El sumo sacerdote Ananías ordenó entonces a los que estaban junto a él, que le golpeasen en la boca.	**3 Pablo merece respeto por la autoridad de las Escrituras**
a. El populacho rechaza violentamente a Pablo^EF1	23 Y como ellos gritaban y arrojaban sus ropas y lanzaban polvo al aire,	3 Entonces Pablo le dijo: ¡Dios te golpeará a ti, pared blanqueada! ¿Estás tú sentado para juzgarme conforme a la ley, y quebrantando la ley me mandas golpear?	a. El Sumo Sacerdote ordena golpear a Pablo en la boca por blasfemia.
b. Los soldados rescatan a Pablo	24 mandó el tribuno que le metiesen en la fortaleza, y ordenó que fuese examinado con azotes, para saber por qué causa clamaban así contra él.	4 Los que estaban presentes dijeron: ¿Al sumo sacerdote de Dios injurias?	b. Pablo maldice al oficial que presidía por quebrantar la ley.
c. Pablo reclama defensa legal: Él era un ciudadano romano	25 Pero cuando le ataron con correas, Pablo dijo al centurión que estaba presente: ¿Os es lícito azotar a un ciudadano romano sin haber sido condenado?	5 Pablo dijo: No sabía, hermanos, que era el sumo sacerdote; pues escrito está: No maldecirás a un príncipe de tu pueblo.	c. Se le informa a Pablo que era el sumo sacerdote.
	26 Cuando el centurión oyó esto, fue y dio aviso al tribuno, diciendo: ¿Qué vas a hacer? Porque este hombre es ciudadano romano.	6 Entonces Pablo, notando que una parte era de saduceos y otra de fariseos, alzó la voz en el concilio: Varones hermanos, yo soy fariseo, hijo de fariseo; acerca de la esperanza y de la resurrección de los muertos se me juzga.	d. Pablo se disculpa por maldecir al sumo sacerdote.
d. Pablo ante el tribuno: Se identifica como ciudadano romano	27 Vino el tribuno y le dijo: Dime, ¿eres tú ciudadano romano? El dijo: Sí.		**4 La atrevida estrategia de Pablo bajo la dirección del Espíritu de Dios**
e. Se respeta a Pablo y sus derechos	28 Respondió el tribuno: Yo con una gran suma adquirí esta ciudadanía. Entonces Pablo dijo: Pero yo lo soy de nacimiento.	7 Cuando dijo esto, se produjo disensión entre los fariseos y los saduceos, y la asamblea se dividió.	a. Su percepción: Habían dos partidos opuestos.
	29 Así que, luego se apartaron de él los que le iban a dar tormento; y aun el tribuno, al saber que era ciudadano romano, también tuvo temor por haberle atado.	8 Porque los saduceos dicen que no hay resurrección, ni ángel, ni espíritu; pero los fariseos afirman estas cosas.	b. Su reclamo: Se le juzgaba por ser fariseo.
			c. Su objetivo: Crear la división.
		9 Y hubo un gran vocerío; y levantándose los escribas de la parte de los fariseos, contendían, diciendo: Ningún mal hallamos en este hombre; que si un espíritu le ha hablado, o un ángel, no resistamos a Dios.	1) Los saduceos no creen en la resurrección ni en el mundo espiritual.
f. El tribuno busca la causa del alboroto	30 Al día siguiente, queriendo saber de cierto la causa por la cual le acusaban los judíos, le soltó de las cadenas, y mandó venir a los principales sacerdotes y a todo el concilio, y sacando a Pablo, le presentó ante ellos.	10 Y habiendo grande disensión, el tribuno, teniendo temor de que Pablo fuese despedazado por ellos,	2) Los fariseos creen en la resurrección y en el mundo espiritual.
			d. Su estrategia funcionó a la perfección
			e. El rescate

5. La terrible tensión de Pablo y la seguridad gloriosa del Señor.	mandó que bajasen soldados y le arrebatasen de en medio de ellos, y le llevasen a la fortaleza. 11 A la noche siguiente se le presentó el Señor y le dijo: Ten ánimo, Pablo, pues como has testificado de mí en Jerusalén, así es necesario que testifiques también en Roma.

DIVISIÓN X

LA AMARGA EXPERIENCIA EN JERUSALÉN, 21:17–23:11

C. El testimonio de Pablo ante el tribunal, el gran sanedrín (juicio 1): la dirección y presencia de Dios ante una terrible tensión, 22:22–23:11

(22:22-23:11) *Introducción:* es difícil de imaginar la presión y tensión a la que se enfrentaba Pablo constantemente. Este pasaje nos enseña cómo el Señor nos guía y está a nuestro lado cuando el peso de la presión y la tensión parece aplastarnos.

1. Pablo reclama derechos legales (vv. 22-30).
2. El gran reclamo de Pablo: una buena conciencia (Cap. 23. v. 1).
3. Pablo merece respeto por la autoridad de las Escrituras (vv. 2-5).
4. La atrevida estrategia de Pablo bajo la dirección del Espíritu de Dios (vv. 6-10).
5. La terrible tensión de Pablo y la seguridad gloriosa del Señor (v. 11).

1 (22:22-30) *Pablo — Persecución:* Pablo reclama derechos legales. Note seis puntos.

1. Pablo fue rechazado violentamente por el populacho. Tan pronto la multitud oyó la palabra *gentil,* reaccionaron violentamente. Llenos de furia y rabia, gritaron pidiendo la muerte de Pablo. El cuadro es muy descriptivo. Se quitaban sus ropas, al parecer para apedrearlo y lanzaban polvo al aire como señal de furia y profunda amargura.

2. Los soldados rescatan nuevamente a Pablo. Sin embargo, esta vez el centurión ya estaba harto del asunto. No se podía imaginar por qué la multitud reaccionaba tan violentamente en contra de Pablo, así que pensó obtener la verdad mandando a azotar a Pablo (ver *Estudio a fondo 4, Azotar,* Jn. 19:1).

3. Pablo reclamó sus derechos legales como ciudadano romano. Era un crimen muy grave azotar a un ciudadano romano. La ley consideraba a cada ciudadano como uno de los ciudadanos del propio emperador. Cualquiera que azotara a un ciudadano romano ponía en peligro su propia vida, así que el centurión detuvo el castigo inmediatamente y fue a comunicárselo al tribuno.

4. Pablo verificó su ciudadanía romana ante el tribuno.

Note: La ciudadanía de Pablo era superior a la de él. La de Pablo era por nacimiento mientras que el tribuno había tenido que comprar su ciudadanía.

5. Se respeta a Pablo y sus derechos. El tribuno "tuvo temor" y dejó a Pablo. Tenía razón para temer porque la turba judía había atacado a un ciudadano romano y él, el tribuno, por poco comete un crimen grave por todo aquel asunto.

6. El tribuno estaba interesado en conocer la causa del alboroto. Al día siguiente llamó al sanedrín para tener una reunión oficial con ellos. Note: Pablo había estado preso y encadenado toda la noche. A partir de este punto comenzó el largo viaje de Pablo a Roma, pero este no era el viaje a Roma que Pablo había planeado. Entraría a Roma como un prisionero, no como un hombre libre para moverse a donde él quisiera. Su confinamiento duraría unos cinco años.

El tribuno "presentó a Pablo ante ellos" (el sanedrín, el tribunal judío). Este es el asunto: Dios estaba detrás de todo lo que estaba sucediendo, dirigiendo todo el incidente. Dios envió a Pablo para dar testimonio ante los judíos en Jerusalén. Esto es evidente tomando en consideración lo que el Señor le dijo a Pablo (Hch. 23:11).

Pensamiento 1. Note dos lecciones sobresalientes.

1) El Señor podía usar a Pablo como Su testigo porque él se había dado por completo al Señor. ¿Cuántos de nosotros, al enfrentar la oposición, nos levantamos y nos preocupamos más por salvar nuestro pellejo en lugar de dar testimonio de Cristo? La gran necesidad de este tiempo es estar bajo el control del Señor cuánto más cuando sabemos que Dios está usando todo lo que sucede.

2) El Señor acomodará los sucesos para usarnos si somos realmente suyos, no importa cuán difíciles y agobiantes puedan ser las circunstancias.

ESTUDIO A FONDO 1

(22:22) *Judaizantes:* el populacho judío no objetaba que Pablo predicara a los gentiles. Había gentiles que se habían convertido al judaísmo. Su objeción era que a los gentiles se les estaba dando el privilegio de seguir a Dios sin convertirse primeramente en judíos, sin ser circuncidados de acuerdo a la ley. (Ver *Estudio a fondo 1* — Gá. 2:4.)

2 (23:1) *Conciencia:* El gran reclamo de Pablo: una buena conciencia. Note dos puntos.

1. Pablo miró al concilio fijamente y con firmeza. Estaba tratando de llegar a un entendimiento con ellos o de al menos hacerlos vacilar También está la posibilidad de que estuviera tratando de reconocer a algunos de sus antiguos compañeros de hace veinticinco años.

> "He aquí yo he hecho tu rostro fuerte contra los rostros de ellos... no los temas, ni tengas miedo delante de ellos" (Ez. 3:8-9).

2. Pablo hizo uno de los más grandes reclamos posibles: "con toda buena conciencia he vivido delante de Dios". Estaba al parecer haciendo referencia a los años desde su conversión. Él estaba diciendo al concilio que su conversión a Cristo y su vida a partir de ese momento no había desagradado a Dios, sino más bien agradado. Él no era culpable de quebrantar la ley de Dios y Moisés. Su conciencia estaba limpia.

> "Y por esto procuro tener siempre una conciencia sin ofensa ante Dios y ante los hombres" (Hch. 24:16).
> "Por lo cual es necesario estarle sujetos, no solamente por razón del castigo, sino también por causa de la conciencia". (Ro. 13:5).
> "Porque nuestra gloria es esta: el testimonio de nuestra conciencia, que con sencillez y sinceridad de Dios, no con sabiduría humana, sino con la gracia de Dios, nos hemos conducido en el mundo, y mucho más con vosotros". (2 Co. 1:12).
> "¿cuánto más la sangre de Cristo, el cual mediante el Espíritu eterno se ofreció a sí mismo sin mancha a Dios, limpiará vuestras conciencias de obras muertas para que sirváis al Dios vivo?" (He. 9:14).
> "acerquémonos con corazón sincero, en plena certidumbre de fe, purificados los corazones de mala conciencia, y lavados los cuerpos con agua pura" (He. 10:22).
> "Pues el propósito de este mandamiento es el amor nacido de corazón limpio, y de buena conciencia, y de fe no fingida" (1 Ti. 1:5).
> "manteniendo la fe y buena conciencia, desechando la cual naufragaron en cuanto a la fe algunos" (1 Ti. l:19).

3 (23:2-5) *Palabra de Dios — Profesión, falso:* Pablo merecía respeto por la autoridad de las Escrituras. El Sumo Sacerdote interpretó el reclamo de Pablo como blasfemia e hizo que le golpearan en la boca. Pablo reaccionó inmediatamente, usando como arma la ley de Dios contra el Sumo Sacerdote, acusándolo de quebrantar la ley por mandarlo a golpear. Dicho en forma sencilla, Pablo llamó hipócrita al sumo sacerdote porque, a pesar de estar sentado juzgando, había quebrantado la ley.

William Barclay señala que golpear a un hombre estaba prohibido por la ley judía: "El que golpea la mejilla de un israelita, golpea, como si fuera, la gloria de Dios". Y "El que golpea a un hombre golpea al Santo" (*The Acts of the Apostles*, p. 180). Por lo tanto, Pablo fustigó al oficial que presidía sin saber que se estaba dirigiendo al sumo sacerdote.

Cuando informaron a Pablo que había maldecido al sumo sacerdote, inmediatamente pidió disculpas. ¿Por qué? No por miedo, sino porque las Escrituras prohibían hablar contra el príncipe del pueblo de Dios (cp. Éx. 22:28).

Pensamiento 1. Note dos lecciones importantes.
1) La lealtad de Pablo a las Escrituras. Tan pronto supo que había desobedecido las Escrituras, se arrepintió.

> "Toda la Escritura es inspirada por Dios, y útil para enseñar, para redargüir, para corregir, para instruir en justicia" (2 Ti. 3:16).
> "Tenemos también la palabra profética más segura, a la cual hacéis bien en estar atentos como a una antorcha que alumbra en lugar oscuro, hasta que el día esclarezca y el lucero de la mañana salga en vuestros corazones" (2 P. l:19).
> "Del mandamiento de sus labios nunca me separé; Guardé las palabras de su boca más que mi comida" (Job 23:12).
> "Lámpara es a mis pies tu palabra, Y lumbrera a mi camino" (Sal. 119:105).
> "Porque el mandamiento es lámpara, y la enseñanza es luz, Y camino de vida las represiones que te instruyen" (Pr. 6:23).

2) El valor de Pablo al proclamar la enseñanza de las Escrituras y la hipocresía de aquellos que profesan obedecer a Dios, pero no lo hacen.

> "No todo el que me dice: Señor, Señor, entrará en el reino de los cielos, sino el que hace la voluntad de mi Padre que está en los cielos" (Mt. 7:21).
> "Respondiendo él, les dijo: Hipócritas, bien profetizó de vosotros Isaías, como está escrito: Este pueblo de labios me honra, Mas su corazón está lejos de mí". (Mr. 7:6).
> "Profesan conocer a Dios, pero con los hechos lo niegan, siendo abominables y rebeldes, reprobados en cuanto a toda buena obra" (Tit. 1:16).
> "Hijitos míos, no amemos de palabra ni de lengua, sino de hecho y en verdad" (1 Jn. 3:18).

4 (23:6-10) *El Espíritu Santo, guía:* La atrevida estrategia de Pablo bajo la dirección del Espíritu de Dios. Dios estaba guiando a Pablo paso a paso para dar testimonio de Él (v. 11 cp. Mt. 10:18-19; Lc. 12:11-12). Lo que sucedió en esta escena es la cumbre del drama. Pablo sabía que había perdido toda esperanza de un juicio justo ya que había maldecido al sumo sacerdote. Sin embargo, se percató de algo. Estaban presentes representantes de los dos mayores partidos de la religión judía, y él sabía que eran totalmente opuestos. Concibió un plan por medio del cual pudiera ponerlos a luchar entre ellos. Gritó diciendo que era miembro del partido de los fariseos y que se le había arrastrado al tribunal por mantener la creencia de los fariseos.

=> Los fariseos creían en el mundo espiritual y en la resurrección (ver *Estudio a fondo 2,* Hch. 23:8 para discusión).

=> Los saduceos no creían en el mundo espiritual ni en la resurrección (ver *Estudio a fondo 3 —* Hch. 23:8 para discusión).

Su estrategia funcionó a la perfección. Los dos partidos se pusieron a gritar y a discutir uno contra el otro tanto que estuvieron a punto de despedazar a Pablo. Los soldados tuvieron que rescatarlo nuevamente.

Pensamiento 1. La dirección de Dios en esta maniobra de Pablo es impresionante. Al nivel humano no era tan probable que los dos partidos llegaran a oponerse de forma tal que se olvidaran por completo de Pablo. Lo que sucedió es lo que Cristo prometió: Cristo dijo que el daría la respuesta cuando los creyentes comparecieran ante el mundo para dar razón de su fe. Al parecer, al nivel espiritual, el Señor estaba guiando y maniobrando la situación, haciendo que obrara para bien librando a Pablo del juicio del tribunal judío. El asunto es que Dios guía al creyente a través de la presión y la tensión, no importa cuán severa sea.

> **"Mas cuando os entreguen, no os preocupéis por cómo o qué hablaréis; porque en aquella hora os será dado lo que habéis de hablar". (Mt. 10:19).**
>
> **"porque yo os daré palabra y sabiduría, la cual no podrán resistir ni contradecir todos los que se opongan". (Lc. 21:15).**

Pensamiento 2. Note dos cosas.

1) A los hombres religiosos involucrados en la política (Saduceos) se les puede trágicamente engañar con relación a la verdad de Dios y al mundo espiritual. Los hombres buscan el poder a expensas de la propia salvación de sus almas.

2) A los religiosos, incluso a los estrictos religiosos que creen en las Escrituras, se les puede engañar y distorsionarle la verdad por razones de sus propias costumbres y tradiciones, posición y sustento. (Ver nota, Hch. 12:1-4 para más discusión.)

ESTUDIO A FONDO 2

(23:8) *Saduceos:* los liberales políticos y religiosos de los días de Cristo. Ellos eran los ricos, los aristócratas, la clase gobernante, los líderes en Israel. Muchos saduceos servían en el órgano de gobierno nacional, el Sanedrín. El sumo sacerdote generalmente era un saduceo que presidía en el Sanedrín. El Sanedrín gobernaba al pueblo en nombre del imperio romano (Hch. 4:1-2; 5:17). Los romanos veían de buena gana que los saduceos ocuparan posiciones de liderazgo en la nación porque los saduceos favorecían las costumbres griegas por encima de las costumbres judías. Y ellos ayudaron a los romanos a ir quitando las prácticas religiosas e instituir las costumbres griegas y romanas (Helenismo).

Se piensa que ellos se levantaron en la misma batalla que los fariseos alrededor del 175 a.C. Sin embargo, siempre fueron menos en número entre las varias sectas de la religión judía.

Deben destacarse varios aspectos.

1. Los saduceos eran de mente secular y materialista. Eran pensadores libres, los racionalistas de su época.

2. Estaban fuertemente atrincherados en el sacerdocio en los días de Jesús (cp. Hch. 4:1-2; 5:17). Colaboraron voluntariamente con el gobierno romano para proteger su posición, poder y riqueza.

3. En su mayoría negaban lo sobrenatural: la resurrección y los milagros, la vida después de la muerte, y la existencia de seres en otras dimensiones como los ángeles y los espíritus (Mt. 22:23; Hch. 23:8). Para ellos no existía el cielo o el infierno, no había existencia alguna aparte de la de esta tierra. Un hombre moría y se aniquilaba, solo cesaba de existir. No había tal cosa de recompensas o castigos en una vida más allá, eterna (ver notas, Mt. 22:23-33).

ESTUDIO A FONDO 3

(23:8) *Fariseos:* la palabra significa *los separados.* Los fariseos eran religiosos estrictos. Esta secta se originó sobre el 175 a.C. Un rey sirio, Antíoco Epífanes, trató de eliminar la religión judía y reemplazarla con las prácticas y costumbres griegas. Un grupo de judíos se opuso a esta amenaza y decidió entre ellos mismos, salvar la religión judía. Se negaron a aceptar las costumbres griegas y se dedicaron a practicar la religión judía en el sentido más estricto. Ellos pensaban que cumpliendo cada pequeño detalle de la ley judía y enseñando a otros a hacer lo mismo, podrían salvar la religión judía, la nación y evitar que esta desapareciera. (Ver nota y *Estudio a fondo 1* — Mt. 12:10.)

Deben destacarse varias cosas.

1. Eran los ortodoxos de su época — una secta o escuela de pensamiento religioso. Estaban organizados exclusivamente para preservar la ley y la religión judía. Por esa razón, ellos debían salvar la nación judía.

2. Eran "literalistas" estrictos. Los escribas habían expandido la ley judía en miles de pequeñas reglas y regulaciones. A estas reglas o regulaciones se le conocían como la Ley Escribal o Ley Oral. Se necesitaron finalmente más de cincuenta volúmenes o libros para registrar estas regulaciones. (Ver *Estudio a fondo 1* — Lc. 6:2).

3. Los fariseos eran un grupo de los religiosos más celosos.

4. Nunca hubo muchos fariseos — nunca más de 6,000. El rigor y las demandas de la secta eran demasiado fuertes para la gente común.

5. Eran profundamente fervorosos — dedicados y celosos, desprendidos y morales. Ningún hombre podría entregar su vida a una tarea tan desesperada y prohibitiva a menos que fuera totalmente genuino.

6. Se consideraban a sí mismos justos, eran faltos de sentimiento e hipócritas (Lc. 18:9). Estaban desprovistos de cualquier sentimiento de necesidad o pecado (Lc. 7:39).

7. Eran diametralmente opuestos a los saduceos, los odiaban y los despreciaban porque consideraban que los saduceos eran traidores a la nación. Sin embargo, los fariseos fueron obligados a cooperar con los saduceos porque estos eran el partido dominante en el gobierno de la nación.

8. Fueron los principales oponentes de Jesucristo y fueron despiadados al denunciarle. Sus brutales ataques fueron principalmente por dos razones. Primero, Él no se había graduado en ninguna de las escuelas rabínicas, ni era miembro de ninguno de sus grupos religiosos. Segundo, Él atacaba las reglas y regulaciones que se habían añadido a la ley de Dios (ver bosquejo y notas — Mt. 23:1-36; Lc. 11:37-54).

5 (23:11) *Pablo — El cuidado y la presencia de Dios:* por dos días habían sometido a Pablo a una tensión terrible y atemorizante. Se probaron sus capacidades físicas y mentales hasta el límite. Dos veces la patrulla romana tuvo que arrebatarlo de las manos de la turba frenética. Además la advertencia que había recibido de que no se atreviera a entrar en Jerusalén, estaba martillando continuamente en su mente. ¿Cuánto más podría soportar? ¿Cuál era su punto de ruptura? Dios sabía, como siempre. La situación era esta: era la noche siguiente y Pablo estaba profundamente desanimado y haciéndose preguntas, con una sensación de fracaso y sintiéndose sin ayuda y sin esperanzas. Y había permanecido en ese estado por más de veinticuatro horas. Note un hecho significativo: no se hace mención de ninguna ayuda por parte de Santiago, de los otros apóstoles o de los ancianos de la iglesia (cp. Hch. 12:5). Pablo al parecer tuvo que soportarlo solo. Pero note: el Señor estuvo con él.

=> El Señor de alguna forma se le apareció.

=> El Señor dijo, "Ten ánimo" (tharsei), aliéntate.

=> El Señor le aseguró que era el plan de Dios que testificara en Jerusalén.

=> El Señor le aseguró también que daría testimonio en Roma.

Pensamiento 1. El Señor estará a nuestro lado, animándonos y cuidándonos siempre, si damos un verdadero testimonio de Él.

Pensamiento 2. El Señor quiere que sus siervos siempre tengan ánimo y aliento, no importa la prueba. La vida de sus siervos está bajo el cuidado y el liderazgo del Señor.

> "No temeré mal alguno, porque tú estarás conmigo; Tu vara y tu cayado me infundirán aliento". (Sal. 23:4).

> "Jehová es mi luz y mi salvación; ¿de quién temeré? Jehová es la fortaleza de mi vida; ¿de quién he de atemorizarme?" (Sal. 27:l).

"Jehová es mi fortaleza y mi escudo; En él confió mi corazón, y fui ayudado, Por lo que se gozó mi corazón, Y con mi cántico le alabaré". (Sal. 28:7).

"Aunque afligido yo y necesitado, Jehová pensará en mí. Mi ayuda y mi libertador eres tú; Dios mío, no te tardes". (Sal. 40:17).

"Y él dijo: Mi presencia irá contigo, y te daré descanso". (Éx. 33:14).

"No temas, porque yo estoy contigo; no desmayes, porque yo soy tu Dios que te esfuerzo; siempre te ayudaré, siempre te sustentaré con la diestra de mi justicia". (Is. 41:10).

"Cuando pases por las aguas, yo estaré contigo; y si por los ríos, no te anegarán. Cuando pases por el fuego, no te quemarás, ni la llama arderá en ti". (Is. 43:2).

"He aquí que Jehová el Señor me ayudará; ¿quién hay que me condene? He aquí que todos ellos se envejecerán como ropa de vestir, serán comidos por la polilla". (Is. 50:9).

"y he aquí yo estoy con vosotros todos los días, hasta el fin del mundo.: (Mt. 28:20).

"En mi primera defensa ninguno estuvo a mi lado, sino que todos me desampararon; no les sea tomado en cuenta. Pero el Señor estuvo a mi lado, y me dio fuerzas, para que por mí fuese cumplida la predicación, y que todos los gentiles oyesen. Así fui librado de la boca del león. Y el Señor me librará de toda obra mala, y me preservará para su reino celestial. A él sea gloria por los siglos de los siglos". (2 Ti. 4:16-18).

"porque él dijo: No te desampararé, ni te dejaré" (He. 13:5).

"El Señor es mi ayudador; no temeré Lo que me pueda hacer el hombre". (He. 13:6).

"No temas en nada lo que vas a padecer... Sé fiel hasta la muerte, y yo te daré la corona de la vida". (Ap. 2:10).

1 La conspiración: algunos hombres se engañan a sí mismos
   a. Se comprometieron bajo maldición delante de Dios
   b. Se comprometieron unos con otros en una maldición malvada.
   c. Buscaron la intervención de los ancianos y religiosos
   d. Mostraron desprecio por sus cuerpos y almas
   e. Mostraron desprecio por la voluntad de Dios.

2 Se descubre la conspiración: Dios usó a un muchacho para revelar la obra de las tinieblas
   a. Un muchacho muy compasivo
   b. Un muchacho muy valiente
   c. Un muchacho muy joven
   d. Un muchacho muy sabio y afectuoso

XI. EL ÚLTIMO VIAJE DE PABLO Y SU ÚLTIMA PREDICACIÓN: COMO PRISIONERO HACIA ROMA, 23:12–28:31

A. Comienza el viaje providencial de Pablo: el engaño de los hombres y providencia de Dios, 23:12-35

12 Venido el día, algunos de los judíos tramaron un complot y se juramentaron bajo maldición, diciendo que no comerían ni beberían hasta que hubiesen dado muerte a Pablo.
13 Eran más de cuarenta los que habían hecho esta conjuración,
14 los cuales fueron a los principales sacerdotes y a los ancianos y dijeron: Nosotros nos hemos juramentado bajo maldición, a no gustar nada hasta que hayamos dado muerte a Pablo.
15 Ahora pues, vosotros, con el concilio, requerid al tribuno que le traiga mañana ante vosotros, como que queréis indagar alguna cosa más cierta acerca de él; y nosotros estaremos listos para matarle antes que llegue.
16 Mas el hijo de la hermana de Pablo, oyendo hablar de la celada, fue y entró en la fortaleza, y dio aviso a Pablo.
17 Pablo, llamando a uno de los centuriones, dijo: Lleva a este joven ante el tribuno, porque tiene cierto aviso que darle.
18 Él entonces tomándole, le llevó al tribuno, y dijo: El preso Pablo me llamó y me rogó que trajese ante ti a este joven, que tiene algo que hablarte.
19 El tribuno, tomándole de la mano y retirándose aparte, le preguntó: ¿Qué es lo que tienes que decirme?

20 El le dijo: Los judíos han convenido en rogarte que mañana lleves a Pablo ante el concilio, como que van a inquirir alguna cosa más cierta acerca de él.
21 Pero tú no les creas; porque más de cuarenta hombres de ellos le acechan, los cuales se han juramentado bajo maldición, a no comer ni beber hasta que le hayan dado muerte; y ahora están listos esperando tu promesa.
22 Entonces el tribuno despidió al joven, mandándole que a nadie dijese que le había dado aviso de esto.
23 Y llamando a dos centuriones, mandó que preparasen para la hora tercera de la noche doscientos soldados, setenta jinetes y doscientos lanceros, para que fuesen hasta Cesarea;
24 y que preparasen cabalgaduras en que poniendo a Pablo, le llevasen en salvo a Félix el gobernador.
25 Y escribió una carta en estos términos:
26 Claudio Lisias al excelentísimo gobernador Félix: Salud.
27 A este hombre, aprehendido por los judíos, y que iban ellos a matar, lo libré yo acudiendo con la tropa, habiendo sabido que era ciudadano romano.
28 Y queriendo saber la causa por qué le acusaban, le llevé al concilio de ellos;
29 y hallé que le acusaban por cuestiones de la ley de ellos, pero que ningún delito tenía digno de muerte o de prisión.
30 Pero al ser avisado de asechanzas que los judíos habían tendido contra este hombre, al punto le he enviado a ti, intimando también a los acusadores que traten delante de ti lo que

   e. Un muchacho digno de confianza.

3 La conspiración falló: Dios usa la honradez y la justicia de los hombres para lograr que prevalezca su propósito

4 La carta a Félix: la ignorancia del mundo sobre la verdad espiritual
   a. El saludo halagador
   b. El alboroto de los judíos
   c. Se rescata a un hombre porque era romano

   d. El juicio ante el concilio judío

   e. La aparente inocencia

   f. El complot contra su vida: La razón para que lo transfirieran

| 5 El providencial envío a Félix: los hombres grandes están preparados para enfrentar a alguien que quiere testificar contra ellos
a. Los soldados escoltaron a Pablo hasta Cesarea
b. Los soldados llevaron a Pablo ante Félix | tengan contra él. Pásalo bien. 31 Y los soldados, tomando a Pablo como se les ordenó, le llevaron de noche a Antípatris.
32 Y al día siguiente, dejando a los jinetes que fuesen con él, volvieron a la fortaleza.

33 Cuando aquellos llegaron a Cesarea, y dieron la carta al | gobernador, presentaron también a Pablo delante de él.
34 Y el gobernador, leída la carta, preguntó de qué provincia era; y habiendo entendido que era de Cilicia,
35 le dijo: Te oiré cuando vengan tus acusadores. Y mandó que le custodiasen en el pretorio de Herodes. | 1) Se le promete a Pablo un pronto juicio …
2) Se mantiene a Pablo bajo custodia. |

DIVISIÓN XI

EL ÚLTIMO VIAJE DE PABLO Y SU ÚLTIMA PREDICACIÓN: COMO PRISIONERO HACIA ROMA, 23:12–28:31

A. Comienza el viaje providencial de Pablo: el engaño de los hombres y la providencia de Dios, 23:12-35

(23:12-35) *Introducción:* el viaje que Pablo estaba a punto de hacer era por la providencia de Dios (Ver Mapa, Introducción a Hch. para un gráfico del viaje y las ciudades.) Pablo debía dar testimonio en Roma (Hch. 23:11). De esa manera, Dios pone en movimiento los acontecimientos humanos para llevar a Pablo a Roma, y en este accionar se revelan varias lecciones para el creyente.

1. La conspiración: algunos hombres se engañan a sí mismos (vv. 12-15).
2. Se descubre la conspiración: Dios usó a un muchacho para revelar la obra de las tinieblas (vv. 16-22).
3. La conspiración falló: Dios usa la honradez y la justicia de los hombres para lograr que prevalezca su propósito (vv. 23-24).
4. La carta a Félix: la ignorancia del mundo sobre la verdad espiritual (vv. 25-31).
5. El providencial envío a Félix: los hombres grandes están preparados para enfrentar a alguien que quiere testificar contra ellos (vv. 31-35).

1 (23:12-15) *Engaño:* la conspiración, un cuadro de los hombres engañándose a sí mismos. Pablo apareció ante el sanedrín, el tribunal supremo y cuerpo gobernante de los judíos. Los judíos tenían su oportunidad para convencer a los romanos de que Pablo era digno de muerte. Pero el tribunal había caído en desorden, los fariseos conservadores discutiendo con los saduceos liberales. Tenían a Pablo en sus manos; tenían la oportunidad de librarse de él, pero la habían dejado escapar. Los romanos nuevamente lo habían puesto bajo custodia.

Sin embargo, algunos judíos no desistieron. Odiaban fieramente a Pablo y estaban convencidos de su posición en contra de la nación judía y de la ley de Dios. Por consiguiente, planearon un complot para librarse de él.

El asunto a ver aquí es cómo los hombres se engañan a sí mismos en sus acciones malvadas y pecaminosas. Pablo era un hombre de Dios, un hombre que estaba proclamando el mensaje de salvación de Dios. A esos hombres no les agradaba el mensaje y no deseaban escucharlo, así que planearon el complot para deshacerse de él. Note cinco puntos.

1. Los hombres se comprometieron bajo maldición ante Dios. La maldición (anathematizo) era lo que se pudiera llamar una *maldición religiosa*. Era anatema; esto es, ellos se consagraban a sí mismos a Dios; no comerían ni beberían hasta que hubieran matado a Pablo. Ellos realmente pensaban que agradaban a Dios al librarse de Pablo.

Note cuán engañados estaban. Pablo era una vasija escogida por Dios, no obstante ellos estaban tan engañados que pensaban que él era malvado y que el pecado de ellos era aceptable ante Dios, que Dios lo comprendía y que aun se complacía con su conducta.

Pensamiento 1. Cuán a menudo los hombres piensan que su pecado es aceptable ante Dios, que Dios comprende. Él conoce el problema, el vacío, la soledad del corazón humano; por lo tanto, Él comprende el pecado. Tales pensamientos son, por supuesto, un engaño. Dios nunca aceptará el pecado.

Pensamiento 2. ¿Cuántos en su iglesia han hecho daño a los siervos de Dios, al predicador o a un líder, ocasionando serios problemas? ¿Cuántos han pensado que están haciendo lo correcto, cuando realmente estaban asfixiando a la iglesia y su llamado de alcanzar un mundo que se tambalea en desesperada necesidad?

> "Profesan conocer a Dios, pero con los hechos lo niegan, siendo abominables y rebeldes, reprobados en cuanto a toda buena obra". (Tit. l:16).

2. Se comprometieron unos con otros en una maldición (malvada). El que planea el mal arrastra a otros al pecado. Realmente hubo otros cuarenta involucrados en el complot contra Pablo.

Pensamiento 1. Hay serias advertencias en las Escrituras para los que guían a otros a pecar.

> "Y cualquiera que haga tropezar a alguno de estos pequeños que creen en mí, mejor le fuera que se le colgase al cuello una piedra de molino de asno, y que se le hundiese en lo profundo del mar" (Mt. 18:6).

3. Buscaron la intervención de los ancianos y religio-

sos. Note la confianza que ellos tenían de obtener la ayuda de los líderes en su pecado. Ellos *sabían* que los líderes y religiosos se les unirían en su maldad.

Pensamiento 1. ¡Cuán mundanos pueden llegar a ser los líderes y los religiosos! ¡Cuán engañados están también muchas veces!

4.   Mostraron desprecio por sus cuerpos y almas. La ley decía, "No matarás", sin embargo ellos hicieron un complot para matar. En su interior lo sabían bien, no obstante planearon el complot aun bajo una maldición *religiosa,* diciendo que no comerían ni beberían hasta que la maldad fuese consumada. Hicieron caso omiso tanto de sus almas como de sus cuerpos.

Pensamiento 1. ¡Cuánto engaño hay en la mente y en el corazón del ser humano! Sabemos bien; la ley de Dios prohíbe la acción. No obstante, pensamos que porque hemos recibido algún daño o porque tenemos necesidad, Dios comprende y no nos va a culpar. Pero fallamos al no ver esto: Dios quiere suplir Él mismo nuestra necesidad. Cuando nos adelantamos y tratamos de resolver nosotros el asunto, no estamos confiando en Él, fallamos al no creer que Él nos ama y se preocupa tanto por nosotros y que tiene el poder para suplir nuestra necesidad.

5.   Mostraron desprecio por la voluntad de Dios. Note cómo ellos presentaron planes para llevar a cabo sus malvados hechos, desatendiendo la enseñanza clara de la Palabra de Dios contra el propio pecado que estaban planificando.

"Maestro, ¿cuál es el gran mandamiento en la ley? Jesús le dijo: Amarás al Señor tu Dios con todo tu corazón, y con toda tu alma, y con toda tu mente. Este es el primero y grande mandamiento. Y el segundo es semejante: Amarás a tu prójimo como a ti mismo" (Mt. 22:36-39).

"¿Por qué me llamáis, Señor, Señor, y no hacéis lo que yo digo?" (Lc. 6:46).

"El amor no hace mal al prójimo; así que el cumplimiento de la ley es el amor" (Ro. 13:10).

"Oh hombre, él te ha declarado lo que es bueno, y qué pide Jehová de ti: solamente hacer justicia, y amar misericordia, y humillarte ante tu Dios" (Mi. 6:8).

"que tendrán apariencia de piedad, pero negarán la eficacia de ella; a éstos evita". (2 Ti. 3:5).

"Profesan conocer a Dios, pero con los hechos lo niegan, siendo abominables y rebeldes, reprobados en cuanto a toda buena obra" (Tit. l:16).

2 (23:16-22) *Muchachos — Pablo, familia de:* se descubre la conspiración — Dios usó a un muchacho para revelar las obras de las tinieblas. Este es un hermoso cuadro de lo que debiera ser un muchacho. El muchacho era el sobrino de Pablo, el hijo de la hermana de Pablo que vivía en Jerusalén. Note cómo Dios usó lo que el mundo llamó *un simple muchacho* para revelar la obra de las tinieblas. La gran lección es que Dios puede usar muchachos en la obra de su reino. Es solo un asunto de que el muchacho comprometa su vida al Señor.

1.   El muchacho era compasivo. Él escuchó acerca del complot y no lo ignoró ni dejó que sucediera. Él amaba a Pablo y se preocupaba por él, y era lo suficiente listo

como para saber la amenaza y el peligro de lo que se pensaba hacer, así que se dio prisa en decírselo a Pablo.

Pensamiento 1. El muchacho no ignoró ni dejó a un lado su responsabilidad hasta que hubiera terminado su papel y de hacer lo que estaba haciendo. Muchos muchachos lo hubieran hecho, pero no él. Él amaba a Pablo y quería ayudar a su tío tanto como pudiera, así que se apresuró a cumplir su deber.

2.   El muchacho era muy valiente. Note el lugar a donde tuvo que ir — a la fortaleza y a una prisión llena de todo tipo de soldados y guardias — y tuvo que hacerlo completamente solo. El asunto aquí es este: él sabía lo que se debía hacer y que sería difícil, tal vez hasta peligroso para él. Pero lo hizo. Lo hizo porque era lo correcto.

"Tú, pues, sufre penalidades como buen soldado de Jesucristo. Ninguno que milita se enreda en los negocios de la vida, a fin de agradar a aquel que lo tomó por soldado" (2 Ti. 2:3-4).

Pensamiento 1. Otros ejemplos de muchachos valientes.

"Dijo Saúl a David: No podrás tú ir contra aquel filisteo, para pelear con él; porque tú eres muchacho, y él un hombre de guerra desde su juventud" (1 S. 17:33).

"Añadió David: Jehová, que me ha librado de las garras del león y de las garras del oso, él también me librará de la mano de este filisteo. Y dijo Saúl a David: Ve, y Jehová esté contigo" (1 S. 17:37).

3.   El muchacho era muy joven. Se le llama "un joven", pero era un muchacho, porque Lisias, el tribuno, lo tomó por la mano (v. 19). ¡Imagínese a un muchacho tan joven haciendo lo que este muchacho hizo! ¡Un vivo ejemplo para todos!

4.   El muchacho era muy sabio. El muchacho no solo le dijo al tribuno lo del complot, sino que sugirió que no atendiera a las solicitudes de los complicados en el complot (v.21). La idea del muchacho era sencilla y pudiera no resolver por sí misma el problema. El hecho de solo negar por completo la petición nunca satisfaría a los conspiradores. Pero note: el muchacho pensó y ofreció sus pensamientos.

Pensamiento 1. Compárese con otros muchachos sabios.

"De siete años era Joás cuando comenzó a reinar, y cuarenta años reinó en Jerusalén. El nombre de su madre fue Sibia, de Beerseba. E hizo Joás lo recto ante los ojos de Jehová todos los días de Joiada el sacerdote" (2 Cr. 24:l-2).

"De ocho años era Josías cuando comenzó a reinar, y treinta y un años reinó en Jerusalén. Este hizo lo recto ante los ojos de Jehová, y anduvo en los caminos de David su padre, sin apartarse a la derecha ni a la izquierda. A los ocho años de su reinado, siendo aún muchacho, comenzó a buscar al Dios de David su padre; y a los doce años comenzó a limpiar a Judá y a Jerusalén de los lugares altos, imágenes de Asera, esculturas, e imágenes fundidas" (2 Cr. 34:1-3).

"Entonces él les dijo: ¿Por qué me buscabais? ¿No sabíais que en los negocios de mi Padre me es necesario estar?" (Lc. 2:49).

"y que desde la niñez has sabido las Sagradas

Escrituras, las cuales te pueden hacer sabio para la salvación por la fe que es en Cristo Jesús" (2 Ti. 3:15).

5. El muchacho era digno de confianza. El tribuno dio instrucciones al muchacho para que no dijera a nadie sobre el complot, ni a otros muchachos ni aun a sus padres. El oficial confió en el chico. Pudo haber retenido al muchacho por uno o dos días hasta que hubiera terminado todo el asunto, pero hubo algo en él que indicaba que era digno de confianza.

"Ninguno tenga en poco tu juventud, sino sé ejemplo de los creyentes en palabra, conducta, amor, espíritu, fe y pureza". (1 Ti. 4:12).

3 (23:23-24) *Dios, soberanía:* la conspiración falló — Dios usa la honradez y la justicia de los hombres para lograr que prevalezca su propósito. Note el enorme contraste entre los líderes y religiosos y el tribuno. Los mismos que debían haber estado a favor de la justicia y la santidad estaban involucrados en el mal. Pero note: Dios predominó en esta ocasión. Usó la honradez y la justicia, el conocimiento de un soldado de lo que es bueno y lo que es malo para librar a su siervo.

Pensamiento 1. ¿Cuántos líderes y religiosos están involucrados en el mal? ¿Cuán a menudo Dios tiene que usar una persona de menor rango para echar a un lado el mal de los de mayor rango?

"Pues mirad, hermanos, vuestra vocación, que no sois muchos sabios según la carne, ni muchos poderosos, ni muchos nobles; sino que lo necio del mundo escogió Dios, para avergonzar a los sabios; y lo débil del mundo escogió Dios, para avergonzar a lo fuerte; y lo vil del mundo y lo menospreciado escogió Dios, y lo que no es, para deshacer lo que es" (1 Co. 1:26-28).

"De la boca de los niños y de los que maman, fundaste la fortaleza, A causa de tus enemigos, Para hacer callar al enemigo y al vengativo". (Sal. 8:2).

ESTUDIO A FONDO 1

(23:23) *Centurión:* un oficial en las fuerzas armadas de Roma. Comandaba alrededor de cien soldados. Para el judío, el centurión tenía tres cosas en contra: era profundamente odiado porque no era judío, sino gentil; era de la nación que había conquistado Palestina, Roma; y era de la fuerza armada que los estaba ocupando. Cada vez que se menciona a un centurión en el Nuevo Testamento es con honor.

1. El centurión que tuvo gran fe en el poder de Jesús (Mt. 8:5).

2. El centurión que reconoció que el Jesús que colgaba de la cruz era el Hijo de Dios (Mt. 27:54).

3. El centurión, Cornelio, quien fue el primer gentil convertido al cristianismo (Hch. 10:22).

4. El centurión que reconoció que Pablo era un ciudadano romano y lo rescató de la frenética turba (Hch. 23:17-23).

5. El centurión que hizo los arreglos para librar a Pablo de la muerte luego de recibir el informe del plan de los judíos (Hch. 24:23).

6. El centurión a quien Félix ordenó escoltar y cuidar a Pablo (Hch. 24:23).

7. El centurión que escoltó a Pablo en su último viaje a Roma. Él trató a Pablo con gran cortesía y lo admitió como líder cuando la tormenta azotó al barco (Hch. 27:43).

La estructura militar romana se construyó alrededor de la legión romana que consistía de 6.000 hombres.

=> La legión romana se dividía en cohortes: cada cohorte tenía 600 soldados. Esto significa que cada legión tenía diez cohortes.

=> La cohorte se dividía en centurias. Cada centuria tenía 100 hombres y la guiaba un centurión. Los centuriones eran la columna vertebral de las legiones romanas. Eran los líderes en un contacto más cercano con los hombres, por lo tanto, eran los oficiales de quienes dependían en mayor grado los altos oficiales (William Barclay. *The Gospel of Mathew,* vol. 1. "The Daily Study Bible". Philadelphia, PA: Westminster Press, 1956, p.306).

4 (23:25-30) *Ignorancia espiritual:* la carta a Félix, el gobernador — la ignorancia del mundo sobre la verdad espiritual. La carta habla por sí misma. Simplemente es Lisias, el tribuno, relatando los sucesos y poniendo el caso ante el tribunal de Félix el gobernador. El asunto a notar es este: el tribuno ignoraba la verdad espiritual. Era al parecer un hombre de honor, justicia y honradez, un hombre comprometido en hacer el bien. No obstante, cuando trató de comprender los cargos contra Pablo, todo lo que pudo decir fue que Pablo estaba acusado "por cuestiones de la ley de ellos" (v.29). Él no comprendió el asunto porque ignoraba la ley y la Palabra de Dios.

Pensamiento 1. ¡Qué notable lección para todos nosotros!

1) ¿Cuántos son honrados y justos y honorables, sin embargo ignoran la ley de Dios?

2) ¿Cuántos no comprende en realidad los asuntos e interrogantes de la vida porque ignoran la Palabra de Dios?

"Porque ignorando la justicia de Dios, y procurando establecer la suya propia, no se han sujetado a la justicia de Dios" (Ro. 10:3).

"teniendo el entendimiento entenebrecido, ajenos de la vida de Dios por la ignorancia que en ellos hay, por la dureza de su corazón" (Ef. 4:18).

"No conocieron camino de paz, ni hay justicia en sus caminos; sus veredas son torcidas; cualquiera que por ellas fuere, no conocerá paz" (Is. 59:8).

"Pero yo dije: Ciertamente éstos son pobres, han enloquecido, pues no conocen el camino de Jehová, el juicio de su Dios". (Jer. 5:4).

"No saben hacer lo recto, dice Jehová, atesorando rapiña y despojo en sus palacios" (Am. 3:10).

"Mas ellos no conocieron los pensamientos de Jehová, ni entendieron su consejo; por lo cual los juntó como gavillas en la era" (Mi. 4:12).

5 (23:31-35) *Liberación:* El providencial envío a Félix: Los hombres grandes están preparados para enfrentar a alguien que quiere testificar contra ellos. Jesús había dicho:

"os entregarán a los concilios, y en las sinagogas os

azotarán; y delante de gobernadores y de reyes os llevarán por causa de mí, para testimonio a ellos" (Mr. 13:9).

El Señor estaba arreglando todas las cosas en la vida de Pablo para cumplir Su Palabra. Él quería un testigo ante gobernantes del mundo, y no hay mayor testigo de Cristo que un creyente que se mantiene firme en Cristo al enfrentar la persecución (cp. Hch. 24:1f; 25: 25:13s; 26:1s).

1.   Permanecer firmes demuestra la verdad del evangelio. El que persigue puede ver claramente su mensaje de amor y salvación.

2.   Permanecer firmes da al Espíritu Santo una oportunidad inigualable para alcanzar el corazón de aquellos que están cerca de la verdad del evangelio.

3.   Permanecer firmes es un testimonio contra los que persiguen. Muestra la maldad y perversidad de su corazón, y esto permanecerá como testimonio contra ellos en el día del juicio (Mt. 25:45-46; Ro. 2:5-6).

1 Una escena en la sala del tribunal

  a. Un orador romano contratado, Tértulo, guía la acusación

  b. La adulación nauseabunda y mentirosa

  c. Los cargos contra Pablo
    1) Un sedicioso, un traidor, un agitador
    2) Un cabecilla de los nazarenos, una secta subversiva
    3) Un profanador del templo
  d. El reclamo contra el tribuno
    1) Obstruyó la justicia
    2) Podía verificar sus hechos

2 Pablo solo pudo hacer una cosa: decir la verdad

CAPÍTULO 24

B. Pablo y Félix, el gobernador romano, segundo juicio (parte 1): en qué consiste la verdadera adoración, 24:1-21

1 Cinco días después, descendió el sumo sacerdote Ananías con algunos de los ancianos y un cierto orador llamado Tértulo, y comparecieron ante el gobernador contra Pablo.

2 Y cuando éste fue llamado, Tértulo comenzó a acusarle, diciendo: Como debido a ti gozamos de gran paz, y muchas cosas son bien gobernadas en el pueblo por tu prudencia,

3 oh excelentísimo Félix, lo recibimos en todo tiempo y en todo lugar con toda gratitud.

4 Pero por no molestarte más largamente, te ruego que nos oigas brevemente conforme a tu equidad.

5 Porque hemos hallado que este hombre es una plaga, y promotor de sediciones entre todos los judíos por todo el mundo, y cabecilla de la secta de los nazarenos.

6 Intentó también profanar el templo; y prendiéndole, quisimos juzgarle conforme a nuestra ley.

7 Pero interviniendo el tribuno Lisias, con gran violencia le quitó de nuestras manos,

8 mandando a sus acusadores que viniesen a ti. Tú mismo, pues, al juzgarle, podrás informarte de todas estas cosas de que le acusamos.

9 Los judíos también confirmaban, diciendo ser así todo.

10 Habiéndole hecho señal el gobernador a Pablo para que hablase, éste respondió: Por-

que sé que desde hace muchos años eres juez de esta nación, con buen ánimo haré mi defensa.

11 Como tú puedes cerciorarte, no hace más de doce días que subí a adorar a Jerusalén;

12 y no me hallaron disputando con ninguno, ni amotinando a la multitud; ni en el templo, ni en las sinagogas ni en la ciudad;

13 ni te pueden probar las cosas de que ahora me acusan.

14 Pero esto te confieso, que según el Camino que ellos llaman herejía, así sirvo al Dios de mis padres, creyendo todas las cosas que en la ley y en los profetas están escritas;

15 teniendo esperanza en Dios, la cual ellos también abrigan, de que ha de haber resurrección de los muertos, así de justos como de injustos.

16 Y por esto procuro tener siempre una conciencia sin ofensa ante Dios y ante los hombres.

17 Pero pasados algunos años, vine a hacer limosnas a mi nación y presentar ofrendas.

18 Estaba en ello, cuando unos judíos de Asia me hallaron purificado en el templo, no con multitud ni con alboroto.

19 Ellos debieran comparecer ante ti y acusarme, si contra mí tienen algo.

20 O digan éstos mismos si hallaron en mí alguna cosa mal hecha, cuando comparecí ante el concilio,

21 a no ser que estando entre ellos prorrumpí en alta voz: Acerca de la resurrección de los muertos soy juzgado hoy por vosotros.

  a. Ni aduló ni mintió con relación a los logros de Félix.

  b. Él fue a Jerusalén a adorar, no a incitar un disturbio entre la gente

  c. El no era culpable de los cargos que le hacían; ellos no los podían probar

3 Pablo solo pudo confesar una cosa: una adoración genuina a Dios

  a. Acercándose a Dios a través del "Camino"

  b. Creyendo las Escrituras

  c. Esperando la resurrección

  d. Esforzándose por una conciencia pura

4 Pablo había venido con un solo propósito: traer limosnas

  a. Los judíos de Asia lo habían atacado injustamente. Ellos no estaban allí para acusarlo ante el tribunal

  b. Recibió un trato injusto por parte del gran tribunal judío.

5 Pablo era culpable de una sola cosa: proclamar la resurrección

DIVISIÓN XI

EL ÚLTIMO VIAJE DE PABLO Y SU ÚLTIMA PREDI-CACIÓN: COMO PRISIONERO HACIA ROMA, 23:12–28:31

B. Pablo y Félix, el gobernador romano, segundo juicio (parte 1): en qué consiste la verdadera adoración, 24:1-21

ESTUDIO A FONDO 1

(24:1-27) *Félix:* era, al igual que su hermano, un esclavo a quien la madre del emperador Claudio dio la libertad. Su hermano Pallas fue grandemente favorecido por Claudio y por lo tanto, Félix pudo asegurar su posición como gobernador de Judea. Fue un gobernante monstruoso, cruel y despótico, lleno de lujuria, avaricia y corrupción. Era conocido por aceptar y ofrecer sobornos. fue destituido del cargo debido a enfrentamientos raciales entre los judíos y los sirios.

(24:1-21) *Introducción:* este es un cuadro de la defensa de Pablo ante el gobernador romano. Defensa que declara en lo que realmente consiste la verdadera adoración.

1. Una escena en la sala del tribunal (vv. 1-9).
2. Pablo solo pudo hacer una cosa: decir la verdad (vv. 10-13).
3. Pablo solo pudo confesar una cosa: una adoración genuina a Dios (vv. 14-16).
4. Pablo había venido con un solo propósito: traer limosnas (vv. 17-20).
5. Pablo era culpable de una sola cosa: proclamar la resurrección (v. 21).

[1] (24:1-9) *Pablo, juicios legales de:* el escenario era la sala de una corte. Sin lugar a dudar los judíos están furiosos porque habían descubierto que Lisias había enviado a Pablo a Cesarea durante la noche, haciendo fracasar su complot. Esto podemos imaginarlo al ver la insistencia que tenían de presentarse ante Félix. En solo cinco días habían contratado a un abogado romano, preparado el caso y estaban en la corte frente al gobernador Félix, dispuestos a hacer todo lo posible para que Pablo fuese condenado a muerte. Hay que tener en cuenta cuatro aspectos.

1. La acusación estaba encabezada por el mismo sumo sacerdote y un abogado romano, Tértulo. El hecho de que el propio sumo sacerdote tomara la lid en contra de Pablo y de que hubiera contratado a un abogado romano para procesar el caso es un hecho revelador. Probablemente él y los demás líderes creían que el abogado (por ser romano) podría manejar mejor que ellos (judíos) el juicio civil y que tendría más posibilidades que ellos para garantizar la condena. Esto refleja la importancia que le daban a la destrucción de Pablo y así acallar su mensaje para siempre.

Pensamiento 1. El creyente puede apreciar fácilmente como la mano del maligno — de Satanás — estaba siempre obrando contra Pablo. Imagínese lo que hubiera pasado si Pablo y su mensaje hubieran sido eliminados. ¿Sería libre el evangelio hoy, libre de reglas y medidas, rituales, ceremonias, costumbre y prácticas judías? ¿Se habría difundido el evangelio por el mundo?

"Si Dios es por nosotros, ¿quién contra nosotros?" (Ro. 8:31).

"porque mayor es el que está en vosotros, que el que está en el mundo" (1 Jn. 4:4).

La voluntad de Dios para Pablo era que continuara testificando de Cristo, ya que Pablo estaba la protección de Dios no importaba que pudiera parecer su condición. Aquí encontramos una lección importante para nosotros al enfrentar los problemas de la vida. Nuestra tarea debe ser sencillamente estar seguros de que andamos con fidelidad en el servicio al Señor,

2. Advierta las repugnantes y mentirosas lisonjas de Tértulo. Félix era cualquier cosa menos lo que Tértulo decía que era (vea nota, Félix, Hch. 24:1-27).

Pensamiento 1. Note cuatro tragedias.
1) un abogado halagando al juez con tal de recibir una opinión favorable.
2) Fanáticos religiosos desacreditándose a ellos mimos al formar parte de esta corrupta escena, una escena que conllevaba…
   - asesinato en nombre de la religión.
   - maldad y pecado en nombre de Dios.
   - lisonjas para asegurarse un favor.
   - negarse a levantarse y proclamar la verdad de este caso.
3) La lisonja a un hombre malo.
4) Afirmar que un hombre malo es bueno.

3. Los cargos contra Pablo era de tres tipos.
   a. Primer cargo: Él era un insurrecto: un problemático, uno que perturbaba la paz, un hombre que causa problemas, sedición y desorden en medio del pueblo judío. (Advierta que este es el cargo hecho contra los siervos de Dios hasta por los líderes en las iglesia en que sirven.)
   b. Segundo cargo: Él era el cabecilla de los nazarenos, una secta rebelde. Este nombre se le dio a los creyentes, los seguidores de Jesús de Nazaret. Está claro que esto no era verdad. El cristianismo…
      - no promociona las sectas ni el sectarismo; sino la unidad, la fraternidad, el amor, la paz y la tranquilidad.
      - No promociona el egoísmo, la mundanalidad, la indulgencia, la extravagancia, la búsqueda de las riquezas materiales, la injusticia o el andar de manera desordenada. Por el contrario, promociona el cuidado y la preocupación unos por otros, el ministrarse y ayudarse, la gracia de dar y la justicia, y la obediencia a la ley.
   c. Tercer cargo: Él era un profanador del templo. Esto era falso por completo y es probable que no le interesara a Félix.

4. Advierta el reclamo contra el tribuno Lisias. Los cargos y las mentiras relacionadas con los cargos se observan con facilidad (cp. Hch. 21:27s para los hechos de lo ocurrido). La gran tragedia se encuentra en las palabras: "Los

judíos también confirmaban, diciendo ser así todo".

Pensamiento 1. Es en realidad trágico que permitamos a nosotros mismos volvernos religiosos en lugar de seguidores de Cristo. Cuando seguimos la religión y nuestras ideas con respecto a la religión tenemos problemas. Cuando buscamos mantener nuestra religión y nuestras ideas acerca de la religión es cuando comenzamos a seguir al líder equivocado. No somos llamados a mantener la religión, sino a seguir a Cristo y a su Palabra. La gran necesidad de este tiempo es seguir los pasos de nuestro Señor,

> **"Por lo tanto, de la manera que habéis recibido al Señor Jesucristo, andad en él" (Col. 2:6).**
>
> **"Hermanos, no os escribo mandamiento nuevo, sino el mandamiento antiguo que habéis tenido desde el principio; este mandamiento antiguo es la palabra que habéis oído desde el principio" (1 Jn. 2:7).**

2 (24:10-13) *Pablo, juicios legales — Veracidad:* Pablo solo pudo hacer una cosa — decir la verdad. Hizo tres cosas inmediatamente.

1. Pablo dijo con veracidad y con tacto lo que pudo. Sencillamente dijo que Félix había sido juez de la nación por años (alrededor de siete años). Pablo no aduló ni mintió sobre los logros de Félix. Pablo reconoció su posición como juez, haciéndole saber que él, Pablo, estaba totalmente consciente de que su destino estaba en sus manos. A Félix debió impresionarle la forma tan sencilla, directa y honesta de dirigirse a él.

2. Pablo fue a Jerusalén a adorar, no a incitar un disturbio entre la gente. Dijo que había llegado a Jerusalén solo doce días atrás. Festo sabía de esto porque a Pablo lo habían arrestado el quinto día.

=> Cinco días no era tiempo suficiente para que Pablo hiciera lo que los judíos estaban diciendo. Él no pudo haber planificado y movilizado una insurrección que incitara a todo el pueblo, no en cinco días.

=> Como todos los sucesos ocurrieron dentro de esos doce días, el relato de Pablo podía verificarse por completo.

=> Mencionar el marco de tiempo y conocer que su relato podía verificarse significa que Pablo estaba siendo honesto en lo que decía.

3. Pablo no era culpable de los cargos. Esos cargos no podían probarse. Note los hechos que Pablo mencionó.

 a. Él estaba en el templo cuando sufrió el ataque: el templo no era un lugar para llevar a cabo una insurrección.

 b. Él estaba adorando y participando de los cultos...
 • no discutiendo
 • no agitando o incitando la multitud
 • no creando una revolución en el templo, en la sinagoga o en la ciudad

Pensamiento 1. Note lo veraz que fue Pablo. Cuando estamos respondiendo o defendiéndonos, debemos siempre ser veraces, aun cuando serlo nos traiga complicaciones. Dios honrará la verdad, pero desenmascarará y deshonrará la mentira.

> **"En cuanto a la pasada manera de vivir, despojaos del viejo hombre, que está viciado conforme a los deseos engañosos" (Ef. 4:22).**
>
> **"El labio veraz permanecerá para siempre; Mas la lengua mentirosa sólo por un momento" (Pr. 12:19).**
>
> **"Compra la verdad, y no la vendas; La sabiduría, la enseñanza y la inteligencia" (Pr. 23:23).**
>
> **"Estas son las cosas que habéis de hacer: Hablad verdad cada cual con su prójimo; juzgad según la verdad y lo conducente a la paz en vuestras puertas" (Zac. 8:16).**

3 (24:14-16) *Adoración:* Pablo solo pudo confesar una cosa, una genuina adoración a Dios. Pablo admitió que la segunda acusación contra él era cierta. Era un seguidor del nazareno, Jesús. Note: Pablo dijo que "el Camino" del nazareno era herejía para los judíos, pero...

1. Él adoraba al mismo Dios, el Dios de los padres de Israel, no un nuevo dios (ver el bosquejo y notas — Hch. 17:24-25; 17:26 para discusión).

2. Él creía todas las cosas escritas en las Escrituras, sin negar ninguna (ver el bosquejo y notas, Escrituras, Ro. 1:1-7; 2 Ti. 3:16 para discusión. Cp. también 2 P. 1:19-21.)

> **"El cielo y la tierra pasarán, pero mis palabras no pasarán" (Mt. 24:35).**
>
> **"Toda la Escritura es inspirada por Dios, y útil para enseñar, para redargüir, para corregir, para instruir en justicia" (2 Ti. 3:16).**
>
> **"Mas la palabra del Señor permanece para siempre. Y esta es la palabra que por el evangelio os ha sido anunciada" (1 P. 1:25).**

3. Él esperaba la resurrección al igual que Israel (ver el bosquejo y notas — 1 Co. 15:1-58; *Estudio a fondo 1* — 2 Co. 5:10; nota, 1 Ts. 4:13-5:3 para discusión sobre la creencia de Pablo. Cp. también Ap. 20:4-6; 20:11-15; 21:1-22:5.)

> **"sabiendo que el que resucitó al Señor Jesús, a nosotros también nos resucitará con Jesús, y nos presentará juntamente con vosotros". (2 Co. 4:14).**
>
> **"Porque el Señor mismo con voz de mando, con voz de arcángel, y con trompeta de Dios, descenderá del cielo; y los muertos en Cristo resucitarán primero" (1 Ts. 4:16).**

4. Él buscó siempre tener una buena conciencia. Pablo dijo tres cosas.

 a. Él procuraba (en toutoi), se entrenaba activamente, se sometía a disciplina, practicaba, se esforzaba, batallaba, aun al punto del dolor, para mantener una buena conciencia.

 b. Él luchaba para ser "sin ofensa" (aproskopon), para evitar ser tropiezo, para evitar ser motivo de tropiezo para otros, para evitar lastimarse a él mismo y a otros.

> **"Si, pues, coméis o bebéis, o hacéis otra cosa, hacedlo todo para la gloria de Dios. No seáis tropiezo ni a judíos, ni a gentiles, ni a la iglesia de Dios; como también yo en todas las cosas agrado a todos, no procurando mi propio beneficio, sino el de muchos, para que sean salvos" (1 Co. 10:31-33).**

"para que aprobéis lo mejor, a fin de que seáis sinceros e irreprensibles para el día de Cristo" (Fil. l:10).

c. Él luchaba para tener una conciencia limpia ante Dios y ante los hombres.

"Porque nuestra gloria es esta: el testimonio de nuestra conciencia, que con sencillez y sinceridad de Dios, no con sabiduría humana, sino con la gracia de Dios, nos hemos conducido en el mundo, y mucho más con vosotros". (2 Co. 1:12).

"Pues el propósito de este mandamiento es el amor nacido de corazón limpio, y de buena conciencia, y de fe no fingida" (1 Ti. 1:5).

"manteniendo la fe y buena conciencia, desechando la cual naufragaron en cuanto a la fe algunos" (1 Ti. 1:19).

"teniendo buena conciencia, para que en lo que murmuran de vosotros como de malhechores, sean avergonzados los que calumnian vuestra buena conducta en Cristo". (1 P. 3:16).

4 (24:17-20) *Liberación:* Pablo había venido a Jerusalén con un único propósito — traer limosnas para los pobres de Jerusalén. Lejos de ser un sedicioso, Pablo había regresado a la ciudad para traer ayuda financiera a los pobres. Su regreso no fue para incitar a las personas contra el gobierno, sino a ministrar y mostrar misericordia ayudando en cuanto podía. Note: Pablo relató exactamente lo que había sucedido.

1. Los judíos de Asia lo habían atacado injustamente. El ataque no había sido incluso por los judíos que vivían allí, sino por judíos extranjeros. Además...
- ellos lo atacaron mientras estaba adorando.
- ellos no estaban presentes en el tribunal para acusarlo.

2. El tribunal judío, el Sanedrín, lo había tratado injustamente (cp. Hch. 22:30 — 23:11).

Pensamiento 1. Note un punto crucial. Pablo estaba en el medio de una terrible prueba, pero estaba allí por una acción justa. Por lo tanto, podía esperar que Dios lo librara exactamente como Dios lo quería. De esa misma forma sucede con cada creyente.

"Y el Señor me librará de toda obra mala, y me preservará para su reino celestial. A él sea gloria por los siglos de los siglos" (2 Ti. 4:18).

"Pues ¿qué gloria es, si pecando sois abofeteados, y lo soportáis? Mas si haciendo lo bueno sufrís, y lo soportáis, esto ciertamente es aprobado delante de Dios" (1 P. 2:20).

"sabe el Señor librar de tentación a los piadosos, y reservar a los injustos para ser castigados en el día del juicio" (2 P. 2:9).

5 (24:21) *Pablo, juicios:* Pablo era culpable de una cosa, de proclamar la resurrección (ver bosquejo y nota, Hch. 23:6-10 para discusión).

1 Él conocía "el Camino", pero pospuso hacer justicia	**C. Pablo y Félix (parte 2): La gran tragedia: un hombre que supo qué hacer, 24:22-27**	mujer, que era judía, llamó a Pablo, y le oyó acerca de la fe en Jesucristo.	a. Mandó a buscar a Pablo porque deseaba aprender de un famoso líder del "Camino"
a. Él sabía que Pablo era inocente	22 Entonces Félix, oídas estas cosas, estando bien informado de este Camino, les aplazó, diciendo: Cuando descendiere el tribuno Lisias, acabaré de conocer de vuestro asunto.	25 Pero al disertar Pablo acerca de la justicia, del dominio propio y del juicio venidero, Félix se espantó, y dijo: Ahora vete; pero cuando tenga oportunidad te llamaré.	b. Pablo disertó acerca de la justicia, el dominio propio y el juicio venidero
			c. Tembló bajo la convicción y pospuso la decisión
b. Puso a Pablo bajo arresto domiciliario	23 Y mandó al centurión que se custodiase a Pablo, pero que se le concediese alguna libertad, y que no impidiese a ninguno de los suyos servirle o venir a él.	26 Esperaba también con esto, que Pablo le diera dinero para que le soltase; por lo cual muchas veces lo hacía venir y hablaba con él.	3 **Cambió la justicia por la avaricia**
2 Él deseaba oír de Cristo, pero no del arrepentimiento	24 Algunos días después, viniendo Félix con Drusila su	27 Pero al cabo de dos años recibió Félix por sucesor a Porcio Festo; y queriendo Félix congraciarse con los judíos, dejó preso a Pablo.	4 **Buscaba agradar a los hombres**

DIVISIÓN XI

EL ÚLTIMO VIAJE DE PABLO Y SU ÚLTIMA PREDICACIÓN: COMO PRISIONERO HACIA ROMA, 23:12–28:31

C. Pablo y Félix (parte 2): la gran tragedia: un hombre que supo qué hacer, 24:22-27

(24:22-27) *Introducción:* en Félix vemos el cuadro de un hombre que lo conoce todo, pero que continúa persiguiendo sus propios anhelos y pasiones.

1. Él conocía "el Camino", pero pospuso hacer justicia (vv. 22-23).
2. Él deseaba oír de Cristo, pero no del arrepentimiento (vv. 24-25).
3. Cambió la justicia por la avaricia (v. 26).
4. Buscaba agradar a los hombres (v. 27).

1 (24:22-23) *Compromiso:* el hombre conocía "el Camino", pero pospuso hacer justicia. Félix conocía más del cristianismo que lo que pensaban los perseguidores y religiosos.

=> Los creyentes estaban esparcidos por toda la provincia.
=> Felipe el evangelista vivía en Cesarea.
=> Había iglesias esparcidas a lo largo y ancho de esa parte del mundo.
=> Al parecer, había una iglesia grande en aquella ciudad.
=> Cesarea era también la ciudad donde se había convertido el centurión romano.
=> Drusila, la esposa de Félix, era judía y probablemente sabía algo sobre el cristianismo.

=> El cristianismo era un asunto del que se hablaba mucho en esos días.

El asunto es este: Félix estaba "bien informado", esto es, un conocimiento más exacto del cristianismo de lo que cualquiera suponía. Él sabía lo suficiente de los cristianos y de su mensaje de justicia para saber que Pablo estaba diciendo la verdad. A pesar de eso pospuso el hacer justicia; no hizo lo correcto. Sabía que debía liberar a Pablo, pero le faltó valor para hacerlo. ¿Por qué? Hay cuatro razones probables.

1. Félix no podía arriesgarse a contrariar demasiado a las autoridades judías. Si dejaba ir a Pablo, ellos podían reportarlo a César, lo que podía causarle considerables problemas; incluso hasta el puesto.

2. Nerón acababa de asumir el poder en Roma. El hermano de Félix, Pallas, ya no tenía la influencia que tuvo cuando Claudio era emperador, Por lo tanto, Félix no podía correr el riesgo de contrariar mucho a las autoridades judías.

3. Félix simplemente carecía de fuerza moral para hacer lo correcto. Prefería llegar a un arreglo que hacer justicia, llegar a un arreglo que ser un verdadero hombre. Él vio una salida para esa situación difícil. Pospuso la decisión, argumentando que debía esperar por el testimonio de Lisias, el tribuno, que aún estaba en Jerusalén. Por supuesto, Félix ya había recibido su testimonio declarando a Pablo inocente, pero los judíos no lo sabían (cp. Hch. 23:25-30).

4. Félix tenía esperanzas de llenar sus bolsillos con un sustancioso soborno de Pablo (cp. v.26). Había escuchado en el juicio sobre la gran *ofrenda para la ayuda* que Pablo había traído a Jerusalén, y sabía que Pablo era uno de los líderes principales de la secta de los nazarenos. Él pensó que Pablo tendría influencia con algunos amigos ricos que quizás qui-

sieran ofrecer un soborno. Esta fue quizás la razón por la que dio cierta libertad a Pablo como prisionero. Puso a Pablo bajo *arresto domiciliario,* cuidándolo un centurión, en vez de ponerlo en la cárcel. También se le permitió recibir visitas y tener libertad de movimiento dentro de la fortaleza. Al parecer Félix estaba tratando de simpatizar con Pablo, creando las condiciones para que le ofrecieran el soborno.

> *Pensamiento 1.* ¿Cuántos carecen de fuerza moral para hacer lo correcto? ¿Cuántos tratan de jugar en los dos bandos? ¿Cuántos tratan de llegar a un arreglo? ¿Posponer? ¿Estar en el medio? ¿Buscar dinero en vez de la justicia? ¿Buscar sobornos?
>
>> **"Ninguno puede servir a dos señores; porque o aborrecerá al uno y amará al otro, o estimará al uno y menospreciará al otro. No podéis servir a Dios y a las riquezas" (Mt. 6:24).**
>>
>> **"Porque ¿qué aprovechará al hombre, si ganare todo el mundo, y perdiere su alma? ¿O qué recompensa dará el hombre por su alma?" (Mt. 16:26).**
>>
>> **"Te encarezco delante de Dios y del Señor Jesucristo, y de sus ángeles escogidos, que guardes estas cosas sin prejuicios, no haciendo nada con parcialidad" (1 Ti. 5:21).**
>>
>> **"No harás injusticia en el juicio, ni favoreciendo al pobre ni complaciendo al grande; con justicia juzgarás a tu prójimo" (Lv. 19:15).**
>>
>> **"Por tanto, yo también os he hecho viles y bajos ante todo el pueblo, así como vosotros no habéis guardado mis caminos, y en la ley hacéis acepción de personas" (Mal. 2:9).**

2 (24:24-25) *Indecisión — Rechazo:* el hombre deseaba escuchar de Cristo, pero no del arrepentimiento. Félix al parecer dejó Cesarea, pero regresó pronto. La idea es que solo hubo un corto período de tiempo entre los dos viajes. Note tres puntos significativos.

1. Tan pronto regresó, Félix envió por Pablo para que lo visitara junto a su esposa para hablar de Cristo. De acuerdo a lo que nos dicen las Escrituras tenía dos motivos, uno puro y el otro impuro.

 a. Félix y su esposa deseaban al parecer aprender más sobre "el Camino", más sobre los nazarenos y su fe en Cristo. Él y su esposa, que era judía, estaban curiosos; y Pablo era un líder famoso entre los cristianos. Nadie mejor para aprender sobre este nuevo movimiento.

 b. Félix también deseaba recibir soborno de Pablo (v.26). Por tanto tratar de simpatizar con Pablo era esencial.

2. Pablo comunicó un mensaje triple con valor y con fuerza. No hay dudas de que la conversación entre Pablo y el gobernante y su esposa fue interesante; Pablo exponía las verdades del evangelio y ellos le preguntaban. Lo que Pablo tuvo que decir fue una vigorosa lección para todos los creyentes, incluso para aquellos que tienen el privilegio de testificar ante los poderosos del mundo. Pablo declaró sin temor que la fe en Cristo implica una vida de justicia y dominio propio en este mundo, y el vislumbre del juicio de Dios al final de esta vida.

 a. La fe en Cristo implica justicia. Félix y Drusila nunca habían recibido la "justicia de Dios" (ver nota 5 y *Estudio a fondo 5,6* — Mt. 5:6; Ro. 3:21-22 para discusión).

> **"Velad debidamente, y no pequéis; porque algunos no conocen a Dios; para vergüenza vuestra lo digo" (1 Co. 15:34).**
>
> **"llenos de frutos de justicia que son por medio de Jesucristo, para gloria y alabanza de Dios" (Fil. l:11).**
>
> **"enseñándonos que, renunciando a la impiedad y a los deseos mundanos, vivamos en este siglo sobria, justa y piadosamente, aguardando la esperanza bienaventurada y la manifestación gloriosa de nuestro gran Dios y Salvador Jesucristo" (Tit. 2:12-13).**
>
> **"Bienaventurados los que tienen hambre y sed de justicia, porque ellos serán saciados" (Mt. 5:6).**

 b. La fe en Cristo implica sobriedad (egkrateias), esto es dominio propio. Ambos gobernantes carecían de esto. Ellos vivían en vicios y extravagancias, riquezas y posesiones, materialismo y secularismo, egoísmo y orgullo, avaricia y codicia, lujuria y pasión, sensualidad y carnalidad (ver nota y *Estudio a fondo 1* — Lc. 9:23).

> **"No reine, pues, el pecado en vuestro cuerpo mortal, de modo que lo obedezcáis en sus concupiscencias" (Ro. 6:12).**
>
> **"Hombre necesitado será el que ama el deleite, Y el que ama el vino y los ungüentos no se enriquecerá" (Pr. 21:l7).**
>
> **"Y pon cuchillo a tu garganta, Si tienes gran apetito" (Pr. 23:2).**

 c. La fe en Cristo implica juicio venidero. Si cualquiera de los gobernantes sabía algo sobre un juicio ante Dios, al parecer no habían pensado mucho en este asunto. Félix era un juez injusto; ahora estaba escuchando que un día tendría que comparecer ante Dios para dar cuentas de su vida y su desempeño en la tierra. Estaba oyendo por primera vez en su vida que Dios consideraba su trabajo en la tierra como una mayordomía, y que le haría responsable por hacer su trabajo bien (sobria, justa y piadosamente). (Cp. Tit. 2:12.)

> **"Cuando el Hijo del Hombre venga en su gloria, y todos los santos ángeles con él, entonces se sentará en su trono de gloria, y serán reunidas delante de él todas las naciones; y apartará los unos de los otros, como aparta el pastor las ovejas de los cabritos" (Mt. 25:31-32).**
>
> **"Y de la manera que está establecido para los hombres que mueran una sola vez, y después de esto el juicio" (He. 9:27).**
>
> **"sabe el Señor librar de tentación a los piadosos, y reservar a los injustos para ser castigados en el día del juicio" (2 P. 2:9).**
>
> **"pero los cielos y la tierra que existen ahora, están reservados por la misma palabra, guardados para el fuego en el día del juicio y de la perdición de los hombres impíos" (2 P. 3:7).**
>
> **"De éstos también profetizó Enoc, séptimo desde**

Adán, diciendo: He aquí, vino el Señor con sus santas decenas de millares, para hacer juicio contra todos, y dejar convictos a todos los impíos de todas sus obras impías que han hecho impíamente, y de todas las cosas duras que los pecadores impíos han hablado contra él". (Judas 14-15).

3. Félix se espantó ante la culpabilidad. La palabra "espantó" significa se aterrorizó y se llenó de temor. Félix vivía en forma diametralmente opuesta a lo que Dios exigía. Él se sentía culpable, porque si Pablo tenía razón — si Jesús era verdaderamente el Hijo de Dios — entonces él, Félix, estaba condenado.

Tristemente, Félix pospuso hacer una decisión por Cristo. Una vez más se demoraba para hacer una decisión correcta. Hizo lo que muchos hacen: simplemente aplazó la decisión para otro momento.

"Después que el padre de familia se haya levantado y cerrado la puerta, y estando fuera empecéis a llamar a la puerta, diciendo: Señor, Señor, ábrenos, él respondiendo os dirá: No sé de dónde sois". (Lc. 13:25).

"Porque ya sabéis que aun después, deseando heredar la bendición, fue desechado, y no hubo oportunidad para el arrepentimiento, aunque la procuró con lágrimas". (He. 12:17).

Pensamiento 1. ¿Cuántos desean conocer lo relacionado con *la fe en Cristo,* pero no el mensaje de arrepentimiento?

"Así que, arrepentíos y convertíos, para que sean borrados vuestros pecados; para que vengan de la presencia del Señor tiempos de refrigerio" (Hch. 3:19).

"Arrepiéntete, pues, de esta tu maldad, y ruega a Dios, si quizá te sea perdonado el pensamiento de tu corazón" (Hch. 8:22).

"Pero Dios, habiendo pasado por alto los tiempos de esta ignorancia, ahora manda a todos los hombres en todo lugar, que se arrepientan" (Hch. 17:30).

Pensamiento 2. En su ministerio y predicación Pablo...
*   proclamó la verdad, sin comprometer nada.
*   no mostró favoritismo ni parcialidad.
*   tocó la conciencia de los hombres, buscando lograr un cambio dentro de ellos (¡cuánto fallamos en este aspecto!)
*   buscó el alma del hombre, no *buenas relaciones.*

"Y les dijo: Id por todo el mundo y predicad el evangelio a toda criatura". (Mr. 16:15).

"pero recibiréis poder, cuando haya venido sobre vosotros el Espíritu Santo, y me seréis testigos en Jerusalén, en toda Judea, en Samaria, y hasta lo último de la tierra". (Hch. 1:8).

3 (24:26) *Soborno — Avaricia:* el hombre vendió justicia por avaricia. Esta era una práctica de Félix, para buscar sobornos o favores. ¿Cuán profundamente se filtra la avaricia en las salas de justicia y de gobierno? ¡Cómo desgarra el carácter los colmillos de la avaricia! El amor al dinero lleva a la ruina a las personas. El soborno y la corrupción parecen ser a menudo la forma de vida entre aquellos que tienen riquezas y poder.

Note el carácter fuerte de Pablo. Nunca ofreció soborno, ni un solo centavo. Félix incluso parecía estar impaciente, quizás pensando que estaba tratando con un principiante, un hombre que no sabía los caminos del mundo. Por lo tanto, trataba de estar en relación con Pablo, tratando de verle a menudo.

Pensamiento 1. Pablo se mantiene como un testimonio de convencimiento para cada hombre atrapado por la avaricia y que busca y paga sobornos. Él es un testimonio de convencimiento para todo oficial corrupto.

"Y les dijo: Mirad, y guardaos de toda avaricia; porque la vida del hombre no consiste en la abundancia de los bienes que posee". (Lc. 12:15).

"Haced morir, pues, lo terrenal en vosotros: fornicación, impureza, pasiones desordenadas, malos deseos y avaricia, que es idolatría" (Col. 3:5).

"porque raíz de todos los males es el amor al dinero, el cual codiciando algunos, se extraviaron de la fe, y fueron traspasados de muchos dolores". (1 Ti. 6:10).

"Vuestro oro y plata están enmohecidos; y su moho testificará contra vosotros, y devorará del todo vuestras carnes como fuego. Habéis acumulado tesoros para los días postreros" (Sal. 5:3).

4 (24:27) *Agradar a los hombres — Llegar a un arreglo:* Al hombre le gustaba complacer a los demás. Un incidente histórico yace detrás de esta escena. Había explotado una violencia racial entre los judíos y los gentiles en Cesarea. Félix había reaccionado muy rápidamente, matando a algunos de los líderes judíos. Como resultado, los judíos denunciaron a Félix ante Nerón, el emperador romano. Esto sucedió dos años después de la primera comparecencia de Pablo ante Félix. Pablo había estado preso por dos años. Note dos cosas.

1. Félix nuevamente rechaza hacer lo correcto. Para tratar de arreglar sus asuntos de gobierno, se niega a liberar a Pablo. La razón es evidente: no podía arriesgarse a un nuevo descontento de los judíos. Estaba luchando por sobrevivir políticamente, y hacer lo correcto pudiera poner en peligro su posición, su poder y su riqueza. Así que una vez más, cedió ante el mundo y sus cosas, ante la avaricia, la riqueza y el poder en vez de seguir la justicia. Él comprometió la justicia con tal de agradar a los hombres.

2. Félix pagó el precio. El mundo pudiera ignorarlo, pero el Soberano Rey del universo provocó una vez más el desplome de un gobernante. Quitaron a Félix de su posición y en su lugar gobernó Festo. Uno solo puede preguntarse qué hubiera sucedido si Félix hubiera aceptado a Cristo.

"¿Cómo podéis vosotros creer, pues recibís gloria los unos de los otros, y no buscáis la gloria que viene del Dios único?" (Jn. 5:44).

"Porque amaban más la gloria de los hombres que la gloria de Dios" (Jn. 12:43).

"No hagáis distinción de persona en el juicio; así al pequeño como al grande oiréis; no tendréis temor de ninguno, porque el juicio es de Dios; y la causa que os fuere difícil, la traeréis a mí, y yo la oiré" (Dt. 1:17).

"El temor del hombre pondrá lazo; Mas el que confía en Jehová será exaltado" (Pr. 29:25).

CAPÍTULO 25

D. Pablo, Festo[EF1]**, el nuevo gobernador romano, y el rey Agripa**[EF2]**: tercer juicio (parte 1): un contraste de actitudes, 25:1-27**

1 Festo, el nuevo gobernador, hizo una visita para apaciguar

2 La conspiración de los judíos: hombres que trataron de asesinar al siervo de Dios
  a. Su petición: Someter a juicio a Pablo ante el tribunal judío
  b. Su propósito: Asesinar a Pablo
  c. El sentido de justicia de Festo: Rechazó la petición de ellos

3 El juicio ante el gobernador romano local: hombres que mintieron y levantaron falsas acusaciones contra el siervo de Dios

4 La defensa de Pablo: un hombre lleno de fortaleza divina

5 El fracaso de Festo aplicando justicia: un hombre que intentó llegar a un arreglo injusto

6 La apelación de Pablo a César: un hombre piadoso se entrega en manos de la ley
  a. Apeló a la ley

1 Llegado, pues, Festo a la provincia, subió de Cesarea a Jerusalén tres días después. 2 Y los principales sacerdotes y los más influyentes de los judíos se presentaron ante él contra Pablo, y le rogaron, 3 pidiendo contra él, como gracia, que le hiciese traer a Jerusalén; preparando ellos una celada para matarle en el camino. 4 Pero Festo respondió que Pablo estaba custodiado en Cesarea, adonde él mismo partiría en breve. 5 Los que de vosotros puedan, dijo, desciendan conmigo, y si hay algún crimen en este hombre, acúsenle.
6 Y deteniéndose entre ellos no más de ocho o diez días, venido a Cesarea, al siguiente día se sentó en el tribunal, y mandó que fuese traído Pablo. 7 Cuando éste llegó, lo rodearon los judíos que habían venido de Jerusalén, presentando contra él muchas y graves acusaciones, las cuales no podían probar; 8 alegando Pablo en su defensa: Ni contra la ley de los judíos, ni contra el templo, ni contra César he pecado en nada. 9 Pero Festo, queriendo congraciarse con los judíos, respondiendo a Pablo dijo: ¿Quieres subir a Jerusalén, y allá ser juzgado de estas cosas delante de mí? 10 Pablo dijo: Ante el tribunal de César estoy, donde debo ser juzgado. A los judíos no les he hecho ningún agravio, como tú sabes

muy bien. 11 Porque si algún agravio, o cosa alguna digna de muerte he hecho, no rehuso morir; pero si nada hay de las cosas de que éstos me acusan, nadie puede entregarme a ellos. A César apelo. 12 Entonces Festo, habiendo hablado con el consejo, respondió: A César has apelado; a César irás.
13 Pasados algunos días, el rey Agripa y Berenice vinieron a Cesarea para saludar a Festo. 14 Y como estuvieron allí muchos días, Festo expuso al rey la causa de Pablo, diciendo: Un hombre ha sido dejado preso por Félix,

15 respecto al cual, cuando fui a Jerusalén, se me presentaron los principales sacerdotes y los ancianos de los judíos, pidiendo condenación contra él. 16 A éstos respondí que no es costumbre de los romanos entregar alguno a la muerte antes que el acusado tenga delante a sus acusadores, y pueda defenderse de la acusación. 17 Así que, habiendo venido ellos juntos acá, sin ninguna dilación, al día siguiente, sentado en el tribunal, mandé traer al hombre. 18 Y estando presentes los acusadores, ningún cargo presentaron de los que yo sospechaba, 19 sino que tenían contra él ciertas cuestiones acerca de su religión, y de un cierto Jesús, ya muerto, el que Pablo afirmaba estar vivo. 20 Yo, dudando en cuestión semejante, le pregunté si quería ir a Jerusalén y allá ser juzgado de estas cosas.

  b. Estaba dispuesto a respetar el juicio de la ley

7 El nuevo gobernador buscó el consejo del rey Agripa: un hombre espiritualmente ciego y confundido
  a. Una visita de protocolo (v. 13)
  b. El nuevo gobernador buscó consejo
    1) Un prisionero a quien dejó el anterior gobernador
    2) No estaba familiarizado con el caso en su totalidad
  c. El relato de la audiencia ante Festo
    1) La petición de los judíos de juzgarlo ante un tribunal judío
    2) La decisión de Festo de un juicio civil

    3) El desconcierto de Festo sobre las acusaciones: Él esperaba acusaciones civiles, pero en vez de eso lo que escuchó fue una discrepancia religiosa
    4) La sugerencia de Festo a Pablo de un juicio judío
    5) Pablo apela a César

8 La audiencia ante el rey Agripa: hombres engalanados en su pompa terrenal y en sus injusticias protocolares a. La audiencia se pospone para el día siguiente b. La audiencia se celebra con gran pompa c. El discurso de Festo ante la corte 1) Saludó a todos respetuosamente	21 Mas como Pablo apeló para que se le reservase para el conocimiento de Augusto, mandé que le custodiasen hasta que le enviara yo a César. 22 Entonces Agripa dijo a Festo: Yo también quisiera oír a ese hombre. Y él le dijo: Mañana le oirás. 23 Al otro día, viniendo Agripa y Berenice con mucha pompa, y entrando en la audiencia con los tribunos y principales hombres de la ciudad, por mandato de Festo fue traído Pablo. 24 Entonces Festo dijo: Rey Agripa, y todos los varones que estáis aquí juntos con nosotros, aquí tenéis a este	hombre, respecto del cual toda la multitud de los judíos me ha demandado en Jerusalén y aquí, dando voces que no debe vivir más. 25 Pero yo, hallando que ninguna cosa digna de muerte ha hecho, y como él mismo apeló a Augusto, he determinado enviarle a él. 26 Como no tengo cosa cierta que escribir a mi señor, le he traído ante vosotros, y mayormente ante ti, oh rey Agripa, para que después de examinarle, tenga yo qué escribir. 27 Porque me parece fuera de razón enviar un preso, y no informar de los cargos que haya en su contra.	2) Contó el resentimiento de los judíos 3) Admitió la inocencia de Pablo 4) Planteó la apelación de Pablo a César 5) Pidió asistencia en el análisis del caso: No comprendía las acusaciones y necesitaba reunir los hechos para su informe

DIVISIÓN XI

EL ÚLTIMO VIAJE DE PABLO Y SU ÚLTIMA PREDICACIÓN: COMO PRISIONERO HACIA ROMA, 23:12–28:31

D. Pablo, Festo, el nuevo gobernador romano, y el rey Agripa, tercer juicio (parte 1): un contraste de actitudes, 25:1-27

ESTUDIO A FONDO 1

(25:1-26:32) *Festo, Porcio:* (reinó del 59-62 d.C.). Se sabe muy poco sobre Festo. Murió dos años después de su nombramiento como gobernador de Judea. Fue un gobernante más razonable y honesto que Félix, y al parecer quiso establecer un gobierno justo en todo su dominio. Note...

- su nombramiento como oficial (Hch. 24:37).
- su intento inmediato de conciliación con los judíos (Hch. 25:1).
- su preocupación por la verdadera justicia (Hch. 25:4-5).
- su intento de llegar a un arreglo y su fracaso en la justicia (Hch. 25:9).
- fue el gobernante ante quien Pablo apeló a César (Hch. 25:10-12).
- buscó el consejo del rey Agripa para redactar los cargos formales contra Pablo (Hch. 25:13-21, 26).
- su mención con menosprecio de Jesús y la resurrección (Hch. 25:19).
- su presencia en el memorable testimonio de Pablo ante el rey Agripa (Hch. 26:1-32).

ESTUDIO A FONDO 2

(25:13-26:32) *Rey Herodes Agripa II:* (reinó del 53-70 d.C.) era hijo de Herodes Agripa I, fue el último gobernante de la familia de Herodes, gobernando solo sobre una pequeña parte de Palestina que incluía a Galilea y Perea. Era natural que visitara al nuevo gobernador romano de Palestina. Él tenía que mantener buenas relaciones con el gobernador romano, ya que este podía con facilidad destituirlo de su cargo.

Herodes Agripa II era en mayor grado de sangre judía, siendo de los reyes — sacerdotes macabeos. Se llevaba bien con los judíos haciendo regalos generosos para la causa de los judíos y para el mantenimiento del palacio en Jerusalén. Sin embargo, los judíos consideraban a Herodes un hombre perverso que vivía en adulterio y licenciosamente, alguien que ignoraba la ley de Dios. Por ejemplo, vivía con Berenice, su media hermana. El reinado de Herodes terminó cuando cayó Jerusalén en el 70 d.C., fue trasladado a Roma, regresó y murió allá en algún lugar alrededor del 100 d.C.

(25:1-27) *Introducción:* Este capítulo presenta una escena interesante. Es un capítulo que nos ofrece una imagen de todos los tipos de hombres.

1. Festo, el nuevo gobernador, hizo una visita para apaciguar (v. 1).
2. La conspiración de los judíos: hombres que trataron de asesinar al siervo de Dios (vv. 2-5).
3. El juicio ante el gobernador romano local: hombres que mintieron y levantaron falsas acusaciones contra el siervo de Dios (vv. 6-7).
4. La defensa de Pablo: un hombre lleno de fortaleza divina (v. 8).
5. El fracaso de Festo aplicando justicia: un hombre que intentó llegar a un arreglo injusto (v. 9).
6. La apelación de Pablo a César: un hombre piadoso se entrega en manos de la ley (vv. 10-12).

7. El nuevo gobernador buscó el consejo del rey Agripa: un hombre espiritualmente ciego y confundido (vv. 13-21).

8. La audiencia ante el rey Agripa: hombres engalanados en su pompa terrenal y en sus injusticias protocolares (vv. 22-27).

1 (25:1) *Festo — Movimiento político:* Festo, el nuevo gobernador, hizo una visita a Jerusalén para apaciguar. El antiguo gobernador, Félix, había tratado con mucha crueldad a los judíos, causando una grave reacción entre los judíos. Como resultado, Félix fue sustituido de su cargo y lo reemplazó Festo. Note cuán rápidamente Festo buscó apaciguar y mostrar respeto a los judíos. A los *tres días* de haber asumido el puesto como gobernador, viajó inmediatamente a Jerusalén. Lo que sucedió con Festo a partir de este momento ofrece una imagen de diversos tipos de hombres.

2 (25:2-5) *Hipocresía — Farsa:* la conspiración de los judíos fue una trágica imagen, una imagen de los hombres tratando de deshacerse de un genuino siervo de Dios. La petición de los judíos de juzgar a Pablo en Jerusalén ante el tribunal judío era un movimiento político muy astuto. Los líderes judíos estaban tratando de aprovecharse de Festo. Era nuevo en el puesto de gobernador y su área era un semillero de problemas constantes para Roma. Él estaría ansioso de asegurar la aprobación, la amistad y el apoyo de las autoridades judías. El propósito de los judíos, como se nos relata, era emboscar a Pablo en algún lugar en el camino entre Cesarea y Jerusalén. Sin embargo, Festo al parecer sospechaba algo de esta petición inusual de juzgar a un hombre a quien Félix no había juzgado en los últimos dos años. Él actuó con justicia. Dio dos razones justas para rechazar esta petición: el lugar del tribunal era en Cesarea, y él solo podría estar en Jerusalén por dos días, ya que acababa de asumir el cargo. Sin embargo, en un movimiento para apaciguar, le sugirió a los líderes que le acompañaran en su viaje de regreso a Cesarea y él juzgaría el caso inmediatamente luego de su regreso.

Pensamiento 1. La imagen es la de hombres tratando de silenciar y deshacerse de un verdadero mensajero de Dios. Y note: ellos eran religiosos *dentro del* cuerpo de la religión. Cuán a menudo los hombres temen y luchan contra la verdad de Cristo y sus mensajeros, y temen perder su propia influencia, posición y respeto (ver nota, Religiosos, Hch. 4:2-4 para discusión).

> "Ninguno puede servir a dos señores; porque o aborrecerá al uno y amará al otro, o estimará al uno y menospreciará al otro. No podéis servir a Dios y a las riquezas" (Mt. 6:24).
> "Respondiendo él, les dijo: Hipócritas, bien profetizó de vosotros Isaías, como está escrito: Este pueblo de labios me honra, Mas su corazón está lejos de mí" (Mr .7:6).
> "Porque por ahí andan muchos, de los cuales os dije muchas veces, y aun ahora lo digo llorando, que son enemigos de la cruz de Cristo; el fin de los cuales será perdición, cuyo dios es el vientre, y cuya gloria es su vergüenza; que sólo piensan en lo terrenal". (Fil. 3:18-19).

> "Profesan conocer a Dios, pero con los hechos lo niegan, siendo abominables y rebeldes, reprobados en cuanto a toda buena obra". (Tit. 1:16).
> "Muchos hombres proclaman cada uno su propia bondad, Pero hombre de verdad, ¿quién lo hallará?" (Pr. 20:6).
> "Hay generación limpia en su propia opinión, si bien no se ha limpiado de su inmundicia". (Pr. 30:12).

3 (25:6-7) *Mentira — Falso testimonio:* el juicio ante el gobernador romano fue una trágica imagen, una imagen de hombres que mintieron y usaron acusaciones falsas contra el siervo de Dios. Lo que sucedió es muy representativo. Festo estaba sobre el trono con los judíos de pie alrededor de la sala de la corte en un semicírculo. En el mismo medio estaba Pablo, el siervo de Dios. Comienza la acción y todos en la corte escucharon un bombardeo de acusaciones contra Pablo. Pero note: no podían probar nada. Sus acusaciones eran mentiras y cargos falsos.

Pensamiento 1. Esta escena pudiera estar dentro o fuera de la iglesia, pero siempre es lo mismo. Cuando un grupo de hombres, ya sea del mundo o de la religión, desean deshacerse de un siervo de Dios, comienzan a mentir y a hacer falsas acusaciones.

> "Bienaventurados sois cuando por mi causa os vituperen y os persigan, y digan toda clase de mal contra vosotros, mintiendo" (Mt. 5:11).
> "teniendo buena conciencia, para que en lo que murmuran de vosotros como de malhechores, sean avergonzados los que calumnian vuestra buena conducta en Cristo" (1 P. 3:16).

Pensamiento 2. Mentir es una seria ofensa a los ojos de Dios. Solo imagine la escena aquí: religiosos, incluyendo los líderes, estaban mintiendo y acusando falsamente a Pablo e incluso planeando asesinarlo.

> "No hablarás contra tu prójimo falso testimonio" (Éx. 20:16).
> "No admitirás falso rumor. No te concertarás con el impío para ser testigo falso" (Éx. 23:1).
> "No habitará dentro de mi casa el que hace fraude; El que habla mentiras no se afirmará delante de mis ojos" (Sal. 101:7).
> "El testigo falso no quedará sin castigo, Y el que habla mentiras perecerá" (Pr. 19:9).
> "todos los mentirosos tendrán su parte en el lago que arde con fuego y azufre, que es la muerte segunda". (Ap. 21:8).

4 (25:8) *Juicios, Liberación:* la defensa de Pablo es una imagen de un hombre lleno de fortaleza divina. En este versículo se nos da una breve declaración del rechazo de Pablo de los tres cargos en su contra. (Ver bosquejo y nota, pt. 3, Hch. 24:1-9 para discusión.)

El asunto a ver aquí es la fortaleza de Pablo, fortaleza que provenía del mismo Dios. El Señor estaba a su lado tal y como había prometido que lo haría cuando los creyentes enfrentaran pruebas difíciles en la vida (ver nota, Hch. 23:11 para discusión y otros versículos).

5 (25:9) *Compromiso — Cobardía:* el fracaso de Festo en la justicia es una imagen usual, la imagen de un hombre tratando de llegar a un *arreglo injusto.* Festo conocía la verdad; Pablo no era culpable (vv. 10, 25). Él era inocente y debía ser absuelto, pero Festo sabía que debía apaciguar a los líderes judíos. Entonces concibió una idea para no tener que ver más con este asunto. Si podía lograr que a Pablo le juzgaran ante él en Jerusalén, entonces podía declarar a Pablo inocente de los cargos civiles o de insurrección y hacer recaer los dos cargos religiosos sobre los judíos. Note cómo falla Festo, y note cómo su fallo es una imagen del hombre…

- que le falta valor para ponerse del lado de lo que él sabe que es correcto.
- que prefiere popularidad ante la justicia (v.9).
- que prefiere llegar a arreglos antes de hacer lo que es correcto.

> "Porque amaban más la gloria de los hombres que la gloria de Dios" (Jn.12:43).

> "Te encarezco delante de Dios y del Señor Jesucristo, y de sus ángeles escogidos, que guardes estas cosas sin prejuicios, no haciendo nada con parcialidad" (1 Ti. 5:21).

> "No harás injusticia en el juicio, ni favoreciendo al pobre ni complaciendo al grande; con justicia juzgarás a tu prójimo" (Lv. 19:l5).

> "No hagáis distinción de persona en el juicio; así al pequeño como al grande oiréis; no tendréis temor de ninguno, porque el juicio es de Dios; y la causa que os fuere difícil, la traeréis a mí, y yo la oiré" (Dt. l:17).

> "¿Hasta cuándo juzgaréis injustamente, Y aceptaréis las personas de los impíos?" (Sal. 82:2).

> "Vi más debajo del sol: en lugar del juicio, allí impiedad; y en lugar de la justicia, allí iniquidad" (Ec. 3:16).

> "Por tanto, yo también os he hecho viles y bajos ante todo el pueblo, así como vosotros no habéis guardado mis caminos, y en la ley hacéis acepción de personas" (Mal. 2:9).

6 (25:10-12) *Dios, soberanía — Dirección:* la apelación de Pablo a César es una imagen del siervo de Dios liberado por su poder. Una vez más, note la valentía que le dio Dios a Pablo. Le dijo a Festo…

- que comparecería donde debía comparecer, en una corte de justicia romana.
- que no le había hecho ningún mal a los judíos.
- que el propio Festo lo sabía.
- que no rehusaba morir si fuera culpable.
- que no aceptaba las acusaciones falsas.

Entonces Pablo sorprendió a todos dando un paso de gran envergadura. Como a Festo le faltaba valor para actuar con justicia, Pablo gritó: "a César apelo". Era un derecho de un ciudadano romano apelar a César si los cargos implicaban una ofensa capital, y una vez que se apelaba, nada podía detener esa apelación. La persona tenía que ser juzgada ante el mismo César. La apelación estremeció a Festo, porque ahora sabía que había cometido un serio error. La situación se le había ido de las manos, porque las palabras "a César apelo" eran irrevocables; no se puede dar marcha atrás a las palabras.

Había perdido su oportunidad de apaciguar a los judíos y tenía que enviar a Roma a un ciudadano romano para ser juzgado con cargos de tan poca fuerza, que se cuestionaría su falta de sabiduría para impartir justicia. Note: inmediatamente consultó con sus consejeros, regresó y dijo que había que atender a la petición de Pablo.

La clave es que obligaron a Pablo a apelar a César (Hch. 28:19). Esta es una imagen de cómo Dios domina sobre los sucesos terrenales tanto para proteger como para llevar a su mensajero a un nuevo lugar de ministerio. (Ver notas — Hch. 23:11 para más discusión.)

> "Para dar luz a los que habitan en tinieblas y en sombra de muerte; Para encaminar nuestros pies por camino de paz" (Lc. l:79).

> "Pero cuando venga el Espíritu de verdad, él os guiará a toda la verdad; porque no hablará por su propia cuenta, sino que hablará todo lo que oyere, y os hará saber las cosas que habrán de venir" (Jn. 16:13).

> "Porque este Dios es Dios nuestro eternamente y para siempre; El nos guiará aun más allá de la muerte" (Sal. 48:14).

> "Me has guiado según tu consejo, Y después me recibirás en gloria" (Sal. 73:24).

> "Entonces tus oídos oirán a tus espaldas palabra que diga: Este es el camino, andad por él; y no echéis a la mano derecha, ni tampoco torzáis a la mano izquierda" (Is. 30:21).

7 (25:13-21) *Ceguera espiritual:* el nuevo gobernador buscando el consejo del rey Agripa es una imagen de un hombre espiritualmente ciego y confundido. La situación era la siguiente, el rey Agripa haciendo una visita protocolar a Festo para felicitarlo por el nombramiento como gobernador de Palestina. Lo que siguió se ve claramente al echarle un vistazo a las Escrituras y al bosquejo. Festo estaba perplejo ante Jesús y su resurrección de los muertos (vv. 18-19). Él no sabía cómo redactar tales cargos de manera formal para los oficiales de Roma y quería que el rey Agripa lo ayudara.

Note: cuando se refirió a Jesús, lo hizo con menosprecio. Estaba ridiculizando el reclamo de Pablo.

Pensamiento 1. El asunto clave aquí es la confusión y la dureza de Festo en los asuntos espirituales. Él ignoraba lo relacionado con Jesús y la resurrección. Pero ahora no: Pablo acababa de anunciarle el evangelio. Él era responsable ahora de responder a Cristo. Pero observe: su respuesta fue de menosprecio a la idea de Jesús y su resurrección de los muertos. Rechazó confiar en Cristo y someterse a Él.

> "pero si tu ojo es maligno, todo tu cuerpo estará en tinieblas. Así que, si la luz que en ti hay es tinieblas, ¿cuántas no serán las mismas tinieblas?" (Mt. 6:23).

> "en los cuales el dios de este siglo cegó el entendimiento de los incrédulos, para que no les resplandezca la luz del evangelio de la gloria de Cristo, el cual es la imagen de Dios" (2 Co. 4:4).

> "teniendo el entendimiento entenebrecido, ajenos de la vida de Dios por la ignorancia que en ellos hay, por la dureza de su corazón" (Ef. 4:18).

> "Pero el que aborrece a su hermano está en tinie-

blas, y anda en tinieblas, y no sabe a dónde va, porque las tinieblas le han cegado los ojos" (1 Jn. 2:11).

8 (25:22-27) *Mundanalidad:* la audiencia ante el rey Agripa es la imagen de los hombres engalanados en su pompa mundanal y en sus injusticias protocolares. La escena es muy representativa y descrita con claridad en las Escrituras y en el bosquejo. Note estos tres factores.

1. La pompa mundanal no añade nada a la verdad, la rectitud o la justicia del caso, ni a la dignidad del carácter del líder. La pompa solo busca satisfacer el anhelo humano de reconocimiento y espectáculo, de altivez y enaltecimiento, de honor y gloria.

2. La pompa y el espectáculo de la historia desaparece, pero no los hombres de carácter. Note cómo se recuerda a Festo y Agripa en comparación con el prisionero Pablo que estuvo ante ellos.

3. El discurso de Festo fue protocolar en una ocasión protocolar, pero era el discurso de un juez que presidía en un juicio injusto, y él lo sabía.

Pensamiento 1. ¿Cuántos cometen hechos injustos y luego continúan la injusticia en un escenario protocolar ante el público? ¿Cuántos espectáculos engañosos se ponen en escena para evitar un enfrentamiento?

"¿Cómo podéis vosotros creer, pues recibís gloria los unos de los otros, y no buscáis la gloria que viene del Dios único?" (Jn. 5:44).

"Porque: Toda carne es como hierba, Y toda la gloria del hombre como flor de la hierba. La hierba se seca, y la flor se cae" (1 P. 1:24).

"Mas el hombre no permanecerá en honra; Es semejante a las bestias que perecen" (Sal. 49:12).

"Porque cuando muera no llevará nada, Ni descenderá tras él su gloria" (Sal. 49:17).

"Por tanto, la soberbia los corona; Se cubren de vestido de violencia" (Sal. 73:6).

"Antes del quebrantamiento es la soberbia, Y antes de la caída la altivez de espíritu" (Pr. 16:18).

"Por eso ensanchó su interior el Seol, y sin medida extendió su boca; y allá descenderá la gloria de ellos, y su multitud, y su fausto, y el que en él se regocijaba" (Is. 5:14).

CAPÍTULO 26

E. Pablo, Festo y el rey Agripa, cuarto juicio (parte 2): el cambio que transformó una vida, 26:1-18

1 A Pablo se le permite testificar

   a. La cortesía de Pablo

   b. El conocimiento de Herodes Agripa sobre las costumbres judías

   c. Pablo pide paciencia

2 Una vida muy estricta

   a. Una juventud muy estricta como judío

   b. Un fariseo riguroso

3 Una vida muy ortodoxa

   a. La creencia principal del los judíos: La promesa de Dios acerca del Mesías y la resurrección

   b. La acusación principal contra Pablo era la misma promesa en la que creían los judíos

   c. El principal malentendido: Que lo consideraban increíble

4 Una vida muy agresiva: un enemigo encarnizado de Jesús

   a. Él mandó los creyentes a la cárcel

1 Entonces Agripa dijo a Pablo: Se te permite hablar por ti mismo. Pablo entonces, extendiendo la mano, comenzó así su defensa:

2 Me tengo por dichoso, oh rey Agripa, de que haya de defenderme hoy delante de ti de todas las cosas de que soy acusado por los judíos.

3 Mayormente porque tú conoces todas las costumbres y cuestiones que hay entre los judíos; por lo cual te ruego que me oigas con paciencia.

4 Mi vida, pues, desde mi juventud, la cual desde el principio pasé en mi nación, en Jerusalén, la conocen todos los judíos;

5 los cuales también saben que yo desde el principio, si quieren testificarlo, conforme a la más rigurosa secta de nuestra religión, viví fariseo.

6 Y ahora, por la esperanza de la promesa que hizo Dios a nuestros padres soy llamado a juicio;

7 promesa cuyo cumplimiento esperan que han de alcanzar nuestras doce tribus, sirviendo constantemente a Dios de día y de noche. Por esta esperanza, oh rey Agripa, soy acusado por los judíos.

8 ¡Qué! ¿Se juzga entre vosotros cosa increíble que Dios resucite a los muertos?

9 Yo ciertamente había creído mi deber hacer muchas cosas contra el nombre de Jesús de Nazaret;

10 lo cual también hice en Jerusalén. Yo encerré en cár-

celes a muchos de los santos, habiendo recibido poderes de los principales sacerdotes; y cuando los mataron, yo di mi voto.

11 Y muchas veces, castigándolos en todas las sinagogas, los forcé a blasfemar; y enfurecido sobremanera contra ellos, los perseguí hasta en las ciudades extranjeras.

12 Ocupado en esto, iba yo a Damasco con poderes y en comisión de los principales sacerdotes,

13 cuando a mediodía, oh rey, yendo por el camino, vi una luz del cielo que sobrepasaba el resplandor del sol, la cual me rodeó a mí y a los que iban conmigo.

14 Y habiendo caído todos nosotros en tierra, oí una voz que me hablaba, y decía en lengua hebrea: Saulo, Saulo, ¿por qué me persigues? Dura cosa te es dar coces contra el aguijón.

15 Yo entonces dije: ¿Quién eres, Señor? Y el Señor dijo: Yo soy Jesús, a quien tú persigues.

16 Pero levántate, y ponte sobre tus pies; porque para esto he aparecido a ti, para ponerte por ministro y testigo de las cosas que has visto, y de aquellas en que me apareceré a ti,

17 librándote de tu pueblo, y de los gentiles, a quienes ahora te envío,

18 para que abras sus ojos, para que se conviertan de las tinieblas a la luz, y de la potestad de Satanás a Dios; para que reciban, por la fe que es en mí, perdón de pecados y herencia entre los santificados.

   b. Él había dado su voto para la muerte de los creyentes

   c. Él había castigado a los creyentes en las sinagogas

   d. Él había obligado a los creyentes a blasfemar

   e. Él había perseguido a los creyentes

5 Un verdadero cambio de vida

   a. La luz sorprendente

     1) Mientras iniciaba una cruel campaña

     2) Se mostró al mediodía

     3) Más brillante que el sol

     4) Se mostró a todos los que viajaban con Pablo

     5) Los tiró a todos al suelo

   b. La extraña voz

     1) La acusación por persecución

     2) La acusación por patear contra la conciencia

   c. La prodigiosa aparición de Jesús

     1) Se identifica a sí mismo como Jesús

     2) Se le apareció a Pablo

     3) Comisionó a Pablo para ser ministro y testigo

   d. La promesa de liberar a Pablo

   e. La increíble comisión a los gentiles

     1) A abrir sus ojos

     2) A volverlos de las tinieblas a la luz

     3) A volverlos del poder de Satanás a Dios

     4) A perdonar sus pecados

     5) A darles una herencia espiritual

DIVISIÓN XI

EL ÚLTIMO VIAJE DE PABLO Y SU ÚLTIMA PREDICACIÓN: COMO PRISIONERO HACIA ROMA, 23:12–28:31

E. Pablo, Festo y el rey Agripa: cuarto juicio (parte 2): el cambio que transformó una vida, 26:1-18

(26:1-18) *Introducción:* Pablo dio una clara descripción de su vida y conversión. Esta es la tercera narración que las Escrituras nos ofrecen sobre la conversión de Pablo. Es una clara imagen del poder transformador de Cristo: no importa cuán lejos haya estado una persona de Dios.

1. A Pablo se le permite testificar (vv. 1-3).
2. Una vida muy estricta (vv. 4-5).
3. Una vida muy ortodoxa (vv. 6-8).
4. Una vida muy agresiva: un enemigo encarnizado de Jesús (vv. 9-11).
5. Un verdadero cambio de vida (vv. 12-18).

1 (26:1-3) *Pablo, juicios legales:* El rey Agripa le hizo señal a Pablo para que testificara. Note tres cosas.

1. La cortesía de Pablo. Era costumbre que el prisionero levantara sus manos hacia el tribunal como un acto mediante el cual apreciaba el privilegio de hablar. Pablo no aduló al rey Agripa, sino que fue directo al asunto. Estaba agradecido por tener la oportunidad de dar testimonio de "las cosas" de las cuales estaba acusado. El propósito de Pablo era doble: defenderse y dar testimonio del Señor Jesús ante uno de los tribunales superiores del mundo.

2. El conocimiento de Herodes Agripa sobre las costumbres judías. Herodes era rey de los judíos; por lo tanto estaba familiarizado con las costumbres y las leyes judías. Él tenía la responsabilidad de nombrar al sumo sacerdote y cuidar del mantenimiento del templo. Pablo sabía que el rey Agripa podría comprender mejor las acusaciones contra él y darse cuenta fácilmente que no era culpable.

3. Pablo pide paciencia. Note un aspecto importante: Pablo sabía que este tribunal no podía librarlo. Él había apelado a César y debía ir a juicio ante César. ¿Qué estaba haciendo Pablo? Dos cosas. Estaba usando la oportunidad para testificar y para ejercer influencia sobre los dos jueces (Festo y Agripa) para que escribieran un reporte favorable, declarando su inocencia.

Observe que Pablo pide paciencia al tribunal, ya que su defensa iba a tomar algún tiempo.

2 (26:4-5) *Pablo, vida de:* La vida de Pablo fue muy estricta.

1. La juventud de Pablo fue una juventud muy estricta como judío. Nació en Tarso, pero...

- lo llevaron a Jerusalén para recibir educación siendo muy pequeño.
- recibió educación en la ley judía.
- recibió instrucción de uno de los grandes maestros judíos (Gamaliel).

Note: Pablo dijo que los judíos, aun los mismos que lo acusaban, conocían esto. (Ver bosquejo y nota, Hch. 22:3-5 para más discusión.)

2. Pablo recibió educación como fariseo, un religioso muy estricto, uno de los religiosos más estrictos de toda la historia (ver bosquejo y *Estudio a fondo 3* — Hch. 23:8; Ef. 3:4-6 para discusión y versículos).

3 (26:6-8) *Pablo, vida de:* La vida de Pablo fue muy ortodoxa. La esperanza de Pablo era la misma que sostenían los judíos — la esperanza del Mesías y de la resurrección de los muertos. Note tres puntos.

1. Una de las creencias principales de los judíos era la promesa de Dios de enviar al Mesías para establecer su reino sobre toda la tierra, de reinar por siempre y de resucitar a los seguidores de Dios. (Ver *Estudio a fondo 2* — Mt. 1:18, notas — 11:1-6; 11:2-3; *Estudio a fondo 1* — 11:5; *Estudio a fondo 2* — 11:6; *Estudio a fondo 1* — 12:16; notas — 22:42; Lc. 3:24-31; Jn. 1:23; nota y *Estudio a fondo 3* — 1:45; nota y *Estudio a fondo 4* — 1:49 para más discusión.).

2. La acusación principal contra Pablo era la misma promesa que esperaban los propios judíos. Los mismos que estaban acusando a Pablo eran los que creían como él. La única diferencia era que Pablo creía que el Mesías ya había venido — que Jesús era el Mesías, el Hijo de Dios, a quien Dios había levantado de los muertos. Él creía que Jesús era el cumplimiento de la esperanza judía. (Ver notas — Hch. 2:25-36; *Estudio a fondo 4* — 2:24 para discusión.)

3. El principal malentendido era la resurrección del Mesías, y de todos los hombres en el futuro. Note la pregunta crucial: "¿Se juzga entre vosotros cosa increíble que Dios resucite a los muertos? (v. 8). Dios es Dios. Dios...

- posee toda la sabiduría y sabe exactamente lo que debe hacerse.
- posee todo el poder, el poder de hacer las cosas según su voluntad.
- posee el poder de la vida, para dar vida a quien Él quiere.

¿Se juzga entre vosotros cosa increíble que Dios resucite a los muertos? Él tiene la sabiduría, el poder y el aliento de vida para hacerlo.

> "De cierto, de cierto os digo: Viene la hora, y ahora es, cuando los muertos oirán la voz del Hijo de Dios; y los que la oyeren vivirán" (Jn. 5:25).
> "Y esta es la voluntad del que me ha enviado: Que todo aquél que ve al Hijo, y cree en él, tenga vida eterna; y yo le resucitaré en el día postrero" (Jn. 6:40).
> "sabiendo que el que resucitó al Señor Jesús, a nosotros también nos resucitará con Jesús, y nos presentará juntamente con vosotros" (2 Co. 4:14).
> "Porque el Señor mismo con voz de mando, con voz de arcángel, y con trompeta de Dios, descenderá del cielo; y los muertos en Cristo resucitarán primero" (1 Ts. 4:16).

Pensamiento 1. Dios es Dios, y como Dios, Él es amor, deseoso de dar vida a todos los que creen en Él y le aman.

> "Porque de tal manera amó Dios al mundo, que ha dado a su Hijo unigénito, para que todo aquel que en él cree, no se pierda, mas tenga vida eterna". (Jn. 3:16).
> "De cierto, de cierto os digo: El que oye mi pala-

bra, y cree al que me envió, tiene vida eterna; y no vendrá a condenación, mas ha pasado de muerte a vida". (Jn. 5:24).

"Yo, la luz, he venido al mundo, para que todo aquel que cree en mí no permanezca en tinieblas". (Jn. 12:46).

"que si confesares con tu boca que Jesús es el Señor, y creyeres en tu corazón que Dios le levantó de los muertos, serás salvo. Porque con el corazón se cree para justicia, pero con la boca se confiesa para salvación". (Ro. 10:9-10).

4 (26:9-11) *Pablo, vida de:* La vida de Pablo fue muy agresiva. Las Escrituras y el bosquejo nos dan una imagen clara de cómo Pablo perseguía a Cristo y a los creyentes en Cristo (ver bosquejo y notas, Hch. 8:1-4, esp. 8:1; 8:3; 9:1-2 para discusión).

Note las palabras, "yo di mi voto" (katenegka psephon). La palabra "voto" realmente significa una pequeña *piedra* que usaba el Sanedrín que era arrojada a una urna para indicar el voto de una persona. Una piedrecita negra significaba condenado. El asunto aquí es: Pablo estaba diciendo que el fue miembro del Sanedrín, votando realmente contra los creyentes cristianos. Esto dice que Pablo...

* fue miembro de uno de los tribunales superiores del mundo.
* que probablemente estuvo casado antes de su conversión (un hombre, para ser miembro del sanedrín, tenía que estar casado).

5 (26:12-18) *Pablo, vida de — Misión — Ministerio:* La vida de Pablo cambió totalmente. Se había convertido, cambiado completamente con relación a cómo él había sido. Pablo expresa cuatro hechos importantes sobre su conversión. (Ver bosquejo y notas, Conversión de Pablo — Hch. 9:1-9; 22:6-11 para discusión de estos puntos).

1. Hubo una luz sorprendente (ver nota, Hch. 9:3 para discusión).
2. Hubo una extraña voz proveniente de la luz. La voz pronunció dos acusaciones contra Pablo.
   a. Una acusación de perseguir a Jesús (ver nota, pt. 1, Hch. 9:4-5 para discusión).
   b. Una acusación de patear contra su conciencia (ver nota, pt. 3, Hch. 9:4-5 para discusión).
3. Hubo una prodigiosa aparición de Jesús.
   a. La extraña voz identificó a la persona como Jesús (ver nota, pt. 1, Hch. 9:4-5 para discusión).
   b. El Señor realmente apareció ante Pablo. Pablo lo declaró sin duda alguna.
   c. El Señor comisionó a Pablo para ser un ministro y testificar...
      * de esta aparición (revelación) del Señor.
      * de futuras apariciones (revelaciones) del Señor.

"Mas os hago saber, hermanos, que el evangelio anunciado por mí, no es según hombre; pues yo ni lo recibí ni lo aprendí de hombre alguno, sino por revela-

ción de Jesucristo". (Gá. 1:11-12; cp. Hch. 18:9; 22:17-21; 23:11; 2 Co. 12:1-4).

d. El Señor prometió librar a Pablo cuando los judíos y los gentiles lo persiguieran, preservándolo para llevar adelante el ministerio para el que lo había escogido.

Pensamiento 1. El creyente genuino puede depender de la liberación de Dios de forma que pueda completar su ministerio en la tierra.

4. Hubo una increíble comisión a los gentiles. Pablo probablemente esperaba que el Señor lo derribara y lo condenara; pero en vez de esto, recibió la maravillosa misericordia de Dios. No solo recibió la salvación, Dios también le dio una tarea que hacer.

Note un punto decisivo: La misión de Pablo era testificar de la maravillosa gracia del Señor Jesucristo. Era la misma tarea que se le asigna a cada creyente.

a. Abrir los ojos de los hombres: ayudarlos a ver la verdad de Dios, su propia verdad y la de su mundo; darle a los hombres propósito, significado e importancia en la vida.

"Porque Dios, que mandó que de las tinieblas resplandeciese la luz, es el que resplandeció en nuestros corazones, para iluminación del conocimiento de la gloria de Dios en la faz de Jesucristo". (2 Co. 4:6).

"alumbrando los ojos de vuestro entendimiento, para que sepáis cuál es la esperanza a que él os ha llamado, y cuáles las riquezas de la gloria de su herencia en los santos" (Ef. 1:18).

"Mas vosotros sois linaje escogido, real sacerdocio, nación santa, pueblo adquirido por Dios, para que anunciéis las virtudes de aquel que os llamó de las tinieblas a su luz admirable" (1 P. 2:9).

b. Volver a los hombres de las tinieblas a la luz: para librarlos de tropezar, caer e ir a la ruina en las tinieblas del pecado y la vergüenza; para volver los hombres de las tinieblas del pecado a la luz de la santidad. (Ver notas — Jn.8:12 para más discusión.)

"Porque así nos ha mandado el Señor, diciendo: Te he puesto para luz de los gentiles, A fin de que seas para salvación hasta lo último de la tierra" (Hch. 13:47).

"La noche está avanzada, y se acerca el día. Desechemos, pues, las obras de las tinieblas, y vistámonos las armas de la luz" (Ro. 13:12).

"Porque en otro tiempo erais tinieblas, mas ahora sois luz en el Señor; andad como hijos de luz" (Ef. 5:8).

"para que seáis irreprensibles y sencillos, hijos de Dios sin mancha en medio de una generación maligna y perversa, en medio de la cual resplandecéis como luminares en el mundo" (Fil. 2:15).

"Tenemos también la palabra profética más segura, a la cual hacéis bien en estar atentos como a una antorcha que alumbra en lugar oscuro, hasta que el día esclarezca y el lucero de la mañana salga en vuestros corazones" (2 P. 1:19).

c. Sacar a los hombres del poder de Satanás a Dios: sacar a los hombres de la esclavitud, dominio y sujeción de la maldad a la libertad, poder y vida en el mismo Dios.

"**Respondió Jesús y dijo: No ha venido esta voz por causa mía, sino por causa de vosotros. Ahora es el juicio de este mundo; ahora el príncipe de este mundo será echado fuera**" (Jn.12:30-31).

"**Así que, por cuanto los hijos participaron de carne y sangre, él también participó de lo mismo, para destruir por medio de la muerte al que tenía el imperio de la muerte, esto es, al diablo**" (He. 2:14).

"**El que practica el pecado es del diablo; porque el diablo peca desde el principio. Para esto apareció el Hijo de Dios, para deshacer las obras del diablo**". (1 Jn. 3:8).

d. Perdonar a los hombres sus pecados (ver *Estudio a fondo 2, Perdón* — Hch. 2:38 para discusión).

"**A éste, Dios ha exaltado con su diestra por Príncipe y Salvador, para dar a Israel arrepentimiento y perdón de pecados**" (Hch. 5:31).

"**Sabed, pues, esto, varones hermanos: que por medio de él se os anuncia perdón de pecados**" (Hch. 13:38).

"**en quien tenemos redención por su sangre, el perdón de pecados según las riquezas de su gracia**" (Ef. 1:7).

"**Si confesamos nuestros pecados, él es fiel y justo para perdonar nuestros pecados, y limpiarnos de toda maldad**" (1 Jn. 1:9).

e. Darle a los hombres herencia espiritual: para hacerlos partícipe de la Tierra Prometida de gloria y eternidad; para compartir con cada hombre la promesa gloriosa de Dios de vida eterna (vea notas, Lc. 16:10-12; Jn. 8:51; Hch. 7:2-8).

"**El Espíritu mismo da testimonio a nuestro espíritu, de que somos hijos de Dios. Y si hijos, también herederos; herederos de Dios y coherederos con Cristo, si es que padecemos juntamente con él, para que juntamente con él seamos glorificados**" (Ro. 8:16-17).

"**con gozo dando gracias al Padre que nos hizo aptos para participar de la herencia de los santos en luz**" (Col. 1:12).

"**para que justificados por su gracia, viniésemos a ser herederos conforme a la esperanza de la vida eterna**" (Tit. 3:7).

"**Como todas las cosas que pertenecen a la vida y a la piedad nos han sido dadas por su divino poder, mediante el conocimiento de aquel que nos llamó por su gloria y excelencia, por medio de las cuales nos ha dado preciosas y grandísimas promesas, para que por ellas llegaseis a ser participantes de la naturaleza divina, habiendo huido de la corrupción que hay en el mundo a causa de la concupiscencia**" (2 P. l:3-4).

	F. Pablo, Festo y el rey Agripa (parte 3): un testimonio y mensaje muy necesitados, 26:19-32	25 Mas él dijo: No estoy loco, excelentísimo Festo, sino que hablo palabras de verdad y de cordura.	2) La negativa de Pablo: Predicó la verdad con sobriedad
1 Fue obediente al llamado de Dios	19 Por lo cual, oh rey Agripa, no fui rebelde a la visión celestial,	26 Pues el rey sabe estas cosas, delante de quien también hablo con toda confianza. Porque no pienso que ignora nada de esto; pues no se ha hecho esto en algún rincón.	3) La denuncia de Pablo: Agripa sabía estas cosas
a. Testificó a todos los hombres en todas partes	20 sino que anuncié primeramente a los que están en Damasco, y Jerusalén, y por toda la tierra de Judea, y a los gentiles, que se arrepintiesen y se convirtiesen a Dios, haciendo obras dignas de arrepentimiento.	27 ¿Crees, oh rey Agripa, a los profetas? Yo sé que crees. 28 Entonces Agripa dijo a Pablo: Por poco me persuades a ser cristiano.	4) La pregunta de Pablo: ¿Crees a los profetas?
b. Predicó el arrepentimiento, la necesidad de que los hombres se vuelvan a Dios y hagan obras de arrepentimiento		29 Y Pablo dijo: ¡Quisiera Dios que por poco o por mucho, no solamente tú, sino también todos los que hoy me oyen, fueseis hechos tales cual yo soy, excepto estas cadenas!	b. Veredicto 2: evangelista: el rey Agripa acusa a Pablo de tratar de convertirlo
c. Fue perseguido y acusado por su obediencia a Dios	21 Por causa de esto los judíos, prendiéndome en el templo, intentaron matarme. 22 Pero habiendo obtenido auxilio de Dios, persevero hasta el día de hoy, dando testimonio a pequeños y a grandes, no diciendo nada fuera de las cosas que los profetas y Moisés dijeron que habían de suceder:	30 Cuando había dicho estas cosas, se levantó el rey, y el gobernador, y Berenice, y los que se habían sentado con ellos;	c. Veredicto 3: Pablo era realmente inocente de lo que le acusaban
2 Continuó dando testimonio a grandes y pequeños			
a. Predicó solamente las Escrituras		31 y cuando se retiraron aparte, hablaban entre sí, diciendo: Ninguna cosa digna ni de muerte ni de prisión ha hecho este hombre.	1) No hizo nada para merecer la muerte
b. Predicó la muerte de Cristo	23 Que el Cristo había de padecer, y ser el primero de la resurrección de los muertos, para anunciar luz al pueblo y a los gentiles.		
c. Predicó la resurrección de Cristo			
3 La conclusión: el veredicto contra Pablo	24 Diciendo él estas cosas en su defensa, Festo a gran voz dijo: Estás loco, Pablo; las muchas letras te vuelven loco.	32 Y Agripa dijo a Festo: Podía este hombre ser puesto en libertad, si no hubiera apelado a César.	2) Se le debía poner en libertad 3) Se le debía juzgar ante el César porque había apelado[EF1]
a. Veredicto 1: locura 1) Una acusación en alta voz de parte de Festo			

DIVISIÓN XI

EL ÚLTIMO VIAJE DE PABLO Y SU ÚLTIMA PREDICACIÓN: COMO PRISIONERO HACIA ROMA, 23:12–28:31

F. Pablo, Festo y el rey Agripa (parte 3): un testimonio y mensaje muy necesitados, 26:19-32

(26:19-32) *Introducción:* este pasaje es una fuerte declaración del testimonio de Pablo y el veredicto del rey Agripa contra la vida de Pablo. Como tal, es también una fuerte declaración del mensaje y testimonio que el mundo necesita desesperadamente.

1. Fue obediente al llamado de Dios (vv. 19-21).
2. Continuó dando testimonio a grandes y pequeños (vv. 22-23).

3. La conclusión: el veredicto contra Pablo (vv. 24-32).

[1] (26:19-21) *Llamado — Ministerio:* Pablo obedeció al llamado de Jesús. Pablo declaró enfáticamente que su llamado era del cielo, un llamado del mismo Señor. Él era la persona menos probable en el mundo para recibir un llamado de Dios, pero lo recibió. El Señor Jesús se le apareció y lo llamó, y el llamado fue...

- una orden
- una obligación
- un decreto
- una denuncia
- una determinación

- un mandato
- una exigencia
- una demanda
- un ultimátum

El llamado del Señor no es asunto para discutir o cuestionarse. No hay que consultar con familiares o amigos; no hay necesidad de buscar sus opiniones sobre el llamado, ni considerar su propio interés terrenal (cp. Gá. l:15-16). El Señor lo había llamado y el Señor esperaba que Pablo cumpliera su llamado. Pablo declaró enfáticamente que él no fue rebelde al llamado celestial. Las acusaciones contra él eran injustas; él no desobedeció a Dios. Había sido fiel al Señor, haciendo exactamente lo que el Señor quería. Él era un pecador, sí; pero el Señor por misericordia lo salvó y lo llamó, y ahora él estaba obedeciendo al Señor. Por lo tanto, todos los hombres, ya sean gobernantes o personas comunes, deben escuchar el llamado de Dios.

Pensamiento 1. El Señor actúa con seriedad cuando Él llama a una persona. El llamado es del cielo; por lo tanto, va más allá que todos los demás llamados e intereses. No es asunto para discutir ni para someterse a cualquier otro deseo. Dios conoce la necesidad que tiene el mundo del evangelio y conoce a quien Él quiere para suplir esa necesidad. Por lo tanto, debemos escuchar su llamado y someternos a él

"No me elegisteis vosotros a mí, sino que yo os elegí a vosotros, y os he puesto para que vayáis y llevéis fruto, y vuestro fruto permanezca; para que todo lo que pidiereis al Padre en mi nombre, él os lo dé". (Jn. 15:16).

"El Señor le dijo: Ve, porque instrumento escogido me es éste, para llevar mi nombre en presencia de los gentiles, y de reyes, y de los hijos de Israel" (Hch. 9:15).

1. Pablo testificó a todos los hombres y en todo lugar. Desde el mismo instante que Dios lo salvó, comenzó inmediatamente a testificar de Cristo. Proclamó a Cristo...

*   en Damasco, la misma ciudad que visitó luego de convertirse (cp. Hch. 9:20).
*   en Jerusalén donde había recibido educación y donde se le conocía muy bien como fariseo (Hch. 9:29).
*   por toda Judea, todas las ciudades, pueblos y aldeas, a todos los que se cruzaban con él.
*   a los gentiles, los que tenían diferencias con los judíos, pero a quienes Dios amó tanto como a los judíos.

"Por tanto, id, y haced discípulos a todas las naciones, bautizándolos en el nombre del Padre, y del Hijo, y del Espíritu Santo; enseñándoles que guarden todas las cosas que os he mandado; y he aquí yo estoy con vosotros todos los días, hasta el fin del mundo" (Mt. 28:19-20).

"pero recibiréis poder, cuando haya venido sobre vosotros el Espíritu Santo, y me seréis testigos en Jerusalén, en toda Judea, en Samaria, y hasta lo último de la tierra" (Hch. 1:8).

"porque no podemos dejar de decir lo que hemos visto y oído" (Hch. 4:20).

"Por tanto, no te avergüences de dar testimonio de nuestro Señor, ni de mí, preso suyo, sino participa de las aflicciones por el evangelio según el poder de Dios" (2 Ti. l:8).

2. Pablo predicó sobre el arrepentimiento, la necesidad de cada hombre de volverse a Dios y de hacer obras que muestren arrepentimiento. Note varios puntos

a. Proclamar el arrepentimiento a los hombres es el llamado de Dios a los creyentes (ver nota y *Estudio a fondo 1, Arrepentimiento* — Hch. 17:29-30 para discusión).

b. Volverse a Dios implica fe. Ningún hombre va a volverse a Dios si no cree en Él. Por lo tanto, proclamar la fe en Dios y el arrepentimiento es el llamado de los creyentes.

c. Proclamar que los hombres deben hacer obras que muestren arrepentimiento también es el llamado del creyente. Un hombre se ha arrepentido verdaderamente cuando vive una vida de arrepentimiento. No es un asunto de lo que el hombre diga: si está viviendo en pecado, es un hombre pecador y no un hombre arrepentido. El arrepentimiento implica...

*   cómo vive el hombre
*   lo que el hombre hace
*   a dónde el hombre va
*   lo que el hombre lee
*   cómo el hombre habla

Las obras, los hechos, la conducta, las acciones de un hombre...

*   siempre son obras de arrepentimiento si el hombre se ha arrepentido.
*   siempre son obras de un pecador si el hombre no se ha arrepentido.

Pensamiento 1. Los creyentes de hoy olvidan proclamar las obras de arrepentimiento. No obstante, una vida cambiada es la base misma de la salvación: de eso se trata la salvación. No hay salvación si no hay una vida de justicia. Este mensaje debe proclamarse con fuerza y claridad; porque las multitudes están engañadas y descansan en la falsa seguridad de la religión, los rituales, las ceremonias, la membresía de la iglesia, el bautismo, la asistencia a los cultos, la herencia, los buenos padres, la moralidad y muchas otras ideas.

"Arrepentíos, porque el reino de los cielos se ha acercado" (Mt. 3:2).

"Pedro les dijo: Arrepentíos, y bautícese cada uno de vosotros en el nombre de Jesucristo para perdón de los pecados; y recibiréis el don del Espíritu Santo" (Hch. 2:38).

"Arrepiéntete, pues, de esta tu maldad, y ruega a Dios, si quizá te sea perdonado el pensamiento de tu corazón" (Hch. 8:22).

"Pero Dios, habiendo pasado por alto los tiempos de esta ignorancia, ahora manda a todos los hombres en todo lugar, que se arrepientan" (Hch. 17:30).

"si se humillare mi pueblo, sobre el cual mi nombre es invocado, y oraren, y buscaren mi rostro, y se convirtieren de sus malos caminos; entonces yo oiré desde los cielos, y perdonaré sus pecados, y sanaré su tierra" (2 Cr. 7:14).

"Deje el impío su camino, y el hombre inicuo sus pensamientos, y vuélvase a Jehová, el cual tendrá de él

misericordia, y al Dios nuestro, el cual será amplio en perdonar" (Is. 55:7).

"Mas el impío, si se apartare de todos sus pecados que hizo, y guardare todos mis estatutos e hiciere según el derecho y la justicia, de cierto vivirá; no morirá" (Ez. 18:21).

3.   Pablo dijo que a él se le había perseguido y acusado por ser obediente al llamado del Señor; esto es, él estaba proclamando el mensaje sencillo de que los hombres deben arrepentirse, volverse a Dios y hacer buenas obras. Note el énfasis de Pablo: ¿Qué perjuicio había en su mensaje, el mensaje del evangelio? No era perjudicial a los hombres; era bueno, bueno para los individuos y para la sociedad. Las acusaciones contra él no tenían sentido. El evangelio cambia la vida de las personas, hace que las personas se vuelvan...

* de lo malo a lo bueno
* de la inmoralidad a la moralidad
* de la derrota a la victoria
* de la esclavitud a la libertad
* del desanimo a una vida con sentido
* de la esterilidad a la productividad
* de la debilidad al poder
* de la desesperación a la certidumbre

"Así alumbre vuestra luz delante de los hombres, para que vean vuestras buenas obras, y glorifiquen a vuestro Padre que está en los cielos" (Mt. 5:1, 6).

"Que hagan bien, que sean ricos en buenas obras, dadivosos, generosos" (1 Ti. 6:l8).

"presentándote tú en todo como ejemplo de buenas obras; en la enseñanza mostrando integridad, seriedad" (Tit. 2:7).

"Y considerémonos unos a otros para estimularnos al amor y a las buenas obras" (He. 10:24).

"manteniendo buena vuestra manera de vivir entre los gentiles; para que en lo que murmuran de vosotros como de malhechores, glorifiquen a Dios en el día de la visitación, al considerar vuestras buenas obras" (1 P. 2:12).

2 (26:22-23) *Testificar:* La fidelidad de Pablo: él siguió dando testimonio a pequeños y a grandes. La oposición no lo detuvo, ni lo desalentó, ni lo derrotó. Note el glorioso testimonio de Pablo sobre el amor y el cuidado de Dios: Dios siempre había estado allí para ayudarlo, animarlo y fortalecerlo para continuar en su llamado.

Pensamiento 1. El creyente fiel siempre puede depender de la ayuda de Dios cuando la necesita. Pero debemos recordar siempre: algunas veces Dios permite que pasemos por pruebas para fortalecernos, pero Él siempre interviene cuando llega el momento. Las pruebas difíciles siempre nos fortalecen y nos capacitan para hacer mayores cosas para Dios mediante el nuevo vigor que obtuvimos.

Otro hecho importante es: Pablo no seleccionó su audiencia. Él iba a buscar y testificar a todos, pequeños y grandes, pobres y ricos, desconocidos y conocidos, ignorantes e inteligentes, personas comunes y gobernantes, muchachos y adultos. No hizo excepciones al presentar su mensaje,

ni al realizar sus esfuerzos. El testimonio de Pablo incluía tres hechos sobresalientes.

1.   Él dio testimonio de las Escrituras, de todas las cosas "que los profetas y Moisés dijeron que habían de suceder" (v. 22). Pablo no dio testimonio de otra cosa — solo de las Escrituras — y se concentró en las profecías de las Escrituras. (Ver bosquejo y notas — Hch. 24:14-16; Ro. 1:1-7; 2 Ti. 3:16 para más discusión. Cp. también 2 P. 1:19-21.)

"Por lo cual también nosotros sin cesar damos gracias a Dios, de que cuando recibisteis la palabra de Dios que oísteis de nosotros, la recibisteis no como palabra de hombres, sino según es en verdad, la palabra de Dios, la cual actúa en vosotros los creyentes" (1 Ts. 2:13).

"Toda la Escritura es inspirada por Dios, y útil para enseñar, para redargüir, para corregir, para instruir en justicia" (2 Ti. 3:16).

2.   Él dio testimonio de la muerte de Cristo. Las palabras "que el Cristo había de padecer" (ei pathetos ho Christos) se dicen desde el punto de vista judío. Pablo estaba declarando que Cristo, el Mesías, debía *padecer;* estaba destinado a *padecer.* El Mesías era un hombre no solo con la capacidad de sufrir, sino que tenía que *sufrir.* Su muerte estaba decretada; era algo *obligado* en la mente de Dios y profetizado en las Escrituras. Para Dios no había otro camino de salvación para los hombres sino la muerte de su Hijo, el Mesías. (Ver bosquejo y notas, Jesucristo, Muerte — Hch. 2:22-24; *Estudio a fondo 2* — 2:23 para más discusión.)

Este es el asunto — la cruz — lo que se convertía en una gran piedra de tropiezo para los judíos. Ellos podían ver a un Mesías de gloria, poder, fama y riqueza; pero no a un Mesías de sufrimiento y muerte (ver bosquejo y notas — 1 Co. 1:22-24 para más discusión).

"Mas Dios muestra su amor para con nosotros, en que siendo aún pecadores, Cristo murió por nosotros". (Ro. 5:8).

"el cual se dio a sí mismo por nuestros pecados para librarnos del presente siglo malo, conforme a la voluntad de nuestro Dios y Padre" (Gá. 1:4).

"quien se dio a sí mismo por nosotros para redimirnos de toda iniquidad y purificar para sí un pueblo propio, celoso de buenas obras" (Tit. 2:14).

"quien llevó él mismo nuestros pecados en su cuerpo sobre el madero, para que nosotros, estando muertos a los pecados, vivamos a la justicia; y por cuya herida fuisteis sanados". (1 P. 2:24).

"Porque también Cristo padeció una sola vez por los pecados, el justo por los injustos, para llevarnos a Dios, siendo a la verdad muerto en la carne, pero vivificado en espíritu" (1 P. 3:18).

3.   Él dio testimonio de la resurrección de Cristo (ver notas, pt. 4, Hch. 13:23-41; *Estudio a fondo 4,* Hch. 2:24; nota, 2:25-36 para discusión). Note la afirmación de que Jesús fue el primero de la resurrección de los muertos. Esto significa que Él fue los *primeros frutos, el preeminente, el prominente, el primero en importancia* en levantarse de los muertos. Él fue el *primero* en resucitar y nunca más morir

(Ro. 6:9). Los pocos que habían resucitado antes de Él, tuvieron que morir nuevamente.

> "a éste, entregado por el determinado consejo y anticipado conocimiento de Dios, prendisteis y matasteis por manos de inicuos, crucificándole; al cual Dios levantó, sueltos los dolores de la muerte, por cuanto era imposible que fuese retenido por ella". (Hch. 2:23-24).

> "Mas vosotros negasteis al Santo y al Justo, y pedisteis que se os diese un homicida, y matasteis al Autor de la vida, a quien Dios ha resucitado de los muertos, de lo cual nosotros somos testigos". (Hch. 3:14-15).

> "Y con gran poder los apóstoles daban testimonio de la resurrección del Señor Jesús, y abundante gracia era sobre todos ellos". (Hch. 4:33).

> "Y nosotros somos testigos de todas las cosas que Jesús hizo en la tierra de Judea y en Jerusalén; a quien mataron colgándole en un madero. 40A éste levantó Dios al tercer día, e hizo que se manifestase" (Hch. 10:39-40).

> "Y Pablo, como acostumbraba, fue a ellos, y por tres días de reposo discutió con ellos, declarando y exponiendo por medio de las Escrituras, que era necesario que el Cristo padeciese, y resucitase de los muertos; y que Jesús, a quien yo os anuncio, decía él, es el Cristo". (Hch. 17:2-3).

> "que fue declarado Hijo de Dios con poder, según el Espíritu de santidad, por la resurrección de entre los muertos" (Ro. 1:4).

> "que si confesares con tu boca que Jesús es el Señor, y creyeres en tu corazón que Dios le levantó de los muertos, serás salvo". (Ro. 10:9).

> "y que fue sepultado, y que resucitó al tercer día, conforme a las Escrituras" (1 Co. 15:4).

> "Bendito el Dios y Padre de nuestro Señor Jesucristo, que según su grande misericordia nos hizo renacer para una esperanza viva, por la resurrección de Jesucristo de los muertos" (1 P. l:3).

3 (26:24-32) *Fidelidad — Testimonio:* Se llegó a una conclusión, al veredicto contra Pablo. Podemos encontrar tres veredictos sobresalientes en este pasaje.

1. El primer veredicto fue demencia. Este fue el punto de vista de Festo. La situación es, por supuesto, trágica; en cierto modo divertida. Estaba Pablo predicando tan enérgica y diligentemente como podía, y entonces llegó al tema de la resurrección del Señor Jesús. Note lo que sucedió.

a. Festo, el humanista y materialista práctico, gritó abruptamente, "Estás loco, Pablo; las muchas letras te vuelven loco". Este asunto de resucitar de los muertos no existe. ¡Es imposible! ¡Totalmente imposible!

Festo acusó a Pablo de haberse imaginado la resurrección. Gritó que la resurrección solo era imaginación, ideas fantásticas, una gran locura, un pensamiento tonto, una esperanza hueca: la idea de un hombre que ha estudiado y reflexionado demasiado en la teología.

b. La respuesta de Pablo a Festo fue calmada y directa. Declaró que él predicaba la verdad y que lo hacía con sobriedad, esto es, racionalmente, con un completo control de sus sentidos.

c. El rey Agripa conocía las Escrituras. Si quisiera, él podía confirmar...
    *   que las Escrituras predecían la llegada del Mesías.
    *   que las nuevas sobre las enseñanzas de Jesús, su muerte y resurrección se habían extendido a todo el país y las regiones vecinas.

d. Pablo puso al rey Agripa en aprietos al preguntarle, ¿Crees, oh rey Agripa, a los profetas? Note que Pablo respondió su propia pregunta, convencido de que el rey sí creía las Escrituras del Antiguo Testamento. Al parecer, Pablo notó cierto interés o convencimiento obrando en Festo y estaba pidiéndole que aceptara a Cristo.

2. El segundo veredicto fue *fervor evangelístico.* Los cristianos de todo el mundo conocen las palabras del rey Agripa. Los predicadores de cada generación las han utilizado como texto base. Algunos traducen "¿Piensas hacerme cristiano en tan poco tiempo?" Otros "Por poco me persuades a ser cristiano". Cualquiera que sea el sentido de las palabras del rey Agripa, él estaba familiarizado con las Escrituras y al parecer el mensaje de Pablo lo había cautivado. Su interés creció con la posibilidad de que Jesús fuera realmente el Mesías de los judíos. Él analizó el argumento de Pablo, lo que Pablo buscaba, y lo que él, el rey, y todos los demás que estaban allí sentados tenían que hacer. Pablo los estaba buscando a ellos, para guiarlos a la fe en el Señor Jesús y al arrepentimiento. Pero note: el interés y el conocimiento de lo que hay que hacer, incluso el convencimiento, no son suficientes para que una persona sea salva.

Pablo anhelaba que todos los que le escuchaban llegaran a ser salvos. Al parecer alzó sus manos encadenadas hacia la audiencia y derramó su corazón:

> "¡Quisiera Dios que por poco o por mucho, no solamente tú, sino también todos los que hoy me oyen, fueseis hechos tales cual yo soy, excepto estas cadenas!" (v. 29).

Pensamiento 1. Cada creyente debe dar testimonio con el mismo fervor evangelístico que inflamaba a Pablo.

> "¿No decís vosotros: Aún faltan cuatro meses para que llegue la siega? He aquí os digo: Alzad vuestros ojos y mirad los campos, porque ya están blancos para la siega" (Jn. 4:35).

> "Porque deseara yo mismo ser anatema, separado de Cristo, por amor a mis hermanos, los que son mis parientes según la carne" (Ro. 9:3).

> "Hermanos, ciertamente el anhelo de mi corazón, y mi oración a Dios por Israel, es para salvación" (Ro. 10:1).

> "Por lo cual, siendo libre de todos, me he hecho siervo de todos para ganar a mayor número. Me he hecho a los judíos como judío, para ganar a los judíos; a los que están sujetos a la ley (aunque yo no esté sujeto a la ley) como sujeto a la ley, para ganar a los que están sujetos a la ley" (1 Co. 9:19-20).

> "Así que, somos embajadores en nombre de

Cristo, como si Dios rogase por medio de nosotros; os rogamos en nombre de Cristo: Reconciliaos con Dios" (2 Co. 5:20).

"A otros salvad, arrebatándolos del fuego; y de otros tened misericordia con temor, aborreciendo aun la ropa contaminada por su carne" (Judas 23).

3. El tercer veredicto fue que Pablo era inocente de los cargos. Las escrituras y el bosquejo no necesitan explicación.

ESTUDIO A FONDO 1

(26:32) *Pablo, apela a César:* ver nota, Hch. 25:10-12

CAPÍTULO 27

G. Pablo zarpa hacia Roma: gran confianza y el cuidado de Dios, 27:1-44

1 Cuando se decidió que habíamos de navegar para Italia, entregaron a Pablo y a algunos otros presos a un centurión llamado Julio, de la compañía Augusta.

2 Y embarcándonos en una nave adramitena que iba a tocar los puertos de Asia, zarpamos, estando con nosotros Aristarco, macedonio de Tesalónica.

3 Al otro día llegamos a Sidón; y Julio, tratando humanamente a Pablo, le permitió que fuese a los amigos, para ser atendido por ellos.

4 Y haciéndonos a la vela desde allí, navegamos a sotavento de Chipre, porque los vientos eran contrarios.

5 Habiendo atravesado el mar frente a Cilicia y Panfilia, arribamos a Mira, ciudad de Licia.

6 Y hallando allí el centurión una nave alejandrina que zarpaba para Italia, nos embarcó en ella.

7 Navegando muchos días despacio, y llegando a duras penas frente a Gnido, porque nos impedía el viento, navegamos a sotavento de Creta, frente a Salmón.

8 Y costeándola con dificultad, llegamos a un lugar que llaman Buenos Puertos, cerca del cual estaba la ciudad de Lasea.

9 Y habiendo pasado mucho tiempo, y siendo ya peligrosa la navegación, por haber pasado ya el ayuno, Pablo les amonestaba,

10 diciéndoles: Varones, veo que la navegación va a ser con perjuicio y mucha pérdida, no solo del cargamento y de la nave, sino también de nuestras personas.

11 Pero el centurión daba más crédito al piloto y al patrón de la nave, que a lo que Pablo decía.

12 Y siendo incómodo el puerto para invernar, la mayoría acordó zarpar también de allí, por si pudiesen arribar a Fenice, puerto de Creta que mira al nordeste y sudeste, e invernar allí.

13 Y soplando una brisa del sur, pareciéndoles que ya tenían lo que deseaban, levaron anclas e iban costeando Creta.

14 Pero no mucho después dio contra la nave un viento huracanado llamado Euroclidón.

15 Y siendo arrebatada la nave, y no pudiendo poner proa al viento, nos abandonamos a él y nos dejamos llevar.

16 Y habiendo corrido a sotavento de una pequeña isla llamada Clauda, con dificultad pudimos recoger el esquife.

17 Y una vez subido a bordo, usaron de refuerzos para ceñir la nave; y teniendo temor de dar en la Sirte, arriaron las velas y quedaron a la deriva.

18 Pero siendo combatidos por una furiosa tempestad, al siguiente día empezaron a alijar,

19 y al tercer día con nuestras propias manos arrojamos los aparejos de la nave.

20 Y no apareciendo ni sol ni estrellas por muchos días, y acosados por una tempestad no pequeña, ya habíamos perdido toda esperanza de salvarnos.

21 Entonces Pablo, como hacía ya mucho que no comíamos, puesto en pie en medio de ellos, dijo: Habría sido por cierto conveniente, oh varones, haberme oído, y no zar-

---

1 Comienza el viaje a Roma

a. Entregaron a Pablo y a algunos otros presos a un centurión llamado Julio

b. Se embarcaron en una nave adramitena

c. Lucas y Aristarco acompañaron a Pablo

d. Se desarrolló y manifestó una estrecha relación en Sidón[EF1]

2 Un cuadro de avaricia y consejo santo

a. Vientos difíciles
   1) Eran contrarios

   2) Cambio a un barco más grande

   3) La navegación fue muy despacio, a duras penas llegaron

b. Un viaje peligroso

c. El consejo de Pablo: no zarpar

d. Rechazo al consejo de Pablo
   1) La mentalidad mundana del centurión
   2) La avaricia del piloto y del patrón de la nave

3 Una imagen de calma engañosa y de gran valor

a. La calma engañosa

b. El viejo enemigo: el violento viento del noreste llamado Euroclidón
   1) Su poder de tragar y absorber
   2) Su fuerza impulsora

c. El esfuerzo desesperado
   1) Para preservar el bote salvavidas
   2) Para ceñir la nave

   3) Para escapar de arenas movedizas

   4) Para aligerar la nave

d. El decaimiento sin esperanza

e. El valor y la autoridad de Pablo
   1) Les habló del fallo que cometieron al no escucharlo

2) Les habló de la promesa que que Dios le había hecho: todos se salvarían.

3) Predicó su fe en la promesa de Dios

4) Predicó la necesidad de pasar primero por la prueba

4 Un cuadro de la diferencia entre la manera del hombre y la manera de Dios de salvar al hombre.

a. Llegó la hora funesta del naufragio

b. Atrapados por el miedo.

c. El último esfuerzo para salvarse uno mismo: abandonar la promesa de Dios

d. Se declara nuevamente la forma en que Dios salvaría a los hombres.

5 Un cuadro de temor, hambre y de confianza en Dios

par de Creta tan solo para recibir este .perjuicio y pérdida.

22 Pero ahora os exhorto a tener buen ánimo, pues no habrá ninguna pérdida de vida entre vosotros, sino solamente de la nave.

23 Porque esta noche ha estado conmigo el ángel del Dios de quien soy y a quien sirvo,

24 diciendo: Pablo, no temas; es necesario que comparezcas ante César; y he aquí, Dios te ha concedido todos los que navegan contigo.

25 Por tanto, oh varones, tened buen ánimo; porque yo confío en Dios que será así como se me ha dicho.

26 Con todo, es necesario que demos en alguna isla.

27 Venida la decimacuarta noche, y siendo llevados a través del mar Adriático, a la medianoche los marineros sospecharon que estaban cerca de tierra;

28 y echando la sonda, hallaron veinte brazas; y pasando un poco más adelante, volviendo a echar la sonda, hallaron quince brazas.

29 Y temiendo dar en escollos, echaron cuatro anclas por la popa, y ansiaban que se hiciese de día.

30 Entonces los marineros procuraron huir de la nave, y echando el esquife al mar, aparentaban como que querían largar las anclas de proa.

31 Pero Pablo dijo al centurión y a los soldados: Si éstos no permanecen en la nave, vosotros no podéis salvaros.

32 Entonces los soldados cortaron las amarras del esquife y lo dejaron perderse.

33 Cuando comenzó a amanecer, Pablo exhortaba a todos que comiesen, diciendo:

Este es el decimocuarto día que veláis y permanecéis en ayunas, sin comer nada.

34 Por tanto, os ruego que comáis por vuestra salud; pues ni aun un cabello de la cabeza de ninguno de vosotros perecerá.

35 Y habiendo dicho esto, tomó el pan y dio gracias a Dios en presencia de todos, y partiéndolo, comenzó a comer.

36 Entonces todos, teniendo ya mejor ánimo, comieron también.

37 Y éramos todas las personas en la nave doscientas setenta y seis.

38 Y ya satisfechos, aligeraron la nave, echando el trigo al mar.

39 Cuando se hizo de día, no reconocían la tierra, pero veían una ensenada que tenía playa, en la cual acordaron varar, si pudiesen, la nave.

40 Cortando, pues, las anclas, las dejaron en el mar, largando también las amarras del timón; e izada al viento la vela de proa, enfilaron hacia la playa.

41 Pero dando en un lugar de dos aguas, hicieron encallar la nave; y la proa, hincada, quedó inmóvil, y la popa se abría con la violencia del mar.

42 Entonces los soldados acordaron matar a los presos, para que ninguno se fugase nadando.

43 Pero el centurión, queriendo salvar a Pablo, les impidió este intento, y mandó que los que pudiesen nadar se echasen los primeros, y saliesen a tierra;

44 y los demás, parte en tablas, parte en cosas de la nave. Y así aconteció que todos se salvaron saliendo a tierra.

a. El poder asfixiante del miedo: catorce días en la oscuridad de una tormenta feroz y sin comida

b. La invitación a comer.

c. El mensaje de confianza

d. Se dan gracias a Dios[EF2]

e. El momento de gozo

f. Fueron 276 los que celebraron y se regocijaron

g. Se reanuda el trabajo

6 Un cuadro del juicio y providencia de Dios

a. Se divisa el rumbo para escapar

b. Se hacen los preparativos

c. La nave se despedazaba lentamente

d. El intento de algunos de vivir de acuerdo al código inmoral del mundo

e. La confianza absoluta del que comandaba la nave

f. La mano salvadora de Dios y la reivindicación de Pablo

DIVISIÓN XI

EL ÚLTIMO VIAJE DE PABLO Y SU ÚLTIMA PREDI-CACIÓN: COMO PRISIONERO HACIA ROMA, 23:12–28:31

G. Pablo zarpa hacia Roma: gran confianza y el cuidado de Dios, 27:1-44

(27:1-44) *Introducción:* esta es una de las escenas más dramáticas que podamos imaginar, su lectura es fascinante. El detalle que se ofrece sobre la navegación y de un naufragio en el mundo antiguo es uno de los más descriptivos en toda la literatura. Al mismo tiempo es una imagen de la gran confianza del creyente y del gran cuidado de Dios. También es una lección que reta a cada creyente a confiar en Dios en todas las pruebas de la vida, aun en las más terribles.

1. Comienza el viaje a Roma (vv. 1-3).
2. Un cuadro de avaricia y consejo santo (vv. 4-12).
3. Una imagen de calma engañosa y de gran valor (vv. 13-26).
4. Un cuadro de la diferencia entre la manera del hombre y la manera de Dios de salvar al hombre (vv. 27-32).
5. Un cuadro de temor, hambre y de confianza en Dios (vv. 33-38).
6. Un cuadro del juicio y providencia de Dios (vv. 39-44).

1 **(27:1-3) *Pablo, vida:*** comienza el viaje a Roma. Este sería el último viaje de Pablo. Nunca más volvería a su amada Palestina y a su gente, al menos el libro de Hechos no lo registra. El libro sobre su vida está a punto de cerrarse. Note cuatro hechos introductorios en el comienzo del viaje.

1. Pablo y algunos otros prisioneros estaban bajo la custodia de un centurión llamado Julio (ver *Estudio a fondo 1, Centurión,* Hch. 23:23). Que enviaran en una nave a los prisioneros hacia Roma podría significar...

* que algunos apelaron a César al igual que Pablo.
* que otros estaban condenados a combatir en los espectáculos de gladiadores en la arena romana para alimentar los deseos inmorales y de violencia del populacho.

Pensamiento 1. Note la contradicción de la sociedad, aplicando una *justicia sensible* (el derecho de apelar a César) mientras también...

* permitían y alimentaban los deseos pecaminosos de inmoralidad y violencia de los hombres.
* usaban seres humanos en desventaja para alimentar los anhelos de inmoralidad y violencia de los hombres.

Pensamiento 2. Note cómo se cuenta al creyente entre los despreciables, los violadores, los inútiles, los prisioneros de la sociedad. A menudo se tiene la idea de que los creyentes son inútiles, improductivos y despreciados por la sociedad; especialmente en sociedades donde los cristianos son minoría. Los cristianos rara vez han sido, y rara vez lo serán admirados por la sociedad. La persecución y el abuso son el destino del creyente (cp. Fil. 1:29; 1 Ts. 3:3; 2 Ti. 3:12; 1 Jn. 3:13; 1 P. 4:12ss).

2. El grupo se embarcó en una nave de Adramitio que era un puerto cercano a Troas en la costa de Asia. Note que la nave debía ir bordeando la costa, deteniéndose en los puertos a lo largo de toda la costa descargando y cargando mercancías. Esto fue solamente una transportación temporal hasta que Julio pudo encontrar un barco mayor en uno de los puertos que iba directamente a Italia.

3. Lucas y Aristarco acompañaban a Pablo. Lucas había desaparecido de la escena cuando arrestaron a Pablo luego de recibir el ataque de la turba en el templo (cp. Hch. 21:18), pero note que en la narración comienzan nuevamente los "nosotros". Aristarco fue el discípulo de la iglesia de Tesalónica...

* que ayudó a Pablo a llevar las ofrendas de ayuda a la iglesia de Jerusalén. (Ver nota, (Aristarchus), Hch. 20:4-6.)
* a quien la turba aprisionó en Éfeso (Hch. 19:29).

Pensamiento 1. En las grandes pruebas, los creyentes deben acompañarse y estar al lado unos de otros.

4. Se creó una relación de respeto y amistad entre Pablo y Julio, el centurión (cp. Hch. 27:43; 28:16). Julio permitió a Pablo visitar a los creyentes en Sidón (ver *Estudio a fondo 1, Sidón* — Hch. 27:3). Note las palabras "ser atendido" (epimelerias tuchein). Esto pudiera significar hospitalidad o atención médica.

Pensamiento 1. Note la lección sobre ser considerados y ayudar a los menos dichosos o que están en peor situación que nosotros, sin tener en cuenta las circunstancias.

ESTUDIO A FONDO 1

(27:3) *Sidón:* la ciudad es antigua, la ciudad más antigua de Fenicia, situada a unos treinta y dos kilómetros sobre la ciudad de Tiro y aproximadamente a la misma distancia al sur de la moderna Beirut o la antigua Beritus. (Ver Mapa, Introducción a Hch.) La ciudad era un puerto excelente en la historia antigua, teniendo varias islas a su derecha. La ciudad era un bullicioso centro comercial, pero con el tiempo fue sobrepasada en importancia por su ciudad hermana, Tiro (Is. 23:12). Sidón...

* fue presa de todos los imperios conquistadores que anduvieron por esa parte del mundo: Asiria, Babilonia, Persia, Grecia y Roma.
* era frontera con la tierra dada a la tribu de Aser (Jos. 19:28).
* era famoso por su madera (1 Rey. 5:6; Esd. 3:7).
* era famoso por sus cultos paganos, especialmente a Baal y Astoret.
* ejerció influencia sobre Israel, llevando trágicamente a la nación al culto idolátrico, especialmente bajo Jezabel que era de Sidón (1 R. 16:31-33; 18:18-40; Is. 23:1s; Ez. 28:21s).
* nunca recibió la visita de Cristo, pero sí visitó sus fronteras y el área circundante (ver nota, Mt. 15:21).
* tuvo algunos ciudadanos que siguieron a Jesús (Mr. 3:8; Lc. 6:17).

- tuvo una iglesia cristiana fundada por cristianos que huyeron de la persecución en tiempos de Esteban (Hch. 27:3; cp. 8:1-4; 11:19).
- recibió la vista de Pablo como prisionero en su viaje final a Roma (Hch. 27.3).
- recibirá juicio en el día final por su mundanalidad, pero menos severamente que muchas ciudades (Mt. 11:21-22).

2 (27:4-12) *Avaricia:* hay una imagen de avaricia y de consejo santo. Note cuatro hechos importantes.

1. Era una época del año difícil para la navegación, o sea, los días finales del otoño, justo antes de los meses de invierno cuando no es posible la navegación por los vientos invernales y las tormentas (Noviembre hasta Febrero). La descripción de este hecho nos muestra justo cuán difícil era la navegación.

    a. Los vientos eran "contrarios" (enantious): fuertes y violentos, los embistió un viento contrario del noroeste. Por lo tanto, no podían seguir una ruta recta por el mar abierto. Tuvieron que navegar al norte de Chipre en lugar de al sur, usando la isla y el continente de Asia para detener la fuerza del viento y proporcionar cierto refugio y seguridad. Navegaban por lo que se conocía como Mar de Cilicia y Panfilia. Finalmente llegaron al puerto de Mira, ciudad de la provincia de Licia.

    b. Julio encontró exactamente lo que quería en Licia — un barco grande que iba para Italia. Se transfirió el grupo a la nave, un barco de granos de Alejandría, la ciudad principal de Egipto. La mayoría de los barcos que transportaban granos también transportaban pasajeros.

    c. La nave zarpó, pero muy lentamente. Note...

- les llevó "muchos días" llegar a Gnido, una ciudad en el extremo sudoeste de Asia Menor. Estaba a solo 130 millas de Mira.
- el viento era tan fuerte que no pudieron arriesgarse a atracar en Gnido.
- el viento los obligó a ir al sur y pasar por debajo de Creta, usando la isla para romper los vientos.
- apenas lo lograron, atracando en un pequeño puerto en la parte sur de Creta.

2. Había pasado la época del año adecuada para la navegación — continuar las travesía sería peligroso (v. 9). Note: el ayuno al que se hace referencia era el gran Día de Expiación que en ese tiempo se celebraba en los primeros días de octubre (Lev. 16:29).

3. Pablo aconsejó a todos no partir. Ellos habían estado detenidos por el mal tiempo en Buenos Puertos muchos días, y ya había pasado el tiempo en que se podía navegar con seguridad. Navegar ahora sería peligroso. Pablo dijo, "veo". ¿Cómo Pablo vio? Probablemente por...

- su experiencia como viajero.
- su experiencia de haber naufragado tres veces (2 Co. 11:25).

- su estrecha comunión con el Señor.

4. Se rechaza el consejo de Pablo. Y note por qué: por la inclinación del centurión a lo terrenal y por la avaricia del piloto y el patrón de la nave. He aquí la clave: se rechaza el consejo santo de un hombre por la avaricia y la mundanalidad. El centurión estaba preocupado por la incomodidad del puerto, Buenos Puertos, para invernar; y con relación a la ciudad, Lasea, no proporcionaba la comodidad y placeres suficientes para sus soldados. El piloto y el patrón de la nave estaban preocupados por los costos para preservar el trigo o también la posibilidad de perder el trigo luego del invierno, si permanecían en Buenos Puertos.

Pensamiento 1. Los hombres a menudo arriesgan su vida y alma por...

- placeres: comida, bebida, satisfacción carnal, fiestas y oportunidades sociales.
- avaricia: conseguir más y más de las cosas de este mundo.

    "Y les dijo: Mirad, y guardaos de toda avaricia; porque la vida del hombre no consiste en la abundancia de los bienes que posee". (Lc. 12:15).

    "Haced morir, pues, lo terrenal en vosotros: fornicación, impureza, pasiones desordenadas, malos deseos y avaricia, que es idolatría" (Col. 3:5).

    "porque raíz de todos los males es el amor al dinero, el cual codiciando algunos, se extraviaron de la fe, y fueron traspasados de muchos dolores". (1 Ti. 6:10).

    "Vuestro oro y plata están enmohecidos; y su moho testificará contra vosotros, y devorará del todo vuestras carnes como fuego. Habéis acumulado tesoros para los días postreros". (Stg. 5:3).

Pensamiento 2. El centurión, como la autoridad del imperio de Roma, tenía la autoridad para decidir. Siguió el consejo de un hombre de mar experimentado. Pero note: tanto la profesión como las habilidades están condenadas a la ruina sin Dios. Un hombre, no importa su experiencia y habilidades, necesita que Dios lo guíe y oriente a través de las pruebas terribles de la vida.

Pensamiento 3. Note cómo la misión de Pablo a Roma se demoraba por circunstancias naturales y obstáculos. Él no podía navegar en su ministerio con un rumbo recto sin enfrentar pruebas. Tenía que vivir pasando por las pruebas y los problemas de la vida.

    "No os ha sobrevenido ninguna tentación [prueba] que no sea humana; pero fiel es Dios, que no os dejará ser tentados más de lo que podéis resistir, sino que dará también juntamente con la tentación la salida, para que podáis soportar". (1 Co. 10:13).

    "Hermanos míos, tened por sumo gozo cuando os halléis en diversas pruebas, sabiendo que la prueba de vuestra fe produce paciencia. Mas tenga la paciencia su obra completa, para que seáis perfectos y cabales, sin que os falte cosa alguna". (Stg. 1:2-4).

    "Bienaventurado el varón que soporta la tentación; porque cuando haya resistido la prueba, recibirá la corona de vida, que Dios ha prometido a los que le aman". (Stg. 1:12).

"sabe el Señor librar de tentación a los piadosos, y reservar a los injustos para ser castigados en el día del juicio" (2 P. 2:9).

3 (27:13-26) *Valor — Determinación:* aquí hay una imagen de calma engañosa y gran valor. Los oficiales de la nave esperaban arribar a Fenice, puerto principal del lado oeste de Creta, a unas 60 millas de Buenos Puertos. Note cinco aspectos.

1. La calma engañosa. De repente, la naturaleza pareció favorecer la decisión de los hombres mundanos. Una brisa suave comenzó a soplar del sur. La tripulación rápidamente levó anclas y navegaron lo más próximo posible a la costa, por si su destino cambiaba el rumbo.

2. Y cambió el rumbo. Justo cuando la naturaleza parecía bendecirle, el viejo enemigo, el violento Euroclidón, la impetuosa tormenta del noreste, dio contra la nave. Llegó inesperadamente, tan de repente que la nave no pudo volverse para estar de frente al viento. Fue una tormenta como un tifón, con un gran poder para engullir y tragar; e impulsó la nave al mar, imposibilitando totalmente el control sobre ella. Note las palabras: "nos dejamos llevar", o sea, permitieron que la tormenta guiara la nave a su antojo. No podían hacer otra cosa.

3. Trataron desesperadamente de salvar la nave. La tormenta los condujo al sur de una pequeña isla, Clauda, y la isla rompió el viento de forma que pudieron tomar algunas medidas en un intento de salvar el barco y sus vidas. Trabajando fervorosamente antes de que la tempestad los llevará más allá de la protección de la isla...

- batallaron con mucha dificultad para recoger el bote salvavidas.
- batallaron, utilizando cuerdas o cadenas fuertes para ceñir la nave y lograr que se mantuviera unida ante el embate de las olas. La tormenta era violenta y los peligros tremendos. Existía el peligro de que las maderas de la nave se separaran o que el mástil pudiera destrozarse con la furia de los vientos. Esto, a su vez, desgarraría las maderas. Así que la tripulación literalmente amarró la nave. Pasaron cables por la embarcación y usaron sus herramientas para apretarlos.
- batallaron para mantener la nave alejada de las arenas movedizas del norte de la costa africana (Note cuán alejados estaban siendo impulsados sin rumbo).
- batallaron para aligerar la nave, echando al mar todo lo que no era indispensable. Incluso sacrificaron los aparejos (muebles y equipo de navegación) para salvar la embarcación.

4. Es natural que la desesperanza se apoderara de los marineros y los pasajeros. Llevaban mucho tiempo atrapados por la tormenta, hacía "muchos días" que no veían el sol y las estrellas. Habían perdido toda esperanza de salvarse.

5. El hombre de Dios se levantó en medio de ellos con valor y autoridad. Y su valor en medio de una furiosa tempestad es una imagen del valor que cada hombre puede tener en medio de las pruebas de esta vida. Note lo que hizo Pablo.

a. Proclamó el fracaso de la posición mundanal al no escuchar la advertencia de lo santo. Pablo había advertido que si proseguían en su rumbo de placer y avaricia, correrían el riesgo de...
- ser lastimados
- tener pérdidas
- sufrir daño
- ir a la ruina

b. Proclamó la promesa de Dios. En el caso de Pablo, Dios prometió que todos los que iban en la nave se salvarían.

Pero para salvarse, la mundana tripulación y los pasajeros tendrían que obedecer a Dios y a su mensajero. Note...
- el ángel de Dios confortó a Pablo.
- Pablo hizo énfasis en su Dios, el único y verdadero Dios, en contraste con los dioses paganos de los impíos en la nave.

c. Proclamó su fe en la promesa de Dios. No había otra forma en la que Pablo pudiera saber que ninguno moriría sino por revelación de Dios. Sin embargo, el asunto es este: *La gran confianza de Pablo en su Dios,* el único y verdadero Dios viviente. Dios había hablado y Pablo creyó lo que Dios dijo. Es clara para nosotros la lección: podemos confiar en las promesa de Dios. Dios nos salvará si confiamos y creemos.

d. Proclamó la necesidad de prueba primero. La prueba del naufragio obligaría a todos a probar su confianza en la promesa de Dios. A partir de ahora, cada hombre tendría que escuchar la Palabra de Dios, tendría que pasar por la prueba del naufragio si quería ser salvo (cp. vv. 27-31).

Pensamiento 1. La prueba de la verdadera fe en Dios es resistir hasta el final, a través de todas las pruebas, no importa cuán severas sean.

"Mas el que persevere hasta el fin, éste será salvo" (Mt. 24:13).

"Así que, hermanos míos amados, estad firmes y constantes, creciendo en la obra del Señor siempre, sabiendo que vuestro trabajo en el Señor no es en vano" (1 Co. 15:58).

4 (27:27-32) *Jesucristo, mediador — Salvación:* vemos aquí una imagen de los caminos del hombre en oposición a los caminos de Dios para salvar a los hombres. Habían pasado *catorce días con amenaza para la vida* desde que el barco había dejado Buenos Puertos. Era medianoche y los marineros no tenían idea de dónde estaban, pero sentían que estaban cerca de tierra. Sondeando la profundidad, descubrieron que se acercaban a la costa. Se espantaron, porque lo más probable es que se estrellaran contra alguna roca de la costa. Rápidamente echaron el ancla, esperando que amaneciera y esperando lo mejor. Lo que sucedió es muy ilustrador. Los marineros planearon escapar, ignorando por completo la Palabra y la promesa de Dios. Pablo descubrió el complot e hizo público que *tenían que seguir los caminos de Dios si querían salvarse.*

Pensamiento 1. Los hombres siempre están planificando sus propios caminos para la salvación, pero Dios ha proclamado el camino, y no hay otra manera en que el hombre pueda ser salvo.

> "Porque de tal manera amó Dios al mundo, que ha dado a su Hijo unigénito, para que todo aquel que en él cree, no se pierda, mas tenga vida eterna" (Jn. 3:16).
> "Le respondió Simón Pedro: Señor, ¿a quién iremos? Tú tienes palabras de vida eterna" (Jn. 6:68).
> "Por eso os dije que moriréis en vuestros pecados; porque si no creéis que yo soy, en vuestros pecados moriréis" (Jn. 8:24).
> "Jesús le dijo: Yo soy el camino, y la verdad, y la vida; nadie viene al Padre, sino por mí" (Jn. 14:6).
> "Porque hay un solo Dios, y un solo mediador entre Dios y los hombres, Jesucristo hombre" (1 Ti. 2:5).
> "Y en ningún otro hay salvación; porque no hay otro nombre bajo el cielo, dado a los hombres, en que podamos ser salvos" (Hch. 4:12).
> "Porque nadie puede poner otro fundamento que el que está puesto, el cual es Jesucristo" (1 Co. 3:11).

Pensamiento 1. Note la confianza del centurión en la promesa de Dios. El bote salvavidas podía ser utilizado para salvar a algunas personas, pero el centurión confió en la palabra de Pablo de que Dios los salvaría a todos y destruyó el bote salvavidas.

5 (27:33-38) *Temor — Confianza:* tenemos aquí la imagen de temor y hambre, y la confianza santa. La escena se explica por sí misma (ver las Escrituras y el bosquejo anteriores). Note dos puntos importantes.

1. El poder absorbente del temor es incomprensible. Estaban atrapados en las manos de una fiera tormenta por catorce días, capturados bajo una cortina de densa oscuridad y sin comer ni dormir. Solo imagíneselo — ¡catorce días!

Pensamiento 1. Las desesperadas pruebas de la vida atrapan a los hombres en el temor, temor sin esperanza. Cuán desesperadamente necesitamos las gloriosas promesas de la Palabra de Dios.

2. Pablo invitó a todos a comer y la seguridad de la promesa de salvación de Dios resurgió nuevamente (v. 34). Note cómo Pablo centró la atención en Dios, y la tripulación y los pasajeros cobraron ánimo y confiaron en la promesa de salvación.

Pensamiento 1. El mensajero de Dios debe...

- creer y confiar en la Palabra de Dios y en sus promesas.
- centrar la atención en la Palabra de Dios y en sus promesas.

Entonces podemos esperar que los hombres cobren ánimo y comiencen a responder, confiando en las promesas y la Palabra de Dios para salvarles.

ESTUDIO A FONDO 2

(27:35) *Oración, antes de las comidas:* cp. Mt. 14:19; Mr. 6:41; Lc. 9:16; Jn. 6:11.

6 (27:39-44) *Prueba — Providencia de Dios:* tenemos aquí la imagen de prueba y providencia de Dios. Una vez más la escena se explica por sí misma (ver las Escrituras y el bosquejo anteriores). Note varias cosas.

1. ¿Por qué Dios no permitió sencillamente que la nave llegara sin dificultad a la costa sin naufragar? ¿Por qué fue tan difícil la prueba para la tripulación y los pasajeros? Muy simple...

- las pruebas son instrumentos de Dios para lograr que los hombres se vuelvan a él para salvación.
- las pruebas muestran que una persona confía realmente en Dios.
- las pruebas fortalecen al creyente de forma que puedan soportar pruebas aún más difíciles en el futuro y demostrar la presencia y el poder de Dios en mayor grado. El mundo necesita ver la demostración de la presencia y el poder de Dios, y la única manera de verlo es en la vida de los creyentes mientras pasan por pruebas.

2. Los soldados estaban bajo una ley por medio de la cual, si dejaban escapar a un prisionero, pagaban con su vida (v. 42). Era una ley despiadada, un código del mundo que estaba carente de moralidad.

3. Note cómo Dios dominó sobre el plan de los soldados para matar a los prisioneros y sobre el naufragio para cumplir su promesa y su Palabra. Dios siempre cumplirá sus promesas y su Palabra, no importa cuánto tenga que torcer o dominar sobre los planes y los complots de los hombres y las circunstancias de la naturaleza y sucesos.

4. Dios hizo exactamente lo que había dicho y prometido; salvó a todos y reivindicó a su mensajero. Pero note: cada uno tenía que pasar por la temible prueba de naufragar y llegar con dificultad a la costa.

> "el cual nos libró, y nos libra, y en quien esperamos que aún nos librará, de tan gran muerte" (2 Co. 1:10).
> "Y el Señor me librará de toda obra mala, y me preservará para su reino celestial. A él sea gloria por los siglos de los siglos" (2 Ti. 4:18).
> "Jehová es mi fortaleza y mi escudo; En él confió mi corazón, y fui ayudado, Por lo que se gozó mi corazón, Y con mi cántico le alabaré" (Sal. 28:7).
> "No temas, porque yo estoy contigo; no desmayes, porque yo soy tu Dios que te esfuerzo; siempre te ayudaré, siempre te sustentaré con la diestra de mi justicia" (Is. 41:10).

	CAPÍTULO 28		
	H. Pablo, náufrago y varado en una isla: la protección de Dios en prueba tras prueba, 28:1-15	Publio, quien nos recibió y hospedó solícitamente tres días.	
1 Náufragos pero a salvo[EF1]	1 Estando ya a salvo, supimos que la isla se llamaba Malta.	8 Y aconteció que el padre de Publio estaba en cama, enfermo de fiebre y de disentería; y entró Pablo a verle, y después de haber orado, le impuso las manos, y le sanó.	
2 Abandonados en una isla y frente a los nativos de esta: reciben ayuda y aceptación	2 Y los naturales nos trataron con no poca humanidad; porque encendiendo un fuego, nos recibieron a todos, a causa de la lluvia que caía, y del frío.	9 Hecho esto, también los otros que en la isla tenían enfermedades, venían, y eran sanados;	
3 Mordido por una serpiente y sanado	3 Entonces, habiendo recogido Pablo algunas ramas secas, las echó al fuego; y una víbora, huyendo del calor, se le prendió en la mano.	10 los cuales también nos honraron con muchas atenciones; y cuando zarpamos, nos cargaron de las cosas necesarias.	**5 Desamparados y varados, pero con las necesidades satisfechas**
	4 Cuando los naturales vieron la víbora colgando de su mano, se decían unos a otros: Ciertamente este hombre es homicida, a quien, escapado del mar, la justicia no deja vivir.	11 Pasados tres meses, nos hicimos a la vela en una nave alejandrina que había invernado en la isla, la cual tenía por enseña a Cástor y Pólux.	
	5 Pero él, sacudiendo la víbora en el fuego, ningún daño padeció.	12 Y llegados a Siracusa, estuvimos allí tres días.	
	6 Ellos estaban esperando que él se hinchase, o cayese muerto de repente; mas habiendo esperado mucho, y viendo que ningún mal le venía, cambiaron de parecer y dijeron que era un dios.	13 De allí, costeando alrededor, llegamos a Regio; y otro día después, soplando el viento sur, llegamos al segundo día a Puteoli,	**6 Atemorizados y solitarios, pero alentados y fortalecidos** a. Animados por los hermanos en Puteoli, el puerto de Roma[EF2] b. Animado por una reunión de bienvenida desde Roma
4 Enfrentando la superstición y el paganismo, una oportunidad para evangelizar	7 En aquellos lugares había propiedades del hombre principal de la isla, llamado	14 donde habiendo hallado hermanos, nos rogaron que nos quedásemos con ellos siete días; y luego fuimos a Roma,	
		15 de donde, oyendo de nosotros los hermanos, salieron a recibirnos hasta el Foro de Apio y las Tres Tabernas; y al verlos, Pablo dio gracias a Dios y cobró aliento.	1) Foro de Apio, a 69 kilómetros de Roma 2) Las Tres Tabernas: a 53 kilómetros Roma

DIVISIÓN XI

EL ÚLTIMO VIAJE DE PABLO Y SU ÚLTIMA PREDICACIÓN: COMO PRISIONERO HACIA ROMA, 23:12–28:31

H. Pablo, náufrago y varado en una isla: la protección de Dios en prueba tras prueba, 28:1 - 15

(28:1-15) *Introducción:* La mano protectora de Dios cuidando a Su siervo se ve en forma muy clara en este pasaje. El creyente genuino puede estudiar este pasaje y descansar confiado en la mano protectora de Dios a través de las pruebas de la vida, no importa cuán severas puedan ser. (Ver Mapa —

Introducción a Hch. para un gráfico del viaje de Pablo y las ciudades por donde pasó.)

1. Náufragos pero a salvo (v. 1).
2. Abandonados en una isla y frente a los nativos de esta: reciben ayuda y aceptación (v. 2).
3. Mordido por una serpiente y sanado (vv. 3-5).
4. Enfrentando la superstición y el paganismo, una oportunidad para evangelizar (vv. 6-9).
5. Desamparados y varados, pero con las necesidades satisfechas (vv. 10-12).
6. Atemorizados y solitarios, pero alentados y fortalecidos (vv. 13-15).

1 (28:1) *Liberación:* El mensajero de Dios naufragó, pero estuvo a salvo. Dios había prometido salvar a Pablo y lo hizo, y también salvó a todos los demás en la nave. Pero hubo pruebas terribles, pruebas tan horribles que solo Dios pudo haber salvado a su mensajero. Hubo...

- una violenta tormenta que llevó sin misericordia la nave bajo su furia y poder por catorce días (Hch. 27:14ss).
- una completa desesperanza ante la situación: todos menos Pablo habían perdido la esperanza de salvarse (Hch. 27:20).
- un intento por parte de los marineros de abandonar el barco para salvarse, condenando a todos los pasajeros al naufragio y a la muerte (Hch. 27:30).
- un plan de los soldados de matar a los prisioneros, incluyendo a Pablo, para evitar que escaparan (Hch. 27:42).

El asunto es que Dios prometió librar a Pablo y Dios mantuvo su promesa. Siempre lo hace.

> **"Porque hermanos, no queremos que ignoréis acerca de nuestra tribulación que nos sobrevino en Asia; pues fuimos abrumados sobremanera más allá de nuestras fuerzas, de tal modo que aun perdimos la esperanza de conservar la vida. Pero tuvimos en nosotros mismos sentencia de muerte, para que no confiásemos en nosotros mismos, sino en Dios que resucita a los muertos; el cual nos libró, y nos libra, y en quien esperamos que aún nos librará, de tan gran muerte; cooperando también vosotros a favor nuestro con la oración, para que por muchas personas sean dadas gracias a favor nuestro por el don concedido a nosotros por medio de muchos". (2 Co. l:8-11).**

> **"sabe el Señor librar de tentación a los piadosos, y reservar a los injustos para ser castigados en el día del juicio" (2 P. 2:9).**

> **"Y el Señor me librará de toda obra mala, y me preservará para su reino celestial. A él sea gloria por los siglos de los siglos". (2 Ti. 4:18).**

> **"No os ha sobrevenido ninguna tentación que no sea humana; pero fiel es Dios, que no os dejará ser tentados más de lo que podéis resistir, sino que dará también juntamente con la tentación la salida, para que podáis soportar". (1 Co. 10:13).**

> **"Así que, por cuanto los hijos participaron de carne y sangre, él también participó de lo mismo, para destruir por medio de la muerte al que tenía el imperio de la muerte, esto es, al diablo, 15y librar a todos los que por el temor de la muerte estaban durante toda la vida sujetos a servidumbre". (He. 2:14-15).**

> **"Dijo: Jehová es mi roca y mi fortaleza, y mi libertador" (2 S. 22:2).**

> **"Busqué a Jehová, y él me oyó, Y me libró de todos mis temores". (Sal. 34:4).**

> **"Porque has librado mi alma de la muerte, Y mis pies de caída, Para que ande delante de Dios En la luz de los que viven". (Sal. 56:13).**

> **"Y hasta la vejez yo mismo, y hasta las canas os soportaré yo; yo hice, yo llevaré, yo soportaré y guardaré". (Is. 46:4).**

> **"No temas delante de ellos, porque contigo estoy para librarte, dice Jehová". (Jer. 1:8).**

ESTUDIO A FONDO 1

(28:1) *Melita:* la isla en la que naufragó Pablo era conocida como Malta o Melita, (Ver Mapa — Introducción a Hch.). Se encontraba aproximadamente a noventa y seis kilómetros al sur de Sicilia y estaba ubicada bajo la provincia de Sicilia por Roma. El gobernador de Sicilia, por consiguiente, fue señalado como mandatario de la isla. La población estaba compuesta por nativos de esta que no tenían sangre ni griega ni romana. La isla prácticamente carecía de importancia en el tráfico del mundo.

2 (28:2) *Pruebas — Liberación:* El mensajero de Dios estaba abandonado a su suerte y enfrentando a los nativos de la isla, pero lo aceptaron y ayudaron. Note dos cosas.

1. Algunas traducciones llaman a los nativos "bárbaros", pero esto no quiere decir que eran personas incivilizadas. En el mundo antiguo, a todo el que no seguía las costumbres romanas y hablaba la lengua griega se le llamaba bárbaro. Todos los que no eran griegos o romanos eran extranjeros y bárbaros.

2. Los nativos de la isla estaban, sin embargo, aislados en una isla pobre e insignificante. Ellos fácilmente pudieron...

- sentirse amenazados por las víctimas del naufragio y asesinarlos.
- aprovecharse de la situación y matarlos y robar todas las cosas de valor que tuvieran los sobrevivientes, como anillos y cadenas de oro.

Pero note cómo imperó la protección de Dios. Los nativos mostraron una humanidad más allá de lo normal. La palabra "humanidad" (philanthropian) es la palabra de donde proviene nuestra palabra filantropía. En griego significa amor por la humanidad, el tipo de amor que se extiende con especial bondad. Al parecer, los nativos ayudaron a las víctimas del naufragio demostrándoles mucha amabilidad. El asunto es ver cómo Dios tiene cuidado de aquellos que creen sus promesas y siguen sus instrucciones. Él había dicho que salvaría a su mensajero y a todos los demás, pero la tripulación casi arruina esto. Hicieron preparativos para salvarse ellos, sin aceptar la Palabra de Dios. Solo la seria advertencia de Dios y la destrucción del bote salvavidas (recursos de los hombres para salvarse) salvó la tripulación. Y note: fue a partir de ese momento que las cosas comenzaron a mejorar para todos. Cuando no había nada a bordo para salvar a la tripulación y a los pasajeros, cuando la única esperanza y confianza de ellos fue en el Dios de Pablo, entonces Dios pudo hacerse cargo de la situación y comenzar a bendecirles. Se les libró, y de manera gloriosa, y los nativos de la isla los recibieron con muchas atenciones. Dios, una vez más, cumplió su gloriosa promesa.

3 (28:3-5) *Pruebas — Liberación:* Una serpiente mordió al mensajero de Dios, pero recibió sanidad. ¿Por qué Dios permitió que una serpiente mordiera a su siervo? ¿No había acaso padecido lo suficiente? Había tenido que...

- pasar por una terrible tormenta por catorce días.
- batallar por su vida en la negrura de la tormenta.
- sufrir el abandono de marineros amotinados en un

barco a punto de estrellarse contra las rocas de la costa.

- sufrir la amenaza de los soldados romanos temerosos de que pudiera escapar.
- saltar del barco y nadar para salvar la vida en el medio de un terrible tifón.

Y ahora, él sale bajo un aguacero torrencial, totalmente empapado y con frío, a recoger ramas para el fuego y todavía no había tenido oportunidad de calentarse cuando la serpiente, huyendo del fuego, se le prendió de la mano.

Pensamiento 1. Cuán a menudo los creyentes se preguntan: "¿Por qué, Dios mío, por qué tengo que pasar por todo este dolor y por tantas pruebas?"

Note dos puntos muy significativos:

1. Dios cuidó a Pablo en medio de la prueba, sanándolo instantáneamente.

2. Dios usó la prueba para alcanzar a muchos para Cristo. Los nativos vieron el poder liberador de Dios, y al ver cómo cuidaba de Pablo, estuvieron más dispuestos para escuchar el evangelio. Pronto aprenderían que Dios era el único Dios vivo y verdadero, el Dios que estaba verdaderamente vivo, y quien salva y cuida a todos los que verdaderamente creen en Él. (Ver *Estudio a fondo 3, Sufrimiento* — Mt. 8:1-4 para mayor discusión de por qué Dios permite las pruebas en la vida del creyente.)

> **"Y estas señales seguirán a los que creen: En mi nombre echarán fuera demonios; hablarán nuevas lenguas; tomarán en las manos serpientes, y si bebieren cosa mortífera, no les hará daño; sobre los enfermos pondrán sus manos, y sanarán"** (Mr. 16:17-18).
>
> **"echando toda vuestra ansiedad sobre él, porque él tiene cuidado de vosotros"** (1 P. 5:7).
>
> **"Porque los ojos de Jehová contemplan toda la tierra, para mostrar su poder a favor de los que tienen corazón perfecto para con él. Locamente has hecho en esto; porque de aquí en adelante habrá más guerra contra ti"** (2 Cr. 16:9).
>
> **"Con sus plumas te cubrirá, Y debajo de sus alas estarás seguro; Escudo y adarga es su verdad"** (Sal. 91:4).
>
> **"No temas, porque yo estoy contigo; no desmayes, porque yo soy tu Dios que te esfuerzo; siempre te ayudaré, siempre te sustentaré con la diestra de mi justicia"** (Is. 41:10).

4 (28:6-9) *Superstición — Paganismo:* El mensajero de Dios enfrentó la superstición y el paganismo, pero tuvo una oportunidad única para el evangelismo.

1. Note la creencia supersticiosa y pagana. Los nativos creyeron que un dios (de la justicia, la venganza) había finalmente atrapado a Pablo. Ellos sabían que él era un criminal, culpable de algún gran delito, pues estaba encadenado y lo estaban transportando para ser juzgado o ejecutado. La mordida de la serpiente era una muerte segura, así que sacaron la conclusión de que era un asesino que estaba recibiendo de los dioses un castigo igual al crimen que había cometido.

Pensamiento 1. Note cómo los hombres de todas las generaciones mantienen la misma superstición y paga-

nismo. El hombre natural siempre ha sentido...

- que sufre por su *insensatez, malas acciones, comportamiento irresponsable, pecado.*
- que está siendo castigado por sus malos hechos.
- que el dios o los dioses le persiguen por sus malas acciones.

Por supuesto, hay algo de verdad en esa creencia. Es cierto que lo que el hombre siembra, eso es lo que siega. Sin embargo, no siempre pasa por grandes sufrimientos en esta vida. Muchos sí, pero algunos no, al menos no individualmente. Las pruebas de esta vida son, por lo general, pruebas normales y naturales, pruebas que vienen como resultado de un mundo pecador y corruptible. El mayor juicio del pecado tendrá lugar después de esta vida, cuando entremos en la eternidad, y va a tratarse de un encuentro cara a cara con Dios.

2. La inestabilidad del alma humana sin Cristo. Qué rápido cambiaron los nativos lo que pensaban acerca de Pablo cuando vieron que la mordida de la serpiente no le había hecho daño. Inmediatamente pensaron que era un hombre-dios.

Pensamiento 1. Los hombres no pueden comprender los milagros de Dios, los milagros...

- de vidas cambiadas, completa y radicalmente.
- de cuerpos sanados, cuerpos restaurados de manera inexplicable.
- de victoria sobre las circunstancias, triunfante y poderosa.

Los milagros confunden y perturban a la mayoría de las personas. No pueden comprender los milagros, por tanto, o los niegan, o tratan de darles una explicación. Si los milagros son ciertos y Dios está vivo, entonces ellos están destinados a condenación a menos que se arrepientan, y la mayoría de las personas sencillamente no están dispuestos a arrepentirse. Lo que estamos diciendo es que: el alma del hombre aparte de Dios es inestable, acudiendo al mundo natural y asiéndose a cualquier cosa que...

• se pueda ver	• sea material
• parezca real	• aumente su estima
• tenga explicación	• de placer
• sea evidente	

La mayor parte de las personas se afierran de cualquier cosas menos de Dios. Como consecuencia, las almas de las personas están inestables e inseguras acerca de la eternidad.

3. Fíjese que los resultados del milagro fueron dirigidos por Dios. Un hombre principal de la isla, llamado Publio, les dio la bienvenida y alojamiento por tres días a Pablo y sus compañeros cristianos y algunos otros (probablemente los encargados de los soldados y del barco). No sabemos nada acerca de este hombre aparte de lo que se nos dice aquí. Malta era una provincia de Sicilia bajo la jurisdicción de su gobernador; por tanto, el gobernador romano era quien había instaurado en el poder al gobernador de Malta. Puede haber sido un magistrado romano situado en la isla o un nativo del lugar al que se le había puesto en el poder.

Lo importante aquí es que Dios usó la prueba y el milagro de la mordida de la serpiente para abrir la puerta de la isla para que Pablo ministrara y predicara el evangelio (cp. vv. 8-9).

Pensamiento 1. Nótense dos lecciones significativas. Los creyentes deben...

* soportar las pruebas y salir adelante, sin importar cuán dura, sabiendo que Dios va a usar la prueba para su gloria.
* usar sus pruebas como oportunidades para el evangelismo.

Pensamiento 2. Note la fidelidad de Pablo, el centro de toda su vida. No estaba quejándose y lamentándose, ni caído y derrotado, ni cuestionando y preguntándose por qué le estaba pasando a él todo esto tan malo (ver nota — Hch. 28:3-5). Él estaba testificando y ministrando. Imagínese la escena, todo por lo que él ya había pasado que de por sí era suficiente para doblegar a la mayoría de los hombres, y no obstante allí estaba él, marchando adelante, soportándolo todo, proclamando al Señor Jesús.

> **"Entonces el Señor dijo a Pablo en visión de noche: No temas, sino habla, y no calles; porque yo estoy contigo, y ninguno pondrá sobre ti la mano para hacerte mal, porque yo tengo mucho pueblo en esta ciudad" (Hch. 18:9-10).**

> **"Por tanto, no te avergüences de dar testimonio de nuestro Señor, ni de mí, preso suyo, sino participa de las aflicciones por el evangelio según el poder de Dios" (2 Ti. 1:8).**

> **"Esto habla, y exhorta y reprende con toda autoridad. Nadie te menosprecie" (Tit. 2:15).**

5 (28:10-12) *Cuidado — Necesidades:* El mensajero de Dios estaba necesitado, pero Dios tuvo cuidado de sus necesidades. Pablo y los demás lo habían perdido prácticamente todo en el naufragio. Aún así, vemos a Dios obrando entre bastidores para cuidar de las necesidades de sus siervos. Además, note que las necesidades de aquellos que le rodeaban también fueron satisfechas. (Ver bosquejo y nota — Mt. 6:25-34 para mayor discusión). Una de dichas necesidades era, por supuesto, obtener pasaje para Roma. La isla de Malta, aunque insignificante en lo relacionado con el comercio mundial, tenía un puerto al lado contrario de la isla, al lado opuesto de donde el barco de Pablo había encallado contra las rocas. Note cómo un gran barco granero había tenido que invernar en la isla. El nombre del barco era *Cástor y Pólux,* que eran los nombres de los dos míticos hijos del dios Júpiter. Eran los dioses gemelos protectores de la navegación. Pablo y los demás pudieron embarcarse en este barco y comenzar su viaje hacia Roma.

Pensamiento 1. Note cómo la mano de Dios está siempre manipulando los acontecimientos, haciendo que todas las cosas obren a favor de sus queridos siervos.

> **"Mas buscad primeramente el reino de Dios y su justicia, y todas estas cosas os serán añadidas" (Mt. 6:33).**

> **"Y sabemos que a los que aman a Dios, todas las cosas les ayudan a bien, esto es, a los que conforme a su propósito son llamados" (Ro. 8:28).**

6 (28:13-15) *El cuidado de Dios — Pablo sustentado:* El mensajero de Dios estaba atemorizado y solo, pero Dios lo animó y fortaleció. Fíjese en las palabras "dio gracias a Dios y cobró aliento" Al parecer, Pablo estaba experimentando alguna especie de temor y soledad. Bajo las circunstancias en que estaba, esas emociones son ciertamente comprensibles.

> **"Esforzaos y cobrad ánimo; no temáis, ni tengáis miedo de ellos, porque Jehová tu Dios es el que va contigo; no te dejará, ni te desamparará" (Dt. 31:6).**

> **"Levántate, porque esta es tu obligación, y nosotros estaremos contigo; esfuérzate, y pon mano a la obra" (Esd. 10:4).**

> **"No temas, porque yo estoy contigo; no desmayes, porque yo soy tu Dios que te esfuerzo; siempre te ayudaré, siempre te sustentaré con la diestra de mi justicia" (Is. 41:10).**

> **"Cuando pases por las aguas, yo estaré contigo; y si por los ríos, no te anegarán. Cuando pases por el fuego, no te quemarás, ni la llama arderá en ti" (Is. 43:2).**

La nave se abría paso lentamente hacia el gran puerto de Puteoli, mientras, Pablo estaba parado en la cubierta girando su cabeza suavemente de un lado a otro. Veía los grandes barcos de guerra romanos anclados en el puerto, las playas y los yates de los ricos, la mole de almacenes y tiendas y el interminable torrente de personas. ¡Cuán profundamente debe haber sentido la grandiosidad de la Roma imperial! De seguro sintió que Roma era más que simplemente ciudad nueva y extraña para poder conquistarla para Cristo. Era la capital del mundo. De repente, se sintió solo y atemorizado. ¿Qué iba a sucederle? ¿Qué nuevos sufrimientos le esperaban mientras lo enjuiciaban bajo pena de muerte? ¿Cómo lo recibirían los creyentes de Roma? No estaba entrando a la ciudad como un evangelio flamante para Dios, sino como prisionero de la Roma imperial, un prisionero acusado de un crimen capital. ¿Tendrían miedo de reunirse con él? Ellos no le conocían personalmente. Solo le conocían a través de la carta que les había escrito unos tres años atrás. ¿Le habrían olvidado? ¿Habrían regresado al mundo, abandonando la fe? ¿Cuál era su condición y cuál sería su espíritu hacia él?

En ese momento tan lleno de temor, atrapado por pensamientos de soledad, Dios entró en escena. Dios satisfizo la necesidad de su querido mensajero. Los creyentes cristianos le recibieron en el puerto y Dios le concedió siete días con ellos. Aún más, Dios envió a dos grupos de recibimiento de la iglesia en Roma, uno que viajó más de 64 kilómetros y otro más de 48; ambos con el objetivo de acompañarlo a la gran ciudad de Roma. El cuadro descrito en griego es que los grupos de recibimiento venían a darle al precioso siervo de Dios una bienvenida digna de un conquistador, digna de un rey.

ESTUDIO A FONDO 2

(28:13) *Puteoli:* El principal puerto de la antigua Roma, es conocido hoy como la bahía de Nápoles. Se encontraba a unos 225 kilómetros de Roma, pero era el gran centro de exportación e importación tanto para la gran capital como para el interior de Italia.

1 Pablo entró a Roma como prisionero a. Le permitieron vivir en una casa particular b. Lo encadenaron a un soldado (v. 20) **2 Paso 1: una reunión aclaratoria con los líderes religiosos** a. Llamó a los principales de los judíos b. Proclamó su inocencia y la injusticia cometida c. Les comunicó el veredicto de los gobernadores romanos d. Culpó a los judíos por su apelación al César e. Afirmó que estaba preso por causa de la esperanza de Israel, la esperanza del Mesías f. Se le concedió otra sesión **3 Paso 2: una clara proclamación del mensaje**	**I. Pablo en Roma: estrategia para el evangelismo en la gran ciudad, 28:16-31** 16 Cuando llegamos a Roma, el centurión entregó los presos al prefecto militar, pero a Pablo se le permitió vivir aparte, con un soldado que le custodiase. 17 Aconteció que tres días después, Pablo convocó a los principales de los judíos, a los cuales, luego que estuvieron reunidos, les dijo: Yo, varones hermanos, no habiendo hecho nada contra el pueblo, ni contra las costumbres de nuestros padres, he sido entregado preso desde Jerusalén en manos de los romanos; 18 los cuales, habiéndome examinado, me querían soltar, por no haber en mí ninguna causa de muerte. 19 Pero oponiéndose los judíos, me vi obligado a apelar a César; no porque tenga de qué acusar a mi nación. 20 Así que por esta causa os he llamado para veros y hablaros; porque por la esperanza de Israel estoy sujeto con esta cadena. 21 Entonces ellos le dijeron: Nosotros ni hemos recibido de Judea cartas acerca de ti, ni ha venido alguno de los hermanos que haya denunciado o hablado algún mal de ti. 22 Pero querríamos oír de ti lo que piensas; porque de esta secta nos es notorio que en todas partes se habla contra ella. 23 Y habiéndole señalado un día, vinieron a él muchos a la posada, a los cuales les	declaraba y les testificaba el reino de Dios desde la mañana hasta la tarde, persuadiéndoles acerca de Jesús, tanto por la ley de Moisés como por los profetas. 24 Y algunos asentían a lo que se decía, pero otros no creían. 25 Y como no estuviesen de acuerdo entre sí, al retirarse, les dijo Pablo esta palabra: Bien habló el Espíritu Santo por medio del profeta Isaías a nuestros padres, diciendo: 26 Ve a este pueblo, y diles: De oído oiréis, y no entenderéis; Y viendo veréis, y no percibiréis; 27 Porque el corazón de este pueblo se ha engrosado, Y con los oídos oyeron pesadamente, Y sus ojos han cerrado, Para que no vean con los ojos, Y oigan con los oídos, Y entiendan de corazón, Y se conviertan, Y yo los sane. 28 Sabed, pues, que a los gentiles es enviada esta salvación de Dios; y ellos oirán. 29 Y cuando hubo dicho esto, los judíos se fueron, teniendo gran discusión entre sí. 30 Y Pablo permaneció dos años enteros en una casa alquilada, y recibía a todos los que a él venían, 31 predicando el reino de Dios y enseñando acerca del Señor Jesucristo, abiertamente y sin impedimento.	a. Proclamó el reino de Dios y a Jesús el Mesías b. Centró su mensaje en las Escrituras c. Los resultados 1) Algunos creyeron 2) Algunos no creían **4 Paso 3: ir a aquellos que recibirán el evangelio, los gentiles** a. Isaías profetizó que los judíos le rechazarían 1) Rechazado voluntariamente 2) Endurecieron los corazones 3) Cerraron sus oídos 4) Cerraron sus ojos 5) Negaron lo que habían visto 6) Se negaron a comprender 7) Lucharon contra la conversión y la sanidad b. Se le envió la salvación a los gentiles c. Los judíos se fueron discutiendo entre sí **5 Paso 4: una misión de evangelismo continuo** a. Recibió a todos los que vinieron b. Predicó el reino de Dios c. Enseñó al Señor Jesús d. Trabajó sin impedimento

DIVISIÓN XI

EL ÚLTIMO VIAJE DE PABLO Y SU ÚLTIMA PREDICACIÓN: COMO PRISIONERO HACIA ROMA, 23:12–28:31

I. Pablo en Roma: estrategia para el evangelismo en la gran ciudad, 28:16-31

(28:16-31) *Introducción:* Las últimas palabras del gran libro de los Hechos se centran en el evangelismo, en la estrategia de Pablo para alcanzar a la gran ciudad de Roma para Cristo.

1. Pablo entró a Roma como prisionero (v. 16).
2. Paso 1: una reunión aclaratoria con los líderes religiosos (vv. 17-22).
3. Paso 2: una clara proclamación del mensaje (vv. 23-24).
4. Paso 3: ir a aquellos que recibirán el evangelio, los gentiles (vv. 25-29).
5. Paso 4: una misión de evangelismo continuo (vv. 30-31).

1 (28:16) *Pablo:* Pablo entró a Roma como prisionero. Los demás prisioneros fueron entregados al oficial de la guardia romana que le correspondía, pero a Pablo se le permitió permanecer en una casa y tener los visitantes que quisiera (vv. 16, 23, 30). Esto fue probablemente debido a la carta de Festo y el rey Herodes Agripa (Hch. 25:13f), y a una recomendación de Julio por la ayuda y el espíritu cooperativo de Pablo a lo largo de todo el viaje a Roma (Hch. 27:ls). No obstante, Pablo estaba bajo arresto domiciliario, encadenado por la muñeca a un soldado las veinticuatro horas del día.

Pensamiento 1. Note la providencia de Dios al predominar sobre los asuntos normales de los hombres. Al estar su mensajero en una casa particular, podría proclamar el evangelio a todos los que lo visitaran.

2 (28:17-22) *Testimonio — Evangelismo:* El primer paso en la evangelización de la ciudad fue celebrar una reunión aclaratoria con los líderes religiosos. Pablo pudo conseguir una casa y asentarse en tres días. Note: a pesar de la increíblemente dura experiencia de los últimos tres meses, él no descansó ni un solo día. Se lanzó directamente a su ministerio de evangelismo. Puesto que estaba bajo arresto domiciliario, pidió a todos los líderes judíos de toda Roma que se reunieran con él en su casa a una hora determinada. Ellos vendrían, pues Pablo era bien conocido por ser el principal exponente y maestro del cristianismo en todo el mundo. Los judíos especialmente le conocían, pues él había sido una de las más brillantes estrellas de su nación hasta su conversión a Cristo, y ahora era el que exasperaba tanto a los judíos dondequiera que iba. Ellos vendrían por curiosidad para ver a este hombre que se había convertido en tal trascendental figura en todo el mundo, tan solo para ver lo que tenía que decir.

En aquel entonces en Roma había al menos siete sinagogas, lo que no sabemos es cuántos líderes de cada una asistieron a la reunión. Pablo simplemente contó lo que le había sucedido, por qué había sido arrestado y por qué iba ahora a comparecer ante el César. Su propósito era:

• eliminar cualquier duda o inquietud, rumores y prejuicios que ellos pudieran albergar en contra suya. Él quería compartir el evangelio con ellos. El corazón de Pablo sentía dolor por su propio pueblo y siempre trató de alcanzarlos a ellos primero dondequiera que iba. Un tiempo antes, él les había escrito a los creyentes que su amor por su pueblo era tan profundo que daría su propia alma por la salvación de ellos (Ro. 9:1-3; 10:1).

La Escritura y el bosquejo de estos versos muestran claramente lo que Pablo dice. Si nos fijamos en los puntos y nos remitimos a los acontecimientos de las Escrituras tendremos la explicación en detalle (ver *Estudio a fondo 1, Pablo, Juicios* — Hch. 28:17-22 para el pasaje en que se discute cada acontecimiento).

Pensamiento 1. En estos versos, Pablo nos da al menos tres ejemplos prácticos.

1) El ejemplo de la dedicación — una enorme dedicación a la labor de alcanzar a las personas con el evangelio, sin importar las circunstancias ni cuán exhausto uno pueda estar.

> **"Por tanto, id, y haced discípulos a todas las naciones, bautizándolos en el nombre del Padre, y del Hijo, y del Espíritu Santo; enseñándoles que guarden todas las cosas que os he mandado; y he aquí yo estoy con vosotros todos los días, hasta el fin del mundo. Amén" (Mt. 28:19-20).**
> **"Y les dijo: Id por todo el mundo y predicad el evangelio a toda criatura" (Mr. 16:15).**
> **"pero recibiréis poder, cuando haya venido sobre vosotros el Espíritu Santo, y me seréis testigos en Jerusalén, en toda Judea, en Samaria, y hasta lo último de la tierra" (Hch. 1:8).**
> **"porque no podemos dejar de decir lo que hemos visto y oído" (Hch. 4:20).**
> **"Pero teniendo el mismo espíritu de fe, conforme a lo que está escrito: Creí, por lo cual hablé, nosotros también creemos, por lo cual también hablamos" (2 Co. 4:13).**

2) El ejemplo del amor — un inmenso amor por su propio pueblo, por su propia nación. Pablo nunca se dio por vencido con su pueblo, sin importar cuán mal lo trataran.

> **"Porque deseara yo mismo ser anatema, separado de Cristo, por amor a mis hermanos, los que son mis parientes según la carne" (Ro. 9:3).**
> **"Hermanos, ciertamente el anhelo de mi corazón, y mi oración a Dios por Israel, es para salvación" (Ro. 10:1).**

3) El ejemplo de eliminar todas las dudas e inquietudes, los rumores y prejuicios para que el evangelio pueda tener libre el camino y fluir libremente cuando uno lo proclama. (¡Qué tremendo ejemplo para el evangelismo de toda una ciudad, siempre que sea posible!)

ESTUDIO A FONDO 1

(28:17-22) *Pablo, juicios:* Pablo se defendió a sí mismo ante: (1) La multitud alborotada de Jerusalén (Hch. 22:1-23); (2) el centurión (Hch. 22:24-30); (3) el Sanedrín (Hch. 23:1-10); (4) Félix (Hch. 24:10-23); (5) Festo (Hch. 25:8-12); (6) el rey Herodes Agripa II (Hch. 25:23–26:32); y (7) los judíos en Roma (Hch. 28:17-28).

3 (28:23-24) *Testimonio — Predicación:* El segundo paso en la evangelización de la ciudad fue proclamar claramente el mensaje. *Muchos* habían venido a la reunión para oír lo que Pablo tenía que decir. Al parecer, la casa estaba repleta y desbordada. Note tres puntos significativos:

1. Pablo predicó el reino de Dios.

=> Predicó que Jesús es el verdadero Mesías que había traído el reino de Dios a la tierra.

"**Recorría Jesús todas las ciudades y aldeas, enseñando en las sinagogas de ellos, y predicando el evangelio del reino, y sanando toda enfermedad y toda dolencia en el pueblo**" (**Mt. 9:35**).

"**Y yendo, predicad, diciendo: El reino de los cielos se ha acercado**" (**Mt. 10:7**).

=> Predicó que Jesús es el verdadero Mesías que regresará a la tierra a establecer el reino para siempre. (Vea notas, Hch. 1:6-7; *Estudio a fondo 4*, 2:24; nota, 2:25-26; *Estudio a fondo 2*, Jn. 1:20; nota, 1:23; *Estudio a fondo 3*, Mt. 19:23-24 para mayor discusión.)

2. Pablo centró su predicación única y exclusivamente en la Palabra de Dios.

"**Porque primeramente os he enseñado lo que asimismo recibí: Que Cristo murió por nuestros pecados, conforme a las Escrituras; y que fue sepultado, y que resucitó al tercer día, conforme a las Escrituras**" (**1 Co. 15:3-4**).

"**Por lo cual también nosotros sin cesar damos gracias a Dios, de que cuando recibisteis la palabra de Dios que oísteis de nosotros, la recibisteis no como palabra de hombres, sino según es en verdad, la palabra de Dios, la cual actúa en vosotros los creyentes**" (**1 Ts. 2:13**).

3. Los resultados fueron mixtos. Algunos creyeron, pero la mayoría no creyó.

"**El que en él cree, no es condenado; pero el que no cree, ya ha sido condenado, porque no ha creído en el nombre del unigénito Hijo de Dios**" (**Jn. 3:18**).

"**El que cree en el Hijo tiene vida eterna; pero el que rehúsa creer en el Hijo no verá la vida, sino que la ira de Dios está sobre él**" (**Jn. 3:36**).

"**Por eso os dije que moriréis en vuestros pecados; porque si no creéis que yo soy, en vuestros pecados moriréis**" (**Jn. 8:24**).

4 (28:25-29) *Judíos, rechazo del evangelio — Gentiles:* Historia, punto crucial: El tercer paso en la evangelización de la ciudad fue dirigirse a aquellos que recibirían el evangelio: los gentiles rechazados. Este es un hecho de mayor importancia, un punto crucial de la historia: el libro de los Hechos...

• comienza con la gran comisión de llevar el evangelio a los judíos primeramente (Hch. 1:8).

• termina con el rechazo del evangelio por parte de los judíos y este siendo llevado principalmente a los gentiles (Hch. 28:28).

El hecho de que los judíos rechazaran el evangelio en la ciudad que simbolizaba al mundo (Roma) y que lo hayan rechazado mientras era predicado por el apóstol al mundo (Pablo) es culminante. Es una imagen del evangelio siendo rechazado por los judíos de todo el mundo y siendo llevado a los gentiles. Pablo proclamó este hecho bajo la autoridad de la Palabra de Dios, hecho que es una trágica noticia para el judío, pero una gloriosa noticia para el gentil.

1. Pablo declaró que Isaías había profetizado el rechazo del evangelio por parte de los judíos (Is. 6:9-10. Ver *Estudio a fondo 1, Incredulidad,* Jn. 12:39-41 para mayor discusión). Nótense tres puntos.

a. El rechazo del incrédulo es voluntario, siempre deliberado. Ve y oye, pero rehúsa abrir realmente sus ojos y sus oídos. Se niega a entender. ¿Por qué? ¿Por qué una persona actúa tan ilógicamente, se rebela y se niega a comprender? Cristo dice: "Porque el corazón de este pueblo se ha engrosado [engordar, pesar demasiado]" (v. 27). Estar gordo indica voluptuosidad e incoherencia. Comer y comer, engordando y engordando es vivir para la carne y no tiene ningún sentido. Es carnal e insensato. Por tanto, lo que Cristo está diciendo es que el no creyente se ha vuelto tan carnal e insensato que se rebela y se niega a comprender los misterios de Dios. Su carnalidad se debe a su mundanalidad y a su deseo por las cosas del mundo (Ro. 8:5-8; 1 Jn. 2:15-16), y su insensatez se debe a que están engañados por el maligno, por Satanás mismo (2 Co. 4:3-4).

b. El rechazo del incrédulo está profetizado (Is. 6:9-10; cp. Jn. 12:40; Hch. 28:26f). Un hombre que voluntariamente rechaza a Dios experimenta una *ceguera judicial y el rechazo de* Dios. La persona que deliberadamente escoge ser ciego y no quiere comprender es entregada a un *justo castigo*. Su obstinada incredulidad, su pecado constante, y el rechazo continuo le llevan a una ceguera judicial y a ser rechazada por Dios.

"**Por lo cual también Dios los entregó a la inmundicia... Por esto Dios los entregó a pasiones vergonzosas... Dios los entregó a una mente reprobada**" (**Ro. 1:24, 26, 28. Ver bosquejo y notas — Ro. 1:24-32**).

"**Y dijo Jehová: No contenderá mi espíritu con el hombre para siempre...**" (**Gn. 6:3**).

"**Pero mi pueblo no oyó mi voz, E Israel no me quiso a mí. Los dejé, por tanto, a la dureza de su corazón; Caminaron en sus propios consejos**" (**Sal. 81:11-12**).

"**El hombre que reprendido endurece la cerviz, De repente será quebrantado, y no habrá para él medicina**" (**Pr. 29:1**).

"**Efraín es dado a ídolos; déjalo**" (**Os. 4:17**).

c. Note además, la clara descripción del rechazo del incrédulo. No habría podido darse una descripción más clara ni más fuerte que esta (ver bosquejo, v. 27).

Pensamiento 1. ¿Por qué los hombres rechazan a Cristo, endureciendo sus corazones, tapando sus oídos y cerrando sus ojos?

"**Y esta es la condenación: que la luz vino al mundo, y los hombres amaron más las tinieblas que la luz, porque sus obras eran malas**" (**Jn. 3:19**).

"**a fin de que sean condenados todos los que no**

creyeron a la verdad, sino que se complacieron en la injusticia" (2 Ts. 2:12).

"Amaste [hombre] el mal más que el bien, La mentira más que la verdad" (Sal. 52:3).

"Que se alegran haciendo el mal, Que se huelgan en las perversidades del vicio" (Pr. 2:14).

Pensamiento 2. Una de las cosas más trágicas en todo el mundo es ver a las personas sentadas ante el mensaje más glorioso y quedarse dormidas, o estar apáticos, distraídos, desinteresados, o voluntariamente endurecidos y con sus mentes cerradas. Dios les entregará a su letargo y dureza deliberada (ver nota, Mt. 13:13-15).

Pensamiento 3. La persona está luchando contra la conversión y su sanidad espiritual. Si escucha y recibe, tiene que cambiar su vida dándole a Dios todo lo que es y todo lo que tiene. Es por eso que se rebela y rechaza deliberadamente. La persona no quiere volverse "de las tinieblas a la luz" (Hch. 26:18).

2. Pablo proclamó que la salvación estaba siendo enviada a los gentiles, y que ellos la oirían. Pablo había estado sirviendo a Cristo por más de treinta años. Dondequiera que fue, trató de llevar el glorioso mensaje de salvación a los judíos en primer lugar. ¡Qué ejemplo más vivo y enérgico de amor perseverante y de esperanza imperecedera! Pero qué desdicha: al final de cada misión y ahora al final de su último viaje misionero, Pablo se vio obligado a ir a los gentiles solamente! Cuán a menudo Dios había tratado de atraer a judíos para que caminaran mano a mano con Pablo entre las naciones gentiles, evangelizando a todos los hombres en todo lugar (ver *Estudio a fondo 1, Israel, El plan de Dios,* Jn. 4:22 para mayor discusión). Como siempre, los judíos dejaron a Pablo cuando mencionó a los gentiles arguyendo lo que Pablo había declarado. Su decisión era definitiva: no querían nada con Pablo ni con el Cristo que él predicaba.

[5] (28:30-31) *Pablo, fidelidad:* el cuarto paso en la evangelización de la ciudad fue una misión de evangelismo continuo.

Las Escrituras y el bosquejo hablan por sí mismas, pero tenga en cuenta dos hechos significativos.

1. Pablo predicaba y enseñaba, proclamando el evangelio y arraigando a los nuevos creyentes en la fe. Daba instrucción y seguimiento sistemáticos así como también evangelizaba a todo aquel con quien tuviera contacto.

2. Las epístolas nos cuentan algunas de las actividades de Pablo durante estos dos años. Escribió cartas a los filipenses, los efesios, los colosenses, y a Filemón. Lucas acompañó a Pablo a roma y se quedó allí con él durante algún tiempo (2 Ti. 4:11), como también lo hicieron Timoteo (Fil.1:1; 2:19-30; Col.l:l; Fil. 1); Tíquico (Ef. 6:21); Epafrodito (Fil. 4:18); Aristarco y Marcos (Col. 4:10). Otros importantes líderes cristianos también pasaron tiempo con él (Col. 4:10-14; Fil. 10-11, 23-24). Él testificaba constantemente y su testimonio se difundió por todo el mundo a través de la guardia del Pretorio, las tropas escogidas del palacio.

ESTUDIO A FONDO 2

(28:30-31) *El evangelio:* Hechos comienza con unos pocos creyentes que son comisionados para predicar el glorioso evangelio en Jerusalén. Luego este puñado de creyentes llevaría el evangelio por toda Judea, después a Samaria y de ahí a lo último de la tierra. Ahora, al concluir Hechos, el evangelio ha llegado al centro, a la capital del mundo, a la misma Roma. ahora se estaba proclamando por miles alrededor del mundo. Algunas veces el mensaje ha viajado libremente, sin oposición; en otras ha amenazada con un violento intento de acallarlo. Algunas veces ha sido falsificado solapadamente por falsos ministros y maestros quienes se han infiltrado en la iglesia con el poder del *maligno.* En algunas ocasiones se ha añadido al mensaje y en otras se le ha quitado, pero nunca ha podido ser exterminado. La palabra del glorioso Dios y de nuestro Señor y Salvados Jesucristo marcha triunfante y lo seguirá haciendo hasta que Él regrese. Los Hechos de Dios aún no han concluido.

ÍNDICE DE BOSQUEJOS Y TEMAS
HECHOS DE LOS APÓSTOLES

RECUERDE: Cuando busca un tema o una referencia de las Escrituras, usted no solo tendrá el texto bíblico, sino también un bosquejo y una discusión (comentario) del pasaje de la Biblia y del tema.

Este es uno de los grandes valores de la *Biblia de bosquejos y sermones*. Cuando posea todos los tomos, no solo tendrá todo lo que los otros índices bíblicos le ofrecen; es decir, un listado de todos los temas y sus referencias bíblicas, SINO que también tendrá:

- un bosquejo de *cada* texto y tema de la Biblia.
- una discusión (comentario) de cada texto y tema.
- cada tema respaldado por otros textos de la Biblia o referencias cruzadas.

Descubra el gran valor usted mismo. Dé una mirada rápida al primer tema de este índice.

ABRAHAM
    Consideración del tema. Hch. 7:2-8

Busque las referencias. Después los textos bíblicos y el bosquejo de las Escrituras. Luego lea el comentario. De inmediato verá el gran valor de este índice de la *Biblia de bosquejos y sermones*.

Fueron discípulos de Pablo. Hch. 18:1-2, 18

Fueron obligados a mudarse de Roma hacia Corinto. Hch. 18:1-2, 18

Trabajaron como fabricantes de tiendas junto con Pablo. Hch. 18:1-2

ARABIA

Ciudadanos de. Presentes en Pentecostés. Hch. 2:11

AREOPAGITA

Dionisio, el A., creyó. Hch. 17:34

AREÓPAGO

Pablo predicó en el. Hch. 17:16-33

ARISTARCO

Consideración del tema. Hch. 20:4

ARREPENTIRSE, ARREPENTIMIENTO

Consideración del tema. Puerta de r. abierta a los gentiles. Hch. 11:16-18

Esencial. para salvación. Hch. 2:38

Significado. Hch. 17:29-30

Volverse a Dios. Hch. 3:19; 26:19-21

Objeto de predicación. Hch. 20:21

ARTEMISA O DIANA

Una gran diosa de Éfeso. Hch. 19:24, 27-28, 34

Pablo predicó en contra de. Hch. 19:23-41

ASIA

Ciudadanos de. Presentes en Pentecostés. Hch. 2:9-10

Pablo ministró en. Hch. 19:1-26; cp. 20:16-17

Pablo fue perseguido por toda. Hch. 16:6

ASTROLOGÍA

Consideración del tema. Hch. 16:16-17

ATENAS

Consideración del tema. Hch. 17:16-21

Visitada por Pablo durante su segundo viaje misionero. Hch. 17:16-21

ATRACCIÓN, ATRAER

Debe ser a. por Dios para salvación. Hch. 3:16

AUTOGLORIFICACIÓN (Vea *ORGULLO*)

AVARICIA

Un cuadro de. Hch. 27:4-12

Ejemplo de. Adivinación. Hch. 16:16-17

Poder de. Lo que ocasiona. Hch. 16:16-24

Buscando pago, soborno por favores hechos. Hch. 24:26

AVIVAMIENTO

Consideración del tema. Un estudio sobre el a. Hch. 8:5-25

Lecciones acerca. Consideración del tema. Hch. 19:1-20

BARJESÚS

Falso profeta y mago. Consideración del tema. Hch. 13:7-11

BARRERAS (Vea *PREJUICIO*)

Entre las personas. Hch. 10:1-33

BAUTISMO

Consideración del tema. Hch. 2:38

Significado. Hch. 2:38

BEREA

Consideración del tema Hch. 17:10-15

BERNABÉ

Antes del concilio de Jerusalén. Hch. 15:2, 12

Llamamiento. Fue uno de los dos primeros misioneros. Hch. 13:1-3

Defendió a Pablo. Hch. 9:23-30

Consideración del tema. Hch. 4:36-37

Líder de la iglesia de Antioquía. Hch. 11:19-30; 13:1-3

Sirvió junto con Pablo. Hch. 11:25-26; 12:25; 13:2-15:40

Vendió su tierra para dar el dinero a la iglesia. Hch. 4:36-37

Buscó la ayuda de Pablo en Antioquía. Hch. 11:25-26

Se separó de Pablo. Hch. 15:36-40

BIBLIA (Vea *ESCRITURAS: PALABRA DE DIOS*)

BIENVENIDA

Deber. Ser abiertos y receptivos. Hch. 17:11

BRUJERÍA

Consideración del tema. Hch. 16:16-17

BUSCADORES DE PLACER

Consideración del tema. Hch. 17:18

BUSCAR, BÚSQUEDA

De Cristo. Por Félix, pero no quiso arrepentirse. Hch. 24:24-25

De Dios.

Por los perdidos que nunca han oído hablar de Cristo. Hch. 10:1-6

Ejemplo de. B. desesperada. Hch. 13:42-45

De la verdad. Algunos prejuicios contra la b. de la verdad en la Biblia. Hch. 17:11

CAIFÁS

Sumo sacerdote. Hch. 4:5-10

CAMINO, EL

Consideración del tema. Hch. 9:2

Alborotó una ciudad. Hch. 19:21-41

CANAÁN

Tipo. De cielo. Una herencia eterna. Hch. 7:2-8

CARCELERO DE FILIPOS, EL

Conversión de. Hch. 16:25-40

CENCREA

Consideración del tema. Hch. 18:18

CENTURIÓN

Conversión de Cornelio. Hch. 10:1-48

Consideración del tema. Hch. 23:23

Escoltó a Pablo como prisionero. Hch. 23:17, 23; 27:1-44

Protegió a Pablo. Hch. 22:22-29

Rescató a Pablo de una multitud alborotada. Hch. 21:32, 35

CESAREA

Puerto de mar. Nombrada por César. La capital romana de Palestina. Hch. 12:19; 23:33

Consideración del tema. Hch. 10:1

Hogar de Cornelio. Hch. 10:2

Hogar de Felipe el evangelista. Hch. 21:8

Pablo apeló al César en C. Hch. 25:10-13

Pablo escapó a. Hch. 9:30

Pablo prisionero en. Hch. 23:12-35

Pedro evangelizó. Hch. 10:1-48

CHIPRE

Consideración del tema. Hch. 13:4

CIELO

Descrito. Como la Tierra Prometida. Hch. 7:2-8

CIRCUNCISIÓN

Consideración del tema. Hch. 7:2-8; 15:1-3; 15:1 De Timoteo. Razón. Conveniencia. Hch. 16:1-3

CIRCUNCISIÓN, LA (Vea *JUDAIZANTES*)

CIUDADANÍA (Vea *GOBIERNO*)

Deber. Obedecer a Dios primero. Hch. 5:29

CIUDADES (Vea *CIUDAD DESEADA*)

CIVILES

Líderes. Pecados de. Comunes a l. Hch. 4:5-10

COMISIÓN

Gran.

Consideración del tema. Hch. 1:8

Equipar; la tarea; el método. Hch. 1:8

COMPAÑERISMO

Consideración del tema. Hch. 2:42

Significado. Un corazón y un alma. Hch. 4:32

COMPROMISO

De la iglesia primitiva. Dio más allá de las necesidades. Hch. 4:34-37

Parcial. Es pecado. Hch. 5:1-11

Con el Señorío de Cristo. Consideración del tema. Hch. 4:32

Con la misión de Cristo. Consideración del tema. Hch. 4:32

Total. Menos que eso es pecado. Hch. 5:1-4

COMPUNGIMIENTO

Lleva al convencimiento. Hch. 2:37

CONCESIÓN, HACER CONCESIONES

Propósito. Aquietar el desacuerdo. Hch. 21:17-26

CONCIENCIA

Reacción ante. Acallar. Hch. 24:22-27

CONOCIMIENTO ANTICIPADO

Significado. Hch. 2:23

Versículos. Listado de. Hch. 2:23

CONSEJO DE DIOS, DETERMINADO

Significado. Hch. 2:23; 4:25-28

Consideración del tema. Hch. 17:18

CONSUELO

Fuente. El Espíritu Santo. Hch. 9:31

CONVERSIÓN

Significado. Hch. 3:19

CONVERSOS (Vea *CREYENTES*)

Nuevos c. Necesidades de. Hch. 9:10-18

CONVICCIÓN, CONVENCIDO

Esencial.

Debe estar c. de que Jesús es el Señor. Hch. 9:4-5

Tres e. Hch. 4:23-31

Ejemplo. De Félix. Tembló, pero rechazó. Hch. 24:24-25

Significado. Hch. 2:37

Resultados.

10:34
Autosuficiente. Hch. 17:24-25
Soberano. Rige la historia, incluso de
cada persona. Hch. 17:26
Poder de. Descrito. Enorme. Creó el
universo. Hch. 4:24
Presencia de. Omnipotente. Ilimitado.
Hch. 7:42-53
Prueba de. Naturaleza, creación natural.
Hch. 14:14-18; 17:24-25
Providencia. Soberanía.
Un cuadro de la p. de Dios y la
decepción del hombre. Hch.
23:12-35
Anula acontecimientos para que se
cumpla su voluntad. Hch. 4:25-28
Pecados contra.
Herir el corazón de Dios. Hch. 5:1-4
Mentir. Hch. 5:1-4
Estar en contra. Tres tipos de hombre.
Hch. 4:25-28
Voluntad de.
No puede ser derrocada, detenida,
vencida. Hch. 5:33-40
Anula acontecimientos para que se
cumpla su voluntad. Hch. 4:25-28

DISCIPLINADOS
Los d. son prospectos para el evangelio.
Hch. 17:17

DISCIPULADO
Consideración del tema. De nuevos
convertidos. Hch. 13:5-6
Deber. De hacer discípulos. Hch. 13:5-6;
14:21; 16:1-3
Ejemplo de.
Bernabé discipulado.
Juan Marcos. Hch. 13:5; 15:37
Pablo discipulado.
Aquila y Priscila. Hch. 18:2-3
Juan Marcos. Hch. 13:5
Varios hombres. Hch. 20:4
Silas. Hch. 15:40
Timoteo. Hch. 16:1-4

DISCÍPULO
Características.
D. valiente. Hch. 18:18-22
D. Indiscutible. Hch. 18:1-17

DISCRIMINACIÓN (Vea *DIVISIÓN: PREJUICIO*)
Hecho. Para Dios no hay d. Hch. 2:17-21
Dios no hace acepción de personas. Hch.
10:34
Vencer. Derribados. Por Cornelio y Pedro.
Hch. 10:1-48; 11:1-18

DISPUTA, DISCUTIR
Esencial. *D.* En la predicación. Hch.
17:16

DIVISIÓN
Causada por.
Opiniones divididas. Hch. 15:36-40
Cinco c. Hch. 6:1
Cacería de brujas. Hch. 21:21
Ejemplo.
Pablo y Bernabé. Hch. 15:39
Pablo y los judaizantes. Hch. 16:3

DOCTRINA
Significado. Hch. 2:42

DOMINIO PROPIO
Hecho. Las personas disciplinadas y con
dominio propio son prospectos para el
evangelio. Hch. 17:18

DORCAS
Devuelta a la vida en Jope. Hch. 9:36-43

EDIFICACIÓN
De la iglesia. Consideración del tema.
Hch. 9:31

ÉFESO
Iglesia. Exhortación de Pablo a la i.
Líderes. Hch. 20:23-38
Ciudad. Consideración del tema. Hch.
18:23-28
Visitada por Pablo en el segundo viaje.
Hch. 18:18-22
Visitada por Pablo en el tercer viaje. Hch.
18:23-28

ELIMAS
Título de hechicero. Hch. 13:8-11

EMPLEO
Malvado. Perturbado por el evangelio.
Hch. 19:21-41

ENEAS
Un paralítico sanado. Hch. 9:32-35

ENGAÑAR, ENGAÑO
Quién engaña. Refleja la falacia del
hombre. Hch. 23:12-15
Epicúreos y estoicos. Hch. 17:18

ENSEÑANZAS
Deber.
Razonar y persuadir. Hch. 18:4
Sentir necesidad de. Hch. 18:4
Don de. Consideración del tema. Hch.
13:1
En la iglesia primitiva. Muchos tenían
hambre de. Hch. 11:26
Significado. Hch. 2:42; 11:19-30
De nuevos creyentes. Hch. 11:22-26;
14:22-23; 15:32; 19:9-10
Cuando enseñar.
Durante un año completo. Hch.
11:25-26
Durante dos años completos. Hch.
19:10
Diariamente en el templo. Hch. 5:42

ESCLAVITUD
Consideración del tema. Diferentes tipos
de e. Hch. 16:16-17

ESCOGIDOS
Por Dios. Propósito. Hch. 9:15-16

ESCRITURAS
Creencia en. Por Pablo. Cree todas las
cosas que han sido escritas. Hch.
24:14-16; 26:22-23
Deberes hacia.
Predicar. Hch. 17:11, 13; 18:28
Estudiar. Hch. 17:11, 13; 18:28
Efecto, Obra de.
Creer en ellas lleva a creer en Jesús.
Hch. 17:11-12
Muestran que Jesús es el Cristo. Hch.
18:28
Inspiración de.
Llamada la Palabra de Dios. Hch. 17:
11, 13
Pablo la creyó toda. Hch. 24:14

Punto de vista. Los humanistas. Prejuicio
contra. Hch. 17:11

ESPERANZA
Bases de. Liberación, vida, reposo
espiritual. Hch. 2:25-31
La e. del creyente. La resurrección. Hch.
23:6
Viene a través de. Promesas de Dios.
Hch. 26:6-7
Para quién. Hombre. La única e. para
sobrevivir es el Reino de Dios. Hch.
1:3

ESPÍRITU MALO
Consideración del tema.
Reconocen la deidad de Jesús, pero es
un falso reconocimiento Hch.
16:16-17
Oscuro mundo de lo oculto. Hch.
16:16-17
Obra de.
Dar falso testimonio de Jesús. Hch.
16:16-17
Engañar mediante la adivinación.
Hch. 16:16-17
Esclavizar mediante lo oculto. Hch.
16:16-17

ESPÍRITU SANTO
Y Cristo.
Ungió a Cristo. Hch. 10:38-39
Jesucristo dependió completamente
del. Hch. 1:1-2
Bautismo del.
Cómo recibirlo. Hch. 1:4-5
Versus ser lleno del. Hch. 2:1-4
Vino sobre. Recibido por.
Un pequeño grupo de oración. Hch.
4:31
Cristo. Ungido con. Hch. 10:38-39
Discípulos. Hch. 13:52
En Pentecostés. Hch. 2:1-13
Discípulos de Juan. Hch. 19:6
Gentiles. Hch. 10:44-48:11:15
Pablo. Hch. 9:17
Samaritanos. Hch. 8:14-17
Aquellos que obedecen a Dios. Hch.
5:32
Consideración del tema. Hch. 2:1-13
Deber.
Ser llenos del Espíritu. Hch. 6:3, 5;
9:17
Ser sensible al liderazgo del Espíritu.
Hch. 16:6-11
Llamar misioneros. Hch. 13:2-3
Guiar paso a paso. La misión de
Pablo. Hch. 16:6-11
Obedecer. Hch. 16:6-11
Esencial.
Para la salvación. Hch. 19:1-9
Tiene que depender de. Hch. 1:1-2
Dones del. Lenguas. Hch. 2:4
Cómo recibir.
Bautismo del Espíritu. Hch. 1:4-5
Obedecer a Dios. Hch. 5:32
Arrepentirse. Hch. 2:38
Llenura del.
Discutida. Hch. 2:1-4; 2:2
Significado de. El derramamiento del
Espíritu Santo. Hch. 2:17-21
Respuesta. El público. Hch. 2:14-16
Responder a los acusadores y

cabecera. Hch. 16:12-40

FILSÓFOS

Prospectos para el evangelio. Hch. 18:18-21

Reacción al evangelio. Hch. 17:16-21

FORO DE APIO

Los creyentes animaron a Pablo en el Foro de Apio. Hch. 28:15

GALACIA

Misión a. Predicación del mensaje. Hch. 13:14-41

Visitada por Pablo en su primer viaje misionero. Hch. 13:13

Visitada por Pablo en su segundo viaje misionero. Hch. 15:41-16:5

GALLO

Un creyente. Consideración del tema. Hch. 20:4-6

GAMALIEL

Consideración del tema. Hch. 5:34

GENTILES

Aceptados. Puerta a. Salvos.

Primera gran iglesia gentil. Hch. 11:19-30

Abierta por Dios. Las Escrituras lo prueban. Hch. 15:13-21

Abierta por Pablo y Bernabé. Hch. 14:21-28

Abierta por Pedro. Cornelio recibió el evangelio. Puerta totalmente abierta. Hch. 10:1-48; 10:48

Recibidos por el Espíritu Santo. Hch. 10:44-48

Pablo se volvió a los. Recibirían el evangelio en vez de los judíos. Hch. 13:46-48; 28:25-29

Barreras derribadas.

Por Pedro y Cornelio. Hch. 10:1-48

Por Felipe en Samaria. Hch. 8:5-8, 14-17, 25

Buscan a Dios. Se habían vuelto al judaísmo. Hch. 13:42-45

Contra los judíos.

Consideración del tema. Hch. 10:1-33; 10:11-16; 10:28-29

Prejuicios de. Hch. 10:1-33; 10:11-16; 10:28-29

GLORIA

De Dios. Llamado Dios de la gloria. Hch. 7:2

GUARDAR

Esencial. G. a sí mismo y a la iglesia. Áreas a g. Hch. 20:28

HEBREOS

Significado. Hch. 6:1

HECHOS, LIBRO DE LOS

Apertura y cierre de. Consideración del tema. Hch. 28:25-29

HELENISTAS

Significado. Hch. 6:1

HERMANDAD (Vea *UNIDAD*)

Significado. Un corazón y un alma. Hch. 4:32

HERMES

Falso dios. Consideración del tema. Hch. 14:12

HERODES AGRIPA

Consideración del tema. Hch. 25:1-26:32

HERODES AGRIPA I

Consideración del tema. Hch. 12:1-25

HISTORIA

El centro de la civilización cambiado. Hch. 16:9

Dios y la h.

Dirigida por Dios. Consideración del tema. Hch. 17:26

Panorámica de. El plan de Dios para. Hch. 13:14-41

HOMBRE

Tipos de.

Persona común, ciudadano.

Ignora a Cristo. Hch. 17:5

Prospecto para el evangelio. Hch. 17:17

Desordenados, perezosos, ociosos. Hch. 17:5

Temerosos de Dios. Prospectos para el evangelio. Hch. 17:17

Buscadores de placer.

Consideración del tema. Hch. 17:18

Religiosos. Hch. 17:5

Liberación. Dios sufrió y cargó con el h. y el pecado. Hch. 13:17-22

Errores, Conceptos equivocados de.

Se engaña a sí mismo. Hch. 23:12-15

Se opone a Dios. Hch. 4:25-28

Se opone a la justicia y moral del cristianismo. Hch. 19:21-41

Planes. Fracasan. Hch. 5:33-40

Naturaleza.

Todos los hombres tienen la misma n. y pasiones. Hch. 14:14-18

Se opone a Dios. Cómo. Hch. 4:25-28

Religiosa. Hch. 17:22; 17:23

Supersticiosa. Hch. 17:22; 17:23

Inestable. Hch. 28:4-9

Origen. Enviado al mundo por Dios. Hch. 17:26

Propósito de. Consideración del tema. Hch. 17:26; 17:27-28

Estado de.

Necesidad básica no es plata ni oro, sino espiritual. Hch. 3:6-8

Descontento, hambriento, temeroso. Hch. 17:22; 17:23

Voluntad de. Al hombre se le permite andar según su v. Hch. 14:14-18

HOSPITALIDAD

Ejemplo. Priscila y Aquila. Hch. 18:2

Casas abiertas para Pablo. Hch. 16:15; 18:7

HUMANISMO

Error del. Deificación del hombre. Hch. 14:8-13

HUMILDAD

Ejemplo de. Pedro y Juan. Tras una experiencia espiritual. Sin arrogancia. Hch. 4:23-24

Frente a. arrogancia. Hch. 5:1-4

ICONIO

Consideración del tema. La ciudad antigua. Hch. 14:1

IDOLATRÍA

Descrita.

Irracional, necia. Hch. 17:29

Varias cosas. Hch. 17:24-25

Consideración del tema. Hch. 17:22-34

En Atenas. Llena de ídolos. Hch. 17:16

Deber. Volverse de. Hch. 14:15

Error de.

Deificar a los hombres. Hch. 14:8-13

Consideración del tema. Hch. 17:22-34

Resultados de. Juicio. Hch. 17:29-31

Fuente. Origen.

Irracionalidad del hombre. Hch. 17:29

Los pensamientos del hombre. Hch. 17:29

IGLESIA (Vea *MISIONES*)

Bases: Fundación. Palabra de Dios. Hch. 2:41

Concilios. Gran Concilio de Jerusalén. Preguntas sobre la salvación. Hch. 15:1-35

Deber: Obra de la i.

Asistencia; no descuidar. Hch. 3:1

Primera misión mundial. Hch. 11:27-30

Ser fiel y viva. Hch. 4:32-37; 9:19; 9:26-28

Ser alimentada. Hch. 20:28-38

Estar llena del Espíritu. Hch. 21:4-6

Desarrollar familias unidas. Hch. 21:4-6

Alimentar y pastorear. Hch. 20:28-31

Fortalecer y afirmar. Hch. 11:22-24; 14:21-28

Obtener visión mundial. Hch. 11:1-18

Dar todo lo que uno es y tiene, más allá de la necesidad. Hch. 4:32-37

Crecer. Esencial para. Hch. 9:31

Satisfacer las necesidades de los nuevo convertidos. Hch. 9:10-18

Informar a la i. madre. Hch. 14:21-28

Estudiar las Escrituras. Hch. 17:10-12

Su trabajo es más difícil que el del evangelista. Hch. 14:21-28

I. primitiva.

Creyentes de. La vida en común. Hch. 4:32-37

Nacimiento y desarrollo de. Hch. 2:1-13; 2:1-7:6

Acusaciones contra. Tres aspectos. Hch. 5:26-28

Democracia puesta en práctica. Hch. 6:1-7

Primer problema administrativo. Hch. 6:1-7

Primera iglesia.

Una iglesia grande. Hch. 2:41-47

Características de. Hch. 2:41-47

Primera i. gentil. Modelo de Dios para todas las i. Hch. 11:19-30

Primer mártir. Esteban. Hch. 6:8-15

Primera persecución. Lecciones para el servicio cristiano. Hch. 4:1-22

Primer sermón. Hch. 2:14-47

Primer pecado y problema. Hch. 5:1-11

Cinco milagros registrados. Hch. 3:1-11

Lo dio todo más allá de la necesidad. Hch. 4:34-37

Judíos fundamentalmente. Hch. 11:1-3

La i. establecida por laicos. Hch. 8:1-4; cp. 11:19-30

Vida de. Hch. 4:32-37

Perseguida y esparcida. Hch. 8:4-9:31

Requisitos a los gentiles para unirse a. Hch. 11:1-3

Respetada por las personas pero pecado sumarse a ella. Hch. 5:13

Esparcida por la persecución. Hch. 8:1-4

Segundo sermón. Hch. 3:12-26

Segunda persecución. Imagen de p. Hch. 5:12-25; 5:26-42

Vendió y repartió todo. Consideración del tema. Hch. 2:44-45

Mayordomía de. Hch. 4:32-37

Se ocupaba de todos los necesitados. Hch. 4:34-37

Triunfante en la persecución. Hch. 4:23-31

Visión de. Estrecha y tradicional. Hch. 11:1-3

Fundación de.
Por laicos. Consideración del tema. Hch. 11:9-30
Tres puntos esenciales. Hch. 11:19-21

Gobierno (Vea *IGLESIA, ORGANIZACIÓN*)

Líderes (Vea *LÍDERES*)

Iglesia local. (Vea *MISIONES, VIAJES*)
En Antioquía. Modelo de Dios para todas las i. Hch. 11:19-30; 13:1
En Berea. Consideración del tema. Hch. 17:10-15
En Tesalónica. Consideración del tema. Hch. 17:1-9

Misión. Llevó el evangelio a Judea y Samaria.
Laicos esparcidos. Evangelizaron al mundo. Hch. 8:1-9:31
Pedro. Hch. 9:32-35; 9:36. 43

I. madre.
Ayudar a una misión. Hch. 11:22-24
Recibía informes de misioneros. Hch. 14:21-28

Nombres. Títulos (Vea *CRISTIANO, IDENTIDAD*)
Creyentes. Hch. 4:32
Cristianos. Hch. 11:26
Rebaño de Dios. Hch. 20:28
Santos. Hch. 9:32

Naturaleza. Estado ideal. Consideración del tema. Hch. 9:31

Necesidad, necesidades. Tener paz. Hch. 9:31

Nueva i.
Fundada por laicos. Hch. 11:9-30
Ayudada por la i. madre. Hch. 11:22-24

Organización (Vea *TEMAS RELACIONADOS*)

Problemas dentro.
Discriminación, prejuicios. Hch. 11:4-15
Disensión. Causas. Cinco aspectos.

Hch. 6:1

Gran Concilio de Jerusalén. Dos preguntas sobre la salvación. Hch. 15:1-5

El crecimiento trae p. No puede ministrar a todos. Hch. 6:1

Falta de visión. Hch. 11:1-18

Monopolización del evangelio. Hch. 11:1-3

Estrecha y tradicional. Hch. 11:1-18

Personal (Vea *LÍDERES*)

Estado de. Estado ideal. Consideración del tema. Hch. 9:31

Tipos de. Israel. Hch. 7:38

Visión de (Vea *IGLESIA, DEBER; VISIÓN*)

Adoración (Vea *ADORACIÓN*)

INCREDULIDAD

Causada por. Obstinación a pesar de la evidencia. Hch. 4:15-18

Consideración del tema. Hch. 28:25-29

Profetizado. Por Isaías. Voluntaria. Hch. 28:25-29

Rechazo voluntario. Consideración del tema. Hch. 28:25-29

INCRÉDULOS

Condenados. Si rechazan, a ser rechazados por los ministros. Hch. 13:46-52

INFIERNO, HADES, SEOL

Liberación. La cura está disponible. Hch. 1:8

Significado. Hch. 2:27

INMUTABILIDAD

Significado. Hch. 2:42

IRA

Significado. Hch. 4:25-28

JACOB

Historia de. Lugar en el plan de Dios. Hch. 7:8-16; 7:17-41

JACOBO

El apóstol, hijo de Alfeo. Hch. 1:13

El apóstol, hijo de Zebedeo.
Asesinado por Herodes. Hch. 12:2
Regresó al aposento alto. Hch. 1:13

El hermano de Jesús.
Se convirtió en creyente. Hch. 1:14
Se convirtió en pastor de la gran iglesia de Jerusalén. Hch. 15:13-22

JASÓN

Creyente en Tesalónica. Hch. 17:1-9

JERUSALÉN

Pablo tenía la mira puesta en. Hch. 20:13-18

JESUCRISTO

Ungido por Dios. Con Espíritu Santo y poder. Hch. 10:38-39

Ascensión.
Ministerio de. Consideración del tema. Hch. 1:9
Razones de la a. Hch. 1:9

Sangre.
Consideración del tema. Hch. 20:28
Preciosa, llena de dignidad, valor. Hch. 20:28

Muerte.
Y resurrección. Resultados. Una

nueva vida de poder. Hch. 1:3

Dada por hombres. Todos los hombres culpables de. Hch. 3:13; 3:13-15

Crucifixión.
Por Dios. Planeada por Dios. Hch. 2:22-24; 2:23
Por los hombres. Debido a la maldad. Hch. 2:22-24; 2:23
Llamada "Su pasión".
Significado. Hch. i :3
Destinada. Decidida. Por Dios. Hch. 2:22-24; 2:23
Librado de por Dios. Hch. 4:25-28
Tramada por los judíos. Hch. 2:22-24, 36; 3:13-15
Predica. Profetizada. Hch. 3:18
La iglesia comprada por m. Hch. 20:28-31
Propósito. Morir por el pecado de todo hombre. Hch. 3:13-15

Deidad.
Aprobada por Dios. Prueba. Hch. 2:22-24
Llamado por Dios. Hch. 20:28-31
Heredero de David. Consideración del tema. Hch. 13:22-23
Señor. Significado. Hch. 2:36
Sin pecado. Hch. 3:13-15

Exaltación.
Consideración del tema. Hch. 2:33-36; 2:36

Profetizada por David. Hch. 2:33-36

Sana (Vea *SANIDAD. SANAR*)

Vida de. Último día en la tierra. Hch. 1:6-11

Ministerio.
Continúa. Visto en el libro de Hechos. Hch. 1:1-5
Último día en la tierra. Hch. 1:6-11
En la tierra. Presencia y poder siguen activos. Hch. 3:6-8
Panorámica de su m. en la tierra. Hch. 1:1-5
Comprar la iglesia de Dios con su sangre. Hch. 20:28-31

Nombre. Poder del nombre de J. Hch. 3:6
Nombres. Títulos.
Cristo. Hch. 2:30; 4:26; 9:20, 22
Dios. Hch. 20:28-31
Siervo de Dios. Hch. 3:12-13
Hijo de Dios, Jesús. Hch. 3:13, 26
Santo hijo, Jesús. Hch. 4:27, 30
El Santo. Hch. 2:27; 3:14
Jesús. Hch. 2:32; 5:30
Jesucristo. Hch. 3:20; 9:34; 10:36
Jesús de Nazaret. Hch. 2:22; 10:38
Juez. Hch. 10:42
Señor y Cristo. Hch. 2:36
Señor Jesús. Hch. 19:5
Señor Jesucristo. Hch. 16:31; 20:21
Señor. Significado. Hch. 2:36
Señor de todos. Hch. 10:36
Príncipe. Hch. 5:31
Príncipe de vida. Hch. 3:15
Salvador. Hch. 5:31
Hijo de Dios. Hch. 9:20
El Justo. Hch. 3:14
La piedra. Hch. 4:10-12

Naturaleza. Origen. Aprobado por Dios.
Significado. Hch. 2:22-24

Poder, Omnipotente.
 Ungido con p. ilimitado. Hch. 10:38-39
 Del nombre de Jesús. Vs. poder del pecado y el dinero. Hch. 16:16-24
 Aun presente y activo en la tierra. Hch. 3:6-8
Profecías con respecto a.
 De Moisés. Hch. 3:22
 De Samuel. Hch. 3:24
 Heredero de David. Consideración del tema. Hch. 13:22-23
 Resurrección. Hch. 13:32-37
 De David. Hch. 2:25-31
Profecías cumplidas por.
 Al ser la simiente de Abraham. Hch. 3:25
 Su muerte. Hch. 4:25-28
 Su resurrección. Hch. 2:25-36
Propósito.
 Ser un príncipe y Salvador. Hch. 5:30-32
 Dar arrepentimiento y perdón. Hch. 5:30-32
 Reinar en el trono de David. Hch. 2:29-36
Respuesta a. Rechazado. Por todos los hombres. Todo hombre es culpable. Hch. 3:13-15
Resurrección.
 Apariciones.
  Testigos escogidos. Razones. Hch. 10:40-41
  Diez a. Hch. 1:3
 La muerte no pudo retenerlo. Razones para la. Hch. 2:24
 Cumplió la profecía. Hch. 13:32-37
 Tipo de cuerpo. Hch. 10:40-41
 Prueba.
  Cuatro aspectos. Hch. 2:25-36
  Varias pruebas infalibles. Hch. 1:3
  Probado por varios testigos. Hch. 2:24, 25-36; 3; 15; 10:40-41
  Mostrado abiertamente por Dios. Hch. 10:40-41
 Propósito.
  Asegurar juicio. Hch. 17:29-31
  Ser exaltado como Señor. Hch. 3:26
 Resultados.
  Una nueva vida de poder. Hch. 1:3
  Conquistó la muerte. Cómo. Hch. 2:24
  Libra de la corrupción. Hch. 13:32-37
 Tema de primeras predicaciones. Hch. 2:25-36; 3:15, 26; 10:40-41
 Testigos de. Dios escogió testigos especiales. Hch. 10:40-41
Regreso.
 Ilustrada en la ascensión. Hch. 1:9
 Propósito. Ejercer juicio. Día del Señor. Hch. 2:19-20
Obra. Obra de.
 Continúa. Vista en el libros de los Hechos. Hch. 1:1-5
 Consideración del tema. Hch. 2:14-24; 10:34-43
 Traer salvación y capacitar a los hombres para sobrevivir. Hch. 1:1-2
 Juzgar a los vivos y a los muertos. Hch. 10:42

JOSÉ
 Consideración del tema. Hch. 7:8-16
 Prototipo de Cristo. Hch. 7:8-16
JOSÉ, LLAMADO BERNABÉ
 Nominado candidato para reemplazar a Judas. Hch. 1:23
JUAN, MIEMBRO DE LA FAMILIA DEL SUMO SACERDOTE
 Mencionado. Hch. 4:5-10
JUDAS
 Consideración del tema. Hch. 5:36-37
JUDAÍSMO
 Prosélitos. Muchos gentiles y muchas mujeres debido a una sociedad corrupta. Hch. 16:14
 Por qué los gentiles se volvieron al J. Hch. 13:42-45
JUDAIZANTES
 Consideración del tema. Hch. 11:1-3; 11:2
JUDAS
 Fracaso y destino. Hch. 1:12-26
JUDÍOS (Vea ISRAEL) Hch. 3:25-26
 Ventajas. La salvación es de los judíos. Hch. 10:34-35
 Nacimiento de. Llamamiento y vida de Abraham. Hch. 7:2-8
 Llamamiento de. Propósito. Hch. 10:1-22
 Acusaciones contra. Ocho aspectos. Hch. 7:42-53
 Leyes dietéticas de. Hch. 10:9-22; 10:11-16
 Errores de.
  Exaltaron a Moisés y a la ley por encima de Dios. Hch. 7:30-38
  Adoraron dioses falsos. Consideración del tema. Hch. 7:42-53
 Hecho.
  Evangelio retirado de. Dado a los gentiles. Hch. 28:25-29
  Se alejó. Pablo. Fue a los gentiles. Hch. 28:25-29
 J. helenistas vs. J. hebreos. Hch. 6:1
 Historia de. Trágica. Rechazo de Dios una y otra vez. Hch. 7:2-8
 Rechazaron a Jesucristo. Rechazaron el evangelio. Hch. 28:25-29
 Vs. gentiles.
  Consideración del tema. Hch. 10:1-33; 10:11-16; 10:28-29
  Prejuicios de. Hch. 10:1-33; 10:11-16; 10:28-29
JUICIO
 En manos de Cristo. Para j. a los vivos y a los muertos. Hch. 10:42
 Ejemplo de. Sobre Herodes Agripa. Hch. 12:18-23
 De los incrédulos. Serán destruidos. Significado. Hch. 3:22-24; 3:23
 Del mundo.
  Día señalado. Hch. 17:31
  Descrita. Destruidos. Hch. 17:31
 Cuándo. Tiempo de. Cuando Cristo regrese. Hch. 3:19
 Por qué Dios juzga. Rehúsa a oír a Cristo. Hch. 3:22-24

JÚPITER
 Falso dios. Consideración del tema. Hch. 14:8-13
LAICOS
 De la iglesia primitiva.
  Consideración del tema. Hch. 8:1-3; 11:19-30; 13:1-3
  Establecieron misiones. Hch. 8:3; 11; 19-30; 13:1-3
  Perseguidos y esparcidos. Hch. 8:1-4; 11:19-30
  Predicaron en todas partes en la iglesia primitiva. Hch. 8:1-4
  Testimonio de. Gran testimonio en la iglesia primitiva. Hch. 8:1-4
LEALTAD (Vea COMPROMISO: DEDICACIÓN)
 Razones para ser l. Consideración del tema. Hch. 5:26-42
LEGALISMO, LEGALISTAS (Vea JUDAIZANTES)
 Problemas con. Muchas veces se convertía en cacería de brujas. Hch. 21:20-26
LENGUAS, DON DE
 Consideración del tema. Hch. 2:4; 10:46
LEY
 Consideración del tema. L. dietéticas. Hch. 10:11-16; 10:9-22
 Frente a gracia. Consideración del tema. Hch. 15:1-35
 Frente a libertad. Hch. 10:9-15, 28, 34-35; 11:5-10; 15:1-22; 21:17-26
 Vs. salvación. Hch. 13:45-46, 50; 14:2, 19; 15:1-11; 17:5-9, 13; 18:19
 Debilidad e impotencia de. No salva. Hch. 15:4-5
LEYES CON RESPECTO A LA DIETA (Vea LEY)
LIDA
 Área evangelizada. Hch. 9:32-35
 Consideración del tema. Hch. 9:32
LÍDERES, LIDERAZGO
 Elección. Consideración del tema. Hch. 1:12-26
 Esenciales. Hch. 1:12-15
 Mensaje a. Últimas palabras de Pablo a los l. Hch. 20:28-38
 Nombres - Títulos. Sobreveedores. Consideración del tema. Hch. 20:28-31
 Problema.
  Causó murmuración, queja. Hch. 6:1
  Carencia de. No pueden ministrar a todos. Hch. 6:1
 Buscando l. Consideración del tema. Hch. 11:25
 Pecados comunes a los l. Hch. 4:5-10
 Conformado el cuerpo administrativo de la iglesia. Hch. 11:19-30
  Se escoge el personal laico. Hch. 6:1-7
  Se conforma el cuerpo ministerial. Hch. 11:22-26
LIDIA
 Mujer de negocios. Consideración del tema. Primera convertida en Europa. Hch. 16:12-15

Pecados de. Comunes en los líderes.
Enumerados. Hch. 4:5-10

RENDIRSE

Deber. R. de tal manera que uno se
convierta en un instrumento en las
manos del Señor. Hch. 14:3

RENFÁN

Falso dios. Consideración del tema. Hch.
7:43

RESPONSABILIDADES SOCIALES

Consideración del tema. Hch. 2:42

RESTAURACIÓN

Consideración del tema. De todas las
cosas. Hch. 3:21

REUNIÓN DE NEGOCIOS

Consideración del tema. Hch. 6:1-7; 15:6-
22; 15:23-35
De la iglesia primitiva. Cómo controlar.
Hch. 6:2; 6:3

REVELADO, REVELACIÓN

De Cristo. Como el camino de la vida.
Hch. 2:25-31
De Dios. En la naturaleza. Hch. 17:24-25

RICOS, RIQUEZAS

Peligros, problemas con.
Consideración del tema. Hch. 2:44-45
Lujuria por. Lo que causa. Hch.
16:16-24
Deber.
Estar totalmente comprometido a
ayudar a otros. Hch. 4:32
Dar todo más allá de la necesidad
para satisfacer las necesidades del
mundo. Hch. 4:32
Significado. Quién es r. Hch. 2:44-45

RITUAL

Problema con. No salva. Hch. 15:1-3;
15:24

ROBAR

A Dios. Hch. 5:1-11

RODAS

Ciudad. Consideración del tema. Hch.
21:1-3

SACERDOTES

Consideración del tema. Hch. 4:1
Algunos creyeron en Jesucristo. Hch. 6:7;
15:5; 18:8, 17

SACRIFICIO

Idea de.
No solo una idea de la religión, sino de
los intentos de todo hombre. Hch.
14:8-13
Presente en todos los empeños de los
hombres. Hch. 14:8-13
Propósito. Asegurar favor y bendición.
Hch. 14:8-13

SADUCEOS

Ct. Fariseos. Hch. 23:8
Consideración del tema. Hch. 23:8
Pablo confronta las creencias de los S.
con las de los fariseos. Hch. 22:30-
23:11
Cuestionaban la resurrección. Hch. 4:1-4;
23:8
Cuestionaban lo sobrenatural. Hch. 23:8

SAFIRA

Consideración del tema. Hch. 5:1-11

SALAMINA

Ciudad. Consideración del tema. Hch.
13:5

SALVACIÓN, SALVOS

Condiciones - Fuente. Como ser salvo.
Discusión acerca de cómo ser salvo.
Hch. 15:4
Al invocar el nombre del Señor. Hch.
2:21
Solo en Cristo. Hch. 4:5-10; 4:11-12
Declaración de Jacobo. Hch. 15:13-21
Declaración de Pablo. Hch. 15:8
Declaración de Pedro. Hch. 15:7-11
Dios.
Su acción, su gracia. Hch. 15:7-11
Su llamamiento. Debe ser
llamado. Hch. 2:39
La parte de Dios y la parte del
hombre. Hch. 3:16
Gran declaración de s. Hch. 15:6
Gran decreto de s. Hch. 15:23-35
Señor. La persona tiene que abrir su
corazón. Hch. 16:14
Dios debe despertarle para creer. Hch.
3:16
No con plata ni oro. Hch. 3:6-8
No es de los hombres. Razones. Hch.
4:11-12
No es un ritual o una ceremonia, sino
la gracia de Dios. Hch. 15:1-3
De los judíos. La Palabra de Dios
enviada primeramente a los J.
Hch. 10:34-35
Tres aspectos esenciales. Hch. 24:24-
25
Lo que no es la salvación. Hch.
16:31-33
Palabra de s. Es Jesús. Hch. 13:23-28
Liberación. Del pecado, la muerte y el
infierno. La cura está disponible.
Hch. 1:8
Consideración del tema.
Lecciones acerca de. Hch. 19:1-20
Preparación para; clamar por;
proclamación, frutos. Hch. 16:25-
40
Preguntas sobre. Respuestas del gran
concilio de Jerusalén. Hch. 15:1-
35
Error. Incomprensión.
Una vida cambiada no necesariamente
tiene s. Hch. 2:38
El bautismo no necesariamente
implica s. Hch. 2:38
Una profesión de fe no
necesariamente implica s. Hch.
2:38
Evidencia de. Prueba de. Espíritu Santo.
Hch. 19:1-9
Imperativos de.
Llamado de Dios. Hch. 2:39
Arrepiéntanse y sean bautizados.
Consideración del tema. Hch.
2:38
Mensaje de. Respuesta a. Cuatro
respuestas. Hch. 13:42-52
Rechazo de la. Casi persuadido. Hch.
26:24-32
Resultados.
Perdón y recibir el Espíritu Santo.
Hch. 2:38

Completamente sanado. Significado.
Hch. 4:9
Tiempos de refrigerio. Hch. 3:19
Buscar.
Perdidos que nunca han oído de
Cristo. Hch. 10:1-6; 10:1-8
Dios recibe a cualquier hombre que
verdaderamente le busca. Hch.
10:30-33
Pasos que involucra la s. Tres pasos. Hch.
9:4-5
Movido. Por juicio. Hch. 13:12
Vs. obras. Consideración del tema. Hch.
15:1-35
Quién es salvo.
Mujer de negocios. Hch. 16:12-15
El primer converso europeo. Hch.
16:12-15
Gentiles. Puerta abierta a los gentiles.
Consideración del tema. Hch.
10:1-48; 10:28-29; 15:13-21

SAMARIA

Avivamiento en S. Dirigido por Felipe.
Un estudio sobre el avivamiento. Hch.
8:5-25

SAMARITANOS

Recibieron el Espíritu Santo.
Consideración del tema. Hch. 8:14-17

SANEDRÍN

Consideración del tema. Hch. 4:5-6

SANIDAD, COMPLETA SANIDAD

Significado. Hch. 3:16

SANIDADES, SANIDAD

Consideración del tema. Hch. 9:32-35
Ejemplos de. Enumeradas.
Muchacha poseída por un demonio.
Hch. 16:16-24
Espíritu malo. Adivina liberada. Hch.
16:18
Hombre cojo. Hch. 3:1-11
Muchos enfermos. Hch. 5:16; 19:12
Paralítico. Eneas. Hch. 9:32-35
Resurrección de los muertos. Hch.
9:36-43
Espíritus inmundos. Hch. 5:16

SANO

Completamente sanado. Hch. 4:9
Significado. Hch. 3:16

SANTIDAD

Fuente. No el hombre, sino Cristo. Hch.
3:12-13

SANTO

Consideración del tema. Hch. 9:32

SATANÁS

Estrategia. Consideración del tema. Hch.
5:1-4
Obra de. Llenar el corazón del hombre
con mundanalidades. Hch. 5:1-4

SAULO DE TARSO (Vea *PABLO, EL APÓSTOL*)

Nombre del apóstol Pablo antes de su
conversión. Hch. 7:58; 8:1, 3; 9:22

SEGREGACIÓN (Vea *PREJUICIO*)

Consideración del tema. Hch. 10:1-33

SEGUIMIENTO

Deber. Dar s., fortalecer a las iglesias.
Hch. 14:21-28